d

Patricia Highsmith
Tage- und Notizbücher

Herausgegeben von Anna von Planta
in enger Zusammenarbeit mit
Friederike Kohl, Kati Hertzsch,
Marie Hesse und Marion Hertle

Mit einem Nachwort von
Joan Schenkar

Aus dem Amerikanischen von
Melanie Walz, pociao, Anna-Nina Kroll,
Marion Hertle und Peter Torberg

Diogenes

Nachwort von Joan Schenkar
Copyright © 2021 by the Estate of Joan Schenkar
Covermotiv: Foto von Rolf Tietgens
Copyright © Diogenes Archiv

Der Diogenes Verlag wird vom Bundesamt für Kultur
für die Jahre 2021–2024 unterstützt

Der Verlag dankt der Brougier-Seisser-Cleve-Werhahn-Stiftung
für die Förderung der Übersetzungen dieser Ausgabe

Brougier-Seisser-Cleve-Werhahn-Stiftung

All rights reserved
Alle Rechte vorbehalten
Copyright © 2021
Diogenes Verlag AG Zürich
www.diogenes.ch
80/21/852/1
ISBN 978 3 257 07147 4

*Für Gloria Kate Kingsley Skattebol
und für Daniel Keel*

»Ich wollte, ich könnte ein Leben lang so gierig bleiben. Weder nach Reichtum noch nach Wissen oder Liebe, das nie. Sondern gierig wie ein muskulöses Pferd, das nach dem Willen seiner Meisterin, der Kunst, übermütig davonstürmt, bis ihm das Herz bricht.«
Notizbuch 12, 20.6.1945

»Schreiben ist natürlich ein Ersatz für das Leben, das ich nicht leben kann, das zu leben ich nicht in der Lage bin.«
Notizbuch 19, 17.5.1950

»Für ein korrektes Bild seiner selbst braucht man zwei Spiegel.«
Notizbuch 29, 23.2.1968

Inhalt

Vorwort 11

1921–1940
Die frühen Jahre zwischen Texas und New York 19

1941–1950
Leben und Schreiben in New York 23

1951–1962
Zwischen den USA und Europa 707

1963–1966
England oder der Versuch, sesshaft zu werden 1033

1967–1980
Rückkehr nach Frankreich 1089

1981–1995
Lebensabend in der Schweiz 1233

Nachwort von Joan Schenkar
Friends with Benefits:
Patricia Highsmiths internationales Frauennetzwerk 1303

Dank 1311

Anhang

CHRONIK ZU LEBEN UND WERK 1317

»FREMDSPRACHEN SIND WIE EIN SPIEL« 1320

DOPPELTE BUCHFÜHRUNG 1330

AUSWAHLBIBLIOGRAPHIE 1334

FILMOGRAPHIE 1346

PERSONEN- UND WERKREGISTER 1348

BILDNACHWEIS 1370

Vorwort

WIE ES ZU DIESEM BUCH KAM

Ihr letztes Haus wirkte nach außen wie eine Festung, abweisend und kahl. Bei Interviews waren ihre einsilbigen Antworten gefürchtet. Eine Biographie zu Lebzeiten hat sie immer abgelehnt. Wer Patricia Highsmith nahekommen wollte, war lange Zeit allein auf ihr Werk angewiesen. Umso überraschender war es, als nach ihrem Tod neben einer Vielzahl unveröffentlichter Kurzgeschichten auch eine lange Reihe von 56 aufrecht nebeneinanderstehenden dicken Heften gefunden wurde, 18 Tagebücher und 38 Notizbücher, geschätzte 8000 Seiten Selbstzeugnisse – in ihrem Wäscheschrank. Damit gibt es zum ersten Mal die Möglichkeit zu erfahren, wie Patricia Highsmith sich selbst sah. Und zwar, nachdem sie schon in sehr jungen Jahren mit dem Schreiben begonnen hatte, quer durch fast alle Phasen ihres Lebens.

Patricia Highsmith plante schon früh, ihre Notizbücher zu veröffentlichen. Dafür sprechen die Einheitlichkeit der verwendeten Columbia-Hefte sowie der Umstand, dass sie immer wieder Umdatierungen, Kommentare und Streichungen vornahm. Vor allem aber gibt es schriftliche Anweisungen: Einem in ihr 19. Notizbuch geklebten Zettel kann man entnehmen, dass zuerst Collegefreundin Kate Kingsley Skattebol eine Auswahl herausgeben sollte. Auf dem Zettel steht beim Eintrag vom 2. April 1950: »Kingsley, bitte hab etwas Geschmack, wenigstens so viel Geschmack, wie ich 1950 habe, das auszujäten, was schon geschrieben ist und was erst kürzlich geschrieben wurde.« Zwischendurch erwog die Autorin auch, die

Notizbücher zu verbrennen oder sie den Lesbian Herstory Archives in Brooklyn zu übergeben. Stattdessen nahm sie ihre Tage- und Notizbücher ausdrücklich als Teil ihres Werks in den Generalvertrag mit auf, in dem sie Anfang der 1990er Jahre die Weltrechte an ihrem literarischen Nachlass dem Diogenes Verlag übertrug – ein Vertrauensbeweis nicht nur an den Verlag, sondern auch an ihren Freund Daniel Keel, den sie zu ihrem literarischen Nachlassverwalter ernannte und dem sie die Aufgabe übertrug, in ihrem Sinne auch über die Herausgabe der Tage- und Notizbücher zu bestimmen.

Der Gründer des Schweizer Diogenes Verlags war seit 1967 Patricia Highsmiths deutschsprachiger Verleger. Als junger Mann hatte Keel Hitchcocks Verfilmung von *Zwei Fremde im Zug* im Kino gesehen und war sitzen geblieben, bis der Name der Autorin im Abspann zu sehen war. Er war entschlossen, ihre Bücher im Hardcover zu veröffentlichen, weil er sie, obwohl zumeist im Spannungsgenre angesiedelt, für große Literatur hielt. Der Erfolg gab ihm recht, und nachdem ihr Roman *Ediths Tagebuch* 1978 den Sprung auf die Spiegel-Bestsellerliste schaffte, ernannte Highsmith den Diogenes Verlag zu ihrem internationalen Agenten. Als dann ihr langjähriger US-Verleger Larry Ashmead 1983 zwei ihrer Romane ablehnte, übertrug sie Diogenes die Weltrechte.

Ich selbst lernte Patricia Highsmith 1984 kennen, als Daniel Keel mir das Manuskript von *Found in the Street / Elsie's Lebenslust* auf den Tisch legte und sagte, er habe in einem nahen Hotel für einen der folgenden Tage einen Termin mit der Autorin vereinbart, deren Lektorin ich hiermit sei. Pat empfing mich zurückhaltend, ließ meine zum Gruß ausgestreckte Hand unbeachtet in der Luft hängen, bestellte ein Bier und schwieg. Erst nach einer halben Stunde gelang es mir, über das Manuskript, das zwar im heutigen New York spielte, aber sich für mich sehr nach den 1950er Jahren anfühlte, ein flüssiges Gespräch in Gang zu bringen. Zuletzt lachte sie sogar. Zurück im Verlag, berichtete ich dem Verleger von dem zuerst sehr stockenden Kennenlernen. Zu meinem Erstaunen gratulierte er mir überschwenglich mit der Begründung, er selbst habe Jahre gebraucht, um ihr mehr als ein Ja oder Nein zu entlocken.

Als Daniel Keel und Patricia Highsmith vor ihrem Tod zusammen ihre Papiere sichteten, wurden die Tage- und Notizbücher explizit als Teil ihres literarischen Nachlasses aufgelistet, zusammen mit ihren noch unveröffentlichten Romanen und Kurzgeschichten. Daniel Keel sah in ihnen von Anfang an einen immensen Schatz, der in seiner Verschränkung als Ganzes gehoben werden sollte – eine Aufgabe, die er mir als ihrer langjährigen Lektorin und später Mitherausgeberin ihrer *Werkausgabe in dreißig Bänden* (Zürich, Diogenes 2002–2006) übertrug.

EDITORISCHE NOTIZ

Aus geschätzt 8000 Seiten ein Buch zu machen und dem Material dabei gerecht zu werden, war eine enorme Herausforderung. Zuerst mussten die handschriftlichen Seiten transkribiert werden – allein schon die Arbeit vieler Jahre. Kate Kingsley Skattebol hat die Transkriptionen mit den handschriftlichen, oft schwer zu entziffernden Originalen abgeglichen und mit hilfreichen Anmerkungen versehen. Schon die schiere Masse legt nahe, eine Auswahl zu treffen, die Essenz dieses »Werks hinter dem veröffentlichten Werk« herauszuarbeiten. Die Autorin hatte ja bereits selbst erkannt: Die Tage- und Notizbücher Wort für Wort vorzulegen, dafür gibt es zu viele Redundanzen, Indiskretionen, zu viel Klatsch und Tratsch. Besonders in den 1940er Jahren, als die junge Highsmith noch jedes Detail festhielt; die Einträge aus dieser Zeit sind mit Abstand die umfangreichsten, über die Hälfte des gesamten Materials. Wir haben dieses Verhältnis bei unserer Auswahl beibehalten. Auch inhaltlich haben wir uns bemüht, die Proportionen zu wahren und den Themen und Personen, mit denen sich die meisten von Highsmiths Einträgen befassen, ebenfalls den größten Raum einzuräumen. So bleibt nicht nur erkennbar, in welchen Lebensphasen Highsmith mehr und in welchen sie weniger geschrieben hat, sondern auch mit welchen Fragen sie sich wann am meisten beschäftigt hat.

Der Aufbau des vorliegenden Buches ist chronologisch und in größere Zeitabschnitte aufgeteilt, basierend auf Highsmiths jeweiligem Lebensmittelpunkt: von den Anfängen in den USA über verschiedene Stationen in Europa in ihren mittleren Jahren bis zu ihrem Alterswohnsitz in der Schweiz.

Auch wenn es noch frühere Notizbucheinträge gibt, setzt diese Auswahl 1941 ein, als Patricia Highsmith auch mit dem Tagebuchschreiben begann. Ab da gibt es eine doppelte Buchführung ihres Lebens: Sie nutzte die Tagebücher, um ihre vielen Erlebnisse festzuhalten, die Notizbücher, um sie intellektuell und literarisch zu verarbeiten. Die Notizbücher sind Arbeitshefte; sie enthalten Überlegungen und sind Spielwiesen für Einfälle, die Highsmith mit dem deutschen Wort »Keime« bezeichnet, oder »Keimchen«, Ideen und ganze Passagen für mögliche Kurzgeschichten und Romane. Die Tagebücher helfen beim Verstehen der Notizbücher, sie liefern einen persönlichen Kontext, eine biographische Verortung.

Tage- und Notizbucheintragungen sind deshalb in diesem Buch nicht voneinander getrennt, sondern miteinander verwoben und verzahnt. Man erkennt sie an den unterschiedlichen Datumsformaten: die Tagebucheinträge mit ausgeschriebenem Monat, die Notizbücher in numerischer Form, so wie Highsmith selbst es hielt.

Die Tage- und Notizbücher können unabhängig voneinander bestehen, aber nur zusammen ergeben sie ein in ihren eigenen Worten formuliertes Gesamtbild von Patricia Highsmith, einer Autorin, die die persönlichen Quellen ihrer Stoffe ein Leben lang verschwieg und deren Romane scheinbar eher von ihrer Person ablenkten, als zu ihr hinzuführen.

Im Unterschied zu den Notizbüchern, die fast ausschließlich auf Englisch geschrieben sind, sind die Tagebücher bis 1952 in bis zu fünf Sprachen verfasst. Die Autodidaktin Highsmith, die sich Französisch,

Deutsch, Spanisch und Italienisch weitgehend selbst beibrachte, nannte sie »Übungen in Sprachen, die ich nicht beherrsche«. Highsmith, zu deren Lieblingsbüchern Wörterbücher gehörten, liebte das Spiel mit Worten, und mit jeder neuen Sprache stand ihr ein neues Spielfeld zur Verfügung, auf dem sie sich austoben konnte. Ihre Lernbegeisterung hängt sicher auch mit dem früh gehegten Wunsch zusammen zu reisen, ihrem Selbstbild als Frau von Welt. Und mit Sicherheit diente die Übung auch dazu, die intimeren Notate zu verschlüsseln und so vor Blicken unbefugter Leserinnen zu schützen.

Fremdsprachige Passagen in den Tagebüchern wurden übersetzt, im Original deutsche Passagen ebenfalls aus Highsmith-Deutsch in eine verständlichere Form. An der Markierung durch hochgestellte Buchstaben lässt sich die Originalsprache eines Eintrags erkennen: Einträge, die mit [D/DD] eingefasst sind, wurden original auf Deutsch verfasst, solche mit [F/FF] auf Französisch, mit [IT/ITIT] auf Italienisch und mit [SP/SPSP] auf Spanisch. (Im Anhang finden sich ein paar beispielhafte Originaleinträge in jeder der Fremdsprachen.)

Wir haben uns entschieden, zugunsten der Lesbarkeit die Vielzahl an Kürzungen nicht kenntlich zu machen. Es ist offensichtlich, dass in diesem Buch nur ein Bruchteil von Patricia Highsmiths gesamten Aufzeichnungen abgedruckt werden konnte. So sind zum Beispiel die meisten ihrer rein fiktionalen Einträge nicht enthalten, von denen sich viele in ihrem veröffentlichten Werk wiederfinden, aber auch solche Einfälle, die sie wieder verworfen hat. Auslassungen und Flüchtigkeitsfehler der Autorin wurden behoben, für das Verständnis notwendige Ergänzungen in eckigen Klammern hinzugefügt. Umfassendere Erläuterungen sowie Hinweise zu erwähnten Personen befinden sich in einer Fußnote, außer in den Fällen, in denen zu einer erwähnten Person nicht mehr bekannt war als das, was wir ohnehin von Highsmith selbst erfahren. Besonders in den 1940ern begegnet Patricia Highsmith einer Vielzahl von Menschen; diejenigen, die in ihrem Leben eine Rolle spielen werden, werden

Leserinnen und Lesern bald vertraut sein, andere werden vielleicht nur wenige Male erwähnt.

Bei nichtöffentlichen Personen wurden zum Schutz der Privatsphäre nur Vornamen oder Initialen angegeben – es sei denn, sie wurden bereits von Highsmiths Biographen namentlich erwähnt –, auch wenn die meisten von ihnen inzwischen verstorben sind. Aus demselben Grund haben wir auch keine zusätzlichen Annotationen in den Fällen beigefügt, wo sie dabei helfen könnten, die Person zu identifizieren. Ein paar für Highsmith besonders wichtige Privatpersonen wurden von den Biographen mit Pseudonymen versehen, so etwa ihre große Liebe in England in den 1960ern, die ihr Biograph Andrew Wilson nur X nennt und ihre Biographin Joan Schenkar »Caroline Besterman«, oder auch Camilla Butterfield, Schenkars Pseudonym für eine andere Freundin, ebenfalls aus den 1960ern. Wir haben mit Joan Schenkars Einwilligung ihre Pseudonyme beibehalten; die Namen von Caroline Bestermans Familienmitgliedern wurden ebenfalls anonymisiert. Umgekehrt wurde bei bereits namentlich eingeführten und eindeutig zuzuordnenden öffentlichen Personen bei Bedarf der volle Name in eckigen Klammern ergänzt.

Die Tage- und Notizbücher sind Patricia Highsmiths private Aufzeichnungen und enthalten damit natürlich ihre persönlichen Ansichten über Personen und Ereignisse, die von ihren eigenen Vorurteilen und denen ihrer Zeit beeinflusst sind. Highsmith war widersprüchlich und kantig, und Leserinnen und Leser werden einige ihrer abfälligen Äußerungen als beleidigend empfinden, insbesondere wenn sie sich, wie es zuweilen der Fall ist, gegen ohnehin schon marginalisierte Gruppen wie Afroamerikaner oder Juden richten. In frühen Einträgen ist es häufig ein vor allem sprachliches Problem, wenn Highsmith Ausdrücke verwendet, die zu der Zeit üblich waren, inzwischen jedoch als abfällig gelten. Dessen war sich die Autorin selbst bewusst, wie aus ihrer Bitte hervorgeht, das Wort »*negroes*« für die neue Ausgabe von *Carol* von 1990 in »Schwarze« zu ändern (so haben wir es auch in dieser Ausgabe gehalten). Besonders in späteren Jahren ist es jedoch manchmal nicht nur Highsmiths Sprache, sondern sind ihre Ansichten selbst beleidigend, gehässig und menschenfeindlich. Wir wollten Highsmith so getreu wie möglich abbilden; in wenigen extremeren Fällen empfanden wir es aber als unsere redaktionelle Pflicht, ihr eine Bühne zu verweigern, so wie wir auch gehandelt hätten, als sie noch lebte. Die Wurzeln ihrer Ressentiments sind schwer zu bestimmen, insbesondere im Fall ihres wachsenden Antisemitismus, der umso mehr zu einem Mysterium wird, als wir in diesem Band erfahren, wie viele Jüdinnen und Juden unter den für sie wichtigsten Personen, ihren engen Freundinnen und Freunden, Liebhaberinnen und Lieblingskünstlern waren.

Wie viele, die ein Tagebuch führen, neigte Highsmith dazu, in schwierigen Zeiten mehr zu schreiben, was zu einer verzerrten Darstellung ihres Lebens führt. Andere Quellen zeigen, dass dieses Leben nicht ganz so düster war, wie es hier manchmal scheinen mag. Und natürlich ist, wie bei jedem Selbstporträt, die Person, der wir begegnen, nicht unbedingt die »echte«, sondern die, für die sie selbst sich hielt oder halten wollte. Der Akt der Erinnerung ist auch ein Akt der Interpretation – von sich selbst ebenso wie von anderen. Viele Menschen haben das Bild der finsteren, bissigen späten Highsmith vor Augen, und dieser Band wird ihre erste Begegnung mit der Autorin als fröhliche junge Frau sein, mit optimistischem, ehrgeizigem Blick auf die Zukunft. Er sollte nicht als Autobiographie gelesen werden. Stattdessen soll diese Auswahl aus ihren Tage- und Notizbucheintragungen es ermöglichen, in den eigenen Worten der Autorin zu erkennen, wie aus Patricia Highsmith Patricia Highsmith wurde.

Zürich, im Juli 2021

Anna von Planta
in enger Zusammenarbeit mit
Friederike Kohl, Kati Hertzsch,
Marie Hesse und Marion Hertle

1921–1940

Die frühen Jahre
zwischen Texas und New York

Patricia Highsmith, geboren 1921 als Mary Patricia Plangman in Fort Worth, Texas, ist Einzelkind und wird früh zur Einzelgängerin. Bereits vor ihrer Geburt lassen sich die Eltern scheiden, und da die Mutter, eine Graphikerin, tagsüber arbeitet, verbringt das Kind seine ersten Lebensjahre zusammen mit dem älteren, früh verwaisten Cousin Dan Coates in der Obhut der liebevollen, aber streng calvinistischen Großmutter, die ein Gästehaus führt. 1924 heiratet die Mutter den Graphiker und Fotografen Stanley Highsmith, in den Augen der Tochter ein Eindringling.

Damals, mit drei Jahren, kann die kleine Pat lesen, mit neun sind ihre Lieblingsautoren Dickens, Dostojewski, Conan Doyle, außerdem ein von der Mutter für ihre Arbeit benutztes illustriertes Anatomiebuch sowie Karl Menningers *The Human Mind,* eine Sammlung populärwissenschaftlicher Studien über abnorme menschliche Verhaltensweisen, die ihre Fantasie wecken: »Ich kann mir nichts vorstellen, was die Phantasie mehr beflügelt, zum Skizzieren, Erschaffen drängt, als die Vorstellung – die Tatsache –, dass jeder, dem man auf der Straße begegnet, ein Sadist, ein zwanghafter Dieb oder sogar ein Mörder sein kann.«[1]

1927 zieht die dreiköpfige Familie nach New York, doch wegen finanzieller, psychischer und ehelicher Krisen wird Pat immer wieder in das großmütterliche Gästehaus zurückgeschickt, einmal sogar für fünfzehn Monate – »das traurigste Jahr meines Lebens«. Sie fühlt sich im Stich gelassen, was sie ihrer Mutter nie verzeihen wird, umso mehr, als die ihr eigentlich versprochen hatte, sich von Stanley scheiden zu lassen.

1933 besucht Pat eine einmonatige Sommerfreizeit unweit von

---

[1] Patricia Highsmith in einem Brief an Karl Menninger vom 8. April 1989.

West Point, New York, von der sie den Eltern täglich berichtet. Pats Briefe nach Hause erscheinen zwei Jahre später in Form eines Artikels im *Women's World Magazine* – ihre erste Veröffentlichung, Honorar 25 US-Dollar. Im selben Jahr begegnet sie auch erstmals ihrem leiblichen Vater, dem deutschstämmigen Graphiker Jay Bernard Plangman; er ist einer der Gründe, warum sie später Deutsch lernt.

Nach ihrer Rückkehr nach New York besucht Pat die Julia Richman High School, eine Mädchenschule mit 8000 Schülerinnen, die meisten davon katholisch oder jüdisch. Während dieser Zeit kristallisieren sich weitere literarische Vorlieben heraus: Edgar Allan Poe (mit dem sie den Geburtstag teilt) und Joseph Conrad. Was ihre eigenen schriftstellerischen Ambitionen angeht, so fühlt sie sich vom Topos der Schuld, von Sühne und Verbrechen angezogen. Schon als 15-Jährige in der Highschool füllt sie dicke Hefte, in die sie literarische Entwürfe sowie Beobachtungen und Reflexionen über die Menschen in ihrem Umfeld und ihre Beziehungen zu ihnen einträgt. Parallel dazu entstehen erste Kurzgeschichten, die zum Teil in der Schulzeitschrift *Bluebird* erscheinen. Patricia Highsmith ist als Teenagerin attraktiv, intelligent, zielstrebig und phantasiebegabt, empfindet aber wegen ihrer gleichgeschlechtlichen Neigungen Schuldgefühle und wirkt auf viele Menschen ernst und verschlossen. Gleichzeitig ist sie eine enorm fleißige Schülerin, was ihr 1938 eine Zulassung an das Ivy-League-Frauen-College Barnard einbringt. Ihre Schwerpunktfächer sind Zoologie, Anglistik, Stückeschreiben, Latein, Altgriechisch, Deutsch sowie Logik. Und sie beginnt ernsthaft damit, Notizbuch zu führen. Das erste ihrer *Cahiers* beginnt sie mit den Worten: »Das träge, geisterhafte Mädchen, das zu einem Tschaikowsky-Walzer tanzt.«

1941–1950

Leben und Schreiben in New York

1941

Im Jahr 1941 beginnt Patricia Highsmith das erste ihrer Tagebücher, die sie von da an parallel zu den Notizbüchern führen wird. Am 14. April 1941 schreibt sie: »*Je suis fait[e] de deux appétits; l'amour et la pensée* [Mein Appetit ist ein zweifacher: Ich hungere nach Liebe und nach Ideen].« Als Schriftstellerin noch kaum geboren, kreisen ihre Gedanken schon darum, wie viel Erfahrung es wohl braucht, um genug Stoff zum Schreiben zu haben, und inwieweit das eine vom anderen zehrt. Und so sind die Grenzen zwischen ihren Tage- und Notizbüchern fließend, beide nehmen immer wieder Bezug aufeinander. In diesem ersten Jahr ihrer Chronik füllt Highsmith insgesamt 450 Seiten, beinahe minutiös berichtet sie auf Englisch, Französisch und Deutsch über alles, was einer jungen Studentin wichtig scheint – üblicherweise spätabends oder frühmorgens, bevor sie zu Bett geht.

Anfang 1941 ist die 20-jährige Patricia Highsmith in ihrem dritten Jahr auf dem College. Das universitäre Pensum verlangt ihr einiges ab, zu ihrer ehrgeizigen privaten Lektüreliste kommen die Hausaufgaben, außerdem engagiert sie sich in linken Studentenverbänden, der Young Communist League (YCL) und der American Student Union (ASU). Als ihr die endlosen Sitzungstreffen zu langweilig werden, schwindet auch ihr politischer Eifer und mit ihm das Engagement. Viel wichtiger ist Highsmith die Ernennung zur Chefredakteurin des studentischen Literaturmagazins *Barnard Quarterly,* in dem sie auch eigene Kurzgeschichten veröffentlicht, darunter »Die Legende des Klosters von Saint Fotheringay«. Die Geschichte liest sich wie ein persönliches Manifest der jungen Highsmith zu den

Themen Religion, Gender, aber auch zu ihrer Berufung als Schriftstellerin: Sie handelt von einem Waisenjungen, den Nonnen als Mädchen verkleiden und aufziehen. Der Junge hält sich für ein Genie und sprengt im Alter von dreizehn Jahren das Kloster in die Luft, um frei von Religion als Mann zu leben und zu Ruhm und Ehre zu gelangen, wie es ihm seiner Überzeugung nach vorherbestimmt ist.

Schon bald beginnen Highsmiths Collegenoten zu leiden. Daran hat neben der Zeit, die sie fürs Schreiben aufwendet, vor allem ihr reges Sozialleben Schuld. Die Highsmiths leben in einer kleinen Wohnung in der Grove Street 48, im Herzen von Greenwich Village, wo die junge Pat auf dem Bettsofa im Wohnzimmer schläft. Schon lange ist das Village als Bohemeviertel bekannt und bekommt weiter Zulauf von europäischen Emigranten wie Anaïs Nin oder Mascha Kaléko, die es als »Brutstätte der Genies« bezeichnet. (So illuster sie auch sein mögen, sind die Neuankömmlinge aber nicht allseits gern gesehen: Die amerikanische Flüchtlingspolitik ist restriktiv und Antisemitismus in allen gesellschaftlichen Schichten weit verbreitet.)

Bekannt ist Greenwich Village auch für sein ausschweifendes Nachtleben, besonders für eine Vielzahl von einschlägigen Bars und Clubs, in denen Frauen in Hosen ungehindert Zärtlichkeiten austauschen können. Gleichzeitig wird Homosexualität zu der Zeit noch als Verbrechen geahndet, häufige Razzien gehören für die Szenebars (die oft von der Mafia »beschützt« werden) zur Tagesordnung. Patricia Highsmith geht damit für eine Zwanzigjährige beeindruckend gelassen um und schlägt sich in der MacDougal Street die Nächte um die Ohren.

Dort macht sie spannende Bekanntschaften und wird Teil einer verschworenen Gemeinschaft erfolgreicher, größtenteils lesbischer Künstlerinnen und Journalistinnen. Durch Mary Sullivan, die im Hotel Waldorf Astoria einen Buchladen führt, lernt Highsmith schon als Studentin Frauen wie die Fotografin Berenice Abbott oder die Malerin Buffie Johnson kennen. Johnson wiederum stellt ihr die britische Journalistin Rosalind Constable vor, rechte Hand des Zeitschriftenmagnaten Henry Luce, des Gründers von *Time* und *Life,* und Geliebte der Künstlerin und Kunsthändlerin Betty Parsons.[1] Highsmith ist mindestens zehn Jahre jünger als all diese Frauen, vielleicht üben sie gerade deshalb einen starken Einfluss auf sie aus. Und genau das wird zu einem wiederkehrenden Streitthema zwischen Highsmith und ihren Eltern, die diesen Lebenswandel verurteilen und sogar drohen, die Zahlung der Studiengebühren einzustellen.

* * *

»The painfullest feeling is that of your own feebleness; ever as the English Milton says, to be weak is the true misery. And yet of your strength there is and can be no clear feeling, save by what you have prospered in, by what you have done. Between vague wavering capability and indubitable performance, what a difference!«[2]

And here is my diary,
containing the body –[3]

6. JANUAR 1941 [F]Erster Tag [nach den Ferien]. Stück über eine Frau, in dem ich einen Mann spielte. Helen[4] war meine Freundin. Es lief sehr gut. +[5] Heute Morgen Brief von Roger [F.][6]. Er sagt, er

---

1 Eine nähere Beschreibung von Highsmiths Netzwerk findet sich in Joan Schenkars Nachwort *Friends with Benefits* am Ende des Buchs.
2 Zitat aus *Sartor Resartus* (1835) von Thomas Carlyle.
3 Das Motto, das Highsmith ihrem ersten Tagebuch voranstellt, ist an Vielschichtigkeit kaum zu übertreffen: Hier ist mein Tagebuch, und es enthält – was? »*Body*« im Sinne von Körper als Hinweis darauf, dass die Tagebücher sich vor allem mit den greifbaren, leiblichen Aspekten des Lebens befassen? Oder »*body*« gelesen als Hauptteil oder Karosserie, also eine Erklärung des Ziels, mit den Tagebüchern sowohl den Großteil als auch den Rahmen für alle weiteren Notizen abzubilden? Und nicht zuletzt kann »*body*« natürlich auch Leiche bedeuten.
4 Helen gehört zu Highsmiths Freundeskreis am Barnard College, zu dem auch Peter (ein Mädchen), Babs P. und Deborah bzw. Debbie B. zählen.
5 Highsmith verwendet in den frühen 1940er Jahren das Pluszeichen, um die oft disparaten Ereignisse ihrer Tage zusammenzufügen.
6 Einer von Highsmiths Verehrern.

liebt mich! Ein bisschen jung, oder?? + Abends Sitzung bei Elwyn[7]. Nur 5 Mädchen waren da. Wir werden was draus machen! + Bin jetzt Kassenwartin der ASU. Ich hoffe inständig, dass niemand davon erfährt! + Mutter ist mir sehr feindlich gesonnen. Vor allem, weil ich nicht feminin genug bin.[FF]

6.1.1941 Ein schamloser, selbstgefälliger, dekadenter, verachtenswerter, rückschrittlicher Gedanke zum heutigen Tag: Ich verlor mich in einem bodenlosen Traum, sah das Leben wie aus der Schwebe, dreidimensional, meine Freundinnen und ihr Wesen – die Leute und ihre Gesichter namenlose Platzhalter –, und jede Einzelne war da, wo man sie auch erwartet hätte, und das Bild, das wir »Leben« oder »Erfahrung« nennen, war vollständig, und ich sah mich selbst – auch genau da, wo es zu erwarten war –, und niemand sah genauso aus oder verhielt sich genauso wie ich.

Und von dieser kleinen Gruppe (die beileibe nicht die ganze Welt war) gefiel ich mir am besten, und ich fand, dass etwas grässlich fehlen würde, wenn es mich nicht gäbe.

7. JANUAR 1941 [F]Habe [Stalins] *Über die Grundlagen des Leninismus* gelesen. Sehr wichtig, einschließlich der Taktik.[FF]

9. JANUAR 1941 [F]Gestern Abend [Shakespeares] *Der Widerspenstigen Zähmung* gelesen. Mrs. Bailey[8] sehr unpünktlich und sehr charmant. Ich möchte jede Lektion aus dem Grammatikbuch abschreiben, um bei ihrer Prüfung perfekt abzuschneiden. + »Die Legende des Klosters von Saint Fotheringay« erscheint in der nächsten Ausgabe [des *Barnard Quarterly*]. Georgia S.[9] sagte heute, es sei die beste Geschichte seit Jahren! Sturtevant[10] mochte mein »Movie

---

7 Ein Mitkommunist.
8 Französischdozentin am Barnard College.
9 Mitstudentin, ebenfalls in der Redaktion des *Barnard Quarterly*.
10 Ethel Sturtevant, Assistenzprofessorin für Anglistik am Barnard College und Dozentin für Kreatives Schreiben.

Date«[11] vom letzten Jahr nicht, und sie gibt diesen Monat die *Quarterly*-Besprechung heraus! + Heute Abend kommt Arthur[12]. Wir werden eine Mannerheim-Linie[13] haben. Mutter will ihn nicht einmal sehen! Arthur erzählte mir, dass Keller mein »House on Morton St.«[14] gelesen hat und es nicht überzeugend fand. Ich hatte es befürchtet. Dass Keller merken würde, dass eine Collegestudentin es geschrieben hat. Ist das nicht schrecklich?[FF]

10. JANUAR 1941 [F]Violet um 9:30[15] hier. Mutter wollte wissen, was sie vom Kommunismus hält – Violet zögerte: »Alle jungen Menschen interessieren sich für den Kommunismus – das ist gut – dann haben sie etwas zu tun.« (!) Bomben werfen zum Beispiel. Stimmt's? + Zum Schreien! Der Volleyballkurs. Ich würde gern eine Geschichte wie »Die Legende« über diesen Kurs schreiben. Die Leute! Sagenhaft! + Habe Fanny B. ein wenig in Logik geholfen. Sie gibt sich nicht viel Mühe mit ihrer Arbeit. Sie will heiraten. »Ted«, er wird Lehrer. Ihre Mutter hat kein Geld, und Fanny geht nächstes Jahr nicht zur Uni. Aber sie ist damit vollkommen zufrieden![FF]

11. JANUAR 1941 [F]Ich habe Karten für Lenins Gedenkfeier im Madison Square Garden[16] am Montagabend gekauft. Zwei für Arthur und mich. Im Workers' Shop[17] war es gestern lustig. Mother Bloor[18] war da und hat ihre Bücher für die Stammgäste signiert. Es gab eine

---

11 Die Kurzgeschichte »Movie Date« erschien 1940 in der Winterausgabe des *Barnard Quarterly*.
12 Arthur R., ein Mitkommunist und Verehrer.
13 Finnische Verteidigungslinie, die den Vormarsch der Roten Armee zu Beginn des sowjetisch-finnischen Kriegs im November 1939 verhindern sollte.
14 »The House on Morton Street«, eine im Nachlass nicht erhaltene Kurzgeschichte.
15 Da bei Highsmith oft unklar ist, ob ihre Zeitangaben den Tag oder die Nacht betreffen, haben wir ihre Notierung beibehalten.
16 Die Gedenkversammlung zu Lenins 17. Todestag wurde am 13. Januar 1941 im Madison Square Garden abgehalten. Earl Russell Browder, Generalsekretär der Kommunistischen Partei der USA (KPdUSA), hielt eine Rede: »Der Ausweg aus dem imperialistischen Krieg.«
17 Der Buchladen der Kommunistischen Partei der USA in der 13th Street nahe dem University Place.
18 Ella Reeve Bloor (1862–1951), US-amerikanische Sozialistenführerin, Schriftstellerin und Gewerkschaftsorganisatorin.

Schlange für die Lenin-Karten, und alle haben gelächelt wie auf einem Propagandafoto.

+ Bailey um 9. Sie sagte, ihr habe meine Geschichte gefallen und Sturtevants Kritik sei lächerlich. Vielleicht mag ich die Geschichte in einem Jahr nicht mehr – aber jetzt gerade schäme ich mich nicht dafür.

+ Virginia[19] rief um 7:30 an. Ich war sehr froh. Ich traf sie um 9 bei Rocco[20], zusammen mit Jack, einem schwulen Burschen, und Curtis und Jean, zwei lesbischen Mädchen. Waren im Jumble Shop[21] usw. Bier und Martinis, und jetzt bin ich betrunken. Aber Va. hat mich geküsst!! Ich habe sie zwei-, drei-, vier-, fünfmal auf der Damentoilette im Jumble geküsst – und sogar auf dem Gehweg!! Dem Gehweg! Jack ist sehr lieb, und Va. würde gern mit ihm schlafen – aber vorher möchte sie am Wochenende einen Ausflug mit mir machen. Sie liebt mich. Sie wird mich immer lieben. Das hat sie mir gesagt, und sie verhält sich auch so.[FF]

12. JANUAR 1941 [F]Große Überraschung! Mutter und S. [Stanley] haben John und Grace[22] überzeugt, morgen Abend zur Lenin-Gedenkfeier mitzukommen! Zuerst wollte Stanley noch nicht einmal, dass Mutter mitkommt, weil sie ja dort jemand sehen könnte! Aber als sie dann erzählten, sie kämen mit, wurde John auch neugierig! + Habe *Ergebnisse des 7. Weltkongresses*[23] gelesen, was mir sehr geholfen hat. Außerdem [Shakespeares] *Viel Lärm um nichts,* das sehr gut ist. [James Joyces] *Finnegans Wake* angefangen.[FF]

---

19 Liebschaft Highsmiths aus der Highschool-Zeit, in ihren Einträgen meistens als »Va.« abgekürzt.
20 Italienisches Restaurant, Thompson Street 181, Greenwich Village.
21 The Jumble Shop, ein Greenwich-Village-Establissement mit gemischtem Publikum, in dem sich Frauen auch ohne männliche Begleitung zu beruflichen oder privaten Zwecken treffen konnten, eine von Highsmiths Lieblingsbars, die von Frances Russell und Winifred Tucker in der 8th Street 1922 als Antiquitätengeschäft eröffnet und dann in ein Restaurant umgewandelt wurde, mit einer zweiten Bar in der 176 MacDougal Street. An den Wänden hingen die Bilder der berühmten und weniger berühmten Gäste, zu denen Ford Maddox Ford, Thomas Wolfe, Martha Graham, Arshile Gorky, Willem de Kooning und Lee Krasner zählten.
22 John Coates ist der Bruder von Mary Highsmith, Grace seine Frau.
23 Der 7. Weltkongress der Kommunistischen Internationale fand 1935 in Moskau statt.

13. JANUAR 1941 ᶠAch – die Küsse gestern Abend – sie waren süß, sie waren himmlisch! O seltener Freude Spitze!²⁴ Shakespeare, du hattest recht! + Diskussion mit Latham²⁵. Sie mag die Auflösung der spanischen Situation [in meinem Stück] nicht: »Sie hatten die perfekte dramatische Situation – und dann haben Sie diesen kommunistischen Mist aufgetischt!« (Dabei habe ich doch nur geschrieben, dass die Revolutionäre die Adligen besiegen!) Sie hat mir geraten, mich an die Arbeit zu machen (Legen Sie einen ordentlichen Gang zu!), und mir noch ein Stück zum Schreiben aufgegeben. Dabei habe ich schon so viel Arbeit! + Browder heute sehr geistreich und überzeugend. Wir sangen »Die Internationale«.ᶠᶠ

14. JANUAR 1941 ᶠOh, James Joyce ist tot. Ich erfuhr die Neuigkeiten gestern Morgen. + Die *Herald Tribune* brachte einen wunderbaren Nachruf! Browder erhielt einen zwanzigminütigen Beifallssturm. 20 000 vor Ort usw. David Elwyn sagt, es liegt daran, dass sie Roosevelt hassen! + An meinem Stück gearbeitet. Zweiter Entwurf für den ersten Akt fertig. [Babs] B.²⁶ mag es und auch meine Geschichten, und ihre Meinung ist mehr wert als die der ganzen Uni! + Ludwig Bemelmans²⁷ hat ein neues Buch geschrieben: *The Donkey Inside*. Großartig wie alle seine Bücher. Ich frage mich, ob er wohl meine Geschichte im *Quarterly* lesen wird.ᶠᶠ

15. JANUAR 1941 ᶠIch wollte mit *Anna Karenina* anfangen, aber ein neues Buch, *Ein Sechstel der Erde*²⁸, liegt so hübsch ordentlich auf meinem Tisch: Wie kann man in Zeiten wie diesen *Anna Karenina* lesen?! – Ach, ich träume! Ich würde gern mit [Babs] B. nach Russland reisen. Solche Zeiten kommen nie wieder. Ich bin genau wie

---

24 »Nicht abzustumpfen seltner Freude Spitze«, ein Zitat aus Shakespeares Sonett 52.
25 Professor Minor White Latham, Professorin für Anglistik.
26 Babs B., Highschool-Freundin von Highsmith und Mitkommunistin.
27 In Österreich geborener US-amerikanischer Autor und Illustrator von Kinderbüchern.
28 Prosowjetisches Werk von Hewlett Johnson, dem sogenannten »roten Dekan von Canterbury«.

jemand in Amerika 1917. Was sollte man gelesen haben? Nichts außer Sachen über den Krieg. Alles andere ist eine Flucht.^FF

16. JANUAR 1941 ^FIch bin glücklich – so glücklich! Aus vielen Gründen! Zuerst einmal hat Sturtevant meine Geschichte gefallen (»Alena«)[29] – Und ich habe mein Stück heute Abend fertiggestellt. Mutter mag es und sagt, es sei weniger kalt als die anderen Stücke und Geschichten, die ich geschrieben habe. + Brief von Jeannot[30] vom 24. November. Hatte gerade meinen Brief vom 17. September erhalten! Hat während eines Bombenangriffs Artie Shaw[31] in Boston gehört! + Meine Großmutter hat mir zwei Dollar zum Geburtstag geschickt.^FF

17. JANUAR 1941 ^FSamstagabend findet eine Party statt, eigentlich war ich mit Ernst[32] verabredet! Armer Ernst! + [Marijann] K.[33] scheint mich sehr zu mögen. So sehr wie die anderen in ihrem Kurs – um es einmal vorsichtig auszudrücken. Wenn sie mich doch nur noch mehr mögen würde! Mein Stück ist gut. Es wird mir nicht unangenehm sein, es irgendwem zu zeigen: [Babs] B. oder Judy[34] oder Latham! + Das Buch des Dekans von Canterbury *[Ein Sechstel der Erde]* ist größtenteils eine Zusammenstellung russischer Wachstumsstatistiken. Wird sehr einflussreich sein – unschätzbar. Es wäre schön, wenn Großmutter vor ihrem Tod noch zur Einsicht kommt. + Mit John und Grace und Eltern um 10 im Vanguard[35]. Judy war da,

---

29 Die Kurzgeschichte mit dem Titel »Alena« ist verschollen.
30 Jean »Jeannot« David, junger Karikaturist aus Marseille und Brieffreund von Mary Highsmith.
31 Artie Shaw (1910–2004), US-amerikanischer Jazz-Klarinettist und bekannter Swing-Bandleader der 1930er Jahre.
32 Ernst Hauser (später Ernest O. Hauser), Fotojournalist und Nachkriegskorrespondent für die *Saturday Evening Post*, den Highsmith nach ihrem Highschool-Abschluss auf dem Schiff nach Texas kennenlernt. Autor von *Shanghai: City for Sale* und *Italy: A Cultural Guide*.
33 Eine Mitstudentin am Barnard.
34 Judy Tuvim, besuchte mit Highsmith zusammen die Julia Richman High School. Aus ihr wird später der gefeierte Filmstar Judy Holliday.
35 Das Village Vanguard, 7th Avenue South 178, ist ein bis heute bestehender Jazzclub in Greenwich Village, eröffnet 1935. Neben Jazzperformances von Musikern wie Thelonious Monk, Dizzy Gillespie, Miles Davis und Art Blakey fanden dort auch Dichterlesungen, Stand-up-Auftritte und Konzerte statt.

aber ich brachte sie nicht an unseren Tisch, wofür Mutter mich schwer gescholten hat. Ich mag Judy. (Eddy ist bei den Kommunisten und bei der Polizei![36])^{FF}

18. JANUAR 1941 ^FHeute Morgen schickte mir John die Rezension eines antikommunistischen Buchs. Von einem Deserteur, immer diese Deserteure, denen die Zeitungen so gern ein Forum geben. + Abends bei Hilda. Die üblichen Verdächtigen waren da – aber auch Mary H. und Ruth. Sie ist reizend! Eine richtige Persönlichkeit. Heute war ein wichtiger Tag, weil ich sie getroffen habe. Mary H. hat Ruth erzählt, dass ich die Intelligenteste aus der ganzen Truppe sei, und ich habe viele Einladungen von guten, anständigen Leuten bekommen. Ich würde Mutter zu gern davon erzählen, aber ich werde ihr nur von Mary H. erzählen, und da vielleicht nicht alles.^{FF}

19. JANUAR 1941 ^FJetzt bin ich zwanzig! Es ist toll! Geschenke nach dem Frühstück. So viele wie zu Weihnachten. Eine Polaroidlampe. Und ein Dreieckskissen zum Lernen. + Eigentlich hätte ich heute Abend mit Ernst essen gehen sollen, aber ich musste lernen. Cocktails um 5 im Fifth Avenue H.[37] mit John und Grace. Dann Champagner für Mutter und mich. Sehr gut.^{FF}

20. JANUAR 1941 ^FDavid Jeannot hat mir gestern ein Radiogramm geschickt.^{FF} Happy Birthday! + ^DGestern fiel mir auf, dass England, auch wenn man dort im Moment keine Verstärkung braucht, die US-Armee um Unterstützung bitten wird, sobald sie anfangen, in Frankreich zu kämpfen.^{DD} + ^FShakespeare erschöpft mich! Es gibt so viel, das ich nicht weiß! + Tage ohne irgendeine kreative Arbeit

---

36 Es gab schon länger Gerüchte, Judy Holliday sei vor ihrer Ehe auch mit Frauen zusammen gewesen, u. a. mit einer Polizistin, die später wegen ihrer politischen Ansichten in berufliche Schwierigkeiten geriet. Das passt mit Highsmiths Aufzeichnungen zusammen, in denen Judy 1941–1942 wie hier meistens zusammen mit Eddy vorkommt.
37 The Fifth Avenue Hotel, 5th Avenue, Ecke 9th Street.

sind verlorene Tage. Ein Künstler[38], ein echter Künstler, würde arbeiten.^FF

21. JANUAR 1941 ^FSüß die Momente, in denen ich nicht an Shakespeare denke! Ich denke an Mary H. oder an Abende in der herrlichen Zukunft, oder an die Jahre, die noch vor mir liegen, oder an die Menschen, die ich kennenlernen werde. [William] Saroyans *Mein Name ist Aram* sowie *Sapphira und das Sklavenmädchen* [von Willa Cather] gelesen – Shakespeare den ganzen Tag. Jetzt will ich nie wieder Shakespeare lesen!^FF

23. JANUAR 1941 ^FBrief von R. R.[39] Habe ihn noch nicht gelesen. Er langweilt mich schrecklich. + Habe mir den gesamten Plot für eine wichtige, aber einfache und kurze Geschichte überlegt, die ich bald schreiben möchte. Sie steckt in meinem Körper wie ein ungeborenes Kind. + O Gott! Das Wichtigste! Ich habe den höchsten Durchschnitt in meinem Griechischkurs! Hirst[40] hat es höchstpersönlich verkündet! Es ist eine Schande, dass ich nicht genug in mein Tagebuch schreibe. Im Sommer habe ich jeden Tag etwas hineingeschrieben. Wenn man Freizeit hat, fließen die Gedanken wie herrlichstes Wasser.^FF

25. JANUAR 1941 ^FKatastrophe! Latham hat mir eine Drei plus gegeben! Ich verstehe das nicht. Ich hätte ehrlich lieber eine Sechs als eine Drei plus! Das wäre wenigstens etwas Besonderes. Es ist schrecklich – schlimmer, als splitterfasernackt vor dem Kurs zu stehen! Schlechter Nachmittag wegen der Note. Virginia hat angerufen. Wollte den Abend mit mir verbringen und hat gesagt, dass sie

---

38 Bestimmte Substantive sind im Englischen geschlechtsneutral, im Deutschen aber eindeutig geschlechtlich zugeordnet. Da Patricia Highsmith sich selbst oft männlich konnotiert, insbesondere wenn sie von sich als »artist« spricht, wurde in der Übersetzung je nach Kontext oft die männliche Form gewählt, besonders wenn, wie häufig der Fall, noch ein männliches Pronomen folgt.
39 Roger Reed, ein langjähriger Verehrer von Patricia Highsmith.
40 Dr. Gertrude Hirst unterrichtete von 1901 bis 1943 Altphilologie am Barnard College.

mich liebt. Wir gehen nächste Woche Ski fahren. + Peter um 7 im Jumble. Drei Drinks für mich. (Drei zu viel.) Peter ist sehr intelligent. Weiß schnell alles über Leute. Und hat auch noch Ahnung von Shakespeare, Tanzen usw. Aber sie bringt nichts hervor. Sie ist vier Jahre älter als ich. Ich glaube, in vier Jahren werde ich auch so reif sein wie sie. Noch reifer hoffentlich.[FF]

27. JANUAR 1941 [F]Heute war der erste Tag, an dem ich mit einer gewissen Sicherheit Klavier gespielt habe. Ermutigend. + Ich frage mich, ob ich besser abgeschnitten hätte, wenn ich nicht so viel aktuelle Literatur gelesen hätte, sondern stattdessen Stücke für Latham? Zwei Gründe, warum Latham mir eine Drei gegeben hat: 1. Mochte es nicht, dass der Süden in einem Stück schlecht dargestellt wird. 2. Hält mich für eine Kommunistin. 3. Weil ich mit so großen Empfehlungen kam. Marijann K. – was wird sie nur sagen?! O Gott![FF]

29. JANUAR 1941 [F]Heute Morgen Französischprüfung. Es war schwierig, und ich glaube, bei allen Fragen, bei denen ich raten musste, habe ich mich geirrt. Schrecklich! Jetzt hoffe ich auf eine Zwei. + Habe mit Latham gesprochen, die sehr freundlich war. Sie sagte, mein Stück sei sehr gut, es fehle nicht mehr viel. Dass mir das Theater jetzt Schwierigkeiten bereite, liege wohl gerade daran, dass ich so viele Kurzgeschichten geschrieben hätte usw. Aber ich mache weiter. + Abends Ernst. Champagner und Essen im Jumble Shop. + M. H. (Ruth) angerufen. Sie hat erzählt, dass Mary uns letzten Samstag beobachtet hat und dass sie uns gern zusammen malen würde. Wir bilden einen guten Kontrast, findet sie. Es wäre mir eine Ehre.[FF]

30. JANUAR 1941 [F]Sehr krank. Das liegt an den Prüfungen, kein Zweifel. Ich habe sehr hart gearbeitet, und heute ist mein erster freier Tag. Mir tun alle Knochen weh. + Meine Krankheit – heute

und gestern – hat mir ein wenig dieses unwirkliche Gefühl gegeben, mit dem Proust so vertraut war. Habe ein oder zwei Absätze einfach geschrieben, wie es mir gefiel. Es ist anders – es fließt, ohne jeden Ehrgeiz, reiner Selbstzweck. Man ist froh, wenn man auf die Uhr schaut und zwei Stunden vergangen sind, als ob es eine feste Uhrzeit gäbe, zu der man dann wieder gesund ist. Hat Proust das schon gesagt? Wahrscheinlich. Aber so erging es mir heute.[FF]

30. 1. 1941 Mein Stiefvater war mir vom ersten Moment an unsympathisch. Ich war ungefähr vier, als ich ihm zum ersten Mal begegnete, und konnte schon seit über einem Jahr lesen. Ich kann mich erinnern, dass ich an diesem Tag ein Märchenbuch las. »Was steht da?«, fragte mein Stiefvater und deutete mit einem langen, krummen behaarten Zeigefinger auf den magischsten Ausdruck, den ich kannte.

»Sessamm, öffne dich!«, rief ich aus.

»Sesam, öffne dich«, korrigierte mein Stiefvater schulmeisterlich.

»Sesam, öffne dich«, wiederholte ich leise.

Mein Stiefvater sah mild lächelnd auf mich herab und presste dabei seine vollen roten Lippen zu einem ganz dünnen Strich zusammen, der dadurch breiter wurde als sein Schnurrbart. Ich wusste, dass er recht hatte, und ich hasste ihn dafür, dass er recht hatte und weil er mein Zauberwort »Sessamm, öffne dich« kaputtgemacht und mir das Bild geraubt hatte, das etwas bedeutete und das sich zuvor mit dem Ausdruck verband, der nun leer, abstoßend und fremd geworden war.

31. JANUAR 1941 [F]Fühle mich viel besser, aber bin immer noch krank. Habe [George Bernard Shaws] *Der Kaiser von Amerika, Shadow and Substance* [von Paul Vincent Carroll] und ein Theaterbuch gelesen. Ich stürze mich ins Theater! Ich werde gut, gut, gut sein!!! Man wird mich fürchten! + *Italienisches Konzert* mit Wanda

Landowska gekauft.⁴¹ Mutter wartet darauf. Sie ist etwas genervt. Ziemlich klar, warum. Sie hat mir erzählt, dass Stanley abends manchmal die schlimmsten Dinge von sich gibt. Die meisten witzig gemeint, aber so seltsam, dass sie sich fragt, ob er nicht doch einer ganz anderen Spezies angehört als wir.^FF

1. FEBRUAR 1941 ^F Habe weiße Socken (für Männer!) gekauft, die lang genug sind – endlich. Tja, von den Knien abwärts bin ich jetzt angezogen wie ein Mann. (Das stört mich nicht.) + Grandpa ist krank: eine Nierenkrankheit. Sie müssen mit einem Schlauch entleert werden, manchmal schafft er das nicht allein. Es ist schwierig.^FF

2. FEBRUAR 1941 ^F Bei Mary H. um 11. Sie waren noch im Bett und standen schnell auf, als ich klingelte. Es ist bezaubernd, Mary zuzusehen (ich wünschte nur, sie hieße nicht »Mary«!). Sie hat einen guten Anfang gemacht. Mit Kohle. Große Leinwand. Wir sind lebensgroß, ich mit den Händen vor dem Körper, Ruthie Manuskripte lesend links. Wir sitzen. Mary ist sehr konzentriert, wenn sie arbeitet. Sie vergisst alles um sich herum. Samstag oder Sonntag sitzen wir wieder für sie. Leider trage ich Jacke und Hemd, und meine Haltung ist sehr maskulin. Was wird Mutter sagen, wenn sie das sieht? Irgendwas ganz sicher!^FF

3. FEBRUAR 1941 ^F Habe eine Eins in Französisch. Und es gab nur zwei Einsen im ganzen Kurs. Bin sehr zufrieden mit dem Anfang des neuen Semesters. Immer noch voller Hoffnung für mein Schreiben. Habe jede Menge Ideen! Jetzt, mit 20, habe ich ein etwas schlechtes Gewissen. So viel Zeit ist vergangen, und ich habe so wenig geschafft.^FF

---

41 Wanda Landowska (1879–1959), polnische Cembalistin und Pianistin, die unter anderem J. S. Bachs *Italienisches Konzert* einspielte.

5. FEBRUAR 1941 ᶠHabe Sturtevant in Französisch. Wie das Bild einer Frau aus einem Kochbuch. Oh, Mrs. Bailey! – Was war sie dagegen für eine Inspiration! Aber diese Frau! Wie meine Großmutter!

+ *Quarterly* wird eine Menge Arbeit. Rita R.[42] ist im Krankenhaus. Georgia S. und ich besuchten sie um 5. Brachte ihr Blumen mit. Ich mag Georgia S. Ich wünschte, sie würde mich zu sich einladen. (Sie wohnt allein.) Sie hat mir erzählt, dass sie nur noch Geschichten über Homosexuelle schreibt, damit Sturtevant ihr Einsen gibt! *Kaiser Jones* [von Eugene O'Neill] gelesen.^FF

6. FEBRUAR 1941 ᶠO Freude über Freude! Ich kann in Mrs. Baileys Kurs wechseln! Miriam G. ist auch darin, aber immerhin hatten wir beide eine Eins. Ich hätte nicht in einem Raum mit ihr sitzen können, wenn ich eine schlechtere Note als sie bekommen hätte. + *Die Schatten der Giebel* von [Dorothy Miller] Richardson ausgelesen. Solche Bücher können nur von Frauen geschrieben worden sein. Sie langweilen mich. Sie sind sehr »munter«, geschäftig, wie Frauen, wenn sie einander besuchen. + [Katherine] Mansfield und [Virginia] Woolf sind genauso.^FF

7. FEBRUAR 1941 ᶠWelch Überraschung! Brewster hat mir eine Zwei gegeben – in der Prüfung! Marijann K. hat eine Drei und hat allen ihren Freunden eine Limo bei Tilson ausgegeben! Logikknoten noch immer im Dunkeln. + Habe Helen im Regen getroffen. »Hättest du Lust, eine Liebesszene mit mir zu spielen?« – »Liebend gern.« – aber ich wollte eigentlich sagen: *für* mich. Ich habe in letzter Zeit oft an H. M. gedacht. Ob ich mich in sie verliebe? Es könnte schlimmer sein! Sie ist eine atemberaubende Frau.

Habe *Russia without Illusions* [von Pat Sloan] angefangen und eine Biografie über Samuel Butler. Er war homosexuell, hat Ruth L. mir erzählt.^FF

---

42 Ebenfalls in der Redaktion des *Barnard Quarterly*.

12. Februar 1941 ᶠBailey hat einen Brief im *[Barnard] Bulletin* veröffentlicht, in dem sie fordert, dass Mädchen, die ohne offizielle Genehmigung als Delegierte zu politischen Versammlungen gehen, »Beobachterinnen« genannt werden. Wahrscheinlich war es Doris B., die uns angeschwärzt hat!
+ Habe »Die Heldin«[43] an *Diogenes*[44] geschickt, wie Ruth vorgeschlagen hat.ᶠᶠ

12. 2. 1941 Wenn ich anfange, Kleidung mit großzügigem Saum zu kaufen; wenn ich auf einen Blick die Mängel eines (potentiellen) Apartments erkenne; wenn ich aufhöre, etwas zu essen, das ich mag, weil ich finde, dass ich genug gegessen habe; wenn ich mich nicht in jemanden verliebe, weil ich finde, dass dieser jemand nicht wirklich gut genug ist; wenn ich anfange zu einer vernünftigen Uhrzeit ins Bett zu gehen, damit ich am nächsten Tag meine beste Leistung erbringen kann; wenn ich anfange zuzugeben, dass die Liberalismusgegner auch nicht völlig unrecht haben; wenn ich ohne Verlangen an dich denken kann, ohne Hoffnung und ohne Sehnsucht – dann weiß ich, dass ich alt werde. Dass ich alt bin.

13. Februar 1941 ᶠ*Quarterly* um 4 zur Druckerei gebracht. Marie T. hat ein wenig geholfen. Sie zeichnet sehr schlecht – wirklich! Das könnte ich besser! Vielleicht übernehme ich ab jetzt die Zeichnungen. + Die Zeit vergeht mir zu schnell. Ich habe die Geschichten, meine Bildhauerei, meine Freunde, meine Bücher, meine Verabredungen, meine Gedanken, Projekte – Projekte! Es wäre kein Stück besser, wenn ich Christian Science[45] praktizieren würde! Da bin ich ganz sicher. Sonst würde ich es tun.ᶠᶠ

---

43 Die Geschichte über ein Kindermädchen, das das Haus ihrer Arbeitgeber anzündet, um deren Kinder retten zu können, wird 1945 in *Harper's Bazaar* erstveröffentlicht werden. Nachdruck in der 1946er-Ausgabe der *O. Henry Prize Stories*.
44 US-amerikanisches Literaturmagazin.
45 Von Mary Baker Eddy (1821–1910) begründete christlich-religiöse Lehre, die auf der Vorstellung beruht, dass Beten heilen kann. Highsmiths Mutter war Anhängerin dieser Lehre.

14. FEBRUAR 1941 ᶠLeague-Sitzung um 8 bei Coryl. Es war ein außergewöhnliches Mädchen da: Marcella, von der [Babs] B. mir erzählt hat. Sie ist wunderschön, wenn sie spricht. Ich könnte mich beim Hingucken allein in sie verlieben! + Habe für Mutter ein Fläschchen Badeschaum zum Valentinstag gekauft.ᶠᶠ

15. FEBRUAR 1941 ᶠMary hat gerade einmal meine Hand gemalt. Aber R.s Kopf ist am Mittwoch fertig geworden, sehr dürftig – das ganze Bild ist mäßig –, zu viel Blau jetzt in den Figuren.ᶠᶠ

17. FEBRUAR 1941 ᶠIch sollte in meinem Alter kreativer, origineller sein. Ich zittere, wenn ich daran denke, dass ich 20 Jahre alt bin. – Nichts! Bis auf wirre Gefühle. Ich bin nicht einmal verliebt! Ich muss die Ideen zu Ende bringen, die ich bereits habe. Dann werden die anderen kommen wie ein reißender Fluss.ᶠᶠ

17. 2. 1941 Ich bin auch nicht mehr zufrieden mit bloßen »Plot«- und Spannungsgeschichten wie früher. Ich mache mir jetzt mehr Gedanken über das, was ich schreibe, und das Ergebnis ist, dass ich weniger schreibe. Ich neige zudem mehr zum Längeren – zum Roman. Ich habe Schwierigkeiten, selbst in den besten Kurzgeschichten echten »Wert« zu erkennen. Weiß nicht, wo das hinführen soll.

19. FEBRUAR 1941 ᶠEs geht bergauf. + Madeleine Bemelmans[46] sprach mich im Seminar an und wirkte sehr freundlich. Hat erzählt, dass Ludwig im Bett seine eigenen Bücher liest und dabei laut lacht! Brachte mich (mit dem Auto) nach Hause. Madeleine sagte, sie glaubt, ihre Heirat sei nicht die beste Idee gewesen – für sie zumindest. Aber ich glaube, das hat sie vielen Leuten an der Uni erzählt.

---

46 Madeleine Freund, Barnard-Studentin, Abschlussjahrgang 1941. Verheiratet mit Ludwig Bemelmans.

Sie redet wirklich zu viel. Vielleicht lädt sie mich einmal auf einen Drink bei sich zu Hause ein.^FF

20. FEBRUAR 1941 ^FWar heute Abend an der Uni, um Rita R. mit dem *Quarterly* zu helfen. Wir sind beide voller Selbstbewusstsein. R. hat mir erzählt, alle hätten mich für unabhängig und selbstsicher gehalten, als ich an die Uni kam. Lustig, das zu hören, denn das war ich überhaupt nicht. Seitdem hätte ich mich völlig verändert, sagte sie. Und auch, dass ich die Einzige sei, die nächstes Jahr Chefredakteurin werden könne. + Heute Morgen etwas Thomas Wolfe[47] gelesen. Das hat meinen ganzen Tag beeinflusst.^FF

21. FEBRUAR 1941 ^FHabe Mrs. B. gesehen, nur kurz, ohne mit ihr zu sprechen. Aus der Ferne – ich glaube, ich könnte mich leicht in sie verlieben. (NB: Mutter erzählte gestern, Bernard P. [Plangman] hätte einmal gesagt, er brauche überhaupt keine Frau. Ich frage mich, ob ich auch so bin? Das wird sich wohl zeigen.)^FF

22. FEBRUAR 1941 ^FMary und Ruth kamen zum Daiquiri-Trinken vorbei. Mary sah sich das ganze Apartment an. Mutter beobachtete sie ganz genau, aber hätte nie erraten, dass sie lesbisch[48] ist, hat sie gesagt. Mutter mochte Mary und Ruth. Wir tranken viel, legten Schallplatten auf, tanzten. Ruth ist die bessere Tänzerin. Aber beim Abendessen sagte sie aus heiterem Himmel: »Du magst mich nicht, stimmt's, Pat?« Ich habe die unselige Angewohnheit, mir das zu leicht anmerken zu lassen – muss es mir abgewöhnen.^FF

---

47 Thomas Clayton Wolfe (1900–1938), US-amerikanischer Schriftsteller, gilt als eine der wichtigsten Stimmen seiner Generation. Highsmith wird seine Romane im Laufe der Jahre immer wieder lesen.
48 Highsmith verwendet beim Schreiben über Sexualität zumeist das Wort »*gay*«. Genau wie »*gay*« wurde auch der deutsche Begriff »schwul« früher oft als Sammelbegriff für Schwule und für Lesben verwendet. Das Wort »*lesbian*« [lesbisch], das sich im Deutschen ab den 1970ern einbürgerte, benutzt Highsmith nur sehr selten. Da man aber die Sprachentwicklung des Deutschen nicht 1:1 mit der des amerikanischen Englisch gleichsetzen kann und »schwul« als Bezeichnung für gleichgeschlechtlich liebende Frauen für heutige Leserinnen und Leser irritierend wäre, haben wir uns in der Übersetzung dennoch für »lesbisch« entschieden. In Fällen, in denen Highsmith »*homosexual*« schreibt, wurde homosexuell belassen.

22. 2. 1941 Ich will die erlesenste meiner weltlichen Offenbarungen niederschreiben: den Kitzel, dieses unsagbare Glücksgefühl, geliebt zu werden. Unerwidert zu lieben ist ein Privileg. Zu träumen und zu hoffen, eine Freude, die himmlischer kaum sein könnte, aber: Sich selbst geliebt zu wissen, es aus fremdem Munde zu hören – das ist wahrlich himmlisch. (Und wenn du meinst, es wäre nicht der Himmel auf Erden, dann nimm deinen dämlichen Himmel und scher dich zum Teufel!)

24. FEBRUAR 1941 [F]Ich habe meine Verabredung mit Ernst gebrochen und bin um 9 zu Judy gegangen. Va. rief vorher an und sagte, sie kränkele etwas – sehr enttäuschend. Hätte sie gern gesehen. Helen, Paula, Ruth, Mary und Ruth, Eddy, Saul B. Alle ein bisschen betrunken. Judy sehr attraktiv. Mary redet zu viel. Ganz was Neues. Irgendwie ist sie auch eine alte Schrulle. Aber wir haben sie trotzdem gern. + Ich habe mich sehr nach Va. gesehnt – keine war so schön wie sie! Habe ihr ein kleines Briefchen geschrieben. Wir müssen uns besser vertragen.[FF]

24. 2. 1941 Was sich jeder von uns vor allem wünscht, ist Schmeichelei, ist Wertschätzung – oder zuallermindest schnelle Anerkennung. Aber wonach wir sonst auch streben, wir sollten auf uns selbst hören. Alles, worauf wir uns verlassen können – Staunen und Wert und Schönheit und Liebe und Glaube und Genie, Freud und Leid, Hoffnung, Leidenschaft, Verständnis –, all das ist in uns, in unseren Herzen und Hirnen. Und nirgendwo anders.

24. 2. 1941 Wir müssen uns selbst als fruchtbares Land betrachten, von dem wir zehren können. Und wenn wir das nicht tun, fangen wir an zu gären wie die ungemolkene Kuh. Wenn wir etwas ungenutzt lassen, stirbt es verschwendet in uns ab. Seine Kräfte immer bis aufs Maximum auszureizen – das ist überhaupt die einzige Art zu leben, im eigentlichen Sinne des Wortes.

25. FEBRUAR 1941 ᶠHelen hat von Enid F. ein Foto von Jo Carstairs⁴⁹ bekommen. Wie diese Mädchen um den heißen Brei herumtanzen! Sie sind beide reif wie Äpfel, die vom Baum gepflückt werden müssen – aber nicht von mir! + Habe mit Nina D.⁵⁰ darüber gesprochen, mein Engagement zurückzufahren. Es muss sein. Selbst zwei Abende die Woche sind ein großer Teil meines Lebens. + S. Butlers Notizbücher sind reizend. Und ziemlich dämlich, genau wie meine manchmal.ᶠᶠ

26. 2. 1941 Neulich Abend bei J. Als ich sehr einsam und selbst ganz lustlos war, stand ich neben dem Klavier, während P. & J. spielten. P. probierte an der Grundmelodie herum, und sie wandte sich an mich und fragte: »Stimmt es so? – Stimmt es so, Pat?« Es war so wundervoll, meinen Namen aus ihrem Mund zu hören. Meinen Namen in einem solchen Moment aus irgendjemandes Mund zu hören. Ich kann auf so knappem Raum nicht zum Ausdruck bringen, was diese kleine Geste für mich an Wärme und ᴰMenschlichkeitᴰᴰ barg.

27. FEBRUAR 1941 ᶠElmer Rice⁵¹ im Theater sprechen hören. Er kritisierte das amerikanische Theater gnadenlos, ebenso wie unseren Verstand. Er sprach, als wäre er auf einer Kommunistenversammlung! Es war wundervoll! + Abends Virginia. Waren in *Die Nacht vor der Hochzeit*. Kino amüsiert mich nicht mehr. Hinterher auf ein paar Bier in unserem Lieblingscafé. Sie besucht jetzt immer das Caravan⁵² auf der MacDougal Street, wo die besten Leute aus der Schwulenszene hingehen. Sie sucht eine Frau, die älter ist als ich. Aber sie liebt mich trotzdem mehr als jede andere Person, die sie je

---

49 Marion Barbara (»Jo«) Carstairs (1900–1993), britische Erbin und Motorbootrennfahrerin, die zahlreiche Affären mit berühmten Frauen hatte, u. a. mit Dolly Wilde (Oscar Wildes Nichte), Greta Garbo und Marlene Dietrich.
50 Auch in der YCL aktiv.
51 Elmer Rice (1892–1967), us-amerikanischer Dramatiker und Pulitzer-Preisträger.
52 Nachtclub in Greenwich Village.

getroffen hat. Ich weiß es, und sie hat es mir gesagt: Wir gehen an irgendeinen zufälligen Ort und entdecken uns dort neu. Überlass das nur mir!^{FF}

28. FEBRUAR 1941 ^FHabe ein Exemplar von *Ein Sechstel der Erde* an B. verkauft. Ich darf sie nur mit an die Uni nehmen, wenn ich sicher bin, dass jemand sie kauft.^{FF}

28. 2. 1941 Die ernste Seite zu erhalten, die unserem gesamten Lebensverlauf zugrunde liegt, ist wichtig, aber ebenso wichtig ist es, sie mit Hilfe der leichteren Seite abzumildern. Ohne sie wäre alles steril, mangelte es an Vorstellungskraft und an Fortschritt. Andererseits sind durch und durch ernsthafte Menschen so lachhaft, dass ich mich frage, ob ihre Einstellung nicht letztendlich doch der leichten Seite zuzuordnen ist. Entsprechend wären die leichtfertigsten Menschen – mit einer guten Grundintelligenz – die ernsthaftesten, philosophischsten und nachdenklichsten. Man braucht Beobachtungs- und Urteilsvermögen und Unabhängigkeit, um über Dinge zu lachen, über die gelacht werden sollte. Dennoch wird die schwere Seite bei mir immer an der einflussreicheren Stelle stehen, weil ich einfach grundsätzlich so bin. Ich muss darüber nicht nachdenken, und es würde mir auch nicht guttun.

Jetzt gerade kommt mir dies hier wichtig und gut beobachtet vor. Die Zeit wird es zeigen. Ich frage mich, ob ich diese Notizen jemals überarbeiten und ordnen werde wie Samuel Butler. Und mich dann, wenn ich es tue, in vielen Jahren auf diese jugendlichen Beiträge zurückbeziehe.

1. MÄRZ 1941 ^FGuten Tag! Guter Tag! Den Morgen mit Schreiben verbracht und die Morton-Street-Geschichte abgeschlossen. Sie ist jetzt komplett anders. In der Uni mag man sie. + Ich denke oft an Madeleine [Bemelmans]. Ob ich sie wohl am Donnerstag zum Reiten einladen kann? Dude Ranch in der 98th Street. Habe *Wolf Solent*

von [John Cowper] Powys angefangen. Das Buch gehört Mary H. Sie haben viele Bücher, die ich mir gern ausleihen würde. + Oh, wie gern ich doch mit Madeleine aufs Land fahren würde! Wenn sie mich am Montag nicht nach Hause bringt, bin ich todtraurig! + Jede Menge Projekte im Kopf.^{FF}

2. MÄRZ 1941 ^{F}Heute war mein letzter Tag. Mein Teil des Bildes ist fertig. Ich mag den Rock nicht. Ruth kam im Negligé aus dem Bad – nur in Unterhosen! – und wollte so Cocktails machen. Sie wurde sauer auf Mary, als die vorschlug, dass sie sich etwas anziehen sollte! Ziemlich interessante Diskussion allein mit Ruth. Ob man bei jemandem bleiben sollte, den man liebt, wenn er (oder sie) eine Affäre mit jemand anderem hat oder hatte. Ich würde gehen. Ruth würde bleiben. Eine solche Situation würde meine Liebe töten, da habe ich keinen Zweifel. + Habe jede Menge feine Ideen – Bruchstücke, aber gute. Ich bin glücklich damit. + Mein Stück wird morgen aufgeführt. O mein armes Herz! Ich bin voller Energie. Würde gern etwas Großes tun – mit dem Körper oder dem Geist. + Gute Nacht! Gute Nacht, Madeleine! Wie schön du bist!^{FF}

3. MÄRZ 1941 ^{F}Guter Tag. Aber ich habe nur 89% in meiner Griechischprüfung bekommen. Das ist zu schlecht! + Madeleine redet nicht genug. Ich frage mich, was mein nächster Schritt sein sollte. Ich fühle mich im Frühjahr immer stärker – voller Energie, Ehrgeiz. Liebe, dieses Frühjahr ganz sicher. Wer? Jemand Neues. Helen M. oder – weiß nicht. Madeleine! Ja. + Wie dieses Gefühl der Energie, der Hoffnung sich wohl mit der Zeit entwickeln wird – wenn die Zukunft kürzer wird. Jetzt gerade ist das Gefühl so stark und schön.^{FF}

3.3.1941 Mir fallen keine großen Schriftsteller, Denker oder Erfinder ein, die notorische Säufer gewesen wären. Poe natürlich. Aber der rosige Schleier der Trunkenheit ist überaus unproduktiv –

scheinbar fruchtvoll zunächst –, aber setzt man seine Ideen in die konkrete Praxis um, platzen sie wie Seifenblasen.

4. MÄRZ 1941 ^FDie Mädchen in meinem Stück wollten nach 11:00 nicht mehr auf der Bühne bleiben. Sie haben sich richtig schlecht aufgeführt. Würde gern einige Kehlen aufschlitzen! Ich mag *Der Schattenfischer* [von Jean Sarment] sehr. + Meine neue Morton-Street-Geschichte ist nur 6 Seiten lang. Sie ist gut, ich bin stolz darauf. + Rose M. hat mich gebeten, heute Abend ins ASU-Büro zu kommen. Habe die Zeit einfach nicht. + Ernst rief um 10:30 an. Er machte gerade eine Flasche Haig & Haig mit Fauge und seiner Freundin auf. Ich verstehe diese Liebe zum Alkohol nicht – zumindest nicht zum Scotch. Champagner, ja.^FF

4.3.1941 Menschen sind wie bodenlose Ozeane, ewig unergründlich, ewig im Wandel. Sie sind eine enorme Wissenschaft, die nie ganz gemeistert werden kann. Allem voran sind sie faszinierend und für sich selbst das Wichtigste auf der Welt. Jeder neue Schriftsteller hat einen kleineren oder größeren Beitrag zu leisten.

5. MÄRZ 1941 ^FFranzösisch geschwänzt, um mein Stück zu proben. Es war ein Flop! Stört mich nicht. Der Soldat war eher blass. Der Kommunist redete zu viel. Lauter Sachen, die mir nicht auffallen konnten, als ich es das eine Mal bei der Probe gesehen habe. + Habe in einem Stück mit Helen gespielt. Oh, wie ich sie lieben könnte! Und sie mich auch, vielleicht. Ich werde es versuchen. + Madeleine war nicht da. Umso besser! + Abends Sitzung bei Flora. Coryl kritisierte mich, weil mein Bericht nicht ausführlich genug war. Sie hat recht. Sie ist sehr militaristisch. Das ist auch gut. Ich war faul. Werde es nächstes Mal besser machen.^FF

5.3.1941 Es ist zur Plattitüde geworden, dass das Leben des Künstlers hart zu sein hat, Blut und Schweiß, Tränen und Enttäuschung,

Kampf und Erschöpfung. Ich glaube, diese Anstrengung sollte in seiner Haltung gegenüber der Welt bestehen: Für ihn liegt die Schwierigkeit immer darin, Distanz zu wahren, intellektuell und künstlerisch, seine eigene Identität zu erhalten und sich zugleich mit der Gesellschaft zu identifizieren. Aber in seiner Arbeit sollte nichts von diesem Schmerz aufscheinen. Er erschafft etwas, weil er es gemeistert hat und damit vertraut ist. Hat er seine Idee einmal in sich aufgenommen, setzt er sie leicht um. Hat er große Mühe bei der Komposition, merkt man es seinem Werk an, merkt, dass es etwas Künstliches, Fremdes ist und vor allem etwas Schwaches und Ungewisses. Große Arbeit ist leicht von der Hand gegangen: Ich meine nicht flüssig, sondern leicht, eben aufgrund jener Meisterschaft, und wenn nötig, ist sie hinterher noch poliert und angepasst worden, mit Muße und mit Frohsinn.

5.3.1941 Ich weiß nicht, ob ich mehr Einträge in dieses Notizbuch mache, wenn ich mit Leuten ausgehe oder wenn ich allein zu Hause bleibe. Manchmal ist Gesellschaft anregend, manchmal macht sie stumpfsinnig. Ich bin immer sehr glücklich, wenn ich an Abenden, die ich mit anderen verbracht habe, etwas Gutes schreibe, und ich fühle mich elend an Abenden, an denen ich allein gewesen bin und nichts zustande gebracht habe. Aber ich kann nicht sagen, an welchen Abenden ich mich am produktivsten fühle.

6. MÄRZ 1941 ᶠAuf dem Weg zur Uni traf ich zufällig Marijann K., und auf dem Weg zu Shakespeare sangen wir im Rennen »Alouette«[53]. Es ist unwichtig, aber ich schreibe es auf, weil es in ein paar Jahren nicht mehr passieren wird. Selbst wenn die proletarische Revolution kommt. Ich rege mich auf, wenn ich an einem Tag nichts Wichtiges tue. Ich könnte wenigstens in einem Sessel sitzen und

---

53 Französisches Kinderlied mit zweideutigem Subtext.

nachdenken. + In der Finnish Hall[54] gewesen. YCL. Haben im Treppenhaus Mannerheim-Linie gespielt. Was für ein Krach![FF]

7. MÄRZ 1941 [F]Was für ein Tag! Erst eine Griechischprüfung (gut gelaufen!), in der ich ohne Grund viel gelacht habe! + In letzter Sekunde einen Aufsatz für le Duc[55] geschrieben. Es heißt, Mrs. Baileys Mann sei verrückt geworden. + Habe meine Kurzgeschichte über die Uni[56] angefangen. Abends drei Kritiker: sehr gut! + Dann Peter und Helen, beide sehr betrunken. Helen machte jede Menge Annäherungsversuche. Wir gingen ins Caravan. Ich tanzte mit Helen, und wir hielten unter dem Tisch Händchen. Curtis beobachtete uns und holte uns an ihren Tisch. Sehr beeindruckt von Helen: Natürlich dachte sie, sie wäre meine Geliebte. Curtis sagte, ich sei süß. »Das liegt an der Gesellschaft«, erwiderte ich. Curtis wird es Virginia erzählen. Das wird was geben! Debbie B. sehr streng, beendete den Abend zeitig. Helen übernachtet heute dort. O Gott, wie gern sie heute Abend in meinen Armen liegen würde. Curtis fragte mich, ob ich überhaupt zum Studieren komme mit Helen an der Uni! Das wird sich wohl zeigen.[FF]

9. MÄRZ 1941 [F]Ich denke an Helen. Ich bin glücklich. Ich stelle mir Abende an einem Tisch vor – trinkend, tanzend. Alles Mögliche. + Habe meine Holzbüste fertiggestellt. Zu viel weggeschnitten. Macht nichts. Das Holz war nicht so gut. + Die Eltern und ich haben heute über Religion gesprochen, natürlich ohne zu irgendeiner Erkenntnis zu kommen. Mutter sagt, dies sei eine Welt der Träume usw. Es ist unmöglich, mit ihr zu diskutieren, wenn sie sagt, dass ich ein Mensch bin, der die Dinge noch nicht sorgfältig genug durchdacht hat.[FF]

---

54 Treffpunkt für finnische Einwanderer, 13 West 126th Street.
55 Alma de Lande le Duc, Assistenzprofessorin für Französisch am Barnard College.
56 »Miss Juste und die grünen Turnanzüge« erschien in der Frühjahrsausgabe des *Barnard Quarterly* 1941, die deutsche Erstveröffentlichung erfolgte 2020 in *Ladies: Frühe Stories*.

10. MÄRZ 1941 ᶠMein erster Gedanke war, Helen zu besuchen. Als ich ihr meine gut vorbereitete Entschuldigung vortrug, sagte sie: »Ach, mir hat es gefallen.« »Wenn das so ist«, sagte ich, »wiederholen wir es doch bald.« + *Quarterly* ist da.ᶠᶠ

12. MÄRZ 1941 ᶠMadeleine hat sich gestern geweigert, ein *Quarterly* anzunehmen: Will ihre Geschichte nicht sehen.[57] Aber ich will, dass sie meine liest! + Helen ist kühl. Das tut mir weh. Sie nennt mich nicht mehr »Darling«, wie sie es bei Peter tut. Daran bin ich ganz allein schuld. Beim nächsten Mal wird es schwieriger, weil sie vorsichtig sein wird. Ach, ich würde gern einmal mit Cecilia E. gehen. Einer erfahrenen Frau. + Haben die Sitzung gestern Abend hier abgehalten. Nur 7 kamen. Wir verlieren unseren Enthusiasmus. Diesen Samstag findet eine Friedenskonferenz an der Columbia statt, auf der ich sprechen werde.ᶠᶠ

13. MÄRZ 1941 ᶠVon 8:30–9:00 Flugblätter verteilt. Man hat mich »Rote« geschimpft! McGuire[58] kam zufällig vorbei. (!) Hat mich gesehen und gelächelt. Was macht das schon? Sie wird es den anderen Lehrkräften sagen. + Langer Beitrag gegen die ASU in der Zeitung *(World Telegram),* sei von Roten dominiert usw. Auflistungen unserer Taktiken, als wären sie illegal! + Sehr müde heute Abend – zu müde zum Schreiben eigentlich: Rauche auf der Couch, denke über ein Stück nach. – Curtis rief mit einer Partyeinladung für morgen Abend an. Von einem Mädchen namens »Mary«, die mich im Caravan »bewundert« habe. Werde Helen einladen, mit mir hinzugehen. Denke dauernd daran – ich hoffe, sie hat morgen noch keine Verabredung. Sie kann hier übernachten!ᶠᶠ

---

57 »Genuine Harris Tweed« von Madeleine Freund erschien in der Frühjahrsausgabe des *Barnard Quarterly* 1941.
58 Lorna McGuire, Lehrbeauftragte für Anglistik und Beraterin für Studienanfängerinnen am Barnard College.

14. MÄRZ 1941 ᶠHelen ist heute schon verabredet, sonst wäre sie mitgegangen, und sie fragte, ob ich noch andere Einladungen bekäme! Aber klar! + Die Party war aus zwei Gründen wundervoll: die Gastgeberin (Mary S.[59]) war wirklich reizend – erinnert mich an Bailey. Und es war eine gewisse Billie B. da, die sogar noch viel attraktiver ist als Streng[60]! Mein Gott! Wir saßen eine Weile zusammen auf dem Diwan. Beide betrunken. Hielten Händchen usw. Sonst nichts. Sie ist sehr erwachsen (35?), anständig, schön – wirklich schön, und kleidet sich wie Streng. Billie B. flüsterte mir ins Ohr, ich solle sie heute anrufen. (5:30 zu Hause.) Ach! Und ob ich das tue!ᶠᶠ

15. MÄRZ 1941 ᶠKann nur noch an Billie B. denken. Was für eine Frau! Mary hat mir gestern Abend erzählt, sie hätte gesagt, dass sie mich mag. Wir beide und Mary waren die Besten der ganzen Truppe. + Drei Stunden geschlafen. Ein bisschen gearbeitet, aber bin nicht zur Friedenskonferenz gegangen! Billie B. um 1 angerufen. Sie war nicht zu Hause. Und dann – !!!!!!! rief sie mich um 4 zurück. Hatte sogar Mary angerufen, um nach meinem Namen zu fragen. Oh, was für eine Frau, dass sie sich meinetwegen solche Umstände macht! Nein, nein, das ist nicht die richtige Einstellung! Ach, ich bin so glücklich, ich kann nur noch an sie denken!! + Heute Abend geschrieben, dann um 10 ins Blue Bowl[61]. Billie war da, ganz in Schwarz. Wir tranken Gin vor dem Restaurant. Sie ist 30–31. Ihr Mann (!) ist Journalist. Sie wohnt mit einer Mary R. zusammen. Ich habe zu viel getrunken. Ich weiß nicht, wie ich zu der Entscheidung kam, mit ihr nach Hause zu gehen. Vielleicht hat sie entschieden. Sind mit dem Taxi hin. Dann musste ich mich übergeben. Wurde eine Menge los. Einen Schluck Kaffee und dann – ins Bett. Marys Pyjamas! Mein Gott!ᶠᶠ

59 Mary Sullivan; sie leitete die Buchhandlung im Waldorf Astoria Hotel.
60 Marion Streng, Privatdozentin im Fachbereich Sport am Barnard College.
61 Restaurant, 211 West 8th Street in Greenwich Village.

16. MÄRZ 1941 ᶠ[Billie] hat das nicht ganz richtig gemacht mit mir. Es war unvollständig. Sie ist zärtlich, leidenschaftlich, süß und feminin. (!) Was man nicht alles erst erfährt, wenn man mit jemandem schläft! Es wirkte wie echte Liebe. Aber ich bin zu dem Schluss gekommen, dass sie ein Nichtsnutz ist. Das erzähle ich Peter morgen: »Ich habe einen schönen Nichtsnutz kennengelernt.« 12:30 zu Hause. Ein bisschen gelernt. Billie hat zweimal gesagt, dass sie heute Abend um 9 zu Hause ist. Sie erwartet, dass ich sie anrufe. Das werde ich nicht tun. Sie soll ruhig warten! Meine ganze Aufregung ist verpufft wie die Luft aus einem Kinderballon: Sie war nicht zurückhaltend genug. Entweder liebt sie mich wirklich, oder sie ist leicht zu haben und oberflächlich – und ein bisschen dumm. Ich glaube, sie ist nicht so spirituell, wie ich dachte. In Deutschland geboren. 1,73 groß.^FF

17. MÄRZ 1941 ᶠPeter sehr beeindruckt von meinem Wochenende. + Lorna M. hat mir heute gesagt, dass ihr meine Geschichte[62] gefallen hat – gut geschrieben. Aber zwei Mädchen seien zu ihr ins Büro gekommen und wollten einen Brief ans *Bulletin* schreiben, weil die Geschichte gegen das Bildungssystem sei! + Billie nicht um 9 angerufen, wie sie angeregt hatte. Erst um 12. Sie ist immer noch charmant. Wann sie mich wiedersehen könne? Freitag, sagte ich. Sie will nicht ins Caravan. Aber Curtis rief an und sagte, wir würden Freitag hingehen: Mary, Curtis usw. Vielleicht Va. Wie wird Billie ihr wohl gefallen?!^FF

18. MÄRZ 1941 ᶠIch bin nervös. Kann tagsüber nicht lernen. Helen lud mich auf eine Zigarette ein – wollte alles über Billie usw. hören. Als ich nach Hause kam, hatte Billie eine Nachricht für mich hinterlassen. Mutter hatte ihre Nummer notiert. »Deine Freundschaft mit dieser Frau kommt mir verdächtig vor« – (mir blieb das Herz

---

62 Wohl »Die Legende des Klosters von Saint Fotheringay« im eben erschienenen *Quaterly*, deutsch in *Ladies* (Diogenes, 2020).

stehen) –, »sie drängt sich uns auf.« – »Ach Gott, überhaupt nicht.« Sie habe nur wissen wollen, wie ich am Sonntag nach Hause gekommen sei usw. Als Mutter weg war, rief ich B. an. Sie wollte heute Abend etwas unternehmen (aber Rita R. kommt vorbei). Und ich sagte ihr, dass sie nicht mehr anrufen darf. Sie versuchte, ruhig zu bleiben. Wenn sie doch nur etwas cleverer wäre! Etwas intelligenter! Na ja – Rita R. kam um 8:30. Guter Abend mit meinem Sherry. Haben getanzt. Sie tanzt sehr gut. Lindy [Hop]. Dann nahm ich sie mit nach Barnard. Aber erst rief ich Billie um 12:15 an. Sagte ihr, dass sie ein Nichtsnutz sei – einer der besten. Sie lachte. Sonst nichts.^FF

19. MÄRZ 1941 ^FMadeleine hat mich nach Hause gebracht. Sie schläft jetzt mit Arthur. (Vielleicht ein Freund von Ludwig.) Madeleine hebt sich ganz schön ab von meinen vorbildlichen Freunden. In einer Zeitung in Gramercy[63] war ein großer Beitrag über Ernst. Ich habe ihm von meinem Freitagabend erzählt. »Wo gabelst du nur immer diese Leute auf?«^FF

20. MÄRZ 1941 ^FGut gelernt. Homer. Mit Helen und Peter geraucht. Wie die beiden sich den lieben langen Tag amüsieren! Wollen mich am Dienstag beim Mittagessen im Gold Rail[64] dabeihaben. Wir trinken schon mittags. Ich hatte meine gestreifte Jacke an, die Va. nicht mag. Helen mag sie! Sie nannte mich zum ersten Mal seit Freitag »Darling«. Ja – wenn ich an Helen denke, bin ich glücklich. + ASU-Sitzung. Habe den Mund nicht aufgemacht. Haare gewaschen. Und die Geschichte über die Turnstunde fertiggestellt.^FF

21. MÄRZ 1941 ^FHabe mich mit Mutter bei L. & T. [Lord & Taylor] getroffen, wo wir eine rote Cordjacke gekauft haben. Wundervoll.

---

63 Gegend in Manhattan um den Gramercy Park.
64 Gold Rail Bar, 2850 Broadway zwischen 110th und 111th Street auf der Upper West Side, zwangloser Treffpunkt für Homosexuelle.

Gefällt ausnahmsweise sogar Mutter. + Habe Billie im World's Fair Café[65] getroffen. Ein bisschen was getrunken. Sie sehr hübsch in einem grauen Kleid. Dann zum Kaffee zu ihr. Sie trank weiter. Saßen ein paar Stunden auf dem Diwan – bis 2:30. Sehr nett. Sie lud mich – sehr höflich – ein, über Nacht zu bleiben. Mary war nicht da.[FF]

23. MÄRZ 1941 [F]Auf dem Weg zu Billie ein unerträgliches Mädchen aus der Uni getroffen. Sie war unterwegs zu einem Treffen für junge Homosexuelle[66] im Temple Emanu-El. Was für eine Beschäftigung für einen Sonntag! Oh, ein guter Engel würde mir zuraten, es wäre besser – aber mein Gott! Ich nehme lieber den Teufel. Billie sehr süß – Küsse usw. Sie sagt, dass sie mich sehr mag. Dass sie mich will. Ich fühle mich sehr zu ihr hingezogen. Aber ich sagte ihr, dass ich in Helen aus der Uni verliebt bin. Billie war sehr traurig – ich habe ihr nicht erlaubt, mich anzufassen. Na, jedenfalls haben wir beschlossen, uns einen Monat lang nicht zu sehen. Sie hat mir ein kleines, goldenes Armband gegeben. Ich werde es nicht tragen. Und ich – ich habe ihr nichts geschenkt, nur einen Cent.[FF]

24. MÄRZ 1941 [F]Schlechten Abend gehabt: im Bett. Nachgedacht, schlechte Gedichte geschrieben. Bis 1:30 nichts geschafft, dann musste ich meine Theaterhausaufgaben machen. Einen langen Brief an Billie geschrieben. Guter Brief, aber zurückhaltend. Ich bin nicht in sie verliebt. Ach, wenn sie doch nur unerreichbar wäre – wie ich sie dann lieben würde![FF]

26. MÄRZ 1941 [F]Cecilia hat angerufen. Gingen etwas trinken im Jumble Shop. Sie sagte, ich hätte mich seit dem Abend unseres Kennenlernens verändert. Mickey und sie hätten mich für »eine rechte Dame« gehalten. Jetzt würde ich so wirken, als würde ich mit je-

---

65 Restaurant und Bar, 798 3rd Avenue.
66 Im Tagebuch steht »*jeune gais*«, i. d.R. meint Highsmith damit »*gay*« – es könnten aber auch »*young guys*«, »junge Leute« gemeint sein.

mandem ins Bett gehen: ohne rot zu werden, nehme ich an. Sagte, ihr hätten meine Gedichte gefallen. Ja, sie sind gut. Genau die Art Poesie, die ich jetzt gerade brauche. Sie lässt mich zur Ruhe kommen, nachdenklich werden, introspektiv – empfindsam –, und mit Ruhe kann ich aus vielem gute Poesie machen.[FF]

26.3.1941 Die Liebe vergeht im Flug.

28. MÄRZ 1941 [F]Viel Selbstbewusstsein: Das erfüllt meine Tage. Vielleicht gar nicht unbedingt gut. Georgia S. mag »Miss Juste und die grünen Turnanzüge«. + Habe um 3:30 Zeitungen für die YCL gekauft. Konnte dann aber abends nicht zur 126[67]: Es kam etwas Wichtigeres dazwischen. Jean war ab 9 im Jumble. Va. ein bisschen spät dran, wie immer. Curtis und Jack kamen nach. Drinks (genug!) und weiter zur MacDougal Tavern[68] und ins Caravan. Billie war nicht da. Aber Frances B., Mary S. mit Connie und John mit Mark usw. Mary S. ganz reizend. Connie erzählte mir, Mary sei seit ihrer Party in mich verliebt. Ich fände es schön, wenn Mary mich mag. Sie ist clever. Connie sagte: »Mary mag dich, weil du intelligent bist – du hast Köpfchen, hat sie gesagt.« Dann zum City Dump[69]. Va. und ich gingen noch ins Vanguard und dann zu Judy, wo wir übernachteten. 2:30–6:00 für mich. Ich schlief natürlich neben Va. Schmales, kaltes Bett. Judy um 5 zu Hause. Hübsch, verschwitzt, reizend die Treppe hinauf! Nach Hause gekommen, ohne dass die Eltern merkten, dass ich die ganze Nacht aus war.[FF]

28.3.1941 Eben jetzt erscheint mir die Welt der Erfahrung attraktiver als die Welt der Bücher, aus der ich gerade herausgetreten bin. Ich habe die Tür nicht geschlossen. Nur einen Raum verlassen und

---

67 YCL-Treffen in der Finnish Hall, 126th Street.
68 Vielleicht die Minetta Tavern in der MacDougal Street 113, unter anderem frequentiert von E. E. Cummings, Ernest Hemingway, Eugene O'Neill und Ezra Pound.
69 NYC City Dump Restaurant, Bleecker Street 145 in Greenwich Village, »wo Park Avenue auf Boheme trifft«.

einen anderen betreten. Ich habe ein neues Selbstvertrauen entwickelt. Ich bin endlich zum Menschen geworden.

30. MÄRZ 1941 ᶠIch bin entspannter – das liegt an meiner Liebe – meinen Lieben, ohne Zweifel. Graham R. um 4. Zu Peter. Daiquiris – keine Ahnung, wie viele. Graham fühlte sich zusehends wohler – seine Witze waren unanständig – aber so was von unanständig. Enid F. mit einem lieben Jungen. Graham stand unter Strom – aber wie! Wir tanzten. Dann küssten wir uns: auf dem Diwan. Ich weiß nicht wie, aber vom Trinken wird man unvernünftig. Wir blieben zur Suppe. Dann wollten Graham und ich in sein Hotel, Limericks[70] trinken. (Ich wartete unten auf ihn – es wäre nicht sicher gewesen, mit ihm aufs Zimmer zu gehen.) Taxi zu einem rumänischen Restaurant. Ich spräche ihn auf körperlicher und intellektueller Ebene an, sagt er. Wollte mit mir ins Bett – nachdem ich ihm von meiner Liebe zu einem Mann erzählt hatte ... der Billie heißt.ᶠᶠ

31. MÄRZ 1941 ᶠHelen süß in der Uni. Mit ihr geschieht etwas, sagt sie. Mit mir auch, aber ich bin natürlich nicht so eine Träumerin. Unsere Noten verschlechtern sich. Ihre am schlimmsten. Sie raucht, isst nicht usw. Ich glaube, es liegt an mir. Unsere Hände berührten sich in Lathams Kurs ganz leicht. Es ist so schön, und unglaublich schüchtern und sittsam. Ich bin zur neuen Chefredakteurin des *Quarterly* ernannt worden. Rita schickte Kapmargeriten. Balakian ist geschlagen.[71] ᶠᶠ

2. APRIL 1941 ᶠHelen leistete mir auf eine Tasse Kaffee Gesellschaft. Ich schrieb meine Redaktionserklärung – dass die Tage der Belletristik vorbei seien usw. Helen erzählte mir einige interessante Dinge. Sie wartet auf Krieg, weil wir dann alle die Fesseln unseres

---

70 Limerick oder Lime Rickey, Longdrink aus Gin, Sodawasser und Limettensaft.
71 Highsmith schlägt im Rennen um die Führungsposition Nona Balakian, die sich als Literaturkritikerin und Redakteurin der *New York Times Sunday Book Review* einen Namen machen wird.

Lebens abwerfen usw. Sie will Spaß haben, egal, wie, egal, mit wem. Teufel auch! Ich habe Spaß.^FF

2.4.1941 Zuletzt habe ich oft Zeit verschwendet. Ich habe getan, was ich mit sechzehn zutiefst verachtet hätte. Aber Folgendes hat es mir gebracht: Es hat mir gezeigt, dass ein Leben ohne Buch vor der Nase fürchterlich nutzlos sein kann. Außerdem hat es mir gezeigt, wie ich das, was ich in meiner klösterlichen Jugend aufgesogen habe, in einem normaleren Leben anwenden kann. Und seltsamerweise hat es den Büchern in gewisser Hinsicht mehr Bedeutung verliehen: Sie sind nicht nur unverzichtbar für Kultur, Allgemeinwissen oder akademische Bildung – sondern als Bereicherung des Alltags. Das klingt nach Plattitüden – bestenfalls Binsenweisheiten. Aber mir hat diese Erkenntnis mehr bedeutet. Zum ersten Mal in meinem dummen Leben habe ich die echte Welt gesehen und erlebt.

4. APRIL 1941 ^F Bis 11:45 zu Hause. Cralick[72] und Graham hier. Gute Drinks, Cralick warf einen Blick auf meine Texte. Flexibel, geistig weit entwickelt, aber körperlich nicht …! Wir tanzten – Cralick und ich. War recht betrunken, als ich das Haus verließ. Las auf dem Weg zu Billie *Best One Acts of 1940* – Percival Wilde. (Was für ein Name!) Ich muss allmählich mal etwas von Wert vollbringen! Billie in ihren blauen Hosen. Trinkt reichlich. Das macht mir Sorgen. Habe selbst auch zu viel getrunken. Billie sagte, sie wolle nicht, dass ich bleibe – nicht wenn sie betrunken sei.^FF

7. APRIL 1941 ^F ASU-Vorstandssitzung bei Flora W. Es langweilt mich. Wäre ich beigetreten, hätte ich das vorher gewusst? Ich bin ja bloß Sympathisantin. Graham kam gestern zum Frühstück. Blieb den ganzen Tag und auch heute Abend und arbeitete an seinem Buch. + Brief von Roger F. Ich soll Ostern kommen. Mal sehen!

---

72 Jeva Cralick, enge Freundin von Highsmiths Mutter.

Habe zu viel Geld für Drinks ausgegeben. Würde gern Karten – oder wenigstens eine Karte pro Woche – fürs Theater kaufen.[FF]

9. APRIL 1941 [F]Fast krank vor Müdigkeit. Brief von Dick[73], der unsere Donnerstagabendsitzungen wiederaufleben lassen will. Kommunistischer Lesekreis. + Handfester Kater. Konnte heute nicht geradeaus denken. Das ist doch nicht gesund. 9:30 nach Hause und direkt ins Bett! Bis 10 geschlafen. Danach ging es mir viel besser. Würde morgen früh gern etwas schreiben. Die Idee? Habe sie schon seit einer Weile. Hoffe, sie ist wichtig. Habe den Eindruck, dass meine Zeit im Süden ein unerschöpflicher Quell für Geschichten ist – solche Reichtümer![FF]

10. APRIL 1941 [F]Guter Tag! Erster freier Tag. Habe mit meiner Geschichte über das Mädchen aus dem Süden angefangen. Mit dem Jungen D. W.[74] Wird gut. + Zu Macy's – zu Fuß –, um einen Pyjama zu kaufen. Nichts macht mich glücklicher als ein neuer Pyjama![FF]

11. APRIL 1941 [F]Herbert L.[75] um 7:30 hier. Nicht in Uniform. Inzwischen recht erfahren mit Frauen. Er ist nicht mehr der gleiche Junge. Aber Bach mag er noch immer. Es ist eine Freude, ihn am Klavier sitzen zu sehen. Tranken zwei ziemlich folgenreiche T. [Tom] Collins. Wollte mit mir ins Bett – in irgendeinem Hotel. Das bedrückt mich – ich weiß auch nicht –, hätte Billie heute treffen sollen. Sie hat mich zu sich eingeladen – aber ich war mit Herb zusammen, und ich wollte ins Kino. Billie hat mir ein rosa Häschen geschickt. Herb will mich morgen Abend bei Walgreen's[76] treffen und dann ins Hotel – ich habe keine Lust – sonst würde ich es machen – Skrupel habe ich keine. Daran liegt es überhaupt nicht.[FF]

---

73 Präsident der Young Communist League.
74 Die Geschichte ist nicht erhalten. Mit D. W. könnte Highsmiths Großcousin Dan Walton Coates gemeint sein.
75 Ein alter Freund von Highsmith.
76 Apothekenkette in den USA.

12. April 1941 ᶠSitzung bei Coryl. Wir bringen nichts zustande. Es ist zum Kotzen. Habe weiterhin keinerlei Enthusiasmus. Marcella war da. Lesbisch? Weiß nicht. Sie vermischt Arbeit und Vergnügen nicht. Hinterher kaufte ich eine Zigarettenschachtel mit blau-braunem Nilpferd für Mutter. Und ein Glas Gelee für Billie. Sehr hübsch, aber nichts Aufregendes. + *Flight to the West* [von Elmer Rice] gefällt mir sehr gut. Wundervoll. Ein Stück, das einen zum Nachdenken bringt. Billie kommt morgen vom Land zurück, nur um sich mit mir zu treffen.ᶠᶠ

12.4.1941 Manchmal schufte ich mir an einer Idee – einer Geschichte – den Buckel krumm, weil ich merke, dass irgendetwas daran wichtig ist. Wenn ich sie dann ein paar Tage liegenlasse – die Sache im Hinterkopf, wie immer bei solchen Sachen –, tritt auf einmal alles offen und klar zutage. Ich kann mich hinsetzen und weiterschreiben und habe endlich die wahre Bedeutung vor Augen. Es ist unvermeidlich, dass ein junger Mensch mehr Zeit mit Leben als mit Arbeiten verbringt. Das sollte er auch. Das muss er. Wenn man die Arbeit hinterher wieder aufnimmt, ist das Hirn wie neu – frisch durchgespült und schlauer obendrein.

12.4.1941 Ich frage mich oft, ob das, wonach ich mich sehne, Liebe ist oder der Kitzel der Dominanz – oder vielmehr nicht Kitzel, sondern Befriedigung. Denn das ist oft befriedigender als die Liebe; auch wenn ich mir keine Dominanz ohne Liebe und keine Liebe ohne Dominanz vorstellen kann. Falsch.[77]

13. April 1941 ᶠIch bin immer glücklich, wenn ich mit Mutter spazieren gehe – vor und nach allem, was passiert ist. Abends ein bisschen geschrieben. Dann [zu Billie]. Sie war gerade angekommen. Wir saßen auf der Couch. Billie sprach in Plattitüden, ich kam mir

---

77 Letztes Wort möglicherweise von Highsmith nachträglich hinzugefügt.

vor, als wäre ich bei meiner Familie! Sie langweilt mich so. Ich hatte nicht mal Lust, über Nacht zu bleiben! Um 2:30 zu Hause. Und ich hatte wieder meinen Schlüssel vergessen! Musste Stanley wecken. Was für ein Ärger! Mutter wütend um 3 Uhr morgens. Eine Ratte in ihrem Bett usw. Musste das Wohnzimmer fegen.^{FF}

14. APRIL 1941 ^FIch hungere nach Literatur – nach Büchern, so wie vor ein oder zwei Monaten mein Körper seine Bedürfnisse einforderte. Mein Appetit ist ein zweifacher: Ich hungere nach Liebe und nach Ideen. Zusammengenommen bringt mich das überallhin.[78] Habe ein Gedicht darüber geschrieben.^{FF}

14. 4. 1941 Anmerkung zum Gegensatz zwischen Körper und Geist. Mein Geist ist jetzt so hungrig wie mein Körper vor vier Monaten – vor einem Monat! Erstaunlich. Sie arbeiten in entgegengesetztem Takt. Wie zwei Eimer an einem Brunnenseil. Einer wird gefüllt, während der andere sich leert!

14. 4. 1941 Es ist eine schöne Beobachtung, dass Menschen für jede Liebe einen Teil von sich hergeben müssen. Sie müssen etwas preisgeben. Sie verkaufen etwas, um etwas anderes zu kaufen. Auch für nicht-leidenschaftliche Beziehungen. Etwas muss im Tausch gegeben, offenbart, verraten werden. Daher auch der Widerwille, sich zu verlieben. Aber das geht den meisten Menschen gar nicht so. Die meisten Menschen, und besonders Frauen, sind unglücklich, wenn sie der geliebten Person nichts geben, nichts von ihr nehmen können. Sie müssen unter Leuten sein. Sie müssen reden und lachen. Nur ganz wenige sind sich dieses Selbstverkaufs bewusst.

---

78 Dieser Eintrag war in einem recht missverständlichen Französisch geschrieben und lässt verschiedene Interpretationen zu: »*Je suis fait[e] de deux appétits: l'amour et la pensée. Entre ces deux, je suis dans chaque endroit, il faut savoir*« – sie könnte ebenso gut gemeint haben, dass sie immerzu auf der Suche nach Liebe oder Ideen ist, wo sie auch hingeht, oder sich zwischen diesen beiden immer hin- und hergerissen fühlt.

14.4.1941 Wo ich gerade *l'affaire B.* beendet habe: Gibt es einen besseren Beweis dafür, dass die Liebe verschwindet, wenn es mit der Neugier, der Unsicherheit und der Bemühung vorbei ist? Meine hatte sich womöglich schon achtundvierzig Stunden nach dem Kennenlernen mit B. erledigt. Ich glaube es fast.

16. APRIL 1941 ᶠGestern traf ich Carter im Washington Square Park. Er kommt aus Texas. Wirkte nachdenklich und erzählte mir, ein Freund habe ihm »Sage« mitgebracht, das bedeutet Marihuana: Hat es vielleicht 8-mal in einem Dutzend Jahren ausprobiert. + Felicia hat mich auf meine zurückgehenden Verkäufe von *Sechstel der Erde* angesprochen – habe auch Sitzungen nicht besucht usw. Mich langweilt momentan alles Mögliche. Politisches ganz besonders. + [James Branch] Cabells *Das zerbrochene Siegel* ausgelesen. Voller Satire. Man muss bekannte und unbekannte Schriftsteller lesen: Beides hat etwas für sich.ᶠᶠ

17. APRIL 1941 ᶠGestern Nachmittag völlig vergessen, Bücher für die League zu kaufen. Eine freudsche Fehlleistung. Würde gern raus aus alldem. Ich wünsche mir mal eine Weile Ruhe und Frieden. Ich bin ja selbst schuld, habe in letzter Zeit mein Leben nicht richtig gestaltet. Aber jetzt würde ich mich gern aus dem Getümmel heraushalten, bis ich etwas von Wert geschaffen habe. + Lese [Puschkins] *Eugen Onegin*. Schlecht (holprige Verse).ᶠᶠ

18. APRIL 1941 ᶠMit Billie zu Abend gegessen. Fisch. Ich trug mein schwarzes Kleid, wie sie es sich gewünscht hatte. Im Delaney's[79] endlose Absacker getrunken. Billie war traurig und redete wenig. Schade, wollte eigentlich bei ihr übernachten. 3–4 Drinks im Caravan, die ich nicht wollte. Dann B. und ich allein im Diner. 8th Street. Billie: »Lass uns ein paar Sachen klären.« Sagte, sie sei besitzergrei-

---

79 Jack Delaney's, beliebtes Steakhaus in Greenwich Village, Grove Street 72 am Sheridan Square.

fend, eifersüchtig, fordernd. Fragte mich, ob ich noch in Va. verliebt sei. Es gebe so vieles, was wir nicht mit Worten ausdrücken können, sagte sie. Sehr müde. Traurig. Aß ihren Hamburger nicht. Gingen um 5. Sie mit meinem letzten Dollar. Hätte sie es noch klarer sagen können?? Ich liebe sie dafür, dass sie verklemmt ist.[FF]

19. APRIL 1941 [F]Roger kam leider vorbei, und wir gingen abends aus. Ich schlief im Bus ein – er wollte in Nachtclubs trinken gehen. + Habe die Geschichte[80] fertig – über die Jungs und das Mädchen im Auto. Ist nicht kohärent genug – und auch nicht wichtig? Wurde ohne große Inspiration geschrieben, wie viele meiner Geschichten. Aber ich habe zwei Ideen, die wichtig sind (ganz sicher). Eine ist die Keimzelle für einen Roman.[FF]

20. APRIL 1941 [F]Billie hat um 10:30 angerufen. Mutter ging dran, sagte dann boshaft: »Will sie dich? Sag ihr, sie kann dich haben!« Ich war natürlich kühl, weil Mutter zuhörte. [Charlie Chaplins] *Der große Diktator* mit Arthur gesehen. Dann nach Hause zu Kaffee und Kuchen. Meine Mutter mag ihn noch am liebsten von allen meinen männlichen Freunden. Dabei ist er Kommunist, was mir wegen Mutter sehr gefällt. »Du bist keine Kommunistin. Du hast bloß eine rosa Zahnbürste«, hat sie zu mir gesagt. Bin voller Ehrgeiz. Will das Wörterbuch lesen, alle meine Bücher. Bis zu den Prüfungen werde ich einen engen Zeitplan einhalten müssen.[FF]

21.4.1941 Menschen legen solchen Wert darauf, geliebt zu werden – mehr noch als darauf, selbst zu lieben, wie ich an anderer Stelle schon einmal erwähnte –, es ist ihnen so wichtig, geliebt zu werden, dass sie sich, sobald jemand Interesse zeigt, unbewusst völlig abmühen, um sich beliebt zu machen – selbst wenn sie kein Fünkchen Liebe für die interessierte Person verspüren. Die Er-

---

80 Unklar, welche Geschichte hier gemeint ist.

kenntnis, dass wir geliebt werden wollen und den Liebhaber auf jede nur erdenkliche Weise anzuspornen versuchen, trifft einen zunächst wie ein Schlag – aber von solcher Ehrlichkeit! –, und dann kommt eine Art Schuldgefühl hinzu, eine Ahnung von Scheinheiligkeit, von Oberflächlichkeit und Irreführung, von Dekadenz und einer ungesunden Spottlust.

23. APRIL 1941 [F]J. B.[81] hat mir einen Dollar geschickt (damit kann ich ein Geschenk für Mary [Sullivan] kaufen), aber nicht den leisesten Kommentar zu meiner Geschichte »St. Fotheringay«. Sehr müde. Helen war reizend in Lathams Kurs. Aber ich habe sie seit jenem schönen Montag vor einem Monat nicht mehr berührt. Na ja – ich habe versucht, ein Interesse für Dramatik zu entwickeln, aber es ist einfach keins da. Alle anderen schreiben viel rundere Stücke als ich. Aber das ist mir egal. Mir liegt nichts daran! Ich denke über meinen ersten Roman[82] nach – über Leute in meinem Alter. Und über die Art von Frau, um die sich die Geschichte drehen soll – eine kluge Frau, die gezwungen ist, sie alle zu verraten, damit sie ihren Lebensunterhalt bestreiten kann. Das wird immer mein Thema sein.[FF]

24. APRIL 1941 [F]Wir müssen uns die Kurse für 1942 überlegen. Ich nehme Howard[83]: Fortgeschrittene Komp. Und noch ein Semester Sturtevant. Die beiden Kurse werden mir bis zum Abschluss eine Menge Schreibpraxis verschaffen.[FF]

25. APRIL 1941 [F]Latham fragte, warum ich immer so lange für meine Stücke brauche. »Sie sind zu pingelig«, sagte sie. + Habe [Billie] angerufen. Wollte sich um 9 mit Curtis und Jean im Rocco treffen.

---

81 Jack Berger, ein Freund der Familie.
82 Highsmith beginnt mit Vorüberlegungen zu einem Roman. Sie wird schließlich 1943 tatsächlich mit der Arbeit an einem »*roman d'adolescents*« beginnen – allerdings mit einer anderen Grundidee –, den sie allerdings nie fertigstellen wird: *The Click of the Shutting*.
83 Dr. Clare Howard, Dozentin für Anglistik.

Dann MacDougal für Drinks, wo ich Connie und Mary S., Eddy und Helen R. traf. Billie und Curtis wurden an der Bar immer betrunkener. Dann ins Caravan. Billie setzte sich hin, sang zur Musik, um jung und fröhlich zu wirken, schätze ich. Anstrengend. Und dann verlor ich auch noch meine Handtasche zwischen Jungle Camp und Main Street. Haben zufällig Dot P. getroffen. Hatte 5 Drinks und bis auf einen Dollar mein ganzes Geld ausgegeben. In der Handtasche waren meine Schlüssel, Lippenstifte und Puderdosen – mein Geldbeutel zum Glück nicht. Eltern reagierten nicht aufs Klingeln. Also zurück zur Main Street und schließlich mit Dot nach Hause, wo ich übernachtete.[FF]

26. APRIL 1941 [F]Meine Eltern haben die Klingel nicht gehört. Hatte schon Angst, sie seien böse. Mutter nicht erzählt, dass ich meine Handtasche verloren habe. Waren zusammen in einer Ausstellung: Rouault und Paul Klee.[84] Abends Rollschuh laufen mit Va.: zwei Jungs – Lee M. und Frank B. Sie sind bei der Army. So unschuldig! Viele Matrosen an der Eisbahn. Alle frisch und jung, verglichen mit den Leuten von gestern Abend. Heute Morgen gut gelernt. Fühle mich voller Energie, obwohl ich das nicht bin.[FF]

27. APRIL 1941 [F]Abends sind wir zu Marjorie Thompson[85]. Larry M. war mit seiner Mutter da. Larry ist definitiv schwul. Es ist amüsant, wie man sich das zusammenreimen kann! Seine Mutter versucht zu deuten, was Hitler gesagt hat. Sie verwechselt die Seiten – schwarz und weiß – und glaubt an Lindbergh[86] (der heute zurückgetreten ist). Larry hat mehr Taktgefühl. Seine Mutter ist aus dem Süden und dumm.[FF]

---

84 Vermutlich *Understanding Modern Art* im Museum of Modern Art, wo auch Werke von Picasso, Matisse, Braque und Cézanne zu sehen waren.
85 Enge Freundin von Highsmiths Mutter.
86 Charles Lindbergh jr. (1902–1974) gelang die erste Alleinüberquerung des Atlantiks, er war entschiedener Gegner des Eintritts der USA in den Zweiten Weltkrieg. Als Präsident Roosevelt ihn als »Defätisten und Beschwichtigungspolitiker« verunglimpfte, quittierte Lindbergh den Dienst bei der amerikanischen Luftwaffe.

28. April 1941 ^FAn der Uni sagen sie, wie schrecklich es ist, dass ich nicht mehr zu den Sitzungen komme (heute Abend wäre eine gewesen). Aber für mich als Individuum geht das Studium vor.^FF

28.4.1941 Ein Automobil zu haben ist, wie eine Frau zu haben. Sie sind fürchterlich teuer und bereiten einem jede Menge Sorgen, aber hat man einmal eins gehabt, will man nie wieder ohne sein.

30. April 1941 ^FDie Stücke, die bei uns im Unterricht aufgeführt werden, sind fast schon professionell. Nichtsdestotrotz muss ich ein besseres schreiben. Zu Judy um 6. Mutter auch, um das Apartment anzuschauen. Judy ist wie immer. Ihre Phantasie zeigt sich in allem, was sie sagt. Manchmal ist das amüsant, manchmal langweilig und abstoßend. Aber für ihre Arbeit ist es notwendig. Als ich dort war, rief Va. an. Wollte mich am Samstag zu einem Picknick mitnehmen. Selbst wenn ich kein Stück zu schreiben hätte, hätte ich Bücher zu lesen – die Zeit fliegt nur so, und ich habe noch nicht annähernd genug gelesen. Schaut euch Babs B. an! Macht sie etwa jede Woche Ausflüge? Aber Va. war sauer!^FF

1. Mai 1941 ^FEndlich mit meinem Stundenplan fertig. Ich bin jetzt schon im Studiensekretariat für meine Zerstreutheit bekannt. Sturtevant fragte mich auch, ob ich verliebt sei. + Ich würde gern meine Geschichte über die Frau aufschreiben, die den falschen Grafen liebt[87]. Das wird gut. + Billie angerufen. Die Tage vergehen, und ich denke nicht an sie. Wir sprechen morgen, aber ich habe nicht vor, viel Geld auszugeben!!^FF

2. Mai 1941 ^FHeute um 10 bei Billie. Wollten eigentlich [den Film] *Pépé le Moko* sehen – aber es war schon zu spät. Ich wollte ja ohne-

---

87 Gemeint ist vermutlich die Kurzgeschichte »The Silver Horn of Plenty«, die im Winter 1941 im *Barnard Quarterly* erscheint.

hin mit ihr reden. Sie erzählte nichts von ihrem Gespräch mit Mary Sullivan, aber ich habe keinen Zweifel, dass M. S. ihr erzählt hat, was ich gesagt habe: dass ich mich in Gegenwart ihrer Freunde jung und dumm fühle. Was soll's.^{FF}

3. MAI 1941 ^FBillie hat mich eingeladen, heute Abend mit ihr zu Mero[88] zu gehen. 10th St. + Hätte in der Prüfung gestern besser abschneiden können. Ich wusste alles. Irgendwas lähmt mein Hirn und hält mich davon ab, mein Wissen zu nutzen. Das ist ein bisschen defätistisch. + Haben Fotografien im Garten gemacht. Ich in Hosen – meine Freundinnen werden Augen machen, wenn ich ihnen erzähle, dass meine Mutter die Bilder gemacht hat! + Fühle mich niedergeschlagen – entmutigt, was meine Arbeit angeht. Ich entwickle mich nicht genug, und ich denke oft, dass es am Sexuellen liegt. Weiß nicht. Was, wenn die letzten vier Jahre verschwendete Zeit wären? Vergeudet! Ich fühle mich heute nicht in der Lage, wahrhaft mutig zu sein – so wie mit 16 – mit 14! Das war toll! Ich frage mich, ob die wahre Liebe sich nicht langsam anschleicht – eher subtil – ohne Raserei! Aber ich mag Raserei!^{FF}

5. MAI 1941 ^FAngefangen, für meine Prüfungen zu lernen. Bin zufrieden. Hätte heute Abend mit [Billie] ins Kino gehen sollen, aber musste an meinem Stück arbeiten. Es wird besser. (Habe ich das nicht das ganze Semester gesagt?) Ich muss für jedes Fach lernen, und damit fange ich an, wenn ich *Das Schwert im Stein* [von T. H. White] ausgelesen habe. Oft schaue ich die Bücher in der Bibliothek an und denke an die Zeit, als ich angefangen habe mit Studieren – wie ich im Laufe meiner vier Jahre jedes dieser Bücher lesen wollte. Und das werde ich auch. Ich weiß, sobald ich Zeit habe,

---

88 Gean Harwood und Bruhs Mero waren Veranstalter des Nucleus Club, eines kleinen Kreises von Lesben und Schwulen, der in den späten 1930er und frühen 1940er Jahren regelmäßig bei ihnen zu Hause in Greenwich Village Partys feierte. Man achtete darauf, die Jalousien herunterzulassen und Männer und Frauen in gemischten Paaren aus der Wohnung gehen zu lassen.

werden mir Ideen und ihre Umsetzung wie im Regen zufallen. Ich sollte keine Angst haben.[FF]

8. MAI 1941 [F]Morgen Abend Sitzung, kann also nicht zu Billie. Sie wollte, dass ich bei ihr übernachte. Ich wäre gern eine Weile geblieben, dann nach Hause gegangen. Es ist sonst schwierig, solange ich noch zu Hause wohne. + Heute Abend *Hamlet* gelesen! Ein paar Sachen auswendig gelernt.[FF]

10. MAI 1941 [F]Einen ganzen Tag lang kein einziges Buch aufgeschlagen. Heute Morgen nach Hosen geschaut.[89] Passen mir nicht – die für Frauen. + Dann schnell zu Va. Sie hat mir tatsächlich ihre gegeben! Mit Frank und Lee irgendwo im Norden gewesen. Amüsant, aber ich verschwende meine Zeit mit solchen Jungs. Selbst Va. würde ihnen keine Beachtung schenken, wenn sie kein Auto hätten. Sie sind zu jung, dumm und gewöhnlich für uns.[FF]

11. MAI 1941 [D]Muttertag.[DD] [F]Meine Hosen sind wunderbar! Ein bisschen kurz, genau richtig. Muss viel lernen. Ach, und [Paul] Claudels Stück *L'annonce faite à Marie* ist sehr schön. + Cralick hat mir ganz ernsthaft gesagt, dass ich mit meinen Zeichnungen Arbeit bei der *Vogue* finden könnte. Ich glaube auch. Ich glaube alles. Vor allem glaube ich an mich selbst. Ich kann alles schaffen![FF]

15. MAI 1941 [F]Helen heute sehr hübsch. Habe ihr Bücher aus der Bibliothek mitgebracht. Ich mag es, wie sehr sich Va. darüber ärgert. + Habe [Ruth] geschrieben und sie eingeladen, Decoration Day[90] mit Va. und mir zu verbringen. Wir würden gern mit dem

---

89 Highsmith betont sehr oft, dass sie Hosen trägt. Um den Grund dafür und die Tragweite zu verstehen, muss man sich vor Augen führen, dass Hosen an Frauen noch bis in die 1960er Jahre als unangemessen galten. Crossdressing wurde als Zeichen für Homosexualität gewertet; nach der berüchtigten »Drei-Kleidungsstücke-Regel« (die nicht gesetzlich festgehalten war, wohl aber von den Behörden häufig angewendet wurde) konnte man verhaftet werden, wenn man mit weniger als drei »geschlechtsgerechten« Kleidungsstücken aufgegriffen wurde.
90 Später umbenannt zu Memorial Day, nationaler Feiertag zu Ehren Kriegsgefallener.

Auto in den Norden fahren – mit ihrem Auto. + Gutes Tennismatch gegen Frances F. Dann unter die Dusche – beide nackt – gutes Gefühl. Auch die Erschöpfung. Das Leben ist gut. Keine Sorgen. + Habe mein Stück fertig. *Kiss me Goodbye* – und die Heldin heißt Helen – klar.^{FF}

16. MAI 1941 ^FEine Eins minus für einen Aufsatz für Bailey gekriegt. + Lee rief abends an. Ich las gerade [Shakespeares] *Der Sturm*. Dann kam Va. vorbei – sie waren auf einer Spritztour mit dem Auto. Kam allein in mein Zimmer. Ich küsste sie – streichelte sie – ohne das kleinste bisschen Verlangen oder Genuss. Ich weiß auch nicht, was mit mir los ist. + Dann zu [Janet] M. um 10:30. Mary war sehr (o sehr!) liebenswert zu mir. Janet ist blond und groß, wie Billie. Riesenwohnung. So ein Überfluss! Aber ein bisschen billig, genau wie sie. Billie und sie sind jetzt zusammen. N. B. Janet hat ein Auto – und Billie hat mir letzte Woche erzählt, für ein Auto würde sie ihre Seele verkaufen!^{FF}

17. MAI 1941 ^FBillie rief um 10 an. Entschuldigte sich wegen gestern Abend (warum denn!). Sagte, die Mädchen seien Miststücke – alle –, es ist immer das Gleiche mit Billie – wenn sie meint, sie müsse mich mit Samthandschuhen anfassen, hat sie sich geschnitten. Es war nie ernst zwischen uns. Habe fleißig gelernt. Wie viel naiver ich war, als ich noch in der Morton Street[91] wohnte. Ich war ein liebenswertes, fröhliches Kind – und selbstbewusst. Jetzt habe ich zu viele Abende hintereinander getrunken.^{FF}

18. MAI 1941 ^FNicht genug Zeit zum Lernen. Ernst rief gestern an. Will mich in zwei Wochen einstellen.[92] Wahrscheinlich. + Ach, wenn ich doch nur wieder Liebe empfinden könnte wie mit sechzehn! Ich war so glücklich! Jetzt bin ich wie eine alte Schrulle!^{FF}

---

91 Dort lebte Highsmith im Sommer 1940.
92 Ernst Hauser wird sie für eine Weile als Assistentin anstellen.

19. MAI 1941 ᶠArbeit! Arbeit! Lese nicht mal die Zeitungen. Ein Schiff ist gesunken. 190 Amerikaner.⁹³ Vielleicht Hitler. Alle Welt spricht jetzt über den deutschen Sieg. Wir sind gerade in den Krieg eingetreten.⁹⁴ + Habe [Shakespeares] *Julius Caesar, Maß für Maß* gelesen – usw. Es ist anregend, so zu lernen: den ganzen Tag lang! Die Gedanken anderer Männer.ᶠᶠ

19.5.1941 Ich bin betrunken – in einem Haus voller Trinker, und alle sind so verdammt beschäftigt damit, sich auszudrücken.

19.5.1941 Mögliche Grundlage meiner ᴰWeltanschauungᴰᴰ. Dass die Kindlichkeit nie verlorengeht, sondern das Erwachsensein nur wie ein Fassade davorgebaut wird. Im Innern denken wir wie Kinder, reagieren wie Kinder und haben die gleichen Begierden. Das Benehmen nach außen hin ist nur eine absurd aufgeblasene Blendwolke. Werde später weiter darüber nachdenken.

22. MAI 1941 ᶠAbends Billie. Zwei Monate habe ich mit ihr verschwendet. Ich bereue es nicht. Aber verschwendet waren sie, zumindest was die Arbeit angeht. Habe nur die Geschichte von »Miss Juste« und zwei Stücke geschrieben. Jetzt will ich mich ausbreiten. + Morgen gehen wir (Virginia und ich) ins Caravan, glaube ich. Sie ist jung und süß, verglichen mit Billie. O Billie, du hast mich getäuscht!! Du bist nichts als eine Trinkerin, eine selbstsüchtige Liebhaberin. Ein Feigling – eine Faulenzerin –, eine Frau voller Leidenschaft, aber ein Nichtsnutz.ᶠᶠ

---

93 Bezug unklar: Vielleicht meint sie die *Robin Moor,* ein Frachtschiff, das am 21. Mai – allerdings mit 46 Menschen an Bord – von einem deutschen U-Boot versenkt wurde, was Präsident Franklin D. Roosevelt dazu veranlasste, am 27. Mai den »unbefristeten nationalen Notstand« auszurufen. Das wäre ein Hinweis darauf, dass Highsmith die Einträge oft erst im Nachhinein verfasste.
94 Nicht wörtlich zu nehmen. Die Vereinigten Staaten traten am 8. Dezember 1941 in den Krieg gegen Japan ein, einen Tag nach dem Angriff auf Pearl Harbor.

23. MAI 1941 ᶠAbends mit Va., haben gestritten. Machen also doch keinen Ausflug am Decoration Day. Ich lasse mich von meinen Gefühlen leiten, nicht von meinem Geist. Auf den habe ich mich lange genug verlassen. Das ist langweilig. Und unproduktiv. Wenn ich jemanden mag, werde ich tun, was ich muss, ohne darüber nachzudenken.^{FF}

23. MAI 1941 ᶠMir macht es nichts aus, wenn Va. und ich uns die nächsten sechs Monate nicht sehen. Es gibt jede Menge zu tun. Jedes Fach noch einmal von vorn. Das Problem bei Va. und mir ist, dass es an Verlangen fehlt. Wir wollen einander nicht genug.^{FF}

24. MAI 1941 ᶠEin guter Tag. Der erste meines neuen Lebens. Habe mein Stück *The Pettigrews at War* fertig, 21 Seiten. + Morgens mit Mutter. Wir gingen spazieren, dann zu Orbach[95]. Es gibt Momente, in denen ich gerne in einer Menschenmenge bin. Heute habe ich es gehasst. Manchmal berühre ich einen Körper, und es widert mich an und macht mich rasend. + Abends in der Bibliothek. Wundervolle Bücher, und ich habe noch immer Appetit auf sie. Ernst H. zum Tee hier. Will mir 20,00 die Woche zahlen. Ich werde sie mir verdienen. + Gestern *Begrabt die Toten* (Irwin Shaw) gelesen. Gut, aber zu offensichtlich kommunistisch, glaube ich. Es überrascht mich, dass man ihn am Broadway so lange verehrte. + Va. sagte am Freitag, Schulberg[96] (oder Thomas Wolfe) habe einmal gesagt: Ein Mann, der Tagebuch führt, tut das, weil er Angst hat auszusprechen, was er aufschreibt. Kann sein. In meinem Fall trifft es zu. So oder so möchte ich meine Fort- und Rückschritte nachvollziehen können.^{FF}

24.5.1941 An dem Abend auf der Party, als ich mich neben dich auf die Couch setzte und wir ins Gespräch kamen, hättest du sonst

---

95 Orbach's, New Yorker Kaufhaus.
96 Budd Schulberg (1914–2009), US-amerikanischer Schriftsteller und Fernsehproduzent.

wer sein können, jeder der anderen Leute im Raum, mit denen ich an dem Abend sprach. Ich kann nicht sagen, was genau es war, das dich plötzlich besonders machte.

Aber in dem Moment liebte ich dich, weil du fremd warst. Ich liebte dich, als du mir gute Nacht sagtest. Ich liebte dich den ganzen nächsten Tag, obwohl ich weder schlafen noch essen, noch lesen oder auch nur zusammenhängend über dich nachdenken konnte. Als ich dich dann wiedersah, kam ich mir dumm vor, oder ich fürchtete, dass du mich für dumm halten würdest, weil ich den Blick nicht von dir abwenden konnte. Du warst so unheimlich lässig und wunderbar, als ich ankam. Wir traten auf den Bürgersteig hinaus, liefen zu einer schäbigen Bar und setzten uns an einen Tisch. Und in dem Moment fiel etwas von dir ab, fiel dir von den Schultern wie ein Umhang – oder besser: wie ein Sichtschutz, der etwas nicht so Attraktives verdeckt. Ich wünschte, ich könnte sagen, was es war. Denn wenn ich das wüsste – wenn es simpel genug wäre, um entdeckt zu werden –, könnte ich es vielleicht vergessen. Ich wüsste zumindest, wogegen ich anzukämpfen hätte, was genau uns trennt.

Vielleicht war ich erschrocken, weil du mir zu viel Aufmerksamkeit schenktest. Vielleicht war ich dumm und wollte im Grunde niemanden, den ich wirklich haben konnte. Ich weiß es nicht. Aber nach diesem wundervollen Abend, an dem du kaum mit mir sprachst, und der schlaflosen Nacht und dem nervenzerrüttenden Tag und den unendlichen Stunden, ehe ich dich endlich wiedersah – nach all dem ist die Veränderung an dir (oder an mir) wie das plötzliche, ungewollte Erwachen aus einem glorreichen Traum. Das Erwachen an einem Montagmorgen, an dem sich das Wolkenschloss und die silbrige See zurück in ein schäbiges Zimmer verwandeln und man feststellt, dass man gleich aufstehen und sich in der nächtlichen Kälte anziehen und durch einen anstrengenden Tag schleppen muss.

25. MAI 1941 ᶠAbscheulicher Tag. Nicht genug Arbeit, nicht genug Vergnügen. Habe zu viel Zeit damit verbracht, zwischen den beiden hin und her zu wechseln. Versucht, mit Pastellfarben zu malen. Schwirig. Tinte ist mein wahres Medium. + Waren heute Abend um 8 Uhr zum Essen im Jumble Shop. Mary S. kam mit zwei Männern und einer Frau herein. Gott sei Dank waren sie hetero. Einer war ihr Ehemann. Ich stellte sie meinen Eltern vor, und sie stellte ihren Mann vor. Ihre Haare sahen nicht gut aus, mir ist das ja egal, aber ich wollte, dass sie einen guten Eindruck bei meinen Eltern macht. Sie ist hübsch und süß! Vielleicht könnte ich sie lieben. Weiß nicht. Warum tue ich es nicht einfach, wenn ich es doch kann? Weil aus mir in jeglicher Hinsicht ein Hamlet geworden ist. Ich bin antriebslos.

Mein Herz hört auf zu schlagen.^{FF}

25.5.1941 Es ist so wichtig, dass Menschen – insbesondere junge Menschen – in ihrem Leben einmal Gedichte schreiben. Selbst wenn es schlechte sind. Selbst wenn sie der Meinung sind, sie hätten für Gedichte nichts übrig oder kein Talent dazu, sollten sie es tun, auch schlecht, solange es nur von Herzen kommt. Und wirklich von Herzen kommende Poesie ist selten schlecht, selbst wenn die Form nicht perfekt ist. Sie eröffnet neue Perspektiven auf die Welt. Wir sehen vielleicht gar nichts Neues, aber wir sehen das Alte mit anderen Augen. Und diese Erfahrung ist von unschätzbarem Wert. Sie ist so seelenerschütternd wie die Liebe. Nur erhebender. Sie schafft Philosophen und Könige.

26.5.1941 Jeder Mann und jede Frau trifft in seinem oder ihrem Leben Entscheidungen, kennt Gefühle, die mit denen der Figuren aus den berühmtesten Romanen und Theaterstücken vergleichbar sind. Und doch kann sie nur ein solch kleiner Anteil der Welt artikulieren – die bloße Handvoll »Schriftsteller«, die mit wenigen Ausnahmen ihre Themen aus der Beobachtung anderer, aus zweiter

Hand gewinnen. Wenn wir die Beiträge jedes Einzelnen in irgendeiner Form vorliegen hätten, jedes individuelle Teilstück über alle Zeitalter hinweg, was wüssten wir dann heute nicht alles?

28. MAI 1941 ^FHeute Morgen geschrieben. 12:30 an der N.Y.U. [New York University]. Babs da. Außerdem ein Mann vom American Writers' Congress[97]. Der tagt in einer Woche. Werde hingehen. + Eine Zwei von Latham. In Griechisch auch eine Zwei. Drei in Sport. Abends Arthur. Er liebt mich fast. Wollte in die Welt der Liebe eintauchen. Und der Leidenschaft usw. + Katharine Cornell[98] in *Der Arzt am Scheideweg* gesehen. Sehr gut. Sie ist nicht hübsch. Die Stimme ein wenig schrill. Ein blasser, klarer Teint. Das Publikum, das größtenteils aus Frauen bestand, hörte auf zu klatschen, als der Vorhang fiel, weil sie sich schon die Hüte und Handschuhe anzogen. Das ist abscheulich!^FF

28.5.1941 Wenn wir auf die Welt kommen, ist unser Charakter ein unbeschriebenes Blatt, auf dem die Menschen, die uns umgeben, ihre Nachrichten hinterlassen. Einem bewunderten Charakter wollen wir nacheifern, bei einem verhassten Charakter wollen wir uns so weit wie möglich in die entgegengesetzte Richtung entwickeln. Dieser Faktor ist wichtiger als Vererbung oder die physische Umgebung.

Sonstiges: Wie wird man hartnäckige Verehrer los? Muss ich mir eine gehörige Portion Schuppen zulegen?

29. MAI 1941 ^FErster Arbeitstag mit Ernst. Seine Dialoge könnten besser sein. Ich bin so offen wie möglich. Seine Figuren sprechen zu förmlich. 4:45 zu Hause. Nicht schlecht.^FF

---

97 Auf dem First American Writers' Congress wurde die League of American Writers gegründet. Es bestand eine enge Verbindung zur Kommunistischen Partei der USA. Thomas Mann, Lilian Hellman, John Steinbeck und Ernest Hemingway gehörten zu den Mitgliedern.
98 Die Schauspielerin Katharine Cornell (1898–1974) galt zu ihrer Zeit als »First Lady« des amerikanischen Theaters.

30. MAI 1941 ^F Abendessen mit Herb im Jumble Shop. Manchmal redet er wie ein Esel daher – vor allem, wenn er getrunken hat. Das ist ein ziemlicher Fehler. Er würde einen guten Faschisten abgeben. (Wurde gestern angerufen und gefragt, ob ich zu einer kommunistischen Versammlung komme. Habe natürlich gelogen. Noch so ein Abend unter Pseudo-Pseudos.) Herb und ich haben versucht, im Bett etwas Aufregendes zu veranstalten. Hätte aber genauso gut mit meiner Großmutter drin liegen können. + Wäre jetzt am liebsten allein. Würde gern Gedichte über meine letzte Liebe schreiben – oder was auch immer.^FF

31. MAI 1941 ^F Die Tage vergehen schnell. Werde nachmittags müde – mein Hintern. Und kein Kaffee. Ernst hat es bequem in seinen Hosen und dem weißen Jackett. Keine Krawatte. Er geht herum, raucht ein wenig, isst seine Kaffeebonbons. Ich lerne eine Menge von ihm. Würde gern schreiben wie er. Bin fast so weit: Erst ein finaler Entwurf, hinterher dann Korrekturen mit Füller. Ich würde meine erste längere Geschichte gern auf langem gelbem Papier schreiben. Glaube nicht, dass Ernst ein Mädchen hat, in das er verliebt ist. Aber bei ihm weiß man nie. Was er so alles treibt ... Was [Billie] wohl gerade macht. Sie ist auf dem Land, glaube ich – hoffe ich. Wenn sie dort ist, trinkt sie nicht. Oh, was ich für Samstage mit ihr verbracht habe! Als wir das letzte Mal zusammen waren, hat sie mich geküsst. Leider erinnert sie sich nicht. Ach, was spielt das noch für eine Rolle! Einmal habe ich in mein Tagebuch geschrieben, wenn ich vorsichtig würde – wenn ich an einer Person nicht interessiert wäre, weil sie nicht »gut« genug sei, wäre ich alt geworden – dann ist es jetzt wohl so weit. Ich würde gern jemanden lieben, ohne selbst geliebt werden zu wollen.^FF

1. JUNI 1941 ^F Gespenstischer Tag – keine gewöhnlichen Menschen auf der Straße, weil alle weggefahren sind. Was Va. wohl macht? + Ich denke jetzt mehr nach. Will keine Geschichten über dumme,

nutzlose Menschen schreiben. Es gibt so vieles, was danach schreit, beschrieben zu werden. + Graham um 10:00 hier. Wir unterhielten uns in Ruhe. Die Verhältnisse in den Lagern sind unglaublich. Ein Wachtposten hat auf Befehl zwei Männer erschossen![99] Wir hörten Schallplatten. Er trug meine Hausschuhe. Sie sehen schön aus an seinen Füßen. Bin glücklich.[FF]

2. JUNI 1941 [F]Schlechter Tag mit Ernst. 3½ Stunden Schlaf! Na ja! Aber er bezahlt mich wenigstens für meine Arbeit. + Habe meine Geschichte über das Mädchen angefangen, das seine Handtasche verliert.[100] Wird gut. + Stanleys Geburtstag. Er wird 40. Sieht aus wie 35! + Ich fürchte mich davor, meine Noten zu erfahren. Obwohl mir egal ist, wie ich dieses Semester abgeschnitten habe, habe ich doch gerne Einsen. Es kann so leicht passieren, dass man eine Zwei oder Drei bekommt. Und dann – bist du eine mittelmäßige Studentin! Aber nächstes Jahr werde ich überragende Noten haben. Ich bereue dieses Jahr nichts. Ich habe auch viel gelernt.[FF]

3. JUNI 1941 [F]Eine Eins in Französisch – und eine Drei in Shakespeare. Kapiere das nicht! Bei nur fünf Dreien im Kurs! Ich hatte sogar auf eine Eins gehofft! Die Ergebnisse für Logik sind noch nicht da. + Habe 6 gute lange Seiten von meiner »Hangover«-Geschichte geschrieben. Komme voran. Den Rest des Sommers will ich nur noch lesen und schreiben. Die letzten zwei Monate habe ich nichts getan, nur versucht, Sachen zu empfinden. Und es ist mir nicht gelungen, mit Ausnahme von Zigaretten und Schnaps.[FF]

6. JUNI 1941 [F]Nervös, weil ich zum Arzt gehe. Ernst hat gefragt, warum – wo ich mich seit zwei Jahren nicht mehr so rastlos, so

---

99 Was Highsmith hier mit »Lagern« meint, ist unklar. Selbst die frühesten Gerüchte über den Holocaust kamen erst später im Jahr auf. Die Internierung japanischstämmiger Amerikaner begann erst 1942. Vielleicht sind die Trainingslager oder »Bootcamps« zur Grundausbildung in der US-Army gemeint.
100 Unbekannte oder verschollene Geschichte.

unruhig gefühlt habe. + 5:15 bei [Frau] Dr. Jennings. Sie ist lesbisch – 45. Wollte alles Mögliche abklären: Hat mich eine halbe Stunde lang untersucht! Ich wiege 48,5 kg. Es war schwer zu ertragen. Vagina usw. vollkommen normal, nur die Drüsen ... Muss am Mittwoch meinen Stoffwechsel überprüfen lassen. Das wird sehr viel Geld kosten. Wahrscheinlich ¾ von dem, was ich diesen Sommer verdiene. Es ist ein Jammer, aber ich komme nicht drum herum. Bin andauernd niedergeschlagen, weil ich mich nicht verlieben kann! Wegen so was bringen sich Leute um. + Heute mit Arthur *Pal Joey*[101] gesehen. Nicht so gut wie erhofft. Die Songs hervorragend. Arthur ist dabei, sich in mich zu verlieben, es wird ernst. Es ist vertrackt: Ich kann ihm nicht sagen, was ich fühle, weil ich nichts fühle – weder für noch wider. Wie gern ich ihm – und auch mir selbst – sagen würde, dass ich verliebt bin – in Helen, Billie, Babs, irgendwen!!!!!!!!![FF]

7. JUNI 1941 [F]Habe überhaupt keine Sommerkleidung. Es deprimiert mich, spazieren zu gehen, wenn alle auf der Straße leichte Kleidung tragen. Ich bin so schnell deprimiert! Aber auch so schnell glücklich! + Eine Kette gekauft – Perlen. 5 Reihen, ineinander verdreht. Billie wird sie mögen. Kein Wort von ihr. Rufe sie wahrscheinlich Montag an.

Heut Abend im Commodore[102]. Wir hörten Millen Brand[103], Joy Davidman[104]. Es heißt, heutzutage dürfte Steinbeck seine *Früchte des Zorns* gar nicht mehr veröffentlichen. So nah sind wir dem Krieg. + Würde gern Nonsens-Verse schreiben – das mache ich.[FF]

---

101 Broadway-Musical von 1940, Musik: Richard Rogers, Text: Lorenz Hart. Die originale Produktion von Regisseur George Abbott mit Vivienne Segal und Gene Kelly in den Hauptrollen wurde zehn Monate lang aufgeführt.
102 Hotel auf der 42nd Street, Ecke Lexington Avenue, heute befindet sich dort das Grand Hyatt Hotel.
103 Der US-amerikanische Schriftsteller und Dichter Millen Brand (1908–1980) war Mitglied der League of American Artists. Unter McCarthy in den 1950ern wurden seine Bücher aus öffentlichen Bibliotheken verbannt.
104 Helen Joy Davidman Gresham (1915–1960), US-amerikanische Schriftstellerin und Dichterin, die 1938 der Kommunistischen Partei der USA beitrat und später zum Christentum konvertierte. Bekanntestes Werk: *Rauch über dem Berg: eine Auslegung der Zehn Gebote*.

8. JUNI 1941 ᶠMutter ist unglücklich. Vielleicht sind es die Wechseljahre – weiß nicht –, wenn das kommt, wird alles noch viel schlimmer. Sie weint – nennt mich herzlos. Will vor allem, dass ich früher ins Bett gehe. Waren heute Abend um 9 spazieren, am Fluss. »Ich werde alt, und es gibt hier nichts mehr für mich.« + Was ich zu Hause sehe: Mutter und Stanley, fehl am Platz – ihre Arbeit, nicht gut genug –, die Wohnung, würdelos, weil wir uns nicht gut genug darum kümmern – mein Zimmer ist noch das schönste und sauberste, obwohl ich genauso viel arbeite wie sie. Sie verschwenden größtenteils ihre Zeit – das alles macht mich traurig, und ich verliere den Respekt vor ihnen. (Ich bin sicher nicht so geboren. Ein Kind ist niemals von Geburt an grausam. Da haben wir es, kurz und knapp.) Würde gern zu Hause ausziehen, wenn ich mit dem Studium fertig bin. Wenn meine endokrinen Drüsen erst einmal anfangen zu arbeiten, weiß ich gar nicht, wer ich dann sein, wie ich mich dann fühlen werde – wen oder was ich dann liebe. Wer ich dann werden will. Ich werde ein neuer Mensch sein, den ich erst kennenlernen muss. Wir werden sehen. Das wird die interessanteste Veränderung meines Lebens!ᶠᶠ

9. JUNI 1941 ᶠMeine Geschichte über Großmutter[105] wird jetzt doch in der dritten Person stehen. Sonst muss zu viel Zeit abgedeckt werden. Ich hoffe, dass ich das alles hier – alles in diesem Buch – eines Tages noch einmal lesen werde. Meine Geheimnisse – jeder hat irgendwo Geheimnisse – sind hier niedergeschrieben, schwarz auf weiß.

Kein Wort von Billie. Ich warte bis zum Schluss – werde sie unter keinen Umständen anrufen. Sie kann ja schreiben, wenn sie sich nicht traut anzurufen.ᶠᶠ

---

105 Eventuell bezieht sie sich hier auf die Kurzgeschichte »Sunday at Grandma's«, für die sie schon in Notizbuch 1 bei ihrem Besuch in Fort Worth 1938 Ideen sammelte.

10. JUNI 1941 ᶠSehr traurig heute Abend, weil Mutter viel zu mir gesagt hat. Manchmal verstehe ich sie wirklich nicht. Dann meldete sich Billie – ob ich ins Kino kommen könne? Ich hatte Angst. Aber Mutter ließ mich gehen. Wir tranken etwas im Shelton Corner[106]. Sehr glücklich. Natürlich sehr spät zu Hause. Mutter kam zu mir in die Küche. Sagte, ich hätte keinerlei Respekt. Es sei nobel von Stanley zu tun, was er tut – aber Stanley hat vor allem Angst, sich zu rühren. Das erfordert nämlich mehr Mut, als nichts zu ändern.ᶠᶠ

10.6.1941 Wir lieben entweder, um jemanden zu beherrschen, oder um selbst bestärkt zu werden. Und es gibt keine Liebe ohne eine Spur von Hass: Jeder, den wir lieben, hat irgendetwas an sich, das wir abgrundtief hassen.

11. JUNI 1941 ᶠ8:30 in der 15th St. für meinen Metabolismus-Test. Eine junge Frau – sehr hübsch. Habe die Ergebnisse noch nicht. Dann eine Röntgenuntersuchung, für die man mir beinahe einen Einlauf verpasst hätte! Bin um 2 Minuten daran vorbeigeschrammt!! + Mutter ernst. Oft kurz vorm Weinen. Die Entscheidung über nächstes Jahr liegt bei Stanley (Uni oder keine Uni). + Billie gestern Abend traurig. Habe ihr ein wenig von meinen Problemen erzählt – dass meine Drüsen in Ordnung gebracht werden müssen –, aber sonst nichts. Sagte ihr, dass ich keiner meiner momentanen Empfindungen trauen kann. Wirkte interessiert. Natürlich.ᶠᶠ

12. JUNI 1941 ᶠHabe Ernst erzählt, was zu Hause los ist. Er hat sich geärgert, weil ich mein ganzes Geld für Kleidung und Ärzte ausgeben muss. Er hat Mutter noch nie sehr gemocht. Aber er meint, dass sie mich trotzdem nächstes Jahr zur Uni gehen lassen werden.

---

106 Cocktailbar und Restaurant im Shelton Hotel, Lexington Avenue, Ecke 49th Street, beliebt wegen der »einzigartigen Tanzfläche aus Glas«.

Sagt, Mutter sei total kindisch. + *Was treibt Sammy an* von Budd Schulberg ist sehr originell. So viel Lebensfreude! Ein junges Buch. + Billie regt meine Phantasie leider überhaupt nicht an. Es gibt Menschen, die das tun: Cralick, Mary Sullivan, Claire, Judy, Bobby – Virginia nicht. Billie: auch nicht.

Ich hoffe, ich kann mich dazu bringen, sie zu lieben.[FF]

13. JUNI 1941 [F]Bei der Ärztin: Habe eine kleine – zu kleine – Hypophyse, der vordere Lappen (der erste) ist unzureichend entwickelt. Deswegen funktioniert die Schilddrüse nicht genug. Gab mir eine kleine Spritze in den gluteus maximus. Sonst muss ich meinen Kopf röntgen lassen, um das zu beheben. + Abends zu Mike Thomas. Penthouse. W. 95th 15. Billie, Rita G., Rose M., Janet M., John M. Billy Livingston (bei der Army), Mary Sullivan, Curtis, Jean, Venetia (in einem grünen Anzug – sehr markant – ein bisschen maskulin, aber alle waren scharf auf sie). Mary hat sich mit mir unterhalten – hat offenbar den Männern erzählt, ich sei perfekt, fast. Nach der Party hätte ich eigentlich mit zu Billie gehen sollen. Aber Billie betrank sich fürchterlich und ging um 1:30 mit Janet. Jean sagte, ich hätte den schönsten Körper, den sie je gesehen hat. Mit anderen Worten: Sie will sich gerade über ihre Trennung hinweg trösten. Bernhard[107] auch da. Nicht attraktiv. + Mary Sullivan schwirrte den ganzen Abend herum. Die Jungs lieben sie! Aber schließlich gingen Mary und ich allein einen Happen essen. Child's.[108] Unterhielten uns bis 4:30. Dann lud sie mich ein, bei ihr zu übernachten. Ihr Apartment ist auf der 58th St. Sie schlief eine halbe Stunde unter zwei Decken auf dem Diwan. Ich lag in ihrem Bett, nicht wirklich angezogen. Als ich schließlich vorschlug, sie könne

---

107 Die deutsch-amerikanische Fotografin Ruth Bernhard (1905–2006) kam 1927 nach New York und dort bald in Kontakt mit der lesbischen Künstlerinnenszene. Sie freundete sich mit Berenice Abbott und deren Geliebter, der Kunstkritikerin Elizabeth MacCausland, an und schrieb in ihren Memoiren später von ihren »bisexuellen Eskapaden«. 1934 begann sie, Nacktfotografien von Frauen zu machen, auch Highsmith wird sie später nackt ablichten.
108 Das Child's Restaurant am Times Square.

auch neben mir schlafen, das Bett sei ja groß genug, nahm sie bereitwillig an! Sofort! Und dann – na ja, dann schliefen wir nicht viel, aber was soll's?

Sie ist wundervoll!^{FF}

14. JUNI 1941 ^FHeute kamen, als ich bei Ernst im Parkside[109] war, zwei Gardenien von Mary an. Ernst war neugierig, aber ich behielt die Karte für mich. Und log ihn an. Sie sind wunderschön und duften. Auf der Karte steht nur: »Mary«.^{FF}

15. JUNI 1941 ^FGestern Abend Billie. Sie rief an, sehr zerknirscht, dass sie gegangen war, ohne an mich zu denken. Gestern mit Rita G. im World's Fair. Hübsch, aber nicht intelligent. Freitagabend auf der Toilette hat sie mich zweimal geküsst. Betrunken. Treffe mich Dienstagabend mit Mary S. Sie liebt mich. Ich hoffe, ich werde sie auch lieben können. Samstag haben wir um 8 bei Schrafft's[110] gefrühstückt. Die Eltern waren nicht sauer. Warum?

Ernst nervös, weil die Regierung das Geld von Ausländern konfisziert: Er könnte 500 weniger verdienen. Und er will, dass ich ihn von seiner Nervosität kuriere!^{FF}

16. JUNI 1941 ^FGraham gestern Abend hier mit Walter Marlowe. Er ist Jude. Sehr intelligent. Wir tanzten und unterhielten uns über alles Mögliche, auch über Ernsts Roman (was er mir verboten hat). + Müde, aber nervös wegen Mary. Ich wollte einen Brief. Bin immer noch zu ^Dempfindsam^{DD}! Am Ende rief ich sie an: »Ich bin ein bisschen sauer auf dich, Pat.« (Ich wusste nicht, was ich sagen sollte.) »Ich habe deine Mutter angerufen und unsere Verabredung für Dienstag abgesagt.« Ich war am Boden zerstört! Weil sie wegen der Blumen nichts von mir gehört hatte! Ich entschuldigte mich in

---

109 Highsmith und Ernst haben ihren Arbeitsplatz im Parkside Hotel.
110 Schrafft's, Restaurantkette, wo Frauen allein essen konnten. In Greenwich Village gab es eine Filiale auf der 13th Street, Ecke 5th Avenue.

meiner (schlechten) besten Art. Sie sagte, sie habe gehört, dass ich Samstagabend mit Billie zusammen gewesen sei. Klar, und dann kein Wort des Dankes von mir wegen der Blumen – na ja, wir verabschiedeten uns höflich –, und ganz sicher hatten wir beide hinterher einen angenehmeren Abend.[FF]

17. JUNI 1941 [F]YCL-Leute gestern Abend hier. Marcella auch.
+ Ann, die im Bookshop arbeitet und in M. S. verliebt ist, hat ihr meine Nachricht Samstagabend nicht ausgerichtet. Darum war Mary S. so sauer – nicht sauer, aber am Zweifeln! Ann ist seit letztem Freitag eifersüchtig auf mich. + Bei Mary um 11:30. Sie bewundere mich wie ein Gemälde, sagte sie – und dass sie nicht mit Billie rivalisieren wolle: »Ich habe keine Lust, meinen Hut in den Ring zu werfen.« Aber das Wichtigste: dass sie auch glücklich sei, wenn sie mich einfach bewundern könne, ohne mich zu besitzen. Wollte mir ihre Bedingungen nennen. Brachte mich im Taxi nach Hause.[FF]

17. JUNI 1941 [F]Man hat immer ein offenes Ohr für ein gutes Wort über sich selbst. Mary S. ist intelligent – unendlich viel intelligenter als [Billie] B.! Sie fand ein ziemlich passendes Bild: B. B. wolle mich nur als hübsches Kind, um etwas Nettes zum Vorzeigen zu haben. Dass B. B. dabei mit einem Maxwell Parish[111] genauso glücklich sei wie mit einem Degas[112]. Billie, das sage ich seit Monaten, bringt nicht das Beste in mir zum Vorschein. Aber mit M. ist es anders. Sie ist die ganze Welt – sie trägt die ganze Welt und all die Energie der Welt in sich. Und sie weiß es.[FF]

---

[111] Vermutlich Maxfield Parish (1870–1966), US-amerikanischer Maler, dessen bekanntestes Werk *Daybreak* ein beliebter Kunstdruck war.
[112] Edgar Degas (1834–1917), hochangesehener französischer Maler und Bildhauer, der vor allem für seine Darstellungen von Ballerinas bekannt ist.

18. JUNI 1941 Den ganzen Morgen mit großen Schwierigkeiten – und wenig Befriedigung – geschrieben. Sitze an der Tunnelgeschichte von Astoria[113] – unter dem sozialen Gesichtspunkt der Spielplätze. + War heute Nachmittag in der Uni und bekam den Schreck meines Lebens: eine Vier in Logik. Meine erste Vier natürlich. Auf Nimmerwiedersehen, Phi Beta Kappa[114]! Es hat mich viel stärker mitgenommen, als ich gedacht hätte. Damit darf ich gerade noch so beim *Quarterly* mitmachen – streife die Hürde beim Überspringen.

18. JUNI 1941 Habe eine einsame Träne in der Subway vergossen. Konnte eine Weile nicht lesen. Aber ich schätze, ich muss es so sehen, dass ich an Logik, weil es Mathematik ist, nie ganz herankommen konnte. Und umgekehrt kommt sie nicht an mich heran. Es tut mir schrecklich leid, wobei ich kaum sagen kann, dass mein gesellschaftliches Treiben im letzten Semester dafür verantwortlich ist.

18. JUNI 1941 Cralick abends hier. Spielte mit meinen Haaren herum, steckte sie hoch. Sagt, mein breiter Kiefer sei javanesisch. Dass ich leicht Arbeit als Mannequin oder Besseres finden könne. Alles eine Frage des Auftretens und des Savoir-vivre, wie ich schon mit fünfzehn wusste. Aber das erfordert eine Muße, die ich unmöglich finden kann, während ich zur Uni gehe. Vielleicht werde ich – ich werde sie nach der Uni erlangen. Mein Leben wird ein langes sein. Alles deutet darauf hin. Will am Freitag auf Abbotts[115] Party sehr gut aussehen.

---

113 Wahrscheinlich die (nicht erhaltene) Geschichte, die sie bald unter dem Titel »Train to Astoria« zu veröffentlichen versuchen wird.
114 Akademische Ehrengesellschaft.
115 Berenice Abbott (1898–1991), US-amerikanische Bildhauerin und Fotografin. Sie begann ihre Karriere 1923 als Dunkelkammerassistentin des Surrealisten Man Ray in Paris und wurde vor allem bekannt für ihre Schwarzweiß-Serie *Changing New York,* die das Straßenleben und die Architektur der Stadt während der Weltwirtschaftskrise abbildete.

19. JUNI 1941 Unglücklich, weil ich immer wieder an meine Vier in Logik denken muss. In der Notentabelle steht das unter »ausreichend« – ich frage mich, ob ich zur Summer School muss, um das auszugleichen. Und ob die *Quarterly*-Teilnahmeberechtigung sich aus diesem letzten Semester oder aus dem ganzen Jahr berechnet. Dieses Semester hätte ich nämlich $^1/_{10}$ zu wenig. Was das für ein Gesichtsverlust wäre! + Mir war heute Abend danach, sehr traurig zu sein, also war ich es. Habe ein Gedicht geschrieben, das gar nicht schlecht ist, es heißt »Mamma Mia, was auf Erden ist mein?« und kam mir de profundis! Ja, die Zuneigung zu Mary S. hat ein stark mütterliches Element. Von ihrer Seite aus zweifellos genauso. Es scheint mir, dass ganz normale Frauen bestimmte Neigungen entwickeln können, wenn in ihrer Vergangenheit irgendetwas vorgefallen ist, das sie von Männern abgebracht hat: Angst vor dem Kindergebären, vor dem Beherrschtwerden oder Unabhängigkeitsliebe (selten & generell nur bei sehr maskulinen Frauen). + Die Eltern haben meine Taschengeldzahlungen wohl gänzlich eingestellt. Jetzt sind es schon zwei Wochen! + (Sie haben mir die 5 Dollar heute Morgen gegeben.)

20. JUNI 1941 Netter Tag bei Ernst, obwohl er wohl um 2:00 einen Hitzschlag oder so was bekam. Rein psychisch, würde ich sagen. Nach Hause in der Hitze und geduscht, eine Stunde geschrieben – kommt einem jämmerlich wenig vor, aber zwei meiner besten Geschichten sind so entstanden. Thomas Wolfes Buch macht großen Eindruck auf meinen Geist. Mutter sagt, er sei ein kolossaler Egoist gewesen & dass ich ihm in dieser Hinsicht ähnele. Egoist, ja, und auch Genie. Es verlangt einen Mut, den weder sie noch Stanley begreifen können, zu sagen: »Zum ersten Mal erkannte ich, was für eine Kluft den Künstler vom Menschen trennt!«[116] + Mary S. unter

---

116 Dieser Ausruf ist wahrscheinlich inspiriert von Wolfes *Schau heimwärts, Engel* (1932), einem Entwicklungsroman über das Heranwachsen eines Künstlers, der sich dem Mittelmaß der Masse überlegen fühlt.

Abbotts Studio getroffen. Die Party war nicht sonderlich aufregend. Mary & ich allein auf der Toilette. Sie ist wirklich was Besonderes. Wurden mehrfach von anderen unterbrochen. Abbott ließ die Jalousien herunter. Und wir waren die Allerletzten.

21.6.1941 Es heißt immer, es sei die Liebe, nach der wir ein Leben lang suchen, oder es sei Ruhm. Aber es ist keins von beiden. Was wir suchen, ist Verständnis. Wir suchen andauernd ein anderes Herz, das wir anrühren können und das uns anrühren kann. Unermüdlich wie ein ausgehungertes Tier suchen wir danach. Denn unser Herz ist immerzu einsam. Immerzu allein. Und wo immer wir dieses Verständnis auch zu finden meinen, bei einem Mädchen, einem Jungen, einem gebrechlichen Greis oder einer alten Schrulle, bei einem Säufer, einer Prostituierten, einem Verrückten, einem Kind, dahin gehen wir, und nichts auf der Welt kann uns zurückhalten.

21.6.1941 Noch nie habe ich so sehr schreiben wollen wie jetzt. Ich habe eine solche Hölle hinter mir von Falschheit, Tränen, Spott, künstlichen Glücksgefühlen, Träumen, Begierden und Ernüchterung, von schönen Fassaden, die Hässliches verbargen, von hässlichen Fassaden, die Schönes verbargen, von Küssen und von trügerischen Umarmungen, von Rauschmitteln und Flucht. Also will ich schreiben. Muss ich schreiben. Weil ich eine Schwimmerin bin, die gegen die Fluten ankämpft, und mein Schreiben [ist] die Suche nach einem Stein, auf dem ich mich ausruhen kann.
    Und wenn meine Füße ihn verfehlen, gehe ich unter.

21.6.1941 Um aufrichtig zu sein, um unserem inneren Selbst, das wie kein anderes auf Erden ist, treu zu sein, müssen wir bereit sein, etwas zu riskieren und manchmal auch zu leiden. Aber wenn wir das nicht tun, können wir nicht mit Recht sagen, wir hätten gelebt.

21.6.1941 Woher kreative Ideen stammen, weiß man nicht. Bei mir kommen sie dann, wenn mein Bewusstsein mit etwas anderem beschäftigt ist. Stricken, Klavierspielen, dem Lesen eines Buchs, das mich so langweilt, dass meine Gedanken abschweifen – das sind die besten Momente.

Selbst wenn wir sagen, wir erschaffen etwas ganz bewusst, kam die Keimzelle dafür nicht doch auf diese Weise zustande? Unterbewusstes oder unwillkürliches Denken ist das einzige und unumgängliche Mittel der Schöpfung.

22. JUNI 1941 Russland und Deutschland im Krieg!!!

+ Extrem deprimiert & müde. Ich finde es immer noch befreiend zu weinen. Ich finde nicht, dass es ein Zeichen von Schwäche ist, wenn man es allein tut. Was mich momentan am meisten umtreibt, ist, geliebt zu werden. Das will man mehr als Ruhm und Gold: geliebt zu werden, verstanden zu werden. Und deswegen weine ich jetzt, weil das Glück so nah ist und so beinahe – Wirklichkeit.

22.6.1941 Es gibt Menschen, die wir sofort mögen, noch ehe sie überhaupt Gelegenheit hatten, uns zu schmeicheln (was die größte Motivation ist, jemanden zu mögen), weil sie das in uns sehen, was wir sein wollen, was wir zu sein versuchen, und nicht das, was wir momentan noch sind.

Wir fühlen uns verstanden, bekommen den Eindruck, endlich so zu sein, wie wir es uns wünschen, und weil uns das so glücklich macht, sind wir unweigerlich angetan von den Menschen, die uns dieses Gefühl geben.

23. JUNI 1941 Ich fühle mich voller Ideen. Diesen Sommer muss ich mich in den Griff bekommen – mich kennenlernen, dieses perfekte Gleichgewicht aus Disziplin und Nonsens wiederfinden, wie es bei mir die kuriose Regel ist. Ich will eine Menge langer Werke lesen wie *[Don] Quixote,* Dante, Milton.

24.6.1941 Für meine Arbeit zur Christian Science: Mit dem Ursprung der Religion anfangen, ihrer allmählichen Klärung und zunehmenden Konkretisierung, Ritualisierung: wie die Vorstellung Gottes aus dem menschlichen Geist erwuchs; wie ganz und gar die Religion ein Produkt des menschlichen Geistes ist. Und ganz besonders, da der Mensch mit der angesehensten aller Gaben gesegnet ist, dem Intellekt: Wie viel würdiger ist er seiner Art, wenn er sein Schicksal vernünftig und überlegt angeht! Wie viel nobler der Mensch, der sich allein auf den Menschen verlässt!

25. JUNI 1941 Heute Morgen ziemlich gut gearbeitet. 5 Seiten der Tunnel-Geschichte fertig. Denke schon den ganzen Tag immer mal wieder über »Hetero«-Literatur nach, die ich schreiben könnte, und vor allem darüber, welches Medium ich für meine Cartoons benutzen sollte. Die sind nicht schlecht.

26. JUNI 1941 Sehr ernst & deprimiert, habe das Gefühl, nichts, was ich tue, ist wichtig oder wird es jemals sein – solche Momente habe ich auch. Ich schäme mich zuzugeben, dass eine Schrottgeschichte im *New Yorker* mich aufgemuntert hat – irgendwann werde ich dort landen. Habe eine prächtige Idee, was ich als Nächstes mache. + *Days of Our Years* [von Pierre van Paassen] – wunderbare Lektüre. Reif, bedächtig und auch brillant. Stanley und ich diskutierten beim Abendessen über die Ursachen von Krieg: Er glaubt, dass die »angeborene Schlechtigkeit« des Menschen für Kriege verantwortlich ist und nicht die Machenschaften der Profiteure (was inzwischen anerkannte Tatsache und nicht mal mehr als Marxismus verschrien ist!). + Abends mit Billie *Citizen Kane* gesehen. Unglaubliche Reife von [Orson] Welles!

27. JUNI 1941 Sehr unruhig. War zu spät bei Ernst, sehr zu seinem Missfallen. Er hatte den ganzen Tag Schwierigkeiten, sein Temperament in Zaum zu halten. Besonders als eine Minute vor fünf die

Blumen von Mary kamen. Er macht sich schreckliche Sorgen, das Parkside könnte denken, *er* schicke sie mir (was ich als Beleidigung auffasse). + Wunderbarer Abend allein, bevor ich zu Billie ging. Gelesen, eine wirklich gute erste Seite für meine Geschichte geschrieben, dann kurz zu Marjorie Wolf.[117] Sie hat ein Wochenende mit Babs B. verbracht (die gerade eine Stelle bei Altman's[118] nicht bekommen hat, weil ihre Leistungen in der Uni eher politischer als akademischer Natur waren). Bei Marj war ein reizendes Mädchen namens Michael. Wo hat sie die nur immer her?! Sie malt. + Dann um 11:00 bei Billie. Sullivan, B., Ruth W. Mary R. kam nach. Wirklich sehr nett. (Fand ich schon immer.) Mary R. konnte zu meiner Überraschung Mary Sullivan für sich gewinnen und sie von ihrem Liebling Ruth W. loseisen – alles nur, weil R. W. bei der Verabschiedung M. R. aus irgendeinem Grund ziemlich vor den Kopf gestoßen hat. Wie kleingeistig und weiblich das alles ist! + Mit Mary im Taxi nach Hause. Mary hatte ihren Pyjama nicht gebügelt, aus Angst, etwas könnte schiefgehen & ich würde nicht bleiben!

28. JUNI 1941 Ich brauche nicht festzuhalten, was gestern Abend passiert ist. Ich werde es niemals vergessen. + Und doch – warum muss ich immer beiseitetreten und mich und andere beobachten, als stünden wir auf einer Bühne? Ach, ich werde niemals Teil des Lebens sein. Ich gehöre einfach nicht dazu – noch nicht. Blumen kamen heute Nachmittag um vier. Ich versicherte Ernst, er stehe nicht unter Verdacht – denn warum sollte sich bitte jemand, der den ganzen Tag mit einem Mädchen in einem Hotelzimmer hockt, noch die Mühe machen, sie mit Gardenien zu umwerben? Ernst denkt natürlich, Mike Thomas[119] würde sie schicken – wie auch meine Eltern. Mary schrieb: »Dass solche perfekten Augenblicke ihren Preis haben, weiß ich.«

---

[117] Highschool-Freundin von Highsmith und Babs B.
[118] B. Altman & Co., Luxuskaufhaus auf der 5th Avenue, Ecke 34th Street, heute nicht mehr existent.
[119] Mary benutzt den Namen ihres Freundes Mike Thomas, wenn sie Blumen schickt, damit Highsmith keine Schwierigkeiten bekommt.

29. JUNI 1941 Habe den Krimi-Plot den ganzen Tag im Kopf herumgewälzt. Glaube, er ist jetzt wasserdicht. Ernst fragte mich neulich, ob ich mir einen Plot wie seinen ausdenken könne, weil er meinte, es nicht noch einmal zu können. Und ich sagte ja. Ein Plot erwächst aus einer einzelnen mageren Idee wie die große Blüte aus einem kümmerlichen kleinen Samen. Man sieht nicht, wo sie herkommt, aber sie kommt unweigerlich, weil sie Teil des Plans der Natur ist, fruchtbar zu sein: ebenso fruchtbar ist das Hirn. + Rauche ein klein wenig zu viel – vielleicht fünfzehn. Wieso sollte ich mich einschränken? Ich kann ja zumindest nicht inhalieren. Aber mich einzuschränken ist Teil dieses miesen Systems der Selbstkontrolle, das die vergangenen sechs Jahre für mich zu einer Art Gefängnis gemacht hat – mich förmlich ruiniert hat. + Ich verspüre in letzter Zeit eine große Zuneigung zu Roger F. Ich glaube, wir würden uns gut verstehen. + Die Deutschen melden Erfolge, die Russen melden Erfolge. Ich glaube, die Russen werden standhalten, auch wenn niemand anders das zu glauben scheint.

30. JUNI 1941 Wieder ein guter Tag. Wundervoller Sommer voraus – wundervolles Leben voraus. Ich bin glücklich – das alte Selbstvertrauen vom siebten März kehrt zurück, trotz akademischer Rückschläge.

2. JULI 1941 So unerträglich heiß, dass man allen Schwung verliert. Das Schreiben und Lesen lasse ich schleifen – alles, was ich noch tue, ist, mich zu duschen & anzuziehen & mir die Haare in bester »Süße von der 14th Street«-Manier zu kämmen. (Ernst mag mein Haar lieber hochgesteckt!) + Ich denke oft darüber nach, wie ich die Stadt unsicher machen werde, wenn ich mit der Uni fertig bin. Blitzkrieg auf alles Mögliche – Cartoons, Werbung vielleicht & viele, viele geschriebene Zeilen.

2.7.1941 Ein Roman über Zwanzigjährige. Gerade mit der Highschool fertig, ganz frisch am College oder gerade damit fertig. Die Verunsicherung, die Verzagtheit, das Herumtappen, die Zweifel, die Hoffnung, die Ungewissheit jedweder Beständigkeit. Könnte große Bedeutung erlangen in diesen Zeiten – wirtschaftlich, politisch –, Krieg und das (latente, unbewusste) Wissen darüber, dass wir nicht über uns selbst herrschen und daher der Gnade anderer Menschen ausgeliefert sind, wenn Gnade denn überhaupt existiert.

3. JULI 1941 Kühlerer Tag. Kam um 4 nach Hause. Keine Blumen – nehme an, weil Mary schon genug für die Party heute Abend ausgibt. Billie rief um 7:30 an. Ob ich etwas mit ihr trinken gehen würde. Beverly Bar 8:30–10:30. 3 oder 4 Drinks dort. Über nichts Wichtiges gesprochen. Marys Haus gerammelt voll, und Mary eisig bei meinem Entree mit Billie. Aber innerlich rasend vor Wut. Sagte, Billie hätte das mit Absicht so eingefädelt usw. Alle hätten nach Luft geschnappt, als wir hereinkamen! Malerin namens Buffie Johnson[120] kennengelernt. Ziemlich niedlich & haben uns gut verstanden. Buffie gab mir ihre Nummer. Müde.

4. JULI 1941 Virginia rief um 6:30 an. Traf mich mit ihr im Jumble, dann Tavern, nach Hause, Vanguard. Sie ist ein schönes Kind, intelligent, klug und sehr attraktiv, und außerdem liebt sie mich. Für immer. Um 11:00 zu Judy. Show noch besser. Neues Personal. + Mary angerufen, um ihr zu berichten. Hocherfreut. Außerdem Buffie um 1:00 nachts aus dem Bett geholt. Hat mich morgen zu Cocktails eingeladen.

5. JULI 1941 Mit Hauser gearbeitet. Und ein entsetzliches Gespräch über die Unterhaltung zwischen Eddy und mir gestern Abend ge-

---

120 Buffie Johnson (1912–2006), US-amerikanische Malerin, wird dem Surrealismus und Abstrakten Expressionismus zugeordnet. Studierte an der Académie Julian in Paris (wo sie Privatstunden bei Camille Pissaro und Francis Picabia hatte und Natalie Barney, Gertrude Stein und Alice B. Toklas kennenlernte) und an der Art Students League in New York.

habt. Er meint, ich hätte ihm irreparablen Schaden zugefügt, als ich sagte, dass er unschlüssig sei, was sein Schreiben angehe, dabei war es das Netteste, was ich unter den gegebenen Umständen sagen konnte.

5:30 zu Buffie. Ein Juwel von einem Haus. 159 East 46th St. Sie wie ein orientalisches Püppchen – Persien, würde ich sagen. Ihre Arbeiten überall an den Wänden. Ich war angenehm überrascht. Etwas derivativ – die Cézanne-, Dalí-, Chirico-, Laurencin-, Renoir-Schule, aber manche Porträts haben doch etwas. Wir saßen herum, tranken Scotch und Gin, immer mindestens 30 Zentimeter zwischen uns auf der Couch (wie vorsichtig, wenn allein!), und redeten über Kunst. Buffie warnte mich gleich, dass Bernhard um 7:00 kommen würde. Wollte sofort wieder gehen wegen möglicher Verwicklungen mit Sullivan, beschloss aber, einen Testballon daraus zu machen. Bernhard natürlich überrascht. Sagte, sie müsse Sullivan davon erzählen, aus Gründen der Loyalität usw. Aber beruhigte sich später & war einverstanden, nichts zu sagen. Buffie natürlich amüsiert. Nahm meine Hand, als ich hereinkam, ich hatte mehr erwartet, fragte mich kurz darauf, ob ich sie Montagabend treffen wolle. Ich ging dann ins Waldorf [Astoria]. Abendessen mit Sullivan & Mike, Dean C., John im Le Moal[121]. Erschöpft zurück zur 89. Erzählte Mary, dass ich nächstes Wochenende mit Va. wegfahre, und wir hatten trotzdem einen angenehmen Abend. Dann gegen 2:00 zündete sie sich eine Zigarette an und sagte, sie denke, wir sollten uns besser nicht mehr sehen. Sie nimmt mir vor allem übel, dass ich nicht will, dass die Leute wissen, wie nah wir uns stehen – dabei ist die Wahrheit doch, dass ich nicht nur ihr, sondern auch mir eine mögliche Demütigung ersparen wollte – weil ich weiterhin vorhatte, mit so vielen Leuten gesehen zu werden, wie es mir beliebt.

---

121 Französisches Restaurant, 56th Street, Ecke 3rd Avenue.

6. JULI 1941 Zum jetzigen Zeitpunkt kann ich einfach nicht sagen, dass mir Mary so wichtig ist, dass ich mich mit niemand anderem auf der Welt mehr treffen möchte. Mary sagt, eine körperliche Beziehung mit Virginia würde ihr nichts ausmachen, nur mit Leuten wie Billie oder Buffie – aber natürlich würde es das doch. Sie hat viel geweint heute Abend. Sie sagt, es sei wie früher als Kind, als sie das Pony nicht bekam, das sie haben wollte. Also weinte sie. Aber nur aus Wut. Die ganze Welt tanzt nach ihrer Pfeife, sagt sie, bis auf das einzige Ding auf der Welt, das sie will. Ich hoffe, in diesem ganzen Durcheinander erzählt Bernhard Mary nicht, dass ich Freitag bei Buffie war, das wäre der letzte Tropfen. Ich kann auch nicht sagen, ich sei in den letzten paar Monaten total verkommen. Alle haben ihre Liebschaften. Wer ernste Absichten hat, wird dabei verletzt. Und die andere Person, ich selbst, bekommt, wenn sie nun mal attraktiv ist, viel schmeichelhafte Aufmerksamkeit von Leuten mit ernsten (oder nicht so ernsten) Absichten und hat viel Spaß. Ich habe versucht, so sanft wie möglich mit Mary umzugehen. Sie ist mehr als fair zu mir gewesen. Mir tut nur weh, dass sie sofort bereit ist, mit jemand anderem weiterzuziehen. Ich sollte eifersüchtig sein, ja. Weil ich auf allen Hochzeiten gleichzeitig tanzen will. Ich wünsche mir verzweifelt, zur Ruhe zu kommen, mich auf eine Liebe festzulegen, nicht gierig zu sein – aber ich kann es einfach nicht.

6. JULI 1941 Endlich verstehe ich Mary besser. »Wenn ich dich weniger lieben würde, würde ich die Bedingungen akzeptieren. Aber wie die Dinge liegen, kann ich dich nicht teilen.« Ich mache ihr keinen Vorwurf. Ich bin nicht verliebt. Aber ich weiß, dass Mary in Sachen Intelligenz, Treue, Verlässlichkeit und Intensität Virginia überlegen ist. Vielleicht werde ich es noch bereuen – mit ihr gebrochen zu haben. Ich habe Mary gesagt, wie ich für sie empfinde. »Aber es war nicht genug.« Und das war es wirklich nicht. Es ist nur: Wenn ich irgendwann bereit bin, die Scherben zusammen-

zukehren, wird aus ihnen vielleicht keine komplette Person mehr. Das Risiko nehme ich in Kauf. + Eilbrief von Hauser, als ich recht spät nach Hause kam. Sagt, ich bräuchte Montag nicht mehr aufzukreuzen. Da ich Lügen über ihn verbreiten würde, sähen wir uns besser nicht wieder. Ich schrieb eine nette Antwort. Ich muss sagen, aus der Ruhe gebracht hat mich das nicht. Mein Herz ist voll und ganz mit anderen Dingen beschäftigt.

7. JULI 1941 Den Morgen mit Arbeiten verbracht. An solchen Tagen lassen sich »schlummernde Potentiale« wecken. + Heute Van Paassens *Time is Now* gelesen. Er ist für einen unverzüglichen Kriegseintritt. Ich auch. Trotz des kommunistischen Standpunkts, mit dem ich geliebäugelt habe: Wenn Amerika so bleiben soll, wie es ist, müssen wir eintreten.

Buffie um 6:30. Wir tranken Gin & Whiskey. Es gab eine Katze. Und den Rousseau-Garten. Ich erzählte ihr all meine Sorgen. Wegen Mary und Hauser. Buffie ist reizend naiv – nach einiger Verzögerung küsste ich sie endlich – auf der Couch. Sie macht Liebe wie ein Franzose, flüstert einem leidenschaftliche Dinge ins Ohr. Wie sie mich zum ersten Mal auf der Party sah. Ich muss sagen, sie hat ein gutes Gedächtnis. Aber ich sagte ihr sehr bald, dass ich in keinerlei Verfassung für einen One-Night-Stand sei. Buffie war fürchterlich enttäuscht, aber sie wird mich anrufen. Bleibt auch auf unbestimmte Zeit in der Stadt! Also gingen wir – sehr betrunken – auf einen Hummer Thermidor ins Tony's. Da war es schon ziemlich spät. Zu Spivy[122] auf einen Absacker. Buffie ist, wie ihre dekadente, faschistische Vornehmheit, das Ende einer Ära. Einer Familie in ihrem Fall.[123] Diese *gaieté* [Fröhlichkeit] ist lediglich ein Punkt auf ihrer langen Liste bizarrer Errungenschaften.

---

[122] Spivy (geboren als Bertha Levine, 1906–1971), US-amerikanische Entertainerin, Schauspielerin und Inhaberin von Spivy's Roof, einem Nachtclub auf der East 57th Street, in dem homosexuelle Künstler willkommen waren.
[123] Buffie entstammte einer sehr gut situierten Familie.

8.7.1941 Nie achtet man als Frau, oder auch als Mann, so sehr auf seine Erscheinung, wie wenn man Feinde hat. Man weiß nie, wann oder wo man einem von ihnen begegnen wird, aber man muss jederzeit erstklassig aussehen.

10. JULI 1941 Buffie soll mir eine Postkarte schicken. Hoffentlich tut sie es. Ich denke die ganze Zeit an sie. Ich weiß nicht recht, was ich mit mir anfangen soll, das kann ich offen zugeben. Hätte ich doch wenigstens einen einzigen ordentlichen, erkennbar miesen Impuls zu bekämpfen!!! Aber nein – nicht einmal das! Na, wenigstens könnte ich mich doch als anständig erweisen. + Verbrachte den Abend mit Arthur. Nahmen die Fähre nach Staten Island & und spazierten dort wie die Wilden. Er sagte, als ich mich weigerte, ihn zu küssen, ich sei psychisch nie bereit, aber oft physisch. Was für ein aufmerksames Kerlchen – wenn er jetzt nur noch ein klein wenig weiterdenken würde!

13. JULI 1941 Viel zu strandig und heimelig für meinen Geschmack, aber Va. gefällt es. Gestern Abend klopfte es plötzlich an der Tür – Va. wäre vor Schreck fast an die Decke gesprungen & krallte sich an mich wie eine Glyzinie. Es war dann nur ein Kind. Ich dachte an diese »Aber Soundso ist doch schon seit fünf Jahren tot!«-Geschichten. Unternahmen eine gewaltige Wanderung. Ein, zwei Skizzen auf einem Hügel gezeichnet, auf dem wir mittags Rast machten. Hatten einen wundervollen Tag. Ich habe mich null an Va. herangemacht. Hätte ich wohl nicht einmal betrunken, weil ich ehrlich gesagt ohnehin an niemand anders als Buffie denken kann.

14. JULI 1941 Ich bin so glücklich, wenn ich allein bin. Ich erkenne alles Mögliche, und mir kommen wundervolle Ideen. Ich gehe mir selbst auf den Grund. Keine Ahnung, ob es der zusätzliche Schlaf ist oder Dr. Jennings Spritzen, aber ich fühle mich voller Energie & Ideen. Ich würde gerne einen Roman schreiben. Ir-

gendetwas Geniales natürlich. Habe inzwischen zwei mögliche Ideen, die Ausarbeitung & Überlegung erfordern. [Thomas] Manns *Tod in Venedig* wird jetzt als genial angesehen. Das kann jeder sein, der eine bizarre Idee hat und das Talent, flüssig zu schreiben. Die Ausarbeitung eines Romans reizt mich. Aber trotz meiner kritischen Lektüre in der Vergangenheit sollte ich noch mehr über Plot & Handlung nachdenken. + Kam um neun nach Hause. Stelle in den Annoncen gesucht. Ehrlich gesagt, will ich das Geld, aber lieber würde ich diesen Sommer nicht mehr arbeiten. Kann zu Hause mehr erreichen. + Va. glaubt, ich werde einmal berühmt. »Behältst du mich, wenn du berühmt wirst, Pat?« Ich sagte: Vielleicht, wenn sie zwanzig Pfund zunimmt und sich weniger scheußlich benimmt.

15. JULI 1941 Abends Mary Sullivan angerufen, um mich mit ihr zu verabreden. Aß Unmengen & ging schließlich mit ihr nach Hause, was ich ohnehin vorgehabt hatte. Ich hatte Lust, einfach im Bett zu liegen, zu reden & nichts zu tun. Aber auf Marys dezenten Hinweis hin kam Bernhard herunter & überließ uns ihr Zimmer. Also das volle Programm. Sie versucht immer, mir meine üblichen Gewohnheiten auszutreiben. Das ärgert mich auf merkwürdige Weise. Sagt, ich sei vielleicht genauso männlich veranlagt wie sie und könne nur Lust empfinden, wenn ich mit jemandem schlafe. Sullivan kann selbst nicht ausstehen, angefasst zu werden. Haben gestern Abend so offen gesprochen wie noch nie. Weil es das letzte Mal war. Schließlich sind meine Gedanken jetzt bei Buffie. Und das bedeutet mir nicht sonderlich viel. Ich habe die Vielfältigkeit noch immer nicht gespürt. Da bin immer nur »ich«, wenn es passiert.

16. JULI 1941 Habe »Vacant Lot« und »Train to Astoria«[124] beim *Story [Magazine]* und beim *New Yorker* eingereicht. + Sullivan schickte Blumen. Bei Dr. D. war es schrecklich. Hat mir höllische Schmerzen bereitet! Kann mich nicht entscheiden, ob ich in Buffie oder ihre Malerei verliebt bin. Ich hege unbändige Bewunderung für jeden, der kann, was sie tut. + Mit systematischem Lesen angefangen. *Krieg & Frieden*. Mont Saint-Michel & Chartres. Überblick über Englische Lit. 1700. + Babs B. erzählte Montagabend, Rose M. habe gesagt, sie wisse von meinen »weiblichen Bekanntschaften«. Dass es allgemein bekannt zu sein scheine.

17. JULI 1941 Wirklich sehr glücklich – und kämpfe aufs angenehmste gegen diesen Rausch, dieses Delirium tremens, das mich überkommt, wenn ich mit jemandem wie Buffie verabredet bin. Heute versucht, M. Sullivan anzurufen. Will ihr sagen, dass ich morgen mit Buffie unterwegs bin, damit sie keinen Herzinfarkt bekommt, wenn wir das Caravan betreten. Und damit sie keine Blumen schickt. + Heute Nachmittag ein paar exzellente Ausstellungsstücke mit Mutter gesehen, *Alzira & Anna* von Waldo Peirce[125] ist großartig! Aber Renoir sehr ähnlich. Außerdem eine gute Zeichnung von Picasso, die so viel wert war wie der ganze Rest zusammen. Ich frage mich, ob wir immer gerade die Art Sache nicht bewundern, der wir selbst in unserem Schaffen am nächsten kommen.

17.7.1941 Warum stürze ich mich immer auf die makabren Themen!

18. JULI 1941 Dieser Tag ist eines einzigen Umstands wegen bedeutsam: Ich bin Buffie los. Wir saßen bis halb elf herum. Wirklich

---

124 Beide Kurzgeschichten fehlen im Nachlass.
125 Waldo Peirce (1884–1970), US-amerikanischer Maler, oft auch als »amerikanischer Renoir« bezeichnet.

sehr angenehm und herzlich. Aber warum verliere ich das Interesse, sobald ich etwas bekommen habe? Was will ich denn? Jemanden, der jünger ist als ich, glaube ich. Ganz sicher jemanden, bei dem ich geachtet werde für meine Arbeit. Ich verstehe jetzt, was das ausmacht. Es ist immer zugegen. Sonst könnte ich genauso gut mit einem Mann schlafen. Ich muss die Chefin in der Partnerschaft sein. Ich glaube, Buffie meint es ziemlich ernst. Sie muss um die dreiunddreißig sein. Die verdammte Katze pirscht andauernd herum.

19. JULI 1941 Gestern um 4:30 beschlossen, dass ich noch vor dem 31. mit John Coates nach Kalifornien fahre.[126] + Heute Morgen Sachen überarbeitet. Nicht allzu begeistert darüber, wobei ich schon etwas stolz bin auf »How to write for the ›sleeks‹«[127]. Buffie um 1:00, Mittag im [Hotel] Pierre. Oh, là, là, wie sährsähr elegant. Dann zu Fanny M., Mädchen in meinem Alter, das malt. Drinks. Dann zu Lola P., wo ich einen der besten Partyabende meines Lebens verbrachte. Ganz entspannt. Nur Lola P., Buffie, Rosalind Constable & ich. Willkürliches Abendessen, gefolgt von Weißwein, zuerst nur aus Langeweile getrunken, dann mit großem Enthusiasmus. Köstliche Unterhaltung mit Rosalind. Sie ist bei *Vogue* & *Fortune*. Langes blondes Haar & englischer Akzent, aber sieht norwegisch aus. Lola P. & sie überschlagen sich beinahe, um mich Lektoren zu empfehlen usw. Lola P. ist – warum sie beschreiben? Ich werde sie hoffentlich noch oft sehen. Habe Rosalinds Telefonnummer bekommen, werde sie vor meiner Abreise anrufen. Wir haben uns prächtig verstanden. Totaler Unsinn, wie man eine Stelle bei einem Magazin ergattert. Anziehungskraft und Persönlichkeit, sagt sie. Sie hat ihre wegen ihres Akzents bekommen!

---

126 In diesem Sommer fährt Highsmith mit ihrem Onkel John und ihrer Tante Grace einmal quer durchs Land.
127 Eine nicht erhaltene »Schreibanleitung für die Hochglanzpresse«.

21. JULI 1941 Ein bisschen gelesen, aber unzufrieden und sprunghaft. Rausgeputzt für 6:30 bei Constable. Rief sie während der Party gestern Abend um 12:30 an. Sie war entzückt oder klang zumindest so. Wohnt Madison 667. Ihre Mitbewohnerin Natasha ist in New Mexico auf der Ranch von Ruth W. Wir tranken und legten Schallplatten auf. Schließlich gingen wir ins Sammy's[128]. + Von dort ins Au Petit Paris[129]. Nettes Essen & irgendwann sehr berauscht. Rosalind hat einen wundervollen Mund. Sie ist gepflegt, jung und sieht aus, als würde sie viel lachen, was sie auch tut. Als ich mich um 2:00 aufmachte zu gehen und das auch noch problemlos hätte tun können, sagte sie, ich solle lieber bleiben, weil es schon so spät sei. Ihr sei diese Nacht danach, eine vorsichtige Mutter zu sein. Und das war sie wirklich. Sie ist die ganze Zeit so wunderbar gutherzig. Ich bekam Zimmer & Bett ihrer Mitbewohnerin. Sie kam für ein paar Minuten zu mir. Wir alberten herum & lachten viel. Dann ging sie & wir schliefen ein paar Stunden. In ihrem Zimmer hat sie ein gutes Porträt von sich von Nelson[130]. Erinnert an Modigliani.

22. JULI 1941 Wir wachten um Viertel vor acht auf & blieben liegen und unterhielten uns. Sehr, sehr lässig, über allem stehend. Meint, ich müsse doch älter sein, und hält mich wahrscheinlich für ein altkluges & unverschämtes Kind. Sie hat neben Virginia Wolff das intelligenteste Gesicht, das ich je gesehen habe. Gefrühstückt & Buffie angerufen & endlos lange telefoniert. Rosalind zu Fuß zur Radio City gebracht. »Du wirst jetzt gehen – ich werde niemals wissen, wie ich dich wiederfinden soll.« Ich antwortete beschwichtigend. Sie fühlt sich hingezogen, aber alles mit einem Augenzwin-

---

[128] Die berüchtigte Spelunke Sammy's Bowery Follies lockte mit ihrer Kabarettlizenz ein gemischtes und buntes Publikum an die 267 Bowery in der Lower East Side.
[129] Léon Gerber, ehemaliger Konditor im Hotel Ritz in Paris, erwarb 1939 die alte Madison Tavern und eröffnete sie 1945 als Le Petit Paris.
[130] Wahrscheinlich Leonard Nelson (1912–1993), einer der Abstrakten Expressionisten, dessen Kunst unter anderem bei Betty Parsons und bei Peggy Guggenheims »Art of This Century« ausgestellt wurde.

kern. Ich glaube, sie ist mit einer Malerin verbandelt, die »im September einzieht«.

23. JULI 1941 Die Nacht mit Buffie verbracht, wie mir von vornherein klar war. Kam gegen fünf an – sie schenkte mir ein traumhaftes Paar Manschettenknöpfe: Gold mit braunem Stein. Recht groß. Dann holten wir Irving D. & Billy Irgendwas ab & gingen zu Spivys Jubiläumsfeier. Hinterher nach Hause. Ich bin nicht verliebt. Kann nicht mal sagen, dass ich es gerne wäre. Buffie ist so verdammt »aus dem Ei gepellt«, wie Constable es so treffend formulierte.

24. JULI 1941 Zu Hause & rastlos. Viel gelaufen. Walter Marlowe kam um sechs. Wir konnten nicht da schwimmen gehen, wo wir wollten. Ein wenig raus aus der Stadt. Abendessen bei Fleur de Lis. Seine Wohnung ist wirklich reizend. Er hat einiges daraus gemacht. Bemerkenswerter Mann. Leichter Minderwertigkeitskomplex gegenüber Frauen wegen seiner Größe & Haare. Aber er ist der Typ Mann, den ich heiraten würde. + Rosalind beim Abendessen angerufen. Sie dachte, ich wäre schon weg, & war angenehm überrascht. Sie sagt, es sei gut, dass ich verreise, weil sie zu »enthusiastisch« sei. Ich habe sie aufrichtig gern. Nicht so wie kürzlich Billie. Constable ist eine bewundernswerte Person. Und ehrenwert. Und intelligent. Ob sie wohl der nächste Schritt in Richtung Mann ist?

24. JULI 1941 Habe gestern Abend mit Walter Marlowe so sehr genossen. Er ist wunderbar nachdenklich – ich fühle mich geradezu intellektuell träge und unbesonnen neben ihm. Weil sein Denken so reich ist. Die amüsanteste Aufgabe der Welt: das Aufdröseln eines Gedankens oder die Suche nach einer Antwort. Er ist das, wonach mich immer am meisten verlangt – eine Inspiration: Weil alle meine Vorlieben für Menschen – bewusst oder unbewusst – auf eine Förderung meiner ungeheuren Ambitionen abzielen.

24. JULI 1941 Ich sollte gegenwärtig so vieles fühlen, was nicht da ist. Was braucht es dafür & wann wird es passieren? Ich fühle mich in einem Schwebezustand – weil ich unregelmäßig arbeite & zu viel rauche. Buffie sagt, sie sei in mich vernarrt. Und ich glaube ihr. Wie schrecklich wird es sein, wenn ich plötzlich entdecke, dass mein Herz wirklich ganz woanders ist?! Sie ist so gut zu mir – so umsichtig. Und ich bringe in ihrer Gegenwart absolut keinen Ton heraus. Alles Nette, das mir einfällt – das ich sagen könnte –, ich kann es nicht. Ich habe Hemmungen. Weiß nicht, warum – vielleicht platzen sie bloß nicht aus mir heraus. Dabei sollten sie es.

25. JULI 1941 5:30 zu Constable[s Büro]. Ging in ihr Empfangszimmer im 30. Stock. Sie war im 26. Sehr nett zu mir. Nahmen ein Taxi zu ihr & genehmigten uns zwei schnelle Drinks. So viel Gelächter & so viel Grips. Ich glaube, ich bin verliebt – dass ich es glaube, hätte ich nicht sagen müssen, ich weiß doch, dass es so kommen muss – weil mir nicht mehr jedes dahergelaufene hübsche Gesicht den Kopf verdreht. Sie küsste mich mehrfach. Ich hasse die Vorstellung von mir als einem cleveren kleinen Äffchen, das für sie eine Schau abzieht. Dergleichen gab es schon zu viel.

26. JULI 1941 Gestern Abend den Bus um 10:50 genommen. Graham kam mit, um mich zu verabschieden. Heiße, anstrengende Fahrt. Ich bin traurig. Denke andauernd an Rosalind & überhaupt nicht an Buffie. Ich bin ein undankbarer, wankelmütiger kleiner Bastard. Es macht so viel Spaß, einfach zu fahren, in Gedanken Dinge zu erschaffen wie mit einem Metallbaukasten und ganz für mich zu sein, während die Meilen dahinfliegen, mir Zigaretten & Kaffee zu genehmigen, mir mögliche Geschichten zu überlegen und an Rosalind zu denken und an das geschäftige, aktive, unterhaltsame und wilde Leben, das vor mir liegt – nicht nur im nächsten Semester, in dem ich bis zum Umfallen arbeiten werde, sondern für im-

mer. Vor mir liegt ein großes Schicksal – eine ganze Welt voller Genuss und Erfolge, Schönheit und Liebe.

27. JULI 1941 Heute Morgen Chicago besichtigt. Wunderbare Ausstellung im Chicago Museum of Art. Carl Milles[131] & Internationale Aquarell-Ausstellung. Bin in Gedanken immer noch bei Rosalind. Buffie ist zu jung für mich – nicht jung genug, um sie zu dominieren, wie ich es mit Virginia tat, aber auch zu flatterhaft und feminin, um mich zu dominieren. Also legte ich mich im Park auf den Bauch, während ich auf die Öffnung des Museums wartete, & schrieb an Rosalind. Ich schrieb, dass ich glaube, in sie verliebt zu sein, aber sich das bei mir immer schnell wieder lege & sie sich keine Sorgen machen solle. (Pah, als ob nicht!) Und ob sie mir bitte nach Sioux Falls schreiben könne. Ich will es ihr geraten haben!

28. JULI 1941 Wir halten immer in winzigen Städtchen – die Leute sind alle dauernd am Essen. Manchen ist schlecht. Interessanter: Nachdem ich ein paar Abschnitte der Strecke gesehen habe, frage ich mich, warum überhaupt irgendjemand außerhalb der Stadt New York wohnt. Nachdem ich ein paar der Leute gesehen habe, bin ich allerdings sehr froh, dass sie es tun. Fünf Stunden in Sioux City. War in der Bibliothek & habe Powys' *Kultur als Lebenskunst* gelesen. Sehr gut & beruhigend. Um 3:45 kamen wir endlich in Sioux Falls an, so ziemlich am Ende meiner körperlichen Kräfte. Verwahrlost, schmutzig. John hat nur seine Schule im Kopf, & Grace ist dämlich wie immer. Habe ein winziges Zimmer mit einem einzigen Fenster & nicht dem leisesten Windhauch. Temp. fast 38 Grad. Diese Stadt ist unglaublich klein. + Habe nicht die geringste Lust, Buffie zu schreiben. Frage mich, wie ich es wohl angehen soll, mit ihr Schluss zu machen – und ob sie je erraten wird, dass es an Rosalind lag? Und wenn ja, werde ich sie gänzlich als Freundin verlieren? Aber Rosa-

---

[131] Schwedischer Bildhauer (1875–1955), vor allem bekannt für seine Springbrunnen.

lind ist untrennbar liiert, wie ich höre. Soll mir egal sein – ich bete sie trotzdem an. Gott, ich hoffe wirklich, sie schreibt mir & sorgt sich nicht, dass mein Onkel die Briefe öffnet! + Sullivan schickte mir am Tag meiner Abreise Gardenien. Sie waren schöner denn je.

29. 7. 1941 Was ich an einem Menschen am meisten bewundere, ist eine Art Umtriebigkeit – eine Lebendigkeit des Geists oder des Körpers oder von beiden –, daraus allein kann sich so ein Charakter entwickeln, wie ich ihn vorziehe. Ich halte Lebhaftigkeit und animalische Energie für eine absolute Notwendigkeit.

30. JULI 1941 Wundervoll, wie die eigene Phantasie angeregt wird, wenn man den ganzen Tag gute Prosa liest. Man denkt sogar in gutem Englisch. Hatte mit Grace eine dämliche Unterhaltung über Sozialismus. Sie hat nichts gelesen und hätte auch nicht den Grips dafür. + Nach einem Hamburger & Spaziergang kam ich zurück & fand einen Luftpostbrief von Rosalind. Ich flog die Treppe hinauf. Eine schlanke Seite – aber was für ein Kuss von ihren Lippen! »Darling«, aber keine Bekenntnisse. Ein oberflächlicher, intellektueller, brillanter Schreibstil. Genau wie ihre Konversation eigentlich. Eine Überfülle sonderbarer Wörter. Ich hatte mich in meinem letzten Brief zurückgehalten – 4 Seiten, eine Stunde zuvor – und schrieb ihr erneut. Ich glaube, ich bin verliebt, die Art intellektueller, unleidenschaftlicher Liebe, die ich vermutlich auf ewig geben werde.

30. 7. 1941 Die Widernatürlichkeit der menschlichen Natur zeigt sich am deutlichsten im Bereich Sexualität: Wenn man eine glattlaufende Liebesbeziehung führt und dann jemand Neues auftaucht, den zu gewinnen unverhältnismäßig viel Ärger, Unannehmlichkeiten, Aufschub und Unglücklichsein erforderlich macht, strebt man doch auf dieses Neue zu wie ein Wanderer in der Wüste auf ein Zeichen menschlichen Lebens, das er gerade in der Ferne erspäht hat.

31. JULI 1941 Ein letzter schöner Tag in der Bibliothek. Kein Brief von Rosalind, obwohl sie gekonnt hätte. In meiner Aufregung (wegen der Abreise heute Abend) schrieb ich ihr erneut – diesmal, dass ich sie anbete, was ich gottverdammt noch mal tue. Ich grüble darüber nach, welchen Kurs ich sonst hätte einschlagen können – den unnahbaren: ohne anzurufen, einen Sommer lang zu verschwinden, um bei meiner Rückkehr festzustellen, dass sie sich in mich verliebt hat. Die Sache wäre zweifellos der Mühe wert gewesen. Aber ich, fürchte ich, bin dieser Mühe nicht gewachsen. Alles, was ich fühle, muss ich herausposaunen. Immerhin bin ich dann – egal, was dabei herauskommt – ich selbst gewesen, und ich bin nun mal, wer ich bin. Rosalind, die Gute, scheint mich ja genau so zu mögen.

Heute Nachmittag ein Paar wundervolle blaue Turnschuhe gekauft. Und in denen und in meiner grauen Flanellhose brach ich aus Sioux Falls auf.

1. AUGUST 1941 Heute Abend, zehn Uhr fünfunddreißig. Eine glorreiche, wilde, rasante Fahrt, vierzig Meilen gen Westen ohne eine einzige Kurve. Durch die Dunkelheit, unter einem halben Mond. Nur das Radio, das schlechten Jazz spielte, konnte der Romantik etwas anhaben. Es war eine wundervolle Erfahrung. Voller Hoffnung, Erwartung, Glück. Und – Liebe –, die da kommen wird, Ekstase und Erfolg, Lohn und Zuneigung. Und voll meiner Träume von nichts und niemandem außer Rosalind.

1. AUGUST 1941 John und ich stehen morgens auf, gehen nach unten, frühstücken ordentlich und ziehen dann los. Heute Nachmittag das Rushmore-Monument (Borglum)[132] gesehen. Als Kunst kommt es nicht in Betracht – als Baudenkmal ist es eine Beleidigung für die Erhabenheit der Berge. Hielten recht früh in Gillette, Wyoming,

---

132 Mount Rushmore National Memorial in South Dakota, zwischen 1927 und 1941 von Gutzon Borglum erschaffen, der 1941 vor Vollendung seines Werks starb, fortgeführt wurden die Arbeiten von seinem Sohn.

und ich spazierte weit in die Prärie hinaus, hatte keine Angst, vergewaltigt zu werden, sondern nur, dass man mich ausrauben würde, weil ich meinen Geldbeutel dabeihatte.

2. AUGUST 1941 Gestern die Badlands durchquert und heute die Rockies – um 5 Uhr in Cody, Wyoming, gelandet, weil um den Yellowstone Park herum nichts mehr kommt. Haben uns das allabendliche Rodeo hier angeschaut. Einheimische Wettkämpfer – ein Bursche wurde beim Reiten ohne Sattel niedergetrampelt. Seiltricks von Pat Henry und gute Inszenierung. Verbrachte eine herrliche Stunde damit, einen braunen Cowboygürtel bei Dave Jones auszusuchen, den ich für 1,95 $ kaufte. Der jedoch tatsächlich aus Ft. Worth, Texas, kam. Der Tag war wundervoll. Cody liegt auf 1500 Metern Höhe. Die Nacht kühl, ich spazierte in die Hügel, Abendessen allein im Cowhand Café, nachdem John & Grace zu Bett gegangen waren. Überall Cowboys. Hemden für 7,50 $ und Stetsons für 7,50 $ – vor lauter Glück musste ich Rosalind schreiben. Dienstag sind wir in Frisco [San Francisco].

3. AUGUST 1941 Anstrengende Fahrt heute. Nicht genug Schlaf. Wunderschönes Panorama, Canyons und Berge. »Laughing Pig« und »Elephant Head«. Je mehr ich vom Land, je mehr Gesichter ich sehe, desto klarer wird mir, dass es doch nur eine Heimat und ein Gesicht gibt. Vielmehr keine wirkliche Heimat, die finden wir nur im Herzen des geliebten Menschen, nicht als Ort auf dieser Erde. Heute Abend kamen wir nach Elko, Nevada. Und hatten nach dem Abendessen von zehn bis eins eine denkwürdige Unterhaltung. Zuerst über den Sozialismus. John hat keine Skrupel, Browder einen Hurensohn zu nennen, was ich mit F. D. R. [Franklin Delano Roosevelt] niemals tun würde. Dann schimpfte Grace mich bei einer ihrer Abschweifungen wegen meiner kommunistischen Umgangsformen usw. aus. Wie ich immer den Fuß aufs Armaturenbrett lege, durchsetze, wo ich hinwill, und keine Verantwortung

übernehme für die Thermoskanne usw. Finde es sehr schwierig, mit den beiden zu streiten. Beide sind stur und unbelesen. Und beide greifen mich auch persönlich an, was das Ganze höllisch unangenehm machen kann.

4. AUGUST 1941 Grace erwähnte gestern Abend, dass John Geschäfte hat sausenlassen, weil er mich wegen der Reise nicht enttäuschen wollte. Warum das nun so sein soll, weiß ich nicht, weil ich ihm vor meiner Entscheidung äußerst taktvoll auf den Zahn gefühlt habe. John war die Unterhaltung ziemlich unangenehm. Sie hatten natürlich recht. Ich habe eine Arroganz an mir, die ich niemals werde abschütteln können – was ich tatsächlich auch gar nicht so ganz will. Ich sollte versuchen, höflicher zu sein, aber die »Schläge«, die ich in meiner angeborenen Unhöflichkeit austeile, sehe ich als Schale um den weichen Kern.

Heute ein Stück gefahren – über 100 Meilen. Ich reiße nicht so am Steuer, wie es die meisten Frauen tun. John war sehr zufrieden. Im Handumdrehen waren wir in Nevada (Reno). Sehr ausschweifende Stadt.[133] Das Geschäft brummt wegen gestiegener Preise für Vieh und Bodenschätze. Alle zocken. Holte mir einen ziemlichen Schwips mit zwei Gin Rickeys. Ich denke an Rosalind – ich kann ihr Lächeln im Dunkeln vor mir sehen. 1,00 $ beim Roulette verloren.

5. AUGUST 1941 Heute einen Teil der Strecke von Reno nach Sacramento gefahren. Kamen ausgezeichnet voran und landeten um 2:30 in San Francisco. Die Stadt ist ziemlich weitläufig & sehr hügelig – wie Städte sich im Westen eben ausbreiten, die nicht in die Höhe wachsen müssen wie New York –, so dass man Vorstädte hat, die

---

[133] Highsmith beschreibt Reno als »wide-open town«, in den USA die Bezeichnung für ein Gebiet, in dem ein lockerer Umgang mit Glücksspiel, Prostitution etc. herrscht. Es ist außerdem der Originaltitel eines Western, auf Deutsch *Die Wölfe von Kansas,* der wenige Tage danach, nämlich am 8. August 1941, herauskommen wird.

5 Meilen entfernt sind und die zu erreichen man praktisch ein Pferd bräuchte. Wir ließen uns in der Geary St. nieder, und ich rief Rita an. Nahm den 6-Uhr-Bus zu ihr. Sie wohnt in einem herrlichen Haus – 25 Zimmer. Teilweise vermietet. Wir aßen zu Abend & zogen dann herum. Sie ist ein kluges Kerlchen, und sie hat diese New Yorker Angespanntheit – das gesegnete Erbe dieser Stadt, die ihre Kinder niemals ruhen lässt.

6. AUGUST 1941 Rita hat es als Jüdin schwerer, eine Stelle bei einem Magazin zu ergattern. Wenn ich aussähe wie sie, oder wie Babs B., wäre ich vielleicht auch eine Märtyrerin. Aber dazu ist das Leben gerade zu angenehm. + Alle schwulen Leute sind wohl in L. A. – S. F. ist extrem konservativ. Muss dort hinkommen. + Rita und ihre Schwester glauben beide, dass ich Schriftstellerin werde. Vor allem wegen meines »inneren Antriebs«.

7. AUGUST 1941 Kein Brief, kein Brief, kein Brief! Gibt es etwas Traurigeres auf der Welt? – Aber morgen bestimmt! Ich frage mich, worüber sie nachdenkt. Und wie oft sie an mich denkt und wie plötzlich ihr das wohl bewusst wird.

7. 8. 1941 Ich finde, Sex sollte eine Religion sein. Ich habe keine andere. Ich verspüre keinerlei Verlangen, mich sonst einer Sache hinzugeben, und wir brauchen alle irgendetwas außer uns selbst, dem wir uns hingeben können, über noch unser erhabenstes Ziel hinaus. Ich könnte auch ohne Erfüllung zufrieden sein. Vielleicht wäre ein solches Arrangement besser für mich.

7. 8. 1941 Eine Frau ist nie, oder nur sehr selten, hoffnungslos verliebt in nur einen Mann. Sie kann stets besonnen zwischen dem Mann mit und dem Mann ohne Geld wählen, zwischen dem besseren und dem schlechteren Vater, der dafür vielleicht besser aussieht. Die Frau besitzt, vor allem dadurch, dass sie weniger Phan-

tasie hat, weniger Leidenschaft. Sie gibt weniger, und sie nimmt weniger.

8. AUGUST 1941 Habe beschlossen, *tout de suite* nach Los Angeles zu fahren, weil John vielleicht Dienstag Richtung Denver aufbricht. Wollte schon heute Abend los, rief aber Rita vorher an, und es war ein Brief da – von Rosalind natürlich –, und keine zehn Pferde hätten mich dazu bringen können, ohne ihn abzureisen. Fuhr nach dem Abendessen hin, ein bisschen Gin-trunken. Las ihn. Unverbindlich bis zur letzten Seite. »Was kann ich dir schon bieten, um dich zu halten? Dir stehen so viele Wege offen. Mir bleibt nur zu hoffen, dass du zu mir zurückkommst, wenn du müde bist. Vielleicht.« Ich saß natürlich bis 2 Uhr morgens an meiner Antwort. Was sie mir zu bieten hat? Alles. Was sie mir bieten wird? Alles, auf eine Art. Nichts auf eine andere. Mir soll es egal sein.

9. AUGUST 1941 Um 8:00 Uhr morgens in den Zug gestiegen. 15,00 $ von John geliehen. Kein sonderlich schneller Zug, aber wir waren um 5:30 in Los Angeles. Stieg im Hotel Bertha ab & schickte Mutter sofort einen Brief, dass sie mich bitte nicht zwingen solle, nach Denver, Colorado, zu fahren. Will von ihr bis Montag eine Bestätigung per Telegramm. Mondfest in Chinatown besucht.

10. AUGUST 1941 Gestern Abend einsam gewesen. Aber es ist so wundervoll, nur an Rosalind zu denken. Für die Gräfin herausgeputzt. Sie freute sich, eine Freundin von Constable zu treffen, aber hatte einen Umzug vor sich. Morgen um 6 Uhr früh. Die Gräfin (Martha) ist etwa 45, graublond, sehr korpulent, lebt und trinkt ungezügelt. Hastiges Abendessen im Brown Derby[134], das sie bezahlte.

---

[134] Restaurantkette, zur Kundschaft der legendären Filiale in Hollywood gehörten häufig auch Berühmtheiten.

Hinterher schrieb ich Rosalind, was mir zum täglichen Ritual wird. Martha erzählte, Rosalind habe ihr erstes Buch mit sechzehn veröffentlicht, und hofft, dass sie bald einen Mann zum Heiraten findet, weil sie glaubt, das sei, was sie sich wünscht – (ich nicht). Die Gräfin fragte mich rundheraus, ob ich in Rosalind verliebt sei, und behandelte das Ganze mit amüsierter Nachsicht, die sie, glaube ich, wirklich empfindet. Wenig Interesse am Boudoir – nun ja, ich nehme an, sie hatte ihre Zeit. *Lady Chatterley's Liebhaber* [von D. H. Lawrence] gekauft. 75 Cent.

11. AUGUST 1941 Durch Chinatown spaziert & holte mir leckere Tortillas & Milch (6 $!). + Den Noon Daylight von L. A. aus mit 40 Minuten Verspätung genommen. Ich habe beim Reisen wundervolle Gedanken – wenn ich mich gar nicht darauf konzentriere, sondern sie einfach aus dem Unterbewusstsein aufsteigen lasse, wie sie ohnehin immer kommen sollten. 10:45 angekommen. Briefe von Mutter. Einer davon ungemein überrascht, dass ich Geld brauche & mit 10,00 $. Bin gespannt, was sie erst sagen, wenn mein Brief von gestern Morgen ankommt, in dem ich um 30,00 $ gebeten habe! Ich schulde John immer noch 5,00 $ & bin völlig pleite. Er will Mi. aufbrechen. Gott, wenn ich mitmuss …!

12. AUGUST 1941 Haben uns einen schönen Tag gemacht und sind zu den Twin Peaks gefahren, wo ich kurz der höchste Mensch in ganz San Francisco war. Dann ein Mammutbaumwald und nach San Rafael zu einem mehr als üppigen Fischessen um 3 Uhr. Ich will nicht nach Denver. Ich werde hinmüssen, weil ich keine Ausrede habe. Irgendetwas macht mich rastlos. – Wäre ich zufriedener in NY? Ich bezweifle es. Ich könnte Rosalind sehen, aber das würde mir nur wieder lebhaft in Erinnerung rufen, was ich nicht haben kann. Und ich hätte meine alles beruhigende Routine. Doch, ich wäre glücklicher.

13. AUGUST 1941 Eureka, Nevada.
S. F. um acht verlassen. Unter welchen Umständen ich es wohl das nächste Mal sehen werde? Und mit wem? + John ließ mich heute ungefähr 70 Meilen fahren. Großer Spaß. Weite Strecken ohne jede Stadt. Weit und breit nichts als Bergbau. Die Sterne waren heute Nacht herrlich. Worüber ich andauernd nachdenke, ist, wie ich etwas aus mir machen kann – eine gute Stelle und nebenher ein gutes Leben. Etwas, das mir ihren Respekt verschafft und wodurch sie mich nicht mehr nur als attraktives, frühreifes Kind wahrnimmt. Daraus folgt, dass Frauen schon immer die Inspiration für alles Gute auf der Welt gewesen sind und es auch immer sein werden. Männer gehen in sich oder wenden sich dem Universum zu, erschaffen und bauen, erfinden und entdecken, immer mit dem Ziel, den Lohn dafür einer Frau zu Füßen zu legen.

15. AUGUST 1941 Komisch, aber ich kann mich nicht an Buffies Telefonnummer erinnern, dafür an beide von Rosalind. Punkt für Herrn Freud. Kleine Bibliothek, in der ich etwa eine Stunde gelesen habe. [Sir James] Jeans, [Irwin] Edman, Kritiken. Dann zurück, die entzückende Meile aus der Stadt heraus. Sehr, sehr glücklich und voller ausgebremstem Ehrgeiz – Ich wünsche mir, mich ganz allein in einem Zimmer an meine Schreibmaschine setzen zu können. Ich wünsche mir lange Tage, um darüber nachsinnen zu können, was ich gesehen habe, stille Stunden, um Geschichten auszuspinnen aus Keimen so zart wie Rauchschwaden. Und lange Abende mit Rosalind, von denen es nun wohl weniger geben wird, nehme ich an. Aber manchmal geht es sowieso besser in einer Gruppe von Leuten. Das habe ich oft festgestellt. Wir mögen einander dann lieber. + Heute Morgen mit den Tieren gespielt. Zwei aufgedrehte Hunde mit einem Rehbein, Pferde im Bach, ein schwarzes Kätzchen und zwei Kälber. + Habe Gräfin Marquiset geschrieben, falls sie die Sache mit den Kellnerinnen im B. Derby irgendwo erwähnen sollte, würde ich ihr eine Zeitbombe schicken.

16. AUGUST 1941 Um 11 in Denver, Colorado, angekommen. Sehr hübsches Städtchen. Wegen der Höhe wimmelt es von Tbc[Tuberkulose]-Fällen. Heute Nachmittag T. S. Eliot gelesen. Ein hervorragender Poet und ein genauso guter Kritiker.

16.8.1941 Immerhin kann ich mich mit der Erinnerung an die wenigen Stunden erheitern, die wir miteinander verbracht haben – die ich dich überhaupt erst kenne –, indem ich sie im Geiste immer und immer wieder durchlebe, wie ein dutzendfach gelesenes Lieblingsbuch, bei dem jedes Wiederlesen eine neue Emotion, einen anderen Reiz hervorruft. Die Worte eines Buchs sind immer gleich, genauso wie immer gleich bleibt, was wir unternahmen. Aber im gestalt- und wortlosen Land der Phantasie, in dem sich diese kurzen Stunden finden, kann ich ausschmücken, umfärben und projizieren.

Irgendwo draußen vor meinem Fenster wird die »Loreley« gesungen. [D] »Ich weiß nicht, was soll es bedeuten, dass ich so traurig bin ...« [DD]

17. AUGUST 1941 Seltener Tag. Mit John gefrühstückt. Er ist einer dieser Männer, die ihrem Weibsvolk befehlen, wann es sich zu setzen und wann zu gehen hat. Schlechte Manieren. + Durch die Stadt geschlendert, Museen besucht usw. Ein paar interessante Sachen aus Mesa Verde. Fossilien, Mumien, Schädel. Den ersten Band von Stendhals *Rot und Schwarz* gelesen. Herzhaftes Frühstück, Hamburger zum Mittagessen und Abendessen im Blue Parrot Inn. Offenbar brauche ich es. Gehe jeden Abend hungrig ins Bett und wache morgens mit einem Bärenhunger auf. Ich wünschte, es wäre schon morgen. Ich will meine Post.

18. AUGUST 1941 Noch vor dem Frühstück zur Post gedüst. Aber keine Briefe. Wie allein und vernachlässigt man sich da fühlt! Will die *Göttliche Komödie* lesen, während ich hier bin. Aber am wich-

tigsten ist das Herumschmökern. 3:30 zur Post. Briefe von Mutter, mit 30 Dollar, J. B., Roger usw. + Wenn es allein schon schön ist, eine Frau (und ihre süße, verantwortungslose Art) zu lieben, wie viel schöner ist es dann gar, eine Frau zu lieben mit einer Kraft und einem Willen wie dem von Rosalind. Wie viel herausfordernder!

19. AUGUST 1941 Blöder, lausiger Tag. Ich ersticke in Panorama! Unerträglich langweilig! Besonders die 1½ Std. Wartezeit kurz vor dem Gipfel von Mt. Evans. Eine dümmere, unangenehmere Art, ein Auto zu ruinieren, kann ich mir nicht vorstellen. Tage vergehen so, Tage völliger Fruchtlosigkeit – dass mir einmal ein auch nur ansatzweise als Idee zu bezeichnender Gedanke kommt, hat Seltenheitswert. Wie ich doch wünschte, ich könnte stattdessen in der Bibliothek sein und *After the Genteel Tradition* [von Malcolm Cowley] auslesen.

20. AUGUST 1941 Etwas besser, weil wir früher nach Hause kamen. Haben den »Garten der Götter« gesehen und solchen Quatsch. Pilzfelsen am besten. Ein paar Schnappschüsse. Eine milde Form des Wahnsinns, sich all diese Gipfel und »schönsten Schluchten und Schlünde« anzusehen. John und Grace müssen jeden Hügel, den sie sehen, mindestens zur Hälfte besteigen. Die »schönsten Schlünde« sind die, die sie sich im Restaurant vollstopfen.

21. AUGUST 1941 Brechen Samstag früh auf. Ich bin glücklich! Chicago – dann nach Hause! Mit John & Grace gefrühstückt. Bibliothek um 10:30. Typischer Denver-Tag. Um 1 Post holen gegangen. Brief von Buffie. Mir graute es davor, ihn zu öffnen und den Inhalt zu lesen. Ob sie sich immer noch etwas aus mir macht. Meinem Ego zuliebe hoffe ich es ja, und aus dem Wunsch heraus, den man ja immer hat, geliebt zu werden – aber ich hoffe noch mehr, dass nicht. Weil die Auflösung am Ende so schwierig wird. Wie angenehm zu sagen: »Ich liebe dich.« Und wie qualvoll zu sagen: »Ich liebe

dich nicht. Ich habe dich nie geliebt.« Habe ihr den Acrylstein mit Blattgold gekauft. 5,50 $. Nutzlos wie so vieles, was ihr gefällt.

21.8.1941 Diesen Sommer habe ich, wie ein sich an einem Laternenpfahl abmühender Junikäfer, eine neue Stufe erklommen. Eine Art höheres Niveau, aber vor allem eine neue Hoffnung und Zuversicht. Ich habe vor, hierzubleiben. Genau hier und noch weiter.

21.8.1941 Wie schrecklich, wenn man spät in der Nacht auf leeren Magen zu schreiben versucht! Selbst die Gedanken sind dünn und schreckhaft. Man hat beinahe Angst, sich zu rühren, um nur keinen Hungeranfall zu kriegen, diese abscheuliche Leere nicht zu verspüren. Und die Sätze werden kürzer, verkniffen und knauserig.

22.8.1941 Seltsam, je älter ich werde, desto weniger Respekt habe ich vor dem sogenannten logischen Denken. Denken ist kreativ, und wir kreieren unbewusst – in Gedankenblitzen. Wenn man ein Problem lösen muss – was die Beziehung zu anderen Menschen angeht –, erreicht man nur selten etwas durch eine Zusammenstellung der Fakten. Lässt man die Sache dann fallen, hat man vielleicht Minuten später eine Eingebung, oft stellt man sich eine Situation vor, zu der es kommen könnte, und man wird der Wahrheit nie näherkommen als in diesem einen Aufblitzen.

23. AUGUST 1941 Heute Vormittag gepackt. Den Rocket um 1:00 von Denver [nach Chicago] genommen. Auf der Zugfahrt an R. gedacht, während ich unkonzentriert [Émile Zolas] *Nana* las. Und auch an Buffie. Dante hatte seine unerwiderte Liebe zu Beatrice, und dazu noch eine Ehefrau. Ich mag meine Beatrice einfach lieber. Sie ist Schönheit, Güte und Intelligenz. Sie ist das menschliche Streben auf Erden. Sie ist ein Stück vom Himmel, und ich habe das große Glück, es gefunden zu haben. Wie könnte ich sie je verlassen? Was würde ich nicht für sie aufgeben! Ich lasse das Schlechte für das

1941

Gute hinter mir. Das Böse für das Reine. Und falls ich das je für extravagant halte, so möge Gott mich verdammen.

23. 8. 1941 Nur sehr wenige Menschen sind sich ihrer Individualität bewusst und streben stets danach, sie auszubauen und etwas Besonderes zu sein. Die allermeisten hingegen versuchen krampfhaft und mit allen Mitteln zu zeigen, dass sie genauso sind wie alle anderen auch. Das verschafft ihnen eine Art Sicherheit, Selbstbewusstsein und Zufriedenheit.

24. AUGUST 1941 Im Zug exorbitant gefrühstückt. Mit einem Schaudern festgestellt, dass Lesen meine Art der Flucht ist – vor den Gedanken an Rosalind und Buffie. Wie seltsam, dass meine beiden Probleme geographisch so nah beieinanderliegen und ich auf beide zugleich zurase. Ich hoffe, R. ist nicht gelangweilt, ungehalten oder verärgert und dass sie nicht denkt, ich hätte mich Martha gegenüber dumm benommen. Ich kann mir nicht vorstellen, jemals irgendjemand anders zu lieben. Wie ungemein sie doch einem ganz modernen Engel ähnelt!

26. AUGUST 1941 Konnte es kaum abwarten, nach Hause zu kommen. Müde, sehr müde natürlich, aber auch glücklich. ᴰWie schön ist die Heimat! »Und kennst du das Land, wo die Citrönen bluhn? (auf Säulen rüht sein Dach!)«ᴰᴰ [135] Schön, ein paar intelligente Gesichter zu sehen. Gegen elf rief ich R. an. Sie war im Bett, strickte, war gerade aus Washington eingeflogen. Erkannte mich an der Stimme. Ihr Lachen war unverändert – nur noch viel wundervoller als in meiner Vorstellung. Werde Buffie nicht verraten, dass ich wieder in der Stadt bin, bis ich R. gesehen habe. Sollte wohl besser nüchtern sein, wenn ich mit ihr spreche. Auch wenn das nicht der leichteste Weg ist. + Ich habe so viel vor. Der eine Augenblick der Entmuti-

---

[135] Highsmiths eigenwillige Variante der bekannten Verse aus Goethes Gedicht »Mignon«.

gung und des Zweifels kommt, bevor man seine Sachen weggeräumt hat; wenn man die ganzen alten Bücher sieht und darüber nachdenkt, dass man sie alle gelesen hat und wie wenig man trotzdem weiß; wenn man unfertige Manuskripte sieht und an die Mühen denkt, die noch vor einem liegen. Ich habe meine Ziele höher gesteckt als je zuvor. Gott oder was auch immer gebe mir Mut und Kraft!

27. AUGUST 1941 R. hatte (und hat) einen wundervollen Einfluss auf mich. Ich habe keinerlei Verlangen danach, mit Buffie oder Mary S. oder Billie auszugehen wie zuvor. Ich bleibe abends lieber zu Hause. Ich frage mich, wie lange das wohl anhält. Es bedeutet aber nicht, dass ich so kaltblütig bin wie früher. Denn jetzt will ich, dass es von Dauer ist, und ich habe auch das Gefühl, es wird für immer so sein.

27.8.1941 Ich wünschte, ich könnte von zwanzig bis dreißig Musik komponieren, von dreißig bis vierzig Bücher schreiben und von fünfzig bis sechzig malen und mich vielleicht, solange ich noch einen Schlegel halten kann, von vierzig bis fünfzig bildhauerisch betätigen.

27.8.1941 Unser Leben findet in Augenblicken statt, genau wie unser Denken und unser Schaffen. Die vielleicht einzigen anderen Momente, in denen wir leben, sind die der Vorfreude. Also, leben im Sinne von genießen. Im Fall meiner Reise nach Kalifornien habe ich sehr wenig von der Vorfreude genossen. Aber die Erlebnisse, die ich immer in Ehren halten werde, sind die nächtliche Fahrt gen Westen von Sioux Falls, South Dakota, und der Spaziergang in Chamberlain in derselben Nacht, mitten in der Wüste in den Stunden vor Mitternacht Beethovens Fünfte zu hören und der wundervolle Brief von Rosalind in South Dakota – ihn zu lesen und beim Einschlafen an ihn zu denken –, und dann der Moment, in dem

1941

mich in Denver mit einem Mal der Geist des Zirkus packte, als ich sah, wie sich die Percheronpferde in ihr Geschirr legten (schweres schwarzes Leder, mit Gold besetzt).

Es war kein Genuss im engeren Sinne, die Canyons und Berge zu sehen, auf die man zu lange zugefahren war, oder das *Pièce de Résistance* – San Francisco von den Twin Peaks aus. Aber selbst die weniger glücklichen Momente würde man doch nicht eintauschen wollen. Ob aus Neugier oder bloßer Liebe zur Empfindung, weiß ich nicht. Die tiefste Traurigkeit der Welt besteht darin, keinen Brief von jemandem zu bekommen, den man liebt. Ich habe sie gespürt. Und ich habe auch das sonderbare Unbehagen und die Angst gespürt, die man empfindet, wenn man einen Brief von einer Person erhält, die man nicht mehr will.

Aber anders als alle anderen Erfahrungen, egal, ob visuell, körperlich oder geistig, ist Verliebtsein ein anhaltender Genuss. Allein oder zusammen, zwei verliebte Menschen sind glücklich. In gewisser Weise sind sie immer zusammen – und ebenso allein. Die Liebe kann man in der Tasche bei sich tragen.

28. AUGUST 1941 Heute Morgen gearbeitet. Briefe von Buffie, in Erwartung meiner Ankunft am 31. Meine Mutter mag ihre Handschrift. Sie ist verlässlich. Aber ich mache mir einfach nichts aus ihr. + Ein paar Bücher verkauft & recht angespannten Einkaufsbummel mit Mutter gemacht. + *Chez* Rosalind um 7:07, nach einem Drink allein. Billie A. war da. Schenkte R. die Eiswürfelformen und die Schallplatte, die sie kaum beachtete, weil sie wegen ihres Abgabetermins morgen Abend nervös war. Ob ich dieses Arrangements einmal überdrüssig werde? Oder bin ich inzwischen so eine Asketin, dass ich ihre Zurückhaltung anregend und inspirierend finde? Das will ich mir geraten haben. Ein Bild von Betty Parsons[136] gese-

---

136 Betty Parsons studierte Malerei in Paris, wo Man Ray und Alexander Calder ebenso zu ihrem Freundeskreis gehörten wie Gertrude Stein und Sylvia Beach. Einer ihrer Mitstudenten war Alberto Giacometti. 1948 wird sie ihre eigene Galerie auf der 57th Street eröffnen. Wegen ihrer

hen, der Malerin, die bei R. einzieht. Sehr süß, jung, hübsche Stirn. »Ich habe eine Wahl getroffen«, sagt R. Ihr wurde nichts aufgezwungen. Ich habe sie nicht geküsst. Wir lagen – oder saßen – auf der Couch, bevor wir zum Abendessen ins Nino & Nella fuhren. Dann zum Jumble Shop. Fuhr mit R. nach Hause, obwohl sie protestierte. Ich genieße es einfach, für eine Weile die gleiche Luft zu atmen wie sie. Wie gesagt. Ich kann mir nicht vorstellen, sie jemals sattzuhaben. Sie nicht!

29. AUGUST 1941 Anschreiben fürs *Quarterly* verfasst. Nicht schlecht. Und knackig hoffentlich. Alle scheinen verreist zu sein. + *Spiegelbild im goldnen Auge* [von Carson McCullers] gelesen. Überhaupt nicht gut. + (Ginger) Rogers Film gesehen, war mies. + Rosalind angerufen, um 11:05 war sie nicht zu Hause und um 11:45 im Bett. Natasha musste aus ihrem Zimmer auflegen. Rosalind sehr nett zu mir. Schenkt mir viel Beachtung. Solche Dinge können sehr schmeichelhaft sein, das weiß ich – und nicht langweilig, solange man nicht zum Hündchen wird, was ich niemals tun werde. Und was werde ich tun? Mich möglichst amüsant geben und wie verrückt arbeiten, um etwas aus mir zu machen.

30.8.1941 Sex und Alkohol will ich dies entgegenhalten: Alkohol ist als gewohnheitsmäßige Genuss- und Inspirationsquelle seinen Preis nicht wert. Und Sex ist ein Schwindel. Ein ebenso großer wie eine Nebenvorstellung auf Coney Island. Und so überbewertet wie eine Fahrt auf den Pike's Peak. Heiraten ist bestimmt so bescheuert, wie sich die Nebenvorstellung gleich zweimal anzusehen. Für Frauen ist es sogar noch schlimmer, weil sie dabei den Kürzeren ziehen.

frühen Förderung der Abstrakten Expressionisten gilt sie als »Mutter des Abstrakten Expressionismus«. Unter anderem vertrat sie die Künstler Jackson Pollock, Mark Rothko, Clyfford Still, Barnett Newman, Hans Hofmann und Ad Reinhardt.

1. SEPTEMBER 1941 Mappe an Comet Press geschickt.[137] Heute Vormittag gut vorangekommen mit der Überarbeitung der ersten Fassung. Drei Vormittage für 10 Seiten sind gar nicht mal schlecht. Habe an meine arme Rosalind gedacht, die vielleicht den ganzen Tag arbeitet. Ich frage mich, ob ihr Mann sie wohl noch liebt. Oder ob er es je getan hat? Wahrscheinlich nicht. Wenn der nicht schwul ist! Werde morgen Buffie anrufen. Ich denke nicht gern an die Zeiten zurück, als ein Anruf von ihr – selbst die Vorfreude darauf – ein Hochgenuss war. Ich bin so skeptisch geworden, ich versuche bei jeder, in die ich verliebt bin, die Fehler herauszupicken – bei Rosalind kann es nur ihr Zynismus sein. Wenigstens ist es nicht so etwas wie Billies Dummheit oder Buffies Mäkeligkeit – allein beim Gedanken daran könnte man zusammenzucken. Nein, ich glaube, meine Luchsaugen sind offen. + Proust ist ein Genuss und eine Inspiration. Vielleicht sollte man ihn alle drei Jahre wiederlesen.

2. SEPTEMBER 1941 Rosalind hat mich heute Darling genannt, über diesen Dienstag ist damit alles Wichtige gesagt. Habe meine Geschichte fertig, Buffie um 10 angerufen (es nagte schrecklich an mir). Mary Sullivan angerufen und mich abends mit ihr getroffen. Drinks im Rochambeau's. Habe M. erzählt, was ich für R. empfinde. Auch dass Janet Flanner[138] & Betty Parsons & die ganze Truppe lesbisch sind und sich schon ordentlich ausgetobt haben, weshalb sie jetzt ganz »ehrbar« sein können, weil sie körperlich geschafft sind. Wenn ich mehr Platz hätte, würde ich es schöner formulieren.

4. SEPTEMBER 1941 Wenn der Morgen mit Absagen anfängt und mit Vorträgen über vier Jahre alte Diäten aufhört, wird das Leben allmählich zur Bürde. »Es kommt eine Zeit«, sage ich immer,

---

137 Comet Press in Brooklyn, Druckerei des *Barnard Quarterly*.
138 US-amerikanische Schriftstellerin und Journalistin mit Wohnsitz in Paris, schrieb unter dem Pseudonym Genet viele Jahre lang den »Letter from Paris« für den *New Yorker*.

und wie es aussieht, kommen alle diese Zeiten mit zwanzig, wenn man nicht mehr zu Hause wohnen möchte. Echte Unabhängigkeit scheint verlockend. Gleichzeitig sagt Mutter, ich sei nie so jung gewesen. Es ist schon verwirrend. Ich war zu Hause noch nie so angespannt und rastlos. Und jetzt macht mir Dr. L. auch noch Ärger wegen meines Kalziummangels. Brauche deswegen eine Füllung, und die wird teuer. + Habe heute alle meine Manuskripte abgeheftet. Das Problem an meinen Sachen ist: keine Handlung. Meine besten Geschichten haben die meiste Handlung und sind am wenigsten schwerfällig. Da habe ich meine unmissverständliche Lektion.

4.9.1941 Der Geschlechtstrieb wallt träger in uns allen, als wir das gerne denken, und abgesehen von den ersten Schritten aus Neugier ist der wiederholte Akt bloß ein weiterer Ausdruck der fortwährenden Suche nach einem Freund, einem Gefährten, einem Komplizen.

5. SEPTEMBER 1941 Mutter sehr deprimiert, nannte mich praktisch einen Bastard und denkt darüber nach, mich aus der Uni zu nehmen. + Verabredung mit Virginia & schöner Abend. Drinks im Jumble Shop, wo ich ihr ganz nüchtern alles über Rosalind erzählte und ihr, nach Überlegung, sogar den Brief zeigte. Danach ins Caravan. + Dann rief ich Rosalind an, mein Geschäftsanruf über den französischen Herrenausstatter Hermès in der Rue de Rivoli, sagte sie. Sie mochte meinen Brief sehr & fand die Skizze »bezaubernd«, wenn auch nicht schmeichelhaft, und sie werde mich noch oft sehen und wie wäre es denn nächste Woche, dann könnte ich Betty und Natasha kennenlernen.

6. SEPTEMBER 1941 Mit Mutter bei Dr. L. gewesen. 15,00 $ pro Füllung und das mal 3. + Immer wenn ich an [Rosalind] denke, bin ich glücklich. Aber Stanley und Mutter verbinden meine aktuellen

Freunde mit meinem früheren und gegenwärtigen »extremistischen« Verhalten. Ich stünde nicht auf dem Boden der Tatsachen usw. Ich greife ja auch nach etwas ganz anderem. In ihrem Sinne werde ich den Boden vielleicht nie wieder berühren. + Heute Abend *Autobiographie von Alice B. Toklas* [von Gertrude Stein] angefangen. Hervorragend geschrieben. Ich habe ein neues Kapitel aufgeschlagen, was mein eigenes Schreiben angeht. Ab jetzt nur noch Geschichten mit echten Menschen & Struktur & Handlung. Zum Spaß beim Spazieren einen echten Plot ausgedacht. Und hinterher kamen mir selbst die Menschen auf der Straße anders vor. Habe mehr von ihnen wahrgenommen. Zu viel von meinem Material ist zynisch und sarkastisch.

8. SEPTEMBER 1941 In gewisser Weise bin ich gar nicht traurig wegen Betty und Rosalind. Mit jemandem zusammenzuleben, den man liebt, ist so ernüchternd. Das Element des Wandels ist auf meiner Seite, die Rastlosigkeit, die in uns allen steckt. + Von Hellman[139] würde der *New Yorker* die Hosen-Geschichte nehmen. Wenn es doch nur einen anderen, ähnlichen Markt gäbe – aber nein. Laut & recht gut Klavier gespielt. + Sitzung der Young Communist League heute Abend. Ich fühle mich bei ihnen unwohl und nutzlos, jetzt sollen wir auch noch alle Geld sammeln. Vielleicht sollte ich einfach offen sagen, dass ich eine Degenerierte bin, damit sie mich ausschließen. Hinterher Buffie angerufen, um Punkt 12:00. Sehr kurz & süß & ob sie mich morgen sehen könne? Ja. Ich glaube, ich erzähle ihr nichts von der anderen. Aber woher soll ich vorher wissen, was ich sage?

9. SEPTEMBER 1941 Russen & Briten wechseln sich nachts ab mit der Bombardierung Berlins. Die Menschen werden verrückt, weil Göring ihnen erzählt hat, die Stadt sei uneinnehmbar! + Buffie rief

---

139 Lillian Hellman (1905–1984), US-amerikanische Dramatikerin und Memoirenschreiberin.

zweimal an. Wir verabredeten uns. Trank vor unserem Rendezvous im Ticino[140] drei Gin Rickeys. (Davor war ich bei Dr. L. – mit Novokain.) Buffie kam zu spät. Ich war völlig berauscht. Sie wollte im Ticino weder essen noch trinken oder rauchen. Also ins Brevoort[141] & miserables, teures Abendessen, an dessen Ende ich es ihr sagte. Sie war still, ziemlich unerschüttert, so wie wohl jeder Mensch reagieren würde, der sich richtig im Griff hat. Ich nannte keine Namen, aber sagte ihr, ich sei verliebt. Dann im Taxi zu ihr nach Hause, wo ich sie ins Bett brachte und ihr eine Wärmflasche machte. Sie arbeitet gerade an einer Siebdrucksache, die mir nicht gefällt. Sie war wie immer. Wünscht sich, dass ich sie bald anrufe.

10. SEPTEMBER 1941 Grässlicher Tag, weil Mutter wieder an allem etwas auszusetzen hat. Sie ist so verbittert & missverständlich – und ich bin so selbstgerecht & missverständlich. Alles, was ich bin, hat sie sich selbst zuzuschreiben, ich als Individuum trage wenig dazu bei. Ich glaube, die Gefühle von Kindern und Jugendlichen sind immer konstruktiv und optimistisch. Jede Abweichung ist anerzogen. + Meine Geschichte macht Fortschritte. + Um sieben zu Rosalind. Mrs. Betty Parsons auch da & eine andere, die mir entsetzlichen Respekt einflößte, bis sie anfing, über Kunst zu sprechen, und ich feststellte, dass sie nicht den blassesten Dunst hat. Betty ist älter als Rosalind. Charmant, intensiv, ernst & dünn. Leitet eine Kunstgalerie. Ihre Aquarelle sind mutig und ziemlich gut. Wir tanzten ein bisschen und tranken sehr viel. Ich nehme an, Rosalind könnte mit Betty unschwer sehr glücklich sein. Rosalind Websters Buch *Paddle*[142] durchgeblättert. Clever. Schlagfertig. Für 1927 wohl recht

---

140 Das Grand Ticino in West Village; das Restaurant diente später als Kulisse für den mehrfach oscarprämierten Film *Mondsüchtig*.
141 Hotel Brevoort, 5th Avenue, Ecke 8th Street, legendärer New Yorker Treffpunkt, 1956 abgerissen und durch einen Wohnblock mit dem Namen Brevoort ersetzt.
142 Rosalinds Buch *They Who Paddle* wurde 1927 noch unter ihrem Mädchennamen Webster veröffentlicht.

mutig. Der Stil lässt allerdings eine ziemliche Unreife durchblicken. Recht gewitztes Porträt der britischen Upperclass.

11. SEPTEMBER 1941 Ich will mit niemandem außer Rosalind sein. Aber wie gesagt, werde ich weiterhin mit vielen anderen gehen, um mich weiterzuentwickeln – und sie bei Laune halten zu können, wenn ich 30 bin, ist sie 44. Aber ich vergöttere sie. Und alle anderen werde ich mir mit zugehaltener Nase vornehmen wie einen Löffel Rizinusöl. + Zu viele Bücher auf einmal. Ich sollte mich auf eins oder zwei beschränken, aber das mache ich nie. + Oben in Harlem um 7:30, mit Richou von Tür zu Tür. Die Jüngsten sind am kooperativsten. F. D. R. hat eine Rede über die Greueltaten auf See gehalten. Und über die Notwendigkeit, in der Verteidigung scharf zu schießen. Mutter will morgens keinen Kaffee mehr mit mir trinken und lässt mich ihr kein Geburtstagsgeschenk machen. Wir befinden uns in einem Teufelskreis, jede in ihrer Hälfte. Jede ist Ursache und Ergebnis, und wir können am Gang der Dinge nichts ändern. Die Lösungen, die mir einfallen, sind nichts als kleine Ablenkungen, die wie Funken fliegen und verglühen.

12. SEPTEMBER 1941 Der erste ruhige Tag seit einer Woche. + Habe mir diese *Vogue*-Prix-Sache[143] angeschaut. Einreichfrist 1. Aufgabe: 20. Nov. Ich glaube, ich könnte die ganze Nacht hindurch ordentliche Artikel schreiben. Ich kenne mich aus mit Kunst & eventuell auch Literatur. + Abends gemalt. Nicht so geworden, wie ich es mir vorgestellt hatte, aber eine heitere kleine Harlemszenerie. Wie viel angenehmer es ist, zu lieben und nicht geliebt zu werden, als geliebt zu werden und nicht zu lieben. Gott sei Dank sind die Freude des Gebens und das Glück der Hingabe größer als der vorübergehende Genuss der Schmeichelei.

---

143 Wahrscheinlich »*Vogue's* Prix de Paris«, ein Essaywettbewerb für junge Schreibtalente. An ihrem Beitrag arbeitet Highsmith bis weit ins Jahr 1942.

13. SEPTEMBER 1941 Ganz guter Tag. Der Herbst kriecht eindeutig in die Knochen. Brief von Jeannot mit Skizzen. Was für ein netter Kerl er ist. Arglos und lebenslustig. Denkt darüber nach, ein Buch zu schreiben, aber er weiß noch nicht, ob über die erbitterten Kämpfe der verunsicherten *Français* oder das ausschweifende Pariser Café-Milieu! Sehr, sehr glücklich bei Drinks in Hülle und Fülle mit Cralick & Marjorie heute Abend. Und um 12:40 bekam ich Rosalind auch noch dazu. Sie sagte, ich hätte neulich Abend großen Eindruck gemacht. Das Gefühl hatte ich gar nicht. Sie sagte, manchmal sei man besser, wenn man es nicht zu angestrengt versucht.

14. SEPTEMBER 1941 Die Situation wird langsam kritisch, sagt Stanley. Mutter ist gereizt, spricht wieder davon, mich von der Uni zu nehmen. Ich wäre verloren. Alle Stellen, die ich will, erfordern einen Hochschulabschluss. Sie ist eifersüchtig auf meine Freunde. Vergleicht sich dauernd mit ihnen und ist auch noch eifersüchtig darauf, wie liebenswürdig ich zu Jeva & Marjorie bin, wenn sie vorbeikommen. Wäre es denkbar, dass ich in meine eigene Mutter verliebt bin? Vielleicht bin ich das auf irgendeine unglaubliche Weise wirklich. Und die Widerborstigkeit, die in uns allen steckt, zeigt sich in meinem Undank meiner Mutter gegenüber bei ihren übereifrigen Versuchen, mir eine Freude zu machen oder etwas für mich zu tun. Es ist die alte Geschichte, wenn etwas zu einfach ist – und wir uns immer weigern, unsere Liebe auf das unkomplizierteste und verdienstvollste und logischste Objekt zu richten.

16. SEPTEMBER 1941 *Pendennis* ausgelesen. Was für ein moralisches kleines Ding! Wie blasiert der ewige, gefällige, gleichmütige und ach so intelligente Mr. Thackeray! + Rosalind angerufen, und es war wundervoll. Hat mich mindestens zweimal Darling genannt. Litt unter einem Kater, bis 2:30 Martinis und Benzedrin gemischt. Sagte, wenn sie es diese Woche nicht schafft, würde sie es grässlich finden, mich so lange nicht zu sehen! Ich konnte mindestens 30 Se-

1941

kunden lang nicht sprechen. Als ich später beim Streichen [von Buffies Küche] einen Moment innehielt und das zweite Brandenburgische [Konzert von J. S. Bach] pfiff, spürte ich eine überwältigende Liebe zu R., der ich mir ganz sicher war, und war glücklich darüber. Ich habe so lange gewartet, und jetzt ist es endlich so weit.

16. 9. 1941 Als ich heute die letzte Mahlzeit des Tages zu mir nahm, die ausgewogen und ansprechend war, musste ich an all die Menschen auf der Welt denken, die einen ganzen Tag für ein Stück anständiges Fleisch arbeiten würden – so sie dazu überhaupt in der Lage wären; und als ich meine Butter praktisch unangetastet zurückgehen ließ, dachte ich an all die Menschen in Deutschland, Italien, im besetzten Frankreich und an so vielen Orten in Europa und Asien, dass ich sie nicht einmal ansatzweise aufzählen kann, die seit Monaten keine Butter oder auch nur schmutziges Bratfett zu Gesicht bekommen haben. Und ich sitze hier in Amerika, lasse mein Fleisch halb aufgegessen zurückgehen, wo es dann im Müll landet, wische mir die Krümel vom Schoß, esse nur die Hälfte meiner Sahneration, lehne die Pilzcremesuppe höflich ab und nehme stattdessen die vitaminreiche Gemüsesaftmischung.

Mit welchem Recht? Und was sollen wir tun? Wie viel können wir nachdenken, sollten wir nachzudenken wagen, ohne den Verstand zu verlieren über so viel Widersinn und Unmenschlichkeit?!

17. SEPTEMBER 1941 Mutter glaubt nicht, dass ich die Neger[144]-Geschichte »Cheery love« hinbekomme. + Kurzer Arbeitsmorgen, dann zum Mittagessen ins Alice Foote[145] mit Mutter, Marjorie, Nelson und Cralick (die uns alle einlud). Gigantische Martinis,

---

144 Der heute wie »Neger« im Deutschen als beleidigend und rassistisch gewertete Begriff »negro« war in den USA bis in die 1960er Jahre hinein die gängige, an sich wertfreie Bezeichnung für Schwarze. In der Übersetzung wurde i. d. R. der Begriff »schwarz« gewählt. Die Kurzgeschichte ist nicht erhalten.
145 Alice Foote MacDougall führte mehrere nach ihr benannte Restaurants, unter anderem im Hotel Peter Stuyvesant auf der 2 West 86th Street.

Cralick sehr elegant. ^F^Haare^FF^ straff hochgesteckt. Rauchte wie verrückt, aber sogar dafür liebte ich sie. Es war Ausdruck ihrer großen Begeisterung für den Anlass. Wir erzählten uns alle möglichen Witze.

18. SEPTEMBER 1941 Walter [Marlowe] gestern Abend. Er sagt, Mutter und Stanley seien eingefleischte Konservative, ich sei ein merkwürdiges Ergebnis & solle mich, wie es nur geht, um Versöhnung bemühen. Ich frage mich, woran es eigentlich liegt, dass die nettesten Männer (Walter & Arthur) immer der sexy Typ sind. Der Typ, der sich anbietet? Es ist eine Art der Großzügigkeit. Eine Wertschätzung sinnlicher Freuden. Wir hätten es gestern Abend fast getan. + Schöner Tag mit neuen Büchern. *Sartor Resartus* [von Thomas Carlyle] – mit wärmster Empfehlung von Walter – & [Stephen] Spenders *The Destructive Element*.

19. SEPTEMBER 1941 Freitag einen ziemlich wunderbaren Tag gehabt. War an der Uni, um meine Gebühren zu bezahlen. *Quarterly* sieht gut aus. Helen gesehen. Was für eine Bräune! Was für ein Mädchen! Heute Nachmittag an meiner surrealistischen Sache gesessen. Also, dem Text natürlich. Ich glaube, als Allererstes werde ich »Die Heldin« überarbeiten. Aber es wäre auch gut, die Faschistensache für die erste Ausgabe zu haben. Habe Rosalind morgen so viel zu zeigen! So viele Gründe, glücklich zu sein! Habe sie von Barnard aus angerufen – aus der altehrwürdigen Barnard Hall. Treffe sie morgen um 6:00!!!! Verdammt, ich habe schon immer bekommen, was ich wollte, und so soll es auch bleiben.

20. SEPTEMBER 1941 Samstag: Gestern *Decision* von [Kay Boyle[146]] gekauft. Sehr inspirierend, poetisch. Außerdem die englische [Zeit-

---

146 Kay Boyle (1902–1992), US-amerikanische Schriftstellerin und Journalistin. Ihre ersten Kurzgeschichten erschienen in Pariser Avantgarde-Zeitschriften von Nancy Cunard, Janet Flanner und Sylvia Beach. Ab 1946 wirkte sie als Deutschlandkorrespondentin für den *New Yorker*, wurde jedoch Opfer des McCarthyismus und verlor die Stelle.

schrift] *Horizon,* [herausgegeben von Cyril] Connolly, [mit Gedichten von] Stephen Spender. Ein wenig gearbeitet und ein bisschen gelesen, aber hauptsächlich Vorbereitung für Rosalind. Nach einem Drink um 6:00 zu ihrem Büro. Sie war nicht da. Wartete bis 6:30 & rief an. Hätte zu ihr nach Hause kommen sollen! Letztendlich fanden wir im Shelton zusammen & trafen Mary Sullivan. Durch den Wind wie üblich. Jane weiß nichts von ihr & Helen, aber sie sitzt vor H.s Haustür & lässt sich nicht einmal von der Polizei von der Stelle bewegen. Später ins Nino & Nella. Ein gutes Glas Wein rundete die Sache ab. Wir gingen ins Hotel Albert[147]. (Ich küsste sie auf der Damentoilette! und sagte: Ich hätte nie gedacht, dass es noch einmal so weit kommt.) Trafen Merino, Floy, Butch[148] aus Key West. Gingen mit ihnen zu Mrs. Kuniyoshi[149] & von dort ins Vanguard. Wie herrlich es doch ist, mit Rosalind durch die Straßen des Village zu ziehen und sehr betrunken und stolz ihre Hand zu halten. Vor ihren Freunden nennt sie mich Baby. »Ich muss Baby nach Hause bringen.« (Im Taxi, wo ich auf ihrem Schoß saß.) Heimischer Gin und Wein geben ein exzellentes Herrengedeck ab.

21. SEPTEMBER 1941 Buffie wollte mit mir brunchen. Aber Mutter & ich gingen stattdessen ins Brooklyn Museum. Rosalind angerufen. (Sie sagt, ich habe Telephonitis.) [Ernst] Hauser rief auch an. Dienstag zum Essen verabredet. Ich glaube, ich werde wohl auch in ein paar Jahren nichts dagegen haben, fünfmal die Woche auszugehen.

23. SEPTEMBER 1941 »Die Heldin« mit Anschreiben bei *Accent*[150] und *New Horizons*[151] eingereicht. War an der Uni, um Stundenplan-

---

147 University Place 65 in Greenwich Village, inzwischen umgebaut zu einem Wohnkomplex.
148 Jargon für (lesbische) Frauen, die betont männlich auftreten und aussehen.
149 Hier könnte entweder die Malerin Katherine Schmidt gemeint sein, die teils auch noch nach ihrer Scheidung 1932 unter dem Namen ihres Ex-Manns, des Malers Yasuo Kuniyoshi, bekannt blieb, oder dessen zweite Frau Saro Mazo Kuniyoshi, eine Tänzerin, Schauspielerin und Kuratorin.
150 Vierteljahresschrift für neue Literatur.
151 Eventuell *New Horizons,* von Pan American World Airways herausgegebene Zeitschrift.

änderungen vorzunehmen. Alice G. & Rita R.s Mädchen mit dem britischen Akzent gesehen. Sie finden die *Quarterly*-Mappe perfekt usw. Abendessen mit Hauser im Ticino. Viel Weißwein. Rosalind um 8:30 angerufen. Betty im gleichen Raum, Gott! Es wird die Zeit kommen … aber leider werden wir beide betrunken sein, wenn es passiert.

25. SEPTEMBER 1941 Prächtiger Tag! Alle Stundenplanprobleme gelöst. Nehme Amerikanische Literatur & wähle Howard ab usw. + Am Totempfahl gearbeitet, den ich vielleicht Marjorie schenke. + Dieses war das erste Jahr, in dem ich versucht habe zu denken. Oder vielleicht das erste halbe Jahr. [Julien Greens] *Der Geisterseher* ausgelesen. Sehr proustianisch. Ein ausgezeichneter Roman. Eskapismus, finde ich, aber es wird ja gerade zur Mode, Realitätsflucht zu billigen.

26. SEPTEMBER 1941 Arthur auf der Straße getroffen. Er denkt darüber nach, sich eine Wohnung zu suchen, damit wir unsere nichtexistente Affäre fortsetzen können. + Besprechung des Politischen Rats bei [Emily] Gunning. Kurz und schmerzhaft. Kein besonderer Anlass außer der kollektiven Selbstbefriedigung unseres schlummernden politischen Bewusstseins. + An Geschichte gearbeitet. Hätte lieber geschnitzt, aber ich muss zwei Stunden am Tag schreiben. Eine genügt nicht mehr. Irgendwann würde ich gern mal alle meine Tage- und Notizbücher durchlesen. Würde bestimmt so lange dauern wie die Bibel zu lesen und ist mir zu diesem Zeitpunkt wichtiger.

27. SEPTEMBER 1941 Von neun bis sechs mit Ernst unterwegs. Fuhren nach Fire Island[152]. Es wäre falsch zu behaupten, ich würde

---

152 Fire Island, südlich von Long Island, spätestens seit den 1930er Jahren ein Hotspot für New Yorker Homosexuelle. Legende sind Christopher Isherwoods und W. H. Audens gay Partys im Duffy's Hotel in Cherry Grove, bei der als Dionysos und Ganymed verkleidete Männer umhertanzten.

mich nie langweilen. Strände langweilen mich unsagbar. Auch Reisen ist mir lästig. Zu viel ungenutzte Zeit, und dann in Gesellschaft, man kann also nicht lesen, aber sich ja auch nicht die ganze Zeit lustig unterhalten. Haben Schnappschüsse gemacht. Ernst hat einen komischen kleinen Badeanzug mit Beinen. + Abends mit Billie bei Mero. Wir tanzten wie zwei Meeresbojen in der Strömung. Conga mit Bruhs getanzt. Er und Gean könnten sich gut vorstellen, mich als Mitglied aufzunehmen.

28. SEPTEMBER 1941 Geschichte fertig. Stanley hat sie gelesen und zu meiner großen Freude sehr gemocht! Braucht nur noch einen Höhepunkt am Ende. Zu sehr »stilles Ereignis«. Trotzdem. Was für eine Arbeit! Aber ich will auch etwas ganz Besonderes für die erste Ausgabe des *Quarterly*.[153]

Heute Stanley gegenüber ein besonderes Wohlwollen verspürt. Dass er meine Geschichte gelesen hat, hat uns beiden geholfen. Es wird noch ein langwieriger Prozess für uns beide. Aber bei allem, was vorgefallen ist, würde ich diese Einigkeit mit Stanley gerne öfter spüren.

29. SEPTEMBER 1941 [Sir Thomas] Morus' *Utopia* gelesen, das erste und zweite Buch. An kleinem Holzmann gearbeitet. Ich bin so leicht glücklich zu stellen! Ein Buch, und du ... allein der Gedanke an dich. Ich träume manchmal von einer Frau, Tagträume, in denen ich sie am anderen Ende eines Restaurants entdecke oder in einem Raum voller Menschen, und dann sehen wir einander an und wissen Bescheid und wissen, dass auch andere wissen, dass wir einander gehören und niemandem sonst. Das ist es, was ich will!

Mehrere Freunde und Bekannte Highsmiths hatten Wohnungen oder Häuser dort und luden sie häufig ein.
153 Gemeint ist: unter Highsmith als Herausgeberin.

30. SEPTEMBER 1941 Richtig winterlicher Tag – ausklingend herbstlich. Kingsley, die mir die *phantasia* geschickt hat, ist das Mädchen mit dem britischen Akzent, aufgezogen von englischen Eltern. Sie war beim *Quarterly,* erzählte mir Babs P., um das Feedback zu erfahren, und sie hat gesagt: »Klar wird es abgedruckt!« Arbeit – Arbeit – Arbeit! Bergeweise zu lesen! Und ich bin unglücklich mit meinen Haaren! Ich wollte sie hochgesteckt tragen, aber es ist schwierig, ein Teil ist immer noch zu kurz. + Roger hat mir eine Kette geschickt, ganz hübsch, mit tropischen Früchten. Ich will Rosalind sehen! Ich will Rosalind sehen, wo immer ich gehe und stehe!

1. OKTOBER 1941 Guter Tag. Habe Philosophie bei Montague[154], aber ich vermute, er hat meine Vier vergessen. Ich hoffe es jedenfalls. Heute Nachmittag Sachen für Geschichte gelesen. Lese das, als wären es Geschichten, zum Teufel mit Notizen, das reicht noch später irgendwann. Helen M. verdammt süß & wollte mit mir Kaffee trinken, aber ich musste lernen. Werde locker genug Zeit haben, wenn ich nur in die Gänge komme. + Als Kingsley von Latham gefragt wurde, was sie vom Leben wolle, antwortete sie: »Unsterblichkeit.« Ich finde sie interessant wegen ihres Selbstbewusstseins. Ob Rosalind sie wohl gern kennenlernen würde? + »Mr. Scott is Not on Board«[155] fertiggestellt. Fast 8750 Wörter. Sehr anmutig! Werde sie zur Prüfung an die *Post*[156] schicken und dann für anderes kürzen. Das Abtippen ist eine ziemliche Tortur. Würde dieses Wochenende gern die Geschichte über den faschistischen Jungen und das Auto schreiben. Schreibe nicht genug in mein Notizbuch. Das kommt von den langen, trägen Abenden, wenn ich auf meiner Couch lese und vor mich hin sinniere.

---

154 William P. Montague, Johnsonian-Professor für Philosophie am Barnard College, der Highsmith auch in Logik unterrichtete.
155 Kriminalgeschichte, unveröffentlicht.
156 Die *Saturday Evening Post,* für die Ernst Hauser arbeitet und für die Norman Rockwell die Cover zeichnete, brachte sowohl überregionale Nachrichten und Politik als auch Kurzgeschichten von Nachwuchsautoren wie F. Scott Fitzgerald, John Steinbeck, William Saroyan und Ray Bradbury.

3. OKTOBER 1941 War auf dem Weg zu Chock Full O'Nuts[157] für eine unschuldige Tasse Kaffee, als Helen mich zu Tilson's hineinzerrte. Peter war auch da: »Deine Freundin Rosalind heißt nicht zufällig Constable mit Nachnamen, oder?« Sie haben sich wohl diesen Sommer bei einem British Motor in der 68th St. kennengelernt. Unterhielten uns ganz offen. Helen: »Was wird das hier?« Ging zurück an die Uni, und Peter & ich gingen ins Gold Rail, uns betrinken. Dann rief ich Rosalind an & machte für uns drei nächsten Freitag eine Verabredung zum Mittagessen aus. »So hast du eine Woche Ruhe«, sagte ich. »Meinst du, ich bräuchte Ruhe von dir?« (?) Peter scheint ganz versessen darauf, R. zu treffen. (Wie zur Hölle sollte es auch anders sein?!) Dummerweise ist die ganze Stadt verrückt nach Rosalind!

4. OKTOBER 1941 Mit Billie B. bei M. Sullivan vorbeigeschaut. Mary sagt, Buffie sei fade, aber Gott, ihre Mätzchen sind es auch. Trinkt in einem fort, und hinterher ist es immer die gleiche Leier über die Folgen. Wir sind alle langweilig, wenn wir die ganze Zeit nur ausgehen und keine Individualität aus uns selbst heraus entwickeln.

7. OKTOBER 1941 Ich wünschte, Helen würde Freitag in der Stadt bleiben, dann könnten wir richtig auf den Putz hauen. + Walter rief an. Will eine Verabredung dieses Wochenende – ich aber nicht. + Ein paar Manuskripteinsendungen fürs *Quarterly* gelesen. Furchtbar entmutigend. Man fragt sich, welche Selbstbezogenheit und Arroganz manche dieser Kinder zum Schreiben animiert hat!

10. OKTOBER 1941 Drinks mit Peter (drei schnelle Martinis), ehe wir um 12:45 mit ihrem Auto zu Rosalind fuhren. Gott! Eine ganze Woche, und was macht sie? Verwuschelt mir den Dutt und nimmt

---

157 Snackbar-Kette, das Sortiment bestand aus Kaffee und Sandwiches.

auf der Straße meine Hand! Buffie angerufen & ihre Mutter drangehabt, die sagte: »Billie?« – O Mann!

11. OKTOBER 1941 Viel besserer Tag. Sogar mit Kater. Morgens an meinem Stück gearbeitet. Mich ein bisschen mit Mutter unterhalten. Es gibt so wenig, worüber wir reden. Unsere intellektuellen Gespräche führen immer sehr schnell in Sackgassen. Sie hat einfach kein Interesse am Abstrakten, dabei ist mit ihrem Gehirn eigentlich alles in Ordnung. [Edmund Wilsons] *Die Wunde und der Bogen* gelesen.

12. OKTOBER 1941 Roger F. kam vorbei, also sagte ich die Verabredung mit Buffie ab (!) & fuhr mit ihm aufs Land raus. Ich versuche, diesen Zorn, den er in sich trägt, zu verstehen. Zu solchen jungen Leuten, die die Welt, in der sie leben, nicht akzeptieren können, sage ich immer: »Was hast du bisher getan – und was kannst du noch tun?«, und normalerweise ist die Antwort: nichts. Ich verspüre eine große Zuneigung zu Roger. Sie ist körperlicher als die zu Arthur – bei Arthur ist es eher intellektuell.

13. OKTOBER 1941 Helen sagte heute zu Miss Latham: »Miss Highsmith ist mein Vorbild«; Latham: »Ach, ist sie das!« + War deprimiert wegen meiner Kleider. Schuhe & Haare & Pullover, alles lausig. Macht mich körperlich und geistig fertig. Wie glücklich sich Männer mit ihrer stinknormalen Kleidung schätzen können! »Mr. Scott« bei *This Week* eingereicht. + Mutter hat ein wenig Hausfrauenlyrik geschrieben, Teil eins ist miserabel. Der zweite in Ordnung.

14. OKTOBER 1941 Habe Rosalind noch immer nicht erreicht, und ich glaube, das treibt mich allmählich in den Wahnsinn. Sie ist nie zu Hause am Abend. Ob sie überhaupt mal an mich denkt? Gott, was für ein trauriges Leben! Ich muss an sie denken, wenn ich

schöne Musik höre. Ich muss jedes Mal an sie denken, wenn ich einen Augenblick Ruhe habe, was – zum Glück für meine Nerven – nur selten vorkommt. + Ich habe eine Psychose, was meine Arbeit angeht. Ich schreibe an meinem Stück, bis ich um 9:30 fast umfalle, ruhe mich 5 Minuten aus & fange wieder an.
[Richard Brinsley Sheridans] *Die Lästerschule* gelesen.

15. OKTOBER 1941 Verabredung mit Walter. Er summt beim Abendessen und hält meine Hand, wenn er die Brandenburgischen [Konzerte] und den »Liebestod« [von Wagner] auflegt, wo ich doch viel lieber an Rosalind denken würde – sonst habe ich nichts gegen ihn. Sagte, dass er den »Liebestod« einmal zu dem Zweck einsetzen will, für den er geschrieben wurde! Ganz schön dreist! Für mich wäre das ein Sakrileg an der Musik. Sie wurde als eine Annäherung geschrieben, als eine Überhöhung und Veredelung – eine künstlerische Verdichtung des Akts. Es wäre sinnliche Gier – Ossa auf Pelion[158] und so weiter. Ich würde einfach nur gern meinen Kopf in Rosalinds Schoß legen – oder andersherum.

16. OKTOBER 1941 Lese noch mal *Modern Man* [*in Search of a Soul* von C. G. Jung]. Mein Bild von Stanley wird klarer: Vergiftung aufgrund unterdrückter Triebe. Und er hat an nichts Äußerem Freude. Sogar bei seiner Kameraarbeit – einem privaten Hobby – ist er nicht in der Lage, eine Verbindung zur äußeren, zur ökonomischen Welt aufzubauen. Lebt in Filmen und Büchern.

17. OKTOBER 1941 Mittagessen mit Rosalind und Babs. Rosalind musste um 2:30 weg, aber Peter & Helen riefen an & kamen um 2:45 dazu. Del Pezzo[159]. Ich trank mehr, als gut für mich war. Helen auch, und ich küsste sie auf der Toilette. Sie wollte es so sehr.

---

158 In der griechischen Mythologie türmten die Giganten in ihrem vergeblichen Versuch, den Himmel zu erstürmen, den Berg Ossa auf den Berg Pelion.
159 Zur Kundschaft des Restaurants Del Pezzo zählten Angestellte des *Life Magazine* sowie das Gesangspersonal der Metropolitan Opera, unter anderem Enrico Caruso.

18. OKTOBER 1941 Gearbeitet wie verrückt. Sechs Stunden an der Schreibmaschine. Stück heute Morgen fertiggestellt. Babs P. eine Nachricht geschickt. Erinnert mich daran, wie ich 1938 an Judy Tuvim schrieb. Im Museum of Modern Art die Möbelausstellung gesehen und ein paar ausgezeichnete Sachen von George Grosz[160] aus Deutschland. Kam nach Hause, schrieb meinen Leitartikel und stellte mit Bestürzung fest, dass Rita R. 1940 fast das Gleiche geschrieben hatte, nur weniger amüsant. Nebenbei habe ich »weniger Zynismus, mehr Poesie« als neuen Grundsatz verkündet, was mich freispricht. + Abends sehr gut an »White Monkey«[161] gearbeitet. + Heute Morgen Brief von Babs P., in dem sie schrieb, Rosalind sei meiner würdig (!). Kann Buffie nicht erreichen. Ich finde es öde, mir darüber Gedanken zu machen.

19. OKTOBER 1941 Graham R. wird auf die Philippinen entsendet. Wieder gearbeitet wie verrückt. Stanley meint, mein Material ginge »über meinen Horizont« hinaus, aber man kann ja nicht immer nur über die Schulzeit schreiben, nur weil man sich damit am besten auskennt. Ziemlich stolz auf meinen Leitartikel. Abends Spaß mit Graham. Er ist ziemlich besorgt wegen der Knappheit an Büchern da, wo er hinsoll! Netter Kerl.

20. OKTOBER 1941 Palma ist mit ihren Gedichten rausgerückt. Ich will das eine abdrucken über Liebe im Bett in der Dunkelheit, aber sie hat kalte Füße bekommen. Babs schaut sie sich heute Abend an. Palma hat gefragt, ob wir morgen zusammen mittagessen. »Ich liebe dein Profil, wenn du die Stirn runzelst.«

21. OKTOBER 1941 Stück 1–2 planlos geprobt. Helen & ich sitzen nebeneinander, und unsere Arme berühren sich, während wir das

---

[160] George Grosz (1893–1959), 1933 in die USA emigrierter deutscher Maler. Unterrichtete an der Art Students League of New York, wo Highsmith ebenfalls Kurse belegen wird.
[161] Nicht erhaltene Kurzgeschichte.

1941

Draaama mit ansehen – und schließlich berühren sich ganz verstohlen auch unsere Finger. Hinterher keine Silbe darüber. Keine Blicke – keine Reue – es regt nur den Appetit an, bringt mich aus dem Konzept und versetzt mich in Unruhe, ich bin sehr nervös und werde es wohl auch bleiben, bis die Zeitschrift unter Dach und Fach ist. *Quarterly* entfaltet sich allmählich zu voller Größe, meine Sommerträume werden wahr. Es hängt wie immer nur noch vom Geld ab.

23. OKTOBER 1941 Donnerstag: Leitartikel umgeschrieben & Babs um 7:00 im Time-Life[162] getroffen. Rosalind bis über beide Ohren in Kunst und Alltag steckend. Bei Del Pezzo zum Essen. Gab ihr meinen Leitartikel zum Lesen. Sie mochte ihn sehr & schlug eine kleine Änderung vor. Hinterher mit Babs zum Rodeo. Judy hatte angerufen, weil wir verabredet waren & da R. arbeiten musste, ging ich mit Babs hin. Das Kind war natürlich ziemlich nervös, aber Judy nett. Rum getrunken, dann kam Eddy, sah grässlich aus. Mehr Drinks im St. Moritz, wo Judy auch noch Spaghetti essen musste. 5:10 zu Hause & im Bett!

25. OKTOBER 1941 Toller Tag. Am Stück gefeilt. Die Aquarell-Ausstellung im Metropolitan gesehen. Ich glaube, wie ich heute Nachmittag beim Kaffee zu Mutter sagte, dass die Zeit, in der Romane gesellschaftlichen Einfluss hatten (also solche aus der Arbeiterklasse) nach den jungen Sinclair & Norris[163] vorbei war. [T. S.] Eliot kennt das wahre Unglück – das spirituelle. Das Unglück des Mannes, der über etwas Geld verfügt und dessen Geist deshalb die fürs zwanzigste Jahrhundert typischen Verdrehungen und Verrenkungen entwickeln kann. Ein spirituell wüstes Land, ja. Des Weiteren ist der

---

162 Time-Life-Building, Avenue of the Americas 1271, Hauptsitz der Zeitschriften *Time, Life* und *Fortune*.
163 Upton Sinclair (1878–1968), US-amerikanischer Schriftsteller, bekannt für seine sozialistische Gesinnung und sozialkritischen Werke. Frank Norris (1870–1902), US-amerikanischer Schriftsteller, bekannt für seine naturalistischen Alltagsdarstellungen.

Untergang oder zumindest der größte Fehler der kommunistischen Jugend ihr dauerndes Stereotypisieren. Sie lassen kein spirituelles Wachstum zu und keine emotionale Veränderung, was beides nur Reife bringen kann.

26. OKTOBER 1941 Freitagabend mein Gedicht über die Unsterblichkeit von Zahnfüllungen geschrieben. Vielleicht was fürs *Quarterly*. Babs P. angerufen. Sie fragte, ob ich auf einen Drink vorbeikommen wolle & ich hörte mit dem Lernen für Geschichte auf und ging zu ihr. Wir legten [Eddy-]Duchin-Platten auf. Sie zeigte mir ein Gedicht – über das Licht, wie es über die Birken spazierte, als ich dich zu meiner Braut machte – und schließlich das Mädchen »besudelt an meiner Seite«. Howard fand: geschmacklos, hat es wörtlich interpretiert. Es ist verdammt gut. Babs sagte: »Ich weiß gar nicht, warum ich es dir gezeigt habe.«

Richtig nett, mit Babs zusammenzusitzen und gute Musik zu hören. Dabei weiß ich, dass von meiner Seite aus nie etwas zwischen ihr & mir sein könnte. Babs sagt, ich hätte eine spirituelle Tiefe, die Peter fehle. Dass sie sich wünschte, sie hätte mich früher kennengelernt, früher von mir gewusst.

28. OKTOBER 1941 Babs fragte gestern, ob ich übers Wochenende mitkommen wolle. Werde fahren. Hat auch gesagt, sie sei nicht immer nur ein braves kleines Mädchen. Eiskalt. Habe ein herrliches Kostüm bei A. [Arnold] Constable[164] gesehen und gekauft. Von 45 $ auf 29 $ reduziert. Werde es Donnerstag tragen – für Rosalind – und eine Conga-Platte kaufen – für Rosalind – und so gut wie nur irgend möglich aussehen – für Rosalind.

29. OKTOBER 1941 Euphorisch gestimmt. Völlig überraschend Geschichtstest geschrieben, aber hat bestimmt für eine Zwei gereicht.

---

164 Arnold Constable & Company, Kaufhaus.

Probte mein Stück mit Helen, Willey, Roma (feines Kerlchen!) und McCormick & Leighton. Von 3–4 dann Aufführung auf der Bühne mit großem Erfolg. Kein Applaus, dafür war das Ganze zu schockierend. Marijann K. saß im Publikum. Latham sagte, es sei ein guter, professioneller Auftritt gewesen.

Helen & ich schaffen es manchmal kaum, Abstand voneinander zu halten. Wir reichen einander Spielzeugpistolen, und unsere Hände bleiben aneinander kleben. Skandalös! Langsam wird es offensichtlich.

Kingsley springt ganz servil um mich herum. Sie lebt seit 12 Jahren mit ihrer Mutter in einem Zimmer! Kein Wunder, dass sie dauernd auf dem Campus rumhängt.

31. OKTOBER 1941 Babs & ihren Vater am Grand Central getroffen & um 4:00 los nach Cape Cod. Providence. Babs recht reserviert & ernst. Sie ist sehr langsam & bedächtig. Lange Fahrt zu ihrem Anwesen – tolles Haus, alt & gestanden, 15–20 Zimmer! Herrliches Essen. + Mit Babs umhergedüst, spaziert, am Feuer gesessen & getrunken. Nachts ist es schräg – wir unterhalten uns – getrennte Betten. Beide behaupten, ihnen sei kalt, aber keine tut etwas dagegen, außer Pullover und Socken anzuziehen – wie schüchtern die Leute heutzutage sind! Ich sagte, wenn sie wolle, könne sie das Bett ja teilen, ich würde nicht treten & es sei ja eigentlich sowieso ihres. Führte aber zu nichts.

1. NOVEMBER 1941 Abends Poker gespielt, und ich gewann wie verrückt. Wurde gerade betrunken, da gab es Steaks. Wir schnitzten Kürbisse, und ich tat mich dadurch hervor, dass ich mit bloßen Händen eine Bierdose zerriss. + Babs & ich unterhielten uns von 1:30–4:00 im Bett. Sie hat fast die gleichen Menstruationsschwierigkeiten wie ich. Ob das wohl das sexuelle Verlangen reduziert? Körperlich zieht mich jemand wie Helen immer noch am meisten an – wie die vielen Heterofrauen, in die ich früher immer so heiß-

verliebt war. Babs P. sagt, sie finde Helen auch attraktiv – sie will sich lieber weit, weit von ihr fernhalten usw. Ich fürchte, ich will näher ran! + Fühle mich rastlos & kann nicht aufhören zu rauchen, was ich eigentlich vorhatte. Ich bereue das ganze Getratsche nicht, aber finde es langsam ermüdend, dass all das eine komplett unaufrichtige Facette von mir ist, dass ich meine Zeit und die aller anderen verschwende.

2. NOVEMBER 1941 [Alexander Popes] *Vom Menschen* gelesen. Babs sagte, ihre Mutter finde es so nett, mich hier zu haben, und ich sei so attraktiv! Ganz schön nett. Mit Babs von Providence nach N. Y. gefahren. Von 4–11:30. Unterwegs Hamburger. Unterhielten uns. Sie ist froh, jemanden zu haben, mit dem sie reden kann, sagt sie – vorher hatte sie niemanden. Sie sagt, ihr gefällt der Gedanke nicht, körperlich »unbenutzt« zu sein. Ich glaube, mir würde sie am ehesten von allen eine Affäre mit sich zutrauen. Sie glaubt immer noch, dass ich ernste Absichten und einen guten Ruf habe.

3. NOVEMBER 1941 Ich glaube, meine ernsthafte Lernphase ist vorbei. Gott sei Dank war ich früher eine Paukerin, ein Arbeitstier, lernhungrig wie nur was und eine Zuchtmeisterin meiner selbst. Darauf kann ich mich jetzt ausruhen und für immer bauen! + Helen entzückend! Zwinkert mir zu, wenn wir uns über den Weg laufen, und hält meine Hand in Lathams Kurs, fährt mir heimlich mit den Fingern über den Ärmel und benimmt sich generell sehr gefährlich. + 7:30 mit Mespoulet[165] (wie Voltaire) und Alice K. (wie eine olle Mumie) im Nino & Nella gegessen. Zu viel getrunken. Mespoulet sprach ausschließlich mit mir, aber meine Konversation war nicht allzu geistreich und ihre nicht allzu unterhaltsam. Es ist so müßig, über den Krieg zu diskutieren! Wirklich! Jeder hat seine eigene Meinung – gerade so unwiderlegbar wie Religion! Ob Hitler

---

165 Marguerite Mespoulet, Lehrbeauftragte für Französisch am Barnard College.

durch einen Putsch oder eine militärische Niederlage untergehen wird usw.

4. NOVEMBER 1941 Geschlafen, gelernt, geschrieben – mit druckreifem Brief aus der [Young Communist] League ausgetreten. + Roger F. hat mir 10 $ geschickt, damit ich nach Boston kommen kann. Außerdem Bilder, auf denen er eine totale Hollywood-Schönheit im Arm hält. + Für Rosalind eine Boogie-Woogie-Platte gekauft – »The Stomp« [von Albert Ammons] – und war um 8:10 bei ihr. Natasha, Betty, Rosalind aßen gerade zu Abend. Fühlte mich mehr denn je wie ein Kind! Hörten uns die Wahlergebnisse an. Es sind natürlich alle für LaGuardia[166]. Ich mag Betty sehr. Besprachen Bücher und Männer. Sehr nett und charmant, Rosalind strickte den ganzen Abend an einem Paar grüne Socken für Del P.[167] zu Weihnachten.

5. NOVEMBER 1941 Schöner Tag. Mein Kostüm mit großem Erfolg in der Uni angehabt. Eins minus im Geschichtstest von letzter Woche. Als eine von sehr, sehr wenigen, das weiß ich sicher. Zum Tee zu Buffie. Howard, Mrs. [Toni] Hughes[168], Miss Green (fürchterlich & vermutlich eine Mäzenin) und Florence Codman, Verlegerin, mit der Betty Parsons gestern Abend telefonierte, während ich dort war. Buffie stellte mich vor, & Codman sagte: »Sind Sie die Miss Highsmith, von der Rosalind Constable mir schon so viel erzählt hat? Ich wollte schon die ganze Zeit usw.« Habe einen guten Eindruck gemacht. + Babs rief an mit »der Chance meines Lebens« – Tickets für *Macbeth* Dienstagabend mit Helen! Sehr nett von ihr. Obwohl wir heute auch noch ihr Stück vermasselt haben. Sie ist so lieb – nie unfreundlich, nie ungeduldig. Habe gefragt, ob sie Mon-

---

166 Fiorello LaGuardia, von 1934 bis 1945 Bürgermeister von New York.
167 Ehemann von Lola P.
168 Die Werke der amerikanischen Bildhauerin Toni Hughes (*1907) wurden mehrfach im Museum of Modern Art ausgestellt.

tagabend mit uns mitkommen will – mit der Madison-Avenue-Gang[169].

6. NOVEMBER 1941 Karte von [der Zeitschrift] *Accent* bekommen, sie sind sich uneinig über meine Geschichte usw. + Wir gehen in besorgniserregend kurzer Zeit in Druck! Rosalind angerufen & Betty drangehabt. Wir sprachen ausführlichst über den Tee gestern. Leider und sehr Noël-Coward[170]-mäßig mag ich sie ziemlich gern!

7. NOVEMBER 1941 Gott sei Dank endlich wieder mal ein bisschen gearbeitet. Seit über einer Woche der erste Abend zu Hause. Elf Zettel mit dem »Horn of Plenty«[171] (satirische Geschichte) vollgeschrieben. Kingsley gab mir [André Gides] *Die Falschmünzer*[172] zurück und wollte wissen, warum ich es ihr geliehen hätte. Und erzählte mir, dass sie sich oft heftigst verliebt. Ich frage mich, ob sie weiß, dass ich lesbisch bin, und für mich schwärmt? + Helen gesehen – Gott, dieser Name ist noch mein Untergang. Wie einfach es wäre, mich in Helen zu verlieben! Und wie pubertär. Wie Froschschenkeln provenzalischer Art eine Schokoladenlimo vorzuziehen!

7. II. 1941 Kingsley liebt meine Handschrift! Bald hebt sie noch meine Zigarettenstummel auf. Vielleicht hat sie Verdacht geschöpft wegen Helen und mir. Ob sie auch in Miss Helen M. verknallt ist?

---

169 Damit meint Highsmith Rosalind und wahrscheinlich auch noch Natasha H. und Betty Parsons.
170 Der britische Dramatiker, Komponist, Regisseur und Sänger Noël Coward (1899–1973) arbeitete während des Zweiten Weltkriegs für den britischen Geheimdienst und reiste durch ganz Europa, Afrika und Asien, um die alliierten Truppen zu unterhalten.
171 »The Silver Horn of Plenty« erscheint in der *Barnard Quarterly*-Ausgabe vom Winter 1941.
172 Im Roman *Die Falschmünzer* spielt (Homo-)Sexualität eine wichtige Rolle. Highsmith liest das Buch mehrfach, ehe sie anfängt, Ideen für ihren ersten Roman *The Click of the Shutting* zu sammeln.

7. NOVEMBER 1941 Freue mich schon darauf, mich nächsten Montag mit Babs zu unterhalten. Wie seltsam es für sie sein muss, einem Raum voller Leute vorgestellt zu werden – alle homosexuell – alle wundervoll – alle verwirrend, vielleicht sogar beängstigend – und irgendwie eine Vorahnung und Andeutung der großartigen Zukunft. Gestern Abend bei Rose M. war ich richtig genervt. [Sie und Billie] sind Sexmaschinen – so unausgeglichen wie in Freuds Theorie. Gott, gib mir Leute wie Rosalind & Betty und Natasha (die Sylvia niemals auch nur erwähnen würde!). Und die Kraft, so zu sein wie sie!

8. NOVEMBER 1941 Lange geschlafen & es bitter nötig gehabt. Heute Morgen Kleinkram erledigt, was guttat, ein seltenes angenehmes Gefühl. Was wäre ich für ein Genie, hätte ich Freizeit! + Wakefield Gallery[173] angeschaut. Betty Parsons meine Mutter vorgestellt. Buffie sei kurz vorher da gewesen, sagte sie. In gewissen Momenten, sehr eigenartigen Momenten, denke ich an Helen & daran, ihre Hand zu halten.

10. NOVEMBER 1941 Helen sagt, sie habe am Wochenende auch viel geraucht. Ob wohl aus demselben Grund wie ich? Sie wirft mir bewundernde & einladende Blicke zu. Um 4:30 zu Hause, dort die schreckliche Nachricht, dass Rosalind Grippe hat. Bin trotzdem mit Babs zu Buffie. + Kurzes Abendessen & nach Barnard, um Helen zu besuchen, die dort übernachtete. Sie ganz entzückt, uns zu sehen. Babs, taktvoll, wie sie ist, ging aufs Klo, & wir fielen einander in die Arme. Ich küsste sie auf dem Bett. Gott, was für ein Erlebnis! Helen ist sagenhaft!

11. NOVEMBER 1941 Drei Stunden Schlaf & heute Morgen früh gepaukt & gute Prüfung abgelegt, glaube ich. *Stolz & Vorurteil* am

---

173 Kleine Kunstgalerie im Wakefield Bookshop, 64 East 55th Street, die Betty Parsons bis 1944 leitete.

Nachmittag zur Hälfte gelesen & 6 Seiten finalen Entwurf für »Silver Horn of Plenty« geschrieben. Kingsley hat gestern mit Babs gesprochen. Babs hat ihr gesagt, dass sie von ihrer Zuneigung zu mir weiß – »Ist es so offensichtlich?« Denkt, ich hätte aufrichtige Absichten – »der Inbegriff von Aufrichtigkeit«. Ich fühle mich oft minderwertig, wenn ich sehe, wie idealistisch Babs und Debbie sind. Ich frage mich, ob ich mit meiner Promiskuität zu viel verloren habe. Ich lasse mich zu sehr von der Lust steuern – dem Impuls des Augenblicks. In letzter Zeit fühle ich mich männlicher, mein Selbstbewusstsein wächst. Lange Unterhaltung mit Muret[174] gehabt. Sie sprach über kreative Denker & Karrierefrauen & die anhaltenden Freuden des intellektuellen Lebens. Hat gesagt, ich solle wieder vorbeikommen.

12. NOVEMBER 1941 Helen am Dienstag eine Nachricht geschrieben, dass letzte Nacht ja wirklich nett war, die Öffentlichkeit aber wohl eine bessere Meinung von uns hätte, wenn wir in Lathams Kurs nicht mehr zusammensäßen. Gezeichnet: Stimme der Erfahrung. Sie schrieb zurück. (Kam beinahe zu spät, weil ich auf ihre Antwort wartete.) An die patente Pat: »Deine Nachricht zu bekommen war himmlisch, und es ist wirklich jammerschade, dass wir auseinandergerissen werden müssen, um das öffentliche Ansehen zu wahren.« Oh, die Freuden der Anfangszeit! Ich fühle mich jeden Tag befreiter und muss Maßnahmen ergreifen, um das abzustellen. Ich leide an einer puritanischen Herkunft: Das hat die üblichen Auswirkungen.

14. NOVEMBER 1941 Melancholie wie nie. Turnen war die Hölle. Kingsley kam um eins und beichtete mir ihr zartes Gefühl der Verbundenheit. Dann noch Babs & Helen und Peter. Wir hatten ein paar Drinks, ich ungefähr 4 Martinis. Kaufte (betrunken) einen

---

[174] Dr. Charlotte T. Muret, Dozentin am Barnard College und anerkannte Expertin im Bereich moderne europäische Geschichte.

Schal in Rot & Blau bei Lord & Taylor und kam nach Hause, wo Cralick & Mutter & ich weitertranken. War voll. Und nicht allzu fröhlich. Wollte Helen & Babs sehen, und es traf sich, dass sie um 10:30 anriefen. Wenn ich das vorher gewusst hätte, hätte ich mich nicht so betrunken. Sie kamen vorbei, & wir gingen zur Tavern, dann Caravan, wo wir leider Leslie S. trafen, die den Rest des Abends bei uns blieb. Noch mehr Schwule im Casino. Aber Helen war reizend – wundervoll. Wenn sie mich anschaut, trägt sie das Herz im Blick. Ich bin schon ein verdammter Glückspilz. Sie sagte, ich sei süß. In der Damentoilette Helens Kragen komplett mit Lippenstift verschmiert, aber das war es wert – also, ihr. Mir allerdings auch. Wir knutschen, wo wir gehen und stehen, eigentlich tun wir nichts anderes.

15. NOVEMBER 1941 Leichter Kater, aber um 12 war er plötzlich weg. Habe [James Fenimore Coopers] *Der letzte Mohikaner* fast durch. Nach Brooklyn zu Comet [Press] gefahren. Die *[Quarterly-]* Druckfahnen sehen gut aus. Werde wohl ein paar Gratisanzeigen schreiben müssen, um Lücken zu füllen. Ich denke andauernd an Helen. Ich spüre eine heftige körperliche Sehnsucht – ich glaube, ich habe mich noch nie so sehr zu einer Nicht-Lesbe hingezogen gefühlt.

16. NOVEMBER 1941 Druckfahnen gelesen, Anzeigen geschrieben. Für Englische Lit. gelernt. Heute nicht so sehr viel an Helen gedacht – ich bekomme immer noch Herzklopfen, aber sie ist bloß ein angenehmer Gedanke – jemand in der Uni, für den ich mich schönmachen kann. + Ein bisschen an »Silver Horn of Plenty« gearbeitet. Verdammt, das sollte sich doch verkaufen lassen, es ist genau die Art Geschichte, die ich gern als erste verkaufen würde! Sie zeigt, was ich kann, auch wenn sie nicht aus tiefstem Herzen kommt.

17. NOVEMBER 1941 Misslungener Tag – *Accent* hat »Die Heldin« mit Randnotizen und langem Brief zurückgeschickt: Gut, aber nicht gut genug. Gut gesponnene Geschichte – keine Aussage. Aber ich soll ihnen mehr zuschicken. Später sagte Mme Muret, ihr gefielen meine Geschichten ungemein, während sie mir meinen Aufsatz über Machiavelli mit einer Drei plus zurückgab! Kingsley verfolgt mich, denkt, ich würde zum *Quarterly* gehen, wenn ich nur Kaffee holen will usw. Pete & Helen belustigt. Helen verschlingt mich mit Blicken. Gott! Was für einen Sexappeal dieses kleine Ding hat!

19. NOVEMBER 1941 Herrlicher Tag. Haare hochgesteckt & weißes Hemd, das durchgeknöpfte, das Helen so mag. Auffallend entspannt, also las ich Philosophie mit dem größten Vergnügen. Babs macht sich auch Sorgen um Helen. Haben wohl gestern Abend lange geredet, hauptsächlich darüber, wie unratsam die ganze Sache sei & dass Earl sie nach seiner gefeierten Rückkehr schon glücklich machen würde. Helen gab Babs wohl recht, aber war heute so unwiderstehlich wie eh und je. Junge, Junge, was sie für eine Figur entwickelt! Würde sich sehr freuen, wenn ich Freitag bei ihr im Wohnheim vorbeikäme, sagt sie. + Meine Mutter hat ein paar seltsame Dinge geäußert: Dass ich bei meinen Lieblingen (Mädchen) wie ein Chamäleon sei, aber doch in anderen Angelegenheiten so stur. Dass das New Yorker Gesellschaftsleben der reinste Brutplatz für Lesben sei. Dass ich immer glücklich sei, wenn ich mit Mädchen ausgehe & bei Männern vor Langeweile umkäme. Und dass meine Freundinnen alle zusammenwohnen & an Männern kein Interesse zeigen usw. Da hast du die Teile, Bacon[175], jetzt musst du sie nur noch zusammenpuzzeln!

21. NOVEMBER 1941 Heute Abend Shaftesbury gelesen. Nicht ins Caravan gegangen, sondern stattdessen um 10:35 zu Helen in Bar-

---

[175] Francis Bacon (1561–1626), englischer Philosoph, Essayist und Staatsmann, der auch ein Chiffrierverfahren für geheime Botschaften entwickelt hat, die Bacon-Chiffre.

nard. Niemand weiß davon, und es soll auch nie jemand davon erfahren. Sie küsst wie tausend Träume, und ihre Wangen sind weicher als alles, was ich je gefühlt habe. Seltsamerweise war ich die meiste Zeit *en bas* [unten] – ich war auch ziemlich müde. Sie hat Angst, den nächsten Schritt zu tun, glaube ich. Angst, wenn ich sage, ich könnte mich verlieben – weil noch andere Menschen involviert sind. Sonst würde sie bestimmt weitergehen. Ich werde diese Nacht nie vergessen – es kam mir vor wie im Traum, als wir uns küssten, als sie ihre Wange an meine schmiegte, so lange und fest. Es war, als hätte ich meinen Körper, meinen Kopf verlassen, wäre reines Gefühl, schwämme in einem Meer aus Parfüm und weißen Blüten, völlig zeitlos, jenseits von aller Zeit.

22. NOVEMBER 1941 Zufällig Rosalind & Natasha auf der 57th getroffen. War mit Mary & Stanley unterwegs & stellte sie nicht vor. Rosalind grinste wie verrückt & beide machten große Augen. Das wäre mal ein Desaster gewesen – Natasha!

24. NOVEMBER 1941 *Quarterly* ist da und sieht prächtig aus! Peter hat das Gedicht gefallen & Helen der Leitartikel. Alles elegant! Werde McGuire überreden, es zu besprechen.

Es fällt mir schwer, mich an die verkniffenen Freshman-Jahre zu erinnern – den verkniffenen Bauch, die verkniffene Seele und das verkniffene Herz. Ich bin weit gekommen! Ich finde so viel Freude im Lauf der Wochen – eitle Freuden, aber so neu für mich, dass ich ganz aufgeregt bin – und beinahe zufrieden. Aber nicht ganz, das ist meine Rettung. Ich muss mehr schreiben & mehr lesen. Helen findet es bemerkenswert, dass ich mit den Frauen befreundet bleiben kann, mit denen ich gebrochen habe. Ich glaube, es liegt daran, dass notwendigerweise das platonische Element stärker vorhanden ist als in Beziehungen zwischen Männern und Frauen.

25. NOVEMBER 1941 Mit Helen zum Mittagessen bei Del Pezzo. Rosalind & Natasha um 12:50. War froh, dass N. dabei war. Ich mag sie sehr. Sie ist die am wenigsten Affektierte von allen. Rosalind glänzender Laune. + Später unklugerweise noch Kaffeetrinken mit Helen, ihr Stolz war verletzt, weil sie sich in Gegenwart von Rosalind ziemlich außen vor fühlte, schimpfte mich für mein Herumgeschäker aus. Helen sagt, ich sei das einzige Mädchen, zu dem sie sich je hingezogen gefühlt habe & der Rest des Jahres wird die Hölle. Ich glaube, ihr gefällt es ganz gut in der Hölle.

28. NOVEMBER 1941 Angenehmer Tag. Geschichte ist so faszinierend – man will am liebsten nur noch Biographien und ausführlichste Chroniken lesen, und genau dafür ist der Kurs ja da. Helen fehlte wegen Herzflatterns. Wahrscheinlich die Raucherei. 12:00–3:00 [Edmund Rostands] *Cyrano de Bergerac* gelesen. Bluse gekauft & 6:30 zu Constable. Betty hat mich für Donnerstag auf eine Party eingeladen. Da wird Buffie sicher auch sein. Dennoch ganz schön exklusiv. Rosalind hat mein »Silver Horn of Plenty« gefallen. »Verdammt gut«, sagte sie. + Bin erschöpft. In diesem Moment ganz genau heute vor einer Woche war ich bei Helen – umgeben von purpurnen Lilien am Meeresgrund.

Trotzdem gibt es noch immer niemanden wie Rosalind – nicht einmal mich.

30. NOVEMBER 1941 Diese unfruchtbare Phase lässt eigentlich auf einen gewissen Fortschritt schließen. Die Ideen platzen nicht mehr so aus mir heraus wie früher – gute wie schlechte, aber vor allem schlechte. Wenn ich jetzt Geschichten schreibe, gehe ich eigentlich davon aus, dass sie irgendwo abgedruckt werden. Sie sind nicht mehr nur reine Übungen in Sublimierung. Und sind deshalb besser.

2. DEZEMBER 1941 Helen erwähnt Earl schlicht nicht mehr. Sagt, was sie tut oder lässt geht mich eigentlich nichts an. Sie hätte fast

geweint. Oder sagen wir: Sie hat geweint. Sie würde trotzdem alles wieder so machen. Wir ziehen einander einfach an. Trotzdem gibt es keinen Grund, warum wir es nicht sein lassen sollten. Niemand zieht mich so sehr an, dass ich unvernünftig würde – bis auf Rosalind. Wieso sollte ich Abstriche machen? Es ist sehr schmeichelhaft für mich, wie Helen sich benimmt. Die Küsse auf der Toilette haben ihr mehr bedeutet als mir. Ein Kuss ist ein Kuss – ein durchs Schwingen unsichtbarer Flügel unsterblich gemachter Augenblick. Ob in einer Toilette oder unter einem hübschen Laubengang. Das weiß ich. Ich habe Helen unterschätzt. Ich dachte, sie will nur spielen. In ihrem Blick liegt eine Hingabe, die mich beschämt. Und doch finde ich nicht, dass ich mir etwas vorzuwerfen habe. Es war einfach rundum ein Missverständnis. Ich könnte jetzt sofort mit ihr schlafen – aber es würde meine Seele nicht berühren, also werde ich es lieber bleiben lassen. In meinem Herzen sitzt ein Schmerz – wie viele Male ich unerwidert geliebt habe!

3. DEZEMBER 1941 Übermüdet, schwerfällig und traurig. Gordon [Smith] zum Mittagessen getroffen, wo wir über Moral sprachen. Er glaubt an die freie Liebe, ist Pessimist und hocherfreut, dass ich das auch bin. Ich bin nur im Allgemeinen pessimistisch, im Speziellen bin ich optimistisch. + Mit Helen geprobt. Manche dieser Dreiecksgeschichten klingen fast wie auf uns zugeschnitten. Helen sehr schwungvoll und unpersönlich – sehr fein von ihr. Trotz allem vermisse ich sie schrecklich. Ihr grauer Rock gefällt mir sehr. Er erinnert mich an den Abend im Wohnheim – warm und samtweich. Warum konnte ich sie nicht lieben? Ich würde so gern. Nur dass Rosalind wie eine Titanin zwischen uns steht. Helen ist nicht auf ihrem Niveau – noch nicht. Habe ihr einen langen Brief geschrieben (5 Seiten). *Alhambra* von [Washington] Irving gelesen.

4. DEZEMBER 1941 Alles sehr unglücklich in der Uni. Habe Helen meine Nachricht übergeben. Sie las sie am Fluss & antwortete mir

ganz lieb, wie sie »in den seltsamsten Augenblicken weine, und immer deinetwegen – weil ich dich so sehr liebe«. + Betty Parsons Ausstellung um 5, von da aus zum Wakefield (Ossorio)[176] und mit ihr nach Midtown. Hope Williams[177] da, Buffie, Harper, Arden, Hughes, Natasha, Lola, Rosalind (zu enges schwarzes Kostüm, aber sehr nett zu mir). Jede Menge Drinks. Buffie ging sofort wieder (6:00), und Lola lud mich für morgen zum Cocktailtrinken ein. Das wird ein Abend!

4. DEZEMBER 1941 Ein Bier mit Helen um 3:50. Sie sagte, sie habe schon lange gehofft, dass ihr so etwas einmal widerfahre. Und sie sei froh, dass es passiert ist. Nur, dass sich mit mir nie jemand einlässt & es dann schnell wieder vergisst. Und *malheureusement* vergesse ich selbst es auch nicht so schnell wieder.

5. DEZEMBER 1941 Freitag: Düsterer Tag. Kurz zur Uni. Um 6:00 zu Lola. Gillespie, [Toni] Hughes, Buffie (mit der ich kaum sprach), Jimmie Stern & viele Franzosen, außerdem Melcarth[178]. Dann nach Barnard. Mary S. (auch da) sagte, Helen sei das Niedlichste, was sie seit Jahren gesehen hat. Helen strahlt eine solche Wärme aus – sie trug ihren grauen Anzug eng, weil sie weiß, dass mir das gefällt –, den ganzen Abend lang konnten wir weder die Augen noch die Hände voneinander lassen, und es war alles sehr schön. Sie liebt mich – das hat sie mir gesagt, vor der Tür an der kalten Luft. Und sie meint es wirklich. Warum sollte ich lügen? Wenn ich sie nur eine Stunde nicht sehe, vermisse ich sie so, dass ich nicht mehr klar denken kann. Ich bin zum ersten Mal verliebt – diese unglaubliche kör-

---

176 Alfonso Ossorio, US-amerikanischer Künstler philippinischer Abstammung, bekannt für seine Gemälde im Stil des Abstrakten Expressionismus und seine einzigartigen *Congregations*-Assemblagen.
177 Hope Williams (1897–1990), US-amerikanische Schauspielerin, vor allem berühmt für ihre Rollen in Stücken von Noël Coward und Oscar Wilde.
178 Eine der größten Förderinnen des amerikanischen Malers Edward Melcarth (1914–1973) war Peggy Guggenheim, deren ikonische Sonnenbrille in Fledermausform er für sie entwarf.

perliche Anziehungskraft und dazu noch meine Liebe zu ihr – Gott, was für eine gefährliche Kombination!

6. DEZEMBER 1941 Helen um 8 bei Latham angerufen. Sie war sofort dran. Sie hatte schon gewartet, hoffe ich. Es war schwer, am Telefon zu sprechen. Aber ich konnte ihr sagen, dass ich 2 Stunden für 20 Seiten [Bernard] de Mandeville gebraucht hatte und mir währenddessen klar wurde, dass ich mich gestern Abend genau gleich verhalten hätte, ganz egal, wer sonst noch da gewesen wäre. »Ganz egal, wer?«, fragte sie. Ja, ganz egal. Dann sagte sie etwas, aber sie weinte dabei, das weiß ich genau. So erwischt es einen manchmal. »Gott, ich mag dich!«, sagte sie noch. Das war mir für Lathams Büro auf jeden Fall gut genug. Ich bin in sie verliebt. Ich weiß nicht, was ich tue, wenn sie sich doch nicht durchringt. Sie ist wundervoll – alle anderen wirken neben ihr wie schlechte Kopien. Ich liebe sie. Später musste ich weinen – warum, weiß ich nicht –, die süßesten Tränen meines Lebens. Wenn ich damit doch nur all meine Scham abwaschen könnte!

6. DEZEMBER 1941 Heute war so ein bittersüßer Tag – um es mit Helens Worten zu sagen. Wie schön ihr Brief war. Und wie schön traurig diese Unsicherheit ist! Sie wird nicht von mir loskommen! Da bin ich ganz sicher. Mein Gott, ich bin wirklich ein verdammter Glückspilz. Habe heute Abend dem Mond zugeschaut, wie er zwischen schwarzen Wolkenfetzen hindurchwanderte – es war ein Vollmond, aber ganz klein und hoch. Es lief der »Karfreitagszauber«[179]. Und die Tränen kamen, dicht und herrlich – und innerhalb von zwei Minuten gelangte ich von den schlimmsten Befürchtungen zu den schönsten Hoffnungen und wieder zurück. Ich weiß noch immer nichts, ich weiß es nicht. Aber ich glaube – ich bin sicher –, dies ist zu selten und zu wundervoll.

---

179 Höhepunkt von Wagners Oper *Parsifal*.

8. DEZEMBER 1941 Japan erklärt den USA den Krieg.[180]
Fühlte mich elend in der Uni, bis ich um 1:30 mit Helen sprach. Wir gingen am Fluss spazieren, dann auf ein Bier ins West End[181]. Dort sagte ich ihr, was sie mir bedeutet, und, mein Gott, mir liefen die Tränen, dabei wollte ich eigentlich nicht, dass sie das sieht. Und sie sagte: »Was soll ich denn jetzt deiner Meinung nach tun, Pat?« Und dass sie [Earl] wohl kaum mit dieser Neuigkeit in den Krieg schicken könne. Und ich sagte, sie müsse tun, was sie für richtig halte. Dass ich sie für ihre Ehrlichkeit lieben würde. Sie fragte mich noch zweimal: »Was soll ich denn jetzt deiner Meinung nach tun, Pat?« Gott, es war, als würde mich etwas Ungeheuerliches schütteln!

Ich vergöttere sie. Ich habe sie nicht verdient. Sie ist durch und durch schön – und ich weiß genau, wie selten das ist! Ich habe heute ganz von Herzen gesprochen. Dazu hat sie mich gebracht – nicht etwa irgendetwas Gutes in mir. Großer Gott, das ist es! Das ist es!

1800 Männer sind in Pearl Harbor ums Leben gekommen. Vielleicht auch Graham –

9. DEZEMBER 1941 War reiten mit Jo P.[182] Sie zahlte. Mausoleum von einem Haus. 5 Stockwerke & zwei Hausmädchen. Zurück zur Uni & Kaffee mit Helen, Babs, Pete. Alle mögen sie. Mittagessen mit Rosalind. Sie war ganz verstört wegen des Kriegs. Sprach zu mir wie zu einer Erwachsenen.

9. DEZEMBER 1941 Rosalind sprach lange über Eltern allgemein und über ihre Eltern. Ihre Mutter ist eine bekannte Antisemitin (ein Nazi), und sie haben wegen Rosalinds jüdischen Freundinnen miteinander gebrochen. Und einmal, als ihre Mutter Rosalind ausschimpfte, während sie am Fenster stand. Da sagte sie: »Was wür-

---

180 Der japanische Angriff auf Pearl Harbor fand am 7. Dezember 1941 statt.
181 Kneipe am Broadway. Jack Kerouac war später dort Stammgast.
182 Eine neue Bekannte, die Highsmith kürzlich über Va. kennengelernt hat.

1941

dest du sagen, wenn ich dir verrate, dass es alles stimmt?« Und ihre Mutter sagte: »Ich würde dich lieber tot zu meinen Füßen sehen.«

11. DEZEMBER 1941 [Helen] einen Brief gegeben – einen wunderschönen Brief. Sie schrieb mir einen zurück und sagte, als sie ihn mir gab: »Du wirst mich hassen –« Und als ich ihn las, bestand er nur aus hätte, wäre, könnte und sie müsse tun, was sie tun müsse, auch wenn sie es hasse. Und dass sie mich nicht verlieren, sondern weitermachen will. Widersprüche. Es war ein hastig geschriebener Brief, aus einer plötzlichen Angst geboren. Und so weinte ich den ganzen Nachmittag – erst mit Kingsley & dann mit Helen. Sie hat einfach nicht verstanden, dass die erdrückenden Fragen sind: Womit hat sie die ganzen letzten Wochen gerungen? Und was wollte sie von mir? (Neben dieser weiblichen Freude am Erobern – das ist alles.)

12. DEZEMBER 1941 Kaffee mit Helen. Wie komplett sie sich erholt hat, und wie gut sie mich missversteht. Ich fragte, warum sie traurig gewesen sei – weil sie dachte, ich wolle nichts von ihr. Was sie von mir wolle? – Dass ich sie liebe. Voilà! So ein Irrsinn. Vielleicht werde ich sie bald hassen. Sie hat den dünnen Stoff meines Lebens wie ein Meteor zerfetzt. Klassische Koketterie. Ich ging mit Alice T. & Peter zum Mittagessen und flüchtete danach mit Pete nach New Canaan. Rief Rosalind noch vom Cortile aus an. »Du bist ja ganz aufgelöst.« Ich weinte. Ich sagte: »Ich werde schanghait« & ob sie nicht kurz reinschauen wolle. Ob sie auch nur zehn Minuten darüber nachgedacht hat? Mit Debbie B. in der Küche geweint & mich insgesamt wie eine Gewitterwolke verhalten, bittere Späße mit Peter getrieben, indem ich sagte, Helen sei in sie verliebt. Das erklärt einiges, sagte Peter und platzte fast vor männlichem Stolz. Wie *Cyrano de Bergerac*. Um 1:30 wieder zu Hause, Mutter weg & noch düsterer. Jetzt sollte ich schreiben – ob ich je alles einfangen kann, was ich in den letzten paar Tagen empfunden habe? Man fängt an, den Wert menschlicher Emotionen zu hinterfragen: Was nützen sie,

wenn es einen am Ende doch zerreißt, obwohl man die maximale Kontrolle ausgeübt hat?

13. DEZEMBER 1941 Donnerstagabend bohrte Kingsley wild herum, um rauszufinden, was los ist. Einmal fragte sie, ob es Rosalind sei, und dann: »Du hast dich doch nicht etwa in Helen verliebt?« Ich glaube, sie hasst sie jetzt, obwohl ich die Frage natürlich überhört habe. Kingsley sagte, sie habe bisher nur eine Person geliebt – mich, und wenn ich ein Mann wäre, dann wäre ich alles, was sie sich wünscht. Und Helen sagte im West End zu mir, sie würde sich nie wieder etwas aus einem Mann machen (außer aus Earl). Die Jukebox spielte »You Made Me Love You«, und es war alles sehr traurig.

14. DEZEMBER 1941 Alles ist verändert. [Henry Fieldings] *Tom Däumling* und *Christ*[183] gelesen. Klavier gespielt und einen Spaziergang gemacht. Dieser Tag ist denkwürdig, weil ich zwei Stücke vorbereitet habe und kaum erwarten kann, mit dem Schreiben anzufangen. Dieser Tag ist außerdem denkwürdig wegen meiner Reue: Ich liebe Rosalind. Im Grunde bin ich nie von ihr abgekommen. Die letzte Woche war wie ein Opiumtraum – ich hoffe fast, ich sehe Helen morgen mit Ringen unter den Augen. Ich verbinde die letzte Woche außerdem mit diesem seltsamen Phänomen, das bei mir so selten ist – der Menstruation. Frauen haben weiß Gott alle eine Macke, und Gott weiß auch, warum!

Kingsley um 5:00 hier. Sind gemeinsam die Druckfahnen durchgegangen. Sie erklärte mir, was für ein Gott ich sei. Dass alle an der Uni, die mich kennen, mich wie etwas von einem anderen Stern behandeln, ehrfürchtig – sogar Babs, Helen & Peter. Balsam für meine Seele. K. hat gesagt, sie hofft, ich würde nie einen Mann lieben, sie würde mich nicht gern so mit dem Physischen beschäftigt

---

[183] Eventuell *Das Leben Jesu* von Ernest Renan.

sehen. Das liebe Kind. Billie rief an, wollte Champagner trinken. Auf keinen Fall. Arbeite. Insgesamt ein hervorragender Tag. Arthur hier, habe ihm liebevoll verklickert, dass ich jemand anders liebe – Gott, die Vermessenheit des Mannes! + Wie ich Rosalind morgen ansehen werde! Als hätte ich sie nie zuvor gesehen!

15. DEZEMBER 1941 Schöner Abend mit Rosalind. Fuhr mit Betty & Mr. Eastman im Aufzug hinauf. Rosalind betrunken, hat mir gesagt, sie sei ja eingeschränkt, weil »gebunden«, aber von zu vielen schönen dunkelhaarigen Menschen umgeben. Gott, sie war reizend zu mir. Im Sammy's gegessen. Das, was sie für mich bestellt hat. Sie ist sagenhaft – werde versuchen, ihr Karten für *Macbeth* zu besorgen. Sie erzählte, Betty habe 89 Freunde, und sie 13. Dass sie pro Jahr eine neue Person mag (& das bin ich), während Betty sechs pro Abend aufgabelt.

16. DEZEMBER 1941 Ich rauche zu viel – oft eine ganze Packung am Tag, aber ich finde größten Gefallen daran. Ich finde größten Gefallen an allem. Helen & Peter verkatert, haben gestern 13 Scotch getrunken, pro Nase. Sehen aus wie zerbrechliches altes Porzellan. Helen hat heute nicht mit mir gesprochen. Ihr geht es jetzt sicher schlechter denn je – weil sie so nah am Ziel war und ja sogar so etwas wie einen Sieg errungen hat und alle meine Briefe immer wieder lesen kann – und doch bin ich weg. Ich fühle mich gerade ziemlich blendend. Um 1:00 zu Hause. Eingekauft. 8 Seiten Philosophieaufsatz geschrieben. *Assorted Articles* von D. H. Lawrence gelesen, lausig. Rosalind um 3:10 angerufen. Sie war wundervoll und stinkbesoffen von drei Martinis. Ich fragte, ob sie sich komisch fühle (weil ich mich komisch fühlte – wie eine Wolke – wie altes Porzellan), und sie sagte: »Mhm«, immer mhm – aber wie ein Stück alter Käse. Also habe ich sie eingeladen, am Samstag mit mir zu *Macbeth* zu gehen. Kostet 3,30 $ pro Karte – aber wer sonst in meinem Leben ist so glamourös!!!

17.12.1941 Kein Mann mag eine Frau je wirklich. Entweder er ist in sie verliebt, oder sie geht ihm auf die Nerven.

17.12.1941 Die Liebe, so wie sie jetzt mit uns in diesem Raum ist, das sind weiß Gott nicht Küsse oder Umarmungen oder Berührungen. Nicht mal ein Blick oder ein Gefühl. Die Liebe ist ein Monster, das zwischen uns steht, und wir stecken jede in einer Faust.

17.12.1941 Heute Abend meinen ersten Selbstmordmoment überstanden. Er tritt auf den Plan, wenn man Arbeit vor sich hat, umgeben ist von leeren Blättern, und im Kopf sind Scham und Verwirrung, Fragmente, die einfach nicht zusammenhalten wollen, in einem nie versiegenden Mahlstrom. Es zeigt im Grunde, wie banal, universell und zeitlos jede große menschliche Emotion ist. Dies war eine große menschliche Emotion. Wenn ich jetzt, wo ich den Moment überwunden habe, darüber nachdenke, ob ich jemals Selbstmord begehen werde, ist die Frage doch: Werde ich jemals in einer ähnlich wichtigen Krise mich und andere im Stich lassen? Das Leben ist eine Frage der Selbstverleugnung in bestimmten Augenblicken. Nach vorn zu schauen bringt nichts. Wir können dort eine allzu rosige Zukunft ausmachen. Erfolgreich leben heißt Selbstverleugnung ohne Wenn und Aber.

18. DEZEMBER 1941 Früh auf. Helen eine letzte (?) Nachricht mit dem bösen Wort – kokett – geschrieben und warum ich zu Peter gesagt habe, was ich gesagt habe. Habe Babs davon erzählt, auch von Petes Reaktion auf meine Worte. Babs soll ruhig alles wissen. Sehr interessant aus Sicht einer Schriftstellerin.

+ Unsere Finanzen sind an ihrem Tiefpunkt angekommen: 100,00 $ auf der Bank. Unglaublich! Stanley macht sich große Sorgen. Ein weiterer Donnerstag des Leidens. Peter redete kaum – Babs hat mir berichtet, dass Helen und Peter Montagnacht bei den 13 Scotch ihre Versionen ausgetauscht hätten. Peter hat Helen erzählt, dass ich gesagt habe, H. sei in sie verliebt – jetzt ist Peter eingeschnappt, und das wird sich auch so schnell nicht ändern, ich kenne sie. Ich spüre natürlich Bedauern darüber, eine Freundin zu verlieren. Helen ist eisig. Wenn ihr das geholfen hat, sich von mir zu lösen, dann hat es seinen Zweck erfüllt. Aber sie sagt, ich hätte sie noch nicht so weit gebracht, mich zu hassen. Ich hätte das nie sagen sollen. Babs bleibt neutral wie immer. Ich verstehe Helens Unmut, aber Peters? Nein. Ich weiß auch nicht, warum ich es gesagt habe. Ich hätte nicht gedacht, dass es solche Konsequenzen haben könnte. Ich traue Helen zu, dass sie Pete meine Briefe gezeigt hat. Leute, die Krisen betrunken begegnen! – Ich möchte sehen, wie sie auch nur ein unwahres Wort in meinen Briefen findet. – Ich möchte sehen, wie sie ein lesbisches Mädchen findet, das sich so anständig verhalten hätte wie ich mich. Das möchte ich sehen.

19. DEZEMBER 1941 Vor einem Monat war der Abend – vor zwei Wochen ein weiterer – vor einer Woche noch einer. Heute Abend bin ich nur für mich. + Früh auf & für Geschichte gelernt. Glaube, es lief ganz gut. Muret wünschte mir ganz besonders frohe Weihnachten. Babs redete ganz demonstrativ mit mir. Auch Helen sagte: »Hallo, Patricia!« Gott, ich könnte sie jetzt nicht mehr mit den gleichen Augen sehen, es sei denn, sie entschuldigt sich. + Habe für Roger Socken gekauft, für Mutter einen feinen Puder und Strumpfbänder. Gutes Gedicht geschrieben: »Ich bin zu sehr Herrin meiner selbst.« (Um 6:00 abends.) Rilke gelesen & das Buch damit durch. Manchmal trivial, manchmal wunderbar seltsam und zart wie in »Die Liebende«. Übersetzung manchmal besser als das Deutsche.

19. 12. 1941 Mit Ideen ist man niemals einsam, aber ob allein oder nicht, wie einsam bin ich ohne sie!

20. 12. 1941 Vielleicht wiederhole ich mich, aber es soll ruhig in jedem Notizbuch stehen: Eine Kurzgeschichte (oder die Keimzelle

für einen Roman) muss aus einer Inspiration heraus entstehen, die auf den ersten Blick mehr für ein Gedicht geeignet scheint. Handlungskeime sind in der Regel nur dann erfolgreich, wenn sie ein ausgeprägtes Element der Kuriosität, der Aufregung oder Seltsamkeit in sich tragen. Und ein Schriftsteller sollte sich, wie ein Mann zu Beginn einer Liebe, passiv von der Welt, der Erde inspirieren und verführen lassen. Sie spielt mit ihm, zwingt sich ihm auf, bis er sie bemerkt. Er ist nie aktiv auf der Suche. Die Inspiration erscheint auf vielfältige Weise und in den verschiedensten Momenten, aber am liebsten ist mir die, die mit einem Lächeln im Gesicht und einer Lockerheit im Körper erscheint. Solche Inspiration ist gesund und stark.

21. DEZEMBER 1941 Fürchterlich kalt. Draußen zu Fuß unterwegs zu sein ist kaum auszuhalten. Abends [Händels] *Messiah* mit Virginia in der First Episcopal. Wenig geschafft heute bis auf ein gutes Stück Lektüre. Aber ich mag es nicht, mich wie ein Schwamm zu fühlen. Martinis im Jumble Shop. R. angerufen, wie üblich. Natasha dran, ganz heiterer Stimmung – Sylvia M. ist da. Rosalind sagte, ich solle sie am Dienstag um 8 von der Party im Crillon[184] abholen. Später noch im Spivy's gegessen, Gott sei Dank. + Virginia sah ziemlich umwerfend aus in ihrem Bibermantel! Versuchte, mit mir anzubändeln. Aber mein Moralkodex wird allmählich so schmal wie mein Bett. Rosalind oder keine.

21.12.1941 Der Geschlechtsakt sollte entweder im heißen Taumel oder aber mit dem besten Sinn für Humor vollzogen werden. Die Technik ist eine Frage der Phantasie und des Einlassens auf die andere Person – ein Talent, das bei Männern nie vorkommt.

---

184 Restaurant, Park Avenue 277.

22. DEZEMBER 1941 Schöner Tag. Stück fertig. [Thomas Hardys] *Dynasts* ausgelesen. Marjs Figur eingefärbt & sie & ihren T. S. Eliot zu Jeva gebracht. Sie war richtig überwältigt vor Freude & Ergriffenheit & spendierte mir zwei Martinis im Mansfield[185]. Ich wollte von Jeva wissen, ob sie je gewalttätig werde, sie sagte nein. Beim Trinken kam mir der Gedanke, dass Frauen nicht hart genug sind – zu bereitwillig über Schwächen reden, die ein Mann wohlweislich für sich behalten würde. Jeva gegenüber fühle ich mich in letzter Zeit sehr offen, bedächtig und ehrlich. Sie ermahnte mich, nicht ausschließlich mit Mädchen zu gehen – die verschwinden alle wieder –, du brauchst einen jungen Mann, der sich an deinen Kosten beteiligen kann, oder kurz gesagt: der sie übernimmt. Kingsley um 6 hier. Machten Besorgungen & schmückten den Weihnachtsbaum. Ließ mich vollaufen & rief Rosalind an (die mich zum Weihnachtsbrunch einlud). Virginia Woolfs *Zwischen den Akten* gelesen. Jack B. von der Comet Press hat mich zum Essen eingeladen (!). Hab's kommen sehen.

22. 12. 1941 Wenn sie einmal schön reif sind, womit kompensieren dann Menschen wie V. W. & J. S.[186] die Gewalt und Zügellosigkeit, die sie in ihrer Jugend sicher erfahren haben? Ohne die die Ruhe (hinterher) nichts als Stagnation wäre (auch wenn, während sie anhält, seltsamerweise nur brüchige kleine Splitter, Fragmente und Krümel von etwas Großem entstehen). Wie gelingt es, dass ihre künstlerische Leistung so fein und gleichzeitig so kraftvoll bleibt? Welche geheime Erregung steckt dahinter?

22. 12. 1941 Babs ist wie von einem halben Meter Flausch umgeben, der einen in freudiger Erwartung streichelt und von Wärme und Gemütlichkeit kündet. Ich dagegen ramme Leute wie eine Stahlnadel.

---

185 Mansfield Hotel, 12 West 44th Street.
186 Wahrscheinlich Virginia Woolf, die sie gerade gelesen hat. J. S. könnte für John Steinbeck stehen.

22.12.1941 Erinnerst du dich, wie wir vor kurzem noch lachten und uns beglückwünschten, weil wir die bestaussehenden Menschen seien, die wir kennen, weil wir (so ziemlich) die Schlauesten seien und unbedingt den besten Humor hätten? Und jetzt, wo der Zaubertrank, der durch unsere Adern floss, aufgenommen, verdünnt (man könnte beinahe sagen: ausgeschieden) ist, sehen wir nur mehr unsere jeweiligen Fehler, und schlimmer noch: Wir hassen einander, weil wir an die herrlichen Fesseln zurückdenken und uns bang wird.

23. DEZEMBER 1941 Wieder ein – im Großen und Ganzen – erfreulicher Tag. Allerdings mit emotionalen Höhen und Tiefen, die allmählich zur Regel werden. Sie sind so viel deutlicher spürbar, wenn man allein ist. Sieben Seiten für »Passing of Alphonse T. Browne«[187] mit der Hand geschrieben. Wird noch sehr aufwendig werden in der Überarbeitung. Ein paar Aquarelle gemalt, die ganz gut gelungen sind. Irgendwann werde ich gut sein. In allem. Gut sein – brillieren –, das ist mein Ziel. + Jack B. hat mir Linotype-Neujahrsgrüße & eine Babuschka geschickt. Abendessen bei Ricoto in der Vandam St. Er ist erst 24 & sieht aus wie 34. Rosalind um 8 im Crillon aufgesammelt. Ziemlich betrunken. *Fortune*-Party. Gingen in die *Macbeth*-Aufführung, wo sie im ersten Akt andauernd einnickte. Hinterher ging es ihr so schlecht, dass sie nicht mehr mit ins Spivy's konnte. Nicht betrunken, nur Halsschmerzen. Ich hätte mich um sie gekümmert wie ein Engel, sagte sie.

24. DEZEMBER 1941 An Geschichte gearbeitet. Babs geschrieben & für Familie eine Flasche Crème de Cacao besorgt. Persönlich überbracht. Eric Coates' *London Again Suite* für Rosalind gekauft. Vielleicht versteht sie englische Musik. Mich überzeugt sie nicht. Buffie rief gestern an, wegen einer Dinnerparty heute Abend. Ging

---

187 In der Entstehung begriffene Kurzgeschichte.

mit ihr hin. Betrunken & erschöpft. Nach Martinis & Champagner heimlich Helen angerufen. Sie freute sich, mich zu hören. Ich liebte sie & sagte ihr das – und sie sagte, ich solle mich abfinden. Buffie bekam es mit. Wenigstens weiß sie jetzt, dass es nicht Rosalind ist.

25. DEZEMBER 1941 Was für seltsame Weihnachten. Augen wie Golfbälle heute Morgen. Frühstück, dann Geschenke, ein bisschen Eierpunsch. Pyjama bekommen – Mozarts 23. in A-Dur, KV 488! Seit drei Jahren träume ich davon. 2:15 zu Rosalind. Alle fröhlich, dutzendweise Geschenke. Del P. sehr gutaussehend. Lola da, Natasha, Niko[188], Betty, Sylvia, Simeon & Guy M. Großer Erfolg, Whiskey Sours & Bohnensuppe. Natasha gab mir drei Küsse, als ich eintrat. Rosalind hat mein Geschenk noch nicht aufgemacht. Dann zogen alle weiter zu Natasha. Fragten mich auch, aber Stanley war zu Hause und hätte allein essen müssen, also ging ich nicht mit. Schönes Abendessen – diese Mauer zwischen uns ist vielleicht zu hoch. Es gibt jetzt kein Verlangen mehr, sie einzureißen. Ich habe meine Einstellung zu Geld geändert. Früher glaubte ich, es würde die Wertschätzung mindern, aber eigentlich erhöht es sie. Es sorgt dafür, dass man bekommt, was man braucht, und für die Muße und Sicherheit, um sich daran zu erfreuen.

26. DEZEMBER 1941 Der siebte Morgen in Folge, an dem ich arbeite – nicht schlecht. + Mary S., Marjorie T. heute Abend hier. Ich erzählte Mary von der ganzen Helen-Geschichte. Sie schlägt vor, Rosalinds Spiel mitzumachen, dann käme Helen wieder angerannt. Aber Täuschung, so unschuldig und zielführend sie auch sein mag, ist unschön. Eigentlich wollte Virginia kommen, aber sie bekam Wind davon, dass Mary S. da sein würde. Mir gefällt nicht, wenn sie fragt, wer sonst noch kommt. Ziemlich unhöflich & kindisch.

---

[188] Wahrscheinlich Nicolas Calas (geboren als Nikos Kalamaris), ein griechisch-amerikanischer Dichter und Kritiker, der 1940 als einer der ersten emigrierten Surrealisten nach New York kam.

Sie wird nicht erwachsen, & und ich werde sicherlich nicht darauf warten.

28. DEZEMBER 1941 Anruf von Rosalind! Sehr nett, & wir sprachen eine ganze Weile. Will Cocteaus surrealistischen Film in der 5th Avenue sehen. War schon beim 5. Whiskey Sour & unterwegs zu Dels Landhaus. Heute ist mir klargeworden, dass Betty Parsons unentspannt & zu sehr auf der Hut ist. Ich frage mich, wie selbstsicher sie wirklich ist. Und wie sehr Rosalind sie durchschaut. Wie sehr sie sie liebt & warum.

28. DEZEMBER 1941 Jack B. um 1:30. *Tschapajew*[189] im Museum of Modern Art gesehen. Diese russischen Sachen ziehen sich immer alle ab einem gewissen Zeitpunkt. Habe ihn dort gelassen & Roger getroffen, der gerade ankam. Tranken zu Hause Martinis. Bekam um 7 ein Telegramm von Mutter, Grandpa sei heute Morgen gestorben. Dadurch fühlte ich mich nicht besser. Roger höflich, aber gab mir einen Abschiedskuss, geschmacklos unter den Umständen.

29. DEZEMBER 1941 »Passing« fertig, aber Roger sagte heute Abend, die Geschichte nimmt nicht schnell genug Schwung auf. Zu subtil. Er hat abends aus dem Stand eine Geschichte geschrieben und eine Eins dafür bekommen. Na ja, er und ich sind unterschiedlich. Er hat kein Selbstvertrauen. Heute wollte er französisch essen, also taten wir das (Au Petit Paris) & nahmen hinterher eine Pferdekutsche durch den Park. Aber er mag T. S. Eliot nicht. Ich habe ein Alter erreicht, in dem ich aufhöre, meinen Geschmack zu reformieren: Ich akzeptiere, was mich berührt, ohne Scham. + Rosalind elend um 12 und entzückt um 4 angerufen! (Nachdem ich Haushaltsdinge erledigt hatte. Stanley rührt keinen Finger.) Del P. lud mich zu Silvester in sein Landhaus ein, falls sie hinfahren. [Ste-

---

189 Sowjetischer Spielfilm auf Grundlage einer fiktionalisierten Biographie von Wassili Iwanowitsch Tschapajew, Kommandeur der Roten Armee und Held des Russischen Bürgerkriegs.

phen Cranes] *Die rote Tapferkeitsmedaille* gelesen. Hervorragend geschrieben. + *Dumbo*[190] mit Roger gesehen. Nicht so gut, aber innerhalb seiner Gattung hervorragend. Filme sind Mist. Habe dieses Jahr sechs Stück gesehen.

30. DEZEMBER 1941 »Passing« an *New Yorker, Matrix* & *Accent* geschickt. *Don Juan* gelesen. Wie viel mehr Spaß es manchmal macht, etwas zu produzieren, anstatt nur aufzusaugen – und manchmal ist es genau andersherum. Mary H. rief an, wollte, dass ich um 4 zu ihr komme, was ich tat. Kleinere Wohnung. Ist ziemlich deprimiert, weil sie bei ihrer Ausstellung nur eine Skizze verkauft hat. Fotografien von unserem Bild: ehrlich gesagt nicht gut. Sagt, sie spüre ihr Alter – ihr Kampfgeist in schwierigen Situationen lasse allmählich nach. + Keine Neuigkeiten von Mutter. Ich fürchte langsam, mein Brief war nicht traurig genug, & Stanley mochte mein Telegramm nicht. Aber wir finden beide, dass Blumen unangebracht wären. Habe meine Geschichte von John und dem jüdischen Jungen angefangen. (Ohne Titel.)

---

190 Nach *Schneewittchen und die sieben Zwerge*, *Pinocchio* und *Fantasia* der vierte abendfüllende Zeichentrickfilm der Walt-Disney-Studios, aus dem Jahr 1941.

1942

Im Jahr 1942 erreicht Patricia Highsmith gleich zwei Meilensteine: Sie wird volljährig, und sie schließt das College ab. Zwar hat sie keine feste Stelle in Aussicht, doch sie weiß, was sie will: schreiben – und davon leben. Schreiben zumindest tut sie, wenn auch zunächst nur für sich selbst. Der Umfang ihrer Tage- und Notizbücher erreicht Rekordniveau; auf insgesamt 750 Seiten hält sie viele Details ihres Alltags und schriftstellerische Ideen fest – und das auf Englisch, Französisch, Deutsch und Spanisch.

Nach Pearl Harbor sind die USA im Dezember 1941 an der Seite der Alliierten in den Zweiten Weltkrieg eingetreten. Auf Patricia Highsmiths Leben hat der Krieg jedoch keine großen Auswirkungen. Sie besucht zwar einen Erste-Hilfe-Kurs, außerdem lässt sie sich von der US Navy für Dechiffrier- und Planespotting-Kurse rekrutieren. Aber während ihre männlichen Freunde und Verehrer nach und nach eingezogen werden, kann sie als Frau den Dienst ohne weiteres wieder quittieren und tut dies auch – wegen zu schlechter Bezahlung und aus Mangel an Patriotismus.

Im Mai ziehen die Highsmiths endlich in eine größere Wohnung, »*uptown*«, nach Midtown Manhattan; ein deutlicher sozialer Aufstieg, wie Pat ihn sich lange erhofft hat – aber das Verhältnis zu ihren Eltern bleibt konfliktreich, und sie träumt von einem eigenen Zimmer, weit weg von zu Hause.

Lebenshungrig stürzt sich Highsmith in wechselnde Affären, fühlt sich aber selten von einem Mann oder einer Frau körperlich und emotional zugleich angezogen. Zu ihrem wachsenden Kreis talentierter und erfolgreicher Frauen kommt in diesem Jahr die deutsche Exilfotografin Ruth Bernhard hinzu, über die Highsmith den ebenfalls deutschen Fotografen Rolf Tietgens kennenlernt. Mit beiden geht sie intensive Beziehungen ein.

Im Juni erwirbt Highsmith ihren Bachelor in Anglistik, doch trotz der Fürsprache von Rosalind Constable gelingt es ihr nicht, wie erhofft eine Stelle bei einer der renommierten Zeitschriften wie dem *New Yorker* zu ergattern. Stattdessen muss sie sich mit weniger prestigeträchtigen Positionen begnügen; zuerst bei F. F. F. Publishers, einem Verlag, der die nationale jüdische Presse mit Artikeln zu aktuellen Themen versorgt, dann mit kleineren Aushilfsjobs wie als Schreibkraft für die Zeitschrift *Modern Baby* oder als Mitarbeiterin bei Straßenumfragen. Dennoch glaubt sie unbeirrt an sich. Mitte Dezember bewirbt sie sich auf eine Anzeige als Comictexterin und bekommt die Stelle. Mit einem festen Einkommen am Horizont blickt Patricia Highsmith dem nächsten Jahr mit Optimismus entgegen.

* * *

Prolog
Schau voraus und schau nach innen,
Noch ist Zeit, sich zu besinnen;
Verrat kurieren nicht die Zeiten –
Verflucht der Leser dieser Seiten.
2.5.1942

1.1.1942 Alter Hut zum neuen Jahr: Unsere Freuden, Vorlieben, Wonnen, Laster und Leidenschaften sind unsere Achillesfersen. Sie sind Risse in unseren Deichen und Sprünge in unseren Rüstungen, Löcher in unseren Masken, Termiten in unseren Holzbeinen.

Und die ganze Welt ist traurig, trauriger noch, weil die Sonne scheint, weil Luft und Licht herrlich sind wie eh und je und nur des Menschen eigene Traurigkeit ihn niederdrückt. Er trägt sie in sich, und er trägt sie nach außen. Kommt ein jeder von uns mit einer abgezählten Zahl an Tränen auf die Welt? Oder kennt ihre Zahl kein Ende? Oft stelle ich mir die Frage, woher die schiere Energie kommt, die uns immer weitermachen lässt. Doch es hat keinen Zweck, nach dem Warum zu fragen. Wir sind ja doch nicht in der Lage anzuhalten.

1. JANUAR 1942 Mein erster echter Neujahrskater, an den ich mich erinnern kann. Dieses Jahr werde ich tatsächlich erwachsen. Den Weihnachtsbaum in einem Exzess der Melancholie abgebaut und (wie auf Eiern) die 8th Street entlangspaziert. Einem Mann begegnet, der sagte, er habe mich gestern bei Billie A. kennengelernt. Tibor Koeves[1]. Ich erinnere mich an rein gar nichts. Wir tranken einen Kaffee. Erzählte mir von dem Roman, den er heute anfängt. Rosalind rief an. Ich ging hin, Del, Lola, Betty und Billie auch da. Alle besorgt um meine Gesundheit. Wir tranken was. Fühle mich reichlich geistlos, was wohl vor allem daran liegt, dass ich ohne jede Routine lebe. Dieses Jahr werde ich nicht nur die Hausaufgaben für die Uni machen, sondern abends schreiben. Unter Druck arbeite ich besser, wesentlich brillanter. Ziemlich spät zu Hause. Betrübt, aber mit Aussichten. Erledigt, aber nicht völlig.

2. JANUAR 1942 War bei Billie A. Meine Kleider noch da, aber der Lippenstift nicht. Sie hat es eigentlich richtig schön dort. Ließ gerade putzen. Überall Zigarettenstummel, Sandwiches in Blumentöpfen ... Abendessen mit Walter Marlowe bei Artist & Writers[2]. Schönes Gespräch. Sollte davon etwas festhalten.

---

[1] Tibor Kövès, auch Koeves (1903–1953), jüdisch-ungarischer Journalist und Autor.
[2] Artist and Writers Restaurant, ehemalige Flüsterkneipe und beliebter Treffpunkt für Journalisten aus der benachbarten Redaktion des *Herald Tribune* sowie des *New Yorker* und der *Times,* die sich nach getaner Arbeit in der 215 West 40th Street entspannten. Spätabends kamen oft Gäste aus der nahen Metropolitan Opera. Frauen hatten traditionell keinen Zutritt gehabt, daher bestand das Publikum hauptsächlich aus Männern, die Atmosphäre war rauflustig.

2.1.1942 Warum sind kreative Menschen so häufig melancholisch? Weil sie nicht den harten Verhaltenspanzer haben, den alle anderen tragen. Sie sind Grashalme im Wind, das mal in diese, mal in jene Richtung geweht und manchmal zu Boden gedrückt wird. Verstandesmäßig hielte jeder Kreative den Preis für zu hoch. Und das Schlimmste ist das Wissen darum, dass man diesen Kampf (als Geschichte) nicht literarisch verwerten kann.

3. JANUAR 1942 Mutter macht sich morgen auf den Heimweg. In ihrem Brief schreibt sie, Grandpa sei ganz friedlich von uns gegangen, am Vortag habe er noch mit den Jungs gescherzt. Gramma wird im Haus wohnen bleiben. Sie haben sie mit einem leichten Beruhigungsmittel ins Bett gebracht. Werde mich so unbeschreiblich freuen, Mutter wiederzusehen. Wenn ich ihr auch nicht alle meine Probleme erzählen kann, so steht sie doch für alle Beständigkeit, Weiblichkeit, Behaglichkeit und Wärme in meinem Leben. Werde sie wohl am Freitag auf Champagnercocktails und ein langes Gespräch ins Amen Corner[3] ausführen müssen. + Abendessen mit Tibor. Erzählte ihm von meinen familiären Schwierigkeiten, und wir kamen zusammen zu dem Schluss, dass die emotionale Zurückhaltung die Ursache für mein seelisches Durcheinander, der Grund für mein Gefühlschaos ist. Die Homosexualität lässt er außen vor. Das mit Helen war das erste Mal, dass ich mit ganzer Seele bei der Sache war – oder meine Seele entdeckte und deshalb zumindest mit ganzer Seele *hätte* dabei sein können.

Ich werde mir ein Leben lang wünschen, Wärme zu geben und sie zu empfangen. Ich leide unter einer permanenten körperlichen und seelischen Kälte.

4. JANUAR 1942 Schrecklich spät aufgestanden: 11:00! Schlimmer als an Neujahr. Geschichte fertiggestellt – die erste, die sich »von

---

[3] Einer von mehreren Salons im Untergeschoss des Fifth Avenue Hotel, 5th Avenue, Ecke 23rd Street.

selbst geschrieben« hat. Stilistisch vielleicht schon gut, aber die Höhepunkte müssen noch besser herausgearbeitet werden. Höhepunkte verpfusche ich konsequent: im Schreiben wie im Leben. Walt Whitman gelesen, für den ich eine Zweitagesvorliebe habe. War auf der Straße spazieren und wäre beinahe umgekommen. Wozu das? Anders als Nietzsche kommen mir die besten Gedanken nicht an der frischen Luft.

Ich sehne mich mehr und mehr nach Veränderung. Gott, wie traurig ich sein werde, wenn wir im April nicht umziehen. Wir brauchen zwei oder drei geräumige Zimmer, in denen wir die Beine ausstrecken und in Würde leben können – werde meine ganze unwiderstehliche Überredungskunst aufbieten, wenn Mutter kommt.

6. JANUAR 1942 Kam doch heute tatsächlich der Berg zum Propheten: Rosalind rief um 8:20 an. Tadelte mich, weil ich bei Billie so betrunken war. »Ziemlich unhöflich, bei so vielen Leuten, die du kaum kennst –« Verschaffte mir für den Rest des Abends Unbehagen. Aber sie hat auch gefragt, wann sie mich wiedersehen kann (zwecks weiterer Züchtigung), & wir sind Freitag zum Mittagessen verabredet.

7. JANUAR 1942 Stück hat größten Anklang gefunden. Latham fragte nach, ob es denn auch »schicklich« sei. Anfangs war sie schockiert, aber am Ende lachte sie laut wie alle anderen. Helen verhält sich noch immer ziemlich dämlich. Meine Gefühle für sie sind sehr unbestimmt. Die körperliche Erregung ist verflogen wie ein durchziehender Tornado.

8. JANUAR 1942 Guter Tag. Thornbury[4] sagt, kein großartiger Roman kommt ohne eine gewalttätige Handlung aus. 4:30 zu Hause zum Tee mit Mutter. Sie ist noch immer ganz hektisch, so dass ich

---

4 Ethel M. Thornbury, von 1940 bis 1943 Professorin für Anglistik am Barnard College.

nicht viel sagen kann. Findet es sehr geschäftsmäßig von mir, mich zum Gespräch verabreden zu wollen. Ladue vom Fachbereich Mathe hat mich angesprochen, wurde für Geheimdienstarbeit ausgewählt – Dechiffrierung. Ganz nach meinem Geschmack. Nur 15–20 Studentinnen aus der Abschlussklasse. Vielleicht gehe ich nach der Uni nach Washington. Könnte ich bestimmt gut.

10. JANUAR 1942 Um sieben bei Marjorie Thompson. Ich spüre die alte Feindseligkeit zwischen Mutter und mir. Es ist so: Ich bin so lange zufrieden, wie ich der Boss sein kann. Ihr die Zigaretten anzünde und dominiere wie gestern. Ich glaube, ich stoße mich an ihrer Unterhaltung mit Marjorie: unbedacht, impulsiv, belanglos und eingebildet unter Leuten. Ich sollte damit wirklich wie eine Erwachsene umgehen, mit Nachsicht, wenn es sein muss – wie Stanley es kann. Aber das kann ich nicht. Heute Abend hätten wir beinahe – nein, wir *hatten* einen richtig blöden Altfrauenstreit. Weil ich sie vor anderen Leuten in Frage gestellt habe. Ich muss mich damit abfinden. Ich sehe mich wirklich nicht mehr länger mit den beiden wohnen. Ihre Kleinlichkeit fängt an, mir auf die Nerven zu gehen, ihre Banalität. (Vielleicht liegt es an meiner eigenen, dass ich sie so wahrnehme.)

11. JANUAR 1942 Frühstück mit Mutter. Sagte ihr, wie ich zu Stanley stehe: dass wir beide allein friedlich zusammenleben könnten, aber seine Gegenwart wie ein Fremdkörper ist. Sprach auch über das Element der Fixierung, das ich selbst korrigieren muss. Rein emotional. Ich hoffe, sie sagt das alles nicht Stanley weiter.

12. JANUAR 1942 Nur Reisende & Liebende leben einigermaßen im Hier und Jetzt: Diese Woche sehen R. & K. & ich uns vielleicht am Donnerstagabend. Und sicher zum Mittagessen am Freitag!

12.1.1942 Je heftiger und unwiderruflicher man verliebt ist, desto schneller erholt man sich von einer Enttäuschung. Es lässt mich an der Wahrhaftigkeit von Werken wie *Romeo und Julia* zweifeln. Ich hätte die beiden gern ein Jahr danach gesehen, wenn Julia sich nicht erdolcht hätte. Ich möchte behaupten, sie hätte sich prächtig erholt. Romeo ebenso, der es ja schon einmal getan hatte. Ich frage mich: Sind Emotionen so bemessen, dass man sie entweder über einen langen Zeitraum hinweg verteilt aufbrauchen oder alle auf einmal verballern kann wie mit einer doppelläufigen Winchester?

12.1.1942 Wenn ich einen Roman schreibe: D. P. [Dorothy Parker] sagt, man könne keinen Roman über langweilige Menschen schreiben. Selbst Tolstois soziale Ideen werden anhand von geistig überbemittelten Menschen entwickelt. Und Steinbeck wird sich nicht halten, sagen alle. Nein. Ich sollte meine eigene Klasse nehmen, auf Texas–New York oder nur New York setzen.

Und wozu diese Thematik des verzweifelten Helden, über die ich so oft nachdenke? Warum der ungestüme junge Mann und nicht ein Mensch wie ich selbst, neugierig und tatkräftig, der forscht, leidet, glaubt, die Saat pflegt und das Unkraut entfernt, findet und verliert, scheitert und besteht? Die Schwindler und die paar wenigen Ehrlichen. Aber außer Frage steht New York. Vielleicht könnte New York sogar der Held sein, der als facettenreiche, mächtige, schöpferische Figur auf andere würdige Figuren einwirkt. (Die es wert sind, beschrieben zu werden.)

13. JANUAR 1942 Alle Aufsätze von Thornbury zurückbekommen. Ungefähr drei Einsen und vier Zweien. Schönes Mittagessen mit Babs P. Einfach ideal – Martinis, Omelett, grüne Bohnen und Spinat – und dazu ein gutes Gespräch. Sie sagte, sie hasse die Heimlichtuerei gegenüber ihrer Familie – irgendwann würde es so viel sein, was sie zu verbergen habe. Ich fragte: Was denn? Sie sagte, sie hoffe, sich eines Tages einmal in eine Frau zu verlieben. + Mit Sturtevant

gesprochen. Sagte, sie habe mein »Silver Horn« zweimal gelesen & fand es exzellent.

15.1.1942 Ich habe kein Interesse an Menschen oder daran, sie näher kennenzulernen. Aber ich habe ein brennendes Interesse an der Frau in dem dunklen Hauseingang in der 11th Street, die mühsam im Licht eines Streichholzes die Klingelschilder liest. Eine solche Szene setzt Ereignisse aus Vergangenheit, Zukunft und Gegenwart, aus allen Zeiten und von allen Orten frei. Geschieht es wirklich? Die einzig wahre Realität steht in Büchern: Sie ist das reine fiktionale Destillat aus unserer unreinen Realität. Diese Frau in dem Hauseingang war die kurz aus den unreinen Wassern auftauchende Realität. Die Szene war ohne mein Zutun perfekt. Ich habe nichts übrig für die Menschlichkeit Einzelner. Ich brauche ihren Atem nicht zu riechen.

20. JANUAR 1942 Kingsley geht mir auf die Nerven. Habe sie heute getroffen, & hinterher rief sie an, nur um mir zu sagen, wie traurig ich ausgesehen hätte. Na und? Dafür ist sie schrecklich unattraktiv! Wieso zur Hölle macht sie nicht mal eine Diät? + Rosalind wusste nicht, dass ich gestern Geburtstag hatte – ich bin auch nicht davon ausgegangen, aber es wäre so schön gewesen. Vielleicht schert sie sich doch einen Dreck um mich.

20.1.1942 Ich liebe es, verliebt zu sein. Es erdet mich und verleiht mir zugleich die Freiheit, in den Wolken herumzutollen. Ich fühle mich wie ein Baum, schlage mit den Füßen Wurzeln, strecke die Arme furchtbar hoch aus, und überall brechen kleine Knospen aus mir hervor.

21. JANUAR 1942 Früh auf nach Art des 18. Jahrhunderts. Um 9:00 in der Uni. Prüfung herrlich, ich glaube, ich habe meine Sache gut gemacht, wenn ich Thornbury auf dem rechten Fuß erwische.

Hätte sehr müde sein müssen, aber war ganz beschwingt wegen des Mittagessens mit Rosalind. Habe während der Prüfung so viel wie möglich daran gedacht und bei der Abgabe alle angelächelt. + Rosalind verkatert, wird langsam ziemlich zur Gewohnheit. Zeigte R. meinen Fragebogen fürs Marineministerium. Sie lachte über meine Antworten. »Keine Fehltage an der Universität«, »Körperliche Mängel: keine«. Warum schreibst du nicht: »Ich bin wunderschön«? + Dann sagte sie aus heiterem Himmel, Betty fahre übers Wochenende weg & sie habe deswegen relativ viel Zeit – Herrgott noch mal!

22. JANUAR 1942 Willa Cathers *Not Under Forty* und [Franz] Boas' *Mind of Primitive Man* & Napoleons Briefe an Marie-Louise gelesen. + Fange morgen mit einer Geschichte an, auf die ich mich schon total freue. + [Renoirs] *La Baigneuse* mit Wasserfarben nachgemalt. Könnte besser sein, kommt aber irgendwie doch an das ran, was ich wollte. Ich habe ein wunderbares Gefühl im Hinblick auf die Zukunft – bin sehr zuversichtlich und glücklich. Bezüglich R. keine Ahnung. Vieles ist möglich. Ich glaube nicht, dass sie mit Betty noch einmal einen Mietvertrag unterschreibt. Ich werde wohl Ernst heiraten. Ich mag niemand anderen lieber. Es wird eine reine Kopfentscheidung. Ich bin nicht auf der Suche nach weiteren Erweckungen. Ich bin herumgekommen, und was die Welt der geschlechtlichen Liebe angeht (ob nun vollständig erkundet oder nicht): Ich habe ihre Himmelspforte erblickt.

22. 1. 1942 Ich kann nur denken, wenn es ein Hintergrundrauschen gibt, aus Musik, aus Stimmen, aus Vorlesung, und ich kann kreativ denken nur im Unbewussten, verliere den Faden, wenn ich merke, dass ich einem folge, dabei sehr abhängig von Zigaretten und Alkohol; scheue vor Emotionen jeglicher Art zurück und bin verstört, wenn sie gezeigt werden; karikiere meine eigenen Talente, wie sie gerade zutage liegen, indem ich drollige (und recht gute) Knittel-

verse schreibe, Skizzen und vielleicht ganze Bücher, in denen ich mich auf Nachahmung und Spinnereien und Phantasie spezialisiere; bin äußerst kritisch gegenüber Menschen, habe aber einen Freundeskreis so groß wie der Wendekreis des Krebses; ernähre mich hauptsächlich von Früchten der Zitrusgattung; betrete kaum je eine Kirche, es sei denn, um Bach oder Händel zu hören; mag Literatur und Musik des 18. Jahrhunderts; versuche mich an Aquarellen und hämmere an Skulpturen herum; stecke mir hohe Ziele und glaube fest daran, dass ich zu Großem fähig bin. Verliebe mich zunehmend leichter und »unwiderruflich«. Aber noch glücklicher ganz für mich allein.

25. JANUAR 1942 Mutter wird gewiss umziehen. Sie spricht davon. Im Gehen habe ich zufrieden an meine Geschichte über das Büromädchen[5] gedacht. Es wirkt alles möglich, logisch, »wahr«, wie Koeves sagen würde. Jetzt muss ich sie nur noch gut schreiben. Ich muss sie fertigbekommen. Die Aussage liegt mir am Herzen. + Bachs *h-Moll-Messe* mit Mutter gehört. »Kyrie eleison« am schönsten. Der Rest lässt mich kalt, bis auf ein paar Zeilen, bis auf da, wo ich die Augen schließe. Bach ist reich. + Mutter und ich haben ein Bier getrunken. Ich habe vom Heiraten gesprochen, was gerade passt und mich auch wirklich beschäftigt. Mutter musste bei der Musik an Grandpa denken, hat sie gesagt, es sei fast gewesen, als hätte er neben ihr gesessen.

28.1.1942 Ich glaube an die Inspiration, verrückte, unbegründete Inspiration aus dem Nimmerland. Ich muss die Idee fassen, wenn sie aus dem Unterbewusstsein an die Oberfläche dringt wie ein glitzernder Fisch, der bei seinem Spiel in den Wellen für einen Augenblick die Meeresoberfläche durchbricht. In diesem Augenblick muss ich den Gedanken festhalten; ihn hinterher aufzuschreiben und

---

5 Möglicherweise ist »Blumen für Luisa« gemeint, eine Geschichte, die Highsmith allerdings laut ihrem Tagebuch erst 1946 erstmals an *Woman's Home Companion* verkaufen kann.

auszuarbeiten ist vielleicht die ödere Arbeit – das Einzige, wovon ich zugeben würde, dass es sich wie Arbeit anfühlt. Meine Figuren sind reine Phantasie, weil mir nur selten gelingt, eine aus meinem realen Umfeld weiterzuentwickeln.

Ich habe eine starke Tendenz zum Bösen, wie viele junge Leute, aber nicht das Böse, das sich hinter einer Maske versteckt, und nicht das Böse, das im Großen und Ganzen mündlich ist. Ich hasse komplizierte Beziehungen, was mir als Schriftstellerin große Sorgen bereitet (dieser Hass), denn menschliche Beziehungen sind immer kompliziert. Ich bin genervt, wenn ich mich in echte menschliche Beziehungen verstrickt habe oder sehe, wie sich andere darin verstricken. Und wenn ich von solchen Situationen höre, vergesse ich sie schnell wieder. Weil ich keine Intuition habe, muss ich viele Menschen, viele Arten von Menschen, unwerte Menschen und kleinkarierte Menschen, kennenlernen. Manchmal fällt es meinen Freunden schwer, dafür Verständnis aufzubringen.

30. JANUAR 1942 Mein Notizbuch nimmt bei so viel Anregendem rasch an Umfang zu. Ich schreibe dauernd Belanglosigkeiten auf. Ich will Rosalind alles über mich erzählen – nicht, um Eindruck zu schinden, sondern weil sie weise, aber doch jung ist & mich verstehen kann. Rosalind hat einen »Ja-Komplex« – einen positiven, gesunden, optimistischen Komplex. Das Wort klingt aus ihrem Mund schöner als vielleicht alle anderen, bis auf »Darling«, was ich in letzter Zeit nicht mehr gehört habe. Und ganz gewiss sagt sie schöner »Ja« als jede andere auf der Welt.

1. FEBRUAR 1942 Angenehmer Tag, aber alles andere als aufregend. Zu viele Abende in Folge zu Hause sind ebenso schlimm wie zu viele, an denen man ausgeht. Mutter sagte, Stanleys Liebe zu ihr sei zutiefst uninspiriert – er ersticke absichtlich alle Kreativität in ihr. Das ist teils wahr, teils Alibi – aber so oder so ist es genau das, was ich bei ihrer Trennung vor zwei und vor vier Jahren gesagt habe. Ich

wünschte nur, es würde endlich zu einer Entscheidung kommen, Mutter zuliebe, und zwar bald, selbst auf die Gefahr hin, dass ich Abstriche machen muss, was meine mir so wichtigen Pläne für eine eigene Wohnung angeht.

1.2.1942 Verliebt zu sein ist, wie eine Art Osmosevorgang zwischen sich selbst und der ganzen Welt zu erleben. Man gibt und nimmt, man fühlt sich verwundbar und zugleich so unverwundbar, man empfindet alles und kann doch nichts und niemandem etwas zuleide tun.

3. FEBRUAR 1942 Kingsley rief mit einer wundervollen Nachricht an: Sie war in der Wakefield Gallery, wo Betty Parsons sie bat, sich ins Gästebuch einzutragen, fragte, wer sie geschickt habe, und dann sagte: »Ach, Pat! Ja, Rosalind erzählt andauernd von ihr! Wie genial sie sei. Ich kann es schon fast nicht mehr hören usw. – « (Betty wusste zweifellos, dass diese Unterhaltung eins zu eins an mich weitergegeben werden würde.) Kingsley leitete die Geschichte folgendermaßen ein: »Ich weiß aus sicherer Quelle, dass Rosalind Constable deine Sklavin ist!«

5.2.1942
Wenn die Leute mich doch nur in Ruhe reifen lassen würden.
Wie alter Wein, dem man doch auch zutraut, von allein zu altern.
Stattdessen rühren sie mit ihren fremden Fingern auf meinem Boden herum.
Und ich bin trüb vom aufgewirbelten Sediment. Besser, man lässt mich in Ruhe.

6. FEBRUAR 1942 Abendessen mit Hauser, wir kochten aufs Geratewohl und fingen bei null an. Jede Menge Hochprozentiges. Aber keine Magie – kein Kitzel, keine Anmut, keine Phantasie; die Gegenwart keine reine Ekstase, mit dieser Perfektion im Heben eines

Glases oder einer Zigarette, wie ich sie mit Rosalind gespürt habe! Ich sitze bloß da, überlege, was ich als Nächstes sagen könnte, stopfe mich voll und denke über das vertrauliche Geschwafel gewisser Leute nach. Ich verstehe ihn und mag ihn wirklich – aber er ist für mich so gewöhnlich wie mein Badvorleger.

9. FEBRUAR 1942 Kingsley & ich wollten Rosalind besuchen, ihr Rosinen vorbeibringen & meine Bücher abholen, aber sie & Natasha waren bei der brennenden *Normandie*[6] in der 49th Street. Wir gingen hin. Konnten sie nicht finden. Das Schiff ist ein Wrack. Sabotage. Mir kam eine Idee für einen Einakter über den Krieg. *The Saboteurs* – werde ihn wahrscheinlich sogar wirklich schreiben. Fröhlicher Abend, bin wieder unter den Lebenden.

9. 2. 1942 Wenn ich jetzt ein junger Mann in der Army wäre, würde ich aufregende Geschichten schreiben, wahrscheinlich an neuen Schauplätzen und mit einer Kompetenz, die ich durch reine Phantasie niemals erlangen kann. Die Männer werden in exotische Umgebungen (im Ausland) verpflanzt, mit denen sie schlechter zurechtkommen als Frauen. Unterdessen sitzen die Frauen zu Hause, um über die gewachsenen zwischenmenschlichen Beziehungen zu wachen, und obwohl sie ein gewisses Verständnis davon haben und im Grunde zu viel zu ihnen beitragen, um sie in vollem Umfang begreifen zu können, sind sie weniger befähigt als ihre Männer, in allen Feinheiten damit umzugehen.

9. 2. 1942 Liebste, meine Liebste. Nein, Liebste, ich werde nicht Ski fahren mit dir – mit verzweifelt aufgesetztem Lächeln –, weil ich immer so schrecklich friere! Aber ja, meine Liebste, wenn du mich jetzt gerade, bei Minusgraden, bitten würdest, den Hudson River zu

---

6 Die ss *Normandie* lag für den Umbau zum Truppentransporter in einem Dock im Hafen von New York, als sie Feuer fing und unterging. Sabotage wurde als Ursache vermutet, aber nie nachgewiesen.

1942

durchschwimmen, würde ich es tun. Vorausgesetzt natürlich, dass es nur eine Laune ist.

10. FEBRUAR 1942 Die Verabredung [mit Rosalind] war nicht so toll, weil ich 1. ganz schön aufgeputzt war und sie sich in so etwas kein bisschen wohler fühlt als ich, 2. sie noch arbeiten musste & nicht so viel trinken konnte, 3. wir beide erkältet waren, 4. ich sie erst vor sehr kurzem gesehen hatte. Sie fragte mich über die Arbeit & das Schreiben aus: Ich sagte, ich könne – und bräuchte – beides parallel. Sie sagte, niemand schreibt, wenn er arbeitet. Das wird sich zeigen.

Mit Buffie auf [Fernand] Légers[7] Tollhaus von einer Cocktailparty. [Toni] Hughes vor uns da – haben uns unterhalten. Hatte meine Geschichte gelesen & gemocht (»Silver Horn«). Stewart Chaney[8], Arthur Koestler[9] kennengelernt (sehr nett). Buffie schenkte mir eine Valentinsrose. Jetzt sind meine sozialen Batterien aufgeladen, und ich möchte wieder allein sein. Viel zu lesen & zu tun. Dieses Unter-Menschen-Sein ist notwendig wie eine Spritze mit Aufputschmittel, die schmerzt, wenn sie in den Arm gestochen wird, aber mich wieder eine Weile weiterlaufen lässt.

11. 2. 1942 Mozarts Klavierkonzerte! Mit sechzehn in meinem Zimmer in der Bank Street 1,[10] bei geschlossener Tür. Das Klavier singt, allein, und ich lege meine Bücher beiseite und schließe die Augen. Eine Phrase im langsamen zweiten Satz, mit zarten Fingerspitzen

---

7 Der französische Maler, Bildhauer und Filmregisseur Joseph Fernand Henri Léger (1881–1955) lebte während des Zweiten Weltkriegs in den USA, kehrte aber direkt danach wieder nach Frankreich zurück. Er entwickelte v. a. in späten Jahren einen Stil, der großen Einfluss auf die Entstehung der Pop Art hatte.
8 Stewart Chaney (1910–1969), US-amerikanischer Bühnen- und Kostümbildner für Theater und Film.
9 Arthur Koestler (1905–1983), aus Ungarn stammender britischer Schriftsteller, Journalist und politischer Aktivist. Trat 1931 in die Kommunistische Partei ein und 1938 wieder aus, weil er von Stalin enttäuscht war. 1940 schrieb er den antitotalitären Roman *Sonnenfinsternis*, der ihn international bekannt machte.
10 Adresse in Greenwich Village, an der Highsmith und ihre Familie bis 1939 lebten.

gespielt, berührt mich wie ein Kuss – die Doppelgriffe, die rhythmischen Terzen der Phrase, sind mir vorher gar nicht aufgefallen, und sie sind eine Offenbarung –, so wie ein Kuss eine Offenbarung von jemandem ist, den wir zuvor gekannt haben und dessen Kuss nun das neue Unbekannte ist. Mit sechzehn lag ich da und fragte mich, ob es auf der Welt je etwas so Schönes, so Perfektes wie dieses Mozart-Konzert geben könne. Und die Antwort lautete: Nein, wohl kaum – aber vielleicht könnte ja *jemand* irgendwie ein Mozart-Konzert sein.

13. FEBRUAR 1942 Helen sehr charmant – was für eine phantastische, gesunde Anziehungskraft dieses Mädchen hat! Habe gestern Nacht von ihr geträumt – und dass Rosalind zu ihrer kranken Schwester nach England gerufen wurde, wo sie durch die Heide spazierten. Freudsche Bedeutung: Rosalind mit guter Begründung loswerden und Helen nehmen.

14. 2. 1942 Heute Abend, als ich mit R. zusammensaß, hatte ich das starke Gefühl, eine Vielzahl an Facetten zu besitzen, wie eine geschliffene Glaskugel oder ein Fliegenauge. Eine davon ist die wahre, die das Licht ungehindert einlässt. Die anderen brechen es und sind falsch. Ich muss alle ausprobieren, bis ich die richtige finde. Noch habe ich sie nicht entdeckt, aber wenn es so weit ist, dürfte die Energie in einem wahren Strom auf mich hereinstürzen. Irgendwo muss sie sein, denn die Menschen sehen sie, wenn sie mit mir sprechen, wenn sie mich aus irgendeinem Grund als etwas Besonderes hervorheben und sagen, es läge Großes vor mir. Ich werde etwas darstellen. Ich werde etwas vollbringen. Da sind alle ganz sicher. Manchmal sicherer als ich selbst, aber eigentlich auch nicht. Eines Tages werde ich die richtige Facette finden. So schwierig ist es nicht, es wird nicht ewig dauern.

17. FEBRUAR 1942 Ich denke viel übers Schreiben nach. Ich habe so viele wunderbare, frische Absätze geschrieben. Das Problem ist die Zusammenführung um eine Idee herum. Wie Sturtevant vor Jahren schon sagte: Ich kann schreiben, wenn ich etwas habe, worüber ich schreiben kann. + Mutter befürchtet, dass Werbung komplett eingestellt wird. Das leuchtet ein – alle künstlerische Arbeit, die keine Rolle für den Krieg spielt, wird entbehrlich.

18. FEBRUAR 1942 Kingsley sagte, sie habe mein *Cahier* (das ich ihr gestern mitbrachte) zunächst wundervoll gefunden. Dann sei sie von der mangelnden Originalität enttäuscht gewesen. (Was zur Hölle hat sie denn erwartet?) Und der Schleier des Genies sei für immer von mir gelüftet. Ooh! – Tut uns wahrscheinlich beiden gut.

Wir haben von einer Wohnung gehört, 4½ Zimmer auf der 57th Street. Morgen ist Besichtigung. Stanley hat einen Heidenbammel wegen der Miete! Sagt, unser Einkommen werde nächstes Jahr unvorstellbar hoch besteuert werden. Aber Mutter will ein größeres Wohnzimmer, ich will ein ordentliches Zuhause. Und man unterschätze nie die Macht einer Frau.

19. FEBRUAR 1942 Heute mit Mutter unsere zukünftige Wohnung besichtigt: 345 E. 57th St. Einziger Minuspunkt ist die Aussicht: Innenhöfe und Häuserrückseiten, die auf Höhe unserer Zimmerdecke enden. Nicht schlecht. Der Kamin ist auch nicht echt, aber die Nachbarschaft! Und das Haus! + Den letzten Nachmittag Dechiffrierkurs gehabt. Latham ist dagegen, sieht es als Zeitverschwendung. Ich muss auch sagen, ich finde es unfair, dass es nur geringe Chancen auf Entlohnung gibt. Patriotische Motive sind etwas anderes. Aber ich kann die Zeit nicht erübrigen. Ich muss mich auf die Dinge vorbereiten, die da kommen werden und die ich noch nicht vorhersehen kann!

21. FEBRUAR 1942 Roger F. da, brachte mir eine Gardenie. Martinis und Abendessen im Jumble Shop. Er langweilt mich. Sagt, ich sei zu egozentrisch, um mich zu verlieben. Ich habe ihm zugestimmt, gab trotzdem noch mehr bescheuertes Gerede mit doppelter Moral. Überbewertung von Sex. Er weiß ja so viel über die wahre Pat!

22. FEBRUAR 1942 Am Stück gefeilt. Komme nur langsam voran. Aber beiße mich allmählich fest. Kingsley kam vorbei, und wir arbeiteten am Heft. Sie macht mich nervös. Außerdem bin ich nie glücklich, wenn ich die Nacktheit des Drucks sehe und meine eigene Geschichte darin. »Nackt auf dem Marktplatz«, wie Hawthorne sagte.¹¹ Würde ich jetzt einen Roman über das schreiben, was ich am tiefsten empfinde, ginge es wohl darum, dass Menschen sich mit ihrer Liebe ein Paradies schaffen könnten, wenn sie nur wüssten, wie – wenn ihnen bewusst würde, was sie da haben. Aber dieses Thema kommt natürlich auch von meiner Vergangenheit – und meiner Gegenwart. Ich muss gar nicht als Erstes einen lesbischen Roman schreiben. Das ist auch nicht nötig. Es scheint in anderen Themen genug durch. Da kann man gar nichts dagegen tun.

Würde gern bald etwas Großes schreiben. Ich fühle die Entfaltung, Stärke und das Wachstum auf emotionaler und geistiger Ebene. Ich würde über Hingabe schreiben, und es wäre das am wenigsten Zynische, das Idealistischste, das ich je schreiben würde.

23. 2. 1942 Leviathan! So würde ich mein erstes Buch gerne nennen. Es wäre lang und tief und breit und hoch. Dick und üppig wie Amerika. Dieses dünne Vierundzwanzig-Stunden-in-einem-Zimmer-Zeug ist nicht meins. Ich würde Ausführlichkeit mit Prägnanz kombinieren. Langsames Lesen mit schnellem, schnelles Schreiben mit langsamem, weil ein Roman kein einheitliches Tempo braucht.

---

11 Hawthorne war von einer fast krankhaften Schüchternheit. Das Zitat »Die Geliebten befinden sich nackt auf dem Marktplatz, und ihre Aufführung dient der Unterhaltung der Gesellschaft« stammt allerdings von einem anderen von Highsmiths Lieblingsschriftstellern, Henry James, der so kommentierte, wie George Sand ihre Affäre mit Alfred de Musset in ihr Werk einfließen ließ.

23.2.1942 Unehrlichkeit: Künstler sind logischerweise die unehrlichsten Menschen. Müssen sie sein, solange sie mit ihrer Arbeit beschäftigt sind. Mörder, Dichter, Schürzenjäger, Verräter, Forschungsreisender, Kind, Weiser – das alles sind sie, reihum, und keins von allem und selbst gar nichts. Sie sind ihre eigene Leinwand, ein Palimpsest all ihrer Geschöpfe, und wenn sie nicht arbeiten, sind sie nichts als ein schmutziger Lappen und können noch nicht mal was dafür.

2.3.1942 Meine allererste Geschichte war »Crime Begins«[12]. Ich strebe danach, und ich bin gut darin, Spannungsliteratur zu schreiben. Das Morbide, das Grausame, das Abnorme fasziniert mich.

3. MÄRZ 1942 Die Japaner konnten in Java große Erfolge verbuchen und haben Rangun, Burma, gut im Griff. Nicht so gut, nicht so gut beim Mittagessen. Ich bin deprimiert, wenn ich dunkle Kleidung trage, wenn meine Haare nicht richtig liegen. Rosalind sah hinreißend aus mit ihrer Nadelstreifenhose aus grauem Flanell, der beigen Bluse und den Perlen – genau das Richtige für eine Blondine. Wir aßen im Golden Horn[13]. Wie wundervoll, wenn Rosalind anfängt zu lachen und sagt: »Na gut, ich nehme einen Martini, aber ich werde dafür in der Hölle braten!« Sie hat gesagt: »Meine Spione berichten mir, deine *Vogue*-Unterlagen sind ziemlich gut.« Aber sie hätten schon eine Traumkandidatin gefunden. Ich glaube, das hat mich kein Stück weitergebracht. Aber Rosalind sagt immer wieder »Du bist eine Karrierefrau« oder »Du wirst mal genau wie wir«.

5. MÄRZ 1942 Abends an »Die Heldin« gearbeitet und *Melville [Melville, Mariner and Mystic]* von [Raymond] Weaver gelesen, das

---

12 Die Geschichte über ein Mädchen, das ein Buch aus der Schulbibliothek entwendet, ist leider nicht erhalten.
13 Das Golden Horn am Broadway nahe dem Times Square galt als das eleganteste armenische Restaurant der Stadt und wurde z. B. von berühmten Sportlern und Schauspielern frequentiert.

herrlich geschrieben ist. Habe Mutter dazu gebracht, *Das Leben Jesu* zu lesen.

7. MÄRZ 1942 Ziemlich schöner Tag – aber immer noch nicht perfekt, und das hätte er sein sollen, ich hatte es schließlich komplett selbst in der Hand. Woran scheitere ich? Eine gewisse Entmutigung am Morgen, als ich meinen Einakter *The Saboteurs* anfing – nicht schlecht, aber hatte eindeutig das Gefühl, ich hätte es besser machen müssen. Gleichzeitig muss ich ja irgendetwas aufschreiben, um anzufangen. Ich kann nicht lange in der Schwebe denken. Aber hinterher bin ich einigermaßen willig, es noch zu überarbeiten. Man sieht jetzt immer öfter Frauenuniformen. Krawatten sind meiner Meinung nach überflüssig.

9. MÄRZ 1942 Habe mich für den Flugzeugerkennungsdienst gemeldet. Ein nachsichtiger junger Mann leitet den Unterricht. Nicht unwichtig und sehr interessant.

12. MÄRZ 1942 Mutters Einkommen ist jetzt geringer als Stanleys. Komisch, wie beide weder richtigen Erfolg haben noch richtig scheitern. Eine Sache: Ich werde niemals versuchen, Arbeit mit Ehe & einem Kind zu kombinieren. Eins oder das andere, nicht beides – es sei denn, ich wäre so reich, dass man mir Kind & Haus abnehmen könnte. Habe Berger zufällig im Fifth Avenue Playhouse[14] getroffen. ^{F}*Crime et Châtiment*[15] und *Les Frères Karamazov*. Ersterer exzellent! Harry Baur. Jede Szene ein Meisterwerk! Ein Roman wie dieser ist echte Kunst. Ein Tod – ein Mord in einem Roman fasziniert mich.^{FF}

---

14 Das vielleicht erste Filmkunstkino der USA öffnete 1925 auf der 5th Avenue; gezeigt wurden v. a. (untertitelte) französische Filme.
15 *Schuld und Sühne* (1935), französische Verfilmung des gleichnamigen Romans von Fjodor Dostojewski.

14. MÄRZ 1942 Berger schickte Blumen, die auf uns warteten, als wir heimkamen. Drinks hier um sechs. Er ist herrlich direkt und versteht sich auf ungewöhnlich erwachsene Art mit den Eltern – sagt seine Meinung & basta. Leider fängt er an, mich liebzugewinnen. Abendessen im Café Royale[16], dann [im Theater] *Café Crown* gesehen. War ganz gut. Berger will mir das hebräische Alphabet beibringen, weil ich Interesse daran habe. Er brachte mich um zwölf nach Hause und wollte gar nicht mehr gehen. Netter Kerl. Und hat am *Quarterly* richtig gute Arbeit geleistet. Berger erwähnte das Fehlen von Liebesgeschichten in meinem Schreiben. Natürlich rein gar nichts geschafft.

17. MÄRZ 1942 Mittagessen mit Rosalind. Ein Herr von der Navy hat ihr wegen meiner »angesuchten Stelle« einen Besuch abgestattet und sie ausgefragt, insbesondere bezüglich der ASU. Rosalind mit ihrem britischen Genie hat Ehrlichkeit mit Verschwiegenheit kombiniert. Sie kommt sehr gern zu den Griechischen Spielen[17] – und sogar Betty und eine Mrs. Sikelianos, eine Griechenlandkennerin.[18] Rosalind gab mir Djuna Barnes' *Nachtgewächs*[19], das ich mir für ein paar schöne Tage in den Osterferien aufsparen werde.

Democracy at the Crossroads von [William Pepperell] Montague gelesen. Schreibt besser, als er spricht. [Edward] Gibbons *Verfall & Untergang [des Römischen Reiches]* angefangen. Einfach vorzüglich! Noch so ein großartiges Buch wie *[Dr. Samuel Johnson. Leben und Meinungen]* von [James] Boswell, und ich gehe es mit demselben gedämpften, zaghaften Enthusiasmus an – einer Art Verzückung.

---

16 Restaurant, 2nd Avenue, Ecke 12th Street, Treffpunkt für jüdische Intellektuelle und die Schauspielstars des Yiddish Art Theater nebenan.
17 Sportlicher Wettbewerb in der Turnhalle des Barnard College. 1942 fanden die alljährlichen Griechischen Spiele zum vierzigsten Mal statt.
18 Die Künstlerin Eva Palmer-Sikelianos (1874–1952) lebte als junge Frau in Paris mit Natalie Clifford Barney zusammen. Sie widmete ihr Leben dem Studium der griechischen Kultur, trug mit Vorliebe Toga und Sandalen und heiratete 1907 einen griechischen Dichter, mit dem sie versuchte, die Pythischen Spiele von Delphi wiederzubeleben.
19 *Nachtgewächs* (*Nightwood*, 1936) gilt als Pionierwerk der lesbischen Literatur und als das bedeutendste Werk von Djuna Barnes (1892–1982), die Highsmith bald persönlich kennenlernen wird.

18.3.1942 Die auffälligste Eigenschaft dieses Jahrhunderts ist die Bedeutungslosigkeit des Individuums, die wir alle verinnerlicht haben, die Entbehrung unseres rechtmäßigen Traums von Größe, Glanz und Glück.

19. MÄRZ 1942 [General Douglas] MacArthur ist jetzt in Australien, erst per Motorboot, dann geflogen. Die Amerikaner handeln schnell. Wäre auch gern dort! + Rosalind & Betty sehr interessiert an Jeannots letztem Brief. Acht Seiten über den Grand Prix[20] und Karikaturen. Rosalind sagte, *Life* habe eventuell Verwendung dafür, aber für mich ist es deutsche Propaganda.

Muss mehr schlafen. Ich bin die ganze Zeit sterbensmüde. Man ist nicht mehr in der Lage zu genießen. Vielleicht sollte ich das als Motivation nehmen.

21. MÄRZ 1942 Jetzt mit einundzwanzig fühle ich mich natürlich sehr dazu verpflichtet, dass mir alles Kreative gut gelingt. Unreife ist keine Entschuldigung mehr für Unvollkommenheit. + Mutter schon den ganzen Tag in heller Aufregung wegen Jack Bergers Besuch. Ich wünschte, ich hätte ihn nicht zum Abendessen eingeladen, aber mehr noch wünsche ich mir, dass Mutter sich etwas entspannt. Sagt, sie hätte eine masochistische Ader, eine ungeheuerliche Last zu tragen, und das halte sie davon ab, künstlerisch zu arbeiten. Habe ein wenig gelesen und sie beim Essen ziemlich abgefüllt. Ihre Ansichten zur Negerfrage[21], die wir heute Abend diskutiert haben, waren unbestimmt & prinzipienlos und emotional. Sie weigert sich, nachzudenken oder logisch zu formulieren. Berger hat gesagt, er ist in mich verliebt. Er tut mir ziemlich leid. Wir alle jagen andauernd

---

20 Wahrscheinlich das berühmte Trabrennen *Prix d'Amérique*, das jährlich im Pariser Hippodrome de Vincennes stattfindet.
21 Es ist nicht bekannt, was Highsmiths eigene Meinung zur »Negerfrage« war. In späteren Einträgen verleiht sie ihrem Unmut über die schlechte Behandlung der Schwarzen in ihrem Heimatstaat Texas Ausdruck. Auf jeden Fall befeuerte die Tatsache, dass Tausende schwarze Soldaten im Zweiten Weltkrieg dienten, während zugleich Rassismus und Segregation an der Tagesordnung blieben, die öffentliche Debatte über Gleichberechtigung.

jemandem hinterher, und doch ist es nie von Erfolg gekrönt, oder? Er las mein Stück in etwa fünfzehn Minuten, genau wie es gelesen werden soll. Fand es ziemlich gut, die Dialoge, die Idee. Den Geist. Das bedeutet mir mehr als das Lob der ganzen Klasse!

23. MÄRZ 1942 Gerade ist mir klargeworden, warum das Führen dieses Tagebuchs für mich so unabdingbar ist. Es war das einzige Mal, ein paar Minuten nur, dass ich heute stillgesessen habe. Es lässt mich für ein paar Momente innehalten, zudem werde ich Themen los, die mir sonst im Kopf herumschwirren würden.

24. MÄRZ 1942 Um 9:30 gerade wieder zu arbeiten angefangen, da rief Rosalind an. Sie fragte, ob ich Do.-Abend käme und was ich gerade so mache. Dann aus heiterem Himmel: »Wäre es vielleicht etwas für dich, als Büromädchen bei Time, Inc. zu arbeiten?« Ich sagte ja. Natasha habe mich in der Personalabteilung vorgeschlagen, und man werde mich womöglich bald zum Vorstellungsgespräch einladen. Verdammt nett von ihr. Mutter findet es ideal. Kein allzu hoher Lohn. Rosalind sagt, man bleibt dort nicht lange Bürohilfe. Die Jungs werden alle eingezogen, daher müssen sie sich jetzt schon mit weiblichen Highschool-Spatzenhirnen herumschlagen.

25. 3. 1942 Die wohl größte Hürde für eine Frau, die Präsidentin werden will, ist ihre Kleidung. Man stelle sich nur den Versuch vor, es jeder Gruppierung im Land recht zu machen!

26. MÄRZ 1942 Rosalind heute recht finster. Erklärte mir, was ich tunlichst unterlassen solle – meine Freunde ins Büro einladen oder Privatgespräche am Telefon führen –, da hätte sie mir auch gleich sagen können, dass ich keine Cocktailpartys im Hauptfoyer abhalten soll! Sie muss mich wirklich für ungeheuer taktlos halten! Sie sagte, Natasha und sie hielten mich für eine Gefahr!

28. MÄRZ 1942 Heute Morgen *Die Gesandten* [von Henry James] gelesen. Sehr glücklich. Will arbeiten – will schreiben –, irgendwie zum Ausdruck bringen, was ich empfinde angesichts der prickelnden und wundervollen Unrealisierbarkeit meiner Liebe zu R.

28.3.1942 Über das Trinken und die Frage der Endlichkeit.
(Leider für alle Zeit, als Folge des Rausches, im Rauschen der Ewigkeit verloren.)

29. MÄRZ 1942 Schöner Tag. Ich bin eine alte Perle in einer neuen Auster. Die neue Wohnung muss erst noch eingewohnt werden, bevor ich darin schreiben kann. Heute Abend – in dieser Minute vielleicht – fühle ich mich hier wohler denn je. Mutter ist gerade sehr unglücklich. Ich bin (angenehm) überrascht, dass Stanley so sehr hinter mir steht. Mutter »übertreibt«, sagt er – ich sei nicht unverbesserlich. Mutter sagt natürlich, ich sei ein Unmensch, ich würde sie behandeln wie einen Hund, keinen Finger im Haushalt rühren – wovon jedes kleinste bisschen zurückzuführen ist auf a) Eifersucht, b) Minderwertigkeit, c) Vergeltung dafür, dass sie keinen Sex hat und deshalb den ganzen Abend nach Männern Ausschau hält, mit denen sie im Aufzug runterfahren kann.
   Mich mit Palma in der Kirche getroffen, hörten uns die *Matthäus-Passion* an. Die Musik wirkte Wunder. Sie stimmte mich innerlich ruhig, ließ mich aber auch über mich selbst nachdenken und optimistisch nach Hause gehen, nachdem ich ein paar christliche Tränen verdrückt hatte und gedanklich auch noch in die schäbigsten Ecken gewandert war. So wirkt der menschliche Geist, wenn man das Ruder aus der Hand gibt.

30. MÄRZ 1942 Es wird immer schwerer, mit Mutter zusammenzuleben. Die Werbeindustrie wird völlig in sich zusammenfallen, wenn der Krieg weitergeht. Wie Berger gestern Abend sagte, sprechen viele Männer von 5–10 Jahren Krieg. Mir scheint, wenn man

nicht gerade das Glück hat, ganz oben mitzuspielen und auch dort zu bleiben, ist die künstlerische Szene die am schlechtesten bezahlte von allen. Wenigstens bringt der Krieg vorübergehend gute Löhne, warum also nicht die Gelegenheit nutzen? Ich sehe schon, wie Stanley in ein paar Monaten etwas ganz anderes macht und dabei auch noch um einiges glücklicher ist.

31. MÄRZ 1942 Ein weiterer Morgen an meiner Geschichte. Frustrierend wegen der (für mich) ewig ungeklärten Frage, wie viel Hintergrund der Leser einer Kurzgeschichte zu den Figuren braucht. Berger rief an, ich hatte Freitag ganz vergessen und mich mit Mary Sullivan verabredet. Er hatte Karten besorgt. Tut ihm zur Abwechslung mal ganz gut.

31.3.1942 Liebesbriefe zu lesen, wenn man nicht verliebt ist, ist schmachvoll. Man fühlt sich ausgeschlossen.

1. APRIL 1942 Ob ich morgen ausgehen sollte? Ich kann mich verdammt noch mal nicht entspannen. Ich brauche eine gute Liebesaffäre. Die ganze Zeit achte ich darauf, in Form zu bleiben – aber wozu? Für wen?

2. APRIL 1942 Bescheidene Fortschritte. An Geschichte gearbeitet und Rosalind zum Mittagessen getroffen – tranken anderthalb Martinis, was sie mir wohl erlaubt hat, weil ich ihr von der traurigen Situation zu Hause erzählt habe. Sie ist ziemlich gespannt darauf, meine Mutter kennenzulernen. Abends mit Hauser. Sehr, sehr gastfreundlich. Wir tranken Martinis und aßen bei Pete[22]. Er will immer noch heiraten, Rosalind kennenlernen, ein gutes Sachbuch schreiben und vorher nach China reisen. Fühle mich heute wie eine

---

22 Wahrscheinlich Pete's Tavern in der 129 East 18th Street, nach eigenen Angaben die älteste Schenke New Yorks. Der amerikanische Schriftsteller O'Henry gehörte zu den Stammgästen, als sie noch als »Healy's« bekannt war, und verewigte sie in seiner Kurzgeschichte »The Lost Blend«.

Erwachsene, wie ein angepassterer Mensch – gut fürs Schreiben? Nicht immer.

3. APRIL 1942 Woolsey Teller[23] hier um eins. Hatte den ganzen Tag Zeit – leider. Was für ein unerträgliches lebendes Klischee! Wurde reichlich nervös und sentimental. Küsste mich zum Abschied. Wohl das mindeste, was ich ihm anstelle von Zeit und im Gegenzug für ein Mittagessen im Chateaubriand offerieren konnte. Zu Fuß zur 36th St., um Blut zu spenden. Schrecklich nett dort. War allerdings verdammt kurz davor umzukippen.

Jetzt fühle ich mich einsam. Mutlos, weil ich so langsam vorankomme, und Vorankommen ist die einzige Freude in meinem Leben. Die einzig behaglichen Arme, in die ich mich flüchten kann, sind Rosalinds.

3. 4. 1942 Die Welt braucht eine Spritze voll Naivität. Das entdeckt man, wenn man versucht, einen Job zu finden. Die Arterien sind verhärtet, und die Menschen meinen, nur allzu gut zu wissen, was sie wollen. Nichts anderes lassen sie gelten. Selbst die Eskapisten, die Krimileser, die Kinogänger haben dabei Standards, die einem griechischen Ästheten zur Schande gereichen würden. Keinerlei Abweichung erlaubt. Der Rahmen muss fest sein und innerhalb des Rahmens Abwechslung um jeden Preis. Die Welt ist zu schnell gelangweilt von genau den Dingen, mit Hilfe derer sie der Langeweile zu entkommen sucht, denn bald zeigt sich, dass die Neuheit, die so trügerisch lockte, im alten Rahmen sitzt, ohne den die Neuheit gar nicht erst in die große Gegenwart Einzug gehalten hätte: nämlich der konsumierenden, vor der Realität fliehenden Öffentlichkeit, die die Neuheit benutzt.

---

23 Der rechtsextremistische und antisemitische Schriftsteller Woolsey Teller (1890–1954) schrieb vor allem zu den Themen Atheismus und Rationalismus.

4. APRIL 1942 Werde ein königliches Haschee von Skurrilitäten für die nächste Ausgabe des *Quarterly* schreiben. Etwas überirdisch Bizarres. Rosalind um 2:10 angerufen. Nannte mich Darling – da fällt mir jedes Mal fast der Hörer aus der Hand.

7. APRIL 1942 Herrlicher Tag. Judy Tuvim & ich hatten viel Spaß. Sie fand, ich hätte noch nie so hübsch ausgesehen usw., hätte mir in den letzten paar Monaten einiges an Glamour einverleibt. Einen Grund könnte ich nennen. Sie ist sehr erpicht darauf, Rosalind kennenzulernen.

8. APRIL 1942 Mein Stück *(The Saboteurs)*. Tatsächlich prasselnder Applaus aus dem Publikum. Ich bin die Art Mensch, deren Roman (oder Buch) die künftigen Barnard-Absolventinnen aus denen von Dutzenden Kommilitoninnen als Erstes lesen würden. Unabhängig davon, ob ich sie tatsächlich verdient habe, sollte ich diese besondere Ehre genießen.

9. APRIL 1942 Rosalind ist einer Meinung mit mir wegen des Streits über den *Waghalsigen jungen Mann*[24] mit Mutter & Stanley heute Morgen. Sie fanden ihn natürlich sehr unvernünftig, weil er neben dem Schreiben keiner anderen Tätigkeit nachging. Der Streit setzte sich abends fort und wurde von Stanley zu einer Tirade über all meine Unzulänglichkeiten ausgeweitet. Er sagt, ich suche mir nur solche Freunde aus, die mir schmeicheln. Ich sei zu dramatisch und würde mich andauernd zum Narren machen. Es ist die alte Leier. Ich könnte seine Laster genauso aufzählen, seine mutwilligen Sünden und seine Unterlassungssünden. Sie fühlen sich mir unterlegen.

Billie hat mich zu einer Cocktailparty am Samstagnachmittag eingeladen. 5–8. Auf Wiedersehen, Mr. Berger!

---

24 Bezieht sich vermutlich auf die Kurzgeschichte »Der waghalsige junge Mann auf dem fliegenden Trapez« von William Saroyan, die von einem hungerleidenden jungen Schriftsteller handelt.

10.4.1942 Ein Hirn, das nüchtern schon clever ist, leistet einem in betrunkenem Zustand noch bessere Dienste.

11. APRIL 1942 Berger um eins hier. Ich fühle mich unwohl in seiner Gesellschaft. So wie ich mich immer unwohl und leise verstimmt fühle, wenn ich mit jemandem allein bin außer Rosalind – und vielleicht noch Helen. Sie ist mir noch nicht zur Gewohnheit geworden, die reine Geselligkeit. Selbst bei Judy, Virginia, Babs oder Wolf würde ich diese Verstimmung spüren. Habe Helen einen Brief geschrieben, noch leicht unter dem Einfluss von zweieinhalb Martinis. Erzählte ihr, ich sei noch immer in sie verliebt wie eine Achtzehnjährige. Ich bin fürchterlich aufgewühlt. (Berger sagt, ich sei wie die alliierte Armee – zu dünn an zu vielen Fronten aufgestellt.)

12. APRIL 1942 Ruth Bernhard rief um 12:30 an, & wir gingen über die Brücke & Welfare Island. Ruth ist in Ordnung. Aber wir reden (selbst ich!) über nichts Bestimmtes. Corregidor[25] wird zur reinsten Hölle. Und ich rauche zu viel, und das Leben ist generell verwirrend.

13. APRIL 1942 Habe Ballettkarten für Rosalind und mich für Donnerstag gekauft. Ich war völlig aus dem Häuschen, dass sie Zeit hat! Sie kommt vorher um Viertel vor sieben auf einen Drink vorbei und um *les parents* kennenzulernen. + Höchst ereignisreicher Abend mit Bernhard. Mutter & Stanley umschwärmten sie geradezu. Sie war mit ihrem braunen Hosenanzug klassisch lesbisch angezogen. Ich aber genauso und Jeva auch. Bernhard zeigte uns ein paar neue Arbeiten, und S. war sprachlos vor Begeisterung darüber, im gleichen Raum zu sein wie sie.

14. APRIL 1942 Sehr guter Tag. Ich glaube – ich glaube –, wenn es irgendwen gibt, der an R. herankommen könnte, dann ist es Bern-

---

25 Fünf Monate lang bombardierte Japan die Insel Corregidor, bis die vereinten philippinischen und amerikanischen Streitkräfte im Mai 1942 kapitulieren mussten.

hard. Ich schätze sie sehr, und ich schätze mich dafür, dass ich sie schätze.

15. APRIL 1942 Meine Füße tun mir zurzeit höllisch weh, ich bilde mir ein, das störe mein Denken als körperlich ansonsten mustergültiges Exemplar. Ach, morgen wird ein guter Tag!

16. APRIL 1942 Rosalind um 7:10 hier. Hätte von Seiten meiner Eltern schlimmer sein können und von meiner Seite aus besser. Sie plauderten ganz unverbindlich übers Ballett, auf diese vorsichtige Art, auf die sich Menschen bei ihrer ersten Begegnung unterhalten. M. & S. ließen uns bald allein. Rosalind fand, sie hätten freundlicher nicht sein können. Ich hätte sie beinahe geküsst, als wir losgingen, aber dann doch nicht – diese Anwandlungen überkommen mich, wenn wir herumstehen und gerade unsere Mäntel anziehen wollen. Im Taxi hin. *Magic Swan*[26] war miserabel und die Choreographie von Schostakowitsch auch nicht viel besser. Zwischen den Akten tranken wir Courvoisier in dem (ziemlich) vergeblichen Versuch, es einem unverschämten Kellner heimzuzahlen. Rosalind sorgte für eine große schwarze Wolke mit dem kurzen Satz: »Betty & ich werden ein paar Wochen auf Papas Anwesen verbringen.« Fünf Meilen vom Tor zum Haus und was nicht alles. Was mich nur noch verrückter nach Geld macht. Dieses ewige Knapp-bei-Kasse-Sein, ohne wenigstens zum Ausgleich künstlerische Zufriedenheit zu verspüren, ist mir so zuwider, dass ich dieser Situation ganz sicher irgendwann abhelfen werde.

17. APRIL 1942 Fürchterlich – einfach fürchterlich, Alkohol für eine Party zu kaufen. Kaufte alles Mögliche, nahm Anrufe entgegen & las vor mich hin – Strategie des Ersten Weltkriegs (sehr interessant) –, bis Babs um zehn nach neun kam. Tatsächlich kamen alle,

---

[26] Ballett in einem Akt nach Tschaikowskys *Schwanensee* mit einer Choreographie von Alexandra Fedorovna.

die eingeladen waren – mehr aus Neugier als wegen mir, nehme ich an. Babs verriet mir im strengsten Vertrauen, dass mein Name auf der Phi-Beta[27]-Liste steht.

Virginia sah wundervoll aus! Ich war richtig stolz auf sie. Frisch wie der junge Morgen. Und sie hatte auch noch Geburtstag. Der Schnaps ging weg wie Wasser & das Essen auch. Va. & ich küssten uns im Flur. Ich habe keine Bedenken wegen Rosalind. Sie ist genug Mann von Welt, um mir nicht vorzuhalten, wenn ich mir anderswo ein wenig gesunde Aufregung hole.

Eddy & Judy haben mich für nächstes Wochenende aufs Land eingeladen. Würde gern hinfahren, bin aber wahrscheinlich pleite und beschäftigt.

18. APRIL 1942 Schöner Tag. Habe den 10-seitigen Aufsatz für Englische Literatur heute Morgen in einem heruntergeschrieben. Mit Mutter in die Matta-Ausstellung[28] in der Matisse [Gallery][29]. Mutter den ganzen Morgen griesgrämig – Herrgott!, wenn man als Anhängerin von Christian Science griesgrämig ist, wozu ist es dann bitte gut?! Da hat man doch gleich den Beleg des Scheiterns. Pessimismus und Zweifel sollen doch die Kanäle der Liebe blockieren oder so ähnlich. Die Matta-Sachen sind interessant. Sorgfältig gearbeitet, grelle Farben.

19. APRIL 1942 Sehr anregender Tag, auch wenn ich wenig gearbeitet habe. Bernhard sehr froh über meinen Anruf, warfen uns in unsere schicksten Pullover, gingen in die Tavern & frühstückten. Berenice Abbott da, haben uns aber nicht unterhalten. Ein übereifriger junger Mann scharwenzelte um B. herum. Sie unterschätzt

---

27 Phi Beta Kappa, die älteste und eine der renommiertesten akademischen Ehrengesellschaften der USA.
28 Roberto Matta (1911–2002), chilenischer Maler, Bildhauer und Architekt, Mitglied der Surrealisten.
29 Der jüngere Sohn des Malers Henri Matisse, Kunsthändler Pierre Matisse, betrieb in New York bis zu seinem Tod 1989 eine Galerie mit Sitz im Fuller Building und vertrat in den USA neben seinem Vater unter anderem Miró, Balthus und Giacometti.

ihr Renommee. Bei Agfa[30] zum Beispiel konnten sie ihr Glück kaum fassen, als sie wegen einer Aushilfsstelle anfragte, und schrieben, sie könne sich jede Stelle aussuchen.

Wundervoller Abend mit Walter Marlowe. Er tut mir gut wie einem Außenbordmotor das Startseil. Wir hatten uns viel zu erzählen. Marlowe über mich: Ich würde meine Eltern wie Menschen und nicht wie Eltern behandeln, und das gefiele ihnen nicht. Und sie (vor allem Mutter) seien neidisch auf mich – ertrügen keine Konkurrenz.

20. APRIL 1942 Latham sagte bei der Besprechung, ich solle noch etwas an meinen *Saboteurs* feilen & dann werde sie versuchen, es zu verkaufen. Kam um 12:30 nach Hause. Bin heute völlig unkonzentriert. Fast schon krankhaft. Habe Lippenstift & Schlüssel verloren. + Mutter & ich finden dauernd neue Streitthemen. Wir begegnen uns immer schon auf Krawall gebürstet. Inzwischen steht es zu Hause so schlimm, dass ich mich kaum noch konzentrieren kann. Tatsache ist: Eine von uns beiden ist verrückt, und ich bin es nicht.

21. APRIL 1942 Ich hoffe wirklich auf ein bisschen Geld, mit dem ich etwas anstellen kann. Ich hatte schon so lange nichts Neues mehr zum Anziehen, ich werde meine Freunde vorwarnen müssen, wenn es so weit ist.

22. APRIL 1942 Ich würde Rosalind liebend gern sehen, aber ich habe so viel gearbeitet, dass ich nicht mehr schön bin. Es ist gerade eine schlechte Zeit für kreative Anstrengungen. Wegen der Prüfungen, nicht wegen des Kriegs, meine ich.

22. 4. 1942 Ich weiß, ich werde niemals über die großen Themen der Allgemeinheit schreiben, sie nie wirklich verstehen – tiefe Mut-

---

30 Neben Kodak und Fujifilm jahrzehntelang einer der größten Hersteller von Film- und Fotoausrüstung.

terliebe, Erdverbundenheit, Familienbande. Aber dafür werde ich mich gründlich mit den einsamen Freuden des Verliebens auskennen, denen der Eifersucht, des Abwartens, des Beobachtens, des Pläneschmiedens, der verrückten Freudetrunkenheit bei Erfolg, mit den einsamen Freuden über gute Schuhe auf einer unbefestigten Straße, über saubere Socken am Morgen, über saubere Laken am Abend, über Wasser, das wie ein metallisch glänzender Quecksilberstrom den trockenen Hals hinabrinnt, die Freude, das Entzücken, wenn man aus dem äußersten Westen, vom Meer oder bloß aus dem Umland nach New York kommt, wenn die Lichter auf den Brücken über dem Fluss funkeln, vor der Küste aufgereiht sind wie eine Diamantenkette, wenn die Leuchtfeuer auf den Kabeltürmen ziellos blinken, wie sorglose Kinder mit einem Gartenschlauch, und hin und wieder ein Flugzeug erhaschen, wie ein Hund, der einen Ball fängt und ihn wieder fallen lässt, und dann der Strom von Autos, die in die Stadt hineinwollen, ein jeder darin denkt nur an sich selbst und daran, dass er gerade nach New York hineinfährt! Mit einer guten Band im Autoradio und den Stimmen junger Menschen um mich herum – nach Hause kommen! Was für ein Zuhause!

23. APRIL 1942 Ich sehne mich nach den wundervollen fünf Tagen im Dezember. Ich schenkte Helen zwei Monate, sie schenkte mir fünf Tage – aber wenigstens haben wir beide erfahren, wie es sich anfühlt, ganz oben auf dem Kamm der Welle zu leben, mitsamt dem unausweichlichen Aufschlagen auf dem Strand, das wir nicht vorhersehen wollten.

24. APRIL 1942 Herrliches Gedicht von Judith Paige, das wir abdrucken werden. Wundervolle Ideen mit richtiger Wucht. Wünschte, ich hätte es selbst geschrieben. Bernhard um 4:30 hier. Taxi zu Pete. Ich glaube, sie würde nicht lange fackeln, wenn es darum ginge, eine Affäre anzufangen. Wir haben beide schon über das Thema gesprochen, und wir sind empfindsame, intelligente Menschen – wir wüss-

ten, dass es weder ein One-Night-Stand noch die wahre Liebe wäre. Herrliche Tanzaufführung in Weidmans Studio.[31] *Shakers* am besten! Nina D. getroffen. Pech! Hinterher eine Party aufgestöbert, bei Fern (228 W. 13th St.). Sie ist nett, aber ihrem Verstand fehlt – ganz knapp, so wie all den anderen – einfach der gewisse Funke, eine gewisse Disziplin und Beweglichkeit im Denken.

Ich kam groß an, denn ich kann auf der ganzen Welt nur eines verkaufen: mich selbst, wenn ich will.

24.4.1942 Selbst die stumpfsinnigsten Menschen wirken auf mich anregend. Sie zu amüsieren, ist wie Klavier üben, wenn man weiß, dass niemand zuhört. Man ist freier, wagt kühnere Dinge und hat dabei oft Erfolg.

27. APRIL 1942 Phi-Beta-Kappa-Zeremonie: Wundervolle Rede von Nicholson darüber, dass Adel verpflichtet. Babs hat es auch nicht geschafft. Obwohl sie wie ich auf der Liste stand – und ich finde auch, dass sie zum intellektuellen Adel der Uni gehört: Sie liegen mit ihrer Auswahl eben nicht immer richtig. Wir haben beide Vieren.

29. APRIL 1942 Sehr müde. Konnte letzte Nacht nicht schlafen – wahrscheinlich, weil ich so gerne mit Stanley über meinen Aufsatz nachdachte & darüber redete. Mutter hatte ihn ihm an zwei Abenden vorgelesen, mit ihrer bemerkenswert uninspirierten & uninspirierenden Art der Darbietung. Er findet es das Beste, was ich bisher geschrieben habe. Ja, kritisch betrachtet, schon. Wäre so schön, wenn Rosalind es lesen würde. Mutter hat nie irgendwelche Einwände. Sie gähnt, legt es weg und geht ins Bett. Sie leidet nicht nur an ihrem üblichen mangelnden Interesse an jeder Art unper-

---

31 Charles Weidman (1901–1975) und Doris Humphrey (1895–1958), Pioniere des amerikanischen Modern Dance, gründeten 1928 die Humphrey-Weidman-Company. Die von Humphrey entwickelte Choreographie *The Shakers* (1931) basiert auf Ritualen der gleichnamigen christlichen Gruppierung aus dem 18. Jahrhundert.

sönlichem Anliegen (weiblich), sondern insgesamt an mangelnder Energie.

Ich treffe Rosalind am Freitag. Fünfzehn Tage ist es her. Ich habe ihr so viel zu erzählen. An dem Tag soll alles so elegant wie möglich sein! Habe ein lustiges kleines Gedicht über die Wahl geschrieben, die sie irgendwann treffen muss. Die Zeit wird kommen: ob sie Geld, den äußeren Schein oder die wahre Sache will.

Skizzen gemacht. Shakespeare gelesen. Ich denke voller Sehnsucht an Phi Beta. Gäbe es Gerechtigkeit auf der Welt, hätte ich es geschafft. Und wenn es je eine Prüfung des Allgemeinwissens gäbe, würde ich alle übertreffen.

Helen schrieb mir, ob ich nicht einmal mit Kingsley sprechen könne, sie mache sich Sorgen um sie. Ich schrieb zurück: »Darling – ich spreche zweimal täglich mit ihr.« Helen hielt den Zettel den Rest der Stunde fest, & wir hatten beide das Wort »Darling« im Kopf. Ich kann sie nicht vergessen. Ich will sie nicht vergessen. Sie ist ein Stück vom Himmel auf Erden. Will Pete anrufen & für Freitag um 11 etwas mit ihr ausmachen.

30. APRIL 1942 Schöner Tag. Brief von Mrs. Fraser (Miss) [von Time, Inc.], in dem sie mit 190 Wörtern nein sagt. Mit Rosalind zum Mittagessen, die mich erst eine Stunde voller Vorfreude warten ließ & dann Natasha mitbrachte.

Heute mit Babs gesprochen. Ich sah sehr gut aus mit zusammengestecktem Haar & Haarnetz, weißem Hemd, grauem Flanell & rotem Cord. Pete fasste sich ein Herz und fragte: »Hast du mich gestern Abend angerufen?« Ich sagte: »Ja, habe ich.« Sie war sehr freundlich & bestimmt höllisch froh, dass ich angerufen habe, schätze ich. Na ja, ich bin auch froh. Es ist wirklich gut, dass wir wieder miteinander sprechen.

1.5.1942 Eine Straße zu überqueren gehört zu den seltenen Fällen, in denen man in New York halbe Sachen machen sollte. Es hat keinen Zweck zu warten, bis alles frei ist. Das entschieden Sicherste ist es, loszurennen, sobald das Weiß der Mittellinie sichtbar wird, vorausgesetzt natürlich, man kann dort wieder bremsen. Steht man auf diesem acht Zentimeter breiten Streifen der Sicherheit, setzt man lediglich ein paar große Zehen oder ein Scheibchen Hinterteil aufs Spiel. Es sollen sogar schon Leute die Vorbeifahrt zweier Straßenbahnen überlebt haben, aber das ist nicht zur Nachahmung empfohlen. Sieht man zwei Straßenbahnen herannahen, springt man am besten auf den nächstbesten Kuhfänger[32]. Kein Glaube an ein menschliches Gesetz kommt dem Glauben des New Yorkers an seine Mittellinie auch nur nahe. Es dorthin zu schaffen, auch wenn es erst die halbe Strecke ist, ist doch schon die halbe Miete. Was für ein herrliches Gefühl, sich in die wankende, kippelnde Reihe von Fußgängern auf der weißen Linie einzuordnen und das kameradschaftliche Lächeln zu sehen, während man sich gemeinsam auf den Schlusssprint gefasst macht.

2. MAI 1942 Vier handschriftliche Seiten Bewusstseinsstrom-Geschichte à la Sherwood Anderson über den betrunkenen jungen Mann, der auf einer Party geküsst wird – sollte sogar Rockefeller eine Erektion entlocken. Ansonsten wenig zu berichten, bis auf große Zuversicht & Zufriedenheit, was seltsam ist, da ich:
  a) kein Geld habe & Rosalind hat in drei Wochen Geburtstag
  b) es nicht zur *Time* geschafft habe
  c) es nicht zu φβκ [Phi Beta Kappa] geschafft habe
  d) Buffie in letzter Zeit nicht gesehen habe, das aber sollte, und wenn auch aus keinem anderen Grund als dem, meine gesellschaftliche Stellung wiederzuerlangen.
Werde Stimulanzien brauchen (alkoholische, nikotinische oder modische), um ordentlich arbeiten zu können. Liegt das am Alter oder am Charakter? Mir egal. Ich glaube, im Großen und Ganzen

---

32 Vorrichtung an der Front von Schienenfahrzeugen, um Hindernisse aus dem Weg zu räumen.

bin ich nicht maßlos. Die meisten übertreiben regelmäßig, wenn die es überhaupt tun. Ich nicht. Habe nie einen Kater. Das Leben ist viel interessanter ohne.

Mutter sagte, Berenice Abbott sehe aus wie eine »*Les*« (ihr Lieblingsbegriff), also erzählte ich, es seien gestern Abend auch Männer auf der Party gewesen. Meine *Vogue*-Idee geändert. Schreibe jetzt einen schwierigeren, dafür aber interessanteren Artikel über Kunst. Chagall, Breton, Miró, Quirt, Owens, Ozenfant, Ernst, Tschelitschew, alle, die mir gefallen!

Zu Marcus Blechman[33] gegangen, um Bernhard zu treffen. Und wer kommt da hereinspaziert? Judy! Sie kennt ihn über die Show oder so. Sieht aus, als könnte er keinen einzigen Schritt tanzen (Arthritiker), aber vielleicht ja doch.

4. MAI 1942 Prüfung in Flugzeugerkennung leicht. Ob wir die Party bei Fern mitnehmen sollten? Es ist nun mal so, dass unter den Homosexuellen nur Buffie, Rosalind und Billie A. anständige Leute sind – ich rege mich immer so auf über diese halbgaren, niederträchtigen, unreifen lesbischen Mädchen, bei denen es einfach nur für die normale bessere Gesellschaft nicht gereicht hat.

Das lange, emsige Lesen passt mir gerade hervorragend. Emotionale Erholung vom Schreiben und dringend benötigte Grundlage sowie Rückzug in den Elfenbeinturm, den ich inzwischen gut regulieren kann. Erwachsen zu werden ist eine Frage des bewussten Einsatzes von Gewürzen, am Ende hat man ein geschmackliches Meisterwerk, in der Küche wie im Studierzimmer.

5. MAI 1942 Sprach mit Thornbury. Ich würde so gerne mal mit ihr zusammen etwas trinken. Sie ist Kunst für mich und hat so viel von Henry James. Wundervolle und seltsame Ideen heute Abend. Ich spüre, wie ich mich dem Erwachsensein in großen Schritten nähere.

---

33 Marcus Blechman (1922–2010), US-amerikanischer Fotograf.

Mein Fortschritt schwankt – Tage wie gestern, mit unmäßigem, verstörendem körperlichem Begehren, wechseln sich ab mit Tagen ungewohnter Ruhe & Zufriedenheit. Es liegt nicht allein am Frühling. Heute Abend habe ich wieder einmal [William Blakes] »Tyger, Tyger« gelesen, das vielleicht einzige Gedicht der englischen Sprache, das mich zu Tränen rührt. Es ist, als wäre in diesen wenigen Zeilen alle Kunst versammelt, alle Gemälde, alle Literatur, alle Poesie, alle Liebe und alle Frustration, alle Erfüllung.

6. MAI 1942 Ein Drink mit Helen & Babs, was uns zu Pete führte, was zum zweiten & dritten Drink führte & nach Hause & Geld & Abendessen bei Nino's & verrückte Postkarten an Menschen, an die ich mich nicht mal mehr erinnere. Aber das Schönste von allem war Helen. Als Peter kurz weg war, sagte sie zu mir, wenn sie noch einmal von vorn anfangen könnte, wäre sie eine freie Frau, womit sie natürlich meinte, nicht an Earl gebunden. Ich sei die einzige Frau, die sie je geliebt habe. Ich fragte: Hast du mich überhaupt auch nur einen Moment lang geliebt? Sie sagte, sie bete mich an & liebe mich noch immer. Wir hielten Händchen im Auto, & ich wollte sie küssen, es war fast wieder wie im Dezember! Meine Gefühle für Helen sind noch immer die, die ich bereits so oft formuliert habe: Sie berührt mich derart tief, dass ich nicht mit ihr allein sprechen oder sie ansehen kann, ohne zu weinen. Sie ist die eine, die ich für immer und ewig lieben könnte, für die ich auf alle anderen verzichten würde.

7. MAI 1942 Leichter Kater. Und regnerischer Tag. Bedrückt, denke reumütig an gestern Abend. Nur 3,00 $, aber das hätte mir gereicht & ich hätte bis Ende der Woche 10 $ zusammengehabt. Ich rede es mir immer so schön: Mäßigung in jungen Jahren ist keine empfehlenswerte Tugend, denn sie führt zu völliger Beengtheit im Erwachsenenalter; Unmäßigkeit in der Jugend hingegen kann zu späterer Mäßigung führen, wobei ich auch nicht allzu traurig sein werde,

wenn dem nicht so ist. Pete & Helen sahen sehr gut aus in ihrer sauberen Kleidung. In was für anderen Welten sie leben – mit Zeit und Freiheit, Geld und glücklichem Zuhause, Essen und Trinken.

Es ist wirklich schade mit anzusehen, wie Babs so maskulin wird. Sie geht jeden Schritt wie ein Mann, trägt oft Hemden, ist nachlässiger denn je mit ihrem Haar und scheint schon Flaum am Kinn zu entwickeln.

[Meine] Zähne sehen wieder so gut aus wie früher. Große Erleichterung.

7.5.1942 Vielleicht wartet irgendwo das hübsche Mädchen, ein Kuss in der Dunkelheit, geflüsterte Versprechen, die Sonne im Park und die Schwäne auf dem See, ein Job für mich und einer für ihn, über allem weht kühn und frei die Flagge bis in alle Ewigkeit, und immer wieder trifft gutaussehender Junge auf entzückendes Mädchen und all die liebliche Liebe, immer erstrebt und schließlich erreicht. Und sicher ist es so am besten, aber Gottes Wille geschehe dem, der sich selbst hilft, es mag zwar in der Not einen Silberstreif geben, einen Freund mit einem Goldschatz, aber ich sehe das nicht so, ich werde es nie so sehen, ich sehe es eben nicht so.

8. MAI 1942 *Candida* [von George Bernard Shaw] gesehen und von ganzem Herzen geliebt. Was für ein herrliches Beispiel dafür, was Theater sein sollte. Mary Sullivan & Henry Streicher getroffen (Jesse [Gregg] und Jane O. auch da), waren nett, aber entsetzt über Bernhards Kommen. Sie hassen sie, weil sie so öde ist, und Mary Sullivan sagt, sie habe ihr schon übel mitgespielt. Mich langweilen ihre Geschichten auch, aber sie hat etwas Wahrhaftiges an sich, das ich sehr mag. Ich bin mir sicher, dass wir niemals und aus keinem Grund irgendeine Art von Affäre haben werden.

10. MAI 1942 Ein bisschen für Geschichte gelesen, aber bin schrecklich rastlos wie immer in letzter Zeit – zweifellos der rastlosesten

Zeit meines ganzen Lebens. Ich bin so unerprobt und probiere auch selbst nichts aus. Ich kann nicht müßiggehen und meine Seele zu Gaste laden.[34] In meinem Innern fließt ein Mahlstrom aus Liebe & Hass für die eine oder andere Person, und meine künstlerischen Bestrebungen scheitern entweder, oder sie werden unterbrochen, in jedem Falle: vollkommen unbefriedigend. Jack rief an. Ich beneide ihn um seine Seelenruhe. Er sagte zu Mutter, wenn sie krank wäre, würde Stanley sie sicher gut behandeln, aber bei mir sei er sich da nicht so sicher! Ich denke oft, mein einziger Freund ist mein kleines Päckchen Zigaretten.

11. MAI 1942 Ich kam komplett in Schwarz aufgetakelt an die Uni zurück. Helen denkt nie etwas bis in die Tiefe zu Ende, es sei denn, es betrifft sie selbst – eine sehr weibliche Angewohnheit –, wohingegen ein Mann am tiefsten über Dinge nachsinnt, die ihn nichts angehen. Ich würde am Freitagabend gern etwas Herrliches machen. Eine gesunde Eine-Nacht-die-Woche-Abhängigkeit nenne ich das. Mit Genuss Blake gelesen – und an D. H. Lawrence denken müssen im Zusammenhang mit der Trennung des sexuellen Erlebens vom Fleisch – und natürlich an Helen und mich. Sex sollte so weit wie möglich vom Körper getrennt sein, denn die wesentliche Schönheit von Sex wurde mir offenbar, als wir dort in ihrem Zimmer lagen – wir erkannten sie beide. Gott, welche Arbeit noch vor mir liegt. Es macht so viel Spaß, voranzupreschen wie eine Dampflok, zu sehen, wie man alles niedermäht, und einen glatten, plattgewalzten Pfad zu hinterlassen.

13. MAI 1942 Heute sagte ich Helen – relativ nüchtern, weil ich die Worte so lang hin und her gewälzt hatte –, sie solle mit der Information anfangen, was sie wolle, aber ich sei in sie verliebt. Sie sagte, das mache es nur noch schlimmer. Ich sagte, ich würde nicht er-

---

34 Zitat aus Walt Whitmans »Gesang von mir selbst« aus seinem Gedichtband *Grashalme*.

warten, dass sie dem viel Glauben schenkt oder Anerkennung, weil es so schon lange anhält, aber ich sei es nun mal, und das sei alles. Und dass ich weder Rosalind noch Virginia wirklich geliebt hätte. Vielleicht glaubt sie mir. (Sie hat mein *Quarterly*-Foto mitgenommen, auf dem ich mir gerade eine Zigarette anzünde. Ich dachte, Kingsley hätte es gestohlen.) Sie bereut es bitterlich und jeden Tag mehr, dass sie sich an Earl gebunden hat – ob sie sonst bei mir bleiben würde, wenn sie frei wäre?

13.5.1942 Ja, vielleicht ist Sex mein Thema in der Literatur – schließlich ist es mein größter Einfluss, der sich vielleicht in Unterdrücktem und Negativem äußert, aber gleichwohl der größte Einfluss ist –, selbst meine Misserfolge sind das Resultat der Unterdrückung auf körperlicher und geistiger Ebene, also der Unterdrückung von Sex.

14. MAI 1942 Heute Abend zu Betty & Rosalind, Rosalind trug schon einen gelben Pyjama und machte sich bettfertig, um 10! Ich hatte Bier mitgebracht, & sie trank aus Höflichkeit welches mit. Fragte mich wegen *Vogue* usw. Scheint *Harper's Bazaar* oder *Mlle [Mademoiselle]*[35] als erste Anlaufstelle gut zu finden. Betty wie ein Eisberg. Kam voller Liebe für Helen nach Hause – und voller wunderschöner Formulierungen – nichts Gefühlsduseliges, sondern tiefergehend, vielleicht beinahe die richtige Antwort streifend. Ich bin geboren, wie ich bin. Ich habe einen guten Charakter, ich mag vieles und ich bin an vielem interessiert. Aber es ist nun einmal so, dass ich in nächster Zukunft nicht alt genug für Rosalind sein werde. Vielleicht in sechs Monaten, vielleicht in drei, wenn mir genug widerfährt, aber jetzt nicht. Das ist alles. Ich muss mich für nichts

---

35 Das Frauenmagazin *Mademoiselle* wurde 1935 gegründet. Es veröffentlichte Schriftsteller wie Truman Capote oder Flannery O'Connor und führte ein prestigeträchtiges Praktikumsprogramm durch, bei dem jeden Sommer eine Reihe vielversprechender College-Studentinnen eingestellt wurden, einige dieser »Millies« wie Joan Didion oder Sylvia Plath wurden später zu bekannten Schriftstellerinnen.

schämen, und ein Mensch meines Alters & meiner Erziehung könnte auch kaum anders sein.

14.5.1942
Ich bin kein plätschernder Bach der Rebellion,
Sondern ein weites, glattes Meer von bewegtem, aber ehrlichem
 Charakter,
Und wenn ich grün bin, obwohl andere Meere blau sind,
So bin ich doch als Meer und grün geboren.

15. MAI 1942 Und ich fragte sie [Rosalind], was sie sich zu ihrem *anniversaire* wünsche – eine Brieftasche? Zuerst verneinte sie und sprach von Schallplatten – aber ich stellte mich quer. Schließlich sagte sie, die schwarze Brieftasche sei eine alte von Betty & nicht wirklich gut, um Geld aufzubewahren, und wenn ich eine neue kaufen sollte, würde sie die wahrscheinlich benutzen, ich hatte also grünes Licht. Ich war unheimlich glücklich! Und wir hatten ein sehr vergnügliches Mittagessen. Hinterher schaute ich bei Dunhill's und Lord & Taylor nach Brieftaschen, aber nichts kann mit dem Mark-Cross-Teil für 18,50 $ mithalten, das ich habe zurücklegen lassen. Wundervolles Straußenleder, auch innen, zwei Fächer (keins für Münzen, weil das jämmerlich aussieht!). Ich werde versuchen, es vor unserem Mittagessen am Donnerstag zu besorgen – mit den Initialen R. C. in Gold, passend zu den goldenen Ecken. Es würde sich in ganz New York kein schöneres finden lassen!!!

Ich würde nach dem Abschluss sehr gern mit Bernhard in Urlaub nach New Hampshire fahren – aber nur wenn vorher vereinbart ist, dass zwischen uns nichts passiert – ich könnte nicht, wegen Helen & Constable – und mir selbst. Aber so etwas würde sich in der ganzen Stadt herumsprechen. Keine Chance! Mutter & S. finden, mit ihr könnte ich wunderbar wegfahren (!).

16. MAI 1942 Mittagessen mit Berger sehr nett. [Offenbachs Oper] *Hoffmanns Erzählungen* aber furchtbar! Wir hatten einen Riesenspaß und kicherten wie Schulkinder. Hinterher schickte er mir ein Dutzend Mohnblumen, die zauberhaft sind!

Angespannt, nervös, aufgeregt, nicht glücklich, trotz meiner besten Bemühungen.

17. MAI 1942 Es wird fünfundzwanzig Jahre dauern, bis ich die innere Stärke besitze, all diese Seiten [hier] wieder zu entziffern. Heute Abend hatten wir Bibellesung. Dann traf ich Bernhard & Ethel, Fern, Hazel usw. in der Carnegie Hall, wo wir uns Carmen Amaya[36] anschauten! Sie ist wirklich voller Leidenschaft – hässlich, grob, ein schrecklich langweiliger Mensch, aber voller Leidenschaft, und man denkt an nichts anderes. Sie ist gertenschlank und gibt bei jedem Tanz alles.

18.5.1942 Schöpfung des höchsten Grades entsteht aus der größten Not. Wer nie eine ganze Nacht lang weinend auf der Bettkante gesessen hat, um die zungenlose Stimme in seinem Innern wissend, die nach dem schönen Tone dürstet, nach der erlesenen Verszeile, dem vollkommenen Takt, dem Vollendung verkündenden Geschmack, der weiß nicht, was ich in diesem Augenblick erleide und wird niemals etwas schaffen. Lass mich in Frieden, sagt meine eigene Stimme. Lass dieses erste schmerzhafte Kind sich selbst gebären. Dann komm, wenn du willst, erforsche und untersuche und töte mich, aber dann werde ich niemals mehr sterben. In den Luftblasen, in den Berggipfeln, in der Kleidung der gesamten Menschheit, im Gestein der Erde und im Zement des Pflasters, im Wasser der Meere werde ich sein! Aber jetzt, wo ich schwer zu tragen habe, lass mich in Frieden. Ich werde meine Zunge aus den Schlacken des

---

36 Carmen Amaya (1913–1963), spanische Flamencotänzerin, Sängerin und Schauspielerin von Weltruhm. Tanzte als erste Frau Flamenco in Hosen. Fred Astaire bewunderte ihr Talent, Präsident Roosevelt lud sie für einen Auftritt ins Weiße Haus ein.

1942

Feuers fertigen, sie in den Wirbeln der Asche vergraben finden. Dort wird sie auf mich warten und wird sein wie keine andere. Dann werde ich sprechen, nicht von Größe, nicht vom Leben, nicht vom Wachstum, nicht von Familie oder brüderlicher Liebe, sondern vom Bedürfnis anderer wie mir, die ihre Zunge noch nicht gefunden haben oder für die vielleicht nie eine Zunge außer meiner sprechen wird. Die Aufgabe ist groß und die Bürde wiegt schwer, doch das Wirken daran wird mir auf Erden die größte Freude sein. Nicht Leben werde ich hervorbringen, Leben nicht, aber Wahrheit, vor allen Dingen, wie sie niemand zuvor gesehen hat.

20. MAI 1942 Glücklicher, glücklicher Tag! Die *Comprehensive*[37] war gar nicht so schwer. Habe über Shakespeares Publikum & seine Bühneneffekte geschrieben. Es war so langweilig, dass ich es nicht noch einmal durchlesen konnte, muss also ganz gut sein. Mit Bernhard um 9:00 im Modern Art, [Edward-]Steichen-Schau.[38] Gut amerikanisch. Hinterher trafen Bernhard und ich [Berenice] Abbott, Georgia O'Keeffe[39], Carl Sandburg[40] usw.

21. MAI 1942 Wunderbar, wunderbar glücklicher Tag schon wieder! Philosophieprüfung um 11:30 sterbenslangweilig. Kam nach Hause & holte Geld & traf mich mit Rosalind, Betty, Natasha bei Tony's. Del auch da und sein Bruder Phil, der ganz anders ist als er, eher der Typ guter Bostoner. Peggy Guggenheim[41], Buffie mit einer

---

37 Eine vor allem im nordamerikanischen Hochschulsystem vorkommende Prüfung, die das Wissen der Studierenden über verschiedene Studienbereiche hinweg testen soll.
38 *The Road to Victory,* vom aus Luxemburg stammenden Künstler Edward Steichen (1879–1973) co-kuratierte Ausstellung.
39 Georgia Totto O'Keeffe (1887–1986), als »Mutter der amerikanischen Moderne« bezeichnete US-amerikanische Künstlerin, deren Motive oft Blumen, karge Landschaften und Tierknochen waren. 1946 widmete ihr das Museum of Modern Art als erster Frau eine Retrospektive.
40 Carl August Sandburg (1878–1967), US-amerikanischer Dichter und Biograph, erhielt 1940 den Pulitzer-Preis für seine Lincoln-Biographie.
41 Marguerite »Peggy« Guggenheim (1898–1979), US-amerikanische Kunstsammlerin, Galeristin und Mäzenin, deren Sammlung moderner Kunst zahlreiche wichtige Werke des europäischen und amerikanischen Kubismus, Surrealismus und Abstrakten Expressionismus umfasste. 1942 eröff-

Bella, Mrs. Briton, Billie A. usw. Wir alle amüsierten uns prächtig und dicht gedrängt & zogen weiter zum Abendessen ins Chez Paris. Del P. sprach lange mit Rosalind & mir wegen einer Stelle. Er meint, *Fortune* sei schlecht, wenn ich schreiben wolle. Rosalind setzt sich beschämend gut für mich ein. Chez Paris vollbesetzt mit uns. Mehr Drinks usw., und irgendwie war Natasha auf einmal sturzbesoffen! Aber sie war wundervoll. Voller Leidenschaft für Sylvia. N. küsste mich, zog meinen Stuhl heran und benahm sich wie eine gute Russin, sagte, Sylvia sei himmlisch & sie würde bis auf den Tod für sie kämpfen! Fragte mich, ob ich in Rosalind verliebt sei, & ich sagte nein. Wir hatten einen Riesenspaß – Natasha & ich aßen an der Bar bei den Männern. Bei Lola fragte Rosalind: »Wo ist mein Geschenk?«, und sie öffnete es im Schlafzimmer. Wirkte sehr erfreut & sagt, sie wird es bestimmt benutzen.

22. MAI 1942 Verkatert natürlich. Wie es wohl Rosalind ging, und Natasha?! Von 10–12 gelernt. Ganz schön spät in der Uni, & Helen winkte mir kurz »viel Glück« zu. Ich trug das Gleiche wie gestern Abend, meinen Flanellanzug als Glücksbringer. Die Prüfung war mordsmäßig schwer – zweiter & schwerster Teil der *Comprehensive*. Später erfuhr ich von 2 Leuten, dass Latham mir eine Eins (minus) im Stückeschreiben gegeben hat – eine meiner größten Errungenschaften dieses Jahr!

22.5.1942 Wichtigste bisher entdeckte Tatsache: Wenn das Leben eine Tragödie für jene ist, die fühlen, und eine Komödie für jene, die denken, dann tun die meisten Menschen nichts von beidem.

23. MAI 1942 *Reiter ans Meer* [von John Millington Synge] gelesen. Ein paar gute Reden – aber mir ist noch immer ein Rätsel, warum manche Stücke Unsterblichkeit erlangen und andere vergessen wer-

nete sie die Galerie Art of this Century in New York. Nach kurzer Ehe mit Max Ernst zog sie 1949 nach Venedig, wo sie ihre Sammlung bis zu ihrem Lebensende ausstellte.

den. Am Abend mit Berger. *The Strings, My Lord*[42] usw. gesehen, was grottenschlecht war. Berger sagt, er sei in mich verliebt, was wahrscheinlich stimmt. Er sagt, irgendwann werde er mich heiraten. Ich fühle mich nicht mal weniger, mal mehr zu Männern hingezogen, sondern überhaupt nicht. Sie zu küssen ist immer, als würde man eine gebratene Flunder küssen, ganz egal, wessen Mund es ist. In mir läuft schon – völlig unabhängig vom Kopf – eine rein körperliche Reaktion ab, langsam und sexuell, wie unter dem Einfluss einer regelmäßigen Spritze mit Aufputschmittel. Aber ich empfinde – bei Männern – keine große Lust und kann darum auch nicht genug zurückgeben.

24. MAI 1942 Ein weiterer schöner Tag – wenn auch müde wegen Berger gestern. Er hat zweimal angerufen – beim zweiten Mal mit dem Rat, mich auf die Männerstellen für Büro- und Redaktionsarbeit zu melden. Gute Idee. So oder so hatte ich heute schon an *Mademoiselle* geschrieben – einen guten Brief. [Paul Birukoffs] *Tolstoi* gelesen, das großen Eindruck hinterließ. Ich bilde mir ein, ihm zu ähneln – vom Temperament her, von den Interessen in der Jugend –, aber was ist meine religiöse Pilgerfahrt, um Erlösung & Glück zu finden? Mein gesamtes Lebenswerk wird ein ungewidmetes Denkmal für eine Frau sein.

Zur Übung denke ich mir jetzt jeden Abend unter der Dusche einen Plot aus. Großer Spaß.

26. MAI 1942 Leider nur eine Drei plus in der *Comprehensive*. So eine Schande. Hatte am Vorabend zu viel getrunken & war psychisch überhaupt nicht vorbereitet.

28. MAI 1942 Auf dem Sutton-Spielplatz gesonnt. Sehr interessante Bälger dort. Netter Brief von *Mademoiselle,* in dem stand, meine

---

42 *The Strings, My Lord, are False* (1942), Broadway-Produktion unter der Regie von Elia Kazan.

Referenzen & Leistungen gefielen ihnen. Ich sei in eine »aktive Datei« aufgenommen und ob ich zum Vorstellungsgespräch kommen würde. Ich könnte jetzt glücklich sein, wenn ich meine Eins in der *Comprehensive* hätte, eine gute Stelle bei Time, Inc., ein Versprechen von Helen und Geld in der Tasche! Welche Utopie! Stattdessen bin ich kleinlaut, deprimiert, aber generell schon noch optimistisch, dass ich eine Stelle finde. Skizzen gemacht – ein paar davon gut – in einem wütenden Versuch der Selbstrechtfertigung, der künstlerischen Befriedigung. Meine Energie ist glücklicherweise unwiderstehlich, körperlich wie geistig.

Habe mich heute Abend über meine Geschichte hergemacht. Einmal frisch durchgewischt. Ziemlich gut. Außerdem auf den Torso eingehämmert und die richtige Bedeutung besser herausgearbeitet bekommen. Das Dumme an mir ist, ich vertiefe mich immer mehr in die Art der Präsentation als in die Idee selbst.

Konnte den 20-Dollar-Scheck, den ich von Grandma zum Abschluss bekommen habe, bei Jimmie Daniels[43] einlösen. Damit werde ich 1) Rosalind zum Essen einladen & 2) ein Stück Holz für eine Figur kaufen. 3) Buffie zum Essen einladen, 4) mit Helen & Peter & Babs auf Sauftour gehen, & Debbie B., hoffe ich. 5) Sollte auch etwas mit Mutter unternehmen & 6) mit Bernhard. Dann in einen chinesischen Laden, wo ich mit Henry Langston & Sgt. Greene tanzte, Soldaten – manche Tänze auch ganz schön wild. Entsetzlich spät zu Hause & um 5:30 bei Tageslicht ins Bett.

29. MAI 1942 Hatte heute Nachmittag die Ehre, eine Constable-Rechnung zu bezahlen, damit ihr der Strom wieder angestellt wird. Sie waren schon bei Kerzen. Spät noch mit Bernhard & Lucien[44] spazieren gewesen, es gab Kaffee & Schokolade. Lucien ist unter-

---

43 Jimmie Daniels, das Nachtlokal des beliebten Sängers der Harlem Renaissance James Lesley Daniels in der 114 West 116th Street in Harlem.
44 Lucian, oft auch Lucien Bernhard, geboren als Emil Kahn (1883–1972), deutsch-jüdischer Graphiker, Designer, Hochschulprofessor und Ruth Bernhards Vater.

drückt, aber auch einflussreich. Später Bernhard & ich bei uns. Ich glaube, sie könnte sich vorstellen, mit mir zusammenzuwohnen. Ich würde bestimmt gut mit ihr auskommen.

30. MAI 1942 Ich kann nicht aufhören, mir vorzustellen, wie es sich mit einer Eins anfühlen würde. Glückwünsche und die Bestätigung der allseits hohen Meinung von mir. Die dennoch bestehen wird, komischerweise. Deprimierender Tag. Mutter & Stanley verkündeten beim Abendessen, dass wir in den Miesen stecken – wir sind tatsächlich mehr Geld schuldig, als wir besitzen. Sie spekulieren darauf, bald nach Hause [in Texas] zurückzukehren und sich bei Grandma durchzuschnorren, bis der Krieg vorbei ist. Der hat uns natürlich kalt erwischt, die Steuer, das reduzierte Einkommen. Deswegen brauche ich unbedingt irgendeine Stelle, und zwar schnell.

Diese stumpfen, frustrierten Tage voller Drangsal sind künstlerisch produktiv: Ich bin so unzufrieden, dass ich etwas erschaffen muss, & ich arbeite voller Leidenschaft an allem.

31. MAI 1942 Zweifelhaft angenehmer Tag. Jack B. morgens um 9:00 hier, aber wir verpassten das Boot nach Rye & nahmen stattdessen eins, das Manhattan umrundete. Sehr lehrreich und schöne Umgebung. Lungerten von 3 bis 8:30 auf den syrischen Märkten und in Chinatown herum. Tee & Abendessen im Port Arthur[45], dann Chinese Theater, das ziemlich langweilig & allem Anschein nach plump war. Berger engt mich so ein, dass ich nicht mal auf die Toilette gehen kann. Rief Bernhard an. Sie kam um 10:30 her & lernte Berger kennen; um 11:00 war ich ihn los. Es kommt der Punkt auf solchen Ausflügen, an dem ich überhaupt niemand mehr ertrage – ich bin andauernd unglücklich in Gesellschaft –, mindestens zehn Stunden lang. Mit Bernhard darüber gesprochen, ich kann immer sehr offen mit ihr reden. Bernhard findet, ich sei sehr gescheit,

---

45 Das Port Arthur an der Adresse 7–9 Mott Street wurde 1897 von Chu Gan Fai gegründet und war das erste chinesische Restaurant New Yorks mit einer Ausschanklizenz.

solle Mannequin werden oder für den *New Yorker* arbeiten. Unter Bergers Aufsicht antwortete ich auf eine Anzeige und log dabei, dass sich die Balken bogen.

1. JUNI 1942 Gestern mein *Saboteurs* bei Cedar Rapids Play Co. eingereicht, meinen letzten Funken Geduld, Durchhaltevermögen und Energie aufgebraucht. An einem kalten, grauen Montagmorgen aufzuwachen, ohne Job, ohne alles, ist nicht sehr angenehm. Mit Kopfschmerzen an meiner Barney-Geschichte gearbeitet, die vom andauernden Polieren schon ganz fadenscheinig ist. Im College stellte ich mit leichter Empörung fest, dass ich nur eine Zwei plus in der Politikprüfung bekommen habe. *Quarterly* geplündert und mein Gewicht in Versandtaschen, Briefpapier usw. mit nach Hause genommen. Niemanden getroffen, obwohl heute Senior-Picknick & morgen Abschlussfeier ist!

Komplett verrückte Geschichte von Djuna Barnes im *Harvard Advocate* gelesen, die mit Sicherheit betrunken verfasst worden ist, wenn vielleicht auch nüchtern erdacht. Habe jetzt Vorstellungstermine beim *New Yorker* und bei der *[New York] Times*.

2. JUNI 1942 Arthur Blair vom *Diogenes [Magazin]* schickte mir gestern mein »Silver Horn« mit geistlosem Kommentar zurück. Starte jetzt Blitzkrieg auf Zeitschriften. Sogar Ideen für Hochglanz-Frauensachen! Helen rief um 1:20 an. Sie geht zur Abschlussfeier und Babs & Peter auch. Ich sagte, die Abschlussfeier sei wie eine Heirat. Helen sagte, sie werde sich vorher ganz bestimmt ein paar Drinks genehmigen. (Ja, sieben oder acht!) Der Anruf war deprimierend, & ich musste mir erneut einreden, dass ich nicht hingehen will.

Vogue hat angerufen: Caroline Abbott will mich um 10:00 sehen. Rosalind hatte auch angerufen, aber gesagt, man solle mir nichts sagen, damit ich mir keine falschen Hoffnungen mache. Sie hat das Gespräch offensichtlich forciert. Ich glaube nicht, dass meine Unterlagen gereicht hätten. Aber ich bin optimistisch und auf jeden

Fall zuversichtlich, dass ich kann, was sie verlangen. Für Rosalind – für Helen – für mich – welche Anreize fehlen mir?

3. JUNI 1942 Heute Vormittag *Vogue,* Mrs. Daves[46]. [Gespräch] über Ideen, die ich zum Magazin beitragen könne – wobei ich mich definitiv nicht mit Ruhm bekleckerte. Rosalind rief um 8 an. Wollte mich um 9 zu Hause treffen, und ich war da. Zeigte mir ihr Sammelalbum mit *Vogue*-Texten, die entsetzlich sind und entsetzlich wundervoll, auf ihre eigene scheußliche, furchteinflößende Weise – na ja –, nichts, was ich an Adjektiven aufbringen könnte, kann meine komplexe Abneigung und mein Misstrauen gegenüber dieser unmöglichen Literatur ausdrücken. Ein Stückchen *Die Versuchung des heiligen Antonius* von Flaubert gelesen. Helen einen guten Brief geschrieben.

3. 6. 1942 Ich bin mir selbst zu vertraut – zu alt – und ziemlich langweilig. Die Wege zu allerlei Zielen verschließen sich. Und wo immer ich erneut die große Anstrengung unternehme, habe ich doch immer noch dieselben Zähne mit denselben Plomben, dieselben Zipperlein an regnerischen Tagen, dieselben Falten auf der Stirn. Liegt es an einer zufälligen, unglücklichen Kombination von Komponenten in mir? In meinem Körper? Meinem Hirn? Diese Narbe auf meinem Finger, dieses Muttermal auf meinem Arm – hätten sie woandershin gehört, vielleicht einen Zentimeter weiter? Wie würde jemand anders sie wohl tragen, sie bemerken, sie vergessen?

Ich spüre schon das Grab um meine Schultern, das Licht verblasst und wird nie wieder heller, mein Atem ist schwach und lustlos. Oh, aber ich werde noch so lange leben! Und es wird Momente geben, ganze Wochen, ganze Jahre, in denen kein Grab, kein Moder mich umgibt. Doch genauso wird es Zeiten geben, in denen ich gestärkt sein werde von der ausgedörrten, garstigen Hand des Schlafs,

---

46 Eventuell Jessica Daves, künftige Chefredakteurin der *Vogue.*

der Nahrung, des Geschlechtsverkehrs, und meine Augen, als ob sie sich nach innen richteten zur Wirklichkeit hin, das hohläugige Gesicht des Todes erblicken werden, die Haut so schuppig wie die von im Mittelalter gemalten Heiligen, und werde dann wissen, dass das Leben ein einziges langes Sterben ist.

4. JUNI 1942 Einkaufsbummel gemacht. Buffie rief an, & ich ging hin, & wir saßen von 5–6 zusammen. Sie sagte, sie mache sich Sorgen um mich – sexuell –, und erklärte mittels eines netten, griffigen Vortrags gleich einem zweischneidigen Anwaltsschwert, sie mache sich Sorgen, ob ich schon jemals einen Orgasmus gehabt hätte. Ich gab ihr keine Antwort. Jede wäre ein Bekenntnis gewesen, und nichts davon geht sie überhaupt etwas an. Es stehen viele schöne Verabredungen bevor – und viele Einzelheiten dieser vielen Tage bleiben ungeschrieben.

6. JUNI 1942 Ich mache mir entsetzliche Gedanken wegen *Vogue*. Rosalind sagte, ich solle nicht schreiben. Heute völlig außer mir, fuchsteufelswild. Mit Bernhard zu einer wundervollen Paul-Klee-Ausstellung. Seine Personen als abstraktes Muster sind auf gewisse Art genauso aufregend wie Blake. Kaffee im [Central-Park-]Zoo. Ganz schön, aber ich habe den Eindruck, sie klammert sich an mich, & persönlich mag ich sie nicht, weil sie nicht mein Typ ist & auch nicht gut für mich wäre, was man in Erwägung ziehen sollte, obwohl ich das selten tue bzw. dabei falschliege. [Goethes] *Wilhelm Meisters Lehrjahre* ist unerträglich langweilig, selbst bei meiner Geduld mit Klassikern.

8. JUNI 1942 Rosalind hat nichts gehört & ich ebenso wenig. Gott, ich hoffe so sehr. [E. M. Forsters] *Auf der Suche nach Indien* gelesen. Wundervolles Gefühl heute. Gemalt & skizziert. Aber nicht sehr erfolgreich. Nur mäßig.

9. JUNI 1942 Jo hat mir erzählt, sie sei viermal verliebt gewesen, das dritte Mal in ein Mädchen. Sie ringt mit dem Problem der Moral & Homosexualität, sagt sie, aber redet sich immer irgendwie heraus. Sagt, meine harte Arbeit wäre ein Überkompensieren, womit sie im Wesentlichen die Wahrheit andeutete, aber nichts Erwähnenswertes aus mir herausbekam.

10. JUNI 1942 Wundervoller, glorreicher, schöner, erinnernswerter Tag! Reiten um 7:00 morgens mit Jo. Sehr lehrreicher Ritt, aber ich habe mich mit ihr auch gar nicht wie erwartet gelangweilt. Und letzte Nacht auch nicht. Sie ist ein außerordentlich sensibles Kind – selbst Pferden gegenüber.

11. JUNI 1942 Schöner Tag. Recht gut an neuer Geschichte gearbeitet – über den Sutton-Park-Mann. Mutter hält mir kurzen, aber vernichtend entmutigenden Vortrag: Nach meinem Verhalten zu Hause zu urteilen, sei ich anders als andere Leute & werde deswegen ohnehin keine Stelle finden oder irgendwie Erfolg haben. Ich sage ihr, es liegt primär am Geschlecht und an meiner Fehlanpassung daran, beinahe von Säuglingsbeinen an, als Folge unterdrückter familiärer Beziehungen – die für ein Kind viele Jahre die ganze Welt sind. Ich sprach von einem Psychiater, & sie sprach von Mary Baker Eddy!

Um 5 Rosalind angerufen, aber sie war schon im Wochenende (!). Habe um 4:30 ein Telegramm von *Vogue* erhalten, das besagte, ich sei (als eine von 20) lobend erwähnt worden und man wünsche mir Glück. Wie ich es verstanden habe, werden sie mich aber wegen des versprochenen Vorstellungsgesprächs noch mal kontaktieren.

12. JUNI 1942 Heute Morgen den Buckel krummgeschuftet. Recht unzufrieden. Ich bräuchte ein Thema, das so groß ist, dass Forderungen & logische Erwartungen von Eltern & mir selbst mich nicht ablenken können. Habe ich aber nicht. Eine feste Arbeit anzufangen wird gleichwertig sein mit einem Jahr Urlaub und einem eigenen

Arbeitszimmer mit Ledermöbeln. So denke ich über das Neue Leben, das mich erwartet. Es kann nicht mehr lange dauern. Neuen *New-Yorker*-Termin mit Shawn[47] gemacht.

12.6.1942 Der grauenhafte, beängstigende Einfluss des Geldes. Beinahe alles Unglück, alle Unvereinbarkeit, Enttäuschung, Frustration, kurz: die Gesamtheit menschlicher Belange wird bestimmt von finanziellen Voraussetzungen.

13. JUNI 1942 Heute Morgen gearbeitet. Ich ziehe eine weitere Bewusstseinsstrom[-Geschichte] in Erwägung, über das unabhängige Mädchen, das sich dem gewöhnlichen Mann unterwirft. Ihre bittere und schmerzlich wahre Einschätzung seiner Person, wie sie ihm seine Fehler, seine Widerlichkeit unter die Nase reibt und wie sie sich ihm aber zwangsläufig dennoch fügt, aus rein intellektuellen Gründen, teilweise aus dem Wunsch heraus, sich weiter als »normal« zu behaupten, sich ihre Dosis Abenteuer aus der Jugend & dem wenigen, was N.Y.C. zu bieten hat, zu holen. Aus dem Wunsch heraus, Freddie als Freund zu behalten. Dem Wunsch, einmal dafür aufzufallen, über Nacht nicht nach Hause gekommen zu sein, dem Wunsch, in einem emotional ausgehungerten Leben eine emotional wichtige Rolle zu spielen. + Pilzbuch gelesen, dieses obskure und unheimliche Thema hat mich sehr beglückt! + Mit W. Marlowe um 4:30 bei Norma Ringer gewesen, die mitten in den künstlich herbeigeführten Wechseljahren war und sich benahm wie eine frustrierte Katze. Walter ist einsam & nicht gebührend gewürdigt. Er glaubt, ich schätze ihn, was stimmt, vielleicht schlafe ich sogar irgendwann mit ihm.

14. JUNI 1942 Ernst um 8 getroffen. Wir tranken Kaffee und hatten ein gutes Gespräch, wie Goethe & Schiller, über Fragen des Lebens

---

47 Eventuell William Shawn, Redaktionsassistent beim *New Yorker,* der für die Berichterstattung über den Zweiten Weltkrieg zuständig war und später zum Chefredakteur befördert wurde.

& der Welt, der Politik & Gesellschaft. Er wird [Edward] Weeks vom *Atlantic Monthly* meinetwegen anschreiben. Der Nachteil ist, dass das Blatt in Boston sitzt. Wie schön eine Einladung zum Vorstellungsgespräch und eine Fahrt dorthin wäre! Vielleicht könnte ich sogar bei Roger vorbeischauen! Angenehmer Abend. Ein paar gute Ideen. Über Pilze, über Dinge im Allgemeinen, so fühle ich mich lebendig, unabhängig von allen anderen Gegebenheiten & Umständen. Ach, Rosalind –

15. JUNI 1942 Und dies ist der Tag – der *dies irae, dies illa,* von dem ich immer gesagt habe, er würde niemals kommen. Dieser Tag hätte einen schwarzrandigen Sonnenaufgang haben sollen, einen schwarzen Horizont und einen Sonnenuntergang ohne Sonne. Er sollte eigentlich mein Glückstag werden. Ich hatte am Morgen gut gearbeitet. Mich um sieben mit Buffie getroffen, nach einem Drink mit M. & S., die heute Hochzeitstag haben. Buffie sehr freigebig mit ihrem Schnaps & trank auch ordentlich. Nach vielen Drinks im Restaurant gingen wir ins Famous Door[48]. Tja, und das Ende vom Lied war, dass ich meinen Geldbeutel verlor. Das Schlimme war nicht der Geldbeutel, auch nicht die vier Dollar. Das Schlimme war Rosalinds Brief – das Einzige, was ich besitze (außer meinen Erinnerungen) aus jenen wundervollen Anfangstagen, als ich ein Zauberkind war (wirklich!) und Rosalind der Himmel und die Sonne. Es hat etwas aus mir herausgerissen – etwas, das ich nie im Leben wieder einfangen kann! Das Schlimme war, dass es im billigsten Nachtclub passierte, als ich erbärmlich berauscht war, und dass es mit Buffie Johnson passierte –. Ich ging mit ihr nach Hause, und die ganze verdammte Sache wiederholte sich. Buffie war gierig nach weiblicher Gesellschaft, und ich? – Ich war am tiefsten Punkt meiner kurzen Karriere. Aber jetzt ist da nur wenig Reue, und als ich gestern Abend beschloss zu lernen, war ich bereits jedes »Warum«

---

48 Ein Jazzclub auf der 52nd Street in Manhattan, der durch Musiker wie Jimmy Dorsey, Glenn Miller, Billie Holiday und Count Basie Bekanntheit erlangte.

und »Warum nicht« im Kopf durchgegangen. Wir erwachten mit Mündern & Körpern wie Schmelzöfen, & ich stand sehr bald auf & nahm ein Bad. Buffie war anhänglich, und ich presste ihr Zitronensaft & kochte Kaffee, & sie lieh mir 4 Dollar. Kein Glück beim Famous Door.

16. JUNI 1942 Ein junger Mensch sollte nicht nach den Moralvorstellungen eines älteren beurteilt werden. Schäbige Geschehnisse lassen die unbeugsamste (und gesündeste und nachhaltigste) Reife entstehen und gehören zu einem echten Charakter. Aber Charakter wird nicht in einer Bar gemacht. Jeder Drink ist eine explodierende Dynamitstange.

Um 5:00 bei Mr. Shawn vom *New Yorker* gewesen. Ein wunderbar ehrlicher, aufrichtiger, bescheidener Mann. Will meine Sachen sehen & überlegt, mich anstelle von Männern als »Jungreporter« einzusetzen.

Das Leben ist interessant, aber es ist wie ein Irrgarten aus Prüfungen und Strafen. Die einzig wahre Belohnung muss am Ende liegen. Der Tod? Reiner Symbolismus –!

17. JUNI 1942 Vielleicht sollte ich Gedichte lesen. Wieder ein schwarzer Tag. Sie kommen wie die Wellen, die ich am Pazifik gesehen habe – besonders erschütternd, weil ich so fest geglaubt hatte, der Pazifik sei lieblich und glatt. Rief Rosalind um 7:30 an. Sie sagte: »Du hast die Stelle nicht bekommen«, »Ich weiß«, »Du hättest diese Stelle haben können. [Du sahst aus, als wärst du] gerade aus dem Bett gefallen. Die Jacke war sehr hübsch, aber die weiße Bluse nicht allzu sauber usw.« Ich fühlte mich natürlich zutiefst beschämt, nicht wegen mir, sondern darüber, dass Rosalind mich überhaupt kannte & das Ganze über ihre Freundin Marcelle kam. Tja, es sei schon dumm von mir gewesen, ohne Hut zu kommen, sagte sie, und sich nicht den Allerwertesten aufzureißen, wie sie es getan hätte, um sich für die *Vogue* maximal herauszuputzen. Rosa-

lind geigte mir ordentlich die Meinung, sagte aber auch, *Vogue* sei vielleicht einfach nicht das Richtige. Vielleicht bekäme ich ja eine Stelle beim *New Yorker,* was unendlich viel besser sei. Aber der Trostpreis sei leicht zu haben gewesen, & jetzt habe irgendein Weibsbild mit adretter Frisur die Stelle bekommen, das ist die bittere Wahrheit. Es trifft mich nicht, dass sie durch ihre Stielbrillen auf mich herabgesehen haben, dass sie behaupten, meine Bluse wäre schmutzig gewesen, obwohl ich genau weiß, dass sie sauber war. Nur dass Rosalind sich die Mühe gemacht hatte, mich zu empfehlen. Nun, ich habe mir sehr wohl die Haare gekämmt, bevor ich hineinging – es gibt hundert Dinge, an die ich mich erinnere, die ich nie vergessen werde, aber wozu sie hier niederschreiben? Es wird eine Zeit kommen, da werde ich größer sein als die *Vogue,* und ich kann meinem guten Stern danken, dass ich ihrem verderblichen Einfluss entkommen bin.

18. JUNI 1942 Heute Nachmittag geschrieben & Spanisch gelernt. *Sí, yo estudio el español y el inglés.*

Ach, hätte ich doch nur Geld in der Tasche, meinen Geldbeutel in der Tasche, Rosalind in der Tasche, ein Telegramm von der *Vogue* in der Tasche. Jo hier zum Essen. Unternahm einen dezenten Annäherungsversuch, der so gut gelang wie unter den häuslichen Gegebenheiten nur möglich. Keine Ideen. Ich bin deprimiert, ich glaube, tiefer kann ich nicht mehr sinken. Die Briten haben Tobruk[49] jetzt verloren, & in China sieht es lausig aus. Die Japsen[50] fallen schon in die sibirische Mandschurei ein, & die Zeitungen spielen unsere Fehlschläge herunter.

19. JUNI 1942 Rosalind hätte nicht netter zu mir sein können. Wir aßen Shrimps bei Crespi's. Und im Laufe des Abends erzählte ich ihr

---

49 Libysche Hafenstadt am Mittelmeer.
50 Diese diskriminierende und veraltete Bezeichnung für Japaner war in Highsmiths Jugend und besonders in den Kriegsjahren sehr gängig und verbreitet.

alles über das Vorstellungsgespräch, welche Angst ich hatte, dass ich in dem Wettbewerb ohnehin nie eine Chance gehabt hätte, hätte sie nicht ihren Einfluss spielen lassen, und sie erzählte mir mehr von ihren Anfängen, dass eine Freundin nicht genommen worden sei, weil sie *zu* modisch gekleidet war. Ich bekomme langsam den Eindruck, dass R. und Natasha die *Vogue* für einen verderblichen Einfluss halten.

Das Leben ist eine Reihe von Angriffen. Von der Qualität der eigenen Militärstrategie hängt es ab, ob man Erfolg hat. Ernst Hauser hier zu einem sehr angenehmen Abendessen, das ich selbst gekocht habe. Havanna-Buch gelesen. Mein Spanisch macht sich. Ich habe viele Ideen. Einige davon müssen sich zwangsläufig auszahlen. Die alte Gewohnheit, das Hirn zu sehr im Arbeitsmodus laufen zu lassen, muss ich noch immer überwinden. Würde Madeleine gern sehen, aber eigentlich will ich niemanden sehen, bis ich eine Stelle habe.

20. JUNI 1942 Was wohl Jos nächster Schritt sein wird? Wie ernst ist es ihr insgesamt, & vor wie vielen Dingen hat sie Angst? Donnerstagabend war nicht das erste Mal, das ist das Interessante. Zwei mittelmäßige Ausstellungen mit Mutter gesehen & auf dem Heimweg Buffie & einen Mann (?) gesehen, die gerade aus dem Maison Marie kamen. Sie mied uns absichtlich, wogegen ich nichts einzuwenden hatte.

Santayanas *Life of Reason* gelesen, dessen Philosophie insgesamt voller Plattitüden, aber ermutigend ist.

Jack B.[F] kam ohne Krawatte. Ich hätte ihn umbringen können! Na ja – ich mag ihn aus anderen Gründen.[FF] Er sagt, ich hätte einen Pokal verdient für meine nichtssagenden Bemerkungen! Wenn er wüsste, dass ich manchmal viel lieber allein wäre, wenn ich neben ihm herlaufen, seiner oberlehrerhaften Konversation lauschen & nur hin und wieder versuchen muss, meine »Hms« mit einem ganzen Satz abzuwechseln. Wenn er wüsste, was in meinem

Kopf vor sich geht, das würde er sicher nicht für nichtssagend halten!

Wir sahen *Iolanthe*[51], was grottenschlecht, aber lustig war, wegen des Texts der Fee, die im Stück von der Hüfte aufwärts eine Fee war, aber in Wirklichkeit von Kopf bis Fuß eine kleine Fee.[52]

Hinterher ins Grotto[53], wo Berger mehrere entfernte Verwandte traf, zweifellos sehr zufrieden, dass er mit einer Schickse gesehen wurde.

21. JUNI 1942 Heute Morgen gearbeitet. Weiterhin unzufrieden mit der Sutton-Place-Geschichte (der Geschäftsmann & das Mädchen), die, genau wie die Boston-Geschichte, zu einer Übung in blumigem Schreiben wird. Mit Bernhard zu Fuß zu Blechman. Die Nacktbilder von mir waren nicht aufregend, weil ich vom Kopf her nichts zum Thema beigetragen habe. Nächstes Mal weiß ich es besser, ich bin nämlich sicher, dass ich es kann. Und sie ist es auch. Ich scheine von nächsten Malen zu zehren, das stimmt mich verzweifelt & wütend. Bernhard will mich, aber ich denke lieber nicht daran, in welcher Funktion, ich bin nicht so aufregend, wie sie es ganz offen für die Liebe voraussetzt. Und doch machte sie mir das Kompliment, ich sei die einzige Frau in N. Y. C., mit der sie sich vollkommen wohl fühle, mit der sie die ganze Zeit zusammen sein könne. Kam nach Hause, & es waren Blumen von Berger da (tolle, lange Gladiolen). Sortierte die alten nicht ordentlich aus (hatte keine Zeit mehr), & Mutter gab mir eine Ohrfeige für etwas, das sie »Widerrede« nannte und ich einfach fade Konversation. Hinterher tat es ihr leid, & sie gab sich die allergrößte Mühe, beim Essen nett zu mir zu sein. Stanley & sie sprachen über Schwierigkeiten. Stanley hat natürlich den am wenigsten intellektuellen Ansatz & formuliert die dümmsten & naivs-

---

51 Komische Oper von W. S. Gilbert & Arthur Sullivan.
52 Das englische Wort für Fee, »*fairy*« kann man auf Deutsch auch mit »Tunte« übersetzen.
53 Eventuell Grotta Azzurra, 1908 gegründetes Restaurant in Little Italy, zu den häufigen Gästen zählten u. a. Enrico Caruso und Frank Sinatra.

ten Theorien & Lösungen. Mutter sitzt da und erwägt alles & runzelt die Stirn, aber ihr fällt auch nicht viel Besseres ein.

Was wissen sie schon von meiner Wut, von Ungeduld, Frustration, Energie, Verzweiflung, meinem Ehrgeiz, dem was ich liebe & hasse und was mich verzückt?! Nichts! & das werden sie auch nie! Gut an Skulptur gearbeitet in meinem Zorn.

Heute Abend Va. getroffen. Ihr Zuhause ist schmutzig & unordentlich. Ich bin ihr entwachsen, und ich finde sie langweilig, deprimierend. Rief Bernhard um 10:10 an, sagte, ich hätte ihr eine überwältigende Frage zu stellen. Ich hatte zuvor (nüchtern) geplant, sie zu fragen, ob ich in sie verliebt sei, verschob es jedoch vernünftigerweise mindestens bis Freitag, wenn sie Rosalind kennenlernt. Also hatten wir eine ganz wunderbare und unvergessliche Stunde im Hapsburg House[54], das Ludwig Bemelmans dekoriert hat, als er dort lebte, aßen Chili & tranken Martinis & sprachen über die wundervollen Dinge, über die nur wir sprechen können. Ich brauche sie, & sie braucht mich. Es gibt gerade niemanden, der für sie brennt, das weiß ich. Sie wird sich zweifellos gegen künftige Verletzungen schützen. Daher all dieses vorsichtige Verhalten von beiden Seiten. Wir sind schüchtern. Wir kennen einander schon so gut.

21.6.1942 Duschbad um zwei Uhr morgens. Für ungetrübte Opiumträumereien, Luftschlösser, die überschwenglichsten Zukunftspläne, Schöpfungen, Ideen, Kampagnen, rosige Aussichten oder auch nur reines animalisches Glück im Hier und Jetzt, versuch es mit einem Duschbad um zwei Uhr morgens, bevor du in die Küche gehst, um die Martinis (nur einen oder zwei) mit etwas gutem italienischem Brot und Milch abzufangen.

---

54 Österreichisches, zunächst als privater Club eröffnetes Restaurant, das im Hollywood-Film *Ein charmanter Schurke* (1935) als Kulisse diente. Ludwig Bemelmans war mit Wandmalereien für den Gastraum beauftragt worden und wurde dann zum Miteigentümer.

23. JUNI 1942 Meine Haare gehen mir höllisch auf die Nerven. Heute Haarlack gekauft.

^{SP}Jo P. getroffen und mit ihr zu Abend gegessen.^{SPSP} Wieder das Gleiche, Jo sehr vorsichtig & schüchtern, aber sagt, mich zu küssen verschaffe ihr einen inneren Frieden, wie es nur wenige andere Dinge tun. Behauptet, sie hätte vorher noch nie ein Mädchen geküsst. Seltsam, & sie macht es so gut! *De Profundis* von [Oscar] Wilde gelesen. Spanisch gelernt.

23. 6. 1942 Es bleiben eher nur Fetzen der Erinnerung an die Vergangenheit erhalten, mir zumindest. Aber ich erinnere mich an den Zauber der mittwochnachmittäglichen Ausflüge in die Stadt, als ich noch Knöpfschuhe trug & an der Hand meiner Großmutter ging, über das Viadukt, das die herrlich interessante mexikanische Siedlung mit ihren streunenden Hunden und halbnackten Kindern überspannte, mit dem farbenfrohen, geheimnisvollen Treiben der Männer, die entweder um die armseligen Hütten herumlungerten oder große Pakete voller Lebensmittel nach Hause schleppten (weiße Gestalten in ihrer Arbeitskleidung), Karren mit Gemüse, Trödel, Zeitungen zu einer dankbaren Familie schoben. Ich erinnere mich ans Kino (mittwochs waren die Vorstellungen etwas billiger), wo wir Clive Brook in den Serien über die kanadische berittene Polizei[55] sahen und ich die Gewürznelke riechen konnte, die meine Großmutter sich immer auf die Zunge legte, wenn sie aus dem Haus ging, um ihren Atem zu versüßen. Sie trug immer ein Päckchen davon bei sich, und obwohl ich auch immer eine haben durfte, wenn ich wollte, mochte ich sie eigentlich nie. Ich bekam immer einen Hershey-Riegel, den ich mir über die gesamte Dauer der Vorführung einteilte, indem ich die Mandeln in der Mitte durchbiss, das Stanniolpapier Stück für Stück von der in meinen Fingern schmelzenden

---

55 Vor dem Hauptfilm wurden oft Teile einer Serie gezeigt. Die »Royal Canadian Mounted Police« oder »Mounties« waren eine Zeitlang beliebtes Sujet von Romanen, ebensolchen Serien und auch ganzen Filmen. Highsmith verbindet sie in ihrer Erinnerung mit dem englischen Schauspieler Clive Brook (1887–1974), in ihrer Jugend einer der großen Hollywood-Stars.

Schokolade schälte und es dann noch ableckte, bevor ich es auf den Boden warf. Ich erinnere mich an farbenfrohe Besuche im Billigkaufhaus (Kresses, ein Name, der für meine Ohren der Inbegriff von billig war – manchmal sogar als Wort so verwendet wurde, für Papierservietten, für Sicherheitsnadeln, manchmal auch als bloßer Ausdruck gesellschaftlicher und finanzieller Herablassung). Ich erinnere mich, wie ich mit meinen Knöpfschuhen durch den Garten lief, gerade aus der Stadt gekommen, und wie Willie Mae der Erzählung meiner Abenteuer und Vergnügungen sprachlos, aber ohne Begeisterung lauschte, wie ich ihr meinen Springfrosch von Kresses vorführte, an dem man zwei Hebel drücken musste, damit er sprang. Ich erinnere mich an Willie Mae in ihrem unförmigen Jeans-Overall, an den Schweiß, der ihre sommersprossige Stirn mit schmutzigen Striemen überzog, wie sie barfuß und mit Dreck unter den Fußnägeln in einer zementgesprenkelten Schubkarre saß, die Knie höher als der Kopf, und obwohl sie mich um die halbaufgegessene Tüte Popcorn beneidete, um die Erinnerung an die Serie, den Film, die Varietévorführung, die mich bis zum nächsten Mittwoch tragen würde, beneidete ich sie damals mehr.

Das war Amerika – Texas – 1929.

24. JUNI 1942 Sehr angenehmer Abend, *a casa sólo*. Seltsame Neuigkeiten. Ein Mr. Goldberg[56] rief um 11 Uhr abends an und fragte, ob ich morgen zu einem Vorstellungsgespräch für die Stelle als Redaktionsassistentin kommen könne, auf die ich mich vor Ewigkeiten beworben hatte. Habe eine Ahnung, dass ich sie bekommen werde. Er wird wahrscheinlich versuchen, mich auf typisch jüdische Art auf achtzehn die Woche herunterzuhandeln, was ich nicht annehmen werde.

---

56 Ben-Zion Goldberg (geboren in Vilnius als Benjamin Waife, 1895–1972) war ein einflussreicher und aufgrund seiner prosowjetischen Ansichten umstrittener jüdischer Journalist und Herausgeber. In Buchform sind von ihm *Sacred Fire: The Story of Sex in Religion* und *The Jewish Problem in the Soviet Union* erschienen.

25. JUNI 1942 Habe die Stelle wohl bekommen. Nur 20 die Woche. Habe nicht verhandelt, weil ich schlecht im Verhandeln bin. Goldberg muss wohl einen ziemlich guten Ruf genießen – irgendwo. F. F. F. ist ein jüdischer Verlag, der die meisten seiner Sachen an jüdische Zeitungen verkauft. Wir werden an einem F. D. R.-Heft arbeiten, das in der Zeitung & dann vielleicht auch in Buchform erscheinen soll (falls ich Interesse hätte, sagte er), & ich soll Tantiemen bekommen und auch für Zeitschriften schreiben, um mehr Geld zu verdienen. Die Arbeitszeiten werden lang & unregelmäßig sein. Alle finden es besser als ich selbst.

25. 6. 1942 Weitere Reaktionen: Langeweile und die Überlegung, während man die Straße entlanggeht, was diese Menschen antreibt, die so hektisch, aber mit der Zwangsläufigkeit von Aufziehpuppen unterwegs sind. Und die ewige Antwort lautet: nicht das Beisammenhalten von Körper & Seele, nicht primär das Geldverdienen und sicherlich in den allermeisten Fällen auch kaum der inständige Wunsch und das Streben danach, etwas zu erschaffen. Nein, es liegt an einem Gespür, einer Gewohnheit der Nachahmung, an den Fesseln der Geburt, die so schwierig abzulegen sind, und im Fall der »denkenden« Minderheit vielleicht noch das Ziel, die Kuh New York zu melken, solange man noch jung genug ist zu versuchen, ihre baumelnden Euterzitzen zu erhaschen.

26. JUNI 1942 Es ist ein lausiger, journalistischer, unwissenschaftlicher Job, und ich bin offen gesagt gelangweilt davon & schäme mich dafür. Warum kann es nicht um die Skarabäen von Tutanchamun gehen? Warum nicht um die Geschichte der Dalai-Lamas? Warum nicht um die Paläontologie der antiken Kreter? Warum nicht um die Geschichte des Steins der Weisen?!

27. JUNI 1942 ^{SP}Erster Arbeitstag. Ich war um halb elf in der Bibliothek (42nd Street). Habe den ganzen Tag Zeitschriften gelesen.

Mr. Goldberg (!) kam um drei und sagte mir, ich solle ausführlicher schreiben (und einfacher!). Er hat nicht unrecht.^{SPSP} Die Arbeit ist mühselig, langwierig & eintönig, bis ich sehe, was wir zu Papier gebracht haben.

^{SP}Ich bin schrecklich müde.^{SPSP} Meine größte Angst heute – an diesem ersten Tag mit nicht allzu viel Schlaf in der Nacht zuvor – ist, dass ich nicht genug Energie haben werde, um alles zu machen, was ich will. Heute Abend Dante gelesen. Spanisch gelernt, an einer Geschichte gearbeitet. Habe mehrere geeignete Ideen, mit denen ich spielen kann. Das ist jetzt unwichtig. Ist [das nicht] das beängstigendste Gefühl unserer Zeit? Die Angst vor dem Energieverlust, der Verausgabung für eine Maschine, die uns vollkommen egal ist, die Verschwendung von allem, was uns ausmacht – der Verbrauch der Lebensgeister, als handele es sich um Benzin. Was gibt es Furchteinflößenderes? – Nicht das Fegefeuer und nicht die Hölle!

29.6.1942 Der Eindruck, andauernd zu scheitern, führt bei der weiterhin umtriebigen Person zu Folgendem: dem Verlangen, »jemand anders« zu sein, dem Gefühl, dass der Ausführende, selbst mit einer neuen und guten Idee, ja doch der Gleiche ist, der Ausführende und Künstler ja doch »ich« bleibe, was zwangsläufig den alten Rattenschwanz an Fehlern, den alten Stolpersteinparcours nach sich zieht – und man wünscht sich ein neues Inneres, ein ganz und gar neues Inneres.

29. JUNI 1942 Kam recht spät in die Bibliothek. Rief vergeblich bei Rosalind & Bernhard an, fühlte mich plötzlich sehr verloren und wünschte mir wie verrückt eine Verabredung zum Mittagessen oder für heute Abend. Besuchte R. um 12:10. Da hatte sie sich gerade verabredet. Schaute Goldberg in einer Akte nach, er wurde 1941 einmal verhaftet, weil er »Streikbrecher!« geschrien hat. Keine schlechte Bilanz. Zum Essen nach Hause. Traf Alice T., als ich zurückkam. Wir rauchten eine Zigarette. Mag mich offensichtlich lieber als Va.

Tja, warum auch nicht? Va. hat übrigens ein großes Bild von mir in ihrem Zimmer (auf dem Klavier). Außerdem eine Skizze. Sie lebt also noch immer mit mir zusammen. Jo schickte mir eine (ziemlich) schöne Brieftasche aus Krokodilleder, vier goldene Ecken. Western Union. Mit einer Karte: »Ein Kompromiss. Jo P.« Wie lieb von ihr. Ich hatte daran gedacht & es mir gewünscht, aber natürlich keine Andeutungen in der Richtung gemacht, weil es mir zu peinlich war.

30. JUNI 1942 ^{SP}Betty auf dem Weg ins Del Pezzo gesehen. Sie sah mich nicht. Dann kamen Betty und Rosalind zusammen herein.^{SPSP} R. winkte mir schließlich zu. Sie hatte ziemlich freien Blick auf Bernhard. Das machte mir natürlich nicht das mindeste aus, ich hoffe nur, dass sie nicht dachte, ich würde sie ausspionieren. Habe heute Tausende von Wörtern geschrieben. Goldberg nicht gesehen, aber ich brachte ihm meine Notizen vorbei. Die drei anderen Mädchen schienen zu faulenzen. Eine ist übrigens lesbisch. Jemand machte sich an Bernhard heran, was ihr Ego um 100 % stärkte. Ich tue das nicht genug für ihren Geschmack. Schön, wieder Martinis zum Mittagessen zu trinken. Morgen mit R. Möchte einen Anzug bei Saks kaufen. An »Russula«[57] gearbeitet, fast fertig & habe große Ziele. Wundervoll, wie einen die Energie nie im Stich lässt. In Ägypten sieht es lausig aus. Die Briten ziehen sich nach Alexandria zurück, aber es kommt alliierte Verstärkung nach.

1. JULI 1942 Rosalind sagt, ich sei zu sehr im Unklaren geblieben darüber, was ich mit mir anfangen wolle, als ich mich auf die Jobsuche gemacht habe. Sehr wahrscheinlich, aber jetzt, mit diesem einen Monat Erfahrung, glaube ich, dass ich es um Welten besser könnte. Mit ein paar Wochen Erfahrung hier oder anderswo werde ich es noch einmal bei Fraser versuchen. Goldberg finde ich sehr langweilig, & er will immer, dass ich den ganzen Artikel erst zu

---

[57] Unklar, welche Geschichte hier gemeint ist.

Papier bringe! Buffie rief wegen einer Party morgen Abend an. Verrückte Kostüme.

2. JULI 1942 Recherche über Sara Delano Roosevelt, von deren Schwester ich den Ehenamen nicht weiß und der die zweifelhafte Ehre eines Nachrufs zuteilwurde, der sich um ihre Reise nach China 1862 drehte. Zu dieser Reise lässt sich rein nichts mehr finden, bis auf die Reisegeschwindigkeit in Knoten. Goldberg hat mich um 5:30 noch losgeschickt, um etwas zu erledigen! Dreckskerl! Nichtsdestotrotz werde ich gutgelaunt weiterarbeiten. NB: Der Kunde ist König.

Hinterher auf Buffies Party. Buffie sah sogar noch besser aus, als ich erwartet hatte, in einer ärmellosen rosa Korsett-Strumpfhosen-Klamotte, die ungefähr & abrupt im Schritt endete. Schwarze Netzstrümpfe. De la Noux[58] auch da. Toni Hughes mit einem netten jungen Mann namens Keith, der Ernst Hauser & Wolf kennt & Wolf mag (!), Julian Levi, Mr. & Mrs. Watts (der Mann hat wunderschöne nackte Füße & das weiß er auch) & Teddie & Touche[59]. Touche ist grässlich, unerträglich flapsig. Teddie mag ich – auch wenn ich eine derart maskuline Gestik bisher nur bei Butches gesehen habe. Sie trug cremefarbene Strumpfhosen, Kutscherlivree oder den galanten Stil des 18. Jahrhunderts, mit schwarzen Stiefeln – das mag zum ersten Eindruck beigetragen haben. Wir unterhielten uns jedenfalls eine ganze Weile. Touche nimmt irgendwann jede Frau in die fleischigen Arme und hat eine schnoddrige Antwort auf alles. Sagte, ich müsse unbedingt mal zu ihm nach Hause kommen. De la Noux sah hübsch aus wie immer. Weiße Bluse, durch ein lavendelfarbenes Halstuch daran gehindert, mit ihren Zähnen zu konkurrieren. Würde Teddie & Toni gern wiedersehen.

---

58 Sehr wahrscheinlich meint Highsmith hier die bisexuelle Schriftstellerin und Designerin Eyre de Lanux (1894–1996), die auch eine Bekannte von Rosalind war.
59 La Touche (geboren als John Treville Latouche, 1914–1956) schrieb die Texte für über 20 Musicals, u. a. für *Cabin in the Sky* mit dem Song »Taking a Chance on Love«. Er schrieb auch die »Ballad for Americans«, die sowohl Paul Robeson als auch Bing Crosby regelmäßig aufführten. Er war homosexuell, und seine Frau Teddie wahrscheinlich auch.

3. JULI 1942   Entspannter, angenehmer Tag. Sollte in der 25th Street etwas erledigen, dann zurück zu Goldberg, der eine Stunde lang mit mir im Shanty saß und über das Projekt[60] sprach. Ich müsste all meine Freizeit fürs Lesen opfern (selbst die Abende), wenn ich bei diesem Buch mitmachen würde. Aber Goldbergs Methoden sind tadellos. Außerdem mag ich ihn persönlich & er mich wohl auch. Ich habe ihn noch nicht auf das Gehalt angesprochen, aber ich werde nicht für unter 30 $ schreiben. Er schaut sich meine Textproben dieses Wochenende an & wird mir wahrscheinlich ganze Kapitel zu schreiben geben, die er vorher entwirft. Das würde Spaß machen.

3.7.1942   Die hartnäckigsten Süchte, die innigsten Vorlieben – wie Rauchen, Trinken, Schreiben – sind zuerst unangenehme, beinahe widernatürliche Beschäftigungen. Was beweist, dass der Todestrieb dem Normalbürger zumindest »gegenwärtig« ist, in der aus dem Rauchen & Trinken resultierenden Ekstase; was wiederum beweist, dass Kunst aus dem Merkwürdigen, der Faszination, dem Schmerz & dem allmählichen Vertrautmachen entsteht. Wie Schreiben, wie Malen, wie Komponieren. Und wenn der Schriftsteller sagt: Ich hasse das Schreiben, dann zwingt ihn der Kraftaufwand des Hirns dazu. Er mag es ebenso hassen, Wasser zu trinken, wenn er keine Lust hat, aber für seine Gesundheit wird er es trotzdem tun, der Körper wird seine unvermeidlichen Bedürfnisse signalisieren.

5. JULI 1942   [SP]Angenehmer Tag, weil Mutter bei Marjorie war, um Abzüge zu machen. Einen von meinen Holzfrauen, den ich Mr. Crowninshield[61] von der *Vogue* zeigen sollte. Er kauft ähnliche

---

60   »Das Projekt« ist eins von Goldbergs Buchprojekten.
61   Der kultivierte und elegante Francis Welch Crowninshield (1872–1947) ist am bekanntesten für seine 21 Jahre an der Spitze von *Vanity Fair,* in denen sich die Zeitschrift vom bloßen Modeheft zu einer von Amerikas bekanntesten Literaturzeitschriften entwickelte, die Aldous Huxley, T. S. Eliot, Gertrude Stein und Djuna Barnes veröffentlichte (alle in einer einzigen Nummer). Er war später auch Herausgeber der *Vogue*.

Sachen. Russland sagt, die Deutschen hätten Grenzen überschritten. Der Krieg läuft für sie jetzt schlechter als vorher ... War mit Mutter spazieren, und wir führten ein ernstes Gespräch über die Zustände daheim. Sie wird jetzt umgänglicher sein, glaube ich. S. ist immer gleich. Hat heute kein einziges Wort gesprochen.[SPSP]

7. JULI 1942 Ich leide in letzter Zeit nicht nur an einer Verflüchtigung meiner Ideen beim Schreiben, sondern an einer Verflüchtigung meiner Energie insgesamt. Ich sollte Helen lieben! Vielleicht tue ich das auch. Ich tue es ganz sicher, wann immer ich an sie denke. Bei ihr & mit ihr habe ich definitiv gefunden, was mir bisher noch niemand geben konnte und mir vielleicht auch nie geben wird. Warum gräme ich mich wegen Rosalind? Und sogar wegen Bernhard?! Wenn ich um Helen auf verlorenem Posten kämpfe, was juckt mich das? Mich, die immer auf verlorenem Posten kämpft. Mich, die Ideale in der Liebe hat!
[SP]Es geht aufwärts.[SPSP] Angenehmer Abend, einen Schonbezug genäht, Dante gelesen. Ich erinnere mich an den Rat von Mrs. Lordner: »Wer es heutzutage zu nichts bringt, ist einfach dumm.« Goldberg fragte, ob ich den Haushaltsteil des *Jewish Family Year Book*[62] übernehmen wolle. Ich sagte ja!

7. JULI 1942 [SP]Ich möchte alle meine Notizbücher nehmen und sie durchlesen, sie auf wichtige Sätze durchsuchen – sie benutzen.[SPSP] Es wäre wunderbar, ein Wochenende so zu verbringen. Allein, ganz in Ruhe.

8. JULI 1942 [F]Habe mein Abschlusszeugnis bekommen! Echtes Pergament[FF] – [SP]es ist auf Latein verfasst, so dass ich es gar nicht lesen konnte! Musste ein Wörterbuch benutzen! Aber es ist wun-

---

[62] Wahrscheinlich *The Jewish Family Almanac 1943,* herausgegeben von B. Z. Goldberg und Dr. Emil Flesch und veröffentlicht von F. F. F. Publications.

derschön, und ich will, dass Grandma es bekommt. Aß mit Rosalind und gab ihr meine Zeitschriften von Jeannot. Waren in der Malvina-Hoffman-Ausstellung. Nicht gut. Dachte darüber nach, dass Rosalind mich schnell satthaben könnte. Versuchte ihr zu erklären, was ich von meinem Leben mit – ihr – mit mir halte. Dass es für mich keinen Grund gibt, für immer bei ihr zu bleiben, wie – was? Wie ein Niemand!^SPSP

8.7.1942 Jeder Mensch trägt in seinem Inneren ein schreckliches anderes Universum der Hölle und des Unbekannten mit sich herum. Er mag es nur selten zu sehen bekommen, wenn er es versucht, aber im Laufe seines Lebens erblickt er es vielleicht ein- oder zweimal, wenn er dem Tode nahe oder sehr verliebt ist oder zutiefst ergriffen ist von Musik, von Gott oder von plötzlicher Angst. Es ist ein gewaltiger Abgrund, tiefer als der tiefste Krater der Welt, dünner als die dünnste Luft, weit hinter dem Mond. Aber es ist angsteinflößend und grundsätzlich verschieden von dem, wie der Mensch sich für gewöhnlich wahrnimmt, so dass wir all unsere Tage am diametral gegenüberliegenden Pol unserer selbst verbringen.

8.7.1942 Ich wäre sehr zufrieden, wenn ich eine Geschichte von zwei vollkommen normalen Frischvermählten nehmen könnte, die vor Gesundheit und sexueller Energie nur so strotzen, und eine gute Geschichte daraus machen könnte.

9. JULI 1942 ^SPMr. Goldberg hat mein Gehalt erhöht, ich weiß nicht, auf wie viel, vielleicht 23–24 $. Ich möchte mir ein spanisches Wörterbuch kaufen. Jack tritt am 29. Juli der Armee bei. Aber er wird noch bis zum 14. August hier sein. Er ist jetzt ernst und traurig.^SPSP Gute Ideen & ziemlich zufrieden. Mutter heiter wie eine Grille!

12. JULI 1942 Kurz – sehr hektisch – an meinem Schonbezug genäht. Es macht mich rasend, weil das Nähen auf ganz besonders gewaltvolle und überwältigende Art all die Dynamik, all die vertrauten Gefühle des Scheiterns in sich vereint!

13. JULI 1942 [SP]Gestern war der bisher schlimmste Tag für die Russen. Die Deutschen sind sehr weit ins Land vorgedrungen. Die beiden Armeen sind jetzt so gut wie getrennt, Nord & Süd, und die Deutschen nehmen Kurs auf die Ölfelder. Die Briten konnten Rommel stoppen.

Ein Tag voller Arbeit. Faktenrecherche für den Artikel über den Haushaltsplan und am Nachmittag geschrieben. Brief von Jo P.[SPSP] »Dein Brief war die Oase in einer Wüste von Südstaatenschönheiten usw.« Und dass sie mich vermisst. [SP]Außerdem eine Karte von Jeannot. Nur »*espoir*« [Hoffnung]. Walter Marlowe um 7 hier. Ein paar Bücher. Er sprach davon, dass alles sich nach den Wünschen der Reichen richtet. Ach! Herrliches Essen im Salle du Bois und gute Konversation. Hinterher ins Spivy's.[SPSP]

14. JULI 1942 [SP]Goldberg hatte jede Menge Korrekturen für meinen Artikel. Jetzt ist er viel besser. Weiter für den morgigen Artikel recherchiert. Sehr müde. Rief Bernhard an und sagte unsere Verabredung heute Abend ab. Statt ins Theater zu gehen, las ich Dante und arbeitete an meiner langen Geschichte. Sie ist sehr gut.[SPSP]

14. 7. 1942 Was wir als »Hölle« bezeichnen, ist ein auf Erden erdachter Zustand, abgeleitet aus der körperlichen Empfindung der Scham, die immer einem innerlichen »Brennen« gleicht.

16. JULI 1942 [SP]Ich würde Rosalind am 19. gern sehen. Es ist unser Jahrestag. Aber sie wird sich nicht daran erinnern. Niemals – niemals – nie! *Mademoiselle* rief um 11 an. Sie wollten, dass ich morgen um 10 zum Vorstellungsgespräch komme. Es gibt eine freie Stelle,

aber sie suchen eigentlich eine Stenographin.^SPSP Ich würde so gern für *Mademoiselle* arbeiten – vor allem, weil ich mich so bei Rosalind rehabilitieren könnte. Wenn ich ihr nur am Montag, wenn wir beim Mittagessen sitzen, sagen könnte, dass ich tatsächlich dort arbeite! Ich würde selbst für weniger Geld dort anfangen.

17. JULI 1942   ^SP Den ganzen Tag gearbeitet, konnte nichts lesen oder lernen. Paddy Finucane[63] über dem Atlantik in seinem Flugzeug gestorben. Die Deutschen trafen seinen Kühler, und er war nicht hoch genug, um bis nach England zurückzufliegen. Als sein Flugzeug auf dem Meer aufschlug, zerbrach es wahrscheinlich in tausend Stücke! Dabei war er erst einundzwanzig Jahre alt.

Billie B. gestern Abend. Tranken etwas im Cape Cod Room. Hinterher gingen wir zu ihr nach Hause, wo ich auch übernachtete! Nichts zu erzählen. Billie ist schlecht im Bett. Das wusste ich ja schon vorher. Ihr Bett ist außerdem schmal. Ich wachte früh auf und war um acht zu Hause. Eltern werden nie davon erfahren.^SPSP

18. JULI 1942   ^SP Mr. Goldberg hat gesagt, ich soll nicht bei *Mlle* anfangen. Er sei weiter an mir interessiert, was stimmt. Jetzt weiß ich nicht, ob ich gehen oder bleiben soll.^SPSP

19. JULI 1942   ^SP Heute ist der Tag, an dem ich Rosalind Constable kennengelernt habe. Ich hätte heute bei ihr sein sollen. Ich hätte unserer Liebe auf den Grund gehen oder wenigstens mit ihr darauf anstoßen wollen. Aber sie ist weit weg und denkt nie an mich. Und dann ist es auch noch so heiß wie das ganze Jahr noch nicht. An meiner Geschichte gearbeitet und werde sie morgen Mr. Goldberg zeigen. Ich will noch immer ausziehen, ich glaube, auf diese Weise werde ich erwachsen werden! Dante und Heraldik[64] wieder mit gro-

---

63 Brendan Eamonn Fergus Finucane (1920–1942), Spitzname »Paddy«, vielfach ausgezeichneter irischer Kampfpilot.
64 Möglicherweise Henry Wall Pereiras *On Dante's Knowledge of Heraldry* (1898).

ßem Genuss gelesen. Würde gern ein Stück fürs Theater schreiben. Ein Stück über einen Soldaten, der desertiert.[SPSP]

20. JULI 1942 [SP]Die Tage vergehen vergnügt, aber ich mache nur langsame Fortschritte. Heute mit derselben Ruhe gearbeitet wie in meiner Jugend in der Morton Street. Heute Morgen guten Artikel über »Trends in der Mode« geschrieben und mich zum Mittagessen mit Berger getroffen, der einen Tom Collins trank und Zeitung las. Über den Tisch hinweg konnte ich spüren, dass er an mich dachte. Er würde alles tun, um mir zu gefallen. Gelernt und zwei Seiten einer wundervollen Geschichte über »Manuel«[65] geschrieben. Sie wird wirklich ganz wundervoll!

Die Briten bereiten sich darauf vor, dass die Deutschen Alexandria einnehmen. Unterdessen kämpfen die Russen tapfer. Und sie verlieren. Ich bin glücklich – ich bin glücklich, und warum? Ich habe nichts. Ich habe niemanden![SPSP]

22. JULI 1942 [SP]Heute Morgen geschrieben, und hinterher fragte Mr. Goldberg, ob er mein Notizbuch lesen dürfe. Ich sagte ja und dachte hinterher nein. Ich kann ihm doch nichts geben, das nicht gut ist! Bernhard teilt sich jetzt ein Studio mit einem Fotografen. Sie will, dass ich morgen komme und ihr helfe, den Raum fertigzumachen, aber ich muss arbeiten. Ich leiste wirklich nicht genug für Mr. Goldberg. So werde ich sicher keine Gehaltserhöhung bekommen! Ich habe zu viel an mich selbst gedacht.[SPSP]

23. JULI 1942 [SP]Goldberg ist nett. Wir sprachen über die Arbeit und hinterher über meine Geschichte. Ich muss acht Seiten neu schreiben. Bernhard hat angerufen. Aber ich habe keine Zeit, jeden Abend zum Spielen rauszugehen.[SPSP]

---

65 An »Manuel« wird Highsmith die nächsten Monate arbeiten. Die Geschichte ist nicht erhalten.

24. JULI 1942 B. Z. G. übler Laune *ce soir*. ^SP^Und musste Steno schreiben.^SPSP^ Wie viel schöner wäre es, anderswo zu arbeiten – aber Wunschdenken nicht erlaubt. Ich werde noch früh genug den Absprung schaffen. Werde morgen Einmalzahlung & den Wagner Act[66] ansprechen.

Jack angerufen. Er hat sich so gefreut, dass er mir später noch ein Telegramm schickte. Spanisch gelernt – aber ab jetzt werde ich meine Abende mit Schreiben beginnen.

26.7.1942 Die Musik von Wagner – fast alles geeignet, um dazu miteinander zu schlafen.
(Welch Horror! – 1950)[67]

27. JULI 1942 ^SP^Mutter und ich waren im Winslow. Hervorragendes Essen. Sie fragte mich über Jack und Marlowe aus. Wen magst du lieber? usw. Ich weiß es gar nicht. Sie meint, Jack bete mich an. Das stimmt. Zur Abwechslung mal ein bürgerlicher Abend – wir sahen *Mrs. Miniver* in der [Radio City] Music Hall. Mutter hatte so viel gegessen – oder so viel getrunken, dass sie immer wieder einschlief. Der Film war wundervoll. Habe Bernhard angerufen und bereue es, weil ich mir jetzt die ganze Nacht wünschen werde, es wäre schon morgen.^SPSP^

28. JULI 1942 ^SP^Das erste Mal beim Erste-Hilfe-Kurs auf der 5th Avenue, 20 Frauen und fünf Männer. Viel gelernt.^SPSP^

30. JULI 1942 Gestern Abend vor einem Jahr schrieb Rosalind mir den hinreißenden Brief, wegen dem ich mich in sie verliebte – den Brief, den ich in Sioux Falls, South Dakota, bekam, den Brief, den ich las, bis er auseinanderfiel, den Brief, den ich nie jemandem

---

66 Der *National Labor Relations Act* von 1935, bekannt als *Wagner Act,* garantierte Arbeitnehmern das Recht auf Gewerkschaftsbildung und kollektives Verhandeln von Löhnen und Arbeitsbedingungen.
67 Von Highsmith 1950 kommentierter Eintrag.

zeigte, den Brief, den ich auswendig kannte, den Brief, an den sie glaubte und an den ich glaubte, den Brief, für den ich einen Schneidezahn gegeben hätte – den Brief, den ich verloren habe. Die meisten Sätze habe ich noch im Kopf, es wird schlimm sein, die Erinnerung verblassen zu sehen, aber es kommt mir albern vor, (vergeblich) zu versuchen, auch nur einen Teil davon aufzuschreiben.

[SP]Miss Weick[68] schreibt jetzt Artikel, aber die sind alle nicht so interessant wie meine.

Völlig ideenlos momentan, aber wenigstens lief es heute Abend nach dem Erste-Hilfe-Kurs gut mit meiner Geschichte »Manuel«. Heute Abend schauten wir uns die Blutbahnen an usw. Mein Mädchen (meine Kurspartnerin) ist hübsch, aber so dick, dass ich die Venen nicht finden konnte. Wir untersuchten den Körper, selbst die Zehen, die Brust, die Brüste, Hals und Rücken.

Ich möchte Rosalind sehen. Dann will ich mit ihr nach Hause gehen.[SPSP]

31. JULI 1942 [SP]Typischer Tag, viel zu viel geraucht, viel zu viel gearbeitet. Hatte im Fornos Reis mit Hühnchen.[SPSP] Goldberg hat gesagt: »Ich finde, Ihre Art zu schreiben hat etwas – Rhythmus & hier und da eine neue Ausdrucksweise. Aber sie neigt zu sehr dazu, Poesie zu sein, nicht rund.« [SP]Dafür bekam ich eine weitere Gehaltserhöhung: 25 $ die Woche. Jack sagte, er habe mit Goldberg gesprochen. Über Geschäftliches. Er rief mich heute Abend während der Verdunkelung an.[69] Jack sagte, Goldberg habe mir viele Komplimente gemacht, aber das würde er mir am Montag erzählen.[SPSP]

---

68 Eine Kollegin von Highsmith bei F. F. F.
69 Da sich Schiffe nachts vor den erleuchteten Städten der Ostküste deutlich abzeichneten, wurden sie im Zweiten Weltkrieg zum leichten Ziel für deutsche U-Boote, weshalb die US-Militärführung im Frühjahr 1942 eine Verdunkelung anordnete. In ganz Manhattan dimmte man Ampeln und Straßenlaternen, Autoscheinwerfer wurden verhängt und die Neonlichter an Geschäften, Bars und am Times Square ebenso ausgeschaltet wie die Fackel der Freiheitsstatue.

2. AUGUST 1942 Habe Rosalind einen Brief mit der Sexualhygiene-
broschüre »Willkommen, Soldat!« geschickt. Ich glaube, sie ist im
Urlaub, weshalb ich sie seit 24 Tagen & 12 Stunden & 25 Minuten
nicht mehr gesehen habe.

2.8.1942 Warum kann ich nicht von Apfelblütengesichtern schreiben, von Valentinsverliebten und Bettstätten, von Herdfeuern?
Weil zu viel schiefläuft in der Welt und die alten Sitten und Gebräuche nicht der Ausweg sind.

3. AUGUST 1942 Berger kam vorbei. Netter Abend. Er schenkte mir
ein matt gebürstetes mexikanisches Silberarmband. Abendessen bei
Proust, das ein trauriger Imbiss ist. Ich wünsche mir nach wie vor
Zeit für mich, auch wenn es mit Jack immer Spaß macht.

4. AUGUST 1942 ^{SP}Mit Bernhard in der Nähe der Bibliothek. Sie ist
immer noch traurig, weil sie mit Tietgens[70] und d'Arazien[71] zusammen nicht arbeiten kann, die auch solche Genies sind wie sie. Hinterher schrieb ich im Büro den Artikel über einen »stabilen Frieden«, aber Goldberg gefiel der Stil nicht. Er will morgen nach
Poughkeepsie, mit dem Boot, um das Buch über die Bevölkerungs-
gruppen Amerikas zu planen.^{SPSP}

5. AUGUST 1942 Ich vermisse Rosalind, Hunderte – ja, Hunderte –
von Menschen rufen mich an –, und ich sehne mich nur nach einem
ihrer unterkühlten »Jas«. Mit Goldberg zusammen zu sein, den
ganzen Tag mit ihm über Plot, Figuren, Plotmöglichkeiten zu spre-

---

70 Der »Poet mit der Kamera« Rolf Tietgens (1911–1984), ein gebürtiger Hamburger, hatte vor seiner
   Emigration 1939 bereits zwei außergewöhnliche Bildbände veröffentlicht. Auch in den USA erzielte
   er schnell Erfolge, seine Fotos wurden u. a. in *Popular Photography, U.S. Camera* und dem *Fortune*-
   Sonderheft zur Weltausstellung in New York 1939 abgedruckt. Er veröffentlichte auch Essays, etwa
   zum Thema »Was ist Surrealismus?« 1941 erwarb das Museum of Modern Art zwei seiner Bilder.
   Highsmith widmete ihm später ihren Roman *Die zwei Gesichter des Januars*.
71 Arthur d'Arazien (1914–2004), renommierter türkisch-amerikanischer Industrie- und Werbe-
   fotograf.

chen, macht mich schon glücklich. Übrigens sagte G., er wird mir einen Auftrag bei einer Zeitung (?) besorgen, damit ich nach dem Krieg nach Russland kann!

6. AUGUST 1942 Heute Nachmittag an dem Stabiler-Frieden-Text gearbeitet. (Ich finde es schwierig und verdammt heikel, über ein so gefälliges & vieldeutiges Thema wie »Demokratie« zu schreiben. Was kann man sagen, das nicht abgedroschen klingt und dabei nicht zu kommunistisch für die Zeitung ist?) Dabei kam etwas heraus, das man genauso gut mit »Wie man einen stabilen Hühnerstall baut« betiteln könnte.

Werde Goldberg fragen, ob ich Samstag freinehmen kann – Bernhard will wegfahren.

Sie rief an und sagte, das Mittagessen mit mir habe ihr richtigen Auftrieb gegeben usw. Ganz neuer Mensch. Das will ich auch hoffen. Ich habe schließlich dafür bezahlt – was mich wurmt wie einen Schotten. Na ja, es war ja bloß das zigste Mal.

Recht gut geschrieben nach Erster Hilfe. War wieder »exzellent« genau wie meine Partnerin Margaret Zavada. (Tschechin aus Peru.) Sie ist sehr herzlich, hält meinen Kopf ganz vorsichtig und legt ihn sich auf den Schoß, wenn sie nach meiner Schläfenarterie tastet.

7. AUGUST 1942 Es geht immer aufwärts und hinterher wieder abwärts.

Berger rief früh an, weil ich mich dieses Wochenende nicht verabreden wollte. In Wirklichkeit [habe ich eine Verabredung] – mit Bernhard. Weiter am »Stabilen Frieden« geschrieben. (Fertig.) Hauser muss verschollen, entführt sein, weil wir heute Abend eine Verabredung hatten & ich nichts von ihm gehört habe. Vielleicht ist er mit Königin Wilhelmina[72] aufs Schiff gestiegen und nach Lon-

---

72 Wilhelmina von Oranien-Nassau (1880–1962), von 1890 bis 1948 Königin der Niederlande. Ihre Rundfunkansprachen aus London während des Zweiten Weltkriegs machten sie zu einer Symbolfigur des niederländischen Widerstands gegen die deutsche Besatzung.

don gesegelt. Heute Abend zwei Stunden an »Manuel« gearbeitet – mehr sogar –, gut vorangekommen. Mir gefällt es sehr. Hoffe, etwas Gutes zu produzieren. Ich bin nicht gut darin, Sätze zu Ende zu bringen.

7.8.1942 Virginia Woolf beging Selbstmord, weil sie Kunst und menschengemachtes Gemetzel nicht miteinander in Einklang bringen konnte. Als Individuum (wie V. W. immer glaubte) kann man sie gar nicht in Einklang bringen, weil das Individuum nicht aus eigenem Willen in den Krieg zieht. Aber kollektiv sind Kriege, genau wie Mord, ein Ausdruck des Menschen. Kriege sind Massenmorde, sie sind die Erscheinungsform einer Facette des menschlichen Charakters, und zwar einer uralten. Wenn Kriege nie lange wirklich »unausweichlich« sind, wenn der Normalbürger sich seinem Willen zum Frieden widersetzen muss, dann waren sie bislang nur in dem Sinne »unausweichlich«, dass intelligente Nationen sich von ihren Anführern in den Krieg haben treiben lassen. Wenn der Mensch gegen den Krieg ist, dann ist er nur die Leiche in den Händen der Mörder, die eine menschliche Handlung vollziehen, oder jedenfalls eine, die bisweilen charakteristisch für Menschen ist, nämlich für diejenigen von uns, die den Wunsch haben zu morden.

8. AUGUST 1942 [Bernhard und ich] nahmen den Zug nach Valley Stream. J.J. war gerade schwimmen, also kauften wir uns Mittagessen & aßen im Wald, wo wir ein kleines Feuerchen machten, völlig grundlos, nur um uns die Haare köstlich einzuräuchern. J.J. Augustin[73] ist ein ziemlich gewöhnlicher Deutscher in diesem unbestimmbaren Alter um die 37, 38. Zweistöckiges Haus, ziemlich abgeschieden, mit Schäferhund (Silver) und Katze (Pussie). Er erzählte uns von dem Ärger mit den Nachbarn und dem FBI. Die

---

73 Johannes Jakob Augustin, Sohn von Heinrich Wilhelm Augustin, dem Inhaber der namhaften deutschen Setzerei und Druckerei J.J. Augustin in Glückstadt; er ging 1936 nach New York, um die Verlagsabteilung des Betriebs aufzubauen, die Fachbücher in englischer Sprache publizieren sollte, so u. a. den Bildband *Egypt* mit Fotografien von George Hoyningen-Huene.

Nachbarn sind Sonderlinge und werfen ihm alles Mögliche vor, von Spionage & Homosexualität über den Betrieb einer Funkanlage bis zur Proktophantasmie[74]. Er war wunderbar gastfreundlich, servierte uns Wiener Schnitzel und Kartoffelsalat & wirbelte im Haus herum wie eine ^{D}echte Hausfrau^{DD}.

Am Nachmittag erzählte er uns dann alles über seine Familie in Deutschland, seine Vormittage, seine Tätigkeiten im Haus und die Telefonabhörung durch das FBI. Den Mittelpunkt seines kleinen Wohnzimmers bildet ein Kamin, eingerahmt von Schallplattenalben, gestapeltem Feuerholz usw. Und an der Wand gegenüber ein riesiges Bücherregal im deutschen Stil, eines von 5 – das Einzige, was er aus Deutschland herausholen konnte. Viele Erstausgaben und alle teuer, besonders die von ihm oder seinem Vater selbst gedruckten. Sie mögen Bücher über Philologie und indigene Malerei, Weberei usw., und J.J. hat mit Gladys Reichard[75] vom Barnard College das einzig maßgebliche Buch über die Zeichenmalerei der Hopi & Navajo gedruckt. Er kann rund ein halbes Dutzend indianische Sprachen lesen & schreiben. Überall finden sich Verweise auf sein Thomas-Mann-artiges Leben in Hamburg und München, auf die Zeiten zweiter Frühstücke und langer Stunden mit leinengebundenen Ausgaben von Goethe & Swedenborg. Rolf [Tietgens] hat die Lage offenbar sehr gut erklärt, denn J.J. steckte uns in ein Zimmer, ein Bett & wäre wahrscheinlich überrascht gewesen, wenn wir um getrennte Zimmer gebeten hätten. Das Unvermeidliche geschah, aber B. machte (aus Verwirrung, Unvermögen oder mangelndem Selbstvertrauen) im entscheidenden Moment einen Rückzieher.

9. AUGUST 1942 Da ich Betten hasse, bin ich spät drin und früh wieder draußen.

J.J. ist ein Künstler. Er hat in seinem Leben viel gemacht. Schade,

---

74 Laut *Meyers Konversations-Lexikon* von 1888 ist Proktophantasmie »das Leiden an Halluzinationen in Folge von Unterleibskrankheiten«.
75 Lehrbeauftragte für Anthropologie am Barnard College. Linguistin und Ethnologin mit Forschungsschwerpunkt Sprache und Kultur amerikanischer Ureinwohner.

dass die Blutlinie mit ihm aussterben wird. Eine französische Jüdin ist von Cannes unterwegs hierher, die er heiraten wird, aber sie ist lesbisch & sie werden nicht einmal zusammenwohnen. J. J. ist jemand, den ich sehr mag, wie Bernhard, wie Rosalind, Betty, Natasha, wie Bach und Mozart.

Rolf Tietgens kam gegen 12:00 an. Es gab noch mal ein üppiges Abendessen, obwohl J. J. andauernd fallenlässt, wie knapp er bei Kasse ist, wegen der Anwaltskosten und dem Mangel an Begeisterung für seine Bücher in Amerika, und doch schafft er es irgendwie, mit Unmengen an Butter zu kochen und reichlich Schnaps und Zigaretten parat zu haben.

Bernhard & ich machten einen Spaziergang im sumpfigen Wald, und auf dem Rückweg wurde ich von einem Schäferhund ins Hinterteil gebissen. Bis durch die Haut! Witzigerweise war es Bernhard, die anfing zu weinen und zu zittern, mich den ganzen Weg nach Hause umarmte & praktisch unter Schock stand.

Bernhard den ganzen Tag sehr glücklich. Gestern Abend war für sie das erste Mal seit anderthalb Jahren, sagte sie. (Vor anderthalb Jahren war ich noch Jungfrau.) Ich spüre ein neues Verlangen danach, mehr Bach zu lernen & wie J. J. zu leben, mit meinen Büchern, meinem Tabak, Schnaps, Musik & Hunden. Ich frage mich, ob Bernhard in mich verliebt ist. Jedenfalls nicht auf die echte Art, die ich brauche & sie auch: ein bisschen verrückt & unklug & unlogisch und ausgesprochen plötzlich. Es sei denn, ihre erotischen Gepflogenheiten haben sich in dieser langen Ruhephase geändert. Sie ist so bedauerlich feminin im Innern.

10. AUGUST 1942 Unbefriedigender Tag. Ich kann nicht glücklich sein, wenn ich so herumhetze – nicht einmal eine Viertelstunde, um auf dem Bauch zu liegen und zu lesen oder träumen. Goldberg wollte mich um 10:30 dahaben, um die Struktur für das neue Buch aufzusetzen. Ich habe den Titel beigesteuert: *The People Made America*. Und den Rest des Tages legten Weick, G. & ich die Kapitel an.

G. lud mich zum Mittagessen ein. Del Pezzo – fast leer. Erst recht ohne Rosalind oder Natasha. Warum schreibt sie mir noch nicht mal eine Karte? Ich fühle mich nach wie vor einsam ohne sie, egal, mit wem ich mich treffe, egal, was ich mache. Ich bin einsam, sehr einsam.

Jack B. hier, als ich nach Hause kam. Brathähnchen zum Abendessen, auf Mutters beste Art. Jack B. & ich fuhren aufs Empire State, 102 Stockwerke. Schrieb eine *Carte* an Jeannot. Dann gab es Tom Collins & eine ernsthafte Unterhaltung, wobei ich mich ziemlich zurückhielt und dadurch erschöpft, gelangweilt und langweilig war. Ich mache mich zu, also gehe ich lieber ins Bett. Aber in solcher Gesellschaft kann man sich auch nicht entfalten. Er rät mir vom Zölibat ab usw. Fürchterlich ungestüme Umarmungen heute Abend, die ich pflichtschuldig über mich ergehen ließ, der Mann zieht schließlich in den Krieg usw.

11. AUGUST 1942 Schaute um 1:45 bei Bernhard vorbei, aber sie hatte schon gegessen. Rolf mustert mich wie ein Wolf, schaut im Studio herum, träumt die ganze Zeit von irgendetwas. B. & ich gingen in den Drugstore, wo ich mein Mittagessen in kaum erträglicher Umgebung zu mir nehmen musste. Was ich auch nicht ertrage, ist der Preis von Salat, Kaffee, Zigaretten, wenn ich immer bezahle & gleich mehrere Leute mit Zigaretten, Kaffee & Salat versorgen muss. Bernhard ist niemand, der sofort nach der Rechnung greift, wohingegen ich schon immer sofort nach der Rechnung greife. B. hatte ihre mühsamen Tage, obendrein hat sie panische Angst, dass Rolf mich ihr wegnimmt, und schon haben wir das unheilvolle Spektakel – das Weibchen verteidigt ihr Junges. Sie will Rolf sagen, dass er nicht den Hauch einer Chance hat, und will meine Einwilligung dafür. Sie sagt, Rolf fände schon, dass es ihr gegenüber grausam sei, sie hat ihm also offenbar den Eindruck vermittelt, wir wären zusammen, was ja überhaupt nicht stimmt. Rolf sollte das wissen, und wenn er dann etwas von mir will, soll er zu *mir* kommen. Aber er

spricht lieber mit B. Ich habe sie davor gewarnt, sich von mir abhängig zu machen. Nach meiner Reaktion heute Mittag fragt sie sich wahrscheinlich, ob ich in Rolf verliebt bin oder nicht. Tatsache ist, dass ich Rolf leichter als jeden anderen lieben könnte, den ich kenne. Irgendwann werde ich einen Mann wie ihn heiraten. Auch wenn ich glaube, dass seine Begeisterung für mich so schnell wieder verfliegt, wie sie gekommen ist.

Buffie zum Abendessen getroffen. Martinis & ernsthafte Diskussion vor 8:30, dann ins Chateaubriand. C. – diese Laus, dieses Schaf im Clownspelz – ist Lolas Liebhaber & das schon seit über einem Jahr. Wo Del sich seine Befriedigung holt, weiß ich nicht. Warum toleriert er das? Hat er auch jemanden?

Buffie war heute Abend entzückend. Schöne Kopfform, schöne Haare und die herrlichsten Düfte von Kopf bis Fuß. Sie bewegt sich wie eine starke Indianerin durchs Haus, zwischen Geschirrschränken und Spitzenschonbezügen, aber ihre Stärke beherrscht das Bild. Ich liebe es so sehr, sie anzusehen. Ich sollte für ein Porträt von jemandem (Nina Jacobsen) posieren, auch noch halbnackt. Dabei küsste sie mich, sagte ihre Zauberworte auf und wollte, dass ich bleibe. Ich war müde – zu müde –, das war alles. Sonst hätte ich es gemacht. Ich finde sie körperlich unheimlich anziehend. Verdammt, so viele Menschen sind das nicht! Buffie würde am liebsten aus jeder Verabredung mit mir eine Liebesnacht machen. Komm zum Tee, & bleib zum Frühstück. »Es ist schön, dich den ganzen Abend anzusehen und dir dann einen Gutenachtkuss zu geben«, sagte ich. Sie nannte mich ungezogen & lachte über meine Naivität. Ich bewundere ihre Energie und beneide sie darum. Sie trinkt und raucht jetzt überhaupt nicht mehr. Ich muss sagen, das sieht man ihr an.

11. 8. 1942 Dieses Notizbuch wird eine Veränderung abbilden, eine sehr wichtige Veränderung im Vergleich zu allen anderen. Ich bin nicht mehr fasziniert von der Dekadenz, viel weniger gefesselt von ihren Farben, ihrer Vielfalt und ihren aufsehenerregenden Möglich-

keiten in der Literatur. Und merkwürdigerweise war es der Krieg, der diese Veränderung ausgelöst hat. Der Krieg lässt einen Schriftsteller, vielleicht jeden Menschen, darüber nachdenken, was er am meisten liebt. Ich selbst musste mich lange fragen, was ich am meisten liebe, welche Art Leben ich mir wünsche, welches Tempo, welche Umgebung, welches Ziel, welche Zerstreuungen und welche Taten. Ich habe gern ein Zimmer für mich allein mit langen Abenden im Sommer, im verschneiten Winter, im aufregenden Herbst und im Frühling. Ich lese gern in meinen Büchern, während im Radio Operetten von Gilbert & Sullivan oder Bach-Sonaten oder Boccherini-Konzerte laufen. Ja, und ich mag die Leben von Menschen, die ich nicht kenne: das des reichen alten Herrn, dessen Tochter ihm um Punkt vier seinen Kakao die Treppe hinaufbringt, wenn er mit seinem nachmittäglichen Briefmarkeneinkleben fertig ist. Ich mag das Leben der Mechaniker in Detroit, die an Sonntagnachmittagen Dickens lesen, weil sie ihn lieben und außerdem meinen, sie nähmen damit etwas Kultur zu sich. Ich mag die Bauernjungen, die einmal im Monat in die Stadt kommen, um ins Kino zu gehen, mit einem Mädchen zu schlafen und sich für kleines Geld volllaufen zu lassen. Ich mag die Künstler, Maler, Fotografen, Schaufensterdekorateure, Werbetexter, Bühnendichter, Romanschriftsteller, Kurzgeschichtenschreiber mit mildem Blick und ruhiger Hand, die sich nicht erinnern können, was es zum Frühstück gab, und nicht wissen, was sie zu Abend essen werden. Ich mag die arme jüdische Familie, die im Lewisohn Stadium[76] neben mir sitzt, den Matrosen mit der Brille, der neben mir in der Public Library liest, den guten Chinesen, der meine Hemden wäscht. Ich mag meinen Sonntagmorgen mit Orangenmarmelade aus England, die Zeitung vor der Tür, die Symphonien am Nachmittag und die gerösteten Marshmallows am Abend.

---

76 Amphitheater auf dem Campus des City College, das bis 1966 mehr als fünfzig Jahre lang eine feste Größe im kulturellen Leben New Yorks darstellte und mit seinen Symphoniekonzerten im Sommer Hunderttausende anzog.

1942

Am allermeisten mag ich die Künstler, erklärte und unerklärte, die von allen Menschen am meisten nach dem Glauben leben, dass der Mensch die herrlichste Schöpfung der Welt ist, das herrlichste aller Tiere und herrlicher als alle Schöpfungen seines eigenen Hirns. Deswegen mag ich Künstler am liebsten, weil ihre Augen offen sind und ihre Hirne rege, weil sie den Menschen plötzlich in neuer Form sehen, hören und fühlen, und indem sie ihn festhalten, so viel zu dem großen herrlichen Menschenmosaik beitragen, das niemals abgeschlossen sein, aber auch nie zerstört werden wird.

Und was hasse ich? Es gibt so viel zu hassen, dass ich es nicht ausstehen kann, wenn Leute sagen: »Dazu fällt mir nichts ein.« Es gibt so viel zu sagen über die Hässlichkeit von Strich und Farbe, über die schlichte Grausamkeit von führenden Persönlichkeiten zu kaufen, was sie weder wollen noch brauchen, über die Sünde von Verlegern, die mangelhafte Literatur mittels Werbekampagnen verkaufen, an jene, die es sich leisten können, und jene, die es sich nicht leisten können, die sie zur Bildung kaufen, als Flucht, um mit den Nachbarn mithalten zu können, an jene, die kaufen, weil jemand Geburtstag hat und weil Soundso durch die Käufe ähnlicher Menschen auf Platz eins der Liste steht. Ich hasse die Schnelligkeit, den Lärm, das Fehlen geschätzter Besitztümer, das Fehlen von Freizeit, um seltene, aber lange Besuche zu machen, um lange und oft zu lernen, sich an der schönen Form selbstgebauter Möbel im eigenen Zuhause zu erfreuen, das Versäumnis, seine Nachbarn kennenzulernen, die Mangelhaftigkeit maschinell hergestellter Schuhe im Vergleich zu von einem Meister maßgefertigten, die fehlende Differenzierung in der Kunst, der Werbung, im Druck, bei Farbbändern und Kleidung sowie die fehlende Freude im Leben, wegen all diesem: Eile, wirtschaftlichen Zwängen, Angst vor Bedürftigkeit, Tagen ohne Freizeit.

Es ist sehr spät, ich habe nur die Hälfte der Dinge aufgeschrieben, die ich liebe und hasse, und sie sehr schlecht formuliert.

13. AUGUST 1942 Fühle mich heute viel besser: Mutter hat mir die Haare hochgesteckt. *Mademoiselle* hat einen Brief geschickt, ob ich Interesse hätte, Redakteurin bei *Charm* zu werden (d. h. Bildunterschriften schreiben & säumige Texter antreiben). Um 1:30 bei Bernhard vorbeigeschaut, aber sie war in Scarsdale. Ich hatte vergessen, dass Rolf mit meinen Fotos da sein würde. Zwei davon sind gut. Ein sehr ernstes hat mir gefallen. Rolf sagte: »Ich wusste, dass dir das gefallen würde. Weil du sehr jungenhaft darauf aussiehst. Du bist ein Junge, weißt du.« Sehr aufmerksam & brachte mich schließlich zu Fuß zur 57th St. Ich habe ihm erzählt, dass B. & ich nicht zusammen sind. Er möchte am Sonntag spazieren gehen – Van Cortlandt Park, aber er fürchtet, dass Bernhard eifersüchtig sein wird. Dann erfährt sie besser nichts davon. Würde Rolf gern am Sonntag zum Essen einladen. Ich weiß, dass er *los padres* für ^{D}Spießbürger^{DD} halten wird. Gestern, als ich traurig war, wollte mir nicht recht einfallen, warum. Es lag daran, wie ich später durch reine Intuition herausfand, dass ich B.s Klammergriff nicht ertrage. Ich will keine Verpflichtungen.

Ich frage mich, ob ich mich in Rolf verlieben könnte. Keiner von uns wird zugeben wollen, dass es auch das andere Geschlecht sein darf, aber wir können uns beide damit herausreden, dass es ja gar nicht das andere Geschlecht ist. Buffie zeigte mir gestern Abend Fotos von dem »Schriftsteller«, den sie wahrscheinlich nach dem Krieg heiraten wird. Er ist in der Armee. Wie reizend sie gestern Abend war. Wie schön wäre es, verheiratet zu sein (wir beide) und weiterzumachen wie bisher, in vollkommenem Vertrauen und Harmonie.

14. AUGUST 1942 Fühle mich irgendwie niedergeschlagen. »Manuel« heute Abend abgeschlossen & einen anderen, besseren Entwurf angefangen, in dem Stil, von dem ich weiß, dass ihn die Geschichte braucht. War bei Street & Smith, um bei irgendeinem Niemand wegen der Stelle als Redakteurin vorstellig zu werden. Ich

sprach mit einem jungen Mädchen, das ich gnadenlos beeindruckte. Sie ruft mich später an.

Goldberg ist jedenfalls sehr glücklich mit *The People Made America,* die Vorabmappe dazu ist heute erschienen. Wird unmöglich sein, jetzt zu kündigen, wenn Abgabetermine eingehalten werden müssen. Er will sogar, dass ich am Wochenende arbeite.

Heute Abend Dantes *Göttliche Komödie* ausgelesen, mir ein paar gute Passagen gemerkt. Aber es ist schwer, sich nach einem Tag voller Belanglosigkeiten wieder dem Inneren zuzuwenden. Rühre meine Notizbücher manchmal zwei oder drei Tage nicht an. Magische Absätze kommen einem nicht ohne Einsamkeit & freie, ruhige Stunden. Da ist nichts zu machen. Diese ersten Monate werde ich wohl für die Umgewöhnung brauchen. Trotzdem muss ich mir einen Abend die Woche fürs Lesen (und vielleicht Schreiben) freihalten, weil ich das Gefühl habe, mich wieder den feineren Dingen des Lebens widmen zu müssen, um den Schund auszugleichen, den ich den ganzen Tag schreibe.

15. AUGUST 1942 Abendessen mit Walter Marlowe. Noch eine wunderschöne Gardenie. Wir gingen ins Café Society Uptown[77]. Der Abend ohne Zwischenfälle, bis auf eine aufschlussreiche Unterhaltung in seinem Zimmer über meine sexuellen Reaktionen. Endlich kam ich dazu, ihm zu sagen, dass ich a) keinerlei Aufmerksamkeiten von ihm oder irgendwem mag, b) dies auch nicht tun würde, bis ich mich gefunden hätte, bis ich etwas gefunden hätte, auf das ich stolz sein kann, etwas Wesentliches. Er war sehr verständnisvoll, aber ich mag es nicht, wenn er über den Liebesakt Witze reißt, den er (mit seiner feinfühligen Einstellung) ebenso locker betrachtet wie eine gewöhnliche Freundschaft zu einem Mädchen. »Meinst du nicht, Sex wird überdauern?« usw. Nein, danke. Junge, dem könnte

---

[77] Das Café Society am Sheridan Square in Greenwich Village war der erste gemischtrassige Nachtclub der USA. Als zweiter Standort eröffnete 1940 das Café Society Uptown auf der 58th Street zwischen Lexington und Park Avenue.

ich wirklich noch eine Menge beibringen, was?! Werde morgen mit Rolf darüber sprechen – über das Problem, leicht zu habenden Männern nicht zu trauen, und dem anderen Problem, dem Genie & Elan von Frauen zu misstrauen. Er sollte sich mit dem Thema auskennen.

16. AUGUST 1942 Ich glaube, heute ist der seltsamste Tag meines Lebens. Jedenfalls bin ich ganz kurz davor, mich zu verlieben – in Rolf Tietgens. Traf ihn um 2:00 auf der Lexington, Ecke 59th. Wir fuhren hoch zum Van Cortlandt Park. Er schenkte mir ein winziges mexikanisches Püppchen aus Holz, das ein kleiner Indio-Junge geschnitzt hatte. Ich erzählte ihm zuerst, worüber Walter & ich gestern Abend gesprochen haben – meine innere Abneigung & mein Misstrauen gegenüber Männern. Also war er niedergeschlagen. Es regnete wie verrückt, & wir wurden pitschnass. Wir saßen lange im Wald, unterhielten uns über New Mexico, Texas, Mexiko und die Schönheit der Unzivilisiertheit und wie gern wir all die Hässlichkeit dieser nicht spirituellen Menschheit auslöschen würden. »Der Körper ist nichts«, sagte er, »wenn er nicht den Geist zum Ausdruck bringt.« Nach vielem Trödeln und Pilzesammeln kamen wir nach Hause & aßen Rührei auf Toast & Kuchen & tranken Kaffee. Er beharrte darauf, keinen Hunger zu haben, aß aber alles auf. Danach setzten wir uns in mein Zimmer & unterhielten uns. Er sah sich alle meine Bücher an. Mochte vor allem Blake & Donne, den er in- und auswendig kennt. Wir gingen die 57th Street hinunter zum Fluss, dem einzigen Ort, an dem er heute glücklich zu sein schien. Es machte Spaß, dort mit ihm zu stehen, & dass es Spaß machte, war sehr merkwürdig – der Grund ist ganz einfach, dass er der einzige Mann ist, der je alles über mich wusste. Gott, was für ein Unterschied zwischen ihm und Walter! – und Jack! Also schauten wir uns die Boote & die Lichter an, & er erzählte mir alles über Hamburg, Lübeck, das Marschland. Dann liefen wir durch die Kopfsteinpflasterstraße, die menschenleer war, & standen dort über eine

Stunde. Er küsste mich ein paarmal – und es war zur Abwechslung etwas ziemlich Gegenseitiges. Es war ganz wundervoll & perfekt, und kurz konnte ich das Glück sehen, es am Himmel geschrieben lesen wie ein seltsames neues Wort. Er sagte, er sei so glücklich, dass er bestimmt monatelang nicht essen & schlafen könne. Aber dass wir Bernhard nichts davon erzählen dürfen. Er musste mehrfach abbrechen, um darüber zu lachen, dass er ein Mädchen mag, weil ihm die Mädchen sonst immer nachjagten und er auswich. Wie bei mir.

Heute bin ich also neu. Ich bin ein neuer Mensch – und wer weiß, was daraus wird? Ich würde sehr gern mit ihm schlafen. Und ich weiß, dass er es will. Also werden wir das wohl auch. Wo? Bei ihm? Bei J.J., wenn Bernhard irgendwann einmal nicht dabei ist? Mit Rolf zusammen zu sein ist wie ein wundervolles Gedicht zu lesen – von Whitman, Wolfe oder der Ersten Stimme selbst. Er liest so vieles in mich hinein, aber ich bin an seiner Seite stumm. Er ist ganz schön störrisch & wild. Will durch Krieg alle auslöschen & von vorne anfangen – aber er selbst soll dann auch ausgelöscht werden. Und seine Gedanken werden von all den traurigen Indios bewohnt, die er in den texanischen Gefängnissen kennengelernt hat. Wilde gute Männer, eingesperrt aufgrund der Gesetze weißer Männer.

17. AUGUST 1942 [SP]Heute Morgen besonders gut gearbeitet. »Beste Filme des Jahres« geschrieben,[SPSP] über »*Mrs. Miniver*« usw. Sehr amüsant zu schreiben & zu lesen. Brachte das um 2:30 ins Büro und machte unterwegs halt bei Bernhard: Tietgens natürlich dort. Waren ganz brav. Bernhard sehr beschäftigt & betont fröhlich, obwohl sich das Blatt für sie gewendet hat. Rolf kam mit hinunter & brachte mich zur 67th. Er hat J.J. alles erzählt – über gestern Abend –, als er sich heute Morgen lange mit ihm unterhalten hat. J.J. sei entzückt & hätte gesagt, wir sollen unbedingt kommen, nur wir beide, aber Rolf soll vorsichtig sein wegen Bernhard. Heute Abend das »Buch Kohelet« gelesen, & es ist herrlich. Rolf hat es einmal in die Wüste

geschrien. Meine Eltern halten ihn für einen unverbesserlichen Schnorrer – einen Tagedieb – einen Vagabunden. Aber sie wissen nichts von den Dingen des Geistes. Er wird so wenig beachtet wie der weise Mann in der Bibel.

19. AUGUST 1942 »Statuen bauen sich in mir auf, die ich in monumentalen Absätzen verewigen sollte«, schrieb ich heute Abend. Es dreht sich um Rolf. Bernhard hat heute Abend gesagt, dass sie mich nicht verstehen kann, wenn ich Rolf mag (dabei habe ich ihr, glaube ich, versichert, dass ich ihn nicht liebe!), und wenn es sich um Rosalind handelte und ich es geschafft hätte, dass sie sich für mich interessiert, es ihr nichts ausgemacht hätte, aber bei Rolf ärgert sie sich – obwohl sie sagt, sie hat keinen Anspruch auf mich & hätte ihm das auch gesagt. Er stellt alles, was wir sagen, übertrieben dar. Es wird also von nun an das Klügste sein, nichts mehr zu sagen. Wir aßen im Fleur de Lis, eigentlich ein mieser Laden. Dann sahen wir *Moscow Strikes Back*[78], einen guten Film. Sehr glücklich gingen wir zu Fuß nach Hause & saßen eine Stunde am Fluss und unterhielten uns, Worte voller Zauber.

20. AUGUST 1942 ^DJa, ich bin glücklich wie nie zuvor. Verstehe es nicht, außer: Rolf ... Erste Hilfe ausgezeichnet. Wusste, dass Rolf kommen würde. Schaute um 8:30 aus dem Fenster, und da kam er, ohne Hut wie immer und ohne Jacke. Wir waren so glücklich, einander zu sehen. Spazierten die 1st Ave. hinunter und tranken ein Bier. (Rolf zwei.) Er leidet furchtbar unter der Hitze. Er war traurig, dass ich Bernhard noch nicht die Wahrheit gesagt habe. Wir standen in unserer Straße, der stillen kleinen Straße am Fluss, wo das Gras zwischen den Steinen wächst, grün und weich, und sich im Wind wiegt, wo fast nie jemand hinkommt, nur zuweilen ein Polizist. Heute Abend war am schönsten. Er will mit mir zusammen-

---

78 Sowjetischer Dokumentarfilm aus dem Jahr 1942, im Folgejahr mit einem Oscar für die beste Dokumentation ausgezeichnet.

leben und deshalb schleunigst Geld verdienen. Er will mich mit nach Hause nehmen und die ganze Nacht lang reden. Ja, das will ich auch alles. Aber ich fürchte, dann werde ich ein gewöhnliches Mädchen, das sich von einem Mann von der Arbeit abhalten lässt. Aber im Gegenteil, er nennt mich einen kleinen Jungen und lässt mich besser schreiben. Was werden Rosalind und Natasha & Betty & Babs, Peter & Helen sagen? Was die Welt?[DD]

21. AUGUST 1942 Mit Arthur zu Mittag gegessen, der langweilig ist wie eh und je. Er hat einfach kein Differenzierungsvermögen, kein Feingefühl, keine Raffinesse. Noch diese Einsamkeit, die essentiell ist für das russische Genie, von dem er ja etwas hat. Holte sogar die olle Kamelle übers Heiraten wieder heraus.

[D]Rolf saß am Fenster, und Bernhard war nicht da.[DD] Er war sehr glücklich & sagte, die Götter seien mit uns. Er sieht in mir einen Jungen und seine vorherige Homosexualität durch einen griechischen Stolz auf die Überlegenheit von Männern und ein Misstrauen gegenüber der List und Schwäche von Frauen begründet. Er mag mich, weil mein Körper schlank & hart & kurvenlos ist und weil ich offen spreche. Er erzählte von Deutschland & seiner Familie, während die Sonne den Urin der Denkmäler wie einen gelben Regenbogen um uns herum aufsteigen ließ. Was für eine Stadt, in der es keinen Ort gibt, an dem man allein sein kann! Berger rief um 6:30 an, sehr enttäuscht, dass ich übers Wochenende »wegfahre«, und wütend, dass mein Terminkalender die ganze nächste Woche voll ist. »Sei doch vernünftig. Sag etwas davon ab. Ich bin bald nicht mehr da usw.« Soll ich etwa Befehle von ihm entgegennehmen?!

22. AUGUST 1942 Heute Nacht krank aufgewacht – mit einem Bärenhunger, aber von allem wurde mir schlecht. Das erste Mal seit den Karbunkeltagen in Texas und N. Y., dass ich mich so lausig fühle. Unternahm einen Versuch zu arbeiten. Holte meinen Scheck

ab, und Miss Weick schickte mich wieder nach Hause. Sehr besorgt, aber sie sagte eine wahre Sache: Jeder, der es zu irgendetwas bringt, missachtet jedes Gesetz der körperlichen Gesundheit, und 8 Stunden Schlaf sind ein Ammenmärchen.

Rolf kam um 7. Wir saßen in meinem abgedunkelten Zimmer & redeten, schüchtern zuerst, weil Kranksein mir alle Lebensgeister aussaugt. Er brachte mir Hamsuns *Mysterien* mit. Es war ihm unangenehm, dass das Licht aus war, aus Angst, meine Eltern würden nach Hause kommen. Seine Haare sind kurzgeschoren wie die eines Sträflings, er schwitzt noch immer & trägt ein Jeanshemd. Die Liftboys beäugen ihn von oben bis unten, aber das macht mir nichts aus. Wir tranken in Chinatown Tee (ich kaufte Bonbons für Mutter). Er spricht begeistert von dem Haus in Santa Fe, das die Indios für ihn bauen sollen. Aber unser Zusammenleben liegt in der nicht sonderlich rosigen Zukunft: Er hat nicht einmal Geld, um seine Miete für die Woche zu bezahlen, muss sich wieder welches leihen, & es kümmert ihn nicht die Bohne. Er zitiert halbherzig Gedichte, während er hier und dort herumschaut. Wie viel in den letzten sieben Tagen passiert ist! Kein Wunder, dass ich krank geworden bin.

23. AUGUST 1942 Angenehmer Sonntag. Eine Seltenheit. Heute Morgen ein Ende zu »Manuel« geschrieben, als die Familie in der Kirche war. Genoss es, den ganzen Tag nicht aus dem Haus zu gehen, nur kurz um 6:30, um C & B-Orangenmarmelade zu kaufen, ein reiner Lustkauf.

W. H. Audens *Double Man* gelesen. Recht gut. Aber nicht so genial oder prägnant wie Eliot, den er gelegentlich imitiert. Wie gut, einen Tag lang keine Telefonanrufe zu bekommen! Habe M. & S. »Manuel« vorgelesen, und sie mochten es – vielleicht das erste Mal, dass das vorkommt. Ich sehe sie als ziemlich faire Kritiker. Besonders für liebende Eltern. Obwohl sie natürlich nicht allzu liebend sind, das will ich hier gar nicht behaupten. Aber was für ein angenehmes Gefühl – eine Geschichte, für die ich mich nicht schäme, auf die ich fast stolz bin, die viele Leute für besser halten würden als »Silver Horn of Plenty«, obwohl »Manuel« nicht so genial ist und ich nicht ganz so zufrieden damit bin. Aber die Gefühle usw. waren viel schwieriger zu handhaben als der einfache Hass, der mir leichtfällt. Ich fühle mich langsam immer besser in der Lage, mit komplexen Situationen umzugehen, einfachen Emotionen, die mir zuvor fremd waren. Ich spüre, dass ich wachse & dass ich auch weiterhin wachsen werde, und diese Wachstumsperioden kommen nur an solchen langen Sonntagen, die ich für mich habe. Heute Abend [Franz] Werfels *Die vierzig Tage des Musa Dagh* angefangen. Erstklassig geschrieben! Besser, als ich zu hoffen gewagt hätte.

24.8.1942 Untersucht man jegliches Kunstwerk, wie es ein Wissenschaftler täte, erscheint es wie das verzerrte Machwerk eines Verrückten. Der Beitrag eines Künstlers ist die Summe vieler kleiner Verrücktheiten, Anomalien, die ausgeschmückt und herrlich potenziert werden, Kleinigkeiten, die ein gesünderer Geist vernünftigerweise verworfen hätte.

25. AUGUST 1942 Heute Morgen um 9:35 hat Rosalind angerufen. Ich war so glücklich, dass ich kaum einen vernünftigen Satz herausbekam. Sie forderte mich auf, mit ihr mittagessen zu gehen. Verbrachte verdammt viel Zeit damit, meine Kleidung auszusuchen, nur etwa eine Stunde mit Arbeiten. Das Essen dauerte anderthalb Stunden. Sie sieht großartig aus – Hände & Rücken gebräunt, und die alte Ginröte im Gesicht, die Haut an ihrer Oberlippe schält sich nach einem Sonnenbrand ein wenig. Ich erzählte ihr alles von meinem letzten Monat, von J.J., Rolf, Bernhard, allen meinen Aufträgen. Was für epische Ausmaße das annahm – aber nicht langweilig.

Goldberg hat »Manuel« gelesen. Er mochte es. Sagte, meinen Stil würde er in einem Stapel Geschriebenem wiedererkennen. Ich spüre jetzt eine solch tiefe Zufriedenheit, ein solches Vertrauen in meine Fähigkeiten, dass Rolf daran einen großen Anteil haben muss. Na ja, gehen wir davon aus, dass ich in Rolf verliebt bin & in Rosalind auch. Das ist die schlichte, einfache Wahrheit, was soll man da machen?

26. AUGUST 1942 Ich stehe in Sachen Gefühle momentan auf Messers Schneide – ganz ähnlich wie Helen letzten Dezember. Rief Rolf an, & wir gingen federnden Schrittes zum Mittagessen. Ich war am Verhungern. Wie schön, mit ihm zu essen, wenn die Sonne auf den Tisch fällt und ich das Gefühl habe, dass ich nie genug von ihm bekommen kann oder dem Essen. Hinterher verbrachten wir eine Stunde damit, Schuhe zu kaufen (F. Simon's, 9,00). Rote! Ich habe beschlossen, es Bernhard jetzt zu sagen. Es war kurzsichtig von ihr, dass ich mich in meiner Zuneigung auf Mädchen beschränken solle. Wirft wirklich kein gutes Licht auf sie – und spricht offensichtlich von Eigeninteresse.

27. AUGUST 1942 Der Duke of Kent ist Dienstag in England bei einem Flugzeugunglück ums Leben gekommen. Besuchte Rolf, sah ihn im Fenster & leistete mir den schrecklichen Fauxpas, ihn anzusprechen – bevor ich entdeckte, dass Bernhard auch da war. Von da an war sie ein richtiger Eiszapfen. [D]Rolf flüsterte mir zu, ich solle ihr alles erzählen, und B. und ich gingen auf die andere Straßenseite, um etwas zu trinken.[DD] Ein – zwei – drei Martinis – Erklärungen, Tränen von ihrer Seite – [D]und alles ging kaputt.[DD] Mein Erste-Hilfe-Kurs schien unwichtig verglichen mit Bernhard, die mir ihr Herz ausschüttete. Sie liebt mich. Sie erträgt das nicht. Wir schlugen über die Stränge & gingen nach Hoboken in ein kleines Muschelrestaurant mit Sägemehl und Austernschalen auf dem Boden. Sie sagt, das Problem sei, dass sie genau das Gleiche zu bieten habe wie Rolf – nur in weniger aufregender & intensiver Form. Das stimmt. Aber ich fühle, dass das hier das Ende ist. Sie ist wundervoll zu mir, aber Rolf liebe ich mehr. Ich bin nicht so geduldig oder so weise, dass ich die Zärtlichkeit der Heftigkeit vorziehen kann. Kam erst

nach 12 nach Hause, Rolf wartete natürlich auf mich, & Mutter erzählte, er sei ganz verstört vorbeigekommen und hätte ihnen einen Schrecken eingejagt.

29. AUGUST 1942 Zu nichts außer mir selbst kann ich eine Verbindung aufbauen – und auch das nur unter Schwierigkeiten. Der Druck der Atmosphäre stoppt die wunderbare Osmose der Stadt. Vernebelt mir das Hirn, verstopft mein Gedärm. Die Dekadenz vor meinen Augen! Wie Rolf so schön sagt: Und diesen phantastischen Kontinent haben sie in nur hundert Jahren ruiniert!

30. 8. 1942 Jener wundervolle Tag in Kalifornien! Die Verheißung – die Vorfreude auf das Halb-Enthüllte, Halb-Bekannte. Diese Zeit ist unwiederbringlich – ich war damals zwanzigeinhalb, jetzt bin ich einundzwanzigeinhalb –, meine Liebe war so jung, erst zwei oder drei Begegnungen alt. Wie soll ein Gedicht das angemessen wiedergeben? Die Worte, die ich benutzen müsste, wären im besten Falle mit diesem Tag verbunden, würden aber im ebensolchen Falle nur mir diesen Nachmittag wieder erstehen lassen. Wie soll ich das Gefühl also in Worte fassen? Es hat geregnet, aber das war mir egal. Ich hatte eine schlimme Erkältung, aber das war mir egal. Ich war eine Rakete kurz vor dem Abschuss, und du warst mein Ziel.

Was macht man mit solchen Erlebnissen, die einen in den Grundfesten erschüttern? Wartet man ab? – Das hat keinen Zweck. Stimmungen vergehen und können nicht wieder heraufbeschworen werden, weder durch Phantasie noch durch absichtliche Nachstellung der Gegebenheiten. Was bleibt, ist nicht einmal ein Bruchteil der ursprünglichen Stimmung, der Aura, des ungreifbaren Gefühls, sondern nur die Erinnerung an den Zeitabschnitt, den selbst ganze Sätze aus einer Unterhaltung oder betrachtete Panoramen nicht vollständig zurückbringen können. Hier schreibe ich mechanisch auf, was ich schreiben muss, um mich an das Nötigste zu erinnern, was verglichen mit der Wirklichkeit minderwertig, unvollständig, kraftlos ist und mich nichtsdestotrotz vereinnahmt und verblüfft. Ich habe dich damals so geliebt. Ich war so festen Glaubens. Ich stand auf einem Gipfel und atmete dünne Luft. Du warst um mich, die ganzen zwei Monate.

Ich erfreue mich an der Untätigkeit. Die nicht vollzogene Liebe ist die schönste und passendste. Wenn Liebe die mit Abstand am tiefsten berührende aller Erfahrungen ist, und das ist sie sicher, dann soll sie auch die am wenigsten ratsame sein. Ich will verflucht sein, wenn ich je auch nur einen Augenblick mit Berechnung über meine nächsten Schritte oder deine Wünsche und Erwartungen nachdenke. Ich will für immer die Rakete sein, die auf ihr Zündholz wartet.

31. AUGUST 1942 Heute Morgen haben Mutter & ich das Bücherregal eingeräumt – ziemlich gut, auch wenn die Lücken noch zahlreicher sind, als mir lieb ist – und zu viele Zeitschriften auf zu wenige Bücher. Buffie kam um 7:15 vorbei. Trank ein bisschen Sherry. Sie heiratet diese Woche! Irgendeinen schwulen Soldaten namens John Latham. Nach mehreren Martinis führte ich sie ins Hapsburg House aus. Reizendes Abendessen, aber ich war so verdammt betrunken, dass ich nur die Hälfte gegessen habe. Buffie bot an, die Rechnung zu teilen, aber ich fühlte mich viel zu elegant. Wir gingen zu ihr nach Hause, kauften unterwegs herrliche Trauben. Zwei Leute kamen vorbei, was mich ärgerte, weil wir gerade Schallplatten hörten. Ich schlief bei Buffie. Es hätte großartig werden können, aber ich war so irrsinnig müde vom Alkohol – nächstes Mal lasse ich den dritten oder vierten Martini weg.

1. SEPTEMBER 1942 Mr. Latham rief gestern Abend gegen eins ganz genau im falschen Augenblick aus Kalifornien an. Buffie muss für die Heirat dorthin, kommt dann wieder zurück und nimmt ihr altes Leben unverändert wieder auf. Sie sprach ganz beiläufig darüber, sogar mit meiner Mutter. Ich habe keine Gewissensbisse we-

gen gestern Nacht, selbst heute mit Rolf nicht. Warum sollte ich mir etwas versagen? Ich kann die gängigen Moralvorstellungen nicht mit meinem Temperament in Einklang bringen.

Versuchte, Buffie anzurufen – nach so etwas geht man nicht einfach seiner Wege –, sie rief mich auch an, aber da war ich nicht zu Hause. Besuchte Rolf auf seine Bitte hin im Studio. Schaute mir seine in Deutschland gedruckten Bücher an. Er wollte ohne besonderen Grund die Vorhänge zugezogen haben. Das sah prompt B., als sie vorbeilief, und stauchte ihn später wegen seines »billigen Verhaltens« zusammen. Also wollen und können weder Rolf noch ich dort wieder hin. Aber er hat ja ab Samstag sowieso das möblierte Zimmer auf der 50th St.

Mündliche Abschlussprüfung im Erste-Hilfe-Kurs. Rolf hinterher dort. Schöner Spaziergang nach Hause, & Mutter machte Kaffee, während ich ihm ein paar Geschichten heraussuchte. Unter anderem die mit der Subway[79], ich glaube, die wird er mögen. Ich hoffe es. Wenn er doch nur zu Geld kommen & sich etwas besser anziehen würde. Nur ein bisschen!

2. SEPTEMBER 1942 Ich werde fast überwältigt, erdrückt, erschlagen – von all den wundervollen Dingen, die ich noch tun, machen, denken, erschaffen, planen, lieben, hassen, genießen, erleben muss. Ich hätte nie gedacht, dass mein ärgster Feind die Erschöpfung sein würde, der Bruder meiner besten Tugend: Fleiß. Aber die Erschöpfung ist immer körperlich und heilbar, nie geistig oder psychisch.

Wunderbar mit Rosalind zu Mittag gegessen. Sie ist gerade abstinent, um die Ginröte loszuwerden, wenn es denn eine ist. Mir persönlich gefällt sie. Was mir nicht gefällt, ist Rosalind, wenn sie abstinent ist. Sie ist nicht sie selbst. Sie hat eine nette, hinreichend angenehme Fassade, die sie nüchtern vorführen kann, aber es fehlt

---

[79] Bereits im Juli erwähnt Highsmith in ihrem Tagebuch eine Geschichte über Leute, »die in der Subway schreiben«, vielleicht meint sie hier dieselbe. Dabei könnte es sich auch um die Geschichte handeln, die sie 1943 unter dem Titel »Friends« an die Zeitschrift *Home & Food* verkaufen wird.

das Geheimnisvolle. Ich würde sie gern ordentlich betrunken sehen – wie ja bereits geschehen. Wir besprachen die Rolf–Bernhard-Krise in aller Ausführlichkeit. Sie verteidigt mich & Rolf. Und sagt, wenn Bernhard das Unglück herausfordert, dann hat sie das nun mal davon. Als ich meinte, B. habe ja immerhin 6 glückliche Monate mit der richtigen Person verbracht, sagte Rosalind, da könne sie sich sowieso schon glücklich schätzen und dass wir unser Leben lang nie die Person bekommen, die wir eigentlich wollen. Ich frage mich, wen sie will. Und warum kann ich nicht – warum nicht? Nein, ich bin nicht bereit für Rolf, weil ich mich Rosalind augenblicklich in die Arme werfen würde, sollte es auch nur annähernd so aussehen, als würden sie sich mir öffnen.

4. SEPTEMBER 1942 Aß dann doch mit Rolf, im Automatenrestaurant.[80] Danach sind wir durchs Lewis & Conger's[81] gebummelt, das ich liebe & er verachtet – die reichen Müßiggänger –, aber er hatte immerhin heute seine Schuhe geputzt. Er ist hin- und hergerissen zwischen seiner Vorstellung, als Einsiedler zu leben & mir schönen, wirklich unnötigen Krimskrams zu kaufen. Manchmal fühle ich mich in meiner Fähigkeit zum inneren Abstand bedroht, die mir so lieb war, ehe ich anfing zu arbeiten. Man muss sie sich bewahren, auch wenn ich zweifellos glaube, dass sie immer da ist. Sie ist bloß ein festes Stück Metall, das poliert werden will.

Heute Morgen um 9:30 gab es eine schreckliche Explosion in der 48th St., Selbstmord, ausgelöst durch das Klingeln der Magd. Und Mary Sullivan, sagt die Zeitung, wurde aus dem Bett geschleudert! Jo hat angerufen. Und Billie B. Habe [R. C. Sherriffs] *Die andere Seite* gelesen. Grottenschlecht!

---

80 Automatenrestaurants waren Selbstbedienungsrestaurants mit Sitzplätzen, in denen man vorportionierte Gerichte per Münzeinwurf aus Vitrinen ziehen konnte.
81 Altes New Yorker Kaufhaus.

5. SEPTEMBER 1942 Abends Rolf. Wir gingen zuerst zu Buffie. Ihre Mutter war da. Sie hielt nicht viel von der Idee, dass ich die Blumen gießen würde – und Buffie, die man nicht so leicht umgeht, schickte Rolf wie einen Lakaien los, um einen Schlüssel nachmachen zu lassen. Ich bin die Einzige in N. Y., die einen Schlüssel hat. Sehr nett von ihr. (»Ihr könnt auch Flitterwochen machen – «, flüsterte mir Buffie ins Ohr.) Aber zur Hölle damit – ich würde einfach gern hin und wieder hingehen, um mir die Bilder ganz in Ruhe anzuschauen und in ihren Büchern zu stöbern. Sie war grade dabei, Einladungen für diese verrückte Hochzeit zu verschicken. Mindestens 500 Stück, Cartier-Briefpapier, ein innerer & ein äußerer Umschlag. Und ich muss die Hälfte davon an Mr. John Latham weiterschicken, dessen Namen Buffie erst seit gestern richtig zu schreiben gelernt hat.

Rolf & ich machten einen Spaziergang im Park, wo ich mich genötigt sah, ihm von Helen zu erzählen und was wir füreinander empfinden. Männer üben auf mich einfach keine Magie aus. Vielleicht brauche ich Magie statt etwas Handfestem, so wie ich lieber eine Zigarette nehme als einen Hamburger. Rolf machte sich Sorgen, dass ich wieder mit einem Mädchen durchbrennen könnte. Soll er ruhig. Das wird es ihm leichter machen, falls ich es wirklich irgendwann tue. Aber ich mag Rolf sehr, und ich kann mir nicht vorstellen, ihn bald zu verlassen.

6. SEPTEMBER 1942 ᴰSchöner Tag. Stand früh auf, um mit Rolf zu J. J. zu fahren. Machten einen langen Spaziergang an einem Bach. Rolf ist wirklich hübsch. Er schlief auf dem Sofa vor dem Kamin ein, aber kam schließlich in mein Zimmer (zuerst war er nervös, spielte mit allerlei Sachen herum). Dann war er angenehm scheu, wollte aufs Ganze gehen, aber wollte es auch nicht. Ich bin froh, dass er nichts gemacht hat, sonst wäre ich morgen angeekelt gewesen. Trotzdem kam er bestimmt dreimal zu mir. Ich war selbst auch schüchtern. Ein schönes Frühstück in der Küche. Rolf müde. Er

sagte nichts zu meinem Verhalten (gestern Abend) – wie gewöhnlich weiß ich nicht, was ich will. Er hat mich wirklich gern – wirklich gern – so behutsam, so gedankenvoll, so innig.

Ich habe Rolf alles erzählt, was ich für Rosalind empfinde – alles. Er versteht mich. Er will nur, dass ich glücklich bin und gute Arbeit mache. Er will mir helfen. Will Rosalind auch kennenlernen, weil sie »einen so riesigen Einfluss auf dich hat«! Ja, falls ich Geld habe: Freitag Mittagessen. Wir lasen allerlei deutsche Bücher: Hölderlin, Goethe, Morgenstern, aber auch Saroyan, den Rolf wohl kennt. Ich habe Rolf sehr gern, aber ich bin noch nicht in ihn verliebt.[DD]

7. SEPTEMBER 1942 Seltsamer Tag. Hart gearbeitet. Wollte Rolf sehen, war aber so beschäftigt, dass ich ihn beinahe vergaß, er lief schon vor dem Studio auf der 44th St. auf und ab. Er sagt, wenn ich ihn mitten in der Nacht anrufen würde, um »gen Westen zu ziehen«, würde er innerhalb von 5 Minuten packen & los. Er bräuchte nur seine Overalls.

Rosalind lud mich zum Essen ein. Betty kommt erst Donnerstag zurück. Sie sagte – und so weit hat sie sich mir fast noch nie zuvor geöffnet –: »Wenn ich in deinem Alter wäre, fände ich meine Gesellschaft sterbenslangweilig.« So typisch für sie. Und mein Herz platzte fast vor wundervollen, unaussprechlichen Worten. Sie ist so seltsam, einzigartig, wundervoll, wie nichts im Himmel und auf Erden, was sage ich da? Ich kann es nicht einmal mit Blicken sagen – wir waren beide traurig. Wir unterhielten uns über den Krieg, aber wenig konkret. Ich bleibe immer unkonkret, weil ich weder Kommunistin noch Reaktionärin bin. Am Ende hielt ich es kaum noch aus. Einmal musste ich sie berühren & küssen – in die Luft, auf die rechte Seite ihrer blonden Haare. Sie sagte: »Pass auf dich auf«, & da war ich auch schon in Tränen aufgelöst am Ende des Flurs. Warum, weiß ich nicht.

8. september 1942 ᴰRolf kam um 5, um mich abzuholen. Wir sahen *Fährmann Maria,* einen sehr guten Film aus Hitler-Deutschland. Hinterher gingen wir zu ihm nach Hause. Zwei kleine Zimmer unter dem Dach mit Bildern und Büchern. Aber ich hatte keine Ruhe. Ich habe so viel zu tun. Wir lagen kurz im Bett. Dann gingen wir zur 57th zurück. Sehr traurig. Er wollte sich in die Gosse legen, um zu sterben. Es tut mir so leid, dass ich nicht mehr Zeit mit ihm verbringen kann. Vielleicht kommt das alles noch. Er hat mich so lieb und ich ihn auch. Er rief mich dann auch gleich noch an, weil er wusste, dass ich an ihn dachte und daran, ob er wohl böse auf mich sei. Er braucht mich. Ich brauche ihn und viel mehr. Er ist das »Mehr«, aber ich kann mich nicht zwingen, dieses »Mehr« auch anzunehmen. Gearbeitet. Zwei Briefe geschrieben. Interessante Gedanken. Und [H. G. Wells'] *Befreite Welt* gelesen, nicht großartig, nicht schön, nicht sonderlich aufregend. Aber solide.^{DD}

10. september 1942 Ich bekomme übertriebene Komplimente von den Liftboys – wahrscheinlich machen sie genau dieselben jedem Mädchen im Gebäude, das keine wandelnde Mumie ist.

Rolf um 5:30. Er gibt etwa 20 Cent am Tag für Anrufe aus, das sollte er nicht tun. Wir machen große Pläne und sehen bis auf die Finanzen keinen Grund, warum wir nicht zusammenleben sollten. Jo P. kam zum Abendessen. Sie bleibt immer unverschämt lang. Sie tut mir leid, weil sie einsam ist. Das ist alles. Hinterher habe ich es bitterlich bereut, & ich sehe keinen Grund, warum es wieder passieren sollte. Ich bin alt genug, um mein eigenes Leben leben zu wollen. Ich habe das Experimentieren hinter mir, das Verschwenden wertvoller Zeit, die immer weniger wird.

Ich würde mit Freuden – was für ein lächerlicher Satz – das Trinken, das Essengehen, die Cocktails und Absurditäten aufgeben!

13. september 1942 Stalingrad ist so gut wie eingenommen. Die Russen haben mit unglaublichem Mut alle Brücken & Straßen für

den Rückzug zerstört, entschlossen zu sterben. Gestern »These Sad Pillars« an *The New Yorker* geschickt, zu Händen von Mr. Shawn. Selbst wenn er sich nicht an mich erinnert, wird die Sache an die Literaturabteilung weitergeleitet. Mit seiner Notiz. Außerdem »Manuel« an *Story* geschickt. Unruhig wie eh und je, wie in der eher trostlosen Zeit 1938, weil ich jetzt spüre, wie meine Kräfte wachsen. Mehrere Stunden damit verbracht, meine Notizbücher durchzugehen, über mein nächstes Projekt nachzudenken – überhaupt noch keine bestimmte Geschichte, ich versuche nur, die trüben Gewässer der Gefühle in mir zu klären.

13.9.1942 Die spirituellste und »schönste« Literatur ist bereits geschrieben – in der Bibel, in den griechischen Dramen, in ihren Philosophien. Was uns zu erreichen übrigbleibt, ist bestenfalls das materielle Abbild, ein schlechter Ersatz für die ewigen Wahrheiten, die wir nicht nachzubilden hoffen können. Spiritualität ist heutzutage so schwer zu erlangen wie ein Paar Flügel und ein Heiligenschein.

14. SEPTEMBER 1942 3 Seiten (^{D}sehr schwer^{DD}) einer neuen Geschichte über die Jungfrau Maria[82] geschrieben. Ansonsten angenehmer Abend, weil ich allein war und diese zarten Ideen kamen, die im Großen und Ganzen besseres literarisches Material sind (für den Charakter) als die körperlichen Aktivitäten, die einem in störender Umgebung einfallen würden. *Mysterien* gelesen.

18. SEPTEMBER 1942 Traf mich heute nach dem Abendessen mit Rolf. Ich hätte arbeiten & zu Hause bleiben sollen, aber er hatte so gute Laune, weil er Geld hatte. Wir gingen zu Buffie, um uns Bücher anzusehen. Schließlich zogen wir uns aus & lagen eine Weile

---

[82] Wahrscheinlich die Geschichte aus Patricia Highsmiths Nachlass, die posthum unter dem Titel »Unbefleckte Empfängnis« im Band *Die stille Mitte der Welt* (Diogenes, 2002) veröffentlicht wurde.

auf dem Bett. Keiner von uns beiden spürt irgendeine körperliche Erregung und möchte weder, dass etwas passiert, noch darauf hinwirken. Ich war schrecklich unruhig, wegen des Hauses, des Betts & der Erinnerungen, und Rolf konnte das nicht nachvollziehen. Ich bin – endlich – zu dem Schluss gekommen, dass ich eindeutig eine psychotische Störung habe, was das Zusammensein mit anderen Menschen angeht. Ich halte es nicht sehr lange aus. Vielleicht ist auf der ganzen Welt Rosalind die Einzige, mit der ich über Stunden hinweg ruhig bleiben kann. Bei anderen ist mir die verstreichende Zeit krampfhaft bewusst, die viele Arbeit, die mir noch zu tun bleibt. Selbst heute Abend mit Rolf war es eher schlecht. Als ich es nicht mehr aushielt, gingen wir etwas essen. Er erzählte mir, er sei noch nie zu einer Prostituierten gegangen, habe nie mit einem Mädchen geschlafen.

18.9.1942 [Hörte Frederick Delius'] »Der Gang in den Paradiesgarten« – und ich bin besessen von den Wundern dessen, was Worte bewirken können, beherrscht von der Angst, niemals an sie heranzureichen, sie nie mit Worten erschaffen zu können.

19. SEPTEMBER 1942 Ein sehr schöner Tag. Habe ungefähr fünfzig Millionen Mal an Rosalind gedacht. Heute Morgen gearbeitet. Lerner[83] sagte, er wird mich im Anzeigenverkauf einsetzen (sollte mehr Gehalt bekommen, wenn ich mich gut anstelle!), und das *[Jewish Family] Year Book* gehe im Januar in die zweite Auflage – bis dahin hoffe ich, bei Time, Inc., zu arbeiten. Und wenn ich da nur den Besen schwinge.

Mittagessen mit Mutter bei Del Pezzo sehr angenehm. Manicotti. Sie kaufte mir eine Bluse (sie hatte 1 $ übrig), & wir sahen uns ein paar Bilder an. Seltsamerweise war es Yves Tanguy, den ich am interessantesten fand. Er ist ein Prophet dessen, was kommt, ein Vor-

---

83 Ein Kollege bei F.F.F.

läufer der Dekadenz. Die kleinen, engverschlungenen Objekte im Nimbus haben eine mechanisch-organische Form und deuten erstarrte Kraft & Bewegung an.

Fröhlich an meiner Jesus-Geschichte[84] gearbeitet. Ich glaube an sie.

20. SEPTEMBER 1942 Ich lese nicht genug. Ich muss meine Gewohnheiten ändern oder in Sachen Weltliteratur ein Dummkopf bleiben. Rolf kam um 2:00. Kränkelte etwas mit Grippe. Ich machte ihm einen heißen Rum, & dann sahen wir uns die Toulouse-Lautrec-Plakatausstellung[85] im Met[ropolitan Museum] an. Unheimlich spannend, aber deprimierend, wenn man unsere derzeitigen Zeitschriftentitelseiten und Zigarettenreklamen damit vergleicht. Wir gingen zu ihm, legten uns aufs Bett, wo eine halbe Stunde lang alles in Ordnung war. Vielleicht (zweifellos) überträgt sich indirekt etwas von seiner plötzlichen Ruhe & Zufriedenheit auf mich. Aber nach einer Weile, nun ja, ich werde verlegen oder will, dass etwas Körperliches passiert (eine normale & rein instinktive Halberregung wegen der Nähe), aber bei Rolf passiert nichts. Er ist ganz elend, weil er keine Erregung verspürt. Man kann vielleicht kaum erwarten, dass er wie ein gewöhnlicher Mann funktioniert, nachdem er jahrelang gegenteilige Gewohnheiten gepflegt hat. Aber er verflucht sich & sagt, es würde uns nur trennen, wenn er das nicht korrigieren könne. Mir ist es im Grunde unwichtig, weil ich Rosalind liebe & körperlich gesehen nichts anderes will – eigentlich nicht einmal sie, weil ich sie auf so eine schöne Art liebe. Ich bete sie an! Spät und unbefriedigt zu Hause. Flüchtiger Blick auf Whitman heute Abend bei Rolf. Sehr schön.

---

84 Wahrscheinlich wieder »Unbefleckte Empfängnis«, die sie zuvor als »Geschichte über die Jungfrau Maria« bezeichnet.
85 Der französische Postimpressionist Henri de Toulouse-Lautrec-Monfa (1864–1901) wurde vor allem durch seine Werbeplakate für das Pariser Varieté Moulin Rouge bekannt.

21. SEPTEMBER 1942 Wundervoller Tag. Den ganzen Morgen gefaulenzt, einen guten Brief an Miss Williams von Time, Inc., geschrieben. Rolf rief um 12:00 an. Ich hoffe, er kommt mit seiner kleinen Schwierigkeit zu Rande. Andernfalls wird er mir einfach Lebewohl sagen. Wie grauenvoll es wäre, Rosalind wegen irgendeines imaginären oder tatsächlichen körperlichen Defekts aufzugeben, wo ich sie doch nur auf idealistische Weise liebe. Ich glaube, fast alle anderen Male, die ich verliebt war (vielleicht auch alle – außer bei Helen), waren so körperlich, dass mich allein der Gedanke daran deprimiert. Aber das mit Rosalind dauert an und an. Wie schön, dass ich letztes Jahr die richtigen Worte für sie gefunden habe. »Ich bete dich an«, nichts anderes hätte ausgereicht. Habe sie heute Nachmittag angerufen, & obwohl sie beschäftigt ist, hat sie für morgen eine Verabredung mit Rolf & mir gemacht. Colettes *Claudine's Ehe* gelesen, was das Scheußlichste ist, das mir seit Jahren untergekommen ist! (Kingsley heute Abend mit ihrer Mutter in der Bibliothek in der 58th St. gesehen. Zu weit weg, um zu sprechen. Sah aus wie immer, Haare kürzer, ganz aufgeregt, roter Mantel. Sie hätte gern mit mir gesprochen, das weiß ich.)

23. SEPTEMBER 1942 Heute Morgen im Büro gearbeitet & dann Rolf abgeholt. Del Pezzo um 12:25, aber Rosalind kam erst um eins. Wie stolz ich heute auf sie war! Sie ist so wundervoll anzusehen, anzuhören, anzufassen! Und sie war ganz beschwingt vom Blutspenden und höllisch lustig. Ich glaube, sie mochte Rolf – aber ich wünschte, er würde sein Englisch verbessern. Das wird er unter meiner Anleitung & ich mein Deutsch.

Schön kühl heute. Und Fliegeralarm wegen eines unidentifizierten Flugzeugs. Sehr ungehorsame Leute in N. Y. Erbärmliche Disziplin.

Nichts gelesen & an den Spuren der Welt gelitten. Ich arbeite & denke viel besser, wenn ich rein bin nach einem friedlichen Tag für mich allein. Das Hirn wächst ansonsten zu schnell & oberflächlich.

24. SEPTEMBER 1942 30 $ auf der Bank – alles gespart, seit ich meine Stelle angetreten habe. Das bedeutet auch: Kriegssparmarken im Wert von 30 $. Der Krieg wird innerhalb des nächsten Jahres drastische Lebensveränderungen mit sich bringen. Vielleicht wird ein besseres Gehalt dann gerade einmal dafür reichen, den jetzigen Standard zu halten.

Es ist an der Zeit für mich, Rolf Tietgens zu verlassen. Mit Mühe kann ich mich innerhalb von fünf Minuten noch in die positiven Gefühle von vor einem Monat zurückversetzen, aber was hätte das für einen Zweck? Die Wahrheit geht mit unbeherrschbaren Gefühlen einher, die ich bereits für jemand anderes empfinde. Mit der beängstigenden Verstandesschärfe des »unbeteiligten Beobachters« stellte Rolf mir sachdienliche Fragen zu Rosalind. Er sagte, ich hätte »keine Chance bei ihr«, weil sie, was Alter, bisher Erreichtes, Gedanken zu ihrer Weltanschauung usw. anbetrifft, weiter sei, ^{D}allerlei Sachen, die nötig sind^{DD}. Was kann ich ihr geben, wenn doch ältere Frauen viel mehr zu bieten haben? Nur Bewunderung, die älteren Leuten immer schmeichelt, sagt Rolf. An einem langen Abend will ich einmal zehn oder fünfzehn Seiten darüber schreiben, was Rosalind mir bedeutet, dem Schreiben ganz freien Lauf lassen, sonst würde ich nichts herausbekommen. Ich bete sie an, aber wie schlecht sie für meinen Frustrationskomplex ist! Es ist vielleicht einfacher zu sagen, wie das Leben ohne sie aussehen würde, als den Ist-Zustand konkret zu beschreiben.

Bernard[86] schreibt, dass Mr. Plangman in einem Sanatorium ist & Mrs. P. einen »Nervenzusammenbruch« hat.

25. SEPTEMBER 1942 Die Russen, die den Krieg allein ausfechten, halten Stalingrad am zweiunddreißigsten Tag der Belagerung. Es wird sogar um den Besitz einzelner Stockwerke gekämpft!

Habe eine schreckliche Erkältung & kann kaum atmen oder spre-

---

86 Jay Bernard Plangman, Highsmiths leiblicher Vater.

chen. Rolfs Erkältung. Rolf hat sein Auto für 100 $ an J. J. verkauft – 50 $ bekommt er, & 48 $ werden ihm an Schulden erlassen. Also speisten wir königlich zu Mittag in einem ungarischen Restaurant, wo wir das jetzt phänomenale Sechs-Gänge-Menü für 50 Cent bekamen! Hinterher sahen wir *Song of Ceylon* im Museum of M. A. Wundervolle, einprägsame Bilder. Rolf will mich immer noch jeden Tag sehen, obwohl Rosalind ihn weiß Gott davon abhalten sollte!

Fast nichts gelesen, weil es mir so lausig geht. Aber immerhin konstruktive Überarbeitung meiner Jesus-Geschichte. Übrigens wurden die Subway-Geschichte & »Manuel« heute abgelehnt, was mich überhaupt nicht entmutigt. Mrs. Williams von Time, Inc., schickte mir einen Brief, in dem stand, sie sei an meinen Arbeiten interessiert, würde mich gern kennenlernen & etwas Recherche sehen, aber neues Ausbildungspersonal stelle man gerade nicht ein. Werde Rosalind fragen, ob sie getippte Notizen meint, ich nehme es an.

Ich bin glücklich. Ein langes, langes Glück.

26. SEPTEMBER 1942 Trotz allem ein schöner Tag. Traf mich um 9:30 mit Rolf in der Subway. Las [Knut Hamsuns] *Mysterien,* nachdem wir bei J. J. angekommen waren, das fand er sehr unhöflich & sagte mir das beim Spaziergang. Aber Tatsache ist doch, dass er genauso schwierig im Umgang ist wie ich & sogar noch schlechter darin, sich um gesellschaftliche Gepflogenheiten zu kümmern. Wir liefen durch den Wald, tolle Unterhaltung über den ᴰUnterleibᴰᴰ. Schönes Mittagessen, & dann versuchten wir, mit Rolfs Auto (jetzt in J. J.s Besitz) zum Strand zu fahren, aber das Benzin war nach 5 Minuten alle, & nach einigem Schieben fuhr uns Dr. Hoffmann heim. Rolf & J. J. unterhielten sich auf Deutsch in der Küche, erzählte mir R. hinterher, & J. J. sagte: Was hast du denn erwartet? Es war doch klar, dass sie dich nicht lieben würde. Das ist unmöglich. Also aßen wir schweigend zu Abend (Rolf hatte sich so abgekapselt, dass er kaum an den Tisch zu zerren war) & brachen im Regen auf.

27.9.1942 Manchmal fühle ich mich so viel weiser als mein Körper: Dann fühle ich mich allmählich weiser als mein Kopf, und schließlich stelle ich mir die Frage, was sich da eigentlich weiser fühlt, was weiser ist, was mich wieder einmal zu der unlösbaren Frage des »Was bin ich?« bringt. Ich glaube nicht an das Glücklichsein oder die sogenannte Normalität als Ideal menschlichen Lebens. Menschen, die »vollkommen glücklich« sind, sind vollkommen dumm. Folglich glaube ich auch nicht an die heilende Wirkung moderner Psychiatrie. Der größte Beitrag, den Psychiater für die Welt und all ihre Nachkommenschaft leisten könnten, wäre, abnormale Menschen in Ruhe zu lassen, damit sie ihren eigenen Nasen, Sternen, Magneten, Wünschelruten, Phantasien oder was auch immer folgen können.

Die Welt ist voll von den Erbsen, die in die größte Kerbe in der Mitte des Bretts gerollt sind. Psychiater verbringen ihre Zeit damit, die übrigen Erbsen über die Kante zu schubsen, in die bereits übervolle Mittelkerbe, um normale Erbsen aus ihnen zu machen, auf die sie dann ganz aufrichtig mit stolzgeschwellter Brust zeigen wollen. Ich finde, dass Menschen mit ihren Perversionen, Abnormalitäten, ihrem Unglück bei ihrem Aufstieg und Untergang aufs Ganze gehen dürfen sollten. Die Verrückten sind die einzigen wirklich aktiven Menschen. Sie haben die Welt erbaut. Verrückte, schöpferische Genies sollten gerade genug normale Intelligenz besitzen, dass sie den Mächten, die sie normalisieren wollen, entkommen können.

27.9.1942 Ich habe so viele Bücher in mich hineingestopft, dass ich mich wie ein bis obenhin gefüllter Ofen ohne Feuerzeug fühle.

28. SEPTEMBER 1942 [D]Mein deutscher Großvater ist am Freitag gestorben. Er war in einem Sanatorium. Ich weiß nicht, was mit ihm war. Nahm ein Taxi mit Rolf und seinen Sachen zu ihm nach Hause. Er umarmte mich, was mir gar nicht gefällt. »Ist es so ekelerregend?«, fragte er. Ja, leider![DD]

3. OKTOBER 1942 ᶠSeltsamer Tag. Viel gearbeitet, nicht am Morgen, sondern am Nachmittag. Waren im India Shop, wo ich meinen nächsten Hut entdeckt habe – 9,75 $ –, Mutter und ich werden uns die Kosten teilen. Ein kleiner Hut, wie von einem Hotelpagen.

Nichts, was ich heute getan habe, hat länger als drei Stunden gedauert. Nur wegen Goldbergs schlechter Planung musste ich im Büro bleiben. Rolf rief um 5 an. Ich wollte ihn nicht sehen. Er hat sich geärgert, wurde richtig wütend. Rief noch einmal an, um zu sagen, er wolle mich sehen. Also gut, um 7. Als ich nach Hause kam, müde und traurig, musste ich mich erst einmal eine halbe Stunde hinlegen. Danach haben wir zusammen gegessen. Und dann hat er mir erzählt, was ihn umtreibt: dass ich mich verändert habe, dass mir meine Freundinnen egal geworden seien, dass aus dieser Sache mit R. C. ja doch nichts würde (es wird aber auch nicht nichts daraus werden!) und dass er mich nie wiedersehen wolle, wenn sich zwischen uns nicht etwas ändert. Es war ein langes Gespräch, in dem ich ihm aus irgendeinem Grund viel über meine körperlichen Erfahrungen erzählte, meine Unsicherheiten und Hoffnungen. Er versteht das. Obwohl es scheint, als würden wir einander nicht mehr treffen – zumindest versteht er es.

Ich will so viel machen – auch wenn Rolf sagt, ich müsse zuerst ein guter Mensch, ein großer Geist werden –, ich will so viel machen, und zwar allein, ohne Mann und vielleicht auch ohne Frau an meiner Seite. In den nächsten paar Jahren werde ich jedenfalls niemanden brauchen.ᶠᶠ

4. OKTOBER 1942 ᶠGuter Tag. Aber nicht meiner. War um 2 Uhr im Büro. Große polnische Parade heute Nachmittag, aber nur wenige Zuschauer.[87] Goldberg und ich gingen gegen 5 zur Druckerei, um uns die Fahnen anzuschauen. Ich habe noch Fehler gefunden, die er übersehen hatte. Dann aßen wir Schaschlik im Balkan-Restau-

---

87 Die Pulaski Day Parade, jedes Jahr am ersten Sonntag im Oktober.

rant. Goldberg weiß, wo man gut isst! Er will, dass ich einen Roman schreibe, ein großes Œuvre.

Außerdem in der Bibel gelesen. Ein sehr gutes Buch, das allergrößte eigentlich. Meine Mutter hat viel über meine Probleme nachgedacht, seit ich ihr gestern Abend erzählt habe, dass meine Psyche sich bessern müsse. Und mein σῶμα [*soma,* gr.: Körper] auch.^{FF}

5. OKTOBER 1942 ^{F}Guter Tag im Büro. So viele Kleinigkeiten, die ich erledigen muss. Um 6 traf ich Rolf vor dem Gebäude, spendierte ihm eine Tasse Kaffee, und wir gingen zur Wakefield Gallery. Rosalind, Natasha, Nickola, Lola P., Mrs. McKeen, Betty (Haare wie ein Besen). Die Ausstellung hieß »The Ballet in Art«. Charles und Jane O., deren Bilder Rolf mag, waren auch da. Ich war die meiste Zeit verwirrt und sehr nervös, obwohl ich die meisten Leute kannte. Howard Putzl auch da. Irving Prutman. Rolf gefiel die Truppe nicht. Überflüssig zu erwähnen: eine Schar Homosexuelle, die mehr einander als die Kunstwerke beäugten – wirklich. Betty jagt mir Angst und Schrecken ein. Rosalind unverfälscht und hübsch, blond, makellos! Wie ich sie liebe! Jo hier, ^{D}verdammt noch mal^{DD}! Und wir landeten natürlich bei ihr zu Hause, wo wir Schallplatten hörten.^{FF}

5.10.1942 Eines nebligen, nieseligen Morgens ging ich eine Straße mit Sandsteinhäusern entlang. Alle Fenster schwarze Löcher bis auf eines. Darin stand eine schlanke Frau mit Pullover & Gürtel & Rock und steckte sich ihr kurzes, lockiges Haar hoch. Ich blieb wie vom Donner gerührt stehen und lehnte mich an einen Treppenpfosten. Ich konnte den Blick nicht von dem gelben Lichtviereck abwenden. Ich fühlte mich so unbändig zu ihr hingezogen. Ich wollte sie umarmen, ihre Wärme spüren, den Duft ihres Körpers, ihrer Haare, ihrer Kleidung riechen, das weiche Fleisch ihrer Arme drücken, ich wollte ihren warmen Atem an meinem Ohr spüren und ihre Stimme hören, wie sie liebevolle Dinge zu mir sagt. Ich konnte mich nicht losreißen; und zur Arbeit zu gehen, wie ich doch sicher musste, schien nicht nur körperlich schmerzhaft, sondern vollkommener Wahnsinn zu sein. Warum? Warum gehen müssen? Also blieb ich stehen, und Passanten gingen an mir vorbei, wenn auch sehr wenige, und mir war egal, was sie von mir dachten, denn ich war von einer Lähmung ergriffen, einer Wehmut, einer Wonne, einer Melancholie, einem Entsetzen, einer Angst, einer Zuversicht, einer Gewissheit, einer Hoffnung & einer Verzweiflung. Ich beobachtete ihre Bewegungen hinter dem Fenster, und mich marterte die Sorge, dass sie weggehen könnte. Aber bevor sie mich rasend vor Enttäuschung und Frust zurücklassen konnte, wandte ich den Blick ab und setzte mich in Bewegung.

6. OKTOBER 1942 [F]An unangenehmen Dingen gearbeitet. Mich um 12:30 mit Rolf getroffen. Nach einem zehnminütigen Mittagessen im Automatenrestaurant wollte ich kurz zum Schuster und dann in die Bibliothek, um *Schöne neue Welt* zu lesen. »Also dann, Wiedersehen«, sagte er zum Abschied. »Wir sehen uns, wenn du mal Zeit hast!« Na ja, selbst Mutter sagt, ich solle härter zu ihm sein. Ich bin noch nie so streng zu einem Mann gewesen! Aber das macht mir nichts! Ein guter Abend. Meine Geschichte über die Verrückte abgeschlossen – den ersten Entwurf.[88] Allein durchs Leben zu gehen ist so wundervoll! Jetzt, mit 21, weiß ich, was ich brauche. Ich will so oft wie möglich allein sein.[FF]

6.10.1942 Der autobiographische Roman kommt für mich nicht in Frage: Meine Kindheit & Jugend sind ein rückwärts erzähltes Märchen, erleuchtet von Irrwischen, die vereinzelt vermodernde Leichen und geplagte, aufgewühlte Gesichter erhellen, die durch die Nacht huschen, unterwegs in ein Irgendwo, das nur in ihren Köpfen existiert. Man könnte das wenig ereignisreich nennen, aber keinesfalls psychologisch uninteressant.

---

88 Vermutlich weiterhin die Geschichte »Unbefleckte Empfängnis«, die sie zuvor als »Geschichte über die Jungfrau Maria« und dann als »Jesus-Geschichte« bezeichnet.

7. OKTOBER 1942 ᶠUm 3:30 bei Mrs. Williams von Time, Inc. Schrie aus voller Kehle, dass ich eine Stelle bei Time bräuchte. »Wir bleiben in Verbindung«, sagte sie und fegte mich aus ihrem Büro.^FF

9. OKTOBER 1942 ᶠGlücklich, aber so müde, dass ich über nichts Wichtiges nachdenken kann. Traf Rosalind in ihrem Büro. Haare mit einer Spange zusammengehalten, sehr hübsch, süß, mädchenhaft, und es lässt sie schlanker wirken. Ich wollte zum Essen mit ihr ins Golden Horn und: Ja! Rosalind trug ihren karierten Anzug, ich war glücklich, wir verstehen uns wieder besser. Sie findet, dass der Brief von Shawn (den ich heute Morgen bekommen habe) sehr gut klingt. Er hat vorgeschlagen, dass ich etwas für »Talk of the Town« im Oktober schreibe. Mr. Shawn hat beim *New Yorker* das Sagen, sagt Rosalind. So glücklich heute Mittag. Ich wollte den ganzen Tag, die ganze Nacht mit ihr verbringen. Mein ganzes Leben! Zurück im Büro sagte Goldberg, ich müsste morgen arbeiten. Als ich ihm dann sagte, ich wolle mehr Geld, hat er mir zugesagt, Flesch[89] würde mir in zwei Wochen eine Erhöhung geben, wenn ich jetzt nicht nachlasse.^FF Rolf hat angerufen. Muss ihn morgen küssen.

Habe mich in der Public School auf der 57th für die Wahlen registrieren lassen. Eltern auch. Sehr amüsant. Geschrieben. Gearbeitet. Aber kein bisschen nachgedacht.

9.10.1942 Du hast mir deine Ansprüche aufgedrängt: geistige Liebe, Sanftheit, Poesie, Schönheit, nebenbei jedoch auch Anarchie und Verantwortungslosigkeit, Bitterkeit, ein wenig Spott, viel Arroganz & Sturheit und vor allem Verachtung für jeden, der nicht deiner Meinung ist. In den meisten Fällen hast du so schmerzhaft recht. Es ist schwer, dir zu widersprechen. Es ist schwer, dir nicht nachzufolgen, bis man feststellt, dass man dabei verschluckt wird wie ein Staubkorn von einem Tornado.

---

89 Dr. Emil Flesch, auch bei F. F. F. Publications.

Aber Tatsache ist, meine Ansprüche an die »Liebe« (selbst die körperliche Liebe, ja, die ausgerechnet du so schnell der Liebe im Allgemeinen zugeordnet hast), meine Ansprüche an Liebe, Schönheit und Wahrheit sind einfach nicht die deinen. Ich will den Liebhaber nicht, der mich mit dem Wohlklang seiner Stimme, den Lauten seiner Kehle erfrischt, wenn er mir Blake vorliest, noch möchte ich den Liebhaber, der an mir klebt, dessen Herz eins ist mit meinem, dessen Seele mit meiner im Einklang steht, auch wenn wir getrennt sind. Lieber nehme ich jemanden, der mich mit dem Gegenbild zu all deiner Friedfertigkeit verrückt macht, die nicht spirituell ist, außer wenn eine hemmungslos fleischliche Laune sie packt, und die nie von Blake gehört hat und auch gar nicht von ihm hören will. Ich nehme nur die Liebste, die mir Fragen und Rätsel aufgibt, die sich schneller wandelt, als ich folgen kann, deren jede Geste, jeder Atemzug, jede Bewegung mich zutiefst entflammt, die mir in ihrer Abwesenheit keine Ruhe lässt.

Und ich fordere dich heraus, mir ins Gesicht zu sagen, dass mein Liebling (für mich, und darauf kommt es an) weniger spirituell ist als deiner. Allmählich habe ich deine Klagen, deine ewige maskuline Selbstgefälligkeit satt. Denn ich hasse den wissenschaftlichen Fortschritt, das beschämende Chaosjahr 1942 nicht oder die Männer, die uns jetzt aus dieser Notlage befreien. Du gibst mir das Gefühl, eine Kompromisslerin zu sein, und das bin ich nicht. Ich mache keine Kompromisse mehr mit dir, obwohl ich könnte.

10. OKTOBER 1942 Erschöpft – nach dreizehn Tagen (& ein paar Abenden) Arbeit am Stück. Kingsley überfiel mich auf der Straße. Wir gingen auf Kaffee & Zigaretten in einen Drugstore, und sie war eigentlich genau wie immer, stellte keine peinlichen Fragen, erzählte mir alles von der Uni. Rolf rief an, als ich nach Hause kam, & nach kurzem Ringen (mit mir selbst) beschloss ich, ihn um 10 zu treffen. Hatte den Brief noch nicht gelesen, den er zurückhaben wollte. Scheußlich unreif geschrieben, wünschte, ich hätte ihn behalten,

um ihn Rosalind zu zeigen, schlechte Möchtegern-Wolfe-Lyrik (er schrieb, er liebe mich nicht, obwohl jede Faser usw.).

11. OKTOBER 1942 [F]Was für ein wundervoller Tag! Heute bin ich gewachsen! Gutes Frühstück. Konzentrierter gearbeitet als in den ganzen letzten drei Monaten. M. & S. meine Geschichte über die Verrückte vorgelesen. Mutter versteht sie. Aber S. sagte, solche Geschichten seien ihm »zu hoch«! Ziemlich gut geschrieben, findet M. Wie schön das Leben doch ist! Jean Cocteaus *Les Enfants terribles* ausgelesen. Was für ein unvergessliches Buch![FF] Viva!

12. OKTOBER 1942 [F]Brief von Rolf – er wolle mich noch immer und was er nur ohne mich tun solle. Er wird schon noch lernen, dass ich niemandes Eigentum sein will. Normaler Tag im Büro. Die Welt dringt herein, und über Nacht habe ich die Konzentration von gestern verloren. In Zeitschriften nach Sonderangeboten gesucht. Es gibt ein paar für Radios usw. Um 5:30 Blut gespendet. Sehr angenehm. Dann Kafkas *Das Schloss* (von Rosalind) gelesen.[FF] Sehr gut und einfallsreich. Sehr müde. Das Fleisch ist schwach.

13. OKTOBER 1942 [F]Nie zuvor war ich so hingerissen von meinem Leben! Es ist eine ganz unpersönliche Empfindung. Sie steigt in mir auf, wenn ich allein oder mit jemandem zusammen bin, wenn ich ein herrliches Buch lese, ein originelles Bild anschaue oder gute Musik höre. Heute kam das Gefühl mit einer phantastischen, anhaltenden Macht, als ich »Schafe können sicher weiden« von J. S. Bach während meiner Mittagspause in einem Musikgeschäft hörte. Noch deutlicher habe ich es verspürt, als ich eine Seite in *Mystik* von [Evelyn] Underhill las. Es ist mein Glaube, mein Leben: Es gibt nichts außer der Kunst.

Im Büro ein weiterer normaler Tag. Mrs. Weick wurde ins andere Büro versetzt. Ich bin bei Goldberg, bei dem ich nicht so viel rauchen darf, wie ich gerne würde.

Mich erfüllt ein unaussprechliches Glück. Aber es ist zugleich auch traurig. Es ist so viel größer als ich. Ich beschäftige mich nicht mit mir selbst: nur mit meinen Bestrebungen, meinen Begierden, meinem Werk. Ich beschäftige mich mit den Dingen, die ich liebe.^{FF}

14. OKTOBER 1942 Wirklich sehr glücklich. Aß einen Hamburger im alten White Tower auf der Greenwich Avenue & machte einen Spaziergang die 8th St. entlang, schaute mit neuen Ideen umher (seit Rolf, seit meiner Stelle, seit mir im vergangenen Monat einiges klargeworden ist) & ging dann in den Musikladen. Kein »Wer mir behagt« [Bach-Kantate], aber dafür lernte ich einen ^Fjüdischen jungen Mann^{FF} kennen, der sehr hilfsbereit war. Bot mir an, mir seine hervorragende Schallplatte zu geben, die jetzt nicht mehr erhältlich ist. Wir gingen zusammen ins Whitney [Museum of American Art]. Ein sagenhaftes Gemälde von Philip Evergood mit dem Titel *Lily & the Sparrows*. Dann in den Grammophonladen mit meinem Freund, der Louis Weber heißt, W. 97. St. 9. Er will mir am Montagabend Schallplatten vorbeibringen, die wir uns gemeinsam anhören können. Werde Marjorie einladen. Ich liebe alles, habe glückliche Gedanken empfangen. Auf gewisse Weise wandle ich momentan mit Gott.

15. OKTOBER 1942 Sehr harter Tag. Goldberg erzählt so viel – Anekdoten –, dass wir nie zum Arbeiten kommen & deswegen heute bis in die Nacht bleiben mussten. Er brachte mich um 12 Uhr nachts – zu Fuß – nach Hause und trug mir die Bücher.

16. OKTOBER 1942 ^FAlkoholgetränkter Tag. Alice T. um 1:00. Wir aßen bei Castille – sehr gedrängt und voll, sehr heiß. Sie schenken dort den Martini noch nicht in Karaffen aus. A. war erstaunt, dass ich so viele »wichtige« Leute kenne, die auch noch älter sind als ich. Zwei Martinis mit Valerie Adams im Hotel Pierre. Sie kennt Kay Boyle, P. Guggenheim, Le Paris. Will mich zu den Guggenheims

mitnehmen. Außerdem eine Angelegenheit, die mich sehr verärgert: Kingsley hat ihr erzählt, ich sei jetzt von einer Frau besessen, »die älter ist als ich«. Das ist nur ihr jüngstes Vergehen, die Sünde, die nicht vergeben werden kann, und obwohl wir einander schon vieles vergeben haben, das ist unmöglich. Was kann sie bloß zum Schweigen bringen? Muss ich sie erst erschießen?

Heute Abend mit Billie B. im World's Fair. Ziemlich viel getrunken. Keine einzige Person gesehen, Mann oder Frau, die mir intelligent, spirituell, perfekt vorgekommen wäre – nicht eine. Habe jetzt wirklich für ein ganzes Jahr genug Drinks und Partys gehabt.[FF]

17. OKTOBER 1942 [F]Schlechter Tag. Den ganzen Tag geschuftet, konnte keine Ausstellung mit Mutter besuchen, habe es wegen des vielen Alkohols gestern Abend nicht einmal geschafft, mir die Zähne zu putzen, konnte nicht gut arbeiten, weil nicht gezahlt wird, was mir zusteht – ich hätte das Anderthalbfache für meine Überstunden bekommen müssen. Ich bin sauer, wütend! Aber ich war ein Schulmädchen und habe nichts unternommen.

Mary Sullivan hat gestern wegen Bernhard zu mir gesagt: »Wann wirst du endlich erwachsen? Wann? Sie liebt dich, und für viele Menschen ist das Körperliche zu wichtig. Sie liebt dich körperlich, und das ist alles!«

Jeva hat um 8:30 angerufen. Sehr lieb, wäre gern bei ihr, egal, wo. Schuhe gekauft, die all mein Geld gekostet haben, habe nur noch 4,00 $ für die ganze nächste Woche. Es quält Flesch schrecklich, wenn man ihn nach Geld fragt! Habe einen Philodendron gekauft – grün, still und geduldig. Ganz anders als ich. Ich bin unglücklich.[FF]

18. OKTOBER 1942 Vergleichsweise wenig an meiner Geschichte gearbeitet, aber mit dem zweiten Durchgang fertig. Den nächsten zeige ich vielleicht Goldberg. Sollte gut werden. Danach will ich die paar Sachen, die ich seit der Uni geschrieben habe, überarbeiten & dann vielleicht mit dem Roman anfangen.

1942

Die Ungerechtigkeit meiner Arbeitgeber lastet auf mir. Werde so bald wie möglich kündigen, aber vorher schreibe ich einen Brief, in dem steht, dass Mr. Flesch besser nur noch Leute einstellen sollte, die den Wagner Act nicht kennen. Und Kingsley würde ich auch gerne bald erzählen, was genau ich von ihr halte.

Es gibt so viel Schönes, und morgen werde ich es sehen, während ich an einer Ampel warte, während ich in der Bibliothek eine Seite überfliege – aber heute fiel es mir so schwer, meine arbeitsumnachteten Augen zu öffnen.

19. OKTOBER 1942 ᶠSehr nervös und sehr wach. Mit Goldberg über meine Aufgaben gesprochen. Ich war so selbstbewusst und ruhig, dass er gar nicht anders konnte, als ja zu sagen – statt einer Gehaltserhöhung bekomme ich meine Überstunden bezahlt. Um 2 Rolf Tietgens getroffen. Kaffee im Caruso wie beim ersten Mal. Der Trottel hat Bernhard erzählt, wir seien »nicht mehr so enge Freunde wie vorher«.

Wundervoller Abend! Louis Weber kam pünktlich, wir hörten sein »Schafe können sicher weiden«. Dann kamen Marj. Wolf und M. Thompson. Louis fragte nach meinen Geschichten. Ich gab ihm ein paar. »Silver Horn«, das er gleich hier las, mochte er besonders. Er beobachtete mich heute Abend genau und meinte, ich sei sehr kompliziert, bemerkenswert, ich hätte »das gewisse Etwas«. Aber er ist sehr seltsam. Er lebt bestimmt ganz allein. PS: Bernhard rief um 9:00 an. Will mich Donnerstagabend treffen. Ich werde nervös bei dem Gedanken, sie wiederzusehen, ich habe mich gerade erst einigermaßen erholt.ᶠᶠ

20. OKTOBER 1942 Heute Morgen mit Rosalind gesprochen. Habe ihr gesagt, ich hätte kein Geld, um mittagessen zu gehen. Sie sagte, dann lass uns Freitag ausmachen, sie hätte Geld. Das soll uns jetzt aber nicht zur Gewohnheit werden!

Der Zahn, der mir letzten Sommer in Kalifornien so zugesetzt hat, tut wieder weh. Deswegen kann ich keine Mitteilungen aus den höheren Sphären empfangen und in warmen Bergseen gespiegelte Bilder sehen. Ich sitze hier fest, mit meinem lausigen Zahn. Ich wünschte, er wäre gezogen, ich sehe vor meinem inneren Auge Blut und Eiter fließen, spüre die schreckliche, gesegnete Erleichterung, das bittere Loch in meinem Gesicht und die Entspannung meiner Brauen, die seit Wochen zusammengezogen sind.

21. OKTOBER 1942 ᶠMit Mutter zum Essen bei Pete, Old Fashioneds, Gulasch, Kaffee – wie ich davon geträumt habe, Mutter abends auszuführen, sobald ich eigenes Geld verdiene. Sehr gute Tanzaufführung gesehen. O Gott! Was für eine Frau, diese Jean Erdman[90]!! Groß, schlank (aber nicht zu sehr!), ein intelligenter und lächelnder Mund. Was für Beine, was für eine Taille! Wir saßen in der ersten Reihe, nur ein paar Meter von ihr entfernt. Ich wäre so gern hinter die Bühne gegangen, um ihr zu sagen, welche Wirkung ihre Kunst auf mich hat! Aber es war zu gefährlich, Mutter hätte etwas merken können.ᶠᶠ

22. OKTOBER 1942 Sehr spät. In der Bibliothek gelesen & von der ersten Luftschutzübung bei Tageslicht überrascht worden. Um 3:15 beim Zahnarzt, ein Ralph Miller, von drittklassiger Intelligenz, der diesen verdammten Zahn oben rechts anbohrte & mir erklärt hat, der Weisheitszahn drücke die anderen aus der Reihe. 1,00 $ dafür, dass es immer noch weh tut.

Heute Abend ein wenig gearbeitet, aber ich mache ganz langsam & brauche viel Ruhe. Um 9:30 Bernhard in der E. 56. 155 besucht – ihre neue Adresse. Ziemlich klösterlich, nur ein Zimmer. Sie im Bett, Rock 'n' Rye trinkend. Pyjama. Sie konnte von nichts anderem als dieser »widerlichen Affäre« zwischen Rolf & mir reden – wie wir schamlos »geflohen« seien usw. –, das trübte die Stimmung. Es

---

90 Jean Erdman (1916–2020), US-amerikanische Tänzerin und Choreographin.

wurde 10, und es wurde 11 Uhr & immer noch dasselbe Thema. Also sagte ich, wenn sie mich nur eingeladen hätte, um mich herunterzumachen, könne sie sich das sparen, denn die Geschichte sei mir in den letzten vier Monaten vorausgeeilt, wo auch immer ich hingekommen sei. Also wurde sie freundlicher. Ich hätte ihr törichtes, unerbetenes Vertrauen zerstört, aber wir könnten noch einmal von vorn anfangen. Sie hat nächsten Mittwoch eine Ausstellung, und ich soll kommen. Nicht viel Zeit in Sicht, & ich habe ein großes Projekt im Auge.

23. OKTOBER 1942 ᶠWundervoller Tag! Mittagessen mit Rosalind um 12:30. Sie beriet mich wegen meiner Haare, ich muss sie schneiden lassen. Ja, es ist ausgemacht. Wir sprachen über Kunst. Dann gingen wir ins Petit Français, um uns die Surrealistenausstellung anzusehen. Sie war sagenhaft! Tanguy, Chagall, Ernst, Berlioz, Lamy, Matta, alle gut vertreten. Außerdem eine Frau, Leonora Carrington[91], für die sich R. sehr interessiert. Rosalind hat eine Sicherheitsnadel an einen der Nägel von Picassos »Gitarre« gehängt. Wir haben uns schiefgelacht! Wie ich sie liebhabe! Freitags ist sie immer glücklich, weil sie am Wochenende mit Betty wegfährt. Das ist traurig – nehme ich an. Aber ich bin glücklich, wenn sie glücklich ist. So sehr liebe ich sie.ᶠᶠ

24. OKTOBER 1942 Bin glücklich. 45,00 auf die Bank gebracht. Goldberg da, Flesch & Lerner besorgt, haben Angst, dass ich noch mehr Geld verlange! Rolf getroffen. Ekelhaftes Benehmen, psychopathischer und neurotischer als vorher, weil er jetzt allein lebt. Zu Dr. Dobrow für eine Füllung. Er klang intelligenter – mir sind junge Zahnärzte lieber, wenn sie nur schon genug Erfahrung haben.

Jack um 7:45 hier, war dann doch ganz schön. Er ist so schrecklich in mich verliebt und weiß auch etwas damit anzufangen, was man

---

91 Leonora Carrington (1917–2011), britisch-mexikanische surrealistische Malerin und Schriftstellerin.

von Rolf nicht behaupten kann. Sahen ein spanisches Varietétheater in der 116. Fuhren mit dem Bus hin. Dann nach Hause zu Bach & Kaffee & Kuchen. Nach zweistündiger Belagerung küsste er mich sehr leidenschaftlich. Ich hätte nichts dagegen, mit ihm zu schlafen. Vielleicht würde es mir ja gefallen – vor allem zu wissen, wie sehr es ihm gefallen würde. Er hat sich in den vergangenen zwei Monaten mit allerlei Frauen in Manhattan »herumgewälzt«.

Ich strotze nur so vor Selbstvertrauen & Ideen!

25. OKTOBER 1942 [F]Die Geschichte über die Verrückte noch einmal gelesen. Sie ist sehr gut, aber sie braucht noch einmal 24 Stunden – am Stück. Rolf von 2–6:30. Er machte 12 Fotografien, mehrere Akte. Er gab mir Bücher, und wir aßen beim Fish Place an der 3rd Avenue. Jetzt, wo er nichts mehr von mir erwartet, ist es angenehmer mit ihm.[FF]

25.10.1942 Und sonntagnachmittags werde ich alleine losziehen und in einem goldenen Wagen eine Ausfahrt durch den Central Park unternehmen. Die Menschen werden amorphe Unterwasserorganismen sein, die in gallertartigen Tiefen schweben oder sich sanft an ihren Stängeln wiegen. Ich werde sehen können, wie ihre Innereien arbeiten und pulsieren und ihre Farbe ändern von rot über grün zu grüngelb. Die Museen, die Zoos werden wie Schlösser in einem Goldfischglas sein, und obwohl ich nicht durch sie hindurchschwimme, werde ich in meinem Wagen hindurch gleiten und sie zugleich von außen sehen. Der Park selbst wird tief versunken sein, und nur der graue Sonntagshimmel seine äußersten Baumkronen säumen. Ich werde mich unterhalten, mit wem ich will, mit Phaeton zuerst, aus Höflichkeit, mit den Luftmolekülen werde ich Höflichkeiten austauschen, mit den Bäumen Kantaten summen, mit dem Gestein der kleinen Hügel die Wahrscheinlichkeit der Unsterblichkeit erörtern und anzweifeln. Ich werde nach Belieben Farben entstehen lassen oder keine Farben, Töne oder keine Töne, weil es in meiner Macht liegen wird, denn ich kann mir solche Dinge vorstellen.

27. OKTOBER 1942 ᴰIch bin so müde, so melancholisch, so unzufrieden. Sah Rolf um 5:45. Die Fotografien sind gut. Wir tranken Kaffee und schauten sie durch. Hinterher gingen wir ins Guggenheim, wo zweifellos die besten Bilder der Stadt hängen. Dann kam Jack B. vorbei. Um ein Buch abzuholen, das er dagelassen hatte – er blieb aber mehrere Stunden! Wir hörten Bach, Mozart, Beethoven. Er lieh mir *Jesu, der du meine Seele*. Aber ich will arbeiten. Immer. Und damit ich heute Abend schlafen kann, schrieb ich den Schwur nieder, nur noch einen Abend pro Woche auszugehen. Nur das allein hält mich zusammen, macht mich gesund und glücklich. Sonst bin ich schrecklich niedergeschlagen, bedrückt und vernachlässige meine Seele. Wie ich Rosalind brauche! Was gibt es Schönes auf der Welt außer Rosalind! Wen liebe ich wirklich und wahrhaftig außer Rosalind! Wer will mich nicht sehen außer Rosalind! Ich bin verrückt, dass ich nicht mehr Zeit mit ihr verbringe. Sie ist mein Herz, mein geistiges Wasser und Brot, und zuweilen, aber nur in meinem Kopf, ist sie meine Sünde, meine Zuflucht, in der Seele ist sie meine einzige Liebe und Geliebte für immer und ewig!ᴰᴰ

28. OKTOBER 1942 ᴰIch werde noch ganz verrückt von diesen Abenden ohne Ruhe, ohne Einsamkeit, auf der die Schafe meiner Seele weiden. Mein Herz ist so voll, es bricht entzwei, und die schönen Kleinode und Phantasien sind wie Gift in meinen Adern.ᴰᴰ Ging um 6:00 ins Laboratory Institute, wo mir sowohl Tee, Kaffee & Whiskey angeboten wurden – also nahm ich Letzteres wie jeder Mann von hochprozentigem Geist. Als B. kam, hatte ich 2 getrunken &, bis wir gingen, 3. Bernhards Bilder sahen besser aus denn je. Wir tranken noch einen – der meine war einer zu viel. Also sagte Bernhard, wir könnten kurz zu ihr gehen. (Kann mir gar nicht vorstellen, warum!) Und mir wurde bald schlecht. Musste bleiben.

Bernhard wundervoll zu mir, brachte mir dies & das. Sie muss mich wirklich leidenschaftlich lieben. Na ja, mit einer gewissen Leidenschaft zumindest, die nicht zur Gänze körperlich ist, sich aber auch noch nicht vollkommen Bahn gebrochen hat.

29. OKTOBER 1942 Mit leichten Kopfschmerzen aufgewacht. Hätte gern mit B. gefrühstückt, aber ich machte mich um 8:10 aus dem Staub. Das Schlimmste ist, den Liftboys unter die Augen zu treten, die gelernt haben, keine Miene zu verziehen. Geduscht & zur Arbeit gegangen. Ich denke über den Jugendroman nach. Ich bin neurotisch & jung genug, um aus dem Gedächtnis & meiner Biographie zu schreiben und *surtout* über Liebe! *Amor! Amore! Amour!* ἀγάπη*!* War bei Mr. Shawn vom *New Yorker,* der mir freundlicherweise zwei Aufträge gab, die ich für den »Talk of the Town«-Bearbeiter vorbereiten soll, gute Sache, die Sekretärin schrieb meine Aufträge auf die Liste. Das ist doch mal was. Sir Thomas Browne gelesen – der heute Abend sagte: »Alle Dinge sind künstlich, denn die Natur ist die Kunst Gottes.«[92]

30. OKTOBER 1942 ᶠGuter Tag. Nicht viel Arbeit im Büro, Goldberg sagte sogar, ich könne an meinen Geschichten arbeiten, ermahnte mich aber, keine Bücher zu lesen, das habe Flesch einmal gesehen. In rotem Hemd und mit glattem Haar zu meinem Treffen mit Rosalind. Sie hat gestern den Abend mit Lola P. verbracht, die sich jetzt von Del getrennt hat. In gegenseitigem Einvernehmen. Lola schreibt jetzt surrealistische Geschichten. Rosalind und ich sprachen über den Bewusstseinsstrom bei Richardson[93], die sie nicht kennt, Kafka, viele andere Dinge. Sie versprach mir eine *Fortune*-Belegseite von dem Artikel über Strümpfe. Es war genau, wie ich es mir gewünscht hatte – es war sagenhaft! Ich fragte sie, was sie von einem

---

92 Zitat aus *Religio Medici* (London, 1643).
93 Dorothy Richardson (1873–1957), britische Schriftstellerin, die als Erste in der englischsprachigen Welt die Erzähltechnik des Bewusstseinsstroms in einem Roman anwendete.

Roman über Jugendliche halten würde, 15–18 Jahre alt. »Na ja, das ist, als würdest du fragen: Was hältst du von einem Roman über die Ehe? Klar, ein Selbstläufer.« Doch als ich ihr erklärte, was ich mit den Figuren vorhabe und dass er besser werde als Daly[94], natürlich[FF] – »Es sollte etwas darüber gesagt werden, was die jüngere Generation denkt.« Aber darüber würde ich nicht schreiben, & das weiß sie auch.

Ich beobachtete sie in der Bank, wo sie freitags immer hingeht, und sie sah sehr maskulin aus, sehr lesbisch. Etwas an ihrem Haar, wie sie die Augen zusammenkneift. Und meine Güte, kann sie manchmal ein lesbisches Lächeln aufblitzen lassen! Ich frage mich, warum sie mich nicht mal zu sich nach Hause einlädt. Ich frage mich, ob vielleicht an Weihnachten. Ich frage mich, ob vielleicht an meinem Geburtstag. Ich frage mich, ob überhaupt irgendwann.

31. OKTOBER 1942 [F]Ich bin glücklich, aber nicht sehr. Es ist, als wäre ich unter freiem Himmel eingeschlafen. Ich bin randvoll mit meinem Roman – den Jugendlichen –, aber ich habe nichts, was ich in mein Notizbuch schreiben könnte, ich habe ihn noch nicht in Ruhe durchdacht. Das ist komisch. Ich hätte gern Zeit in Hülle und Fülle. Ich würde gern alles machen, viele Dinge in meinem Kopf und auch außerhalb. Ich gehe auf Zehenspitzen durch eine Welt voller Fallen.[FF]

31.10.1942 Manchmal traf sie wochenlang nur Freundinnen. Dann sagte sie: »Ich bin glücklich. Das ist meine Welt«, oder sie wurde allmählich ungehalten, wenn sie deren Mängel erkannte, und sagte: »Damit habe ich nichts zu schaffen.« Dann gab es Wochen, in denen sie nur männliche Gesellschaft hatte, in denen sie das einzige Mädchen in einem Haus voller homosexueller Jungen & Männer war, jeder einzelne im Grunde intelligenter, attraktiver und

---

94 Maureen Daly (1921–2006), aus Irland stammende US-amerikanische Schriftstellerin, die ihren bekanntesten Roman *Der siebzehnte Sommer* (1942) bereits als Jugendliche schrieb.

schöner als die Frauen, und sicherlich waren sie ehrlicher miteinander. »Das ist meine Welt. Hier sind die Leute offen und ehrlich ohne jede Eitelkeit«, sagte sie (denn die Homosexuellen, die sie kannte, waren nicht von eitlem Schlag).

Aber da beide Zustände allmählich immer wieder ihren Reiz verloren, die Plätze tauschten, musste sie irgendwann feststellen, dass keine dieser Welten die »ihre« war, sondern dass die ihre eine eigene Welt war. Kurz: dass sie ihr soziales Milieu nie finden würde, und das war ihr bereits im Alter von zwanzig Jahren klar. Unglücklicherweise lag sie völlig richtig.

1.11.1942 Nachtarbeit – alle jungen Schriftsteller sollten in der Nacht schreiben, wenn das Bewusstsein (die kritische Stimme) müde ist. Dann kann sich das Unterbewusstsein entfalten, und das Schreiben ist ungehemmt. Selbst ältere Schriftsteller nehmen das manchmal so wahr. Jene, die entweder nicht gut genug sind, um der (übertriebenen) Selbstkritik zu entkommen, oder die bei klarem Bewusstsein keine Erlösung gefunden haben, oder vielleicht jene, die angenehme Erinnerungen an die forschenden Zeiten haben, als sie das Schreiben noch lernten.

2. NOVEMBER 1942 ^FSo eine Aufregung! Miss Weick hat heute gekündigt! Sie bekam ihre Schreibmaschine nicht zum Laufen, und Lerner nannte sie »dumm«. Tja – da wurde sie alles los, was sich zwei Monate lang in ihr aufgestaut hatte, und kündigte, marschierte einfach aus dem Büro! Ich adressierte den ganzen Morgen Briefumschläge.

Goldberg lud mich zum Mittagessen ein. Ich gab ihm meine Geschichte über die Verrückte, und er hat gesagt, ich würde versuchen, auf die schwierigste Art zu schreiben, analytisch, wie die ganz großen Schriftsteller. Das weiß ich nur zu gut. Aber das ist es nun mal, was mich interessiert, was soll ich machen? Diese Geschichte ist wirklich sehr knifflig, weil ich sie nicht einfacher schreiben, sie nicht zugänglicher machen will. Werde zu anderen Dingen übergehen, wie immer.^FF

3. NOVEMBER 1942 ^F Bei Dr. Dobrow gewesen, der sehr unhöflich war. Weil ich ihm Fragen stellte, warf er mir vor, ich wolle ihn über seinen Beruf belehren! Lächerlich! Da kann ich nicht mehr hin. Ich bin rauchend davongerauscht. Heute Morgen um 10 zum ersten Mal gewählt. Israel Amter hat es auf den Stimmzettel geschafft, Flynn, Davis, Poletti usw. Die meisten sind ALP[95]. Die Geschichte über das Hotel angefangen, in das die Leute zum Sterben gehen.^FF

4. NOVEMBER 1942 ^F Guter Tag. Habe viel mehr an meiner eigenen Arbeit gesessen als an der für F. F. F.

Um 10:30 zu Brentano's [Buchhandlung], sie werden den *J. F. A. [Jewish Family Almanac]* ins Sortiment aufnehmen. Wenn es als Zeitschrift durchgeht. Dann zurück ins Büro, wo ich Umschläge adressierte, aber nicht allzu lange. Schön, aber müde. Keine Briefe. Meinen Artikel über Strümpfe für den *New Yorker* geschrieben. Noch nicht fertig.^FF

4.11.1942 Vorwort zum *Buch der schönen Dinge*.

Ich schreibe ein Buch der schönen Dinge, weil ich schon so lange und so fest davon überzeugt bin, dass alles, und damit meine ich wirklich alles auf der Welt, unangenehm ist. Wenn es für eine Weile angenehm ist, wird es am Ende unangenehm, weil wir es wieder aufgeben müssen oder weil wir es wie alle Menschen undankbar mit etwas Besserem vergleichen. Melancholie und Pessimismus, gepaart mit einem guten und großzügigen Herzen und einem offenen Geist, sind die edelsten Tugenden des Menschen. Sie lassen ihn in die Tiefen seiner selbst hinabsinken, die nicht weniger interessant oder

---

95 American Labor Party. Am 3. November 1942 fanden in New York Bundes- und Landeswahlen statt. Israel Amter, Elizabeth Gurley Flynn und Benjamin Davis jr. kandidierten für die Kommunistische Partei.

herrlich sind als die Höhen, und sie lassen ihn himmlische Genüsse erfahren, wenn er ihre Schatten in irdischen Dingen entdeckt.

5. NOVEMBER 1942 ᶠGuter Tag, konnte schon morgens nur an den Abend mit Rosalind denken. Sie kam um 7:10. Wir tranken – Martinis für mich, Tomatensaft für sie, von Mutter zubereitet. Sie war so wunderschön. Sie mochte weder meine Bilder an der Wand noch mein Badezimmer. Und für Rolfs Fotografien von mir hatte sie auch nichts übrig.ᶠᶠ Sie schenkte meinem Bach kaum Beachtung, was ich genau so erwartet und mich trotzdem so darauf gefreut hatte, ihn mit ihr zu hören. Ich trank zu viel, was mir nicht mehr passieren soll. ᶠMan merkt es mir nie an, bis ich aufstehe, ich kann immer nicht mehr geradeaus laufen. Wir aßen im Petit Paris. Ich bezahlte zu viel für alles.ᶠᶠ

»Du solltest nicht so viel trinken. Betty & ich finden beide, du trinkst zu viel, das ist schon etwas stillos – eine gutaussehende Kleine wie du.« Wir verabschiedeten uns, und ich wagte es, ihr einen Kuss auf die Wange zu geben. Weiß Gott, ob es ihr etwas ausmachte. Ich weiß es jedenfalls nicht.

7. NOVEMBER 1942 Herrlicher Tag. Obwohl ich desaströs spät ins Bett kommen werde, denn ich wurde heute um 11:25 gefeuert. Fristlos und ohne Vorankündigung – von so was hat Flesch noch nie gehört. Ich muss sagen, ich bin froh. Goldberg hat Mitleid. Flesch hat gesagt, sie bräuchten gerade niemanden, der schreibt usw. Marjorie Thompson einen Drink im Mansfield [Hotel] ausgegeben, und danach sahen wir uns mit Mutter die Bacon-Schau[96] an. Einfach wundervoll und mit der Energie & Konzentration eines Mannes, manches jedenfalls. Dann Tee & noch einmal Guggenheim, wo Peggy mit dem Hund saß. Mit Kiesler[97] unterhalten. Sehr nett.

---

96 Der für seine grotesken und figurativen Motive bekannte Francis Bacon (1909–1992) sollte Highsmiths Lieblingsmaler werden.
97 Friedrich Kiesler (auch Frederick John Kiesler, 1890–1956), österreichisch-amerikanischer Architekt, Bühnenbildner, Designer und bildender Künstler.

8. NOVEMBER 1942 Schöner Tag. Hart für *New Yorker* gearbeitet & werde es morgen vorzeigen können. Rolf um 5 getroffen. Wir unterhielten uns – er sagt, er liebt mich nicht mehr, würde mich aber trotzdem gern küssen. Ich bin sehr kühl und mache mir nicht die Mühe, ihn zu analysieren. Wie immer sagte er die entscheidende Sache über mich – dass ich über das schreiben muss, was ich erlebt habe, und die ausgedachten Geschichten bleiben lassen soll, bis ich gut genug bin, um ihnen Leben einzuhauchen. Nach einiger Unschlüssigkeit (typisch für uns zwei deutsche, sture, egozentrische Menschen mit unterentwickeltem Sexualtrieb) gingen wir ins Petit Paris zu Rinderfilet & Weißwein.

9. NOVEMBER 1942 Mittagessen mit Bernhard, das sie leider nicht bezahlen konnte wie abgemacht. Ich habe 6,00 $ & werde an mein Bankkonto müssen, was mich so schmerzt, ich kann es gar nicht beschreiben. Manchmal gibt es wenig, worüber ich mit Bernhard reden kann. Ich bin so verschlossen und neige so wenig zu Nettigkeiten, dass nach einer gewissen Zeit nicht einmal mehr die Gedanken kommen, wie sie sollen. Habe Arbeitslosengeld beantragt. Ich werde wieder zu dem Menschen werden, der ich mit vierzehn & fünfzehn & teils noch mit sechzehn war – lebendig & fähig zu lieben, aber auch zu scheitern. Voller Phantasie und lyrischer Empfindungen, der Intellekt gerade erst im Erwachen begriffen & keine Gefahr, er könnte seine drosselnde Kontrolle ausüben. Die Frage nach dem »Was fühle ich?« ist die Wurzel von allem: Sie beeinflusst mein Schreiben, meinen Ausdruck, mein Glück und ist abhängig von meiner Ernährung, körperlichen Gewohnheiten usw. Ich sollte a) meine Menstruation korrigieren, b) über normale Dinge nachdenken statt dieser morbiden, fast schon unpersönlichen Selbstbeobachtung, c) nie an mich selbst denken, außer um meine emotionalen Reaktionen festzustellen und sie zum Ausdruck zu bringen, d) über die Verliebtheit in Rosalind hinwegkommen und sie nicht als festgelegten Kurs betrachten, dem ich folgen muss, e) Bernhard offen von der

Zuneigung erzählen, die ich so oft zu ihr verspüre, f) eine ganze Weile nur Gedichte schreiben, g) meine Journale von 14–20 untersuchen und nach dem Was und dem Warum schauen –, und vor allem muss ich fest daran glauben, und das tue ich sicher, dass sexuelle Erfahrung in meinem Alter nicht notwendig ist und dass viele normale Menschen, selbst Genies, in meinem Alter noch keine hatten, dass ich mit dem Glauben an mich selbst wieder ins Goldene Zeitalter zurückgelangen kann. Ich trage stets das Gefühl in mir, dass sich irgendwann ein Nebel lichten wird, als ob man Mathematik lernt, ohne sie zu verstehen, und eines Tages die Offenbarung erfährt. So wird es mir ergehen – vielleicht ist es auch schon passiert. Dann werden sowohl Rosalind als auch Bernhard ihre rechtmäßigen Plätze einnehmen, abhängig von ihrem jeweiligen Charakter (beide exzellent) und nicht von mir, es sei denn, ich bin in eine von beiden wirklich verliebt.

10. NOVEMBER 1942 [F]An meinem *New Yorker*-Auftrag gearbeitet und ihn endlich abgeschickt. Großmutter den *Jewish Family Almanac* geschickt. Ziemlich komisch. Heute gesungen, als ich durch den Regen lief – ich sang Bach. Und es war, als wäre ich verliebt. Der Regen, die nassen Schuhe, die Kälte, die Anstrengung des Laufens, das war mir alles völlig egal. Bin glücklich. Habe jede Menge wundervoller Dinge zu tun.[FF]

11. NOVEMBER 1942 [F]Rosalind hat gesagt, sie würde am Freitag mit mir zu Mittag essen. Das ist gut, weil ich sie sehen muss, bevor ich an dem Abend wegfahre. Ich will nicht mit Ruth B. schlafen. Aber natürlich werden sie uns in ein Zimmer stecken. Ach, wenn mich Rosalind doch nur nähme! Wie lange kann sie noch mit jemandem wie Betty zusammen sein? Heute nicht viel gemacht, außer eine lange Geschichte über mein wirres und verwirrendes Leben für eine gleichgültige Nachwelt in mein Notizbuch zu schreiben.

Mr. Shawn hat meine Arbeit heute erhalten. Mir ist so unvorstellbar bang – habe ich genug geschrieben usw.? Mutter macht sich Sorgen, weil sie meint, die Briefe, die ich Gramma schreibe, seien nicht »herzlich« genug. Gramma gibt mir 5,00 die Woche. Die brauche ich dringend. Es wäre gut, wenn der *New Yorker* mich auch bezahlen würde, aber es macht eigentlich keinen Unterschied. Die Deutschen marschieren durch ganz Frankreich. Marseille ist heute Abend besetzt worden. Die Amerikaner haben Afrika eingenommen – ohne Kampf, und die französische Flotte aus Toulon hat sich gerade den Alliierten angeschlossen. Alles ist gut.

Außerdem riefen die Leute an, denen ich am Sonntag den Brief geschrieben habe, um ein Vorstellungsgespräch zu arrangieren. *Christian Morals* und *Letter to a Friend* von Sir Thos. Browne gelesen.[FF]

11.11.1942 Hin und wieder spüre ich die zahlreichen Einfälle meines Hirns laut herumpurzeln wie Dampfmoleküle unter einem Topfdeckel. Sie machen einen anhaltenden Radau. Ich hoffe ja gar nicht auf einen, der so groß ist, dass er den Deckel wegbläst. Das muss ich schon selbst tun. Wenn ich doch nur wüsste, wie die Technik funktioniert.

12. NOVEMBER 1942 [F]Mittagessen mit Goldberg im Café Raffier. Nachdem ich zwei oder drei Andeutungen gemacht hatte, hat er einen Martini und einen Old Fashioned bestellt – und noch eine Runde, als wir zur Hälfte mit dem Essen fertig waren. Nicht schlecht! Er hat gesagt, mein Roman wäre eine gute Idee, er könne nach dem Krieg oder noch währenddessen verkauft (!) werden. Bin glücklich. Nur, dass ich arbeiten will. Zu Hause arbeitete ich weiter an meiner Geschichte. Werde sie dem *New Yorker* zeigen. Sie wird gut. Meine Geschichte des Jahres, meine beste seit »Die Heldin« und »Silver Horn«. Die Idee ist nichts Großartiges oder sehr anderes, aber sie ist besser geschrieben. Heute Abend zu Hause habe ich in meinem dunklen Zimmer über meinen Roman nachgedacht und ein Notiz-

buch[98] extra zu diesem Thema angefangen. Lesen machte mir heute Abend überhaupt keine Freude – Blake. Ich werde älter, erwachsener. Ich kann mich nicht mehr mit so vielen unterschiedlichen Themen amüsieren. Ich denke an meine Arbeit. Das ist ganz normal, aber für mich ist es neu. Ich war immer eine Herumtreiberin in allen Themen der Welt. Für heute genug geschrieben. Mein Kopf arbeitet weiter, wenn ich hier allein sitze, ohne in und mit der Welt da draußen etwas zu tun zu haben.[FF]

14. NOVEMBER 1942 [F]Bernhard zum Frühstück, fuhren um 11:15 los. Das Haus in Westport, Connecticut, gehört Ms. Beecroft, die ganz allein lebt, bis auf eine Tante, die jederzeit sterben kann. Die Tante bewohnt ein Zimmer im Obergeschoss und liegt im Koma. Ms. Beecroft lächelt nie. Wir bekommen viel zu essen, und Bernhards Appetit ist erstaunlich!

Entsetzlich kalt! Völlig unmöglich, einen Spaziergang am Strand zu machen. Vom Haus bis zum Wasser ist es nicht weit. Es gibt einen Hund, Toby, und den Tod, im Obergeschoss. Ich bin Bernhards Egoismus allmählich leid. Man lässt ihn sich gefallen, weil sie Künstlerin ist, aber nach 24 Stunden wird es unerträglich! Ich war unfreiwillig kühl, als wir ins Bett gingen, aber ich spürte keinerlei Verlangen, sie zu küssen. Schade, weil sie für mich bezahlt hat und ich ihr nichts zurückgegeben habe. Aber es war sowieso viel zu kalt, um Liebe zu machen, wir hatten zum Schlafen so viel an, wie wir nur konnten![FF]

15. NOVEMBER 1942 [F]Den ganzen Tag Hunger gehabt. Ein Ei, Toast und Ersatzkaffee heute Morgen. Noch eine Nacht, dann zurück nach Hause. Bin sehr froh darüber, auch wenn ich in der Stadt nichts zu tun und keine Möglichkeit habe, meinen Lebensunterhalt zu verdienen!

Schrieb R. Constable einen langen Brief. Zeichnungen von dem

---

98 Dieses Notizbuch ist im Nachlass nicht erhalten.

Haus mit Apfelbaum, von unserer Gastgeberin, von der sterbenden Tante, von unserem Ausflug an den Strand und zehn kleine Szenen unserer wenig romantischen Nacht. Ich hoffe, sie amüsiert sich darüber.[FF]

16. NOVEMBER 1942 [F]Sehr angespannt aufgewacht, nichts zu tun, außer eine Stelle zu finden. Ging zu Rolf von 3–6. Mehrere Fotografien ohne Kleider und vom Gesicht. Eine Notiz von M. Clark von *Bow*, der ich mein »Silver Horn« geschickt hatte. Empfahl mir, es an *Parade*[99] zu schicken, was ich tat. Sie sei an meiner Arbeit interessiert usw. Ein Lichtblick, der mich glücklich machte – Schriftsteller arbeiten so hart![FF]

17. NOVEMBER 1942 [F]Immer noch nichts zu tun – gegen Geld jedenfalls. Rief Shawn an, seine Sekretärin sagte, er werde mich sicher bald anrufen. Zu Hause erfolgreich zwei Spiegel repariert. Wenn man nichts zu tun hat, arbeitet man wie ein Bauer. Stadtbummel von 2–4. Bekomme kein Arbeitslosengeld, habe nicht lange genug gearbeitet. J. Stern[100] auf der 57th St. in der Nähe der Ferargil Galleries[101]. Sprach mich an. Diese Woche nicht genug gelesen.[FF]

18. NOVEMBER 1942 [F]Großer Tag! Gearbeitet und einen weiteren Entwurf von »Manuel« abgeschlossen. Dann raus auf einen Spaziergang. Bernhard rief an, um zu erzählen, dass ihr bei Bel Geddes[102] gekündigt wurde.[FF] Goldberg hat eine Teilzeitstelle für mich. 15 $ die Woche, vielleicht schon ab morgen. Sehr schöner halber Abend zu Hause. Viel Blake gelesen, der mich zu wundervollen Dingen anregt, die in der Regel mit Blake nichts zu tun haben.

---

99 Seit 1941 Sonntagsbeilage in mehr als 700 US-amerikanischen Zeitungen.
100 James Stern (1904–1993), anglo-irischer Autor von Kurzgeschichten und Sachbüchern.
101 New Yorker Kunstgalerie (1915–1955), in der vor allem zeitgenössische US-amerikanische Kunst ausgestellt und gehandelt wurde.
102 Norman Bel Geddes (1893–1958), US-amerikanischer Bühnenbildner und Produktdesigner.

18.11.1942 Der homosexuelle Mann sucht seinesgleichen oder sucht einen jungen Mann, den er sich heranziehen kann, bis er ihm an Intellekt und Verstand ebenbürtig ist. Das ist der ideale, vergeistigte Homosexuelle. Die Lesbe, die klassische Lesbe, sucht nie ihresgleichen. Sie ist Wala[103], die Verkörperung des Verstehens, der Pseudo-Mann, der in seiner Partnerin nicht sein Ebenbild sucht, sondern sie vielmehr als eine Verankerung in der Erde benutzen möchte, die er selbst nie sein kann.

19. NOVEMBER 1942 Aufregung. 10:45 in der 55 W 42nd St. Das Büro ist das überbelegte Gebäude, im 7. Stock. In Raum 724 wuseln fünf Leute hektisch um einen einzigen Schreibtisch, eine englische & eine jiddische Schreibmaschine herum. Ich sollte bei einem gewissen Rudko oder Miss Milanov vorstellig werden usw., Programm für den 29. Nov. in der Carnegie. Wahnsinn! Wie dem auch sei – konnte meine Essensverabredung mit R. C. nicht einhalten. Aber eine Miss Todd von Time, Inc., rief an, Mrs. Williams will mich morgen um 11:00 sehen. Eine Stelle? Wer weiß? Unger, der unnötigerweise im Büro herumschleicht, will unbedingt, dass ich bleibe & englischsprachige Reklame mache. Ich bin definitiv nicht mehr arbeitslos.

20. NOVEMBER 1942 ^{F}Ein guter Tag, aber sehr anstrengend. Time, Inc., um 11:30. Mrs. Williams hat keine Stelle für mich, aber Mrs. Fraser und sie haben großes Interesse an den jungen Frauen, die bisher nicht bei Time, Inc., angenommen wurden. Ich habe erzählt, dass ich auch für den *New Yorker* arbeite. Hinterher rief ich Rosalind an, die von einer Stelle bei *Harper's Bazaar* erzählte. Sie wurde ihr angeboten, aber sie wollte sie nicht. Man sucht dort zwei unerfahrene Mädchen oder ein Genie – Rosalind.^{FF}

---

103 Eine weise Frau, Seherin oder Zauberin aus der nordischen Mythologie.

20.11.1942 Das schlechte Gewissen, wenn man zum ersten Mal allein trinkt, ist schnell überwunden. Bald empfindet man eine leise Geselligkeit – mit sich selbst. Alle Freuden der Gesellschaft, sagt der Introvertierte, ganz ohne deren hässliche Fratzen!

Wie kann man in New York glücklich sein, wenn all die schlechten Menschen einfach böse und all die guten Menschen Kompromissler sind?

22. NOVEMBER 1942 ᶠGuter Tag. Bin müde nach nur 5 Stunden Schlaf, aber habe den bisher besten Entwurf für »Manuel« geschrieben. Dann ein wenig *Varuna* gelesen. Macht mich glücklich, [Julien] Green schreibt über Dinge, die ich mag und die mir ein erhabenes Gefühl verschaffen! M. Wolf kam um 3. Waren in St. Bartholomew, um [Bachs] »Brich dem Hungrigen sein Brot« zu hören, war aber auf Englisch und mit nur wenigen schüchternen Sängern. Ein Auf und Nieder im Gottesdienst – Episkopalkirche. Tranken zwei Martinis bei Mario und gingen dann zum Abendessen zu mir. M. unterhielt sich höflich mit den Eltern am Tisch, über die Negerfrage, die Menschen aus dem Süden usw. Man hört ihr zu, sie besitzt eine solche Herzlichkeit, ein wahrhaft menschliches Herz, ich mag sie sehr. Ganz allein im Zimmer, hörten wir im Halbdunkel »Jesu, der du meine Seele« und »Schafe können sicher [weiden]«, hielten Händchen, wünschten uns vielleicht mehr. Es war ganz seltsam! Sie würde gern mit mir zusammenwohnen, würde gern von ihrer Mutter loskommen – sich davonschleichen, wenn die sie nicht lässt. Wahrscheinlich wäre sie eine bessere Gefährtin als Bernhard. Aber ich kann nichts weiter tun – es sei denn, wir hätten eine Abmachung.ᶠᶠ

24. NOVEMBER 1942 ᶠBin heute sehr glücklich, weil ich mit Rosalind telefoniert habe. Ich konnte ihr Lächeln fast vor mir sehen. Die Frauen von *Harper's* wollen mich kennenlernen, ich darf sie als Referenz nennen. »Du musst dich nicht übermäßig schick machen.

Aber gib dir Mühe.« Sie würde gern mit mir zu den Swing-Konzerten in der Town Hall gehen. (Ich wollte Freitag mit ihr ins Cherry Lane[104].) Heute Abend viel und gut gearbeitet, dann eine kleine Karte für Virginia anlässlich unseres Jubiläums gemacht – Thanksgiving. Vier Jahre! Vier Jahre, seit ich sie zum ersten Mal gesehen habe!

Ich verbringe nicht genug Zeit mit Denken, wenn ich schreibe. Ich habe einen Überfluss an Ideen, guten Ideen, aber es dauert so lange, von dort aus zur Umsetzung zu gelangen. Ich muss mein Leben ändern.[FF]

25. NOVEMBER 1942 [F]Wundervolle Zeit mit Bernhard bei Del Pezzo, wo Christopher Morley[105] ein paar Tische weiter zum Essen saß. Dann haben wir die Leute besucht, die Puppen bauen, Marionetten. Sie sind interessant, und wie alle Menschen, die ihren Lebensunterhalt im New Yorker Nachtleben verdienen, haben sie ihre Arbeit zu einer Kunst par excellence erhoben. Zurzeit in *Sons of Fun*[106] und dann im Rainbow Room. Sind natürlich beide schwul.

Es regnet noch immer leicht, und ich bin durch die Straßen gegangen, nachdem ich ein paar Seiten Kay Boyle in der Bibliothek gelesen hatte. Wie sie schreibt! So leicht und dabei so bedeutungsschwer! Intelligente Menschen, derbe Menschen in alten englischen Landhäusern, Frauen, die sich wie Männer kleiden, die vor dem Kamin stehen und Eier essen. Orgien voller Sex! Ich würde gern lyrischer schreiben, finde es aber sehr schwierig – so wie ich es schwierig finde, Rosalind, oder wem auch immer, von meinen Gedanken zu erzählen. Ich bin verkrampft.

Um 11 wieder zu Hause mit Jo P. Wir tranken Kaffee und hörten »Schafe können sicher weiden«. Und »Jesu«. Sie weiß meine

---

104 Cherry Lane Theater in Greenwich Village, ältestes durchgehend betriebenes Off-Broadway-Theater in New York.
105 Christopher Morley (1890–1957), US-amerikanischer Schriftsteller, Herausgeber und Mitbegründer der *Saturday Review of Literature*.
106 *Sons o' Fun*, von 1941 bis 1943 aufgeführte Revue des Comedy-Duos Olsen & Johnson.

Schallplatten zu würdigen, so wie ich ihre. Das ist wahre Freundschaft.^FF

26. NOVEMBER 1942 ^FSehr angespannt. Manchmal warte ich den ganzen Tag auf diese seltenen Momente, in denen ich zur Ruhe komme. Ich mache mich kaputt, das weiß ich. Ich hätte gern eine ruhige Ecke in meinem Zimmer, in der ich sitzen und ohne Ablenkung und ohne Druck schnell vorankommen kann – und ich habe ja sogar eine! Aber sobald ich etwas besitze, verliert es seinen Wert. Büro um 10. Niemand auf den Straßen, bis auf Massen herumlaufender britischer Marinesoldaten, die den Times Square suchen und nicht wissen, was sie mit diesem friedlichen Tag anfangen sollen. Briefe in die Büros in der Canal St. gebracht, die verdreckten Gebäude, in denen die jüdischen Zeitungen ihren Hauptsitz haben. Widerlich.

Jo P. um 7:45 zum Essen mit uns im Jumble Shop. Bin heute Abend glücklich. Machte der Familie kleine Geschenke. Essen war gut. Hinterher kam Jo mit zu uns. Ich wollte sie küssen. Mit ihr komme ich zur Ruhe, weil sie mich ins Hier und Jetzt holt: der Zeit weder voraus noch hinterher. Wichtiger: Viele Notizen für meinen Roman nach 12.^FF

27. NOVEMBER 1942 ^FEin funkelnder Tag – wundervolles Mittagessen mit Rosalind. Wir aßen im Golden Horn, beide kurz vorm Verhungern, und lachten über alles. Sie erwartet Großes von mir: Arbeitest du an deinem Roman? (Ja.) Die Fotografien, die Rolf von mir gemacht hat, sind gut. War mit ihm bis 10 in der 8th St., weil jeder Termin mit Rolf den ganzen Abend dauert! Bernhard um 11:30 hier, ich erzählte ihr von Rolfs Fotografien. Sie gefallen ihr. Aber sie meint, sie könnte es besser. Ich küsste sie um 1:30 voller Genuss vor der Tür. Rosalind wäre mir lieber gewesen! Wie ich Rosalind heute geliebt habe!^FF

28. NOVEMBER 1942 ᶠWieder ein bisschen in meinen Tagebüchern gelesen. Ich muss viel lesen, bevor ich schreibe. In jedem Fall bin ich fast sicher, dass man zuerst gute Geschichten schreiben muss. Stehengelassenen Koffer auf dem Subway-Bahnsteig gesehen und darüber geschrieben.[107] Bin glücklich. Bernhard gab mir eins ihrer Bilder. Eine nicht so erotische Fotografie, für mein Zimmer.ᶠᶠ

29. NOVEMBER 1942 ᶠAn meiner neuen Geschichte geschrieben, über den Gelähmten und den Mann, der aussieht wie Paley[108]. Wird gut, eine aktionsgeladene Geschichte, sie finden den Koffer zusammen – und heute Abend habe ich die Hälfte davon mit der Hand geschrieben, im Liegen auf meinem Bett. Man muss das Blut, die Muskeln einer Geschichte auf natürliche Weise in den Kopf kommen lassen, ohne darüber nachzudenken. Dann wird sie gut.

Die Familie hat mir all meine derzeitigen und früheren Fehler vorgehalten, wobei S. meint, ich hätte seit 1935 nichts dazugelernt. »Du bist nicht ehrlich und dir selbst nicht treu.« Genau dasselbe habe ich mir vor drei Jahren auch gesagt! Wenn sie nur wüssten! Wie ich nach außen hin anders sein musste, als ich wollte. Es ist doch kein Wunder, dass ich gehemmt bin. Ich rauche sonntags zu viel. Auch jetzt gerade. Egal! Mir fällt kein einziger guter Grund ein, warum ich es nicht tun sollte.ᶠᶠ

30. 11. 1942 Soll ich ihr die romantische Symphonie zu Weihnachten schenken? Oder wird sie es, ganz Engländerin, für sentimental halten, wenn sie vereinzelte Sätze hört, während sie sich eine Zigarette anzündet, einen neuen Drink einschenkt – wird ihr all das, was ich liebe, entgehen, selbst mit ihren intelligenten Augen, ihren höflichen Ohren? Das könnte ich nicht ertragen. Und doch sitze ich hier in dieser Sekunde und höre das tiefe Rot, das satte

---

107 Die fertige Geschichte wird 1943 als »Uncertain Treasure« (»Der Schatz«) veröffentlicht werden.
108 Einer ihrer Arbeitskollegen bei F. F. F., der ihr als Vorlage für eine der Figuren in »Der Schatz« diente.

Violett, das herbstliche Gelb und das verbrannte Orange, den frischen Wind, die warmen Ziegel des Kamins, vor dem wir niemals gemeinsam sitzen werden, all das kann ich ihr niemals schenken, außer in einem Musikstück, das sie vielleicht nicht richtig anhören wird.

1. DEZEMBER 1942 ᶠSeltsam. Gestern viele Ideen. Heute: nichts! War heute Morgen in der Bibliothek, um *Harper's Bazaar* zu lesen. Es gibt sie schon seit 1867! Um 3:30 dann zu *Harper's*. McFadden ließ mich warten. Sie ist schnell, nicht sonderlich schick, aber natürlich intelligent. Sie möchte ein paar von meinen Geschichten sehen. Das macht mich glücklich, weil es die wichtigsten sind – »Heldin«, »Ein wahnsinnig netter Mann«, »Silver Horn« usw. Mr. Alford von *Modern Baby* hat mir für diese Woche Arbeit angeboten (an der Schreibmaschine), weil seine Tochter heiratet. Wie viel er wohl zahlt? Weiß nicht. Mindestens 20,00 $, dann kann ich Rosalind Freitagabend ausführen.ᶠᶠ

2.12.1942 Was macht man mit der Homosexualität? Eine Umwandlung des Materials ist völlig unmöglich – es sei denn, man ändert die Charaktere derart, dass sie abnorm gehemmt sind, so dass solche Dinge die ganze Begeisterung, das verbotene Prickeln der ersten wahren Gefühle in sich bergen. In den meisten Fällen wird dabei aus einem energischen Menschen ein gehemmter, verdrängender, ein sexueller Kümmerling, ein Schizophrener.

3. DEZEMBER 1942 ᶠEin weiterer müder Tag nach drei Nächten mit 8 Stunden Schlaf am Stück! Weiß nicht, was ich tun soll! Ich bin gestärkt gegen den Wind, die Kälte, und ich habe nie Hunger. Ich bin so beschäftigt, dass die Ideen nicht so leicht und schnell kommen, als wenn ich den Tag über Ruhe habe wie ein echter Künstler. Aber sie sind trotzdem da.

Rosalind angerufen. Sie lachte, als ich erzählte, dass ich für *Mo-*

dern Baby arbeite. »Na, ist das eine gute Übung für dich?« (Ja, aber was nicht?)^FF

3.12.1942 Die Auswirkungen von Schlaf – Schwerfälligkeit, Mittelmäßigkeit, fehlende Begeisterung & fehlender Genuss, fehlender Hunger, fehlende Träume, Ideen, größere Wirklichkeit unangenehm. Auswirkungen des Nicht-Schlafens – Gefühl der Unwirklichkeit, Aufschiebekomplex, Träume und Phantasien, Hunger, immer irgendein Körperempfinden, angenehm für Egozentriker.

4. DEZEMBER 1942 ^FLetzter Tag bei *Modern Baby,* Gott sei Dank! Sie haben mir nur 10,00 gezahlt, das sind 3 $ weniger als das, was die Gewerkschaft fordert. Den Zahnarzt bezahlt, und habe jetzt nach drei Tagen Arbeit zwei Dollar übrig. Mein Weihnachtsgeschenk wäre eine Stelle bei *Harper's Bazaar.* Ich hätte gern einen festen Arbeitsplatz. Heute Abend gut gearbeitet, was mich wie immer glücklich gemacht hat. Ekstatisch! Und wie!

Große Diskussion heute Abend, als die Eltern aus dem Kino zurückkamen. Sie mögen Tietgens' Bilder nicht. Janie hat heute eins gefunden, und Mutter war es peinlich, hochnotpeinlich! »Furchtbar. Weder Mann noch Frau! Ich will sie nicht an meiner Wand! Nicht einmal an deiner!« Und dass ihr Leben furchtbar sei, weil ich noch zu Hause wohne, und dass es ihr so viel bessergehen würde, wenn ich weg wäre.

Tja, sobald ich eine Stelle habe, bin ich weg!^FF

5. DEZEMBER 1942 ^FAlajálov-Ausstellung[109] mit Mutter um 5. Greta Garbo[110] war da, trug braune Wildlederschuhe, Einkaufsta-

---

109 Constantin Alajálov (1900–1987), armenisch-amerikanischer Illustrator und Maler, vor allem bekannt wegen seiner Coverillustrationen für Magazine wie *The Saturday Evening Post, Vanity Fair, Fortune, Life, Harper's Bazaar* und *Vogue.*
110 Highsmith war eine lebenslange Bewunderin von Greta Garbo (1905–1990). In einer Hommage, »Mein Leben mit Greta Garbo«, die nach deren Tod am 3. April 1992 im *Oldie* veröffentlicht wurde, erinnert sich Highsmith daran, wie sie die schwedisch-amerikanische Schauspielerin auf

schen und einen großen Hut, um ihr Gesicht zu verbergen. Aber nichtsdestotrotz war sie schrecklich schön! Habe heute Abend eine wichtige Entscheidung getroffen: Ich werde Rosalind eine Spieluhr zu Weihnachten schenken. Es muss etwas sein, das niemand anders ihr schenkt. Buffie kam um 7:30 vorbei und sah sehr hübsch aus. Wir gingen ins Nino & Nella. Peter und Helen waren nicht da. Bing Crosby aber Gott sei Dank auch nicht. Dafür zwei betrunkene Frauen, eine hatte ihren Sohn in Afrika verloren. Wirklich sehr traurig. Was mache ich aus dieser Geschichte? Auf der 6th Avenue stöberten wir in den Buchläden, kauften Bücher, Schallplatten usw.! Was für ein Laden! Wo Jungs und Mädchen nach Mitternacht aufregende Swing-Shift-Schallplatten hören. Bei Tony's auf der 52nd St. (der italienische Lieder singt, während er auf dem Kopf steht[111]) trafen wir ein paar von Buffies Freunden, die Art, die auf einen zukommt und laut ruft: »Das letzte Mal, dass wir uns gesehen haben, war in Paris!« Das fände ich genauso abscheulich, wenn ich selbst schon in Paris gewesen wäre. Habe beim Herumtollen mit ihr heute Abend viel zu viel Geld vergeudet – fünf Dollar, dabei bin ich doch arbeitslos. Und die Spieluhr für Rosalind kostet 35. Oh, die nächsten paar Wochen werde ich ein Geizhals sein!! Kingsley hat angerufen – ganz ruhig und hat kaum etwas gesagt. Würde gern am Dienstag um 12:30 mit mir zu Mittag essen. Verräterin! Würde Jeannot[112] gern schreiben, aber das könnte ihn in Gefahr bringen, weil die Deutschen jetzt dort sind und Sympathisanten der Alliierten suchen. Viertel vor vier![FF]

---

den Straßen von Manhattan verfolgte und einmal an einer Ecke fast mit ihr zusammenstieß. Garbo war Teil des »Sewing Circle«, einer geheimen Vereinigung lesbischer und bisexueller Frauen in Hollywood, deren Filmverträge ihnen homosexuelle Handlungen im Film und auch privat verboten.

111 Auf dem Kopf stehend italienische Lieder zu singen war der Vorzeigetrick von Tony Soma. In den 1920ern gehörte seine Flüsterkneipe zu Dorothy Parkers Stammlokalen, hier soll sie dem Barkeeper auf die Frage »What are you having?« mit den berühmten Worten »Not much fun« geantwortet haben. (»Und was bekommen Sie?« – »Die Krise.«)

112 Jeannot lebte in Marseille. Als die alliierten Streitkräfte im Herbst 1942 in Nordafrika landeten, reagierten Deutschland und Italien, indem sie Vichy-Frankreich einnahmen.

6. DEZEMBER 1942 ᶠViel gegessen und viel gearbeitet und vielleicht die beste Geschichte meines Lebens geschrieben. Sie hat noch keinen Namen, aber ich werde einen exzellenten Namen für sie finden. Diese Geschichte muss ich einfach verkaufen, selbst die Eltern mögen sie. Ich habe sie ihnen heute Abend nach der Kirche vorgelesen, und Mutter meinte, es sei meine beste. Die über den Gelähmten. Denke an Rosalind. Was sie wohl heute gemacht hat, während ich gearbeitet habe? W. Marlowe und Jack B. haben auch angerufen, aber mit denen will ich nicht reden.^{FF}

6.12.1942 Man schaut in die vollgestopfte oberste Schublade und erwartet, entweder einen Mann oder eine Frau darin zu erkennen, und es ist sehr verstörend, wenn man keins von beidem sieht, oder beides.

7. DEZEMBER 1942 ᶠGlücklich, glücklich (aber nur, weil meine Zukunft näher rückt). So viel ist sicher! Ich will nichts auf der Welt außer Geld! War heute Morgen auf der Bank und habe jetzt nur noch 63 $ – und mein Ego wird mich zwingen, das 35-$-Geschenk für Rosalind zu kaufen. Heute Nachmittag wieder an der guten Geschichte gearbeitet. Ich bin glücklich, weil das Schreiben vorangeht. Endlich schreibe ich wie Kay Boyle, mit vielen Adjektiven, vielen starken, sinnlichen Worten, die man körperlich spürt.

Goldbergs Schwiegermutter ist gestorben. Mrs. Scholem Alejchem, die Frau des großen Schriftstellers.[113] Ein weiteres Jahr meiner Notizbücher gelesen (das ich sehr langweilig fand). Bernhard kam um 8 vorbei. Dann Virginia, dann Jo. Wir gingen zum Abendessen in das chinesische Restaurant auf der Lexington. Virginia sehr hübsch (ein Gesicht wie vom Glasbläser, sagte Bernhard). Dann zu R. B., wo sie uns alle ihre Fotografien zeigte. Jo legte sich aufs Bett,

---

113 Goldberg war mit einer Tochter des berühmten jüdischen Autors und Dramatikers Scholem Alejchem (1859–1916) verheiratet, auf dessen Geschichtensammlung über Tewje, den Milchmann, das Musical *Anatevka* basiert.

sagte nichts, aß Nüsse und beobachtete alles. Selbst Virginia fand Bernhard charmant und »passabel«.[FF]

8. DEZEMBER 1942 [F]Nicht so glücklich, weil mich das Geld quält – das ich nicht habe. Heute Morgen um 10 bei Lewis vom American Institute of Electrical Engineers vorgesprochen. Er würde mich gern einstellen, aber nicht mehr als 25 $ die Woche zahlen. Ich sagte, es sei schwierig, von 25 $ die Woche zu leben. Am Donnerstag sehen wir weiter. Ich würde sehr gern für Willard Co. in Paterson arbeiten, wo unverzüglich 20 000 Frauen gebraucht werden. Ich muss unbedingt Geld verdienen. Kingsley um 12:30. Sehr nett, bis ich sie auf Val Adams ansprach und darauf, was sie über Rosalind und mich gesagt hatte. Sie stritt natürlich alles ab. Behauptete, sie habe nur unsere Namen erwähnt, aber sie lügt. Heute gut an meiner Geschichte gearbeitet, die Tag für Tag besser wird. Meine Gebete sind erhört worden: Ich werde etwas haben, das ich Rosalind zeigen kann. Ob sie mir eine Fotografie von sich schenken wird?[FF]

9. DEZEMBER 1942 [F]Werde meinen Vater um Geld anschreiben. Das habe ich noch nie gemacht. Montagmorgen arbeite ich, Gott sei Dank! Die Stadt war heute Morgen wundervoll und schön. Ging die 57th entlang zur Carnegie Hall, um Karten für Sonntag zu kaufen. Der Schnee rieselte sanft, und trotz eines wechselhaften Winds lächelten alle. Weihnachtsbäume stehen vor jedem Blumenladen, und der Schnee bestäubt sie mit weißen Flocken, die aussehen wie Baumwolle. Ich war so glücklich, mit den Gedanken nicht in der Vergangenheit oder der Zukunft, sondern nur in der Gegenwart (was für eine Seltenheit).

Vorstellungsgespräch bei Jacobson auf der Park Avenue. Er will ein junges Mädchen direkt vom College, das seine neue Zeitschrift herausgibt – sie richtet sich an normale Frauen, anders als die *Vogue*. Leider war ich angezogen wie ein junges Mädchen von der *Vogue,* aber vielleicht mochte er mich trotzdem. Ich hätte lieber eine Stelle bei der *Vogue*. Vielleicht wird das ja noch was. Dann ging ich in eine exzellente Ausstellung mit Porträts aus dem zwanzigsten Jahrhundert. Buffie war zu der Schau eingeladen, aber sie war in Kalifornien. Viele Fotografien von Berenice Abbott dabei (Joyce, Rulin, Laurencin) und auch eins von Leonora Carrington. Was für eine Frau! 25 Jahre alt.[FF]

10. DEZEMBER 1942 [F]Guter Tag, ein wenig gearbeitet, dann zu *Modern Baby*, um dort wie eine Sklavin zu tippen – Formbriefe. Ich bekomme gerade einmal 4 Dollar, die meine Ausgaben für morgen Abend nicht decken werden – nicht einmal das! Es ist absurd und vollkommen gegen die Gewerkschaftsvorschriften! Ich bin undankbar, sagt Mutter. Bernhard hat gute Aktfotografien von Buffie. Ich hätte gerne eine davon. Fühlte mich elend, als ich heute Nachmittag durch die Straßen lief, weil ich so wenig Geld habe. Schickte einen weiteren Brief mit der Bitte um Geld an Vater, der mir ja eigentlich noch nie welches gegeben hat. Frage mich, ob ich Rosalind nicht doch lieber das große Buch mit Gemälden von Tanguy schenken sollte. Es würde ihr gefallen, aber es ist so gewöhnlich. Viel in meinen Notizbüchern gelesen. 1937. Als ich anfing, ein wenig zu leben, mit Jones und Peggy, aber nicht mit Janet, die ich einfach hätte küssen sollen.[FF]

11. DEZEMBER 1942 [F]Hätte nicht gedacht, dass ein Tag so langweilig, so abstumpfend sein kann. Man kann gut nachvollziehen, dass solche Arbeit einen verrückt macht, man will nur noch trinken, rauchen, tanzen, Dummheiten machen. Einen Mantel gekauft, Geld ist weg, weg, wie immer. Habe nur noch 13,00 $ auf der Bank. Aber der Mantel ist herrlich. Leicht und warm und weich.[FF]

11.12.1942 Manchmal glaube ich merkwürdigerweise, dass es für jede Art von Unbehagen, ob körperlich oder geistig, ein Heilmittel gibt. Wenn ich nach langer Durststrecke Wasser trinke, nach langem

Hungern esse oder alle fünf Jahre einmal wegen Verdauungsbeschwerden (nervöser Magenverstimmung) Natron zu mir nehme und wenn der Schmerz dann in zwei, drei Minuten vergeht, das dumpfe Brennen in meinem Innern sich legt und verschwindet und ich mich wieder mit der unergründlichen Undankbarkeit des jungen Menschen, der immer gesund gewesen ist, meinen Büchern widmen kann, wenn solche Dinge geschehen, dann denke ich, dass man es so einrichten kann, dass man sich sein ganzes Leben lang wohl fühlt.

Und doch habe ich eigentlich stets das genaue Gegenteil geglaubt (seit ich angefangen habe, überhaupt etwas zu glauben, im Alter von vierzehn Jahren ungefähr), wie es mir im Blut liegt. Ich glaube an anhaltendes Unbehagen als den Naturzustand des Menschen, genauso wechselvoll wie das Auf und Ab eines Geschäftsdiagramms um die Normallinie herum. Deswegen verstören mich diese fröhlichen, blinden, animalischen »Erkenntnisse«.

12. DEZEMBER 1942 Heute Morgen habe ich die schmachvolle Handlung vollzogen, drei Jacken zum Trödler zu bringen: meinen Kamelhaarmantel, der so viele gute & schlechte Zeiten in Barnard mitgemacht hat, und in der Morton Street auch! Meine kleine grüne Reitjacke aus Harris-Tweed, in der ich vielleicht die stolzesten, glücklichsten Stunden meines Lebens verbracht habe, und noch eine kleine blaue Seemannsjacke. Im ersten Laden bot man mir 1,50 $ für alles, und die Frau im zweiten jaulte vor Schreck auf, als ich 4,00 vorschlug. Ich verließ das Geschäft mit 2,00 $ und kaufte ein Vogelbuch und ein paar feine Spitzendeckchen im Billigladen.

Den halbfertigen Entwurf für Archie den Gelähmten abgeschlossen. Als Mutter ihn heute Abend las, fand sie stilistische Widersprüche, das Viertel, in dem er lebt, zu gehoben usw. Und mein rastloses Hirn springt, noch während sie redet, schon zu der Frage, was ich als Nächstes machen werde! O Gott, welche Reife mein Gesicht annimmt, welche Eigenständigkeit sich in meinem Herzen, meiner

Seele ausbreitet, sie alle sind bereit zu sprechen. Sie sprechen kurz in Momenten flüchtiger Ruhe. Vor zwei Monaten, als ich eine feste Stelle hatte, hätte ich mit dem Opus magnum beginnen können, wären die anderen Bedingungen die gleichen gewesen wie jetzt.

13. DEZEMBER 1942 ^FHeute Abend Carmen Amaya! Die mich immer in die größte Begeisterung versetzt! Wirklich! Ich kann ihren Körper [fast] anfassen, sie auf meinen Lippen, auf der Zunge schmecken! Sie erfüllt mein Blut, verbrennt mich innerlich! Sie kam mir entsetzlich, gefährlich nah. Ich sah ihre Augen, ihre Lippen. Mutter behielt mich im Blick und konzentrierte sich besonders auf Bernhard, die wie ein Zombie wirkte. Im zweiten Akt kam Carmen in schwarzen Strümpfen auf die Bühne, klatschte, dirigierte ihre Schwestern, die um sie herumtanzten, sie einrahmten. Ich frage mich, wie Antonio Triano sich beim Tanzen mit ihr zurückhalten konnte! Phantastisch! Ich wollte aufsteigen wie ein Ballon, ich wollte sie umschlingen! Sie bekam zwei Kisten voller Blumen, ich hätte ihr auch gern welche geschenkt. Hinterher scharten sich die Menschen vor ihrer Umkleide, rempelten einander an usw.

Danach zu B. auf einen Sherry. Und um Fotografien anzuschauen. Mutter war sprachlos, was mir sehr gefiel. Vielleicht könnte ich Bernhard aufrichtig lieben – wenn ich mich sehr anstrenge, wenn ich Ruhe habe. Ansonsten plagen mich Frauen wie Carmen Amaya zu sehr, sie bringen mich ganz durcheinander, weil man nur schauen und sie nicht anfassen kann. Es ist absurd! Als B. und ich einen Augenblick allein waren, hielten wir Händchen, küssten uns auf den Mund usw. Ihre Haare riechen immer wie etwas auf einem Kissen, etwas Wundervolles im Bett, vielleicht stelle ich sie mir aber auch nur gern dort vor.

Es ist spät. Ich bin randvoll mit Empfindungen und will nicht schlafen. Wichtige Ideen für meinen Roman heute, merkwürdig intellektuell.^FF

14. DEZEMBER 1942 ᶠArthur erzählte mir gestern, er hätte eine Geschichte an *True Romances* verkauft. Oder zumindest eine Idee. Sie wird von einer Frau für die Leserinnen des Magazins umgeschrieben, aber er hat damit 75,00 $ verdient, das ist gut. Eine Weile Klavier gespielt. Das hat in letzter Zeit Wunder gewirkt, wenn ich tief betrübt war. Dann meine Subway-Geschichte abgeschlossen, aber ich muss doch noch weiter daran arbeiten: Lou Weber abends hier, der sagte (und zu Recht), ich hätte sie mit zu vielen unwichtigen Details vollgestopft. (»Der F-Train« usw.) Hat solchen Eindruck gemacht, dass ich heute Nacht bis 3:00 gearbeitet habe.

Mit Bernhard in die Wakefield. Schau von Bemelmans, Gergely, Queenberry. Ich kann einfach nicht mit B. Parsons sprechen. Sie verursacht mir Gänsehaut. Hätte ihr gern gesagt, wie sehr mir die Schau gefällt, aber ihre Augen, ihre Lippen, wenn sie mich ansieht! Um 11:00 zu Bernhard. Sie fragte mich, was ich von der Liebe will. Zuerst einmal brauche ich Inspiration zum Arbeiten, und dann will ich immer glücklich und voller Energie sein – ein lebendiges Liebesleben. Bernhard sagte, sie könne ewig ohne sexuelles Erlebnis mit mir zusammen sein, auch wenn sie darauf brenne! Und sie küsste mich mehrfach. Sie sagte, ich solle nie Angst haben, etwas nicht zu tun, das jemand von mir erwartet. Niemand erwartet irgendetwas. Wie schön, wenn das wahr wäre. Sie fürchtet, dass ich schon zu viel erlitten habe, weil ich verschreckt worden bin – von Buffie, Mary, Billie. Aber sie weiß, dass es nicht so ist. Ich spüre die Dinge im Kopf, wie gestern Abend bei Carmen Amaya, aber nicht im Körper. Es ist kalt. −4°.ᶠᶠ

14.12.1942 Sicherheit am Abgrund: seine Freude, auch im Schreiben, an einem bequemen Traditionalismus zu haben und gleichzeitig den verhängnisvollen Sog des Exotischen zu verspüren.

15. DEZEMBER 1942 ᶠWar bei Madeleine Bemelmans, wo ich Martinis gemixt habe. Sie liest gerade Goethe, aus dem gleichen Buch,

das wir in der Schule hatten. Ludwig arbeitet mit Mary MacArthur an einem Projekt auf Grundlage seines alten Buchs *My War with the U.S.*[114] Wird nicht gut. Madeleine sprach über die biologischen Nachteile als Frau, wenn sie schmuddelige Fressbuden, Bars usw. besuchen will. Sie hat einmal erwähnt, dass sie ernsthaft darüber nachdenkt, sich auf Frauen zu verlegen, aber ich habe ihr davon abgeraten. Nach dem Essen starrte sie mich eine Minute lang konstant an. Sehr beunruhigend. Ich sah heute sehr gut und verführerisch aus, obwohl meine Zähne mich in den Wahnsinn treiben. Es ist alles nur in meinem Kopf: Sie sind in gar keinem so schlechten Zustand, aber ich bekomme immer mehr braune Verfärbungen, selbst auf den Schneidezähnen. Weiß nicht, was man da macht.[FF]

16. DEZEMBER 1942 [F] War heute Morgen um 11:30 bei Michel Publishers[115] – Comic-Hefte. Ein Mann erklärte mir die Stelle. Ich wäre Rechercheurin für illustrierte Geschichten. Besonders Abenteuergeschichten. Und würde auch welche schreiben! Soll eine Geschichte über Barney Ross[116] schreiben. Dann zu Betty Parsons, aber es war nur Silvia da. Wir aßen und tranken im Winslow. Mutter mag es gar nicht, wenn ich mit Gin-Fahne nach Hause komme und zu viel Geld ausgegeben habe. Bernhard und ich besuchen am 29. Dez. die Amayas!!! Was für ein glorreicher Tag!

Goldberg kam um 9 vorbei. Sehr liebenswürdig. Sprach mit den Eltern über mein Schreiben, es habe etwas usw., ich würde noch nicht genug damit aussagen und es gebe noch ein paar holprige Stellen in meinen Geschichten. Aber er las die Geschichte über den Gelähmten und sagte zu meiner großen Freude, diese habe keine holprigen Stellen, es sei vielleicht (nein, ganz sicher!) meine beste! Vielleicht brauche ich einen Agenten, der sie verkauft. Es gibt

---

114 Einige Zeichnungen dieses Projekts sind im Nachlass der Schauspielerin Helen Hayes erhalten geblieben, deren Tochter Mary MacArthur (1930–1949) im Alter von neunzehn Jahren an Polio starb. Bemelmans' Buch *My War with the United States* erschien 1937.
115 1939 gegründetes Imprint der American Comics Group (ab 1943 unter dem Namen ACG).
116 Barney Ross (1904–1967), Boxchampion und Kriegsheld.

nächste Woche wieder Arbeitbei 3 F [F. F. F.]. Aber ich würde mir lieber die Kehle aufschlitzen, als dorthin zurückzugehen!^FF

17. DEZEMBER 1942 ^F Oh! Sylvia hat gestern gesagt, Rosalind würde sich nicht permanent selbst kasteien, sondern tue immer genau das, was sie will. Das ist eine Lüge, Rosalind ist Engländerin. Ich musste zur Cooper Union[117], um Barney Ross zu recherchieren. Sehr interessant, aber dauerte 3 Stunden. Habe heute fast 9 oder 10 Stunden gearbeitet, ohne wirklich etwas zu schaffen! Habe schon die ganze Geschichte, aber muss sie noch umschreiben. Ich überlege immer noch, was ich Rosalind schenken soll. Die Spieluhr ist einfach zu teuer. Werde ich alt? Ich arbeite so hart, dass mir abends die Augen zufallen, aber wenn ich tippe, bleibe ich wach. Ich habe seit einer Woche keine Ruhe mehr gehabt, kein Buch auch nur aufgeschlagen! Kurz: Man braucht Arbeit, um glücklich zu sein!

Zu Hause wird es immer schlimmer. Mutter wird froh sein, dass ich gehe, sobald ich eine Stelle finde. Ich könnte nett sein, sie bitten, mich bleiben zu lassen, aber wozu? Nicht aus Zorn oder Stolz: Die habe ich schon lange heruntergeschluckt – das ist Luxus. Es ist vor allem wegen meiner Freundinnen – die mich andauernd besuchen. Und alle mögen mich! (Außer denen, die mir eine Stelle geben könnten!) Ich kann mir unmöglich vorstellen, dass mich irgendjemand nicht mögen könnte. Sie sich schon. Aber es stimmt nicht. Ach, verdammt! Ich würde mich gerne vergnügen, schreiben, lieben, leben, trinken, lachen, lesen – und Schlimmeres!^FF

18. DEZEMBER 1942 ^F Guter Tag! Arbeit, Arbeit, Arbeit! Die Barney-Ross-Geschichte läuft gut. Fast fertig, aber ich bin sehr spät dran. Rief Mr. Sangor[118] an, der sagte, morgen reiche. »Ich werde

---

117 Ein privat betriebenes, für Studierende gebührenfreies College in East Village, das Ausbildungsgänge in Architektur, Kunst und Ingenieurwesen anbietet.
118 Der Unternehmer und Verleger Benjamin William Sangor (1899–1953) gründete ein Studio für Comic-Autoren und Künstler in der 45 West 45th Street, das als »Sangor Shop« bekannt wurde und Inhalte für verschiedene Comic-Verlage produzierte, v. a. für die Marken von Sangors Schwie-

Ihnen vor Ende nächster Woche keine Rückmeldung geben können.« (Mist – niemand stellt einen vor dem 1. ein!) Dann zu Carter's (Little Liver Pills), wo Leute für Umfragen gesucht werden. Ich soll Menschen auf der Straße nach ihrer Erfahrung mit Little Liver Pills und Arrid befragen.[119] Wen interessiert's?

Diese Woche ist vielleicht die seltsamste meines Lebens, aber das sage ich fast jede Woche. Mutter sagte, ihr wäre lieb, wenn ich Bernhards »Fängen« entkäme! Aber sie ist trotzdem eingeladen, an Weihnachten Eierpunsch mit uns zu trinken und Geschenke auszupacken!^{FF}

19. DEZEMBER 1942 ^F(Wäre gern ein 12-jähriges Kind.) Ein weiterer Tag mit meinem inneren Chaos. Und ich habe mich auch noch erkältet! Mutter wird immer schlimmer. Vielleicht sind es die Wechseljahre. Sie habe immer »zu viel zu tun – nie Zeit«, und ich hätte alle Privilegien genossen, so dass für die Eltern nichts mehr übrig blieb usw.! Heute kam sie in mein Zimmer (um 2:35 in der Nacht) und sagte: »Du musst diese Vorstellungsgespräche ja lieben! Du wirst ja eine so große Künstlerin!« Kurz: Ich muss zusehen, dass ich hier verschwinde.

Überraschung! Carter's Little Liver Pills will, dass ich Montagmorgen um 9 Uhr mit ihrer albernen Arbeit anfange!^{FF}

20. DEZEMBER 1942 ^FRolf gestern Nachmittag hier, er genoss es sehr, weil Mutter ihm alles zu essen anbot, was wir im Haus hatten, usw. Sie behandelt ihn wie einen hochsensiblen Jungen, der er ja auch ist. Ich empfinde nicht viel. Aber ich mag ihn ja auch, weil er

---

gersohn Ned Pines: Standard Comics, das auch Better und Nedor Comics umfasste, sowie National Comics, aus dem sich später DC Comics entwickelte. Die 1940er Jahre gelten als Goldenes Zeitalter des US-amerikanischen Comics.

119 Ihr »Übergangsjob« bei der Arrid Deodorant Company ist der einzige aus der Zeit nach dem Collegeabschluss, den Highsmith in einem 1993 von der Zeitschrift *The Oldie* in Auftrag gegebenen Artikel erwähnt. Damit unterschlägt sie sechs Monate als Redaktionsassistentin für Ben-Zion Goldberg bei F. F. F. Publications und sieben Jahre in der Comic-Branche.

sensibel ist. Alle Sensiblen sollten einander mögen. Habe die Geschichte abgeschlossen, die ich »*Uncertain Treasure*« genannt habe. Sie ist ein wirklicher ungewisser Schatz für mich. Buffie [und ich] aßen im Simon's, wo Simon alle (Frauen) küsste und Buffie die Rechnung zahlte. Sie erzählte mir ihre Familiengeschichte. Viel Geld und Hysterie. Dann zurück zu ihr, wo wir uns ins Bett legten, ein bisschen lasen usw. Dann der Rest. Ich gab mein Bestes. Aber sie machte es mir mindestens viermal. Es war schön, mühelos und entspannt, zum Glück.[FF]

21. DEZEMBER 1942 [D]Spät auf der Arbeit, weil Mutter mich erst um 8:10 weckte (sicher mit Absicht). Ich musste 45 Frauen zwischen 20 und 60 fragen: »Mögen Sie diesen oder diesen lieber?« Zwei Sätze über Arrid, die eigentlich gleich sind. Um 12, nachdem wir vielleicht anderthalb Stunden bei Stern's gestanden hatten, rief ich Mr. Sangor wegen meiner Geschichte an. Er sagte: »Ich glaube, Sie haben das Zeug dazu. Ich muss mir noch ein paar andere anschauen & sage Ihnen in 2 Tagen Bescheid.« Also ging ich um 2 nach Hause, obwohl ich erst fünfzehn Frauen befragt hatte.

Letzte Nacht spürte ich stundenlang den Duft von Buffies Atem über mir. Ich fühle mich so frei mit ihr. Ich frage mich, was für eine Art Liebe ich für sie empfinde. Irgendeine jedenfalls, ist auch egal, wie sie heißt. Namen sind Schall und Rauch. Rief sie um 3:00 an, und sie will mich Mittwoch sehen! Gott im Himmel! Nur drei Tage! Arthur um 8:00 hier. Ein sehr schöner Abend, er erzählte mir alle seine Geschichten, von seinen Liebschaften usw. Er hat wunderbare Ideen. Er wird eines Tages wie Joseph Conrad sein. Wir hörten zusammen Schuberts *Die schöne Müllerin,* deshalb schreibe ich auf Deutsch.

Nichts gelesen. Meine Geschichte »Der Schatz« an *Harper's Bazaar* geschickt. McFadden hat meine anderen Geschichten zurückgeschickt. Im Brief stand: »Danke für Ihre Geschichte. Es tut mir sehr leid, dass es momentan keinen Platz bei Harper's gibt, aber wir werden Sie im Hinterkopf behalten.« Mist. ᶠAber egal! Sangor mag mich!ᶠᶠ Werde morgen Rosalind sehen! Will Goethe lesen. Etwas Ruhe finden. Weiß aber nicht, wo. Nichts von Bernhard. Will arbeiten. Habe zwei Skizzen gemacht. Eine für Buffie, die ihr sehr gefallen wird: ein Achtfüßler – nicht ich, nicht sie, sondern –. Nur mit Feder und Tinte. »Feder« und »Tinte«, was für wunderschöne Wörter! Sie erinnern mich an meine ersten schönen Schultage, als ich anfing, Deutsch zu lernen, aus den Büchern mit kleinen Bildern von Kindern, Rucksäcken usw. Wie schön, wie voller Ruhe waren diese Tage!ᴰᴰ

22. DEZEMBER 1942 ᶠEs wird immer schlimmer: Habe heute niemanden angesprochen! Meine vorgegebene Quote war 50, und ich log, es wären 40 oder 41 gewesen! Ich trennte mich am Grand Central von den beiden jungen Frauen, holte Geld von der Bank und zog los, um eine Tasse mit Untertasse für Bernhard zu suchen. Ich fand sie: Die Tasse ist grauschwarz – Rauchglas vom Chinesen –, nur 3,00. Dann ein Martini im Savarin und ins Del Pezzo, um Rosalind zu treffen. Ich verstehe den kosmischen Sinn dieser Romanze nicht: Ihr Blick ruht nie sanft auf mir, und wenn doch, dann nur für eine Sekunde. Aber es war so gut wie eben möglich. Sie will mich an Weihnachten sehen. Und zum Geburtstag hat sie etwas ganz Besonderes für mich.

Drei Stunden bei Raphael Mahler[120]. Tippte für ihn. Reizende Ehefrau. 2 $.

Grandma schickt einen Dollar, habe jetzt also 12. Von der Bank heute 20 $, und wieder nur 30 $ übrig. Muss unbedingt Arbeit finden.

Bernhard hat heute »zugegeben«, dass sie womöglich einen schlechten Einfluss auf mich hat, wenn ich einfach zu Männern

---

120 Vermutlich Raphael Mahler (1899–1977), jüdischer Historiker und Mitbegründer des Jewish Young Historians Circle, der später im YIVO Institute for Jewish Research aufging, wo Mahler als Forscher und Redakteur tätig war.

»gehen« kann, wie ich zu Rolf »gegangen« bin. Aber sie liegt falsch.

Ich muss eine andere Stelle finden, weil diese Arbeit meine Moral korrumpiert.[FF]

23. DEZEMBER 1942 [F]Wundervoller Tag, aber schrecklich müde. Mr. Sangor hat angerufen: Ich habe die Stelle. Fange Montag um 9 an. 9–5:30 und samstags bis eins. Verdiene mindestens 30 $ die Woche. Ich bin sehr glücklich.

Buffie wartete unten auf mich. Sehr hübsch, sehr parfümiert, wir gingen zu ihr. Sie behandelt mich wie einen König, eine Königin, eine Prinzessin. Auf jeden Fall gefällt es mir sehr. Sie erzählte mir alles darüber, wie schlimm Max Ernst Peggy Guggenheim behandelt hat.[121] Es war ein bisschen langweilig, aber ich war auch nicht besser. Dann machten wir Liebe. Wir machten das Licht aus und waren zusammen. Ich war müde, darum nur einmal. Aber o wie süß! Ich blieb über Nacht. »Ich hatte noch nie eine Liebhaberin, die sich so viel Zeit nimmt«, sagte sie. Und dass ich Männer noch zu schätzen lernen würde. Das scheint mir unmöglich. »Du bist so viel netter als damals, als wir uns kennengelernt haben.« Natürlich. Buffies Haut gleitet über meine wie ein Stück Satin über das andere. Wir haben uns über die Vergangenheit unterhalten wie noch nie, und ich wäre am liebsten die ganze Nacht wach geblieben. Buffie würde mich sofort anstatt ihres Mannes zur einzigen Liebhaberin nehmen. Vielleicht behalten wir unsere Mittwoche.[FF]

24. DEZEMBER 1942 [F]Die Mädchen sind ganz aufgeregt wegen meiner neuen Stelle. Habe Montag frei. Wäre beinahe hysterisch geworden, weil Brass Town die Spieluhren noch nicht geliefert bekommen hat. Ich bin dann zu dieser wundervollen Boutique, in der

---

[121] Während er seiner damaligen Frau Peggy Guggenheim bei den Vorbereitungen für die »Exhibition by 31 Women« in ihrer neueröffneten Galerie Art of this Century half, verliebte sich Max Ernst in die Malerin Dorothea Tanning, deren Arbeiten dort ebenfalls ausgestellt wurden.

es noch englische Haarbürsten gibt. Ich kaufte R. eine für 12,50 $, die Oberseite ist aus Goldeiche, mit steifen, leicht gelblichen Borsten, das sind die teuersten. Ich hoffe, sie gefällt ihr! Es wäre mir schrecklich peinlich, wenn nicht. Ich hoffe, sie erkennt, dass es ein ziemlich teures Geschenk ist. Ich habe es sorgfältig eingepackt, eine normale Karte dazu geschrieben und es ihr um 11:00 vorbeigebracht. Außerdem einen Brief, in dem ich sie für morgen früh zu mir eingeladen und ihr von meiner neuen Stelle erzählt habe. Ich bin natürlich stolz darauf.

Mit Thompson und den Eltern eine fürchterliche Messe gehört – hätte Gott und seinem Sohn die Haare zu Berge stehen lassen! Ich habe 20,55 $ auf der Bank. Mit meiner neuen Stelle sollte ich 10,00 die Woche einzahlen, meinen Mantel abbezahlen und hin und wieder Theaterkarten usw. kaufen können. Für Mutter habe ich Kaminböcke aus Messing und Eisen besorgt. Klein, schlicht, genau, was sie sich gewünscht hat. Haben nur fünf Dollar gekostet. Bin glücklich, und es gibt so viel, worüber ich nachdenken müsste, dass ich überhaupt nicht mehr denke.[FF]

25. DEZEMBER 1942 [F]Guter Tag, ein Weihnachten, an dem ich mich sehr erwachsen gefühlt habe, weil ich genauso viel verschenkt wie bekommen habe, vielleicht sogar mehr. Bekam Ölfarben von Stanley, eine Tasse mit Untersetzer usw. Einen großen Aschenbecher. Drinks (Brandy) von Marjorie. Eine Flasche Gin. Dann kamen Jo P. (sie schenkte mir das Fauré-Requiem) und M. Wolf. Rosalind natürlich nicht. Wir tranken Eierpunsch und aßen Weihnachtsstollen. Bernhard schenkte der ganzen Familie Fotografien – mir einen kleinen silbernen Anstecker, einen Liebesknoten. Sie schien nicht so zufrieden mit ihrem Geschenk. Sie denkt immer nur an sich, und in letzter Zeit ertappe ich mich immer wieder bei Tagträumen von den süßesten Momenten mit Rosalind und Buffie. Apropos, Buffie hat mich um 10:20 angerufen, als sie gerade auf dem Sprung war, um aufs Land zu fahren: »Also, Süße, ich wünsche dir frohe Weihnach-

ten & Erfolg und Glück & schicke dir ganz viel Liebe mit.« Und dann hat sie aufgelegt, bevor ich etwas antworten konnte. Sie ist süß, und ich habe heute viel an sie gedacht. Wenn Mutter Bernhard betrachtet, treten ihr manchmal Tränen in die Augen. Das macht mich entsetzlich traurig, aber ich habe das Recht, mir meine Freundinnen und Freunde auszusuchen. Ich darf Bernhard nicht mehr so oft sehen. Das wird einer meiner Neujahrsvorsätze.

Ach! Rosalind rief um 7:00 an. Sie habe den ganzen Tag damit verbracht, sich die Haare zu bürsten. Ich hoffe, das stimmt. Sie wollte mich heute Abend sehen – und morgen Abend auch, wenn wir zusammen abendessen. »Es ist eine wunderschöne Bürste!« Ich wusste, dass sie genau das sagen würde. Jetzt habe ich endlich das Gefühl, wie ein Mensch zu leben. Es gibt so viel zu tun und einen festen Kurs, dem ich folge, wie ein mächtiger Zug auf Schienen.[FF]

26. DEZEMBER 1942 [F]Noch ein Feiertag – noch ein Tag voll Essen. Habe den ganzen Tag damit verbracht, meine Barney-Ross-Geschichte zu schreiben. Es dauert so lange, dass es mir glatt peinlich ist. Sonst überhaupt nichts passiert, außer dass ich Buffie um 5:30 anrief. Sie hatte Besuch. Aber sie sagte: »Ruf mich morgen an oder sehr bald, damit ich dich sehen kann!« Mutter erlässt mir die 51 Dollar, die ich ihr noch für meinen Mantel geschuldet hätte. Das war eins meiner Weihnachtsgeschenke, das größte von allen! Dann zu Rosalind für einen wundervollen Abend. Sie war ganz allein. Wir sprachen über Dalí, [Nicolas] Calas, Tanguy, dann Musik. Guter intellektueller Abend. Sie schenkte mir *Roman Portraits* [von Ludwig Goldscheider], ein großes Buch, das Betty empfohlen hatte. Keine Fotografie von ihr. Schade, aber das Buch ist gut. Wir aßen bei ihr – sie hatte Bouillabaisse gekocht. Hinterher *Scuola di Ballo*, Debussy, *Petruschka*, Sitwell, Penny Candy. Und viel Unterhaltung über Musik. Zum Abschied wollte sie mir einen Kuss geben. Sie war müde, sonst hätte ich etwas versucht. Es würde ihr gefallen. Sie neigte sich mir entgegen – und ich küsste sie auf die Wange. Es war viel zu in-

tellektuell. Mag sie mich so lieber? Nur in ihrem Kopf – und wenn schon!^FF

27. DEZEMBER 1942 ^F Um 3 bei Bernhard. Sie hatte Geschenke für die Amayas gekauft. Für Carmen einen Anstecker, blau mit Diamanten. Carmen war eine Stunde zu spät. Dann tauchte sie in einer rot-weißen Jacke auf, sehr klein, sehr leidenschaftlich! Bernhard wurde vor lauter Vergötterung ganz unterwürfig! Das Haus war gerammelt voll mit Familie, Freunden, Nachbarn. Es war absolut unerlässlich, Spanisch zu sprechen, das hatte ich völlig vergessen! Bernhard hielt Carmens Hand mindestens fünfzehn Minuten lang.

Heute Abend bei Buffie. Sie stürzte sich sofort auf mich – wollte mit mir ins Bett und sonst nichts. Ich war schüchtern (Teufel auch!) und konnte nicht viel tun. Sie machte ein paar sehr zutreffende Bemerkungen. Aber sie bete mich an, ich würde sie wahnsinnig machen usw. Es gefalle ihr, mit mir zu schlafen usw.

Ich bin voller nutzloser Energie – ich werde dieses Jahr so viel erreichen. Ich hoffe, dass ich die Stelle in einem Jahr noch habe. Ich wünsche mir vor allem etwas Dauerhaftes und Festes.^FF

28. DEZEMBER 1942 ^F Guter Tag. Hughes[122] könnte netter nicht sein. Ich bin erst mal damit beschäftigt, die Informationen zusammenzutragen – dann fange ich an zu schreiben. Habe alle im Büro kennengelernt. Und war sehr froh, dass es den ganzen Tag regnete. Mittags muss ich nach Hause, weil selbst die Hamburger 15 Cent kosten. Keine Einladungen für den 31. Dez. Egal! Ich will allein zu Hause sein.

Bernhard um 8:30. Waren im Rainbow Room[123]. Wenn ich »White Christmas« höre, träume ich von Helen und mir – wie wir mitein-

---

122 Richard E. Hughes, geboren als Leo Rosenbaum (1909–1974), US-amerikanischer Schriftsteller und Comic-Erfinder, der Geschichten für *Black Terror, Fighting Yank, Pyroman,* die *Commando Clubs* und *Super Mouse* entwickelte und skriptete.
123 Glamouröse Rooftop-Bar 65 Stockwerke oberhalb des Rockefeller Plaza und damit eine der höchsten Bars New Yorks.

ander tanzten und sie mir und ich ihr in die Augen schaute. Ich bin absolut, hoffnungslos sentimental. Bernhard hat geweint, weil sie heute ihre erste Liebe wiedergesehen hat, die sie nie erobert hat. Es ist traurig. Und sie steigert sich hinein. Das stört mich. Es ist weder deutsch noch österreichisch, das ist einfach jüdisch. Arthur kam zum Rainbow Room, weil wir verabredet gewesen waren! Schrecklich! Ich wollte ihm etwas schenken, aber es gibt Besseres, was ich mit meinem Geld anstellen kann.[F]

29. DEZEMBER 1942 [F]Guter Tag, aber so müde, dass es fast schon weh tut. R. E. Hughes heute sogar noch netter. Ich schnitt Geschichten aus Zeitschriften und Magazinen aus und baute einen Rahmen für »Phyllis, die uneinnehmbare Festung«. Ich soll es komplett schreiben: Er will mir alles von Grund auf beibringen. Und jetzt – nach all den Beleidigungen, nach der langen Arbeitslosigkeit – gibt es doch tatsächlich eine Stelle bei der *Vogue*. Miss Campbell rief meine Mutter heute an, sehr höflich. Ich stehe auf ihrer Liste. Konnte noch nicht mit Rosalind darüber sprechen.

Bin glücklich – das zu sagen ist wichtig. Würde gerne mit dem neuen Jahr meinen Roman anfangen.[F]

29. 12. 1942 Du und ich sind so fernab der Zeit, der Gedanken, der Freuden aller anderen geboren. Wo gibt es zwei, die uns das Wasser reichen können? Es wird nie jemanden geben, der uns beiden das Wasser reichen könnte. Was bedeutet dir unser Genie, Geliebte?! Was bedeutet dir dieses Geschenk?

29. 12. 1942
Und warum gibt sie mir Samstagabend
Und warum gibt sie mir Samstagabend
Und warum gibt sie mir Samstagabend –
Wenn nicht, um mit ihr zu schlafen?!

30. DEZEMBER 1942 ᶠHughes ließ mich vier weitere Seiten schreiben. Über die SBD[124] in Guadalcanal. »Falls es Sie interessiert, ich habe keinerlei Zweifel, dass aus Ihnen eine gute Texterin wird.« (Hat irgendwer daran gezweifelt?)ᶠᶠ

31. DEZEMBER 1942 Um 12:00 bei *Vogue* gewesen. Miss Campbell sagt, ich sei »die Art Mensch, die wir uns als Mitarbeiterin wünschen« (!), auch wenn die 35,00-$-Stelle, die sie mir anbieten, langweilig ist – Leserbriefe usw.

Ging mit Bernhard um 11:30 zu John Mifflins Party. Die hinreißende Blondine war da, der ich auf der Grove Street immer nachgegafft habe, wenn sie mit dem Fahrrad vorbeifuhr. Sie lebt mit Cornell zusammen, einem Mädchen, das äußerst gut malt, meint Bernhard. Die Blondine gab mir ihre Nummer usw. Sie kennt Alex Goldfarb[125]. Sie heißt »Texas« irgendwas.[126] Bernhard hat nie besser ausgesehen. Silber in den Haaren & wirklich sehr elegant. Später nahmen wir ein Taxi ins Village, mit Bill Simmons und Becky & Marjorie. Willkommenes Vergnügen usw.

---

124 Im Zweiten Weltkrieg eingesetztes Sturzkampfflugzeug der Marine.
125 Alex Goldfarb alias Josef Peters, berüchtigter kommunistischer Agitator und Spion.
126 Maggie E., auch genannt »Texas« oder »Tex«, Liebhaberin und Mitbewohnerin der Malerin Allela Cornell. Cornell studierte unter Kuniyoshi, Zorach und Alexander Brook. Sie war hauptsächlich Porträtmalerin und gleichermaßen begabt mit Aquarell- und Ölfarben. Der kommerzielle Erfolg blieb ihr jedoch verwehrt, so dass sie gezwungen war, auf den Gehwegen von New York Tuschporträts für einen Dollar das Stück anzubieten. Texas, Allela und Highsmith werden sich 1943 in eine komplizierte Dreiecksgeschichte verwickeln.

1943

In der Comic-Branche ist Patricia Highsmith eine von nur wenigen Frauen. Dennoch fasst sie schnell Fuß, entwirft Geschichten für Superhelden aller Art und lernt Größen der Branche kennen wie Stan Lee und Mickey Spillane. Dennoch hadert sie mit dem, was sie tut. Sie sieht sich weiterhin eher bei Time Inc. oder bei der *Vogue*, vor allem aber befürchtet sie, ihrer Berufung als Autorin nicht gerecht zu werden, wenn sie ihre Kreativität in einem kommerziellen Umfeld verschwendet. Vielleicht spricht sie aus diesen Gründen später nie über ihre Tätigkeit (obwohl sie gut sechs Jahre davon leben wird).

Immerhin erlaubt dieser Brotjob ihr endlich eine eigene Wohnung. In der 353 East 56th Street ist sie nur einen Steinwurf von der Wohnung ihrer Eltern entfernt, doch schon der geringe räumliche Abstand trägt dazu bei, dass die Beziehung zur Mutter sich deutlich entspannt.

Sie malt und zeichnet viel (mit links) und schreibt wie besessen (als umerzogene Linkshänderin mit rechts). Ihre nach wie vor mehrsprachig abgefassten Tage- und Notizbücher quellen noch immer über vor Mitteilungsbedürfnis: 700 Seiten. Und noch immer bewältigt sie ein riesiges Lesepensum; ihr Lieblingsautor ist neben Kafka und Freud nun Julien Green. Im Juni gelingt es Patricia Highsmith mit »Der Schatz« erstmals, eine Kurzgeschichte an eine Zeitschrift zu verkaufen; die erste von vielen Highsmith-Geschichten, in der es um zwei Männer geht, die einander verfolgen.

Im Frühjahr verliebt sie sich Hals über Kopf. Die Malerin Allela Cornell ist mehr Seelenverwandte als erotische Geliebte, dennoch kommt sie einem Traum Highsmiths von einer festen Bindung zur »Frau ihres Lebens« in einem Haus auf dem Land sehr nahe – ein Traum, der in starkem Widerspruch steht zu ihrem Freiheitsdrang und ihrem wilden Partyleben mit häufig wechselnden Affären in Manhattan. Sie muss Allela allerdings mit einer anderen jungen Frau teilen, Maggie E., genannt Texas, mit der Allela zusammenlebt – und die Pat ebenfalls sehr attraktiv findet. Allela malt ein prophetisches, finsteres Ölbild von Patricia Highsmith, das diese künftig in all ihren Wohnungen und Häusern aufhängen wird.

Neben ihrem energieraubenden Sozialleben und der Vollzeitstelle kommt Highsmith kaum mehr zum literarischen Schreiben. Die Lösung ist wie noch öfter in ihrem Leben eine Flucht: Zum Jahresende tritt sie ihre erste Auslandsreise an. Während in Europa der Krieg tobt, zieht es die Künstler, Freigeister und Bohemiens nach Mexiko; das Land steht für Exotik, lange heiße Nächte und billigen Tequila. Ihre Reisegefährtin ist nicht etwa Allela Cornell, sondern eine neue Angebetete, das blonde Model Chloe. Und Highsmith hat vor zu bleiben, bis ihr das Geld ausgeht. In Mexiko will sie endlich mit ihrem Roman vorankommen, den sie 1942 begonnen hat und der als »adolescent novel« schon länger in ihren Notizbüchern keimte: *The Click of the Shutting*.

* * *

1. JANUAR 1943 [F]Jo blieb, nachdem die Gäste gegangen waren. Wir legten die Fauré-Platte auf, bei der Jo immer melancholisch wird. Ich auch, aber wie Jo und E. A. Poe so schön sagen: In jeder Schönheit liegt auch Traurigkeit. Jo sehr anregend. Wenn ich mit ihr zusammen bin, fühle ich mich lebendig, als Schriftstellerin.[FF]

1.1.1943 Sehr wenige Menschen hassen wir in unserem Leben, meist jene, in die wir einmal verliebt gewesen sind. Warum? Weil wir noch immer die Verletzlichkeit aus der Zeit unserer Verliebtheit verspüren (fürchten).

2. JANUAR 1943 ᶠObwohl es sehr schwierig war, um 12:30 in der Nacht zu Buffie geschlichen, ohne dass die Eltern etwas mitbekamen. Bin nur aus Langeweile zu ihr – ich habe zu Hause genug zu tun, aber ich bin immer auf der Suche nach Vergnügen und Weisheit. Bei Buffie gibt es beides, aber wir haben nichts gemacht, das bei mir mehr als einen Hauch von Vergnügen ausgelöst hätte, so viel mir eben gerade möglich war – bei weitem nicht genug. Und mittendrin rief auch noch ihr Mann aus Kalifornien um 3:00 morgens an und redete eine geschlagene Stunde! Währenddessen küsste ich sie die ganze Zeit oder tat, worauf ich Lust hatte. Was für eine Ehe!

Ich würde Rosalind so gern sehen! Es ist dumm von mir – es macht mich nicht glücklich –, aber wenn ich sie nicht sehe, bin ich auch traurig.ᶠᶠ

3. JANUAR 1943 ᶠSehr verstört, aufgewühlt und bringe kein Wort zu Papier, bis ich aus dem Haus & anderswo bin. Lese jetzt alle meine Notizbücher usw. wieder, damit ich losschreiben kann, sobald ich so weit bin. Ich habe das Zeug dazu, daran habe ich keinen Zweifel.

Rosalind ein wenig reserviert und traurig. Sie hat mir auch erzählt, sie sei aufgewühlt, schlecht gelaunt, immer wenn sie denkt, sie tut nicht genug für den Krieg. Ich habe ihr alles über Bernhard erzählt, warum sie sich nicht so verhält, wie ich es gern hätte. Rosalind meint, das sei etwas typisch Jüdisches. Dann ein Bier im Jumble Shop. Hinterher ganz kurz zu zweit. Ich nahm ihre Hand, hielt sie. Und sie hat meine zum Abschied geküsst.ᶠᶠ

4. JANUAR 1943 ᶠAlle meine Tagebücher wieder gelesen. Bis ich alle meine Notizbücher durchhabe, werde ich lange brauchen – und das muss ich, bevor ich den großen Roman schreiben kann, der in mir heranwächst. (30,55 $ auf der Bank – traurig.)ᶠᶠ

5. JANUAR 1943 ᶠGuter Tag. Den ganzen Tag diese kurzen Absätze verfasst mit Inhalten für unsere Geschichten – so sie denn einen haben. Galileo Galilei, Livingstone, Themistokles, Einstein, Cromwell, Newton usw. Arme-Leute-Mittagessen im Bryant Park, und die Vögel wirkten so verfroren, dass ich ihnen die Hälfte abgab. Guter Abend mit Buffie. Statt Theater gingen wir ins La Conga, wo Carmen Amaya auftrat. Ich schrieb ihr einen netten kleinen Brief (*Quien no ha vista Carmen no ha vista nada*[1] usw.) und lud sie ein, Portwein mit uns zu trinken. Keine Antwort. Also ging ich selbst hinter die Bühne und gab mich als Bernhard aus, um zu ihr durchgelassen zu werden. Eine ihrer Schwestern war bei ihr, sie selbst trug ein Spitzenkleid, weiß, und fürchterlich schmal in der Taille. Hinterher zu Buffie. Wenig geschlafen mit großem Erfolg. Bin glücklich. Buffie stellt jetzt auch bei der »31 Women«-Ausstellung[2] in Guggenheims Galerie aus.ᶠᶠ

6. JANUAR 1943 ᶠHughes hat den Grundriss für eine Rickenbacker-Geschichte[3] vorbereitet – hervorragend! –, und ich werde sie jetzt schreiben. Eine habe ich schon fertig, für *Fighting Yank*[4].

Eben hören wir Bach: »Bist du bei mir«. Es ist ganz sanft und zart und erinnert mich an die Tage, an denen ich jeden Abend gelernt habe und es immer etwas zu schreiben gab. Jetzt bin ich dauernd in Bewegung, und nur selten kommen mir Ideen. Ich war allein daheim und habe das letzte Jahr meiner Aufzeichnungen 1935–1939 gelesen. Alles dreht sich um Virginia. Ich frage mich, wie es sein kann, dass wir einander nicht mehr lieben! Was diese seltsame Liebe beendet hat, die nie richtig anfing! Rosalind war lieb am

1 Wer Carmen nicht gesehen hat, hat nichts gesehen.
2 *The Exhibition by 31 Women* war eine der ersten Ausstellungen in Peggy Guggenheims New Yorker Galerie Art of This Century. Sie lief vom 5.1.–6.2.1943, zu den ausstellenden Künstlerinnen gehörten u.a. Buffie Johnson, Djuna Barnes, Frida Kahlo, Leonora Carrington und Meret Oppenheim.
3 Edward Vernon »Eddie« Rickenbacker (1890–1973), gefeierter US-Kampfpilot im Ersten Weltkrieg.
4 1943 war *Fighting Yank* neben *Black Terror* einer der bekanntesten und wichtigsten Superhelden-Comics, die Cinema Comics/Sangor produzierte.

Telefon, fragte mich nach meiner Arbeit usw. Ich würde jetzt gern ihr Haar berühren.^{FF}

7. JANUAR 1943 ^FRoosevelt hat eine gute Ansprache gehalten, in der er gesagt hat, die Nazis hätten es darauf angelegt & sie würden jetzt sehen, was sie davon haben. Und dass dieser Kongress noch alle Hände voll damit zu tun haben werde, die Welt sicher zu machen. Ging meinen Pullover im La Conga abholen und sah Carmen Amaya, die mir (ohne mich zu sehen) mit ihren beiden Schwestern entgegenkam, und sie sahen aus wie Sterne der Plejaden.^{FF}

8. JANUAR 1943 ^FGewöhne mich langsam an die Jungs im Büro. Habe die Rickenbacker-Geschichte abgeschlossen – gute Arbeit, sagt Hughes. Er schreibt gut und nimmt seine Arbeit sehr ernst. *Harper's Bazaar* hat meine Geschichte »Der Schatz« zurückgeschickt, aber mit einem Brief von Marie Louise Aswell[5], Literaturredakteurin. »Ihre Arbeit ist von beachtlicher Qualität. Diese Geschichte ist leider nichts für uns, aber würden Sie mir bitte weitere Arbeiten zusenden?« Das war meine beste. Die Arbeit hat mir schon etwas gebracht, weil ich lernen muss, schneller zu schreiben. Mit viel Handlung, aber gleichzeitig ist auch eine gewisse Ernsthaftigkeit notwendig. Jetzt bin ich bereit, meinen Roman zu schreiben, damit jetzt anzufangen ist das Naheliegende. Er steht in meinen Gedanken an erster Stelle.^{FF}

9. JANUAR 1943 ^FEin guter Morgen. Als Nächstes schreibe ich das Skript für Katharina die Große von Russland[6]. 40,55 $ auf der Bank. Allmählich wird es mehr. Um zwei bei Rosalind. Ich habe den Eindruck, wir sind ein wenig gelangweilt – dass wir eine große Explosion brauchen – irgendwas!^{FF}

---

5 Literaturredakteurin bei *Harper's Bazaar*. Unter ihrer Leitung veröffentlichte das Magazin unter anderem frühe Werke von Truman Capote, Jean Cocteau, Carson McCullers und W. H. Auden.
6 Eine weitere Arbeit für die *Real Life Comics*.

10. JANUAR 1943 ^F*Varuna* fast ausgelesen. Es bringt mich unweigerlich zum Nachdenken über die Frage der menschlichen Identität, das Geheimnis des menschlichen Lebens. Ich bin zugleich Kind und Mann, Mädchen und Frau. Manchmal ein Großvater.^FF

10.1.1943 Das Mädchen, das bald von zu Hause ausziehen wird – im Alter von, sagen wir, zwanzig oder einundzwanzig. Wie sie sich fühlt, wenn sie am Abend vor ihrem Auszug auf dem Heimweg in ihr Elternhaus eine Tasse Kaffee trinkt und, während sie aus der Tür des Riker's[7] tritt, darüber nachdenkt, wie deprimierend es wäre, wenn künftig alle ihre Mahlzeiten nur noch solche kurzen Atempausen wären, in der Zukunft, in der sie nur allzu viel Zeit für sich haben wird, in der sie angespannt und ohne Gespräch auf einem Hocker sitzend essen und nur ihr eigenes Gesicht im Spiegel sehen wird, leicht gelblich unter dem Neonröhrenlicht.

11. JANUAR 1943 ^FZu Hause wird immer über die Freundinnen diskutiert, die ich ins Restaurant, ins Theater usw. ausführe. Andere junge Frauen gehen mit jungen Männern aus. Und das kostet sie nichts, während ich zu viel ausgebe – mindestens 5 $ pro Abend. Das stimmt, aber nach wie vor fasse ich mir lieber selbst unter den Rock.
   Im Büro die Rickenbacker-Geschichte abgegeben. »Sehr gut geschrieben. Originelle Bildtexte und gut verknüpft« usw. Das meiste hat Hughes selbst gemacht, und das sagte ich ihm auch.^FF

20.1.1943 In letzter Zeit habe ich das seltsame Gefühl, dass mein Geist robuster wird – was den Zustand des Charakters & der Persönlichkeit angeht – und mein Körper gebrechlicher, zunehmend in Verfall begriffen. Verglichen mit dem normalen Maß an kosmischen Härten ist die Lebenszeit meines verwesenden, durchscheinenden

---

7 Eine New Yorker Restaurantkette.

Körpers zum Verzweifeln. Die Züge meines Gesichts richten sich in hübscher Zurechnungsfähigkeit und Selbstgefälligkeit ein: Im Innern ist Verfall und nahender Tod.

27. 1. 1943 Eines Abends war ich gegen Mitternacht auf dem Heimweg, so trunken von Alkohol, Zigaretten und Müdigkeit, dass ich von einer Seite des Gehwegs zur anderen wankte. Aus einer Bar auf der 3rd Avenue traten ein Mädchen und ein Junge um die sechzehn. »Pass gut auf dich auf mit deiner Erkältung!«, sagte das Mädchen mit all der Liebe, Herzlichkeit, aufopfernden, wundertätigen Macht der Frauen seit Anbeginn der Zeit! »Passt du für mich auf?«, fragte der Junge. »Mach ich!«, und damit gingen sie auseinander. Ich folgte dem Mädchen zwei Blocks bis nach Hause, durch den Schneematsch hastend, um mit ihr mitzuhalten. Beinahe hätte ich sie angesprochen.

Ich liebte die fiktionale Qualität der Szene. Sie wäre mir wahrscheinlich nicht im Gedächtnis geblieben, hätte ich sie nüchtern gehört. Mein aufgeweichtes Hirn steuerte die Stimmung, den Stil, die Atmosphäre und die ungespielten Ober- und Untertöne bei, die unzähligen Skizzierlinien, die ein Schriftsteller vorher und nachher eingefügt und von denen er auch manche ungesagt gelassen hätte, wie die, die ich mir zu sehen und zu erleben einbildete.

Trinken ist eine ausgezeichnete Imitation des künstlerischen Prozesses. Das Hirn springt direkt zu dem, was es immer sucht, nämlich zur Wahrheit und zur Antwort auf die Frage: Was sind wir, und welche Tiefen des Denkens, der Leidenschaft und der Empfindung können wir erreichen? Daher hat jeder Säufer etwas von einem Künstler, und ich sage: Gott segne sie alle. Die Anzahl von Säufern im Verhältnis zu der kleineren Anzahl von Säuferinnen entspricht dem Verhältnis zwischen Künstlern und Künstlerinnen. Und vielleicht haben die Säuferinnen auch etwas Homosexuelles an sich: Ihr Äußeres ist ihnen egal, und sie haben definitiv gelernt zu spielen.

30.1.1943 Dinge, über die ich noch mehr lernen will:
1. Geologie – früherer und künftiger Aufbau der Erde
2. Verschiedene Länder – Polen, die Tschechoslowakei, Litauen, Finnland usw., von jedem das echte Wesen kennenlernen – das Ur-Wesen, so wie ich es bisher am ehesten von England kenne
3. Mathematik (anhaltende Neugierde, zugleich verärgert wegen der Zeit, die ich auf diesen Wissenszweig verschwendet habe, für den ich nicht die geringste Begabung habe)
4. Die russische Sprache
5. Die hebräische Sprache
6. Verschiedene Schriften in allen Sprachen

3.2.1943
Schreiben – »Ich will sein«
Malen – »Ich will besitzen« – durch jede Schöpfung will man bei sich selbst eine seelische Veränderung herbeiführen. Nichts wird zum Spaß oder um der Kunst willen erschaffen.

6.2.1943 Es ist für zwei Künstler so gut wie unmöglich, eng miteinander befreundet zu sein. Einer wird anrufen und verlangen, den anderen zu sehen, der aber vielleicht gerade in der Phase ist, in der er allein sein muss. Und sind sie einmal zusammen, werden die Künstler mit unterschiedlichem Tempo unterwegs sein. Insgesamt bemüht sich ein jeder ständig, den anderen in die eigene Umlaufbahn zu ziehen. Sie werden nicht zusammenkommen. Es ist schlicht wie bei zwei Zahnrädern, die sich mit unterschiedlicher Geschwindigkeit drehen. Sie können nicht ineinandergreifen.

12.2.1943 Mit dir[8] bin ich so glücklich, dass ich mir wünsche, die ganze Welt wäre vor uns verschlossen. In deiner Nähe fühle ich eine solch süße Zufriedenheit, dass ich dir am liebsten ins Ohr flüstern

---

8   Unklar, an wen Highsmith hier denkt.

würde: Das hier ist das Ziel meiner Reise. Nur die Sterne sollen auf uns herabschauen, nur die Sonne soll unsere Füße von der anderen Seite der Welt wärmen, diesen Raum und diesen Moment für immer versiegeln! – Wie traurig, dass ich solche Worte nicht zu dir sagen kann und dass ich sie nicht aufschreiben kann, ohne einen Schmerz in der Kehle zu verspüren, als wollte mich etwas umbringen!

17. 2. 1943 Allein zu leben ist eine Erfahrung, die von lauter kleinen Erfahrungen bestimmt wird.[9] Man gewöhnt sich logischerweise schnell daran, keinen Eisschrank mehr zu haben, den man um Mitternacht plündern kann, die eigene Wäsche zu machen oder sich wenigstens darum zu kümmern, dass jemand anders sie macht. Die wirkliche Erfahrung des Alleinlebens ist der Wasserhahn, der das Wasser immer nur eisig kalt oder kochend heiß ausspuckt und einem Schauer des Missfallens über den Rücken jagt, das dauernde Treppenlaufen, um Wasserschälchen fürs Malen zu befüllen, und vor allem die Begegnung mit Fremden im Haus, mit denen man aus Höflichkeit sprechen muss – während man im eigenen Zuhause essen, arbeiten, leben konnte, ohne dass die empfindliche Flut der kreativen Gedanken im Unterbewusstsein gestört wurde.

Die erste offensichtliche Freude des Alleinlebens ist das Privileg, einen ganzen Abend lang schweigen zu können, wenn man in streitlustiger, gesellschaftsfeindlicher Stimmung ist.

22. 2. 1943 In meiner Generation (und vielleicht noch in zwei oder drei künftigen Generationen) sind Frauen damit beschäftigt, sich der Welt des Mannes anzuschließen. Männer sind bereits so lange Teil der Welt, dass sie es sich leisten können, sich hin und wieder

---

9 Dank ihrer neuen Stelle kann Highsmith endlich von zu Hause ausziehen. Im Februar findet sie ein Zimmer zur Zwischenmiete und zieht Anfang Mai in ihre erste eigene Wohnung in der 353 East 56th Street, nur einen Katzensprung entfernt von ihren Eltern in der 345 East 57th Street.

zurückzuziehen. Darin liegt die typische Humorlosigkeit der Frau in geschäftlichen Angelegenheiten begründet, die typische phantasie- und verständnislose, strenge Führung ihres eigenen Geschäfts- und Privatlebens und des Lebens derer, die ihr gegebenenfalls unterstehen.

5.3.1943 Die meisten Menschen kann man nicht als leidenschaftlich bezeichnen. Für Leidenschaft braucht es zwei Faktoren: vollkommene Ruhe, wie die reichen Müßiggänger Griechenlands sie hatten, oder wirkliches Leid und Elend, das man entweder gerade durchmacht oder an das man sich lebhaft erinnern kann, voll Anteilnahme und Grauen.

20.3.1943 Es gibt eine Eigenart, die sich durch alle Zeitalter der Literatur zieht und die nur in Erscheinung tritt, wenn der Schriftsteller selbst verliebt ist. Diese unglaubliche Anmut, die Shakespeare den Szenen von Romeo und Julia einschrieb, diese Inspiriertheit des jungen jüdischen Dichters unserer Zeit, der schlicht und wahrheitsgetreu über die Umarmungen seiner Angebeteten schrieb. Die Eigenart ist eine maskuline, denn sie entspringt dem männlichen Verlangen in der Liebe, körperlich, aber vom Geiste geläutert zu einem Quell unbefangener Äußerungen. Liest man solche Zeilen, wenn man nicht liebt, wirken sie unsinnig und sentimental, sicherlich bezeichnend für das Unvermögen des Verfassers. Aber lesen wir sie noch einmal, wenn auch wir verliebt sind, so hat jedes Wort die rechte, subjektive Wirkung und Bedeutung.

30. MÄRZ 1943 [F]Gestern Abend mit Goldberg im Anthony's. Die erste Seite ist mühsam, da hat er recht. Er sucht für mich nach Wohnungen. Er ist wirklich liebenswürdig.[FF]

31. MÄRZ 1943 [F]Sehr müde auf der Arbeit. Ich glaube, ich sollte die Stelle kündigen und mir etwas bei der *Vogue* suchen. Ich könnte

trotzdem weiterhin Geschichten schreiben. Habe zwei Skripte an Fawcett¹⁰ geschickt.^FF

1. APRIL 1943 ^FSchlechter, ideenloser Tag, bis ich Helen anrief. Treffe mich morgen mit ihr. »In Ordnung, Darling. Wiederhören.« Oh, an dieses »Darling« werde ich mich noch erinnern! Manuskripte an Kapeau von Parents' geschickt. True Comics¹¹. Bald habe ich was. Denke voller Vorfreude an Helen, die zweifellos schon im Bett liegt und morgen sehr schön aussehen wird.^FF

2. APRIL 1943 ^FGuter Tag, aber nicht gearbeitet – war mit Helen zum Mittagessen im Golden Horn. Zwei Wodka Martini. Eigentlich zu viel. Sie erzählte mir, Kingsley habe Mespoulet mein Notizbuch (oder irgendeine Zeichnung) gezeigt, und Mespoulet habe sie als widerwärtig bezeichnet – grauenhaft und ekelerregend (!). Und das, obwohl meine Journale seltsam frei von Sinnlichkeit sind – selbst als ich besessen von Rosalind war! Es macht mich krank! Helen wollte morgen Abend mit zu mir kommen, egal wohin, aber ich habe hier kein Zimmer für sie frei. Es ist eine Schande!

Die Arbeit im Büro ist sterbenslangweilig. Ich bin eifersüchtig auf den glücklichen Everett¹². Für ihn ist die Welt voller Licht – Frauen – Fleisch, Süßigkeiten, Alkohol jeder Art! Statt zu arbeiten, traf ich mich mit Virginia in dem Bistro in der 52nd Street. Hinterher rief Kingsley an und kam um 11:35 vorbei. Sie bestritt energisch, Mespoulet irgendwas gezeigt zu haben. Irgendwer lügt – oder übertreibt.^FF

---

10 Fawcett Comics, Verlag des Superhelden Captain Marvel, der Titelfigur der meistverkauften US-Comic-Reihe der 1940er Jahre.
11 1941–1950 beim Verlag The Parents' Institute erschienene Comic-Reihe auf Grundlage wahrer Begebenheiten.
12 Everett Raymond Kinstler (1926–2019) brach kurz vor seinem sechzehnten Geburtstag die School of Industrial Art in Manhattan ab, um eine Vollzeitstelle bei Cinema Comics anzutreten. Später wurde er als Porträtkünstler berühmt, der Hunderte Prominente malte, darunter acht Präsidenten der USA.

3. APRIL 1943 ᶠFünf Seiten geschrieben, bevor ich zu Jo P. ging. Es wurde spät, und sie lud mich ein, über Nacht zu bleiben. Ich sagte ja. Zwei Betten, sauberer, schöner Pyjama. Ich sagte Jo, dass ich sie liebe, es ist komisch, aber ich liebe sie. Sie liebt es, wenn ich ihren Kopf in meinen Armen halte. Es war sehr friedlich mit der Musik. Aber nachts – nichts.ᶠᶠ

5. APRIL 1943 ᶠStanley Kauffmann[13] von Fawcett Publications rief mich heute Morgen an und will mich kennenlernen. Das bedeutet Arbeit, und das wiederum Geld. Die Frau von der Wohnung auf der 34th St. sagt, ich kann sie für 40 $ im Monat haben, mit einem Vertrag über anderthalb Jahre. Das ist eine lange Zeit! Fast ein Zwanzigstel meines Lebens! Ein Zehntel! Aber ich glaube, ich nehme sie trotzdem. Für diese Wohnung werde ich mich nie schämen müssen, und ich kann alle meine Freundinnen dorthin einladen. Habe außerdem um eine Gehaltserhöhung gebeten und sie bekommen! Hughes spricht mit Sangor. Am Abend war ich zu Hause und habe etwas geschrieben, das vielleicht der Anfang meines Romans[14] wird.ᶠᶠ

6. APRIL 1943 ᶠGestern Abend unruhig gewesen. Ich muss lyrisch schreiben, ohne mich entsetzlich zu verrennen. Es ist so leicht gesagt, aber wenn ich schreibe, schreibe ich aus vollem Herzen, aus mir selbst heraus, unter großem Schmerz, mit Blut und erst an letzter Stelle mit dem Kopf. Es wird besser sein, anders anzufangen. Zuallererst – Fawcett um 12:30. Kauffmann hat gesagt, meine Geschichten hätten exzellente Dialoge, aber dass meine Plots langweilig seien! Er gab mir trotzdem zwei *Lance O'Caseys*[15], für die ich Episoden schreiben soll.

Schlecht gearbeitet, weil ich in letzter Zeit immer müde bin. 7:10

---

13 Stanley Kauffmann (1916–2013), US-amerikanischer Autor, Lektor und Film- und Theaterkritiker.
14 Ihr erster Roman *The Click of the Shutting*, den sie später verwerfen wird.
15 *Lance O'Casey* war ein fiktiver Seefahrer und Held der gleichnamigen Comic-Reihe bei Fawcett.

bei Rosalind. Abendessen bei ihr. Suppe und Käse, Kaffee – und sie – himmlisch, paradiesisch! Mehr kann ich nicht verlangen, selbst wenn es nicht vorhält. Später Bier und Sandwiches im Sammy's. »Kämm dir mal die Haare. Du siehst aus wie ein verkaterter Byron.« Sie erzählte mir viele wundervolle, persönliche, geheime Dinge – viele kleine, unwichtige Dinge, aber sie machten mich glücklich. Sie gibt mir flüchtige Küsschen auf die Wange wie eine alte Tante. Ich will ihre Lippen, ihre intelligenten, weichen, liebevollen Lippen! Eines Tages ist es so weit. Nach heute Abend bin ich mir sicher. Aus den kleinen Dingen lässt sich eine Menge schließen.[FF]

7. APRIL 1943 [F]Gewöhnlicher Tag. Habe tatsächlich ganz vergessen, Rosalind anzurufen – um ihr zu sagen, dass gestern Abend vielleicht der schönste Abend meines Lebens war. Hughes hat mir nur eine Erhöhung von 4 $ gegeben. Bekomme jetzt also 36 $. Ich war ein wenig enttäuscht, als er es mir erzählt hat. Sy Krim[16] war um 9:40 schon bis oben voll mit Benzedrin. Manchmal widert er mich an. Nicht sein Lebenswandel, sondern seine ungestüme Art. Langsam glaube ich, Del P. hatte recht, und ich brauche eine Stelle, die meine kreative Energie nicht beansprucht.[FF]

8. APRIL 1943 [F]Sehr, sehr glücklich! Heute Abend gut gearbeitet. Del Pezzo mit Helen um 12:30. Sie sagte, sie will nichts außer gutes Fleisch, ein erfülltes Liebesleben, einen Mann, dem das gefällt, was ihr auch gefällt, Bücher, eine Arbeit. Aber sie sei auch heiterer vom Typ her, sagt sie, nicht wie ich – naiv und melancholisch. Heute war ein fast perfekter Tag – hatte sogar einen Einfall für eine Skulptur. Aber Mutter ist sauer und sagt, ich würde überhaupt nicht auf den Arzt hören und dass ich in Zukunft alle meine Rechnungen selbst bezahlen muss.[FF]

---

16 Seymour Krim (1922–1989), US-amerikanischer Journalist, Schriftsteller, Herausgeber und Ausbilder.

9. APRIL 1943 ᶠEin gewöhnlicher Tag – habe den Mietvertrag nicht unterschrieben, weil sie 50 $ im Monat verlangen, wenn ich einen Herd und einen Kühlschrank haben will. Das ist absurd. Ich muss also weitersuchen.ᶠᶠ

10. APRIL 1943 ᶠVöllig fertig. Zweieinhalb Stunden saß ich in diesem grässlichen Zahnarztstuhl. Ich weinte, ich zitterte – aber er ließ sich Zeit. So ein Idiot! Aber er ist billig. Danach eine Tasse Kaffee und in die Perls-Galerie, um mir die Darrel-Austin-Ausstellung[17] anzusehen. Sie war wundervoll! Buffie war da und ein bisschen kühl. Ich muss ihr ein Geschenk kaufen und sie zum Abendessen ausführen. Meine Mutter – für die ich einen Füller gekauft habe, der nicht funktioniert – hat mir Eiermilch gemacht und mich ins Bett gebracht.ᶠᶠ

11. APRIL 1943 ᶠEltern sehr kühl und verständnislos. Ich muss hier wirklich dringend weg. Zu Rosalind um 9:45, sie war geistesabwesend, ernst. Zu Cornell, nachdem wir zum Essen im Grand Ticino waren. Rosalind hat alte Freunde dort, sie mag das Restaurant. Ich erzählte ihr von meiner Idee für die Geschichte über Laval und den Paranoiker[18].

Texas war sehr liebenswürdig, Bier, Bilder usw. Sie machte ein paar Annäherungsversuche. Sie weiß, dass ich eine Frau suche, mit der ich zusammenwohnen kann. Rosalind wirkt manchmal recht ernst, aber sie war heute Abend sehr hübsch, fast schön. Und sie mag Cornell, die heute ungestümer denn je war! Wir verirrten uns in der U-Bahn auf dem Weg ins Sammy's, nur auf ein Bier, aber dann tauchte Spivy auf, im violetten Anzug, mit einer Riesentolle – noch so eine Schnapsdrossel.

---

17 Darrel Austin (1907–1994), US-amerikanischer Werbegraphiker und Maler.
18 In dieser nicht erhaltenen Geschichte geht es laut Highsmiths Notizbuch um einen Mann, der aufgrund seiner Ähnlichkeit zu Pierre Laval verfolgt wird, einem französischen Politiker, der mit den Deutschen kollaborierte und schließlich wegen Hochverrats zum Tode verurteilt wurde.

1943

Ich kam mir heute Abend sehr gewöhnlich vor – mein Hirn auch nicht leistungsfähiger als die Hirne der anderen Trinkerinnen! Und überhaupt nicht amüsant. Um 2:35 zu Hause.[F]

13. APRIL 1943 [F]Guter Tag. Im Büro nur langsam vorangekommen. Ich gehe im Moment nicht zu vernünftigen Uhrzeiten ins Bett. Das ändert sich bestimmt, wenn ich eine Wohnung gefunden habe. *Atlantic Monthly* hat »Der Schatz« zurückgeschickt, ich habe sie Cammarata[19] gezeigt, dem sie gut gefiel. »Hier und da ein paar holprige Stellen.« Aber ich will nie irgendetwas ändern. Werde die Eltern in den Zirkus einladen.

Bei Mr. Steiner, um Bücher vorbeizubringen, und hinterher fiel mir auf, dass ich versehentlich auch drei Bände meiner persönlichen Tagebücher dortgelassen hatte! Er hat sich sicher prächtig amüsiert! Wie schrecklich. Alles – absolut alles – über Buffie, Rosalind, Betty usw. Kurz: die letzten drei Jahre! Ich habe keinen Zweifel, dass er alle gelesen hat – jedenfalls so viel davon, wie er wollte. Um 5:00 hat Texas angerufen. Habe sie bei *Vogue* abgeholt, 46th & Lex. Sie will keine Mitbewohnerin. Aber eine Affäre.[F]

14. APRIL 1943 [F]Ein angenehmer Tag, aber ich bin nicht zufrieden mit mir. Ich muss zu einer bestimmten Zeit schreiben, zu einer anderen lernen, essen und schlafen. Ich habe gerade überhaupt keine Disziplin. Ich bin halbwegs zufrieden, weil ich mache, was ich will, aber nicht glücklich! Um 1:30 mit Texas bei Del Pezzo gegessen. Sie hört mir zu und hört mir zu und sagt dann, alle meine Ideen seien gut usw. Sie will es, kein Zweifel, aber wann? Wo? Ich frage mich, ob ich es tun werde – für meine Gesundheit. Joseph Hammer hat angerufen. Er will mich Samstag und Sonntag sehen, aber das geht nicht, weil mich ein Bekannter von Goldberg angeheuert hat, der

---

19 Der Zeichner Alfredo Francesco Cammarata, »Al Camy'« (1905–1993), arbeitete an Comics wie *Spectro*, *Crime Crushers* und *Phantom Detective* und war der erste Zeichner von *Airboy*, einem Fliegerhelden, der 1942 seinen ersten Auftritt hatte.

eine Dissertation schreibt. 200 Seiten. Damit sollte ich genug für einen Gabardineanzug verdienen.^FF

15. APRIL 1943 ^F Sehr glücklich, mein Roman entwickelt sich gut. Ich werde erst viele Figuren einführen und dann das Tempo drosseln. Ich muss die Vielfalt zum Ausdruck bringen, die ein einziger Tag haben kann. Habe einen *Ghost*[20] geschrieben. Ich rauche jetzt viel zu viel. Mittags gelangweilt. Über Texas nachgedacht, ich glaube, da wird etwas draus. Habe sie um 5:00 angerufen und mich um 5:30 mit ihr getroffen. Ich brauche jetzt fremde Lippen, solche, die mir nichts bedeuten. Jetzt bin ich merkwürdig aufgeregt.^FF

17. APRIL 1943 ^F So müde, dass es eine Sünde ist! Ich bin wirklich genau wie Gregory[21] – voller Potential, aber ich habe keine Ahnung, wie ich es am besten einsetzen kann. Um 1:30 bei Rolf. Er war fast unhöflich, sagte kaum mehr als ein Dutzend Worte usw.

Haben uns *Wir sind noch einmal davongekommen* von Thornton Wilder angeschaut. Bernhard war wundervoll, das Stück auch. Das ist richtiges Theater.

Joseph H. kam um 7:00, beladen mit Geschenken – Schallplatten, Büchern, Bonbons. Stainers *Crucifixion,* [Franz Schuberts] *Der Tod und das Mädchen,* [Bachs] »Kleine Fuge in g-Moll«. *Omnibooks of Humor* und die Erzählungen vom *New Yorker.* Solche Bücher brauche ich. Es ist komisch, wie man für seine Freunde immer seine Lieblingsplatten auflegen will und sie dann nie richtig hinhören, sie nie verstehen. Sogar Hammer. Er wurde zwischen Kuba und Puerto Rico mit Torpedos beschossen, saß zwei Tage lang auf einem Floß und bekam 500,00 $ im Monat für seine Mühen. Er will mich nicht wiedersehen, weil ich in »Richard« verliebt bin – mein Pseudonym für Rosalind. Es ist komisch, und traurig. Weil er mich wahrscheinlich liebt – so gut er kann.^FF

---

20 Wahrscheinlich der Comic-Superheld *The Ghost,* der erstmals 1940 auftrat.
21 Einer der Protagonisten ihres in Arbeit befindlichen Romans.

17.4.1942 Da sagte der Schriftsteller im Vertrauen zu sich: »Ich werde vielleicht verhungern, aber ich werde nicht für einen anderen Mann arbeiten und dabei all meine Energie verheizen. Wie soll man sich am Tage prostituieren und des Nachts noch ein guter Liebhaber sein können?«

18. APRIL 1943 ᶠVon solchen Tagen habe ich mit fünfzehn geträumt! Bis 11 geschlafen. Entwürfe an Fawcett geschickt. Und um 5:30 fanden wir mein neues Zuhause – 353 East 56th St., direkt neben Piet Mondrian[22], der die gleiche Eingangstür benutzt. Lampen, Bilder und 40 $ im Monat. Ein Zimmer, Küche, Bad. Klein, aber bis Oktober wird es reichen, und weiß Gott, was dann passiert! Ich habe einen Fünfmonatsvertrag unterschrieben. Texas rief um 6:30 an. Ich war so guter Laune, dass ich auf der Straße sang. Auf einen Drink ins Nick's[23]. Rief Rosalind an, die mich vor Texas warnte. Sie ist mein Schutzengel, das sagte ich ihr auch. Bei El Charro gegessen, wo wir die meiste Zeit damit verbrachten, Zärtlichkeiten auszutauschen – hervorragendes Essen, aber unsere Hände berührten sich die ganze Zeit, die Lippen auch fast, aber nicht ganz. Ich machte mir überhaupt keine Sorgen darüber, was wohl der Oberkellner oder Juanita denken würde. Wir ließen die Jukebox laufen. Oh, wie schön Texas von nahem ist! Wie gut es mir tut, wenn sie lächelt, wenn sie von nichts Bestimmtem redet. Ich kann mir leicht vorstellen, in eine solche Frau verliebt zu sein. Wie gern ich sie, das sagte ich ihr auch, in einem großen Bett mit weißen Laken sehen würde, wir beide ganz allein. Es ist so schön und einfach, weil sie nur das will und ich auch – nichts mehr als das, und das wissen wir beide. Bei sich im Flur machte sie das Licht aus und küsste mich, ein langer, schrecklich süßer Kuss, der ihr genauso gut gefiel wie

---

22 Piet Mondrian (1872–1944), niederländischer Künstler und Mitbegründer der Abstrakten Malerei, floh vor dem Zweiten Weltkrieg 1940 nach New York, wo er bis zu seinem Tod vier Jahre später lebte.
23 Jazzclub in Greenwich Village, dessen goldene Zeiten die 1940er und 1950er Jahre waren, als Musiker wie Bill Saxton, Pee Wee Russell und Muggsy Spanier dort auftraten.

mir. Als wir uns verabschiedeten, wollten wir beide mehr. Um 5 im Bett.^FF

20. APRIL 1943 ^FAls ich heute Abend allein zu Hause arbeitete, rief Texas an. Sie sagte zweimal, sie liebe mich, in diesem sorglosen Ton der Leute aus dem Süden, so ein sanftes Gewisper. Es ist bezaubernd, und ich fühle mich leicht wie eine Feder, wenn ich ihre Stimme höre. Ein bemerkenswerter Tag. Ich habe zum ersten Mal seit anderthalb Jahren meine Periode bekommen – wenn das bisschen im Dezember 1941 zählt.

Habe 5 Seiten geschrieben, aber ich würde gern zuerst die Laval-Geschichte schreiben. Bin sehr glücklich.^FF

21. APRIL 1943 ^FGuter Tag. Die Arbeit fiel mir leicht. Joseph H. kam vorbei, er war unterwegs zu Ralph Kirkpatrick[24] und wollte mich mitnehmen. Er war gestern Nachmittag mit Rosalind etwas trinken, und dabei sprachen sie auch über mich. Joseph sagte: »Sie hält große Stücke auf dich! Sie hält dich für ein Genie.« Ralph Kirkpatrick sehr höflich, jung (36), wohnt auf der 62nd, Ecke Lex. Zwei große Zimmer, viele Bücher und ein Cembalo. Er machte uns Drinks. Die beiden wollen um 9:30 zu mir kommen, und wie könnte man Ralph Kirkpatrick einen Wunsch abschlagen?^FF

22. APRIL 1943 ^FMittagessen mit Rosalind bei Del Pezzo. Sie interessiert sich wirklich sehr für Joseph Hammer. Wenn er auch nur einen Annäherungsversuch unternimmt, breche ich ihm das Genick! Sie wusste nicht, dass er Jude ist. Er hat ihr erzählt, dass ich ein Musikgenie sei. (Ich will morgen Allela anrufen und am Abend zu ihr.) Mein Kopf ist immer voller Musik, und ich höre jede Note ^Drein und hell.^DD

---

24 Der amerikanische Cembalist Ralph Leonard Kirkpatrick (1911–1984) unterrichtete am Mozarteum in Salzburg und an der Yale University und wurde vor allem durch seine Bach-Aufnahmen bekannt. Er schrieb außerdem eine Biografie über Domenico Scarlatti, einen von Highsmiths Lieblingskomponisten, den auch Amateur-Cembalospieler Tom Ripley verehrt.

1943

Mein Roman ist jetzt schon ein schweres, gewichtiges Werk, und es wird besser sein, ihn ein paar Tage liegenzulassen, um mich wieder auf die starken Gefühle zu besinnen, die mich dazu veranlasst haben, ihn zu schreiben. Ich bin voller Energie, daher denkt man (denken alle), ich wäre ein Genie. Ich höre es von allen Seiten.^{FF}

24. APRIL 1943 ^FGuter Tag, aber ich habe wieder nichts geschafft und werde immer unorganisierter. Habe um 2 Uhr nachmittags zu trinken angefangen – und mir in der Wakefield Gallery Steinberg[25] angesehen, sehr gut und lustiger als Bemelmans. Betty Parsons sehr liebenswert. Dann Bilder von Dalí (^Dach, du Schreck!^{DD}) und Mondrian – der mir nicht gefällt. Hinterher mit Tex durch die Straßen gelaufen, bis wir am Stonewall[26] ankamen, wo ich zwei Bier getrunken habe. Ich habe ihr ganz offen gesagt, dass ich mit ihr schlafen will und sonst nichts. Sie schwört, dass ich ihr erstes Mädchen bin, seit sie mit Cornell zusammen ist. Ob ich ihr das glauben kann? Habe mit Rosalind telefoniert – und mit Cornell, der ich gesagt habe, dass ich Texas einfach mag, weil sie mich mag, und dass ich mich wahrscheinlich nicht mehr mit ihr treffen werde. Cornell wirkt immer ganz ruhig mir gegenüber, ganz ausgeglichen. Vielleicht stimmt es nicht, was Texas mir so alles erzählt. Sie hat auch gesagt, Cornell und sie würden oft streiten meinetwegen.

Um 7:10 habe ich zu Rosalind gesagt, dass ich sie sehr gern habe. »Ich liebe dich auch«, sagte sie – das erste Mal, dass sie je diese Worte zu mir gesagt hat. Sie machen mich schrecklich nervös. »Ich bin dein Schutzengel«, hat sie gesagt. Aber heute Abend habe ich drei Mädchen geküsst. Ich war auf einen Drink bei Cornell. Texas legte sich ins Bett, und ich sprang auf sie, rangelte mit ihr usw. War ganz lustig. Aber sie ist dämlich, auch im Bett. Um 10:00 bin ich los

---

25 Saul Steinberg (1914–1999), aus Rumänien stammender US-amerikanischer Zeichner und Karikaturist, der als freischaffender Künstler vor allem für den *New Yorker* tätig war.
26 Die Schwulenbar Stonewall Inn in der Christopher Street 57 in Greenwich Village wurde im Juni 1969 Schauplatz des Stonewall-Aufstands, der als Wendepunkt im Kampf für die Rechte Homosexueller gilt.

zu Mickeys Party bei Judy. Ich war die einzige Christin dort. Auf dem Balkon habe ich Cecilia geküsst, die mich wirklich mag und es kaum erwarten kann, dass ich meine eigene Wohnung habe, wo sie mich allein besuchen kommen kann. Viel getanzt mit Judy Tuvim, die sehr hübsch war in Schwarz. Um 5 zu Hause.[FF]

26. APRIL 1943 [F]War bei Dr. Borak, der mich zwei Behandlungen unterziehen wird, damit im Mai meine nächste Periode kommt. Dann bin ich vor Rosalinds Geburtstag fertig. Ich hätte gern einen neuen Anzug, aber ich würde ihr auch gern etwas Großes zum Geburtstag kaufen. Ich muss meine Miete erst im Juni bezahlen. Die Monate vergehen, und ich arbeite nicht an meinem Roman, aber ich denke über ihn nach, und wenn ich erst allein bin, wird es sein wie ein tropischer Ozean. Ich werde schneller, besser und mehr schreiben.

Joseph hat um 4:00 angerufen, um mir zu sagen, dass Ralph Kirkpatrick in mich verliebt sei. Das glaube ich nicht. Er hat mich noch nicht einmal angerufen. Ich nehme Cornell mit zu Bachs *Johannes-Passion* am 4. Mai, wo Kirkpatrick Cembalo spielen wird. Heute Abend an *Lance O'Casey* gearbeitet. Ich brauche das Geld.[FF]

27. APRIL 1943 [F]Ich habe Herbert L. getroffen, der jetzt Leutnant bei den Marines ist und den Winter in Russland verbracht hat! Er sieht gut aus, richtig gut, und raucht Pfeife. Er schien sich zu freuen, mich zu sehen, war aber sehr schüchtern, sicher wegen unserer letzten Begegnung, als wir miteinander im Bett waren.

Habe Allela angerufen, lange Unterhaltung, bei der sie sehr lustig war, sie hat einen tollen Sinn für Humor und ist intelligent genug, ihn zu zeigen, selbst wenn ihr gar nicht danach ist.[FF]

28. APRIL 1943 [F]Habe um 5:30 (endlich) Ralph Kirkpatrick angerufen. Er war etwas schüchtern, aber: »Treffen wir uns doch mal abends & unternehmen etwas zusammen.« Und »Prima«, dass ich

zur *Johannes-Passion* am Dienstag komme. War um 6:30 mit Peter und Helen im Jumble Shop verabredet. Sie waren eine Stunde zu spät und schon betrunken. Eine Frau im Restaurant las uns die Hand, und bei mir kam das Beste raus: dass ich nicht heiraten werde, sehr viel Phantasie habe usw. Helen und Peter waren ganz neidisch. Es gibt so vieles an mir, das ich noch entwickeln möchte. Ich habe den Abend gestern mit Mädchen verbracht, die ich schon weit hinter mir gelassen habe.^{FF}

29. APRIL 1943 ^FDenke mit Widerwillen an den Abend gestern mit Helen zurück, die mir immer weniger bedeutet – und Peter genauso. Habe meiner Mutter erstaunlich viel davon erzählt. Möchte mir sofort einen Anzug kaufen und meine Haare hochgesteckt tragen.

Habe Rosalind heute Abend angerufen, um ihr zu sagen, dass ich Samstagnachmittag umziehe. Sie will mich dann später am Nachmittag noch sehen, und auch meine Wohnung. Ich hoffe, sie findet sie nicht zu klein. Mir genügt sie wirklich.

Kingsley und Jo kamen vorbei. Kingsley kam für ihren Geschmack nicht genug zu Wort und war deshalb, wenn sie etwas gesagt hat, langweilig und unausstehlich! Jo hat getan, als müsse sie mit ihrem Auto früh weg, und K. ist dann auch los. 11:00. Um 11:20 kam Jo zurück. »Hattest du was von Kaffee gesagt?« Ich habe sie sofort geküsst. Wir waren im Himmel, im Paradies. Wir machten auf dem Sofa fast alles – es war das erste Mal, und es hätte nicht besser sein können. Ich mag sie sehr. Sie scheint das alles schon einmal gemacht zu haben. Am Ende blieb sie über Nacht – im Wohnzimmer. Sie ist lieb und hat für alles Verständnis, ihr gehört mein ganzes Herz – das, was davon nach Rosalind noch übrig ist.^{FF}

30. APRIL 1943 ^FGuter Tag, denke voll Zärtlichkeit an Jo. Sie kam um 8 in mein Zimmer, fertig angezogen. Unterhielt sich beim Frühstück mit Mutter. Sie wirkte glücklich, obwohl wir natürlich kein Wort über gestern Abend verloren. Es war gut. Aber sie muss das

schon einmal gemacht haben! Sie hat es nicht so richtig bemerkt, als ich gekommen bin. Und sie – ich glaube nicht, dass es bei ihr passiert ist. Texas besuchte mich um 5:30 – lächelnd, hübsch, herzlich, und wollte lesen, was ich geschrieben hatte. Oje! O Texas! Wie schön es ist, mit ihr durch die Straßen zu schlendern! Wir tranken Bier im Boar's Head und hielten Händchen, und sie sagte laut, sie wolle mich küssen! O Paradies! Sie wird mit mir schlafen! An *Lance O'Casey* gearbeitet. Fast fertig.[FF]

1. MAI 1943 [F]Kein Wort von Jo P. Was sie wohl macht? Vielleicht fährt sie in ihrem Auto herum, denkt über das nach, was passiert ist, und fragt sich, ob es wohl wirklich geschehen ist. Ich mich auch. Den Nachmittag damit verbracht, mich hier einzurichten. Jetzt sind die Bilder (Gemälde) an den Wänden, und ich warte auf die Möbel, die kommen werden, sobald das Geld da ist.[FF]

4. MAI 1943 Dieser Tag vielleicht schrecklich wichtig. [F]Es ist jetzt 5:20 morgens. Ich war sehr nervös im Büro. Traf Texas E. und Cornell um 6:45 auf der 55th Street. Dann machten Cornell und ich uns mit ein wenig Verspätung auf den Weg zur Carnegie Hall, wo wir die *Johannes-Passion* hörten. Hinterher Drinks im Faisan d'Or. Dann zu ihr, und sie lud mich ein, noch mit hochzukommen. Dann ein Glas Milch, dann eine Unterhaltung usw., bei der ich sie für mich gewonnen habe, hoffe ich zumindest – ich hoffe es, weil ich sie anbete! Und das habe ich ihr auch schon gesagt. Sie hat gesagt: »Ich könnte dich sehr lieben.« Sie ist noch auf der Hut, aber ich kann sie gewinnen, wenn ich will, und ich glaube, ich will. Wie? Wie sie gewinnen? Durch Bescheidenheit, Geduld und natürliche Überlegenheit gegenüber all ihren anderen Freundinnen. Schließlich habe ich sie geküsst, und obwohl der erste Kuss nicht so gut war, die anderen – die werde ich nie vergessen! Ich liebe sie, ich liebe sie, und ich bin so glücklich, dass mir völlig egal ist, wie spät es ist. Ich will, dass es Morgen wird, damit ich mit ihr sprechen kann![FF]

5. MAI 1943 ᴰGestern Abend hat Cornell immer den ersten Schritt gemacht, das macht mich heute glücklich. Ich weiß, dass sie mich liebt, zumindest ein bisschen. Heute konnte ich nicht arbeiten, bis ich sie angerufen hatte (um 10:30). Den ganzen Tag fühlte ich ihre Lippen auf meinen, kurz gesagt: Ich bin ganz und gar verliebt! Nichts Vergleichbares seit Rosalind. Habe heute schon gedacht, dass wir uns aber zu ähnlich sind und einander deshalb nicht lange lieben werden. Ich werde keiner anderen Schönen nachschauen, solange ich sie habe.ᴰᴰ ᶠZum Abendessen bei den Eltern. Das wird nicht mehr lange so gehen. Und eine *Golden Arrow*[27]-Kurzfassung für Fawcett geschrieben, obwohl ich gestern nicht mehr als drei Stunden Schlaf hatte. Oh, was für ein Tag! Heute Abend lese ich deutsche Gedichte.ᶠᶠ

5.5.1943 Verglichen mit Künstlern führt der Rest von uns ein sehr hässliches Leben. Da ist es nur gnädig, dass die überwältigende Mehrheit sich dieser entsetzlichen, deprimierenden Diskrepanz zwischen dem Ideal und dem gerade so Ausreichenden nie bewusst wird. Bleibt die winzige Gruppe derer, die sich dessen sehr wohl bewusst ist und entweder melancholisch bis zum Tod oder aber zufrieden mit ihrer Rolle als passive Beobachter und Wertschätzer, genusssüchtig, hedonistisch und unfruchtbar bis auf den sprudelnden Quell ihres eigenen gespiegelten, abgeleiteten Enthusiasmus. Enthusiasmus. Das ist der Götterfunke, der den Künstler zum Gott macht. Der Künstler sagt: »*Fiat lux!*«, und es wird Licht.

6. MAI 1943 ᶠCornell kam um 5:30. Sie hat diesen Sommer viele Arbeitsprojekte außerhalb der Stadt, vielleicht sogar durchgehend. Das wäre schrecklich! Aber sie hat nur vier Dollar auf der Bank und lebt von 15,00 im Monat. Texas E. schöpft momentan noch keinen Verdacht, und so soll es auch bleiben. Ich stelle mir lange, ruhige

---

27 Comic-Reihe über einen Westernhelden bei Fawcett Comics.

Abende vor, an denen wir gemeinsam arbeiten, lesen, im Bett liegen und Musik hören. Das ist mehr wert als alles andere auf der Welt! Ich bete sie an. Ich liebe sie – ihre Seele – was noch? Heute Abend bin ich mir sicher, dass ich meinen Roman zu Ende schreiben kann. Zum ersten Mal in meiner neuen Wohnung, und ich bin so glücklich darüber!^FF

7. MAI 1943 ^F Habe Stan[28] kennengelernt, der mir gesagt hat, dass man bei Fawcett Großes von mir erwartet. »Wir haben auch noch größere Sachen als *Lance* und *Golden Arrow*.« Vielleicht bieten sie mir eine Stelle an, wenn ich gute Skripte schreibe. Ich würde gern mehr verdienen. Für meine Freundinnen. Nicht für mich selbst.^FF

Ich stelle mir vor, jeder Art von Mensch auf der Welt zu begegnen, und ich kann mir – was Verstand, Erscheinung und den Grad menschlicher Wärme angeht – niemand Besseres als Cornell vorstellen. Sie ist Güte, Göttlichkeit, und ich bin im Vergleich zu ihr ein Hafenarbeiter, der die Attraktionen von Singapur und Hongkong, Nagasaki und Kalkutta gesehen hat. Ich habe das Gefühl, wir könnten zusammen gesund und glücklich und kreativ sein, endlich Frieden finden, etwas, das ich noch nie erlebt habe. Die Tage meines Lebens sind abgezählt, und doch lasse ich sie vorüberziehen, obwohl ich unvollkommen bin, niemand mich vervollkommnet. Ich bin einsam, was ich nie für möglich gehalten hätte – einsam wegen Cornell –, wegen Rosalind war ich nie einsam, weil ich mir nicht vorstellen konnte, was für ein Leben wir gemeinsam führen würden. Es war ein schöner Traum ohne Substanz. Cornell und ich sind perfekt zusammen! Und Dienstagabend hat sie mich geküsst, als meinte sie es auch so.

»Warst du betrunken?«, fragte ich.

»Ja.«

---

28 Stanley Martin Lieber, bekannt als Stan Lee (1922–2018), US-amerikanischer Comic-Autor und -Redakteur, Schauspieler und Filmproduzent. Timely Comics, das später Marvel Comics werden sollte, stellte ihn schon im Teenageralter als Assistenten ein. Er war Miterfinder von *Spider-Man*.

»Glaubst du, ich war betrunken?«
»Ja. Glaubst du, ich war betrunken?«
»Nein. War ich nicht.«
»Dann war ich es auch nicht.«
»Soll ich Dienstagabend lieber vergessen?«
»Nein.«

9. MAI 1943 ᶠCornell und Texas kamen um 6:45 in meine blitzsaubere Wohnung. Wir tranken einen halben Liter Gin. Cornell hat mir erzählt, dass Texas ein wenig traurig wäre, weil sie gedacht hatte, ich wäre in sie verliebt. Ich werde lieb und gut sein müssen. Um 9:30 sind wir mit dem Bus zu ihnen nach Hause gefahren. Haben Texas ins Bett gebracht und einen Spaziergang gemacht, um Milch zu holen. Und dann ließ ich, als wir wieder zurück waren, die Flasche Milch unten an der Treppe fallen! Ich musste furchtbar weinen, konnte gar nicht mehr damit aufhören. Sie hat mich ganz oft geküsst, und ich wollte so schrecklich gern die Nacht dort verbringen – mit ihr – auf dem Fußboden. Es war mir fast unmöglich zu gehen! Texas E. und Cornell sind zwei gute Menschen. Sie sind ehrlich und lieb.ᶠᶠ

10. MAI 1943 ᶠHeute schwer verkatert, bis ich um 6:30 ein Bier trinken ging mit Sy Krim und Knight – einem Jungen, der beim Film arbeiten will. Cornell hat mich um 10:40 angerufen, als ich gerade ein Gedicht schrieb und Kafka gelesen hatte, *Das Schloss*. Ich fühlte mich wie weißer Pulverschnee – leicht und sauber und fein. Sie war ganz zärtlich am Telefon, aber sie wusste, dass ich im Büro bin. Ich liebe sie, und sie liebt mich, da bin ich mir sicher. Aber heute Abend habe ich über die Probleme nachgedacht, die wir mit Texas haben werden. Texas ist wie ein kleines Mädchen. Ich könnte ganz liebevoll zu ihr sein, und es wäre kein Problem, weil sie nie etwas tun würde, das Cornell verletzen könnte. Ich habe nie zwei bessere Frauen gekannt.

Habe ein wenig in meinem Roman gelesen, und ich finde ihn gut. Ich will hart arbeiten, und ich habe vor nichts Angst.[FF]

11. MAI 1943 [F]Mein Liebling – Texas – hat um 8:40 angerufen, ich schlief noch! Sehr süß. Ich frage mich, ob sie mich wirklich liebt, ob sie mich genug liebt, um es mir zu sagen – ich bin immer noch eitel. Um 5:30 mit Cornell ins Metropolitan Museum. 3 Martinis (zusammen) bei Anthony's. Ich war schüchtern – sie erzählte von ihren Freunden, die weit weg wohnen, und ich war eifersüchtig, sehr eifersüchtig auf all diese so genialen Männer und diese Frauen, die sie schon so lange kennt. Ich war heute Abend fast ein Angsthase, ein Feigling – weil ich sie fragen wollte, ob sie mich je lieben wird. Weil ich das Gefühl hatte, dass ich nicht noch so eine hoffnungslose Liebe wie die zu Rosalind aushalten würde. Aber die Frage wäre Cornell gegenüber nicht fair.

Am Abend an meinem Roman gearbeitet – eine Herkulesaufgabe. Manchmal wäre ich lieber Malerin. Aber wie Rosalind sagt: »Man tut, was man kann.«[FF]

11. 5. 1943 Ich leide an emotionaler Verstopfung – sogar emotionaler Verdammnis. Wenn ich verliebt bin, ist es ein Wunder, wenn die andere Person davon erfährt, es sei denn, sie kann es von meinem gequälten Gesicht ablesen. Ich denke eloquente Gedanken und betrachte sie über den Tisch hinweg und bekomme kein Wort heraus. Ich träume wunderschön. Ich will lieben und geliebt werden, ohne den Anflug eines Zweifels, ich will, dass mir die Brise auf dem Berggipfel von beiden Seiten ins Gesicht weht und mir die Haare auf dem Scheitel durcheinanderbringt. Ich will den Fluss, das Einströmen und Ausströmen, frei und leicht, und ich will nicht darüber nachdenken müssen. Ich will aus meinem Unterbewusstsein leben. Ich will nur die Inspiration, die Gedanken und Begierden, die ich weiß nicht woher kommen. Ich will das ungetrübte Gesicht, die glatte Stirn und den gelassenen Mund des Buddha, des großen Lichts.

12. MAI 1943 ᶠEin wundervoller Tag! Tina und Marg. waren da. Texas hat für uns alle Abendessen gemacht. Und dann nahmen mich erst Cornell und dann Texas mit ins Badezimmer, um mich zu umarmen und zu küssen. Es war beides phantastisch. Aber Cornell habe ich besser geküsst und es mehr genossen. Habe dann auch dort geschlafen, in Cornells Zimmer, in der Ecke.ᶠᶠ

13. MAI 1943 ᶠSehr wichtig, denn ich habe beschlossen, KÜNSTLERIN zu sein statt Schriftstellerin! Vielleicht 4–5 Stunden geschlafen und dann die Sonne gesehen, wie sie ins weiße Zimmer schien und auf das Bild eines vergeistigten Mannes fiel. Es war eine neue Welt – eine Welt, die ich verstand, schon immer verstanden habe, aber!ᴰ – bisher immer von mir gewiesen hatte, weil ich nur schreiben wollte. Es ist die Welt des Unterbewussten, die beste aller Welten!ᴰᴰ Ich sah Vaslav Nijinsky[29] und Ellis[30] und Goethe, und dann wachte Texas auf, ganz fröhlich. Dann Cornell, die mich küsste. Wie lieb sie zu mir ist! Sie liebt mich fast, aber ihr Leben ist so ein Durcheinander! Sie wird wohl allein leben müssen, fürchte ich. Kaffee und Rhabarber, zu dritt auf meinem Bett. Als Texas ging, kam Cornell zu mir unter die Decke, und wir unterhielten uns fast eine Stunde lang. Meistens redete ich. Jedenfalls mochten mich ihre Freunde gestern Abend viel mehr als Texas, sie mochten mein Gesicht und meine Hände. Wir lagen zusammen und hörten Bachs »Toccata & Adagio in C-Dur«, ein Cellokonzert von Boccherini und Mozarts »Pariser Ouvertüre«. Es war unvergesslich! Dann bekam ich meine Periode, was mich wahnsinnig ärgerte. Sie las mir einen Brief von einem ihrer Freunde vor, und dann ging ich. Sie schaute aus dem Fenster zu, wie der Bus abfuhr. Texas hat mir am Morgen gesagt, dass *Vogue* meinen ᴰ»Brief an seinen Schatz«ᴰᴰ sehr mag und ihn vielleicht abdrucken will! Phantastisch!ᶠᶠ

29 Vaslav Nijinsky (1889/1890–1950), polnischstämmiger russischer Balletttänzer und Choreograph.
30 Vermutlich Henry Havelock Ellis (1859–1939), englischer Sexualforscher, Sozialreformer und fortschrittlicher Denker. Er war 1879 Co-Autor des ersten englischsprachigen Medizinlehrbuchs über Homosexualität und schrieb später auch über Transgenderpsychologie.

14. MAI 1943 ᶠEin wundervoller Tag. Habe zwei Stunden lang Mittagspause gemacht! Jack Schiff von Detective Comics[31] auf der Lexington Ave getroffen. Er will, dass ich ihm meine Ideen schicke, egal, zu welcher Figur, keine Synopsen. Mit Tex und Cornell zu Drinks verabredet. Haben einige Freunde von ihnen getroffen. Tamiris[32] usw. Waren im Eddie's Aurora[33] zu Abend essen. Sehr schön. Ich wollte Cornell den ganzen Abend lang küssen, und wir haben uns so viel wie möglich an den Händen gehalten. Obwohl Texas sich große Mühe gab, wach zu bleiben, schlief sie um 11:00 ein. Und Cornell war ganz besorgt. Es war traurig. Die Welt ist schön!ᶠᶠ

15. MAI 1943 ᶠIch war noch nie so glücklich wie heute! Ein kurzer Morgen, dann – mit 21,00 $ in der Tasche (jetzt noch 4,00 $) – erst auf ein Bier mit Camy (er hält jede Woche Geld zurück, von dem seine Frau nichts weiß, das widert mich an!) und eine Pizza für Rosalind kaufen, die um 2:20 kam, als ich gerade Cornell anrief. Wir sind zusammen nach Chinatown, wo ich mich habe tätowieren lassen. Ich fühlte mich kurz ein wenig beklommen, aber nach zwei Bourbons ging es. Sie ist grün, die Tätowierung[34], und fast so klein, wie ich sie wollte. Ich bin glücklich damit – nicht stolz, aber glücklich. Rosalind hat den Nachmittag genossen und sich mit einigen Soldaten und Seeleuten unterhalten. Auch in solchen Kneipen, in die sonst nie eine Frau geht!ᶠᶠ

16. MAI 1943 ᶠCornell hat um 11:30 angerufen, sie ist auch immer noch sehr glücklich. »Gott, ich liebe dich«, sagte ich. Und

31 Jack Schiff (1909–1999), US-amerikanischer Comic-Autor und -Redakteur, schrieb mehrere Comics über *Batman*, den bekanntesten Superhelden bei Detective Comics (später abgekürzt zu DC).
32 Helen Tamiris (1905–1966), US-amerikanische Pionierin des Modern Dance, Choreographin und Tanzausbilderin, die in ihren sozialkritischen Arbeiten Themen wie Rassismus und Krieg aufgriff. Ihre bekanntesten Choreographien sind die *Negro Spirituals*.
33 Kleines italienisches Restaurant in Greenwich Village, das ein alternatives Künstlerpublikum anzog.
34 Es findet sich keine Beschreibung ihres Tattoos in Highsmiths Tagebuch, nur dass sie sich überlegt, es am Handgelenk stechen zu lassen. 1946 erwähnt Highsmith einen weiteren Ausflug zum Tätowierer in Chinatown, wieder ohne Angabe des Motivs. Einer Beobachtung von Kingsley zufolge trug sie ihre Initialen in griechischen Buchstaben am Handgelenk.

dann, einen Augenblick später, rief Texas an. »Mit wem hast du telefoniert?« Ich sagte, Rosalind. »Da bist du bestimmt sehr glücklich.« Habe Rosalind angerufen. Sie wollte mich zeitig sehen, also ging ich sehr gut gelaunt um 1:30 zu ihr. Verkatert. Rosalind. So eine Überraschung! Texas hat mich um 5:30 noch einmal angerufen und ich Cornell um 4:30. Es war ein Desaster, weil Cornell ernst war, sogar traurig.[FF] »Kurier deinen Husten aus«, sagte ich, »ich will nicht, dass du stirbst.« Sie lachte. »Ich wünschte, ich könnte dasselbe sagen.« O Gott, behüte sie. Sie birgt so viel, dass ich es nicht glauben kann. Wenn ich sterbe, soll auf meinem Grabstein stehen: 1943 geboren – an Neujahr – und am 4. Mai 1943.

17. MAI 1943 [F]Ein guter Tag. Hart gearbeitet, aber Camy gab mir um 11:00 eine Tasse Kaffee aus. Habe ihm mein Tattoo gezeigt, und Jeannette auch. Texas hat um 5:20 angerufen, aber ich wollte nicht hingehen und dann nach dem Abendessen gleich wieder los zu Freunden von ihr, während Cornell noch Malstunden geben muss. Als Tex unterwegs war, bei Cornell angerufen. Sie wollte, dass ich komme und mitmale. Ich habe erst nein gesagt – aber dann auf dem Heimweg konnte ich nicht anders, ich musste einfach hin! Es war mir so peinlich, als ich ins Zimmer kam! Aber ich war lange nicht so verlegen wie das Modell, eine Schwarze, die sehr gut posierte – und es machte so viel Spaß, dass ich komplett die Zeit vergaß. Ich blieb da, als die anderen gingen. Wir hatten uns vielleicht zweimal geküsst, als wir Texas die Treppe heraufkommen hörten! Sie kam früh zurück, und ich wollte doch eigentlich, dass sie gar nicht mitbekommt, dass ich da war! Aber trotzdem haben wir uns stürmisch geküsst in Cornells Bett – es war wie im Traum! Sie hat gesagt, sie liebt Tex. Und ich habe gesagt: Ja, ich auch. »Aber dich liebe ich auch und auf eine andere Art.« Ich hoffe, auf eine sexuelle![FF]

18. MAI 1943 [F]Guter Tag, weil ich fast den ganzen Tag von Cornell träumte. Traf Rolf zum Mittagessen bei ihm zu Hause. Es gibt eine

Zeitschrift, *Home & Food*[35], deren Redakteurin meine Geschichten gefallen könnten. Das wäre ein Wunder.

Ich denke an Cornell, an ihre Zunge in meinem Mund, an unsere feuchten Lippen aufeinander, an ihre Hände auf meinem Körper! Es gibt so viel zu entdecken und erforschen, dass ich vor Erregung sterben werde, wenn wir das nächste Mal allein sind.

Sehr schön war es mit Rolf. Er nimmt neun meiner Geschichten mit, um sie dieser Frau zu zeigen. Vielleicht verkaufe ich ja eine. Ich fühle mich, als könnte ich alles schaffen. Ich glaube, ich schreibe nie wieder auch nur ein einziges Wort, das nicht gut ist. Ich werde so viel verdienen, wie ich will, in Frieden arbeiten und sehr glücklich mit Cornell sein, die das Gleiche fühlen wird wie ich. Ich bin voller Zuversicht![FF]

18.5.1943 Die Anfangstage der Liebe sind süß, wenn man nicht anders kann, als minutenlang zu träumen, sich der Blick wie blind verschleiert. (Wie kommt es, dass die Empfindungen des Körpers in diesen Liebesträumen lustvoll und intensiv sind, wenn man sich nur nicht allzu sehr darauf konzentriert? Die Natur schenkt vielleicht die höchsten Genüsse den animalischeren einfachen Leuten, die ihr Liebesspiel nicht mit intellektuellen Vorgängen verwirren, was den Genuss vielleicht erhöhen kann, aber in der Regel doch im Fiasko endet.) Ich gehe durch die Welt wie ein Glasfläschchen, das randvoll ist mit Ekstase. Ich bin durchdrungen von Liebe und spüre meinen Puls am ganzen Körper pochen, wenn ich von diesen Dingen träume. Wir sind Zärtlichkeit und Ehrlichkeit.

19. MAI 1943 [F]Den ganzen Tag an *Black Terror*[36] gesessen und Hughes ungefähr 12,00 $ gespart. Er hätte für die Arbeit 37,00 bezahlt, Akkordlohn. Rolf rief an, um mir zu sagen, dass die Redakteu-

---

35 Rolf Tietgens ist künstlerischer Leiter der Zeitschrift, die neben zwei ihrer Geschichten auch ein paar Zeichnungen von Highsmith kaufen wird.
36 Von Richard E. Hughes erschaffener Superheld, der erstmals im Januar 1941 in Erscheinung trat.

rin meine Geschichten mag und dass man »Friends« kaufen wird! Über die zwei Menschen, die durch die Subway-Türen kommunizieren. Ich bekomme 50,00 $. Vielleicht werden sie mir jetzt jeden Monat eine Geschichte abnehmen. Das ist der Tag, auf den ich seit sechs Jahren warte, aber ich bin gerade so müde, dass es mir fast egal ist. Ich bin glücklich und stolz – warum? – für mich selbst? Nein! Weil Cornell stolz auf mich sein wird. Sie wird es lesen, und vielleicht liebt sie mich dann ein wenig mehr.

Ich frage mich, was sie gerade macht. Schlafen, hoffe ich. Texas liegt offen gestanden gerade in meinem Bett. Sie hat ihren Schlüssel zu Hause vergessen – sagt sie. Sie schläft schon, es ist 1:10 in der Nacht. »Ich will nicht, dass Cornell davon erfährt«, sagte ich zu ihr. »Aber das wird sie«, sagte Tex. Es wird jedenfalls nicht mehr als das zu erzählen geben, dass sie die Nacht in meiner Wohnung verbracht hat. Bei den Eltern zum Abendessen. Ich habe ihnen die Geschichte von dem Abend mit Rolf bei Hoyningen-Huene und Horst B.[37] erzählt. Es ist schon erstaunlich, wie offen ich zu ihnen sein kann! Ich nehme an, der nächste Schritt ist, ihnen zu sagen, dass Rolf homosexuell ist und dass ich schätze, ich bin es auch.

Ich bin glücklich.

Lese *Les pensées* von [Charles] Péguy. Sehr gut.[FF]

19.5.1943 Zwei Stunden vor Sonnenaufgang, und der Regen spricht in einem langsamen Stakkato von den schlafenden Dachgesimsen herab, ein schläfriges Tropf-tropf-tropf auf die nassen Blätter der Hecken, den kohlschwarzen Asphalt. Die Luft ist nicht Luft, sondern ein Destillat der Nacht und dessen, was geschehen ist, was hätte geschehen können, was noch geschehen und gesagt werden wird – von wem?

Vom Dichter, der seine Geliebte im Herzen trägt, eine bedeutungsschwere Gestalt so weich und körperlos wie die zartgrauen

---

37 George Hoyningen-Huene (1900–1968) und sein Liebhaber Horst Bohrmann waren zwei der bekanntesten Modefotografen ihrer Zeit.

Schatten. Mann – dies ist die Stunde! Suche jetzt, worum du dich Tag und Nacht vergeblich bemühst. Suche zwischen den zwei scharfen Messerschneiden! Die gemeinsam dich vernichten werden!
Liebender, gehe hin!

22. MAI 1943 [F]Mutter um 1:30 auf einen Drink im Winslow getroffen. Mir wird jetzt erst bewusst, dass sie all diese Lebensfreude besitzt, wie ich sie gerade verspüre. Sie schon immer besessen hat. Wir sprechen oft über Homosexualität, und es wird vielleicht nicht mehr lange dauern, bis ich ihr die Wahrheit sage. Meine Liebe zu Cornell kommt mir so groß, so wunderschön und rein vor, dass man sie nicht geheim halten sollte – aber wenn ich mit ihr zusammen bin und mir vorstelle, ich hätte es ihr bereits gesagt, bin ich verwirrt, unglücklich und weiß nicht, was ich machen soll. Ich bin so erschöpft, dass das Glück, die wilde Freude, die ich die ganze Woche gespürt habe, fast verflogen ist. Ich wäre sogar zu müde, um mit Cornell zu schlafen – und das ist eine Katastrophe![FF]

22.5.1943 Sicherlich gibt es Momente, in denen auch die stürmischsten und hingebungsvollsten Liebhaber kein Verlangen spüren, selbst in den Armen der Geliebten; wenn sie die Feuchtigkeit ihrer Lippen als unangenehm empfinden, sie abwischen wollen. Dann, scheint es, sind die Küsse und Umarmungen die Süßigkeit, von der man genug hat – und die Arbeit, die getan werden will, ist Brot und Fleisch. Das kann beim ersten Mal eine beängstigende Erfahrung sein. Aber ich glaube, es ist umso mehr ein Zeichen, dass es sich um wahre Liebe handelt, die sich den Wandlungen des Geistes und der Stimmung anpasst und nicht abhängig von körperlicher Stimulation ist, sondern von geistigen und psychischen Ansprüchen und Bedürfnissen.

23. MAI 1943 [F]Guter Tag, aber ich hasse Sonntage – ich nutze meine Zeit nicht richtig.

Cornell und ich waren gerade mal zwei Minuten für uns allein.
Ich will es nicht bestreiten: Die Begierde, die heiße Begierde, ist
weg. Ich bin nicht mehr verrückt nach ihr, und ich war es auch
schon letzte Woche nicht mehr. Die Küsse waren und sind wie gesagt Bonbons. Ich brauche Brot und Fleisch, und die finde ich in
ihr – reichlich und verlässlich.[FF]

24. MAI 1943 [F]Lange Unterhaltung mit Camy bei zwei Bier. »Wäre
ich nicht schon verheiratet, würde ich glatt versuchen, bei dir zu
landen!« 8:15 bei Cornell. Diesmal mit einer kleinen, aber kurvigen
jungen Frau als Modell. Wie ein guter Degas. Viele Leute. Mir sind
bessere Zeichnungen gelungen als letzte Woche. Cornell hat sich in
meine Nähe gesetzt, aber ich habe sie ihr nicht gezeigt. Hinterher –
wir saßen auf dem Sofa – habe ich ihr nach und nach alles erzählt,
was ich ihr schon lange sagen wollte. Da hat Texas irgendeine Bemerkung zu meinen Brüsten abgegeben, und Cornell fragte, woher
sie das bitte wisse. Und unglaublicherweise dachte Cornell dann,
wir würden uns über sie lustig machen, dass Texas und ich uns lieben usw. Es ist unglaublich – und ich kann mir nicht vorstellen, dass
sie es wirklich geglaubt hat. »Ich glaube, ihr wollt beide nur nett
sein zu mir.«

Cornell – ihr ist es wichtiger, geliebt zu werden, passiv. Und sie
bevorzugt Frauen, weil sie ihnen nicht so viel geben muss wie einem
Mann. Aber sie kann beide lieben. Ich küsste sie tausendmal, aber
nicht wie Sonntagabend, ich habe zu viel geraucht, und meine Zunge
tut weh. Frieden – den fanden wir für ein paar Augenblicke, als wir
Stirn an Stirn, Lippen auf Lippen, die Finger in unseren Haaren,
dalagen. Und wir werden ihn wieder finden können, wenn wir zusammenleben.

T. S. Eliot gekauft: *Vier Quartette*. 2,00 $ für 37 Seiten![FF]

25. MAI 1943 ᶠFawcett hat mir vier Vorschläge zurückgeschickt. Sie nehmen einen *Spy Smasher*³⁸. Drei abgelehnt: zwei *Ibis*³⁹ und einen *Spy Smasher*. Ich bin zufrieden. 10 Seiten, das bedeutet 30,00. Müde im Büro – ich habe mich letzte Woche zu sehr verausgabt. Allela kam um 5:30. Unglaublich, schaute sich die Bilder ganz ernsthaft an und sagte, es würde bestimmt Spaß machen, als »Inker«⁴⁰ zu arbeiten. Schrecklich –!ᶠᶠ

27. MAI 1943 ᴰWundervoller Tag, obwohl ich den Abend besser zu Hause verbracht hätte. Ich verdiene nicht genug Geld. Ich wünschte, ich könnte noch Arbeit mit nach Hause nehmen, um mehr zu verdienen.ᴰᴰ

29. MAI 1943 ᴰCornell um 8:15. Kaufte ihr 6 Flaschen Cola und brachte ihr einen Frosch mit, der ihr sehr gefällt. Ich hatte gehofft, dass Texas ins Bett gehen würde, aber sie kam mit ins Kino in der 42nd Street. Sahen *Bucket of Blood,* sehr »schön«! Ich wollte danach mit zu ihnen gehen, aber – morgen Arbeit. Liebe Cornell – ihren Geist, ihr Körper gefällt mir nicht. Ihre Hände, ihre Lippen, ja, aber ihr Körper nicht.ᴰᴰ

30. MAI 1943 ᴰAllela hat – sehr liebevoll – um 7:00 angerufen. Sie wollte *Desert Victory*⁴¹ sehen, aber nicht ohne mich. Traf mich mit ihr und Tex und Peter auf der 8th Street. Habe ihre Hand den ganzen Film durch mit solcher Leidenschaft gehalten, ich muss wirklich verliebt sein! O Gott! Als sie meine Hand – zweimal – in ihrem Schoß hielt!, war ich im Himmel! Vor fünf Jahren hätten mich solche Kleinigkeiten (?!) noch glücklich gemacht. Aber heute will

---

38 *Spy Smasher* war ein Superheld, der seinen ersten Auftritt 1940 in Fawcetts Whiz Comics #2 hatte.
39 Der Comic-Superheld Ibis the Invincible, der erstmals im Februar 1940 auftauchte.
40 Inker malen in der Comic-Produktion die Bleistiftzeichnungen mit Tinte oder Tusche nach.
41 Britische Kriegsdokumentation (1943) über die Schlachten zwischen der britischen Eighth Army und Rommels Afrikacorps im Zweiten Weltkrieg. Das Filmmaterial war zu großen Teilen authentisch, viele der Kameramänner kamen ums Leben, wurden verwundet oder gefangen genommen.

ich immer mehr und mehr, so wie ich immer mehr Geld auf der Bank haben will. Sie wollten, dass ich bei ihnen übernachte, aber heute Abend wollte ich sie zu sehr. Das wäre die reinste Folter gewesen. Manchmal fühle ich mich unzulänglich, verglichen mit Texas. Ich frage mich, ob Cornell das auch so sieht. Ich will alles für sie sein. Wenn Bernhard das wüsste, würde sie dann nicht sagen, ich spiele das gleiche Spiel wie mit ihr und Rolf?[DD]

1. JUNI 1943 [D]Ein wichtiger Tag – ein höchst wichtiger Tag. Um 7:30 rief Tex an. Sie brachte mir ein Glas Brandy. Und natürlich trank ich das ganze Glas, und dann küssten wir uns, wie Liebende, fast wie ich Cornell küsse, aber ohne die Verträumtheit und die Sanftheit. Und unter Tränen sagte sie, wie sehr sie mit mir schlafen wolle, und hatte sogar schon angefangen, da rief Cornell an. So richtig in flagranti erwischt – ich bekam keinen geraden Satz heraus. Sie wusste schon alles, als sie um zehn kam. Ich war am Boden zerstört und konnte nicht mit ihr sprechen. Ich hasste Texas, wirklich. Ich sagte den beiden, sie wollten einander doch nur eifersüchtig machen. Das stimmt, und es bedeutet, dass sie sich noch lieben. »Jetzt gerade finde ich, du bist ein Miststück«, sagte Cornell, »ich hasse das alles hier!« Und ich fühlte mich wieder wie im Dez. 1941 und im Januar. Ich wollte aus irgendeinem Fenster springen. Am Ende – »Ich wünschte, ich könnte dir geben, was Texas dir gibt.« – »Ich glaube, du könntest mir viel mehr geben.« Mein Herz setzte aus – »Dann springe ich nicht aus dem Fenster!« Es war wundervoll, und ihre Wangen sind weicher denn je. Ich verdiene sie nicht, aber ich habe sie. Alles, wofür ich gearbeitet, was ich gedacht und gefühlt habe – alles war für sie, das weiß ich. Es war nie für Rosalind, die mich nicht versteht, genauso wenig, wie ich sie verstehe. Cornell will viel von mir. Sie bekommt schon viel von Texas, aber: »Ich glaube, du könntest mir viel mehr geben.« Das werde ich nie vergessen. Unsere drei Leben sind eng verflochten. Wir lieben einander. Was jetzt?[DD]

3. JUNI 1943 ᴰGuter Tag – obwohl er mit Allela traurig angefangen hat. Sie hat gestern Abend mit Texas gestritten, und Tex hat ihre Uhr an die Wand geschmissen. Allela sagt, Tex will nicht, dass wir hinter ihrem Rücken über sie reden usw. Habe heute mit Camy geredet, und er hat gesagt: »Wenn du mit dem anderen Kerl ausgehst – mach es richtig! Seine Freundin will es auch nicht mehr als du.« Ja, ich könnte sie eifersüchtig machen, aber das interessiert mich nicht. Ich will immer ehrlich sein. Das alles beweist, dass Cornell mich liebt, da bin ich fest überzeugt. Sie will sich weh tun, sich quälen, will vielleicht sogar, dass ich Texas eine Zeitlang liebe, damit sie sich selbst bemitleiden kann. Mir ist das unangenehm, und was für eine Verschwendung wertvoller Zeit!!!! Wir leben nicht ewig! (An *Bill King*[42] gearbeitet.)ᴰᴰ

6. JUNI 1943 ᴰSonntag – wie langweilig! Wie nutzlos! Ich habe so viel Zeit, aber ich finde nicht die Ruhe, um zu arbeiten! Wollte Milch holen und verfluchte die Hausfrauen der Bronx, die alle weggekauft hatten! Ich hoffe, die nutzlosen, unnötigen Flaschen werden in ihren Kühlschränken sauer! Und das werden sie auch! Habe in der Küche ein Fenster gemalt.[43] Adam und Eva – Adam hängt von einem Ast und isst einen Apfel.ᴰᴰ

7. JUNI 1943 ᴰWar mit Fij und Dolly im Eddie's Aurora.ᴰᴰ ᶠViel Kaffee. Habe dort die Frau mit den schwarzen Haaren gesehen, die in der Grove St. wohnt – wegen der ich mich mit 20 immer verliebt, schüchtern und verängstigt zugleich gefühlt habe! Sie kam mit ihrem Ehemann Crockett Johnson herein, der »Barnaby« für PM schreibt.[44] Hat mich gesehen und gelächelt. Müde, aber glücklich.ᶠᶠ

---

[42] Der heldenhafte Soldat Bill King, der im Zweiten Weltkrieg im Pazifik kämpfte, war eine Figur von Exciting Comics und trat zum ersten Mal im April 1940 auf.
[43] Highsmith verschönerte ihre Wohnung mit selbstgemalten Trompe-l'Œil-Bildern.
[44] Es handelt sich dabei um Ruth Krauss (1901–1993), eine Kinderbuchautorin, die Klassiker wie *The Carrot Seed* schrieb. 1943 heiratete sie den Schriftsteller und Kinderbuchillustrator Crockett Johnson (1906–1975), der einige der beliebtesten Comicstrip-Figuren des zwanzigsten Jahrhunderts erfand.

8. JUNI 1943 ᴰAusgezeichneter Tag! Hart gearbeitet im Büro. Dan⁴⁵ rief um 12 an, und wir waren zusammen bei Del Pezzo zum Essen. Ich langweilte mich entsetzlich und aß deshalb wie ein Matrose. Schön allein heute Abend zu Hause. Habe die Wand angemalt – weißer Kamin⁴⁶, aber ich bin noch nicht fertig. Gespült, gelesen ([Freuds] *Der Mann Moses und die monotheistische Religion*).ᴰᴰ
ᶠIch war so glücklich, dass ich mich fragte, ob ich diesen Sommer überhaupt wegfahren soll. Ich könnte mich auch in der Stadt gut amüsieren.ᶠᶠ

9. JUNI 1943 ᴰHabe Cornell – nein – Cornell hat mich um 8:45 angerufen, und ich sie um 12 und 12:30. »Wirst du mich vermissen?« – »Ein bisschen.« – »Du Miststück!« Aber ich habe so viel Arbeit im Kopf, dass bestimmt ein paar Tage vergehen werden, bis ich so richtig begreife, dass sie weg ist. Heute Abend an *Spy Smasher* gearbeitet, dann kam Sy Krim vorbei und später Texas! Angenehmer Abend, nachdem ich mit der Arbeit fertig war. Bin glücklich: Habe die Geschichte über den Krüppel⁴⁷ verkauft. Das bedeutet 100,00 $, jetzt kann ich den Rundfunkempfänger von Lino's kaufen.ᴰᴰ

10. JUNI 1943 ᴰKein Brief von Allela, aber eine Karte von Bernhard. Mutter hier zum Anmalen der Bücherregale. Sie sagt, ich soll nicht werden wie Cornell, jeden Abend weinen, »schön« sein wollen, aber nichts dafür tun. Sie hat auch das Wort »Lesbe« benutzt.
An Allela geschrieben, obwohl ich viel zu müde war. Bin trotzdem glücklich und voller Hoffnung.ᴰᴰ

11. JUNI 1943 ᴰWas mich stört im Büro, ist dieses Durcheinander den ganzen Tag! An *Pyroman*⁴⁸-Geschichte gearbeitet. Und jedes

---

45 Ihr Cousin Dan Coates ist zu Besuch in New York.
46 Ein weiteres Trompe-l'Œil.
47 »Der Schatz«.
48 Der Superheld, der Elektrizität speichern und als Waffe einsetzen kann, hatte seinen ersten Auftritt 1942.

Wort war die reinste Folter! Aber drei Geschichten kamen zur Überarbeitung zurück. Muss langsamer arbeiten, ohne mir Gedanken darüber zu machen, wie viele ich schaffe.

Zu Hause, bei den Eltern. Stanley hat endlich eine neue Stelle gefunden! Gestaltung für Industrial Press, *type orange,* künstlerischer Leiter. Sehr schön, und die Veränderung wird ihm guttun.

Ich bin voller Kraft und Stärke, und mir^{DD} »stehen so viele Wege offen«[49].

12. JUNI 1943 ^{D}Tex um 2:00, und wir gingen zu Leighton's. Wir haben ein paar wunderschöne Seidenhemden gefunden, die von 5,98 auf 1,29 (!) heruntergesetzt waren. Haben fünf gekauft, ich zwei gestreifte, dazu Kragen und Krawatten.^{DD}

13.6.1943 Die seltsame überirdische Vollkommenheit der Woche, nachdem man sich verliebt hat, wenn ein Klingeln an einer der Türen des Gebäudes Teil eines vorbestimmten und schönen Plans zu sein scheint, wenn die Leute auf der Straße einem zwangsläufigen und gefälligen Muster folgen, wenn alle Schatten und Stoffe sich scharf absetzen und spezifische Eigenschaften haben, die man mit magischer Allwissenheit begreifen und genau erfühlen kann. Was wird in solchen Momenten aus dem Bösen? Wir lächeln es an, wenn wir ihm über den Weg laufen oder es uns in den Sinn kommt, und das beweist, dass wir trunken sind, vorübergehend trunken.

15. JUNI 1943 ^{D}Um 12:30 die Bekanntschaft von Fenton[50] gemacht. Rolf dabei. Schönes Mädchen. Und sie will noch mehr Texte von mir. Bei den Eltern, aber ich ertrage Dan nicht mehr! *Golden Arrow* geschrieben und an Fawcett geschickt. Vielleicht mein letzter – ich muss endlich anfangen zu leben. Das heißt schreiben, denken, lieben.^{DD}

---

49 Zitat aus dem Brief Rosalinds, den Highsmith am 8. August 1941 in San Francisco erhält.
50 Wahrscheinlich Fleur Fenton, Redaktionsleiterin von *Home & Food*.

16. JUNI 1943 ᴰHatte genug Schlaf, und die Arbeit ging besser. Um 12:30 in der Sonne Kafka gelesen. *Home & Food* nimmt jetzt meine Geschichte über den Krüppel. Ging um 5:45 zu Rolf, und er machte einige Fotografien. Dann übersetzten wir ein Gedicht von Hölderlin, das sehr schön klingt. Er wollte mit mir essen, deshalb habe ich nichts mehr geschafft. Aber wie auch? Wie soll man arbeiten nach Unterhaltungen über das antike Griechenland und Kunst? Wir sprachen über alles Schöne und Unschöne auf der Welt. Wir waren eins in Hirn, Herz und Körper. Ich hatte Rolf heute Abend sehr lieb. Wir blätterten in *Hellas,* das J. J. [Augustin] gemacht hat, und er blieb bis 2:30 morgens!ᴰᴰ

16. 6. 1943 Die furchterregende, bestialische Hässlichkeit einer schimpfenden Stimme, irgendwo in der Dunkelheit. Wenn ich im Bett liege und sie höre, packen mich Angst, Scham und der blanke Schmerz. Warum? Es ist so etwas wie Mitleid – weil wir uns die gleichen Empfindungen vorstellen können, wenn wir einen Mord beobachteten, solange keine Gefahr für unser eigenes Leben bestünde.

18. JUNI 1943 ᴰDan ist gestern abgereist – Gott sei Dank! Ich bin voller Liebe – und will Allela so sehr, wie ich endlose Ruhe will, wie ich eine Antwort auf alle Fragen der Welt will. Kein Brief, und es wird allmählich langweilig, Selbstgespräche zu führen. Heute Abend Rolf angerufen, aber trotzdem noch einsam! Heute Morgen mit Vergnügen in der *Encyclopedia Britannica* gelesen, weil Hughes nicht da war. Ägyptologie. Um 2:00 dann zum Zahnarzt. Das [Lach-]Gas war süß, und ich brauchte es! Verlangte danach! Hatte alle möglichen Träume. Von vielen Zirkeln, in denen sich Naturphänomene zeigten, und aufgrund dieses Entdeckens und Schenkens von Wissen dachte ich, ich wäre Gott! Dass unter allen Menschen dieser Erde ich schon vor der Entstehung der Welt da gewesen wäre, die Welt erschaffen hätte und auch noch ihr Ende erleben würde. Kurz: ich

das Geheimnis der Weisen kennen würde! Wenn es doch nur wahr wäre! – Dann wäre ich nicht glücklich, sondern elend!^{DD}

20. JUNI 1943 ^DUm 11:00 zu Hause und alles geputzt – Mutter kam vorbei, und als ich danach wieder allein war, bemalte ich den Kamin und den Sims. Und eine goldene Uhr, die wunderbar aussieht. Bin stolz darauf. Aber ich habe überhaupt nichts getan, um Geld zu verdienen. Habe 4 Stunden gemalt und abends Kafka gelesen.
Meine Seele, dieser war dein Tag!^{DD}

21. JUNI 1943 ^DAusgezeichneter Tag. Heiß. Arbeitete zügig im Büro, schrieb kurz an A. C. Texas heute Abend sehr liebevoll und las mir aus einem Brief von Allela vor – dass sie sie liebe – sehr liebe – und wie sehr A. C. sich wünsche, mit ihr ihre Ferien zu verbringen. Diese Unentschlossenheit von Seiten Allelas hat mich so schrecklich verärgert, dass ich bald abhauen musste.^{DD}

22. JUNI 1943 ^DHabe Allela geschrieben, dass ich jetzt einfach selbst entscheiden müsse und sie wahrscheinlich nicht mehr sehen könne. Dass ich keine Geduld für Schwäche und Unentschlossenheit habe. Und als ich den Brief abgeschickt hatte, wunderte ich mich, warum ich nicht traurig und niedergeschlagen war wegen dieses Mädchens, das mir doch so ganz und gar unentbehrlich geworden ist, mit dem ich so untrennbar verbunden bin. Wenn ich an die vielen Male zurückdenke, die sie »Ich liebe dich« zu mir gesagt hat, bin ich weder traurig, ohne Hoffnung, noch schäme ich mich über das, was ich geschrieben habe. Ich habe vor, ihr nicht wieder zu schreiben. Sie wird meine Briefe vermissen, und das wird ihr sicher dabei helfen, am Ende irgendeinen Entschluss zu fassen. Die Liebe ist ihr so unentbehrlich wie Allela mir. Gut gearbeitet, was mich überraschte, besonders bei dieser Hitze! Wahrscheinlich, weil ich mich wegen Cornell gut fühlte – das ist der gezogene Zahn, der alles »wiedergutmachen« wird.^{DD}

23. JUNI 1943 ᴰIch hatte kein Recht, Allela solche Dinge zu schreiben. Es ist zwar alles wahr, aber ich hätte es nicht schreiben sollen. Den ganzen Tag dachte ich an heute Abend, weil ich sie da anrufen sollte. War zum Essen bei den Eltern, die mir so gewöhnlich vorkommen – besonders jetzt, wo ich mit Allela im Himmel bin. Um 8 Uhr rief ich Allela in Washington, D.C., an. Sie kommt Freitag zurück, und ich werde am Bahnhof stehen. Ihre Stimme klang so wunderschön, sanft und leise und so voller Zuneigung und Liebe, wie sie sie unter den Umständen klingen lassen konnte. Ja, ich liebe sie bedingungslos.

Spy Smasher noch einmal neu geschrieben.ᴰᴰ

24. JUNI 1943 ᴰOh, glücklicher, glücklicher Tag! Kein Brief heute Morgen, als ich Pfirsiche mit Sahne aß, aber heute Abend, als ich nach Hause kam. Luftpost!!! Mit blassroter Briefmarke, und ich legte ihn auf den Teppich, bis ich geduscht und Staub gewischt, mir einen Rum eingeschenkt und eine Zigarette angezündet hatte, und dann endlich: vier gelbe Seiten. Alles über das Katzengemälde, und auf der letzten Seite, in der letzten Zeile hatte sie geschrieben: In Liebe, Pat, wirklich – Allela. Und mein Herz war wieder beflügelt! Ich werde die Briefe (vier) behalten – natürlich. Für immer.ᴰᴰ

ᶠHabe mir die Haare geschnitten.ᶠᶠ

25. JUNI 1943 ᴰZu heiß zum Arbeiten oder Schlafen. 35 °C, schätze ich. Cornell kommt heute zurück!

Fawcett nimmt noch einen zweiten *Spy Smasher* und noch einen zweiten *Lance*. Das macht 54,00. Gut gearbeitet, die längeren Geschichten fallen mir leichter, daraus kann man mehr machen. Viel Freud gelesen, was mein Herz erfreut! Psychoanalyse der Religion. Wunderbar interessant! Zahnarzt um 1:30. Ich kann in letzter Zeit allerlei Leid ertragen! Nichts ist zu schrecklich oder zu fremd! Zu Hause um 6:00, um zu duschen, dann um 7:30 zur Penn [Station]. Texas E. auch da, aber ich habe Cornell zuerst entdeckt. Schwarzes

Kleid, lächelnd. Zwei Drinks im Savarin, und es war wunderbar, sie zu sehen – so nah bei mir. Sie liebt uns beide gleich. Was soll nur aus all dem werden? Was? – Ich muss mir selbst treu bleiben, nicht traurig sein, nicht zu wenig, aber auch nicht zu viel Hoffnung haben. Arbeiten, weil das – zu arbeiten – der Zweck des Lebens ist, das ich mit Cornell führen will.[DD]

26. JUNI 1943 [F] »Globalism«[51] in der Wildenstein gesehen – nichts, was Klee, Miró oder Dalí nicht schon gemacht hätten. Feininger usw. und ein Maler namens Sewan [Schewe] (glaube ich), dessen Arbeit als »poetisch« bezeichnet wird, wir beide haben uns lange unterhalten in diesem heißen Raum. Zu Hause viel zu tun. Es ist wichtig für mich, allein zu leben, weil ich alle meine Stimmungen ausloten will, und ich will nicht, dass dann eine Frau hereinkommt und mir eine Tasse Kakao bringt! Nein! In Zeiten wie diesen verzehre ich mich selbst, und ich liebe es. Wenn ich dann aufwache, bin ich immer noch ich selbst und glücklich darüber. Energie ist ein Geschenk der Götter.

Gute Nacht! (280,04 $ auf der Bank.)[FF]

27. JUNI 1943 [F] Kein guter Tag – nichts von Bedeutung geschafft. Bin um 3:30 mit Mutter ins Metropolitan Museum, um die Bache-Sammlung[52] zu sehen. Wundervoll, Objekte, keine Bilder. Die Michelangelo-Skulpturen gefielen mir sehr gut und »Der junge Sophokles« von (wem?). Zu Hause rief Krim an. Wider besseres Wissen ging ich mit ihm zu den Hymans[53], die für den *New Yorker* arbeiten. Furchtbar. Aber die Frau, Shirley Jackson[54], war in Ordnung, wir

---

51 Dritte Jahresausstellung der Federation of Modern Painters and Sculptors in der Wildenstein Gallery.
52 Jules Semon Bache (1861–1944), US-amerikanischer Banker, Kunstsammler und Philanthrop. Seine Sammlung wurde von Juni bis September 1943 im Metropolitan Museum ausgestellt.
53 Stanley Edgar Hyman (1919–1970), US-amerikanischer Literaturkritiker und fester Mitarbeiter beim *New Yorker*.
54 Shirley Hardie Jackson (1916–1965), US-amerikanische Autorin von Horror- und Kriminalromanen und mehr als zweihundert Kurzgeschichten.

tranken eine Tasse Kaffee zusammen (zwei), und ich habe ihr mehrere meiner Geschichten erzählt. Sie schreibt für alle Zeitschriften und hat vorgeschlagen, ich soll mir einen Agenten suchen. Ja.^{FF}

29. JUNI 1943 ^{D}Gewöhnlicher Tag im Büro, aber zu viel zu tun – immer zu viel. Die Putzfrau kam nicht, deshalb musste ich die ganze Wohnung für Rosalind selbst putzen. Als sie kam, zog ich meinen neuen Unterrock an und machte einen wundervollen Drink aus Rum, Wasser, Orange usw., Zucker. »Himmlisch! – Einfach himmlisch!«, sagte sie, als sie auf meinem Bett lag. Rosalind war echt, schön, lachte. Sie trank langsam, sah sich meinen Kamin an, und er gefiel ihr sehr. Es regnete, als sie ging – aber es war ein wunderschöner, außergewöhnlicher Abend.^{DD}

30. JUNI 1943 ^{D}Heute rügte mich Mr. Hughes, weil ich zwei Fehler in einer Geschichte übersehen hatte. Und ich käme zu spät zur Arbeit, würde zu lange Mittagspause machen und meine Stelle als selbstverständlich betrachten. »Du hattest so eine gute Einstellung, als du angefangen hast – man muss sich das erhalten usw.« Ich war traurig, weil das alles stimmt und weil ich so heillos gelangweilt bin. Rosalind hat gesagt: »Du solltest nicht zu lange dort bleiben.« Ja, natürlich. Ich fahre diesen Sommer nicht weg, ich habe das Geld nicht, und es gibt hier zu viel zu tun, nicht in der Stadt, sondern in meinem Herzen und in meiner Seele. Ich muss mir eine neue Arbeit suchen.

Cornell kam um 6:00. Wir saßen lange zusammen, nippten an unseren Drinks und konnten uns endlich gut unterhalten. Wir schauten uns *Hellas* an. Und ich sah den Himmel, als ich sie küsste, als ich mit ihr auf dem Bett lag, als unsere Küsse so wunderschön waren, dass ich fast mit ihr geschlafen hätte. Aber als meine Hand sie gerade berühren wollte, klingelte das Telefon – ist das nicht immer so?! Sie hätte fast geweint, weil es so schön gewesen wäre. Taxi zu ihr, und sie küsste mich zum vielleicht letzten Mal für die nächsten zwei Monate! Ich kam wie auf Wolken nach Hause. Habe kein Geld, aber das macht nichts – ich habe so viel anderes!^{DD}

1. JULI 1943 ^FIch habe das Gefühl, die Hochphase – die manische Phase – fängt jetzt an. 3½ Stunden Schlaf, und ich fühle mich wundervoll! Voller Energie! Und heute Morgen habe ich so viel über Allela nachgedacht, dass ich ins Bad gehen und mich von einer riesigen Erektion befreien musste. Ist das eklig? Bin ich eine Psychopathin? Ja, aber warum auch nicht!? Ich hätte fast einen Orgasmus gehabt allein beim Gedanken an sie! Das kann passieren! Die Geschichten langweilen mich weiter. Zwei Kurzfassungen heute. Habe um 8:00 Rosalind angerufen. Hatte für sie nach Wohnungen geschaut. Über mir ist eine große frei – die wird sie wahrscheinlich nehmen. Diese neue Vorstellung gibt mir vieles, worüber ich nachdenken kann. Ich stelle mir gemeinsame Frühstücke im Winter vor, wenn es kalt ist, wenn wir hart arbeiten und ich ihr Suppe bringe oder irgendetwas anderes. Ich liebe sie, und das würde besser zu uns passen, als tatsächlich zusammenzuleben.

Camy war von 9:00–10:20 da. Er redet zu viel über sich selbst. Nichts gemacht.^{FF}

4. JULI 1943 ^FBuffie kam um 8:30. Sie mag meine Wohnung – ein bisschen –, meinen Kamin ja, aber kein Kommentar zu meinen Zeichnungen. Habe morgen viel vor. Buffie war sehr stumpfsinnig heute Abend. Sie hat mir eine hübsche rote Jacke geschenkt.

Bei den Eltern hatten Mutter und ich eine weitere abscheuliche Unterhaltung über Neger, dabei kommen wir seit zwei Jahren keinen Schritt weiter, und das Ganze ist genauso nutzlos wie die Bemerkungen von Mutter über Marjorie Thompsons Korpulenz. Ich darf sie nicht mehr besuchen. Sie macht mich schrecklich nervös, und deshalb bin ich ja überhaupt erst ausgezogen!^{FF}

5. JULI 1943 ᶠCornell hat mich mit einem Anruf geweckt. Sie wollte, dass ich um 4:00 zum Bahnhof komme. Aber ich wollte nicht. Cornell war traurig und murmelte dauernd wie ein kleines Mädchen: »Aber ich will dich sehen – ich will, dass du mich zum Zug bringst.« Sie hat noch einmal (heimlich) von unterwegs aus angerufen – aber ich sagte wieder nein. Sie sagt, sie glaubt nicht, dass ich sie liebe, weil ich ihr jetzt solche Schmerzen zufüge. Aber sie versteht auch – gerade weil ich sie so liebe, kann ich mich nicht mit halben Sachen zufriedengeben. Sie ist sehr melancholisch abgereist – und es ist genau das, was sie braucht! Sie wird mich leidenschaftlich lieben oder mich komplett vergessen.

Nichts gelesen – nichts geschrieben – ein richtiger Urlaubstag.[FF]

6. JULI 1943 ᶠElender Tag, in meinem Herzen wieder die ganze Traurigkeit, die ich vor Allela gespürt habe. Sie aufzugeben wäre verrückt. Mein ganzer Körper ist verschlossen, meine Flügel auf der Erde. Und mein Geist, mein Hirn, mein Körper und meine Seele lehnen sich auf gegen dieses Aufgeben. Gelangweilt im Büro. Magill hört bei Fawcett auf, um Unterhaltungsgeschichten für Zeitschriften zu schreiben. Es ist doch widerlich. All diese Kleingeister!

Lola und Rosalind um 8:20 hier. Rosalind heute Abend sehr nett und liebevoll. Lola haben meine Zeichnungen auch gefallen. Ich kann mir vorstellen, was R. beim Abendessen über mich gesagt hat – dass ich viel Talent habe, mehr als jeder andere, den sie kennt. Nicht wahr? Glücklich. Kopfschmerzen – aber:

1. Cornell wird mir ganz sicher schreiben.
2. Rosalind wird hier einziehen.
3. Rosalind kommt diese Woche zum Essen zu mir.
4. Habe mit der Laval-Geschichte angefangen.
5. Eine gute Stunde mit Péguy.

Ja – dafür bin ich dankbar.[FF]

7. JULI 1943 ᶠNoch kein Brief, und ich habe den ganzen Tag mit mir gerungen, ob ich ihr schreiben soll – ja oder nein. Aber es ist keine Frage des Stolzes. Ich will nur, dass wir zusammen sind. Na ja – habe nicht geschrieben und werde es auch nicht tun. Sie benimmt sich wie eine Frau und wartet ab, was ich tue.ᶠᶠ

8. JULI 1943 ᶠGestern Abend Zahnschmerzen, vielleicht muss noch einer raus!

Endlich ein Brief von Allela – was war ich nervös, als ich ihn aufmachte! Bleistift, vier Seiten. Sie hat ihn im Zug nach Hampton geschrieben. So schön, ihre Worte, ihre Gefühle – zart und stark zugleich! Dass sie mich noch liebt, wie eine Seele die andere liebt, und dass sie damit auch nie aufhören wird, und – auch wenn ich nichts davon hätte – glaubt sie, dass die Liebe – diese Liebe – das Leiden und die Ängste des Wartens wert ist. Oh, wie wahr! Das weiß ich doch nur zu gut! Und ihr Brief hat mir große Hoffnung gemacht. Habe ihr fast den ganzen Morgen zurückgeschrieben. Das ist Nahrung für meine Seele!

Habe vielleicht zwei meiner Zeichnungen an *Home & Food* verkauft. Nitsche[55] muss sie sich noch ansehen. Gelangweilt im Büro und voller Sehnsucht nach meinem Urlaub. 7 Seiten der Laval-Geschichte geschrieben. Ich glaube, sie sind gut.

Abendessen bei den Eltern. Als ich ihnen erzählte, dass ich einen achtseitigen Brief von Cornell bekommen hatte, sagte Mutter: Du sagst das wie eine Liebende! Na und? Das ist mir egal!ᶠᶠ

10. JULI 1943 ᶠNiemand – fast niemand – im Büro, und nicht einmal Hughes hat sich getraut, mich zu fragen, woran ich arbeite! Hatte keine einzige Idee und machte überhaupt nichts.ᶠᶠ

---

55 Vermutlich Erik Nitsche (1908–1998), aus der Schweiz stammender Graphiker und Künstler, der an der Zeitschrift *Simplicissimus* mitarbeitete, ehe er nach New York auswanderte und dort unter anderem von *Life*, *Vanity Fair* und *Harper's Bazaar* beauftragt wurde.

11. JULI 1943 ᶠIch weiß, dass morgen früh ein Brief kommt, und das macht mich wahnsinnig! Ich bin wahnsinnig wie eh und je – wie ich es mit 6–12–15–17–20 war –, aber jetzt habe ich viel mehr Grund dazu. Ich lese gute Bücher – die Bibel – [Charles] Péguy, [Julien] Green, die alten Bücher sind die besten – und all meine Liebe geht in ihnen auf.

Auf der Welt gibt es eine Vorstellung, eine Tugend, eine Arbeit – die Wahrheit in der Seele des Menschen –, und dieser Mensch bin ich. Nur Cornell ist damit kompatibel, der Wahrheit des Fleisches und des Geistes. Dieser Tag war voller Erkenntnisse. Wegen Tagen wie diesem hoffe ich, dass dieses Tagebuch irgendwann noch einmal gelesen werden wird! Ließ Virginia bis eins für mich Modell stehen. Nicht schlecht, aber meine Zeichnungen könnten besser sein. Sie war undankbar wie immer, aber was kümmert mich das? Ich bin glücklich und reich an den Schätzen des Geistes!ᶠᶠ

11.7.1943 Welch zarter Wahnsinn in mir. Er kommt mit der Dämmerung. Er ist kaum der Rede wert. Aber er ist so seltsam wie die Regung eines Blattes am Baum, wenn gerade kein Wind weht.

12. JULI 1943 ᶠUnglücklich heute Morgen – und zwar nicht unglücklich auf die Art eines jungen Mädchens, sondern wie ein alter Philosoph[56]. Schnell und gut über viele Dinge nachgedacht. Kein Brief von Cornell. Konnte am Morgen kaum arbeiten, und die Wochen bis August bis zu meinem Urlaub werden die Hölle! Fand körperlich wie geistig keine Ruhe und machte um 12:45 einen (aufgewühlten) Spaziergang nach Hause – unglaublicherweise immer noch kein Brief! Ach, ich halte alles aus, nur dieses Schweigen nicht! Diese Einsamkeit! Elend – so elend im Büro! Abends Marjorie W. und D. Lawrence. Sie sind ein bisschen seltsam – diese Leute, die

---

56 Bestimmte Substantive sind im Amerikanischen geschlechtsneutral, im Deutschen jedoch eindeutig geschlechtlich zugeordnet. Da Patricia Highsmith sich selbst oft männlich konnotiert, insbesondere wenn sie von sich als »artist« oder »writer« spricht, wurde in solchen Fällen in der Übersetzung die männliche Substantivform gewählt.

nicht rauchen, nicht genug trinken. Ich habe Zeichnungen von Marj und D. L. gemacht. Sie meinen, ich werde mal eine gute Künstlerin oder bin es schon.^FF

12.7.1943 Mit mir selbst Frieden zu schließen ist das Schwierigste, und vielleicht wird das meine größte Errungenschaft sein, wenn ich sterbe.

13. JULI 1943 ^FBin ekstatisch – ein Brief! – ein weißer, schmaler Brief im Briefkasten. Habe gut gearbeitet. Jetzt ist wieder alles auszuhalten. Habe zwei Karten (für R. und mich) für den 15. Juli gekauft, unseren Jahrestag, woran ich sie aber nicht erinnern werde. Sie hat angerufen. Sie nennt mich jetzt fast immer »Darling«, und ich habe mir heute Abend gedacht, dass sie mich bestimmt sehr liebt – weil sie weiß, dass ich ihr treu bin, auf die einzige Weise, auf die es ihr ankommt: Ich bin immer an ihrer Seite, um ihr zu helfen. Bei ihrem Umzug, zum Beispiel!

Péguy gelesen und Cornell einen langen Brief geschrieben – bescheiden, aber wahrheitsgetreu, habe ihr erzählt, dass ich diese kleinen Zeichnungen verkauft habe, dazu eine Botschaft von Péguy – dass der Körper mit der Seele verschlungen sei wie zwei Hände im Gebet. Sehr schön. Heute Abend fünf neue Zeichnungen gemacht – sehr zufrieden –, zwei davon sind gut genug, um sie an den *New Yorker* zu schicken.

Die Liebe zu meiner anderen Seele, Allela Cornell, wächst und wächst.^FF

15. JULI 1943 ^FTexas E. fährt im August nach Texas – wir werden also für uns sein. Heute auch gezeichnet, aber ohne viel Erfolg. Ich muss nur loslassen und zulassen, dass meine Seele sich ausdrückt.^FF

16. JULI 1943 ^FBin im Grunde glücklich, voll Verlangen, bei R. C. zu sein und mit ihr zu sprechen. Sie hat sich gegen die Wohnung

entschieden (die für das Geld auch hässlich ist, finde ich). Gegen Mitternacht habe ich einen kurzen Spaziergang durch die Straßen der Umgebung gemacht. Der Mond ist groß und rund, ein riesiger Kreis am Himmel!^{FF}

16.7.1943 Kreativ zu sein ist die einzige Ausrede, der einzige mildernde Umstand dafür, homosexuell zu sein.

16.7.1943 An einer offenen Automobilwerkstatt vorbeizukommen, die dynamischen Aromen von Gummi, Benzin und Pressluft zu riechen, die Reihen glänzender, schwarzer kraftstrotzender Autos zu sehen ist die körperlich aufregendste Erfahrung, die ich kenne. Es ist Bewegung, Freiheit, Entspannung, das Abwerfen aller Alltagsfesseln.

Aber wie selbstsüchtig, über solche Dinge nachzudenken, wo ich erst heute Abend einen bedrückenden Bericht über die Landung der amerikanischen Armee in Sizilien gelesen habe und für einen Moment tatsächlich die Leiche eines jungen amerikanischen Soldaten auf einer landenden Barkasse vor mir sah, die verkohlten Fäuste geballt. Wie prosaisch, von dieser Erfahrung zu erzählen, von diesen lästigen, unumstößlichen, unentrinnbaren Tatsachen!

18. JULI 1943 ^FO Gott – es gibt ein gutes Leben, in dem man allein ist, arbeitet und schöne, bleibende Dinge produziert – aber *dieses* Leben kann ich nicht ertragen! Es ist Selbstmord, es ist Sünde! Ich muss etwas verändern! Zeichnungen von R. gemacht, weil ich gern eine Holzbüste[57] machen würde. Fühlte mich fast krank. Es ist eine ganz schöne Versuchung, das Krankwerden: Morgen würde Mutter sich um mich kümmern, mir meine Briefe, meine Bücher bringen,

---

57 Highsmith machte diese Holzbüste tatsächlich. Rosalind gab sie ihr 1992, wenige Jahre vor ihrem Tod, zurück: »Falls du dich fragst, warum ich mich davon trenne [...]: Ich mache Ordnung im Haus. Ich gehe davon aus, dass bald, wenn nicht schon jetzt, jemand eine Biographie über dich schreiben wird, und da werden solche Zeugnisse dessen, was du alles linkshändig gemacht hast, sicher von Nutzen sein.« (Brief von Rosalind, 30.6.1992, Schweizerisches Literaturarchiv, Bern)

und ich würde die Laval-Geschichte schreiben, deren Rahmen jetzt steht und gut ist.^FF

19. JULI 1943   ^FHeute ist es zwei Jahre her, dass ich R. C. bei Lola P. kennengelernt habe. Ein schlechter Tag – dieser Tag, der so glücklich hätte sein sollen! Es lag vor allem am Geld – was mich furchtbar aufregt, aber das Problem drängt sich mir immer wieder auf! Ich glaube, Mittwoch gehe ich zu Sangor und verlange eine Gehaltserhöhung. Ich sollte mindestens 125 $ pro Woche verdienen. Ich werde 75,00 $ (!) verlangen. Rosalind war spät dran, vorher bei Edward Melcarth, der ihr ein Bild für *Fortune* gegeben hat. Er malt schöne Figuren. Rosalind sehr still und beinahe gleichgültig mir gegenüber. Natürlich wusste sie nicht, dass heute unser Jahrestag war. Wir sind schüchtern, fast langweilig und gelangweilt, würden einander aber gern etwas sagen – und sind dann doch nicht mutig genug, es auszusprechen.

Ich laufe im Kreis. Nichts ist sicher, außer dass ich mein Leben ändern muss – mehr Geld oder eine andere Arbeit. Jedenfalls – immer nur darüber zu reden führt zu nichts! Ich will malen. Ich will alles Mögliche erschaffen, und das werde ich auch.

Auf meinem Spaziergang mit Rosalind heute Abend dachte ich wieder einmal, dass wir niemanden haben außer uns selbst.^FF

20. JULI 1943   Lese heute Julien Green. Habe darüber nachgedacht, wie dumm es von mir ist, dieses Tagebuch in anderen Sprachen zu schreiben – und das auch noch so schlecht, dass ich die Sprachformen, die mir auf Englisch zur Verfügung stünden, nicht gebrauche – so schlecht, dass die Worte nirgendwo außerhalb eines Grammatikübungsbuchs stehen sollten. Ich bin so ehrgeizig, dass ich 2 separate Tätigkeiten – Tagebuch schreiben und eine Sprache lernen – ineinanderschieben muss.[58]

---

58 Dies schreibt sie – um gleich den nächsten Tagebucheintrag wieder auf Französisch zu verfassen.

21.7.1943 Wir können Dinge nur zum Spaß erschaffen – aber sobald sie verkauft werden und Geld einbringen, schämen wir uns für sie! Warum? Weil man zu viel von dem Ding erwartet, das »verkauft« wird? Oder vielleicht eher, weil wir dieses unschuldige, gefügige, arglose kleine lebendige Ding verraten haben …

21.7.1943 Das ideale Leben – der Plan für zwei perfekte Wochen. Zwei solcher Einheiten pro Monat, zwölf solche Monate pro Jahr. Arbeiten am Tag, lesen und träumen und vielleicht arbeiten am Abend, das Ganze an dreizehn der vierzehn Tage. Den vierzehnten Abend verbringe man mit verwandten Geistern, solchen mit Köpfchen und solchen ohne. Er muss mit einem guten Gespräch beginnen, dieser Abend, und in völliger Betrunkenheit enden, mit Zecherei, mit zusammenhanglosem Gelalle, um die Möglichkeiten der Sprache aufzuzeigen, mit zusammenhanglosen Bildern im Auge, um die Wunder von Visionen und Visionären zu erkennen!

22. JULI 1943 ᶠWieder kein Brief von Allela – und auch wenn es mir deswegen nicht völlig elend geht, bin ich doch ein bisschen traurig. In letzter Zeit kann ich mir ihr Gesicht gar nicht mehr vorstellen. Auf gewisse Weise habe ich dieses unfehlbare Glück getötet, das ich im Mai verspürt habe! Aber es wird mit ihr zurückkehren. Ich habe auch wirklich gar nicht genug Zeit, mir meine Küsse vorzustellen – so ausgiebig, wie sie es verdienen. Heute Abend etwas Zeit mit Mutter verbracht. Ich habe meiner Großmutter seit einem halben Jahr nicht mehr geschrieben! Und es nicht einmal bemerkt! Ein wenig Christian Science gelesen, wird mir sehr guttun.ᶠᶠ

23. JULI 1943 ᶠIch war um 5:45 am Bahnhof. Nachdem ich einem Dutzend Zügen hinterhergelaufen war – fast schon mit Tränen in den Augen! –, fand ich Lela [Allela], die ganz allein rauchend vor den großen Bahnhofstoren stand! Sie trug ihr rotes Kleid und ergriff meine Hand. Oh, sie war wunderschön – und meinem Herzen so

nah! Haben auf Texas gewartet, dann ins Breevort, wo wir zusammen 10 Drinks hatten. Cornells Eltern haben mich eingeladen. Kommen Sie doch zum Abendessen! Es wird sehr wichtig sein. Und ich freue mich darüber und bin sehr stolz.[FF]

23.7.1943 Beim Zahnarzt – ich drehe den Türknauf, und mit dem Widerstand des Knaufs hat der Besuch endgültig begonnen. Aber ich bin noch nicht bereit. Hätte ich doch nur noch fünf Minuten mehr vor der Tür, wie viel besser könnte ich der Sache dann ins Gesicht sehen! Ich denke an das Gas. Wären die Gashalluzinationen von Julien Green oder Picasso nicht interessanter als meine? Als die von anderen Leuten? Aber warum, wenn sie doch noch nicht von ihrem künstlerischen Geist verändert worden sind? Wären sie bis dahin nicht die gleichen wie bei jedem anderen? Oder gibt es so etwas wie ein gebildetes Unterbewusstsein? Gibt es ein intelligentes oder künstlerisches Unterbewusstsein?

Vor allem denke ich darüber nach, dass ich auf den Tod auch nicht besser vorbereitet sein werde. Mit all meiner schwindenden Kraft werde ich mir noch fünf Minuten wünschen, um eine Idee dessen, was mich erwartet, zu formulieren, zwei Minuten, um meinen Frieden mit Gott zu schließen, eine Minute, um sie zum Abschied zu küssen und zu schwören, dass sie mir irgendwann nachfolgen wird in jenes Reich, wo es nur Vollkommenheit gibt.

24. JULI 1943 [F]Heute nichts gemacht – nur das, was ich wollte. Die Eltern besucht, ein paar Ausstellungen angesehen und dann mit Mutter zur Bowery, um zwei Hemden zu kaufen, eins davon für mich, beige, Seide, 2,50 $. Ich würde gern noch mein Monogramm einsticken lassen. Ein wenig gelesen – dann zu den Cornells zum Abendessen. Mr. Cornell ist groß, recht gutaussehend, ein bisschen wie Claude Coates. Und schließlich: Allela – das Herzstück der Familie! Sie ist ganz gebräunt von der Sonne. Tex hat in ihrem schwarzen Kleid wunderschön ausgesehen. Die Großmutter ist alt, sehr

dünn und raucht und trinkt! Ein bisschen steif, würdig, aber hat Sinn für Humor. Sehr gut für eine Großmutter, und kann auch ein bisschen Deutsch. Ein schwacher Drink, zubereitet von Mr. Cornell, dann ein großes Abendessen, sehr schön, auch wenn ich schüchtern war. Cornell sehr lieb. Sie nahm mich mit nach oben, wo sie mich küsste – ich küsste sie ausgiebig, sehr zärtlich, im Stehen in ihrem Zimmer. Wie ich ihre Lippen anbete! Oh, fünf Minuten waren wir ganz allein! Sie ist noch immer ein bisschen schüchtern, genau wie ich, aber sie gab mir, so viel sie konnte! Und ich ihr auch!^{FF}

25. JULI 1943 ^FEin schlechter Tag und der traurigste meines Lebens – wirklich. Frühstück um 11:00, zu viele Zigaretten und zu viel Kaffee, dann ein paar Zeichnungen, aber keine davon taugte etwas. 7 ½ Seiten meiner Geschichte geschrieben, aber zu schnell. Um 5:30 bei den Eltern mit Allela und Texas. Dann ins Three Crowns zum Abendessen. Ich trank zu viel und hatte Halsschmerzen – zu viel geraucht –, bestimmt drei Schachteln heute. Jedenfalls war ich furchtbar unglücklich, weil ich bei weitem nicht alles sagen konnte, was ich sagen wollte. Zusammen ins Nick's, wo wir an der Bar standen und Musik hörten. Dann kurz zu Figi und in ihre Wohnung in der Grove St. Mein Hals tat so weh, ich wollte fast sterben! Habe ein oder zwei Seiten darüber geschrieben, als ich nach Hause kam. Tex hat gesagt, dass wir Cornell »gemeinsam haben« – sie weiß alles, da bin ich sicher. (Und bei den Eltern ging das Gespräch um Homosexualität.) Und mit Allela konnte ich – als Tex auf der Treppe nach oben war – nicht sprechen, der Hals, die Tränen, also bin ich schnell nach Hause. Aber – ich habe sie nicht küssen können. Heute Abend habe ich den absoluten Tiefpunkt erreicht.^{FF}

25. 7. 1943 Mein Werk ist unvollendet, und ich stehe tief in der Schuld jener, die mich all die Jahre ernährt und gekleidet haben. Anders in der Schuld stehe ich bei meiner Liebsten. All die Tränen, die ich über ein langes Leben verteilt hätte weinen sollen, kommen

jetzt und bedeuten mir nichts. Es gibt weder Leben noch Wahrheit ohne die, die ich liebe. Keinen Optimismus, keinen Erfolg. Keine Gesundheit, keine Zukunft. Ich wollte immer ein langes Mühen, um Details und Perfektion, Hingabe und Sorgfalt, den Künstlern der Vergangenheit würdig. Die Inspiration entspricht einem großen Bogen, der aus dem Schwung der Liebe, der erwiderten Liebe heraus entsteht. Ich kann nicht demütig genug über all die bescheidenen Dinge sprechen, über die ich sprechen muss. Deine Abwesenheit hat mein Innerstes herausgerissen! Ich bin krank vor Tränen und vor aufgestauter Liebe. Meine Liebe ist größer als ich, und sie ist durch die Stauung übergelaufen und hat mich ertränkt!

Was kündigt mir diese Nacht an? Ein ruhiges Haus, ein friedliches Zimmer mit Kamin, mit einer Frau in einem langen, braunen Samtkleid. Was kündigt mir dies an? – Gute Arbeit und Tage voller Gesundheit? Das glaube ich nicht, dafür hat Gott diesen Augenblick zu prägnant, ja, auf seine Art zu perfekt gestaltet. Mein Mund ist bitter, und ich will dich nicht küssen. Nein, ich bin nicht Herrin meiner selbst, sondern meine Herrin ist die Liebe, und diese Liebe ist zerstörerisch, dabei soll sie doch schöpferisch sein.

So bereit wie jetzt in diesem Augenblick war ich nie, dem Allmächtigen gegenüberzutreten. Nie so furchtlos, nie so stolz auf mich und nie demütiger vor dieser Macht, die so unendlich viel größer ist als ich.

26. JULI 1943 [F]Heute Morgen krank – konnte nicht sprechen –, aber Cornell hat um 8:30 angerufen. Traf sie um 9:25 an der Penn Station. Wir hatten uns nicht viel zu sagen – nur dass wir eine schöne Zeit miteinander hatten und auch in Zukunft wieder eine schöne Zeit haben werden. Und am Schluss küsste sie mich im Zug.

Ja – in den letzten Monaten habe ich vergessen, dankbar für sie zu sein, dankbar für die Zukunft selbst! Sie ist die Zukunft – ich bin die Gegenwart. Ich bin hier, ohne sie. Und jetzt muss ich arbeiten.[FF]

28. JULI 1943 ᶠIch habe in den vergangenen Monaten nichts getan, außer Allela zu lieben – aber ist das nicht das ganze Leben? Kein Brief heute Morgen, obwohl ich dreimal unten war!

Wie traurig es ist, nach Hause zu kommen und in den leeren Briefkasten zu schauen! Ich glaube, wenn sie das wüsste, würde sie mir schreiben. Nun, ich hab es nicht selbst in der Hand. 6 Seiten der Laval-Geschichte geschrieben, und ich glaube, sie sind gut. Man muss zuversichtlich bleiben. War gut gelaunt und habe Rolf angerufen. Er hat 16 Seiten im nächsten *Coronet*[59]! Raphael Mahler hat sich gemeldet und kommt Sonntagabend, um unsere beiden Sprachen zu sprechen.ᶠᶠ

29. JULI 1943 ᶠIch kann überhaupt nicht arbeiten mit Jerry Albert[60]. Da ist es glatt noch besser vorne im Atelier! Das bringt mich auf den Gedanken, dass ich vielleicht gar nicht schreiben wollte, wenn ich nicht in New York lebte! Man braucht etwas, wogegen man ankämpfen kann, bevor man produktiv wird.

Joseph Hammer hat angerufen, aber ich wollte heute Abend schreiben – und es sind sechs Seiten geworden. Die Geschichte entwickelt sich gut, glaube ich. Julien Green inspiriert mich sehr, und ich würde ihm gern schreiben. Er ist jetzt hier, in der Armee (!).[61] Italien ist fast besiegt. Die Deutschen kämpfen weiterhin gegen die Alliierten, erbitterter als die Italiener.

Ich hoffe auf einen Brief morgen.ᶠᶠ

31. JULI 1943 ᴰAngenehmer Morgen, und ich bekam mein Geld auf die Bank. 250,00 $ und fast 250,00 $ in Anleihen. Rolf war schrecklich, als ich bei ihm vorbeiging. Er las Dalís Autobiographie *[Das geheime Leben des Salvador Dalí]* und war wie immer der Mei-

---

59 Publikumszeitschrift im Taschenformat, die zum Männermagazin *Esquire* gehörte und von 1936 bis 1971 herausgegeben wurde.
60 Gerald »Jerry« Albert, ebenfalls Scriptautor beim Sangor Shop, außerdem Zeichner und Lektor.
61 Während der deutschen Besetzung Frankreichs im Zweiten Weltkrieg unterstützte Julien Green die französische Résistance von den USA aus.

nung, er sei der Einzige, der etwas davon versteht, und ich hatte den deutlichen Eindruck, dass er Streit suchte. Er ist wie eine Frau. Wenn Gott uns miteinander vereint, werde ich der bessere Mann sein!

Tex hat um 8:15 angerufen und erzählt, sie und Allela hätten beschlossen, etwas mehr Geld in die Wohnung zu stecken, damit sie im Winter ihre Abende gemütlicher zu Hause verbringen können. So traurig, so tieftraurig wie selten zuvor in meinem Leben. Werde ich allein sein, wenn der Oktober kommt? Trotzdem fleißig gearbeitet und meine Laval-Geschichte abgeschlossen. 25 ½ gelbe Papierseiten. Und fühlte mich besser danach.[DD]

2. AUGUST 1943 [D]Ein Brief von Allela. Sie hat letzte Woche hart gearbeitet – und es geliebt. Nervös im Büro: Um 6:00 kurze Unterhaltung über meine erbetene Gehaltserhöhung. Sie bieten 42,50 $, ich musste fast lachen! Wir müssen noch einmal mit Sangor sprechen. Er wolle mich, weil ich der »gesunde Typ« sei, hat Hughes gesagt. Ich glaube, er hatte andere Gründe: koste wenig Geld und brauche wenig Platz. (Bin ich nicht gemein!)

Heute Abend die Kommode angemalt und den erforderlichen Brief an Alice Williams von Time, Inc. geschrieben. Ich will sofort eine andere Stelle. Es wäre so schön, sagen zu können: »Wenn Sie mir nicht 75,00 $ die Woche geben, muss ich gehen.« – Und dann wirklich zu gehen! (FÜHLE MICH SEHR ERWACHSEN UND VERNÜNFTIG!!) Außerdem einen guten Brief an Allela geschrieben. Sie kommt am 13. August! Sie muss kommen. Es ist von kosmischer Bedeutung![DD]

2.8.1943 Fast jeder auf der Welt lebt, weil er glaubt, es sei angenehmer, als zu sterben. Bei der Mehrheit sehe ich keine Ambitionen und keine Ziele. Liebe und Arbeit sind die zwei Güter, die wir im Diesseits und im Jenseits haben, aber wie wenig machen die meisten von uns daraus! Wir lassen sie gewöhnlich werden, dumm und würdelos. Und doch lehren alle Religionen, zu sterben heiße, wiedergeboren zu werden, und das Leben im Jenseits sei für jemanden, der Gott, Liebe und Rechtschaffenheit stets in Ehren gehalten habe, begehrenswerter als das Hier!

3. AUGUST 1943 ᶠIch kann nicht mehr im Büro arbeiten! Es ist vollkommen unmöglich! Manchmal denke ich, ich kann keine einzige Seite mehr schreiben! Und ich sage mir, in drei Wochen bin ich weg! Ken [Battlefield] versteht mich, und Marty Smith auch. Aber die anderen nicht.

Um 5:30 Tex bei *Vogue* abgeholt. Mallison[62] kennengelernt, die meine Zeichnung des ungarischen Soldaten gut fand. Sie sagt: »Um Gottes willen, zeichnen Sie noch ein paar Bilder und bringen sie Liebermann[63] von der *Vogue*. Sie können zeichnen!«

Worte wie diese machen mich sehr traurig! Tex und ich waren auf ein paar Drinks im Shelton Corners. Ich machte ihr eine Kleinigkeit zum Abendessen. Wir waren glücklich, wir hatten Hunger, und die Küche war voller Liebe – nicht physisch, aber sie lag in der Luft! Nur hat mein verdammter Zahn mir so weh getan. Konnte bis 4:30 nicht einschlafen.ᶠᶠ

4. AUGUST 1943 ᶠSchrecklicher Tag. Mit meinem Zahn heute um 12:30 wieder die Hölle. Er muss gezogen werden. Ich halte es nicht mehr aus! Ich wünsche mich in die gute alte Zeit zurück, als ich wie ein Mann gearbeitet habe – zu Hause, für mich selbst, und –.

Tex hat gestern Abend gesagt, Allela gehöre der ganzen Welt. Sehr tiefgründig!

War mit den Eltern kurz am Fluss. Dann half Mutter mir zu Hause, meinen Schrank anzumalen. Und jetzt bin ich ebenso glücklich, wie ich den ganzen Tag unglücklich war. Natürlich an Allela geschrieben, aber seit Montag kein Brief von ihr. Texas reist am

---

62 Möglicherweise Clare Mallison von den *Vogue* Studios.
63 Alexander Liebermann, 1943 künstlerischer Leiter bei der *Vogue*.

Freitag ab nach Texas, und ich muss ihr irgendetwas sehr Schönes schenken.^FF

5. AUGUST 1943 ^FIm Büro wieder viel besser. Ich mag Everett, und alle anderen eigentlich auch. Die *Partisan Review*[64] ist angekommen, und ich bin sehr stolz darauf.^FF

6. AUGUST 1943 ^DNichts mit Time, Inc., wo ich mich noch einmal mit Mrs. Williams getroffen habe. Sie schaut mich immer etwas mitleidig an, aber schüttelt den Kopf. Sie hat keine Arbeit für mich. Bin (fast) sicher, dass es keine Stelle gibt, bei der man zeigen kann, was man kann, und seine Meinung sagen darf. Am Abend war ich so glücklich über mein sauberes Bett, meine Zeitung und meine Milch, dass ich mir schon Sorgen mache, ob ich nicht vielleicht langsam spießig werde.^DD

7. AUGUST 1943 ^DKonnte nicht arbeiten, bis ich Mr. Hughes wegen meiner Gehaltserhöhung gefragt hatte. Er sprach zuerst mit Sangor, der imposanter ist als Hughes. Eine größere Persönlichkeit. Mir war schon ganz schlecht, bis ich endlich hereingerufen wurde, und dann sagte Sangor: Ich gebe dir (!) 50,00 $ die Woche. Und Schluss. Trank Whiskey mit Hughes und H., erzählte allerlei dumme Geschichten und Plattitüden über [T. S.] Eliot, [Thomas] Wolfe, [John] Steinbeck usw., und dann ging ich nach Hause. Die Eltern sind sehr beeindruckt von meiner Gehaltserhöhung, glaube ich. Ich verdiene jetzt 5,00 $ mehr als Stanley!^DD

10. AUGUST 1943 ^FBin über alle Maßen glücklich! Liegt es an Allela? An meinem neuen Gehalt? Der Ruhe im Büro? Was auch immer es ist, für den Moment bin ich zufrieden mit der Arbeit und

---

64 1934 gegründete linke Vierteljahresschrift mit politischen und literarischen Inhalten und, der kleinen Auflage zum Trotz, großem Einfluss auf den Literaturbetrieb. Später als Klassiker gefeierte Kurzgeschichten und Essays von Hannah Arendt, Saul Bellow, James Baldwin und Susan Sontag erschienen zuerst dort.

werde versuchen, diese Zufriedenheit so lange wie möglich anhalten zu lassen, denn wenn sie vorbeigeht, dann gehe ich. Heute zu Hause gemalt, abends mit Mutter ins Kino. Wir haben uns über tausend Dinge unterhalten, aber zu schnell und zu oberflächlich. So wird es mit Mutter immer sein, und es wird schlimmer, je älter sie wird. Sie hat noch nie ernsthaft oder eingehend über ein Problem nachgedacht, das sie nicht direkt betrifft.

Ich bin voller Leben und frage mich, was dieses Wochenende wohl geschieht – Ob ich wohl mit ihr schlafen werde?[FF]

11. AUGUST 1943 [D]Ein schöner Brief von Allela – oh, und ich wusste, was darin stehen würde! Dass sie Freitag um 5:51 ankommen würde, und so war es! Samstagabend werden wir zusammen sein, ich habe Karten für *Wir sind noch einmal davongekommen* gekauft. Und hinterher: Spivy's. Fröhlich im Büro. Habe eine lustige Geschichte über Squeak geschrieben, könnte glatt von Disney sein! Ging zum Zahnarzt, und er bohrte an meinem Schneidezahn. Dringend notwendig. Heute Abend mit Mutter hier gearbeitet. Die Wände sind jetzt wunderschön. Ein wenig in Dickens herumgeblättert, was mich sehr glücklich machte, weil es mich an meine Kindheit erinnerte.[DD]

12. AUGUST 1943 [D]Ungeheuer glücklich, aber habe trotzdem ganz gut gearbeitet. Ein neuer Held: *The Champion*. Wen interessiert's?! Mit Mutter nach Stoff für Kleider gesucht. Mutter weiß schon lange, dass ich mein meistes Geld für Frauen ausgebe, und ermuntert mich deshalb immer, ein bisschen mehr für mich selbst auszugeben. S. und M. hier, und die Wohnung sieht wunderschön aus! Die blaugrüne Wand mit Bernhards Fotografie ist die allerbeste! O Gott – ich bin glücklich und nachdenklich und werde immer an diese Tage zurückdenken! Sie sind die allerbesten![DD]

13. AUGUST 1943 ^F^Habe mich den ganzen Tag ganz glücklich und vollständig gefühlt und gut gearbeitet, obwohl ich an Allela gedacht habe – an den Moment, wenn ich sie wiedersehe. Also – mit 20,00 in der Tasche traf ich sie um 6. Wir waren seltsam entspannt. Bei ihr zu Hause sonst niemand. Es war, als würden wir uns schon ewig kennen. Ich schäumte ihr in der Badewanne den Rücken ein, und wir ließen das Schiffchen schwimmen, das ich ihr geschenkt habe. Es war das pure Glück. Dann – zusammen im Bett, nackt, die leichten Laken auf unseren Körpern, die weiche Haut, die aneinanderrieb – flüsterte sie »Ja«, und es war süßer als alles, was ich je gekannt habe! Ich schlief ein, während ihre sagenhaft leichten Finger mir über die Lippen strichen. Und am Morgen wachten wir gleichzeitig auf und entdeckten einander erneut, berührten unsere Körper mit Stolz und Freude. Endlich berührte sie mich zum ersten Mal – und ich weiß nicht, warum, aber es passierte unter ihren Fingern. Es ist das Paradies, mit ihr im Bett zu sein. Es ist wunderschön und vollkommen!^FF^

14. AUGUST 1943 ^F^Nach dem Frühstück – ich kaufte ihr Pfirsiche, eine Banane – schrieb sie Postkarten. Ich schreibe solche Einzelheiten auf, denn diesen Tag werde ich wieder lesen wollen. Ins Museum of Modern Art. Eine Ausstellung über Bali.[65] Dann um 4 kam Allela zu mir, eine Stunde zu spät! Rum. Es war merkwürdig nach letzter Nacht. So ruhig und entspannt, und wir waren ganz mit uns im Reinen. Ich dachte schon fast, dass ich sie doch nicht liebe. Aber es ist einfach nur so, dass ich noch nie eine Frau besessen habe, in die ich verliebt war. Ich liebe sie. Aber abends, nach einem Spaziergang über den Broadway, bei dem wir fast kein Wort wechselten – ich war einfach zu müde, zu traurig, und meine neuen Schuhe drückten (was wohl sonst auf der Welt noch alles auf ein Paar zu kleine Schuhe zurückzuführen ist?!) –, war ich ziemlich gemein zu

---

65 *Bali, Background for War: The Human Problem of Reoccupation.*

ihr. Ich habe ihr vorgeworfen, dass sie mich nicht genug liebt. Dass sie selbstsüchtig ist, immer nimmt, was sie kriegen kann, aber nichts zurückgibt. Morgens um 4:45 sehr traurig bei mir zu Hause und dachte zum fünften Mal, dass ich mich von ihr losgesagt hätte.[FF]

15. AUGUST 1943 [F]Gestern Abend habe ich ihr gesagt, was ich schon vor langer Zeit hätte sagen sollen – dass sie nie etwas verändern will. Und dass sie mit Texas zusammenlebt, weil noch niemand Besseres vorbeigekommen ist. Sie hat es nicht abgestritten. Und das hat mich so wütend gemacht! Kann ich sie unter diesen Umständen teilen? Heute glaube ich, ja. Ich werde glücklich sein und hart arbeiten und – wie immer schon – das meiste Glück in meiner Arbeit finden – und sie auch. Mir reicht es, wie ein Soldat zu leben und sie manchmal zu sehen, mich aus mir selbst zu nähren. Wie ein Künstler.[FF] [D]Wir haben entschieden, dass wir – alle beide – uns selbst mehr als jeden anderen lieben und dass das Band, das uns verbindet, so stärker ist, als wenn wir zusammenleben würden. Ich bin sehr erleichtert! Und sie auch. Ich glaube wirklich, dass wir einander auf diese Weise viel näher sind. Sie rief um 12:10 noch einmal an, nachdem ich mit Vergnügen – mit großem Vergnügen – im Haushalt gearbeitet hatte, und unsere Unterhaltung war voller Lachen, voller Liebe, darüber freue ich mich sehr. Lese [John William Dunnes] *Experiment With Time*.[DD]

16. AUGUST 1943 [D]Gestern habe ich vergessen zu sagen, dass ich jetzt eine Frau habe, oder besser noch, eine Künstlerin. Ich besitze Allela so sehr, wie ich je eine Frau besitzen werde, und sie mich genauso. Und es gibt so vieles, was wir beide voneinander wollen. Wir wollen nicht unser ganzes Sein vereinnahmen lassen.[DD]

18. AUGUST 1943 [F]Es ist merkwürdig, wie ich über Allela denke. Werde ich mein ganzes Leben lang nach etwas Besserem suchen? Oh, besser als sie, das gibt es gar nicht! Sie ist die Beste – die beste

Seele, die ich finden kann! Dan ist bei den Eltern und sehr nervig. Er lebt komplett in der Gegenwart, und die Gegenwart ist kleinkariert und unbedeutend.[FF]

18.8.1943 Habe heute Abend in ein geparktes Auto geschaut und gesehen, wie sich darin zwei Leute innig küssten, der lärmenden Straße (57th) um sie herum gar nicht gewahr. Es war ein schöner Anblick, und in dem Moment wünschte ich mir, alle wären in ihrem Leben immer so zärtlich, wie sie (alle) es sicherlich schon einmal gewesen sind.

20. AUGUST 1943 [F]Um 1:30 bei Rolf. Er liebt mich noch immer ein bisschen. Aber er hasst meine Geschichte (Laval) – und er hat recht. Ich werde sie neu schreiben.[FF]

21. AUGUST 1943 [F]Freitag – es ist eine Woche her, dass ich friedlich neben Allela lag.[FF] [D]Will Allela sehen, sie küssen, sie umarmen. Mit ihr leben. Mit ihr lieben, die ganze Welt sehen. Mit ihr arbeiten. Noch einmal [George Frederick Youngs] *Die Medici* gelesen.[DD]

22. AUGUST 1943 [D]Rolf kam um 11:45. Er fand meinen Kamin toll, war ganz beeindruckt, auch von meinen anderen Kunstwerken im Rest der Wohnung. Wir gingen in den Central Park und ruderten auf dem See. Rolf sah gut aus. Er ging um 3:00 nach Hause und ich ins Kino beim Museum, *Forgotten Village*[66]. Habe diese Woche wirklich viel gelernt. Über mich selbst, über die Arbeit, über Allela.[DD]

23. AUGUST 1943 [D]Kein Brief von ihr. Einer von Rosalind, die heute zurückgekommen ist. Mein Scheck von *Home & Food*. Aber von ihr – nichts. Sitze jetzt mit Dan Gordon[67] im Büro. Kluger

---

66 Dokumentarfilm aus dem Jahr 1941, Drehbuch von John Steinbeck und Musik von Hanns Eisler.
67 Dan Gordon (1902–1970), US-amerikanischer Comic- und Trickfilmzeichner und Regisseur. Verantwortlich für Drehbuch und Regie mehrerer *Popeye*- und *Superman*-Trickfilme und später unter anderem für die Entstehung von *Yogi Bär*, *Huckleberry Hound* und *Familie Feuerstein*.

Künstler. Kann aber an nichts anderes denken als an Allela – sie foltert mich. Trotzdem war ich heute Abend irgendwie glücklich, weil ich allein war und gearbeitet habe. Versuche, einen ganz neuen Stil zu beherrschen. Sehr, sehr einfach, fast lieblich, ich brauche nicht mehr so viel.^DD

24. AUGUST 1943 ^DOh – ausgezeichneter Tag. Der Briefträger hat mich um 7:30 mit einem Paket von Roger R. geweckt (ein kleines gläsernes Pferd, schon zerbrochen) – und hatte auch einen Brief von Allela! Ich war so glücklich – wusch mich und stürzte zurück ins Bett, um ihn zu lesen. »O Pat, lass uns versuchen, diesen schönen Zustand zu erhalten. Ich habe das Gefühl, mit deiner Hilfe kann ich das schaffen.« Ich werde ihr immer helfen. Gordon trinkt. Man sieht es seinem Gesicht an. Er hat eine seltsame Wirkung auf mich: Bin bei ihm wie eine Sechzehnjährige mit Clark Gable. War heute Nachmittag wirklich dämlich. Auf der 56th St. Camy begegnet. Wir gingen in eine Bar. 3 Tom Collins, und als ich ihn kurz allein gelassen habe, hat er, glaube ich, meinen Brief an Allela gelesen. Ist mir egal.^DD

25. AUGUST 1943 ^DAls ich nach Hause kam, in hochhackigen Schuhen, die meine Füße folterten, müde von der Arbeit für jemand anderen – da dachte ich, wie schön es wäre, in bequemen Schuhen durch die Straßen zu streifen, die Zeit meine eigene und meine Arbeit nur, mit Wörtern und Zeilen schöne Bilder zu erschaffen – das wäre schön, und es sollte nicht unmöglich sein. Ich sollte es nicht als Traum betrachten, sondern als etwas, das bald eintreffen wird, das nur noch ein paar Jahre oder sogar Monate Arbeit verlangen wird. Sonntag kommt Tex zurück, dann sind wir wieder zusammen, wir drei. Warum? Was passiert dann? Und was nicht?
Habe die Wohnung für Rosalind vorbereitet.^DD

27. AUGUST 1943 ᴰBin sehr schlank und sehr glücklich. Ein Brief von Allela. War in Dan Gordons Büro, um ihn zu besuchen. Als wir allein waren, sagte er, ich solle mit ihm »mal eine Runde drehen bei Paramount«. Es macht nichts, aber – er hat schon eine seltsame Wirkung auf mich. Will etwas mit ihm trinken gehen. 24 Seiten diese Woche. Rosalind hatte so einen Kater, sie musste sich um 4 ins Bett legen! Ich war um 7 bei ihr, und wir tranken und aßen. Sie war sanft und schön, aber: »Ich rieche nach altem Rauch«, also durfte ich sie nicht küssen. Brachte sie ins Bett, mit Natashas Katze (Siamese) um den Hals. Sie war hundemüde. Ich war glücklich, als ich in einem Buch über [Giorgio de] Chirico[68] blätterte.ᴰᴰ

29. AUGUST 1943 ᴰ285 $ auf der Bank. 260 $ in Anleihen. Heute Nachmittag alle möglichen Sachen gekauft und mich sehr unabhängig gefühlt. Die Eltern kamen um 9:00 mit Bier. Sie sind wie gute Freunde. Und hinterher, nach einem Telefonanruf, Rolf Tietgens mit einer Flasche Rum. Wir machten die Flasche fast leer, und er redete lange mit seiner wundervollen Beredsamkeit über die Nostalgie, die wir alle verspüren. Er blieb über Nacht. Er war natürlich nicht erregt, aber er befühlte mich mit der Hand, und ich – ja – es war seltsam. Der Rest ist nur Poesie.ᴰᴰ

29. AUGUST 1943 ᴰBin glücklich, aber rastlos. Wir aßen zusammen bei Rosalind. Sie hat gesagt: »Du bist eine Schluderliese, habe ich beschlossen, aber ich halte dich für eine Künstlerin!«

»Kommt hin«, habe ich erwidert. Und wir tranken! Hinterher gingen wir rudern auf dem See im Park. Rosalind zieht viel Aufmerksamkeit auf sich. Ihre Kleidung usw. Wir sprachen ein bisschen, langsam und nicht sehr klug. Alkohol verbessert das Denken nicht gerade. Das ärgert mich.

---

68 Giorgio de Chirico (1888–1978), italienischer Maler und Graphiker. Mit Carlo Carrà schuf er die theoretischen Grundlagen der metaphysischen Malerei, die als einer der wichtigsten Vorläufer des Surrealismus gilt.

Bei den Eltern. Mutter und ich haben einen Spaziergang gemacht. Sie sagt, ich solle öfter mit jungen Männern ausgehen! Dass, wenn ich so nach Männern Ausschau hielte, wie ich es nach Frauen tue, ich leicht welche haben könnte. Auch gutaussehende, die meiner würdig wären! Und dass ich auch irgendwann einmal außerhalb der Stadt wohnen sollte. Ja – das stimmt. Aber sie weiß, dass ich mit verschiedenen Männern so unangenehme Erfahrungen gemacht habe, die völlig ausreichend waren, mich zu überzeugen, dass Männer nicht so gut sind wie Frauen.^{DD}

30. AUGUST 1943 ^DNichts getan, nichts getan, nichts getan, außer zu malen. Giorgione – ^FDie masturbierende Venus[69].^{FF} Hinter ihr die Gebäude New Yorks. Das am Abend. Im Büro war ich müde, und jetzt will ich nicht schlafen. Warum? Ich will lesen und vielleicht etwas lernen. Ich bin ein Künstler, und mein Kopf ist voller Ideen. Ich will jeden Abend ein Bild malen.

War um 6:00 mit Tex im Shelton. Sie hat in Texas einiges erlebt – und mit mindestens einem Mädchen geschlafen! Sie sagt, sie habe sich »so weit weg von N. Y. gefühlt« – und alles sei »so schön und einfach« gewesen. Ja – aber es war keine körperliche Notwendigkeit, also ist es eine Sünde. Oder? Ich könnte das nicht. Besonders, wenn Cornell so eindeutig mein wäre.^{DD}

31. AUGUST 1943 ^DGoldberg kam um 8:40 vorbei. Er brachte eine Flasche Champagner (heimischen) mit, und wir haben uns stundenlang unterhalten. Er will ein Buch schreiben über die Geschichte des Judentums auf der ganzen Welt. Ich soll die Recherche übernehmen, für 30,00 $ die Woche, 8 Stunden am Tag. Das würde mich von meiner Arbeit befreien, aber ich müsste trotzdem freiberuflich weiterarbeiten. Ein angenehmer Abend jedenfalls, an dem ich zum Egoismus zurückgekehrt bin. Entweder komme ich groß raus – oder

---

[69] Die *Schlummernde Venus* des italienischen Renaissance-Malers Giorgione (1477/78–1510).

ich werde ein großer Reinfall. Nichts dazwischen. Ich bin ein außerordentliches Mädchen. Das gefällt mir sehr. In Goldbergs Gegenwart fühle ich mich leicht, gebraucht, stark, phantasievoll, wie ein Genie – und das bin ich auch!^{DD}

1. SEPTEMBER 1943 ^DSchöner Tag. Langsam gearbeitet – traurig und müde. Die Posada-Ausstellung[70] in der Bibliothek angesehen. Mexikanischer Künstler, der Orozco[71] und Rivera beeinflusst hat. Zum ersten Mal eine Geschichte für Cinema Comics geschrieben. Entsetzlich moralisierendes Zeug. Jerry sagt, ich sei zu ernst. Buhu! Cornell sagt, ich habe, was sie nie haben wird: eine künstlerische Vorstellungskraft. Ich kenne und sehe so viele, die schlechter sind als ich. Ich bin gut.^{DD}

3. SEPTEMBER 1943 ^DSchöner dunkler Tag, aber wie glücklich ich bin! Habe bei der Arbeit 10 Seiten geschrieben, trotz Jerrys ewiger Unterbrechungen. Allela um 5:40 auf der 53rd, Ecke 5th getroffen. Ich habe schon von weitem gesehen, dass sie traurig war. Sie hat ihren Schwung verloren und fühlt sich nutzlos. Ich habe ihr geraten, Tex zu verlassen und eine Weile allein zu leben. Cornell: »Wir könnten nie – nie zusammenleben! Das weißt du, nicht wahr?« – »Klar!«, sagte ich, und ich weiß es wirklich!^{DD}

4. SEPTEMBER 1943 ^DAllela hatte zwei Mädchen eingeladen und wollte sie mit Tex allein lassen, aber Tex weigerte sich, deshalb musste Allela auch dableiben. Also trank ich und schrieb wie ein Künstler, der keine Freunde braucht! Und so ist es ja auch. Natasha hat um 9:30 angerufen, um mich für morgen zu einer Gesellschaft bei Angelica de Monocol einzuladen. Rosalind wusste noch nichts

---

[70] José Guadalupe Posada (1854–1913), mexikanischer Kupferstecher, Illustrator und Karikaturist.
[71] José Clemente Orozco (1883–1949), mexikanischer Maler, gilt als einer der Begründer der zeitgenössischen mexikanischen Malerei. Mit seinen Wandgemälden neben Diego Rivera einer der Hauptvertreter des Muralismus und nach eigener Auskunft besonders von José Guadalupe Posada beeinflusst.

davon, aber ich hoffe, sie wird morgen auch da sein. Bin – was – glücklich? Ja, ich glaube schon.^DD

5. SEPTEMBER 1943 ^DEin paar Skizzen gezeichnet. Mich auf den großen Abend bei Angelica de Monocol vorbereitet. Ihr Mann ist Künstler – und erst 24 Jahre alt. Und sehr gut. Machte die Bekanntschaft von Chloe – einem Modell für Hattie Carnegie[72], die wirklich schön ist und eine richtige Dame. Alles, woran ich mich erinnere, ist, dass ich bei ihr saß, die Nase in ihrem Haar, das sehr sauber und weich war. Dass ich ihre Lippen mit den Fingern befühlte und sie sagte: »Frauen sind eigentlich gar nicht mein Fall, aber du machst irgendwie was mit mir.« Um 4:30 zu Hause! Rosalind ganz ernst und nüchtern, glaube ich.^DD

5. SEPTEMBER 1943 ^FHeute Morgen sehr unentschlossen – spazierte den ganzen Weg bis zur 72nd, Ecke York Avenue. Aber ich fühlte mich schmutzig und schäbig. Mein erster Gedanke heute Morgen galt den Haaren und den unschuldigen Lippen von Chloe. Und sie hat vorgeschlagen, heute Nachmittag um 5 zu mir zu kommen! Sie kam, und die Wohnung war tadellos. Und eine neue Flasche Rum stand auf dem Tisch. Chloe sieht atemberaubend aus, und das weiß sie auch. Sie hat sich in den Sessel gesetzt, mich angeschaut, an ihrem Drink genippt und gelächelt. Ich habe sie dazu gebracht, sich aufs Bett zu setzen, und musste sie irgendwann einfach umarmen – worauf sie mit Seufzern reagiert hat. Sie weiß nicht, was sie will, sagt sie. Das ist für mich die reinste Ermunterung.

Um 7:00 kam Rolf. Abendessen mit Chianti. Und ^Dmeiner Geschichte, die ich morgen abschließen werde.^DD Chloe gab mir gerne ihre Nummer – war heute Abend bei einer Soirée bei J. Levy[73]. Sie

---

72 Hattie Carnegie, eigentlich Henrietta Kanengeiser (1886–1956), aus Österreich stammende US-amerikanische Modedesignerin und Unternehmerin.
73 Julien Levy (1906–1981), US-amerikanischer Kunsthändler, dessen Galerie in der 57th Street, Ecke Madison Avenue auf Surrealismus, Avantgardekunst und amerikanische Fotografie der 1930er und 1940er Jahre spezialisiert war.

kennt Buffie nicht, aber weiß, dass sie eine kleine Heuchlerin ist! Bin glücklich, aber es war ein verlorener Tag – und doppelt verloren, wenn es mich in Sachen Cornell etwas kostet.[FF]

6. SEPTEMBER 1943 [F]Chloe den ganzen Tag in meinem Kopf. Heute Abend war ich fest entschlossen und schrieb die Laval-Geschichte fertig. Mit Rolfs Vorschlägen. Chloe hat um 7:30 angerufen – eine nette Unterhaltung. Sie tut immer so unschuldig, amüsiert sich aber sehr, wenn ich unsittliche Andeutungen mache. Sie kam vorbei – charmanter denn je. Ich war ganz ernst – voller Gedanken an meine Arbeit und meine Bücher und zeigte ihr meine Fotografien. Aber dann habe ich sie umarmt und geküsst, und es war so schön – so schön – ich war so zärtlich mit ihr, wie es nur ging, weil sie wie ein Fluss ist – nicht, weil sie hübsch ist – nein –, sie ist auch krank. Sie zittert innerlich. Man spürt es, wenn man ihre Hand hält. Sie sagt, sie will mit niemandem ins Bett. Sie will eine Freundin, mit der sie sich unterhalten und lange Spaziergänge machen kann. Aber – dann – nach fünf Küssen, nach vielen zarten Berührungen sind wir an den Fluss gegangen, und dort hat sie gesagt, meine Küsse hätten sie auf eine Reise geschickt. Ich hoffe, es war schön für sie, weil es für mich ein Traum war. Wenn ich morgen aufstehe, werde ich vielleicht denken, nichts von alldem wäre passiert.

Und ich denke natürlich an Allela – werde ich es nie schaffen, irgendwem außer mir selbst treu zu bleiben? Das war heute das echte Leben, mit dem ich eigentlich nichts zu schaffen habe.[FF]

8. SEPTEMBER 1943 [D]Nur an Chloe gedacht.[DD] [F]Um 1:00 mit Cornell zu Mittag gegessen,[FF] [D]armes Kind – und große Künstlerin[DD] –, [F]jemand hatte ihr das Haar bis auf die Kopfhaut abgesäbelt![FF] [D]Sie sah nicht gut genug aus, um sie mit ins Del Pezzo zu nehmen.[DD] [F]Ich habe zu ihr gesagt, dass niemand irgendwem außer sich selbst treu ist. Aber sie ahnt nicht, dass mir eine andere Frau im

Kopf herumschwirrt. Es ist ein bisschen traurig – dass ich so sehr Mann bin, dass Schönheit mich so sehr beeinflusst. Wirklich, ich bin so ein Monster, dass Cornell mich heute regelrecht anwiderte. Keine Strümpfe, keine Raffinesse – und wenn ich diese Worte in einem Jahr noch einmal lese, wird mir das Herz bluten.

Chloe hat um 8:30 angerufen. Sie spricht langsam, lacht viel und nennt mich häufig »Darling«. Rosalind hat um 9:00 angerufen. Sie war überrascht, klar, dass ich mich mit Chloe getroffen habe. Sie »trifft sich« mit Natica (dem 22-jährigen Mädchen) und will sie Freitagabend mitbringen, wenn ich Chloe zu mir einlade. Um 10:00 habe ich Chloe angerufen, um ihr zu sagen: »Ich bin verrückt nach dir.« Was zumindest um 10:00 der Wahrheit entsprach.[FF]

10. SEPTEMBER 1943 [F]Meine Ersparnisse werden vermutlich bald schrumpfen – wegen dem T. S. F.[74] und den Partys – und hoffentlich wegen Chloe. Aber ich komme schon damit klar. Da stehe ich drüber, und ich kann machen, was ich will. Egal, in welchem Bereich.[FF]
[D]Konnte kaum arbeiten im Büro. War so nervös! Machte mich für Rosalind bereit, die zuerst kommen sollte, aber es war Chloe, die so leicht die Treppe emporgestiegen kam. Rosalind hatte nur Augen für Chloe und wich den ganzen Abend nicht von ihrer Seite. Wir nahmen ein Taxi ins Sammy's. Rosalind war angespannt, hat Chloe die ganze Zeit angesehen und war eifersüchtig auf mich, weil Chloe mich vorzog. Dann wollte Chloe ins Cerruti's, aber – dort war Mary Sullivan. Am Ende setzte Rosalind Chloe und mich in ein Taxi. Doch Chloe wollte spazieren gehen, also stiegen wir an der 2nd Ave aus. Ich sprach leise mit ihr: »Was willst du?« »Ich will mit dir nach Hause gehen«, antwortete sie. Sie zog ihr Kleid aus und lag in meinem Bett, als ich aus der Dusche kam. Es war wunderbar! Furchtbar! Ich legte mich ins Bett, und sie wollte nichts, außer, dass ich sie ganz fest halte. Sie ist nicht schlank, fast dick eher! Aber wie

---

74 Frz. *transmission sans fil*, ein Rundfunkempfänger bzw. Radio.

fest ihr Körper ist! Natürlich bin ich am Samstagmorgen nicht ins Büro gegangen. Wir lagen bis 1:30 nachmittags im Bett! Die Morgen sind das Allerschönste! Aber sie erlaubt mir nicht, sie anzufassen. Ich gab ihr eine reife, schwarze Olive. Wir lasen, was ich für sie geschrieben hatte – »so wie Oberon auf der Suche nach Titania die hängenden Bäume teilte, werde ich den melancholischen Wald deiner Haare teilen und von der geheimen Quelle deines Mundes trinken« –, das habe ich Donnerstagabend geschrieben, während Goldberg hier im Zimmer saß (!). Und es gefällt ihr sehr. Um 6:00 auf einen Drink zu ihr. Lexy hat einen schlechten Charakter und ist keine geeignete Zimmergenossin für Chloe. Sie wollte, dass ich den Abend bei ihr verbringe, aber ich war noch mit Bernhard verabredet. Als ich [danach] bei ihr anrief, sagte sie, sie hätte 6 Schlaftabletten genommen, aber Tony sei da. Ganz erschrocken ging ich allein zur 56th, Ecke 2nd Ave. Trank ein Bier mit einem Arbeiter, der mir eine traurige Geschichte von seinem Mädchen erzählte, dann rief Chloe zurück. Tony lud mich zu ihr ein. Chloe lag auf ihrem Bett, im Halbschlaf. Ich sah sie erst, als Tony weg war. Dann bat sie mich andauernd, zu ihr ins Bett zu kommen. Um 1:30 zog ich mich aus – gerade als Lexy zurückkam! Ich war nackt! Lexy lächelte nur, sie lächelt immer, wie eine Blöde, und belauerte uns die ganze Nacht. Aber es gab nichts zu erlauern.^{DD}

12. SEPTEMBER 1943 ^{D}Bin in ihren Armen aufgewacht – und sie ist immer so schön im Bett, so schön am frühen Morgen! Das sagte ich ihr (und ihr Mann sagt es auch). Wie schön es war, sie zu küssen, als Lexy ins Bad ging. Auf ihrem Nachttisch lag ein Brief von Götz van Eyck[75], mit Bleistift gekritzelt. Als ich sie fest an mich drückte, sagte sie: »Nicht – du machst, dass ich dich so schrecklich will.« Natürlich fühlte ich mich wie ein König, der die zweite Nacht mit

---

75 Peter van Eyck (geboren Götz van Eyck, 1913–1969), deutschstämmiger Schauspieler, der später unter anderem mit Hauptrollen in Henri-Georges Clouzots *Lohn der Angst*, Fritz Langs *Die 1000 Augen des Dr. Mabuse* und Martin Ritts *Der Spion, der aus der Kälte kam* zu internationalem Ruhm gelangte.

einer Königin verbracht hat! »Mein Gott, ich habe fast das ganze Wochenende mit dir im Bett verbracht!« Chloe: »Es gibt Schlimmeres!«

Bernhard um 5:00. Glaube, sie liebt mich wie eh und je. Habe Chloe nicht erwähnt. Habe Cornell nicht angerufen – habe gerade keine Lust darauf und ekele mich richtig davor, sie wieder zu küssen. Ja, ich bin wankelmütig, wenn es um körperliche Liebe geht, aber ich habe an Cornell eine Idee geliebt – die Kunst –, und die liebe ich auch weiter an ihr und werde es für immer und ewig tun, aber körperlich – nie mehr!^{DD}

12.9.1943 Warum diese insgeheime Angst, ich hätte meine Wurzeln verloren? Weil ich meine Liebe, meine greifbare Liebe zu einer, die nie mehr war als die Verkörperung einer Idee, die ich immer lieben werde, aufgegeben und sie, die körperliche und die eingebildete (immer nur eingebildete!) Liebe auf eine andere übertragen habe, die bestimmt schneller verschwinden wird als sogar der Rauch meiner Zigarette? Aber die Erinnerung an sie niemals. Werde ich ihr diese unpoetischen, unschönen Worte, die wie Schaum sind auf einem übervollen Bierglas, je mitteilen?, frage ich mich. Mein Herz ist schwer, umwölkt von uneindeutigen Gefühlen.

13. SEPTEMBER 1943 ^DWundervoller Tag! Ich liebe Chloe nicht – aber sie hat mich von Allela losgelöst. Das ist kein Anlass zur Freude, aber es musste so kommen, und es kommt nicht einen Augenblick zu früh. Und wenn ich Chloe am Ende verlasse (wenn am Ende sie mich verlässt), dann werde ich keine Träne weinen. Sie ist schön, ich schaue sie an, und eines Tages werde ich sie im Himmel besuchen. Angenehm im Büro und wurde für mehrere Geschichten gelobt. Kaufte *The Early Chirico* [von James Thrall Soby] als Geburtstagsgeschenk für Mutter und machte eine Anzahlung – 75,00 – für den Rundfunkempfänger, der diese Woche geliefert wird.

Cornell hat angerufen, und wir haben uns um 6:00 im Winslow

getroffen. Sie ist sehr bedrückt und sieht mich an, als wüsste sie schon alles. Es ist ein Fehler, ohne Zweifel. Aber ich kann sie nicht ansehen, kann nicht nach ihrer Hand greifen. Dann mit einer Schachtel Süßigkeiten und meinem Buch zu meinen Eltern. Wir waren ganz glücklich und zufrieden, tranken jede Menge Rotwein und machten die Geschenke auf wie Kinder. Schlief um 10:30 ein – eine Stunde lang! –, zweifellos der Wein, und wachte auf mit dem Gedanken, Cornell hätte sich umgebracht. Es war befremdlich, seltsam, als hätte ich ein Betäubungsmittel genommen, damit sie allein sterben kann. Donne gelesen. Und Skizzen gemacht.[DD]

13. 9. 1943 Was rief mich heute Abend so machtvoll und rätselhaft in den Schlaf? Ich habe nie zu einer solchen Zeit geschlafen, und es war furchteinflößender als Schlaf. Es war das Anästhetikum der Natur. Als ich dich heute sah und nichts mehr zwischen uns war bis auf die dünne, unstoffliche Luft, und so eindeutig sah, dass du verstanden hattest, fragte ich mich, ob du, während ich schlief, gestorben warst. Wie? Aus eigenem Willen oder aus dem Gottes? Oder war es so, dass dieser eigenartige, unproduktive Mechanismus sich selbst abgestellt hat? Jetzt, fünf Minuten vor Mitternacht, fürchte ich mich davor, dich anzurufen. Vielleicht habe ich geträumt und vergessen, dass du gestorben bist.

14. SEPTEMBER 1943 [D]War zweimal bei Camy, und um 5:30 war ich so nervös, dass wir auf einen Drink ins Cocktail sind. Ich sagte: »Ich treffe mich mit der schönsten Frau in New York!« Und er setzte an, etwas zu sagen, aber hielt dann inne. Er weiß Bescheid, vielleicht. Oder? Chloe wartete schon auf mich. Wie jede schöne Frau redet sie am liebsten über sich selbst. Als wir uns der 57th näherten, lud ich sie zu mir auf eine heiße Milch ein, die ich ihr mit viel Liebe zubereitete. Und mit ein bisschen Rum, obwohl sie diese Woche eigentlich nicht trinkt. Und als sie die halbe Tasse geleert hatte, sagte sie: »Ich bin betrunken«, und als sie das sagte, oder

besser: ohne etwas zu sagen, zog sie mich an sich, und es war himmlisch, ihre Hand in meinem Nacken zu spüren! Mein Gott, wie schön! Und ich küsste sie, viel inniger als bisher. Dann ging sie nach Hause, und ich zeichnete – ohne großen Erfolg –, aber geht es mir nicht wunderbar?^{DD}

15. SEPTEMBER 1943 ^DUnterhaltung mit Leo Isaacs[76], der auch Dichter ist. Er schreibt oft Gedichte und verabscheut diese hässliche Kommerzwelt. Das ist ein Mann! Heute Abend war Mutter hier, und wir malten uns gegenseitig. Sie malte eine große Gouache von mir, die gar nicht schlecht geworden ist. Oh, ich bin glücklich – weil ich Chloe habe und weil ich jetzt wieder anfangen kann zu arbeiten. Cornell kommt morgen Abend, und ich spüre keine große Vorfreude.^{DD}

16. SEPTEMBER 1943 ^DCamy hat mir um 6:00 zwei Drinks ausgegeben. Er ist rücksichtsvoll, eine seltene Tugend bei einem Mann. Danach habe ich die Wohnung für Cornell vorbereitet. Ich hatte schwarz gesehen für den Abend, aber ich gab mir Mühe, und sie gab sich Mühe, und wir amüsierten uns ganz gut. Cornell versteht, was ich für sie fühle. Ich will nichts Körperliches mehr mit ihr. Und sie weiß, dass es das Ende unserer Liebe bedeutet. Wie klug und verständig die Natur ist, die uns immer zu den Schönsten führt! A. C. ging früh nach Hause. Und ich war um 11:00 bei Chloe und Lexy. Chloe sehr schön und freute sich, mich zu sehen. Zweifellos. Lexy schlief ein. Dann küssten wir uns sanft, und Chloe flüsterte meinen Namen, was mich immer so erregt. Und jedes Mal, wenn ich gehen wollte, zog sie mich wieder an sich. Es war himmlisch. Dann schaltete ich das Licht aus, und wir lagen eine Weile beieinander, nur unsere Köpfe berührten sich. Unsere Lippen, unsere Zähne berührten sich kaum. Ich küsste ihre Augen, ihre Lippen, ihr Haar, ihren

---

[76] Freier Autor beim Sangor Shop.

Hals, ihre Brust, ihre Hände. Ich wollte ihren Körper, ihre Schenkel küssen! Kam so glücklich und berauscht nach Hause, wie es nur ein Dichter sein kann!^DD

16. 9. 1943 Die Düfte der Frauen werden mich noch in den Wahnsinn treiben. Wenn ich in der Mittagspause den Duft der Stenographin rieche, die mir mit ihrer Kaffeetasse am Kantinentisch gegenübersitzt, pocht mein Herz wie wild. Auf der Straße schwirrt mir der Kopf, zieht mich eine schreckliche Macht der leichtfüßigen jungen Frau, der schwerfälligen Witwe, den eleganten, gutgebauten Negerinnen hinterher. Allen! Jeder! Ich will meine Nase in dem Stoff an ihrem Busen vergraben. Duft! Träume von der Nacht, von den Verheißungen der Liebe, von der Erinnerung an Liebe, Zeugnis der Liebenden und Abzeichen der Geliebten. Duft! Süß und sündhaft im hellen Sonnenschein, Verführer aller Sinne.

16. 9. 1943 Müßiger Gedanke: dass die vielen Scheidungen in Amerika auf unseren nationalen Ehrgeiz zurückzuführen sind. Immer streben wir an, erreichen wir und wollen doch gar nicht. Nicht, dass wir nicht wüssten, wie man die Angebetete überhöht, verherrlicht und romantisiert, wenn man sie erst einmal erobert hat, nein, wir haben auch permanent jemand Besseres im Auge (körperlich besser, denn nur darauf zu achten nehmen wir uns die Zeit), so wie wir permanent eine bessere Stelle im Auge haben.

17. SEPTEMBER 1943 ^DVor genau einer Woche lagen Chloe und ich das erste Mal zusammen in einem Bett! Und wie schön, wie göttlich es war! Von ihrem Geist könnte ich längst gelangweilt sein – bin es wohl auch –, aber niemals von ihrer Schönheit. Sie inspiriert mich mit wundervollen, lebendigen Ideen, sie begeistert mich mit Liebe und Lebendigkeit. Aber ich bin nicht in sie verliebt, und das habe ich ihr heute Abend auch gesagt.^DD

17. SEPTEMBER 1943 ᴰMit Mutter in den Ferargil Galleries, um uns Constant[77] und Takis[78] anzusehen – sehr interessant. Einsam und musste zu den Eltern. Aß reichlich und hervorragend, und sie kamen noch mit zu mir, um sich meinen Rundfunkempfänger anzusehen. Er ist prächtig! Dann, als ich beim Schreiben war, klingelte laut das Telefon – und es war Chloe, die sagte: »Ich bin zu Hause. Ich dachte, du hättest vielleicht Lust auf einen Drink mit mir.« Sie war ziemlich betrunken und wollte die ganze Nacht wach bleiben. Erst nach 2:30 konnte ich sie endlich ins Bett bringen. Was für eine schöne Pflicht!ᴰᴰ

18. SEPTEMBER 1943 ᴰChloe sehr damit beschäftigt, mir Frühstück zu machen. Es gab etwas Schinken, allerlei leckeres Obst, und jedes Mal, wenn wir aneinander vorbeigingen, konnten wir nicht anders, als uns zu umarmen und küssen. Es war himmlisch! »Pat, ich bete dich an! Ich glaube, ich bin dabei, mich in dich zu verlieben.« Chloe: »Willst du nicht irgendwann heiraten?« – »Ja – irgendwann.« – »Warum heiratest du nicht mich?« – »Das ist doch mal ein Wort!«

Die Levys – vor allem Muriel – haben Chloe überredet, bei ihnen einzuziehen! Sie wohnen über der Galerie auf der 57th Street, aber Chloe hätte dort nicht genug Privatsphäre. Ich weiß, dass unsere Freundschaft wahrscheinlich nicht lange halten wird, zumindest unsere gemeinsamen Nächte sind schon gezählt! Chloe ist ein Irrwisch, eine verheiratete Frau, die ich immer wie eine Königin behandeln muss und werde.

Um 5:00 zu Cornells Feier. Viele Leute. Charles Miller, den ich bald wiedersehen werde, und Alex Goldfarb, der nicht so gut aussah. Später mehr – es ist schon 1:30 –, und ich habe wenig geschlafen.ᴰᴰ

77 George Constant (geboren als George Konstantopoulos, 1892–1978), griechisch-amerikanischer modernistischer Maler und Graphiker.
78 Nicholas Takis (1903–1965), US-amerikanischer Maler des amerikanischen Expressionismus.

19. september 1943 ᴰSeltsamer Tag. Leo Isaacs hat mir gebeichtet, dass er gestern von 4–8 versucht hat, mich telefonisch zu erreichen. Er war betrunken. Hatte einen Kater. Wir sind ins Raffier's auf der 51st Street gegangen, hatten 3 Drinks (!) und etwas zu essen. Er sagt, ich bin schön. Und die erste »neue Person«, die er dieses Jahr kennengelernt hat. Noch ein Drink im Cocktail um 4:00, und damit war der Nachmittag sehr kurz und beschwipst. Jerry und Martin haben ganz sicher etwas bemerkt, aber das ist mir egal. Habe Chloe auf 6:15 zu Martinis bei mir eingeladen. Sie ging zu früh wieder – und kurz darauf kam Leo Isaacs. Wir hörten Rundfunk. Nichts zu berichten, außer dass wir einen schönen Abend hatten und viel zu viel tranken. Er küsste mich viele Male, das hätte ich vielleicht nicht zulassen sollen.^{DD}

20. september 1943 ᴰSchöner Tag – aber ein wenig befangen wegen Leo Isaacs. Als ich um 3:00 Kaffeepause machen wollte, kam er gerade aus dem Aufzug, und wir gingen zusammen. Ohne Zweifel hat sich in diesen zwei Tagen unser gemeinsamer Nachmittag im ganzen Büro herumgesprochen. Und Marty und Jerry, die zwei alten Waschweiber, wollen wissen, ob wir den Abend zusammen verbracht haben. Leo hat sich in mich verliebt (glaube ich jedenfalls, ohne Stolz, aber mit einer gewissen Freude). Er will seine Schuhe nicht putzen, weil ich einen kleinen Fleck darauf gemacht habe! Wie ein Kind – wie ich, wenn ich in ein Mädchen verliebt bin, und das gefällt mir sehr. »Gott, du bist umwerfend!«, hat er gesagt, als wir Kaffee tranken. Und schon ist es, als hätten wir ein schönes Geheimnis, etwas nur für uns, wenn wir zusammen sind, selbst wenn die ganze Welt um uns herum steht und uns beobachtet.

Habe viel an Chloe gedacht, aber beschlossen, sie heute nicht anzurufen. Roger F. kam um 7:00. Wir tranken, aßen im Café Society (eine Rechnung über 11,50 $!), und jetzt liegt er auf meinem Bett und schnarcht. Was jetzt passieren soll, weiß ich nicht, aber es wird nichts mit mir zu tun haben. Ich gehöre Chloe und sonst niemandem. Leo hat mir alle seine Gedichte und Veröffentlichungen mitgebracht. Ich will nur einen Abend für mich allein!^{DD}

22. SEPTEMBER 1943 ^DSchöner Tag, aber nicht viel geschafft und mittags in der Stadt herumgelaufen, als ich dachte, Dan und Leo wären einen trinken gegangen. Als Chloe mit einer weißen Halsbinde unter ihrem schwarzen Anzug zu mir kam, als sie sagte, meine Martinis seien besser als die von Muriel Levy, stieg mein Herz in den Himmel. Um 8:00 zum Essen bei den Eltern, Mutter bemerkte allerdings, dass ich Lippenstiftspuren von einer Frau auf einer Wange hatte! Sie: »Wer hat dich denn geküsst?«, und gelächelt, als wäre ich ein Junge.^{DD}

24. 9. 1943 Sexuelle Liebe ist das einzige Gefühl, das mich je wirklich berührt hat. Hass, Eifersucht, selbst abstrakte Hingabe, noch nie – außer der Hingabe an mich selbst. Aber die Liebe hat mich berührt, ob ich wollte oder nicht.

25. SEPTEMBER 1943 ^DNach einem schönen Martini in der Winslow Bar mit Mutter ein paar Ausstellungen besucht. Sie sieht immer sehr schön aus. Chloe hat nicht angerufen. Ich lag rastlos auf meinem Bett. Am Ende habe ich sie um 6:00 bei den Levys angerufen. Und sie hatte ihre Verabredung mit Gifford Pinchot[79] abgesagt, bereits mehrere Drinks intus und wollte zum Essen zu mir kommen. Sofort war ich überglücklich! Ich machte Luftsprünge, sang die Lieder aus dem Rundfunk mit und kaufte massenhaft ein, viel mehr, als wir essen konnten. Ich bereitete mich vor wie ein Ehemann, und um 7:00, mit meinem ersten Martini in der Hand, rief ich Rosalind an. Sie sagt über Chloe: »Das muss das erste Mal sein, dass du dich mit jemandem einlässt, der nicht so wahnsinnig klug ist.« Und dass Chloe mir guttun könnte, weil sie sich so gut kleidet.

---

79 Gifford Pinchot (1865–1946), US-amerikanischer Politiker und früher Umweltschützer, zweimaliger Gouverneur von Pennsylvania.

So kam dann Chloe um 7:50 mit einer Umarmung und einem Kuss für mich. Sie hatte Gin getrunken und fand alles schön. Wir tranken, hörten Schallplatten, und dann machte ich ein riesiges Abendessen, das Chloe toll fand: Mais, zwei Lammkoteletts. Und Käse und Obst. Wie schön, wie behaglich, wie herrlich, Chloe dabei zuzusehen, wie sie die Knochen abnagt! Um 1:00 war sie schon müde. Ich konnte sie leicht überzeugen dazubleiben. Dann zog sie ihr Kleid aus, und die Sache war abgemacht! Chloe wieder in meinem Bett. Ich kenne sie seit zwanzig Tagen und habe viermal mit ihr geschlafen. Heute Nacht ging ich mit ihr weiter als je zuvor, aber nicht weit genug.[DD]

26. SEPTEMBER 1943 [D]Was für ein schöner Tag, um dieses Buch zu beenden![80] Mit Chloe im Bett. Bin um 8:30 aufgestanden und zum Bäcker, um Brioches und Croissants zu holen. Wie geduldig ich war gegenüber den französischen Kunden vor mir, die so lange brauchten. Und dann bin ich schnell nach Hause gerannt, um wieder ins Bett zu hüpfen![DD]

26. SEPTEMBER 1943 [D]Chloe hat mich um 6:20 auf einen Drink zu den Levys eingeladen. Ich mag sie nicht. Julien ist wie eine Schlange, Muriel wie ein Ferkel. Und ihre Gemälde sind noch schlimmer. Ich war ziemlich nervös, fühlte mich dumm. Eilte dann nach Hause, wo Leo auf mich wartete. Wir tranken Martinis, und er war richtig ungestüm in seinen Liebesbekundungen. Meine Tage sind ein einziger bunter Glückstaumel nach diesen Nächten mit Chloe. Ins Nick's, wo auch Charley Miller war. Und dann zu Cornell. Sie war freundlich – zu mir jedenfalls –, auch wenn ich nicht mehr dieselbe bin wie vorher. Wie könnte ich das auch sein, wo mein Körper noch nach Chloe duftet? Und ihre Küsse so süß waren! Gegen 2:30–3:00 zu Hause, wo ich für Leo Kaffee gekocht habe, weil er die ganze Nacht

---

80 Damit ist ihr Tagebuch 4b gemeint. Ganz zuletzt finden sich hinten im Buch noch Notizen zu ihren Finanzen, z. B. »Ausgaben: 40 – Miete« und »Einnahmen: 21 – Bill King; 27 – *Spy Smasher*.«

aufbleiben wollte. Und ich war glücklich, als ich um 4:45 ins Bett ging.^{DD}

27. SEPTEMBER 1943 ^DTrauriger Brief von Cornell. Sie sagt, sie will mich nicht wiedersehen, jetzt, wo ich vielleicht einer anderen gebe, was ich ihr einmal gegeben habe. Leo sehr neugierig auf meine Freunde. 3½ Stunden Schlaf gestern, aber ich fühle mich sehr wach. Der gewöhnlichste Abend seit langem. Gute Fortschritte mit einem Gouache-Bild gemacht. War auch bei den Eltern, die mich immer mehr als Mensch lieben.^{DD}

28. SEPTEMBER 1943 ^DMeine Geschichte »The Barber Raoul« und fünf Spots an *Home & Food* geschickt. Heute Morgen hat Mutter mich total überrascht: Sie sähe mich gern in Mexiko, und zwar mit Leo! (Das erinnert mich an die Wochenenden mit Ernst Hauser!) Zu guter Letzt habe ich Chloe angerufen – nichts Besonderes, aber als ich gesagt habe, dass ich vielleicht nach Mexiko gehe, sagte sie: »Wirklich? Ich komme mit!« Spaß beim Zahnarzt um 6:00 mit Mutter, die sich auch einen Zahn ziehen ließ. Ich hatte wieder den gleichen schrecklichen, wundervollen Traum, dass ich Gott wäre, dass alles in mir begonnen hätte und enden würde, dass nur ich allein den geheimnisvollen Plan verstünde. »Buch – Buch – Buch!«, sagte die um sich schlagende Gestalt, die im Laufschritt den Kosmos umkreiste.^{DD}

29.9.1943 Im Grunde genommen mag ich männliche Homosexuelle nicht, weil wir uns grundsätzlich uneinig sind: Frauen, nicht Männer, sind die aufregendsten und wundervollsten Geschöpfe auf Erden – und männliche Homosexuelle irren sich und haben unrecht!

1. OKTOBER 1943 ^DDen ganzen Tag einen nervösen Magen gehabt – wirklich den ganzen Tag –, und ich war zerstreut, fühlte mich

verloren. Das bedeutet, dass ich ein langes, fortlaufendes Projekt anfangen muss. Mein Buch. Ja. Charley Miller hat nicht angerufen, und das freute mich sehr. Er ist nett, aber ich habe schon zu viele.^{DD}

2. OKTOBER 1943 ^DEin paar Ausstellungen mit Mutter und dann Cocktails bei mir, mit Camy, Cornell und dann noch Leo Isaacs. Camy und Mutter amüsierten sich sehr gut und Cornell auch, aber sie wurde ernst, als wir allein waren, und musste mich küssen. Ich war nicht glücklich damit. Leo blieb da, trank meinen Calvert-Whiskey, weswegen er wohl auch gekommen ist. Aber ich kann nicht viel Zeit mit ihm verbringen, ohne mich zu langweilen und das Gefühl zu haben, dass ich meine Zeit verschwende. Will Rolf morgen sehen.^{DD}

3. OKTOBER 1943 ^DHeute war ein elender Tag. Den ganzen Tag hat Chloe nicht angerufen. Kleiner Spaziergang mit Marjorie Wolf, die in David Randolph[81] verliebt ist. Oh, wie wundervoll, heterosexuell zu sein. – Oder? Nein! Um Punkt vier Uhr kam dann Ann T.[82] vorbei, die mit Ellen B. reiten gewesen war. Wir hatten Tee und Baba au rhum. Irgendwann musste ich einfach Chloe anrufen. Ob sie mich wiedersehen wolle? – »Wie es dir am besten passt«, sagte sie, was wohl heißt, dass es ihr egal ist. Das machte mich ganz krank. Wollte mich betrinken, und wir gingen ins Sutton. 3½ Martinis. Konnte kaum noch gerade stehen und rief Chloe an. Ich sagte, sie sei nicht mein Typ usw. und war ganz ekelhaft! Erinnere mich nicht an viel von dieser Unterhaltung. Gegen Mitternacht aßen Ann und ich eine Kleinigkeit und hörten Musik. Weiß nicht, wie es anfing, aber am Ende landeten wir im Bett, und Ann hat mir erzählt, Virginia hätte zu ihr gesagt: »Weißt du, wie ich Pat finde? Weißt du, wie lange es dauern würde, bis ich mich in sie verliebt hätte? Fünf

---

81 David Randolph (geboren als David Rosenberg, 1914–2010), US-amerikanischer Chorleiter (The Cecilia Chorus of New York), Musikerzieher und Radiomoderator.
82 Eine 25-Jährige, die Highsmith erst kürzlich kennengelernt hat und die beim Scribner-Verlag arbeitet.

Minuten ungefähr.« – »Highsmith, du bist 'ne Wucht!« Sie blieb bis 5:30 in der Frühe, und es war sehr zärtlich und schön. Wir haben es beide gebraucht.^DD

4. OKTOBER 1943 ^D Zwei Stunden Schlaf und eine gute Idee für eine Geschichte[83]. Chloe hat versprochen anzurufen. Sie will bestimmt eine Entschuldigung von mir. Ich gebe sie ihr gern. Bereue nicht, was gestern Nacht geschehen ist, aber in diesen Liebesangelegenheiten geht immer alles so schnell! Ann angerufen, und sie hat ein Gedicht über mich geschrieben. Sie hat Köpfchen, und das ist sehr erfrischend. Lese [Thomas] Wolfe und will eine gute Geschichte schreiben. Das ist ein gutes Gefühl – und so stark, dass ich von 6 bis 8 Uhr früh kaum schlafen konnte.^DD

4.10.1943 Ein Roman über einen Mann, der sich für Gott hält. Was für ein Thema und was für eine Vermessenheit, denn der Autor müsste sich ja auch für Gott halten – wie ich es tatsächlich tue. Aber mehr in dem Maße, wie Gott in mir und in jedem von uns steckt.

4.10.1943
Die Spuren deiner Lippen verblassen
Auf meinen Gläsern, Bechern, Tassen
Und jedes Polster ziert jeweils
Der Umriss deines Hinterteils

Auf allen frischen Laken prangen
Abdrücke von Füßen, Liebe, Wangen
Die Wählscheibe auf meinem Telefon
Sah jeden deiner Finger schon

---

83 An dieser Geschichte, die sie »The Three« nennen wird, wird Highsmith die nächsten zwei Wochen intensiv arbeiten. Leider ist sie nicht erhalten.

Die Zahnbürste, die grün im Badezimmer leuchtet
Wird nie mehr von dir angefeuchtet
Und der Tomatensaft, den ich nun morgens reiche,
Ist ohne Worcestersauce nicht mehr der Gleiche

Vergiss mich ruhig, vergiss unsere Zeit
Doch ich verbleibe voll Zärtlichkeit
Wenn andere folgen, vergess ich nicht
Wie schön du warst im Morgenlicht

5. OKTOBER 1943 ᴰSeit ich aufgewacht bin, an Chloe gedacht. Und musste sie anrufen. »Oh, ich bin so durcheinander! Ich trinke Tag und Nacht usw.« Sie will mich wiedersehen, und als ich sie so gehört habe, wollte ich ihr wieder helfen. »Lass uns nach Mexiko gehen!« – »O ja!«, sagte Chloe. War zum Mittagessen mit Ann T. verabredet, die mit Sonnenbrille bei Scribner auf mich wartete. Zu Del Pezzo, was ich großartig fand, weil erst Maria hereinkam, dann Natasha H. und schließlich Bachu. Nur Rosalind nicht. Wir sprachen ein bisschen zu laut über verschiedene Liebesangelegenheiten. Ann fragte: »Wann kann ich dich wiedersehen?«, als ob ich eine Grande Dame wäre. Sie hat ein kurzes Verhältnis mit Buffies Freundin Peter gehabt, und es gefällt mir gar nicht, dass sie über solche kurzen Affären redet. Als Nächste bin ich dann dran.

Heute Abend sehr gut gearbeitet. An meiner Geschichte, die vom Thema her Julien Greens würdig ist. Mystisch und hoffentlich das Wesen der Seele abbildend.ᴰᴰ

6. OKTOBER 1943 ᴰGut im Büro gearbeitet. Und das ist zurzeit eher die Ausnahme. Ich vergeude dort zu viele Nerven. War bei Chloe. Sie machte starke Martinis, und wir sprachen über ihre Männer. Sie will Chandler S.[84] nicht schreiben, will gar keine Scheidung!

---

84 Chloes Ehemann.

Aber gleichzeitig will sie auch Götz heiraten! Um Gottes willen, was will sie? Habe ihr von Sonntagnacht erzählt. »Du hast mich betrogen!«, sagte sie. »Du hast mir nie so sehr gehört, dass ich dich hätte betrügen können«, sagte ich. »Jetzt können wir gute Freundinnen sein.« – »Ja«, sagte sie. Mein Gott! Sie ist eine schöne Frau, aber ich durchschaue sie, weil ich einfach ein kleines bisschen klüger bin.

Kam um 8:30 nach Hause und rief Ann T. an. Die las mir vier Zeilen aus ihrem Gedicht über mich vor, und sie waren wundervoll. »Was machst du Samstagabend?« – Ich will Chloe fragen, was sie macht.

Meine Geschichte über den Straßenjungen – mich selbst – abgeschlossen. Ich glaube, sie hat etwas – wie ich es bisher noch nicht geschrieben habe.[DD]

7. OKTOBER 1943 [D]Tex gesehen. Sie war wie immer. Hat nichts von Cornell erzählt. Zu Hause wartete ein Teller Fleisch mit Reis auf mich, den Mutter mir hingestellt hatte. Wie gut sie zu mir ist! Das habe ich nicht verdient.

Das Leben ist da. Die Kunst noch nicht, und es braucht viel Kunst.[DD]

7. 10. 1943 Wie empfindlich die Waage ist, auf der ein Künstler seinen Wert misst. Und das muss sie auch sein. Übersteigertes Vertrauen in das Fortbestehen der eigenen Schaffensphase darf es nicht geben: Vertrauen darf nur in die eigene Ehrlichkeit bestehen und sonst nichts. Die Rüge eines noch so kleinen Fehlers, den Abend mit dem Feinschliff einer Arbeit anstelle des befriedigenden Schöpfungsakts zu verbringen, zerstört nur allzu leicht all das, was Freude, Mut, Genuss und ein Gefühl der Belohnung erzeugt. Es reicht schon ein Abfalleimer an der falschen Stelle. Oder ein Schnitt in den Finger. Und nur die Schöpfung neuen Lebens kann die Scherben wieder zusammensetzen.

8. OKTOBER 1943 ᴰHeute bin ich krank geworden, und das ist wirklich die Hölle, weil ich morgen mit Chloe schlafen will. Zwei Manhattans mit Leo. Er geht in drei Monaten nach Guatemala. Ann rief an. Ellen B. hat ihr einen Whiskey Sour ins Gesicht geschüttet, als sie ihr erzählt hat, dass sie mit einem Mädchen geschlafen hat. »Du Schlampe!«, hat Ellen gerufen! Ann kann sie nie wiedersehen und musste pitschnass in den Aufzug steigen! Nicht sehr gut gearbeitet.ᴰᴰ

9. OKTOBER 1943 ᴰEin schöner, schöner Tag. Gearbeitet, dann mit meinen Eltern und Claude[85] im Del Pezzo getroffen. Von dort nach Hause geeilt, und endlich kam sie. Sie war so unheimlich schön – schwarzes Kostüm, kleiner schwarzer Hut und Pelz. Wir hörten die Musik, die ihr gefällt, »The Last Time I Saw Paris«, »Why Do I Love You« und »Make Believe«. Danach nahmen wir ein Taxi zur 8th Street, Ecke 5th Avenue. Und sie hakte sich bei mir unter und war wunderschön und roch so wundervoll! Ich fühlte mich zu sehr – ganz gegen meinen Willen – wie ein Mann, im Anzug usw. Um 11:30 gingen wir ins Nick's, wo ich endlich auf Leo stieß. Ich stellte ihn Chloe vor, und wir tranken eine Weile. Aber Chloe war sehr müde, und Leo stellte mir alle möglichen Fragen, bis Chloe schließlich sagte, sie würde nach Hause gehen, und allein davonzog. Aber ich eilte ihr nach, sehr besorgt, weil wir beide so betrunken waren. Nahmen ein Taxi zur 353 East 56th, wo wir warme Milch mit Rum tranken. Und ich ihr die Kleider auszog. Die Nacht war schön – später mehr.ᴰᴰ

9.10.1943 Du kannst mich niemals berühren, meine Liebste, meine Geliebte. Nie.

---

85 Claude Coates, einer von Highsmiths Onkeln mütterlicherseits.

10. OKTOBER 1943 ᴰWir standen um 11:15 auf. Leider, weil Chloe Julien Levy angerufen hat und der verlangt hat, sie solle nach Hause kommen, um ihm sein Frühstück zu machen. »Pat, es tut mir so leid«, sagte sie. Ich war schrecklich niedergeschlagen und hasste Julien Levy zwanzig Minuten lang, in denen ich ihn sogar anrief, um ihm zu sagen, wie böse ich ihm sei. Und er legte einfach auf. Es wäre eine Beleidigung gewesen, wenn er eine stärkere Persönlichkeit hätte. Dabei hatte ich extra Brötchen von der französischen Patisserie geholt! Oh, ich war enttäuscht wie ein Kind!

Las *Bekenntnisse* von Augustinus und fühlte mich mehr wie ein – ja, was? – ein Mann ohne Geschlechtlichkeit. Rief Leo im Nick's an. Er kam vorbei, ziemlich betrunken, stellte mir alle möglichen Fragen! Er hatte gestern Abend eine große Erkenntnis. Ich musste alles ganz langsam und sorgfältig erklären. Mittendrin rief Chloe an. Sie war betrunken, und ich sagte ihr, es würde mich allmählich langweilen, dauernd von irgendwelchen Katern zu hören. »Wenn dir langweilig ist, weißt du ja, was du zu tun hast«, erwiderte sie. »Wiederhören!« Leo sagte, ich solle nicht zurückrufen. Klar, dass er das sagte. Während der ganzen Unterhaltung wollte er mich immer wieder küssen usw. Ich habe zu viel zugelassen. Das muss aufhören. Erst um 3:30 im Bett.ᴰᴰ

11. OKTOBER 1943 ᴰHabe Chloe ein gutes Gedicht geschrieben und es ihr mit der Post geschickt. Gut an meiner Geschichte gearbeitet. Und Julien Green gelesen. Heute war ich Dichterin. Und das macht die ganze Welt schön.ᴰᴰ

12. OKTOBER 1943 ᴰUm 6:00 bei den Eltern zum Abendessen, aber Dan hat uns warten lassen, und eineinviertel Stunden zu warten ärgert mich schrecklich. Die Eltern verwöhnen mich. Trotzdem halten sie mir immer noch Vorträge über meine Trinkerei, meine Freunde (und Freundinnen) und mein Essverhalten. Sie übertreiben das Trinken usw. Und fragen sich, was ich an Chloe finde, einem

Modell, das intellektuell nicht viel zu bieten hat. Beeilte mich, nach Hause zu kommen, wusch mir die Haare, und Ann T. rief an. Sie kam (bald) vorbei, vor Angst ganz verschwitzt und nervös. Gab ihr Rum. Dann rief Chloe an. Sie war in der Nähe und fragte als Erstes, ob ich allein sei. »Ja«, sagte ich, weil ich nicht wusste, dass sie vorbeikommen wollte. Aber als Ann gerade mein Gedicht über Chloe las, trat sie ins Zimmer. Ging ein paar Blocks mit ihr spazieren, weil ich dachte, sie wolle vielleicht etwas dazu sagen, aber nein. Nichts über Ann, über mein Gedicht, über Leo. Rein gar nichts! Der ganze Abend verdorben, war nur damit beschäftigt, meine Freundinnen bei Laune zu halten. Jetzt kann ich arbeiten.^{DD}

13. OKTOBER 1943 ^DSchrecklicher Tag. Die Art Tag, gegen die ich immer ankämpfen muss. Montag war der einzige Tag dieser Woche, an dem ich wirklich gelebt, etwas geschaffen habe. Camy betrunken, und wir hatten zwei Drinks um 4, einen um 6, ehe ich mich mit Dan traf. Komisch, wie ein paar Cowboys an der Bar dem ganzen Laden eine Western-Atmosphäre verpassen! Sie sind alle so schön und rein. Vor allem »Slugger« Sloan. Das Rodeo war großartig. Roy Rogers[86] – o Gott!

Chloe zieht morgen zu Kay French. (Leo musste die Nachricht überbringen: »Eine Chloe hat für dich angerufen.« Ich musste lächeln, aber er zeigte keinerlei Regung.) Ich habe Chloe erklärt, ich könne meine Liebe nicht laut aussprechen – nur in Gedichten ausdrücken. Und sie erwiderte – mein Gedicht werde mit jedem Lesen besser! Es macht mich glücklich, dass sie diese Gedichte viele Jahre lang nicht wegwerfen wird – vielleicht nie. Ann, die mein Gedicht heute bekommen hat, sagte, es sei wunderbar. Aber sie ist wahrscheinlich voreingenommen.^{DD}

---

86 Roy Rogers (1911–1998), US-amerikanischer Country-Sänger und Schauspieler, der zwischen 1938 und 1953 in zahlreichen Westernfilmen als »singender Cowboy« auftrat.

14. OKTOBER 1943 ᴰSehr gut gearbeitet, auch wenn mein Haar platt und der Tag düster und seltsam war. Cornell war um 5 da – das war ein wenig anstrengend. Als Erstes habe ich ihr die Geschichte von Samstagabend erzählt. Und von Leo und meinen Eltern. (»Sie wissen Bescheid, kein Zweifel«, sagt Cornell.) Cornell hat sieben Bilder in der Pinacotheca[87] und fährt Mittwoch aufs Land. Camy hat mir um 3:00 einen Eierpunsch ausgegeben. Und er kam um 7:00 vorbei, um mir ein Buch mit chinesischen Liebesgeschichten zu bringen. Er redete zu viel, und es gibt immer weniger, was ich über ihn zu sagen habe. An meiner Geschichte gearbeitet, aus der langsam etwas wird. Was wird der Samstag bringen? Ich will ihn mit Chloe verbringen. Und wenn nicht, dann mit niemandem.ᴰᴰ

15. OKTOBER 1943 ᴰVorzüglicher Tag. Um 12:45 zur Wakefield, um mir die Ausstellung *Theater in Art* anzusehen. Mutter nervös und launisch – ich hätte keine Zeit für meine Verwandten, aber jede Menge Zeit für dieses Flittchen Chloe! Wenn sie sich damit nicht so lächerlich gemacht hätte, wäre ich sofort gegangen. Ich werde das irgendwann noch mal erwähnen und sagen, dass sich so ein Verhalten nicht gehört. Das kommt immer irgendwann, klar – bei Va., bei Rosalind und bestimmt auch, aber da weiß ich es nicht mehr, bei Cornell. Ann T. hat um 8:15 angerufen. Erzählte ihr alles über Chloe. Sie fragte mich – was mich völlig aus dem Konzept brachte –, ob ich wankelmütig sei. Vielleicht stimmt das. Seit dem Neujahrstag habe ich drei geliebt: Rosalind, Cornell, Chloe. Aber bei Rosalind waren es gute zwei Jahre. Cornell war eine Idee, und ich liebe beide noch immer, wegen der gleichen Dinge, für die ich sie von Anfang an geliebt habe. Und Chloe – sie ist so schön und sinnlich, aber sinnlich wie ein Schulmädchen, staunend, rein, hold und schön und frühreif, ihren Jahren weit voraus!

Gut an meiner Geschichte gearbeitet, die fast fertig zum Abtip-

---

87 Die Pinacotheca, auch bekannt als Rose Fried Gallery, 40 East 68th Street, gehört heute zur Tate Gallery.

pen ist. Bin genauso stolz darauf wie auf meinen »Schatz«. In dieser Geschichte habe ich etwas von der Unwissenheit in mir selbst gezeigt und etwas vom großen Wissen der Welt.^{DD}

16. OKTOBER 1943 ^DHeute hätte ein so schöner Tag werden sollen. Zu viel mit Leo getrunken, bevor ich in der Van-Gogh-Ausstellung war. Chloe zweimal angerufen, und irgendwie lud Kay French sich am Ende selbst ein. Sie waren um 7:30 bei mir. Als wir kurz allein waren, sagte Chloe leise zu mir: »Ich will hierbleiben. Ich will, dass du mich ausziehst.« Mein Herz machte einen Satz, aber weshalb? Kay nahm sie um 11:30 mit nach Hause. Ich war zutiefst enttäuscht, denn wenn Chloe mich lieben würde, wenn sie auch nur etwas Charakter hätte, wäre sie über Nacht geblieben. Um 12:00 rief Leo an. Er würde jetzt kommen. So niedergeschlagen – und ich dachte: In solchen Zeiten wird die Seele eines Menschen auf die Probe gestellt. Ich wollte Ann anrufen – alle, die mich wirklich lieben. Habe noch geweint, als Leo kam. Wir gingen bis 3:00 spazieren. Danach ins Bett, beschloss, nächste Woche nicht so viel zu trinken. Ich bin sicher, dass ich von Chloe nie irgendeine Art von Befriedigung bekommen werde. Ich wünsche mir ein ruhiges Leben, brauche diese Aufregung nicht, ich muss arbeiten wie ein Mann und brauche eine Frau – eine, die mich zutiefst und beständig liebt.^{DD}

16.10.1943 Jeder Künstler hat einen Kern – und dieser Kern bleibt für immer unberührt. Unberührt von Liebhaberinnen und Geliebten. Sosehr man eine Frau auch lieben mag, der Zutritt bleibt ihr für immer verwehrt.

17. OKTOBER 1943 ^DDie Geschichte abgeschlossen: »The Three«. Gut geschrieben. Ann kam um 9:00, und sie war begeistert. Wahrscheinlich kann ich sie irgendwo verkaufen. Ja, ich bin stark. Ich brauche niemanden. Chloe schon gar nicht. Ich habe meine Kunst, und meine Kunst allein ist wahrhaftig.^{DD}

18. OKTOBER 1943 ᴰEin schöner, seltsamer Tag. Traf zufällig Rosalind und Angelica [de Monocol], als ich zur 52nd St. ging, um Schallplatten zu besorgen. Sie waren beide verkatert und luden mich auf einen Drink ein. Zu Billy The Oysterman[88]. Ich war furchtbar ernst. Habe viel von Chloe erzählt. Am Ende sogar ein paar Zeilen des Gedichts vorgetragen, das ich für Chloe geschrieben habe. »Dir geht es also prächtig«, war der Kommentar von Rosalind. »Wie könnte man von einer Person besser Gebrauch machen?« Ich sagte nur, ich bräuchte überhaupt niemanden.

Konnte heute Nachmittag nicht arbeiten. Ich wollte Chloe besuchen. Um 4 ging ich zu ihr. Gott! Ich erinnere mich an die Zeiten, in denen es für mich schon der Himmel war, zufällig die Hand eines Mädchens zu berühren! Und da lag sie heute Nachmittag auf ihrem Bett und ließ zu, dass ich sie lang und innig küsste! Und endlich öffnete sie den Mund und bewegte sich unter mir und streichelte meine Wangen! Mein Gott, wie schön!

Schaute bei *Home & Food* herein, die wollen, dass ich eine Geschichte illustriere. Und sie haben meine letzten fünf Spots gekauft. Freue mich. Heute Abend habe ich meine Geschichte »The Three« abgetippt. Zuerst *Harper's Bazaar,* denke ich. Ann hat angerufen, um mir zu sagen, dass ich ein Genie bin. Sie hat »Silver Horn of Plenty« fünfhundertmal gelesen. Und Tex – jubelnd, dass sie ein Zweieinhalb-Kilo-Beefsteak bekommen hatte. Und endlich, um 12:30 – die schönste Chloe. Sie hatte den Abend bei Betty Parsons verbracht und mit ihr gegessen. Und vorher zufällig Rosalind in der Wakefield getroffen, bei einer Ausstellungseröffnung. Und natürlich hat R. Chloe auf einen Drink eingeladen! Ins Giovanni. Wie eifersüchtig sie wäre, wenn sie wüsste, dass ich – ich – sechsmal mit Chloe geschlafen habe!ᴰᴰ

---

[88] Eines der bekanntesten New Yorker Fischrestaurants in den 1930er und 1940er Jahren.

19. OKTOBER 1943 ᴰNoch ein seltsamer Tag. Werde immer ernster und immer glücklicher, ohne deswegen zu selbstzufrieden zu sein. Werde auch älter. Ich muss bald etwas Gutes schreiben, und auch wenn es nur Worte sind, die Ideen, die Absichten dahinter sind mehr als das. Arbeit wie gewöhnlich, d. h. nicht sehr gut. Chloe wollte mich sehen, und ich traf sie um 5:40 bei Tony's. Tranken drei Daiquiris zusammen. Wir unterhielten uns über Rosalind, dass ich sie liebte – und liebe – und mich ihr nie so vertraut gefühlt habe wie jetzt, aber dass ich nicht mehr in sie verliebt bin. Das ist alles wahr, aber als Chloe sagte, R. langweile sie und sei eine schreckliche Heuchlerin, wurde ich trotzdem wütend.

Heute glaubte ich, dass der Tag bald kommen würde, an dem R. und ich endlich zusammen sein werden, denn ich bin eigentlich immer auf der Suche nach ihren Tugenden, ihrer Intelligenz und ihrer Weisheit – meine bleiben unvermindert. Habe noch viel zu lernen, aber ich lerne schnell.ᴰᴰ

20. OKTOBER 1943 ᶠChloe angerufen. Das war alles. Ich würde sie Samstagabend gern sehen, aber wenn es nicht klappt, wird es mir nicht das Herz brechen. Ich denke über meine Illustrationen und meine Geschichte nach, und meine Tage sind mit Arbeit gefüllt.

Um 8:30 Rosalind angerufen und ihr erzählt, was Chloe betrunken über sie gesagt hat, und Rosalind hat erwidert: »Eine herrliche Hülle! Aber sie langweilt mich schrecklich. Chloe kapiert nicht, dass die zwei, die sie liebt – du und Betty –, meine zwei wichtigsten Freundinnen sind.« Ich brauche nicht so nervös zu sein.ᶠᶠ

21. OKTOBER 1943 ᶠMüde im Büro, und wenn ich müde bin, kommt mir immer alles ganz hoffnungslos vor. Ein Kaffee mit Leo, und um 5:30 rief Chloe an. Samstagabend? – Mal sehen!, sagte sie. 4 ½ Martinis mit Leo, obwohl ich arbeiten wollte. Ich weiß nicht, warum ich immer trinken will, aber ich war auch sehr glücklich, dass Chloe angerufen hatte.

Um 9:40 Rosalind getroffen, die mich sehen wollte – obwohl Leo gern den ganzen Abend weitergetrunken hätte. Er versteht alles, aber was macht das schon? »Ist Chloe in dich verliebt?«, hat Rosalind mich gefragt. »Kein bisschen«, habe ich geantwortet. »Das ist absurd.« Usw. Es war wirklich sehr schön heute Abend.^{FF}

22. OKTOBER 1943 ^DSehr glücklicher, schöpferischer Tag, weil ich fast genug Schlaf hatte. Heute Morgen 7 Seiten geschrieben. Es regnete den ganzen Tag. Und Chloe hat die Grippe. Zwei Martinis mit Leo um 6:00 und Abendessen im Raffier's. Die ganze Wohnung geputzt, weil Chloe wahrscheinlich morgen Abend kommt. Sie hat einen Arzt kommen lassen und fühlt sich ein bisschen besser.^{DD}

22.10.1943 Es wird eine Zeit kommen, o Methusalem, da wirst du dich von Alkohol und Frauen lossagen wollen. Und allein sein.

23. OKTOBER 1943 ^DSchrecklich niedergeschlagen, als ich hörte, dass Chloe nicht die Nacht mit mir verbringen kann. Es geht ihr schlechter. Also auf einen Drink mit Leo – zwei – und Mittagessen bei Hamburger Mary's: Ich rede (in letzter Zeit) so viel über Rosalind, dass er Chloe ganz vergessen hat. Am Nachmittag nichts geschafft – diese Trinkerei muss aufhören. Mit R.C. auf zwei Martinis im Winslow. Hatte mein Notizbuch dabei, und ihr fielen beim Durchblättern ein paar Stellen auf, wo ich an Chloe, über Chloe geschrieben habe – über das Schlafen mit Frauen. Fragte schließlich: »Ist das ein Tagebuch?« – »Nein, das ist rein literarisch.« Später sehr betrunken und sauer auf mich selbst. Schwöre, dass ich nächste Woche nichts trinken werde! Ich schwöre es!^{DD}

24. OKTOBER 1943 ^DTrauriger, ruheloser Tag. War um ein Uhr verzweifelt und ging mit Leo ins Cocktail. Zwei Martinis. Hamburger, und ich beichtete ihm, dass ich nicht mit ihm nach Mexiko will – er glaubt, in mich verliebt zu sein. Er drohte damit, wenn ich

mit jemand anderem ginge, der Person den Hals umzudrehen. Zwei Martinis – ein Brandy, und ich fühlte mich wie eine Figur aus Kay Boyles *Monday Night*. Ich muss richtig über mein Leben nachdenken. Ich muss viel über mich selbst herausfinden, mir selbst geben. Und das bedeutet letztlich: schreiben. War bei meinen Eltern, die mich weder beeinflussen noch inspirieren.

Leo hat mir einen großen, prächtigen Kürbis gebracht und blieb nur kurz, wie ein Gentleman. Um 11:00 rief Chloe an, und mein Herz machte einen Sprung! Mein Gott, muss ich denn immer so viel trinken, dass ich mich zum Narren mache? Nicht nur in Chloes Augen, wenn sie wüsste, sondern vor Rosalind! Ja – das ist es, was mich so deprimiert. Rauche zu viel. Chloe will Rolf kennenlernen, wahrscheinlich Dienstagabend. Und den Kürbis mit mir schnitzen.[DD]

25. OKTOBER 1943 [D]Grandma kommt Donnerstagmorgen um 8:30 an. Würde zum Bahnhof fahren, aber will sie lieber bei Mutter zu Hause das erste Mal sehen. Das wird ein glücklicher Moment! Chloe kam um 11:20 und blieb bis 2:00, und in dieser Zeit tauschten wir die längsten, schönsten, unglaublichsten Küsse aus! Mein Gott, es war himmlisch – ihre Lippen erst zart, dann kräftig zu berühren! »Pat!«, flüsterte sie mir ins Ohr! Hinterher sagte sie, sie sei verrückt, wir seien verrückt, und sie bete mich an. Habe mich mit Rosalind verabredet. Sie sagte »ja« und nannte mich »Patsy«. Man ist (bei *H. & F.*) begeistert von meinen Illustrationen, und ich bekomme wahrscheinlich eine Weihnachtsgeschichte zum Illustrieren.[DD]

27. OKTOBER 1943 [F]Schöner Tag, aber noch immer sehr müde. Muss ein Experiment versuchen: 1) genug schlafen, 2) genug innere Ruhe finden, um zu träumen, 3) um ein Buch zu schreiben, 4) um die ganze Welt zum ersten Mal zu sehen, wie sie wirklich ist. Klingt das naiv? Blödsinnig? Kindisch? Die größten Künstler sind immer kindisch. Ich werde sofort anfangen mit dem Experiment. Das Erste

und Wichtigste ist die Seelenruhe. Mittagessen mit Rosalind. Erzählte ihr, was Chloe will und nicht will usw. Sagte ihr schließlich, dass bei mir etwas verdreht läuft, dass ich ein Mädchen nicht mehr liebe, wenn sie mich mehr liebt als ich sie. »Das kennen wir alle«, erwiderte sie traurig. Interessant.

Wayne Lonergan, der Mann von Patricia Lonergan, der sie wahrscheinlich umgebracht hat, ist schwul.[89] Hat Mutter heute Morgen erzählt. Sehr interessanter Rechtsfall, denn sie sind beide reich usw. Maria und Angelica kannten Patricia. Rosalind kennt viele der Jungen, Männer, die ziemliche Angst haben, weil sie nicht wollen, dass ihre Namen öffentlich bekannt werden.[FF]

28. OKTOBER 1943 [D]Guter Tag. Viel geschafft, denn so etwas wie Grandmas Ankunft lenkt mich gar nicht ab. Viel mit Jerry gesprochen, den ich immer lieber mag. Großmutter sieht nicht so schwach aus, wie ich befürchtet hatte. Sie hat uns viele Familienfotografien gezeigt – die ich irgendwann einmal bekommen soll. Besonders die allerschönste: von meiner Mutter mit dreizehn oder vierzehn Jahren. Sie war ein Engel! Goldberg hat angerufen. Wird im Januar in Mexiko sein und arbeitet an zwei Büchern. Nannte mich »Pat« (!), und verlegen (wie ein Esel) nannte ich ihn zum ersten Mal B. Z. Joseph Hammer hier. Er wird vors Kriegsgericht gestellt, weil er auf See irgendeinen Befehl missachtet hat. Habe gerade gar keine Lust, ihn zu sehen. Tex sagt, Wayne Lonergan (der den Mord gestanden hat) sei bei Mifflins Party 1942/1943 gewesen. Ich habe also seine Bekanntschaft gemacht, aber ich erinnere mich nicht daran.[DD]

29. OKTOBER 1943 [D]Mit Hughes über Mexiko gesprochen. Er will mich nicht gehen lassen. Die Zeitverschiebung zwischen N. Y. und

---

89 Am 24. Oktober 1943 wurde die prominente New Yorker Erbin Patricia Burton Lonergan stranguliert in ihrem Bett aufgefunden. Der Mordprozess, der mit der Verurteilung ihres Ehemanns Wayne Lonergan endete, hielt Presse und Öffentlichkeit in Atem. Interessanterweise vergleicht der Journalist Dominik Dunne ihn in seinem im Juli 2000 in *Vanity Fair* erschienenen Artikel »The Talented Mr. Lonergan« mit Patricia Highsmiths Tom Ripley.

Mexiko sei zu groß usw. Heute machte er vor Camy und Leo alle möglichen Anspielungen, das heißt: Wenn ich nach Mexiko gehe, wird er mich entlassen. Zu lange (mit Leo) darüber geredet und mir so meinen schönen Wochenschnitt kaputtgemacht. Meine Gedanken sind immer bei Chloe. Rief sie um 10:30 an und wurde eingeladen, die Nacht bei ihr zu verbringen. Natürlich ging ich hin, schnell wie der Blitz. Ich berührte sie zum ersten Mal, als sie tat, als wäre sie eingeschlafen, versuchte aber nicht, sie zu erregen. Sie war ganz trocken – wirklich, und ich dagegen wie eine Quelle. Ist sie deswegen unfruchtbar? Frigide? Keine Ahnung. Götz van Eyck hat um 3:00 aus Kalifornien angerufen und eine Stunde lang mit ihr geredet, während ich im anderen Zimmer saß. Als ich wieder hereinkam, küsste sie mich so liebevoll wie immer, aber war ganz durcheinander.[DD]

31. OKTOBER 1943 [D]Um 1:30 rief Chloe an – sie wollte mich sofort sehen: Ein Telegramm sollte ankommen – von Götz, und sie wollte es nicht allein öffnen. Sie behauptete, sie hätte ihn um 5:00 morgens verlassen. Wusste nicht, ob ich ihr glauben sollte. Sagte meine Verabredungen mit Raphael Mahler, Mutter und Ann T. ab (die wahrscheinlich als Einzige die Wahrheit kennt), und ging mit Chloe ins Bett. Das Telegramm unterbrach uns[DD] – »Donnie hatte recht, ich werde es nie nicht fühlen. Und vielleicht werden wir ja wieder lebendig, jetzt bin ich es nicht. Ich habe mit meinem Erzengel gekämpft und verloren. Ich werde dir noch einen einzigen Brief schreiben.« Götz. [D]Sie zeigte keinerlei Regung – zehn Minuten lang. Dann fing sie an zu zittern und trank alles, was sie im Haus hatte. Sie wurde wütend – wollte mehr trinken, und nachdem wir eine Antwort verfasst hatten, gingen wir (sie im Rock mit nichts darunter) ins Longchamps. 1½ Martinis. Dann zurück und ins Bett. Ich machte Liebe mit ihr – ihr erstes Mal mit einer Frau –, und es war nicht weltbewegend, aber – ich machte meine Sache wohl gut, und das Einzige, was zählt, ist, dass ich sie kurz glücklich gemacht habe.

Mein Gott, als sie meinen Lippen ganz nah war, wusste ich, dass ich keine Ruhe finden würde, wenn ich meine Liebe nicht würde ausdrücken können. Also tat ich es. Ich muss über vieles nachdenken. Aber eins ist sicher: Ich muss sofort etwas Bedeutendes schreiben. Etwas Großes. Ein großer Traum meines Daseins, meines Innern. Die Gedichte kommen später. Mein Herz aber ist voll – viel zu voll heute Abend. Es will sich nicht ausschütten lassen.[DD]

1. NOVEMBER 1943 [D]War den ganzen Tag völlig verwirrt: Wie lange wird das mit Chloe halten? Was soll ich jetzt tun, wo meine letzte Geschichte unvollendet ist? Und was ist mit Mexiko – bis heute Abend dachte ich, ich müsse mein Glück und meinen Frieden (ja, Frieden) finden, sonst könne ich keine Kunst erschaffen oder schreiben.

Habe gut gearbeitet. Es kommt mir nach gestern seltsam vor, meinen Mund wie immer zu sehen, meine Finger wie immer bei der Arbeit, meine Augen wie immer. Ich habe eine Frau glücklich gemacht! Ja – nur das ist wichtig: Ich habe sie glücklich gemacht, und wir bereuen nichts. Heute oder gestern hat Chandler eine Blinddarmoperation gehabt. Chloe ist natürlich sehr besorgt, und ich freue mich darüber. *Adrienne Mesurat* [von Julien Green] mit großem Vergnügen gelesen.[DD]

2. NOVEMBER 1943 [D]Den ganzen Tag lang unruhig, viel geraucht, obwohl ich mit der Arbeit gut vorankam. Um 2:30 mit Chloe gesprochen, Chandler geht es schlechter, und sie fährt sofort nach Kalifornien. »Du wirst glücklicher sein, wenn ich gehe.« – »Mein Gott! Was bitte denkst du, stimmt nicht mit mir?«, schrie ich fast unter Tränen. Wie traurig. Wie übel und wie hoffnungslos! Hatte das seltsame und seltene Vergnügen, meinen eigenen Rum allein zu trinken. Wie ein Gentleman, wie ein Weiser, und ging dann mit einem schönen kleinen Salat zu Chloe. Küsste sie meisterlich, als sie auf ihrem Bett lag. »Du wirst mich noch um den Verstand

bringen!«, flüstert sie immer. Zart – fest – ihre Küsse sind himmlisch!^{DD}

3. NOVEMBER 1943 ^DSchöner Tag – Mexiko ist abgemacht! Habe mit Hughes gesprochen, und auch wenn er nicht garantieren kann, dass die Bezahlung zum Auskommen reicht, glaube ich, er wird es zumindest versuchen. D. h., ich kann ihm meine Geschichten zuschicken. Meine Eltern waren ganz entspannt, sie sind überzeugt, dass ich in Mexiko Erfolg haben kann. Goldberg um 8:30. Er gibt mir so viel! Ermunterung usw., und überzeugt mich immer, dass ich wirklich eine Schriftstellerin bin. Ich muss in Mexiko einen Roman schreiben. Chloe hin oder her – ich fahre!^{DD}

4. NOVEMBER 1943 ^DHabe Chloe erzählt, dass ich so bald wie möglich nach Mexiko will. »Dann gehe ich mit«, erwiderte sie. Mein Herz war beflügelt! Chloe hat morgen Abend eine Verabredung mit Kiki Preston[90] – einer dekadenten, verdorbenen Frau, die sie schon lange kennt. Musste betrunken ins Theater zu *Petruschka*. Dann zu Rosalind. Cutty Sark [Whisky] mit ihr bis zwei.^{DD}

6.11.1943 Man braucht das Alleinsein, um festzustellen, wie traurig man ist. Und genauso braucht man das Alleinsein, um festzustellen, wie glücklich man ist. Letzteres ist die seltenere und erstaunlichere Empfindung. Aber für den Glücklichen nehmen die Segen kein Ende.

6.11.1943 Ein Künstler kann nicht mit sich selbst und mit einer Frau zusammenleben. Wie dies je eingerichtet werden kann, erschließt sich mir nicht.

---

90 Kiki Preston, eigentlich Alice Gwynne (1898–1946), US-amerikanische Bankiersgattin, entfernte Verwandte der mächtigen Familien Vanderbilt und Whitney und Mitglied der hedonistischen Happy-Valley-Clique in Kenia. Bekannt für ihre Schönheit, ihre Drogensucht (»die Lady mit der Silberspritze«), ihre vielen Liebhaber und das angebliche uneheliche Kind mit Prinz George, Duke of Kent, Sohn König Georgs V.

7. NOVEMBER 1943 ᴰChloe hat mir einen Blumenstrauß mitgebracht – eine Rose, ein paar Chrysanthemen –, den ich für den Rest meines Lebens behalten werde. Sie will jetzt »einen Monat – vielleicht drei« in Palm Springs verbringen. Und ihren Mann jetzt doch nicht sehen. Kiki hat sie eingeladen, bei ihr zu wohnen. Das sind die Neuigkeiten. Und das reicht ja auch.ᴰᴰ

8. NOVEMBER 1943 ᴰDen ganzen Tag fast krank. Nichts von Chloe gehört. Sie hat ihre Pläne bestimmt schon wieder geändert. Sie ändert ihre Meinung schneller, als sich die russischen Frontlinien ändern. Lerne Spanisch – sehr fleißig.ᴰᴰ

8. NOVEMBER 1943 ᴰSchöner Tag. Trug Mokassins zur Arbeit, mit großem Erfolg. War bei der Missouri Pacific [Railroad]. 190,00 hin und zurück, und ich könnte am 28. fahren. Aber nach einer Unterhaltung mit den Eltern habe ich beschlossen, nicht vor dem zehnten Dezember abzureisen. Fleißig gearbeitet und war ganz aufgeregt, zufrieden und glücklich – aber will diese Stadt trotzdem verlassen. Chloe bleibt eine Woche in Palm Springs. Lese Gedichte.ᴰᴰ

10.11.1943 Gefühle überwältigen einen plötzlich, oft als Begleiterscheinung von Liebe, Sympathie, Erregung, Begehren. Durch ein Wort der Gefährtin, wie wenn man einen Wasserhahn aufdreht. Aber genauso schnell kann das Bewusstsein ihn auch wieder zudrehen.

11. NOVEMBER 1943 ᴰSchöner Tag. Ich trete ein in eine manische Phase, in der ich wenig Schlaf und Nahrung brauche. Chloe ist heute Nachmittag zu Kiki Preston gefahren. Für neun Tage – offiziell. Werde immer dünner, obwohl ich viel esse. Grandma und Mutter sehr neugierig wegen meiner Gefühle für Chloe, »Warum?« und »Was ist denn an ihr so toll?« und »Ich wüsste gern, was dieses Mädchen für eine merkwürdige Macht über dich hat!«ᴰᴰ

12. NOVEMBER 1943 ᴰBekomme vor dem 12. Dezember keinen Zugplatz. Das reicht. Haben zu Hause ein Geheimnis ausgesprochen: Wir mögen Grandma nicht. Sie ist eifersüchtig, redet zu viel, will zu viel Geld ausgeben und nimmt keinerlei Rücksicht auf Mutter. Es macht mich traurig, dass Mutter immer noch versucht, Grandma zu verstehen, sie zu ändern, ihr zu zeigen, wo sie unrecht hat. Und dass Mutter immer noch nach etwas sucht, das es nie gegeben hat. Abends ein Brief von Allela – er war sehr schön, dass sie mich noch liebt usw. Ich musste sofort antworten. Heute Nacht fing ich ohne die geringste Mühe an, meinen Roman zu erträumen. Das ist gesund. Die Arbeit kommt viel später.ᴰᴰ

12.11.1943 Mehr als den meisten Schriftstellern bewusst ist oder sie zugeben wollen, entspringt die Inspiration, entspringen Schauplätze in ihren Geschichten visuellen Objekten: einem Haus, einem Koffer, einem Handschuh im Rinnstein. Warum von indirekter Inspiration sprechen? Es ist so einfach, die Entwicklung zurückzuverfolgen, dass man diese Objekte ganz direkt als Grundlage erkennt.

13. NOVEMBER 1943 ᴰ2 Martinis mit Leo. Wir werden uns fremd, fühlen uns nicht mehr wohl zusammen. Er lebt schnell, macht kleine Dinge, aber ihm fehlt wahrscheinlich das Talent für den großen Traum. Den Traum, der echte Künstler ausmacht. Um 2:45 mit Mutter und Grandma ins Martin Beck Theatre[91]. K. Dunham[92] – sehr aufregend, aber nicht wie Carmen Amaya. Dann ganz schnell nach Hause. Brauchte allerlei Sachen und gab zu viel aus. Etwas Gin – es ist immer der Schnaps, der mich arm macht. Chloe um 6:30 hier. Ich wollte sie heute Abend betrunken machen, aber ohne

---

91 1924 eröffnetes Theater am Broadway, das 2003 in Al Hirschfeld Theatre umbenannt wurde.
92 Katherine Dunham (1909–2006), US-amerikanische Tänzerin, Choreographin, Anthropologin und Aktivistin. 1937 gründete sie die Negro Dance Group und protestierte mit ihren Auftritten gegen die Rassentrennung. Sie war eine der ersten afroamerikanischen Choreographinnen an der Metropolitan Opera in New York. Zu ihren Tanzschülern gehörten unter anderen James Dean und Marlon Brando.

Erfolg. Sie musste zu Kiki, die sehr krank ist. Chloe sagt, wenn sie sich je in eine Frau verlieben würde, dann in mich. Aber dass sie Männer vorzieht. Es ist wundervoll, wie viel Energie man plötzlich hat, wenn die eigene Frau einen in der Nacht verlässt. Das spüre ich jetzt gerade. War höchst verärgert, denn ich wollte sie sehr. Will noch so viel erledigen, bevor ich wegfahre. Und denke über mein Buch nach.^{DD}

14. NOVEMBER 1943 ^DWieder zu viel Zeit verschwendet, aber so geht es jeden Sonntag. Frühstück bei den Eltern, weil ich so einsam bin, wenn ich Chloe nicht habe. Das macht mich wahrscheinlich zum Feigling. Dann musste ich einen Spaziergang mit Mutter machen, auf dem wir zur nächsten Kneipe eilten. Wir sprachen offen über Großmutter. Es muss etwas geschehen, denn sie hat jetzt vor, jeden Sommer herzukommen. Mutter wird graue Haare kriegen, und sie treibt uns alle in den Alkohol. Chloe rief an. Sie hat Angst, dass sie mich verderben könnte, wenn wir zu viel Zeit miteinander verbringen. Ich habe die Fähigkeit bzw. die Gleichgültigkeit, das abzuschütteln. Glücklich und unglücklich, auf jeden Fall sehr beschäftigt.^{DD}

15. NOVEMBER 1943 ^DZwei Sitzplätze im Zug bestellt. 11. und 12. Dezember. Ich glaube, Chloe kommt mit, sie hat ja keine großen eigenen Pläne. Ich bin wenigstens entschlossen, und sie wird mitkommen – und sei es nur aufgrund meiner Beharrlichkeit. Habe sie um 2:00 angerufen und ihr erzählt, was ich getan habe, und sie erwiderte: »Gut!« In der Wakefield Gallery – keine Bernhard, aber Rosalind, Natasha und die Calkins, die sehr freundlich zu mir waren. Bin glücklich. Jerry zieht am 26. November definitiv in den Krieg.

340,26 $ auf der Bank.^{DD}

18. NOVEMBER 1943 ᴰRosalind und Betty um 9:30. Sie waren zuerst ganz förmlich, aber dann rief Chloe an: Kiki und sie wollten kurz vorbeikommen. Kiki ist schlank,ᴰᴰ eine alte Schachtel aus der alten Zeit. ᴰChloe schon ganz betrunken, als sie kamen. Rosalind amüsierte sich köstlich. Käse und Scotch und lange, höchst inhaltsschwere Pausen. Kiki war fest entschlossen, nicht ohne Chloe zu gehen, aber Betty Parsons gelang es irgendwie, sie hinauszuwerfen. Betty gefallen meine Skizzen und Bilder. Und sie will einige davon in ihre nächste Ausstellung aufnehmen! Wir lieben dieselben Dinge. Betty mochte mich heute Abend sehr und ich sie auch. Freue mich, über nichts Bestimmtes – vor allem über meine Arbeit und mein wundervolles Leben! Ich will alles Mögliche machen. Ich will ein Riese sein!ᴰᴰ

19. NOVEMBER 1943 ᴰIch freue mich riesig, dass Chloe endlich entschlossen ist mitzukommen. Wir haben heute lange geredet. Sie hat ein Einkommen von 81,50 im Monat. In Mexiko wird sie reich sein, aber im Moment hat sie nicht viel Bares. Ich werde ihr die Fahrkarte für die Hinfahrt kaufen. Mache mir keine Gedanken darüber, höchstens darüber, dass ich mir keine Gedanken mache.ᴰᴰ

20. NOVEMBER 1943 ᶠGlücklich, aber schrecklich nervös. In diesem Augenblick, nach einem Abend mit Chloe, hält mich nichts mehr bei ihr. Jetzt – mit 7 Stunden Schlaf in 48 Stunden, will ich schreiben, lesen, all die friedlichen, geistigen Dinge tun, mit denen ich mich schon immer befasst habe. Ich strotze nur so vor Kraft. In der Arbeit war es natürlich sehr mühsam. Habe nur 165 $ auf der Bank und nur noch 64,00 $, wenn ich Chloes Fahrkarte gekauft habe. Ein Brandy mit Camy, der mir immer mehr ans Herz wächst. Chagall-Ausstellung – sagenhaft! Er ist ein alter Liebling von mir. Außerdem Tamayo[93] – nicht gut. Camy war um 6:45 hier, um mei-

---

93 Rufino Tamayo (1899–1991), mexikanischer, vom Surrealismus beeinflusster figurativer Maler.

nen Tisch abzuholen, und garantiert auch, um Chloe kennenzulernen. Er war wahnsinnig aufmerksam, räumte meine Küche auf usw. und gab mir eine Massage, weil ich völlig fertig war. Dann Chloe um 7:30. Ein bisschen betrunken, aber sie mag Camy, und er mag sie. Um 9:00 endlich allein. Chloe sehr lieb. Hat erzählt, Kiki versucht, sie zu Drogen zu überreden. Betty sagt, Kiki sei Donnerstagabend ins Bad gestürzt, um fünf große Pillen zu schlucken. Chloe will immer noch nach Mexiko. Aber Kiki, die langsam ahnt, dass Chloe gehen wird, wird alles tun, um sie hier zu halten. Und Chloe? – Es würde wirklich keinen großen Unterschied machen, wenn sie nicht mitkäme.[FF]

21. NOVEMBER 1943 [F]Guter Tag – bis 11:30 geschlafen und dann zum Mittagessen zu meinen Eltern. Ich haben ihnen alles über Chloe erzählt. Meine Mutter sagt nicht viel, ist aber zweifellos interessiert. Chloe hat zum ersten Mal ernsthaft über unsere Reise gesprochen. Ich habe ihr erklärt, wie man ein Visum bekommt. Das Schätzchen – sie sollte wirklich einen Mann haben für solche Dinge. Ich übernehme diese Aufgabe mit Vergnügen! Meine Eltern geben mir wahrscheinlich 100 $ dazu. Als Weihnachtsgeschenk nehme ich es an. Im Museum of Modern Art gelesen. Sehr inspirierend. Romantische Malerei. Oh, ich will in Mexiko malen! Und bin auf der langen Straße, die mich wieder zu mir selbst zurückführen wird, etwas vorangekommen. Ruhe ist absolut notwendig. Aber es ist nicht leicht, Ruhe zu bewahren, wenn Kiki gerade mit Chloe im Bett liegt und ihr Drogen geben könnte. Das macht mir große Sorge. Aber in drei Wochen – in weniger als drei Wochen – kann sie nicht süchtig werden.[FF]

24. NOVEMBER 1943 [F]Kam erst um 11:30 ins Büro, weil ich heute Morgen noch etwas Schlaf nachholen musste. Mein Zahn tat so weh, dass ich erst um 6:00 morgens einschlafen konnte. Hughes sehr kühl, als ich im Büro ankam. Jerry sagt, Hughes kommt immer

in mein Büro, wenn ich nicht da bin, also denkt er, ich verbringe viel Zeit außerhalb des Büros.

Um 2:30 zum Zahnarzt. Ich habe einen Abszess am Zahn, und zwei andere Zähne müssen gezogen werden, auch der Weisheitszahn.

Chloe hat um 1:00 angerufen. Ganz ernst und überhaupt nicht betrunken. »Ich werde meinen guten Ruf verlieren, aber wozu soll mein Ruf schon gut sein?« Ich wusste nicht, was ich sagen sollte. »Und für wen, wenn nicht für dich, meine Liebste?« Ich verliere meinen genauso – aber nein –, aber was für ein herrlicher, schöner Verlust![FF]

25. NOVEMBER 1943 [D]Chloe sehr lieb. Ich habe jetzt mehr Gefühle für sie, aber ich bin immer noch zurückhaltend, wenn es ums Küssen geht. Aber sobald ich den ersten Schritt mache, reagiert sie wie eine Liebende. Sie macht sich Sorgen, dass ich mich in eine Mexikanerin verliebe. »Und was wird dann aus mir?«, fragte sie traurig lächelnd.[DD]

26. NOVEMBER 1943 [F]Ich bin glücklich, wenn ich an unsere Abreise denke. Wir werden zusammen bei meinen Eltern sein, und ich werde wohl nie wieder etwas erleben, das sich so sehr nach Flitterwochen anfühlen wird. Und den Eltern wird alles klar sein. Der Tag wird kommen, an dem Chloe aufwacht, mich nachdenklich anschaut und sich fragt: »Wer bist du eigentlich?« Dann weiß ich, dass sie geheilt ist und mich nicht mehr braucht. Ich werde versuchen, nicht allzu traurig zu sein.

Leo macht weiterhin unverschämte Bemerkungen über Chloe, und wenn sie mir mehr bedeuten würde, hätte ich ihm längst eine runtergehauen![FF]

27. NOVEMBER 1943 [F]Ein elender Tag. Habe seit drei Monaten nichts geschafft, ungelogen. Ich finde nicht zu mir. Aber der Wunsch

zu arbeiten wächst von Tag zu Tag. So wie jetzt bin ich unvollständig. Habe alle meine Schallplatten in einem Koffer zu Rosalind gebracht. Einen Rum bei ihr um 4:15, dann die Berman-Ausstellung[94] bei J. Levy. Julien nicht sehr freundlich, aber Muriel lächelte, sehr nett. Dann Wakefield, R., Betty und ich wie alte Freundinnen. 2 Martinis, in Gedanken bei Chloe. Abendessen mit Camy, und ich war ganz schön betrunken. Er weiß wahrscheinlich alles, was es über Chloe und mich zu wissen gibt.[FF]

28. NOVEMBER 1943 [D]Hart gearbeitet und bin jetzt zufriedener. Mutter war so dreist, morgens um 9:15 bei mir anzurufen, als ich noch geschlafen habe. Ja, ich will wie ein Professor leben – meine Mußestunden, mein Tee, meine Bücher, verschiedene Projekte, verschiedene Studien. Die Unruhe soll allein im Innern sein. Das Leben ist unruhig genug, und innere Unruhe ist die einzige, die sich mit Arbeit verträgt. Cocktails bei meinen Eltern mit Bernhard. Sie hat sich die Fotografien meiner Großmutter angeschaut. Ich mag Bernhard wirklich gern. Nervöses Abendessen mit der Familie. Ich spreche nicht viel mit Grandma, und obwohl sie das bemerkt, kann ich nicht viel dagegen tun. Periode – eine Woche zu früh. Bin trotzdem sehr erregt und will Chloe wie ein Mann seine Frau.
Denke über meinen Roman nach.[DD]

29. NOVEMBER 1943 [D]Meine Großmutter nimmt morgen den Zug. Oh! Wie glücklich, wie aufgeregt ich war, als sie ankam. Aber das schreckliche Gefühl wuchs und wuchs – ich liebe sie nicht. Ich kann sie nicht lieben. Die letzten zehn Tage will ich unbedingt ruhig bleiben. Wir werden sehen. Ich will es von ganzem Herzen. Ich will es mehr noch als eine Frau.[DD]

---

94 Eugene Berman (1899–1972), russischstämmiger US-amerikanischer Maler, der zunächst der Neoromantik zugerechnet wurde und sich später dem Surrealismus zuwandte.

30. NOVEMBER 1943 ᴰDer schwerste, wütendste Tag meines Lebens. Bekam von 7–8 den Zahn gezogen. Perlman hatte mir 3 Scotch verabreicht. War noch nicht ganz abgetaucht, als er den Zahn zog. Dieselben schrecklichen Träume, ich dachte, Chloe sei die einzige Frau auf der Welt, im ganzen Kosmos und ich wüsste alles über alles und die ganze Welt und die Geschichte wäre eine Theateraufführung zu meinem Vergnügen!ᴰᴰ

2. DEZEMBER 1943 ᴰSchrecklicher Tag. Um 1:00 zu Dr. B. zur Impfung gegen Typhus. Sehr schnell. Etwa ein halber Teelöffel. Danach ging ich in die Lechay-Ausstellung[95]. Gute Aquarelle. Ein großer, leckerer Kaffee im Hamburger Heaven. Vielleicht lag es daran, dass ich so schnell krank wurde. Mir wurde übel und schwummrig, ich war mir ganz sicher, ich müsse sterben. Bin überzeugt, dass der Arzt mir eine falsche Impfung gegeben hat und ich wirklich hätte sterben können. Ein kleines Kind kann allerlei Impfungen ertragen, weil es nicht weiß, was es durchmacht. Aber ich – mit meiner ohnehin sehr lebhaften Einbildungskraft für körperliche Schmerzen –, ich kann es nicht. Fieber und Kopfschmerzen. Typhus.ᴰᴰ

3. DEZEMBER 1943 ᴰHabe meinen »PASE« für México bekommen. Ganz einfach beim Generalkonsulat.
Ich will mein Leben planen. Ich will die Ruhe aus »Komm, süßer Tod!«. Ruhige Tage und eine Frau? – Da bin ich mir nicht so sicher.ᴰᴰ

4. DEZEMBER 1943 ᴰFrau Doktor Mahler kam vorbei, um mir drei Geschenke für die Rosenbergs mitzugeben. Zwei Paar Nylons, [Pearl S. Bucks Roman] *Drachensaat* und eine Schachtel Mandeln für mich. Und ein Ölgemälde – zum Glück klein. Mit Rosalind um

---

95 James Lechay (1907–2001), US-amerikanischer Maler. Bezeichnete sich selbst in späteren Jahren als »abstrakten Impressionisten«. Seine Werke wurden 1942 und 1943 in den Feragil Galleries ausgestellt.

5:00. Sie machte mir das größte Kompliment – dass sie nur Natasha, Betty und mich als Freundinnen betrachtet. Dass es einsame Weihnachten werden würden, weil ich nicht da bin. Um 8:00 zu Chloe. 39,6 °C Fieber. Tony Werner sagt, dass die Krankheit, Spanische Grippe, sehr ansteckend und seuchenartig ist. Ich traf gar keine Vorsichtsmaßnahmen dagegen. Seltsam – dass ich Chloe will und dann doch wieder nicht, dass ich alles machen kann, was ich will (mit ihr oder ohne sie). Wieder unruhig. Habe viel zu tun und fast den ganzen Tag verschwendet.[DD]

4.12.1943 Gott hat derben Humor bewiesen, als er den Körper erschuf. Wenn ich sterbe, werde ich an das Schwitzen, das Zittern, die Kopfschmerzen, die verunglückten Versuche des Liebemachens, die Mühen des Aufstehens am Morgen denken und so laut lachen, dass ich platzen würde, hätte ich noch einen Körper. Dann lebe ich im Reich des reinen Denkens, der künstlerischen Erkenntnis und der Vollkommenheit. Ich werde nicht überrascht sein wie die meisten, denn ich habe die ganze Zeit damit gerechnet. Nichtsdestotrotz werde ich eine der Dankbarsten sein.

5. DEZEMBER 1943 [D]Chloe geht es besser. Ihr Fieber ist weg, und sie hat ein Bad genommen. Wollte ausgehen! Habe (mit Mutter) allerlei Bücher und Kisten usw. gepackt. Nichts mehr zu tun. Ich nehme sehr wenige Bücher mit. Ich denke viel an Rosalind – die mich gestern so glücklich gemacht hat. Ich muss sie wirklich lieben – jetzt, wo das Feuer verflogen ist, wo die Liebe trotzdem andauert. Jetzt – aber zuerst muss etwas aus mir werden.[DD]

5.12.1943 Per Zufall habe ich dich kennengelernt. Per Zufall und vom ersten Augenblick an habe ich dich geliebt. Mit jedem Jahr wird meine Liebe schöner, wie ein gutes Klavier, das mit der Zeit immer satter klingt. Wie in den Anfangstagen, als meine Träume nur von unserer gemeinsamen Zukunft handelten, sind wir in meinem Kopf auch jetzt zusammen, und die Zukunft ist viel näher. Jetzt stehe ich auf festem Grund, ohne die Trunkenheit, die grundlose Aufgeregtheit, die Irrungen und Wirrungen jeder neuen abendlichen Begegnung. Was jetzt noch da ist, muss Liebe sein, eine, wie ich sie wohl nie zuvor gekannt habe.

7. DEZEMBER 1943 ^DMit Ann T. gesprochen. Ellen B. hat sich vor drei Wochen in Westport umgebracht. Selbstmord, mit einer Pistole. Eigentlich lässt sich das alles auf den Abend zurückführen, an dem Chloe mich nicht angerufen hat. Deswegen betrank ich mich am nächsten Abend, Ann blieb über Nacht und erzählte es Ellen, die danach nicht mehr dieselbe war. Chloe – du bist wirklich Helena III. von Troja! Mit Rosalind gesprochen, die mir immer teuer sein wird. Die Eltern sind sehr besorgt, weil ich erwähnt habe, dass ich vielleicht irgendwann einmal mit Rosalind zusammenleben werde. »Viel lieber würde ich dich mit einem Ehemann und einer Familie sehen«, sagte Mutter. Natürlich, aber ich bin nicht nach der Natur. Machte mich bereit. Für mein Schicksal.^{DD}

8. DEZEMBER 1943 ^DSchrecklich nervös. Ich weiß nicht, ob ich irgendetwas tun kann, um meine Nerven zu beruhigen, oder ob es mit ihnen einfach immer schlimmer werden wird, bis ich tot und unter der Erde bin. Perlman um 6:00. Aßen im Palm Restaurant, 49th St. Vorzügliche Beefsteaks für 3,00 $ das Stück. Aber ich wollte nicht so viel essen. Ich will nachdenken, geruhsam leben, alles vergleichen und schmecken – so wie man immer leben sollte. Radio City, wo der Film so langweilig war, dass ich bald aufstehen musste, um Chloe anzurufen. Zu Tode gelangweilt ist bei mir ein alltäglicher Zustand. Perlman diverser Schrecklichkeiten schuldig – er küsste mich, was mich sehr ekelte!^{DD}

9. DEZEMBER 1943 ^DGearbeitet wie immer. Mutter kam um 12:30 und machte die Bekanntschaft von Jerry – er findet, ich bin »schö-

ner« als meine Mutter. So ein Quatsch, das heißt wohl, dass er sich in mich verliebt hat. Schuhe, Taschen und Geschenke für die Plangmans gekauft. Und das Allerbeste: Chloe hat ihr Visum auch bekommen. Die Männer auf dem Amt waren natürlich sehr höflich! Warum auch nicht? Hat Mexiko je eine solche Frau gesehen? Jerry schenkte mir Burns Mantles[96] *Plays* – mit einer Widmung –, sehr nett. Ich habe ihn sehr gern – und was für ein seltsamer (was das Körperliche angeht, geht es gerade mal zwei Wochen!) Anfang!^{DD}

11. DEZEMBER 1943 ^DDU SUCHEST DIE KRANKEN UND IRRENDEN TREULICH UND – WIR EILEN MIT SCHWACHEN, DOCH EMSIGEN SCHRITTEN – ZU DIR – ZU DIR[97] – Wir sind krank – aber Gott sei Dank zusammen.^{DD}

14. DEZEMBER 1943 ^DUm 7:00 Uhr morgens in San Antonio, Texas. Brauchte sofort einen Zahnarzt und war um 9:00 bei einem. Hinterher – endlich Ruhe. Ewigkeiten später.^{DD}

14. DEZEMBER 1943 ^DNoch schweigsam. Noch ängstlich. Der Zahn wird schlimmer. Frühstück neben unserem schrecklichen, trostlosen Hotel und danach Suche nach einem Zahnarzt. Fühle mich wie eine der Verdammten der Erde. Doktor Durbeck, der mich röntgen sollte. »Abszess, kein Zweifel«, sagte er. Ein großer Schnitt, viel Blut. Meine Ängste sind noch da, aber ich kämpfe mit aller Kraft dagegen an. Endlich wieder bei Chloe, die Kopfschmerzen hatte und an nichts anderes denken konnte. Kamen immer noch ziemlich schweigsam in unser Hotel zurück. Chloe glaubt, ich hätte mich von ihr abgewandt, ich wäre ein Jekyll-und-Hyde-Mensch. Um 7:30 im Zug. Viel glücklicher, weil ich dachte, meine Leiden wären vorbei, mein Zahn wieder besser. Heute Nacht in Laredo. Sehr spät,

---

96 Robert Burns Mantle (1873–1948), US-amerikanischer Theaterkritiker, der in seinem Jahrbuch *Best Plays* über die jeweils besten Stücke des Jahres schrieb.
97 Aus J. S. Bachs Kantate »Jesu, der du meine Seele«.

um 1:30 morgens, fuhren wir über den Grand Canyon. Die Waggons mit Planen abgedeckt, die Leute schweigsam, schauten einander besorgt an. Wir zeigten unsere Visa vor. Mexikanische Grenzbeamte. Der Zensor las unsere Briefe, alle von G. v. E. [Götz van Eyck] an Chloe. Und meine wollte er nicht durchgehen lassen, weil es zu viele waren. Ich sollte in Laredo übernachten, aber C. fürchtete sich davor, allein in Mexiko anzukommen. Sie fürchtete sich aber auch davor, mit mir in Laredo zu übernachten. Musste mein Gepäck zurück nach N. Y. schicken, und Chloe versprach, die Rechnung zu bezahlen. Sie war fast hysterisch glücklich heute Abend. Aber morgens ...^{DD}

15. DEZEMBER 1943 ^D... morgens ist es viel schlimmer – wie immer. Und die Ärzte können nichts dagegen tun. Den ganzen Tag Christian Science gelesen, auch wenn es bei Chloe nicht klappt. Nichts passt ihr, und ich lasse sie dauernd im Stich, und immer bin ich schuld.^{DD}

16. DEZEMBER 1943 ^DDie lange Reise durch Mexiko, von Laredo bis nach Mexico D. F.[98] Arme Kinder, arme Frauen, die in den Dörfern allerlei Dinge verkaufen. Sie betteln und sind sehr schlau. C. will ihr ganzes Geld verschenken, und ich muss sie bremsen. Ich lerne lieber die Sprache und die Bräuche.^{DD}

17. DEZEMBER 1943 ^DIm Hotel Montejo angekommen. Chloe hat es gefunden. Ganz reizend. Sehr billig für Gringos. 20,00 $ am Tag. Ich kann hier nicht schreiben, wie ich es will – diese Stadt ist wunderbar – und nicht sehr fremd. Chloe sehr traurig, und ich sage ihr immer wieder, dass ich wirklich ziemlich krank bin, mehr nicht. Ich habe Angst, und dann kann ich nicht ich selbst sein. Machten einen Besuch bei den Rosenbergs. Sehr nett. Rosenberg hat uns zwei Karten für ein Konzert im Palacio de Bellas Artes heute Abend verkauft.

---

98 *Distrito Federal* oder Mexiko-Stadt.

Es ist sehr lästig, dass ich einen Großteil meiner Kleidung nicht dabeihabe. Wenn ich C. das angetan hätte, hätte sie mir das nie verziehen! Und auch noch die Bücher und das Zeichenpapier.^{DD}

18. DEZEMBER 1943 ^DHeute hat mich C. beschimpft und nicht zum ersten Mal! Zwei Tequilacocktails um 6:00. Sie sagt, dass sie besser ist als ich, dass ich neurotisch bin, dass sie sofort nach Kalifornien fahren will. Dass ich eine Lügnerin sei. »Warum nur hast du mich eingeladen, mit nach Mexiko zu kommen?« Tja – das war hart!^{DD}

20.12.1943 Es ist schwer. Ja, ja, es ist schwer. So schwer – den ganzen Weg bis ins Grab.

21. DEZEMBER 1943 ^DSchrecklicher Abend mit Gene Rossi und seinem Freund Lew Miller, die uns aufgegabelt haben, als wir im Restaurant saßen und etwas tranken. 2 Daiquiris hier, genug, aber dann noch einen bei Tony's. Dann Ciro's[99], ein herrlich schicker Nachtclub, den Blumenthal[100] betreibt, der Ehemann von Peggy Fears[101]. Sehr, sehr nett und Chloe sehr, sehr schön. Ich hatte leider meinen grauen Anzug an, der mich immer deprimiert. Aber was macht das schon, wenn Chloe so schön ist? Lew war sehr ernst, er ist erst seit kurzem aus dem Krieg zurück. Dann noch ins Casanova. Chloe hat viel zu viel getrunken. Ein gewisser »Teddy Stauffer«[102]

---

99 Schillerndes Varieté im Hotel Reforma, das unter anderem mit Wandbildern von Diego Rivera glänzen konnte. Bis zur Schließung 1948 einer der luxuriösesten Veranstaltungsorte in Mexiko-Stadt, der ein Publikum aus reichen Expats, Royals, Diplomaten und Künstlern anzog.
100 Veranstalter Alfred Cleveland Blumenthal (1885–1957) kam durch Immobilienhandel zu Geld, ehe er auf der Flucht vor den Steuerbehörden aus den USA nach Mexiko zog. Das Nachtlokal Ciro's bot ihm auch eine gute Fassade für seine nächste Geschäftsidee, den Drogenschmuggel. Mexiko gewann hier gerade erst an Bedeutung, nachdem der Zweite Weltkrieg traditionelle Handelsrouten, wie die über die Türkei, abgeschnitten hatte.
101 Peggy Fears (1903–1994), Schauspielerin und ehemaliges Showgirl bei den Ziegfeld Follies, trat in Musicals am Broadway auf, ehe sie gemeinsam mit ihrem Ehemann Alfred Blumenthal Produzentin wurde.
102 Teddy Stauffer (1909–1991), Schweizer Jazzmusiker, Swing-Bandleader sowie Hotel- und Clubbesitzer, mit dessen Hilfe Acapulco sich vom kleinen Fischerdorf zum beliebten Urlaubsziel für Hollywood-Stars wie Hedy Lamarr wandelte, die er später heiraten sollte.

führt das Casanova. Chloe traf mehrere Freunde aus Kalifornien und Hollywood. Aber ich trank keinen Alkohol und langweilte mich fast zu Tode.[DD]

22. DEZEMBER 1943 [D]Will Chloe einen Chihuahua zu Weihnachten kaufen. Das ist wie ein Kind. Ich bin sehr froh, wenn wir diese Stadt verlassen. Aber ich weiß schon, dass das hier für Chloe der beste Teil der Reise ist. Oder vielleicht auch nicht. Ich bin mir nicht sicher. Aber mir geht diese Stadt auf die Nerven, und es ist auch nicht wirklich Mexiko! Habe in der Stadt einen wundervollen Markt gesehen, auf dem allerlei Figürchen, Tiere, Menschen, Vögel als Weihnachtsdekoration verkauft werden.

Gene kam, sehr beharrlich, sehr dreist, aber ich muss auch sagen, dass Chloe ihn ermutigt. Er will sie am Donnerstag zum Pferderennen mitnehmen. Und zu einer Feier an Heiligabend. Viele von Chloes Freunden werden da sein, und ich glaube, sie wird auch hingehen. Aber ich nicht.[DD]

23. DEZEMBER 1943 [F]Unsere Tage werden immer unstrukturierter. Wir stehen natürlich nicht früh auf, sondern um 9–10–11 – egal. Ich war im Krankenhaus bei Barrera. Er ist um die vierzig, sehr freundlich und Betty Parsons treu ergeben. Er ist nicht gern unter Leuten. Er hat empfohlen, dass wir ein Haus mieten – ab nächster Woche, in San Miguel Allende vielleicht. Der Stadt, in der Tamayo arbeitet. Habe Chloe anderthalb Stunden beim Anziehen zugeschaut. Für Teddy Stauffer. Sie hat es sich immer und immer wieder anders überlegt – aber ich amüsierte mich prächtig, und sie zog am Ende ganz fröhlich los. Habe den ganzen Abend über meinen Roman nachgedacht. Es geht gut voran, obwohl ich hier bin. Und ich bin trotzdem glücklich. Es ist nach Mitternacht, und Chloe ist noch nicht zurück. Ich lese Blake und Donne mit großem Vergnügen.[FF]

24. DEZEMBER 1943 ^F^Chloe kam erst um 5:35 zurück. Natürlich sind wir nicht vor 11 aufgestanden. Habe einen fünfstündigen Spaziergang gemacht, bis ich ganz erschöpft war! Zweige für eine Krippe gesammelt, die ich von 6–8 gebastelt habe, sie ist herrlich. Jesus ist größer als seine Mutter und sein Vater. Es gibt auch ein unschuldiges weißes Lamm und einen Engel, der alles betend betrachtet. Grün mit vielen Blumen, die ich auf dem Markt gekauft habe.

Chloe sollte eigentlich nach Hause kommen, um mit mir zu Abend zu essen, aber sie war bei Gene Rossi. Sie mag ihn gar nicht, aber er macht das Ganze interessant, weil Teddy dann eifersüchtig auf Gene ist und umgekehrt. Teddy Stauffer hat eine Orchidee geschickt. Für mich ist das Ganze ein harmloser Spaß. Ich will ja immer, dass Chloe genau das macht, was sie will. Es ist jetzt 2:00 morgens. Sie hat gesagt, sie würde nicht so spät heimkommen! Ich habe allein zu Abend gegessen, an die gute Musik gedacht, die jetzt in New York gespielt wird, an meine Familie, an Rosalind, der ich heute Abend 8 Seiten geschrieben habe – alles über meine Zähne, meine Sorgen. Ich bin rundum zufrieden – Gott sei Dank. Neben meinem Bett steht meine Krippe. Die Engel werden die ganze Nacht fliegen. Ihre Flügel werden mich sanft streicheln. Gott segne Chloe heute Abend und schenke ihr Frieden. Zeige ihr, dass die Wahrheit von innen und nicht von außen kommt, dass die Freuden des Geistes die einzig wahren sind. Lehre sie Selbstlosigkeit und die Bedeutung der Liebe. Und schenke ihr ein glänzendes neues Jahr.^FF^

25. DEZEMBER 1943 ^D^Allertraurigster, allerwundervollster Tag. Es war gar nicht wie Weihnachten. Wie an jedem anderen dieser deprimierenden Tage schliefen wir bis 11 Uhr. Großes Frühstück (8,00 $), das ich bezahlte, aber keine Geschenke – ich schenkte Chloe nur ein schönes großes Stück Schokolade. Sie mir nichts. Um 4:30 machte ich einen Spaziergang zum Chapultepec Bosque[103], wo das Museum

---

103 Bosque de Chapultepec, großer Park im Zentrum von Mexiko-Stadt.

geschlossen hatte, aber ich ein paar freundliche Soldaten traf. Einer von ihnen unterhielt sich fast zwei Stunden mit mir. Es war kalt und feucht, und wir lachten, um uns warm zu halten. Das war das Einzige, das sich nach Weihnachten anfühlte. Teddy lud mich und Chloe ein. Wir drei hatten uns nichts zu sagen. Chloe hat nie etwas zu sagen, sie trinkt immer nur. Schließlich Abendessen, das Chloe nicht schmeckte: Alles hätte so viel schöner sein können. Alles. Aber es ist vollkommen unmöglich, und das war es mit Chloe schon immer. Sie verschwand mit Teddy für ein paar Minuten in ein Taxi. Ich wusste nicht, ob sie die Nacht mit ihm verbringen würde, aber es schien eher unwahrscheinlich. Sie ermutigt die Männer, aber gibt ihnen dann nichts, so wie sie mir noch nie etwas gegeben hat. Ich schrieb ihr weinend einen Brief, dass sie nie irgendetwas mit mir teilen wolle oder könne, wo ich doch nichts von ihr will außer Erde für meine suchenden Wurzeln. Sie kam um 3:00 zurück. Las meinen Brief, während ich vor Verlegenheit rot wurde. Aber wohin? Wohin – und warum? Es ist aus – es ist nichts mehr da. Ich schlief ein mit einem Stück von der Schokolade im Mund, die ich ihr geschenkt hatte.[DD]

26. DEZEMBER 1943 [D]Chloe und ich gingen zum Chapultepec Bosque, aber wir waren erst um 2:30 da, als das Museum schon geschlossen hatte. Und Chloe, ganz und gar erschöpft, musste ein Taxi zurück ins Hotel nehmen. Wirklich! Gott! Ich sollte solche Kleinigkeiten gar nicht aufschreiben! Ich sollte mich lieber mit meiner Arbeit beschäftigen! Warum erwähne ich Chloe überhaupt noch? Es ist unmöglich, und je eher ich sie los bin, desto besser für mich und für alles, was ich zu erreichen hoffe.[DD]

27. DEZEMBER 1943 [D]Habe versucht, mein Gepäck aus N. Y. zu finden. Musste zum Palacio Nacional usw., und am Ende war es doch noch nicht angekommen. Machte um 12:00 einen Mitternachtsspaziergang. Ein Mann, Hernando Camacho, ist mir gefolgt,

und ich ging mit ihm und seinem Freund ins Casanova, wo Chloe mit Teddy war. Ich mag Camacho sehr – auch wenn Del P. der einzige Mann ist, den ich liebe, aber wir tanzten (!) – ich mit schwarzem Hemd und Huaraches an den Füßen, und tranken Tequila. Er küsste mich, als wir nach Hause kamen. Aber er hat ein Hirn, und es war nicht schlimm. Über Chloe sagte er: »Wunderschön, aber phrenologisch gesehen eine Null.« Will morgen mit mir reiten gehen. Ja, er gefällt mir sehr!^DD

28. DEZEMBER 1943 ^DBarrera ist, wie Chloe sagt, zweifellos schwul. Ich – doch, ich hätte es jetzt auch gemerkt. Ganz viel Proust und *Quell der Einsamkeit*[104] in seinen Büchern, und *su amigo* Augusto war wieder bei ihm.

Habe mich entschieden, was ich Allela zum Geburtstag schenke: ein Silberarmband mit ihrem Namen. Für mich werde ich auch eins kaufen. Und ich hoffe so sehr, dass es ihr gefällt.^DD

29. DEZEMBER 1943 ^DMein Roman braucht noch so viel Arbeit, und ich denke natürlich den ganzen Tag daran. Auch wenn noch ein Großteil der Geschichte konstruiert werden muss, glaube ich, dass ich damit in meinen Notizbüchern gut vorankommen werde. Gott – was für ein schreckliches Leben sich Chloe macht! Es ist traurig, dass sie es nie sein lassen kann und sich dann im echten Leben in irgendeinem Kuhdorf langweilen und allein fühlen wird. Heute Abend wieder mit meinen unzertrennlichen Freunden Camacho und España in einem mexikanischen Film. Ich bin reich im Geiste – und ich will weiterziehen. Habe die größte Freude daran, wenn ich an mein neues Leben allein denke.

Sind in kleineres Zimmer umgezogen. Chloe hat noch 10 Pesos bis 4. Januar. Ich kann nicht immer zwei Rechnungen bezahlen.^DD

---

104 Lesbischer Liebesroman der britischen Schriftstellerin Marguerite Antonia Radclyffe-Hall. Homosexualität wird darin als natürlicher, gottgegebener Zustand dargestellt, und es wird ausdrücklich gefordert: »Give us also the right to our existence« (»Gebt auch uns das Recht auf Existenz«.)

30. DEZEMBER 1943 ᴰWar im El Hórreo¹⁰⁵, aber es war keine Post da. Bin traurig darüber und niedergeschlagen. Sprach mit Barrera, der mich freundlicherweise für morgen Abend einlud. Messe in der Kirche und später ein Büfett. Freue mich sehr darüber – ich kann mir nichts Schöneres vorstellen.ᴰᴰ

30.12.1943 México D. F. – es ist so schön, aber die Amerikaner haben es so versaut.

31. DEZEMBER 1943 ᴰJalapa – Jalapa – Jalapa – ich liebe deinen Namen! Was hältst du für mich bereit? Schon zwei Wochen hier! Habe so viel Geld ausgegeben, dass ich mir Sorgen machen würde, wenn ich nicht wüsste, dass ich bald aufs Dorf fahre. Bernhard hat gesagt, ich soll sehr kreativ sein, und zu dem Zweck, immer Beweggrund meiner Seele, will ich sofort anfangen zu arbeiten! Heute mit dem Zweite-Klasse-Omnibus gefahren. Viel Spaß, und die Leute sind gut und freundlich. Es ist einfach, und das gefällt mir. Ich weiß schon, was mich an dieser Stadt so stört. Nämlich, dass ich nicht genug Zeit allein verbringe. Ich kann nicht arbeiten, d. h. träumen, ohne allein zu sein, genauso wenig, wie man miteinander schlafen und träumen kann.

Heute nicht genug gegessen, und ein Tequila mit Chloe um 9:30 hätte mich beinahe ausgeknockt. Chloe und Teddy zogen um 10:45 los. Ich ging in die Taverne, wo ich España traf. Noch einen Tequila. Dann schließlich zu Barrera und Augusto. Wir verbrachten Mitternacht in einer Kirche – San Filipe. Hinterher auf der Straße wurden wir umarmt und wünschten einander *feliz año nuevo*. Barreras Haus – mein Gott, wie schön! Ein großer Tisch – *ponche caliente con rhum – queso y jamón – tambien caliente – sopa de jitomate – vino*. Barrera hätte nicht zuvorkommender und freundlicher sein können. Barrera und Augusto trugen Krawatten und Hemden mit dem-

---

105 Wahrscheinlich ein Restaurant, an das Highsmith ihre Briefe schicken ließ.

selben Muster, aber in unterschiedlichen Farben. Nach dem Kaffee fuhren wir in Augustos Auto auf die Chapultepec-Anhöhe – bis 4 Uhr morgens. Das war das beste Silvester, das ich je gefeiert habe! Ja – ein Zuhause! Ein Haus – ein Haus, in dem man leben kann! Das will ich! Chloe kam um 4:15 zurück. Sie war betrunken, hässlich und hundemüde.[DD]

31.12.1943 Ich hoffe, ich erlebe irgendwann einmal ein Silvester, an dem mein Herz nicht irgendwo ist, wo ich nicht bin.

1944

Nach dem turbulenten Beginn der Reise sehnt Patricia Highsmith sich nach Ruhe und Frieden, um endlich Schreiben zu können, und kehrt deshalb Mexico City – und Chloe – bald den Rücken. Allein zieht sie weiter ins Hochland, in das pittoreske Silber- und Kolonialstädtchen Taxco. Dort mietet sie sich ein Häuschen, die Casa Chiquita (die sie auch malt), und setzt sich an ihren Roman *The Click of the Shutting*. Die Hauptfigur Gregory ist ein künstlerisch begabter Teenager, noch nicht in der Lage, auf eigenen Beinen zu stehen, jedoch mit einem Hang zu Minderwertigkeitsgefühlen und jungen Männern. Am Ende nistet er sich im Leben eines reichen, verwöhnten Freundes ein – ähnlich wie es Tom Ripley Jahre später bei Dickie Greenleaf tun wird.

Vormittags, wenn das Licht noch nicht zu hart ist, malt Patricia Highsmith, nachmittags geht sie spazieren und abends schreibt sie – neben ihrem Roman auch sehnsuchtsvolle Briefe an die Mutter und an die Freundinnen in New York. Und Hunderte Seiten Tage- und Notizbuch: Patricia Highsmith hat der Reise ein eigenes »Mexiko-Tagebuch« gewidmet, das in einer Mischung aus Deutsch, Englisch und rudimentärem Spanisch verfasst ist. In ihrem Notizbuch finden sich gestochen scharfe Charakterskizzen ihrer Reisebekanntschaften. Später wird sie diese Skizzen in tragischen Kurzgeschichten über Auswanderer verarbeiten, die an der Exotik Mexikos zerbrechen.

Auch ihr selbst setzt die Fremdheit zu, und vor allem die Einsamkeit. Schließlich ist Highsmith nach ihren eigenen Worten auf nichts so sehr angewiesen wie auf die Inspiration durch ein Liebesverhältnis. Anfang Mai tritt sie abgebrannt und erschöpft von der

Hitze und den durchzechten Nächten den Heimweg an. Unterwegs macht sie Station in Fort Worth bei Großmutter Willie Mae. Bis zum 14. November wird sie kein Tagebuch mehr schreiben – ihre Tage sind zu ausgefüllt und zufrieden.

Zurück in New York, quält sie die alte Sorge, dass ihr Schreibtalent bei der Arbeit für die Comics (die sie jetzt als Freelancerin betreibt und dadurch mehr Geld verdient) zugrunde gehen könnte. Immerhin findet sie zum Ende des Jahres einen Agenten, Jacques Chambrun, der ihr zu Abnehmern für ihre Geschichten und den Roman verhelfen soll.

Und vor allem findet sie eine neue Liebe. Natica Waterbury ist eine reiche Erbin aus Philadelphia, deren tollkühne Art (sie will Fallschirmspringen lernen) und ungestümes Wesen Highsmith faszinieren. Aber wieder einmal muss sie die Geliebte teilen, mit einer anderen reichen Erbin aus Philadelphia: Virginia (»Ginnie«) Kent Catherwood, Tochter des Erfinders und Fabrikanten Arthur Atwater Kent. Beide Frauen werden Patricia Highsmiths Leben und ihr Werk auf Jahre prägen.

* * *

1. JANUAR 1944 ^{SP}Stieg um sechs in den Bus. Chloe hat mich viele Male geküsst. Jalapa um halb 1. Am Morgen durch die ganze Stadt gelaufen. Wunderhübsch!^{SPSP}

3. JANUAR 1944 ^{F}Ein wundervoller Tag – in manchen Straßen dieser Stadt wird mir fast übel vor Glück! Irgendetwas zerreißt mir das Herz – die Menschen hier leben, wie der liebe Gott es vorgesehen hat. Heute zum Beispiel, um elf Uhr, hörte ich Musik aus einem Haus kommen – Mozart –, und als ich vor dem Fenster stehen geblieben bin, hat das ein alter Mann beobachtet und mir zugelächelt. Dann blieb auch er stehen – kam auf mich zu und wünschte mir ein frohes neues Jahr – *»Feliz año, Señorita!«* Aber mein Zimmer ist kalt.^{FF}

4.1.1944 Fremdsprachen sind wie ein Spiel, eine Herausforderung fürs Gehirn, ein Wettstreit mit dem Muttersprachler. Beide spielen nach denselben Regeln, so wie jeder andere im Land, und die eigenen Erfolge sind Applaus wert, wie erzielte Punkte im Sport.

4. JANUAR 1944 ^FEin elender Tag in diesem elenden Zimmer. Habe Chloe zwei Telegramme geschickt: das erste, um zu fragen, ob sie kommt, das zweite, um ihr zu sagen, dass ich komme – Ich fahre morgen Abend um 7:00 wieder ab. »*Vamos a Acapulco*«, habe ich geschrieben. Sie wird glücklich sein, und ich auch – dort ist es heiß.^{FF}

6. JANUAR 1944 ^FZiemlich kalt auf der Fahrt. Chloe war nicht da. Ich habe unser altes Zimmer genommen. Am Morgen, hungrig, frierend, Teddy S. angerufen, der wusste, wo sie ist. Eine Wohnung in der Calle Tabasco 130. Ich bin um 1:00 zu ihr. Sie hat mich nicht eingeladen, bei ihr zu wohnen.^{FF} »Du musst zugeben, Pat, dass wir uns nicht gerade gut verstanden haben.« ^FKein Brief aus New York. Bei Leuten, die mich wirklich verstehen – warum bin ich ihnen gegenüber immer so zurückhaltend? Heute Abend liebe ich Cornell – und das nicht wegen der Trennung von Chloe oder weil ich einsam bin. Sondern weil ich erst jetzt anfange, die Wahrheit zu erkennen, weil ich anfange zu leben, und weil ich anfange zu schreiben, aus reiner Liebe zum Schreiben.^{FF}

6.1.1944 Ein Neujahrswunsch: in solcher Würde zu leben wie der Bedienstete, Pedro, den ich in Jalapa kennengelernt habe. Ein Mann von fünfzig oder sechzig mit kurzgeschorenem, angegrautem Haar auf einem runden Kopf. Er hat eine aufrechte Haltung, eine kräftige Brust, die sich unter dem Hemd abzeichnet, und ein unbeschwertes Lächeln. Er redet gern, Small Talk, freundliches Geplänkel, das von einem ganz eigenen Witz erhellt wird. Seine Hände sind rauh und schwielig von der Arbeit, aber bei der Begrüßung sagt er stolz: »Meine Hand überbringt die Wärme der Hand meines Herrn.«

1944

7. JANUAR 1944 ᶠIch habe eine neue Freundschaft geschlossen, »Larry« H. Ich glaube, wir werden uns in Taxco sehr liebgewinnen. Die Reise dorthin sehr aufregend. Der Weg schlängelt sich durch eine bergige Landschaft – und das lange Stück direkt vor der Stadt ist atemberaubend! An Chloe gedacht – ohne jegliches Gefühl von Zärtlichkeit in meinem Herzen. Hatte das Bedürfnis, ihr zu schreiben, dass ich sie nicht sehen will, wenn sie nach Taxco oder Acapulco kommt. Dass sie mir nie eine Freundin war. Um 1:00 am Ziel. Sehr einsam, aber ist mir egal. Ich will meine Ruhe.ᶠᶠ

8. JANUAR 1944 ᴰEndlich bin ich glücklich. Heute Abend fing ich an, nachzudenken und zu fühlen. Und in mein Notizbuch zu schreiben. Das Dienstmädchen hat mein Bad vorbereitet. Man muss hier Feuer machen, um das Wasser zu erhitzen. Es ist mir unangenehm, peinlich, ein Mädchen herumzukommandieren. Habe eine Flasche Wein gekauft, um auf meine Zukunft und Ankunft zu trinken. Außerdem Hosen, Strümpfe und einen ˢᴾGürtelˢᴾˢᴾ auf dem Markt – 11 Pesos, nicht schlecht. Rund um die Uhr Musik in dieser Stadt. Nachts, morgens, nachmittags. Und auf rätselhafte Art und Weise gibt man eine ganze Menge Geld aus.ᴰᴰ

9. JANUAR 1944 ᴰGuter Tag, aber keine Post – habe mich schon ganz daran gewöhnt. Warte voll Ungeduld auf meine Schreibmaschine.[1] Bin glücklich und bereit zu arbeiten. Am liebsten hätte ich, nach allem, was war, ein Haus für mich allein. Das wäre himmlisch. Wenigstens kann man hier Hosen tragen – und das geht nicht in jedem mexikanischen Städtchen.[2] ᴰᴰ

10. JANUAR 1944 ᴰHabe Flöhe und dunkelrote Punkte auf den Beinen. Fühle mich elend!ᴰᴰ

---

1 Wegen ihrer Gepäckprobleme an der Grenze hat Highsmith noch immer keine Schreibmaschine.
2 Die Expat-Community in Taxco war groß genug, dass die Mexikaner an den Anblick von Frauen in Hosen gewöhnt waren.

11. JANUAR 1944 ^DHabe das allerschönste Haus in Taxco gefunden und gemietet und drei Seiten Notizen für den Roman geschrieben. Waschbecken aus blauen Steinen, viel Sonnenlicht, interessante Fenster usw. Alles so schön und hell und rein! Wenn man die Treppe hinaufgeht, kann man die Blumen riechen. Bin glücklich – ich kann alles haben, was ich mir wünsche. Selbst ein Dienstmädchen. Und Ruhe – ohne Chloe, die ich gar nicht mehr mag.^{DD}

14. JANUAR 1944 ^DUnd gestern Abend, als es regnete, fing ich an, meinen Roman zu schreiben. Nicht gut – aber ich habe heute Abend direkt noch einmal von vorn begonnen. Ich bin so glücklich. Morgens, wenn es Licht gibt, will ich malen und zeichnen. Abends, wenn es kein Licht mehr gibt, will ich schreiben. Solange ich mindestens fünf Stunden am Tag schreibe. Trinke jeden Tag sieben Tassen Kaffee. Ich kann arbeiten, aber nur, wenn ich allein bin, dann sprudeln die Ideen wie Wasser aus der Erde! Wie Gold. Wie Öl.^{DD}

15. 1. 1944 Wie können die Maler hier nur bei so viel Licht arbeiten? Damit umzugehen ist schwierig. Licht ist weder sonderlich schön noch interessant. Es offenbart zu viel und macht das Bild dünn. Es ist der Zweck, aber ein Bild soll die Mittel zeigen. Die große Besonderheit dieses Landes sind seine Farben, die sollten klar und übertrieben sein. Da kann man diesen Überfluss an Licht nicht gebrauchen.

17. JANUAR 1944 ^DWas für eine seltsame Weise, meinen Winter zu verbringen! Ich könnte mir leicht vorstellen, mein Leben hier zu verbringen – wenn ich »berühmt« werden würde und genug Geld hätte und glücklich wäre –, aber im Innern hätte ich immer das Gefühl, dass dies ein fremdes Land ist. Dem entkommt man nicht. Zwei Briefe! Der eine von Roger F., der andere von Leo Isaacs – ein schöner, »kluger« Brief. So glücklich, dass ich eine Flasche Wein kaufen musste.^{DD}

20. JANUAR 1944 ᴰGestern habe ich einen langen Brief an Leo Isaacs, Luftpost, geschrieben. Es ist seltsam – oder vielleicht auch nicht –, dass ich wünschte, er wäre hier. Und dieser Brief soll ihn herbringen, besonders, weil er es sich ja selbst wünscht. Er weiß noch nicht, dass ich in Taxco bin, ohne Chloe und allein. Er kommt. Bald werde ich ein Telegramm bekommen, dass er unterwegs ist.

Guter Tag. Lange geschrieben: eine »Einleitung« für den Roman. Schnell, aber so schreibe ich besser. Sonst verliere ich mich in Details! Hatte heute Abend eigentlich mit Larry gerechnet, aber sie kam nicht. Wahrscheinlich ist ihr Mann angekommen.

Hoffe jeden Tag auf einen Brief von Mutter. Warum nicht? Warum?ᴰᴰ

21. JANUAR 1944 ᴰEin Brief von meiner Mutter! Einer Predigt furchtbar ähnlich, aber es standen auch schöne Wörter darin – »mein Schatz« und »Liebling« –, die hätte ich in New York nie zu hören bekommen. Kann nicht immer gut schlafen, aber der Kaffee ist es wert!ᴰᴰ

25. JANUAR 1944 ᴰHeute um 5 – sieben Briefe!!! Seltsam, dass die Briefe meiner Mutter mich so beschäftigen – so sehr, dass ich heute Abend nicht arbeiten konnte. Sie predigt, weil sie immer alles weiß – dass ich zu viel trinke, dass ich mein Haus in Ordnung bringen muss, ehe ich anfangen kann zu leben, dass mein Leben auf Alkohol und Falschheit begründet sei. Alles Blödsinn!

(3 Tequilas – und keine Heiterkeit!)ᴰᴰ

26.1.1944 Die Größe des Papiers, auf dem man einen Brief oder ein Buch schreibt, ist von entscheidender Bedeutung. Die Länge der Seite, die Breite, selbst der Raum zwischen den Zeilen beeinflusst den Rhythmus der Sätze. Heute habe ich dreißig Minuten damit verbracht, ein *cuaderno* auszusuchen, in das ich mein Buch abschreiben kann. Da ich in der ˢᴾDruckereiˢᴾˢᴾ schon einen Block bekommen hatte, ging ich wieder hin und fragte nach einem dickeren Heft. Er hatte eins – in das Proust *Auf der Suche nach der verlorenen Zeit* hätte schreiben können. Aber ich überlegte, ob die 25 Zentimeter langen Zeilen nicht die Dialoge beeinflussen würden. Für Prosa wären sie ganz nach meinem Geschmack – lang, fließend und detailliert. Ich denke noch darüber nach und habe erst einmal das kleinere Notizbuch genommen.

26.1.1944 Ich hatte noch nie ein mexikanisches Dorf gesehen, in dem die Einheimischen tranken – bis ich nach Taxco kam. Seltsame Vorstellung, dass die Gesichter und Gestalten, die man unter der Woche bei der Arbeit, bei alltäglichen Verrichtungen auf der Straße sieht, ebenfalls dieses Virus des Stadtlebens in sich tragen, diesen unsichtbaren Krebs, der einen zum Alkohol treibt! Seltsam, dass ihre unkomplexen Geister nach Alkohol lechzen. Sonntags sind die Straßen voll von taumelnden Männern, auch alten, die sich auf dem Kopfsteinpflaster der Stadt die mürben Knie aufschlagen.

26. JANUAR 1944 ^{D}Um 4 Uhr ist mein Gepäck angekommen! Schrieb schnell eine 8-seitige Geschichte.^{DD}

27. JANUAR 1944 ^{D}Bis 3:30 Uhr, weitere 8 Seiten. 16 Seiten in 24 Stunden! Klammere mich an die Hoffnung – nein, es ist ganz sicher, dass Hughes sie kaufen wird. Es sind die zwei besten Konzepte.^{DD}

2.2.1944 Mexiko! Man muss es aus dem Fenster eines Busses sehen, der mit Höchstgeschwindigkeit fährt, gerade so schnell, dass das Gepäck auf dem Dach ihn nicht umreißt. Man muss den sauberen Wind im Gesicht spüren, wenn man bergab rollt, immer weiter hinab, mit der Straßenmarkierung, die drei Meilen zu spät auf den *camino sinuoso*[3] hinweist. Manchmal sehen die Berge aus wie die

---

3 Serpentinen.

Rücken vorbeistürmender Elefanten, manchmal wie hochflorige Teppiche, die unachtsam auf einen Haufen geworfen wurden. Sie sind so gewaltig, dass sie alle Phantasie übertrumpfen. Die Straßen sind in die Flanken der Berge gehauen und wären per Luftlinie vier Fünftel kürzer. Weit unterhalb der Straße laufen zwei Mexikaner in weißen Hosen, die Hemden und Sombreros voller Maishülsen. Im Vergleich wirkt die enge, lärmende, übervölkerte Halbinsel des heutigen Europa ordinär und schwachsinnig. Die beiden Männer sind so weise, dass sie nichts von ihrer Weisheit ahnen, weise genug, sich mit Stolz und Demut in der Natur zu bewegen und ihre Leben als zwei von Millionen zu sehen. Durch die Luft wehen jetzt Gitarrenmusik und leiser Gesang aus einem Haus oberhalb der Straße, diese Musiker, die selten trinken oder rauchen, weil sie im grellen Tageslicht Poesie erschaffen können.

Mexiko, mit den Füßen in der Erde und dem Scheitel im Himmel.

5. FEBRUAR 1944   ᴰHeute Nachmittag eine schwierige Szene geschrieben, hatte den Kopf voller Schwierigkeiten und lebendiger Ideen, und mit Larry finde ich keine Antworten. Mein Gott! Warum verbringe ich Zeit mit ihr? Ich halte das nicht mehr aus! Keine Poesie – keine Gedanken – keine Seele! Und ich hasse es wirklich, zu trinken. Ganz besonders, wenn ich nicht betrunken werde!ᴰᴰ

7. FEBRUAR 1944   ᴰChloe hat mir heute geschrieben. Sie war hier, aber »die Umstände« haben sie davon abgehalten, mich zu besuchen. Umstände in Hosen.ᴰᴰ

10.2.1944 Ein Mensch mit ideenreichem, komplexem und verkomplizierendem Geist benötigt oft die Wirkung des Alkohols, um Wahrheit, Einfachheit und primitive Emotionen wiedererkennen zu können.

12. FEBRUAR 1944   ᴰArbeite langsam. Und ernsthaft. Aber ich weiß nicht, ob ich meine Geschichte so gut wie möglich erzähle. Mit Larry – *biftec,* Bier –, und wir entdeckten drei Kätzchen beim Chino. Morgen kann ich eins mitnehmen! Bin sehr glücklich! Ein, zwei Tequilas im Paco's, wo wir Bill Spratling[4] sahen, der dort mit ein paar Schwulen zusammen trank. Was für ein Mann! Interessantes Kinn und hochintelligent.ᴰᴰ

15. FEBRUAR 1944   ᴰWundervoller Tag – habe einen Brief von Cornell bekommen. Ich setzte mich zum Lesen auf den Platz. Cornell ist immer noch allein in Columbia[5] und hat traurige Weihnachtsfeiertage mit Texas verbracht. Wie schön, ihre Worte zu lesen! »Meine Liebe – Pat – wirklich – meine Liebe ist dir für immer sicher« usw. Mein Herz war voll Hoffnung (worauf, weiß ich nicht), und ich antwortete ihr sofort, als ich nach Hause kam.ᴰᴰ

17. 2. 1944   Es nimmt verdammt viel Zeit in Anspruch, verliebt zu sein.

18. FEBRUAR 1944   ᴰTelegramm von B. Z. G. Er ist in Mexiko und wird sich morgen bei mir melden.ᴰᴰ

23. FEBRUAR 1944   [Mexiko-Stadt.] ᴰViele Gebäude in der Stadt angeschaut. Im Antigo Colegio de San Ildefonso viele Orozcos gesehen, die viel besser waren als Rivera. Orozco zeigt Menschen, Rivera nichts als Dinge. Schließlich hat Goldberg (der seit Tagen meine Hand nicht mehr loslässt) mir erzählt, er sei nur nach Mexiko gekommen, um mich zu sehen usw. Ich war höchst angeekelt. Habe Chloe angerufen, später versucht, sie zu treffen – aber sie war auch um 1:30 nachts nicht zu Hause (obwohl wir verabredet gewesen

---

4 William Spratling, US-amerikanischer Künstler und Schmuckdesigner, der in seiner Silberwerkstatt in Taxco präkolumbisch inspirierten Schmuck herstellte und noch heute als »Vater des mexikanischen Silbers« gilt. Zu seinen Freunden gehörten William Faulkner und Diego Rivera.
5 Poetische Bezeichnung für die Vereinigten Staaten.

waren). Goldberg sagt, ich sei ganz und gar unpersönlich, asexuell – aber auch, dass es solche Menschen nicht gibt.^{DD}

27.2.1944 Der Mensch ist ohne einen Gott nicht das Geringste wert. Dieser Gott kann eine Frau sein, eine Inspiration, eine Ambition, ein Fetisch, eine Passion, durch Zeremoniell und Selbstverleugnung geregelt, aber wenn der Mensch sich nicht bewusst oder unbewusst nach etwas richtet, einer Sache dient, die größer ist als er selbst, ist er weniger erhaben als sein eigener Hund.

2. MÄRZ 1944 ^{D}Arbeite. Wie schade, dass ich immer so einen Minderwertigkeitskomplex habe! Ich weiß nicht, warum, es ist die Folge meines Zerwürfnisses mit Rosalind, des Pechs mit Cornell, des Pechs mit Buffie, Chloe usw. Und ich schäme mich für meine Zähne, eine Scham, die ich mir sofort austreiben muss und werde.^{DD}

5. MÄRZ 1944 ^{D}An Mutter geschrieben. In letzter Zeit sind ihre Briefe sehr gefällig, ganz voller Liebe und dass sie mich vermisst.^{DD}

7. MÄRZ 1944 ^{D}Goldberg und ich fahren heute ab. Wir waren lange unterwegs. Er hat mich den ganzen Abend besorgt gemustert – ich hasse das. »Sollen wir in Acapulco nicht unsere Flitterlingszeit verbringen?« (Ich habe das deutsche Wort vergessen.) Aber ich war äußerst angeekelt. Vor allem von dieser Selbstüberschätzung fünfzigjähriger Männer.^{DD}

8. MÄRZ 1944 ^{D}Morgens um 5:30 in Acapulco angekommen.^{DD}

9. MÄRZ 1944 ^{D}Waren zweimal schwimmen. Ich kann hier am Meer unmöglich arbeiten. Muss dafür allein sein, zumindest in einem eigenen Zimmer. Goldberg schreibt Kolumnen, das ist etwas ganz anderes. An Chloe geschrieben. Sollte einen Artikel über Acapulco schreiben.^{DD}

9.3.1944 Was für ein trostloser, verzweifelter, herrlicher Gedanke, dass man nicht leben kann, ohne jemanden zu lieben. Und noch verzweifelter der Gedanke, dass man ohne diese Inspiration nichts erschaffen kann!

10.3.1944 In welchem Milieu auch immer der Künstler sich zum ersten Mal als Künstler gefühlt hat, da sollte er leben und seiner Arbeit nachgehen. Seine Sehnsüchte, ob das nun die Freiheit bei der Ortswahl ist, in Sachen Sozialverhalten oder von den imaginierten Grenzen des Geistes, sollte ein Künstler nie in der Realität ausleben, sondern ausschließlich in der Phantasie, durch sein Werk.

11. MÄRZ 1944 [SP]Heute am Morgen und Nachmittag sehr hart gearbeitet, und abends sprachen wir über meinen Roman. Goldberg sagt, ich sei unfähig zu lieben, ich sei in mich selbst verliebt. Das stimmt nicht. Meine größte Herausforderung ist es, diesen Roman zu schreiben, um mich von den Fesseln zu befreien, die mich zurückhalten. Das Essen hier ist immer dasselbe. Fisch, Bohnen, ein Sandwich um zwei. Hühnchen. Oh, könnte ich doch nur eine Möhre essen, eine Banane, ein Stück Sellerie – ohne Salz! Ich wäre so glücklich! Lese *History of Mexico* mit großem Vergnügen.[SPSP]

13. MÄRZ 1944 [SP]Ich denke die ganze Zeit an Allela, ganz bestimmt wartet in Taxco ein Brief von ihr. Goldberg sagt, er sei so einsam, und besucht mich jeden Abend gegen 11 oder 12. Heute war er zwei Stunden da. Wir sprachen über mein Buch – über die Liebe zwischen Gregory und Margaret, die sehr stark sein könnte. Tatsächlich war ich selbst in Margaret verliebt, schon bevor ich sie geschrieben hatte. Ich finde die Gespräche mit Goldberg sehr inspirierend, und er versucht mit sehr viel Geduld, mich verliebt zu machen, aber das ist unmöglich. War trotzdem glücklich und entspannt, weil ich Fortschritte mit dem Buch gemacht habe.[SPSP]

18. MÄRZ 1944 ^SPWar heute Abend sehr müde und habe nicht viel geschafft. B. Z. G. auch nicht. Ich würde ihm gern so viel mehr von meinem Roman zu lesen geben, ehe er abreist, aber daraus wird nichts. Ich fürchte, ich werde niemals fertig, es wird immer noch ein Kapitel geben, das ich umschreiben will. Ich habe sechs Sommersprossen!^SPSP

22. MÄRZ 1944 [Taxco.] ^SPBrief von B. Z. G., mehr zu unserer Freundschaft. Mich bereit gemacht, um mit dem Bus für den Vormittag nach El Naranjo[6] zu fahren, sehr glücklich da. [Davor] Paul Cook[7] in einer Bar getroffen – ohne Geld. Dann mit einem »Carlos« nach Minas Viejas, wo Steinkohle abgebaut wird. Später Paul noch mal an der Tür einer Bar getroffen – mit Geld. Zwei Tequilas und dann zusammen zum Abendessen ins Victoria. Sehr angenehm mit ihm. Ach, wenn ich doch bei Paul wohnen könnte, er gefällt mir wirklich. Wie ärgerlich, dass »die Öffentlichkeit« immer denkt, eine Frau und ein Mann müssten dann auch die Nächte miteinander verbringen – wirklich immer.^SPSP

25. 3. 1944 Der Abend! Sechs Uhr, die Stunde des Vergessens. Sieben Uhr, die Stunde der Träume-an-der-Bar. Acht Uhr, die Stunde der ätherischen Romanze mit der Dame in der dunklen Ecke, die das Gleiche zu denken scheint, aber tut sie das auch wirklich? Neun Uhr, zehn Uhr, Mitternacht. Der Mond rollt wie ein müdes Glücksrad über den Himmel, und mich findet man in einer Bar. Stunde um Stunde sitze ich dort und beobachte, wie der Geschäftsmann aus Chicago eine Dame betatscht, die nicht seine Frau ist, höre den abgestumpften Mariachis zu, die »Jalisco« herunterleiern, sauge gierig tausend monotone Einzelheiten auf, die ich schon tausendmal gesehen habe, sauge den Alkohol auf, um Dinge zu spüren, die ich

---

6 Ein kleines Dorf ca. 30 km von Taxco.
7 Eine dem Maler und Schriftsteller Paul Cook nachempfundene Figur wird später in Highsmiths Kurzgeschichte »Auf der Plaza« auftauchen.

schon tausendmal gespürt habe. Heute Morgen, heute Nachmittag war ich noch erfüllt, gesättigt, war meine Arbeit das Brot in meinem Mund, warum also bin ich jetzt unerfüllt? Warum bin ich andauernd unerfüllt? Die Antwort ist ohne Bedeutung. Die Frage ein Vakuum, die Antwort noch weniger als das. Die entscheidende, die einzige Frage ist: Warum hüte ich diese Unerfülltheit mit einer solchen Vehemenz?

29. MÄRZ 1944 [SP]Briefe an Allela und meine Mutter geschrieben. Beide sehr schön, aber vielleicht waren sie es nicht wert, den ganzen Morgen damit zu verbringen. Bin sehr traurig. Aber das bin ich immer, auch wenn ich gute Arbeit leiste. Ich denke an Allela. Ich denke an Rosalind, und ich liebe sie beide! Es ist schrecklich! Ich habe niemanden, außer mein Kätzchen.[SPSP]

30. MÄRZ 1944 [SP]Die Vorstellung, dass ich eine neue Seite in meinem Leben aufschlage, ist sehr angenehm. Die Seiten nehmen kein Ende. Habe wieder Flöhe. Fleißig gearbeitet, viel geschrieben. Muss gestern Abend ausgleichen, habe zu viel getrunken und einen sehr traurigen Brief an Rosalind geschrieben. Als ich spätabends noch gearbeitet habe, war ich tief verzweifelt. Ich bin immer traurig und verliere alle Hoffnung: Ich denke über mein Leben und meine Arbeit nach, und mir kommt der Gedanke, dass ich nie irgendetwas erreichen werde. Es gibt kein Heilmittel. Es gibt keine Wunder – weder in meinem Kopf noch aus dem Munde Gottes.[SPSP]

30. 3. 1944 Ich will die traurigste Geschichte aller Zeiten schreiben, eine Geschichte, die jedem Menschen, vom niedersten Bauern bis zum höchsten Genie, das Herz zusammenschnürt und die Tränen in die Augen treibt. Beim Schreiben werde ich solche Tränen weinen, wie sie selbst Troja, Karthago oder die Klagemauer nie gesehen haben. Die Traurigkeit wird mir Hirn und Herz säubern, ein glühendes Eisen sein, das mich ausgleicht und läutert, das Salz der Tränen

wird mein Blut klären. Mein Körper sich leerweinen und vor Mitleid krümmen. Welche Geschichte? Vielleicht meine.

1. APRIL 1944 Um eins zur Verabredung mit Mrs. Luzi. Sie war noch nicht fertig, und wir kamen erst um zwei los ins Victoria, nachdem sie auf der Jagd nach einem eingebildeten Skorpion ein Tintenfässchen und einen Liter Milch über ihren Sarape[8] umgekippt hatte. Der Postbote winkte mich auf dem Postamt heran & gab mir einen Brief von Ann T. – »Warum ich dich liebe, Patricia Highsmith, wird für immer ein freudsches Rätsel bleiben.« Der Rest war vermutlich witzig gemeint, aber scheint mir voller logischer Fehlschlüsse. Sie amüsiert mich. Sie schmeichelt mir. Sie besitzt eine hohe und seltene Intelligenz, aber wird sie sie jemals einsetzen können? Ich weiß es nicht. Ich schrieb ihr eine dankbare Antwort – und heute Abend spät noch einen kitschigen Absatz, weil ich mindestens zehn Minuten lang in sie verliebt war. Würde ich mir von ihr und sie sich von mir ein Scheibchen abschneiden, wären wir sicher beide bessere Schriftstellerinnen.

2. 4. 1944 Ich bin einsam in den Abendstunden, wenn die Dämmerung in mein Zimmer dringt und mich so höflich, so subtil einlädt, die Dinge zu tun, die man nicht allein tun kann. Manchmal sitzt das Verlangen nur in meinen Armen, die nach einer festen Umarmung hungern, so wie der Magen hungert. Manchmal sitzt es nur in meinen Lippen, und ich beiße es aus ihnen heraus. Manchmal ist das Verlangen ein geisterhaftes Ebenbild von mir, das traurig neben mir steht. In den Nächten liege ich wach, folge mit den Augen dem Mond in seinem ausweglosen Bemühen und stehe erneut vor der unerbittlichen Gleichung: Meine Einsamkeit allein entspricht der Einsamkeit einer Person plus eins und ein mal eins und zwei.

---

8 Traditioneller mexikanischer Stoff, der meist als Umhang getragen wird.

3. APRIL 1944 »April, der traurigste Monat«[9] – T. S. Eliot, wo bist du? Und warum zur Hölle verbringen diese gottverdammten mexikanischen Zensoren nicht mal ein bisschen mehr Zeit mit ihrer Arbeit und ein bisschen weniger mit ihren *comidas*? Ich will meine Bücher. Ich kann nicht ohne sie leben.

3.4.1944 Ich vermisse tausend Sachen. Vor allem gewisse Menschen und gewisse Gespräche. Heute Morgen habe ich mich beinahe senkrechte Berge hinaufgequält, zum zehnten Mal meine drei Reisetaschen mit Schreibmaschinenpapier, Notizheften und Büchern geschleppt, hinter mir ein alter Mexikaner, der die schwerste Tasche an einem Stirngurt trug. Ich mag das Haus nicht. Ich sitze in diesem vollgestellten Raum und frage mich, was ich hier eigentlich mache. Ach, Trinken ist die logische, die normale, die einzige Konsequenz an diesem einen Abend. Alle anderen Abende werden mit Arbeit ausgefüllt sein, aber dieser nicht. Ich will mit Menschen sprechen, die verstehen, wie man arbeiten, wie man nicht arbeiten und trinken und dann wieder arbeiten kann. Ich will meinen Künstlerfreund Paul Cook im Hotel Victoria treffen. Ich komme nach Hause, um mich für ihn frisch zu machen und mich hübsch anzuziehen. Oh, stundenlang werden wir in einer Ecke der Hotelbar sitzen, und vielleicht wird er Tequila mit mir trinken, obwohl er gerade eigentlich nicht trinken sollte. Und die Welt wird wieder in Ordnung sein, weil zwei Geister in einer Ecke der Bar sehr stark sind. Aber während ich mich anziehe, werde ich plötzlich müde und halte mit angezogener Bluse und noch nicht angezogenem Rock inne. Ich drücke meine Zigarette aus. Ich gehe nicht hin. (Das Publikum applaudiert.) Außerdem gibt es gar kein Wasser, mit dem man sich waschen kann. Ich schlinge ein Abendessen hinunter, das ich nicht will, und viel Kaffee hinterher. Ich fange an zu arbeiten, zu »Smiles« aus dem Radio meines Nachbarn. Ich arbeite bis weit nach Mitternacht, bis

---

9 Korrekt zitiert, lautet die erste Zeile von T. S. Eliots Gedicht »Das wüste Land« (1922): »April ist der grausamste Monat.« (Übersetzung: Ernst Robert Curtius)

ich zu erschöpft bin, um einsam oder melancholisch zu sein und voller Begehren.

4. APRIL 1944 Habe meine Miete bezahlt, leider, die Truthähne sind direkt vor meinem Fenster. So nah an meinem Ohr, wie es überhaupt geht, ohne im Zimmer zu sein – was mich dazu gebracht hat, heute Nachmittag eine Geschichte über sie zu schreiben. Die mit Blutrache endete. Den ganzen Tag hart gearbeitet und außerdem das getan, was ich die »kommerzielle Geste« nenne – die Geschichte –, was ich ab sofort jeden Tag entweder in Form von Text oder Zeichnungen tun sollte, wenn ich überleben will. Weiß nicht, wann ich mit einer Rückzahlung von Chloe rechnen kann.

Margot ins Paco's auf einen Drink eingeladen, dort Paul getroffen, der sich sofort mit ihr anlegte. Dann kam Tonio dazu und wollte Paul damit beauftragen, Margot zu porträtieren. Als sie weg waren, gingen Paul und ich mit Peter [und Frau] zum Abendessen ins Victoria. Sehr nette Leute. Paul begleitete mich zu Fuß nach Hause. Noch mal ein Stopp im Paco's, trafen die Newtons. Dann alle zusammen ins Chachalaca – ein typischer Abend in Taxco. Um 1:30 hat mich Paul Cook über diese 3 m hohe Mauer geschoben.

6. APRIL 1944 Ein typischer Tag in Taxco. Irgendwas war nicht in Ordnung, das Wasser lief, also ging ich zum Chino auf einen Kaffee. Auf dem Heimweg José getroffen, der mich zum Mittagessen einlud. Davor ein Bier im Paco's. Heute Nachmittag an meinem Buch gearbeitet. Es geht fürchterlich langsam voran, und ich bin oft mit Fragen konfrontiert wie: Wie beende ich die Geschichte, habe ich etwas zu sagen, und ist es die Mühe wert? Aber zum Glück glaube ich auch, dass ich jetzt nicht aufhören und Gregorys Geschichte unerzählt lassen könnte. Sie ist eine Überhöhung und Romantisierung meiner eigenen Bestrebungen, gefundener Freuden und materieller Desillusionierung, gepaart mit, das glaube ich ehrlich, einer spirituellen Erweckung.

6.4.1944 Wäre ich als Kind eines Musikers geboren worden, wäre ich im Alter von vier Jahren vor Glück gestorben.

7. APRIL 1944 Meine Melancholie vollständig geheilt, indem ich meine Zeichnung des kleinen Häuschens fertiggestellt habe. Die Dämmerung, die Dämmerung, wie wunderschön!
Ich lechze nach einem Martini mit einem oder zwei netten Freunden, nach der Arbeit, zu Hause in New York. Hier gibt es niemanden, der eine Zeit zum Essen vorschlägt oder nach dem man sich mit seiner Essenszeit richten könnte.
Paco's heute geschlossen, denn heute ist ein heiliger, heiliger Tag.

8. APRIL 1944 Die Ratten spielen Fangen im Dach. Gestern haben sie sich durch eine Fliese gefressen und sie auf dem Badezimmerboden zerdeppert. Habe heute das sehr melancholische Gefühl, erschöpft zu sein und dass Mexiko die Ursache dafür ist und mich auch weiterhin erschöpfen wird. Es wird mehr als Willenskraft brauchen, mich noch fünf Monate hier zu halten – es grenzt schon an Selbstgeißelung.

8. APRIL 1944 Ich glaube, ich kann nicht auf Pump leben und schreiben, es sei denn, ich hätte das Gefühl, dass das Buch kolossal wird. Was ich noch nicht habe. Ich will immer noch mit der Kunst spielen, unermüdlich, mit Respekt, mit der süßen, unbewussten Zuneigung eines Kindes. Ich will malen.

9. APRIL 1944 Ein weiterer Tag der Wirklichkeitsflucht – ein wenig Alkohol, viel Geselligkeit. Aber eines hat er gebracht: Ich lasse Taxco im Mai hinter mir und fahre nach San Miguel de Allende. Ich wage kaum – nein, ich mache mir keine Hoffnung auf die große Wiedererweckung des Jahres 1943, aber wenigstens komme ich von den Trinkern hier weg, es werden einfach zu viele, weg von der korrupten Atmosphäre, den (leicht) feindseligen Einheimischen und

von diesem (eingebildeten oder echten) Zermürbungskrieg von Taxco gegen den menschlichen Willen. Ich werde, fürchte ich, Chloe um Rückerstattung eines Teils des Geldes bitten müssen, & wenn sie es mir nicht zurückgibt, muss ich nach Hause fahren. Schande! Aber ich bin selbst schuld, dass ich es ihr vorgestreckt habe.

10. APRIL 1944 Brief von Mutter. Ernst [H.] besucht sie regelmäßig. Sagt ihr, er sei noch in mich verliebt – als ob er das je war. Und er denkt, Goldberg sei es auch. Leider lassen mich alle kalt. Ich muss selbst klarkommen mit meinem Chaos. Paul trifft immer genau den wunden Punkt. »Ein Künstler ist geliefert, wenn er sich selbst Grenzen setzt«, sagt er, als ich erzähle, dass ich im Moment keinen Gedanken an Liebe verschwenden kann. Er hat recht. Ausgezeichnete Kritik meiner Kurzgeschichte »Mexican Rooster«. Nicht genug Gefühl. Nicht genug Leidenschaft. Was habe ich? Etwas so Ehrliches, wie die Welt es nur je gesehen hat, aber ob ich das mit der absolut unverzichtbaren Leidenschaft kombinieren kann oder nicht, weiß ich nicht. Gleichzeitig habe ich selbst schon gefühlt, dass ich auch den leidenschaftlichsten Schriftstellern in nichts nachstehe.

11. APRIL 1944 Paul hier, er las mein Manuskript. Mochte es zu meiner Freude sehr, geriet geradezu ins Schwärmen. Nach ein paar Rum war es zu spät für ihn, nach Hause zu gehen, also hat er hier geschlafen. Ich war erst dagegen, aber er blieb auf seiner Bettseite und schien nur aus Kameradschaftlichkeit im selben Bett schlafen zu wollen, was bei jedem anderen kitschig klingen würde, aber nicht, wenn man Paul kennt.

12. APRIL 1944 Zu Ostern einen 50-$-Scheck von meinen Eltern bekommen. Was für ein liebes Geschenk! Und ich habe mich fast ein bisschen geschämt – ich habe ihnen nicht einmal eine Karte geschickt. Bekomme jetzt häufig Briefe von B. Z. G. und Mutter, in

denen sie fragen, ob ich Konserven brauche, ob ich gern mehr Geld, ein Dienstmädchen, ein Ruhegehalt hätte. Meine Mutter: Ob ich nicht lieber nach Hause kommen und in New Hampshire arbeiten wolle. Von B. Z. G.: Bleib da!

Ich bin einsam, habe Heimweh und fange allmählich an, Mexiko zu hassen & zu fürchten. Weiß nicht, ob ich noch viel länger bleiben will. Habe Chloe wegen des Geldes geschrieben. Würde mich viel wohler fühlen, wenn ich es hätte. Alle hier wirken so gutsituiert, aber auch nicht zufriedener als ich.

Mrs. Luzi zufällig auf der Plaza getroffen. Sie und ihr Mann hatten einen amüsanten Streit, den ich in meinem Notizbuch[10] festgehalten habe und vielleicht in mein zweites Buch aufnehme, über das ich schon nachdenke. Es handelt von Taxco – was passiert, wenn Amerikaner verwahrlosen, und warum sie das tun. Kam um 12:30 nach Hause, und es war besetzt, mein Kätzchen jaulend in einem Baum und Paul in meinem Bett! Ich war so sauer, mir war danach, ihn rauszuschmeißen, stattdessen machte ich mir ein Bett auf der Veranda.

14. APRIL 1944 In mir ist etwas Böses, das mich glauben lässt, dass alles, was ich berühre, verderben oder schiefgehen wird – alles im kreativen Bereich, meine ich. Nichts, was ich diesbezüglich unternehme, läuft je reibungslos und mit ausreichend Freude ab. Ich versuche das zu verbessern, indem ich, so viel ich kann, mit dem Werk »spiele«. Albernes Zeugs zu skizzieren hilft meistens. Paul den ganzen Tag nicht gesehen. Eher ungewöhnlich. Bin um 1:30 nach El Naranjo gefahren, wo ich meine Kiste mit Büchern abgeholt habe. Rückfahrt mit dem lausigsten, allerschrecklichsten, allerlangsamsten Flecha-Roja-Überlandbus. Mein rechter Fuß klemmte unter dem Fuß meines Sitznachbarn, mein linker hing aus dem Fenster,

---

10 Die Anekdote über die Luzis findet ihren Weg in die Kurzgeschichte »Der Wagen«, erstmals 2002 in *Die stille Mitte der Welt* veröffentlicht. Die Geschichte endet tragisch, aber in Wirklichkeit lebten Marguerite und ihr Schweizer Ehemann weiter in Mexiko.

mein Hintern über einem vollen Kübel mit fettigem Lammeintopf, der ständig überzuschwappen drohte. Eineinhalb Stunden, die ich sonst in 20 Minuten zurücklege. Holte auch die Schreibmaschine.

Meine Bücher erfüllen mich mit Freude! La, la! Heute Abend so glücklich, dass ich mir Hölderlin zum Lesen ausgesucht habe. Außerdem noch Proust! Und Fragmente meines ersten Buchs, von denen manche exzellent geschrieben sind, aber noch interpoliert werden müssen. Meine Arbeit liegt klar umrissen vor mir, und ich werde mich den Rest des Monats keiner Ausschweifung mehr hingeben.

14.4.1944 Paul Cook, der besser reden kann als schreiben und malen. Er kennt die dramatischen, künstlerischen Grundlagen des kreativen Arbeitens. Er war Footballspieler, heiratete mit zweiunddreißig eine Texanerin aus guter und wohlhabender Familie. Letztes Jahr nach 14 Jahren geschieden worden, wegen Eifersucht ihrerseits, Forderungen und Kritik an seinem Alkoholkonsum. Er hat schon immer etwas mehr getrunken, aber jetzt in Taxco trinkt er rauhe Mengen. Wollte letztes Jahr Selbstmord begehen und steuerte ein Flugzeug in den Atlantik, wurde jedoch umgehend geborgen. Er ist der Sohn eines walisischen Arztes und einer Italienerin. Er ist 1,90 groß, schlaksig, hat blaue Augen und wirkt vornehm, egal, was er tut oder wie er sich kleidet. Ein gutes und interessantes künstliches Gebiss hat er, seit er siebenundzwanzig ist, wegen irgendeiner Hirn- oder Nervenkrankheit. Die Inhaber der *cantina* lieben ihn aufrichtig. Er bekommt 150 $ pro Monat von der US-Regierung, damit er Drogenhändler aushebt. Manchmal gelingt ihm ein Fang. Vordergründig ist er der gescheiterte amerikanische Maler, den in Taxco der Teufel holt. Er hat geschafft, was vor ihm noch keinem Amerikaner, den ich kenne, gelungen ist: Die Mexikaner mögen ihn, ich meine, sie wollen von sich aus mit ihm befreundet sein. Trotz seiner Größe, trotz seiner blauen Augen lieben sie ihn.

16.4.1944 In Taxco trinken die Leute nicht aus Geselligkeit oder als Ritual zwischen vier und sechs, sie trinken nicht, um sich etwas aufzuheitern, sondern bis zur vollkommenen Besinnungslosigkeit. In Taxco hat man nicht ordnungsgemäß getrunken, bis man nicht torkelt, bis einem nicht egal ist, dass morgen *mañana* ist, die gesamte Zukunft *mañana,* und wenn sie dann kommt – *mañana*. Und die Gegenwart ist schnell Vergangenheit.

17. APRIL 1944 Paul predigt die ganze Zeit Enthaltsamkeit, ist aber neben mir der sentimentalste Mensch, den ich kenne. Und hat zu wenig Sex, genau wie ich. Habe ihn heute ziemlich gereizt sitzenlassen, und wenn ich ihn eine lange, lange Weile nicht wiedersehe, dann ist das auch okay.

18. APRIL 1944 Heute 8 Stunden gearbeitet. Das erste Kapitel ist leicht geschrieben und liest sich gut, wenn man dranbleibt. Ein bisschen wie von Carson McCullers. Ich habe von den Selas erfahren, dass Paul Cook um 5 furchtbar betrunken war und eine Schlägerei anfangen wollte. Dr. Newton hat ihn in ein Taxi gesetzt, aber um 8 war er nicht im Hotel. Ob er wohl schon im Knast sitzt? Die Selas haben erzählt, er hätte noch versucht, mir eine Nachricht zukommen zu lassen, aber nicht mehr richtig schreiben können. Er ist sentimental und einsam, eine gefährliche Kombination.

Flöhe, Ameisen, Katzen, Hunde, die Mexikaner – alle haben es auf mich abgesehen. Manche wollen Geld, manche Essen, manche Fleisch, aber alle wollen sie etwas, und da dies hier ihr Land ist, bekommen sie es auch. Lese *[The Story of] Oriental Philosophy* [von L. Adams Beck] – sehr unterhaltsam.

22. APRIL 1944 Reise Montag ab. Ich kenne zu viele Leute in Mexiko – in Taxco –, und bei allen guten Vorsätzen, bei aller Willenskraft ist es unmöglich, sich mit ihnen zu treffen, mit ihnen zu trinken und sich zugleich die eigene Unabhängigkeit und Ausgegli-

chenheit zu bewahren. Ich laufe davon, ja, aber nicht vor mir selbst, sondern vor den Tasqueños.

23. APRIL 1944 Habe beschlossen, doch noch nicht abzureisen. Zu bleiben ist billiger, und bald wird sich alles hier auflösen. Die Herzogin (Mrs. Nina Engelhardt) hat mich nach vielen Bieren eingeladen, nächste Woche für drei Tage ins Sierra Madre zu ziehen. Sie hat haufenweise Geld.

24. APRIL 1944 Viel Nachdenken über mein Buch & wenig Schreiben – auch gut. Paul findet, es wird nach dem ersten Abschnitt schlechter, wenn Gregory zum Haus gegangen ist. Ich werde es nie veröffentlicht bekommen, denke ich, es auch gar nicht veröffentlichen wollen, wenn nicht alles auf dem Niveau des ersten Abschnitts ist. Lange mit Paul gesprochen – mein Gott, was für ein genialer, verständiger Kerl & wie sehr er mir bei meiner Arbeit geholfen hat! Mein Problem sind jetzt nicht mehr Alkohol oder Heimweh, sicher nicht Faulheit, sondern die reinen körperlichen Lebensbedingungen.

Heute Abend *Casablanca* angeschaut mit Tom G., von dem ich mich um 1:00 nachts habe küssen lassen – warum, weiß ich nicht.

Paul hat mir ganz entzückende Ohrringe geschenkt.

25. APRIL 1944 Um 11:30 ins Sierra Madre gezogen & dort die Herzogin und Del Gato getroffen, die Bier tranken. Das Leben ist ein einziges großes Bier & eine lange Zigarette, nicht gut für die Nerven, das Gewissen oder das Zufriedenheitsorgan, wo auch immer das liegen mag.

26. APRIL 1944 Werde mich freuen, Grandma zu sehen – sehr, ich will hier weg. Ende des Monats. Aufgrund des vielen Trinkens und in Ermangelung eines Hauses habe ich mich selbst verloren, die, mit der ich mich nie langweile oder einsam bin.

27. APRIL 1944 An Mutter geschrieben, dass ich wohl gegen 4. Mai die Heimreise antrete. Die Unterhaltungen werden stumpfsinniger, von Seiten der anderen und ganz sicher von meiner. Amerikaner ziehen wie hungrige Haie durch die Stadt auf der Suche nach ein paar kameradschaftlichen Momenten. Haben sie dich einmal entdeckt, ist es unmöglich, fast ein wenig grausam, sie abzuschütteln. Im Paco's hängen lauter Leichen herum. Meine Katze ist das lebendigste, normalste Wesen in ganz Taxco.

28. APRIL 1944 Kam sturzbesoffen nach Hause, & Paul kam um 2 Uhr – nachts – und blieb bis 3:30. Sagte, er liebe mich mehr als alles auf der Welt, wollte natürlich bleiben, aber vollkommen unmöglich. Nach 11 Anfängen den 12. Brief an Rosalind passabel zu Ende geschrieben. Ich liebe sie mehr als alles auf der Welt, so wahr mir Gott helfe! Ich überlege mir – wünsche mir – überlege – ich sollte mehr schreiben, irgendwie. Ich sollte mich besser & mehr ausdrücken. Vielleicht sollte ich lieber Geschichten als einen Roman schreiben. Aber wenn ich gerade Geschichten schreiben würde, würde ich sagen, ich sollte einen Roman schreiben!

29. 4. 1944 Die Kunst ist ein schroffer Berg, den wir immer und immer wieder in Angriff nehmen, um jedes Mal erneut zurückgeworfen zu werden. Lange Minuten sitzen wir auf einem Stein und betrachten den Berg mit aufgestütztem Kinn, sammeln uns und versuchen ihn dann erneut zu erklimmen. Wir brechen uns erst die Nasen, dann die Köpfe und schließlich die Herzen, aber in dieser Richtung liegt unser Weg, und wir können nicht umkehren. Schließlich liegen wir bäuchlings am Fuß des Berges, der in der heißen Sonne des Ausgesetztseins keinerlei Schatten für Fleisch und Knochen spendet. Und wenn wir am Ende doch für würdig befunden werden, zeigt die Nachwelt auf die Kerben.

1. MAI 1944 Die Herzogin hat mich unter dem Einfluss drei starker Drinks noch einmal eingeladen: Wir fahren Samstag nach Mexiko-Stadt, nach dem *Cinco de Mayo,* was schon wieder irgendein verdammter Feiertag ist.

5. MAI 1944 BRANDHEISS! Fragonard hat ihre erste Maus gefangen. Kann es kaum erwarten, abzureisen. Mein Geldbeutel wird immer dünner, seit ich die Herzogin kennengelernt habe, & ihrer ganz sicher genauso.

6. MAI 1944 Und die Drinks flossen wie Tequila (nicht wie Wasser, es gibt nämlich keins).

8.5.1944 Das Hotel Monte Carlo in Mexiko-Stadt ist ein echtes Original. Denn hier versammeln sich alle – die Humorvollen, Originellen, Mutigen. Im Monte Carlo hat man immer das Gefühl, es würde gleich etwas passieren. Dass es das nie tut, spielt keine Rolle. Jede Ecke, jede Wand, jedes Stück Boden hat eine Geschichte, die wir aus purem Respekt nicht in Frage stellen, so wie wir einen Kriegsveteranen, so verrufen und schwachbrüstig er auch sei, nicht über seine persönliche Geschichte ausfragen.

11. MAI 1944 Die Herzogin hat mir Truthahnsandwiches gebracht, und wir sind mit Tom & Paul ins Taxi gestiegen und zum Bahnhof gefahren. »Im Himmel gehen die Sterne unter, wenn du wegfährst, Pat«, sagte sie und weinte fast, als sie mich zum Abschied küsste. Ich glaube, sie hat wirklich geweint, denn als der Bus losfuhr, waren alle weg. Oh, diese wundervollen Nachtfahrten mit dem Bus, auf denen ich denke, glaube, weiß, dass alles möglich ist, wenn der Geist ungehemmt, ungebunden, unverankert ist, sich wie ein urzeitliches, allwissendes, allmächtiges Ding von Abstraktion zu Konkretion, zur Phantasie, zum Fakt schwingt und alles aneinanderreiht zu einer wundersamen Halskette. Da, glaube ich, sah ich, dass mein

Buch anders war als Joyces *Porträt [des Künstlers als junger Mann]*, überhaupt nicht nachgeahmt und auch überhaupt nicht zwangsläufig zweitrangig. Ich aß ein Truthahnsandwich und rauchte ein paar Camel-Zigaretten und war einige Stunden lang selig, zumindest im Geiste.

12. MAI 1944 [Monterrey.] Heute Abend viele Fakten aufgeschrieben, aber in meinem Herzen ist mehr – Poesie, Hoffnung, Traurigkeit, Einsamkeit, Liebe, Inspiration, Frustration und keine Angst.

12.5.1944 Heute habe ich die Hörner eines jungen Rehbocks angefasst, den moosigen Flaum auf seinem kurzen Geweih gefühlt, die Hand an seinem weichen Hals hinabgleiten lassen, während er entspannt ins Leere starrte. Frei war er, frei. Ein gestrenger Geist mit zweifellos bedingungslos reinem Herzen. Aber der Mensch, und Patricia Highsmith, sind zur Mühsal geboren, so wie die Funken erheben sich im Fluge.

7.6.1944 Ich weine heute Abend aus unerklärlichen Gründen und kann nicht aufhören. Unerklärlich – oder vielleicht aufgrund der Sinnlosigkeit des Lebens. Heute bin ich, so hoffe ich, Santayanas[11] junger Mann, der nicht zum Wilden wird, weil er geweint hat. Vielleicht werde ich irgendwann einmal der alte Mann sein, der kein Narr ist, weil er lachen kann. Aber ich glaube nicht. Lange bevor ich im körperlichen Sinne alt bin, werde ich mich umgebracht und diese Nachricht hinterlassen haben: »Ich habe Kompromisse in all ihren hässlichen Gewändern zum Sterben satt.«

10.6.1944 [Texas.] Das Paar, das feststellt, dass jemand ein unflätiges Wort mit vier Buchstaben in den frischen Beton auf dem Gehweg vor seinem Haus geschrieben hat. Der Mann ist dafür, es ein-

---

11 George Santayana (1863–1952), spanischer Schriftsteller, Literaturkritiker und Philosoph.

fach sein zu lassen, bis es sich abgetreten hat und nicht mehr auffällt, aber die Frau besteht darauf, dass es verfüllt wird, und als es so weit ist und die Schrift dadurch nur noch deutlicher hervortritt und tiefe Risse entstehen, vergeht sie fast vor Scham. Die Gleichgültigkeit des Mannes kaschiert eine gewisse Befriedigung: seine Frau, die seinen eigenen Begierden, seiner eigenen unflätigen Ausdrucksweise gegenüber so gleichgültig ist, steht angesichts dieses anonymen, empörenden, hässlichen, aufstachelnden Ausrufs in 4 Buchstaben völlig neben sich.

18.6.1944 Man merke: Glückliche Tage führen zu einer Stagnation des Geistes. Glückliche Tage nach meinem Dafürhalten: Ich lese, schreibe, male. An den letzten beiden glücklichen Tagen hat sich eingebungsmäßig nicht das Geringste getan. Früher dachte ich, solche Tage würden Ideen hervorbringen. Jetzt frage ich mich, ob regelmäßige Störungen nicht doch notwendig sind.

22.6.1944 Stinkwütend heute Nachmittag, nachdem ein kleiner Cousin sich weigerte, ordentlich für ein Porträt zu sitzen, an dem ich bereits viele Stunden gearbeitet hatte und es dann fast vermasselt hätte. Ich fluche eine Weile eindrucksvoll, sog den Zigarettenrauch tief ein, versteckte das Porträt, um es in meiner Wut nicht zu zerreißen. Ich war zu aufgebracht, um zu Abend zu essen, & ging stattdessen zu Fuß Richtung Westen, immer weiter gen Westen, bis ich plötzlich am Stadtrand stand und auf ein weites Stück tiefen Horizonts blickte, auf Bomberwerke, Ölfelder, Farmen, entfernte Häuser, die alle viele Seelen bargen. Und die Stimme aus den Wolken sagte: »Siehe all dies, das größer ist als du. Und bedenke, wie klein das ruinierte Bild ist!« Aber größer als mein Bild war das Panorama mit all den Seelen nun mal nicht. Und Punkt. So etwas entscheidet bei mir über Glück und Unglück. (In solchen wildtobenden Momenten blitzt das Wort »Selbstmord« so unausweichlich in meinem Kopf auf, wie Donner auf Blitz folgt.)

3.7.1944 Die Liebe ist hier keine Unbekannte. Sie liegt in der laschen Haltung des Soldaten auf dem Barhocker, im gerollten Auge und im Kaugummi kauenden Kiefer der Kellnerin, in den Fliegen, die auf fettigen Tellerrändern kopulieren, in der plumpen Musik aus der Jukebox, die von Lautsprechern an jeden Tisch geleitet wird, im weiten Mantelrücken des Viehzüchters, der am Spielautomaten lehnt, während er ein lauwarmes Jax-Bier trinkt und sich mit einem blonden Luder in Hosen unterhält. Auch dort ist die Liebe, warm und rot und lächelnd. Eine Fremde ist die Liebe aber in den steifen Restaurants großer Städte, wo zwei Menschen einander wie Mauern an einem Tisch gegenübersitzen und die Liebe nur in einem davon wächst, wie eine zarte, kümmerliche Ranke zwischen zwei Mauerziegeln.

6.7.1944 Obwohl er das Wunderbarste der Welt ist, ist Geschlechtsverkehr nie ganz perfekt. Immer wird sich doch einseitig ein wenig über die eigenen Beschränkungen oder die des Gegenübers amüsiert, und immer herrscht hinterher eine schreckliche Traurigkeit, als wäre man am letzten Hindernis gescheitert. (Verfasst in betrunkenem Zustand, Ft. Worth, Texas, mitten am Tag.)

15.7.1944 [New York.] Man muss das Wetter immer genießen. Auf dem Heimweg zu Fuß von der 61st Street aus über die 2nd Avenue, elf herrliche schwarze Blocks entlang (der Mond nicht da, die Ampeln schon, man selbst auch, die Füße mit dem federnden Schritt, das ist die Jugend, jetzt!), saugt man die weiche, kühle Nacht ein, blickt freudig auf die beleuchteten Eingänge der Bars. Ausnahmsweise einmal sind die Schuhe bequem. Der Kopf ist mit allerlei Dingen gefüllt, darunter zweifellos Fetzen des letzten Gesprächs mit ihr, die Frage, ob man gleichzeitig mehrere lieben kann, die aus jugendlicher Blasiertheit kaum gewürdigte, herrliche Nacht und das bewusste Erkennen der eigenen Gesundheit, Zukunft, Fähigkeiten. Tief einatmen! Die Lunge funktioniert noch, wie sie soll, die Schenkel zittern nicht zu sehr, die Waden sind robust, die Zehen willig. Jeder Muskel gehorcht (kurz angespannt, dann wieder locker), und jeder Traum wird sich erfüllen.

29.7.1944 Der Geruch, der nach einem New Yorker Sommerregen vom feuchten Asphalt, Beton und Backstein durchs Fenster hereinweht, ist staubig, trocken und ebenso übelkeiterregend wie frischgeköpfte, nach Blut und trocknenden Federn stinkende Hühner.

5.8.1944 Was kann trostloser und melancholischer sein als die Arie aus *Madama Butterfly,* die an einem Sonntagnachmittag im Sommer aus dem Fenster eines Stadthauses auf der anderen Straßenseite dringt?

6.8.1944 Was ist so verflucht an diesem Jahrhundert, dass ein Künstler seine beste Arbeit nur dann leisten kann, wenn seine Lunge von Tabakrauch durchbohrt, sein Hirn von Kaffee, Schnaps oder Benzedrin aufgeputscht ist? Eine schändliche Tatsache, so wie dies ein schändliches Zeitalter ist!

11.9.1944 »Natürlich arbeite ich spätnachts«, sagte der Schriftsteller finster. »Ich muss schließlich Körper & Seele voneinander trennen.«

13.9.1944 Lass uns an dem Tag, an dem wir einander für immer auf Wiedersehen sagen[12], in ein ruhiges Café gehen auf einen Abschiedstrunk und einen Strauß-Walzer. (Strauß-Walzer sind so viel schöner, als du denkst, Liebling.) Nicht, dass ein Strauß-Walzer auch nur einer von uns irgendwie entspräche, aber aus irgendeinem merkwürdigen Grund denke ich immer, ich würde dich bei einem

---

12 Unklar, wen sie in diesem und im nächsten Eintrag anspricht.

Strauß-Walzer kennenlernen, hätte dich zu einem kennengelernt. Und an jenem Abend war ich auch so fürchterlich betrunken, dass es durchaus so gewesen sein könnte. Ich werde den Kellner mit meiner größten Geste rufen und einen doppelten Brandy für mich und wahrscheinlich einen Stinger für dich bestellen, und, ach ja, könnte das Streichquartett (es wird wahrscheinlich ein müdes Wiener Ensemble sein) vielleicht den »Kaiserwalzer« spielen?, oder falls sie sich dazu nicht in der Lage fühlen, »Künstlerleben«, und nach einer Viertelstunde dann bitte den langsamen, aber so beherzten »Motorenwalzer«, der unser Finale sein wird. Diese schleppenden Melodien sind jetzt passend. Wir können von den aufrechten Rücken, den steif angehobenen Armen, den bewundernden Blicken träumen, mit denen wir einander durchbohren würden, während wir inmitten der neidischen anderen Gäste durch den Ballsaal wirbeln würden, der unzähligen Paare, die auf kleineren Umlaufbahnen um uns kreisen würden wie die Schar von Kleinplaneten um den Saturn. (Bist du der Sonne auch so fern, Liebling?) So will ich dich verlassen, mit dem Geld für die Rechnung natürlich, vielleicht kurz bevor die letzten Töne verklungen sind, damit du beim Schlussakkord über den Tisch schauen könntest und nur noch das Idealbild sehen, das du dir womöglich vorstellst, das du dir immer so leicht vorstellen konntest, und wenn dein nächster Stinger unterwegs ist, trinkst du das Glas in deiner Hand bis zur Neige aus, ja, mit dem ganzen zerstoßenen Eis, und noch ehe der Abend vorbei ist, noch ehe du den zweiten Stinger zur Hälfte ausgetrunken hast, wird der Platz dir gegenüber von jemandem besetzt sein, der weit charmanter ist als ich, denn allein sein konntest du nie.

20.10.1944 Heute Abend fällt der Regen glitschig und unaufhörlich in meinen Hof, erzeugt ein helles Klatschen, das gelegentlich abfällt, einen durchdringenden Ton, der an den Nerven zerrt und der einen, wenn man durch den Regen geht, das Gesicht verziehen und zurückzucken lässt wie vor etwas Abstoßendem, Kaltem. Heute

Abend habe ich mit dem Regen nichts zu schaffen. Heute Abend bin ich verliebt, zum sechzehnten-, siebzehnten- oder achtzehntenmal in meinem Leben (ich kann es mir nie merken, auch nicht, welche Male besser ausgeklammert gehören), und ich habe versprochen, dass es bis Sonntagmorgen hält (heute ist Freitag), und mir wurde das Gleiche versprochen. Heute Abend bin ich so glücklich wie ein Ei im Kühlschrank eines großen Haushalts, das sich freut, dass seine Schale nach allem, was passiert ist, noch immer keinen Sprung hat. Nach heute Abend, nach morgen Abend – was dann? Ist das Leben nicht schön? Ist es nicht wunderschön?

31.10.1944 Juden – warum stört mich andauernd irgendetwas an ihnen? Ich mag sie nicht wegen ihres schieren Bewusstseins der Tatsache, dass sie Juden sind (und es kann keiner ohne dieses Bewusstsein sein), und mag all die vielen, vielfältigen, widersprüchlichen Manifestationen davon nicht. Die Christen haben dafür gesorgt, dass ihnen ihr Judentum so bewusst ist. Deshalb muss ich mich als Christin auf eine Art selbst hassen.

1.11.1944 Die ersten Tage des Verliebtseins – es hat keinen Zweck, sich gegen Tagträume wehren zu wollen. Tagträumen müssen wir, denn jeder Gegenstand, alles um uns und in uns ist neu. All die Dinge, die wir als gegeben hingenommen haben und die uns vertraut waren, sind uns nicht mehr vertraut. Der Stuhl, der Mülleimer, der Schreibtisch, der Füller, die Musik, die wir kannten (oder zu kennen glaubten) und liebten, sind nicht mehr vertraut, sondern etwas völlig Neues, das neu beschaut und bewertet werden will. Es ist eine neue Welt, und wir betrachten sie wie Kinder.

6.11.1944 Homosexuelle – was ist das ihnen eigene Virus, das zu ewiger Unbeständigkeit führt? Manche sagen, es liege am Ego der aktiven Partnerin, die nach einem halben Jahr bloß noch *eine* neue Eroberung machen muss. Das impliziert zweifellos, dass sie die andere satthat. Warum? Weil Homosexuelle nicht oft genug romantisch sind. Das führt dazu, dass der Pflug vor den Ochsen gespannt wird, wobei ich nicht genau weiß, was hier Pflug und was Ochse ist. Irgendeine Vorahnung von Unbeständigkeit muss den Geist (das Herz) von Anfang an vergiften und für eine gewisse Zurückhaltung sorgen, um der Affäre mit möglichst wenig Schmerz wieder entkommen zu können.

Ich selbst bin lieber romantisch. Ich will die Haarsträhne, den verzweifelt aufgerissenen und gehüteten Brief, die verschrammte Stelle auf den Schuhen, die nicht wegpoliert wird, den Telefonanruf, der Leben oder Tod bedeutet, den süßen Schmerz, wenn der Mensch, den man liebt, einem nur den kleinsten Gefallen tut. Zwei Menschen, die miteinander tanzen und schon wissen, dass gleich jemand kommen wird, jeden Moment, innerhalb der nächsten Minute, der nächsten drei Sekunden, der einem auf die Schulter tippt und sie einem für immer wegnimmt. Ich will, dass der Gipfel so hoch ist, dass mir die Nase blutet, die Ohren knacken und die Lunge nach Sauerstoff schreit. Ich will, dass das Ende ein Sturz ist wie vom Mount Everest, der mich zutiefst entsetzt, weil ich zusehe, wie die ganze Welt mit mir stürzt und an dessen Ende ich als ein Haufen Schutt in einer unbelebten Wüste, auf einem namenlosen, unerforschten Planeten lande.

13.11.1944 Liebe und die Bekundung derselben wirken wie Öl im Getriebe des gesamten Lebens.

14. NOVEMBER 1944 ^{D}N.[13] rief um 4:30 morgens an – viele Fragen – und kam um 4:45 vorbei. Diese frühen Morgen mit ihr … Wir machten Kartoffeln, wie sie sie am liebsten mag – gebraten! (Ich kann sie nur so!) Und hinterher, nach einigen Schwierigkeiten, die ich mir wahrscheinlich einbildete … Als wir einschliefen, war be-

---

13 Natica Waterbury, Highsmiths neue Geliebte.

reits Tag. Dann Anrufe: Mary H., Rosalind (die davon schwafelte, mir eine Katze zu Weihnachten kaufen zu wollen, aber eigentlich nur herausfinden wollte, ob Natica hier ist und was in der Nacht los war).

Natica bis 6! Noch ein verschwendeter Tag, aber Rosalind sagt, so etwas wie Zeitverschwendung gibt es nicht! Es ist einfach so schön, mit ihr zusammen zu sein, und wir sind traurig, wenn wir auf Wiedersehen sagen müssen. Der alte Shakespeare-Spruch – »So süß ist Trennungswehe« – hat endlich eine Bedeutung.

Schrecklich müde, wie wir es immer sind nach einer Nacht und einem Tag – zwei Tagen und einer Nacht oder zwei Nächten und einem Tag! Aber wollten Bernhard und Cornell zum Abendessen im Romany Marie's[14] treffen.

Natica launisch, wollte nicht viel sagen, aber das interessiert mich. Sie braucht eine Beschäftigung, aber für mein ausgehungertes Herz ist das gerade der Himmel: dass sie nichts anderes zu tun hat, als mich immer wieder zu küssen. Brachte sie um Mitternacht zu Fuß nach Hause. Ich will eine Wohnung für sie finden. Das würde sie glücklich machen. Ich bin schon jetzt glücklich, aber dieser Tag war verrückt!^{DD}

14.11.1944 Soll ich sagen, dass ich arbeiten kann, wenn ich am unglücklichsten bin? Vielleicht ist das der einzige Weg, mich selbst auszutricksen, der einzige Weg, wie ich überhaupt etwas produzieren kann. Du weißt schon, man tut doch alles, um seine Gedanken von sich selbst abzulenken.

15. NOVEMBER 1944 ^DNatica hat den ganzen Tag nicht angerufen. Und heute Abend den Zug nach Philadelphia genommen. Und ich

---

14 Marie Marchand (1885–1961) war eine Legende der Greenwich-Village-Boheme. Obwohl das Restaurant der gebürtigen Rumänin über die Jahre fast ein Dutzend Mal den Standort wechselte, folgte ihm stets eine Schar von Getreuen. Nicht zuletzt, weil man als Künstler in Not im Romany Marie's immer auf eine kostenlose Mahlzeit hoffen konnte. Ein Porträt von Marchand von Stammgast John Sloan hängt heute im Whitney Museum of American Art.

hatte die allergrößte Neuigkeit für sie – habe »Die Heldin« an *Harper's Bazaar* verkauft – und wäre so froh gewesen, wenn sie es als Erste gewusst hätte. Aber morgen bei der Gesellschaft werde ich ihr und Rosalind mit großem Stolz davon erzählen. Bin überzeugt, dass *Harper's* einen besseren Ruf in Sachen Literatur hat als irgendeine andere Zeitschrift des Landes.

Wie kann ich in Worte fassen, wie viel Natica mir bedeutet?! Sie ist mir ein Beistand, das Leben selbst, all meine Freude. Gott! – Verlass mich nicht! Sie soll bei mir bleiben! Bin glücklich, so glücklich, dass ich nur noch die ganze schöne Welt um mich herum betrachten kann auf meinem Höhenflug – wie ich es jetzt gerade tue, wie ich es schon seit drei Wochen tue! Morgen sind es drei Wochen! Natica – es fühlt sich so viel länger an. Sie zählt die Wochen auch.[DD]

19. NOVEMBER 1944   [D]Den ganzen Tag allein gearbeitet – 10 Seiten Comics. Und N. hat noch nicht angerufen! Ihre Wirtin sagt, sie hat die Nacht anderswo verbracht, bei einer Freundin (als ob!). War heute sehr nervös, brachte die Schreibmaschine zu ihr nach Hause und machte allein einen (kalten) Spaziergang, versuchte mich zu überzeugen, ich wäre ganz glücklich, würde ihr voll und ganz vertrauen und immer mit ihr zusammen und glücklich sein.[DD]

20. NOVEMBER 1944   [D]Noch ein Tag ohne sie! Kein Wort! Noch zehre ich von der Kraft, die sie mir gegeben hat, aber bald muss ich sie sehen – haben! Was will sie? Denkt sie an mich? Ich glaube schon.[DD]

21. NOVEMBER 1944   [D]Unterhaltung mit Mrs. Aswell von *Harper's*, die sehr überrascht war, dass ich nicht Psychologie studiert habe. Will mehr meiner Geschichten lesen. Sehr zufrieden mit dem Gespräch, glücklich, als ich nach Hause kam, um auf Natica zu warten. Aber sie rief nicht an bis – 6:00! Sie wollte mich am Abend bei einer Freundin treffen. Ich ging hin. Virginia Catherwood heißt sie,

»eine alte Schulfreundin«.¹⁵ Sprach lang mit ihr in ihrem Zimmer. Ich hatte das Gefühl, dass sie alles über N. und mich wusste, und fand es in Ordnung, weil sie mich mag. Als wir wieder ins Zimmer kamen, war Natica eifersüchtig – Ginnie sprach es als Erste aus. Ich lächelte, denn es war so unnötig. Ginnie machte mir um 12:30 eine Tasse Kaffee, als die andern gegangen waren, wollte, dass ich blieb, aber ich wollte N. sehen! Um 2:00 rief Ginnie noch einmal bei mir an – gerade als Natica ankam. Vielleicht hat sie es gehört, aber ich weiß es nicht.^DD

22. NOVEMBER 1944 ^D Sie kam um Mitternacht, brachte mir dieses Buch hier mit und besser noch: sich selbst. Sie blieb, und so verging die schönste Nacht, die wir je hatten! Alles war schön – sie schlief in meinen Armen und flüsterte im Schlaf: »Wie können zwei Menschen so viel haben?« Ich war so glücklich, stolz, zufrieden, überwältigt, dass ich nicht einschlafen konnte. Stille, Ruhe und wir beide zusammen! Dieser Tag – Thanksgiving¹⁶. Ich habe viel zu danken dieses Jahr.^DD

24.11.1944 Gefahren eines ersten Romans: Jede Figur ist das eigene Selbst, weshalb man sie entweder zu weich oder zu hart behandelt. Beides ist nicht objektiv, dabei war es gerade das, was so vieles von dem, was man zuvor geschrieben hat, so gut gemacht hat.

26. NOVEMBER 1944 ^D War so nervös, dass ich gar nicht arbeiten konnte. Es ist nicht nur N. – auch meine schrecklichen Zigaretten und der Kaffee! Aber diese beiden sind für den Einsamen die zwei größten Vergnügen und Beistand auf der Welt!^DD

---

15 Sowohl Natica als auch Virginia Kent Catherwood entstammten der High Society von Philadelphia. Ihre Debütantinnenbälle waren von einer solchen gesellschaftlichen Bedeutung, dass sogar in der *New York Times* darüber berichtet wurde.
16 Thanksgiving war am 23. November, sie schreibt wie üblich weit nach Mitternacht.

26. 11. 1944 Gott sei Dank gibt es Arbeit – der einzige Balsam auf dieser Welt. Arbeit, gesegneter Mörder des Monsters Zeit. Arbeit bringt den Abend herbei, bringt Hunger, Müdigkeit und Schlaf. Und, wenn genug Zeit totgeschlagen ist, sogar das Klingeln des Telefons. Arbeit ist Balsam für die geschundenen Nerven, spült die Augen, damit man sehen, heilt das Herz, damit man lieben kann. Wünschst du mir die Hölle dieses Morgens, Liebste? Weißt du, wie dieser Morgen für mich war? Ich hoffe es nicht, und eine Beschreibung werde ich dir ersparen. Ich wünsche dir nur Glück und alles an Freude und Gutem, was ich dir schenken kann.

26. 11. 1944 Worum soll ich flehen, um Gnade oder um den Mond? Ich weiß nicht, was von beiden einfacher zu bekommen ist.

27. NOVEMBER 1944 ^{D}Es hat den ganzen Tag geregnet. Kein Brief im Briefkasten, kein Anruf. Musste um 5:10 Rosalind anrufen, weil ich heute Abend nicht allein sein konnte. Wir lasen aus dem Wörterbuch, aber Kirk war da, und ich konnte nicht bleiben. Zu Hause arbeitete ich – ich musste.^{DD}

28. NOVEMBER 1944 ^{D}Catherwood ist in Natica verliebt. Sagt Rosalind, und ganz bestimmt ist es wahr.

Um 4:15, als ich endlich, zum ersten Mal seit drei Tagen glücklich und zufrieden, mit einem Füller im Bett lag und arbeiten wollte, rief Natica an! Schönes Abendessen in der Pizzeria. Und – Bett. Es wird immer besser, schöner. Ich bin so glücklich mit ihr und sie mit mir. Aber sie streitet ab, meine Briefe bekommen zu haben. Ich weiß ja nicht. Nur, dass ich sie liebe, dass sie mir nichts als Zerstörung bringt, aber ich sie nichtsdestoweniger liebe.^{DD}

1. DEZEMBER 1944 ^{D}Ach – Gott sei Dank ist nicht dieser Monat vor einem Jahr! Vorzüglicher Tag. Nur fast zwei Stunden gelesen, ein Luxus, den ich mir selten erlaube. War mit Mutter bei Macy's

usw. für Weihnachtsgeschenke. Wie üblich nichts Interessantes über den Tag zu berichten, bis ich zu Natica komme. Sie rief um 1:30 nachts an. War beim Psychiater, hat ihm erzählt, dass alle ihre Freunde homosexuell sind. »Das ist nicht die Ursache für Ihre Homosexualität«, war seine Antwort. Natürlich nicht, aber was denn dann? Freue mich, dass sie morgen Abend zu mir kommt.^{DD}

1.12.1944 Schundliteratur versus hohe Literatur: Man kann sich einfach nicht acht oder auch nur fünf Stunden am Tag mit Unsinn, der ernst genommen wird, beschäftigen, ohne davon korrumpiert zu werden. Die Korrumpierung trifft dabei eher die Denkgewohnheiten als die des Ausdrucks: Letzteres ließe sich überwinden, aber Ersteres betrifft das Selbst oder die Seele. Kürzlich las ich von »den jungen Männern, die Filmdrehbücher und Comicstrips schreiben. In der Regel handelt es sich bei ihnen um Collegeabsolventen, Menschen, die in ihrer Freizeit Klassiker lesen.« Mit anderen Worten: Männer, die wissen, was sie tun. Vielleicht stimmt das. Aber nach ein paar Jahren wird es ihnen nichts mehr bringen, von Stöbernachmittagen in Brentano's Bookshop zu träumen, sich vor dem Schlafengehen eine Stunde aufzuraffen, um noch ein bisschen Sir Thomas Browne zu lesen, sich zur Immunisierungskraft einer Collegebildung zu gratulieren. Die Denkgewohnheiten, die Funktionsfähigkeit als Künstler, werden wie von Termiten durchlöchert sein – und zwangsläufig in sich zusammenfallen!

2. DEZEMBER 1944 ^DZu viel Befriedigung – das ist meine Angst, während ich das hier sonntagnachts schreibe. Vor zwei Monaten war es noch das Gegenteil. Natica hat mich entspannen gelehrt. Jetzt habe ich Angst. Natica um 8:00 bei mir. Sie hatte den Kopf voller Dinge, die ihr Psychiater gesagt hatte. Den nächsten Termin hat sie am Mittwoch, aber sie hat keine »Entscheidung« getroffen. Was für eine Entscheidung? Sie weiß es nicht, so wie man nie weiß, ob man »gut« oder »schlecht« ist.

Bei Jane Bowles um 8:30. Abendessen. Zu viel Whiskey und zu wenig Kaffee. Betty freundlich, aber N. und ich gelangweilt. Bowles wird immer besser, je betrunkener sie ist. Deprimierende Unterhaltung über den Krieg. Bowles hat erzählt, dass sie nicht mehr schreiben kann usw. Um 3:00 gingen N. und ich endlich. Es war schrecklich kalt, und meine Wohnung lag am nächsten. Es war 8:50, bis ich einschlief. Aber die Nächte werden immer besser. Wenn ich mit ihr zusammen bin, habe ich etwas, das weder Zeit noch Geld kaufen kann. Liebe. Glück. Weiß nicht, wie lange es andauern wird, aber jetzt, wo ich es habe, bin ich stolz, glücklich, fühle mich wie ein König.[DD]

3. DEZEMBER 1944 [D]Ich schreibe zu wenig über diese Stunden mit Natica, Stunden, wie ich sie nie zuvor erlebt habe! Sie sind das Elysium! Der Himmel! Ein anderer Mensch! Eine Frau! Mein Gott! Die Unterhaltungen, wenn wir im Bett liegen. Die Fenster, die Zigaretten, die Gläser Milch oder Wasser, die Äpfel, die Feigen! Und ganz besonders die unbeschreiblichen Genüsse, die wir einander bereiten können![DD]

6. DEZEMBER 1944 [D]Jetzt ist es Freitag. Ich weiß nicht, warum ich in letzter Zeit nicht Tagebuch schreiben will. Diese Zeiten sind (ich mache es mir jeden Tag bewusst) die besten meines Lebens. Ja, denn selbst wenn je noch etwas Besseres kommen sollte, jetzt bin ich jung – und das kommt nie wieder. Die Tage sind mal höchst glücklich, mal tieftraurig. Aber immer wichtig. Ich bin oft mit Natica zusammen, sie ist oft hier. Und zu viele Stunden gehen vorbei.[DD]

12. DEZEMBER 1944 [D]Habe an meinem Buch gearbeitet und um 4:30 das, was ich schon habe, zu Chambrun gebracht[17]. Es hat ihm

---

[17] Wahrscheinlich Jacques Chambrun (1906–1976), den Highsmith im folgenden Jahr häufig erwähnt und der bis Ende 1946 ihr Agent gewesen zu sein scheint. Unter seinen Klienten waren auch Mavis Gallant, Stefan Zweig, Franz Werfel und Alma Mahler, Lion Feuchtwanger und W. Somerset Maugham.

sehr gefallen. Begeistert vom Handlungsabriss usw. »Ich wäre nicht überrascht, wenn wir dieses Buch verkaufen«, sagte er. Den Titel mag er auch: *The Click of the Shutting*.^{DD}

13. DEZEMBER 1944 ^{D}Um 3:30 hatte ich solche Krämpfe wie in den letzten 7 Jahren nicht. Konnte nicht schlafen und musste um 5:30 morgens die Eltern anrufen. Sie kamen, aber waren nutzlos, hilflos, bis der Arzt um 8 Uhr kam. In der Zwischenzeit wäre ich fast gestorben. Vollkommen erschöpft und dieser schreckliche Schmerz im Bauch! Es war die Art Krankheit, bei der man sein Testament macht. Ich dachte über meins nach und stellte fest, dass ich bereit bin, Rosalind alle meine Tagebücher, Briefe und Notizhefte zu überlassen. Natica kam um 3:30. Sie war ein Engel! Küsste mich viele Male, obwohl ich wie eine Kartoffel aussah. Und gleich ging es mir besser!^{DD}

16. DEZEMBER 1944 ^{D}Den ganzen Tag glücklich – in letzter Zeit so oft glücklich, dass ich mir ein anderes Wort dafür wünsche.^{DD}

18. DEZEMBER 1944 ^{D}Ich will hier alle Bemerkungen Naticas aufschreiben, aber sie sind so persönlich, so zart, so süß, so unvergesslich, unvergleichlich. Eine Sache: dass sie nicht ertragen kann, mich zu verlassen und mit dem Roten Kreuz nach Burma oder Paris zu gehen. Ich bin ungeschickt und sage immer das Falsche. Es ist schwer und unbequem und gefährlich, eine Frau zu sein.^{DD}

20. DEZEMBER 1944 ^{D}Habe eine wunderschöne Kette für Stanleys Taschenuhr gekauft – echt Gold! 30 $. Von Mutter und mir. Er rechnet überhaupt nicht damit, und es wird sehr schön sein, wenn er sie auspackt. Eine alte französische Kette.^{DD}

21. DEZEMBER 1944 ^{D}Comics, bis um 4 N. anrief, dass sie heute Nachmittag vorbeikommen würde, aber sie kam nicht. Aß mit Mut-

ter – wir kommen einander immer näher, und zweifellos weiß sie alles über mein Leben, sie liebt und versteht mich. Einen Tannenbaum gekauft, der ziemlich groß für meine kleinen Krönchen ist. (Habe heute Nachmittag viele kleine Kronen, Sterne, Eiszapfen aus Schmierpapier von Hughes im letzten Jahr gebastelt!) Schneeflocken aus weißen Papierservietten. Natica rief an, als ich gerade nach Hause kam, schaute vorbei, half mir mit dem Tannenbaum. Aber zuerst, nach drei Tagen, mussten wir uns umarmen, als ob wir uns seit Wochen nicht gesehen hätten.[DD]

23. DEZEMBER 1944 [D]Habe Strümpfe mit den Geschenken für Natica und Rosalind an meinen Kamin gehängt. Den ganzen Tag beschäftigt, besonders heute Abend, als Rosalind zum Essen da war. Habe für Natica einen Puppenkopf gekauft, der Rosalinds Exmann sehr ähnlich sieht. Die Geschenke am Kamin sahen herrlich aus. Natica kam erst um 10:00 – und das Erste, was ich sah, als sie den Raum betrat, war das glänzende Goldarmband, das C. ihr geschenkt hatte. Aber dann sah ich die Katze, die sie in ihrem Rock hielt. Eine echte Siamkatze, die fast ganz braun ist. Sie könnte mir nicht besser gefallen!
Später gingen wir alle zu meinen Eltern.[DD]

25. DEZEMBER 1944 [D]Vor einem Jahr ging es mir elend. Heute Morgen stand ich mit dem Halleluja-Choral auf und ging mit meiner Katze, Mrs. Cathay, zu den Eltern. Alles wunderbar, das Frühstück, der Eierpunsch, die Geschenke. Aber N. hat nicht aus Phil. angerufen. Hat sie die Nummer vergessen? Wahrscheinlich.[DD]

26. DEZEMBER 1944 [D]Ein gewöhnlicher Mensch würde sagen, dass man genau auf eine solche Zeit hofft, dass ich jetzt ein glückliches, gewöhnliches Leben führe. Aber ich weiß es besser. Ich bin von einer Glückseligkeit erfüllt, die nur selten wiederkehren wird. Nein, der Rest meines Lebens wird kaum so angenehm werden!

Langsam und stetig arbeite ich am Buch. Immer im Dezember und Januar fühle ich mich künstlerisch angeregt, glücklich. Und schreibe und male am besten. Warum? Das Wetter oder mein Horoskop?[DD]

28. DEZEMBER 1944 [D]Wenn ich arbeite (schreibe), muss ich von allem das Beste haben – die besten Zigaretten, das sauberste Hemd, weil ich wie ein Soldat im Kampf bin, aber in diesem Fall ist der Feind schrecklich und tapfer, und zuweilen siege ich nicht.[DD]

29. DEZEMBER 1944 [D]Warum fange ich jeden Abend mit »Bin glücklich« an oder »Bin unglücklich«? Ich wüsste nicht, dass Glück mein Ziel oder auch nur ein großes Vergnügen wäre. Natica rief um 2:00 an. Wieder zurück – aber bei Ginnie C.? Sie versprach, vielleicht zu kommen, aber kam nicht. Mir egal. Ich habe gearbeitet. Aber was – was –, wenn sie den Neujahrsabend mit C. verbringt? Das wäre eine Kränkung, von der ich mich nicht wieder erholen würde.[DD]

30. DEZEMBER 1944 [D]Arbeit. Am Morgen mehrmals Rosalind angerufen. Sie sagte, Catherwood würde mich ganz sicher in den Wahnsinn treiben, N. müsse sich entscheiden usw. Danach eine Seite an Natica geschrieben, mit der ich alles beendete. Und ihr auch für alles dankte. Ich weiß, dass sie gestern Nacht mit C. verbracht hat, dass sie lieber anderes macht, als mich zu sehen. Es ist wohl der Stolz, aber ich ertrage es nicht mehr. Die Sache lohnt den Aufwand nicht. Aber ich halte den Brief noch zurück, bis heute Abend.[DD]

31. DEZEMBER 1944 [D]Diesen Tag zu beschreiben, würde länger dauern, als ich jetzt Zeit habe. Ich brauche mehr Zeit, in der ich ihn leben und wiederleben kann. Als ich mit Natica neben mir aufwachte, bereute ich es, sie gestern Abend eingeladen zu haben. Es war heute trotzdem schön – Dinge wie Frühstück, das Zeichnen danach usw. Aber sie war doch sehr kühl, sie hat keinerlei Absicht,

mit Catherwood Schluss zu machen. Also sagte ich ihr zwischen zwei und vier heute Nachmittag alles Schreckliche, was mir einfiel. Dass sie mit C. nur wegen ihres Geldes zusammen ist, dass sie nicht den Mumm hat, eine echte Entscheidung zu treffen. Sie verließ schließlich mit mir zusammen um 4:30 das Haus und sagte, sie würde heute Abend, Mitternacht, allein verbringen. Seltsamerweise bin ich nicht traurig. Obwohl ich den Abend natürlich mit ihr verbringen wollte. Das wusste sie auch, aber sie war zu niedergeschlagen und konnte mir nichts geben.

Um 7:30 bei Lola und Niko, mit Blumen. Rosalind auch. Später bei Marya Mannes, eine höfliche Gesellschaft mit lauter Heteros, die mich schrecklich langweilen. Nicht immer, aber für gewöhnlich eben schon.[DD]

1945

An ihrem 24. Geburtstag zieht Patricia Highsmith Bilanz und beschließt, ihren Roman *The Click of the Shutting* nach 300 Seiten abzubrechen. Sie malt und zeichnet noch immer viel und fragt sich, ob sie wirklich Schriftstellerin oder nicht doch lieber Malerin werden soll. Im Sommer schreibt sie sich an der renommierten Art Students League of New York ein. Ihren Lebensunterhalt verdient sie weiterhin als Comictexterin, auch wenn nach dem Krieg die Aufträge zurückgehen. Daneben schreibt sie ein gutes Dutzend psychologischer Kurzgeschichten, die sie – lange Zeit erfolglos – über ihren Agenten zu verkaufen versucht.

Auch 1945 hat Highsmith bei all der Arbeit, dem Schreiben und einem turbulenten Privatleben häufig das Gefühl, sie könne »nicht Schritt halten«. Die Affäre mit Natica ist intensiv, aber kompliziert, und im Frühjahr sucht Highsmith wieder Halt bei ihrer Exfreundin Allela Cornell. Aber so aufrichtig die beiden sich lieben, im Bett werden sie einfach nicht glücklich miteinander. Highsmith versucht es daraufhin noch einmal mit ihrem Langzeitverehrer Herb – und muss prompt befürchten, schwanger zu sein, als ihre Periode wieder einmal monatelang ausbleibt. Im Dezember unternimmt Allela einen Selbstmordversuch – nicht wegen Pat, dennoch ist sie sehr betroffen. All ihr kompliziertes (Liebes-)Leben fließt in ihre Tagebücher; 1945 sind es über 200 Seiten, größtenteils auf Deutsch. Die Notizbücher enthalten dagegen vor allem Überlegungen zu Literatur, Religion, Geschichte, Sexualität und Politik sowie zu ihren aktuellen Schreibprojekten.

Anlässlich eines Spaziergangs mit Mutter und Stiefvater am Ufer des Hudson River Mitte Dezember 1945 – die Eltern sind vor kurzem aufs Land gezogen, in ein Haus nach Hastings-on-Hudson in Upstate New York – kommt sie auf die Idee, einen Roman über »zwei Seelenbrüder« zu schreiben, und skizziert unter dem Arbeitstitel *At the Back of the Mirror* den Plot für ihren ersten vollendeten Roman, den späteren Welterfolg *Zwei Fremde im Zug*.

* * *

2. JANUAR 1945 ᴰNoch lebe ich, arbeite und bin glücklich. Ob ich schon frei von Natica bin, weiß ich nicht. Ich bin nicht allzu stolz, ich weiß nicht, ob ich tapfer oder stolz *genug* bin. Diese ganze Erfahrung ist sehr fruchtbar für mein Notizbuch, was N. ziemlich ärgern würde. Was fühle ich? Einen großen Frieden und kein Verlangen danach, die Dinge zu zerstören, die ihr gehören oder gehörten. Nein, ich verspüre keine Bitterkeit. Ich fühle mich frei – und ich warte auch auf keinen Telefonanruf.ᴰᴰ

1. 2. 1945 [Mozarts] *Jupiter-Sinfonie* zu hören, die man mit seinem siebzehnten Herbst und der ersten fleischlichen Liebe verbindet. Sie jetzt zu hören, nach einem Dutzend Lieben, nach dem Ende der besten, und sie ganz dieselbe zu finden. Ja, wieder siebzehn, mit dem zusätzlichen Genuss der Erfahrung, mit zusätzlichem Genuss, weil siebzehn nie so weit weg war wie jetzt. Und wie gut diese Musik immer noch ist! Das Wissen darum, dass man siebenundzwanzig und vielleicht siebenundfünfzig Jahre alt wird und dass die *Jupiter* immer noch da sein wird.

3. JANUAR 1945 ᴰDen ganzen Tag nervös. Ich kann nicht immer im Voraus sagen, ob ich gut arbeiten können werde. Heute lag es daran, dass B. Parsons zum Abendessen kommen wollte. B. sehr ernst, als sie ankam. Und später haben wir uns so gut unterhalten, dass ich gar nicht essen wollte. Als sie in meinen Notizbüchern las: »Du bist wirklich eine einsame Person, nicht wahr, Pat? Und du

hast das früh herausgefunden, dass man sein Leben lang einsam ist.«^DD

4. JANUAR 1945 Keine Nachricht von Natica. Jeder Tag weckt neue Erinnerungen an sie, mehr Verständnis für sie, aber kein Verzeihen. Ich mag die Katze nicht, die sie mir geschenkt hat – sie ist rücksichtslos, eifersüchtig und jault die ganze Zeit.

6. JANUAR 1945 ^DNatica – wann wird sie mich anrufen? Es muss doch Momente geben, wenn sie trinkt oder nicht trinkt, unruhig oder gefasst ist, in denen sie mich anrufen will. Stolz ist eine so starke Kraft.^DD

8. JANUAR 1945 ^DCornell rief an, selbst auch am Rande des Selbstmords. Gott, was für eine traurige Welt. Ich liebe sie. Und ich werde sie immer lieben und ehren, mit ihr hatte ich mehr als mit irgendeiner anderen Person in meinem Leben.^DD

8.1.1945 Um das Leben voll und ganz auszukosten, sollte man sich stets den Sinn für das Unwirkliche, für das Drama in den kleinsten Dingen bewahren, als lebte man in einem Gedicht oder Roman, als wäre es von größter Wichtigkeit, welchen Weg man zu einem Lieblingsrestaurant wählt, zu glauben, man könne sich beim Stöbern in der Buchhandlung durch die Wahl seiner Lektüre neu erfinden oder auflösen, sich zerstören oder wiedergeboren werden. Allein in seinem Kämmerlein sollte man Dante, Robinson Crusoe, Luther, Jesus Christus, Baudelaire und, kurz gesagt, immer Poet sein, sich selbst objektiv und die Außenwelt subjektiv betrachten. Wobei verglichen mit diesem Gemütszustand die Trauer um eine verlorene Liebe grausam wirklich und brutal ist.

9. JANUAR 1945 ^DIch weiß wirklich nicht, wie dieser Tag rumgegangen ist. Bin ziemlich früh aufgestanden, aber ohne Grund. Ich

konnte nicht schreiben, denken, lesen und war ganz mutlos. In einer vielleicht schwachen Minute habe ich bei N. zu Hause angerufen, um ausrichten zu lassen, dass sie mich anrufen soll. Jetzt ist es 2:00 nachts und Silentium in meinem Zimmer.[DD]

12.1.1945 Ich frage mich, ob es einen besseren Augenblick gibt, als den des zweiten Martinis beim Mittagessen, wenn die Kellner aufmerksam sind, wenn das ganze Leben, die Zukunft, die Welt gut und wie in Gold getaucht wirkt (ganz egal, mit wem man dort ist, männlich oder weiblich, ja oder nein).

15.1.1945 Ein Kater sollte rein körperlich sein, nicht geistig, dann wäre er leichter zu ertragen. Ein Gefühl von Unwirklichkeit, nur komplizierter. Ein Vorgeschmack aufs Grab, so ein Kater. Reizend, so ein Kater, und körperlich und geistig so viel interessanter als die Vorabende. Betrunken sein mit der geistigen Klarheit des nächsten Tages! Das wäre ideal.

16.1.1945 Biographische Notiz – 11:50 am Morgen. Kaum etwas geschafft seit dem Frühstück um 10:50. Warum? Weil es vor meinem Fenster in dicken Flocken schneit und der Schnee ein weißbärtiges Zauberwesen aus dem ausrangierten, aufrechtstehenden Weihnachtsbaum gemacht hat, der in einer Ecke des kleinen Rasens in meinem Hof steht. Das halb mit Schnee bedeckte Chiaroscuro seiner Äste wirkt wie die Federstriche eines Künstlers. Der Baum steht und scheint nachzudenken, auf etwas zu warten, aber ist auch in sich selbst vollkommen. Ich bin betrunken von drei Tassen Kaffee. Auf meinem Wohnzimmertisch steht eine Kerze, Kerzen sind so schön mitten am Tag, im grauen Schneelicht und der Düsterkeit der von den Fenstern abgewandten Zimmerseite. Henry James steht im Regal, lädt mich ein, meinen flüchtigen, unwichtigen Tag zu vergessen und mich mit ihm in eine beschauliche, erlesene Welt zu begeben, von der ich weiß, dass sie mich läutern, mich endlich aus

Raum und Zeit erlösen wird. Im Rundfunk laufen Fagottsonaten. Das potentielle Vergnügen dieses Morgens, dieses Tages, die reine Vorfreude ist berauschender als jeder Stoff, jeder wirkliche Anblick. Es ist eine ekstatische Freude, einfach nur zu existieren. Wie unzutreffend sind all diese Worte, wenn die körperliche Erfahrung mich jetzt zum Zerreißen spannt, macht, dass ich schreien, lachen, durchs Zimmer hüpfen und zugleich still sein, lernen und alles empfinden will, was ich nur kann!

18. JANUAR 1945 ᴰChambrun hat angerufen: Lindley vom [D.] Appleton [Verlag] gefallen einige Kapitel [von *The Click of The Shutting*], andere nicht, er meint, das Buch würde zu lang werden. Sonnenklar, dass er recht hat. Heute Abend bin ich entschiedener denn je, dass das Buch nie veröffentlicht werden soll. Wer weiß schon oder schert sich darum, dass George Bernard Shaw vor seinem ersten Theaterstück drei Romane geschrieben hat? Man darf die Arbeitsstunden, die Mühe, die Schweißtropfen nie zählen! Ich muss dieses Buch ohne Liebe, ohne meine übliche Entschlossenheit, ohne meine Liebste zu Ende bringen. Heute um 3:30 nachmittags hat N. angerufen. Nichts Bestimmtes – sie sagt, sie hätte schon mal versucht, mich zu erreichen. Ja, ein Mal glaube ich gern, aber was ist mit den anderen Tagen? Aber das ist jetzt auch egal, und obwohl ich mich glauben machen will, dass ich sie noch liebe, weiß ich, dass ich unter solchen Bedingungen niemanden lieben kann. Meine Freundinnen morgen. Gott – erst heute fiel mir auf, dass ich von den acht mit sechs geschlafen habe. Meine engsten Freundinnen.ᴰᴰ

18.1.1945 Das Gespenst der Wertlosigkeit, Minderwertigkeit, Unzulänglichkeit geht um, und das ist der Tod in anderer Gestalt. Denn wenn er ruft, dann gehe ich. Aber das Elendste ist nicht, ohne Hoffnung auf Gegenliebe zu lieben, sondern zu sterben, ohne seine Kräfte ausgeschöpft zu haben.

19. JANUAR 1945 ᴰGROSSER BESCHLUSS!!! Habe an meinem Geburtstag einen großen Beschluss gefasst – ich werde das Buch nicht zu Ende schreiben. Es ist einfach nicht gut, hat keinen Zauber, das bin nicht ich. Später mehr dazu, jetzt nur so viel: Ich würde es beenden, wenn ich es für meine Pflicht hielte. Aber so ist es nicht. Heute fange ich ein neues Leben an, glücklicher und selbstbewusster. Und mit dem neuen Becher, den Natica mir geschenkt hat.ᴰᴰ

21. JANUAR 1945 Denke an Cornell, obwohl ich dazu keine Zeit (und eigentlich auch keine Lust) habe. Ich habe nicht mal genug Zeit für Natica. Aber solange ich Natica liebe, liebe ich sie aus ganzem Herzen – denn ohne sie gibt es für mich kein Glück. Natica besucht mich nur selten, aber wenn, dann bleibt sie über Nacht. Ich muss mich neu kennenlernen. Ich liebe Fétiche, und sie liebt mich. Wenigstens sie – meine Katze.

22. JANUAR 1945 ᴰGlücklich wie damals mit neunzehn. Mein Hirn ist ein unbeschriebenes Blatt – und ich freue mich des Lebens.ᴰᴰ

24. JANUAR 1945 ᴰChambrun versucht es mit »Ein wahnsinnig netter Mann«[1] beim *New Yorker*. Jetzt oder nie.ᴰᴰ

24.1.1945 Statt Urlaub: Irgendwo allein hingehen, vorzugsweise an einen Ort in der Stadt, an dem man noch nie gewesen ist. Die Metropolitan Opera genügt schon. Ballett nach drei Martinis und einem Abendessen mit ein oder zwei Freundinnen ist nicht das Gleiche. Man sollte allein hingehen und einen Stehplatz an der Seite nehmen. Mit dem jungen Mann flirten, der sich bei näherem Hinsehen als homosexuell entpuppt, oder mit der jungen Frau mit dem Elfenhaar, die, durch die Aufmerksamkeit ermuntert, zu laut über

---

[1] »Ein wahnsinnig netter Mann« handelt von einem Mädchen, das einem älteren Mann auffällt, dessen Absichten die ansonsten wachsame Mutter nicht erkennt. Ursprünglich im *Barnard Quarterly* (Frühjahr 1940) und posthum in *Die stille Mitte der Welt* (Diogenes, 2002) erschienen.

Papagenos Possen auf dem Silberglockenspiel lacht und damit alles verdirbt. Man schaue auf den goldenen Rand des Orchestergrabens, der Tausende faszinierender Köpfe widerspiegelt – die meisten davon grau oder mit Glatze –, und stelle sich vor, in Wien, Paris oder London zu sein, ganz ungebunden, ein unbeschriebenes Blatt. Die Welt und ihre Martinis gehören mir! Unglaublicherweise hält das Gefühl sogar noch an, wenn man nach Hause kommt und glücklich ins Bett geht.

26. JANUAR 1945 ᴰIch will mehr im Leben – jemanden lieben, natürlich. N. will nicht, so viel ist klar, das war's. Was soll ich morgen sagen? »Warum hast du mich nicht angerufen?« »Warum hast du mir nicht geschrieben?« Ich will diese Fragen nicht stellen, aber wenn ich gleichgültig wirke, gefällt ihr das auch nicht. Diese Woche viel gelesen, wie man es immer tun sollte, wie ich es aber in vier Jahren nicht mehr getan habe. Lesen ist eine Gewohnheit, sagt Ben-Zion, der alles weiß.ᴰᴰ

26.1.1945 Zeichnen – öffnet das Herz, das durchs Schreiben zu streng überwacht und gelenkt wurde, befreit die Seele und ermöglicht wieder die unentbehrliche Freiheit der Assoziation.

27. JANUAR 1945 ᴰNur eins: R. hat gesagt, ich sei ihre beste Freundin. Das bedeutet mir etwas, weil ich es mir hart erarbeitet habe.ᴰᴰ

28. JANUAR 1945 ᴰArbeit heute, nichts als Arbeit. Arbeit an allen Fronten und wahrscheinlich zu viel. Was ich in meiner Kunst verloren habe, ist Selbstvertrauen. Es ist schwer, diese beiden Dinge zu kombinieren – Selbstvertrauen und so etwas wie Demut und Bescheidenheit (eine Zier, ohne Zweifel), ohne die alles den Bach runtergeht. An Comics gearbeitet, Holzschnitt.ᴰᴰ

28.1.1945 Die lange, die unbestimmt lange Zeit nach einer Liebesbeziehung, die de facto eigentlich vorbei ist – wenn der Kopf das Ende schon akzeptiert hat, das Herz sich aber noch wehrt –, ist am schwierigsten zu ertragen, weil einem alles so sinnlos erscheint. Irgendein tierischer Selbsterhaltungstrieb lässt einen nach dem nächsten Objekt der Begierde suchen. Das macht das Herz krank, weil es noch weiß, wie es einmal war, das Kennenlernen und Lieben aus heiterem Himmel. Ach, man darf sich der Liebe nie bewusst sein!

30. JANUAR 1945 Nichts als Arbeit und Verpflichtungen. Bis um 9:45 Natica anrief. (Jetzt will sie's mit Fallschirmspringen versuchen.)

31.1.1945 Nota bene: In einem Prosatext darf ich niemals über mich selbst oder meine Einstellung zu irgendetwas schreiben. Gedichte sind eine andere Sache. Inspiration ist eine andere Sache. Aber das als Arbeitsrichtlinie, als allgemeine Richtlinie.

4. FEBRUAR 1945 ᴰNoch nicht genug Schlaf. Und kein Wort von Natica. Habe ich einmal gesagt, dass dieses Tagebuch ihr allein gewidmet sein soll? Ja, aber dann reicht es eben nur für »kein Wort von Natica«. Gearbeitet – viel anstrengender, wenn ich Comics schreibe. Stundenlang ohne die geringste Befriedigung! Aber mein Leben gewinnt allmählich so etwas wie Würde. Lese [Henry] James mit größtem Vergnügen. Ja, noch ein Buch, das N. mir geschenkt hat.ᴰᴰ

8. FEBRUAR 1945 ᴰEiner jener Tage, an denen ich Abendessen gekocht habe. Und ich möchte hier und jetzt sagen: Es ist die Mühe nicht wert. An meiner Geschichte gearbeitet (drei Stunden) und deshalb um 2:30 nachmittags überglücklich gewesen. Aber dann, von 2:30 am Nachmittag bis 2:30 in der Früh, war ich mit Cornell

beschäftigt. Wir tranken zu viel, das Abendessen war zu reichhaltig, und überhaupt redeten wir nicht genug über all das, was wir zu sagen haben.^{DD}

8.2.1945 Menschen trinken aus einem ganz einfachen Grund – um sich zu bestätigen, dass sie die wichtigsten Wesen auf der Welt sind. Es eröffnet einem den hellen, makellosen Phantasieraum des Romans, die Abgeschiedenheit des Gedichts. Es ist alles, was der gefesselte Mensch will. (Rausch.)

12. FEBRUAR 1945 ^DErnst kam (um 5:00), und er war genau wie vor 3 Jahren. Er wird drei Monate in New York bleiben. Das Leben eines Kriegsreporters scheint alles andere als beneidenswert. Er will, dass ich mit ihm komme oder ihn nach dem Krieg nach Europa begleite. Er hat mich lange geküsst, und ich weiß nicht, warum ich das zugelassen habe.^{DD}

25. FEBRUAR 1945 ^DEin glücklicher Tag – ja, ich kann »glücklich« sagen, dieses Wort, das ich sonst nur wegen Geliebten gebrauche. Robin[2] kam um 8. Sich mit ihr zu unterhalten macht Freude. Sie will fast dasselbe wie ich: ein echtes Zuhause, ein Haus mit vertrauten Möbeln, großen Schreibtischen usw. Wir brauchen Geld, und ich brauche wahrscheinlich England – und sie Amerika oder Frankreich –, aber wir wollen dasselbe. Ich bin höchst unzufrieden mit meinem Sozialleben. Es ist schwierig – ich liebe die Gesellschaft von Homosexuellen, und die bürgerliche gefällt mir nicht, sie langweilt mich. Aber wofür soll ich mich entscheiden?^{DD}

28. FEBRUAR 1945 ^DIch muss zugeben, es schmerzt mich, dieses Tagebuch zu lesen – die Seiten über Natica! Wie kurz die Zeit, in der ich sie kannte! Wie süß! Wie unbeschwert! Und jetzt steht sie wie

---

2 Highsmith notiert im Dezember 1944, dass Ann ihren Namen zu Robin geändert habe, es ist aber nicht sicher, um welche Ann es sich dabei handelt.

ein wildes Tier weit von mir entfernt, aber schaut zu mir, so wie ich zu ihr schaue!!! Warum? Und warum nicht? Sehr aufgewühlt, arbeite nervös, aber schnell. Bin etwas müde und ein bisschen manisch-depressiv.[DD]

3. MÄRZ 1945 [D]Gestern Abend habe ich das Wörterbuch zum zweiten Mal fertiggelesen. Wenn ich zurückdenke, habe ich Natica beim J kennengelernt. Und Catherwood beim P, und das S habe ich fast nicht ausgehalten wegen der Trennung von Natica, die kein Ende nehmen wollte.[DD]

4.3.1945 Glaubst du, ich will Sex? Hältst du mich für ein Tier, das jeden Monat, jede Woche Sex haben muss? Ich will Liebe, und wenn es Sex ist, den du suchst, komm nicht zu mir, Weib. Sex kann ich mit jeder Hure in irgendeinem Nachtclub haben! Sex! – Meide ich wie der Teufel das Weihwasser! Die Form eines Kopfes auf einer Fotografie ist fruchtbarer als jedes Liebeserlebnis. Die gleiche inbrünstige Liebe empfindet der Maler für seinen Pinselstrich, der Schriftsteller für seine Formulierung, der Komponist für seine Melodie. Liebe umgibt und umfängt und durchdringt alles.

5. MÄRZ 1945 [D]Meine Geschichte für Chambrun fertiggestellt. Bald werde ich wissen, was die Welt darüber denkt. Heute Abend allein – ganz orientierungslos, weil ich meine Arbeit vollendet hatte und gar nichts machen wollte.[DD]

5.3.1945 Es ist das seltsamste Gefühl, das ich je hatte, weil es mir so gar nicht ähnlich sieht: Ich will einfach nichts machen. Bin gerade mit der Überarbeitung einer Geschichte fertig geworden, an der ich sechs Wochen lang geschrieben habe, der Abend liegt vor mir (inzwischen ist er halb vorbei), und ich habe noch drei weitere Geschichten im Kopf, die ich irgendwann schreiben will. Ich könnte Dutzende von Dingen im Haushalt erledigen. Ich könnte noch eine von den formelhaften Geschichten schreiben, die meinen Lebensunterhalt sichern. Aber ich kann einfach den Antrieb nicht finden, der mich die letzten zehn Jahre meines Lebens beinahe dauerhaft begleitet hat – ja! Selbst wenn ich unter Freunden war, wo er nichts zu suchen hatte!

7. MÄRZ 1945 ᴰUm 7 bei Virginia. Ich mag sie sehr und sie mich. Das ist Freundschaft. Aber für sie dürfte es, glaube ich, auch gern noch etwas mehr sein. Ich weiß nicht. Heute habe ich gemerkt, dass ich ohne Liebe, ohne ein Mädchen, ganz verloren bin, fast im Halbschlaf bin. So dachte ich bis 11 Uhr abends! Und dann kam mir der Gedanke, dass mir vielleicht nur die richtige Arbeit fehlt. Ich will viel Geld verdienen, aber noch dringender möchte ich gute Geschichten schreiben.ᴰᴰ

9. MÄRZ 1945 ᴰFrühstück bei den Eltern, sie haben meine Geschichte »They« gelesen, die Chambrun eben zurückgeschickt hat. Er will sie sofort erneut rausschicken – an *L.H.J. [Ladies' Home Journal]* und *G.H. [Good Housekeeping]* –, er rechnet mit Absagen, aber ist überzeugt, dass die Geschichte mir etwas bringen wird, dass er sie am Ende bei *H.B. [Harper's Bazaar]* oder *Charm [Magazine]* unterbringen kann. Den Eltern gefällt sie sehr, sie sagen, dass ich mich verbessere. Heute Abend an einer neuen Geschichte gearbeitet, für die ich noch kein Ende habe. Sie handelt von den Luzis aus Taxco.

Ich will Geschichten schreiben wie H. James. Er ist mein Gott!ᴰᴰ

10. MÄRZ 1945 ᴰUm 2 Uhr morgens rief Natica an – sehr betrunken. Sie hielt mir einen Vortrag darüber, wie ich mein Leben zu führen hätte. Wenn ich nicht von meinem Elfenbeinturm herunterkäme, würde ich nie etwas Wahres schreiben. Herrliche Wörter hat sie geschrien: »Ich rufe alle meine beschissenen Freunde an!«ᴰᴰ

10. 3. 1945 Ich liebe alle Tage der Woche, aber jeden auf seine Art. Sonntage liebe und fürchte ich. Sie können Himmel und Hölle sein. Montage sind verheißungsvoll. Mittwoche, auch wenn ich mittwochs meist schon erschöpft bin und sie zu einer Art Halbsonntag erklären muss, sind angenehm, weil sie in der Mitte der Woche liegen, was bedeutet, dass bald wieder Sonntag ist, und der wiederum weckt vage Kindheitsassoziationen, die mehr Einbildung als je Wirklichkeit sind, von gelegentlichen Feiern und vom Spielen mit allem, was einem in den Sinn kommt. Samstage sind ein Martini zum Mittagessen, Kunstausstellungen und ein Erschöpfungsschläfchen um 5:30.

12. MÄRZ 1945 ^DWundervoller Abend bei Jo P. Essen und Trinken, ein Kamin, ein Chesterfield, Bachs Choral Nr. 140 – was will man mehr? Ich für meine Person nichts. Haben die Frage der Elfenbeintürme besprochen. »Du bist jetzt etwas wert«, hat Jo gesagt. »Ich glaube nicht, dass du im Elfenbeinturm sitzt.« Hat mir den Rat gegeben, für zwei Monate eine Stelle beim Roten Kreuz anzunehmen, um verschiedene Leute und ihre Probleme beobachten zu können. Ich habe Jo sehr gern. Sie ist einer der seltenen Schätze dieser Erde.^{DD}

16. 3. 1945 Wenn ich mich körperlich und geistig am besten fühle, ungewöhnlich optimistisch bin und vorwärtsdränge, ist immer auch das Gefühl da, jeden Augenblick tödlich erkranken und binnen kurzem versterben zu können. Warum immer dieses Tauziehen? Ich glaube, es ist das alte Spiel, Selbsterhaltung gegen Selbstzerstörung.

20. MÄRZ 1945 ^DSehr niedergeschlagen – normal, wenn zwei Menschen mir meine Arbeit ins Gesicht zurückpfeffern! Erst Mr. Schiff von Detective [Comics], der sagt, meine Geschichten wären ein »alter Hut«. Und dann noch die Zeichnungen für [die Zeitschrift] *Seventeen*, die wirklich nicht gut waren. Rosalind und ich haben

auch über Natica gesprochen – »Teuflisch attraktiv und unverbesserlich!« – R. C.
Deutschland ist fast geschlagen.^DD

21. MÄRZ 1945   ^D Bachs Geburtstag vor zweihundertsechzig Jahren. Habe noch Arbeit, aber ich bin müde. Kehre immer wieder zu der Idee zurück, dass ich besser denke, wenn ich müde bin, d. h. wohl, das Unterbewusstsein leitet meine Arbeit. »Stille Nacht«[3] gelesen – sehr gut, ich glaube, ich kann sie verkaufen. Wie schön ich vor sechs Jahren geschrieben habe! Zumindest ökonomisch – kurz! Jetzt fürchte ich immer, zu viele Details einzustreuen. Ich denke oft, dass ich mich nicht genug in der echten Welt aufhalte.^DD

26. 3. 1945   An den dreiundzwanzigjährigen Neuseeländer, den ich heute in einer Penny Arcade[4] auf der Sixth Avenue kennengelernt habe. Er begleitete mich nach Hause und redete über das amerikanische Bildungswesen. Er fragte nicht, ob er mit nach oben kommen dürfe. Er küsste mich mit gepflegten Lippen im Schatten des Innenhofs, und als ich sagte, er sei ein Engel, bestand er darauf, dass er schlechte Angewohnheiten wie alle anderen habe. Morgen Abend reist er nach England ab. Sein letzter Abend heute, und ich lud ihn nicht nach oben ein, auf eine Tasse Kaffee, ein langes Gespräch. Warum nicht?

Ich musste an Soldaten denken, die anders waren als er, an meine Arbeit morgen, die im Vergleich zum Krieg unbedeutend ist. Wenn ich dann alt bin und fast alles gesehen habe, wird es mir leidtun, dass ich ihn an seinem letzten Abend in Amerika nicht hinaufgebeten habe.

---

3   Die vermutlich zwischen 1938 und 1939 in New York entstandene Geschichte »Stille Nacht« handelt von zwei Schwestern, die sich im Altenheim ein Zimmer teilen und eine Hassliebe füreinander empfinden. Erstabdruck im *Barnard Quarterly* (Herbst 1939), eine längere, überarbeitete Fassung erschien als »The Cries of Love« im *Women's Home Journal* (Januar 1968) und in Highsmiths erster Erzählsammlung *Eleven* (London, 1970). Deutscher Erstabdruck in *Die stille Mitte der Welt* (Diogenes, 2002).
4   Spielhalle.

28.3.1945 Keine Freude auf Erden kann mit der des Künstlers mithalten, wenn er gute Arbeit geleistet hat. Keine andere Befriedigung oder Genugtuung ist damit vergleichbar. Den Künstler besucht Gott persönlich, andere Menschen beobachtet er nur.

11.4.1945 *»A woman is a sometime thing.«*[5]

12. APRIL 1945 ᴰDer Präsident[6] ist gestorben! Ich hörte die erste kurze Nachricht abends um 5:40 im Rundfunk. Konnte es erst nicht glauben – wie alle anderen. Er starb ganz plötzlich in Warm Springs, Georgia, an einer Hirnblutung. Die ganze Welt ist fassungslos, und es liefen gleich jede Menge Vorbereitungen für die Gedenkzeremonie an. Der Rundfunk spielt heute Abend nur Kirchenmusik (die mir sehr gefällt). Bach auf vier Programmen gleichzeitig! Mein Gott, wäre doch Wallace jetzt Präsident statt Truman! Recht gut gearbeitet. Aber natürlich ist die Welt seit dem Tod von F.D.R. nicht mehr dieselbe.ᴰᴰ

15.4.1945 Krieg erscheint wie eine Maschinerie, die größer ist als der Einzelne, der darin verwickelt wird und sich verhält, wie sein Wesen es ihm vorgibt. Krieg entspricht nicht den stürmischen Empfindungen wie Rache, Begierde und Hass. Krieg hat nichts mit der menschlichen Seele, mit dem Individuum zu tun, das auf andere einwirkt. Er ist im weltlichsten Sinne unwirklich, die künstlichste aller menschlichen Schöpfungen, weil er am wenigsten mit dem Einzelnen zu tun hat. Habe gerade in den Briefen von Richard Spruce[7] den Vorschlag gelesen, man solle kriegsgeschundene Leichen in Formaldehyd einlegen und in Museen ausstellen, um Kriegen vorzubeugen. Ich halte das für eine sehr gute Idee.

---

5 In etwa: Eine Frau ist ein flatterhaftes Wesen. Songzeile aus George Gershwins *Porgy and Bess*.
6 Franklin Delano Roosevelt (1882–1945), von 1933 bis 1945 Präsident der USA.
7 Richard Spruce (1817–1893) war ein englischer Botaniker, der für seine Aufzeichnungen aus fünfzehn Jahren auf Expedition in Südamerika Berühmtheit erlangte.

16.4.1945 Irgendwann gibt es vielleicht eine Gemeinschaft der Nationen, ein weltweites Gemeinschaftssystem, in dem Japan Künstler und Geräte hervorbringt, Deutschland die Wissenschaftler und Ärzte, Amerika Unterhaltung und Mais, Frankreich Schnaps und Lyrik, England Herrenkleidung und Literatur. Wirklich, es ist eine meiner größten und schönsten Hoffnungen, dass alles Misstrauen vergessen, der Gemeinschaftsgedanke wiederbelebt wird und die besonderen Talente mancher Nationen für das Wohl aller eingesetzt werden. Gegenseitige Abhängigkeit ohne die Angst, dass einem ein bestimmtes Produkt aufgrund von Misstrauen oder Hass entzogen wird. Entfernungen wurden bereits abgeschafft, als Nächstes kommen Sprachschwierigkeiten. Dann Rassenstolz und Vorurteile.

19.4.1945 Gewissen, liebes Gewissen, dir widme ich diese Zeilen. Dir, das du alles verdirbst, vom Frühstück im Bett bis zum Sex – sogar im Kopf. Vom gierigen Verschlingen der Kirchenmusik zum dreißig Sekunden länger unter der heißen Dusche Stehen an einem kalten Abend. Und sollte ich aus irgendeinem Grund einmal einen freien Abend haben, kannst du Arbeit herbeizaubern. Liebes Gewissen, du mit den langen, kraftstrotzenden Armen, warum bin ich mit dir geboren? Warum liebe ich dich so sehr?

21.4.1945 Bachs heroisches kleines Klavierkonzert Nr. 5 in f-Moll wurde von einer Sondermeldung aus Frankreich unterbrochen: Die russische und die alliierte Armee haben sich auf Dresdener Stadtgebiet getroffen[8]. Deutschland ist zerteilt! Die mächtigsten Armeen der Welt sind zueinander durchgestoßen und umarmen sich in den Straßen von Dresden! Und gleich im Anschluss wurde Bachs zweiter Satz fortgesetzt, mit vollendeter Anmut und schrecklicher Schönheit! Tränen schossen mir in die Augen, und ich weiß nicht genau,

---

8 Tatsächlich gilt das sächsische Torgau als der Ort, an dem sich amerikanische und sowjetische Truppen begegneten, und zwar am 25.4.1945, dem sogenannten »Elbe Day«. Dresden wurde erst am 8.5. von der Roten Armee eingenommen.

warum. Es war wie ein Anfall, die Heftigkeit verflogen, ehe ich es erklären konnte ... Bach spazierte in Kniebundhosen und recht schäbigem Schuhwerk durch Dresden. Aber er war größer als Deutschland, denn Deutschland war geringer als Gott.

28. APRIL 1945 ^DNach einem Abend voller falscher Berichte kommt gerade in diesem Augenblick die Nachricht, dass Deutschland kapituliert hat. Durch Himmler. Habe nichts dazu zu sagen – vielleicht später. Heute Abend gezeichnet und deshalb so glücklich und frei, wie ich es nur sein kann, wenn ich male oder zeichne. Ich wäre gern Künstlerin.^{DD}

29. APRIL 1945 ^DGanz plötzlich möchte ich, mehr noch als alle anderen Herzenswünsche, mein Leben genießen. Ich will wie die Europäer sein – vom schrecklichen Kampf um das Geld befreit! Das ist der größte Fehler dieses Jahrhunderts, dieses Landes!^{DD}

1. MAI 1945 ^DGlücklicher Tag, an dem ich zu wenig getan habe, mit zu wenig Antrieb. Hitler ist tot, aber man weiß nicht, wie er gestorben ist.^{DD}

2. MAI 1945 ^DViel besser gearbeitet als gestern Abend. Sehr glücklich, und warum – mein Gott, warum? Weil ich an Allela denke. Ja, ich glaube fast, dass wir einander noch bekommen könnten! Aber das sind Träumereien, ich weiß. Sie kann mir nicht vertrauen. Aber eine solche Liebe gibt mir das, was ich so dringend brauche – Zuversicht und Hoffnung, den Glauben daran, dass das Leben noch vor mir liegt, statt unglücklich hinter mir.

Mit den Eltern im Kino die deutschen Greueltaten gesehen. Es ist wirklich grausam. Das Publikum ganz still, die Bilder furchtbar, von den Lebenden wie den Toten.^{DD}

3. MAI 1945   ᴰHitler ist keinen Heldentod gestorben, wie vermutet wurde. Er hat sich selbst das Leben genommen. Mit Göring. Mussolini ist diese Woche auch gestorben. Die drei – F. D. R., Mussolini und Hitler –, alle innerhalb von zwei Wochen gestorben! Was wohl Cornell über meinen Brief denkt? Ist sie zu beschäftigt, um mich anzurufen? Von den Greueltaten in Deutschland gelesen (bei Rosalind). Das Land wird von deutschen Grässlichkeiten überschwemmt! Inklusive Fotografien!ᴰᴰ

7. MAI 1945   ᴰGuter Tag: Zuerst Mrs. St. Cyr, die zu viel spricht, die Juden hasst, die Republikaner liebt (alles, was mich anwidert). Als ich sie endlich los war, fuhr ich mit den Eltern nach Hastings. Ich glaube, wir haben das Haus gefunden, in dem ich (genau wie die beiden) sehr kreativ sein werde. Aber ob wir dort bis zum Tode bleiben werden? Ich weiß nicht.ᴰᴰ

8. MAI 1945   ᴰHeute war der eigentliche »VE-Day«, aber die halbe Stadt hat schon gestern gefeiert. Es war ein schrecklicher Fehler von Ed Kennedy[9], der dachte, es könne »nicht schaden«, wenn er die Nachricht weitergäbe. Dadurch hat er die Verhandlungen von Russland und Amerika gefährdet! (Bzw. von Russland, England und Deutschland.)ᴰᴰ

10. MAI 1945   ᴰHabe erfolglos versucht, bei S. & S. [Simon & Schuster] Fuß zu fassen. Sie blättern dort nur schnell durch meine Texte, sagen dann: »Im Augenblick kaufen wir nichts.« Dann bei Timely. Dorothy Roubicek[10] – jüdisch, sehr nett, aber – meine Güte! –, so streng, was die Geschichten angeht! Dann bei mir – furchtbarer Abend. Mickey hat mich gelangweilt, Alice T. mich auf-

---

9 Der amerikanische Journalist Edward L. Kennedy (1905–1963) berichtete, einem Nachrichtenembargo zum Trotz, als Erster über die deutsche Kapitulation.
10 Dorothy Roubicek, Redakteurin bei *Timely*, eine der wenigen Frauen, die es damals in die Führungsetagen der Comic-Industrie schafften.

geregt. Furchtbar. Saßen viel zu weit vorn bei *Kiss Them for Me*[11] und mussten trotzdem 3 $ dafür bezahlen. Judy wahrscheinlich gut, aber die Tatsache, dass ich sie kenne, ändert alles.^{DD}

11. MAI 1945   ^DHabe mich sorgfältig auf das Mittagessen mit Jacques [Chambrun] und Mr. Hall im Colony[12] vorbereitet. Beide sehr nett. Nichts Neues wegen meiner Geschichten. Wollten natürlich wissen, was ich in petto habe. »Ein Theaterstück«, sagte ich, »aber keine konkrete Idee.« Sie wirkten nicht sehr begeistert. (Drei Martinis, der erste mit Mutter. Die Rechnung war bestimmt höher als seine Provision für die Geschichte, die er verkauft hat!) Wir sprachen die meiste Zeit über Kunst. Rolf Tietgens heute Abend, einer unserer merkwürdigen und wunderschönen Abende. Wir sprachen über Gott und die Welt.^{DD}

11. 5. 1945   Es spielt keine Rolle, was passiert ist, nur was man davon hält.

12. MAI 1945   ^DNicht so glücklich. Rosalind hat mich um 3:00 besucht, ihr gefällt meine Geschichte nicht. In letzter Zeit bin ich oft niedergeschlagen, weil ich mir wertlos vorkomme. Habe seit drei Jahren nichts (Gutes) mehr geschrieben.
- Bin keinem Menschen treu gewesen. Das tut weh!!!
- Bin nichtswürdig.

(Jetzt höre ich [Bachs] »Bist du bei mir«. Es geht mir ans Herz. Aber da findet es zu viel Raum!)^{DD}

17. MAI 1945   ^DEs wird immer schwieriger, sich Comics auszudenken. Und die Katze – manchmal wünschte ich, sie würde mir nicht gehören! Spät am Abend endlich angefangen, eine Geschichte zu schreiben, mache mir große Hoffnungen. Kein Titel bisher.^{DD}

---

11 Judy Hollidays Debut am Broadway, für das sie 1945 den Clarence Derwent Award erhielt.
12 Eleganter Privatclub in New York.

17.5.1945 Wie herrlich, wie wundervoll es ist, wenn man nach so einer Phase chaotischen Müßiggangs, die alles andere als erholsam ist, wieder arbeitet. Von wegen, wieder auf Kurs gebracht! Ich habe nicht nur das Ruder, ich habe buchstäblich (sic!) die ganze Welt in der Hand. Indem man mit drei Figuren in einer Geschichte umgeht, bekommt man irgendwie auch die Welt in den Griff, versteht die gesamte Menschheit (nicht in einem bestimmten Augenblick, sondern durch alle Zeit), und darüber, dadurch, damit kommt man in einen Schwung wie den der wirbelnden Erde und des ganzen Sonnensystems, haucht allem Leben ein.

20. MAI 1945 [D]Ein fürchterlicher, unangenehmer Streit zwischen mir und David (heute Abend). Er wollte mich küssen, als wir in einer Bar zu siebt um einen Tisch herum saßen. Machte sich über mich lustig, sagte, ich müsste mal »durchgef–« werden, die unflätigsten Worte, die ich je in gemischter Gesellschaft gehört habe. Bob und ich gingen sofort.[DD]

22.5.1945 Gott sei Dank gibt es Tiere! Sie denken sich nicht fest. Sie haben immer recht. Sie sind eine Inspiration.

25.5.1945 Die Funktion von Poesie ist, den Unterschied zwischen Traum und echtem Leben zu verdeutlichen und zu zelebrieren.

26.5.1945 Der Mai strotzt nur so vor Sonne, Grün und Mozart-Divertimentos. Junges Grün sitzt wie Juwelen auf der grauen Steinfolie der Stadt. Jetzt bin ich zu gesetzt, doch einmal habe ich mich im Mai verliebt. Zu früh damals, jetzt zu spät, um damit anzufangen. Der Mai ist seltsam geschlechtslos. Man ist beschäftigt mit der Seelenarbeit, mit dem Aufbauen von Bücherregalen und dem Rahmen von Bildern, werkelt im Haus herum, vergisst die Brotarbeit. Der Mai gießt eine irre Energie in hundert Kanäle, die mit je einer winzigen Kerzenflamme an der Spitze Schönheit und Erfolg verkünden, so dass aus mir ein sprühendes Feuerrad der Freude wird. Ich will mich verausgaben, die Kerze von beiden Seiten abbrennen, ohne Rücksicht auf Verluste. Im Juni dann muss ich mich zum ersten Mal ausruhen, nachdem die Erschöpfung schon eine ganze Zeit gedroht hat.

30. MAI 1945 ᴰCornell redet nicht viel, aber wenn ich ein Thema aufbringe, ist sie grandios: So wie heute Abend – die alte Frage: Mann oder kein Mann, Koch oder kein Koch? Die Mahlzeiten sind merkwürdigerweise am schwierigsten. Wir brauchen einen Mann, der unser Leben organisiert, so dass wir uns um nichts als um unsere Arbeit kümmern müssen, Freunde einladen und uns anschließend wieder an den Schreibtisch zurückziehen können. Wo findet man bloß so was?ᴰᴰ

31. MAI 1945 ᴰGlücklich, immer noch glücklich. Mit Mutter durch die Stadt gebummelt, Möbel angeschaut. Wir sprachen lange übers Heiraten. Sie sagte ganz richtig, dass Cornell und ich viel Zeit und Kraft verschwenden, wenn wir (wie jetzt) Freundschaft welcher Art auch immer (statt einen Mann) suchen. Heute Abend geschrieben. Die Geschichte gefällt mir.ᴰᴰ

2. JUNI 1945 ᴰA. C. und ich trafen uns um 8:35 am GC [Grand Central]. Lange Fahrt, aber einige schöne Momente. Ich frage mich, ob ich diese Reise später vergessen werde wie so viele andere. Ich kenne AC seit drei Jahren, und wir haben so viel zusammen erlebt.ᴰᴰ

4. JUNI 1945 ᴰEs hat den ganzen Tag geregnet. Wir haben im Haus gelesen und gezeichnet, ich war richtig faul! Heute Abend, als ich sie im Bett zugedeckt habe, fühlte ich mich ihr sehr nah. Ich wollte mit ihr schlafen, begehrte sie fast. Wir haben es schließlich versucht, aber es war ganz unmöglich – für mich! Sie schläft jetzt, aber ich war

am Boden zerstört. Der Tag schön und glücklich. Machten allerlei verrückte Skizzen. Habe beschlossen, an die A. S. L. [Art Students' League] in New York zu gehen (diesen Sommer). Das ist meine wahre Berufung, und doch – nur meine verrückte Selbstbeherrschung hält mich davon ab.^{DD}

6. JUNI 1945 ^DLanges Gespräch über meine Verspanntheit. Ob sie körperlich, sexuell oder sinnlicher Natur ist. Natürlich wahrscheinlich sexuell, und Cornell hat mir geraten, Sex mit jemand anderem zu haben, weil Sex und Liebe zwei unterschiedliche Dinge sind. Mit dem Kopf begreife ich das ja, aber ich kann meinen kaputten Körper doch nicht zu einem Mädchen bringen, als wäre er eine kaputte Uhr. Ein unmöglicher Zustand. Ich kann es Cornell nicht sagen, auch wenn ich jeden Tag denke, dass sie die Einzige ist, die ich je wirklich lieben können werde.^{DD}

8. JUNI 1945 ^DHeute Abend machten wir nach dem Essen einen Spaziergang durch die Felder, und als wir im Gras lagen, küssten wir uns – endlich. Das Schicksal hatte uns nie zuvor einen so schönen Kuss wie diesen beschert.^{DD}

8.6.1945 Ich hasse Streit und weigere mich eigentlich grundsätzlich zu streiten, weil das eine feste Meinung zu etwas impliziert. Meine ärgsten Streite sind die stillen, die man mit manchen Büchern hat. Und selbst diese finden nur statt, wenn die Position des Autors vollkommen unerträglich und unhaltbar ist. Die einzigen festen Prinzipien, die man braucht, die einzigen, die wirklich förderlich und ratsam sind, existieren in Form eines Glücksrezepts. Wenn man seine Formel fürs Glücklichsein oder die nötige Portion Optimismus verliert, dann ist man wahrlich verloren.

9. JUNI 1945 ^DMary fuhr uns zum Bahnhof in Bath, und wir nahmen den Zug um 10:15, schauten aus dem Fenster und waren sehr

schweigsam und ziemlich traurig, jede mit ihren eigenen Gedanken beschäftigt. Solche Zugfahrten sind angenehm, langweilig, glücklich und traurig zugleich.^{DD}

12. JUNI 1945 ^DUm 9 Uhr im Unterricht [an der Art Students' League]. Der Kurs ist nicht so toll. Die Gemälde, die ich gesehen habe, wirken schrecklich akademisch – und obwohl ich weiß, dass es notwendig ist, missfällt es mir noch.^{DD}

16. JUNI 1945 ^DRosalind hat gesagt: »Ich schwärme viel mehr für deine Zeichnungen als für deine Texte, du nicht auch?« – so in der Art –, und mich gefragt, ob ich nicht den Beruf wechseln wolle. Es stimmt schon. Ich will Künstlerin sein – aber ich will die Kunst nicht zu ernst nehmen, das wäre mein Untergang. Ich bin so deprimiert (wegen meiner persönlichen Beziehungen), dass ich nicht frei schreiben kann. Aber es scheint, dass ich ungehemmt zeichnen kann. Und ich weiß, dass ich mich weniger elend und angespannt fühle, wenn ich male oder zeichne.^{DD}

19. JUNI 1945 ^DBitter nötig – gestern hat mein Bild Joe Samstag[13] sehr gefallen. »Prima – genau so habe ich es mir vorgestellt – Glückwunsch«, sagte er. Und ich war überglücklich! Mache Fortschritte im Kurs. So glücklich, dass ich mir (zuweilen) vor Glück ganz dumm vorkomme.^{DD}

20.6.1945 Ich wollte, ich könnte ein Leben lang so gierig bleiben, weder nach Reichtum noch nach Wissen oder Liebe, das nie. Sondern gierig wie ein muskulöses Pferd, das nach dem Willen seiner Meisterin, der Kunst, übermütig davonstürmt, bis ihm das Herz bricht.

---

13 Gordon Samstag, US-amerikanischer impressionistischer und moderner Künstler, Wandmaler und Dozent.

20.6.1945 T.S. sagte heute Abend betrunken: »Liebe nie einen Künstler. Wenn es für sie Zeit wird zu arbeiten, schauen sie dich an, als hätten sie dich noch nie gesehen, und setzen dich vor die Tür an die Kälte.«

22. JUNI 1945 ^DVöllig erschöpft nach diesen zwei Wochen irrsinniger Verausgabung. Bin ganz glücklich, wenn ich schreibe (ohne viel Ordnung oder Disziplin), aber wenn ich zeichne, fühle ich mich wie nie zuvor: glücklich wie ein Mädchen, das einfach lebt und lernt und liebt, das nie einen düsteren Gedanken gehabt, nie über seine Gesundheit oder geistige Entwicklung nachgedacht hat. Ob ich verliebt bin? Ich weiß es nicht. Ich liebe AC, aber ich bin nicht in sie verliebt. Ein Zustand, der ihr gefiele, wenn sie davon wüsste.^{DD}

1.7.1945 Zur späteren Verwendung: Bei Flauten des Geistes, des Körpers oder beidem, bei Ideenarmut, Niedergeschlagenheit, Trägheit, Frustration oder wenn in dir das Gefühl, die Zeit vergehe oder das Beste sei bereits vorbei, übermächtig wird, dann lies Kriminalgeschichten nach wahren Begebenheiten, unternimm Zugfahrten in die Vororte, steh eine Weile am Grand Central herum – tu alles, was dir einen groben Einblick ins Leben anderer gibt, in das unaufhörliche Treiben, die kunstvollen Verästelungen, die unglaublichen Verwicklungen von Umständen, in die Irrungen und Wirrungen jedes Lebens, die sich kein noch so talentierter Schriftsteller in der Enge seines stillen Kämmerleins ausdenken kann.

3. JULI 1945 ^DWar heute Abend bei Rolf, nach einem einsamen Abendessen und ein paar Stunden Arbeit an meiner Geschichte. Es ist ein großes Vergnügen, seine Wohnung zu sehen. Sie verändert sich mit jedem Besuch, wie ein Museum. Und Bobby[14] malt auch kleine Bilder, Gemälde und andere Sachen – sehr ansprechend. Rolf

---

14 Rolfs Freund, der Kunsthändler Robert (Bobby) Isaacson, der in späteren Jahren mit James Ingram Merrill zusammen war, der 1977 den Pulitzer-Preis für Dichtung gewann.

rät mir, beim Zeichnen und Malen nur Verrücktes zu tun.» Das, was niemand sonst macht.«[DD]

8.7.1945 Die tatsächliche Zeit, die man täglich mit kreativer Arbeit verbringt, kann sehr kurz sein. Wichtig ist nur, dass der ganze Rest des Tages auf diese kräftezehrende Zeit ausgerichtet ist.

18.7.1945 Fasse all deine Ängste in Worte, male Bilder deiner Feinde, schreibe Prosagedichte über all deine Befürchtungen, Zweifel, Hassgefühle, Missstimmungen, um dich ihrer zu erwehren, standhaft zu bleiben.

25.7.1945 Schreibe, wie ein Maler malt, mit neuem Bewusstsein für den Prozess des Auswählens und Weglassens. Denk daran (und begreife), dass ein Satz mitten in einen bereits geschriebenen Absatz eingefügt werden kann, ohne den Rhythmus zu stören, dass dieser Satz der Verbindungsbolzen, die Keimzelle, der Lebensfunke selbst sein kann, alles im Nachhinein hinzugefügt, so wie ein Tupfen Weiß auf der Nasenspitze ein ganzes Porträt beleben kann. Setze Sätze wie Farbakzente ein. Betrachte von Zeit zu Zeit das Werk als Ganzes (verdammt schwierig, weil es nicht gedruckt ist), und lass es auf dich wirken wie ein Bild. Allein diese Verschiebung erzeugt schon ein Maß an Poesie, die notwendige Unwahrheit der Kunst. Szenen sind notwendigerweise separate Bilder, aber die Erfahrung der Gesamtheit sollte lustvoll sein, dieselbe wortlose Freude und Befriedigung erzeugen wie die Betrachtung von van Goghs *Nachtcafé* oder Marsden Hartleys Arbeiterschuhen.

7. AUGUST 1945 [D]Sehr glücklich. *Harper's Bazaar* ist angekommen. Meine Geschichte [»Die Heldin«] hat keine Illustration, dafür einen dummen Absatz über P. H. am Ende, den sie besser weggelassen hätten. Habe sie sofort Grandma geschickt. Mutter hat angerufen. Sehr stolz, hat sie gesagt, hatte die Geschichte aber noch gar nicht

gesehen. Ich will hier festhalten, dass ich kein Gefühl dazu hatte, bis ich die Zeitschrift heute Nachmittag in den Händen eines Fremden sah und dachte, dass er heute Abend vielleicht meine Geschichte lesen würde – erst da fühlte ich etwas.^{DD}

10.8.1945 Hiermit nehme ich mir feierlich vor, eine Stunde pro Tag fürs Selbststudium zu verwenden, vorzugsweise von elf bis Mitternacht, wobei ich jedem Thema zwei Monate widmen werde. Zum jetzigen Zeitpunkt halte ich mich schon seit einer Woche daran. So Gott will, werde ich mindestens dieses Pensum für den Rest meines Lebens beibehalten.

11. AUGUST 1945 ^DWie immer sehr beschäftigt. Grünes Licht von Famous[15], meinem neuesten Arbeitgeber. Sah um 3 im Museum zwei junge Frauen in Uniform. Sehr hübsch, sehr beflügelnd für die Phantasie. Lesbisch, ziemlich sicher sogar, die Frage ist nur, ob die zwei sich später noch mit anderen Frauen treffen. Schrecklich öder Abend bei Ann T. Ein Blaustrumpf, eine in die Jahre gekommene Bea Lillie[16] – um einen dunklen Tisch unter niedrigem Gebälk, so dass wir ganz eng beieinandersitzen mussten. Alle gaben sich Mühe, lustig zu sein. Viel zu viel Gin getrunken, so dass mir fast schlecht wurde und ich früh ging – zu Allela.^{DD}

12. AUGUST 1945 ^DAllela kam um 11:30. Wir haben fürchterlich über den Krieg gestritten. Man erwartet jeden Augenblick den Frieden mit Japan, und A. ist wütend, weil ich nicht aufgeregt bin deswegen. Es ist mir nicht genug, dass Millionen von Männern und

---

15 Famous Studios, die Zeichentrickabteilung von Paramount Pictures, waren 1943 nach New York umgezogen, wo sie u.a. *Popeye the Sailor* und *Superman* Comics produzierten.
16 Beatrice (»Bea«) Gladys Lillie (1894–1989), eine Grande Dame des Theaters, debütierte 1924 am Broadway. Während des Zweiten Weltkriegs unterstützte die Kanadierin die britische Truppenmoral durch ihren Gesang. Nach dem Krieg stand sie u.a. in dem mit fünf Oscars gekrönten zukünftigen Filmklassiker *In 80 Tagen um die Welt* vor der Kamera. Sie war mit dem britischen Aristokraten Sir Robert Peel verheiratet, doch kursierten Gerüchte über Romanzen mit Kolleginnen.

Frauen den Frieden erwarten. Es ist mir nicht genug. Verstehst du?^{DD}

14. AUGUST 1945 ^DSie kritisiert mich andauernd schrecklich, weil ich ihre Einstellung zum Krieg nicht teile! Heute nervös, konnte kaum arbeiten. Herb L. kam um 6:30. Sehr gutaussehend, seit zwei Monaten nicht mehr in Uniform. Und wie es der Teufel wollte, kam um 7:00 am Abend die Friedenserklärung. Natürlich Telefonanrufe von Allela. Herb lud uns zum Abendessen ein. Hotel Pierre[17], zwei Flaschen Champagner – und Allela, die alles nimmt und nichts gibt, wollte einen Toast auf F. D. R. ausbringen usw. Es hat mich furchtbar geärgert. Später schlief ich mit Herb, wie ich es mir vorgenommen hatte, und genoss es sehr! Allela hat ein paarmal versucht, anzurufen und herzukommen, aber wir haben die Klingel gekappt.^{DD}

20. AUGUST 1945 ^DWar pünktlich um 12 bei *Harper's Bazaar*. Sprach mit Carmel Snow[18] (deren Temperatur den Gefrierpunkt nie überschreitet) und nahm die Stelle, acht Stunden am Tag (!), 45 $ die Woche. War nicht zufrieden und hätte das wahrscheinlich mehr zeigen sollen. Fange Donnerstag oder Montag an. Viel zu tun. Das Schränkchen für meine Schallplatten wurde geliefert, und ich verbrachte 6 Stunden (Sünde!) damit, es aufzubauen. Jetzt steht meine kleine Sammlung darin, und ich bin sehr glücklich.^{DD}

22. AUGUST 1945 ^DAlle raten mir dazu, einen Roman zu schreiben. Ich will es! Ich will ja!!!^{DD}

---

17 New Yorker Luxushotel, Ecke 5th Avenue und 61st Street.
18 Carmel Snow, geb. White (1887–1961), irischstämmige Modejournalistin, von 1934 bis 1958 Chefredakteurin von *Harper's Bazaar*, die sie zur »Zeitschrift für gut gekleidete Frauen mit gut gekleidetem Verstand« umgestaltete. Unter ihrer Leitung wurden Diane Vreeland Moderedakteurin und der Schriftsteller George Davis (der hier junge Talente wie Truman Capote, Frank O'Connor, Eudora Welty und Katherine Anne Porter lancierte) Literaturredakteur.

21.8.1945 Den moralischen Bezugsrahmen – das Ziel meines ganzen bisherigen Lebens & vielleicht meiner gesamten Zukunft in drei Wörtern –, wo werde ich ihn wohl je finden? In England, in der römisch-katholischen Kirche, in einem Kloster, in mir selbst?! O ja, man sollte sich seinen eigenen strengen Sittenkodex in Bezug auf die Gesellschaft zulegen! Vielleicht ist das die einzige und endgültige Antwort. Unterdessen, bis unsere Füße diese Leiter finden, bis unsere Schmetterlingsflügel mit Stecknadeln und Klebstoff auf dem beschrifteten Plättchen befestigt sind, strampeln wir, trinken wir, grübeln wir ziellos vor uns hin – wir strampeln, bis in alle Ewigkeit.

21.8.1945 Gespräch mit meinen Agenten. Es ist drei Uhr nachmittags in einem heißen, vor sich hin dösenden New York, im August. Der eine in Hemdsärmeln, mit offenem Kragen, glänzt vor Schweiß und ist gleichzeitig fahrig und auf der Hut wie nach einem Kater. Der andere ist wie immer tadellos gekleidet, nur dass er heute sein Jackett abgelegt hat. Beide Handpaare sind schlank, sehr sauber, gepflegt, mit zarten, spitzen Knöcheln. »Wenn Sie noch ein Happy End ergänzen könnten, Miss Highsmith, ich glaube, dann könnten wir es verkaufen. Nur den Hauch von einem Happy End. Dieses kleine Zugeständnis an die Verkäuflichkeit wird das Ganze bestimmt nicht verderben. Nur eine Prise.«

»Wie ein bisschen schwanger sein«, sagt der andere Agent gedehnt. Höfliches Lachen. Was soll man da sagen?

»Wie schade, dass Sie so schreiben, Miss Highsmith. Es ist traurig zu schreiben und nicht verlegt zu werden.«

Es ist kein bisschen traurig zu schreiben und nicht verlegt zu werden, aber wie soll ich das bloß erklären? Ich fange gar nicht erst an. Ich sitze nur da und versuche abwechselnd zu lächeln und die heraufdrängenden Worte in meinem Innern zurückzuhalten.

Wir sprechen nicht die gleiche Sprache, denke ich, als ich in die Sonne hinaustrete.

24. AUGUST 1945 ᴰHabe bei *Harper's Bazaar* angerufen, um Ms. Snow zu sagen, dass ich die Stelle doch nicht will. Meine Ausrede ist das wenige Geld. Ich ändere ungern meine Meinung, aber die Stelle anzunehmen wäre der reinste Unsinn.^(DD)

27. AUGUST 1945 ᴰKrieg mit *Harper's Bazaar*. Wünschte, es wäre ein Blitzkrieg gewesen. Nach einem unruhigen Morgen um 12 dort. Konnte nicht auf Betty Parsons' Anruf warten, weil ich meinen Zahn ins Labor bringen musste. Ich sehe schon, dass diese Woche alles schiefgeht, nur weil ich mich andauernd beeilen muss. Ms. Snow ließ mich eine Stunde warten, bevor ich zu Wort kam. Schickte mich zu verschiedenen Damen. Am Ende bot sie mir 75 $ die Woche an, aber das ist immer noch nicht genug. R. Portugal gab mir den Auftrag für einen Artikel über Piet Mondrian. Ich weiß nicht, wie viel das einbringen wird.^(DD)

31. AUGUST 1945 ᴰIn größter Angst brachte ich meinen Mondrian-Artikel zu *H. Bazaar*, und – während Wheelock[19] noch dabeisaß, holte R. Portugal das armselige Ding heraus und las die erste Seite. »Vorzüglicher Anfang!«, sagte sie, und ich konnte zum ersten Mal seit fünf Tagen aufatmen.^(DD)

3. SEPTEMBER 1945 ᴰDer letzte schöne Tag. Ich frage mich plötzlich, ob Mutter in ihrer Verzweiflung nicht am Ende doch noch versuchen wird, alleine glücklich zu werden. Es ist wirklich unmöglich mit S. Ich glaube, sie haben seit Monaten keinen Sex mehr gehabt. Das sehe ich auf den ersten Blick. Meine Geschichte – mehrere Stunden Arbeit. Mutter dazu gebracht, die Einleitung zu dem Buch von Herman Melville zu lesen. Sie las die 50 Seiten, aber kritisierte Melville, weil er seine Familie vernachlässigt hat. Es gibt etwas, das sie nie wirklich verstehen wird: das Leben eines Künstlers.

---

19 Dorothy Wheelock Edson, Kulturredakteurin bei *Harper's Bazaar*.

Genauso wenig kann ich das Leben einer Ehefrau und Mutter verstehen.^DD

5. SEPTEMBER 1945 ^DHarte Arbeit, zu hart zum Glücklichsein (dafür braucht man Zeit, selbst wenn man schon einigermaßen glücklich ist – Zeit, um mit der Katze zu spielen, seine Bücher wenigstens durchzublättern. Aber so etwas habe ich nicht).^DD

8.9.1945 Wüsste gern, weshalb ich Menschen meide, wenn ich ihnen auf meinen Spaziergängen begegne, warum ich selbst den Bekannten, die ich am liebsten mag, aus dem Weg gehe, indem ich die Straßenseite wechsle, wenn ich sie nur von weitem sehe. Vielleicht liegt es bloß an meiner ewigen Heuchelei, derer ich mir ungefähr seit dem dreizehnten Lebensjahr bewusst bin. Daher vielleicht das Gefühl, nie wirklich ich selbst zu sein, wenn ich mit anderen zusammen bin, und weil ich Falschheit hasse, von Grund auf, meide ich Situationen, in denen sie zwangsläufig aufträte. Außerdem empfinde ich die meisten Kontakte schon allein wegen der gebotenen Höflichkeitsfloskeln als belanglos – Schicht um Schicht halbwegs höflicher, nie ganz natürlicher Floskeln muss abgestreift, aufgebraucht werden, ehe man zur echten Person vordringt. Und wie selten das passiert!

Was mir etwas Sorge bereitet, ist die Frage des Kontakthaltens zur Menschheit, die sich daraus ergibt. Ich sage es rundheraus: Ich will es nicht.

11. SEPTEMBER 1945 ^DJapans [Premierminister] Tojo hat gestern auf sich geschossen. Versuchter Selbstmord, aber er lebt noch, dank der Blutspende eines amerikanischen Soldaten. Es wird ein Tribunal geben. In Deutschland auch, für Kriegsverbrechen.

Hart gearbeitet, bis ich hundemüde war. So kann es nicht weitergehen. Vor allem lohnt es sich nicht einmal. Aber ich habe gerade so viele Ausgaben – meinen Zahn (der immer noch nicht fertig ist!

Ich sehe jetzt wieder wie eine Hexe aus!), die Einkommenssteuer und wie immer die Miete.^DD

12. SEPTEMBER 1945 ^DAchtung, liebe Nachwelt! Dieses Tagebuch sollte parallel zu meinen Notizbüchern gelesen werden, damit man nicht den Eindruck hat, ich würde nur von Weltlichem schreiben! Gearbeitet. Allerlei für Mutter zum Geburtstag gebastelt. Habe zu wenig Geschenke, aber immerhin eine Flasche Champagner.^DD

13. SEPTEMBER 1945 ^DManchmal habe ich das Gefühl, dass ich mit meinem Sozialleben und meinen ganzen Beschäftigungen überhaupt nicht mithalten kann. Vielleicht werde ich das in zehn Jahren lesen und lachen.^DD

16.9.1945 Verrückter Gedanke, bei dem ich rot werde. Schauergeschichten liebe ich, und doch habe ich seit meiner Anfangszeit am College, als ich mindestens eine pro Halbjahr produzierte, noch nicht einmal ansatzweise versucht, eine zu schreiben. Aber damals stellte ich fest, dass Schauergeschichten mein Ding waren, das Grauen sozusagen mein Milieu war, mein Metier. Sollte ich mir nicht erlauben, mich noch einmal an einer zu versuchen? (Ein schallendes Ja aus dem unsichtbaren, tobenden Publikum.) Spannung liebe ich, bin ausgezeichnet darin, sie zu erzeugen, muss dafür gar nicht nachdenken. Sehschärfe und ein Selbstbewusstsein, das man noch gar nicht als solches erkannt hat, das sind die unerlässlichen Voraussetzungen. Also dann, eine Schauergeschichte. Heute Abend auf dem Land reicht dafür schon das Flattern einer Motte an meinem Fenstergitter!

18. SEPTEMBER 1945 ^DInteressant – versuchte etwas zu kaufen, das »die Regelblutung auslöst«, und bekam gesagt, selbst wenn er so etwas hätte, dürfte er es mir nicht verkaufen, das sei »gegen das Gesetz«! Das muss man sich mal vorstellen – gegen das Gesetz!

Mein Gott! Was für ein Land! Wenn ich nur in Frankreich wäre oder in Russland! Also rief ich Doktor Borak an und habe morgen einen Termin. Ich weiß nicht, ob ich schwanger bin – was für ein hässliches Wort! Und während ich es schreibe, spüre ich, dass ich es sicher nicht bin! Seit Monaten kommt meine Periode zwei Wochen zu spät, und beim letzten Mal war sie sehr schwach, vielleicht verschwindet sie also einfach nur wieder.^DD

20.9.1945 Seit Jahren muss ich in den wohligsten und glücklichsten Momenten meines Lebens immer wieder daran denken, wie ich im Alter von sechs Jahren in meinem geliebten Einteiler vor dem Gasofen in Grandmas Wohnzimmer saß und die *[Fort Worth] Press* vom Abend oder die *Star-Telegram* vom Morgen las, die Fortsetzungsromane darin, und mir das Papier dabei manchmal unter die Nase hielt, das noch fast warm nach Druckerschwärze duftete. Ich erinnere mich an das Geräusch der dünnen alten Tür mit der vertäfelten unteren Hälfte, wenn mein Cousin Dan hereinkam, sich die Hände reibend. In diesem Haus, das zwar einfach und abgewohnt war, hier und da sogar Anzeichen von Armut zeigte, war immer genug Platz für eine weitere Person, gab es immer genug Essen für ein weiteres hungriges Maul, und zwar reichlich, und genug Liebe für ein weiteres Herz.

21. SEPTEMBER 1945 ^D Tony Pastor's[20] ungeheuer langweilig, bis ich ein Mädchen sah, blond, mit grauem Haarband, slawischer Typ. Wollte sie sofort kennenlernen. Sie hat mir ihren Namen nicht verraten, aber wir haben eine Verabredung. Am Sonntagnachmittag um 5 im Mayfair an der 1st Avenue.^DD

---

20 In Tony Pastor's Downtown, einem auch bei Lesben beliebten Nachtclub an der 130 West 3rd Street, wurde 1944 wegen Verstoßes gegen die Sittlichkeit eine Polizeirazzia durchgeführt, die Anklage jedoch noch im selben Jahr wieder fallengelassen.

23. SEPTEMBER 1945 ᴰWar um 5 im Mayfair, sie um 5:05. Sehr still – in allem. »Es ist wirklich toll, dass wir jetzt zusammen hier sind«, sagte ich lächelnd. Nach zwei Drinks gab sie zu, dass sie schon mal mit einem Mann und mal mit einer Frau zusammen war. Geht vermutlich zu oft ins Pastor's. Ziemlich kindlich, süß (Deutsche). Und ich lachte vor Glück. Aßen im Luigi – bei Rocco. Anschließend auf einen Sprung zu Pastor's. Dafür nehme ich Provision, rief Mary B., die uns einander vorgestellt hatte. Später ein Champagnercocktail in der ruhigen Kneipe, den Namen habe ich vergessen. Ein typischer erster Abend. Im Washington Park hatte ich gerade erst meinen Arm um sie gelegt, als sechs Typen auftauchten und uns bedrängten, besonders Joan, die mich um Hilfe rief. Was sollte ich denn tun? Ich wollte schließlich keine gebrochene Nase riskieren. Ziemlich peinlich. Später nach Hause. Nicht verliebt, aber glücklich.ᴰᴰ

27. 9. 1945 Es ist scheinbar so wenig Antrieb und Entschlossenheit notwendig, um eine Frau oder ein Mädchen aus ihrer normalen, bürgerlichen Welt auf den Weg zur Homosexualität zu bringen. Warum wählen sie ihn? Das muss ich herausfinden.

10. 10. 1945 Es gibt diesen unermüdlichen Instinkt, einen Mittelpunkt für seine Ideen zu finden, für die eigenen Ideen. Man hat das Bedürfnis, jemanden zu finden, dem man gefallen, den man glücklich machen, dem man sich schlicht und einfach verständlich machen kann. Das Bedürfnis nach jemandem (oder etwas), der einen kritisiert oder lobt. Kurz gesagt, das Bedürfnis nach einem anderen Ego, das dem eigenen ganz ähnlich ist oder lediglich interessante Abweichungen hat. Deswegen verliebt man sich. Wenn man dafür jedoch einen Ersatz finden könnte, müsste man den zerstörerischen Liebesprozess, das Lieben und Enttäuschtwerden nicht durchleiden. Daher die Suche nach einem solchen Ersatz. Denkbar wäre etwa Gott. Bei entsprechender Bereitschaft, der notwendigen Hingabe

und Spiritualität, käme auch ein toter Held, ein toter Freund in Frage. Sobald sich dieses Alter Ego einmal als wie auch immer gearteter Fetisch verfestigt hat, ist das Bedürfnis nach Liebe im Keim erstickt.

11.10.1945 Einsamkeit ist ein interessanteres Gefühl als Liebe. Und wer zu seiner Einsamkeit steht, ist aufrichtiger als jeder Liebhaber.

15.10.1945 R. v. H.[21] beschrieb mir heute Abend eine hochinteressante Situation. Seine beiden Töchter, neun und vierzehn, entwickeln sich nicht zu Menschen, sagt er. Sie lesen eifrig Comics und haben keine Vorstellung von der Folter der Verliebtheit, den Todesqualen der Verunsicherung und der eingebildeten Minderwertigkeit (dem heroischen, dem verzweifelten, welterschütternden Gefühl des »Ich bin nicht wie die anderen« – wie bei mir), was nach seinem europäischen Verständnis den Charakter formt. Wie persönlich mich das traf, ich stimme ihm nämlich vollkommen zu! Er tat mir leid, denn es besteht keine Hoffnung für die Erfüllung seines Wunsches. Er möchte ungewöhnliche Menschen aus zwei ganz und gar gewöhnlichen machen. Er möchte ein Bewusstsein erweitern, das sich hütet, erweitert zu werden. Als Trost bleibt ihm nur das Wissen darum, dass seine Töchter niemals so leiden werden, wie er das getan hat, wie ich es getan habe. Als Europäer suchte er die Schuld natürlich bei Amerika.

23.10.1945 Es ist nicht das Gewissen, das mich zum Schreiben bringt. Weil ich Schriftstellerin bin, ist es einzig die Unzufriedenheit mit der Welt.

---

21 Raimund von Hofmannsthal (1906–1974), Sohn des Schriftstellers, Dramatikers und Lyrikers Hugo von Hofmannsthal. 1933 heiratete er Ava Alice Muriel Astor, die einzige Tochter des vermögenden amerikanischen Geschäftsmanns John Jacob »Jack« Astor IV. 1939 heiratete Raimund seine zweite Frau Lady Elizabeth Paget, eine britische Adlige.

26. OKTOBER 1945 ᴰMittagessen mit Raimund von Hofmannsthal im Voisin²². Er ist ein so gewandter, so charmanter Mann! Mit ihm zu sprechen ist wie eine Reise nach Europa! Er interessiert sich für alle Probleme seiner Freunde – besonders die von Rosalind und mir. Sagte, er habe sich seit Tagen auf diese Verabredung gefreut usw., ungeheuchelt. Wir sprachen über die Kultur in Amerika, meine Arbeit, die Liebe, Rosalind.ᴰᴰ

26.10.1945 Beschluss: Nie, nie von einem entspannten Gefühlsleben ausgehen und es vor allem nie zu einer Voraussetzung für mein Schreiben machen. Folglich das Gefühlsleben vom Schreiben und damit von meinem eigentlichen Leben getrennt halten. »Gefühlsleben« – der Stein, der niemals ganz eben im Straßenpflaster liegen wird!

29.10.1945
Erschöpfung + Kaffee = Rausch und Überdrehtheit.
Liebe + Kaffee = Rausch und Ekstase.

30. OKTOBER 1945 ᴰGott sei Dank bin ich nicht wie B.Z.G. und fühle mich wie tot, wenn ich nicht verliebt bin. Nein, es bleiben immer noch die Freuden des Geistes. Das Dumme ist, man kann sie nicht tagein, tagaus genießen – nicht ganz allein. Ich führe ein unstetes Leben. Bin gespannt, wie lange ich das fortsetzen kann.ᴰᴰ

30.10.1945
Be content, be content, be content, be content.
Be continent. Be continental. And yet insular.²³

---

22 Französisches Restaurant (1912–1969) und New Yorker Wahrzeichen, das sowohl in Ian Flemings *Diamantenfieber* als auch in F. Scott Fitzgeralds Kurzgeschichte »Das verlorene Jahrzehnt« (1939) erwähnt wird.
23 Unübersetzbares Wortspiel. Ungefähr: Sei zufrieden, sei zufrieden, sei zufrieden, sei zufrieden. Sei zufrieden für dich. Sei zufrieden, wo du nur kannst – und doch eine Insel.

31.10.1945 In drei Monaten werde ich fünfundzwanzig. Das Leben drückt auf mich nieder wie eine Nadelspitze. Ich sehe alles in Extremen, empfinde es viel zu intensiv, wenn etwas leicht Angenehmes oder leicht Unangenehmes passiert. Und überall um mich herum wächst sich eine Melancholie, die echter Traurigkeit gleichkommt, zur Atmosphäre aus. Die kleinsten Aufgaben erledige ich mit großer Mühe, und das Leben entbehrt jeglicher Freude. Ist das heldenhaft? Ist es Empfindsamkeit? Nein, nur das Ergebnis einer verzerrten Sichtweise.

5.11.1945 Der Prozess der Kultivierung – am Anfang steht das Leiden, normalerweise durch die Liebe im Alter von sechzehn, siebzehn oder achtzehn, ein ebenso einfaches wie tiefes Unglück hervorgerufen, dass man nach den reichhaltigsten Arzneien lechzt. Und so wendet man sich Poesie, Musik, Büchern zu. Voraussetzung ist natürlich ein gewisses Feingefühl. Aber vielleicht beginnt der Prozess auch viel früher, mit diesem Feingefühl, das schon immer da ist. Hat mich diese Analyse jetzt weitergebracht?

11. NOVEMBER 1945 ᴰIch habe das Gefühl – nein, ich weiß –, dass ich, wenn ich verliebt bin und wiedergeliebt werde oder wenigstens die Hoffnung darauf besteht, mit Menschen sprechen, immer das Richtige sagen kann. Aber jetzt, wo Wüste und Öde vor mir liegen, sage ich nur, was ich nicht sagen will, fühle mich elend und rauche.ᴰᴰ

15.11.1945 Schwermut – der Weltschmerz packt einen wie eine Lähmung, in meinem Fall in Schüben von zwei bis drei Stunden, meist am helllichten Tag zwischen eins und sechs. Man kann sich kaum regen, an Arbeit ist erst recht nicht zu denken. Man kann nicht einmal abschließend über den eigenen Weltschmerz nachdenken, denn damit würde man ja so etwas wie ein Ziel erreichen, und gegen das Erreichen von Zielen hat sich der gesamte Geist verschlossen. Die Nationen, die gerade den schrecklichsten Krieg der Geschichte hinter sich haben, gehen sich an den Tischen der Friedenskonferenz schon wieder an die Gurgel, während die beherrschten Klassen zu Hause verunsichert ihre Zeitungen lesen und wie Tausende Generationen nach Tausenden von Kriegen im Lauf der Jahrhunderte feststellen, dass ein weiterer Krieg für nichts und wieder nichts geführt worden ist. Noch dazu haben sie einen Sohn, einen Bruder, einen Ehemann verloren. Und das große Europa liegt verarmt in Schutt und Asche.

21. 11. 1945 Was ist los mit der Welt? Die Liebe stirbt wie die Fliegen.

25. NOVEMBER 1945 ^DRaimund um Mitternacht hier, und als er ging, ließ er mich mit den aufwühlendsten Gedanken aus unserer Unterhaltung zurück: den Schwierigkeiten und Nachteilen des Homosexuellseins. Dass ich mich wohler fühle, wenn ich Männerkleidung trage, dass das kein Vorteil ist usw. Es scheint, ich kann hier nicht festhalten, welchen Eindruck diese Unterhaltung auf mich gemacht hat. Aber ich werde es nicht vergessen.^{DD}

4. DEZEMBER 1945 ^DSchlechte Neuigkeiten von *H. B. [Harper's Bazaar]*, ein Brief von Mrs. Aswell mit meiner Geschichte, die sie nicht kaufen kann. »Ihr Protagonist braucht mehr Charisma«, schreibt sie. Und das Thema sei abgedroschen. Dabei ist diese so viel besser als die Geschichte, die sie veröffentlicht haben! Aber sie wollen etwas Glattes.

Erfuhr von D. D. [David Diamond], dass Cornell seit einer Woche im Krankenhaus liegt. Irgendwas mit dem Magen – und fünf Tage in kritischem Zustand!^{DD}

5. DEZEMBER 1945 ^DVerspüre einen ganz heftigen Lebenshunger – will sehen und lernen und habe beschlossen, im Januar eine Reise zu machen. Ich will allein fahren, mit dem Bus – vielleicht nach New

Orleans oder wenigstens Kentucky, Virginia, Tennessee. Dieser Hunger ist das einzige, das natürlichste und gesündeste Gefühl, das ich in den letzten sieben Jahren verspürt habe! Gott sei Dank bin ich unzufrieden mit meinem kleinen, schwulen Freundeskreis! Habe David Diamond angerufen, um mich nach Allela zu erkundigen. Ja, es war ein Selbstmordversuch – am Sonntag nach Thanksgiving. Salpetersäure, eine halbe Flasche, schnell auf dem Dach getrunken, morgens um 6:30 nach einem Streit mit Annie, die zu der Zeit in ihrem Zimmer war. Annie wollte aufbleiben und trinken, Allela ins Bett. Sie darf niemanden von ihren Lieben sehen, und hinterher kommt sie zu ihren Eltern. Wie traurig und wie sinnlos!^{DD}

6. DEZEMBER 1945 ^DMüde – aber habe bis 7 Uhr hart gearbeitet, als Natica pünktlich ankam. Freue mich sehr, sie wieder bei mir zu haben! Ihr Gesicht ist wunderschön, ihr Haar noch weicher, wie feines Gold. Wir betranken uns nicht heute Abend, das brauchte es gar nicht, aber ich stellte etwas fest, das ich schon lange geahnt habe: Seit Natica habe ich niemanden mehr geliebt. Sie ist die Einzige, die mich je körperlich angezogen hat. Später lagen wir auf dem Bett und hörten Musik. Wir lachten viel – das ist etwas Neues für mich, vielleicht, weil ich jetzt so dick bin –, und unsere Küsse waren so schön, dass sie am Ende über Nacht blieb. Nur ein einziges Mal hätte ich fast geweint. Nein, ich werde nicht mehr wegen ihr weinen.^{DD}

9.12.1945 Ergreife die Chance hier, und ergreife sie jetzt. Das sind zwei Grundprinzipien, an die sich ausgerechnet der Intellektuelle nie hält, obwohl er erklärt, sich ihrer bewusst zu sein. Henry James baute sein Lebenswerk darauf auf und erkannte sie persönlich doch viel zu spät.

9.12.1945 Eine Satire – von unbestimmter Länge – über dieses zwanzigste Jahrhundert, das immer mehr wie Huxleys *Schöne neue Welt* wird. Aber wegen ihrer Realitätsnähe und Dringlichkeit würde sie noch betroffener machen: die halbe Stunde am Telefon, die es braucht, um schließlich eine Zeit auszumachen, zu der sich zwei Menschen für fünf Minuten treffen können, der Artikel in der größten Zeitung des Landes darüber, dass die Beamten in Washington nicht genug Zeit zum Nachdenken haben, die Bücher bei Brentano's und Scribner's mit Titeln wie *Was vom Weltfrieden zu halten ist* oder *Wie man eine Seite liest,* all die Durant-Zusammenfassungen, die gekürzten Klassiker und so viel Weiteres, dass man gar nicht alles nennen kann. Außerdem und nicht zuletzt die Praxis, minderwertige Ware zu kaufen, mit der Absicht, sie wegzuwerfen, wenn sie verschlissen ist, und sich dann mit einem mutmaßlich höheren Einkommen mehr davon zu kaufen. Die Tatsache, dass die Assistenten von Assistenzprofessoren fünfzig Cent die Stunde verdienen, weniger als jede Putzfrau, dass der junge Schüler, der von seinem Französischlehrer mit den Worten gelobt wird, er solle doch auch Lehrer werden, erwidert: »Ist das alles, wofür ich mich eigne?«

Kurzum: das Gegenteil dessen, was sein sollte. Dunkles Mittelalter, maskiert als Zeitalter der Aufklärung und Rassengleichheit, universelle Demokratie als universelles Ideal, das Zeitalter des Atoms, das zugleich das Zeitalter einer solchen Unchristlichkeit ist, dass man nicht einmal seinem engsten Verwandten vertrauen würde, wenn er es besäße.

König Gier regiert! Bitte keine »Lang lebe«-Rufe.

10. DEZEMBER 1945   ^DBin glücklich wie ein Tor. Das Leben liegt vor mir – und ich bin ein Abenteurer, ein Ritter, ein Held, ein Don Quijote vielleicht. Alles, weil ich N. heute gesehen habe – nur ein paar Minuten, aber diese Minuten zählen mehr als fünf Nächte. Gott, wie schön das Leben ist, wenn es von einer Frau erhellt wird!^{DD}

11. DEZEMBER 1945   ^DArbeit – bis ich um 4:30 Allela im St. Vincent's besuchte. Sie liegt dort mit einem Schlauch in der Nase, durch

den sie ernährt werden muss. Sie wirkt finster, dünn, kraftlos. Zuerst war ihre Mutter dabei, aber sie ließ uns bald allein, als ob wir Geliebte wären. Ich brachte ihr mein bestes und neuestes Buch mit – Dostojewskis Erzählungen. Aber sie hat Fieber und kann nicht viel lesen. Gott, wie traurig, dass sich so viele Leute um sie sorgen müssen, dass sie so lange liegen muss! Sie staunt darüber, dass ihre Freunde so mitfühlend sind. »Vielleicht lernt man so, wer seine wahren Freunde sind«, sagte sie. Sie wusste nicht, dass ich von ihrem Selbstmordversuch weiß. »Ganz egal, was du tust, Pat – ich werde dich immer lieben.« Und sie fragte, ob wir diesen Winter nach Minot fahren könnten. »Was macht dein Leben? Und dein Liebesleben?« Ich habe ihr gesagt, ich hätte mich ganz für mich allein.^{DD}

15. DEZEMBER 1945 ^DHabe den fünften oder sechsten Entwurf für meine »Aaron«-Geschichte[24] fast fertig. Kürzer, aber nicht kurz genug. Habe ein Buch darüber gelesen, wie man Kurzgeschichten schreibt, eins dieser Bücher, die ich normalerweise hasse, aber ich habe beschlossen, nicht mehr nur für mich selbst zu schreiben.^{DD}

20. DEZEMBER 1945 ^DIch kann es nicht leugnen, ich fühle mich einsam, weil ich nichts von Natica höre! Gott, ich muss lernen zu leben, ohne mir Hoffnungen zu machen, ohne Absichten, ohne Liebe (der gewöhnlichen Art) zu Natica. Natica, Mysterium, Schicksal, Glück und Kummer meines Lebens.^{DD}

22. DEZEMBER 1945 ^DTippe ein weiteres Mal meine »Aaron«-Geschichte ab, die ich beenden muss, ehe ich etwas Neues anfangen

---

24 Diese Geschichte von Aaron Bentley, der als Neuankömmling in einer Kleinstadt gerüchteweise eine verbotene Beziehung mit der zehnjährigen Streunerin Freya eingeht, erschien posthum als »Die Morgen des ewigen Nichts« im Erzählband *Die stille Mitte der Welt* (Diogenes, 2002).

oder beenden kann. Denke an einen Roman, der auf meiner Idee der beiden Seelenverwandten aufbaut.[25]

Wie kann es sein, dass Natica Weihnachten ohne ein Wort verstreichen lässt?[DD]

28. DEZEMBER 1945 [D]Rolf derselbe wie immer – mein wundervoller Freund! Er redet und redet und redet, bis es plötzlich halb zwei in der Nacht ist! Über die wirtschaftliche Situation des Landes, die Schwierigkeiten des Schreibens. Wir haben nicht wenige Meinungsverschiedenheiten – er mag Saroyan und findet Proust langweilig. Er hat erzählt, dass George Davis [von *Mademoiselle*] meine Geschichten unreif fand. Und auch, dass ich wunderbare Ideen habe, aber sie nicht ausreize. Ihm fehlt der Zauber – ein kleiner Einfall, der großen Zauber entfaltet. So denken leider Verleger. Aber in letzter Zeit will ich lieber Geschichten erzählen, Menschen beschreiben, und zwar ausführlich. Ich habe Rolf sehr gern. Er ist entspannter geworden. Und auch sehr dick, was ihn unglücklich macht. Wir haben uns vorgenommen, dass wir uns öfter sehen wollen.[DD]

28.12.1945 Zum Nachdenken für später (gerade keine Zeit): Warum sind manche Menschen so übermäßig stolz auf ihr Erscheinungsbild, darauf, frisch und gepflegt angezogen zu sein? Es betrifft sowohl Kluge als auch Dumme, Reiche wie Arme.

---

25 Aus dieser Idee wird ihr erster veröffentlichter Roman entstehen: *Zwei Fremde im Zug*.

Liebhaberinnen-Tabelle, die Patricia Highsmith 1945 anfertigte, um ihre Geliebten zu vergleichen und zu klassifizieren. Die Initialen der Frauen wurden zum Schutz ihrer Privatsphäre entfernt.

1946

Dichte und Tempo von Patricia Highsmiths Leben, Lieben und Schreiben nehmen stetig weiter zu. Sie hat eine neue Agentin, Margot Johnson, der es gelingt, ihre Kurzgeschichten »Blumen für Louisa« und »Die Weltmeisterin im Ballwerfen« an die Frauenzeitschrift *Woman's Home Companion* zu verkaufen. Statt die Romanidee zu *Zwei Fremde im Zug* weiterzuverfolgen, arbeitet Highsmith im Sommer 1946 in Kennebunkport, Maine, erst noch an einem anderen Roman, *The Dove Descending*.

In Kennebunkport ist sie auf Einladung der wohlhabenden Familie Catherwood; Tochter Virginia (»Ginnie«) ist ihre neue Freundin. Die beiden haben sich schon 1944 über die gemeinsame Geliebte Natica Waterbury kennengelernt, mit der Patricia Highsmith Anfang 1946 weiterhin eine turbulente Beziehung führt – so turbulent, dass Patricia Highsmith sich zwischenzeitlich mit Joan S. trösten muss, die »süß und einfach und aufrichtig« ist und mit der sie nach New Orleans reist. Doch wie immer bei dieser Art Frau wird es ihr schnell langweilig, und im Juni entdeckt *sie* Ginnie für sich.

Die zierliche, blonde Erbin aus Philadelphia, der bei ihrer Scheidung das Sorgerecht für ihr Kind abgesprochen wurde, wird in den nächsten 1 ½ Jahren zu Highsmiths obsessiver, notorisch untreuer Liebe und ein Leben lang ihren Frauentyp prägen. Ihr sind nicht nur verschiedene Kurzgeschichten gewidmet, sie ist auch die Inspiration für mehrere Frauenfiguren in Patricia Highsmiths Werk – Carol in *Salz und sein Preis* und Lotte in *Das Zittern des Fälschers*. Wenn Ginnie sich nicht gerade von ihrem exzessiven Trinken erholt, widmen die beiden sich ihrem neuen Hobby: dem Sammeln und Züchten von Schnecken. Wie schon in früheren Beziehungen ist Patricia Highsmith zerrissen zwischen ihrem Bedürfnis nach Ruhe, um Schreiben zu können (wozu es Abstand braucht), und dem nach Liebe und Halt (wozu es Nähe braucht).

Im September wird Joan S. nach einem missglückten Selbstmordversuch ins Krankenhaus eingeliefert. Wenige Tage später stirbt Allela Cornell an den Folgen ihres Selbstmordversuchs im Jahr zuvor. Angesichts immer wieder dramatisch scheiternder Liebesbeziehungen erwägt Patricia Highsmith erstmals, sich in therapeutische Behandlung zu begeben. Und sie denkt darüber nach, vielleicht doch zu heiraten – Rolf Tietgens. So könnte er die amerikanische Staatsbürgerschaft bekommen, Highsmith vielleicht ein Kind. Aber am Ende bringt sie es doch nicht übers Herz: ihre Liebe zu Ginnie ist zu groß, vor allem aber ihr Wunsch nach Freiheit und Unabhängigkeit.

* * *

1. JANUAR 1946 ᴰEin glücklicher Tag, wie alle meine Neujahrstage. Lebendig, körperlich wie geistig. Natica rief an. Ich sagte ihr, dass wir gerade eine Flasche Champagner aufmachen. Also kam sie um 9 Uhr vorbei. Es gab Essen – später ein Gespräch mit Rosalind, an dem ich kaum beteiligt war. Natica küsste Rosalind, und es machte mir nichts aus. Ich machte einen Haufen Skizzen der beiden auf meinem Bett!

N. und ich zogen früh los, um uns in Chinatown Tattoos stechen zu lassen. Kaffee bei Riker's (nach einem schönen Kuss in der Tür des L-Train!), und dann wieder nach Hause, wo wir tranken, tanzten, uns küssten und uns ewige Liebe schworen. Sie will mit mir »auf dem Land« leben. Ich glaube, es wäre besser, in eine kleine Stadt zu ziehen. Das alte Problem – ich kenne keine. Wir könnten uns auch New Orleans vorstellen. Bin glücklich. Wünschte, sie wäre geblieben. Sie hat ihre Gründe. Gott, so viele Küsse heute Nacht, ich bin immer noch ganz berauscht!ᴰᴰ

2. JANUAR 1946 ᴰViel gearbeitet, bis nachts um halb zwölf. Hundemüde. Aber dafür noch einen neuen Anfang für »Verwunschene Fenster«[1] geschrieben – einfacher, gefälliger. Mein Held sehnt sich nach den süßen Küssen der Frau, die er liebt. Das kann keiner bestreiten. Nur dann erscheint die Welt wahr – d. h., man sieht sie, wie sie wirklich ist.ᴰᴰ

3. JANUAR 1946 ᴰErnst Hauser hier – zum Abendessen. Er hat mir drei ledergebundene Bücher aus Paris mitgebracht – eines in Latein, die anderen beiden in Französisch. Und Gold-Flake-Zigaretten, die ich enorm mag. Wenn die Amerikaner doch nur mildere Zigaretten rauchen würden! Hauser war wie immer. Enttäuscht, weil ich seine Artikel nicht lese – aber das ist nicht weiter wichtig. Er ist sehr liebevoll. Ich frage mich, was daraus werden soll. Ich hätte heute Abend so viel lieber Natica gesehen! Aber sie hat nicht angerufen.ᴰᴰ

7. JANUAR 1946 ᴰAllein gearbeitet (schön) – habe einen Titel für die Geschichte: »The Mightiest Mountains«.[2] Und heute Abend Rolf Tietgens besucht. Gott, wie ich ihn liebe! Sein Zimmer ist so deutsch, so männlich und sauber! Gleichzeitig mit mir kam Robert Isaacson, Bobbys Vater, der sehr jung aussieht. Er wird nächste Woche heiraten, eine gerade mal 24-Jährige. Interessant, diesen bodenständigen, ganz normalen Mann aus Kansas mit Rolf sprechen zu hören. Er kümmert sich nicht besonders um seinen Sohn, scherzte mit Rolf und mir und lieh sich 10 Dollar, bevor er ging.ᴰᴰ

---

[1] Die Geschichte eines einsamen Mannes, der eines Abends eine faszinierende Frau in seiner Stammkneipe kennenlernt. Sie kommen sich schnell näher, unterhalten sich über persönliche, sogar intime Dinge. Doch zu einer Verabredung am nächsten Tag erscheint die Frau nicht, der Mann bleibt allein. Die Geschichte wurde posthum in *Die stille Mitte der Welt* (Diogenes, 2002) veröffentlicht.

[2] Diese Geschichte erwähnte Highsmith 1945 bereits als »die Aaron-Geschichte«. Sie erschien posthum unter dem Titel »Die Morgen des ewigen Nichts« in *Die stille Mitte der Welt* (Diogenes, 2002).

8.1.1946 Menschen, die unglücklich verliebt sind, scheinen immer zu vergessen, dass auch andere schon Liebeskummer hatten. Wenn man vom Schmerz so überwältigt ist, dass man ihm keinerlei Schönheit abgewinnen kann und einem so auch noch dieser letzte Trost versagt bleibt – unter diesem Gefühl der Verlassenheit hatten ernste, untröstliche junge Männer schon seit Anbeginn der Zeit zu leiden. Wie in Schuberts *Winterreise* – mit dem Vers »Gefrorne Tränen ... / Ihr dringt doch aus der Quelle / Der Brust so glühend heiß, / Als wolltet ihr zerschmelzen / Des ganzen Winters Eis!«. Bei der Vorstellung des melancholischen, von Liebesschmerz getriebenen jungen Mannes, der übers Land zieht, will das Herz vor Mitleid mitweinen.

9. JANUAR 1946 ^{D}Zu wenig an der Geschichte geschrieben – bis Mitternacht. Dann rief um halb eins Natica an. Sie kam hierher, und wir redeten und küssten uns und tranken Tee bis Viertel vor fünf! Liebesstunden sind nicht leicht zu bekommen, man sollte sie gebührend schätzen. Wir schworen uns noch einmal unsere Liebe – doch was bedeutet das schon bei so einer Neurotikerin? Ich werde so viel wie möglich daraus machen! Das verspreche ich mir selbst.

Traf heute Margot Johnson und gab ihr meine Geschichte »Die Morgen des ewigen Nichts«.^{DD}

11. JANUAR 1946 ^{D}[Allela] Cornells Geburtstag. Besuchte sie um 1 Uhr. Sie sieht schlechter aus, obwohl sie sagt, dass sie sich besser fühlt. Sie wiegt nur 106 Pfund, und ihr wird jede Woche ein Schlauch in den Rachen geschoben. Es tut entsetzlich weh, sagt sie. Sie war überrascht und neugierig, weil ich Natica wieder treffe. Noch ist unklar, wann sie aus dem Krankenhaus entlassen wird. Vielleicht in zwei Monaten.

Heute Nacht habe ich Natica geliebt, wie ich noch nie zuvor eine Frau geliebt habe! Ich bin ganz verzaubert von ihr! Ich glaube, wenn ich nicht jede Nacht meines Lebens mit ihr verbringen kann, dann will ich gar nicht leben! In solchen Momenten denke ich, dass mein Glück zu Ende wäre und mein Leben keinen Sinn mehr hätte, wenn eine von uns gehen würde. Und wenn sie endlich (wie heute Nacht) meine Liebe erwidert, bin ich fast krank vor Glück und Dankbarkeit. Ich liebe sie von ganzem Herzen.[DD]

15. JANUAR 1946 [D]Nach dem Aufwachen hätte ich beinahe geweint, weil ich bis 14:30 statt bis 8:30 Uhr geschlafen habe. Zu viel Arbeit. Natica zum Abendessen im Chop Suey auf der Lexington Avenue getroffen. Sie war gerade von [Virginia] Catherwood weggegangen und fürchtete, dass sie ihr gefolgt war. Aber nein. Natica hat noch nie so wunderschön ausgesehen wie heute Abend! Als ich neben ihr im Kino saß, konnte ich mich kaum noch beherrschen. Es erregt mich, wenn sie schmutzige Wörter benutzt. Sie ist dann unglaublich anziehend![DD]

19. JANUAR 1946 [D]Den ganzen Tag mit der Geburtstagsparty beschäftigt, so dass ich nur eine halbe Stunde Zeit hatte, bevor meine erste Besucherin eintraf! Am Ende waren nur noch M. & A. & Natica da, und Natica, die sturzbetrunken war, versuchte mich auf jede mögliche Weise zu quälen: Sie trat ihre Zigaretten auf dem Boden aus, wischte ihre schmutzigen Hände an der Wand ab und küsste Maria, bis mir fast schlecht wurde. Ich blieb mit A. in der Küche, wo ich alles mitkriegte, was auf meinem Bett passierte. Ich zitterte wie im Fieber und fragte A.: »Was tun die da?«, wie in einem schlechten Theaterstück. Ich trank nur noch Kaffee. Um halb fünf stürmte sie schließlich davon, und ich rannte ihr nach, weil ich nicht wollte, dass wir so schlimm (auch wenn sie mich oben geküsst und liebevolle Dinge gesagt hatte) auseinandergehen. »Ich liebe dich und rufe dich morgen an!«, sagte sie, als sie ins Taxi stieg. Ich hoffe, sie fuhr zu Catherwood, betrunken, wie sie war. Und ich putzte die Wohnung, so niedergeschlagen wie noch nie an meinem Geburtstag.[DD]

21. JANUAR 1946 ^DDeprimiert. Warum liebe ich N. immer noch? Sie ist genau wie vor einem Jahr: Sie ruft nicht an und quält damit sich selbst und auch mich. Und außerdem regnet es.

Rolf um 7 – die schönsten Stunden des Tages. Was stimmt mit mir nicht, dass ich nicht auch so ein Leben führen kann? Er hat sich so sehr weiterentwickelt. Er ist ein Engel. Kein Wunder, dass Bobby ihn anbetet.^{DD}

22. JANUAR 1946 ^DRosalind hat mich zu ihrer Cocktailparty am Samstagabend eingeladen, aber ich ertrage es nicht; es ist die Hölle zuzusehen, wie Natica Maria küsst. Meine sauertöpfische Wenigkeit wird dort niemand vermissen.^{DD}

30.1.1946 Und in der Kindheit – die Orte, die wir damals kannten, die besonderen Momente, an die wir uns erinnern, sie sind wie in einer Art Alkohol der Erinnerung konserviert und haben für jeden einen speziellen Geschmack, ein eigenes Aroma, das man einem anderen Menschen ebenso wenig vermitteln kann wie einem Blinden eine Farbe. Vielleicht trägt die Kindheit, die jeder wie einen versiegelten Umschlag in seinem Herzen bewahrt, zu dem Gefühl der Einsamkeit bei, das uns zeit unseres Lebens begleitet.

4. FEBRUAR 1946 ^DSchrieb fünfeinhalb Seiten meines ersten Kinderbuchs[3] über Gracey, und ich bin aufgeregt, ruhig und glücklich nach einem Gespräch mit meiner engsten Freundin Rosalind, die mir eine unendlich große Unterstützung ist.^{DD}

6. FEBRUAR 1946 ^DBesuchte Cornell, die viel besser aussieht. Jetzt wirkt sie, als wollte sie leben. Aber sie wiegt nur etwa 45 Kilo. Ihre Hände sind zart wie bei einem Vögelchen. Sie will alles wissen – also erzählte ich ihr alle komischen Geschichten von meiner Party und

---

3 Highsmiths erstes Kinderbuch ist leider nicht in ihrem literarischen Nachlass enthalten.

dass ich mir einen Anzug schneidern lasse. »Ach Pat, es gefällt mir gar nicht, dass du dich mit diesen Leuten triffst! Du hast etwas viel Besseres verdient!«^{DD}

6.2.1946 Was zählt es schon, dass die Stunden, Monate mit dir nur wenige waren, dass die Augenblicke, Tage des Glücks kaum eine Woche ergeben? Du hast mich glücklicher gemacht als je zuvor, so glücklich, dass ich vor Glück fast gestorben wäre. Und jetzt, da ich diese Augenblicke mit dem kostbaren Instrument der Erinnerung noch einmal durchlebe, erschaffe ich dich neu, erschaffe ich mich neu, und weiß, dass ich edler, größer, demütiger und stolzer geworden bin, weil ich diese göttliche Glückseligkeit erreicht habe. Ein Teil von mir wird immer in dieser Vergangenheit leben, was auch geschieht. Ein Teil von mir wird dich immer verehren. (Leider nein. 27.4.50)

9. FEBRUAR 1946 ^DGestern habe ich beschlossen, ein Ticket für Natica zu kaufen und es ihr zum Valentinstag zu schenken. Am 10. März fliegen wir zusammen weg.^{DD}

11. FEBRUAR 1946 ^DJetzt ist es an der Zeit – mein Gott, wann war es das nicht? –, dass N. auch mal Verständnis mir gegenüber zeigt. Sie ist nicht kühl mir gegenüber, aber sie zeigt überhaupt kein Interesse. Ich begehre sie natürlich, so sehr wie eh und je. Ich mache ihr die größten Geschenke, die ich mir leisten kann – und muss leider feststellen, dass sie das wahrscheinlich noch gleichgültiger macht.^{DD}

12. FEBRUAR 1946 ^DDie Stadt ist heruntergefahren: ein Streik der Schlepperbootarbeiter. Zu Hause gibt es keine Heizung, usw., Restaurants und Theater sind geschlossen. Bei Rosalind zum Mittagessen. Sehr angenehm. Sie hat offenbar verstanden, dass ich ihre Freunde (abends) nicht sehen will. Also hatte ich sie für mich allein – so wie ich es mag.^{DD}

14. FEBRUAR 1946 ᴰ1.45 Uhr nachts. Habe gerade mit N. gesprochen. Sie hat meine Valentinskarte mit keinem Wort erwähnt. Aber ich weiß, dass sie sie bekommen hat. Was ist sie nur für ein Mensch? Was denkt sie über das Flugticket? Keine von uns wollte es ansprechen! Was für ein Zustand!ᴰᴰ

16. FEBRUAR 1946 ᴰGestern hat sie gesagt: »Ich habe deine Valentinskarte bekommen. Die süßeste, die ich je gesehen habe«, usw. Gott sei Dank – zumindest das! Aber kommt sie mit oder nicht –? Sie will schon.

(Um 9:15 Uhr) Marjorie W. besucht. Sie gehört zu meinen vier engsten Freunden: Rolf, [Ruth] Bernhard, Rosalind. Wie sie mich beruhigt, wenn ich aufgewühlt und am Ende bin! Und das, obwohl ich ihr so wenig erzählen kann!ᴰᴰ

27. FEBRUAR 1946 ᴰWie schön sind solche Tage, an denen ich ununterbrochen arbeiten kann, nur diese Tage liebe ich. Mittagessen mit S. W., der mitunter fast charmant auf mich wirkt. Er hat einen Roman von 244 Seiten geschrieben. Das Thema scheint mir etwas verworren, aber vielleicht liegt das auch nur daran, dass ich mich für die Arbeit von anderen nicht wirklich interessiere. Das tut mir zwar leid, aber ich kann es nicht ändern.ᴰᴰ

2. MÄRZ 1946 ᴰHabe heute um 10:45 Uhr N. angerufen. Im Bett. Fragte sie nach dem Artikel – »Ja, ist fertig«, schrie sie wütend. »Und mein Rock? Hast du ihn?« »Du kriegst ihn zurück! Heute!«, brüllte sie und legte auf. Mein Gott, diese unhöfliche Auflegerei, für sie ist das ganz normal. Jetzt bin ich ernsthaft sauer auf sie und heilfroh, allein nach New Orleans zu fahren.ᴰᴰ

4. MÄRZ 1946 ^DPlane meinen Roman.[4] Die Handlung steht. Sie ist so einfach, dass ich mich fast nicht getraue, von Handlung zu sprechen. Lese mit großem Vergnügen [Evelyn Waughs] *Wiedersehen mit Brideshead*. Ein ernster Roman mit Humor. Warte noch bis morgen, bis ich Natica anrufe.^{DD}

5. MÄRZ 1946 ^DSehr glücklich, als ich mich anzog, um zu Joan S. zu gehen. Wir tranken Martinis in ihrem Zimmer im Barbizon[5], hörten Platten, ich hätte sie am liebsten umarmt und ihr alle meine Sorgen erzählt. Sie ist so süß und einfach und aufrichtig. Ich habe sie nach New Orleans eingeladen. »Ich muss darüber nachdenken«, antwortete sie. Bis Donnerstag.^{DD}

9. MÄRZ 1946 ^DEntspannt – sobald ich Richard Hughes eröffnet hatte, dass ich ab jetzt weniger Comics schreiben werde. »Das habe ich schon so oft gehört, dass es mich völlig kalt lässt«, antwortete er. Um Punkt 4 rief Joan an – (was für eine Freude, so ein pünktliches Mädchen!), und um halb sieben kam sie vorbei. Martinis. Es war sehr schön, Joan meiner Mutter vorzustellen. Natürlich mochte meine Mutter sie sofort. Als sie weg war, sagte Mutter: »Sie gefällt mir besser als alle anderen Mädchen, mit denen du bisher ausgegangen bist.«^{DD}

---

4   Gemeint ist nicht *Zwei Fremde im Zug*, sondern *The Dove Descending*, dessen Titel Highsmith sich von ihrem Lieblingsdichter T. S. Eliot leiht. Das Manuskript, das sie nach 78 Seiten ruhen lässt, folgt einer jungen Waise, die mit ihrer despotischen Tante nach Mexiko reist, auf der Suche nach dem Mann, in den beide heimlich verliebt sind – ein gutaussehender und alkoholabhängiger Bildhauer. Tante wie Nichte haben die Hoffnung, ihn zu retten und ein neues Leben mit ihm zu beginnen, aber er verschwindet bei einem Sturm vor der Küste von Acapulco.
5   New York hatte einst über hundert Wohnheime für junge Frauen, doch wenige hatten so viel Glamour wie das Barbizon an der 63rd Street / Lexington Avenue in Manhattan, benannt nach dem Ende des 19. Jahrhunderts von einer Gruppe französischer Landschaftsmaler gegründeten Schule von Barbizon bei Fontainebleau. Es wurde in erster Linie von jungen Frauen aus der Kreativszene bewohnt, rühmte sich mehrerer Musikzimmer, eines beheizten Pools und seiner Nachmittagstees. Männer hatten zu den Wohnetagen keinen Zutritt. Zu den einstigen Bewohnerinnen gehörten u. a. Grace Kelly, Liza Minnelli, Sylvia Plath und Nancy Reagan.

11.3.1946
*One plus one is two's a measure
Just for arithmetic, not for pleasure.*[6]

12.3.1946 New Orleans, das Vieux Carré – es regnet, als wir das Broussard's verlassen. Er scheint ein Teil dieser phantastischen Szenerie zu sein, dieser Regen, wie er am grauen, gesprungenen Gemäuer hinabrinnt und die engen Gassen in den roten, blauen und gelblich-orangefarbenen Schimmer der Leuchtreklamen der Bars taucht. Tritt man aus einem Restaurant in ein solches Szenario hinaus, verschlägt es einem kurz die Sprache – und in diese Stille hinein sagt meine Begleitung mit lauter, monotoner Stimme: »Wenn es regnet, gibt's hier wirklich überhaupt nichts zu erleben – «

16. MÄRZ 1946 ^{D}Joans Flieger hatte zwei Stunden Verspätung! Und ich war natürlich so nervös, als würde ich auf die Geburt eines Kindes warten! Trank zwei Tassen Kaffee und rauchte, und ich stellte mir vor, wie schön es wäre, das Flugzeug – klein und filigran – am Nachthimmel zu entdecken, wie es unter dem Vollmond durch die Wolken bricht.^{DD}

19. MÄRZ 1946 ^{D}Ein wunderschöner Tag. Ich liebe Joan immer mehr – sie wird immer schöner –, und der Tag war erst ein Vorgeschmack auf die Nacht. Eine Bootsfahrt auf dem Mississippi, wir zeichneten, lachten und verliebten uns vielleicht noch mehr. Wir reden nicht darüber.^{DD}

22. MÄRZ 1946 ^{D}Vielleicht bin ich faul, aber ich fühle mich wie ein König. Es gibt nichts Besseres (im Leben), als mit seiner Liebsten in der Welt herumzureisen.^{DD}

---

6 Highsmiths raffiniertes Gedicht ist unübersetzbar. Gemeint ist: Eins plus eins macht zwei. In der Rechenkunst, nicht in der Liebesgunst.

26. MÄRZ 1946 ᴰDiese Nächte – heute Nacht – gestern war die elfte Nacht in Folge, die wir miteinander verbracht haben. Und Joan sagt immer wieder: »Mein Gott, wie soll ich es morgen Nacht nur aushalten, wenn du nicht mehr da bist?« Was für schöne Worte! Ob wir uns am Flughafen wohl küssen können? –, das war unsere bange Frage!ᴰᴰ

5. APRIL 1946 [New York.] ᴰWir besuchten Cornell, die zwar besser gelaunt war, aber ernsthaft in Lebensgefahr schwebt. Vier Schwestern. Und ihr Magen, sagte die eine, ist nicht mal mehr so groß wie ein Ei. Falls sie einen schlimmen Husten bekommt, könnte sie sterben. »Und es wäre besser, wenn es schnell geht.« Mein Gott, wie diese Worte mich erschreckt haben! Es ist mir nicht in den Sinn gekommen, dass Allela sterben könnte. Das kann einfach nicht sein.ᴰᴰ

9. APRIL 1946 ᴰJoans neue Gefühle, die sie mir zu beschreiben versucht, bedeuten mir sehr viel. Fast jeden Tag sagt sie: »Pat, ich kann dir gar nicht sagen, was ich fühle – «. Heute Nacht, als wir in der Küche standen, meinte sie: »Schade, dass du nicht noch ein Zimmer hast, in dem ich schlafen kann, während du arbeitest.« Das kommt fast einem Vorschlag zum Zusammenziehen gleich, und es würde mir sehr gefallen. Wir sind so verliebt, dass uns ein Tag, an dem wir einander nicht sehen, in den Wahnsinn treibt – die reinste Folter! Möge es so bleiben.ᴰᴰ

10.4.1946 Die Malerei ist dem Schreiben immer so weit voraus. Bilder, die in der Literatur modern sind, sind in der Malerei schon völlig abgedroschen. Goya nahm Zola voraus, Manet Dos Passos, und de Chirico die Einsamkeit und das Alleinsein von Camus. Was folgt auf Picasso? Bomben und Bombast, unorganisierte Massen, eine sterile Anarchie von Herz und Verstand.

11. APRIL 1946 ᴰMir kam der Gedanke, falls wir Schwierigkeiten bekommen sollten, falls wir plötzlich entdeckt werden. Ich glaube, die Meinung ihrer Familie könnte uns scheiden wie der Tod! Der Gedanke, dass uns etwas geschehen könnte, ist mir fast unerträglich.
Heute Nacht träumen wir beide von morgen und übermorgen.ᴰᴰ

13. APRIL 1946 ᴰDas ist der Himmel – zu arbeiten, im Haus meiner Eltern zu sein –, mit ihnen am Tisch zu sitzen und dann in meinem Zimmer Joan in die Arme zu schließen! Wenn ich gearbeitet habe, ist sie unglaublich, fast wie ein Traum! Heute Nacht, mein Gott – werden wir jemals wieder schlafen? Jede Nacht sehen wir den Sonnenaufgang!ᴰᴰ

14. APRIL 1946 ᴰHundemüde, als meine Mutter um 7:15 mit Kaffee und Fruchtsaft ins Zimmer kam. Mein – unsere – Pyjamas waren wild auf Boden und Bett verstreut, und wir lagen eng umschlungen im Bett. »Ich will euch gar nicht stören, es sieht so gemütlich aus«, sagte Mutter. »Es war sehr heiß letzte Nacht«, bemerkte ich. »Ja, das glaube ich euch gern«, sagte Mutter.ᴰᴰ

21.4.1946 Ich könnte über die Tragik all meiner Beziehungen mit Männern (Schiffe und das unvermeidliche Riff, auf das ich auflaufe!) schreiben: der glückliche Beginn, die gemeinsamen Vorlieben und Abneigungen, die sich entwickelnden glühenden Gespräche, die Einladungen in gute Restaurants, bei denen er mich (ominöserweise) nie bezahlen lässt, das Gefühl der Gewogenheit, der Macht, der Brüderlichkeit und Beethovens Neunte (die Negierung von Rilke und Schopenhauer) und schließlich die Sackgasse, der Stillstand, rührselig und ermüdend wegen des Alkohols, bis man sich vor Frust und Langeweile auf dem Autositz windet, auf dem man sowieso schon zu lange sitzt. Fast möchte ich weinen über die Langeweile, das Bedauern, den ewigen Verlust, das Wiedererwachen dieser todsicheren Einsicht, dass es schlicht und einfach unmöglich ist! Die Tragik, die Tragik von alldem!

23.4.1946 Städte – keine einzige in der ganzen Welt kann New York das Wasser reichen. Es ist fast eine Art universeller Mutterleib oder das Simulakrum des »Wunderbaren Bettes« (körperlicher Komfort), aus dem der Einsiedler, der Kosmopolit, der Intellektuelle nur die Hand ausstrecken muss, um alles zu bekommen, was er begehrt – Nahrung, Kunst oder eine Persönlichkeit.

24. APRIL 1946 ^DWir haben uns zum Bildhauerkurs an der Jefferson School angemeldet. 14 Dollar für zwei Monate. Und Cornell besucht. Dass sich Joan und Cornell kennengelernt haben, hat mich seltsam berührt. Joan war entspannt und lachte wie immer, so dass Cornell zurücklachte. Ich glaube, A. C. mag sie.^{DD}

27. APRIL 1946 ^DWie Joan noch vor einem Monat Angst vor N. hatte – ich vielleicht auch. Aber jetzt ist sie nicht mehr, als sie eben ist: eine äußerst attraktive, intelligente, gefährliche Frau. Ich kann für Joan nie so fühlen wie für sie. Und umgekehrt. Es gibt einen großen Unterschied, und der fällt ganz zu Joans Gunsten aus.^{DD}

28. APRIL 1946 ^DArbeit – und um 7 ging ich zu Rolf Tietgens. Jede Stunde dort ist wie – ein Blick in die Zukunft? Ich weiß es nicht. Ich traue mich nicht zu schreiben, dass ich eines Tages so ein Leben mit Joan führen werde. Ich traue mich nicht, weil ich glaube, dass ich kein Recht darauf habe und auch nicht die Fähigkeit, einen so freien Menschen wie sie eng an mich zu binden!^{DD}

10. MAI 1946 ^DWenn mich jemand fragen würde, was jetzt gerade das Allerwichtigste in meinem Leben ist, würde ich sagen »Zeit zu träumen«. Es ist nur so, dass Beziehungen zu anderen Menschen (Joan) so viele meiner eigenen Themen ans Licht bringen. Vielleicht

sollte ich ignorieren, dass Joan jeden Penny umdreht, keine Zigaretten hat, nicht genug verdient – das sind ja alles Kleinigkeiten, wegen derer sie keinen Deut weniger wert ist, aber sie nerven mich dennoch! Und ich war zu lang allein, jahrelang allein. Man kann sich nicht so schnell ändern, aber ich mache große Fortschritte.^{DD}

10.5.1946 Melancholie ist Ziellosigkeit.

14. MAI 1946 ^{D}Langes Gespräch (bis 5!) mit Joan über unsere Liebe: vor allem darüber, dass das Ganze ihr »nicht genug gibt«. Es ist für sie zu neu, zu wenig vertraut, und ich weiß nicht, ob sie das ertragen kann. Sie hat eine eigenartige, grausame Philosophie (die eines Metzgers!): Wenn etwas zu unangenehm wird, zu schwierig, muss man es abschneiden! Womöglich beschließt sie also, mich komplett aus ihrem Leben zu verbannen! Das ist doch schrecklich! Ich will sie – ich brauche sie, aber ich brauche auch genügend Zeit für meine Arbeit, die immer meine erste wahre Liebe sein wird. Aber in diesem Fall gebe ich mir alle Mühe und bringe Opfer, um sie zu halten!^{DD}

22. MAI 1946 ^{D}Endlich allein – aber nur bis 11, dann ging ich Joan im Barbizon besuchen. Ich trug meine Levi's, die Joan sehr gefiel. »Du siehst gefährlich aus (in Levi's)!«, sagte sie, sie klang wie ein schwärmerisches Schulmädchen. Aber es gefällt mir sehr, wenn sie so begeistert ist!

Von allen Frauen, die ich bisher kannte, hat keine mein Wesen so perfekt ergänzt wie Joan! Ich brauche sie wie noch nie jemanden zuvor.

Später, nachts um 1:00, ging ich noch Catherwood besuchen, wo natürlich auch N. war. Ich fand sie sehr unterhaltsam und lustig nach J., vor allem Ginnie, die mich zum Lachen brachte. Ihre Geschichten! »Komm zum Punkt, Jeanie!«, rief Natica immer wieder. Und Ginnie war so höflich und aufmerksam, man kann gar nicht anders, als sie zu mögen. Sie brachten mich nach Hause. »Ich will dein Zimmer sehen«, sagte Ginnie. Also gingen wir hoch. Auch sehr nett, aber es wurde halb fünf, bis ich ins Bett kam.^DD

24.5.1946 Ein Künstler sollte sich mit dem Bürgertum umgeben. (Thomas Mann hatte so recht mit seiner Sehnsucht nach der Bürgerlichkeit.) Der Künstler in ihm ist für immer unauslöschlich, unverlierbar. Künstler brauchen alles Bürgerliche, was sie nur kriegen können.

1.6.1946 Allein zu sein kommt diesem anderen Himmel auf Erden – zu lieben und geliebt zu werden – am nächsten.

7. JUNI 1946 ^D Joan hat geweint, als wir müde und schwer im Bett lagen. »Jetzt würde ich am liebsten sterben!«, flüsterte sie unter Tränen. Und ich musste an die seltsame Vorahnung denken, die ich vor zwei, drei Monaten hatte: dass sie eines Tages – ich weiß nicht wann –, wenn wir in einem kleinen Boot über blaues Wasser fahren, plötzlich ohne ein Wort über Bord springen wird. Einfach weil sie so glücklich ist.^DD

10. JUNI 1946 ^D Ich bin immer noch mit verschiedenen Dingen beschäftigt, aber –, mein Leben ist irgendwie schwer. Und auf seltsame Art werde ich Joans langsam müde.^DD

13. JUNI 1946 ^D Heute Abend bei Virginia Catherwood mit Joan und Natica. Ginnie war höflich wie immer. Ich mag sie, schon allein weil sie weiß, was sie will. Ich glaube, die beiden mögen Joan nicht besonders. Joan ist langsam, still und nicht spaßig genug.^DD

14. JUNI 1946 ^D Es tut nur weh, dass N. so falsch (gegenüber Ginnie) ist. »Ich mag solche Menschen nicht«, hat Ginnie gesagt. »Ich mag Menschen wie dich.«^DD

19. JUNI 1946 ᴰJoseph Conrads Erzählung »Jugend« gelesen. Herzerwärmend. Er ist Philosoph, Dichter, ein wahrer Schriftsteller! Wenn ich nur eben mit solchem Ernst schreiben könnte, ohne so viel Blut und Donner einzusetzen! Ich habe mein Leben jetzt besser im Griff als je zuvor. Die Wohnung ist sauber und aufgeräumt. Ich schreibe und verdiene genug – gerade genug. Ich habe Freunde – und das Beste – eine Frau!ᴰᴰ

20. JUNI 1946 ᴰTage voller Höllenqualen. Ein Abend mit Ginnie und Joan. Ein großer Salat, von dem keine von uns viel gegessen hat, und ich war ziemlich betrunken, wie immer, wenn ich selber Martinis mixe und hinterher Rotwein trinke, und schon war's Mitternacht. Und Joan ging. Ginnie tat so, als würde sie ebenfalls aufbrechen, aber sie blieb – ungefähr zehn Stunden lang.

Immer muss die andere den ersten Schritt auf mich zu machen. Dann die Küsse, so süß, die Umarmung, gefährlich, schön, den anderen Körper zu spüren, dieser wunderbare Genuss, der immer einen besonderen Reiz hat, wenn etwas neu ist und zum ersten Mal passiert. Ich denke viel nach und habe herausgefunden, dass ich einen solchen gemeinen Betrug irgendwie immer mit meiner Neugier erklären und mit meiner »Moral« vereinbaren kann. Und trotzdem schäme ich mich sehr.ᴰᴰ

25. JUNI 1946 ᴰWas fühle ich? Zuweilen glaube ich, dass ich nichts fühle. Ich liebe beide, auf unterschiedliche Weise. Wenn ich mit Joan zusammen bin, habe ich das Gefühl, alles stimmt. Mit Ginnie – nur das Körperliche.ᴰᴰ

27. JUNI 1946 ᴰHätte die Nacht allein verbringen können, aber war mit Ginnie zusammen. Letzte Nacht sagte J. beim Einschlafen: »Du magst Sex nicht so wahnsinnig. Du genießt es nicht so.« Gott, wie kann ich es leugnen? Ihr Körper reizt mich nicht mehr.ᴰᴰ

28.6.1946 Ein trauriger Aspekt der eigenen Entwicklung – die schrittweise Erkenntnis, dass die Beschaffenheit der Welt auch dem eigenen Geist und Körper optimal entspricht. Orangenmarmelade – bitter in der Kindheit – wird der köstlichste Bestandteil des Frühstücks. Acht Stunden Schlaf sorgen dafür, dass Schlaf kein Thema ist. Die Morgenstunden erweisen sich – gegen den eigenen Willen – am produktivsten. Ideale nutzen sich ab, und neben der für ein gemütliches Zuhause sorgenden Frau eine Geliebte zu haben, wird zum angenehmsten, zuträglichsten und stimulierendsten Arrangement. Das Eingeständnis, dass man kein bisschen anders oder idealistischer ist als alle anderen, ist der Beginn von Reife und Weisheit.

(14.9.1947 Obiges falsch von A bis Z, von der Orangenmarmelade bis zur Geliebten. Dieser Absatz war der Auftakt zu einem vergeudeten Jahr.)

29. JUNI 1946 ᴰJoan war über Nacht bei mir. Nach einer Woche Ginnie war ich halbtot vor Müdigkeit. Kam nicht vor 3 ins Bett. Wie süß Joan ist – immer hilft sie mir, immer ist sie lieb und zärtlich. Ich bin ein Teufel, unmöglich, und verdiene sie nicht.ᴰᴰ

30. JUNI 1946 ᴰWir beide wollten alles klären, Joan, um es zu beenden oder zumindest um es besser zu verstehen. Es war schwer. Ich wusste nicht, was ich sagen soll. Man kann ja nicht sagen, dass man sich langweilt und mehr Zeit für sich allein braucht (wofür?). Am Ende ist sie allein die Straße hinabgegangen. Und es war der traurigste Anblick, den ich je gesehen habe.ᴰᴰ

1.7.1946
Das Pantoffeltier und mich verbindet,
Dass, wer nicht sucht, auch niemals findet
Nicht Freund noch Feind in unseren Meeren,
Der uns mal küsst und lässt gewähren.

(Wir beide glauben unbedingt,
Dass solch ein Kuss uns stets verjüngt.)
Wir erklären unumwunden:
Pantoffeltierchen sind ungebunden!
Scheinfüßchen treiben uns voran,
Nicken dem Nächsten zu und dann
Schleichen wir uns an, erschrecken gar
Mit unserem kleinen Flimmerhaar!
(Wir beide glauben unbedingt,
Dass solch ein Kuss uns stets verjüngt.)
Wozu die Spaltung all der Zellen,
Wenn es auch tun nur kleine Dellen?
Nichts ist so rein und süß wie dieser Schluss:
Der einzig erste, letzte Kuss.
(Wir beide glauben unbedingt,
Dass solch ein Kuss uns stets verjüngt.)
»Adieu!«, rufen wir ganz laut und froh.
Und huschen weiter zum nächsten Hallo.
Das sei nicht klug? Das findet ihr?
Doch ewig lebt das Pantoffeltier.

9. JULI 1946 ᴰDie Geschichte über die Texaner[7] wird immer schlechter. Die Atmosphäre stimmt noch nicht. Heute um halb eins mittags Besuch von Natica, sie sagt, dass Ginnie nach wie vor zu viel trinkt. 12–15 Drinks pro Tag. Dass sie morgens vor dem ersten Drink zittert. »G. ist eine kranke Frau«, sagte Natica. »Nur merkt es niemand.« In diesem Augenblick liebte ich Natica. Manchmal kann sie ein Engel sein, oder zumindest ein normaler Mensch, mit allen Tugenden einer guten, verständnisvollen Freundin. Und dann ist sie plötzlich wieder nicht zu gebrauchen und gemein!ᴰᴰ

---

7 Möglicherweise ist die Geschichte »Der Wagen« gemeint, posthum erschienen im Erzählband *Die stille Mitte der Welt* (Diogenes, 2002).

15.7.1946 Der Sinn des Lebens liegt allein im Bewusstsein. Sonst gibt es nichts. Der Rest ist nur Trubel.

18. JULI 1946 ^DG. hat jede Stunde ein bisschen was getrunken: mit Wasser verdünnten Cutty Sark aus einer Listerine-Flasche. Habe sie auf einem baumgesäumten Weg geküsst. Gott, ich weiß gar nicht, warum. Vielleicht nur aus Mitleid. Ich frage mich, ob das die ganze Sache mit Joan kaputtmachen wird. Ich glaube, ich brauche sie beide.^{DD}

23. JULI 1946 ^DAls Ginnie mich zum vierzigsten Mal anrief, um sich zu verabschieden, sagte ich: »Ich würde gern Boston sehen.« In einer halben Stunde war alles bereit: Um 4 fuhr ich mit Ginnie nach Boston und von dort weiter zu ihrem Haus.^{DD}

25. JULI 1946 [Kennebunkport, Maine.] ^DWie sehr es G. und ihrer Mutter gefällt, dass jemand in ihrem Haus arbeitet und sich seinen Lebensunterhalt selbst verdient! Gott, es ist wirklich komisch! Die Mutter lobt mich über den grünen Klee, weil ich »meinen eigenen Weg gehe«. Ihre Kinder haben nichts zu tun und tun wenig. Ginnie ist sehr stolz auf mich. Jeden Tag lieben wir uns mehr.^{DD}

25.7.1946 Das ständige Bedürfnis, sich in sich selbst zurückzuziehen – täglich, wenn auch nur für eine halbe Stunde. Es liegt nur daran, dass die Realität irgendwann langweilig wird, auf tragische, deprimierende Art unbefriedigend. Inmitten der Realität an etwas Phantastisches zu denken, genügt nicht. Es muss niedergeschrieben werden. Und das ist nicht nur reine Eitelkeit. Nein, man fürchtet, beim nächsten Entwicklungsschritt nicht weiterzuwachsen, wenn die Wachstumsknoten nicht festgemacht sind.

26. JULI 1946 ^DDas Manuskript *[The Dove Descending]* ein zweites Mal in Angriff genommen, jetzt steht der Anfang, glaube ich. Ich

schreibe in einem kleinen Zimmer neben dem von Ginnie und mir. Morgens, bevor sie aufwacht, und nachts um 11–12–1 Uhr. Ginnie braucht neun Stunden Schlaf.^{DD}

28. JULI 1946 ^{D}Ich bin gerade so glücklich, dass das Leben selbst eine Kirche ist, eine Religion. Ich fahre mit dem Rad nach Kennebunkport und zurück, nehme ein Bad und fange an zu schreiben, und wenn Ginnie aufwacht, trinke ich mit ihr eine Tasse Kaffee. Wir sammeln Schnecken und Steine am Strand und schlagen sie in unseren Geologiebüchern aus der Bibliothek nach. Kurzum, wir leben wie die Könige.^{DD}

2. AUGUST 1946 [New York.] ^{D}Gestern Abend war Joan zu Besuch. »Warst du mit Ginnie in Maine?«, fragte sie und sah mir direkt in die Augen. »Nein, Ginnie ist mit dem Auto weg.« Leicht gesagt. Nein, ich glaube, sie hat keinen Verdacht geschöpft. Aber wenn sie wüsste, dass ich eine andere liebe – ich könnte auch sagen, »auch noch eine andere liebe«, denn so empfinde ich es – dann wäre alles vorbei. Es muss so kommen, aber den Gedanken ertrage ich nicht.^{DD}

3.8.1946 Zurzeit ist mir alles in der Welt die reinste Freude – alles ist wunderbar belebend, mein Gehirn ist in einem solchen Glücksrausch, dass es keine Sätze mehr bilden kann. Nicht, dass mich noch irgendetwas anderes interessieren würde als die Liebe. Ich wünschte nur, ich könnte dieses Glück für immer in einem Dutzend Worte einfangen, oder in einem halben Dutzend, oder in einem, das ich vielleicht noch erfinden muss.

6.8.1946 Homosexuelle: Ihre Sexualität ist ihr wundester, verletzlichster Punkt. Die kleinste Schwierigkeit – gleich führt sie zu Verunsicherung, Weltschmerz, Minderwertigkeitsgefühlen, Fatalismus –, und schon eins davon genügt, ihre ganze Persönlichkeit ins

Wanken zu bringen. Sie fügen sich, bis sie ganz schwach erscheinen, auch wenn sie es gar nicht sind, und sabotieren damit ihr größtes sexuelles Ziel – jemanden zu finden und zu halten. Denn niemand, kein möglicher Liebhaber, findet Unsicherheit oder Selbstmitleid anziehend.

Egal, wie viel Kraft sie haben, sie können nie stark sein.

7. AUGUST 1946 ^DGanz ruhig, sehr glücklich. Schreibe morgens und abends, arbeite nachmittags. Aber um sieben kam Joan S. unangekündigt vorbei. Zuerst war sie ganz fröhlich und sagte, sie hätte mir viel zu erzählen. Dass sie richtig anpacken will, um Geld für die Reise zu verdienen. Doch dann beichtete ich ihr nach und nach, dass ich im Herbst nicht mit ihr wegfahren will. Das tat natürlich weh. Und sie weinte.

Dieses Jahr habe ich einen Weg gefunden, mir meinen Lebensunterhalt zu verdienen. Ich habe mich ziemlich verändert, ist es da verwunderlich, dass sich auch meine Liebe verändert?

Ja, diese Seiten sollten in Gold gerahmt werden. Ich war noch nie so glücklich. Ich spiele – spiele – tagelang, was ich will! Spiele Klavier, schreibe, lese, denke! Ich lebe, und so Gott will, liebe ich!^{DD}

7. 8. 1946 Liebe: Seltsamerweise ist man es immer selbst, der die verlässt, die man am meisten liebt.

11. 8. 1946 Der Mensch hat nicht mehr Seele als eine Schnecke. Der Punkt ist, auch eine Schnecke hat eine Seele.

15. 8. 1946 Sanft und stark zugleich zu sein, das ist die Weisheit der Heiligen.

16. AUGUST 1946 ^DAls G. gestern Abend anrief – hatte ich gerade mit einer neuen Geschichte begonnen: »The Man Who Got Off the Earth«. Ich bin froh, diese Zuflucht zu haben. Es ist eine Zu-

flucht in mehrfacher Hinsicht – ein Segen, eine Wohltat. Niemals sonst fühle ich mich so lebendig.

Ich möchte Ginnie sagen, dass ich sie verlasse, wenn sie nicht weniger trinkt. Ja, das sage ich ihr bald.^{DD}

31. AUGUST 1946 ^DMan braucht viel Zeit, um Ginnie zu beschreiben. Sie ist so sanft, so weich, so süß – und mein Gott, wie sehr sie mich liebt! »Du hast alles – du bist alles, was ich liebe«, sagt sie immer. »Und ich bin nichts.«^{DD}

1.9.1946 Die angegrauten, verrußten weißen Vorhänge am Fenster, deren Saum im Windhauch immer wieder hinter der schwereren Gardine zittert. Das ist die Farbe von Gespenstern. Grau, abgelebt, organisch, nicht weiß. So schmutzig, dass es nie wieder sauber wird.

3. SEPTEMBER 1946 ^DUm 5:45 Uhr Nachricht von Margot J., dass »Blumen für Louisa«[8] für 800 $ an *Woman's Home Companion* verkauft ist. M. war ganz aufgeregt, und ich auch. Mein Gott, solche Nachrichten wirken Wunder für mein Selbstvertrauen.^{DD}

4.9.1946 Die tragische Verzweiflung des ersten Drinks – den man nicht in Gesellschaft, sondern nachmittags um drei trinkt. Denn man ringt um seinen Seelenfrieden, und dieser Drink ist nicht die erste Option, sondern der letzte Ausweg. Davor hat man sich lange um Stille, Gelassenheit, Liebe, Zuversicht bemüht und ist mit allem kläglich gescheitert.

6. SEPTEMBER 1946 ^DWar Cornell besuchen, jetzt ist offensichtlich, dass sie bald sterben wird. Gott, ihr Gesicht war so verändert,

---

[8] Highsmiths Geschichte über eine Frau mittleren Alters, die nur für ihre Arbeit lebt, ist keine Geschichte über Frustration und Desillusionierung, sondern endet damit, dass Louisa von ihrem Arbeitgeber ins Plaza Hotel eingeladen wird. Sie erschien 1948 – laut Highsmiths Aufzeichnungen – bei *Woman's Home Companion* und posthum in *Die stille Mitte der Welt* (Diogenes, 2002).

es stand solche Angst darin. Auch Ginnie wäre beinah ohnmächtig geworden, als wir uns verabschiedeten.

Heute Nacht habe ich geweint – ich sagte ihr, sie habe zwei Gesichter. Ich bin eifersüchtig auf die Flasche. Also habe ich ihr deutlich gemacht, ohne es direkt so zu sagen – entweder die Flasche oder ich. Was will sie?[DD]

15. SEPTEMBER 1946 [D]Um 21:15 Uhr rief J. an. Sie sagte: »Du liebst sie mehr als mich, oder?« Und ich musste ihr erklären, nur mit Worten, dass ich mich zu G. körperlich mehr hingezogen fühle. Ich wusste, dass J. weinte, und bevor sie auflegte, klopfte es an ihrer Tür.[DD]

16. SEPTEMBER 1946 [D]Um halb sieben kam Ann T., und später Ginnie. Martinis. Um sieben rief Sheila an: »Was bedeutet dir Joan S.?« – »Das kann ich nicht so einfach beantworten.« – »Sie ist im Payne Whitney Hospital. Ich glaube, sie hat versucht, sich umzubringen.«[DD]

17. SEPTEMBER 1946 [D]Besuchte Joan, ohne zu wissen, was mich erwarten würde. Aber abgesehen von ein paar kleinen Schnitten mit dem Rasiermesser an ihrem rechten Handgelenk ist sie unverletzt. (Audrey sagte, ein Pyjama in der Ecke von Joans Zimmer habe Blutflecken gehabt.) Ich brachte ihr weiße Blumen. Wieder fragte sie, ob ich sie verlassen will. »Ich weiß nicht, warum sie mich hier festhalten. Ich habe doch gar nichts getan.« Sie war sehr nervös, niedergeschlagen, schmal. Später fand ich heraus, dass ich meinen Besuch bei Joan einem Versehen zu verdanken hatte. Der Arzt will weder, dass ich Joan schreibe noch sie sehe.[DD]

18. SEPTEMBER 1946 [D]Zuzeit esse und schlafe ich jede Nacht bei Ginnie. War mit Joans Mutter zum Mittagessen in Garden City [Long Island]. »Joan ist in dich verliebt, ich weiß nicht, ob dir das

bewusst ist. Das hat sie dem Arzt gesagt«, sagte Mrs. S. »Kannst du Einfluss auf sie nehmen?« Einmal musste ich fast weinen. Alles war so hoffnungslos. »Joan wünscht sich, dass ihr beide Freunde bleibt. Aber ich fürchte, das ist nicht möglich.«[DD]

22. SEPTEMBER 1946 [D]Ich erinnere mich nicht. Ich arbeite am Buch, stehe jeden Tag um Viertel nach acht auf und bekomme Briefe von Verlegern, die meinen »Roman« veröffentlichen wollen.[DD]

28. SEPTEMBER 1946 [D]Ich sammle Schnecken. Habe (jetzt) elf.[DD]

3. OKTOBER 1946 [D]Zu Ginnie spaziert. Und sie hat den ganzen Tag mit Natica verbracht. Sturzbetrunken (für ihre Verhältnisse). Und als wir im Bett lagen, sagte sie, dass sie mir etwas erzählen müsse – und ich wusste sofort: Sie war mit N. im Bett. Und es hat gestimmt. »Nur weil sie nervös war«, erklärte Ginnie. Ich hab es verstanden: Für Ginnie gibt es keine klaren Grenzen. Das tut weh. Ich habe ein bisschen geweint. Ich wollte sie nicht berühren.[DD]

4. OKTOBER 1946 [D]Allein. Gott sei Dank, eine Nacht für mich allein. Viel gearbeitet und war um 11 Uhr sehr müde. Und um 11 Uhr ist Allela gestorben. Diese Worte machen mich so unglaublich traurig. Vor drei Jahren hätte ich mir im Leben nicht vorstellen können, sie einmal schreiben zu müssen. Meine liebste Freundin, was für eine Lücke du hinterlassen wirst! Ich weinte ein paar Minuten, trank Schnaps – und arbeitete. Ich wusste nicht, dass der Verlust später nur umso schlimmer weh tun würde.[DD]

6. OKTOBER 1946 [D]Fühlte mich krank und traurig, als ich ins Bett ging. Und da war mir, als wäre Allela sanft und lächelnd in einem weißen Kleid in mein Zimmer getreten und hätte die Arme ausgebreitet – um mir zu zeigen, dass sie nicht mehr leiden muss.[DD]

6.10.1946 Der Bauer und der Dichter, die uns mit materieller und geistiger Nahrung versorgen, werden von unserer Gesellschaft am geringsten entlohnt. Manchmal kommt es einem vor, als hätte das Schreiben nur Unterhaltungswert. Von mir aus, besser als nichts.
Dann erkennt man durch den Tod einer Freundin bei ihrer Beerdigung, dass diese Phrasen von der Fürsorge und dem Schutz Gottes nicht nur für die seltenen Gelegenheiten gedacht sind, an denen wir sie zu hören bekommen, sondern für alle Orte und alle Zeiten.

6.10.1946 Der Mensch hat zwei Feinde, gegen die es keine Waffe, vor denen es kein Entkommen gibt: den Tod und die Flasche. Nichts und niemand hat je meine Eifersucht erweckt außer diesen beiden ewigen und tödlichen Feinden. Ja, ich bin eifersüchtig auf den Tod, er nimmt mir meine Freunde. Und ja, ich bin eifersüchtig auf den Alkohol, er nimmt mir meine Geliebten.

13. OKTOBER 1946 ^DEs wird jede Nacht schwerer, ich erinnere mich an alles, was mit AC zu tun hatte. Ich muss alle ihre Briefe noch einmal lesen. Ich muss wissen, was (zwischen uns) schiefgelaufen ist, ich muss so viel herausfinden wie möglich. Sie hat die meisten meiner Briefe weggeworfen. Bis auf die frühen, die aus Mexiko. Ich habe etwa 25 Briefe von ihr. Heute Nacht allein.^{DD}

14.10.1946 Was für eine Lücke du hinterlässt, ein Nichts, das nach nichts verlangt. Weil ich alle deine Briefe gelesen habe, hatte ich heute Abend die Kraft, sie mit meinen Tagebüchern aus dieser Zeit zu vergleichen, und sehe jetzt klar, dass das mit uns damals gar nicht funktionieren konnte. Wir hielten uns für viel älter und weiser, als wir es waren. Wir waren nicht weise genug, um uns von unseren Begehrlichkeiten zu lösen – und dazu zählen für dich und mich immer die Arbeit, Zeit zu haben, allein zu sein, die richtigen Voraussetzungen, um zu denken und zu träumen. O Gott, waren sich jemals zwei Menschen so ähnlich? Wir hingen an unserer Privatsphäre und an unserer Kunst, wie an einem launischen Ofen, der uns gut wärmte, wenn er sich nur erst entfachen ließ. Und ich warf dir vor, du würdest mich nicht genug lieben, dich selbst und deine Arbeit mehr lieben. Und du hast mir gar nichts vorgeworfen, obwohl es meine eigenen Fehler waren, die ich dir ins Gesicht geschleudert habe. Und ich war diejenige, die deiner nicht würdig war. Und ich war eifersüchtig auf alles, dumm vor Eifersucht, weil ich nicht die Größe hatte zu verstehen, dass du in der Lage warst, viele zu lieben, und dass du die, die du einmal liebtest, für immer liebtest.

Was mich heute Abend am meisten schmerzte, war dein Satz: »Wir haben doch noch so viel Zeit, Pat ...«

20. OKTOBER 1946 ^DIch erinnere mich nicht genau. Nur, dass ich an meinem Buch arbeite, kein Geld verdiene und fast jede Nacht mit Ginnie verbringe.^{DD}

23.10.1946 Trinkt man alleine, empfindet man nach anderthalb Gläsern Wein genauso viel wie nach zwei Martinis mit Freunden. Und man versteht so viel mehr.

25. OKTOBER 1946 ^DHeute Nachmittag rief J. an, und ich erklärte ihr, worauf der Arzt bestanden hatte: Ich müsse klarstellen, dass sich meine Gefühle für sie geändert haben. Joan war enttäuscht, glaube ich. Ja, ich habe ihr zu viele Briefe geschrieben, in denen ich Hoffnung ausgedrückt und Versprechungen gemacht habe. Jetzt fürchte ich mich vor ihren Gefühlen und vielleicht noch mehr davor, wie schwach meine Leidenschaft ist.^{DD}

26. OKTOBER 1946 ^DSo schwer zu beschreiben, was ich für Joan fühle. Ich liebe sie – ich finde sie sehr attraktiv und körperlich anziehend, aber nicht so wie Ginnie. Aber Joan ist »besser« für mich. Mit ihr fühle ich mich gesund, lebendig, aufrichtig und stark. Aber das genügt nicht – das weiß ich.^{DD}

2. NOVEMBER 1946 ᴰIhr Arzt warnte mich, dass Joan noch »genau dasselbe Mädchen« sei und dass ich bald eine Entscheidung treffen müsse. Joan bewegt sich wie in einem Traum und will mich immer nur ansehen und küssen. Ja, ich musste sie küssen, um herauszufinden, wie es um uns stand. Und es war wie immer, genauso aufregend wie immer. Und dann: »Ich liebe dich so sehr, Pat« – um 10 brachte ich sie zurück. Plötzlich allein, ein bisschen betrunken, aber noch mehr überrascht, spazierte ich langsam nach Hause.ᴰᴰ

4. NOVEMBER 1946 ᴰOh – etwas Interessantes: Habe Rolf letzte Woche zum Abendessen getroffen, und wir sprachen über eine mögliche Hochzeit. Für mich gibt es eigentlich keinen Grund, aber er würde dann die Staatsbürgerschaft bekommen und könnte seine Mutter herholen. (In Deutschland haben sie zum Beispiel nicht mal Schuhe!) Und irgendwann möchte ich ein Kind haben. Aber Ginnie sagt, ich hätte nicht das Recht, ein Leben zu erschaffen und mich dann nicht darum zu kümmern. Rolf und ich waren sehr verlegen und lachten.ᴰᴰ

4. 11. 1946 Nie kann ich Maß halten – weder beim Schlafen noch beim Essen, bei der Arbeit oder in der Liebe. Wer das erkannt hat, versteht mich (nur wer will das?), aber selbst das macht mich noch lange nicht berechenbar.

4. 11. 1946 Mitten in der Arbeit taucht plötzlich der Gedanke auf – unvereinbar mit dem Leben und der Liebe, lähmend –, dass man Geld verdienen muss, mehr Geld. Man darf gar nicht daran denken. Das ist das fortwährende und unbefleckte, unbefleckbare Ziel all dessen, was wir tun sollten.

5. 11. 1946
Für J. S., die den Zerrspiegel in meinem Inneren zerbrach
Die Welt kennt keine Blumen schöner als deine Liebe,
die dein ganzes Wesen ausmacht.
Diese Zeilen schreibe ich unter Tränen, ehe mich der Morgen
ein letztes Mal zu dir bringt, zu unserem letzten Abschied.

5. 11. 1946 Mrs. C. sagte bei meinem Besuch einen Monat nach Allelas Tod, sie denke immer wieder, A. »hat einfach ihre Sachen gepackt und ist nach Kalifornien gefahren. Und plötzlich wird mir alles wieder mit einem Ruck bewusst. Ich habe so oft schon für sie ihre Sachen zusammengepackt, nachdem sie weg war ...« A. dachte wahrscheinlich bis zu ihren letzten zwei Tagen im Koma, dass sie wieder gesund werden würde. Und zehn Tage lang kamen die Ärzte staunend und kopfschüttelnd aus ihrem Zimmer und wussten nicht, was sie noch am Leben erhielt.

»Ich will, dass Sie für mich Modell stehen, dann muss ich mir nie wieder ein Modell suchen«, hatte A. zu einem der Ärzte zwei Wochen vor ihrem Tod gesagt. »In einem Monat oder so bin ich hier raus.« Als der Arzt es ihrer Mutter erzählte, legte er sein Gesicht in seine Hände und sagte: »Ich könnte weinen, Mrs. C.«

5. 11. 1946 Ginnie und Virginia S. zusammen in einem Zimmer. Hier gibt es keine Wunderlichkeit, aber auch keine Realität. Mit benommener, erschöpfter und angespannter Miene stellt sich V. S. den Herausforderungen des Alltags: Sie hebt Dinge auf, glättet sie und stellt sie wieder ab. V. C. paradiert herum, als wäre das Zurückräumen eines getragenen Pyjamas in einen Schrank die wichtigste Aufgabe ihres Tages.

Ist da oben die Luft zu dünn? Sie haben jedenfalls nichts gelernt, können nichts. Sie haben noch nie von Virginia Woolf gehört (wie ich herausfand, als ich V. S. sagte, sie ähnle ihr). Und *Moby Dick* haben sie auch nicht gelesen. Stolz verkünden sie, dass ihre Kinder finanziell unabhängig sein werden, und erkennen nicht, dass sie ihnen damit die Hände und, noch schlimmer, auch die Gehirne binden und sie nach ihren eigenen leeren Seelen formen werden.

V. C., ich kann dir gar nicht sagen, wie süß du bist und wie unzulänglich. Es gibt Gefühle, die klüger sind als das Gehirn, die weiser sind als der Verstand. Alles Lebendige strebt in Wahrheit nach der Richtigkeit.

6. NOVEMBER 1946 ^DBesuchte Joans Arzt, der mir riet, entweder alles zu beenden oder Joan für die nächsten circa fünf Jahre glücklich zu machen. Ich habe beschlossen, dass wir uns trennen müssen. Also werde ich morgen diesen traurigen Gang antreten.

Plötzlich ist alles elend, traurig, unwirklich, verloren. Cornell, die schwierige Arbeit am Roman, die Unruhe mit Ginnie (nichts Ernstes, nur die Nerven), Joans Traurigkeit, dass ich sie verletzt habe – und jetzt die Trennung, für die es ja eigentlich gar keinen Grund gibt. Es kommt eine Zeit, in der man seine Liebe in die Hand nehmen und sie zerbrechen muss wie einen Stock.^{DD}

7. NOVEMBER 1946 ^DTraf Joan um zwei. Alles lief verkehrt. Aber ich habe es ihr gesagt. Wir standen in einem fremden Zimmer, umarmten uns, küssten uns, küssten uns ein letztes Mal, und es war mir egal, dass uns jemand von der anderen Seite des Hofs aus beobachtete. »Ich hoffe, ich kann es ertragen, Pat – ich liebe dich so sehr!« Zuerst konnte sie es nicht verstehen, und ich musste ihr erklären, dass wir uns auch nicht schreiben oder am Telefon hören können. Beim Abschied weinten wir beide. Gott, warum? Warum? Das einzige Mädchen, das du mir je gegeben hast! Warum? Ich will es wissen. Und werde bald zu einem Psychiater gehen.^{DD}

8. NOVEMBER 1946 ^DDer allertraurigste Tag. Brachte um zwei die »Chas. Samuel«-Tasse zu Joan. Traf sie aber natürlich nicht. Ich legte ein Briefchen in die Tasse, in dem ich ihr für alles dankte, ihr

schrieb, dass sie in meinem Inneren fest versiegelt ist, damit ich sie niemals verlieren kann.

Um 15.30 erfuhr ich von Margot [Johnson], dass »Die Weltmeisterin im Ballwerfen«[9] für 800 $ an *Companion* verkauft wurde. Das musste ich Joan sagen, in einem letzten Brief. Und auch, wie glücklich ich mit ihr war, als ich diese Geschichte schrieb.[DD]

9. NOVEMBER 1946 [D]Gestern Abend bei Rolf, er hatte Geburtstag. Ausgezeichnetes Essen, die Wohnung ganz festlich. Rolf mag mich sehr, glaube ich, denn später begleitete er mich zu Fuß zu Ginnie und redete sehr schnell. »Wenn du mich heiratest, erlaube ich so was nicht.« Und ich merke, wie ich mich zurückziehe: Ich will meine Freiheit.

Ich war schrecklich müde, aber habe trotzdem noch mit Ginnie geschlafen – ja, Gott, manchmal denke ich, wenn ich an der Schwelle des Todes stehe, müsste ich noch eine Stunde länger leben, nur für sie. Besuchte Rosalind und nahm dort um fünf Lola C. in Empfang. Wir sprachen kurz über ein paar meiner Probleme:

1. Dass ich mich seit zwölf Jahren freiwillig quäle.
2. Dass ich einen Menschen nicht mehr will, sobald ich ihn habe.

Sie macht einen Termin bei einem Psychiater für mich.[10][DD]

11. NOVEMBER 1946 [D]Ich bin ganz krank von der Trostlosigkeit der Welt, von der Trauer, der tiefen Traurigkeit in meinem Inneren. Wenn ich alleine bin (abends, nachts), bin ich stark. Aber zwei Martinis, und ich werde um 12 Uhr zu einem heulenden Häufchen Elend.[DD]

---

9 Die Geschichte einer jungen Familie aus dem Süden, die auf der Suche nach einem besseren Leben nach New York zieht, aber deren Erwartungen am ersten ernüchternden Tag in der Stadt gedämpft werden. Die Geschichte erschien in der April-Ausgabe 1947 in *Woman's Home Companion* und erstmals in Buchform in der Übersetzung von pociao in *Ladies* (Diogenes, 2021).
10 Highsmith wird es im März 1947 erstmals kurz mit der Psychoanalyse versuchen und dann noch einmal für länger ab November 1948.

11.11.1946 Der Schmerz lässt einen in der Dämmerung umherstreifen, in die Dämmerung von New York. Sie ist alles zugleich, alle Trauer, alle Schönheit, das geschmeidige Blaugrau der Luft (das Grau wird siegen), die gelben, weißen, roten, grünen Lichter, die im bläulichen Grau hängen wie der Schmuck an einem Christbaum. Denn es ist schon bald Weihnachten. Weihnachten, und die Frau, die man liebt! Aber sie wird nicht bei uns sein. Sie war nie an Weihnachten bei uns und wird es nie mehr sein. Sie ist nicht mehr da, sie ist tot, und alles, was noch von ihr bleibt, sind die Erinnerungen, die man, fest in seinem Inneren verschnürt, immer weiter durch die Dämmerung trägt. Plötzlich diese furchtbare, unaussprechliche Traurigkeit, in der furchtbaren Schönheit der Dämmerung! Traurigkeit so seltsam, schön und vollkommen rein, dass sie schon fast zu einer Art Glück wird. Wo soll ich nicht wandern, in den nächsten Jahren? Durch noch so viele Dämmerungen mehr, Geliebte!

15. NOVEMBER 1946 ᴰIch habe jetzt noch zwei neue Höhlen mit Schneckeneiern! Und 33 Schnecken! Habe 7 Ginnie geschenkt. Und Babs B. will ein Paar von den gestreiften afrikanischen.ᴰᴰ

16. NOVEMBER 1946 ᴰFragte Ethel Sturtevant, was sie von mir hält. Sturtevant: »Ich finde, dass du ziemlich gut bist.« Sie hat mich gelobt, weil ich mich seit Jahren dazu zwinge, täglich eine Stunde zu schreiben. Und sie meinte, ich sei kein Fall für den Psychiater, sondern einfach Künstlerin. Sie hat recht. W. S. Maugham hat dasselbe gesagt: Ein Künstler, ein Dichter kann sich nie wirklich verlieben, und Frauen merken das schnell. Das wird also auch bei mir so sein.ᴰᴰ

19. NOVEMBER 1946 Ich nahm den Zug um 1:15 Uhr. Sehr glücklich über den langen Nachmittag für mich allein; ich las [Somerset] Maughams *Die halbe Wahrheit* (was mich sehr bestärkt hat, auch darin, dass ich keinen Psychiater brauche) und sah Pennsylvania, Virginia und North Carolina an mir vorbeiziehen. Die Soldaten im Speisewagen gleichen uniformierten Schweinen, und die Welt ist manchmal ein durch und durch ordinärer und bestialischer Ort.

20.11.1946 Erste Eindrücke von Charleston. Die Anfahrt mit dem Zug aus Norden. Die Bahnlinie schwingt sich in einem weiten Bogen über flaches Land, und der Zug schiebt sich darüber hinweg, über den sumpfigen, unsicheren Boden, hält an und fährt dann rückwärts in den beeindruckendsten Bahnhof ein, den ich je gesehen habe. Jenseits davon reckt und streckt sich eine seltsam blasse Stahlbrücke in die Höhe, als hätte ihr Erbauer einer seltsamen Laune nachgegeben. Mein Taxifahrer sagt: »Zum ersten Mal in Charleston?«
»Ja.«
»Na, da haben Sie bisher nicht viel verpasst.«

3. DEZEMBER 1946 ᴰLeseabend mit Ginnie. Natürlich erst ein köstliches, langes Abendessen, so dass wir erst um halb zehn mit Lesen anfingen. Die Schnecken sind (fast) unser größtes Vergnügen. Von früh bis spät beobachten wir sie, Bouncer und Mike, die meistens auf den Blättern der Pflanze sitzen. Die Kleinen fressen den ganzen Tag, wachsen, und wir könnten ihnen den ganzen Abend dabei zusehen.ᴰᴰ

6.12.1946 Unzufrieden mit der Arbeit des Tages. Obwohl acht getippte Seiten des ersten Entwurfs kein schlechter Ertrag sind. Und es liest sich nicht schlecht. Was ist also der Grund für meine Unzufriedenheit? Die Angst des jungen Menschen, dass er (grundsätzlich) nicht auf dem richtigen Weg ist, seinem eigenen Weg, dass er alles über den Haufen werfen und den ganzen Weg zurückgehen muss? Zu diesem noch unlösbaren Problem (das nur Zeit und Alter lösen werden) gesellt sich eine wachsende Unzufriedenheit, wie der

Kummer eines Liebenden, der seine Geliebte nicht befriedigt hat und untröstlich ist.

Kunst, du meine Geliebte, ich liebe dich.

7. DEZEMBER 1946 ᴰSeltsam: Ich empfinde körperlich so wenig für Ginnie, aber doch so eine große Zärtlichkeit. Und das beunruhigt mich.ᴰᴰ

7.12.1946 Die Bahnfahrt – der rhythmisch schaukelnde Speisewagen, die südlich anmutenden Frauen mit faszinierenden, aber schon krähenfüßigen Augen. Lesben? Die kahl werdenden, verklemmten und faltigen, aber gutgenährten Männer, die hereinkommen und Sitzplätze auskundschaften. Journalisten, Zeitungsmänner, Kurzgeschichtenautoren im Stil der *Saturday Evening Post,* abgebrüht durch die Vorlieben (Whiskey Soda und Zigaretten) ihrer Zunft.

8.12.1946 Morgens um 10:30 Uhr in des Künstlers Stube. Er nippt an einer halben Tasse lauwarmen Kaffees, beißt in ein Toastdreieck mit Marmelade – sein zweites Frühstück, das nach dem ersten gebracht wurde. Er steht auf einem Bein, den Fuß des anderen fast im rechten Winkel daneben, und als er im Spiegel einen Blick auf sein Gesicht erhascht, entdeckt er darauf einen Ausdruck, den er zunächst für Besorgnis hält, schließlich aber schlicht als Ausdruck von gestalterischer Aufmerksamkeit, von Phantasie, von Selbstaufgabe erkennt, also dem genauen Gegenteil von Besorgnis, was die Gefahr für Leib und Leben angeht. (Falls ein Löwe den Raum beträte, würde er ihn vielleicht streicheln, wie der heilige Hieronymus. Klopfte allerdings ein Eindringling, sähe die Sache anders aus.) Die Luft im Zimmer ist reglos und still, ein wenig verraucht, fast abgestanden, aber das gefällt ihm: Hier hat er sich ausgebreitet.

Und warum diese kostbaren Gefühle aufzeichnen? Gerade weil der Künstler in diesen Zeiten so losgelöst von den Menschen ist, von denen sich sein Schaffen ableitet und die einen dummen Stolz darauf hegen, nicht zu verstehen, als ob es etwas anderes zu verstehen gäbe als das, was sie schon als Fünfjährige vergessen haben, plus einer Disziplin, die ihre eigene um ein Hundertfaches übersteigt. So standen Mozart, Shakespeare, Henry James, Picasso, Thomas Mann. So werden Künstler bis ans Ende aller Zeiten um 10:30 Uhr morgens alleine in ihren Zimmern stehen.

18. 12. 1946 Notizen zu Chloe: kürzlich aus Mexiko zurückgekehrt, trinkt immer noch. Sie hängt sich mit ihrer Meinung an das, was gesagt wird, hier und da steuert sie unpassende Phrasen bei, was den Eindruck erweckt, dass sie nicht folgen kann. Kindlichkeit heuchelnd – ein alter Lieblingstrick von ihr –, entwaffnet sie einen Kritiker, einen ungeduldigen, beleidigten oder gelangweilten Begleiter, indem sie ihn dazu bringt, über ihre Hilflosigkeit zu lächeln, über ihr naives Vertrauen, das natürlich theoretisch etwas Gutes ist usw.

18. 12. 1946 Manchmal fühlt sich Schreiben an, als würde man dabei beobachtet, wie man bei der Beerdigung eines Freundes weint.

19. 12. 1946 Das Hamsterrad: Kann die Geschwindigkeit der eigenen kreativen Entwicklung (und Produktion) mit der Geschwindigkeit Schritt halten, mit der man Geld und Energie in die Stadt New York buttern muss?

23. DEZEMBER 1946 ᴰGinnie hat heute Vormittag kein einziges Geschenk gekauft. Alles nur telefonisch am Nachmittag. Wie um alles in der Welt soll man so in Weihnachtsstimmung kommen?ᴰᴰ

24. DEZEMBER 1946 ᴰSehr beschäftigt. Es dauert einfach lange, eine Geschichte zu schreiben! Vier oder fünf Wochen, wenn es nicht gerade »Blumen für Louisa« ist. Habe mich für Hastings[11] fer-

---

[11] Hastings-on-Hudson, ein Ort Upstate New Yorks, wo Highsmiths Eltern seit Ende 1945 leben.

tiggemacht, von 2–4 aber eigentlich auf Ginnie gewartet. Typisch, dass sie dann am Ende nicht kam. Musste mehrere Brandys trinken und habe ihr gesagt, wenn sich nächstes Jahr ihr Verhalten nicht ändert, kann ich sie nicht mehr lieben.[DD]

25. DEZEMBER 1946 [D]Endlich bin ich erwachsen geworden: Weihnachten ist mir zu viel Stress. Mutter hilft mir ganz wunderbar bei meiner neuen Geschichte. Sie ist wirklich meine beste Kritikerin.[DD]

26. DEZEMBER 1946 [D]Würde gern alles über diese ganze Sache zwischen mir, Joan S. und Ginnie noch mal durchlesen. Habe ich bisher nicht getan, keine einzige Seite. Ich hab ein bisschen Angst davor. Und ich würde auch gerne schreiben, wie diese Liebe gewachsen ist und sich verändert hat. Jetzt fühle ich mich, wie gesagt, als wären wir verheiratet. Ich habe manchmal nicht das leiseste Verlangen, ihren Körper zu genießen. Aber trotzdem waren eigentlich die beiden letzten Wochen bisher unsere intensivsten! Und diese Gefühlsruhe war dringend notwendig, um zu merken, dass ich sie immer besser kenne und dass ich sie wirklich liebe.

Als ich heute Abend zu ihr kam, war es, als wäre ein Schleier zwischen uns gelüftet worden: Ich spürte ihre Lippen wie nie zuvor und konnte mich im Bett kaum beherrschen. Ich liebe sie rasend.[DD]

27.12.1946 Das Wesen der Männlichkeit ist Güte; das der Weiblichkeit – Mut.

31. DEZEMBER 1946 [D]Ginnie und ich versichern uns nie so oft, dass wir uns lieben, wie wenn wir uns verabschieden, wie heute Nachmittag um drei, als sie ging. Wir haben uns versprochen, aneinander zu denken und uns um Mitternacht in Gedanken zu küssen. Ich liebe sie sehr.[DD]

1947

Am liebsten würde Patricia Highsmith den ganzen Tag schreiben. Sie ist voller Ideen, und die Arbeit geht ihr so gut von der Hand, dass sie manchmal fast zu glauben wagt≈, eines Tages von ihrer Arbeit als Schriftstellerin leben zu können. Bis dahin bleibt die Notwendigkeit, Geld zu verdienen, was sich äußerst mühsam gestaltet: Die Aufträge der Comic-Verlage – ihre »Lebensmittel«, wie sie in ihrem unidiomatischen Deutsch treffend schreibt – bleiben zunehmend aus, und von den Kurzgeschichten, die sie im Laufe dieses Jahres schreibt, findet nur »Die stille Mitte der Welt« einen Abnehmer – keine der literarischen Zeitschriften, bei denen Highsmith sie gerne unterbrächte, sondern wieder »nur« eine Frauenzeitschrift, *Today's Woman*. Als sie bewusst versucht, eine »verkäufliche« Geschichte zu schreiben, und sich dafür von ihrem Roman abwendet, empfindet sie das als unaufrichtig, fühlt sich beschmutzt.

Im Juni beginnt Patricia Highsmith mit der Niederschrift ihres Romans *Zwei Fremde im Zug*, mit dem sie rasch vorankommt. Ihre Agentin bietet die erste Fassung zunächst dem Verlag Dodd, Mead an, der jedoch Kürzungen verlangt und mit Hinweis auf die für Verlage ungünstigen Nachkriegszeiten die Honorarerwartungen zu drücken versucht.

So gut es mit dem Schreiben läuft, so schwierig ist es in ihrer Beziehung, die trotz vieler schöner Momente wegen Ginnies Alkoholismus zunehmend zur Qual wird. Als Reaktion darauf trinkt Highsmith selbst zu viel. Über den Sommer driften die beiden auseinander. Highsmith findet Halt im Schreiben – und Ende des Jahres außerdem bei Jeanne. Als sie am vorletzten Tag des Jahres die

Schlüsselszene ihres Romans schreibt, fühlt sie sich verändert: »älter, erwachsen«.

* * *

1. JANUAR 1947 ^D– und ich war sehr einsam: nicht ein einziger Anruf. Rief Ginnie an, als ich meinen ersten Martini trank. Sie kam, in ihrer grauen Hose mit den zwei grünen Streifen, und wirkte ganz glücklich, selbstsicher und sehr entspannt, wie sie so im Zimmer herumspazierte und von der großen Dupont-Party erzählte. Wir riefen Rosalind an, wurden eingeladen und gingen um elf hin. Ich musste an den Abend denken, als ich Joan S. zum ersten Mal zu ihr mitnahm. Damals war ich auch betrunken und sehr aufgeregt, weil R. meine Geliebte kennenlernen würde. Kindischer Quatsch.^{DD}

2. JANUAR 1947 ^DFür Chloe und Ginnie ein riesiges Abendessen zubereitet – ein Beefsteak von Gristedes[1], aber Chloe kam nicht. Ginnie und ich waren alleine auch ganz glücklich. Dann Jo P. und ihre Freundin Ellen Hill[2], die die Hälfte von Großmutters Obstkuchen aufaßen. Miststücke! Ich will Ginnie unbedingt meinen Freunden vorstellen; nicht für mich, sondern um ihretwillen.^{DD}

6. JANUAR 1947 ^DSeltsam, wie einem der Alkohol langsam ins Hirn kriecht. Außerdem bin ich nervös und unausgeglichen, weil ich seit einer Woche keinen einzigen ruhigen Abend hatte. Jeden Morgen fühle ich mich wie verkatert. Doch auch wenn ich dann nicht genug Schlaf bekomme, fühle ich mich so viel besser, wenn ich mit Ginnie geschlafen habe! Dann habe ich die Kraft der Engel!^{DD}

8. JANUAR 1947 ^DAlleine, glaube ich. Gearbeitet. Kierkegaard gelesen. Und Hannah Arendt über Existentialismus. Sie entspricht

---

[1] Eine New Yorker Supermarktkette.
[2] Highsmith trifft zum ersten Mal ihre spätere Geliebte Ellen Hill.

meiner Persönlichkeit, denke ich. Ich will unbedingt mehr Kierkegaard lesen.^DD

12. JANUAR 1947   ^DGestern habe ich den Cornells (weiße) Blumen zu Allelas Geburtstag geschickt. Dazu nur eine Karte: »Von Herzen, Pat.«

Bin sehr aufgewühlt zurzeit, aber ich bin auch so verliebt in Ginnie. Nein – ich liebe sie. Was braucht es denn für die Liebe? Zeit, einander kennenzulernen. Ich fühle mich sehr einsam, wenn ich eine Nacht allein zu Hause verbringe. Das bedeutet allerdings auch, dass ich jeden Tag etwa drei Stunden (Zeit oder Schlaf, also Zeit für die Arbeit und zum Denken) verliere. Aber das ist sie mir wert.

Habe meine Geschichte überarbeitet und mit dem Abtippen begonnen. Um sieben ein Spaziergang und auf ein paar Minuten zu Rosalind. Ich schneie gern bei ihr rein, unterhalte mich kurz, bespreche eine Geschichte. R. ist wie ein Mann, zumindest mehr als Ginnie! Aber als ich zurückkam, hatte G. sich Sorgen gemacht: 40 Minuten! Und sie hatte das Essen schon fast fertig. Was für ein Täubchen. Meine liebste Ginnie ist ein Täubchen!

Rosalind sagt, dass »Never Seek to Tell Thy Love« eine ausgezeichnete (nein, es war ein anderes Wort) Geschichte ist und dass ich plötzlich so viel besser schreibe. Bin darüber sehr glücklich, weil ich an mir gezweifelt habe, mit Ginnie. Ich hatte das Gefühl, mit Joan war ich besser.^DD

13. JANUAR 1947   ^DFrüh aufgestanden und den ganzen Vormittag hart gearbeitet. Diese Tage bei Ginnie sind wie ein verzaubertes Leben im Himmel oder in einem Schloss. Die Welt kann nicht eindringen, und die Wände sind dick.^DD

19. JANUAR 1947   ^DGinnie war um halb acht als Erste hier mit Blumen. Die ersten beiden Stunden berichtete sie mir dauernd, welche Gäste ihr einsam vorkamen. Sheila und Audrey, Jo P., Ellen H., Tex,

Jan, Mel, Maria und Annette (die ich schließlich küsste, aber ohne große Begeisterung), Ann K. und Kirk und Rosalind (sehr schön, die beiden zusammen zu sehen. Dachte, sie hätten sich wieder versöhnt, weil sie sich so lang im Bad küssten, aber scheinbar doch nicht) und B. B. Die Wohnung war sehr sauber, es gab alles Mögliche zu essen, Oliven, Käse, Kartoffelchips, Schalotten. Ich hatte den ganzen Abend über nur drei Drinks. Und weil mich Ginnie überrascht hat (sie küsste Sheila usw.), küsste ich zuerst Audrey (sehr süß!) und dann Annette, die sehr neugierig ist, was ich interessant fand. Ginnie und alle anderen amüsierten sich bestens, glaube ich. Und ich hatte einen riesigen Braten gemacht. Rosalind wurde es nach zwei von Ginnies Cutty Sarks schlecht. (Ginnie verlor dauernd ihre Drinks.)[DD]

23. JANUAR 1947 [D]Ziemlich hektisch, Ginnie musste um 2:35 los. Ich war so nervös, dass ich einen Cutty Sark trinken musste. Ein schnelles Mittagessen im Le Valois, für das dann keine Zeit mehr blieb. Dann zum Bahnhof, wo Louise uns mit dem Gepäck erwartete. Ginnie hatte ein eigenes Abteil, und wir küssten uns, als würden wir uns nie wiedersehen! Ich gab ihr ein Briefchen, und das war's. Mein Gott, ihr sanftes, ernstes Gesicht am Fenster, als der Zug abfuhr.

Von Newark zu Margot [Johnson], wo ich erfuhr, dass *Companion* die [New Orleans]-Geschichte abgelehnt hat. M. J. hat sie jetzt an *Good Housekeeping* geschickt. Rolf Tietgens kam zum Abendessen, eine schöne Überraschung. Ich habe ihm ganz offen gesagt, wie sehr ich Ginnie liebe. Und er weiß, dass eine Heirat nicht mehr in Frage kommt. Geschlafen wie ein Toter.[DD]

27. 1. 1947 Das ist das Zeitalter der Sterilität, das Zeitalter einiger weniger, die auf gut Glück diese Blindheit und diese Klischees wie aus Stahl teilweise durchbrechen; sie verfehlen das Ziel neun von zehnmal und landen dann einen Treffer mit einem Gedanken oder

einem Fakt, der unsere Herzen höher schlagen lässt. Dafür sind wir mehr als bereit, ihnen alles andere zu verzeihen und sie freudig als neue Helden der Literatur auszurufen.

Wie soll man der Sterilität dieses Zeitalters begegnen – mit Zynismus, mit konstruktiver Kritik oder mit energischer Nicht-Beachtung? Der Prophet wird womöglich zum Dichter, aber niemand wird sich ihm anschließen. Jesus würde an jedem beliebigen Silvesterabend in den Vierzigerjahren auf der 42nd Street im Gedränge der Menschheit zermalmt werden.

Wir leben im Zeitalter der Unsicherheit, in dem der Künstler zwischen seiner Hingabe zur Kunst und seiner Gier nach Geld, nach gut gepolsterten Möbeln und dem Dunhill-Feuerzeug schwankt. Er schwankt in seinem Herzen, obwohl er voller Überzeugung für die *New Masses* und die *Partisan Review* schreibt. Das verrät sein hektischer, planloser Stil, der eine Treffer aus zehn, angekurbelt von Amphetaminen, Brandy, Zigaretten, von seinen eigenen aufgeriebenen Nerven im 11. Stock des Hotels in Midtown East, wo er zu schreiben versucht und wo er irgendwann aus dem Fenster springen wird.

27. JANUAR 1947 ^{D}Diese Tage, die ich so flüchtig beschreibe – ich war nie so glücklich, so sicher. Ich schreibe so viel besser, ich liebe so viel intensiver, ich nehme die ganze Welt mit viel mehr Leidenschaft wahr, und all das verdanke ich nur Ginnie.^{DD}

28. JANUAR 1947 ^{D}Wollte gerade mit der Arbeit beginnen, als plötzlich Mutter vorbeikam, 11–1:30 Uhr –, also habe ich heute überhaupt nichts geschafft. Dabei habe ich mich so kreativ gefühlt! Um dem Ganzen noch eins draufzusetzen, beschwerte sie sich, ich sei unhöflich usw. Mussten etwas trinken, dann ging es uns beiden besser. Zurzeit habe ich zum allerersten Mal keine Löcher in den Zähnen. Der Arzt sagt, ich trete jetzt in eine Phase des Lebens ein, in der die Zähne nicht verrotten. Gott sei Dank!^{DD}

29. JANUAR 1947 ᴰGearbeitet. Habe mit »Flow Gently, Mrs. Afton«[3] begonnen. Schon jetzt fühle ich mich unter Zeitdruck, so dass mir die Muße fehlt. Ich verabrede mich mit zu vielen Leuten, solange Ginnie nicht da ist. Und wen habe ich getroffen? Kann mich nicht erinnern. Lese Dostojewski. Er hilft mir so sehr – mit seinen Ausrufezeichen, seinen falschen Fährten! Durch ihn kann ich zum Ausdruck bringen, was ich meine.ᴰᴰ

30. 1. 1947 Wahrscheinlich eine gesunde Neigung: Wenn ich eine eher ungewöhnliche Geschichte schreibe, lese ich lieber Sachbücher als Romane. Und das umso mehr, je ungewöhnlicher die Geschichte ist; dann finde ich Gefallen daran, Pflanzen und Tiere zu betrachten, den prall gewölbten Bauch eines schwangeren Goldfischweibchens zum Beispiel, deren zarte Rüstung wie kostbares, fast überirdisches Metall schimmert und den kleinen Beutel mit ihren Eiern umschließt, der für sie das Kostbarste auf Erden birgt. Wenn ich mich so fühle, weiß ich, dass sich das Tempo meines Lebens an mein inneres, stetes Tempo anpasst, und ich bin nolens volens, ungeachtet alles anderen, glücklich.

31. JANUAR 1947 ᴰCocktails mit Margot J. Wenn ich mit ihr spreche, habe ich immer das Gefühl, ich könnte von meinem Schreiben leben. Ginnie ruft jeden Tag an. Ich habe meiner Familie alles von meinem New Yorker »Gesellschaftsleben« erzählt. Und jetzt glaube ich, dass sie ziemlich eifersüchtig sind. Eigentlich widerstrebt es mir, dieses Geheimnis niederzuschreiben. Und noch etwas: Ich verachte Stanley, weil er nicht mehr verdient. Diese Verachtung hat nichts zu tun mit meinem aufrichtigen Respekt und meiner Liebe für ihn: Aber ich weiß, dass sie da ist.

---

3   Wie viele von Highsmiths besten Geschichten erschien auch die von Mrs. Afton (einer Schwindlerin aus den Südstaaten, die ihren Psychiater an der Nase herumführt) erst in den 1960er Jahren im *Ellery Queen's Mystery Magazine*, als Highsmith bereits berühmt war. Auf Deutsch wurde sie unter dem Titel »Mrs. Afton kommt zum Arzt« in *Der Schneckenforscher* veröffentlicht (Diogenes, 1978).

Habe das Ende meiner Geschichte über Mrs. Afton geschrieben. Selbst nachdem sich Mutter eben noch über mich beklagt hatte, hörte sie meiner Geschichte aufmerksam zu. Und sie gab mir einen guten Rat. »Du schreibst immer besser«, sagte sie, »aber trotz deines Lebensstils, nicht wegen ihm.«^{DD}

31.1.1947 Ein Schriftsteller sollte nicht denken, dass er sich von anderen Menschen so sehr unterscheidet, denn das ist der Weg zum Elfenbeinturm. Er hat einen bestimmten Teil von sich weiterentwickelt, der in jedem Menschen angelegt ist: das Erkennen, das Niederschreiben. Nur wenn er diese demütige und heroische Tatsache erkennt, kann er das werden, was er sein muss: ein Medium, ein Fenster zwischen Gott auf der einen Seite und dem Menschen auf der anderen.

6. FEBRUAR 1947 ^DBin früh aufgestanden, um nach White Plains zu fahren. Es war alles ganz einfach. Jetzt bin ich offiziell Mary Patricia Highsmith[4] und fühle mich dadurch irgendwie stärker! Mutter lud mich zum Mittagessen ein. Ich habe ein paar Dinge angesprochen, die ich vielleicht besser nicht erwähnt hätte – die Situation zwischen ihr und mir, die Tatsache, dass sie mir meinen Hunderter noch nicht zurückgegeben hat. »Sie will dich an sich binden«, hat Rolf [Tietgens] dazu gesagt; er denkt, dass ich mich in eine heikle Lage gebracht habe. Ein grauenhafter Gedanke, dass Mutter vielleicht gar nicht unbedingt eine Freundin sein könnte! Und schwer zu glauben. Aber ich weiß schon, dass es ihnen gefallen würde, wenn ich wieder bei ihnen wohnen müsste, d. h. wenn ich das Pech hätte, dass mir das Geld ausgeht.^{DD}

---

4 Highsmith hatte im November 1946 bei den US-Behörden ihren ersten Reisepass beantragt und dabei erfahren, dass ihr Stiefvater Stanley Highsmith sie nie offiziell adoptiert und ihre Mutter Mary sie einfach als Highsmith in der Schule angemeldet hatte.

12. FEBRUAR 1947 ᴰGestern Abend war Jean C. da, die meine Schreibmaschine ausprobieren wollte, weil sie bald einen Schreibmaschinenjob anfängt. Viel in der Wohnung gewerkelt. Wie schön es ist, eine Frau im Haus zu haben! Wie glücklich und zufrieden mich das macht! Und sie hat mich so oft angesehen: ganz ernst und treu – sie wollte mich so sehr! Als wir viele Kunstbände durchgeblättert hatten, sagte sie gegen Mitternacht (ein wenig) überraschend: »Was würdest du tun, wenn ich dich küsse?« Und ich zog sie an mich. Es war sehr schön. Und ich fühle mich ein wenig schuldig.ᴰᴰ

18. FEBRUAR 1947 ᴰWar mit Jean C. zum Abendessen und im Kino, in *Die Tochter des Brunnenbauers*. Jean gibt mir eine Art Realität, die mich sehr anzieht. Das habe ich mit Ginnie nicht. Jean hat mir von ihrem Leben während des Kriegs erzählt.

Dann ein unangenehmes Telefonat mit Ginnie, die ziemlich betrunken war und mir mitteilte, wie unterschiedlich wir seien, weil sie leichtere Kost bevorzugt, und dass ich sie verachte, weil sie nicht »intellektuell« genug sei. Nach einer Dreiviertelstunde war ich richtig wütend – was mir allerdings auch ganz recht war, weil es mir dann durchaus richtig vorkam, dass J. C. über Nacht blieb.ᴰᴰ

19. 2. 1947 Dein Fehler, dass du heute Nacht um 1:15 Uhr nicht bei mir geklingelt hast. Jahre liegen vor uns, aber diese Stunden sind vorbei. Dein Fehler, sage ich. Mein Fehler, sagst du in deiner Wohnung, denn ich war auch bei dir eingeladen. Also sind wir heute Nacht getrennt, wo wir in diesen acht Stunden doch zusammen die schreckliche Einsamkeit hätten hinausschieben können, die in uns hineinsickert und uns durchtränkt, noch weit mehr, als es unser eigenes Milieu vermag: Wer ein Künstler sein möchte, ein Künstler, der etwas beitragen möchte, für den ist diese Durchtränkung notwendig, ist es notwendig, ein Umfeld in sich aufzusaugen, ob gut oder schlecht. Aber Geist und Verstand sind schwach und würden dieses Grauen immer am liebsten aufschieben und verdrängen.

Denn ja: Das New York des Jahres 1947 in sich aufzusaugen ist wirklich ein Grauen.

Die Uhr tickt, Taxis fahren heran, ihre Türen schlagen, Schritte im Hinterhof, aber es sind nicht deine. Lebwohl, lebwohl! Doch mir ist sogar die Schönheit des Anblicks versagt, wie du am Horizont verschwindest.

Und weil da auch kein Horizont ist, an dem du erscheinen würdest, mich dein Klingeln an der Tür erschrecken würde wie ein Schuss, gebe ich die Hoffnung nie ganz auf, dass du kommst.

Bis ich schließlich, erfüllt von der Schönheit dieses Gedanken, beschließe, dass du mir aus der Ferne genauso viel gibst, wie wenn du hier bei mir bist. Ich lasse mich im letzten Graben des intellektuellen Sklaven nieder, einem schlammigen, dunklen und feuchtkalten Graben. Hier gedeihen Ringelflechte und Ekzeme, Filzläuse und Krebs, hier haben menschliche Lippen noch nie einen Kuss gespürt.

22. 2. 1947 Heute Abend mit Marjorie W. über einen Gedanken diskutiert. Dass es in unserer Zeit keine Tragödien mehr gibt, nur Pathos, weil wir im Gegensatz zu den alten Griechen keine festen Prinzipien haben. Ödipus wusste so eindeutig, dass er bestraft werden müsste, dass er sich, ohne zu zögern, selbst bestrafte. Wir haben Gesetze. Es gibt keine Verbrechen, die uns erschrecken können. Und selbst Pathos kann in Frage gestellt werden – hat der Empfänger es auch wirklich verdient? Den Moralvorstellungen der alten Griechen am nächsten kommt der Ehrenkodex des Einzelnen. Schon eine kleine Überschreitung kann bei innerem Anstand eine fast griechische Reaktion hervorrufen.

24. FEBRUAR 1947 ᴰGestern Abend Besuch von Jean C. Wollte sie unbedingt sehen. Ich treffe sie einfach ohne die ganzen üblichen Freunde, die wir beide kennen. Sie beruhigt mich. Und heute Abend war ich bei Rosalind, um ihr meine Geschichte zu bringen. Später bei Jean, und ich blieb schließlich auch über Nacht. Eigentlich mag ich so was überhaupt nicht, ich liebe Ginnie und mache das nur (bzw. habe es getan und tu es nicht wieder), weil ich herausfinden musste, wie ich mich danach fühle. Ich fühle mich nicht schuldig, und seltsamerweise bin ich auch nicht traurig, dass die Beziehung zu Ginnie nicht mehr so rein ist.^DD

25. FEBRUAR 1947 ^DSchreibe Synopsen für *Standard*.[5] Um halb acht bei Angelica. Es gab Bemerkungen über Jean C. und mich. Das ist es mir nicht wert, was heißt, dass Jean C. mir nicht genug bedeutet. Also habe ich beschlossen, sie nicht mehr zu treffen.^DD

1. MÄRZ 1947 ^DHabe an der Geschichte »Kein Ende in Sicht« gearbeitet. Mutter hat sie gestern vor dem Kamin gelesen – in einem Rutsch, bei ihr ein gutes Zeichen. »Sie ist interessant«, sagte sie. Und später: »Meinst du, dass du immer so seltsame Wendungen benutzen wirst?« Ich habe ihr versichert, dass genau das seit zwei Jahren mein Weg ist.^DD

6. 3. 1947 Ein bedeutsames Lebensjahr, dieses 27ste, das weiß ich. (Ist nicht jedes Jahr nach dem entscheidenden 25sten immer noch bedeutsamer? Bis zum allerwichtigsten, dem dreißigsten – was das Leiden angeht, nicht unbedingt die Taten.) Ich fühle mich glücklicher, fühle überhaupt mehr, und damit auch zum ersten Mal eine größere Sorge darüber, wie ich meinen Lebensunterhalt verdienen soll. Alles läuft auf den Höhepunkt zu. Ich stelle mir diese zwei Leben wie ein sich langsam zuspitzendes V vor – die Schicksalslinie, mit all den Freuden und der Kreativität, der man sich sicher sein kann; zum anderen die weltliche Linie, das Pandora-Übel des Geldes: es zu verdienen, es zu behalten, es auszugeben.

---

5 Standard/Better/Nedor, der Verlag des Superhelden *Black Terror,* für den Highsmiths langjähriger Auftraggeber, das Studio »Sangor Shop«, Comics produzierte.

8. 3. 1947 Auf die Ausdauer kommt es an, wenn man Liebe macht, genauso wie wenn man eine Geschichte oder einen Roman schreibt. Mit jedem Thema muss man Liebe machen. Das ist das große Geheimnis des Universums!

14. MÄRZ 1947 ᴰBrachte Margot Johnson die Rollo-Geschichte. »Also, warum schreibst du nicht einfach eine Geschichte für mich, die ich auf jeden Fall verkaufen kann?« Sehr niedergeschlagen, als ich zurückkam, hing völlig in der Luft. Ich muss die New Orleans-Geschichte verbessern, die mich immer an Joan S. erinnert. Sehr spät ins Bett mit Dostojewski im Kopf.ᴰᴰ

16. MÄRZ 1947 ᴰEine lange Diskussion beim Frühstück in einem Diner in der Nähe (unser günstigstes Restaurant) über Menschen, die viel Geld haben, über Juden und ihr Verhalten hinsichtlich der gegenwärtigen sozialen Gepflogenheiten. Babs B. ist voll Ärger und Verdruss über die Reichen. Ich nicht. Oder gestehe ich es mir nur nicht ein? Ich bin glücklich – und ziemlich stolz –, dass ich so viele jüdische Freunde habe. Es bedeutet, dass meine Zuneigung zu ihnen aufrichtig ist.ᴰᴰ

17. 3. 1947 Mit meinen sechsundzwanzig Jahren bin ich mir immer noch nicht sicher, was es braucht, um glücklich zu sein. Vor knapp zehn Jahren wurde mir klar, dass der Mensch auf die Erkenntnis zustrebt »wie Eisenspäne auf einen Magneten«. Und jetzt kommt die verwirrende Erkenntnis hinzu, dass unterschiedliche Menschen einen auf unterschiedliche Art verstehen – wer versteht mich also richtig? Was ist wahr? Man fühlt sich sowohl zu den Großzügigen als auch zu den brutal Ehrlichen hingezogen. Schlimmer noch, man kann sich nicht entscheiden zwischen zwei liebevollen Menschen, die auf unterschiedliche Weise brutal ehrlich sind. Und um was genau geht es bei der Sehnsucht danach, verstanden zu werden? Nicht in erster Linie um Nachsicht, sondern um die Vervollkommnung

des Selbst. Diesen Trost gibt es. Aber es gibt nie – nie – nie – eine Entscheidung, wenn das unvernünftige Herz sich (aus Vernunft oder aus Unvernunft?) weigert, sich zu entscheiden.

19. MÄRZ 1947 ^DWie schön es (manchmal) ist, für jemand anderen zu arbeiten! Ganz ohne Höllenqualen an der Schreibmaschine zu sitzen! Ernst Hauser diktiert mir einen Artikel über den »Eisernen Vorhang« in Europa, immer drei Wörter auf einmal. Natürlich argumentiert er gegen die UdSSR und dass Europa die Planwirtschaft und keine Demokratie will. Wir essen viel Schokolade, trinken Tee usw. und hören um drei auf.^{DD}

20. MÄRZ 1947 ^DWeiter mit [Ernst] Hauser gearbeitet. Und dann in der Nacht noch lang an meiner eigenen Arbeit gesessen, um die New-Orleans-Geschichte fertigzukriegen, bevor Ginnie ankommt. Und ich bin erschöpft. Nur drei, vier Stunden Schlaf. Aber wie immer genieße ich auch diesen Schaffensrausch. Ich brauche ihn.^{DD}

25. MÄRZ 1947 ^DViele Kleinigkeiten. Heute hätte Ginnie ankommen sollen – aber sie hat schon wieder verschoben! Und dabei habe ich mich halbtot gearbeitet! Heute fluche ich ganz schön über sie.^{DD}

25.3.1947 Die Liebe ist etwas Zartes, Fließendes, Silbernes wie der Frühlingsregen heute Abend, der meinen Kopf, mein Zimmer, meine Umgebung, meine Welt in ein Reich der Phantasie verwandelt. Wie ich aufschrecke, wenn die Möbel wegen des kühlen Luftzugs vom Fenster knarren! Ich denke an Hiob bei meiner strauchelnden, ins Leere greifenden Suche nach Trost. Ich denke an alles in der Welt, außer vielleicht an meine Mutter.

Heute Nacht will ich meine ganze Eloquenz dazu verwenden, mich selbst zu verfluchen. Wohin habe ich mich verirrt, Gott, weg vom Pfad des Glücks? Ist es mein Begehren? Ist es mein materielles

Verlangen und meine Gier? Soll ich bescheidener leben und mich darin üben? Sollte ich weniger Gedanken auf Essen, Trinken und Kleidung verschwenden? Herr, o Herr, wie gläubig wäre ich! Dann würde mein Herz wieder rein, und die Schleier, das trübe Glas vor meinen Augen würden bersten, und ich würde nicht nur zusehen, sondern mit heiterer Klarheit teilhaben.

Aber heute Abend, mit sechsundzwanzig, allein und einsam und ängstlich in meinem Zimmer, kaue ich an meinen Nägeln und höre, wie mein Herz schneller schlägt. Wo ist meine Liebe, frage ich? Wo sind meine Geliebten? Wie bin ich so unrein geworden?

28. MÄRZ 1947 ᴰVersuche noch immer, die Rollo-Geschichte zu verbessern, die jetzt einen Helden hat, »Bernard«. Diese Geschichte, an der schon drei, vier Menschen herumkritisiert haben! Ich schreibe sie komplett um und – ich weiß nicht. Besser ist sie vielleicht, kürzer, aber die ganze Philosophie dahinter, die Ideen, die ihr Bedeutung verliehen haben – alles weg!ᴰᴰ

31. MÄRZ 1947 ᴰArbeit. Chauncey Chirp.[6] Habe mich gestern Abend um die Schnecken gekümmert. Sie brauchen wirklich täglich Pflege. Ich würde sie gern Ginnie übergeben. Sie kommt am Dienstagmittag um 12:55 Uhr an. Und wir werden einander beglücken, nicht wahr? Ja – wir werden drei Tage lang das Bett nicht verlassen! »Hör mal – bring alles mit, was du von zu Hause brauchst, okay? Ich will nicht, dass du noch mal wegmusst!«ᴰᴰ

1. APRIL 1947 ᴰHabe Klavier geübt, bevor ich zur Penn Station bin. Ginnie kam um 2:15 Uhr an. »Wie geht's dir, Süße?« Ich küsste ihre Wange, glaube ich. Aber konnte (kaum) mit ihr sprechen. Ein langer Kuss, als wir dann endlich in ihrem Zimmer waren. Ich hatte ein paar Sachen dabei, um den Kühlschrank aufzufüllen, aber war

---

6 Eine weitere Comic-Figur: Die Abenteuer der Vögel Chauncey Chirp und Johnny Jay erschienen in der Zeitschrift *Jingle Jangle Comics*.

am Boden zerstört, weil ich nicht an Blumen gedacht hatte! An der Penn Station gab es nur welche für 7,50 $ das Dutzend.

Heute Abend wollte sie dann plötzlich Leute treffen – was mich ziemlich verletzte –, und wir riefen R. C. und Jean C. an. Jean C. hatte rein gar nichts zu sagen. Wahrscheinlich sollte ich mich in Gegenwart von Ginnie und ihr unbehaglich fühlen und nervös sein, aber die Affäre war ebenso kurz wie bedeutungslos – und ich glaube, dass Ginnie nie davon erfahren wird. Nachts, als wir Jean endlich rausgeworfen hatten, war es ganz wunderbar, und in Ginnies Armen liegend, habe ich gespürt, wie ich mich zum ersten Mal seit Monaten entspannte. Ich liebe sie wirklich.^{DD}

6. APRIL 1947 ^DFrüh wach und habe gearbeitet, bis Ginnie um 11:30 Uhr kam. Mittagessen mit Prentiss Kent[7] – wir gehen inzwischen sehr freundlich und entspannt miteinander um – im Valois, wo Ginnie oft ist. Champagner, Spargel mit Sauce hollandaise – gut gegessen.^{DD}

8. APRIL 1947 ^DSelbst wenn ich nachts erschöpft bin, muss ich Ginnie lieben. Oft umso leidenschaftlicher, weil ich so müde bin. Klavier gespielt. Mache Fortschritte bei den Fingerwechseln. Und an meiner neuen Geschichte über Mildred Stratton gearbeitet, die wütende Frau aus New York – sie ist jetzt schon zu lang. Ins Kino gegangen.^{DD}

12. APRIL 1947 ^DDostojewskis Briefe gelesen. Wunderbar. Jammerschade, dass ich Ginnie nicht dafür begeistern kann. Ich gebe ihr so viel zu lesen, und nichts kommt zurück. Heute Abend wollte sie »Leute« sehen. Also nahmen wir nach dem Essen im Restaurant ein Taxi zu Texas E. Sehr nett. Später fuhren wir beide ins Soho (ein Nachtclub), wo ich mich entsetzlich langweile. Und als wir um

---

7 Jonathan Prentiss Kent, Ginnies Bruder.

Viertel nach elf nach Hause kamen, musste ich weinen. Plötzlich erschien mir unsere ganze Beziehung völlig unmöglich. Das alte Lied: Ich will zu Hause bleiben und lesen, und sie will ausgehen. Sie soll sich jemand anderen für ihre Abende suchen.

Zugegebenermaßen kennt sich Ginnie mit dem Thema aus: Sie sagte, dass sich solche Unterschiede zwischen Männern und Frauen aufheben; dass sie es trotzdem irgendwie schaffen, zusammenzubleiben und glücklich miteinander zu sein usw. Und obwohl ich mich nicht an ihre genauen Worte erinnere, war mir in dem Moment klar, dass sie recht hat. Ich bin wirklich ein Dummkopf. Habe dann bis 12:30 Uhr *Paris Review* gelesen – über Kafka und Leute wie mich, bis ich mich wieder stark und fröhlich fühlte.[DD]

13. APRIL 1947 [D]Gearbeitet und mit Ginnie im Central Park spazieren gegangen. Sie hat mir nicht erlaubt, in Hosen oder mit Regenmantel in den Park zu gehen. Also trug ich Mokassins und mein graues Kostüm, was sich ziemlich steif anfühlte, aber es war ein schöner Tag, und wir haben uns die Boote auf dem See angesehen. Und alles Mögliche gegessen. Meine Geschichte (über Mildred Stratton) beendet – noch kein Titel, aber G. schlägt »New York, New York« vor.[DD]

16. APRIL 1947 [D]Nach der Arbeit um Punkt eins Mutter in der Bibliothek getroffen. Redeten und redeten beim Mittagessen mit Martinis im Cortile. Und haben mir schwarze Schuhe gekauft, ganz ähnlich wie die von Ginnie, glaube ich. Habe versucht, Ginnies Flurtür zu reparieren: Natica hat einen Stuhl dagegengeschlagen! Musste Gipskarton verwenden. Schon irgendwie symbolisch: Ich repariere, was N. kaputtmacht. Das hoffe ich jedenfalls für Ginnie. Ihr Zimmer war wunderschön, es leuchtete gelb bei geöffneten Fenstern, wie ein Sommerpalast.[DD]

17. 4. 1947 Vielleicht ist für mich jede Art von zwischenmenschlichem Kontakt anregend. Wenn das Gegenüber ein Langweiler ist, fliegt der Geist wie eine in die Luft geschleuderte Tontaube davon, sobald der Langweiler verschwunden ist. Ich glaube, dann kommen mir mehr und bessere Ideen, als wenn ich dieselbe Zeit alleine, unter den sogenannten »idealen« Bedingungen der Einsamkeit und Ruhe verbracht hätte.

17. 4. 1947 Wann die moderne Welt am unwirklichsten ist: (nicht in Nachtclubs, sondern) wenn man am späten Nachmittag nach Arbeit sucht, nachdem man den ganzen Tag an den eigenen Projekten gesessen hat. Jetzt weiß ich, wie [Allela] sich gefühlt hat, wenn sie sich nach einem Vormittag, an dem sie gemalt hat, bei irgendeinem Comic-Verlag vorstellte. Die drückende Langeweile und Trägheit des Ganzen verleiht jeder Bemühung um Interesse, Bereitschaft oder einfach Aufmerksamkeit sofort einen sauren Beigeschmack. Hütet euch vor diesen unermüdlichen Sklaven! Wie bringen sie selbst das nur fertig? (Willst du das wirklich wissen?) Wann erleben sie Momente der Realität – am Frühstückstisch, im Bett mit ihren Frauen? Beim Gärtnern? Wenn sie ihre Autos waschen? Oder gehören sie einer anderen Gattung an, die keine Realität braucht?

19. APRIL 1947 ^{D}Arbeit. Sah einige Picassos, die mir immer besser gefallen. Warum vor vier Jahren noch nicht? Aber seine Skizzen sind umwerfend! Mein Gott – wenn ein Künstler so gut ist, dass jede Bewegung, fast jeder Atemzug, pure Schönheit ist – dann muss er sich, auch ohne es zu wollen, Gott nahe fühlen.^{DD}

21. APRIL 1947 ^{D}Dauerwelle in Ginnies Friseursalon, Park Avenue. 17,50 $. »Ich bezahle«, hatte Ginnie gesagt, es aber dann vergessen. Macht nichts, das bisschen habe ich! Und immerhin sehe ich jetzt etwas ordentlicher aus, und das wird G. gefallen. Ich bin wirklich so sehr in sie verliebt, dass mir automatisch gefällt, was ihr ge-

fällt – etwas ganz Neues für mich. »Du kannst dir gar nicht vorstellen, wie oft ich jeden Tag an dich denke«, sagt sie. »Du machst mich so glücklich – einfach weil du zu mir stehst und ich mich auf dich verlassen kann.«[DD]

22. APRIL 1947 [D]Es ist so ein Vergnügen, Ginnie aufzuwecken! Sie hat einen weißen Pyjama, der fast so weich ist wie ihre Haut. Sie darin im Arm zu halten! Morgens im Bett riecht sie so warm und süß! Habe die Geschichte für Margot fertig: »The Roaring Fire«[8]. Vor knapp zwei Wochen habe ich damit begonnen. Mittagessen mit [Betty] Parsons, Strulsa Leeds, Natasha H., Sylvia – und Jane Bowles[9], die sehr beeindruckt war von meiner O.-Henry-Geschichte[10] und unbedingt wollte, dass ich mich bei ihr melde. Das werde ich auch. Margot kam auch noch dazu und sah mich komisch an in diesen zehn Minuten. Ja, sie kennt Natasha usw. Herrje, weiß Margot etwa nicht genau, dass ich lesbisch bin?[DD]

23. APRIL 1947 [D]Mein freier Tag. Woran liegt es, dass man durch einen freien Tag so empfindsam wird? Ich liebte Ginnie leidenschaftlich – wir konnten uns beim Mittagessen kaum beherrschen! Wir aßen im Sea Fare (unter meiner Wohnung) erst um halb drei zu Mittag, weil wir so lange gebraucht haben, um uns fertig zu machen. Und hielten Händchen unter dem Tisch. Die Kellnerin war sehr verständnisvoll. Wir aßen gedünstete Venusmuscheln, die Ginnie liebt. Dann endlich zu meiner Familie, wo Ginnie direkt Martinis trinken wollte. Wir zogen uns um (küssten uns) und fuhren mit dem Auto auf einen ruhigen Weg, wo wir … aber wir hatten dauernd Angst,

---

8 Diese Geschichte ist nicht erhalten.
9 Das Schriftstellerehepaar Jane (1917–1973) und Paul Bowles (1910–1999) war der Inbegriff der New Yorker Boheme. Sie teilten eine Vorliebe für Alkohol, Reisen und außereheliche Affären – beide waren bisexuell. Anfang der 1940er Jahre lebte das Paar eine Zeitlang in der 7 Middagh Street unter einem Dach mit u. a. W. H. Auden, Carson McCullers, Richard Wright, Benjamin Britten und Gypsy Rose Lee.
10 Highsmiths Geschichte »Die Heldin« wurde 1946 unter die »O. Henry Prize Stories« gewählt, in den USA eine der renommiertesten Auszeichnungen für Kurzprosa.

dass gleich jemand kommt. Zurück im Haus liebten wir uns – von 7 bis 7:45 Uhr! – und gingen dann seelenruhig nach unten und tranken einen Cocktail. Ginnie sagt so oft, wie schrecklich sie mich liebt, wie glücklich ich sie mache, dass alle sagen, sie sei seit dem letzten Frühling ein anderer Mensch geworden – und dass es an mir liege. Das höre ich am allerliebsten. Viel getrunken, aber es fiel zum Glück nicht auf. Heute Nacht fühlte ich mich wirklich eins mit Ginnie.[DD]

27. APRIL 1947 [D]Joan S. um zwei, wir waren spazieren und zeichnen im Park. Gott, wenn sie so nah neben mir liegt – egal, ob schlafend oder wach – bin ich zu allem in der Lage! Ich erinnere mich jedes Mal an jene Nacht in Hastings: Sie lag auf dem Sofa, während ich »Die Weltmeisterin im Ballwerfen« schrieb. Sie verströmt etwas Friedliches, Anregendes, etwas Gutes – Gott. Und wenn ich das spüre, weiß ich nicht, was ich machen soll – bei ihr bleiben oder bei Ginnie. Was für ein Geständnis![DD] (Der tragischste Fehler meines Lebens, wie Henry James sagen würde. Joan war einmalig – in meiner Welt – 27. Okt. 1947)

[D]Joan trank ihr Bier ganz langsam und sah mich zärtlich an. Sie versteht mich auf ganz andere Weise als G. Dieses Verständnis bringt mich weiter als das von G. In letzter Zeit hat eigentlich nur noch das Körperliche den Unterschied für mich gemacht. Weil beide wie Engel zu mir sind – sie lieben mich, sie sind aufrichtige, ungewöhnliche, wunderbare Menschen. Ginnie ist älter, ja, und ich kann mehr von ihr lernen, aber manchmal – wie jetzt und in den folgenden fünf Tagen, empfinde ich fast gar nichts für G. und unglaublich viel für Joan. Wir aßen bei einem Chinesen, und später wollte sie mich in ihrem Zimmer im Barbizon zum Abschied küssen. Beim zweiten Mal zählt es mehr. Ich liebe sie, auf seltsam unsichere Art, und hatte keinerlei Schuldgefühle, als ich sie küsste. »Ich wünschte, du könntest mich auf immer und ewig so festhalten«, flüsterte sie. Deshalb war der Tag gegen Ende eher traurig. G. war zu Hause, als ich am nächsten Tag mit einem Stück Karamelltorte heimkam. »Halt mich fest«, sagte sie – in derselben Stunde, in der es auch J.S. gesagt hatte.^DD

30. APRIL 1947 ^DIch habe vom Herausgeber des Magazins *The Writer* eine Anfrage für einen Artikel zum Thema »Schreiben als Beruf« bekommen. Ich musste lachen. Was weiß ich schon darüber? Aber ich fühle mich sehr geschmeichelt und möchte gern etwas für ihn schreiben.[11]DD

11.5.1947 Dass die Fehler eines Menschen nie ganz unentschuldbar sind – das ist wahrscheinlich der einzig erwachsene Eintrag, den ich in diesen verdammten fünfzehn Notizbüchern je gemacht habe.

20. MAI 1947 ^DAbend mit Jane Bowles. Ungefähr fünf Martinis – ihre Idee – vor dem Essen, und mir wurde schlecht. Habe mich dämlich benommen – und sage dazu jetzt nichts mehr. Wir waren beide zu betrunken. Gutes Gespräch nur vor dem Essen. »Ginnie ist fürchterlich und fürchterlich attraktiv«, sagte sie.^DD

22. MAI 1947 ^DFenster geputzt, damit die Sommersonne reinscheinen kann. Und nach zwei von Ginnies APAC-Tabletten schrieb ich und versuchte mit verschwommenem Hirn »Mrs. Afton« zu entwirren. Meine Alptraumgeschichte! Also – las ich, legte mich eine Viertelstunde hin, alles wunderbar! Dann Ginnie im Bistro getroffen. Sie war sehr niedergeschlagen, schweigsam und vorwurfsvoll. Und als wir dann anfingen, über uns zu reden, sagte sie, das sei das erste Mal, dass wir ernsthaft über etwas diskutierten (auch wenn wir beide sauer waren). Wie soll man nur die Frauen verstehen? Dann kamen auch noch Sheila, Audrey und Rolf, was den Abend vollends ruinierte. Irgendwann machten wir uns alle auf zu Ginnie; sie wollte

---

11 20 Jahre später wird Highsmith für *The Writer* ihren Werkstattbericht *Suspense oder Wie man einen Thriller schreibt* (1966) verfassen.

zu Fuß gehen und hat auf dem Weg großzügig Cutty und Bourbon gekauft. Sie ist durch die Stadt marschiert wie ein Haushofmeister, hat mit ihrer Zeitung gegen das Spivy-Schild geschlagen usw. Zu Hause dann der Hund, Radio und Drinks. Als wir um zwölf allein waren, wurde das Haus plötzlich ganz ruhig, und sie wandte sich mir zu, langsam und irgendwie traurig.[DD]

23. MAI 1947 [D]Ich wollte gerade gehen, um anzufangen zu arbeiten, als Ginnie um halb zehn ins Wohnzimmer kam. Sie war nervös. Nach zwei Drinks ging sie wieder ins Bett, fand aber keine Ruhe. Und plötzlich, um zehn, rief sie nach einem Arzt! »Meine Nerven!«, schrie sie immer wieder. Ich gab ihr Phenobarbital[12]. Ich konnte mir nicht erklären, was mit ihr los war. »Meine Finger verkrampfen sich!«, schrie sie, vor Angst keuchend. Sie lief splitternackt durch die Wohnung, und ich lief mit ihrem Bademantel hinter ihr her, selber ganz zittrig. »Meine Zunge!« Und plötzlich konnte sie nicht mehr sprechen! Ihre Lippen waren nach innen gezogen, ihr Gesicht aufgedunsen und leer. Es war grauenhaft und unvergesslich. Ich gab ihr noch einen Drink (sie musste ihn haben, wollte ihn unbedingt). Und während dieses ganzen Dramas rief ich Jacobson, Ellis, Terwilliger an – diese ganzen allmächtigen Ärzte, die dann doch nicht helfen konnten. Mir wurde schnell klar, dass ich nicht nur den Rest des Tages dableiben musste, sondern gleich mehrere Tage. »Ich kaufe dir eine neue Bluse«, flüsterte sie, als sie sich an mich klammerte. Mein Gott! Später saß sie mehrere Minuten lang halbnackt auf einem Stuhl im Schlafzimmer und merkte irgendwann, dass sie ihre Finger wieder bewegen und sprechen konnte. Gott sei Dank, sagte ich.

Und die ganze Zeit über ging mir durch den Kopf, dass sie hoffentlich einen richtigen Schreck bekommen hatte und dass sie diesen Vormittag nicht vergessen würde.

---

12 Ein Betäubungsmittel, das lange Zeit als Schlafmittel weit verbreitet war.

Der Arzt kam erst um zwei. »Alkoholinduzierte Neurose«. Wir besprachen gemeinsam, was sie tun sollte, wenn sie nicht sterben wollte. Und überlegten uns eine Ausrede für ihre Mutter, warum sie heute nicht nach Philadelphia kommen konnte.

Zwischen vier und fünf eilte ich nach Hause, um meine Schreibmaschine zu holen. Mrs. Kent rief mich an. Die Sache mit den Fingern konnte ich ihr nicht erzählen, aber ihre Mutter ahnte auch so, dass diese »Nervenkrankheit« vom Cutty Sark kam. Und Mrs. Kent war sehr froh, dass ich bei ihr war. Jetzt muss Ginnie schlafen, Orangensaft und Milch trinken und Gemüse essen. Sie nimmt ihre Kur sehr ernst.^{DD}

28. MAI 1947 ^DDenke über meinen Roman nach.[13] Jane Bowles hat gesagt: »Plane nicht. Es geht immer besser, erst zu schreiben und dann zu überarbeiten.« Ich will nur konkrete, genau umrissene Ideen.

Den ganzen Tag sehr beschäftigt, habe mit einer neuen Geschichte begonnen, Ginnies und mein Zimmer geputzt und war schließlich bei R. C., um meine »Mrs. Afton«-Geschichte abzuholen. Zu viel mit Ginnie gesprochen, als wir in unseren beiden Betten lagen. Ich habe ihr gesagt, dass ich mir mit uns nicht mehr sicher sei, dass wir nicht genug gemeinsam haben. (Von Sex ganz zu schweigen! Bis sie wieder gesund und munter ist!) Ich musste diese Sachen sagen, musste wissen, ob sie mich wirklich liebt oder ob ich nur ein Trostpflaster für sie bin.

Ich wusste, dass ich müde und nervös war und dass ich zu viel getrunken hatte (gut für die Arbeit). Und plötzlich war Ginnie wütend, sie schlug mit den Fäusten auf mich ein, und als ich versuchte, mich zu schützen, und mich im Bett aufsetzte, damit sie mich nicht mehr schlagen konnte, schrie sie natürlich, ich sei ein Feigling.^{DD}

---

13 Highsmith beginnt jetzt ernsthaft mit der Arbeit an ihrem ersten veröffentlichten Roman *Zwei Fremde im Zug* (Diogenes, 1974, 2002).

31. MAI 1947 ᴰZu viel Alkohol in letzter Zeit. Kein Schnaps mehr zu Hause. Gestern Abend sprach ich lang mit Ginnie, und sie war plötzlich glücklich, weil ich sagte, dass mir meine Worte leidtäten. Es war bisher unser schlimmster Streit. Ginnie zieht Kraft aus ihrer Krankheit, sie kann sich der Liebe und Fürsorge ihrer Mutter und anderer sicher sein. Ich habe ihr versprochen, sie am Mittwoch nach Philadelphia zu begleiten.ᴰᴰ

2. JUNI 1947 ᴰBei den Eltern. Stanley hatte gestern oder heute Geburtstag. Wir haben ihm ein Jackett gekauft. Hätte ich doch nur auch so etwas Schönes bekommen. Margot Johnson teilte mir mit, dass *Today's Woman* vielleicht »Die Heldin« noch mal auflegt als »Blue Ribbon Reprint«.

Traf [Marion] Chamberlain von Dodd, Mead Publishers. Sie redet zu viel – aber ist, glaube ich, sehr nett. Es war ein Abend, an dem ich so vieles an mir selbst entdeckte – Eitelkeit zum Beispiel. Sollte ich liebenswürdiger sein? Aber in erster Linie war es interessant, sie zu beobachten. Sehr zufrieden und betrunken, als ich um halb zwölf zu Hause war.ᴰᴰ

3. 6. 1947 Telefonate – vor allem Ferngespräche – sind mir zuwider, auch wenn ich sie nicht selbst bezahlen muss. Distanz ist so aufregend, so geheimnisvoll und ja am Ende doch durch die Größe der Erde und die Grenzen der Luftfahrt beschränkt. Ich will nicht, dass eine menschliche Stimme sie einfach so überwindet.

7. JUNI 1947 [Philadelphia.] ᴰGinnie schläft etwa 11 Stunden pro Tag, ihr Blutdruck ist bei 69, weshalb sie glaubt, keine Kraft zu haben. Sie ist noch im Eckzimmer, und jede Nacht um halb zwölf kommt sie in mein Zimmer, sieht mich ruhig an und fragt: »Wie lang wirst du ungefähr noch lesen?« Später gehe ich dann zu ihr. Aber Sex? Schön wär's. Und das mit dieser Frau, die mich so wahnsinnig erregt!ᴰᴰ

7.6.1947 Immer wieder falle ich auf die egozentrische Pseudo-Wonne der Einsamkeit herein, die mir das Gefühl vorgaukelt, vollkommen glücklich zu sein. Man muss mich da vehement herausreißen. Ich sollte niemals alleine sein. Diese Art von Glück ohne Liebe, ohne Frau, kann (meiner heutigen Meinung nach) niemals echtes Glück sein. Mein Verstand mag glücklich sein. Aber mein Körper funktioniert dann nicht mal richtig. Ist das nicht Beweis genug? Dennoch habe ich mich zehn Jahre lang oder mehr von meiner schizophrenen Persönlichkeit täuschen lassen. Immer wieder schwelge ich im Alleinsein, bevor es mir dann wieder wie Schuppen von den Augen fällt. Mein eigentliches Problem besteht natürlich darin, dass ich immer absolute und dauerhafte Werte und Vorzüge in Erfahrungen suche, die vergänglich sind und es auch bleiben sollten.

7.6.1947 Die wichtigste Aussage in diesem Notizbuch: Mein bisheriges Leben war bestimmt von Kampf, Gewalt, von verbittertem, verzweifeltem Streben und fehlendem Seelenfrieden. Es ist mir nicht möglich, jetzt oder in naher Zukunft ein perfektes Kunstwerk zu erschaffen. Alles, was ich hervorbringe (abgesehen von sehr kurzen, in glücklichem Wahn entstandenen Stücken), kann nur hektisch, unzulänglich und dadurch unbefriedigend sein (außer für die paar wenigen Verzweifelten wie ich, die es lesen werden).

Ich sehne mich nach Seelenfrieden – ganz bewusst mein weltliches und geistiges Ziel seit meinem vierzehnten Lebensjahr. Wenn ich das zustande bringe – soll ich dann eigene unüberwindliche Hindernisse bereitstellen? Der Mangel an Seelenfrieden, diese große Dürre, ist ja schon Teil meiner geistigen Verfassung geworden.

18. JUNI 1947 ᴰHabe das Ende von »Mrs. Afton« leicht verändert. Die Geschichte soll sich verkaufen. Die beiden Skizzen (Gemälde) von Stanley und Mutter für das Kunstzimmer sind fertig. Freitagabend sehe ich Ginnie wieder: unser erster Jahrestag, und

mein erster überhaupt. Gott! Es ist wirklich so wunderschön! Ich bringe ihr Blumen, und wir werden Champagner trinken.^{DD}

23. JUNI 1947 ^DMit meinem Roman begonnen. Ein schwieriger Start. Ich will einen kurzen ersten Teil, in dem die beiden jungen Männer und die Möglichkeit der Morde eingeführt werden. Nach diesem Prolog startet die Geschichte eher langsam, gefällig.
Ginnie immer depressiver.^{DD}

1.7.1947 Abendessen mit Prentiss Kent und Familie – es ist vielleicht alles etwas aufgesetzt dort, aber zumindest hat es eine gewisse Leichtigkeit. Das K.-Haus: auf den ersten Blick karg. Dann fließt in die Betrachtung die eigene Persönlichkeit mit ein. Das schafft man aber erst nach etwa drei Wochen. Davor wirkt es traurig und leer, opulent und spartanisch zugleich. Die Louis-quinze-Sessel, die Goldrahmen und die Aubusson-Tapisserien stehen im Kontrast zu den sterilen, weißen, bücherlosen, ewig bücherlosen Wänden und Winkel. Das Bad ist ganz unpassend modern, die weißen Schränke, die Art der Schubladengriffe; drei Wochen später betritt man dasselbe Bad und betrachtet dieselben weißen, modernen Schränke mit einer gewissen Vertrautheit. Der Anschein von einem Selbst (ICH!) liegt über allem. Zu aggressive Selbstbehauptung deutet auf Unsicherheit und Minderwertigkeitsgefühle hin, merke ich. Doch heute Abend wird es tatsächlich abgemildert, durch Liebe.

7. JULI 1947 ^DNoch nicht wieder allein. Ich glaube, ich würde etwas mehr schreiben, wenn ich in New York wäre. Aber hier ist alles so schön, und ich kann meine Liebste den ganzen Tag lang küssen.^{DD}

17. JULI 1947 [New York.] ^DGanz allein. Ginnie ruft jeden Tag an. Ich habe von Rolf erfahren, dass Sheila bei ihr ist. Was machen die beiden? Ich weiß es wirklich nicht. »Das stinkt nach einer Affäre«, sagt R. C.^{DD}

17.7.1947 Todesangst, die Angst des sterblichen Geists[14]: Ich werde durchs Leben gehen und sicherlich nie mehr als ein Drittel der Zutaten für dieses spezielle Rezept zu meinem Glück finden. Alleinsein, Seelenfrieden, Erregung der Sinne, Menschen, Einsamkeit, Erfolg, Versagen, Vorteil und Vorbelastung, Maßlosigkeit und Abstinenz, Erinnerung und Tagtraum, Verklärung und Realität, erwiderte und unerwiderte Liebe, treue und treulose Liebhaber, Anhänglichkeit und Experiment, Neugier und Resignation – das alles fließt mir viel schneller aus dem Stift, als ich es niederschreiben kann. Aber welche und wie viele dieser Dinge brauche ich im Leben? Und was habe ich ausgelassen, was aufgezählt, obwohl ich es doch nicht brauche?

Der Mensch muss sich abmühen, das entspricht seinem eigenen getriebenen Wesen. Mit sechsundzwanzig sage ich, weg mit den Psychiatern, die mich umformen wollen. Wofür ich blind bin, das will ich auch nicht sehen. Dieser Anblick würde mir das nehmen, was ich sehe.

19.7.1947 Wunderbares, funkelndes Gespräch mit [Rolf] T., in dem wir zu dem Schluss kamen, dass es für Künstler die beste aller möglichen Welten ist. (Frage um 3:15 Uhr morgens: Wäre nicht jede denkbare Welt für Künstler die beste aller möglichen Welten? Würde der geborene Künstler nicht überall das störende Sandkorn des Unglücks finden, um das herum er seine Perle wachsen lassen kann?)

22. JULI 1947 ᴰ93 Seiten überarbeitet. Großartig, der erste Teil – schon fertig. Ich freue mich schon, wenn ich ihn im Reinen sehe. Mutter kam früh, wie immer genau dann, als ich gerade zu arbeiten angefangen hatte. Aber sie hat mir viel im Haushalt geholfen. Und

---

14 *Mortal mind* ist ein Begriff aus der Christian Science, demzufolge »kein Leben, keine Wahrheit, keine Substanz in der Materie« ist.

endlich haben wir dann auch einiges besprochen – sie mag Ginnie sehr gern –, und viele Martinis getrunken.

Um halb elf zu Ginnie, ganz gutgelaunt und freute mich sehr, [Natica] und sie zu sehen. Beide in Hosen, müde nach der Rückreise aus Phil. und sehr hübsch. Als ich später allein mit Ginnie war (Natica ging nach Hause!), war sie ganz kalt und ätzend zu mir: »Nein, du schläfst nicht mit mir!« Ich lag ein paar Minuten lang in meinem eigenen Bett, dann zog ich mich schnell an und ging, da rief Ginnie mir durchs Treppenhaus hinterher! Warum sollte ich mir ihre Lieblosigkeit gefallen lassen? Sieht so das Erwachsensein aus? Kein Kuss, keine Umarmung – obwohl sie ja eigentlich gekommen war, um mich zu sehen! Ich verstehe es nicht, aber vielleicht gibt es da auch nichts zu verstehen. Wir sollten uns trennen, das ist alles. Und das ist sehr traurig, in vielerlei Hinsicht.[DD]

25. JULI 1947   [D]Bei meinen Eltern. Viel zu tun, frei (schlank!). Bin mit großen Erwartungen an das Wochenende hingefahren. Einige Longdrinks mit Gin. Sehr schön. Bin wirklich gespannt, was meine Eltern zu dem Roman sagen.[DD]

26. JULI 1947   [D]Ich trank gerade Martinis, da rief Ginnie an. Kann es nicht verleugnen, war sehr glücklich, ihre Stimme zu hören. »Liebst du mich?« »Das tu ich«, antwortete ich. Diese Tage sind so seltsam. Ich liebe Ginnie. Ich kann es aber nicht ertragen, nicht vergessen, dass sie jetzt – durchgehend seit meiner Abreise – mit Sheila in West Hills sitzt. Wenn Sheila nur die Güte gehabt hätte zu gehen, bevor ich es tue – aber nein – sie bleibt und bleibt und bleibt. Und braucht Ginnie mich dann überhaupt? Warum?[DD]

3. AUGUST 1947   [D]Gut gearbeitet. Bin so glücklich, wenn Bruno im Roman erscheint. Ich liebe ihn![DD]

11. AUGUST 1947 ᴰUm fünf kam Owen Dodson an.[15] Er ist sehr umgänglich und ist gerade aus Yaddo zurück mit jeder Menge Neuigkeiten, die mich interessierten. Wir hätten uns länger unterhalten, aber das ging leider nicht.ᴰᴰ

20. 8. 1947 Nichts ernst nehmen und sich weigern, traurig zu sein.

25. 8. 1947 Iss kräftig, trink kräftig, mit Ausnahme von Martini-Cocktails, reiß Werberundschreiben mit Leidenschaft auf, wirf dich nachts ins Bett, erschöpft, und mit Leidenschaft, und alleine.

27. AUGUST 1947 ᴰGestern sagte Margot Johnson, dass ihr der Roman sehr gefällt. »Beide Mütter sind starke Charaktere« (was ich bezweifle). Und dass ich ihn jetzt schon Marion Chamberlain zeigen könnte.

Ich arbeite immer noch an meiner Geschichte. Nein, heute nur Comics. Wie effektiv ich bin, jetzt, wo ich alleine bin! Ich habe die Wände getüncht, dies und jenes geputzt, alles erledigt, was ich schon lange vor mir herschiebe. Und bin kein bisschen einsam. Ich bin bis zur 84th Street gegangen und wieder zurück, voller Hunger nach dem Leben auf der Straße! Menschen, Kinder, Häuser, Läden, Zeitungen! Gott! Ich spüre meine Kraft – hoffentlich kann ich mir diesen Schwung, diese gute Stimmung erhalten! Später ein Besuch von Rolf, der ausnahmsweise mal sehr langweilig war. Er will nicht ohne Bobby nach New Mexico fahren. Ist immer noch in ihn verliebt. Ruhelos und einsam.ᴰᴰ

28. 8. 1947 Wie ich momentan schreibe (aber interessiert das überhaupt jemanden?): Ich tue alles Mögliche, damit es sich nicht wie eine Pflicht anfühlt. Ich schreibe auf meinem Bett (das Bett ist ge-

---

15 Der Dichter und Schriftsteller Owen Dodson war 1947 Stipendiat der Künstlerkolonie Yaddo, die zu dem Zeitpunkt seit wenigen Jahren, beginnend mit Langston Hughes 1942, auch schwarze Künstler und Künstlerinnen aufnahm.

macht, ich bin vollständig, aber nicht besonders präsentabel angezogen), um mich herum Aschenbecher, Zigaretten, Streichhölzer, eine Tasse warmer Kaffee, ein trockener Doughnut und eine Untertasse mit Zucker, in den ich den Doughnut tauche, nachdem ich ihn in den Kaffee getunkt habe. Ich nähere mich so weit wie möglich einem Fötus an, so weit, dass ich gerade noch schreiben kann. Mein eigener Mutterleib.

30. 8. 1947 Es gibt (immer) einen Weg.

30. 8. 1947 Warten auf Einfälle: Ich habe so viele wie Ratten Orgasmen haben.

3. SEPTEMBER 1947 ^{D}Den ganzen Tag mit Abtippen der Geschichte verbracht. Sie ist sehr gut! Sollte ich den Roman *Leichter Regen* nennen? Rief Eleanor Stierham von *Today's Woman* an. Sie fangen 1948 mit Burton Rascoes Geschichten an, und meine soll unter den ersten sein.[16] Sie will mich nächste Woche auf einen Drink einladen. Ganz allein.

Wieder zu heiß. Ja, ich vermisse Ginnie. Vor allem wenn ich ins Bett gehe. Und wenn ich manchmal unbedingt mit ihr telefonieren will.^{DD}

3. 9. 1947 Ratschlag an junge Schriftsteller: Nähere dich der Schreibmaschine mit Respekt und Förmlichkeit. (Sind meine Haare gekämmt? Ist der Lippenstift richtig aufgetragen? Und vor allem, sind meine Manschetten sauber und sitzen richtig?) Die Schreibmaschine erspürt schnell jede Nuance von Respektlosigkeit und kann auf die gleiche Weise, doppelt so stark und mühelos zurückschlagen. Die Schreibmaschine ist in erster Linie aufmerksam,

---

[16] Wahrscheinlich hat *Today's Woman* den Lektor und Literaturkritiker Arthur Burton Rascoe (1892–1957) mit der Auswahl von Kurzgeschichten für eine Serie beauftragt. In jedem Fall wird Highsmiths Geschichte »Die Heldin« in der März-Ausgabe von *Today's Woman* 1948 erneut abgedruckt.

feinfühlig wie du selbst und viel effizienter in ihrer Arbeit. Schließlich hat sie letzte Nacht auch besser geschlafen als du und auch ein wenig länger.

4.9.1947 Der erste Roman: eher das große Chaos als ein kleines künstlerisches Juwel; das muss man sich wohl für das griesgrämige hohe Alter aufsparen.

4. SEPTEMBER 1947 ᴰAlleine. Gearbeitet. Schlafe immer weniger, nur etwa 3–4 Stunden. Immer wenn ich gerade am Einschlafen bin, verspüre ich plötzlich eine Art geistige Aufregung, oder ich denke, wahrscheinlich meistens, an Sheila mit meiner Ginnie, und mein Herz ist so voller Mordgedanken, dass ich nicht mehr schlafen kann.ᴰᴰ

7.9.1947 Dieser Klumpen Angst in meiner Kehle. Der Schleim der Stadt New York im 20. Jahrhundert, keine Chance ihn auszuhusten.

14.9.1947 Erstes Nembutal[17] – beim Schlucken fühle ich mich, als hätte ich Strychnin genommen. Zehn Minuten später ein Kribbeln in den Beinen. Ich öffne die Augen. Fühle ich eine »Schwere«? Nichts so Banales. Die Beine. Sokrates schluckte Schierling. Es stieg von den Beinen zum Herzen. Ich bin ganz fürchterlich wachsam. Die Ohren beginnen zu kribbeln. Müdigkeit brandet gegen meine Felsen, ein Meer der Trägheit schlägt gegen meine Felsen. Und verebbt wieder, ich drehe mich um. Ich bin wach, blinzle hellwach. Ist es vorbeigezogen? Habe ich es überlebt? Das ist deprimierend. Ich könnte jetzt niemals eine zweite Kapsel nehmen, obwohl mir gesagt wurde, ich könne es gefahrlos tun. Das Meer steigt wieder. Zweiter

---

17 Pentobarbital, in den USA als Nembutal bekannt, wurde lange gegen Schlaflosigkeit verschrieben, bis es wegen vermehrten Missbrauchs sowie des Aufkommens neuer Präparate als Schlafmittel abgelöst wurde.

Ansturm. Jetzt habe ich Angst. Das Medikament ist unbarmherzig. Es will mich kriegen. Es hat die Kraft, bis zum Ende zu kämpfen, mehr Kraft als ich. Ich werde kämpfen, bis es mich überwindet. Sokrates trank Schierling. Und was habe ich genommen? Was zur Hölle weiß ich eigentlich über Nembutal? Meine Ohren kribbeln. Ist die Uhr leiser? Nein. Das Meer steigt, steigt mir über den Kopf, es ist nicht unangenehm, aber ich schlafe auch nicht. Gleichgültigkeit liefert sich eine Schlacht mit Neugier und Angst, wie sonst, wenn ich damit beschäftigt bin, den einen Martini zu viel zu trinken. Ich gebe auf. Ich bin verloren. Sokrates trank Schierling ... Sechs Stunden später wache ich auf. Ich habe den Eindruck, ich sei benommener als sonst, aber das geht schnell vorbei.

17.9.1947 Warum gleicht alles dem Tod? Warum kriechen die Würmer? Sie kriechen, weil ich seit zwei, drei Tagen tot bin. Der Mensch besteht aus Liebe, der Mensch kann niemals sterben, er wird mit jeder neuen Liebe wiedergeboren, er ist immer lebendig in der Liebe Gottes, seiner ewigen Gemahlin, aber beim Tod einer irdischen Liebe stirbt immer auch der Mensch, und zwei oder drei Tage später kriegen ihn die Würmer. Oh, denk gar nicht erst daran, dich so tief zu vergraben, dass du ihnen entkommst! Es gibt kein Entkommen.

Ich gehe durch die Straßen und fühle mich gesalbt. Ich gehe durch die Straßen wie die lebenden Toten. Wie auf der Schwelle zum physischen Tod. Ich habe nicht den Wunsch zu sterben, durch Herzstillstand oder bei einem Autounfall. Der Tod ist bei mir, er weiß, dass ich ihn nicht fürchte. Aber ich bin noch nicht bereit für ihn. Ich habe Arbeit zu erledigen: Ich bin die Gesalbte.

20.9.1947 Ist mir eine schlechte Gesundheit vorbestimmt? Lieber Gott, bitte nicht! Ich will lange leben. Manchmal habe ich das Gefühl, dass das nicht möglich ist. Etwas treibt mich zum Zerstörerischen hin, das notwendig ist für meine Erkenntnis.

1947

21. SEPTEMBER 1947 ᴰSehr zufrieden – mit dem Roman geht es immer besser. Er ist sehr lebendig, zumindest in meinem Herzen. Und er ist das Einzige, was mich in diesen Tagen glücklich machen kann.

Ich sollte erwähnen, dass dieser Eintrag in roter Tinte geschrieben sein müsste: Rosalind hat mich gefragt, ob ich mit ihr in einem Haus auf dem Land leben will. Kein schlechter Gedanke. Wir sind beide unzufrieden mit unserem New Yorker Leben: Entweder ist man einsam oder erschöpft – ein Ding der Unmöglichkeit. Wie geht es weiter? Wie viel Geld werde ich in einem Jahr haben? Wo werde ich sein? Mit wem? Und doch erwidern Rosalind (und auch Tex), wenn ich ihnen von meinen Sorgen erzähle: »Oh, in zwei Monaten hast du wieder eine Neue, in die du schrecklich verliebt sein wirst.« Wir werden sehen.ᴰᴰ

29.9.1947 Man sagt über Künstler, ihr Leben spiele sich in ihrem Inneren ab, aber tatsächlich leben sie viel mehr im Außen als normale Menschen. Der Künstler begibt sich immer in dieselbe Welt, wenn er inspiriert ist oder arbeitet, aber die echte, wirkliche Welt ist für ihn jedes Mal, wenn er in sie zurückkehrt, eine andere. (Gott sei Dank, sonst müsste er sich ja zu Tode langweilen!) Der Künstler wundert sich nur darüber, dass normale Menschen die Welt ertragen, denn er weiß, dass sie für sie immer und unverändert dieselbe ist.

30.9.1947 Tu immer, was du willst – oder fast immer, sofern es nicht einem ausdrücklichen Verlangen zu arbeiten in die Quere kommt.

3.10.1947 Quäle dich nie mit einer Figur. Es hat mit den Mysterien der Geburt zu tun. Eine Figur ist vom allerersten Augenblick an lebendig oder eben nicht. Und genau wie im richtigen Leben kann das kränkliche, blonde Baby zu einem dunklen, kraftstrotzenden

Wüstling werden oder das kräftige Kleinkind zum Objekt der hypochondrischen Besessenheit seiner Eltern.

4.10.1947 Widmung: an mehrere Frauen, ohne die dieses (Genre einsetzen) Buch nicht entstanden wäre. Gott! (Nicht: Gott schütze die Frauen!) Ich bete sie an! Ohne sie würde und könnte ich nichts tun! Jeden meiner Schritte auf Erden tue ich in irgendeiner Weise für Frauen. Ich bete sie an! Ich brauche sie wie Musik, wie die Malerei. Ich würde für sie alles aufgeben, was für das Auge sichtbar ist, aber das hat nicht allzu viel zu bedeuten. Ich würde Musik für sie aufgeben: Das bedeutet viel.

6. OKTOBER 1947 ^DFühle mich nicht besonders gut. Ich trinke jetzt Whiskey – und zwar mehr denn je. Mutter um zehn. Mittagessen. Eile mit Weile. Zahnarzt. Ich habe keine Zeit. Ein Fluch! Alles geht zu schnell. Ich bin auf der Suche nach Abenteuern.

Abendessen mit Babs B., die vom Bourbon ziemlich blau war, und wir gingen ins Tomaldo[18]. Dort Beethoven, und der ganze Laden ziemlich schwul. Zu viel Rotwein getrunken, um noch arbeiten zu können. Und als ich dann um Viertel vor eins allein im Bett lag, klingelte das Telefon: Maria und Peggy[19], die mich auf einen Drink einluden. Also schnell wieder in die Ausgehhosen und so weiter. Peggy hatte zwei Schlaftabletten genommen, aber redete viel mit mir. Vier betrunkene Frauen. Was hätte Mutter wohl dazu gesagt! Es war so merkwürdig! Und dann die Komplimente, die sie mir gemacht haben, über meine Hosen usw. »Es heißt, du hast auch noch was im Kopf, Pat.«^{DD}

10. OKTOBER 1947 ^DMeine Woche von Zahnarztterminen zerrissen. Hatte wenig Zeit. Jeder Termin dauerte anderthalb Stunden.

---

18 Italienisches Restaurant in der 812 Third Avenue, zwischen 49th und 50th Street.
19 Vermutlich Peggy Fears.

Ich besuchte Lil Picard[20] – um zu erfahren, ob sie mit mir zum Abendessen gehen wollte. Gestern Abend küsste sie mich zum Abschied – ich glaube, ich bin ein bisschen in dich verliebt, sagte sie. Gerade passiert so allerlei, aber kein Wort von Margot über das Buch. Wo ist [Marion] Chamberlain? Und was sagt Dodd, Mead?[DD]

13.10.1947 Nur die Geduld nicht vergessen. Weil ich Geduld im Übermaß habe, bin ich geneigt, sie für selbstverständlich zu halten, jedoch ist sie in meinem Inneren nicht immer präsent.

13.10.1947 Um ein guter Künstler zu sein, muss man lernen, anderen zu gefallen, aber auch seine eigene Ausdrucksmöglichkeit finden. Deshalb ist es so wichtig, eine gute Liebhaberin zu sein und jemanden zu haben, den man liebt. Andernfalls können aber auch die anderen Künste herhalten: Klavierspielen, Zeichnen und Malerei.

15.10.1947 Nach dem Lesen ein paar meiner Notizbücher: Sie spiegeln einen ziemlich schwachen Geist wider, der sich mit unglaublicher Beharrlichkeit, unermüdlicher Neugier in alle Richtungen gleichzeitig abstrampelt und niemals einer Richtung lang genug folgt, um auch nur ein einziges Thema zu Ende zu denken.

17. OKTOBER 1947 [D]Arbeit. Schreibe jetzt langsamer. 270 Seiten etwa. Und Ginnie hat oft angerufen – dass ich sie immer noch liebe und sie sich Sorgen um mich macht. »Aber liebst du jetzt nicht Sheila?«
Habe ihr Blumen gebracht, ihre Schuhe geputzt, und sie war extrem unhöflich, hat nicht zugehört, wenn ich was gesagt habe usw.

---

20 Lil Picard (1899–1994), deutschstämmige jüdische Avantgardekünstlerin aus Straßburg, die sich auch als Bildhauerin, Kritikerin und Fotografin bereits einen Namen gemacht hatte. Später wurde sie Andy Warhols Muse und galt als »Gertrude Stein der New Yorker Kunstszene« und »Großmutter der Hippies«. Sie war mit dem deutschstämmigen Bankier Hans Felix Jüdell (»Dell«) verheiratet.

Sie hat Platten abgespielt, die sie sich mit Sheila angehört habe, und es war ihr unangenehm, als ich sie fragte: »Warum quälst du dich so?« Also ging ich um halb zehn nach Hause, um zu arbeiten. (Ginnie war so krank, so schwach, es war die Hölle, mit ihr spazieren zu gehen.)^{DD}

22. OKTOBER 1947 ^{D} Viel zu tun. Und Cocktails mit Ms. Chamberlain im Michel. Sie sagte, Dodd, Mead sei mit dem Roman in dieser Form nicht zufrieden. Die 100 Seiten müssten auf 60 zusammengestrichen werden. Also muss ich kürzen. Später kam Margot – zuerst war ich mit Chamberlain alleine, und sie redete auf mich ein, dass die Verlagsbranche gerade sehr vorsichtig sein müsse usw. Margot ärgerte sich, weil Dodd, Mead ein reicher Verlag ist. Bin nur enttäuscht, weil ich das Geld brauche, aber es wird ein besseres Buch, wenn ich es gekürzt habe. Allein zu Hause.^{DD}

23.10.1947 4 Uhr früh. Ich kann nicht alleine leben und gesund bleiben. Nachts, alleine, wenn ich geschlafen habe und aufwache, werde ich fast wahnsinnig.

Ich lese Gertrude Stein. Ich esse wie ein Zyklop, nur schlafe ich von meinem Wein und meinem Whiskey nicht ein. Ich sehne mich nicht nach irgendjemandem und auch nicht nach jemand Bestimmtem: Ich sage nur, wenn ich So-und-so hätte, dann wäre ich jetzt nicht wahnsinnig. Ich kenne keine Besonnenheit, kein Urteilsvermögen, keinen moralischen Kodex. Es gibt nichts, was ich nicht tun würde, Mord, Zerstörung, widerliche Sexualpraktiken. Ich würde aber trotzdem auch meine Bibel lesen. Mein Wesen ist vom Frust so zerrissen wie der Vorhang vor dem falschen Tempel.

Ja, ich sehne mich danach, mit einer schönen Frau irgendwo an einem winzigen schwarzen Tischchen zu sitzen, ihre Hand zu küssen und über Dinge zu sprechen, die sie erfreuen. Ich sehne mich danach, meine Schichten abzulegen, wie ich mich danach sehne, von meiner Kunst all das Belanglose abzuschälen, das sie verdirbt. Das muss bei meiner Arbeit an erster Stelle stehen. Ich trinke Whiskey, um mich zu betäuben, und bedaure, was er meinem Körper antut – Fettzellen, geistiger Abbau, und vor allem fröne ich damit einer Abhängigkeit von etwas Materiellem, wo es doch gerade das Geistige, Immaterielle ist, das mich wachhält.

29. 10. 1947 Das Leben spielt mit dir wie mit einem Weichgummiball auf einem Kiesfeld. Du erträgst die Kratzer, die Narben, aber man kann nicht sagen, dass es aus freien Stücken geschieht. Du warst in der Defensive. Dein Gesicht ist gezeichnet von einem Leben, das nur wenige Dichter gekannt haben, auch wenn sie es sich gewünscht hätten. Dein Alter ist wissend geworden mit dem Leben, das das Leben ihm eingezeichnet hat, Strich für mühsamen Strich, aber der Blick auf das, was einst eine leere Leinwand war, ist stumpf. Du gehst allein im Pyjama in deiner Wohnung auf und ab, mit deinem weisen, gequälten Gesicht, wie ein verwirrter Gefangener des Lebens, und selbst der Alkohol, der dein Gehirn vernebelt, ist kein Teil von dir, auch er ist künstlich, ist ein weiterer grausamer Pinselstrich dieses Lebens, etwas, das du mit deinem kleinlichen, sturen Willen abstreiten wirst, und der Rausch ist die letzte Beleidigung an dich.

Selbst ich, die ich diese Zeilen um halb sechs Uhr morgens schreibe, schlaflos, von Halbträumen, halben Alpträumen, halben Halluzinationen heimgesucht, werde vom selben Leben gestreift, weil ich wahnsinnig in dich verliebt bin, und dennoch habe ich dich aufgespürt und war nicht passiv.

Wenn du stirbst, wirst du in seinen gierigen Händen dahinwelken, die sich schon jetzt um dich schließen. Du wirst mit demselben gerupften, verwirrten Ausdruck auf deinem kleinen Gesicht sterben, das im Übermaß weise geworden ist von dem Leben, das du in deinem Kleinmut nicht ertragen konntest.

(Für V. K. C., um 3.30 Uhr nachts, schlaflos.)

29. OKTOBER 1947 ^DHöre gar nichts von Ginnie – Warum? Gott, wie anders wäre mein Leben, wie viel besser, schöner und außergewöhnlicher, wenn ich immer Blusen mit weißem Kragen getragen hätte, wenn ich jeden Sonntag zur Kirche gegangen und bei meinen Eltern geblieben wäre. In letzter Zeit bin ich nicht mehr so anständig wie bisher, und das schlägt mir auf die Seele.^{DD}

4. NOVEMBER 1947 ^DGestern Abend mit Lil in der Parsons Gallery zur Hedda Sterne-Ausstellung[21] – sehr schön. Trug meinen Rollkragenpulli und fühlte mich so hübsch (mit einer der Rosen, die mir Joan geschickt hat), dass ich mich mit allen unterhalten konnte.^{DD}

4. NOVEMBER 1947 ^DGrässlicher Abend mit H. S.[22] Zuerst alles wunderbar – habe mich nach der Arbeit umgezogen, einen Martini gemixt – und später – sein langweiliges Gerede: »Ich verstehe dich nicht. Bist du nicht in mich verliebt? Fühlst du dich kein bisschen zu mir hingezogen??« Gott! Schließlich sagte ich irgendwann, dass ich unglücklich in jemand anderen verliebt sei. Und rief weinend meine Mutter an. Ich werde nach Hastings fahren. Quäle mich hier viel zu sehr. Und ich werde Lil mitnehmen. Sie hat es ebenfalls nötig.^{DD}

4. 11. 1947 Heute gibt es im Leben so viel Unwirkliches, man tut so viele sinnlose Dinge gegen seinen Willen, ohne ersichtlichen Zweck, ohne Freude, ohne Zufriedenheit, dass ein wenig Alkohol nötig ist, um das eigene Ich wiederzuentdecken. Das Ich ist ein schöpferisches, reales Wesen. Die moderne Welt nicht.

---

21 Hedda Sterne (geb. Hedwig Lindenberg, 1910–2011) war eine rumänisch-jüdische Künstlerin und eine der ausstellenden Künstlerinnen in Peggy Guggenheims »31 Women« und wurde später berühmt als einzige Frau in einem Foto der Irascible Eighteen. Sie arbeitete eng mit Betty Parsons zusammen, die ihr Werk in der hier von Highsmith genannten Soloausstellung in der Wakefield Gallery zeigte.
22 Ein Mann, den Highsmith im Jahr zuvor im Zug nach Charleston kennengelernt hatte.

12. NOVEMBER 1947 ^DArbeit. Aber ich arbeite nicht schnell genug. Warum:
Ich schreibe Szenen neu, die ich beim ersten Mal so glücklich geschrieben habe!
Mir ist schmerzlich bewusst, dass ich um diese Zeit eigentlich in Texas sein wollte.
Bin sehr enttäuscht von Ginnie.
Ich brauche Geld und muss deshalb viel Zeit für Timely-Comics aufwenden, die immer anspruchsvoller werden.
Außerdem lese ich [André Gides] *Die Falschmünzer*.^DD

13.11.1947 Mich quält das Gefühl, mehrere Personen gleichzeitig zu sein (niemand, den man kennt). Würde mich überhaupt nicht wundern, wenn ich mich in mittleren Jahren in eine gefährliche Schizophrene verwandle. Das meine ich durchaus ernst. Der Unterschied – und die Unvereinbarkeit – zwischen meinem inneren, meinem wahren Ich und den verschiedenen Gesichtern für die Außenwelt wird immer krasser.

15. NOVEMBER 1947 ^DLetzte Nacht bei Lil geblieben. Bis drei Uhr morgens über alle möglichen Sachen gesprochen, während wir im Bett (in zwei Betten!) lagen. Später mehr. Ich sei der interessanteste Mensch, den sie seit Jahren getroffen hat, sagt sie.
Heute Nachmittag an »Die stille Mitte der Welt«[23] gearbeitet, dann war ich mit Lil im Museum of Modern Art, um mir »Potemkin« anzusehen. Ich genieße Lils Gesellschaft sehr: Sie weiß alles über mich, aber ist nicht emotional von mir abhängig.
Was wirklich unerträglich ist: dass ich nach so viel Arbeit so wenig Geld habe! In letzter Zeit denke ich oft (zu oft), wenn ich nicht so stark (oder verrückt) wäre, dann wäre ich schon vor Monaten durchgedreht.^DD

---

23 Die Geschichte wurde auf Deutsch erst 2002 im gleichnamigen Sammelband veröffentlicht.

17. NOVEMBER 1947 ᴰBin mit »Die stille Mitte der Welt« fertig geworden! Sie wollten »glattere Übergänge«! Genau das, was ich nicht wollte! Im Hinterhof Laub verbrannt. Hat mir sehr gefallen.ᴰᴰ

26. NOVEMBER 1947 ᴰBrachte Margot Johnson noch 50 Seiten – also bis Seite 183 insgesamt –, weil sie heute nach Boston fliegt. Freue mich sehr darauf, heute Abend zu feiern! Nach fünf Tagen ununterbrochener Arbeit! Heute Abend kommen Peggy, Lil (Rosalind?) zu Cocktails und dann Jeanne zum Abendessen. Hoffentlich bleibt sie über Nacht. Warum nicht? Wir kennen uns kaum. Aber es würde uns guttun. Also, warum nicht?

Und tatsächlich sagte J. kurz nach dem Essen, als ich gerade Platten auflegte: »Ich würde gern über Nacht bleiben ... Warum lädst du mich nicht ein?« Sie ist sehr leidenschaftlich, und das gefällt mir sehr. Nach Ginnie, die so fürchterlich schwierig war, ist J. ein Geschenk des Himmels! Mit dem Auto zu den Eltern nach Hastings. Ich war ganz glücklich, als wir den Hudson entlangfuhren, und sie auch. Old Fashioneds. Und ein köstlicher Truthahn. Ich habe ziemlich viel getrunken und viel dummes Zeug dahergeredet. Und kam mit Lippenstift am Kinn zurück, nachdem ich Jeanne um 6 zur Tür gebracht hatte. Was haben sich meine Eltern wohl gedacht? Sie mochten Jeanne.ᴰᴰ

26.11.1947 Weisheit erlangt man durch Trunkenheit und in Alpträumen aus den Tiefen unruhigen Schlafs; beides steht im Widerspruch zu Gott und zum Glück, aber nicht zur Natur. In der Nacht bin ich ich selbst, sowohl Selbst als auch Maschine, eine instinktiv präzise Maschine. In der Nacht kann ich komplett intuitiv arbeiten. Die Nacht gehört niemandem außer mir. In der Nacht ruft mich niemand an. In der Stille höre ich meine eigenen Stimmen.

3.12.1947 Der Impuls zu trinken ist derselbe Impuls, der einen dazu verleitet (Männer wie Frauen, vor allem aber Frauen), ganz in den geliebten Menschen einzutauchen und sich von der eigenen Identität zu befreien, sich zu verlieren.

3. DEZEMBER 1947 ^D Kein besonders guter Tag, weil ich eine Synopsis schreiben musste. Diese erbärmliche Brotarbeit! Eines Tages werde ich davon frei sein! Vollkommen frei! Dass ich Jeanne habe – und was »haben« bedeutet, weiß ich wahrhaftig nicht –, ist jetzt meine Rettung. Ja, meine Rettung. Wir brauchen einander ganz fürchterlich. Ich sage ihr: »Versuch nicht, mich zu lieben.«

Dann noch gut gearbeitet, aber nur vier Seiten. Lil interessiert sich sehr für mich und Jeanne. »Aber langweilt es dich nicht?« »Nein«, habe ich geantwortet: Mädchen, mit denen ich schlafe, sind wie Ehefrauen für mich, und ich will keine intellektuelle Frau. Ich schätze Wärme und wahre Liebe viel mehr. Seltsam, aber durch Jeanne und Lil, durch die Zeichenklasse, habe ich meinen ganzen Freundeskreis gewechselt! Und es gefällt mir. Vor allem gefällt es mir, Jeanne wieder glücklicher zu sehen. Es geht ihr jeden Tag besser, und das zeigt sie auch. Nach Tex hatte sie 8 Pfund verloren. Heute Abend hat sie mich eingeladen, noch hochzukommen (auf ein Glas Milch), und es war – alles rundum richtig und schön. Es war so ein Abend, der mir auch gefallen hätte, wenn ich ein junger Mann mit Heiratsabsichten wäre. Und sie war genau das, was ich wollte: eine Dame, eine echte Lady.^DD

5. DEZEMBER 1947 ^D Komme mit dem Buch jetzt langsamer voran. Eine typische Woche: Mon. und Dienst. alleine = 20 Seiten. Mittwoch Jeanne = 4 Seiten. Donnerstag meine Mutter = 5 Seiten. Freitag – Empörung: 0 Seiten, aber heute um fünf fing ich mit einer Kurzgeschichte über ein Mädchen und einen Chauffeur an. Der Anfang gefällt mir gut; wie Truman Capote muss ich mein Ego wieder aufbauen.

Zeichenklasse. Viele Männer. Ich werde immer besser, und es ist der Höhepunkt meiner Woche. Manchmal stelle ich mir immer noch ein Leben als Malerin vor. Dabei wurde mir gestern bei der Dalí-Ausstellung klar, dass man in der Malerei die Dinge nicht genug oder präzise genug (für mich) ausgestalten kann. Beim Schreiben ist alles möglich.

Woran liegt es, dass Geldverdienen immer schwieriger wird, dass ich nichts vom Roman höre und dass sich etwas in mir dagegen sperrt, das Buch zu Ende zu bringen? Diese böse Geisteshaltung kenne ich bereits. Ich habe schon mit ihr gerechnet. Und jetzt ist sie da. Ich kämpfe gegen sie an. Alleine. Ich möchte Jeanne da nicht mit hineinziehen. Meine Seele ist so krank, dass sie das Glück einer neuen, süßen Liebe nicht aufnehmen kann. Und wahrscheinlich – möglicherweise – liebt mich Jeanne sogar. Ich könnte sie jedenfalls lieben. Sie ist so ein Mensch wie Joan S., der mir guttut, eine, für die man Gedichte schreiben kann. (Seltsam, aber über Ginnie oder Natica kann man keine Gedichte schreiben. Wenn das nicht die Wahrheit ist!)[DD]

5.12.1947 Was sonst spüre ich so intensiv wie meine eigene Angst? Die Liebe? Ich raufe mir die Haare und tigere schreiend durch mein einziges Zimmer, und meine Liebste liegt auf meinem Bett und hört zu – wie ein Taschentuch für alle meine fliegenden Tränen. Die bitteren Jahre meiner Jugend, und man lebt nicht ewig, und noch viel kürzer ist man jung.

Was ist los? Woran liegt es?

Dass ich mich noch nicht genug verbessert habe, um bequem davon leben zu können, nicht genug verdiene, um frei zu sein. Ich habe keine Angst, dass meine Arbeit ins Stocken gerät, weder beim Schreiben noch beim Malen, noch sonst irgendwie. Ich habe keine Angst, an die Grenzen meiner Möglichkeiten zu stoßen. Ganz im Gegenteil, ich bin frustriert, weil meine Tage nicht lang genug sind, weil man die Kunst über so lange Zeit erlernen muss, weil ich kostbare Tage an ein Spiel verschwenden muss, das ich überhaupt keine Lust habe zu spielen – das Glücksspiel von Arbeit gegen Geld. Vielleicht bin ich ein Feigling, vielleicht auch nicht, weil ich mich nicht von allem und allen löse (damit meine ich von Freunden, Geliebten, einem gemütlichen Zuhause, Vergnügungen, Freizeit, Alkohol, Kleidung, Büchern und Konzerten) und nur für mich selbst arbeite, solange mein Geld reicht. Aber ich habe mich so an diese Dinge gewöhnt, dass ich sie mir nicht vorenthalten UND glücklich sein kann.

Nur in den Armen von einer, die ich liebe und die mich liebt, finde ich zeitweise Trost. Diese Monate sind wahrscheinlich die schlimmsten meines Lebens. Von Juli bis jetzt. Viel länger halte ich das nicht aus. Vielleicht ist das alles rein emotionale und gar nicht finanzielle Unsicherheit. Bald muss sich etwas ändern. Andernfalls ... (Aber Selbstmord niemals.)

11. DEZEMBER 1947 ^{D}Heute kamen alle Nachrichten auf einmal: »Die stille Mitte der Welt« ist für 800 $ an *Today's Woman* verkauft.[24] Aber Little, Brown will den Roman aktuell nicht. Er sei zu wenig überzeugend und habe keine Atmosphäre, sagte Lil. Sie hat recht. Und ich frage mich ständig: Warum nicht? Bei der Kurzfassung und beim ersten Kapitel war das noch anders. Aber da hatte ich auch Ginnie und ihre Liebe. In den Tagen direkt danach habe ich ganz schnell geschrieben, aber langsamer und von Hand wäre besser gewesen. Ich will zurück zur Wärme und Atmosphäre des ersten Kapitels, zu meiner Zufriedenheit.^{DD}

12. DEZEMBER 1947 ^{D}Jeanne bis Mittag bei mir. Ich war nervös. Obwohl ich gerade eine Geschichte verkauft und eine verkäufliche Geschichte geschrieben habe, bin ich nervös! So nervös, dass ich

---

24 Die Geschichte über eine unzufriedene Hausfrau und Mutter, die voller Neid eine andere, glückliche Mutter mit deren Liebhaber auf einer Bank auf einem New Yorker Spielplatz beobachtet, erschien in *Today's Woman* im März 1949 unter dem Titel »The Envious One«.

zu viele Zigaretten rauche und vielleicht einen Drink brauche! Und ich erinnere mich an den Satz meiner Mutter: »Auch beim größten Erfolg wirst du nicht glücklich sein ohne Liebe.« Ja, und es muss eine körperlich leidenschaftliche Liebe sein. Habe den großen Fehler begangen, Ginnie zu schreiben, um ihr von der »Stillen Mitte« zu erzählen (der Kuss darin ist der ihre).^{DD}

17. DEZEMBER 1947 ^{D}Wollte heute schreiben, aber wie, wann? War in *Trauer muss Elektra tragen* – der beste amerikanische Film, den ich je gesehen habe. Drei Stunden lang erbarmungslose Tragödie, aber er zeigt das Leben, wenn auch durch Morde und Selbstmorde. So will ich es auch in meinem Buch.^{DD}

19. DEZEMBER 1947 Alleine gearbeitet und auch abends allein. Und glücklich. Und zufrieden. Ich schreibe wieder mit der Hand – warum habe ich nur geglaubt, die Schreibmaschine wäre schneller und präziser? Das ist nicht wahr. Tucker[25] schreitet schnell voran – in Richtung Mord.

25.12.1947 In einem Roman sollte jeder Absatz von einer Stimmung geprägt sein, jedes Kapitel damit beginnen. Ich glaube, man lässt sich leicht von dem Gefühl unter Druck setzen, nur das Erzählen der Geschichte sei von Bedeutung.

26. DEZEMBER 1947 ^{D}Es schneit. 60 Zentimeter. Die Stadt ist vollkommen verändert. Nichts rührt sich. Um 9 Uhr ein Anruf von Joan S.! Habe mich so gefreut, von ihr zu hören. War alleine, am Schreiben. Habe für J. S. eine Zeichnung von meinem Kamin gemacht, mit dem Jesuskind und ihrem Strumpf. Und von dem Gesicht an meinem Kamin, das sie so mochte. Viel im Haushalt gemacht. Sehr glücklich und zufrieden. Mit meinen guten, beständigen

---

25 Tucker wird im fertigen Roman in Guy Haines umbenannt.

Freunden und Menschen wie Jeanne fühle ich mich stark und reich!^DD

28. DEZEMBER 1947 ^DIch bin allein. Schreibe wieder in das Notizbuch, in das Ginnie auf die erste Seite »Ich liebe meine Liebste« geschrieben hat. Fünf, sechs Doppelseiten pro Tag. Morgen wird Tucker seinen Mord begehen.^DD

28.12.1947 Notiz nach dem Schreiben meiner ersten unaufrichtigen Geschichte: Sie nagt an meinem Hirn, wenn ich mich von ihr abwende, um an meinem Roman weiterzuschreiben.[26] Es fühlt sich an, als wären meine Gedanken besudelt und unklar. Möge Gott mir vergeben, dass ich mein Talent an Hässlichkeit und Lügen verschwende. Gott, vergib mir. Ich gelobe, es nicht wieder zu tun. Nur dieser Schwur ermöglicht mir, heute überhaupt noch weiterzuarbeiten. Die beste Strafe wäre, dass die Geschichte ein völliges Fiasko wird.

Miserere mihi. Dirige me, Domine, sempiterne.

30. DEZEMBER 1947 ^DHeute ist ein großer Tag: Ich habe den Mord geschrieben, die Raison d'Être des Romans. Tucker hat seine zwei Schüsse abgefeuert. Und Herr Bruno[27] ist tot!

Etwas ist heute mit mir passiert. Ich habe das Gefühl, ich bin älter, erwachsen. Tuckers Mord war eine wichtige, notwendige Aufgabe für mich, ein großer Schritt. Fast sehe ich schon die Altersfalten an meinem Körper. Ich bin alleine nach Hause zurückgekehrt, zufrieden und glücklich.

Ich will nicht heiraten. Ich habe meine engen Freunde (größtenteils europäische Juden), und Mädchen? – Wird es immer genügend

---

26 Highsmith schrieb ihre Geschichte »Where to, Madam?« über ein Mädchen und einen Chauffeur im Dezember 1947 gewollt »verkäuflich«, doch es sollte noch bis 1951 dauern, bis sie vom *Woman's Home Companion* veröffentlicht wurde.
27 Gemeint ist Brunos Vater.

geben, habe alles, was ich suche, denke ich. Außerdem – Valerie Adams, Kingsley, Lil, Jeanne, Joan, Menschen, die mir das Gefühl geben, dass ich bei meiner Arbeit bereits einiges erreicht habe.[DD]

31.12.1947 2:30 früh. Mein Toast fürs neue Jahr: auf all die Teufel, Lüste, Leidenschaften, Begierden, Eifersüchte, Geliebten, Gehassten, seltsamen Sehnsüchte, echten und eingebildeten Feinde, die Armee der Erinnerungen, mit denen ich kämpfe – mögen sie mir niemals Ruhe gönnen.

1948

Zu Beginn dieses Jahres fühlt sich Patricia Highsmith am seelischen und finanziellen Tiefpunkt ihres Lebens angelangt. Ihr setzt das politische Klima zu, die Angst vor einem neuen Krieg, vor allem aber ihre Geldsorgen, die Angst, keinen Verlag zu finden, mit ihrem Schreiben nichts zu erreichen. Sie fühlt sich beruflich und privat als Versagerin.

In Leo Lermans Sonntagabendsalon – sie ist zunehmend Teil der New Yorker Literaturszene – begegnet sie Truman Capote und freundet sich mit ihm an. Als sie ihm ihre Situation schildert, empfiehlt er ihr die Künstlerkolonie Yaddo in Saratoga Springs (er hat dort im Vorjahr seinen Erstlingsroman geschrieben). Er schreibt selbst eines der Empfehlungsschreiben für sie, außerdem Rosalind Constable und Mary Louise Aswell, die Literaturredakteurin von *Harper's Bazaar*. Mit Erfolg: Patricia Highsmith wird für zwei Monate im Mai und Juni eingeladen.

Sie reiht sich damit in eine illustre Gemeinschaft ein: Unter den Stipendiaten der 1900 vom Financier und Industriellen Spencer Trask und seiner Frau Katrina gegründeten Künstlerkolonie finden sich Größen wie Leonard Bernstein, Aaron Copeland, Hannah Arendt, Milton Avery, James Baldwin, Carson McCullers und Sylvia Plath.

Trotz der in Yaddo vorgegebenen strikten Arbeits- und Lichterlöschzeiten trinkt und flirtet Highsmith viel, verlässt sogar das Gelände für ein Stelldichein mit ihrer aktuellen Geliebten. Dennoch färbt die strikte Disziplin auf sie ab: Die weiterhin zweisprachigen Einträge im Tagebuch (Englisch und Deutsch) werden dichter und sparsamer, und es gelingt ihr, in nur sechs Wochen die erste Fassung von *Zwei Fremde im Zug* zu Ende zu schreiben. Rückblickend erscheint ihr der Aufenthalt in Yaddo als so schicksalhaft, dass sie der Künstlerkolonie nicht nur ihr Vermögen, sondern auch alle zukünftigen Tantiemen vermacht. Zu ihren Mitstipendiaten gehören der afroamerikanische Thriller-Autor Chester Himes, die Südstaatlerin Flannery O'Connor sowie der Brite Marc Brandel.

Marc verliebt sich in sie. In der Hoffnung, sie könnten dort beide ihre Romane fertig schreiben und sich gleichzeitig näherkommen, mietet er im September ein Häuschen in Provincetown auf Cape Cod. Schon bald spricht er von Ehe – ein Thema, das Highsmith schon das ganze Jahr umtreibt. Generell scheint sie viel weniger im Reinen mit ihrer Sexualität als mit Anfang 20. Das hat natürlich mit ihrem Alter zu tun, spiegelt aber auch eine gesellschaftliche Entwicklung wider: Der Krieg hatte als Ausnahmesituation unerwartete Freiheiten mit sich gebracht, sein Ende bedeutete für die LGBT-Gemeinschaft einen Rückschritt. Die große Sehnsucht nach »Normalität« kulminiert in der »Lavendelangst« – Homosexuelle gelten als nationales Sicherheitsrisiko, als gerade so gefährlich wie Kommunisten.

Patricia Highsmith beginnt eine sechs Monate dauernde Psychoanalyse mit dem Ziel, heterosexuell zu werden. Ironischerweise ist es gerade diese Therapie, die indirekt dazu führt, dass sie einen Roman über eine lesbische Liebe schreibt. Denn um die Sitzungen bei ihrer Therapeutin bezahlen zu können, nimmt sie vor Weihnachten einen Job in der Spielwarenabteilung des New Yorker Kaufhauses Bloomingdale's an.

Eine ihrer Kundinnen ist eine elegante blonde Frau in einem Pelzmantel, der sie eine Puppe verkauft. Highsmith verliebt sich sofort in Mrs. E. R. Senn, die Frau eines wohlhabenden Geschäftsmanns aus New Jersey, und als sie nach Geschäftsschluss nach Hause geht, schreibt sie buchstäblich im Fieber (sie hat Windpocken) die vollständige Handlungsskizze von *Tantalus or The Lie* (später *Salz und sein Preis*), einer Liebesgeschichte zwischen zwei Frauen. Mrs. Senn sieht sie nie wieder.

* * *

1. JANUAR 1948 ᴰElend, und warum? Ich stehe zu spät auf, um viel vom Tag zu haben. Und warum gehe ich so oft aus, obwohl meine Familie ein Haus auf dem Land hat? Es bedeutet, dass ich verzweifelt und unglücklich bin. Jeanne hat nicht mit mir geschlafen. Ich will ja gar nicht, aber Körper und Nerven sind nicht dasselbe.ᴰᴰ

2. JANUAR 1948 ᴰArbeit. Comics. Allein. Abendessen bei Sturtevant. Mag keine Frauen, bewundert Männer. Nicht sehr klug von ihr.ᴰᴰ

6. JANUAR 1948 ᴰSah *Schuld und Sühne* mit Jeanne. Wirklich gut: Wenn nur meine Morde so früh in meinen Geschichten stattfänden! Dostojewski! Mein Meister!

Traf Herb um sechs Uhr. Er war wie immer – etwas netter, fand ich. Er schreibt jeden Tag sechs Stunden. Er war ziemlich betrunken, als Jeanne um halb elf vorbeikam. Aus seiner eigenen Flasche, was hätte ich tun sollen? Hatte fast Lust, mit ihm zu schlafen, aber mit ihm war nichts mehr anzufangen. Verärgert rief ich um halb eins Jeanne an, die mich höflich zu sich einlud. Wunderbar, zu ihr zu laufen, die Tür offen zu finden und an ihrem Bett zu stehen. Habe bis vier Uhr morgens mit ihr geschlafen.ᴰᴰ

7. JANUAR 1948 ᴰUnd Herb um halb zehn noch da, als ich zurückkam, ganz verwirrt. Was für eine Nervensäge! Und er hatte überall im Haus hingeschrieben: »Wo ist Pat? – Ich liebe Dich!« Ein Schwachkopf, und ich will ihn nie wiedersehen.ᴰᴰ

8. JANUAR 1948 ᴰMache Fortschritte. Ausführliche Notizen zu Papier gebracht, bevor ich mit dem Schreiben begann. Jeanne gefällt Brunos Mord, aber der Rest glaube ich nicht.

War allein im Zeichenunterricht und lese mit großem Vergnügen Sartres *Was ist Literatur?* – wundervoll – Sartre. Mir ist dabei manchmal, als hielte ich die Kunst selbst in den Händen!ᴰᴰ

9. JANUAR 1948 ᴰMutter war um zwei hier, nichts geschafft. Ich trinke Schnaps, weil ich so niedergeschlagen bin!

Jeanne hat bei mir übernachtet. Wir werden immer glücklicher. Es ist herrlich, aber gefährlich. Ich will sie nicht verletzen.

Habe Joan S. Fotos von Lil, Jeanne und Peggy geschickt.ᴰᴰ

12. JANUAR 1948 ᴰJeanne ist sehr ruhig. Habe sie Montagabend von zehn bis elf besucht, und irgendwie gibt sie mir so viel Kraft, dass ich danach bis um zwei Uhr morgens schreiben kann! Jeanne denkt, sie muss einen neuen Freundeskreis finden und entweder arbeiten oder heiraten. Ja, sie braucht immer jemanden. Das ist der Unterschied zwischen uns. Ich bin also ihre letzte Geliebte.ᴰᴰ

14. JANUAR 1948 ᴰRolf gestern Abend – obwohl ich lieber gearbeitet hätte. Ich stehe spät auf und muss deshalb nachts arbeiten. Aber ich mag Rolf und kenne dieses Pflichtgefühl einer Frau, einem Mann zu gefallen. Komisch? Aber wahr. Also ab ins Bierlokal. Sehr nett. Ich las ihm Brunos Mord vor, der ihm sehr gefiel. Wir unterhalten uns immer über unsere Phantasiehäuser in New Mexico und New Orleans und das unbekannte Leben in der Zukunft.ᴰᴰ

18. JANUAR 1948 ᴰHabe mit Rolf, Irv und Jeanne Leo Lerman[1] besucht. Ich war ziemlich schüchtern mit den dreien, aber Leo war

---

[1] Der Kritiker und Lektor Leo Lerman (1914–1994) schrieb für die *New York Herald Tribune*, *Harper's Bazaar*, *Dance Magazine* und *Vogue*. Der offen schwul lebende Lerman gehörte zu den Größen der New Yorker Gesellschaft, Marlene Dietrich, Maria Callas und Truman Capote zählten zu seinem engsten Freundeskreis, und seine Partys waren legendär.

sehr höflich. Sprach mit Ruth Yorck[2] und mit Schaffner (von *Good Housekeeping* letztes Jahr) und Leo, der sagte, »Schick Frau Aswell diese Woche dein erstes Kapitel.« Capotes Buch *Andere Stimmen, andere Räume* heute in der *Times* und der *Herald Tribune* besprochen. Die *Times* war mäkelig, aber die *Tribune* war entzückt! »Wird der bedeutendste Autor unserer Zeit werden!«, hat Williams ihn gepriesen. Er ist erst 23. Reine Poesie, finde ich.[DD]

19. JANUAR 1948 Mein Geburtstag. Fuhr nach Hastings. Sehr nett mit Old Fashioneds und vielen kleinen Geschenken, aber nichts davon, was ich mir wünsche: einen Fotoapparat oder einen Schlafanzug. Und phantastisches Essen.

Das erste Kapitel meines Buchs gekürzt, damit Jeanne morgen daran arbeiten kann. Sie will es für mich abtippen. Geliebtes Mädchen.

Mutter will reden und reden. Ich gehe in Hastings immer um vier Uhr ins Bett und stehe um acht auf. Stanley schuftet wie ein Pferd, bis tief in die Nacht. Meine Skizzen im Wohnzimmer sehen sehr hübsch aus.

20. JANUAR 1948 [D]Die Fears besucht, die beide krank sind. Das Haus der Toten!

Heute kam ein langer Brief vom Verlag Dodd, Mead, sie bevorzugen Bruno gegenüber Tucker, und ich soll das Buch zu Brunos Roman machen. Für einen Vertrag sei ich »nicht bereit«. Rita las ihn mir vor, als Jeanne vorbeikam – und mich auf den Kopf küsste –, eine Enttäuschung, aber – etwas zum Nachdenken. Jedenfalls – mehr Arbeit.[DD]

---

2 Ruth Landshoff-Yorck (1904–1966), geborene Levy, war eine bekannte Erscheinung in der Boheme der Weimarer Republik, bevor sie in die Vereinigten Staaten emigrierte. Sie war mit Bertolt Brecht, Thomas Mann und Albert Einstein befreundet; Verleger Samuel Fischer war ihr Onkel, und Oskar Kokoschka hat sie porträtiert. Sie spielte im Stummfilm *Nosferatu* von 1922 mit, in New York tauschte sie dann das Schauspielen gegen das Schreiben ein und verfasste Romane, Gedichte und Zeitschriftenkolumnen.

21. JANUAR 1948 ᴰ[Bekam] das MS von Margot. Sie sagt – wie immer kein bisschen entmutigt –, Pat Covici[3] von Viking interessiere sich für einen Roman dieser Art. Also werde ich den Text am Donnerstag wieder Margot zeigen. Habe viel zu tun. Denke viel über Tucker nach und bespreche ihn ständig mit Lil.

Was noch heute? Vergessen. Das Gedächtnis! Man wird alt.ᴰᴰ

23. JANUAR 1948 ᴰMutter. Waren zum Abendessen bei Lil. Es war so kalt, dass ich die ganze Nacht bei Lil blieb. Brauchte so dringend einen kleinen Ausflug, dass es ein Vergnügen war, bei ihr zu übernachten. Ich komme mir wie jemand anders vor, europäisch, wenn ich bei Lil schlafe. Und bin dann ganz erfrischt.ᴰᴰ

25. JANUAR 1948 War bei Leo. Sehr nett. T. Capote[4]. Rainer[5]. Und habe Louis Howard kennengelernt, einen Schriftsteller, den ich mochte. Wirklich – habe davon geträumt, wie es wäre, mit ihm verheiratet zu sein. Lil hat sich gut amüsiert. Hat den Abend mit denen verglichen, die sie in Berlin vor Hitler erlebt hat: Intellektuelle, Freidenker usw. Und gesagt, wir wären die Ersten, die verschwinden. Sie hat recht. Ich lese [Louis] Adamic über Faschismus in Amerika.ᴰᴰ

29. JANUAR 1948 ᴰDer Papierkorb voller weißer Blätter – alles rausgeworfen. Und doch – ist Tucker jetzt stark genug? Was wird Viking dazu sagen? Ich werde es bald hören.

---

3 Der rumänischstämmige Verleger Pascal (»Pat«) Covici (1885–1964) veröffentlichte bei Covici-Friede 1928 den Zensurversuchen zum Trotz Radclyffe Halls Skandalroman *Quell der Einsamkeit*. 1938 ging er als Lektor zu Viking Press, wohin ihm sein Autor John Steinbeck folgte, mit dem er über Jahre vertrauensvoll zusammenarbeitete. Steinbecks *Jenseits von Eden* ist Covici gewidmet, wie auch Saul Bellows Roman *Herzog*.

4 Truman Capote, selbst früherer Stipendiat der Künstlerkolonie Yaddo, schrieb einen der dort erforderlichen fünf Empfehlungsbriefe für Highsmith: »Sie ist wirklich außerordentlich begabt, eine ihrer Geschichten zeugt von einem Talent, wie es mir selten begegnet ist. Außerdem ist sie eine bezaubernde, durch und durch kultivierte Person, jemand, den Sie sicher mögen würden.« Während Highsmith in Yaddo war, schrieb Capote in ihrer Wohnung seine Sammlung von Kurzgeschichten mit dem Titel *Baum der Nacht* zu Ende.

5 Luise Rainer (1910–2014), deutschstämmige Schauspielerin, die für ihre Rollen in *Der große Ziegfeld* (1936) und in *Die gute Erde* (1937) zwei Academy Awards erhielt.

Glücklich – wieder unter Menschen! Feiere es heute Abend! Wolfgang Heider und R[osalind] Constable mit zwei Hunden, die vermutlich Sylvia gehören. Alle fröhlich. Lil trank Martinis. Und wir sprachen über Truman Capote. R. C. sagt, dass er nichts zu sagen hat, eine Laune ist von Leo L[erman], und *Harper's Bazaar, Vogue* und so weiter. Jeanne blieb über Nacht. Ich liebe sie immer mehr, aber das genügt mir nicht. Sie liebt mich, hat sie gesagt. »Willst du, dass ich dich liebe?« »Nein«, habe ich geantwortet. »Liebst du mich?« »Das weißt du doch«, hat sie gesagt.^{DD}

31. JANUAR 1948 ^DEs ist schrecklich kalt. Um die 10° unter Null. Musste spucken, natürlich. Sind um halb zwölf mittags aufgestanden. (Erst um vier eingeschlafen.) Rief Margot an – und traf mich mit ihr, um die Leute von *[Woman's Home] Companion* zu sehen. Sie wollen meine letzte Geschichte »Where to, Madam?«, die über den Rolls-Royce-Fahrer. Mit Änderungen, aber die traue ich mir zu. Und sie bezahlen tausend Dollar. Dann weiter zu Mr. Davis[6] – dem seltsamen Mann von Rockefeller Plaza 31, der Comic-Bücher und *Ballet Theater* herausgibt. Er hat gefragt, ob ich Arbeit suche. Mein Glückstag! Und heute Abend mit G. K. [Kate] Kingsley. Sie sagt auch, was ich schon über Tucker weiß: Er ist schwach, und es ist dem Leser egal, was mit ihm passiert.^{DD}

1. FEBRUAR 1948 ^DTue nichts. Und fühle mich sehr glücklich. Bin um drei Uhr spontan nach Hastings gefahren – wie wunderbar, so ein Zuhause zu haben!^{DD}

2. FEBRUAR 1948 ^DMein erster wirklich freier Tag in drei Monaten! Hätte ich mir nur mehrere gegönnt! Ich hätte viel besser schreiben können!^{DD}

---

6 Blevin Davis (1903–1971), amerikanischer Theaterproduzent und enger Freund Harry S. Trumans und seiner Familie. 1949 wurde er Leiter des Ballet Theater of New York (heute American Ballet Theater).

5. FEBRUAR 1948 ᴰSah *Endstation Sehnsucht*⁷ gestern mit Jeanne, das beste Stück meines Lebens.

Am Ende hätte ich weinen können, weil es so perfekt war.

Jeanne sagte: »Man sollte es nur mit jemandem sehen, den man liebt.«

Später ging ich nach Hause – so glücklich und zufrieden, in Gedanken bei Jeanne.

Und schrieb ihr schnell einen langen Brief in dem Versuch, ihr etwas Selbstvertrauen einzuflößen.

Schrieb, wenn ich ein Mann wäre (wie viele meiner Träumereien so anfangen: Wenn ich ein Mann wäre –), würde ich mich trauen, sie zu heiraten. Sie hätte, was ich mir wünschte und brauchte. (»Aber du – heirate nie einen Schriftsteller!«)ᴰᴰ

9.2.1948 Der East River im tiefen Winter.

Man kommt hin und hält inne unter dem Eindruck der Weite, der machtvollen, unbeirrbaren, unaufhaltsamen Kraft, was ein befremdliches und erschreckendes Gefühl für jemanden ist, der wochen- und monatelang in der Stadt eingesperrt war.

Die Bruchstücke schmutziger Eisschollen, die seine Oberfläche sprenkeln, wirken wie die kältesten, elendsten, grausamsten und kaputtesten Gegenstände in ganz New York. Manche sind so schwer verdreckt und vom Fluss so erschöpft und durchlöchert, dass sie mehr unter seiner Oberfläche schwimmen, und sie sind die elendsten und abscheulichsten von allen.

Man muss sein Gesicht etwas verhärten, um weiter über den Fluss zu sehen.

Möwen haben einen Platz auf einem flachen Eisbrocken gefunden und kreischen fröhlich von seiner Oberfläche, triumphierend mitten im Wasser – wie absonderlich und unheimlich diese Laute

---

7 Das Theaterstück von Tennessee Williams hatte am 3. Dezember 1947 am Broadway Premiere; Elia Kazan führte Regie, Marlon Brando spielte die Hauptrolle.

1948

weit weg auf dem unwirklichen Fluss! Alles ist grau. Aneinandergeratene Schollen treiben da und dort ziellos in einer Nebenströmung zurück.

Welche Ödnis! Welche Ödnis! Und das Herz wagt es nicht, ein glücklicheres Bild heraufzubeschwören, ein persönliches Bild, jetzt, wo das physische Auge diese physische Darstellung erblickt. Mein Schatz, wo bist du jetzt? Du, die du vor einem Block mit mir zusammen warst!

In völliger Stille pflügt ein Schleppdampfer durch Eis und Wasser, von rußigem Eis so dick bedeckt wie mit Seilen und Autoreifen, und überholt einen Kohlentransporter, oder zwei oder drei. Das winzig kleine Mädchen in Gamaschen mit Reißverschluss, das mit seiner farbigen Kinderfrau neben mir steht, schreit vor plötzlicher begeisterter Aufregung, als der Schleppdampfer vorbeifährt. Es hält eine große Puppe hoch, damit sie alles sehen kann! Statt Augen hat die Puppe nur leere schwarze Ovale.

Meine Liebste, wo bist du jetzt, wo wirst du in einem Jahr sein, und wirst du in einem Augenblick wieder bei mir sein, wenn ich mich abwende?

In einem Jahr wirst du nicht in meinem Bett sein – obwohl wir uns jetzt lieben, einander gedient und füreinander Opfer gebracht haben, obwohl ich dir selbstgemachte Geschenke dargebracht habe und du mir –, du wirst nicht bei mir sein, aber der Fluss, der wird hier sein, wenn ich wiederkomme.

Und außerhalb des Fensters neben meinem Schreibtisch hat der Schnee sein Bett zwischen den enggedrängten Rückseiten der Apartmenthäuser gefunden. Keinen Tag lang durfte dieser Schnee in der weißen Schönheit liegen bleiben, die seine wahre Natur ist. In seinem fünfzehn Fuß breiten Engpass, der sich über die Länge des ganzen Blocks erstreckt, haben ihn die Füße von Hausmeistern, Kindern und Hundepfoten zertrampelt und zerstört. Über dem Schnee baumeln die Wäscheleinen von hundert irischen Familien kreuz und quer.

Selbst die Schönheit seiner weiten Fläche zertrennen Zäune zwischen den Hinterhöfen. Zwischen zwei dünnen Drähten hat sich ein Handball durch einen unglaublichen Zufall für alle Zeiten verfangen.

Die Telegraphenstangen, an denen die Wäscheleinen hängen, neigen sich schwerfällig hierhin und dorthin. Nur die Gebäude entsprechen geometrischen Gesetzen. Und ihre wirr hervorstehende Menge von Feuerleitern. Ich muss aus dem Fenster ein Foto von dieser Gasse machen. Wie New York in Miniaturausgabe wirkt sie im Raum oberhalb des Bodens, der selbst nur aus abgenutztem Beton besteht.

13.2.1948 Das Vorherrschen »guter« und »schlechter« Personen bei Dostojewski. Das interessiert mich ganz egoistisch wegen meiner ähnlichen Neigung. Jede meiner wahren Romaninspirationen hatte diese Elemente. Charles und Bernard im ersten Roman[8]. Und jetzt Tucker und Bruno. Technische Einzelheiten interessieren mich nicht. Gut und Böse sind in jedem einzelnen Individuum im Leben vorhanden, daher meine Themen, die Selbstprojektionen sind.

13. FEBRUAR 1948 ᴰIch treffe immer öfter Lewis Howard. Würde auch gerne entweder Lil oder Rosalind sehen. Oder in Wirklichkeit Jeanne, in seltenen Augenblicken der Schwäche. Lese Kafka, [Max] Brod und [Paul] Goodman[9]. Ich habe dieses beharrliche Gefühl, dass Lewis mein Ehemann werden wird.ᴰᴰ

14. FEBRUAR 1948 ᴰIch sprach mit meiner Mutter über meine Unwissenheit in Sachen Geburtenkontrolle. (Fühle mich heute Abend sehr weiblich.) Mutter sagte, sie hätte sich geängstigt, weil sie ver-

---

8 *The Click of the Shutting.*
9 *Kafka's Prayer* von Paul Goodman (New York, 1947).

sucht hatte, mich als Kind zu verletzen.¹⁰ »Du erfährst besser, wie es in der Welt zugeht«, usw. Lewis kommt mir sehr jung vor. »Du solltest unser Kind bekommen!«, sagte er.^DD

15. 2. 1948 Die sympathischen Schmerz- (oder Empfindungs-)zentren des Körpers. Die überladene Blase zu erleichtern, verursacht Zahnschmerzen. Wenn man leicht bedusselt ist (bei zu voller Blase oft der Fall), hat diese Verbindung etwas Teuflisches: Das Urinieren, das um die Genitalien herum geschieht, wirkt auf die Zähne, diesen Sitz erdgebundener höllischer Schmerzen und unmenschlicher Folterqualen, Geburt und Tod, Ekstase und Agonie, Basis und Vervielfachung der bewussten Wahrnehmung des Menschen. Der Körper bekommt für mich eine transzendentale und metaphysische Bedeutung: Sicherlich wurde diese körperliche Maschinerie zu mehr entwickelt, über ihre rein physischen Funktionen hinaus, etwas Weitergehenderem und Launischerem als Schönheit, in unreinerer Absicht, als ein Abbild Gottes oder eine Verkörperung des klügsten Lebewesens der Natur zu sein. Dann wird die ausgestreckte Hand zu einem wunderbaren, erschreckenden und eigenartigen Körperteil, das Haar zu einem verblüffenden Phänomen, die Sprache magisch, die Kraft zu lieben zur erhabensten, unbegreiflichsten und herrlichsten Fähigkeit überhaupt, die in ihrer Schönheit den buntesten Flügel des seltensten Schmetterlings und die urtümliche Majestät fernster und höchster Berge übertrifft.

Und ich bin so überzeugt, wie ich es nur von irgendetwas sein kann, dass dem Körper eine Bedeutung zukommt, jenseits von allem, was man ihm bisher zuschreibt, dass er als Behausung für den Geist des Menschen in dessen Erdenleben ein rätselhaftes Gebilde darstellt, das wir, soweit es uns möglich ist, überblicken können, wie ein beflissener Architekt bei einer Besichtigung ein völlig unbekann-

---

10 Vermutlich bezieht Highsmiths Mutter sich darauf, dass sie (wie sie ihrer Tochter in einem undatierten Brief mitgeteilt hat) zu Beginn ihrer Schwangerschaft mit Terpentin eine Abtreibung herbeiführen wollte.

tes Gebilde in einem fremden Land überblicken würde. Und dann erscheint es mir auch, dass die Vereinigung von Männlichem und Weiblichem sich bei aller Komplexität fast ausnahmslos auf primitivste Weise ereignet, dass wir daher nur fünf Prozent unserer Komplexität erkennen und dass das Ausmaß dieser Komplexität, die uns bekannt ist, noch geringer ist als das Ausmaß eines Eisbergs, dessen Spitze man über dem Meer sieht.

17. FEBRUAR 1948 ^{D}Erfuhr von Margot, dass Viking die Prämisse meines Romans nicht besonders gefiel. Und das Chaos macht sich in mir breit, alle Ängste, der nächste Krieg und in meinem Inneren Absturz, Versagen – die Situation mit Jeanne ist ausnehmend schlecht, zu wissen, dass wir uns bald trennen müssen.^{DD}

17. 2. 1948 Bereits ein großer Gegensatz zwischen der Person, die ich nachts bin, und der, die ich tagsüber bin, selbst wenn ich schreibe. Die nächtliche Person ist in Denken und Vorstellungskraft viel weiter entwickelt. Die Person des Tages lebt und arbeitet noch immer mit der Welt, die nicht meine Welt ist. Ich muss sie vereinigen, zur Nacht hin.

18. FEBRUAR 1948 ^{D}Elend. Will niemanden sehen. *[Woman's Home] Companion* will Überarbeitung der Geschichte [»Where to, Madam?«], und sie haben recht.^{DD}

20. FEBRUAR 1948 ^{D}Ging Mittwoch mit Lewis spazieren, hatte einen Coffee Soda bei Schrafft's[11]. Er macht mir viel bessere Laune, die Sympathie eines Mannes. Und er ist sowohl stark als auch lieb. Etwas Seltenes.^{DD}

---

[11] Schrafft's war eine Restaurantkette, wo Frauen auch allein essen konnten. Ein Schrafft's-Restaurant war in Greenwich Village an der Ecke 13th Street und Fifth Avenue.

21. FEBRUAR 1948 ᴰIn Hastings mit Dell¹² und Lil. Elend, verzweifelt, deprimiert, weil ich arbeiten will, weil ich Jeanne nicht wirklich will, weil Lewis mich umtreibt.

Ich will das Geschlecht wechseln. Kann man das? Und außerdem ist Lewis Jude, was mich noch mehr empfinden lässt, dass ich mich ihm nicht hingeben kann. Aber wir haben so viel gemeinsam.

Habe heute Abend zu viele Old Fashioneds getrunken und geweint.^DD

22. FEBRUAR 1948 ᴰImmer noch unglücklich. Lese Kafka und fürchte mich, weil ich ihm so ähnlich bin. Und ich fürchte mich, weil er trotz seiner Großartigkeit nie das Niveau eines großen Künstlers erreicht hat¹³! [Thomas] Mann ist größer, weil er seine Ideen vermitteln konnte!^DD

23. FEBRUAR 1948 ᴰBlieb in Hastings, bis es mir endlich besserging. Rede mir ein, dass ich von dem Buch überhaupt nicht enttäuscht bin. Aber ich muss erst wissen, wie sich das Ganze zusammenfügt, bevor ich wieder anfange. Margot sagt, sie wolle eine neue Synopse des Romans, bevor ich nach N[ew] O[rleans] abreise. Neue Ungewissheit – Jeanne –.^DD

24. FEBRUAR 1948 ᴰ– kommt nicht nach N. O. mit, wie ich heute erfuhr. Und ich hatte geglaubt, wir drei – meine Mutter, Jeanne und ich – würden zusammen mit dem Auto hinfahren. Joan hat Montagabend angerufen. Sie hat am Sonntag Charles geheiratet. Bin darüber sehr glücklich!^DD

---

12 Lils Ehemann.
13 Nur wenige Werke Kafkas wurden zu seinen Lebzeiten veröffentlicht. Als erster Roman erschien posthum *Das Schloss,* 1926 auf Deutsch und 1930 auf Englisch. Eine englische Ausgabe von 1941 mit einer Würdigung des Autors von Thomas Mann verhalf Kafka im englischsprachigen Raum zu wachsender Popularität.

24. 2. 1948 Ich bin zurzeit mit den größten Problemen konfrontiert, die ich je hatte. Meine Fundamente bewegen sich unter mir wie gewaltige Steinplatten. Solange sie keine Ruhe geben, kann ich mich nicht an den kleinen Leistungen und Beglückungen des Alltagslebens erfreuen – die mir und jedem normalen Menschen die größte Freude bereiten.

24. 2. 1948 Trost, mein Herz! Mit sanftem Trost, weich wie die Brust einer Frau, wäre ich wie in eine Rüstung gehüllt!

25. 2. 1948 Knochenarbeit. Was so viel heißt wie Arbeit am Mark der Existenz (des Lebens), nachdem alles andere entfernt ist. Meine Schwierigkeit: Was für eine Art von Mensch bin ich? Emotional, aufbrausend – das scheint mir meiner wahren Natur eher zu entsprechen als beispielsweise die Kultiviertheit von [Virginia] Woolf oder [Henry] James! Vielleicht ist die Kultiviertheit, die ich wahrnehme, nur Teil meines Schutzschirms vor der Welt.

26. FEBRUAR 1948 ^DVerrücktere Tage als je zuvor. Und in der Zwischenzeit – habe zweimal versucht, mit Lewis zu schlafen. Ich war von mir selbst angewidert, als ich gefragt habe: »Also, willst du mit mir ins Bett gehen?«, und müde und gelangweilt war, reinster Masochismus. Und natürlich habe ich versagt. Lewis, das muss ich sagen, ist geduldig wie ein Engel. Und ich mag ihn sehr.^{DD}

28. FEBRUAR 1948 ^DHabe mit der Schneckengeschichte[14] begonnen. Sie gefällt mir. Aber ich bin müde. Zweimal wöchentlich Röntgenaufnahmen bei J. Borak.^{DD}

---

14 Mit der Kurzgeschichte »Der Schneckenforscher« traf Margot Johnson bei den Zeitschriften nur auf Ablehnung und Abscheu. Erst 1964 kaufte Highsmiths Freund Jack Matcha die Geschichte, zu dem Zeitpunkt Herausgeber der Zeitschrift *Gamma*, die unmittelbar nach der Veröffentlichung bankrott machte.

29. 2. 1948 Die scharfsinnigste Bemerkung, die ich zu diesem Zeitpunkt über mich anstellen kann: dass meine Gefühlsregungen im letzten halben Jahr (und schon davor, in endloser Abfolge!) in einer Tour so brüskiert wurden, dass ich in meinem Schreiben nicht einmal mehr winzige Szenen dramatisch aufladen kann, sie kaum überhaupt ausdrücken kann! Dies am seelischen Tiefpunkt meiner siebenundzwanzig Jahre – dem 29. Februar 1948. Vor dem heutigen Tag hatte ich wenigstens ein Ziel für meine zentrifugale Angst, wenigstens ein Vorhaben! Jetzt bin ich zu den geringfügigsten Entscheidungen nicht in der Lage und kann mir nicht einmal mein zukünftiges Leben vorstellen, da ich unentschlossen bin, ob ich allein glücklich sein kann oder das Leben mit jemandem teilen muss – in welch letzterem Fall ich radikale Veränderungen vornehmen müsste, entweder in männliche oder weibliche Richtung. Eine Zwickmühle? Verflucht.

29. FEBRUAR 1948 ^{D}Was war? Soiree bei Lewis, so förmlich – und bei Leo, wo ich auf Truman Capote stieß. Hielt meine Hand, scheinbar voller Zuneigung. Will mein Zimmer sehen.^{DD}

1. MÄRZ 1948 ^{D}Truman um sechs. Mag das Zimmer. Aß bei Louise [Aswell]. Ich mag ihn sehr. Bei unserer Rückkehr war Jeanne im Bett, was mich wahnsinnig machte.^{DD}

3. MÄRZ 1948 ^{D}Beeile mich – wegen Hastings. Zwei Tage an der neuen Synopse (meines Romans) gearbeitet, und heute Abend bringe ich Kingsley mit nach Hastings, damit sie sie durchlesen kann.^{DD}

6. MÄRZ 1948 ^{D}Ging letzte Woche zum Psychoanalytiker – Dr. Rudolf Löwenstein, am Montag. Zum ersten Mal habe ich zu einem Fremden gesagt: »Ich bin schwul.« Und er hörte sich meine Lebensgeschichte an. Und sagte, mein Fall werde ungefähr zwei Jahre benötigen. Etwas entmutigend, aber ich fühle mich besser, einfach

nur, weil ich es jemandem erzählt habe. Truman scherzt: »Als ich vierzehn war, habe ich meinen Eltern erzählt, alle interessieren sich für Mädchen, aber ich, T. C., interessiere mich für Jungen!« Und sie ließen ihn in Ruhe. Will nicht wieder zu Löwenstein gehen.^{DD}

8. MÄRZ 1948 ^DWieder in N. Y.^{DD}

9. MÄRZ 1948 ^DWar mit Lewis spazieren. Dann aßen wir noch und kamen zurück hierher. Ich habe etwa zwei Stunden lang gearbeitet, während er schlief. In den letzten zwei Tagen habe ich das erste Kapitel des Buchs mit dem neuen Tucker geschrieben, Guy Haines. Es kommt mir richtig vor, dass keine einzige Zeile, die ich mit Ginnie geschrieben habe, bleiben kann! Großer Gott – Liebe, was für eine traurige Sache. Aber mit Lewis zu arbeiten ... – als er hier war, war die Welt auf einmal erträglicher. Und er blieb eine Weile – ein bisschen besser im Bett (das zweite Mal), aber wollen tue ich es nicht, ich sehe es als Notwendigkeit, nicht als Vergnügen. Ich bin nicht einmal mehr neugierig.^{DD}

11. MÄRZ 1948 ^DHabe für Truman Abendessen gemacht. Rolf und Mutter waren da, als er kam. Wir hatten Drinks, und Mutter mag ihn sehr. »So ruhig, nicht wie die meisten jungen Leute in New York.« Und sie lobte seinen Roman. Das Abendessen war gut – aber nichts Besonderes für diesen Gourmet, denke ich. Dachte aber, ich sollte mir die Mühe geben. Truman hat mir 180 Dollar für zwei Monate hier [in meiner Wohnung] bezahlt.

M. L. Aswell, Marguerite Young[15] usw. Sehr nett, trug meine Ausgehhose, weil Truman darauf bestand. Blieb lange – und später noch auf einen Drink bei T. Trouville. Ich gehe gern mit dem kleinen Truman aus: Er ist so aufmerksam – und so berühmt! Und so süß.^{DD}

---

15 Die Schriftstellerin Marguerite Young schrieb wie Mary Louise Aswell ein Empfehlungsschreiben für Highsmiths Antrag auf ein Stipendium in Yaddo.

12. MÄRZ 1948 ᴰHabe die Empfehlungsschreiben an Yaddo geschickt. Bewerbe mich für Mai–Juni. Mrs. Aswell, [Marguerite] Young und Truman haben mich empfohlen. Und Rosalind. Noch in ziemlich schlechter Verfassung. Bin so deprimiert, dass mir mein Magen zu schaffen macht. Bin immer noch verliebt in Jeanne. Das ist so. Ich bereue es nicht, aber es macht mich traurig. Habe ein bisschen gearbeitet, während Lewis schlief, und fühlte mich plötzlich so viel besser, dass ich den Mut hatte, wieder zu versuchen, mit ihm zu schlafen. Ich finde es so entsetzlich öde! Kein bisschen Vergnügen! Mein Gott – wie seltsam! Das, was alle Eltern auf der ganzen Welt ihren Kindern verbieten müssen, so ein Graus! Ich habe mich bemüht, wirklich – bis zur Erschöpfung. Es ist, als wäre ich so eng und der Mann so groß. Und das heißt, ich habe keine Lust darauf.ᴰᴰ

13. MÄRZ 1948 ᴰTrotz allem heute glücklicher. Habe den ganzen Tag alles für Carl Hazelwood[16] vorbereitet, der um halb sieben kam. Carl sehr lieb, haben über ihn gesprochen – er hat mir mehr erzählt als seiner Frau oder seiner Mutter, sagt er. Und dass Männer schmutzig seien. Großer Gott! Es geht mir durch den Kopf, dass ich ohne weiteres Carl heiraten könnte, dass er mir lieber wäre als Lewis, dass er kaum etwas an meinem Leben ändern würde. Ich könnte ihn »lieben«, weil er Liebe so dringend nötig hat. Und es wäre ein Ausweg.ᴰᴰ

14. MÄRZ 1948 ᴰArbeit. Rosalind um halb sechs. Martinis. Sie hat jetzt einen großartigen Job: nur neue Bücher lesen, neue Schauspieler kennenlernen, Bilder usw. ansehen und darüber berichten[17]. Genau das, was sie tun würde, wenn sie nicht arbeiten müsste. Jeanne besucht, weil ich so betrunken war. Und wollte nicht über Nacht

---

16 Ein junger Mann, den Highsmith vor kurzem kennengelernt hatte.
17 Laut Daniel Bell hat der Großverleger Henry Luce Rosalind Constable zur Herausgeberin eines Rundschreibens – Rosie's Bugle – ernannt, in dem alle wichtigen Mitarbeiter über die kulturellen Themen informiert wurden, mit denen sie sich befassen sollten.

bleiben, obwohl sie mich eingeladen hat. Hoffe, das war das letzte Mal.^{DD}

15. MÄRZ 1948 ^DHätte ich bloß gewusst, wie man ein Buch schreibt, bevor ich anfing!^{DD}

16. MÄRZ 1948 ^DDen Blick aus dem Fenster gezeichnet wie damals mein Haus in Taxco, bevor ich es für immer verlassen habe. Es fühlt sich an, als würde ich nicht hierher zurückkehren. Habe Brunos Mord nach Yaddo geschickt und eine Geschichte.^{DD}

26. MÄRZ 1948 Ich frage mich, ob Joan jetzt glücklich ist, in ihren Flitterwochen in Florida. Mutter hat mir einen Schrecken eingejagt, als sie gesagt hat, sie wolle vielleicht das Haus aufgeben und herkommen, um hier zu leben. Was ist der Grund für diesen ganzen Aufruhr? Nur Geldmangel. Und sie behauptet, ich würde sie nicht so unterstützen, wie ich sollte.

Da stecken mehrere Faktoren dahinter: 1. Verdruss über Stanley, der mehr für sie tun sollte; 2. Trotzhaltung – da sie bei ihm geblieben ist, als ich mich für eine Scheidung eingesetzt habe, soll sie nehmen, was er ihr gibt, 3. die kindische Haltung des freien Künstlers, der denkt, wenn schon niemand ihn unterstützt, so sollte er zumindest nicht verpflichtet sein, für Leute Geld hinzulegen, die ein regelmäßiges Einkommen haben 4. die Überzeugung, dass das Haus meiner Eltern ihre Sicherheit ist, wesentlich größer als die meine, an die meine Mutter mich stets mit den Worten erinnert, »ich sei gut versorgt« 5. Verdruss, weil ich ihr Geld ohne Zinsen geliehen habe, als das unpassend kam für mich, die ich sowieso schon dauernd in der Kreide stehe bei meinen Gläubigern, 6. Verdruss, dass meine Mutter immer sagt: »Zahl du jetzt. Wir regeln das später«, und das nie geschieht.

29. 3. 1948 In Houston: Selbst in einer billigen Bierkneipe, in der Schwule verkehren, meistens aus der unteren Mittelschicht, Verkäufer, die beispielsweise von Kunst wenig Ahnung haben, gibt es dennoch diesen erschreckenden wissenden Blick, der zwischen ihnen und mir quer durch den Raum gewechselt wird, dennoch dieses überwältigende Gefühl der Brüderlichkeit, das stärker ist als Unterschiede in Herkunft, Persönlichkeit und persönlichen Interessen. Man begreift, dass das Sexuelle alles bedingt und kontrolliert. (Ich selbst bin ganz und gar eine Ansammlung von Zuflüssen dieses großen Stroms in meinem Inneren.)

30. MÄRZ 1948 [Fort Worth.] Großmutter & ich brechen um 4:15 nachmittags auf. Ich habe meinen Proust auf der Vorderveranda liegenlassen und lese stattdessen *The Atlantic,* was höchst anregend ist. Die Zugfahrt ist angenehm, und ich fühle mich gut gekleidet in meinem grauen Kostüm, grauen Rollkragenpullover, Gürtel mit Schmuckschließe. Ich fühle mich angezogen von dem stillen intellektuellen Mädchen auf der anderen Seite des Gangs, das in Dallas aussteigt. Kleidung, Selbstsicherheit lassen das Begehren wieder keimen. Heute Abend in Ft. Worth ein Brief von Margot; »Where to, Madam?« vom *Companion* abgelehnt. Kurzzeitig Chaos, Verzweiflung, die aber schnell abebben. Hier in diesem schlampigen Haus, unvorstellbar verfallener als zuvor, sind irgendwo die unzähligen haarfeinen Wurzeln, die meine in Luft und Wasser gebildete Hauptwurzel nähren.

3. APRIL 1948 Habe eine Schreibmaschine gemietet und in guter Stimmung ein anderes Ende der Geschichte für den *Companion* begonnen. Geht flott. Aber mit jedem Tag, der vergeht – wo ist das, was ich wirklich schreiben will? Ich spüre es in mir. Soll ich etwa sein wie die Zahllosen, die sich dazu bestimmt fühlen, eines Tages großartige Werke zu schreiben? Doch wenn ich sie vor mir sehe, weiß ich, dass ich anders bin, und vertraue auf meine Leidenschaft –

mein unermessliches Bedürfnis –, das ich an ihnen überhaupt nicht entdecken kann. Die Bemerkung der Wahrsagerin in New Orleans zu meiner Mutter geht mir nicht aus dem Kopf: »Sie haben ein Kind – einen Sohn. Nein, eine Tochter. Es hätte ein Junge sein sollen, aber es ist ein Mädchen.« Ringsum die glücklichen, unbeschwerten, glücklich lebenden Paare des Südens. Das Anbändeln fällt so leicht, erreicht so leicht sein Ergebnis, die Körper so sehr vom Glück begünstigt.

4.4.1948 Sich wieder in die Welt zu wagen, unter Menschen, wenn der Besuch eines Ladens mit zwei anderen Leuten (sind sie so Leute wie ich?) zu dem eines Helden würdigen Abenteuer wird, zu einer Reise, die das Können und den Mut eines Seefahrers auf die Probe stellt. Der Lehm, aus dem ich bestehe, durch meine hundert Tage Einsamkeit in eine gewisse idiosynkratische Form geknetet, wird gestoßen, gestupst, gestochen, an mehreren Stellen zerschmettert, in die Form aller anderen gehämmert und so zugehauen, wie es die Gesetze der Welt gebieten. Meiner Arbeit ergeht es entsprechend. Und das ist der kostbare Gewinn: dass Werke, an denen ich arbeite, nicht als mein ganzes Selbst angesehen werden, wie ich gedacht hatte, sondern als Mikrokosmen im Universum meiner selbst, in dem (ich spüre es jetzt) Tausende anderer Mikrokosmen nebelig umherschweben, unzählige Sonnensysteme. Kann ein Mensch sein ganzes Selbst in einem einzigen Werk ausdrücken?

5.4.1948 Nachts existieren die Dinge unverhüllt; ich bin in vollkommener Kommunikation mit ihnen. (Nachts sind das Konkrete und das Abstrakte unverhüllt; man kann sie liebend umfangen.)

10. APRIL 1948 Mutter weckte mich um neun Uhr mit dem Anruf, dass ich in Yaddo zugelassen wurde. Ich bin aufgeregt und begeistert. Was für eine Erleichterung, wie ein Soldat das Leben für die nächsten zehn bis zwölf Wochen nicht selbst planen zu müssen! Mutter

freut sich auch, und Grandma ist beeindruckt. Grandma hat in der Broschüre alles über Yaddo gelesen. Wie breit gestreut ihre Interessen sind – sie ist ein so viel imponierenderer Mensch als alle ihre Nachkommen. Ich denke immer, dass ihre Familie sich von der Generation ihrer Kinder an unaufhaltsam nach unten verheiratet hat, Claude ausgenommen. Ich lese F. B. Simkins' *The South Old & New, a History 1820–1947* mit großer Begeisterung jeden Abend bis spät in die Nacht. Tippe meine mexikanische Geschichte wieder ab. Sie ist so gut, was die Fakten angeht. Vielleicht kann Margot etwas erreichen. Und zum Titel?

24.4.1948 [New Orleans.] Zichorienkaffee und entsetzliche Müdigkeit. Wie perfekt diese alptraumhaften Momente sind – beim Erwachen das grüne Oberlicht zu schließen. Sich aus medizinischen Gründen einen Drink zu genehmigen, dann der neueste bravouröse Donnerblitz auf dem Schlachtfeld meiner selbst (gerüttelt, erschüttert von Erkenntnisblitzen, die ich niemals gegen eine Nacht eintauschen würde, in der ich ordentlich durchschlafen kann): dass, weil ich meiner ersten Liebe, einer Alkoholikerin, den Alkohol vorenthalten habe, sie entschlossen war, sich mir vorzuenthalten. Oh, was im Leben wiegt die Weisheit des Herzens auf? Ich stehe allein um 3:15 nachts in meinem Hotelzimmer in New Orleans, und mein Körper zittert leicht, wie der Baudelaires. Ich spüre meine intuitiven Kräfte, spüre auch ihr Ende, denn jetzt bin ich schwach, und der Körper, der den Geist bekriegt, kann bei solcher Behandlung nicht lange bestehen.

25.4.1948 Der Homosexuelle ist eine höhere Art Mensch als andere Menschen. Unvermeidlicherweise nimmt er seine physischen und biologischen Kräfte weniger für seine Leidenschaften in Anspruch, sein geistiges Können. Ist seine sexuelle Liebe nicht ganz und gar seiner Vorstellungskraft unterworfen, der höchsten menschlichen Fähigkeit? Und Gefahr, Ungewissheit, Unvollständigkeit, eine erzwungene und verabscheute Philosophie der Vergänglichkeit (mit der seine Ideale ständig auf Kriegsfuß stehen) stimulieren ihn wie Drogen oder ein mörderischer Kampf zu den größten Bemühungen von Geist und Herz. Darauf beruht seine gedankliche und künstlerische Produktivität. Kreativ, sollte ich sagen, nicht immer produktiv. Für den Homosexuellen ist die Ebene normal, die jeder gewöhnliche Künstler erst durch Glück oder Anstrengung erreichen muss, um Erfahrungen von künstlerischem Wert zu sammeln.

8. 5. 1948 Die ganze Welt ist irreal, die an Christus glauben, werden es als Erste beteuern. Warum behaupten meine Eltern dann, ich lebte außerhalb der Realität? Ich führe ein reineres Leben, in reineren Illusionen, lebe einen schöneren Traum als sie, die selbst einen Traum leben. Ihr Traum ist der Traum von der heterosexuellen Welt, in der man ungestört und unbehelligt lebt, Häuser kauft und darin wohnt mit den Menschen, die man liebt, wie ich es nicht kann.

11.–30. MAI 1948 Was soll ich zu Yaddo sagen? Ich werde meinen Aufenthalt dort nie vergessen. Ein ausnehmend öder Haufen ohne große Namen – obwohl Marc Brandel[18] interessant ist. Bob White, Clifford Wright[19], Irene Orgel, Gail Kubik[20], Chester Himes[21] und Vivienne Koch MacLeod, W. S. Graham, ein schottischer Dichter, Harold Shapero & Frau,[22] Stan Levine, Maler, Flannery O'Connor[23]. Nach drei Tagen großes Bedürfnis zu trinken. Nach zehn Tagen der betrunkenste Abend meines Lebens. Im Restaurant Maranese zwischen hier & der Stadt, wo wir zum Abendessen waren, als

---

18 Marc Brandel (eigentl. Marc Beresford, 1919–1994), ein britischer Autor und später Fernsehproduzent, der auch mehrere Folgen der Serie *Die Drei ???* geschrieben hat.
19 Der amerikanische Maler Clifford C. Wright (1919–1999) heiratete später die berühmte dänische feministische Schriftstellerin Elsa Gress.
20 Gail Thompson Kubik (1914–1984), amerikanischer Komponist.
21 Chester Himes (1909–1984), amerikanischer Krimiautor.
22 Harold Shapero (1920–2013) war ein amerikanischer Komponist, seine Ehefrau die Abstrakte Expressionistin Esther Geller (1921–2015).
23 Flannery O'Connor (1925–1964) war Verfasserin von Kurzgeschichten und stammte aus Savannah in Georgia.

1948

die Küche von der Garage ins Haus umzog. Keiner von uns aß viel. Wir stürmten die Bar und tranken, als hätten wir noch nie einen Cocktail gehabt. Die Order war, durcheinander zu trinken – für noch mehr Aufregung –, Marc gab schnell auf, die karottenroten Haare in seiner Karottensuppe. Ich wechselte ein paar aufschlussreiche Worte mit C. Wright, dem einzigen anwesenden Schwulen, was nicht weiter vertieft wurde. Wir wissen beide Bescheid. Na und? Ich hatte sicher fünf oder sechs Martinis. Und zwei Manhattans. Fast ein Blackout im Jimmy's mit Bob & Cliff, der im Maranese ohnmächtig geworden war, so dass wir ihn zu dritt zum Taxi tragen mussten. Wir hatten ihn im Jimmy's auf einen Hocker bugsiert, von dem er runterfiel wie ein [Humpty-Dumpty-]Ei. Wir haben ihn ins Taxi gesetzt, aber als wir rauskamen, war er verschwunden! Das Taxi schon bei 7,50 $, bis wir in Bobs Atelier seine Zeichnungen angesehen hatten. Der Taxifahrer trank und schaute auch mit. Als wir das nicht zahlen wollten, wurden wir in die Stadt zurückgeschafft, kamen unterwegs an Cliff vorbei, der unter den dunklen Ulmen der Union Avenue auf seinem 3-Kilometer-Heimweg dahertorkelte. Diese Nacht ging in die Annalen ein als »die Nacht, in der Clifford in den See fiel«. [D]Chester hat versucht, mich zu küssen (in seinem Zimmer). Habe ich das schon erwähnt? Ist egal.[DD]

Sechs Künstler sind hier. Wir sind alle sehr unterschiedlich, doch bemerkenswert gesellig, finde ich. Was mir am meisten auffällt, ist tatsächlich unsere grundsätzliche Ähnlichkeit. Letzte Nacht kam mir der Gedanke, dass, wenn einer von uns sähe, wie ein weißer Zettel unter seinem Türspalt durchgeschoben würde – mit einem wahren Donnergeräusch in der frühmorgendlichen tiefen Stille –, jeder von uns sofort seine Arbeit unterbrechen und sich darauf stürzen würde. In welcher Hoffnung? Vielleicht auf einen Freund, auf ein Zeichen, unter den anderen auserwählt zu sein. Und in der Folge – persönliche Sicherheit, Selbstbestätigung, Liebe. Das braucht und wünscht sich jeder Künstler. Selbst der verheiratete Künstler richtet sich danach.

Die Vormittage. Um zehn Uhr Energie im Übermaß. Die Welt ist zu üppig, um verzehrt zu werden. Man sitzt mit schwirrendem Kopf am Schreibtisch, will zeichnen, schreiben, im Wald spazieren gehen. Die überwältigende Menge an Erfahrungen stürmt von allen Seiten auf einen ein. Morgens wünsche ich mir allerdings manchmal einen Drink, um meine Energie von 115 % auf 100 % zu reduzieren.

15. 5. 1948 Bitte überdenke, ob nicht jeder Künstler auf seine Weise rücksichtslos ist. Selbst die Liebenswertesten haben etwas auf dem Kerbholz, meistens wegen ihres kreativen Lebens, das der Rest der Welt als unmenschlich ansieht. Manche Fälle sind offensichtlicher, andere mögen verborgener sein. Ich weiß, was es bei mir ist, meine Grausamkeit. Aber wo, das weiß ich nicht genau, denn ich versuche immer, mich von Bösem reinzuwaschen. Meistens ist es bei einem Künstler die Selbstsucht. Und da er sich für seine Kunst so unverdrossen allen möglichen Entbehrungen unterwirft, fällt es ihm schwer, diese Selbstsucht zu erkennen. Und er hält sie außerdem für Selbstsucht um einer so offenkundig würdigen Sache willen. Diese Selbstsucht ist im Allgemeinen irgendeine Art von Selbstschutz, insofern als der Künstler der Welt oder einem anderen Menschen nicht genug von sich selbst preisgibt.

[OHNE DATUM] Nach drei Wochen Yaddo. Die Seele gelüstet nach ihrem eigenen Verderben – schon nach der ersten Woche. Verzweifelt versucht sie über Alkohol den Kontakt zur übrigen Menschheit wiederherzustellen. Die eigene ewige und individuelle Einsamkeit hebt sich scharf von dunkelgrünen Kiefernwäldern ab, die aussehen, als hätte sie nie eine menschliche Gestalt betreten oder würde sie jemals betreten. Und dann gibt es diese Sehnsucht, ebenfalls aus der Einsamkeit geboren, sich in diesem Jahr 1948 spirituell mit der ganzen übrigen Welt zu mischen, die jetzt am Verhungern ist, am Kämpfen, die sich gequält windet vor Durst und offenen Wunden, hurt, betrügt, intrigiert, heimliche Vorlieben für die stinkende Gosse entwickelt. Das wollen wir, denn es ist auch unsere Bestimmung, und Yaddo enthält sie uns vor. Es gibt den Augenblick äußerster Verworfenheit gegen elf Uhr oder halb zwölf am Vormittag. Man geht die Blase entleeren, wäscht sich die Hände und sieht in den Badezimmerspiegel. Man nimmt das Ticken der Uhr im Arbeitszimmer wahr. Man erkennt die Isolation und Gefangenschaft des Körpers, die Hölle des Körpers (und nicht nur hier, überall, solange man lebt, sehnt man sich nach einem anderen Körper, nackt und liebesbereit, ob Mann oder Frau, je nachdem). Man macht sich einen Drink aus Whiskey und Wasser, trinkt die Hälfte davon unwirsch in kleinen Schlucken an einem Fenster, sieht zu dem sterilen gemachten Bett, erwägt zu masturbieren und verwirft den Gedanken voller Furcht und Verachtung. Man schleicht im Zimmer herum wie ein unverbesserlicher, unbelehrbarer eingesperrter Krimineller. Das ist der köstliche Augenblick des Nichtseins, erhaben, alles erfüllend, der Augenblick der äußersten Verworfenheit.

2. JUNI 1948 Überwältigendes Glücksgefühl. Dreiundzwanzig Tage in Yaddo. Ich führe offensichtlich ein geregeltes, angenehmes und gesundes Leben. (Und wie oft und wo konnte ich das in den letzten acht Jahren, seit ich nicht mehr bei meinen Eltern wohne, schon behaupten?) Und – weniger offensichtlich – hat das meine Würde, mein Selbstvertrauen wiederbelebt und ermöglicht mir, zu vollenden, was ich bisher nicht vollenden konnte, dieses Kind meines Geistes, meinen Roman, und es auf die Welt zu bringen.

13.6.1948 Das schönste Wort ist »transzendieren«. Nach allen platonischen Gesetzen bin ich ein Mann und liebe Frauen.

17. JUNI 1948 Dieses anhaltende Bedürfnis nach Vergebung. Romantische Anwandlungen? Mutterkomplex? Denn es geht immer um eine Frau, und es muss eine sein, die ich liebe. Aber womit habe ich gesündigt? Heute Abend zum ersten Mal in Yaddo niederge-

schlagen, hauptsächlich aus zunehmender Erschöpfung. Drei Tage nach Jeanne. Ich war von Sonntagnachmittag bis Dienstagvormittag mit ihr. Mein Buch nähert sich dem Schluss. Ich kann inzwischen nicht mehr logisch oder phantasievoll darüber nachdenken und komme mir vor, als schriebe ich wie eine Blinde. Mein Widerspruchsgeist wird sich in den nächsten Tagen wie wild gegen die Fertigstellung sträuben, aber ich werde siegen. (Welches Ich?) Wenn ich in der einzigartigen Klinik von Yaddo nicht gebären kann, wo sollte ich es dann können? Hier gibt es keine sexuelle oder akustische Ablenkung. Dennoch heute so ruhelos – melancholisch –, dass ich mich fragte, ob es mir wohl gutgetan hat, Jeanne zu sehen, oder nicht, obwohl sie mich so glücklich gemacht hat.

Unglaublich! Vor nicht einmal einem Jahr fieberte ich meinem ersten Jahrestag mit Ginnie entgegen. Und jetzt haben überwältigende Tatsachen und Umstände mich gegen meinen Willen gezwungen, sie zu vergessen. Ja, endlich zu vergessen, der letzte Schritt zum Auslöschen! Und kaum ist das geschehen, beginnt das emotionale System, sich eine andere anzueignen und einzuverleiben!

Shapero ist entweder ungeheuer heiß auf mich oder wahnsinnig neugierig, lotet aus, wie ich auf subtiles Flirten reagiere. Heute – verkrampft, vielleicht auch »launisch«, dauernd entschuldige ich mich. Mein Geld schmilzt dahin. Gestern Nacht, spät, war ich regelrecht deprimiert, weil alle mich – die Sparsame – anpumpen und die wenigsten ihre Schulden zurückzahlen. Deshalb der Gedanke, es lohnt sich nicht, sparsam zu sein, vorzusorgen, man wird doch nur von allen ausgenutzt, und den Glücklichen, die ihre Schulden nie begleichen, nimmt das nie jemand übel, sie selbst am allerwenigsten. Shapero erzählt Orgel, dass er in mich verliebt ist, damit sie es mir weitererzählt. Außerdem vier Heiratsanträge von Marc. Was ich nicht begreifen kann, ist, warum ich Männergesichter einfach nicht anziehend finde, nicht schön. Ich kann mir aber schon eine Verbindung mit einem Mann vorstellen, wenn er patent wäre und unser beider Arbeit für wichtig hielte, das würde uns beide glücklich machen. Oft denke ich auch, dass ich ganz auf Mädchen verzichten könnte – meine ganze Freude. Die Frage ist, ob nur Männer, ihre Freuden, auf Dauer nicht ungeheuer langweilig werden? ᴰSexualität ist wie ein Spiel, das man ein Leben lang spielen muss oder gar nicht. Sexualität verträgt keinen Perspektivenwechsel, denn sonst wird einem bewusst, dass es ein Spiel ist. So wie mir gerade.ᴰᴰ

23. JUNI 1948 ᴰUm 6:17 abends »Ende« unter mein Buch geschrieben. Fühle mich erschöpft, gelangweilt, gar nicht aufgeregt. Wenn ich nicht zu erschöpft bin, sehe ich auf einmal all die guten Stellen in meinem Buch. Marc ist sehr süß und behandelt mich immer liebevoller. Er reist Montag ab. Und ich wünsche mir sehr, dass er mich in Hastings besucht.ᴰᴰ

26. JUNI 1948 Ein Wendepunkt. War mit Marc am See, und wir sprachen ziemlich viel über Homosexualität. Er ist erstaunlich tolerant. Und er hat mich davon überzeugt, dass ich Schuldgefühle für diese Impulse und Gefühle loswerden muss. (Kann ich nicht einfach an Gide denken? Muss ich immer wieder versuchen, mich »zu bessern«?) Ich kam mit einer völlig neuen Haltung zurück. Ich denke jetzt besser von mir. Ich habe mich der Welt ein wenig geöffnet.

30. 6. 1948 Ein gewisser innerer Friede ist unerlässlich, damit man leben kann, Befreiung von Ängsten. Ich selbst kann das nie haben ohne an die Macht Gottes zu glauben, die größer ist als der Mensch und alle Macht im Universum.

2. 7. 1948 Die Anziehungskraft von Bars: Man kann aus ihnen machen, was man sich wünscht. Wie man aus einer Frau machen kann, was man sich wünscht. Eine Bar ist für den Künstler ein Labor, für den Eskapisten eine Opiumhöhle, für den Einsamen Menschheit. (Und wer wäre nicht einsam?)

5. JULI 1948 Ich kann mich nicht entspannen – war so viele Wochen lang wie eine gespannte Feder. Habe vier Tage lang versucht, gemächlich zu arbeiten. Jetzt ist die Anspannung wieder da, in meinem Nacken. Psychosomatisch, sagt Shapero. Ich sehne mich nach dem Mond. Unbezwingbare Müdigkeit. Ich will nie ins Bett gehen. Gehe ohne besondere Absicht mit den anderen hier in die Stadt und sehne mich nach etwas, was mich als Einziges befriedigen würde, von dem ich weiß, dass ich es an diesen Abenden nicht finden werde, dem Kuss von jemandem, den ich liebe. Mrs. Ames[24] hat mich unter die »schweren Trinker« eingestuft (mit eingeschlossen) – Marc, Bob und Chester, die alle abreisen. Marc schickt mir sein Buch *Rain Before Seven*. Und erklärt mir wieder seine Liebe. Ich sehne mich danach, mit jemandem für ein neues Leben wegzugehen. Vielleicht nördlich von New Orleans, wie Marc vorschlägt. Aber wäre das nicht eine neuerliche Abschottung? Was mich grundsätzlich quält, ist mein grundsätzliches Misstrauen Männern gegenüber. Marc ist ausnehmend tolerant (und sehr liebevoll) und sagt zum Beispiel, er hält mich für sehr feminin.

16. JULI 1948 [Hastings-on-Hudson.] [Mutters] Überfürsorglichkeit ist unser Verderben. Heute Abend sind wir nach Hastings reinspaziert, um einen Film zu sehen, und haben uns bei einem Bier darüber unterhalten, und sie wäre fast in Tränen ausgebrochen. (Da funkt auch viel Rührseligkeit rein, die alles umwabert.) Ich raube ihr den Appetit & die Arbeitskraft, sagt sie, durch meine Schroffheit & meinen Mangel an Ermutigung. Aber ich werde nicht abreisen, obwohl ich es angeboten habe, weil das alles nur schlimmer machen würde. (Bin jetzt seit dem 10. Juli in Hastings und werde vielleicht einen Monat lang bleiben.)

---

24 Elizabeth Ames, zu der Zeit die Leiterin von Yaddo.

20. JULI 1948 ᴰZustände in Hastings unerträglich, und ich reise ab. Der scheußlichste Sonntagnachmittag, als ich sie an meine Kindheitsängste erinnert habe und nur Stanley mich im Ansatz versteht. Mutter sagt einfach nur: »Du liebst mich nicht. Ich habe versagt.« Und – ich kann mich nicht dazu überwinden, darauf etwas zu erwidern.ᴰᴰ

21. JULI 1948 ᴰWerde vermutlich bei Ace Magic arbeiten, wo Marty Smith arbeitet. Gott sei Dank! Herbert L. hat angerufen. Wir aßen zu Abend, und er blieb über Nacht. Die beste bislang. Mein Gott – vielleicht lerne ich noch, Männer zu lieben.ᴰᴰ

22. JULI 1948 ᴰZu viele Martinis – und noch zwei bei Leighton. Habe Jeanne im Auto wie eine Irrsinnige geküsst und kamen zu spät nach Hastings. Jeanne hat hier übernachtet – was nie wieder passieren sollte, wie ich mir vorgenommen hatte. Aber ich war so betrunken – gefährlich, wie Yaddo.ᴰᴰ

23. JULI 1948 ᴰLetzter Abend mit Marc vor seiner Abreise nach Kent, Connecticut. Er blieb über Nacht – (drei Nächte, drei Menschen!). Er hielt mich in den Armen und war so lieb. Ich halte wirklich viel von ihm.ᴰᴰ

28. 7. 1948 Eine gelassene, objektive Bemerkung: Im Glück neigt der künstlerische Geist eher dazu, eine Idee auf das Wesentliche zu beschränken. Nur der melancholische Geist schafft Wirrwarr und Komplikationen. Noch einmal: Zum Teufel mit den Leuten, die denken, es gehe dem Künstler gut, wenn er leidet! Könnten meine Eltern das nur lesen, aber das wird nie geschehen.

2. AUGUST 1948 ᴰHabe die letzten Tage mit Jeanne darüber gesprochen, dass wir uns trennen müssen. Hatte es Marc versprochen. Sie war traurig. Aber hat auch Verständnis. Hauptsächlich war

sie eifersüchtig, glaube ich. Später hat Marc gefragt, ob er die Nacht mit mir verbringen könne. Ich habe ja gesagt. Er war sehr lieb, aber nichts geschah, und ich war wieder ganz durcheinander.[DD]

5.8.1948 Ich habe diese beharrliche Vorstellung von einem Haus auf dem Land mit der blonden Ehefrau, die ich abgöttisch liebe, mit den Kindern, die ich abgöttisch liebe, auf dem Grundstück mit den Bäumen, die ich abgöttisch liebe. Ich weiß, dass es nie dazu kommen wird, vielleicht aber doch zum Teil, weshalb mich dieser Weg (mit einem Mann) auch immer wieder lockt. Mein Gott, und meine Liebste, das kann nie sein! Und doch liebe ich, in Fleisch und Knochen und in Liebe gehüllt, wie alle Menschen. Der Liebesdrang pocht in mir im Winter so stark wie im Frühling. Was bedeutet, dass ich kein läufiges Tier bin. Ich bin zu jeder Zeit Gottes Mensch. Nie wird mein Mut mich verlassen. Nachts wandere ich leichtfüßig, unermüdlich und völlig schwindelfrei bergauf, bergab durch Feld und Wald. Nachts liege ich im Mondlicht auf meinem Kissen. Meine Liebste ist nicht bei mir. Ich bin nicht körperlich mit meiner Liebsten zusammen. Ach, und doch ist meine Liebste bei mir, reiner als je zuvor!

6.–9. AUGUST 1948 [D]Dies sind bedeutsame Tage, weil ich mir mit Marc die größte Mühe gebe. Er will im Frühjahr mit mir nach Louisiana gehen – um dort zu leben und zu arbeiten. Will mich auch heiraten, aber ich will lieber abwarten. Ich will ihn nicht verletzen. Aber ich habe Angst, dass ich ihn nie werde lieben können. Am Samstag war ich so abgestoßen von ihm – er war betrunken, ekelhaft, überhaupt nicht anziehend. Ich liege dann immer da und denke daran, wie schön und rein Mädchen sind! Und bin zutiefst traurig.[DD]

14. AUGUST 1948 [D]Ich liebe Jeanne. Ich bin in sie verliebt. Weil ich erwachsen geworden bin, nimmt das jetzt neue Formen an. Ich bin langsamer, ernsthafter und nicht ernsthafter, aber wirklich auf-

merksam. Heute war schon die Hölle. (2:30 nachmittags.) Musste mir einen Zahn ziehen lassen.^{DD}

20. AUGUST 1948 ^DJeanne hat mich nachts um 11:38 angerufen. Hat mich sehr gefreut. J. und ich waren wieder bei mir. Aber morgen werde ich sie suchen wie das Sonnenlicht. Ich will sie. Ich mag nur Frauen. Marc hat gestern Abend gesagt, »ich will mein Leben mit dir verbringen, selbst wenn ich mit Huren schlafen muss und du mit Frauen.«^{DD}

8. SEPTEMBER 1948 ^DRosalind gesehen. Bei jedem Wiedersehen ist mir, als wäre sie etwas dröger, kleingeistiger geworden. Scheußlich zu sehen und zu sagen. Aber wahr. Es fühlt sich an, als würde sie mich beneiden, weil ich mit meinem Buch fertig geworden bin. Unterdessen verdient sie ihre 125 $ die Woche, läuft mit ihren ganzen »schicken Damen« herum, hat aber keinen Roman vorzuzeigen. Sie kann mir nicht gratulieren und war so kurz angebunden, dass sie mich später noch anrufen musste, um sich anständig zu verabschieden. Ich habe mich noch nie so frei gefühlt. Es ist mir so unwichtig, wie viel Geld ich habe oder was ich beispielsweise im Dezember tun werde. Wenn ich arbeiten muss, werde ich arbeiten. »Arbeiten!« Was für ein Unsinn, sich davor zu fürchten! Habe ich nicht erst kürzlich gearbeitet wie ein Herkules? Wie Thomas Wolfe sagte – Gibt es nicht hunderttausend bequemere Wege, sich seinen Lebensunterhalt zu verdienen?^{DD}

10. SEPTEMBER 1948 Provincetown[25]. ^DMarc betrunken, als ich ankam. Ann Smith[26] besuchte uns, ich vermute, aus Neugier auf

---

25 Provincetown wurde wegen seines Lichts und wegen seiner Lage an der Spitze der Halbinsel Cape Cod ab 1900 zunehmend zu einem Rückzugsort für Künstler und Bohemiens, insbesondere die von Greenwich Village. Ab den 1940er Jahren wurde es zusätzlich zum Wochenend- und Ferienrefugium der homosexuellen Community. Highsmith wird noch oft dorthin zurückkehren.
26 Marc Brandels Bekannte Ann Smith, die ihren Urlaub in der Nähe verbrachte, war Malerin, Designerin und ein ehemaliges Model für *Vogue*.

mich. Sie interessiert mich – jung, hübsch, unkompliziert und einfühlsam. Als wir einen Spaziergang machen wollten (ein paar Tage später), hat Marc uns begleitet. Ja – fühle mich wie im Gefängnis. Das muss wohl immer so sein – mit einem Mann.[DD]

26. SEPTEMBER 1948 [D]Halte es nicht länger aus. Diese Langeweile, die Einsamkeit. Also bin ich zum Bahnhof spaziert, um den Busfahrplan zu studieren. Habe Marc gesagt, dass ich morgen abreise. Und deshalb muss ich natürlich mit ihm schlafen. Und das Einzige, was mir die Kraft gibt, es zu ertragen, ist die Tatsache, dass es das letzte Mal ist.[DD]

5. OKTOBER 1948 [D]Die Tage vergehen schnell. Marc kam zurück, und wir machten Schluss, als er betrunken war. Ich habe gesagt, dass es mir körperlich unmöglich ist, und er hat geflucht, mich eine Lügnerin genannt usw. und gesagt, mein Roman taugt nichts, aber ich hörte mir alles an und dachte mir: Das wird mir helfen.[DD]

23. 11. 1948 In Midtown die Eröffnung der Galerie von B. P. [Betty Parsons]. All die alten Bekannten, Freunde meiner Freunde aus meinem einundzwanzigsten Lebensjahr. Das Alter hat hier ein Kinn schwabbelig gemacht, dort einen goldenen Schopf versilbert, sein unverkennbares Zeichen der Müdigkeit einem Dutzend Gesichter aufgeprägt. Ich denke an Proust, der im letzten Kapitel der *Suche nach der verlorenen Zeit* die Guermantes-Sippe wiedersieht. Abgesehen davon wird es zunehmend schwerer, je älter man wird und je komplexer unsere moderne Existenz, zwei Persönlichkeiten zu verschmelzen. Wie hoffnungslos für die wahre Freundschaft, der grausame Schmelztiegel Kunstgalerie!

30. NOVEMBER 1948 [D]Erster Besuch bei der Psychiaterin Eva Klein, Doktorin der Medizin, von David Diamond empfohlen. Sie gefällt mir sehr – stellte sofort die wesentlichen Fragen, und ich

fragte gleich: »Können Sie mich nicht noch einschieben?« Muss einen Rorschachtest machen. Und natürlich eine Stelle finden, um das alles bezahlen zu können. Aber nur 15 $ für eine Stunde. Haben auf ihre Fragen hin zuerst die Geschichte mit Ginnie besprochen, (erst letzten Donnerstag hatte ich einen meiner ungewöhnlichen Träume von ihr) – das und meine Arbeit, das ist alles, was mich beschäftigt. Ich ging mit einem neuen Glücksgefühl weg. Was haben da schon die Kosten zu bedeuten?[DD]

3. DEZEMBER 1948 [D]Mehr stupide Arbeit an einem hoffnungslosen Comic. Versucht, eine Arbeit zu finden. Du lieber Himmel, was für ein Kampf! Aber ich bin glücklicher als seit vielen Monaten! Ich bin dabei, den Ausweg zu finden. Ich bin schon halb in Mrs. Klein verliebt.[DD]

4. DEZEMBER 1948 [D]Denke ständig über meine Analytikerin nach. Heute Vormittag zurück am Buch. Konnte aber letzte Nacht nicht schlafen und war ganz stumpfsinnig. Ging zu Stern's, um Arbeit zu finden. Zu viele Bewerber. Also schließlich nach einigem Zögern zu Bloomingdale's, wo ich sofort genommen wurde. Montagmorgen, 8:45 Uhr. Großer Gott! Habe große Lust, meine Eltern anzurufen und ihnen zu sagen, sie sollen zur Hölle fahren! Bin fast von meiner Neurose befreit – wie von einem Krebsgeschwür![DD]

6. DEZEMBER 1948 [D]Erster Tag bei Bloomingdale's. Einführung und dann in die Spielzeugabteilung. Sehr zufrieden.[DD]

7. DEZEMBER 1948 [D]Harte Arbeit. Verkaufe Puppen, so was von hässlich und teuer! Und dann – gegen 5 hat jemand mein Fleisch für das Abendessen gestohlen! Mit was für Wölfen man zusammenarbeitet![DD]

8. DEZEMBER 1948 ᴰWar das der Tag, an dem ich Mrs. E. R. Senn begegnet bin?²⁷ Wie wir einander ansahen – diese so intelligent wirkende Frau! Ich will ihr eine Weihnachtskarte schicken und überlege, was ich ihr schreiben soll.ᴰᴰ

15. DEZEMBER 1948 ᴰMittagessen mit Mutter. Sehr nett, und ich habe ihr fast alles erzählt, was ich bei Mrs. Klein herausgefunden habe. Sie versteht. Sie wollten mich in die Wäscheabteilung versetzen, aber ich habe gekündigt. Und erwäge einen Roman über Bloomingdale's.ᴰᴰ

17. DEZEMBER 1948 ᴰIch bin sehr, sehr glücklich. So viel glücklicher als im letzten Dezember! Und – warum sollte ich nicht in Mrs. Klein verliebt sein? Hat sie nicht mehr für mich getan als eine Mutter?ᴰᴰ

23. DEZEMBER 1948 ᴰKrank. 38,9° Fieber. Geschenke eingepackt. Ein Adressbuch und ein Päckchen für Marc. Wollte nur Mrs. Klein sehen! Sie ist der einzige Mensch auf der Welt, der mir die richtigen Antworten gibt! War beunruhigt, weil ich so krank, fiebrig und schwach war. Daher der Ohnmachtsanfall in der Subway. Zwischen 59th und 125th Street. Sie hat mich gefragt, an was ich in dem Moment gedacht habe. »An den Tod«, habe ich erwidert, »und dass es so gar nichts gibt, woran man sich in solchen Momenten festhalten kann.«ᴰᴰ

25. DEZEMBER 1948 ᴰWeihnachten. Habe nicht genug Geschenke für meine Eltern. Und nicht genug Kraft, meine zu öffnen. Arme Jeanne – ich konnte letzte Nacht nicht schlafen, also auch schwer für sie. Habe Fieber und jede Menge mehr Windpocken.ᴰᴰ

---

27 Nach ihrer kurzen Begegnung mit Kathleen Senn, Frau von E. R. Senn, ging Highsmith sofort nach Hause und skizzierte wie in einem Fiebertraum den Plot für *Salz und sein Preis* in ihrem Notizbuch unter dem Titel »The Bloomingdale Story«: »Es floss wie von allein aus meinem Stift – Anfang, Mitte und Ende innerhalb von zwei Stunden.«

26. DEZEMBER 1948 ᴰDer schlimmste Tag. Musste den Arzt rufen, weil die Halsschmerzen unerträglich sind. Fieber von 40,2 oder mehr.ᴰᴰ

27. DEZEMBER 1948 ᴰEtwas besser. Meine Eltern riefen mich nach unten, an den Kamin, nur um mich zu kritisieren, mit mir zu streiten. Konnte nicht sprechen (Halsschmerzen), um mich zu verteidigen. Und habe mir nur gewünscht, ich wäre wieder allein oben. Mein Gott, was für entsetzliche Leute! (»Du bist ein Ekel usw.! Überleg mal, was wir alles für dich tun!«)ᴰᴰ

31.12.1948 Wirklich, wie die anderen leben, wie ihre zweidimensionale Erfahrung beschaffen ist, geht wirklich über mein Verständnis.

1949

Anfang Januar kuriert Patricia Highsmith in Hastings-on-Hudson bei ihren Eltern ihre Windpocken aus. Statt mit Medikamenten wird sie von der Mutter mit Christian Science traktiert, was erwartungsgemäß wirkungslos bleibt. Wenig wirkungsvoll bleibt auch die nach ihrer Rückkehr in New York wiederaufgenommene Psychoanalyse bei der Freudianerin Dr. Eva Klein, die ihr nicht aus dem Dilemma zwischen dem Heiratswunsch und der Abscheu vor Sex mit Männern hinaushelfen kann, ihr aber immerhin rät, in den kommenden Monaten nichts zu überstürzen. Als Patricia Highsmith jedoch am 20. Mai von ihrer Agentin erfährt, dass die renommierte Lektorin Joan Kahn von Harper & Brothers ihr Debüt *Zwei Fremde im Zug* kaufen will, lässt sie sich in ihrer Euphorie abends bei Champagner mit Marc Brandel dazu hinreißen, sich offiziell mit ihm zu verloben und sogar den Hochzeitstermin festzulegen.

Jetzt hilft nur noch die Flucht nach vorn: Kurz entschlossen kauft Highsmith mit einem Teil ihres mit Comic-Texten verdienten Geldes eine Schiffspassage auf der *Queen Mary* für den 4. Juni nach England. In London verliebt sie sich in die vierzehn Jahre ältere Amerikanerin Kathryn Hamill Cohen, Ex-Revuegirl der Ziegfeld Follies, Psychiaterin und Ehefrau ihres Londoner Verlegers Dennis Cohen. Die beiden führen lange, intime Gespräche, es kommt zu einem Kuss – doch da steht Highsmiths Abreise schon wieder unmittelbar bevor. Ende Juni ist sie zum ersten Mal in Paris, verbringt die Tage mit Sightseeing und im Louvre und die Nächte in einschlägigen Bars. Über Marseille, wo sie einen französischen Brieffreund ihrer

Mutter, den Cartoon-Zeichner Jean David, besucht (und mit ihm flirtet), reist sie weiter nach Cannes, wo sie auf ihre Ex-Geliebte Natica Waterbury trifft und sie nach Saint-Tropez begleitet. Über Rom geht es weiter nach Neapel, dort stößt Kathryn zu ihr, fährt mit ihr die Amalfiküste entlang, und irgendwo zwischen Sizilien und Capri werden die beiden ein Paar. Als Kathryn nach London zurückmuss, will auch Highsmith nur noch nach Hause.

Nach ihrer Ankunft in New York wartet sie sehnlichst auf Post von ihrer Geliebten. Die beste Ablenkung, wie immer: das Schreiben. Sie legt letzte Hand an ihren Roman *Zwei Fremde im Zug*, der im kommenden März bei Harper & Brothers erscheinen soll. Außerdem plant sie – wie die beiden Heldinnen in ihrem neuen Buch, dem lesbischen Liebesroman *Salz und sein Preis* – mit ihrer Freundin Elizabeth Lyne eine lange Autofahrt, die sie über Fort Worth, wo sie mit ihrer Familie die Weihnachtstage verbringt, bis nach Orleans führen wird.

* * *

6. JANUAR 1949 ^DMarc um 9:30 abends hier. Einer unserer besten Abende. Sprach über mein Buch und hat gesagt, mehrere Seiten hätten ihn ganz neidisch gemacht, viele seien absolut großartig. Und das war vielleicht das Beste, was ich seit Wochen gehört habe.^{DD}

16. JANUAR 1949 ^DMrs. Klein sagt, für achtundzwanzig sei ich viel zu jung. (Sind verheiratete Paare so viel glücklicher?)^{DD}

19.1.1949 Der Schriftsteller bildet, indem er sich auf seine Charaktere projiziert, auch sein Selbstwertgefühl ab. In einer Zeit, die sich durch ihre unbemerkenswerten literarischen Hauptfiguren auszeichnet, haben die Psychologen sicher recht, wenn sie einen allgemeinen Schuldkomplex diagnostizieren.

27. JANUAR 1949 ᴰSeite 195 meines Romans. Marc sagt, ich arbeite zu viel. Das stimmt. Aber ich kann es nicht ändern. Eva Klein – großer Fortschritt heute.ᴰᴰ

30.1.1949 Wüsste ich, dass ich morgen sterben müsste, wie begierig würde ich eins der gewöhnlichen Stadthäuser in meinem Straßenblock aufsuchen, all die Kinder betrachten, die mich in all den Jahren auf dem Gehsteig latent gestört haben, die Einzelheiten der Haushalte bewundern und die Mienen der plumpen irischen Gesichter lieben.

6. FEBRUAR 1949 ᴰMarc hat mir eine Mitgliedschaft in der »Authors Guild« geschenkt (als zweites Geburtstagsgeschenk). Seit ich Marc kenne, habe ich so viel mehr zu tun. Will »Mrs. Afton« verbessern, zum Beispiel. Gefällt Marc sehr. War heute Abend allein und habe gearbeitet, nächste Woche sollte mein Roman fertig sein.ᴰᴰ

27. FEBRUAR 1949 ᴰJeanne um 11. Fuhren mit Dione[1] nach Nyack[2], um Carson McCullers zu besuchen. Jeanne geht mir auf die Nerven. Ich fühle mich auf einmal so frei, nichts zu tun, abgesehen vom Träumen, Pläneschmieden usw. Carson war sehr entgegenkommend, und wir blieben etwa vier Stunden. [Ihr Ehemann] Reeves, ihre Mutter, ihre Schwester Margarita Smith. Carson sagte mehrere Male, ich hätte »eine sehr gute Figur«. Wir tranken Coke und Sherry. Bücher auf den Stühlen, und sie und ihre Mutter trugen beide Hosen. Habe gehört, dass Reeves und sie in Paris zu viel getrunken haben.ᴰᴰ

28.2.1949 Gebt mir den sinnlichen Genuss meines Alleinseins zurück. In den letzten achtzehn Monaten habe ich eine Reise gemacht.

---

1 Dione, auch eine Bekannte von Ginnie, ist eine neue Liebschaft von Highsmith.
2 Nyack im Staat New York, circa eine halbe Autostunde entfernt.

Ich habe auf Leute gehört, die mir den Weg zuriefen, zwischen Felsen hindurch, über Meere hinweg, wohin ich nicht wollte, wozu ich zu müde war. Wir werden dich zu dir selbst zurückführen, riefen sie, aber ich glaubte ihnen kein Wort. Ich wusste nur, dass ich gehen muss. Ich wusste wohl, dass sie mich zu jemand anderem zurückführen und triumphierend rufen würden: »Bitte schön!«, aber vielleicht würde ich mit dieser anderen Person nie warm werden und uns letzten Endes beide töten. Aber ich habe den sinnlichen Genuss meines Alleinseins wieder, den sie nie antasten können, wie ich jetzt weiß. Wie Odysseus bin ich erschöpft (aber meine Ehefrau ist mir treu geblieben), und wenn ich abends irgendwo sitze, weiß ich am Anfang nicht immer, worüber ich mich unterhalten soll. Doch das Meer der Worte, das Meer meines Alleinseins wiegt mich wieder sanft, und wenn ich mich ein wenig ausgeruht habe, werde ich wieder wissen, wo ich eintauchen, wo trinken, wo die grüne Strömung ignorieren sollte.

3. MÄRZ 1949 24. Sitzung [bei Dr. Klein]. Ich hasse meine Mutter entsetzlich und bin ihr schrecklich böse, sagt Eva. Deshalb treiben meine Schuldgefühle mich zu jungen Frauen – als Überkompensation. Sie behauptet, in Wahrheit hasse ich Frauen & liebe Männer, habe aber die Männer verleugnet usw. Zum ersten Mal beginnt sich durch diese klaren Worte die verworrene Beziehung zu meiner Mutter zu klären. Ich will sie jetzt nicht sehen, empfinde Verachtung, Bedauern, schäme mich für sie und ihr gegenüber. Und die letzten zwei Wochen habe ich mit Dione, Ann und Jeanne das »durchgespielt«, was meine Mutter mir vorgelebt hat, das Muster aus Lieben und Verlassen, die grundlegende Herzlosigkeit & Verständnislosigkeit.

4. MÄRZ 1949 Heute Abend gab es drei Mädchen, die ich hätte anrufen können, um die Nacht mit einer von ihnen zu verbringen. Eine rief ich an – etwas zu spät. Aber die Sache ist die, dass mir egal

war, welche von ihnen ich sehe. Ich kann jetzt abends nicht mehr arbeiten, wenn ich den ganzen Tag gearbeitet habe. Das ist neu, aber in letzter Zeit ist auch in meiner Arbeit etwas neu: mehr Leidenschaft, was sich sogar bei den Comics bemerkbar macht, sogar bei den Fotos für *Life,* sogar bei Shmoo[3]. Sicher hat es Marc besonders verärgert, dass ich bei Rosalind war. Weil er bewusst oder unbewusst weiß, dass sie mich in der Regel gegen ihn aufhetzt. »Ich bezweifle, dass er gut genug für dich ist«, erklärt sie.

14.3.1949 Der geliebte Mensch enttäuscht einen an einem gewissen Abend, weigert sich, einen zu treffen, freundlich zu sein, zu verzeihen, und für einen Moment versinkt man in Melancholie und Kummer. Eine Stunde später oder am nächsten Morgen hat dies an Bedeutung verloren, aber das ist eine Illusion. In diesem Augenblick der Enttäuschung ist die Liebe selbst erstorben. Die Liebe erstirbt immer im Geheimen. Später, Wochen später, im Vakuum, fragt man sich zuerst, was geschehen ist. Warum? Wann? Der Rebstock ist unten gebrochen.

16. MÄRZ 1949 Eva spielt die Trinkerei herunter in der Gewissheit, dass ich ständig am Verdrängen bin. Das genügt mir nicht. Meine Regel nicht bekommen – bin 13 Tage drüber, aber Mutter versichert mir, dass es keinen Grund zur Besorgnis gibt.

27. MÄRZ 1949 Analytikerin. Wirft mir vor, ihr immer noch das »nette Mädchen« vorzuspielen. Meine Aggressivität nicht rauszulassen, wie ich es müsste. Netter Abend, für Marc gekocht & ins Kino. Er hat Geldsorgen, hat sich im Herbst an vier Colleges für eine Stelle beworben. Wie herrlich, wenn es Tulane [University] würde, New Orleans hat alles. Aber ich zögere immer noch, habe grauenhafte Träume vom Heiraten.

---

3   Figur aus dem Comic-Strip *Li'l Abner.*

28. MÄRZ 1949 Nichts gehört von Marc dieses Wochenende bis jetzt, obwohl alles in Ordnung war. Ach, die Ungerechtigkeit dieser sexuellen Geschichte für Frauen! Ich schlafe sogar schlecht aus Angst, ich könnte schwanger sein, während Marc nicht einmal weiß, wie mir zumute ist.

29. MÄRZ 1949 Mit Zittern und Umwegen über falsche Adressen gelangte meine alkoholgesättigte Urinprobe heute Mittag zu den bürokratischen Laboren von Garfield & Garner in der 60th Street. Als Erstes haben sie mir zehn $ abgeknöpft. (Wer wird später einmal zehn $ zahlen für ein simples Nein – oder ein entsetzliches Ja?) Mein Kopf findet diese Nacht keine rechte Ruhe.

30. MÄRZ 1949 Versuchte einen elenden Vormittag lang zu arbeiten. Besorgte etwas Bier für Ann und mich, das wir tranken, um die gute Nachricht meines negativen Testergebnisses zu feiern. Erstaunlich, wie schön die Welt von einem Augenblick zum nächsten aussehen kann! Obwohl Marc, der später anrief, gesagt hat, er sei ein wenig enttäuscht, da wir sonst vielleicht früher geheiratet hätten. Ann will dieses Frühjahr mit mir nach Europa reisen. Ich hoffe eher, dass es nicht dazu kommt, weil ich lieber mit Rosalind zusammen oder allein wäre.

31. MÄRZ 1949 Margot berichtet mir, dass meine Alkoholgeschichte drastisches Kürzen erfordere. Diese Überarbeiterei findet nie ein Ende! Ach, könnte man einmal eine Geschichte oder ein Buch auf Anhieb tadellos schreiben! Und die Ärzte, die Ärzte! Jetzt auch noch ein Allgemeinarzt, der mir ein Pessar anpassen soll. In meinen Augen das Zeichen der Hure, obwohl ich gehört habe, dass Huren so etwas gar nicht benutzen. Ich habe Rosalind geschrieben. Ich esse morgens sparsame Portionen ihrer Tiptree-Walderdbeerkonfitüre und träume davon, mit ihr zusammen zu sein. Aber ich hätte jetzt mehr vor, als nur zu träumen. Babs & Bill richtig albern gestern

Abend mit ihren schwarzweißen Kommunistenansichten. Marc ist in solchen Dingen so intelligent, kann in wenigen Worten ihren Denkfehler fassen – dass sie nämlich überhaupt nicht selbst denken: Die übriggebliebenen Kommunisten sind eine Bande von Fanatikern. Und mir scheint fast, dass sie dem russischen Faschismus sogar dienen, indem sie die wahren Liberalen überall bekämpfen.

4. APRIL 1949 Cocktails mit der Herzogin, die offenbar tequilasüchtig geworden ist. Ungezügelte Vulgarität, Obszönität, Selbstsucht, Materialismus – das alles höchst abscheulich und deprimierend. Die Kellner im St. Regis katzbuckeln und scharwenzeln. Innerlich winde ich mich vor Scham. So glücklich, allein nach Hause zu kommen und zu arbeiten. Erster freier Abend in zehn Tagen.

9. APRIL 1949 Ärger mit Marc, weil ich gerne allein bin – heute Abend die Absicht, Ann oder Dione zu treffen, und mich für Dione entschieden. Marc rief gestern Abend um halb acht an, nach der Sitzung bei Eva, und Gott sei Dank haben wir diesen zähen Krieg über meine »Zeit« beigelegt. Ich will ja nicht albern sein, aber ich kann es noch nicht – ertragen, ihn sechs Abende die Woche zu sehen, hierhin & dorthin geschleppt zu werden, wohin ich nicht gehen will.

10. APRIL 1949 Tja, der *New Yorker* kann sich leider nicht für meine Alkoholgeschichte erwärmen. »Ein zu unerfreuliches Thema – zwei Leute, die zu Alkoholikern werden«, sagt Mrs. Richardson Wood. Mit Marc geredet und gerätselt, ob wir zusammenarbeiten könnten. Haben heute Abend beschlossen, offiziell »verlobt« zu sein. Marc will mir sogar einen Ring kaufen!

12. APRIL 1949 Abend mit Ann, und ich war grauenhaft voll. (Warum serviert sie auch keine Kanapees?) Habe mich wieder mal im Brittany blamiert. War dort nur ein einziges Mal nüchtern. Mache

mir dauernd Vorwürfe wegen übermäßigem Trinken. Tolle Nacht mit Ann.

16. APRIL 1949 Dass ich arbeiten musste, schien Dione nicht weiter zu beeindrucken. Marc heute Abend zum Essen. Ach, ich bin erschöpft von Dione, von der Arbeit, keine Ruhe, und er blieb über Nacht. Grässliche Sache, das mit dem Pessar, aber ich werde mich schon noch daran gewöhnen. Wir sahen *The Puritan* von Liam O'Flaherty mit Jean-Louis Barrault. Und Paul Monash.[4] Wenn ich so müde bin wie heute Abend, wird alles verzerrt, und ich verliere alles an Boden, was ich gewonnen hatte. Ich will allein sein, hasse Marc, Paul, alle Welt. Muss das mit Eva besprechen.

19.4.1949 Wird diese Sehnsucht nie aufhören? Wird dieses Streben nach dem Unerreichbaren nie nachlassen? Ich habe gebetet und mich bemüht, o ja, um Erschöpfung, Läuterung durch Schmerz, ein Nachlassen durch Mangel an Brennstoff, aber ich denke allmählich, der Brennstoff ist das Leben selbst.

23. APRIL 1949 Wie vieles ich Marc zurzeit übelnehme – dass er nie etwas tut als lesen, wenn er hier ist, während ich mich bemühe, Schallplatten aufzulegen, Drinks herzurichten, Fleisch und Kanapees im Ofen zu überwachen, gleichzeitig das Abendessen vorzubereiten, Geschirr zu spülen, das Bett (und das grässliche Pessar) vorzubereiten und am Morgen das Frühstück zu richten. Er besitzt auch nicht das nötige Taktgefühl, um zu begreifen, dass jemand im Badezimmer nicht will, dass ein anderer direkt auf der anderen Seite der Tür am Tisch sitzt. Diese und tausend andere Dinge stören meine Verdauung, vertreiben alles, was ich zuvor erreicht hatte. Eva vermutet, dass meine Übelkeit am Donnerstagmorgen von Groll herrührte.

---

4 Ein neuer Bekannter von Highsmith, der amerikanische Autor, Drehbuchautor und Filmproduzent Paul Monash (1917–2003).

29. APRIL 1949 Simon & Schuster hat mein Buch abgelehnt, obwohl alle viel Gutes darüber sagen und wie Margot finden, dass es mir nicht schwerfallen sollte, einen Verlag zu finden. Es wird jetzt an Harper geschickt, obwohl Knopf großes Interesse hat. Habe ein paar Seiten umgeschrieben. Margot völlig gleichgültig, ob ich sie noch einfüge, bevor sie das Buch abschickt; ich völlig überzeugt, dass sie den entscheidenden Unterschied machen in puncto Geschmack & Stil des Buchs.

29.4.1949 Und gibt es überhaupt eine Anomalie, die eine bizarrere Abweichung von der »Gesundheit« wäre, als es die Kunst vom normalen Leben des normalen Menschen ist?

1. MAI 1949 Nach vier Stunden Schlaf aufgestanden, um mit Ann zu frühstücken. Ann sieht nie bezaubernder oder jünger aus als in ihrer Levi's und der weiten Jacke. Ich stelle es mir phantastisch vor, mit ihr zu leben, für eine Zeitlang das Boheme-Leben zu führen, das mir zu erlauben ich immer zu gehemmt war.

1.5.1949 Hinter alledem steckt ein Gefühl, dass all das sich ändern wird. Ein anderes Leben, andere Umgebung, etwas Dauerhafteres wird sich in nächster Zukunft ergeben. (Homosexuelle leben sogar noch mehr in der Zukunft als die meisten Amerikaner.)

7. MAI 1949 Immer noch sehr glücklich, voller Erwartung auf Mme Lynes[5] Party.
Die Party ein Desaster, weil der liebe Marc dachte, zwei Jungen würden sich an ihn heranmachen. Ich nahm meinen Mantel und ging. Wünschte, ich wäre geblieben oder hätte ihm den Kopf gewaschen, eins von beiden, so kam ich in schweigender, aufgestauter Wut nach Hause.

[5] Elizabeth Lyne, englische Modedesignerin und Malerin, die in die Vereinigten Staaten auswanderte und für Hattie Carnegie Kollektionen entwarf.

8. MAI 1949 Mit Ann in Connecticut. Sehr deprimiert wegen gestern Abend. »Du solltest dich besser entscheiden, wen du liebst«, hat Ann gesagt, »weil du verdammt viel wertvolle Zeit vergeudest ... Zeit, die du nicht wettmachen kannst.« Ich glaube, dass sie darauf anspielt, dass ich mit meiner Arbeit noch nichts erreicht habe, auf mein Alter usw., und all das hat mich überwältigt. Darüber hinaus fühle ich mich geradezu um etwas betrogen, jetzt, wo ich mich in niemanden verlieben kann. Aber es genügt schon ein Mittagessen mit Dione (oder auch eine gute Zeichnung) und Gelächter, um mich spüren und merken zu lassen, dass ich heute glücklicher bin, das Leben mehr genieße als je zuvor. So etwas erlaubt mir, eine Menge zu ertragen – sogar die Vorstellung, mit Marc wegzugehen. Obwohl der Samstagabend mich davon ehrlich gesagt abgebracht hat. Ich werde mich nicht so einsperren lassen.

18. MAI 1949 45. Sitzung [bei Dr. Klein] – nach dem Gespräch mit Dr. Gutheil, der eine kürzere, strengere Methode hat, mit Homosexuellen zu verfahren. Er hat mir natürlich dringend geraten, nicht zu wechseln. Aber er verbietet auch Alkoholikern, Homosexuellen und Drogenabhängigen, während der Behandlung »zu sündigen«. Eva ist in typisch jüdischer Manier ausgerastet, als ich erwähnt habe, dass ich bei Gutheil war. Hatte es im Geiste der Ehrlichkeit & des wissenschaftlichen Fortschritts erwähnt. Tiefenanalyse, die langsame Methode (Eva Klein ist orthodoxe Freudianerin, sagt Gutheil, obwohl Eva selbst sich als zwischen Freud & Horney[6] bezeichnet), ist die einzige Methode für mich, und sie schlägt vor, ich solle mich mit 20 Analytikern beraten, deren Namen sie mir nennen würde, und wenn sie nicht alle mit ihr übereinstimmen, würde sie mir mein Geld zurückgeben (!). Wir diskutieren Fortschritte im Allgemeinen. Sie sagt,

---

6 Karen Horney (geb. Danielsen, 1885–1952) war eine deutsche Psychoanalytikerin, die ab 1932 in New York praktizierte. Sie galt als Begründerin der feministischen Psychologie als Reaktion auf Freuds Penisneid.

1. grundlegende Fehlanpassung an andere Menschen
2. grundlegende Fehlanpassung an Sex.

Aus frühesten anal-sadistischen Jahren.

18. MAI 1949 Habe ein Ticket für die *Queen Mary,* 4. Juni!

19. MAI 1949 Europa schlich sich langsam an mich heran, hat viel mit Freunden zu tun, zweifellos auch auf allgemeinen Druck. Alle so liebenswürdig zu mir, und alle haben mich eingeladen, sie dort zu besuchen!

20. MAI 1949 Ein düsterer, ereignisloser Tag, bis Margot mir mitteilte, dass Harper mein Buch will! Alles geschieht auf einmal! Nach all diesen Monaten stumpfen Ackerns, das Buch und Europa. Also habe ich Marc zum Abendessen eingeladen. Er brachte Champagner mit. Und wir haben beschlossen, am Weihnachtstag zu heiraten. Drei Höhepunkte meines Lebens – definitiv! Und zur Krönung meines Glücks – heute Nacht auch noch meine Regel, zum ersten Mal seit mehr als vier Monaten. Ich frage mich, ob heute auch Rosalinds Geburtstag ist. Meiner ist es jedenfalls!

23. MAI 1949 Dass mein Buch angenommen wurde, hat große Wirkung auf mein Ego. Schäme mich nicht länger, Leuten zu begegnen usw. Mutter hier und Marc auf einen Drink. Er findet sie »eigenartig« und kann kaum glauben, dass sie meine Mutter ist. »Es mag platt klingen, aber du hast etwas Kultiviertes, was sie einfach nicht hat«, hat Marc gesagt, was mich wirklich überrascht hat.

24. MAI 1949 47. ^{D}Besuch^{DD} [bei Dr. Klein]. Letzte Sitzung vor der Überfahrt. Ich habe ihr von meinem Buch und der Menstruation erzählt, aber sie hat für beides wenig Interesse übrig. Allgemein gutes Zureden und Ermahnung, sich nicht emotional auf andere Leute einzulassen (ich sei innerlich nicht so frei, wie sie es

gewünscht hätte, sagt sie). Und nichts von ihnen zu erwarten, damit ich nicht enttäuscht würde. (Verdammt wütend, dass ich vor meiner Abreise diese Rechnung bezahlen muss.)

28. MAI 1949 Das Partyfiasko mit Marc. Ach, wie öde alle Abende, die gesellig sein sollten, weil ich mit dieser Heterogeselligkeit nichts anfangen kann. Lieber zu Hause bleiben & mit ihm Schach spielen. Andererseits erscheint mir in letzter Zeit die Vorstellung, ihn zu heiraten, weniger düster. Ob das daran liegt, dass ich unmittelbar die Ausflucht meiner Reise habe, weiß ich nicht.

1. JUNI 1949 Nervös. Mittagessen mit Joan Kahn[7] von Harper. Alles ging gut, und ich glaube, wir mögen uns. Ein sehr guter erster Roman usw., und sie sagte, er könne sehr gut ankommen (oder auch nicht). Beim Mittagessen beschloss ich, »Der Andere« könnte ein guter Titel sein, jedenfalls der Beste bislang.

2. JUNI 1949 Bürokratie. Vermiete die Wohnung. Was die *N.Y. Times* alles fertigbringt! Den ganzen Tag rufen Leute an! Mit Rolf & Marc eine Menge Zeug nach Hastings geschafft. Sehr netter, öder Abend. Marc & ich haben uns bei Bier unterhalten. Dass ich mich bessern müsse (liebevoller sein), wenn wir im September heiraten wollen. Oder im Dezember. Wir reden unaufhörlich, zerreden alles und schwelgen in Erinnerungen!

4. JUNI 1949 Wegen Eva fahre ich Touristenklasse statt erster Klasse. Heute hasse ich sie – bzw. bedaure, wie viel ich ausgegeben habe, und habe nicht vor, zu ihr zurückzugehen. Rosalind, Marc und meine Mutter haben mich verabschiedet. Ein kurzer Abschied – die

---

7 Harper & Brothers beauftragten die erfahrene Lektorin Joan Kahn (1914–1994), das Harper Novel of Suspense Imprint zu leiten. Es war die Zeit, als Verleger von Billigheftchen und Verleger »guter« Bücher begannen, sich das Terrain streitig zu machen. Joan Kahn hatte wie Highsmith am Barnard College und an der Art Students League studiert und lektorierte neben Highsmith Autoren wie Dorothy Sawyers, Dick Francis, Julian Symons und Tony Tillerman.

Kabine ist nicht sehr schick (Deck D!), und die *Queen* legte pünktlich ab. Vom Deck aus konnte ich keinen von ihnen sehen. Wer ist am meisten bei mir? Ann. Ich denke daran, wie sie heute an mich denkt. Alles hier ein einziges Irrenhaus. Man verläuft sich Dutzende Male jeden Tag. Die Mahlzeiten werden einem hingeknallt, dann wieder entrissen. Niemand in der Touristenklasse attraktiv, und man lässt uns keine Chance, mit den anderen zwei Klassen zu fraternisieren.

6. JUNI 1949 Jeden Abend rennen alle um die Wette ins Bordkino. Es gibt nirgends genug Platz für uns alle. Vor allem zur Teestunde, wo man nichts abkriegt, wenn man sich nicht wie ein Schwein benimmt. Habe begonnen, Comics zu schreiben – ziemlich erfolgreich. Sechs Seiten für *Timely*. Meine Kabine ist schrecklich überfüllt mit zwei Schottinnen (sehr gutherzig) und einer hochnäsigen Frau aus Illinois, die wir anderen alle nicht ausstehen können.

7. 6. 1949 Ich bin neugierig auf den Teil des Geistes, den die Psychologie (die keine Seele kennt) nicht ausfindig machen, unterstützen, besänftigen, schon gar nicht verbannen kann – nämlich die Seele. Ich bin neugierig auf diesen ewig unzufriedenen Teil des Menschen, der immer etwas anderes sein will, nicht unbedingt besser, aber etwas anderes, nicht unbedingt erfüllter oder friedvoller oder auch nur glücklicher, sondern etwas anderes. Das ist es, worüber ich als Nächstes schreiben will.

9. JUNI 1949 Feierliche Vor-Vorbereitungen für die Landung in Cherbourg um 3 und in Southampton um elf Uhr heute Nacht. Ach, ich kenne die Wahrheit – ich will mich nicht ändern. Ich sehe vor mir Heirat, Babys, Kochen, zu lächeln, wenn ich es nicht will, wenn ich es nicht so meine (und ich habe überhaupt nichts gegen Fröhlichkeit, sondern gegen die Falschheit all dessen, das Fehlen der Liebe), die Ausflüge, die gemeinsamen Urlaube, die Arbeit, die

Kinobesuche, das Miteinander-Schlafen. Letzteres stößt mich vor allem ab – und manchmal ist mir, als würde ich das alles kennen, als hätte ich es alles bereits irgendwie durchlebt, und ich kann nur sagen: Das ist nichts für mich.

11. JUNI 1949 Eine entzückende Zugfahrt in der ersten Klasse von Southampton nach London, wo sowohl Dennis[8] als auch Kathryn mich am Waterloo-Bahnhof abholten. Dennis in einem Rolls-Royce. Und ein wunderschönes Haus, ihr Zuhause – eine siamesische Katze, ein herrliches Mittagessen mit Riesling. Kathryn ist bezaubernd!

13.6.1949 Brandy wärmt ähnlich wie Mutterliebe.

17. JUNI 1949 Mit Kathryn nach Stratford. Arme Kathryn – sie hat mir ihr Herz ausgeschüttet, nehme ich an, wegen Dennis. Sie hat Geld, mit dem sie spielen kann, aber Leidenschaft – die muss sie unterdrücken, und sie ist reich daran. Ein eiliges Abendessen im [Hotel] Avon und dann zu *Othello* mit Diana Wynyard als Desdemona, John Slater als Jago, Geoffrey Tearle als Othello. Was für eine herrliche Aufführung, und was für eine wunderschöne Stadt. Haben danach Diana in ihrer Garderobe besucht. Und dann ihre Suite im Hotel Avon. Sie ist reizend, so lieb zu uns. Und eine prächtige Party und zu Fuß in pechschwarzer Nacht zurück. Ich fühlte mich gut, Gott sei Dank, in meinem hübschen lohfarbenen Kostüm, das Diana bewundert hat.

20. JUNI 1949 London. Ich muss mich zunehmend volldröhnen, um kreativ sein zu können. Ob das nur ein Stadium ist, ob es falsch ist (im Augenblick ist es das), das ist die große Frage. Ein schlimmer Brief von Ann. Sie schreibt mir fast täglich. »Warum schreibst Du

---

8 Highsmiths erste Begegnung mit ihrem Verleger Dennis Cohen in Großbritannien, der mit Rosalind Constable befreundet ist, und mit seiner Ehefrau Kathryn.

mir. Würdest Du mich lieben, würden wir zusammenleben & es gäbe keine Zweifel. Es geht jetzt schon fast ein Jahr ... Ich kann diese lockere Bindung nicht mehr viel länger aufrechterhalten.« Und der erste Brief von Marc. Eher kühl, ansonsten in Ordnung. Ich empfinde so zärtlich für ihn. Aber welches Ich???? Extrem müde. Werde immer noch dünner.

20.6.1949 Es muss Gewalt geben, damit ich zufrieden bin, und folglich Dramatik und Spannung. Das ist mein Urstoff.

22. JUNI 1949 Heute endlich eine wichtige Entscheidung. Es ist ausgeschlossen, auch nur daran zu denken, Marc zu heiraten – ein Sakrileg. Ich bevorzuge Ann. Doch bislang traue ich meinen Gefühlen nicht genug, um glauben zu können, dass ich sie wirklich genug liebe. Vielleicht kommt das noch – in kurzer Zeit. Aber ich weiß, dass ich Marc und mich selbst nur verletzen würde, wenn ich ihn heiratete. Wie Kathryn sagt, es genügt nicht.

23.6.1949 Wie weit ich mich von der Sinnlichkeit entferne. Weiter und weiter und weiter weg.

25. JUNI 1949 Letzter Abend. Tickets fürs Ballet Russe de Monte Carlo. Und heute früh die 500 Stufen bis ganz oben in der St. Paul's Cathedral hochgeklettert. Der höchste Aussichtspunkt von ganz London. Am Nachmittag die Westminster Abbey, den Poet's Corner besucht, wo ich auf die Grabplatten von Charles Dickens & William Thackeray gestoßen bin! Und auf die prächtige Kapelle von Heinrich VII., in der die katholischen Namen dem protestantischen Glauben weichen mussten. Kathryn wunderschön mit ihrem grauen Seidenschal und den rosa Fäustlingen. In der Pause Drinks in der Bar und genossen beide das *Sonnambula*-Ballett. Es ist so neu. Spätes Abendessen – und anschließend viel geredet. Als ich K. in meinem Zimmer gute Nacht sagte, bat ich sie um ein Glas warme Milch.

1949

Sie rannte nach unten und holte es mir, dabei war sie todmüde. Und sie hob mir ihr Gesicht entgegen, damit ich sie küsse. Als ich sie küsste, wich plötzlich die ganze aufgestaute Spannung von uns. Ich möchte diese wenigen Minuten nicht überbewerten, sondern mich auf das kleine Pflänzchen konzentrieren, das da ist. Ich durfte sie zweimal auf die Lippen küssen. »Ich hätte nie gedacht, dass ich dir mal einen Gutenachtkuss gebe.« – »Warum nicht?« – »Weil so was nie passiert – und jetzt will ich dich nicht mehr loslassen.« Doch natürlich haben wir uns dann doch losgelassen – leider.

26. JUNI 1949 Früh auf, um den Golden-Arrow-Zug an der Victoria [Station] zu erreichen. Und Paris heute Abend die Hölle. Mme Lyne nicht da, keine Nachricht, kein Freund, kein französisches Geld. Musste mir 1500 Franc von zwei Frauen im [Hotel] Pas de Calais borgen. Bin direkt vom Gare du Nord zu Rosalinds Hotel Les Saints-Pères. Aber es war ausgebucht. *Alors* – zum Pas de Calais. Ein winziges Zimmer ohne fließendes Wasser, ohne Fenster! Aber traf Valerie A. auf der Straße und aß mit ihr zu Abend. Sehr angenehm beschwipst zurück in mein Verlies oben im Pas de Calais.

[OHNE DATUM] Paris. Keck, weitläufig, schmutzig, an tausend Orten großartig, gleichgültig, neugierig, amüsiert, tragisch, schweigend, lachend und wach, wach, immer wach. Die Seine – Inbegriff und Blut und Traum von Paris, mit glasiger Oberfläche, stolzgeschwellt, gekräuselt von Lastkähnen mit Kohle und den ausgeworfenen Angeln der Jungen entlang der abschüssigen steinernen Böschung.

[OHNE DATUM] Wie sehr vermisse ich die langen Gespräche mit Kathryn. Was geht mir alles durch den Kopf. Was für eine bezaubernde Frau sie ist. Und wie bedauernswert. Die Ungerechtigkeit. Das Männliche ohne Kontext: überall. Dennis außerstande, sie zu lieben. Wie lebendig sie noch immer ist. Wie anbetungswürdig. Was für ein herrliches Instrument, auf dem man spielen könnte! Was für Lieder sie singen könnte! Wie stolz sie denjenigen machen könnte, der sie liebt! Als ich nach Paris kam, dachte ich an den eigenartigen Kuss, den sie mir am Abend vor meiner Abreise gab, daran, wie sie mich eng umschlungen hielt und mich nicht gehen lassen wollte. Und warum? Und warum? Und warum war ich nicht mutiger? Wie viele Jahre, seit jemand sie geküsst hatte – ein bescheidener Kuss, aber wenigstens ein echter –, so wie ich sie an jenem Abend geküsst habe? Ich hätte sie gerne die ganze Nacht in den Armen gehalten, ihr das Gefühl gegeben, geliebt und begehrt zu sein, denn das Gefühl ist wichtiger als die Ausführung.

4. JULI 1949 Fünf Briefe von American Express[9]. Wie das die Stimmung hebt! Je einer von Marc, Ann, Mutter, Margot. Die Welt nimmt wieder ihren Lauf, ich bin wieder Teil von ihr. Aber die meiste Zeit ist es, als hätte ich Watte im Kopf. Kein Augenblick erfreulicher Klarheit, kein einziger.

11. JULI 1949 Tag mit Alan Tenysco, Eiffelturm, Kunstmuseum (Moderne), dann weißes Kostüm und Besuch bei Natica. Ich mag sie sofort wieder – offener, nachdenklicher als früher. Drinks, dann ins Nuit de Saint-Jacques zum Abendessen, Chateaubriands mit Béarnaise. (Aber ich mache mir Vorwürfe, Vin Rosé d'Anjou bestellt zu haben.) Ins Monocle[10] – recht öde. Irgendjemand hat uns auf Champagner eingeladen, aber wir sind entwischt. Zur Rive Droite, Montparnasse, zum Fétiche[11], das aber geschlossen war. Also in irgendein

9 Siehe Notizbuch-Eintrag vom 30. 11. 1952.
10 Die berühmteste Lesbenbar auf der Rive Gauche.
11 In den 1920er und 1930er Jahren entwickelte sich in der französischen Hauptstadt eine blühende lesbische Subkultur, v. a. in den Bars am Montmartre und in eleganten Appartements auf der Rive Gauche, insbesondere aber im Salon der Eisenbahnerbin Natalie Clifford Barney in der Rue Jacob 20 (siehe dazu auch Joan Schenkars Nachwort am Schluss des Bandes). Paris wurde zu einer der liberalsten Städte Europas, nicht ganz so liberal wie Berlin, aber progressiver als London und New York. 1936 eröffnete eine gewisse Monique Carton, genannt Madame Moune, Le Fétiche in der Rue Fromentin, das erste Cabaret nur für Frauen (und einige ausgewählte Männer), wo neben Striptease-Tänzerinnen auch Zauberinnen, Jazzsängerinnen und sogar Bauchrednerinnen auftraten. Bis dahin waren Treffen unter lesbischen Frauen in der Öffentlichkeit nicht nur tabu, sondern

anderes Lokal an der Place Pigalle. Getanzt, mit einer Gruppe junger Frauen, eine (vermutlich Nutte) im schwarzen Kleid, habe ihren Hals geküsst. Oft mit Natica getanzt. Nach draußen am helllichten Tag, 5 Uhr morgens & eine Taxifahrt (300 F) zum Quai Voltaire, wo wir den Rest der Nacht verbrachten. Natica – Nike von Samothrake[12] –.

13. JULI 1949 Wie elend kann einem zumute sein? Der französische Zug war der Inbegriff von Unbequemlichkeit – Ruß, Lärm, Hitze, kein Wasser, nichts zu essen –, und ich war übermüdet, ungewaschen, nicht einmal auf dem Klo gewesen, kam in diesem Zustand um acht Uhr abends in Marseille an, wo Jeannot mich mit Orchidee und Mutters gerahmtem Cover empfing. Er nahm mich mit in seine sehr gewöhnliche Wohnung in der Rue des Minimes 19. [Seine Mutter] Lily *charmante*! Ich nahm ein Bad – wusch Schicht um Schicht Dreck aus Paris und Ruß des Midi ab! Alles ist faszinierend – Jeannot nicht viel anders als erwartet, rundlicher, mit grauen Geheimratsecken, aber mit echt amerikanischem *esprit*. Wir fuhren zu einem Nachtclub – Champagner und Tanzen – La Plage. Ich denke an Natica in Cannes.

16.7.1949
Sie schlief ganz wie ein Kind.
Der Pariser Nachmittag
Malte ein Bild von unserem Bett,
Vergoldete die Haare auf ihren gespreizten braunen Beinen,
Versilberte das strahlende Weiß ihres Slips.
Ich küsste ihre nackten Füße.

---

verboten, wurden an geheim gehaltenen Adressen im Norden von Paris abgehalten. Mit Madame Moune wendete sich das Blatt, und im Fétiche konnten sich Frauen ungestört als Garçonnes auf einen Drink treffen. Sonntagnachmittags gab es sogar Thés dansants. Edith Piaf, Suzy Solidor und später Chantal Goya traten hier auf. Ende der 1940er zog Madame Moune mit ihrem in Chez Moune umgetauften Cabaret in die Rue Pigalle 54 um.

12 Die Nike von Samothrake ist eine der berühmtesten Skulpturen des Louvre. Die griechische Göttin soll sowohl den Sieg als auch den Frieden überbringen.

*Sie schlief ganz wie ein Kind,
Und wie ein Dieb schlich ich mich
Unter das strahlende Weiß ihres Slips,
Zwischen die strahlend goldenen Beine,
Die mich fester und fester umschlangen.*

Für N. W. Wie die Arme eines kleinen Bären.

17. 7. 1949 Es tut dem englischen oder amerikanischen Schriftsteller sehr gut, eine Zeitlang mit Franzosen zu leben. Sie bringen den Angelsachsen zu physischen Dingen zurück, zum Körper, zu einem gewissen praktischen Denken, der Selbstverständlichkeit menschlicher Beziehungen, die bei den Angelsachsen in Förmlichkeit und Reserviertheit eingebettet ist. Merkwürdiger Gedanke beim Anblick des ersten französischen Tenders vom Deck der *Queen Mary*, beim ersten Blick und beim Hören der ersten französischen Worte: Sie sind wie ausnehmend intelligente, ausnehmend schlaue Tiere. Wie ein überlegen kluger Intellekt, mit den animalischen Aspekten des Lebens beschäftigt. Ein irgendwie erschreckender, aber auch faszinierender Gedanke.

18. JULI 1949 Ich habe an Marc geschrieben – endlich – und alles gekappt, ihm gesagt, dass ich mir sicher bin, ich kann für ihn nicht das sein, was ich sollte.

20. JULI 1949 Cannes in den ersten Stunden ungewohnt angenehm. Traf Ruth Yorck auf der Straße. Wir tranken Kaffee – redeten. Wie selbstverständlich Europa für sie ist – als wäre ganz Europa ihr Hinterhof oder ihr großes altes Haus auf dem Land. Sie fuhr um 5 Uhr nach Paris zurück. Und ich ging schwimmen, elend, in meinem neuen tomatenroten Badeanzug.

21. JULI 1949 Längere Verhandlungen mit Natica, die sich in La Bocca einquartiert hat, um sie dazu zu bringen, nach St.-Tropez mitzukommen. Schließlich um 4 Uhr los. Zum Schwimmen nach St.-Raphaël, bevor der Bus (der letzte) nach St.-Tropez abfuhr. Alles ideal – absolut ideal – einsames Städtchen – ALLEIN & FEIN, 8 Uhr abends. Natica am Hals – ich rief einfach: »Lyne!«, und sie kam herunter & hieß uns willkommen, besorgte uns ein Hotelzimmer, lud uns zu Drinks ein und zu einem Abendessen in einem Lokal voller Efeu & Blättern.

23. JULI 1949 Blieb noch einen Tag in St.-Tropez. Und an einem Abend – an dem ich zum zweiten Mal entdeckte (wie schon in Paris): Es gibt nur das eine Mal, alles zu tun. Und eine Nacht, die die beste ist und die erste.

29.7.1949 Europa zum ersten Mal mit achtundzwanzig: Es weckt neue Interessen, macht einen so aufgeschlossen wie mit siebzehn. Diese Verschlossenheit! Ich hasse sie. Sie kommt langsam über einen ab dem Alter von neunzehn Jahren, wie S. [Samuel] Johnson sagte.

12. AUGUST 1949 Immer noch in Marseille. Und Donnerstag kam von Margot der Vertrag aus England[13]. Ich habe unterschrieben – er sieht sehr gut aus – und ihn nach London geschickt. Jeannot auch sehr beeindruckt.

16. AUGUST 1949 Sehr traurig und habe ziemlich Angst, nach Italien zu fahren. Habe Lily Blumen geschenkt und mich widerstrebend von allen in der Familie verabschiedet – schwierig. Jeannot hat mich nach Nizza gefahren, gerade rechtzeitig für den Bus und vorher einen Brandy. Bereits ein italienischer Bus. In Genua übernachtet.

---

13 Vermutlich der Vertrag von Dennis Cohen, Highsmiths Verleger bei Cresset Press, für *Zwei Fremde im Zug*.

Wie üblich peinliche Momente mit Geld, Gepäck, Taxis und Hotel. Wie ich es hasse, nachts anzukommen, mit Gepäck beladen, und die Sprache nicht zu sprechen!

17. AUGUST 1949 Mailand geschäftig und wohlhabend. Nach dem Abendessen nahe der Kathedrale von einem italienischen Typ angesprochen. (Wie aufdringlich die jungen Männer hier sind, und die alten, gute Güte!) Er erwies sich als sehr nett, Ingenieur, blond. Tonio Ganosini, blaue Augen. Typus ziemlich gerissener, aber sehr intelligenter & intellektueller Bankier. Er war in der Theaterpause draußen & lud mich ein, den Rest der Vorstellung zu sehen – ein modernes antikommunistisches Stück. Hat mich für morgen zum Mittagessen eingeladen.

18. AUGUST 1949 Sehr viel glücklicher mit Tonio. Wir sprechen französisch. Nach dem Mittagessen hat er mich überredet, bis zum Abend zu bleiben, bevor ich nach Venedig fahre, so dass er mich begleiten kann. Wir fuhren um 7:30 ab – tatsächlich sehr lustig, nachts zu fahren, um halb zwölf in V. anzukommen ohne Hotelzimmer. Wir haben uns orientiert & ein Taxiboot auf dem Canal Grande genommen zu einem Hotel in der Nähe von San Marco. Dann Abendessen. Tonio benimmt sich vorbildlich, keine Zudringlichkeit, gutes Hotel. Venedig ist unvorstellbar schön.

19. AUGUST 1949 Venedig – der Lido –, ich wollte nicht schwimmen bei all den Museen, die es zu sehen gibt. San Marco, ein Mosaik-Meisterwerk. Alles gold, blau und in maurischem Stil. Tonio & ich um 7:30 nach Bologna, wo wir uns trennten, er zurück nach Mailand. Er lädt mich & auch Kathryn ein nach Sizilien, Palermo, wenn er das nächste Mal dort ist – 7. September. Bin plötzlich sehr einsam, allein im Zug nach Bologna. Ich wüsste gern, ob jeder andere auch so einsam wäre?

20. AUGUST 1949 Mittags nach Florenz. Ich liebe Florenz. Habe mir eine Handtasche gekauft, so dass ich Sachen am Bahnhof deponieren kann. Und auch eines dieser italienischen Restaurants gefunden, von denen die Leute immer reden und die sie nie finden – billig, gut, gute Laune, die ganze Familie arbeitet mit, eine gewisse Kenntnis amerikanischer Bedürfnisse wie z. B. Zeitungspapier auf dem Klo.

21. AUGUST 1949 Wollte den Zug um 1:30 (mittags) nach Rom nicht verpassen. Mein einziges Bedauern – der Blitzbesuch in den Uffizien. Ein unglaublicher Saal nach dem anderen & ich immer mit dem Blick auf die Uhr! Kam in Rom um 7 Uhr abends an. Elender Anfang und elendes Ende. Alles ging schief. Natalia[14] nicht zu Hause. Schließlich im Hotel Bologna, wo meine Zugbekanntschaft (der dort sein wollte) nicht war. Aß allein. Die Stadt voll kleiner Gassen – mein Gott, wie alt! Wann entscheiden sie, dass eine Gasse zu alt ist und renoviert werden muss? In Rom offenbar nie. Kleine Jungen, denen der Teufel aus den Augen blitzt, schleichen sich an und schleudern einem aus heiterem Himmel einen Eimer Abfälle vor die Füße. Nach dem Abendessen saß ich in einem Café – alle trinken ihren Kaffee nach dem Abendessen in einem anderen Lokal, so wie die Franzosen draußen vor den Cafés sitzen – Mein Roman ist da, meine ganze Post, kann es kaum bis morgen abwarten.

22. AUGUST 1949 Briefe von allen außer Marc. Ein Scheck (28 $!) und 400 $ von meiner Bank. Damit bleiben mir gerade mal 154 $ plus 500 $ Kriegsanleihen. Ach, leider scheinen meine Stimmungsschwankungen nicht von der eigenen Leistung abzuhängen, sondern davon, was andere Leute von mir halten. Ich muss lernen, mein Bewertungssystem umzustellen. Herrlicher Brief auch von Ethel Sturtevant, den ich behalten werde. Eine echte Schriftstellerin, die nicht

---

14 Natalia Danesi Murray, Journalistin und langjährige Partnerin der amerikanischen Autorin Janet Flanner. Ihre Mutter übersetzte für Bompiani, u. a. *Zwei Fremde im Zug*.

schreibt, ist sie! (Oder vielleicht schreibt sie ja auch.) Sie gratuliert mir zu meinen Verlegern, vor allem zu meiner neuen Bloomingdale's-Sache[15] und dazu, wie es mir damit geht, und drittens auch noch zu meiner Trennung von Marc. Sagt, sein Buch erscheine ihr sehr jung für mich, und rät mir zur Heirat mit einem älteren, weniger fordernden Mann. (Am liebsten wäre ich vielleicht mit einem 80-Jährigen verheiratet, einem sehr vermögenden!) Und mein Buch in einem Röntgenkarton von Kathryn.

Leider das Hotel gewechselt, idiotisch. Hotel Roma in der Nähe des Bahnhofs, von einem phantastischen alten Vielfraß geleitet, den ich nie vergessen werde. Kugelbauch, halb betrunken, ein Loch von einem Hotelzimmer, kein Service, kein heißes Wasser & schlechtes Licht für 800 (Lire) am Tag, eine Ersparnis von 230 Lire, so dass ich mir wie eine Idiotin vorkomme![16]

23. AUGUST 1949 Roma – eine schmutzige Stadt. Alle Männer masturbieren oder sonst was, starren mich wie bescheuert an. Habe K. [Kathryn] gestern Abend telegraphiert, und sie hat mich um 6 angerufen. Will in Neapel zu mir stoßen. War plötzlich so glücklich – eine richtige Verabredung mit einer Freundin, die englisch spricht – und was für ein Mensch –, ich kaufte Cognac, trug meinen Pullover aus Florenz. Wie gut es mir geht. Trotz Rückenschmerzen (?) und Magenweh fühle ich mich wie ein Gott, wie ich so allein in meinem Zimmer liege, zu krank, zu verängstigt (körperlich), was mir in Rom passieren könnte, sollte ich krank werden, um rauszugehen. Endlich rausgegangen, um ein Beefsteak & sonst nichts zu essen. Hatte seit 2 Tagen nichts als 2 Omeletts. Verzeih die Details über das Essen, liebes Tagebuch, aber sie werden zu Details des Lebens, vielleicht. Kathryn kommt am Freitag. Bis dahin ziehe ich deshalb die Tage in Rom in die Länge, und hasse es.

---

15 Highsmiths »Bloomingdale-Geschichte« wird sich zu ihrem Roman *Salz und sein Preis* entwickeln (New York, 1952).
16 600 Lire entsprachen 1949 etwa einem US-Dollar.

23.8.1949 Die emotionalen Probleme von Männern sind universell, die negativen und positiven Reaktionen auf Frauen und die Gründe dafür. Aber ein südländischer Mann, der in seiner südländischen Gesellschaft höher gestellt ist, kann sein Leben einrichten, oder es so einrichten, dass er denken kann, dass er völlig zufrieden ist. In Amerika, wo der Mann von Anfang an versagt hat als Mann, als Mitglied des überlegenen Geschlechts, kann er das nicht und ist unendlich elender und geht zum Psychoanalytiker. Aber sie kranken an dem gleichen Leiden.

24. AUGUST 1949 Studie in Elend. So elend gestern, dass es komisch wurde. Alles »*chiuso*«, wo man hinkommt. Werde abreisen, ohne viele Museen gesehen zu haben usw. Bin heute Abend nach Neapel aufgebrochen – um drei nachmittags. Und sehr froh, Rom hinter mir zu lassen.

26. AUGUST 1949 Ich liebe Neapel – sauber, aufgeräumt, interessant als Hafenstadt. Tausende amerikanische Seeleute in der Stadt. Gestern Abend Kathryn gesprochen. Vor Dienstag kann sie nicht kommen. Das hat mich zutiefst deprimiert, aber dank der Arbeit werde ich es ertragen, nehme ich an. Ich habe genug zu tun. Kann in letzter Zeit nicht gut schlafen. Zweifellos wegen allem, was mir das Herz schwermacht – Kathryn, Fahrkarte für das Schiff, Heimweh usw. usw. *Turismo* bis zum Überdruss, habe wirklich genug davon. Mein Gott, wie glücklich ich sein werde, nach Hause zu kommen! Italien gefällt mir weniger als Frankreich – ich kann den Dreck nach einiger Zeit wirklich nicht mehr ertragen, den Anblick eines rotznäsigen Babys (oder eines Babypopos auf dem Arm einer Mutter), wenn ich zu Abend esse, was in den besten Restaurants vorkommt.

27.8.1949 Auf lange Sicht wird mir das Beste zuteil werden. Kein Zuhause mit Kindern, nicht einmal etwas Dauerhaftes. (Was ist dauerhaft im Leben oder in der Kunst? Was ist überhaupt dauerhaft außer dem eigenen Herzschlag?) Aber ich werde immer das Beste anziehen. Und dafür danke ich Gott, aus ganzem Herzen.

29. AUGUST 1949 Wollte eigentlich Pompeji besuchen, aber ein abgebrochener Anruf von K. hat mich vor Nervosität ans Telefon gefesselt (konnte die ganze Nacht nicht schlafen) – das nie mehr geklingelt hat. Heute Abend ein Telegramm, dass sie erst nächsten Samstag kommen kann! Mehr als ein ganzer Monat! Aber die Geduld des Menschen ist endlos dehnbar.

31. AUGUST 1949 Große Freude: Habe einen Platz, SS *Exeter*, 20. September von Neapel! Jetzt löse ich meine Schecks ein. Meine Geschichte »Das große Kartenhaus«[17] wird gut, finde ich, ich träume – mehr nicht – von einem Buch mit Kurzgeschichten nach diesem Roman, mit der Schneckengeschichte, der Alkoholikergeschichte, ein paar anderen. Und dieser.

Vielleicht war ich nie so glücklich wie in diesen ruhigen, einsamen Tagen in Neapel. Es ist ein tieferes – wenn auch weniger erregendes – Glücksgefühl als Yaddo. Zum ersten Mal in meinem Leben mag ich mich selbst. Ich wünsche mir keinerlei Veränderung. Welcher Philosoph könnte etwas Großartigeres behaupten? Welcher Dichter etwas Schöneres?

Das liegt natürlich an der Fremdheit um mich herum, die mich auf mich selbst zurückwirft. Aber das erklärt nicht, warum ich mit mir selbst zufrieden bin. Vielleicht einfach nur, weil ich glücklich bin, was bei einem wahrhaft guten Menschen immer das beste Kriterium ist. Ich bin glücklich. Ich spüre, wie viel länger ich noch leben werde.

Ich akzeptiere und liebe die Last der Verantwortung des Menschen gegenüber sich selbst und der Menschheit im Lauf seines Le-

---

17 »Das große Kartenhaus« ist eine Geschichte über einen Kunstexperten, der Fälschungen sammelt und sich einbildet, er sei unfehlbar. Sie erschien erstmals posthum in *Die stille Mitte der Welt* (Diogenes, 2002).

bens. Und auch der Liebe bin ich mir sicher. Mit diesen Grundsätzen kann ich nicht anders als lieben. (Und wie mein Meister Kierkegaard sagt, muss man immer lieben, ob die Liebe erwidert wird oder nicht. So muss man immer, unvermeidlich, wirklich glücklich sein.)

Ich bin mir noch nie so alt vorgekommen, so weise. So ist es gar nicht. Es ist nur so, dass ich jetzt mit mir selbst leben kann, wie ich es vielleicht schon länger hätte können, wäre ich nicht, seit ich sechs Jahre alt war, so verwirrt, so orientierungslos gewesen. Ich habe das Gefühl, die nächsten fünf Jahre werde ich sogar noch älter aussehen, als ich bin.

Ich bin verliebt, verliebt, verliebt! In Marseille habe ich ein wenig darüber nachgedacht, wie es wäre, wie es möglich wäre, Jeannots Frau zu sein, was er ernsthaft vorgeschlagen hat. Dass ich es mir vorstellen konnte, muss an der fremden Umgebung gelegen haben, der äußerlichen Faszination der neuen Sprache, des Landes, der Leute, der Sitten und Gebräuche – der schönen französischen Riviera. Wie sonderbar, wie oberflächlich ich ab und zu bin.

3. SEPTEMBER 1949 Endlich der Anruf und Kathryn unten im Foyer. Sie hatten ihr gesagt, ich sei nicht mehr hier. Ich ging runter, um sie abzuholen – gerade als sie hochkam und mich von hinten ansprach. Etwas schlechter italienischer Cognac und viel Reden in meinem Zimmer vor dem Mittagessen in der Nähe.

5. SEPTEMBER 1949 Wie wunderbar, die Straße entlangzugehen mit K., englisch zu sprechen, statt allein zu sein, umherzuwandern, isoliert, ungehört und nicht hörend, unbemerkt und unerwünscht. Männer starren einen aus der Fassung. Dies ist ein Land von Starrern. Lesen, Schreiben, Arbeiten hat ein seliges Ende gefunden. Das ist Urlaub in Perfektion, ich verehre meine Gefährtin und habe nur den einen Wunsch, Kathryn Freude zu machen.

7.9.1949 Der Genuss eines einzigen Kusses ist nur eine Abstufung des Genusses des sexuellen Akts. Der einzige, unerwartete Kuss zweier junger Frauen ist nur eine Abstufung des sexuellen Akts, der ein Kind zum Ergebnis hat. Deshalb darf man den Kuss nicht unterschätzen. Er kann nur nach der subjektiven Einstellung beurteilt werden. Beurteilt ein Mann seinen Genuss danach, ob sein Handeln ein Kind zur Folge hat oder nicht? Hält er es für befriedigender, für bedeutender, wenn es das tut?

8. SEPTEMBER 1949 Ich wollte Kathryn umarmen und küssen. Depression – warum? Ich bin nicht in sie verliebt, fürchte mich nur vor zu viel Spontaneität meiner Empfindungen. Immer voller Furcht – nicht unbedingt davor, jemanden zu kränken, vielmehr davor, selbst gekränkt zu sein, wenn ich abgewiesen werde. Mit ihr zusammen kann ich nur an meine Mängel denken, meine ungepflegten Haare, schlechten Zähne, vielleicht auch die ungeputzten Schuhe. Heute Abend brechen wir nach Palermo auf. Das Schiff ist wunderschön. Auf einmal schnurren wir wie Kätzchen, freuen uns über die Sauberkeit, den guten Service, vor allem darüber, Neapel zu verlassen, auf das, was uns erwartet. K. bleibt bei mir, bis ich abreise, und fährt dann nach Rotterdam zurück und zuletzt nach London, wo – alles Höllische auf sie wartet –.

12. SEPTEMBER 1949 Ruhe mich im Bett aus, gehe nicht mal schwimmen. Mein Magen rumort, ich habe aber dauernd Hunger. Ich werde dünn und glühend vor lauter Gefühl, was mehr ist, als das Fleisch ertragen kann, zu reichhaltig. Es gibt so viel, so viel zu viel zu verdauen und in mich aufzunehmen. K. ist ein bisschen in mich verliebt. Und ich in sie, wenn auch weniger stark. Sie ist eine Wonne. Und ich fühle mich geschmeichelt. So müssen Flitterwochen sein. Man existiert, um zu existieren wie ein Bild. Der Kellner, bei dem wir unseren 6-Uhr-Kaffee holen, lächelt uns an. Das Wetter ist mild, die Dunkelheit auch. Vor dem Abendessen gehen wir die

Promenade am Meer entlang, an den Palmen, den Strandkabinen vorbei, Hand in Hand. Oh, das Neue ist immer so köstlich!

15. SEPTEMBER 1949 Mit dem Zug nach Syrakus und der herrlichste Tag von allen. Hotel des Étrangers an der Strandpromenade. Haben einen Taxifahrer angeheuert und uns zu den Katakomben fahren lassen – wo ein verrückter kleiner Mönch uns durch die frühen Verstecke der Christen führte, durch die Grabmale mit Knochen, das Kloster. Und K. und ich umarmten, küssten uns bei jeder Gelegenheit.

20. SEPTEMBER 1949 Der Tag, an dem ich eigentlich abgereist wäre. Wir fahren mit dem Schiff um neun nach Capri – müssen rennen. Eine bezaubernde zweistündige Fahrt. K. sehr aufgeregt und schweigend an der Reling. Ich war zu gelangweilt, zu ängstlich, um durch das Wasser voller Seeigel zu schwimmen. Beschämend. Meine erste Reise nach Capri, mein einziger Tag, & das Wasser ist mir zu viel! K. wahnsinnig süß & leistet mir viel Gesellschaft. Denn wir sind zurzeit ein bisschen verliebt – und solche Leute wollen an diesen ersten Tagen immer mit anderen Leuten zusammen sein. Das Sichtbare – das Unsichtbare!

21. SEPTEMBER 1949 Mit K. zur Grotta Azzurra. So überlaufen mit Ruderbooten, dass sicherlich 50 % des Lichts verdunkelt war. Wie schade. Erwischten den Bus um 4:10 zurück nach Napoli. Dann der Abschied. Und die Eile. Weintrauben. Und das letzte Abendessen mit K. in meinem weißen Hosenanzug, den ich am ersten Abend mit ihr hatte tragen wollen. Wir aßen – gleichgültig – in dem Terrassenrestaurant mit den Weinreben unseres ersten Mittagessens zu Abend. K. berührt mich oft, sieht mir ernst in die Augen und küsst mich auf den Mund. Was wünscht sie sich, dass ich noch sage? (Ich habe nichts gesagt.) Sie erwartet nichts. Und ich? Pläne – will K. das? Ich weiß, dass ich es bin, die keine will. Dass es K. leichterfallen

würde, es auszuhalten, als mir, es zu sagen, ich komme nächstes Jahr nach London, und wir leben dort zusammen. Nein, ich weiß nicht, was ich will. Völlig gelassen kann ich mir nichts anderes vorstellen als kurze Affären – mit verschiedenen Frauen – in N.Y. Und doch hoffe ich auf einen Ruck (zeitlich, irgendwann), der meine Wünsche kristallisiert. Ich sehne mich danach zu schreiben und träume davon, es bilde sich so selbstverständlich aus wie ein Spinnengespinst.

Jetzt weiß ich, warum ich ein Tagebuch führe. Ich finde keinen Frieden, solange ich nicht den Faden in die Gegenwart fortführe. Ich interessiere mich dafür, mich selbst zu analysieren, für den Versuch, zu entdecken, warum ich dies & das tue. Das kann ich nicht tun, ohne weiße Kiesel hinter mir zu verstreuen, um meinen Weg zurückzuverfolgen, um mir einen geraden Kurs in der Dunkelheit zu weisen.

24.9.1949 Capri. Von der Piazza aus gleichen die aufgetürmten schwarzen & weißen Kuppeln der Kirche eindimensionalen Bühnenbildern. Frauen mittleren Alters, die an winzigen Tischen sitzen, in benommener Wachheit vor sich hin blicken, mit klaren, übervollen, übererfahrenen Augen, die wie Juwelen glitzern, so erschreckend in ihrer Üppigkeit, dass man kaum wagt, ihrem Blick zu begegnen.

24. SEPTEMBER 1949 Genua. Mich vormittags über die *Louisa C.* informiert. Abfahrt um 5 Uhr nachmittags. Das Schiff ein bisschen kakerlakig – aber nur ein bisschen. Viel besser als die Unterbringung in der Touristenklasse der *Queen Mary* & insgesamt nettere Mitreisende. Ich bin glücklich.

25. SEPTEMBER 1949 Die Reise kann achtzehn Tage dauern. Ohne Halt in Marseille. Vermutlich legen wir zuerst in Philadelphia an.

1. OKTOBER 1949 Die spanische Küste dürr und gebirgig, gestern und heute den ganzen Tag in Sicht, aber gestern waren es vielleicht auch Inseln. Habe das letzte Kapitel meines Buchs umgeschrieben und getippt, die Explosion im Tunnel & die Rettung und Folgen kondensiert und auf zweieinhalb Seiten gekürzt. Vielleicht bin ich faul, vielleicht habe ich keine Lust mehr. Vielleicht werde ich entscheiden, dass es noch nicht genügt. Ich hoffe nicht. Mir graust vor den ersten hektischen Wochen in N. Y. Für so etwas braucht man eine Frau. (Für so etwas braucht seltsamerweise eine Frau genauso dringend einen Mann.) Um 3 Uhr in der Nacht kommen wir an Gibraltar vorbei. Das ganze Schiff wird auf den Beinen sein.

2. OKTOBER 1949 Denkt K. an mich in diesem langen Schweigen? Ich weiß, dass sie es tut. Wir haben eine eigenartige seelische Verbindung, wir beide. Ich habe meinen Roman *Argument of Tantalus*[18] begonnen. Sieben oder acht Seiten mit der Leichtigkeit und Flüssigkeit (des Vokabulars), die meistens bedeutet, dass später nicht viel geändert werden muss. Selbstverständlich bin ich heute sehr glücklich. Am glücklichsten, seit ich mich von Kathryn verabschiedet habe.

5. OKTOBER 1949 Seite 28 von *Tantalus*. Ich weiß noch nicht genau, was geschehen wird, nachdem Therese Carol begegnet. Aber es geht rasend voran, genau wie mit mir. Es ist alles meine eigene Reaktion auf Dinge – nur mit ein paar Vertiefungen in den Extremen, damit es den Einstellungen meiner Hauptfigur besser entspricht. Das Meer wogt heute Nacht ziemlich stark. Konnte nicht vor 2:00 einschlafen.

---

18 Das Buch, das später *Salz und sein Preis* heißen wird. *The Argument of Tantalus* heißt so in Anspielung auf die Qualen des antiken Halbgotts Tantalus, dem nach einer Tabuverletzung alles, was er begehrt, vorenthalten wird.

9. OKTOBER 1949 Habe noch nie so ein Ausschütten meines Selbst verspürt – in all meinem Schreiben. Ein großer Erguss. Ich will dieses Buch in kürzestmöglicher Zeit aus mir herausbringen, nicht einmal innehalten, um etwas Geld zu verdienen. Wenn ich nur im nächsten halben Jahr neben *Tantalus* ein paar Kurzgeschichten veröffentlichen könnte! Drei Bücher in sechs Monaten – das wäre etwas.

Einziges Malheur, dass der kleine Spiegel aus dem Hotel des Étrangers in Syrakus zerbrochen ist, ich hätte mit Freuden mehrere Fingernägel dafür geopfert. Und Kathryn – Kathryn –, ich fürchte mich davor, ihr zu schreiben, dass ich sie liebe, dass ich mir wünschte, wir könnten zusammen in London leben – was ich ihr alles gerne sagen würde.

10.10.1949 Die Takelage des Schiffs vor dem Himmel. Geometrische Vielfalt, Rhomben, Parallelen, Dreiecke und dazwischen Spiralen, alles tagsüber in schneller und wirbelnder Bewegung. Nachts gibt es vor einem dunkelblauen Himmel bei ruhigem Seegang nichts Unbeweglicheres als den Stumpf des Masts, von den schrägen Seilen so perfekt gehalten und balanciert. Man glaubt kaum, dass das Schiff sich bewegt. Man denkt, sicher sei etwas schiefgegangen.

11.10.1949 Gedanken am frühen Morgen, bevor man aufsteht: Auf einmal weiß man das Warum von allem, intuitiv.

15. OKTOBER 1949 Landen in Philadelphia. Dampfen seit dem frühen Morgen den Delaware hinauf. Natürlich niemand, der mich abholt. Sehr aufgeregt, in Phil. in den Zug zu steigen und um 7:00 abends in New York anzukommen.

19. OKTOBER 1949 Zu meiner Überraschung rief Marc mich gestern an. Heute Drinks und Abendessen; sagt, er empfindet immer noch dasselbe, redet vom Heiraten, »erst in zwei Jahren oder sogar

später, aber du bist immer noch der Mensch, mit dem ich den Rest meines Lebens verbringen will«. Marc blieb über Nacht, wollte es mir recht machen, war aber sogar zu selbstlos.

21.10.1949 Zum Thema Geistesgestörte: Sie versuchen nur, eine Realität zu finden. Es ist sehr schwirig, wenn nicht unmöglich, in unserer Existenz eine Realität zu finden. Die größten Philosophen haben nie eine zufriedenstellende Realität gefunden oder eine Erklärung dafür. Unter Lachgas zum Beispiel nimmt die Welt sich ganz anders aus, auf überwältigende Weise überzeugender als die sogenannte normale Welt, was ihre Realität betrifft. Vielleicht gibt es in Wirklichkeit gar keine Realität, sondern nur das Verfassen eines Systems passenden Verhaltens, Aktion und Reaktion, demzufolge die Leute inzwischen ihr Leben gestalten. Das heißt, die meisten Leute, die aus dem gleichen Grund so leben, wie die meisten Erbsen ins mittlere Fach fallen, wenn man sie von einer zentralen Stelle oben fallen lässt.

22. OKTOBER 1949 Verabredung mit Marc. Gingen zum Abendessen – schlecht im Le Moal – und ins Kino. Er blieb über Nacht. Ich war entsetzlich müde, und – er ist dann einfach (außer ich bin betrunken) so ein schweres Gewicht in meinem Bett. Ach Gott, ich will Kathryn in meinem Bett! Ihr vertraue ich. Es gefällt mir, dass sie älter ist als ich. Ich finde, sie ist wunderschön und intelligent. Ich habe noch einen Brief von ihr bekommen. Liebevoller, würde ich sagen, deutete mehr an als der andere.

24.10.1949 New York ist fruchtbarer Boden für das Paradoxe – und weiter nichts. Ich begreife die Notwendigkeit der mäßigenden Wirkung von gesundem Menschenverstand und praktischem Denken. Ich begreife, dass es eine Atmosphäre sein müsste, die allein von diesen beiden bestimmt würde, in der ich, glaube ich, am zufriedensten sein könnte – sagen wir, in einem englischen Dorf oder auf dem Land in Italien. Letztlich ist die Entscheidung genauso unbedeutend wie die Art der Nahrung. Ja, vielleicht sollte man sich nur von Gemüse und Käse, frischem Wasser und Brot ernähren. Aber es ist auch nicht tödlich, Wein zu trinken und *pâté de foie gras* zu essen.

24. OKTOBER 1949 Mich heute völlig dem Gefühl überlassen, in K. verliebt zu sein. Was für ein Glück, als ich es mir eingestand, es ganz und gar glaubte. Die Zukunft liegt plötzlich ausgebreitet vor mir und enthüllt einen ganz goldenen und rosigen Horizont. Seit Ginnie war ich nicht mehr so glücklich. Jeanne hat um 9 Uhr vorbeigeschaut. Schließlich habe ich sie geküsst, *chez elle* (warum sonst hätte sie mich hinaufgebeten?), und obwohl sie verlobt ist, mit einem 35-Jährigen, einem Hohlkopf, soviel ich weiß, bin ich mir ziemlich sicher, dass sie zu haben ist. Der Geist der Wiedereroberung, des Egos (des Bösen) motiviert mich heute Abend und morgen.

28. OKTOBER 1949 Abendessen mit Jeanne hier. Sie schaltet ganz schön auf stur. Wenig Anlass für saure Trauben. Und vielleicht will sie es wirklich so. Sie ist sehr nett, großzügig, eine gute Freundin. Ich will sie nicht verlieren und kann mir wirklich nichts vorstellen, was dazu führen könnte, allerhöchstens ein Überfall oder Einbruch.

1.11.1949 Mit 28. Würde ich den Alkohol nicht kennen, seinen Platz in der Gesellschaft, seinen Gebrauch, seine Nachteile, wäre ich von ihm äußerst fasziniert. (Ich hätte ihn probiert, so wie ich im Süden einen Pekannusskuchen probiere.) Ich hätte ihn respektiert als den Maßstab zwischen dem Potential eines Menschen und seiner Leistung. Denn jeder Mensch hat mehr Potential, als er verwirklicht. Das ist sein Geschenk als Kind Gottes und seine Bürde als Abkömmling der Affen.

3. NOVEMBER 1949 Letzten Dezember rannte ich zur Psychoanalytikerin, um mich umpolen zu lassen, weil ich genau wusste, dass ich

ein anderes Debakel wie das mit Ginnie körperlich nicht überleben würde. Ich wurde nicht geändert, aber umging das Problem, indem ich mich nicht wieder verliebte. Ich fühlte mich langsam besser, die Barriere zwischen mir und allen möglichen Leuten wurde allmählich durchlässiger. Im September dieses Jahres oder eher im Oktober begann ich zu merken, dass ich mich wieder verlieben könnte, dachte sogar, ich sei verliebt. Und jetzt (genau zu diesem Zeitpunkt), angesichts einer möglichen Niederlage, verleugne ich es schnell und ergreife die Flucht. Sollte ich in den nächsten Wochen enttäuscht werden, werde ich ganz bewusst versuchen, jede kleine Flamme in mir zu ersticken, die den Anschein erwecken könnte, der Beginn einer Liebe zu sein. Kurzum, ich muss in puncto Mut wieder dieselbe werden wie letzten Dezember. Aber kann man wirklich in solchen Fällen von Mut sprechen? Warum von Mut sprechen! Ich weiß, was nicht zu ertragen ist. Es gibt Folterqualen, die für den Menschen nicht zu ertragen sind. Es gibt zweifellos solche Folterqualen – vielleicht nur diese eine –, die ich nicht länger ertragen kann.

5. NOVEMBER 1949 Die Zeit dreht sich zurück. Myron Sanft sehr liebenswert ᶠbei sich zu Hause.ᶠᶠ Gore Vidal[19]. Und ein uninteressantes Abendessen im Bistro. Eine Gruppe von Neurotikern, mit denen ich typischerweise nicht gut klarkam, ich war müde. Ich gelobe mir, mir nächstes Mal mehr Mühe zu geben.

6. NOVEMBER 1949 Fast mein ganzes »Instantly and Forever« heute abgetippt. Ich kann dazu nur sagen, ich habe solche Sachen schon gedruckt gesehen. Marc hatte heute Morgen eine Titelidee.

---

19 Gore Vidal (1925–2012), offen bisexueller amerikanischer Romancier, Essayist, Drehbuchautor und Politiker. Sein Roman *Geschlossener Kreis* (*The City and the Pillar*, 1948) gilt als der erste offen schwule amerikanische Roman; nach seiner Veröffentlichung wurde Vidal von der Presse so konsequent missachtet, dass er gezwungen war, mehrere Bücher unter Pseudonym zu veröffentlichen. Vidal ist v. a. bekannt für seine Essays, außerdem verfasste er Drehbücher für Filme (u. a. von Fellini), in denen er gelegentlich auch mitspielte. Fast vierzig Jahre nach ihrer ersten Begegnung traten Highsmith und er in einen regen Briefverkehr miteinander.

Zwei Fremde im Zug. Gefällt mir sehr gut, & ich hoffe, ihnen auch. Er ist ein Segen. Er hilft mir so viel. Bin sehr dankbar.

9. NOVEMBER 1949 Fühle mich vage schuldig. Und vage vage, nehme ich an. Sollte ich »Die Liebe ist eine schreckliche Sache«[20] oder eine andere grässliche verkäufliche Geschichte schreiben? Oder lieber an dem Roman weiterarbeiten? Ich muss diesen Winter oder vielmehr sofort für diese große Anstrengung all meine Kräfte bündeln. Es gibt keinen Grund zu warten, nicht einmal eine Woche. Ich habe nicht den geringsten Wunsch nach »Gesellschaftsleben« oder nach einer Freundin – die mich meine Zeit und mein bisschen Geld kosten würde. Und dieser letzte Punkt wird bald auch ein Problem sein. Ich will mir nicht vorstellen, das Buch über längere Zeit hinzuziehen. Ich muss es auf einen Sitz abfeuern wie eine Kugel.

Die Anstreicher kommen morgen Vormittag, um die Fußböden abzuziehen, und dann habe ich meine Ruhe. Ich wünsche mir so dringend Ruhe – in meiner Wohnung. Immer heißt es »nur noch eine Woche«. Sonderbarerweise bin ich völlig gelassen (und das ohne Einkommen). Und aus Kathryn mache ich eine Religion.

11. NOVEMBER 1949 Mittagessen mit Harper. Joan Kahn & Mr. Sheehan, ein Juniorlektor, der sagt, er schätzt mein Buch ungeheuer, findet es großartig. (Später mit Mme Lyne gesprochen, die sagte, Sheehan sei vorbeigekommen, habe von dem Buch geschwärmt, ohne zu wissen, dass sie mich kennt.) Kahn: gegen Buch mit Kurzgeschichten, ausdrücklich. Will mir erlauben, *Tantalus* fertigzuschreiben, ohne ihr auch nur eine Seite davon zu zeigen. Und Geld soll sich auch finden lassen. Will, dass McCullers usw. *Fremde* lesen und ein lobendes Zitat für die Umschlagrückseite liefern.

---

20 Highsmith versucht, »Die Liebe ist eine schreckliche Sache« (posthum erschienen in der Zeitschrift Tintenfass, Diogenes, 1999) dem *New Yorker* zu verkaufen, doch die Erzählung erscheint schließlich erst 1968 in *Ellery Queen's Mystery Magazine* unter dem Titel »Birds Poised to Fly« (in dieser späteren Fassung erstmals deutsch in *Die stille Mitte der Welt,* Diogenes, 2002).

13. NOVEMBER 1949 Ich beende meine Geschichte um 6 Uhr abends & lese sie den Eltern vor, die sie als neurotisch, wenn nicht gar degeneriert beurteilen. Keinerlei Sympathie mit meinem Denken. Sie machen sich wieder über Symptome her: »Pat, warum beschäftigen dich solche Dinge? Lass das bleiben.« (Lass es einfach bleiben!) Diese Esel! Als ich meiner Mutter bzgl. Marc sagte, ich sei Männern gegenüber unüberwindlich blockiert: »Hm, hm«, mit gerunzelter Stirn. »Also Pat, ich frage mich, warum. Woher könnte das kommen?« (!)

14. NOVEMBER 1949 Glücklicher Tag. Habe Levi's gekauft (jetzt 5,50 $). Und an meiner Geschichte gearbeitet. Rosalind um 9:30 besucht, Betty Parsons bei ihr. Betty und ich sind Seelenverwandte.

15. NOVEMBER 1949 Auf gelbes Papier zwanzig Seiten von »Die Liebe ist eine schreckliche Sache« getippt. Mir gefällt es. Wurde aber um 3 Uhr nachmittags entsetzlich unruhig. Die Geschichte ist so sehr wie K. und ich. Das muss meinen Eltern sicher auch aufgefallen sein. Letztes Wochenende war ich generell zu offen über homosexuelle Themen. Muss einen Mittelweg einschlagen. Warum fragen sie mich nicht einfach irgendwann rundheraus? »Wie denkst du über Frauen?«, hat meine Mutter mich gefragt. »Ich vertraue ihnen viel mehr. Aber, weißt du, ich habe nie mit einer zusammengelebt. Ich bin Einzelgängerin – für immer.«

19. NOVEMBER 1949 Rolf besucht, der immer noch mit einer Gelbsucht flach liegt. Armer Kerl. Marc um sieben Uhr. Ich erinnere ihn an seinen Bruder Aden. »Sehe ich ihm ähnlich?« »Ein bisschen.« Ich überlasse es seinem Psychoanalytiker, ihm zu erklären, dass er sich aus homosexuellen Gründen zu mir hingezogen fühlt, was ich schon immer wusste. War nach diesem lieblosen Abend so wütend auf ihn, als er über Nacht bleiben wollte. Wenn er mich berührt, egal, wo, kann ich es nicht ertragen.

23. NOVEMBER 1949 Thanksgiving: 2:45 morgens. Kein Brief von Kathryn. Sie liebt mich nicht. Ich hatte meine Chance und habe sie verpatzt. (Wird das auf meinem Grabstein stehen?) Nichts in der Welt wünsche ich mir in diesem Augenblick so sehr wie ein Wort von ihr. Ein neues Wort. Man kann nicht ewig denselben Brief wiederlesen. Ich bin elend und verkümmere, solange ich von dem lebe, wovon man immer lebt. Hoffnung. Auf die Zukunft, die nie kommen wird, weil man sie selbst nicht erschafft. Ich zumindest nicht. Ich muss ihr sagen, dass ich sie liebe. Ich will sie. Ich gehöre ihr. Ich will nur bei ihr sein. Ich muss sie fragen, ob sie das auch will.

23. 11. 1949 Immer wieder spiele ich mit meinen »wenn – wenns«. Wenn zum Beispiel mein Erleben jetzt abrupt gekappt würde, sexuell, emotional, nicht intellektuell, sondern was das Weltliche, Praktische angeht – dann hätte ich das Gefühl, ich hatte genug. Ich habe eine Stunde zur Ewigkeit gemacht. Alles ist in mir. Ich bräuchte nur davon zu zehren. Ich war monatelang nicht auf See, aber ich war auch nicht eingesperrt. Und doch weiß ich, schon während ich das hier schreibe, dass ich es in einer Woche als steril, dekadent, einfach dumm verurteilen werde.

Gott sei Dank bin ich nicht ein einzelner Mensch, verehre auch nicht die eine Sache, den Intellekt und die Seele, so wie Melville! Denn Melville wurde wahnsinnig, und das wird mir nicht passieren. Heute Nachmittag in Hastings habe ich in Sonne, Luft und Rauch Blätter gerecht. Und ich liebte meine Liebste von ganzem Herzen. Deshalb fühlte und wusste ich, dass ich nicht nur die anmaßende Person bin, die ich eine halbe Stunde zuvor gewesen war, die in Melvilles *Pierre* versunken war und seine seelischen Launen mit höchst persönlich betroffener Faszination verfolgte. Deshalb weiß ich, dass ich niemals wahnsinnig werden werde. Was eine der Sachen ist, für die ich an diesem Thanksgiving danken will.

26. NOVEMBER 1949 Ein neuer Brief von Kathryn. Der erste nach zwei Wochen, aber das Warten hat sich gelohnt. Er ändert alles. Ich fehle ihr. Es war ein sehr intimer Brief. Noch nie war ich in meinem Leben so glücklich. Ich muss mich tatsächlich jeden Tag ein wenig ausruhen, damit ich nicht wegen des absurden Leidens der Euphorie tot umfalle. Nicht dass ich aufgeregt wäre. Ich bin ruhig, heiter, meine Konzentration ist sogar gut. Aber mir wurde ein Segen zuteil, und das weiß ich. All diese Jahre der Verdrängung, der Opfer, der Desillusionierung und Frustration waren nicht vergebens, denn sie helfen mir, nun mein übergroßes Glück zu schätzen. Rosalind sagt: »Du warst schon immer am glücklichsten, wenn du allein warst, nicht wahr?« – »Ja – körperlich vielleicht.« – »Oder hältst du dich jetzt für allein?« – »Ja.«

26. NOVEMBER 1949 Lyne berichtet mir, dass Sheehan von Harper vor allem von der »Homosexualität als Thema« und vermutlich Gegenstand meines Buchs *[Zwei Fremde im Zug]* fasziniert war. Ich war verblüfft, etwas verstört. Fühlte mich herrlich heute Abend, als ich mich nach einem Martini hier in meinem Nadelstreifenanzug nach Downtown aufmachte. Ich mag meine Haare lieber glatt. Erschreckend, gefährlich müde, als ich um 4 Uhr morgens ins Bett ging. Natürlich habe ich immer Angst, tot umzufallen.

29.11.1949 Wie leidenschaftlich man auch liebt und zu leben versucht und zu schreiben versucht – wie viele Tage der Leidenschaft kann man in einer Woche unterbringen? Ungefähr einen. Man muss völlig gesund sein, was im Rezept für eine gesunde Lebensführung – Nahrung, Schlaf, Bewegung – nicht einmal erwähnt wird. Das Haus muss sauber sein, zumindest halbwegs. Keine gesellschaftlichen Verpflichtungen dürfen dem Denken in die Quere kommen. Man muss emotional ausgeglichen sein oder ein emotionales Ziel haben. (Eines ist so schwer zu erreichen wie das andere.)

5. DEZEMBER 1949 »Héloise«[21] [bei Margot] abgeliefert & erfahren, dass »Instantly and Forever« von *Companion & Today's Woman* abgelehnt wurde. Was für mich natürlich nur bedeutet, dass es keine Möglichkeit gibt, K. bald zu sehen. Überließ mich nach und nach der tiefsten Depression seit Monaten – meistens dieses Zwischenstadium zwischen Projekten, Erzählungen & dem Roman, in dem ich mich plötzlich wiederfinde und die Welt um mich herum wahrnehme.

Und meine Welt ist im Augenblick äußerst unbefriedigend, finanziell wie emotional.

8. DEZEMBER 1949 Lese den ganzen Abend in meinen Notizbüchern. Ein wahrer Thesaurus! Ich mache genauere Pläne für *Tantalus*. Ich glaube, es wird gut werden. Ich darf nicht zu ungenau werden, das ist alles! Heute Abend bin ich glücklich. Und wenn ich morgen keinen Brief von K. bekomme, am vierzehnten Tag? Dann werde ich enttäuscht sein, traurig, aber nicht unglücklich. Denn Verrat von jemandem, der einem glaubt und vertraut, ist genau das Thema von *Tantalus,* das ich morgen ein weiteres Mal zu schreiben beginnen will.

10. DEZEMBER 1949 Gearbeitet. Und hatte eine sehr nette Verabredung mit Jeanne. Sie hat mich in ein sehr schlechtes Restaurant und zu einem englischen Film eingeladen. Heute Abend nicht so toll. Ich fühle mich so weit weg von ihr, ja, mehr als sonst, wegen *Tantalus*. Wie gut ich vorankomme. Wie dankbar ich bin, dass ich endlich nicht mehr – wie Lil sagt – mein bestes thematisches Material ruiniere, indem ich es auf eine unwahre Mann-Frau-Beziehung verlagere! In Europa würden sie »Die Liebe ist eine schreckliche Sache« als eine Geschichte zwischen zwei Frauen veröffentlichen, sagt sie, und es wäre hervorragend – wunderbar! – wie meine »Hel-

---

[21] »Héloise & Her Shadow«, eine Kurzgeschichte, die nicht erhalten ist.

din«.»Aber diese Arschlöcher –!«, sagt Lil. Lil hat mich sehr gern. Wir sind wieder wie früher. Ich hoffe, es wird nie etwas passieren, das dies ändert.

12.12.1949 Ich glaube, ich traue niemandem auf der Welt weiter als eine Armeslänge. Und das – fürs Protokoll – in einer Zeit größerer Freude und Zufriedenheit als in den vergangenen drei oder vier Jahren.

12.12.1949 Ich wüsste gerne, ob ich das Christentum ablehne – jedenfalls weitgehend –, weil das christliche Ideal auf Erden so offensichtlich nicht erreichbar ist. Es gibt so vieles in meinem eigenen Leben, das offensichtlich unerreichbar ist – die Perfektion, die ich mir für mein Werk wünsche, das Geradebiegen meines emotionalen Lebens, also zu irgendeiner Lösung zu kommen. Folglich muss ich eine Religion finden, die leichter zu erreichen ist. Glückseligkeit wird natürlich nie ganz in Reichweite sein. Und das ist auch wünschenswert.

13. DEZEMBER 1949 Mutter zum Frühstück hier. Ich rede ganz ungezwungen mit ihr über *Tantalus*, aber nicht über die Liebesgeschichte. Rosalind C. macht Theater wegen der Party, ergreift offenbar die Gelegenheit, die Auswahl meiner Gäste zu kritisieren. Aber in dieser Sache rebelliere ich gegen R.s Tyrannei. *Tantalus* entwickelt sich famos.

14. DEZEMBER 1949 Mittagessen mit Margot. Sie rät mir ab, einen Vorschuss von Harper anzunehmen, damit sie bessere Konditionen herausholen kann – ach, du lieber Himmel! Heute ist mein erster richtig freier Tag. Und außerdem planen Lyne & ich, nächste Woche zusammen nach New Orleans zu fahren.

15. DEZEMBER 1949 Tag der Party. Ich habe nichts getrunken. Nach den ersten hölzernen Minuten ging alles gut. Lyne mochte Tex am liebsten. R. C. hat Lyne und Lil vorgeworfen, vom selben Blut zu sein – meint damit, mitteleuropäisch, wie Lil es aufgefasst hat, jüdisch. Alles zu albern, um wiedergegeben zu werden. Sylvia will mich treffen. Bekam viele schöne Komplimente. Aber ich will sie nicht wiedersehen. »Völlig falsch«, sage ich. »Nicht ganz«, sagt Rosalind und redet von ihrem Geld! Verdammt, was für ein Snob Rosalind ist!

Ja – heute Morgen ein herrlicher Brief von Kathryn, der natürlich den Tag überstrahlte, bis in die Nacht. Sie macht, dass ich mich wie eine Heilige und ein Engel und eine Dichterin fühle. Kein Wunder, dass die Leute mich heute Abend mochten und die Party in vollen Zügen genossen.

20. DEZEMBER 1949 Marc gestern sein Geschenk vorbeigebracht. Ein kleiner Martini-Shaker. Herrje, nach New Orleans werde ich wohl wieder mit den Comics anfangen müssen, fürchte ich. Ich würde Lyne gerne nach Texas einladen und sie bei Dan oder Claude unterbringen. Mutter hier. Ich bin sehr aufgeregt wegen der Reise. Unvermeidlich, da Therese mit Carol die gleiche unternimmt.[22] Und ich habe vor, meine Augen und mein Herz offenzuhalten. Ich muss alles empfinden, alles lieben, alles hören.

Las gestern *Himmel über der Wüste* von Paul Bowles. Trübselig, von sartrescher Trübseligkeit.

22. DEZEMBER 1949 Nach großem geselligen Frühstück erst spät losgekommen, und ich fürchte, dass wir es nicht bis Weihnachten nach Texas schaffen. Schlachtfelder von Manassas[23], wo die zwei Brü-

---

22 Die Protagonistinnen von *Salz und sein Preis*.
23 Nahe Manassas in Virginia fanden zwei wichtige Schlachten des amerikanischen Bürgerkriegs statt, auch bekannt als Schlachten von Bull Run.

der meines Großvaters gefallen sind. Manassas, das Lyne nichts bedeutet und mir so viel.

23. DEZEMBER 1949 Lyne überrascht, dass schon Freitag ist, und ich glaube, dass wir von jetzt an Fortschritte machen werden. Nach Knoxville [Tennessee], wo wir übernachten wollen. Ich versuche, die besten Restaurants auszusuchen – leicht anrüchige – und Gott sei Dank hält sie so gerne für Kaffeepausen an wie ich –, aber der Süden ist nicht immer gut.

24. DEZEMBER 1949 Wir fahren die ganze Nacht über. Das alptraumhafte Café in Arkansas. Wir rasen zur Grenze nach Texas. Lyne macht, dass ich mich großartig fühle, das heißt, sie macht, dass ich mich benehme. Leute, die einen zivilisieren, ziehen mich immer an.

25. DEZEMBER 1949 Gefährlich schläfrig. Lyne, die Songs singt, um sich wach zu halten. Zwei kurze Nickerchen, bevor wir um 10:50 vormittags in Dallas ankamen. Dann nach Fort Worth. Claude & neue Ehefrau haben uns begrüßt. Neue Frau Doreen im Unterrock – zu meiner großen Verwirrung. Ich trug meine Levi's, wie Dan mir geraten hatte. Zum Teufel mit meinem lohfarbenen Kostüm. Wir trafen Claude, Ed, Grandma, Ehefrauen usw. in den Facette Apartments, bevor wir ihnen nachfuhren, raus zu Dan. Üppiges Abendessen, zu wenig zu trinken und schrecklich langweilige Leute, die herumsaßen. Wo kommen die alle her? Frauen mit Brille, die auf Sofas sitzen, nichts sagen, weder trinken noch rauchen, darauf warten, dass das Festessen serviert wird: Truthahn, Cranberry-Sauce, Kartoffeln, Erbsen, Bratensauce. Florine[24] hat Heldenhaftes geleistet. Dan war in typisch guter Form und hat Lyne, wie mir scheint, mit texanischen Tischgesprächen entzückt: die Nachteile

---

24 Die Ehefrau von Highsmiths Cousin Dan.

eines Schnurrbarts, der nass und schmutzig wird. Alle Frauen kreischen entsetzt & sind begeistert. Ich hatte erwartet, dass die Familie mehr mit Lyne sprechen würde. Ich hatte vergessen, wie selbstbezogen sie sind. Diese Esel. Europa und alles, was damit zu tun hat, interessiert sie überhaupt nicht. Während Lyne alles Texanische fasziniert. Wir waren zu schläfrig, um für Dans Filmvorführung aufzubleiben. Haben Football mit Dannie gespielt. Und sind ohne Sattel auf Butter geritten.

26. DEZEMBER 1949 Mittagessen mit Lyne bei Grandma. Mehr Truthahn, Eierpunsch. Mein Vater kam vorbei. Er war ganz in Ordnung, unterhielt sich mit Lyne über Les Grands Mulets, Zermatt & das Matterhorn. Immerhin interessiert er sich für ein paar der üblichen Dinge. Lyne gefällt alles. Sie versteht es. Sie sagt mir, ich solle die Nerven behalten – wie gestern, als ich nicht stillsitzen konnte, bis wir Fort Worth erreichten. Und ich weiß, dass sie unabhängig ist, dass nichts ihr etwas anhaben kann, was auch immer geschieht.

27. DEZEMBER 1949 Die Tage vergehen wie in St.-Tropez, was beweist, dass die Gesellschaft entscheidend ist, nicht die Umgebung.

29. DEZEMBER 1949 Nach dem Frühstück mit Grandma aufgebrochen. Sehr müde, als wir abends um 9:30 in Houston ankamen.

30. DEZEMBER 1949 Sehr angenehmer Tag. Wir sind perfekt aufeinander eingespielt, als wären wir ein und dasselbe Wesen. Fuhren nach Baton Rouge – eine langweilige Stadt. Lyne unterhielt sich mit einem Cajun[25], Cafébesitzer in der Nähe von Opelousas. Ich konnte ihn nicht verstehen, aber Lyne sehr gut. Sie hofft, auch in New Orleans Französisch zu begegnen – wir fahren die letzte Stre-

---

25 Französischsprachige Bevölkerung, die im Cajun County im US-Bundesstaat Louisiana lebt und u. a. den alten westfranzösischen Dialekt ihrer eingewanderten Vorfahren beibehalten hat.

cke so schnell wie möglich –, aber ich bin nicht besonders optimistisch.

31. DEZEMBER 1949 Gut weggekommen nach N.O., das wir gegen 11:30 erreichten. Die Stadt in hellem Aufruhr wegen des Oklahoma-Tulane-American-Football-Spiels im Sugar Bowl[26] am 2. Januar. Lyne ist mit den Augen überall. Ich fühle mich so oft so *en rapport* mit ihr. Habe Kanapees für Cocktails um 6 besorgt, vor den pompösen Feierlichkeiten für Silvester. Die ganze Stadt ist betrunken, ich am allermeisten. Zu spät für das Abendessen im Tujagues – wie mir jetzt (nach Frankreich) klarwird, die einzige wirklich französische Lokalität in New Orleans. Gingen ins Broussard's. Austern Rockefeller & *Pompano en Papillotte*. ᶠLyne ist bezaubernd, wenn sie beschwipst ist.ᶠᶠ War ziemlich betrunken, aber völlig beherrscht, sagt Lyne, als wir Hand in Hand die Straße entlanggingen. Sie zieht mich oft auf oder übernimmt die Führung, wenn ich betrunken bin, obwohl ich nie schwenke.

Schwanke, oje!

---

26 Der Sugar Bowl ist eine College-Football-Meisterschaft in New Orleans, Louisiana, die seit 1935 alljährlich am 1. Januar ausgetragen wird.

1950

Nach ihrer Urlaubsreise mit Elizabeth Lyne kehrt Patricia Highsmith in ihre Wohnung in New York und zum Manuskript ihres zweiten Romans *Salz und sein Preis* zurück, dessen für die Autorin mühsames und beinahe körperlich schmerzhaftes Entstehen nahezu ihr ganzes Jahr bestimmt. »Wie will ich mein Leben leben?«, ist die Frage, die sie umtreibt, auch in ihrem Schreibprozess.

Im Roman brechen Therese und Carol aus ihren Leben aus und zu einer Reise quer durch Amerika auf, um ihre verbotene Liebe leben zu können. In einer ersten Manuskriptfassung endet die Liebesgeschichte rasch und unglücklich. So müssen homosexuelle Liebesgeschichten zu Zeiten McCarthys enden, wenn sie die Zensur passieren und gedruckt werden wollen. Noch bis 1958 ist die amerikanische Post berechtigt, alle Magazine oder Bücher, die als »obszön, unanständig und/oder lasziv« eingeschätzt werden, zu öffnen sowie Listen zu führen über alle Empfänger solcher Publikationen. In einer zweiten Fassung jedoch weist die Autorin ihren Heldinnen einen Weg in die Zukunft und gönnt ihnen jenseits der gesellschaftspolitischen Normen die Aussicht auf ein Happy End.

Was die Veröffentlichung angeht, hat Highsmith allerdings erhebliche Zweifel: Würde es nicht ihrem noch jungen Ruf als Spannungsautorin schaden, wenn sie jetzt als Autorin eines lesbischen Liebesromans bekannt würde? Sie folgt dem Vorschlag ihrer Agentin, *Salz und sein Preis* unter Pseudonym zu veröffentlichen. Noch ahnt sie nicht, dass allein die amerikanische Taschenbuchausgabe über eine Million Leserinnen und Leser finden wird, denen sie mit ihrer ungewöhnlichen Liebesgeschichte erstmals Hoffnung auf ein

Happy End auch in ihrem eigenen Leben gibt. »Bis zu [meinem] Buch«, schreibt Patricia Highsmith 1990 in ihrem Nachwort zu der erst dann unter ihrem Namen veröffentlichten Neuausgabe des Romans unter dem Titel *Carol,* »mussten weibliche wie männliche Homosexuelle in amerikanischen Romanen für ihre abseitigen Neigungen büßen, indem sie sich die Pulsadern aufschnitten, sich in einem Swimmingpool ertränkten oder indem sie zu heterosexuellen Beziehungen ›überwechselten‹, wie man das damals nannte, oder allein, elend und gemieden in qualvolle Depressionen fielen«.

Bei einem Thema, das sie so unmittelbar betrifft, ist es kaum überraschend, dass Highsmith beim Schreiben dieses Romans noch mehr als sonst aus ihrem Leben schöpft. Die junge Heldin Therese ist ein jüngeres Alter Ego der Autorin und anfangs wie diese mit einem Mann verlobt. Carol wiederum hat große Ähnlichkeit mit Kathryn Hamill Cohen und auch mit Ginnie, Virginia Kent Catherwood. Auch Mrs. E.R. Senn, die Frau, die Patricia Highsmith zu ihrem Roman inspiriert hat, spukt noch durch ihre Gedanken. Um sie nach der dreiminütigen Begegnung in Bloomingdale's noch einmal zu sehen, sucht Patricia Highsmith 1950 sogar ihr Anwesen in New Jersey auf.

Was im Roman möglich ist, ein dauerhaftes Glück ihrer Wahl, entzieht sich Patricia Highsmith im wirklichen Leben. Die Beziehung mit Kathryn beschränkt sich auf sehnsüchtige Briefe; die Geliebte macht keinerlei Anstalten, ihren Mann zu verlassen und für die bedeutend jüngere Schriftstellerin ihr angenehmes Leben aufzugeben. Trotzdem plant Highsmith so bald wie nur irgend möglich eine Reise nach London.

Als ihr erster Roman *Zwei Fremde im Zug* am 15. März bei Harper & Brothers erscheint und bei Presse und Publikum sofort einschlägt und als außerdem auch die Filmrechte über Nacht – an Alfred Hitchcock! – verkauft sind, steht diesem Lebensentwurf zumindest finanziell nichts mehr im Weg. Patricia Highsmith trennt sich zum x-ten Mal von ihrem On-and-off-Verlobten Marc Brandel, erhält jedoch am selben Tag einen Abschiedsbrief von Kathryn. Verletzt und ernüchtert zieht sie sich nach Upstate New York aufs Land zurück ... und in ihren Roman *Salz und sein Preis,* mit dessen Figuren sie sich so sehr identifiziert, dass sie vorübergehend auch ohne Geliebte glücklich ist.

Im September nimmt sie kurzfristig die Dreiecksbeziehung mit Marc und Ann wieder auf, die Marc in seinem Roman *The Choice* literarisch verarbeiten wird. Erst im Oktober, nach der Fertigstellung ihres zweiten Romans, löst Highsmith die Verlobung endgültig auf.

* * *

1. JANUAR 1950 Miese Laune heute Morgen. Aber nach dem Frühstück ein vollkommen schöner Tag im Audubon Park, was mich wieder daran erinnert hat, dass man in New Orleans nie lange griesgrämig sein kann. Die Tiere waren sehr unterhaltsam, und wir waren beide euphorisch. Ich gehe gerne mit Lyne spazieren auf der Suche nach kuriosen Bistros. Heute Abend weitere Cocktails im St. Charles, dann ins Tujague. Polygam, wie ich bin, bilde ich mir ab und zu ein, in sie verliebt zu sein. Haben uns etwas guten Wein für unser Abendessen besorgt. Lyne sehr zufrieden. Dann wieder ins Lafitte[1]. Ein paar Pianobars. War heute Abend nicht betrunken.

8. JANUAR 1950 Ermüdende Fahrt nach N. Y. Ich freue mich sehr, nach Hause zu kommen, obwohl es scheußlich kalt ist. Als uns in New Jersey das Benzin ausging, musste ich eine Meile durch die Kälte laufen, um welches zu besorgen. Bei Lyne wartete kein gekochtes Essen auf uns, wie sie erwartet hatte, aber sie ist so gastfreundlich, machte sich mit allem Möglichen zu schaffen, während ich duschte, Martinis trank und unsere Schallplatten auflegte. Mit ihr ist das Leben ausnehmend erfreulich. Was mir gefällt, ist nicht

---

[1] Das Café in einem Gebäude von 1772 in kreolischem Stil wurde in den frühen 1950er Jahren zu einem beliebten Treffpunkt für Schwule und Lesben.

der Luxus, es sind die damit verbundenen Manieren. Sie hat mich sogar nach Hause gefahren.

9. JANUAR 1950 [New York.] Die Druckfahnen [von *Zwei Fremde im Zug*] sind da. Das ganze Buch. Die Hälfte habe ich heute geschafft, aber ich will das Ganze zweimal durchsehen. Offenbar wird es an die 330 Seiten haben. Mein Geldpegel ist deprimierend niedrig. Kein Brief von Kathryn. Verdammt.

10.1.1950 Einsamkeit. Keine rätselhafte Heimsuchung, keine Krankheit. Es kommt darauf an, was einen zuletzt beschäftigt hat, was einen beschäftigen wird, ob sie auftritt oder nicht. Das hat aber nichts mit »Ablenkung« zu tun. Ich will sagen, dass Einsamkeit allein vom Rhythmus der Psyche abhängt. Ablenkung kann sie natürlich nie verhindern. Ich schätze die Einsamkeit sehr: Sie ist asketisch, stolz, unberührbar, es sei denn, sie will sich berühren lassen. Die Melancholie hingegen kann man schnell durch Ablenkung beeinflussen. Weil sie eine logischere Angelegenheit ist. (Und ich kann mir auch vorstellen, eines Tages genau das Gegenteil von alledem zu schreiben.)

10.1.1950 Eine Notiz beim Hören von »America«.[2] Von See zu schimmernder See. Die vielen Kleinstädte, durch die ich gefahren bin. Die vielen erleuchteten Fenster im ersten Stock kleiner Häuser, wo junge Mädchen stehen und ihr goldenes Haar bürsten. Die Häuser, die manche Leute ihr Zuhause nennen. Die Zimmer, die für manche Leute das eigene Zimmer sind, unvergesslich. Und vielleicht die Zimmer, in denen sie ihr Leben lang wohnen werden. Und das verdunkelte Fenster mit dem roten Kreuz über dem Fensterbrett, an dem ich in Fort Worth jeden Morgen auf dem Weg zur Highschool vorbeikam. Das Brot, das sie essen, und die Jungs, die sie

---

2 »America the Beautiful«, eines der bekanntesten patriotischen Lieder der USA.

anrufen, die Autos, in denen sie zu Hamburgerbuden fahren, die Sommerabende, an denen die Jungs vom College daheim sind und Verlobungen geschlossen werden. Die Kinder, die geboren werden, um äußerlich dasselbe schlichte Leben zu führen. Und immer die Einsamkeit, der unbefriedigte Ehrgeiz, mehr oder weniger unterhalb der Oberfläche. Das Mädchen, das unzufrieden ist und doch nicht die Kraft oder vielleicht den Mut hat, auszubrechen. Sie träumt von etwas Besserem, etwas anderem, etwas, das die Ambitionen in Frage stellen und aufzehren kann, die sich lautstark in ihr regen und die durch die Männer, die sie trifft, die Läden, in denen sie ihre Kleider kauft, die Filme, bei denen sie träumt, und auch durch das, was sie isst, nicht befriedigt werden können.

12. JANUAR 1950 ^{F}Mittagessen mit Joan [Kahn] im Golden Horn. Die berühmten sieben Martinis, einen hier, fünf beim Mittagessen. »Eines muss ich sagen. Mit dir habe ich immer Spaß«, sagte Joan. Ich war fast betrunken. Ging zu Harper, um die Fahnen abzugeben, dann noch ein Drink. Joan ist sehr schön.^{FF}

13. JANUAR 1950 ^{F}Pech. Ich schulde dem Staat 122 $, die ich nicht bezahlen werde. Margot sagt, dass ich zumindest noch für ein paar Monate weiter für die Comic-Industrie arbeiten muss. Na gut, dann tue ich das eben. Wenigstens habe ich heute Morgen keinen Kater. Ann [S.] kam zu Besuch. Sie fährt diesen Sommer nicht nach Europa. Ann ist zu dünn, nicht so attraktiv wie früher. Mein Gott, wie viele Frauen will ich denn? Nun ja, von Jeanne habe ich ja nichts mehr. Wie kalt sie ist! Keinerlei Zärtlichkeit! Ich bin keine Maschine!^{FF}

15. JANUAR 1950 ^{F}Verdammt, warum trinke ich so viel? In Wahrheit weiß ich es sehr wohl – und deshalb erlaube ich es mir. Ich habe nichts als meine Arbeit. Und jetzt nicht einmal die. Wozu das Ganze, Gott?^{FF}

19. JANUAR 1950 ᶠMein Geburtstag. 29. Arbeit – ich dachte, die Comics könnten mich jetzt vielleicht stimulieren. Leider nein. Die Schecks hingegen werden es zweifellos tun. Aber die Geschichten –! Heute Abend mit der Familie. Martinis, guter französischer Wein, Geschenke. Und ein Scheck über 20 $ für einen Regenmantel. Konnte heute Nacht nicht schlafen. Ich denke an Lyne – die meine Neugier anregt, mehr nicht. Ist das nicht normal nach drei Wochen zusammen? Und ich habe auch über mein Leben nachgedacht. Ich sollte jetzt schreiben. Diese zwei Monate, in denen ich an Comics arbeiten will, sind durch nichts zu rechtfertigen. Ich werde nicht jünger.ᶠᶠ

25.1.1950 Bildung. Wie sehr sollten wir die Jahre der Bildung unter Anleitung lieben, vor allem die an der Universität. Für den nachdenklichen Menschen ist es das letzte Mal, an das er sich erinnern kann, dass die Welt einen Sinn ergab, versprach, weiter einen Sinn zu ergeben. Es ist die einzige Zeit, in der alles, was ihn erfüllt und betrifft, wirklich das Leben betrifft. Kein Wunder, dass er glücklich ist! Kein Wunder, dass jeder Tag ein heldenhaftes Abenteuer ist! Kein Wunder, dass er nachts nicht ins Bett gehen will!

26. JANUAR 1950 ᶠHabe mich von Marc verabschiedet. Er sah sehr gut aus und reist morgen nach Los Angeles ab. Er hat gefragt: »Hast du deine Meinung geändert, Pat?« Er will es wieder versuchen, wenn er zurückkommt. Und ich will es auch. Nur Sackgassen in Sachen Frauen. Und vielleicht will ich es ganz tief in meinem Inneren noch einmal mit Marc versuchen, weil er meinem Ego schmeichelt. Und ich bewundere ihn so sehr.ᶠᶠ

26.1.1950 Wahnsinn. Hat man Anflüge davon, dann nicht in Form zufälliger irrationaler Gedanken, sondern so, als würde einem die gesamte Struktur des eigenen Wissens entgleiten. Als würde die Erdkruste der ganzen Welt sich auf einmal etwas verschieben, so dass man sich eines Tages ohne weiteres einbilden kann, der Nordpol liege am Südpol.

29. 1. 1950 Und nie vergessen (wie könnte ich), welche Energie einem nach einer Enttäuschung bleibt. Die kreative, dämonisch-engelhafte, bittersüße und, um ehrlich zu sein, freudige Energie, die einem bleibt, wenn man nicht um Mitternacht das Haus verlassen kann, um zu ihr zu gehen.

1. FEBRUAR 1950 So gehe ich durchs Leben, lebe von der einen oder anderen Droge.

2. 2. 1950 Der Realismus in der Literatur ermüdet und deprimiert mich wirklich zunehmend – vor allem à la O'Hara[3] oder sogar à la Steinbeck. Ich will eine komplett neue Welt. Maler tun es. Warum nicht auch Schriftsteller? Ich meine nicht die schrulligen Phantasien eines Robert Nathan[4]. Ich meine eine neue Welt, die sowohl nicht real ist als auch faszinierend und voller Botschaften, denn auch das ist Kunst, so schlicht, zeitlos und unrealistisch wie die besten Wandmalereien der Höhlenbewohner.

2. 2. 1950

Ich schreibe ein Gedicht der Stille.
Ich schreibe einen schwarzen Kubus
Aus Stille, den widme ich Dir.
Durch vergitterte Fenster schreibe ich
Ein Gedicht über die Aussicht.
Über Musik, wie sie Taube hören.
Und über Dein Lächeln, während ich Dich liebte,

---

[3] Vermutlich John O'Hara (1905–1970), dessen Kurzgeschichten seit 1928 im *New Yorker* veröffentlicht wurden und dessen erfolgreicher erster Roman *Appointment in Samarra* (1934) Ernest Hemingways Beifall fand.
[4] Robert Nathan (1894–1985), Lieblingsautor von F. Scott Fitzgerald und Bradbury. Sein größter Erfolg war der Phantasieroman *Portrait of Jenny* von 1940.

1950

Über zwei Spiegel hinweg.
Denn ich bin zweifach wild und doppelt wütend,
Im Glas gespiegelt, flach, blutleer.
Im Glas gespiegelt, um zwei Ecken hinweg.
Und doch voller Leben,
Den Kopf blutig vor Liebe,
Vom Schlag gegen den Spiegel,
Wie jeder Liebhaber, der jemals
Mit seiner Liebe über eine Klippe ins Meer sprang.

9. FEBRUAR 1950 Margot mag *Tantalus*. Was soll ich mehr sagen? Ich bin wieder lebendig. Ich bin in Kathryn verliebt. Ich bin Schriftstellerin, wie ich es auf dem italienischen Frachter war. Ich bin Engel, Teufel, Genie. Ich darf mich nicht mehr mit Lyne abgeben, die mir ihr Bett verwehrt, wo ich es doch ganz ohne Umstände und auch nur zum Teil annehmen würde. (Sie ist eine Idiotin!) Ich liebe Kathryn. Mein Blick reicht zu den Sternen und weiter. Mein Geist wandert in den Galaxien und unter den Ozeanen. Mein Atem ist in den nahenden Frühlingswinden. Meine Fruchtbarkeit ist in den trockenen, lebendigen, noch nicht gepflanzten Samen. Meine Nahrung ist die Liebe selbst, besser als jedes Festmahl! Der Rahmen meines Lebens ist der Rahmen meiner Arbeit. *Gloria in excelsis Deo!*

15. FEBRUAR 1950 [F]Abend mit Marc. Er reist Montag nach Plymouth ab. Für zwei Monate. Und wieder – dass er mich immer noch heiraten will. Er hat mich eingeladen, im April oder Mai mit ihm nach Europa zu fahren. »Ich würde gerne hinfahren«, sagte ich – »Aber auch mit mir?«, fragte er.[FF]

27. 2. 1950 In meinem Leben gab und gibt es immer dieses eine Muster: Sie hat mich abgewiesen. Das Einzige, was ich im Alter von neunundzwanzig Jahren, diesem hohen Alter, zu meinen Gunsten sagen kann, ist, dass ich es ertragen kann. Ich kann mich dem stellen.

Ich kann überleben. Ich kann sogar dagegen ankämpfen. Es wird mich nicht wieder umhauen, schon gar nicht k. o. schlagen. Tatsächlich habe ich gelernt, andere als Erste abzuweisen. Wichtig ist, das zu üben. Und dabei hinke ich noch, gehe an Krücken und bin es noch nicht gewohnt. Ach, wie wenig hat all das zu bedeuten! Und wie viel! Abschied von noch einer Liebe. Adieu. Aber nein – Gott wird dir nicht beistehen, dir nicht. Aber gehab dich wohl, trotz allem. Gott weiß, ich verehre dich sehr.

11. MÄRZ 1950 Gearbeitet. Wie anstrengend die Comics werden! Vor allem diese unsäglichen Liebesgeschichten. Ich sitze hier, schmore hier, erziele kein Tor, gehe auf dem Zahnfleisch, komme in meiner Karriere nicht von der Stelle, bin meine eigene Gefangene. Eine Postkarte von Natica. (!) Sie ist mit Jane Bowles in Paris, reist im Sommer nach Nordafrika. Warum ich nicht auf einen Sprung rüberkomme, fragt sie. Die Herzogin erschien sturzbetrunken um 6:30 auf meiner Party, erging sich peinliche 3 Minuten lang in Lobhudeleien auf mich, bis ihre Begleitung kam, um sie zum Abendessen mitzunehmen. Ich werde sie auf die Party am Freitag einladen.

12. MÄRZ 1950 Entsetzlich schwierige Tage – vor allem, weil ich kein unmittelbares Ziel habe. Keine Aussicht auf genug Geld, um im Sommer nach Europa zu fahren (folglich Schuldgefühle, Selbstvorwürfe wegen Dummheit). Situation mit Kathryn nach wie vor ungeklärt. Auch infolge meines Mangels an Geld und damit Möglichkeiten. So sollte es nicht sein, ich weiß es tief in meinem Herzen, aber ich tue nichts dagegen. Ob ich mit Marc zusammen sein werde – höchstwahrscheinlich wird es im Sommer so sein. Aber wo? Und verheiratet oder nicht? Auch keine allzu erfreuliche Aussicht. Meine Freundschaft mit Rosalind geht weiter den Bach runter. Quäle ich mich außerdem, wenn ich permanent versuche, ihrer Gefühlskälte mit Wärme zu begegnen, ihrer Verlogenheit mit meiner Aufrichtigkeit? Lyne nennt sie einen Snob und eine Wichtigtue-

rin. Und mein Gott – wie ich G[raham] Greenes 19 Erzählungen bewundere!

17. MÄRZ 1950 Die Aufnahme für den Rundfunk um 1:15. War sehr früh da, las den *New Yorker,* um ruhig zu bleiben. Übrigens hervorragende Besprechung von *Zwei Fremde,* endet mit »unbedingt empfehlenswert«. Und nennt Bruno einen »sonderbar einnehmenden jungen Mann, der ungefähr alle Komplexe hat, von denen man je gehört hat«. Die Aufnahme in einem kleinen gemütlichen Raum, überhaupt nicht einschüchternd.

Walter [Riemers] & Jeanne mit den Vorbereitungen zur Party bei Lyne geholfen.[5] Kaviar, alle möglichen Alkoholika, Mandeln, Gebäck, ᶠKeule & Schinkenᶠᶠ. Die Gäste: Marjorie Thompson, Kingsley, Rosalind & Claude, de la Voiseur, Dick Sheehan, Joan Kahn, Babcock von der *Chicago Tribune* (betrunken und sehr nett), Toni Robbins von *Holiday,* lesbisch & sehr attraktiv, die Herzogin – aber nicht H. Carnegie. Djuna Barnes rief mich um 9:30 an. Sie wäre gerne gekommen, war aber durch einen verstauchten Knöchel verhindert. Leo Lerman glaube ich gekränkt, weil ich ihm kein Vorausexemplar meines Buchs geschickt habe – kam nicht. Alle hielten die Party für einen großen Erfolg. Jeanne wirkte gereizt, deshalb war ich klug genug, beim Aufräumen zu helfen. Ich dachte auch, der Butler sei ein Gast – und lud ihn auf einen Drink ein.

22. MÄRZ 1950 Margot berichtet von einem Angebot über 4000 $ für die Filmrechte, das sie abgelehnt hat. Von hier. Hollywood hatte noch keine Zeit. Margot erhofft sich nicht mehr als 10 000 $, es sei denn, zwei Firmen bieten. Aber auf jeden Fall passiert das bald, es sieht also aus, als könnte ich im Sommer nach Europa, wenn es mir beliebt.

---

5 Die Party zur Feier der Veröffentlichung von *Zwei Fremde im Zug* am 15. März 1950.

24. MÄRZ 1950 Dieser aufgeregte Zustand, in dem ich lebe, gefällt mir nicht – kein innerer Frieden, keine Stabilität, keine konzentrierten Gedanken. Ich warte auf Nachricht von Kathryn & von Harper. Ganz zu schweigen von Hollywood, was mein Leben schon etwas verändern wird.

28. MÄRZ 1950 Lyne hat Marc gesagt, alles, was ich bräuchte, sei ein Mann, »der macht, dass ich mich wie eine Frau fühle«. Ihr gewohntes, erfrischendes Credo, und zum Teufel mit Freud und sogar meiner Vorgeschichte. Pat ist nicht lesbisch, sagt Lyne. Da täuscht sie sich allerdings. Die Nacht mit Marc verbracht. Ich bin entspannter mit ihm, spüre aber, da ist immer noch ein großes Auflehnen. Und wenn Kathryn mir ermutigend schreibt? Ich rechne jetzt mit 2 Monaten mit Marc, in denen ich mein Buch schreiben werde, und danach Filmgeld, Europa und, ich hoffe, Kathryn. Wenn ich tun könnte, wonach mir ist, wären es Kathryn & Europa (was das Vergnügen betrifft) und nicht mal diese zwei Monate mit Marc. Wie eine Frau fühlen? Er macht, dass ich mich fühle wie ein perverser Mann, ein Seemann in der Marine, ein ungehorsamer kleiner Junge in der Schule. Er hat ein Händchen dafür, nicht zu wissen, was ich will.

2. APRIL 1950 Eine Notiz, nachdem ich all meine Notizbücher wieder gelesen habe – bzw. flüchtig durchgesehen, denn wer könnte sie wohl ganz lesen? – (und Kingsley, bitte hab etwas Geschmack, wenigstens so viel Geschmack, wie ich 1950 habe, das auszujäten, was schon geschrieben ist und erst kürzlich geschrieben wurde).[6]

Beeindruckt nur von der Bandbreite der Interessen, dem furchtbaren Streben in alle Richtungen. Deprimiert vom monotonen, verstimmten Ton und der Neigung zur Melancholie. Sehr selten beeindruckt von Klugheit oder Poesie. Aber manchmal, glaube ich, von

---

6 Lange Zeit wollte Highsmith Kingsley (Gloria Kate Kingsley Skattebol) zu ihrer literarischen Nachlassverwalterin bestimmen.

einer guten Erkenntnis. Ein paar Sachen, die literarisch nützlich sein könnten.

Da ich aus meinen Tagebüchern Übungshefte für Sprachen gemacht habe, die ich nicht beherrsche, quellen sie über von unreflektierten persönlichen Ergüssen. Meine Unsicherheit, mein Hang zur Melancholie bringen mich zu oft zum Stocken und Zögern, führen zu Stagnation und Frustration. Aber eines muss ich sagen: Die Zeiten von Sack und Asche sind vorbei. Die jugendliche Einsamkeit (Widerstreben, sich der Menschheit anzuschließen) ist vorbei. Und so ist nun die Melancholie auf den einsamen grauen Meeren dadurch gemildert, dass Land in Sicht ist. Ich habe meine Freunde. Mehr noch, ich habe das Leben und weiß, wie ich jederzeit und in jeder Lage zu ihm zurückfinden kann. Dinge, die einst so verwirrend und komplex waren, Heirat und Sex zum Beispiel, sind es jetzt nicht mehr. Sie sind ein bisschen entzaubert worden. Tatsächlich liebenswerter geworden. Ich muss alles in Fluss bringen. Es sich aufstauen lassen, bis sich unerträglicher Druck aufgebaut hat, den man dann mit Alkohol und Ausschweifungen beseitigen muss, um den Körper zu erschöpfen. Kurzum – wie ich schon in Jugendjahren vom Elfenbeinturm herab gepredigt habe: Ich muss lernen, das Leben in meiner Arbeit zu finden, darin zu leben, mit ihren Dramen, Härten, Freuden und Belohnungen. Denn ich habe noch einen weiteren langen Weg vor mir, bevor ich in einer anderen Person jene Elemente finden kann, die dazu passen und es ermöglichen werden, all das in Fluss zu bringen. Bisher habe ich nur gelernt, die Personen zu meiden, die ihn stören würden.

3. APRIL 1950 Margot hat mein Buch an Hitchcock verkauft, für 6000 $ plus 1500 $ für Mitarbeit (oder auch nicht) bei den Dreharbeiten – in 6–9 Monaten. Wild mit Lyne gefeiert (dafür Jeanne versetzt). Dann um 3:00 nachts Ann angerufen und mich dummerweise verleiten lassen, sie hierher einzuladen. Jämmerlich, und ich spüre, das war jetzt das letzte Mal.

4. APRIL 1950 Sehr müde, als ich um 6 nach Hastings fuhr. Großes Gequatsche, erster Besuch seit Wochen. Eltern sehr stolz auf mich & die Filmsache. Habe angeboten, Hypotheken zu begleichen und Schulden, bei denen Zinsen anfallen. Mutter hat zuerst wortreich widersprochen, dann ein bisschen davon akzeptiert.

7. APRIL 1950 Hysterisch, weil Lyne mich eine Stunde lang hat warten lassen. Ich habe eine Erkältung & Fieber, aber das ist keine Entschuldigung. Die Sache ist die, dass das Muster sich wiederholt. Die Sache ist die, dass ich jetzt die Chance habe, dem zu entkommen (ein bisschen Geld), und meine Seele (in so schlechter Verfassung, dass ASPCA[7] mich schon vor Jahren guillotiniert hätte, hätten sie davon gewusst, und dass selbst Gott sich wünschen muss, o wie sehr, er hätte nie eine solche Kreatur erschaffen oder nie zugelassen, dass sie erschaffen wird) ihrem Kerker. Was ist mit dem Insekt im Bach auf dem Land, geboren für eine Lebensdauer von 30 Sekunden, weil ein natürlicher Feind in der Nähe lebt? Ich denke, selbst so ein Geschöpf könnte man für glücklicher halten. Jedenfalls heute Abend, betrunken und nüchtern, spüre ich, dass ich mich dem Ende der Verlogenheit nähere. Ich habe schon zu lange als Lügnerin gelebt. Das ehrliche Geld in meiner Tasche beklagt sich darüber. Worüber beklage ich mich? Was ist die Klage meiner Seele? Kathryn. (Ergebnis von 45 Minuten Warten auf Lyne plus 39 Fieber, plus lausigem Abendessen in einem Nachtclub, + 3½ Martinis + einem Heulkrampf.)

10. APRIL 1950 Joan Kahn hat hervorragende Besprechungen der letzten Woche geschickt. Ich habe sie kopiert & samt den Neuigkeiten vom Verkauf der Filmrechte an Dennis geschickt. Habe Kathryn noch nichts von Hitchcock gesagt. Jeanne zum Abendessen

---

7 Amerikanische Gesellschaft für Tierschutz (American Society for the Prevention of Cruelty to Animals).

hier. Ich habe mir Mühe gegeben – und wurde belohnt. Wir waren beide sehr, sehr zufrieden.

12. APRIL 1950 Bin erschöpft und New York & dieses ständige Gehetze entsetzlich leid, das mein Privatleben ist. Habe Lil besucht. Sie erinnert mich daran, dass Marc mir in jeglicher Hinsicht so wenig bedeutet, ich solle mich ihm gegenüber auch nicht so verhalten, noch nicht mal so tun. Ja, ein Wort von Kathryn, und ich wäre auf und davon.

15. APRIL 1950 Rosalind & ich waren in einem italienischen Film im Museum of M. A., von wo wir rausgelaufen sind (haben beide zugegeben, dass wir wilde Partys gesitteten Partys vorziehen), dann zur Party bei B. Parsons und ins Village, wo sich die übliche Bande herumtrieb.

17. APRIL 1950 Ich habe schwerere Kreuze als Kathryn getragen. Der Brief kam heute an (Donnerstag, 13. April, geschrieben) und verheißt nichts Gutes, vermute ich. Ihr machen im Augenblick unglaublich viele Dinge zu schaffen. »Ich muss lernen, allein durchs Leben zu gehen«, schreibt sie, »bevor ich mir selbst oder jemand anderem von Nutzen sein kann.« Und dass sie mich gerne sehen würde, wann immer es möglich wäre. Was bleibt außer Freundschaft? Marc hat heute auch meinen Abschiedsbrief bekommen. So kriegen wir beide eins aufs Dach.

19. APRIL 1950 Wo sind diese fünf elendigen Monate hin? In die Binsen gegangen mit Martinis, spätem Kaffee, Nickerchen am Tag, ein paar Comics und Tränen.

19. 4. 1950 Der einzig geistig gesunde Weg, erfolgreich zu lieben – habe die geringstmöglichen Erwartungen. Was für eine fürchterliche Zeit!

20. APRIL 1950 [Port Jefferson.][8] Eine Unannehmlichkeit nach der anderen. Kein Benzin. Eltern fuhren mittags ab, und ich kauerte den Rest des kühlen, regnerischen Tages vor dem Kamin und las [Graham] Greenes *Zwiespalt der Seele*. Wie brillant das ist. Wie sehr Elizabeth Kathryn ähnelt. Und Andrews mir in meinen feigsten, unschlüssigsten Augenblicken. (Meine Feigheit, wenn es eine ist, liegt allein in meiner Unentschlossenheit.) Am Ende musste ich weinen. Echte Tränen, à la *David Copperfield* in meiner Kindheit, und jetzt Tränen, weil ich erwachsen bin und diese Leute auch.

3.5.1950 Herodot sagt, dass manche Stämme der Thraker ein Klageritual über jedes Neugeborene abhalten wegen der Unbill, die es im Leben zu ertragen haben wird. Tote beerdigen sie unter fröhlichem Gelächter. Für den modernen Menschen ist das ein idiotisches Ritual, aber er täte gut daran, seine emotionalen Schleusen etwas zu öffnen. Der moderne Mensch lebt wie von ständiger Furcht gelähmt und hält neunzig Prozent seiner Energie zurück und seinen ganzen Horizont beschränkt und merkt es nicht einmal. Er ist unfähig, mit den Armen zu winken oder vor Freude zu hüpfen, wenn er am ersten Frühlingstag eine Straße entlanggeht.

Trotz all seiner Riten und seiner erschreckend barbarisch wirkenden Gesetze und Bräuche war der Naturmensch freier. Lyrik war ihm vertrauter, denn wenn er nicht lesen konnte, musste er sie eben auswendig lernen und mündlich überliefern. Vor allem aber waren ihm seine Empfindungen vertrauter. Ungeachtet seiner Bildung konnte ein Mensch in primitiven Zeiten mehr aus sich herausholen als der moderne Mensch. Er konnte sich besser verwirklichen und war daher eher gottgleich, kreativer. Von welchen Menschen ich spreche? Ich weiß, dass nur wenige gebildet waren, nur eine Handvoll, und dass die Mehrzahl Sklaven waren. Ich spreche aber von den

---

8 Highsmith verlässt die Stadt für einige Wochen, wohnt zuerst in einem Häuschen in Port Jefferson auf Long Island, danach in einem möblierten Zimmer in einem Schloss in Tarrytown Upstate New York.

gewöhnlichen Leuten, den Bauern, den freien Soldaten, den Handwerkern, den Bäckern, den Schustern. Sie hätten vielleicht auch nicht mit den Armen gewunken, vielleicht aber doch. Sie hätten vielleicht gedacht, dass Jupiter den Regen schickt und nicht das Zusammentreffen kalter und warmer Luftströmungen, aber wenn sie das taten, war das umso besser für ihre Emotionen und ihr emotionales Glück. Was fürchteten sie? Eigentlich nur die Götter, selbst wenn sie erkrankten. Und die Götter machten sie auch zu besseren sozialen Geschöpfen.

Was fürchtet der moderne Mensch? Das weiß er offensichtlich selbst nicht genau. Er fürchtet: finanzielle Unsicherheit – Krieg – die Atombombe – das Alter – den Tod (des Körpers) – Krebs – Tuberkulose – und den Umstand, dass die Welt, seine Welt, in zehn Jahren vielleicht nicht mehr existieren könnte – und den wesentlich wahrscheinlicheren Umstand, dass er als Individuum nichts dagegen tun kann. Zum ersten Mal in der Geschichte kann ein einzelner Mensch absolut nichts tun, um seine Haut zu retten! Er kann sich nicht einmal in eine Wüste flüchten und dort verstecken. Die Atombombe wird ihn auch da finden. Und er war es, der die Atombombe geschaffen hat! Was für ein Anlass, frustriert zu sein!

Es wird ihm empfohlen, Bücher zu lesen. Seine Kinder besuchen Privatschulen, wo man ihnen empfiehlt, Shakespeare, Charles Lamb, Wordsworth, Tolstoi zu lesen und sie auch nach der Schule weiterhin zu lesen. Das ist das Letzte, was sie tun werden. Sollen sie etwa Einsiedler werden? Sie müssen mit der Welt verkehren und sich den sprachlosen, handlungsunfähigen Massen anschließen, die nichts tun, um sich zu retten oder um auch nur zu bewahren, was sie haben.

3. MAI 1950 Ach, das Leben kann schön sein. Neuntes Kapitel beendet. Seite III. Und gerade das nächste Kapitel geplant. Der Symbolismus funktioniert gut. Meine schlampigen Notizen habe ich neben dem Schreibtisch an die Wand geheftet. Hier können Tage

vergehen, ohne dass ich mit jemandem spreche, vielleicht mit Ausnahme des Briefträgers.

4. MAI 1950 Ein schmerzendes Buch, an dem ich da schreibe. Ich zeichne meine eigene Geburt auf. Mein Achtseitenpensum ist manchmal eine wahre Todesqual. Aber bisher fühle ich mich abends, wenn die Seiten geschafft sind, richtig zufrieden.

4.5.1950 Zum Teufel mit den Erklärungen der Psychoanalytiker, die Dostojewskis Spielsucht als Sexualitätsersatz deuten. Dostojewski wollte sich zerstören, seine eigene Zerstörung miterleben. Läuterung der Seele! Dostojewski wusste, wie's geht: Man muss den Tiefpunkt erreichen, bevor man zu den Höhen empordringen kann! Den Tiefpunkt allein schon deshalb erreichen, um zu erfahren, wie es dort ist. Ich kenne all das so gut, ich empfinde es, ich tue das Gleiche.

5. MAI 1950 Ein Brief von Kathryn. Ein guter Brief. Sehr gut. Meine Postkarten, meine Briefe haben ihr gefallen; sie gratuliert mir zu dem Film. »Du bist weder eine Irritation noch eine Ablenkung, sondern jemand, der mir sehr nahesteht ...« Abscheulicher Brief von Marc, in dem es heißt, ich klammere mich an meine abstoßenden, infantilen Leiden, wie ein kleines Mädchen sich an eine Puppe klammert, und der endet mit »und lass uns heiraten«.

5.5.1950 Ein Haus zu besitzen bedeutet auf gewisse Weise, zum Stillstand zu kommen, auf eine Weise, die mir noch nicht möglich ist.

6.5.1950 Das hier kommt nicht wieder (manche Dinge weiß ich, wie ich mit dreiundzwanzig und einundzwanzig wusste, dass Erlebnisse nicht wiederholt werden können, eben wegen des Alterselements): die Schäfchenwolken an einem schönen Maiabend, das

Schloss in der Nähe, ganz schwarz und dunkel und gewaltig, wo ich allein arbeiten werde. Während meine Freunde im Auto wegfahren. Es ist alles gut, ich begrüße es und habe keine Angst, und doch verlässt die Liebe mich mit ihnen, die menschliche Stimme, jede Berührung des Fleisches und die Möglichkeit, dass etwas misslingt, irgendeine Kleinigkeit, während die Freunde ins Auto steigen, während einer von uns oder wir alle einen Laden suchen, wo nach zehn Uhr abends noch Zeitungen verkauft werden. Nein, das kommt nicht wieder, dass ich in der dunklen Einfahrt stehe und mir zum Trost eine Zigarette anzünde, während das Automobil in der Dunkelheit davonschnurrt. Mein Blick schweift zu einer anderen Welt, einer, die mir teurer ist. Das Leben zu leben erfüllt mich mit Argwohn, aber Freunde und Geliebte hat man immer. Zumindest hat man immer die Erinnerung daran, wie die Geliebten waren, was tatsächlich keinen großen Unterschied dazu bildet, wie die Freunde sind. Denn ich projiziere auch in Freunde die vermeintlichen Tugenden und Fähigkeiten, die ich in Geliebte projiziere. Beide erschafft man. Und der Mensch liebt durch eine Illusion.

7.5.1950 Die Freiheit ist es, die einen Menschen durcheinanderbringt. Ich rede nicht dem Totalitarismus das Wort. Aber ein Schriftsteller muss lernen, sich seine eigenen Totalitarismen aufzuerlegen, wobei er der alleinige Herrscher ist und weiß, dass es ihm freisteht, seine Gesetze nach einem fairen Verfahren in seinem Inneren zu ändern und zu einer anderen Disziplin und Routine zu finden.

8. MAI 1950 Unendlich glücklich heute Abend. Warum auch nicht? Dies wird das beste Buch sein, das ich je geschrieben habe, mein bester Text, scheint mir, besser als »Die Heldin«. Oh, diesen Fluch eines Tages abzuschütteln!

10. MAI 1950 Mit diesem Buch bin ich vorsichtig, kein überstürztes Drauflosschreiben wie beim ersten. Wenn ich am Montag dachte, das Eis wäre gebrochen, hat das nicht ganz gestimmt. Das Komprimieren und Verwerfen, das dieses Buch erfordert, verlangt immer Mühen. Es gibt so viele verschiedene Schriftsteller wie Menschen. Vielleicht mehr.

12. MAI 1950 Sehr erfreulich. Gearbeitet, die üblichen 7 Seiten. Und heute Abend der Familie ein bisschen was vorgelesen. Erste Kapitel – zäh, voll unwesentlicher Dinge, die Figuren schwach gezeichnet. Andere Kapitel – weitaus überlegen, aber ich kann sie der Familie nicht vorlesen, weil ich mich davor drücke, ihnen zu sagen, dass T. sich in eine Frau verliebt! Die Familie zeigt sich interessiert, respektvoll dank des Erfolgs des ersten Buchs, aber nach diesem Vorlesen können sie nicht wirklich begeistert sein!

14. MAI 1950 *Ulysses* begonnen, finde aber wenig Geschmack an Belletristik. Ich glaube, man kann nur einen Satz fiktiver Personen, eine Familie auf einmal im Kopf behalten.

15. MAI 1950 Meine glücklichsten Tage verbringe ich nie mit Leuten. Ich frage mich, ob ich nur einem Traum vom Glück nachhänge, eines Tages, mit der Person, die ich liebe. Ich frage mich, ob ich mir das nur so oberflächlich wünsche, wie ich mir – manchmal – ein eigenes Haus wünsche. Ach, aber ich bin noch nicht bereit, diesen Traum von einer Person aufzugeben. Ich werde mich nur sehr ungern davon verabschieden. Ich bin begierig, so viele Leben zu leben, das ist es. Ich werde so viele verschiedene Personen sein, bevor ich sterbe. Und man muss allein sein, um sich so oft verändern zu können. Was kann man nicht alles daraus machen!

17. 5. 1950 Das Schreiben ist natürlich ein Ersatz für das Leben, das ich nicht leben kann, das zu leben ich nicht in der Lage bin. Das

ganze Leben ist für mich eine Suche nach der ausgewogenen Kost, die es nicht gibt. Für mich. Ach, ich bin neunundzwanzig und kann das Leben, das ich mir als das bestmögliche ausgedacht habe, nicht länger als fünf Tage ertragen.

23. MAI 1950 In einem Anfall von Vertrauensseligkeit habe ich Ethel [Sturtevant] das sechste Kapitel gezeigt, in dem Carol erscheint, um Therese abzuholen. »Aber das ist ja Liebe!«, rief Ethel, nachdem sie die erste halbe Seite gelesen hatte. Ich gab zu, dass es so etwas sei, aber im späteren Gespräch sagte ich, T. habe eine Schulmädchenschwärmerei, zurück in den Mutterbauch, die laut Ethel der Episode mit der Milch entspringt, aber nicht bei ihrer Begegnung. »Das ist sexuelles Erwachen. Da ist deine Begabung mit dir durchgegangen ... Das ist eine echte Wucht! Das ist ein großartiges Stück Literatur, Pat«, sagte sie. Auch wenn ich nicht weiß, ob ein besseres Buch (als *Zwei Fremde*).

25. MAI 1950 Beschlossen, das Schloss zu verlassen, habe deshalb mittags mühsam all meine Sachen rausgeschafft. Stanley sehr hilfreich, hat mich nach Hastings mitgenommen, hatte aber keine Zeit, mich nach New York zu fahren. Stanley muss ständig und schnell arbeiten. Mir ist klargeworden, dass sie in den letzten Jahren gerade so über die Runden gekommen sind. Und sie werden nicht jünger. Irgendwas muss bald passieren. Und jetzt – jetzt, da ich 6000 $ habe – sagt Mutter, ich hätte es »zu leicht« gehabt – die alte Geschichte. Vielmehr, erinnert mich daran, dass die meisten Kinder ihre Eltern unterstützen, für sie aufkommen. Aber großer Gott, doch nicht, wenn beide verdienen. Und erst recht nicht, wenn das Kind von der Kunst besessen ist. Ich hasse das alles.

27. 5. 1950 Die erfreuliche Tatsache an diesem 27. Mai 1950 ist die, dass die angenehmste Art des Schreibens, die unterhaltsamste und zugleich profundeste, auch die beste Art des Schreibens für mich ist.

Wenn ich mir Sorgen mache und umschreibe, geht es immer daneben, und ich schreibe schlecht.

28. 5. 1950 Ich habe gerade einen bemerkenswerten beliebten Song gehört mit dem Titel »Let's Go to Church on Sunday« *(we'll meet a friend on the way...)*.[9] Ja, sie werden unterwegs einen Freund treffen. Am nächsten Samstagabend wird der junge Mann einen Süßwarenladen überfallen, und das junge Mädchen wird mit dem Mann schlafen, der auf einer Abtreibung bestehen wird. Die beiden werden in weniger als einem Jahr heiraten und fünf weitere Katholiken in die Welt setzen. Sie werden katholische Senatoren wählen und die besten Künstler und Schriftsteller boykottieren. Sie werden Söhne für den nächsten Krieg produzieren und den nächsten Superweltkrieg dem unbekannten Soldaten widmen. Sie werden andere daran hindern, vor ihrem Block zu parken, und werden dafür sorgen, dass es uns Übrigen den Magen umdreht, wenn sie in Badekleidung an öffentlichen Stränden auftauchen. Sie werden geachtet werden, weil sie das Menschengeschlecht fortsetzen. Aber sie werden nicht diejenigen sein, wegen denen man sich an dieses Jahrhundert erinnern wird.

30. MAI 1950 Gut gearbeitet. Ein sonniger Tag. Lil & Dell zum Abendessen. Heute ein Urlaubstag. Sie brachten Champagner mit – und wir hatten eine herrliche Zeit. Später allein ins Village gegangen, Pony Stable Inn[10]. 3 $ in der Tasche. Ich komme mir zurzeit sehr selbstsicher vor, sehr heiter, sehr sicher mit meinem Buch.

---

9 In dem Lied von Margaret Whiting, auf das Highsmith sich bezieht (»Let's Go to Church [Next Sunday Morning])«, denkt die Sängerin nur daran, mit ihrem Geliebten in die Kirche und durchs Leben zu gehen. Highsmiths dunkle Phantasie setzt die Erzählung in eine völlig andere Richtung fort.
10 Lesbenbar in der 150 West 4th Street, die von 1945–1970 bestand und fast ausnahmslos von weißen Frauen aus der Arbeiterschicht besucht wurde. Eine der Ausnahmen war die lesbische Schriftstellerin und Aktivistin Audre Lorde, die über ihre Erfahrung als eine der wenigen schwarzen lesbischen Frauen im Pony Stable Inn und anderen lesbischen Bars in Greenwich Village schrieb.

31. MAI 1950 War bei Wanamaker's[11] zum Feine-Damen-Einkaufsbummel & habe bei RCA Landkarten für die Reise von Carol & Therese besorgt. Ich lebe inzwischen so völlig mit ihnen, dass ich mir nicht mal vorstellen kann, für mich eine Liebesaffäre in Betracht zu ziehen. (Außerdem bin auch ich in Carol verliebt und kann nichts anderes lesen als Highsmiths Notizbücher. Das muss entsetzliche Egomanie sein!)

1. JUNI 1950 Unerträglich ödes Schreiben heute aus dem einfachen Grund, dass ich zu gesund war. Meine Muse stellt sich um 9 Uhr morgens nach einem herzhaften Frühstück nicht ein.

4. JUNI 1950 Zur Klinik gelaufen, um Lil zu besuchen – begleitet von dem jungen Mann, den ich letzte Nacht in der irischen Bar kennengelernt habe nach dem Treffen mit Marc. (Übrigens haben Marc & ich uns geeinigt, Ende des Sommers zu heiraten.) Interessant – auf einmal sagte Sam (der unerträglich langweilig ist), als wir durch den Park gingen: »Ach, ich bin in Ridgefield, N. J., aufgewachsen.« Mein Herz tat einen Sprung. »Kennst du die Murray Avenue?«, fragte ich. Ich fragte ihn, ob er jemanden namens Senn kenne. (Ihr Name.) Er hat gesagt, er würde mich an einem Nachmittag dorthin mitnehmen. O weh, sollte ich sie sehen, wäre mein Buch dahin! Dann wäre ich gehemmt!

6. 6. 1950 Habe mich heute mit Haut und Haar in meine Carol verliebt. Was kann es Herrlicheres geben, als mich Tag für Tag mit all meiner Kraft in ihr Erschaffen zu stürzen? Und nachts erschöpft zu sein. Ich will all meine Zeit, all meine Abende mit ihr verbringen. Ich will ihr treu ergeben sein. Wie könnte ich das nicht sein?

---

11 John Wanamaker Department Stores gehörten zu den ersten Kaufhausketten in den USA.

11. JUNI 1950 Das Buch muss jetzt zu einem schnellen und tragischen Ende kommen. Letzte Woche Hollis Alpert besucht, der jetzt Redakteur beim *New Yorker* ist. Er sagt, sie seien an meinen Sachen gewaltig interessiert. Wenn ich etwas machen kann, was kurz genug ist, könnte es vielleicht klappen.

12. JUNI 1950 Habe gut gearbeitet, mich körperlich sogar zu wohl gefühlt. Spontan um 5 nach Hastings gefahren, genau deswegen, ich weiß es wohl, um mich in dem zu suhlen, was ich hasse, in dieser Zurückweisung, die ich in meinem Buch beschreiben will. Meine Mutter wird immer neurotischer – du lieber Himmel! Sie denkt nie, reißt nur den Mund auf und schreit! Ich hab zu viel Imperial getrunken, wenig gegessen. Mutter erzählt, dass Marc & ich heiraten würden. »Das freut mich. Ich wünsche mir ein Enkelkind.« – »Dazu fehlt mir der Mut.« – »An deiner Stelle würde ich mich schämen. Was ist los mit dir?«

12.6.1950 Plötzlich ist das Romanschreiben zu einem kleinen Spiel geworden (auch wenn mir immer klarer wird, dass ein einzelner Roman meine letzte Kraft aufbrauchen und mein ganzes Gehirn beanspruchen kann) – mit dem Hauptziel, zu gefallen und zu unterhalten und sein Material so zu verdichten, dass das fertige Ergebnis nur ein winziges Fragment ist, herausgebrochen aus der großen Masse von Material und bis aufs äußerste poliert. Es wird nicht anders sein, wenn ich mit fünfzig auf ein Regal mit fünfzehn meiner Bücher schauen kann.

13. JUNI 1950 Konnte letzte Nacht nicht schlafen. Um 4 das Ende meines Buchs ausgedacht – die Handlung. Welche Freude und Erleichterung!

14. JUNI 1950 7 Uhr abends. S. vorgeschlagen, mit ihr zu schlafen – so was von gewandt. »Also, wann? – Bitte.« – »Mal sehen«,

sagt S. In der irischen Bar rumgehangen. Ich bin so freudig erregt und gleichzeitig entsetzlich traurig. Ich weiß, dass ich ein gutes Buch geschrieben habe, wie gut, weiß ich noch nicht. Das ist alles.

14. JUNI 1950 Carol hat jetzt nein gesagt. O mein Gott, wie diese Geschichte aus meinen eigenen Knochen zum Vorschein kommt! Die Tragik, die Tränen, der unendliche und so vergebliche Kummer! Traf Marc auf ein Bier. Sehr abgehobenes, irreales Gefühl heute Abend.

15. JUNI 1950 Mehr Arbeit, und ich komme dem Ende immer näher, das sich auf wundervoll natürliche Weise ergibt, scheint mir. Es ist reine Handlung, kein Zusammenfassen, kein Philosophieren, kein Verknüpfen loser Enden. Aber ich fühle mich erschöpft. Nachts wache ich dauernd mit verstopfter Nase auf, und morgens ist mein zermartertes Gehirn völlig leer bis nach dem ersten starken Kaffee.

16.6.1950 (Einen Tag vor Abschluss meines zweiten Romans.) Ich habe das Gewerbe des Schreibens ziemlich spät erlernt. Und noch später erlerne ich die Kunst des Lebens. Ich kam nach Hause und blätterte zufällig in Emily Dickinson und erinnerte mich wieder an das Schicksal dieser armen Frau (und so reichen Dichterin), einen Mann zu lieben, dem sie nur kurz begegnet war – und was sie daraus machte, was sie der Welt und sich selbst an Schönheit schenkte. Ich sagte mir, das ist für mich bestimmt. Ich erinnerte mich an meine Tagebucheinträge aus meinem achtzehnten Lebensjahr. Ich erinnerte mich, dass diese Dinge nicht verändert werden können. Nimm eine Frau für das, was sie wert ist, weiter nichts. Das ist die Kunst des Lebens oder ihr wichtigstes Gebot.

16. JUNI 1950 Zeigte Rosalind den Abschiedsbrief in meinem Buch und auch das 4. Kapitel, in dem sie sich begegnen. Wie merkwürdig, dass R.C. immer ihren dämpfenden Einfluss ausübt! Und ich muss denken, wie gerne sie all das geschrieben hätte, ja, und ich weiß, dass es sich um unbezähmbaren Neid handelt. »Diese Stelle hat deine übliche Spannung ... Ich finde, dass sie hier nicht attraktiv klingt ... Die Kleine ist ziemlich fad, oder? ... Das wird auf jeden Fall noch ein ganzes Stück Arbeit ... Was für ein abgedroschenes Klischee, so würde ich nie im Leben versuchen, bei jemandem zu landen.« Welcher Unterschied zu Lil!

Ich glaube, ich habe diese Woche einen kleinen Rückfall erlitten. Ich bin zutiefst erschöpft, mit den Nerven am Ende, begierig auf den Alkohol als Nepenthes an einem Abend, wenn ich ihn mit jemandem teilen kann. Interessante Begleiterscheinung: Zynismus, aber nur als Folge nervöser Erschöpfung. Es fällt mir immer so leicht, die Welt verkehrt herum zu sehen.

20. JUNI 1950 Der Sommer kommt. Eine Ära geht zu Ende – Kathryn, mein Buch und viele, viele Ideale.

24. JUNI 1950 Der Arzt hat mir Sekonal gegeben. Damit ich mich genug entspanne, um zu schlafen. Diese Erschöpfung ist wie etwas Schweres in meinem Inneren, ein Leiden, über das ich keine Macht habe. Jetzt, da ich Geld habe – warum kann ich nicht irgendwohin gehen, ein Mädchen aufreißen, eine wilde Zeit haben und sie dann fallenlassen? So bleibt man emotional frei. Es hungert mich ganz schrecklich nach einer Frau – es drängt sich in meine Träume und wachen Stunden. Und [bin] doch so müde und pessimistisch.

28.6.1950 Gott sei gedankt. Gott sei gerühmt, ich habe heute wieder ein Buch beendet. Gott verdanke ich all meine Kraft und Inspiration. In Gott und im Namen Jesu finde ich all meinen Mut und meine Seelenstärke. Zufällig komme ich gerade von einer grauenhaften Party an der South Fourth Avenue. Gastgeber ein mittelloser und unausstehlicher Maler. Der heute Abend verkündete, in seinem schmutzigen weißen Anzug, mit seinen schmutzigen Fingernägeln, schmutzig wie seine Gäste: »Es gibt nichts Absolutes auf dieser Welt. Gäbe es das, würde sie stehenbleiben.« Aber das fühle ich im Mark meiner Knochen und würde es deshalb nicht so schnell auf einer Party sagen. Für mich hat das Kreuz eine überwältigende Bedeutung. Zwei gegensätzliche Richtungen. Im Augenblick der Offenbarung wird das Zusammentreffen der Gegensätze sich manifestieren und sich als einzige und absolute Wahrheit erweisen.

30. JUNI 1950 Fühlte mich heute ziemlich seltsam – wie ein Mörder in einem Roman, als ich in den Zug nach Ridgewood in New Jersey stieg. Es erschütterte mich körperlich, und ich fühlte mich ganz schlaff. Ob sie[12] wohl jemals diesen Zug genommen hat? (Ich bezweifle es. Sie würde das Auto nehmen.) War genötigt, zwei Whiskeys zu trinken, bevor ich den Bus Nr. 92 nahm, den falschen, Richtung Murray Avenue. Ich erkundigte mich beim Fahrer, und zu meinem Schrecken und Entsetzen hörte ich plötzlich alle im Bus rufen: »Murray Avenue?« – und mir den Weg erklären!

Murray Avenue ist eine relativ kleine Straße, die in dichtbewaldetes Gebiet führt, sie geht von einer Seite der Godwin Avenue ab. Gleich links steht ein Gebäude und rechts ein großes, ruhiges, schönes Haus, vor dem zwei Autos standen und Frauen auf der Veranda saßen und sich unterhielten. Die Hausnummer war 345 – und ich ging schnell weiter, als ich am nächsten Haus die 39 sah – und dachte, dass die Hausnummern in die falsche Richtung gehen, denn ihre ist die 315. Außerdem war die Straße eine reine Wohnstraße, es gab keine Gehsteige, und ich fiel mit Sicherheit auf. Ich wagte nicht, die Straße dort weiter entlangzugehen, wo die Bäume immer dichter standen und vielleicht ihr Haus noch als einziges gestanden hätte (ich konnte keinen Blick erhaschen!), wo sie gerade auf dem Rasen oder der Veranda hätte sein und ich mich hätte verraten können, indem ich zu abrupt stehen geblieben wäre.

---

[12] Mrs. E. R. Senn, die Frau, die Highsmith zur Figur der Carol in *Salz und sein Preis* inspiriert hat.

Ich ging die Straße entlang, die von der Godwin Avenue in die entgegengesetzte Richtung abging und nicht mehr Murray hieß. (Und fühlte mich sicherer, weil es nicht ihre Straße war.) Und dann, als ich zur Godwin zurückkam, kam ein hellblaues Automobil aus der Murray Avenue, mit einer Frau mit dunkler Brille und kurzen blonden Haaren am Steuer, allein, und ich glaube, in einem hellblauen oder blauen Kleid mit kurzen Ärmeln. Könnte sie einen Blick auf mich geworfen haben? O Zeit, wie seltsam bist du! Mein Herz klopfte, aber nicht bis zum Rasen. Ihre Haare flogen ihr um den Kopf. O Gott, was weiß ich noch von der Begegnung von zwei oder drei Minuten vor anderthalb Jahren? Ridgewood ist so weit weg! Werde ich sie jemals in New York wiedersehen? Werde ich eines Abends auf eine Party gehen und ihr dort begegnen? Bitte Gott, mach, dass sie sich nie die Mühe gemacht hat, meinen Namen im Telefonbuch nachzuschlagen. (Nach der Weihnachtskarte[13].) Diese Dinge werde ich Mr. M. B. [Marc Brandel] natürlich nie erzählen!

1.7.1950 Ich bin an der Psychologie des Mörders interessiert und auch an den gegensätzlichen Ebenen, den Beweggründen für das Gute und das Böse (Beschränkung und Zerstörung). Wie man durch eine kleine Verirrung zum anderen werden kann und all die Kraft eines starken Charakters und Körpers umgelenkt wird in Mord oder Zerstörung! Einfach faszinierend! Und das auch noch primär zur Unterhaltung zu tun. Wie vielleicht sogar aus Liebe Hass werden kann, wenn sie sich immer wieder den Kopf stößt. Denn merkwürdigerweise wähnte ich mich gestern dem Mord recht nahe, als ich das Haus einer Frau besuchte, in die ich mich beinahe verliebt hätte, als ich sie im Dezember 1948 für einen kurzen Augenblick sah. Das Morden ist eine Art des Liebesspiels, eine Art des Besitzergreifens. (Ist es denn nicht ein Augenblick der Aufmerksamkeit vom Objekt der Begierde?) Sie plötzlich festzuhalten, meine Hände an ihrer

---

13 Die Karte, die Highsmith Mrs. E. R. Senn nach ihrer kurzen Begegnung 1948 im Bloomingdale's schrieb.

Kehle (die ich eigentlich lieber küssen würde), als machte ich ein Foto, sie von einem Augenblick zum nächsten kalt und starr wie eine Statue werden zu lassen.

Und gestern starrten die Leute mich überall neugierig an, im Zug, im Bus, auf dem Gehsteig. Ich habe mich gefragt, sieht man es meinem Gesicht an? Aber ich kam mir sehr ruhig und gelassen vor. Und tatsächlich wäre ich bei einem Zeichen der Frau, die ich suchte, wahrscheinlich zusammengezuckt und davongelaufen.

6. JULI 1950 Rosalind nimmt mir alles übel. Nennt mich exzentrisch, weil ich allein lebe. R. C. und ich werden nie wieder dieselben sein. Ich konnte meine Tränen beim Gehen nicht zurückhalten. Es war nicht ihr Ausbruch heute Vormittag, der mich wütend gemacht hat, sondern all die vergangenen Jahre, die ganze schreckliche Desillusionierung – denn ich hänge so an meinen Göttern und meinen Geliebten.

12. JULI 1950 Bei R. C. um 1:30 Uhr nachts. Ich habe sie ganz ruhig informiert, dass ich es nicht länger aushalte. Ihren Snobismus, ihren Groll mir gegenüber in jeder Hinsicht. Woraufhin sie sich in einer langen Aufzählung kränkender Anschuldigungen, bitterer, unwahrer Beobachtungen erging, zu lang, als dass man sie wiedergeben könnte. Aber ich hatte meine letzten Tränen bereits vergossen. Ich nahm es gelassen. Als ich mich verabschiedete, bemerkte R. C., ich würde jetzt bestimmt in eine Bar gehen, um jemand anderen aufzureißen. Eine weitere Nutte. Ich ging nach Hause und ins Bett, kaum erschüttert von diesem katastrophalen, schrecklichen Ende einer Freundschaft von zehn Jahren.

17. 7. 1950 Frauen gab es vor Männern. Frauen sind Jahrtausende älter als Männer.

21.7.1950 Die Nacht. Ich träume von Erdbeben, die Erde bebt und reißt das Fenster aus den Angeln, während das Haus unbewegt steht! Man erwacht halb – mehr als halb! – und setzt sich im Bett auf, der Traum, der immer noch schwer am Rand des Gehirns klebt, durchrüttelt das ganze Gehirn, als wäre es ein Haus in einem Erdbeben. Ich rufe einen Namen, weil ich nicht weiß, in welchem Bett oder in welchem Haus ich bin. Ich kann mich dabei sehen und hören und weiß, dass ich schlafe und gleichzeitig wach bin, und dieser Schwebezustand ist grauenhaft! Ich gehe in die Küche, will etwas heißes Wasser und Milch trinken, aber mein Gehirn erfasst selbst diese einfache Idee wie die ungeschlachten Klauen eines urtümlichen Ungeheuers. Und das urtümliche Ungeheuer bin ich selbst. Ich kaue gierig an einem halbgegessenen Kotelett, das ich eigentlich gar nicht will, und lege es wieder weg. Die Erde bebt, und ich zweifle sogar an der Schwerkraft. Ich bin auf einmal jemand anderes, ein Geschöpf, das ich nicht kenne. (Ich weiß aber, dass ich vor hundert Millionen Jahren gelebt habe.)

22.7.1950 Wegen einer ganz einfachen Kombination von Liebe & Hass meinen Eltern gegenüber bin ich heute in das Studium der Mehrdeutigkeiten in Natur und Philosophie vertieft. Daraus werde ich erschaffen, entdecken, erfinden, beweisen und enthüllen. So ist das Leben – alles, alles am Leben –, eine Fiktion, in etwas gegründet, das auch hätte anders sein können, und doch ist alles wahr! Diese Dinge werde ich tun und entdecken, und auch sie werden wahr sein. (Das, so denke ich mir ab und zu, wird mich irgendwann in den Wahnsinn treiben. Manchmal spüre ich Anzeichen davon. Aber andererseits habe ich immer gewusst, dass die »Geistesgestörten« nicht wirklich geistesgestört sind. Und das transzendiert, meine lieben Philosophen, den Solipsismus, den Idealismus und auch den Existenzialismus! Ich bin ein wandelnder ständiger Beweis der Behauptung, die ich so überzeugend als Zwölfjährige äußerte: ein Junge im Körper eines Mädchens zu sein.)

11. 8. 1950 Texas: Ich werde darüber schreiben, wie es noch nie jemand getan hat. Die Levi's, die Gebrauchtwagen, die Ölmillionäre, die Jukeboxlieder über Frauen (rothaarig, schlampig, in Baumwollkittelschürzen), die loyal und treu sein müssen (mein Gott, was tun sie nur?). Sei immer mein, dass wir uns nie trennen werden – (der Gebrauchtwagen), aber vor allem die frischen, jungen Dummköpfe, die schlanken Oberschenkel, die blonden Mädchen, das frische Essen im Kühlschrank, das Gefühl der Weite direkt hinter dem Stadtrand, das Rodeo nächste Woche und die unumstößliche Gewissheit, dass die Körper der jungen Männer in perfektem Zustand sind, die Beine drahtig und fest und der Geist ebenfalls – rein. Die Stimmen der Frauen südlich, aber nicht einschläfernd südlich, weich, ohne schwach zu sein. Sie sind so rein wie Körper und Geist der jungen Männer. Die Lieder der Jukebox sind nur deswegen weinerlich und sentimental, weil wir unsere eigene Poesie noch nicht entwickelt haben. Texas – mit dem Gottvertrauen der Leute, die dort geboren wurden, immer noch dort leben. Die schönen, ruhigen, flachen Häuser, die schönen Mädchen, die die Männer inspirieren, die Bomber über Deutschland, Russland und Korea fliegen.

Unendlich ist das Wort für Texas. Unendlich!

13. 8. 1950 Das Geheimnis jeder Kunst, die etwas taugt, ist die Liebe. Es ist so schön zu lieben, dass ich mich frage, warum es schlechte Künstler gibt. Und doch war ich schon so schuldig, nicht zu lieben! O meine Cornell!

17. AUGUST 1950 Großartige Nachrichten – die Chauffeur-Geschichte für 1150 $ verkauft! Margot & ich sehr zufrieden. [F]Ernsthaft – ich muss mich sofort an die Arbeit an meinem Buch machen. Ich träume von Titeln – »Der in die Sonne sieht«, »Das Echo«, so etwas.[FF]

Ich weiß, woher die heutige Apathie rührt, die Desillusionierung. Daher, dass der Erste und der Zweite Weltkrieg vergeblich geführt wurden, was den darauffolgenden Friedensmechanismus betrifft. Jetzt ist es den Vereinten Nationen nicht gelungen, den Frieden zu erhalten. Und es scheint schrecklich, lächerlich, dass Südamerika oder Frankreich oder die Türkei niemanden geschickt haben, nur England und Frankreich (und die beiden auch nur eine Handvoll), um die Roten in Korea aufzuhalten.

6. SEPTEMBER 1950 Einen britischen Zeitungsausschnittdienst abonniert. Mein Buch erscheint im Oktober.[14] Marc kam um halb neun vorbei. Er ist gelangweilt von seinem wohlhabenden und sehr perfekten Mädchen, und er will mich wieder heiraten – ist das denn die Möglichkeit! –, jetzt auf eindeutig kameradschaftlicher Basis. Als würde er mir eine dünne, lange Leine anlegen. Tatsächlich will er nicht länger eine heterosexuelle Ehe. Ihm verdreht andauernd jemand den Kopf, sagt er. Aber wenn er sich zurückerinnert, haben sich immer alle in ihn verliebt. Nicht ganz unvernünftig. Wir werden so ähnlich leben wie Jane & Paul B. [Bowles]. Denn ich denke, ich mache es vielleicht. Es würde London in diesem Winter – wovon ich träume – nicht in die Quere kommen, oder irgendjemand oder irgendetwas anderem.

Hitchcock telegraphierte mir nach P'town, aber ich bin nicht zurückgefahren, um mich mit ihm zu treffen. Scheinbar hat er über mein Buch eine Tennisobsession entwickelt[15] und dreht bereits in Forest Hills.

22. SEPTEMBER 1950 Ich bin einigermaßen glücklich. Lebe aber noch nicht richtig, lebe nur von dem Gedanken, dass das Leben in naher Zukunft sehr viel erfreulicher, lohnender, schöner sein wird. Natürlich hängt das alles mit emotionaler Befriedigung zusammen. Gäbe es Kathryn nicht, würde ich es mir in New York vorstellen.

---

14 Die britische Erstausgabe von *Zwei Fremde im Zug* (London, 1950).
15 In Hitchcocks Verfilmung wurde aus Guy Haines anstatt eines Architekten ein erfolgreicher Tennisspieler.

Aber ich weiß jetzt auch, dass niemand mich tiefer berührt, niemand so in mir verwurzelt ist wie Kathryn.

22. 9. 1950 Fazit zu meinem Buch zwei Wochen vor Abschluss der Überarbeitung: Wir sehen hier keine Autorin vor uns, die vor lauter Nervosität schwitzt. Zufällig sind die Buchläden zurzeit überschwemmt mit Texten, die die Homosexualität entschuldigen (oder allein deren Existenz). Sie zeigen sehr rauhe männliche Helden, die sich vor heterosexuellem Ekel winden, während sie versuchen, die abscheulichen Bande abzuschütteln, die sie umschlingen, während in der letzten Szene grundlos ihr Geliebter getötet wird, damit nur ja nicht jemand im Bibelgürtel daran Anstoß nehmen kann, wenn die beiden vielleicht weiterhin ein Zusammenleben führen, das hinzunehmen ihm zwar eingehämmert wurde, aber ihn vielleicht schon eine Woche später überfordern könnte.

Dies ist die Geschichte einer Frau, die schwach ist wegen der Schwäche der Gesellschaft, in der sie lebt, was nichts mit Perversion zu tun hat. Und einer jungen Frau, die sich nach einer Mutter sehnt, weil die unnatürliche Erziehung im Waisenhaus, so wissenschaftlich fundiert sie auch war, ihr die Elternliebe nicht ersetzen konnte. Es ist einfach eine Geschichte, wie sie passiert sein könnte, ohne dass damit eine Anklage erhoben werden soll.

26. SEPTEMBER 1950 Warum arbeite ich so hart an einem Buch, das zweifellos mein Ruin sein wird? Heute war ich mindestens zwölf Stunden lang mit der Schreibmaschine beschäftigt und habe nur mit Mühe und Not zehn neugetippte Seiten hervorgebracht.

12. OKTOBER 1950 Wütend. Ging wütend die 2nd Avenue entlang. Und bekam um 4 Uhr nachmittags meine Regel! Zum ersten Mal seit Ende Mai oder Juni. Vielleicht auch, weil ich heute mit meinem Buch fertig wurde. Flüssig geschrieben mit dem Ende, in dem Therese nicht mit Carol zurückgeht – sondern sich weigert und zuletzt

allein ist. Werde M.J. beide Fassungen zeigen und bin mir sicher, dass sie das »erhebendere« Ende vorzieht, in dem T. & C. zusammen zurückgehen. Im Verlauf des Abends fürchterlich sturzbetrunken! Blackouts und alles Übrige. Und alles Geld aus der Brieftasche ausgegeben. Lyne stopfte mich zuletzt um 3 Uhr morgens in ein Taxi.

14. OKTOBER 1950 [Arthur] Koestler wusste nichts vom Verkauf der Filmrechte an meinem Buch. »Warum brauchst du dann meine Unterstützung?« Er will mich mit den Leuten von der *Partisan Review* bekannt machen. Er ist einigermaßen respektvoll. Aber erst, wenn ich so viel vertrage, wie ich trinke.

16. OKTOBER 1950 Heute Abendessen mit Koestler. Semon's. Er schlägt vor, den Roman sofort zu einer Schreibkraft zu schicken, ihn mit »neuer Würde« zurückzubekommen und ihm ein Exemplar zu lesen zu geben. Das will ich eigentlich gar nicht – er würde ihm nicht gefallen. Ich bin leicht deprimiert wegen meines Buchs, fürchte mich vor der Veröffentlichung. Dennoch optimistisch, wenn ich es mit jemandem ausführlich bespreche. Die Zeitungen erwähnen »meinen Namen« etwa dreimal die Woche, wurde mir berichtet. Koestler kam mit zu mir, wir haben es im Bett versucht. Eine elende, freudlose Episode. Lächerlich, und ich werde allein beim Aufschreiben rot. – Er schlug vor, wir sollten uns zusammen hinlegen und nichts tun, was ihm natürlich unmöglich war. Es gibt etwas Selbstquälerisches in mir – wenn es um Männer geht. Dazu noch die Erinnerung an die Male, die ich in diesem Bett mit Frauen lag, in die ich vernarrt war und die ich begehrte, die ich so sehr liebte, dass ich sie nicht verärgern wollte oder das Vergnügen gefährden, später einfach mit ihnen zusammen zu sein. Und so spielen Feindseligkeit, Masochismus, Selbsterniedrigung (indem ich dafür sorge, dass ich mich unzulänglich fühle, der Welt nicht gewachsen, halb unfähig) alle ihre Rolle in diesen Szenen, die dazu führen, dass

ich um vier Uhr morgens weine und um fünf alleine bin. Koestler, praktisch wie immer, beschließt, das Sexuelle mit mir bleibenzulassen. Er habe nicht gewusst, dass Homosexualität so tief in einem drin sitze, hat er gesagt.

17. OKTOBER 1950 Den ganzen Tag mit Erledigungen, Putzen, Arztbesuch, Abendessen und Cocktails verbracht. Drei Gins im Mayfair mit Lyne, und wir bzw. ich erzählte ihr beschämt und weinend von Koestler und von meinem Buch, meinem Gefühl, die Zeit vergeudet zu haben, etwas zu schreiben, das niemand lesen wollen wird usw. Vielleicht kann ich einfach den Gedanken nicht ertragen, dass es veröffentlicht wird.

18. OKTOBER 1950 Walter & ich sprachen über mein Buch. Ich habe ihm gesagt, es mache mir nichts aus, es fünf Jahre lang in der Schublade liegen zu lassen. Er stimmte plötzlich zu und sagte, Sheehan habe zu ihm gesagt: »Ich bin froh, dass Pat sich an so ein Thema wagt, weil es etwas ist, womit sie sich wirklich auskennt, aber ich glaube, für ihre Karriere ist es gar nicht gut.« Ein Etikett verpasst zu bekommen. Und ich habe schon eines als Suspense-Autorin!

19. OKTOBER 1950 Das ist also die große Neuigkeit – ich werde versuchen, Margot J. davon zu überzeugen, dass das Buch jetzt nicht veröffentlicht werden sollte. Und sie wird zweifellos dagegen argumentieren. Alle werden das. Aber es ist meine Karriere, mein Leben.

20.10.1950 Jetzt, jetzt, jetzt verliebe ich mich in mein Buch, genau an dem Tag, an dem ich beschlossen habe, es nicht zu veröffentlichen, auf unbestimmte Zeit nicht. Aber ich werde noch ein paar Wochen weiter daran arbeiten, es polieren und perfektionieren. Ich werde mich jetzt in es verlieben, anders, als ich es bisher geliebt habe. Diese Liebe ist unendlich, selbstlos, unegoistisch, sogar unpersönlich.

21. OKTOBER 1950 Margot berichtet, Calmann-Lévy in Paris habe *Zwei Fremde* gekauft. Es ist Koestlers Verlag, und er behauptet natürlich, er habe das bewerkstelligt, obwohl M.J. sagt, sie hätte schon vorher Angebote bekommen. 200 $ und 7 % für die ersten 5000 [verkauften Exemplare], glaube ich. Werde das Geld zurücklegen.

23.10.1950 Die ganzen Probleme gründen natürlich in meinem gegenwärtigen inneren Zwiespalt, ob ich meiner wahren Natur folgen soll, die mir beschädigt vorkommt, oder mir ein paar Krücken von der Welt um mich herum leihen, den anderen Leuten. Als Künstlerin kann und sollte ich nur meiner Natur vertrauen. Und doch bin ich unschlüssig, ob ich die Krücken nicht möglicherweise auch für meine Kunst benutzen könnte. Nur aus diesem Grund bin ich zurzeit egozentrisch. Ich würde mir das gerne schnell ansehen und die Operation schnell hinter mich bringen. Aber es ist kein Prozess, der schnell zu bewältigen wäre. Und nur aus dem Grund lebe ich auch »unter meinem geistigen Niveau«, wie Koestler es ausdrückt – suche den Rat anderer Leute, habe ich das Gefühl, weil ich zugelassen habe, dass andere meinen emotionalen Ausdruck (den Mangel daran) kontrollieren, müsste ich ihnen das auch in anderen geistigen Belangen zugestehen.

27. OKTOBER 1950 Wir schauten uns eine Forain-Ausstellung an. Weil ich aus komplizierten psychologischen Gründen angespannt war, trank ich im Lauf des Abends – später Spivy's – zu viel. Als Lyne um 3:00 Uhr morgens aufbrach, wollte ich ihr heimlich hinterhergehen. Rief später noch vergebens bei ihr an, um ihr ziemlich niedergeschlagen zu sagen, ich sollte sie wahrscheinlich nicht wiedersehen, weil ich sie liebte, und es schwer für mich sei usw. Um 3:45 im Taxi nach Hause. Ich schäme mich für mein zügelloses und destruktives Verhalten – das ich offenbar nicht unter Kontrolle habe. Ich kann es auf die Erschöpfung schieben, aber nicht nur. Eine solch erbärmliche Verschwendung von Zeit und Geld – ich

habe das Gefühl, moralisch so tief gesunken zu sein wie die Village-Tunichtgute, von denen ich mein Leben lang gehört und die ich gekannt habe, ohne je einen Gedanken daran zu verschwenden, dass ich einmal wie sie enden könnte.

Um 4:10 Ann Smith angerufen, und sie kam. Sagte ihr, ich wäre sturzbetrunken. Ging dann um 5:15 aber eigentlich ziemlich nüchtern schlafen – und hatte nur einen minimalen Kater.

29. OKTOBER 1950 Margot hat mein Buch zu Ende gelesen. »Sehr schön, Pat«, was aber nicht besonders enthusiastisch klang. »Was würdest du davon halten, es unter einem anderen Namen zu veröffentlichen?«, fragte sie. Es stört mich nicht. Vorübergehende, teilweise Erleichterung, sich nicht schämen zu müssen. Wir müssen Meinungen mehrerer »unabhängiger Leser« einholen. Ich war wieder betrunken, weniger vom Alkohol als vor seelischer Erleichterung und schlichter nervöser Erschöpfung. Aber in letzter Zeit denke ich ernsthaft über therapeutische Maßnahmen gegen Alkoholismus nach. Es muss etwas geschehen.

30. OKTOBER 1950 Koestler rief an. Er hatte gerade sein Buch beendet. Wir gingen in das Turkey Town House, wo ich ihm Drinks ausgab. Sehr nett. 4 Martinis und mehr für mich, und ich war den ganzen Abend nüchtern wegen meiner Schuldgefühle. Hybris, habe ich Koestler gesagt. Er hat eine Insel im Delaware River gekauft, lädt mich ein, ihn nächste Woche zu besuchen und dort zu arbeiten. Er ist sehr großzügig, impulsiv, und wir verbringen gerne Zeit miteinander, glaube ich. War bis 4:15 unterwegs mit Koestler, der weitertrank und es sehr gut vertrug. Hatte von Benzedrin gelebt, als er die letzten Details seines Romans ausarbeitete. Will Jim Putnam[16] dazu bringen, meinen zu lesen. Wartet mit dem Urteil über Einordnung unter Homosexualität, bis er es gelesen hat.

---

16 Vom Verlag G. P. Putnam's Sons.

2.11.1950 Willkürliche Gedanken, zu müde zum Arbeiten, und liege auf meiner Couch mit einem Bier und Koestlers *Dialogue with Death*[17]. Eine gewisse Befriedigung und weniger Schuldgefühle (nur weil ich letzte Woche nach der Überarbeitung des zweiten Entwurfs meines Romans faul war) bei dem Gedanken, dass die Kurzgeschichte, an der ich mit halber Energie arbeite, nicht schlecht ist und sich gut verkaufen lassen könnte. Das Herausragende der letzten neun Monate für mich: meine Abwendung von der Religion, von meiner früheren Introspektion mit mystischen Einblicken. Nicht völlig erklärlich durch mehr Geselligkeit und weniger Einsamkeit, sondern auch durch das Weltgeschehen und stärkere persönliche Beteiligung an der Welt der Menschen und Ereignisse. Es ist eine Zeit von Krieg & Neurosen und Konflikten innerhalb von Konflikten und von Kommunismus versus Kapitalismus.

14. NOVEMBER 1950 Dieser Tage alles wieder auf der Kippe. Jede Kleinigkeit deprimiert mich fast bis zum Selbstmord. Eine zutiefst verworrene und blöde Beziehung zu Lyne. Ich glaube, ich bin für den Wahnsinn bestimmt. Ich weiß genau, was ich tun sollte, um »ein glücklicheres Leben zu führen usw.«. Ich kann und will es aber nicht tun, obwohl die Alternative der Tod ist – und bis dahin Traurigkeit, Frustration, Depression und, am schlimmsten, mein Minderwertigkeitskomplex.

14.11.1950 Ich fürchte, es gibt für mich keinen inneren Frieden auf dieser Welt, weil ich ihm immer ausweichen werde. Die zu lange Leine, die alle mir lassen, liegt schlaff um meine Füße, und ich verheddere mich darin.

3. DEZEMBER 1950 Drei Abende am Stück mit Margot. Sie wiederholt sich, äußerst langweilig, ist sehr auf sich bezogen, aber mein

---

[17] Ursprünglich 1937 als Teil von *Ein spanisches Testament* veröffentlicht, 1942 dann als eigenständiges Buch.

Gott, sie musste mit mir auch viel ertragen und ist ein Goldstück. Bertha C. kam am Montag – wir saßen bis spät auf dem Sofa, tranken zu viel. Später schreckliche zunehmende Lust in mir auf Miss Bertha. Ich liebe ihren Körper. Und ganz durch einen köstlichen & wunderbaren Zufall folgte sie mir in das dunkle Zimmer und kam zu mir ins Bett. (Margot schlief im Wohnzimmer.) Fast hätte ich vergessen – ach, fast hätte ich den größten aller Genüsse vergessen, dieses Glück, größer als alle Schätze, alle Genüsse, alle Entdeckungen, diesen Genuss, eine Frau zu beglücken. Ich habe Bertha beglückt. Und ihr Körper, ihr Kopf und ihr Haar im Dunkeln – als sie mit ihrem Kopf am Fußende bei mir lag – waren plötzlich mehr als Europa, Kunst, Renoir, dem sie ähnlich war, einer seiner Frauen. Bertha war die Meine, eine Frau mit unglaublichen Brüsten und einer Sanduhrfigur, wie Margot sagt, aber sie war alle Frauen, die Frau, eine Frau, Frau, und ich spürte all diese ohne Belang von mir abfallen, alle Grenzen zerfließen. Sie ist geheimnisvoll auf eine russisch-jüdische Weise, melancholisch, ihre Gedanken von Natur aus unberechenbar und gleichzeitig so geistreich wie eine Fee, und leider steht sie gerade vor einer ernsten Operation. Das war die Nacht vom Dienstag. Am Mittwoch hatte sie eine Blutung – nicht durch mein Verschulden –, und am Samstag ging sie ins Krankenhaus. Wie schade, dass ich nach Europa fahre, so können wir kein gemeinsames Leben planen.

17.12.1950 Totale Mobilisierung[18] überall auf der Welt. An allen Ecken und Enden bröckelt es, und meine Pläne, nächstes Jahr in Europa zu verbringen, sind wohl im Eimer. Ein freier Tag mitten in der Arbeit und noch dazu ein Buch, *au contraire* zu allem, was mit der Welt geschieht, und abends schon irgendwie eine Verabredung und diese irgendwie nicht eingehalten.

Es wird Nacht. Im Radio Debussys »Children's Corner«. Mir

---

18 Am 16. Dezember hatte Präsident Truman nach einer verlustreichen Niederlage der US-Armee durch chinesische Truppen in Nordkorea den nationalen Notstand erklärt.

kommt der banale Gedanke, man brauche in diesen Zeiten jemanden, den man lieben kann, und ich versuche sofort zu ergründen, ob ich dafür noch den erforderlichen Enthusiasmus habe. Ich rufe meine liebste Freundin an – aber nicht meine Geliebte, meine potentielle Geliebte, die im Krankenhaus liegt –, aber es nimmt niemand ab. Ich würde heute Abend gerne einen Film sehen. Ich arbeite morgen, ich bin wie Tausende andere Leute, vielleicht ein bisschen einsamer, ein bisschen wehmütiger, ein bisschen wütender, ein bisschen enthusiastischer, ein bisschen mutloser. Ach, was wird sie in einer Stunde sagen? Und wo werde ich in einem Monat sein? Und was wird aus uns werden? Meine Liebste, gib mir wenigstens ein Zeichen zur Erinnerung. Sind alle Frauen nur Bilder, damit man sie betrachten und sich an sie erinnern kann? Werde ich dich nie richtig kennenlernen? Nie wissen, ob dir Rosen lieber sind als Chrysanthemen? Oder ob du Milch in deinen Tee magst? Sind alle Frauen nichts als Symbole?

19. DEZEMBER 1950 Gestern Abend für Margot Steak gebraten, und heute Abend wollte sie mich zum Essen einladen. Sie trinkt immer zu viel, isst zu wenig, und am Ende schlafen wir in ihrer Wohnung.

20. DEZEMBER 1950 Habe letzte Woche Marc geschrieben wegen seinem Buch und meinen 50 $. Sein Buch *The Choice* führt mich & ihn in einer qualvoll komischen Bettszene vor, alles wirklich genau ich & insgesamt komme ich mir immens viel entspannter vor als bisher, wie ein anderer Mensch. Weniger straff reguliert – was natürlich das Bemühen des ängstlichen Kindes ist, sich eine stabile Umgebung zu schaffen –, und ich habe das neue Erströmen der Liebe zu Bertha.

Wie sehr wünsche ich mir, im Voraus zu wissen, was sein wird. Will ich sie wirklich genug, um mich um sie zu bemühen & sie für mich zu beanspruchen? Denn ich glaube, ich könnte sie haben.

Und wie lange werde ich in Europa sein? K. [Kathryn] ist nicht möglich – leider. Machen wir uns nichts vor: Sie wird nie auf das verzichten, was sie hat, wird das nie wollen.

Zu Europa – Margot will unbedingt, dass dieses Buch anonym erscheint. Sie sagt, es könnte aber trotzdem weggehen wie warme Semmeln. Harper könnte es nehmen. Aber ich glaube, Margot will es ihnen wegnehmen und Coward-McCann geben. In dem Fall könnte ich nach Europa reisen, & sie würde sich um den Rest kümmern – als wäre ich tot –, aber wahrscheinlich komme ich nicht vor dem 30. Januar weg.

Und natürlich halte ich in diesen Tagen Ausschau nach meiner Carol, Mrs. E. R. Senn, aus Ridgewood, New Jersey. Ich halte Ausschau in und um Bloomingdale's, aber ich nehme an, dass sie wahrscheinlich häufiger bei Saks einkauft.

21. DEZEMBER 1950 Der Krieg: Wir verlieren wieder in Korea. Die chinesischen Kommunisten lassen uns keine Chance. Die Briten wollen beschwichtigen. Die Vereinten Nationen können sich eine Beschwichtigungspolitik nicht leisten, eine Anerkennung des kommunistischen China. HST [Harry S. Truman] erklärt Ausnahmezustand. Preise und Löhne sind eingefroren. D. D. Eisenhower geht nach Europa, um die europäischen Armeen anzuführen. Ich werde tricksen müssen, um unter diesen Bedingungen nach England zu gelangen, bald schon könnte es schwierig werden.

Jeder rechnet jeden Augenblick mit Krieg, dass die Vereinten Nationen aus Korea rausgeschmissen werden und dass Russland vielleicht Deutschland & Frankreich überfällt.

Ich rufe oft an, um zu erfahren, wie es Bertha geht. Vielleicht kann ich sie morgen besuchen, wenn ich auch meinen neuen hellen, mit Bisam gefütterten Mantel abholen gehe – von Lyne für mich zusammengestellt – und meine restlichen Kriegsanleihen abhebe –, der Dollar ist auf 0,55 gesunken und sinkt weiter! Dennis [Cohen] wird mein Buch im Januar herausbringen, hat vorgeschlagen, dass ich dann dort bin, aber das kann ich nicht. Frankreich hat den Vertrag mit Calmann-Lévy [für *Zwei Fremde im Zug*] geschickt. Zwei Angebote aus Italien, eines aus Dänemark. Meine Karriere – geht gut voran, vielleicht. Aber ich muss sofort ein neues Buch unter eigenem Namen schreiben, das fühle ich. Und was soll ich jemals der Familie sagen? Als Erstes, dass es anonym ist, ja. Und wenn es dann nächsten Herbst erscheint, werde ich es vermutlich ignorieren und ihnen nichts sagen. Behaupten, es sei verschoben worden. Sie haben einen Wohnwagen gekauft & das Haus verkauft. Für 15 000 $. Am 22. Jan. wollen sie los – um am 19. Jan. noch meinen dreißigsten Geburtstag feiern zu können. Das wird mir Freude machen.

Und dennoch in letzter Zeit ungeheuer depressive Momente – wie Sonntagabend, als Margot mich versetzt hat und ich abends endlich Bertha sehen konnte, im Krankenhaus. Und ich dachte: Was wird B. wollen, wenn sie entlassen wird? Wenn sie mich überhaupt will – was bringt mir das, wenn ich weggehe? Und all das bedrückt mich, und obendrein die schreckliche Kriegsatmosphäre, die auf der ganzen Welt lastet, weil ich diese unerwartete und wunderbare Nacht mit B. in meinen Armen hatte, mit meinem Mund an ihren Brüsten, und sie so glücklich wie ich. So nah – und doch so weit weg – weiter als je zuvor. Ich fürchtete schon, wie ein Soldat kurz vorm Sterben, es wäre vielleicht unsere erste und letzte gemeinsame Nacht gewesen. Ich würde nicht darauf wetten, sagt Margot heiter. O Margot, du Schatz! Ich habe ihr gesagt, wenn wir wirklich noch einmal zusammen schlafen, dann müsste es bei ihr zu Hause sein. Ich wäre glücklich, euch beide bei mir schlafen zu lassen, sagt sie. Die Gute!

Worüber soll ich als Nächstes schreiben, grüble ich hier in diesem Tagebuch, in dem ich laut denke. Oh, eindeutiger denn je hat dieses 29. Jahr viel Veränderung gebracht. Ich werde schon noch draufkommen. Meine Liebe zum Leben wird jeden Monat stärker. Meine Fähigkeiten zur Erholung sind wunderbar schnell und geschmeidig. Ich erwäge, einen psychologischen Thriller zu schreiben, etwas Erschreckendes, einen echten Schocker. Das könnte ich ohne weiteres.

30. DEZEMBER 1950 Etwas beduselt nach schönem Abend im Village mit Lyne, habe ich von hier um 3:30 Marjorie angerufen und mit klarer, lauter Stimme erklärt, dass ich in Bertha verliebt sei. An das folgende Gespräch kann ich mich nicht erinnern. Wollte Kay G. heute Abend kurz sehen, weil ich den Abend davor hier mit ihr verbracht habe, und es war überwältigend, wunderschön und all das, aber ich kann nicht mehr. Außerdem ist da das Schuldgefühl, sollte Margot davon erfahren.

31. DEZEMBER 1950 Sehr müde. Mittags um 2 verabredet mit B. G. an der 59th Street und dann in bester Stimmung zu Margot, weil Bertha dort sein sollte. Habe mich aber komplett volllaufen lassen. Zuerst tränenreiches, aber ausgezeichnetes Gespräch mit B. in Margots Küche, sagte ihr, Europa hätte nichts zu bedeuten, die Zeit, die ich nicht bei ihr wäre. Sie sagte: »Macht es dir etwas aus, dass ich mit Marjorie zusammenwohnen werde? Mir macht es nichts aus.« Kurzer Aussetzer verzögerte mein Eintreffen bei Lyne bis um 9:30. Um 8 zu Hause und selig, mein Bett zu sehen. Emotional erschöpft von B., Tränen, Frustration, Verzweiflung und doch irgendwie Hoffnung.

1951–1962

Zwischen den USA und Europa

1951

Kurz nach ihrem dreißigsten Geburtstag bricht Patricia Highsmith zu ihrer zweiten Europa-Reise auf, die mehr als zwei Jahre dauern wird. Anders als noch 1949 reist sie ohne festen Plan, besucht Freunde und berufliche Kontakte. Ihr Aufenthaltsort spiegelt sich auch in ihren Tagebucheinträgen, die ins Französische wechseln, wenn sie in Frankreich ist, und längere deutsche Passagen umfassen, sobald sie die deutsche Grenze passiert hat.

Es ist der Vorschuss von Harper & Brothers für *Zwei Fremde im Zug,* der ihr den Flug und das ruhelose Mäandern ermöglicht. Doch schon bald erwacht Highsmiths immerwährende Furcht vor Geldnot aufs Neue, und sie beginnt, Reiseberichte, Kurzgeschichten und Hörspiele zu schreiben und sie von unterwegs an Verlage, Magazine und Radiosender zu schicken.

Die Reise beginnt in Paris, wo sie Zeit mit der Korrespondentin des *New Yorker,* Janet Flanner, deren Geliebten, Natalia Danesi Murray (Verlagsleiterin der neuen New Yorker Niederlassung von Arnoldo Mondadori editore) verbringt, sowie mit der legendären Jenny Bradley, die nun ihre Literaturagentin für Europa wird. Von Paris fliegt sie weiter nach London. Dort hat Dennis Cohens Cresset Press eben die englische Ausgabe von *Zwei Fremde im Zug* veröffentlicht. Es ist das erste Wiedersehen von Highsmith mit seiner Frau Kathryn seit der leidenschaftlichen Affäre der beiden 1949, und sie fiebert ihm entsprechend gespannt entgegen; doch nichts verläuft wie erhofft. Kathryn ist kühl, fast feindselig; als Highsmith ihr das Manuskript von *Salz und sein Preis* zu lesen gibt, das unter anderem von der gemeinsamen Affäre inspiriert ist, zeigt sie sich wenig beeindruckt und empfiehlt es ihrem Mann nicht zur Publikation.

Patricia Highsmith findet keinen Schlaf, arbeitet und überarbeitet wie besessen ihren Roman und gebiert bereits die Idee für ein nächstes Buch mit dem vielsagenden Titel *The Sleepless Night* (später *The Traffic of Jacob's Ladder*), das diesmal von der engen Beziehung zweier Männer – Gerald und Oscar – handelt, von denen der eine nach Korea, vermutlich in den sich dort bis 1953 hinziehenden Krieg, geschickt werden soll (einer der seltenen historisch-politischen Bezüge in Highsmiths Werk). Das Manuskript ist bis auf die letzten Seiten verschollen, auf denen sich der reiche Oscar umbringt und Gerald sein Alleinerbe wird.

Überstürzt reist die enttäuschte und empfindlich in ihren eigenen Zweifeln getroffene Patricia Highsmith von London zurück nach Frankreich und von dort nach Italien, wo sie in Venedig Peggy Guggenheim und Somerset Maugham trifft, und zuletzt über Innsbruck nach Deutschland. Dort erreicht sie von ihrer New Yorker Literaturagentin Margot Johnson die Nachricht, dass Harper & Brothers *Salz und sein Preis* nun doch nicht veröffentlichen wolle wie geplant – doch nur drei Wochen später beißt der junge, auf Kriminalromane spezialisierte New Yorker Verlag Coward-McCann an und rettet das Projekt. So viele Schwierigkeiten Patricia Highsmith mit ihrem zweiten Roman hat, so erfolgreich ist ihr Debüt: Die Verfilmung von *Zwei Fremde im Zug* durch Alfred Hitchcock läuft im Juli in den US-Kinos an, die Buchvorlage wird für den renommierten Edgar-Allan-Poe-Preis nominiert.

In München trifft Patricia Highsmith den jüdischen Schriftsteller Wolfgang Hildesheimer wieder, der sich in sie verliebt und mit dem sie viel Zeit am Starnberger See verbringt, und der sie in ihrem gebrauchten BMW mit den roten Ledersitzen nach Mannheim, Frankfurt und in den Odenwald fährt. Ebenfalls in München ist ihre alte New Yorker Freundin Jo P., über die Highsmith Ellen Blumenthal Hill wiederbegegnet, einer sechs Jahre älteren Soziologin, die in

München für die UNO arbeitet. Ellen wird Patricia Highsmiths neue große Liebe – mit starker Anziehung und starken Fliehkräften.

Wohin Patricia Highsmith in Europa auch fährt, kaum ein Wort von dem, was allgegenwärtig gewesen sein muss: zerstörte Städte, kriegsversehrte Menschen, Rationierungen und Wiederaufbau. In ihren Tage- und Notizbüchern kreist sie ausschließlich um sich selbst, die »Schlachtfelder« ihres Lebens und Schreibens.

* * *

6. JANUAR 1951 War so beschäftigt mit dem Buch. Selbst jetzt muss ich es noch überarbeiten, und jede 24 Stunden zählen, damit ich mich Ende Januar nach Europa flüchten kann. Oh, ich schreibe an einem Buch mit einem glücklichen Ende, aber was geschieht, wenn ich auf die richtige Person treffe? Wenn ich von Europa zurückkomme – und ich denke nicht, dass ich jemals ganz dort leben will –, will ich ein Haus mit einer Frau, die ich liebe.

23. JANUAR 1951 Margot berichtet von Harper, dass Joan K. das Buch absolut faszinierend fand. Enthusiastischer als sonst. Will es wieder lesen & Vorschläge für kleinere Korrekturen machen.

25. JANUAR 1951 Am Nachmittag bei Drinks Beratung mit Margot, Red, E. Hume über Pseudonym. Vielleicht Claire Morgan.[1] Deshalb verspätet für Kay, die *en bas* wartete – beschämend. Muss das mit Kay beenden. Nicht nur, dass es unerfreuliche – grauenhafte – Nachwirkungen mit Margot nach meiner Abreise auslösen kann, sondern es ist nuttig von mir. Ich mache mir nichts aus ihr. Eher aus Sheila! Habe Lyne geschrieben, dass ich fliegen werde. Air France.

---

[1] Unter diesem Pseudonym wurde *Salz und sein Preis* dann tatsächlich veröffentlicht, erst 1990 erschien der Roman erstmals unter Patricia Highsmiths eigenem Namen.

27. JANUAR 1951 Ann S. brachte mein Buch [das Manuskript von *Salz und sein Preis*] mit enthusiastischem Lob zurück. Um so viel besser als das Erste. Selbst Nebenfiguren gut getroffen usw. Und was für eine Schande, dass mein Name nicht auf diesem stehen kann statt auf dem Ersten!

Heute Abend allein zu Hause. Aufgeregt: In sieben Tagen bin ich vielleicht fort. Und warte auch darauf, dass die kreativen Quellen den Brunnen füllen. Und, großer Gott, woher wird der rätselhafte und unbekannte Impuls nächstes Mal kommen? Wie von einem anderen Stern. Ein Meteor aus dem Weltall, der mein Herz so unsichtbar und so gewaltig erschüttern wird?

1. FEBRUAR 1951 Ich gab [Sheila] meine ältesten Levi's, sie kann sie bis zu meiner Rückkehr aus Europa behalten. Später schauten wir bei Margot vorbei, die uns auf einen Schlummertrunk eingeladen hatte. Es gibt keine reizendere *boîte* als bei Margot, in die man ein Mädchen nach dem Abendessen bringen kann. Wir schliefen dann zwei Stockwerke weiter oben in Dickies Apartment. Sheila hatte gesagt, sie hätte für die Nacht keinen Schlafplatz. Totaler Blödsinn, natürlich. Es gibt im Leben kein größeres Vergnügen als den Augenblick, wenn man unter der Dusche singt und im Zimmer nebenan ein wunderbares Mädchen im Bett auf einen wartet. Um 11 bei Joan Kahn, bei Harper. Sie hätte das MS gerne im März für das Herbstprogramm. Das wird eine Maloche in London.

2. FEBRUAR 1951 Mittagessen mit Stanley. Ship's Grill. Sprachen über den menschlichen Willen. Und über Mutters Verschrobenheiten. Heute Abend Bertha. Größtes Bemühen meinerseits – und erfolgreich –, dass sie einen schönen Abend und gutes Essen bekommt. B. behandelt mich mit der Verachtung, die sie sich selbst gegenüber dafür verspürt, mich überhaupt wahrgenommen zu haben. B. C. ist die Frau mit großartigen früheren Geliebten, denen niemand das Wasser reichen kann. B. hört Scarlatti und zuckt zu-

sammen – »Oh, das erinnert mich daran, was ich einmal war ...«
Sie küsst mich in einer leidenschaftlichen Parodie jener ersten und
einzigen Nacht.

4. FEBRUAR 1951 Koffer gepackt und den ganzen Tag die Wohnung
geputzt. Zum Abendessen um 6 Uhr mit Margot. Wollte heute
Abend Sheila sehen – die letzte Nacht –, aber sie musste lernen.
Betrank mich zu tränenreich mit Gin. Margot steckte mich ins Bett:
Müdigkeit, Enttäuschung. Oh, verdammt – S. war so beinahe voll-
kommen, aber wer ist in dem Moment da, wenn man sie braucht?

5. FEBRUAR 1951 Hektischer Aufbruch. Rosalind brachte Strümpfe,
die ich ihrer Mutter mitbringen soll. Ann S., Mutter & Stanley, der
wegen Rückenschmerzen nicht fahren konnte. Meine Augen sahen
furchtbar aus vom Weinen letzte Nacht. Plus leichter Kater. Meine
Mutter wie üblich zu nichts zu gebrauchen. Mein Gott, sie könnte
genauso wenig ein Auto fahren wie zum Beispiel fliegen. Margot
kommentierte die totale völlige Unterschiedlichkeit von ihr und
mir. Da kann irgendwas nicht stimmen, sagte sie. Die Gedanken
meiner Mutter springen innerhalb von zwei Minuten zu fünf verschiedenen Dingen. Und zwischen uns herrscht offene Feindseligkeit. Flog um 12 Uhr mittags vom International Airport nach Paris
ab, Direktflug, 6 km Höhe – 11 Stunden Flugzeit. In Paris kam ich
um 5:15 morgens an. Lyne hatte mich erst um 9 erwartet.

6. 2. 1951 5:15 morgens. Wir nähern uns langsam Paris, schweben
fast über der Stadt in der stockfinsteren Dunkelheit. Über den
grauen Flügel halte ich Ausschau nach ersten Lichtern unten, aber
es dauert Minuten um Minuten, bis sie schließlich – zwei, dann vier,
dann sieben – zu sehen sind. Und plötzlich ein Lichtermeer, eine
lange Reihe Lichter, die Landebahn von Orly. Das Flugzeug setzt
sanfter auf der Landebahn auf als bei den verschiedenen Luftsprün-
gen unterwegs, als ob nichts dabei wäre, in Frankreich zu landen.

Der Bus nach Paris rattert und rumpelt, und es sitzen nur vier von uns darin. Als wir die Straßen der Stadt erreichen, sehe ich links und rechts Vignetten erleuchteter Café-Fenster. Es ist sechs Uhr morgens. Eine Frau wischt einen Tisch ab, ein Arbeiter trinkt an der Theke seinen Kaffee. Eine andere Bar mit bunten Lichtern schließt gerade. Die Atmosphäre ist so ganz und gar Paris, alles, was man immer von Paris gedacht hat, dass es einem die Kehle zuschnürt. Wo sonst gibt es Lichter wie diese – weich und verschwommen in dem schwarzen Gebäude, besonders weich das Gelb, wie das unverwechselbare Gelb eines bestimmten Malers. Der Bus saust über Kreuzungen, über eine Brücke. Ein radelnder Arbeiter biegt von einer Straße auf unsere ein. Wir halten an einem großen Bahnhof, wo sich nur eine Handvoll Personen befindet. Ich gehe mir einen Kaffee holen und kann eine Camel gegen eine Gauloise Bleu eintauschen. Dann fühle ich mich ganz zu Hause, als ich an der Theke *Le Matin* lese. Es ist zu früh, meine Freundin anzurufen, aber um Viertel vor sieben kann ich nicht länger warten. Es ist nicht das fröhliche Willkommen, das ich erwartet hatte. Das Flugzeug landete vier Stunden zu früh. Ankommen in Paris ist nie besonders glamourös.

Der Louvre: Zweiter Tag. Es ist ziemlich kühl, und der Anblick der Nike von Samothrake schickt mir erneut einen Schauer den Rücken hinunter. Unmittelbar vor der Mona Lisa kommt warme Luft aus einem Lüftungsschacht im Boden, aber um das Gemälde schart sich auch eine Gruppe mit Führung, die eindeutig beabsichtigt, eine Stunde lang dort zu bleiben.

Europa lehrt einen Amerikaner unendliche Geduld. Irgendetwas ist immer schmutzig, von dem er erwartet hatte, es sei sauber. Er wandert Häuserblocks entlang zu einem Museum, und es hat zu. Er beeilt sich mit dem Abendessen, um rechtzeitig im Theater zu sein, und stellt fest, dass die Franzosen und die französischen Schauspieler ganz ungeniert eine halbe Stunde zu spät kommen. Man muss entweder in die Luft gehen oder unendliche Geduld entwickeln.

7. FEBRUAR 1951 Gestern Abend rief ich Kathryn an. Sie und D. [Dennis] spielten Kanasta – K. hatte schon 2 £ gewonnen. Sie klang wunderbar, was ich ihr auch sagte. Sprach für annähernd *deux mille*[2] mit K. Gestern Abend auch noch Cocktails & Abendessen mit Natalia M. [Natalia Danesi Murray] & Janet Flanner, mit denen Lyne & ich uns im Hôtel Continental trafen – einem sehr wenig einladenden Ort, ein wenig wie das Plaza. Aßen bei Ruk's zu Mittag, einem guten Restaurant in der Nähe von *Jardin des Modes*[3], wo die Vogels[4] arbeiten. Ruth Yorck ist zurzeit in Deutschland.

8. FEBRUAR 1951 Die Erschöpfung holt mich ein. Regen. War um 6 mit Mme Bradley[5] verabredet und wanderte, wie es mir vorkam, endlose Kilometer zum Quai de Béthune. Sie ist sehr herzlich, etwas taub, gab mir Ivory-Seife und einen Waschlappen, zwei kostbare Geschenke, für die ich ihr hier sehr dankbar bin.

10. FEBRUAR 1951 Heute Abend mit Lyne Carolle's besucht, pseudo-lesbischer Nachtclub hinter den Champs-Élysées, der laut L. eins der Lieblingslokale von Peggy Fears war. Sah das Ende der Balenciaga-Show. Hübsche Fräulein in unglaublichen Abendkleidern. Lyne muss Kleider für 350 000 Franc kaufen – meistens zwei – zu keinem anderen Zweck als aus Höflichkeit, die sie dann jemandem schenkt, die sie in Amerika tragen kann.

---

2 1 USD war 1950 ca. 400 Franc wert.
3 Eine monatliche Zeitschrift, mitbegründet von Lucien Vogel.
4 Lucien Vogel und seine Ehefrau Cosette hatten 1928 die Zeitschrift *Vu* gegründet, deren Bildteil berühmte Fotografen beisteuerten und die als Erste in Frankreich von Konzentrationslagern der Nazis berichtete.
5 Jenny Bradley (1886–1993), international hochangesehene Literaturagentin. Mit ihrem Ehemann, dem Schriftsteller William Bradley, diente sie in der Zwischenkriegszeit als Verbindung zwischen der Pariser und der New Yorker Literaturszene. Ihr Zuhause auf der Ile Saint-Louis war ein literarischer Salon mit Gästen wie Gertrude Stein, F. Scott Fitzgerald und dem mittellosen James Joyce, dem Bradley finanziell unter die Arme griff und sogar seinen Schreibtisch kaufte.

12. FEBRUAR 1951 Traf mich mit Mr. Keogh im Deux Magots. Er wusste nicht, dass ich seine Frau[6] kannte, und musste sie holen. Ich gab die Besprechungen von *Double Door* weiter, die ihr völlig gleichgültig schienen – zu Recht, und sie hat zwei Bücher geschrieben und ein drittes fast fertig. Er arbeitet für die Pariser *Vogue*.

14. FEBRUAR 1951 Von Lyne herumgeschleppt, um Leute in letzter Minute zu treffen. Mittagessen mit Germaine[7] in St. Cloud. Sie ist immer noch genauso verrückt wie früher, und es ist eine Freude, sie zu sehen. Lyne den ganzen Nachmittag wie eine Irre umhergehetzt – und mich gehetzt. Du lieber Himmel, verstehe wirklich nicht, wie sie das in ihrem Alter aushalten kann, aber natürlich trinkt sie nicht. In wenigen Stunden werde ich Kathryn sehen nach mehr als einem Jahr des Wartens.

In Northolt[8] zwei Journalisten begegnet. Sie haben ein paar Fotos gemacht, *Zwei Fremde* usw. Dann Kensington, wo ich Kathryn besuchte. K. kommt mir dünner vor, obwohl sie sagt, es sei nur im Gesicht. Ich kann sehen, dass sie alles andere ist als die strahlende, lächelnde Frau, der ich in Neapel zum Abschied zugewunken habe. Und ich kann voraussehen, dass diese Reise wohl kaum den Erfolg haben wird, sie aufzuheitern. Ich bin nicht nach London gekommen, um unsere Beziehung wiederaufzunehmen, jedenfalls nicht in ihrem Haus: Es ist K.s innere Freudlosigkeit, die mich verletzt.

16. FEBRUAR 1951 Die Atmosphäre ist so eine Erleichterung nach Paris. Nur dass es regnet, regnet, regnet.

18. FEBRUAR 1951 Heute Nachmittag mit K. [Kathryn] und D. [Dennis] das Victoria-und-Albert-Museum besucht. Aber vor Fie-

---

6 Theodora Roosevelt Keogh, Tänzerin und Enkelin Franklin Delano Roosevelts, deren Debütroman *Meg* Highsmith 1950 begeistert rezensierte.
7 Germaine Beaumont erhielt als erste Frau den angesehenen Prix Renaudot für ihren ersten Roman *Piège*, inspiriert von Colette und Virginia Woolf (deren Tagebücher sie übersetzte).
8 Londoner Flughafen der R. A. F., der bis zur Eröffnung von Heathrow zivil genutzt wurde.

ber gefröstelt. Das riesige Bett, mehr als genug, um bei jedem empfindsamen jungen Sprössling psychische Impotenz auszulösen, wenn er zu seiner Geschichte in heraldischen Basreliefs auf dem Betthimmel aufsieht. Zurück ins Bett. Bin jetzt krank, 39,5 Fieber.

19. FEBRUAR 1951 Tag im Bett. Sehr nötig und dankbar und schwelgerisch genossen. Margot & Kay G. haben mir eine Stelle aus D. Kilgallens Kolumne über die »New Yorker Berühmtheiten« geschickt, die sehr besorgt seien, weil sie bald im Roman der Thriller-Autorin P. H. unter Pseudonym auftauchen könnten – und meine Mutter hat sie in Gänze zitiert. Dämlich und unrichtig, sagt M. J. Weiß nicht, wer die Quelle ist.[9] André Gide starb letzte Nacht in Paris. Erst vor wenigen Tagen sagte Lyne, ich solle an meinem Französisch arbeiten, damit ich nicht wie eine Idiotin klänge, wenn ich ihn kennenlernte – wie leid mir das tut.

24. FEBRUAR 1951 Die Tage gehen faul vorbei. Idee für meinen nächsten Roman nimmt Gestalt an – letzten Freitag nachts geboren, als ich nicht schlafen konnte. *The Sleepless Night.*[10] Ein dritter dekadenter Roman vielleicht, aber ich wäre noch viel dekadenter, blind, wenn diese Dinge mich nicht beschäftigen würden. Ich habe den Faden, an dem ich alle Figuren des 20. Jahrhunderts auffädeln kann, aber noch nicht die elektrische Kraft, sie bewegen zu können. Diesmal wird es dazu kommen.

---

9   Es gab früh Gerüchte, Highsmith habe unter Pseudonym einen lesbischen Liebesroman geschrieben. Als sie 1959 ihre Liebhaberin Marijane Meaker kennenlernte, war es dieser zufolge bereits ein offenes Geheimnis. »Eine gutaussehende dunkelhaarige Frau im Trenchcoat stand an der Bar und trank Gin, und rundum wurde getuschelt: Das ist Claire Morgan! [...] Die Anerkennung, die Highsmith im L's bekam, galt ihrem Roman *Salz und sein Preis* [...]. Über Jahre hinweg war *[Salz und sein Preis]* der einzige Lesbenroman mit glücklichem Ausgang. Es stand in jeder Lesbenwohnung im Regal, neben Klassikern wie *The Well of Loneliness* von Radclyffe Hall oder *We, Too, Are Drifting* von Gale Wilhelm [...].« (Marijane Meaker, *Meine Jahre mit Pat. Erinnerungen an Patricia Highsmith.* Aus dem Amerikanischen von Manfred Allié (Diogenes, 2005), S. 9 f.
10 Highsmith änderte den Titel später in *The Traffic of Jacob's Ladder,* der Roman wurde aber nicht veröffentlicht und ist größtenteils nicht erhalten.

25. FEBRUAR 1951 Werde deprimiert, denn K. hat mein Buch heute zu Ende gelesen, und ich glaube nicht, dass es ihr gefällt. Also, ich glaube, es gefällt ihr nicht genug, dass sie es Dennis empfehlen wird wie das Buch davor. Sie sagt, es hätten mich schon zu viele Leute beeinflusst, weshalb sie nichts mehr dazu sagen will. Zum Stil kein Kommentar. »Na ja – als Arbeit – nein –« (Als ich sie gefragt habe, ob es ihr so gut gefallen habe wie das erste.) Vielleicht ist ihr das ganze Thema unangenehm. Vielleicht hält sie es für viel Lärm um nichts. Bin gespannt auf D. C.s Meinung, wollte es aber vorher perfekt haben. Sie sind heute Abend ausgegangen. Muss gestehen, dass ich deprimiert bin. Ich habe das Gefühl, ich bin bei K. durchgefallen – als Mensch, als Schriftstellerin.

28. FEBRUAR 1951 Maria[11] getroffen, aßen schließlich im Hungarian Czarda. Wir fuhren mit dem Bus von der King's Road nach Piccadilly, gingen noch auf einen letzten Drink in ein Pub. Dann riefen wir B. Belmore an und holten sie am His Majesty's ab. Sie nahm uns in die Bar im Souterrain mit, die wir neulich nicht gefunden hatten. Habe Maria den ganzen Abend geliebt. Wir setzten B. mit dem Taxi ab, Maria lud mich auf einen Kaffee ein, und dann blieb ich natürlich über Nacht, was ganz wunderbar war. Ich glaube, sie hat mich gern, ein kleines bisschen, nicht mehr, als unter den Umständen ratsam, nämlich dass sie hier lebt und ich auf der anderen Seite des Ozeans.

1. MÄRZ 1951 Zu Hause um 10:30, und ich glaube nicht, dass K. gemerkt hat, dass ich über Nacht weg war, weiß es aber nicht. Unsere Beziehung ist jetzt so distanziert (wie viel näher war ich ihr manchmal in Amerika, wenn ich ihr schrieb!), dass es mir egal ist, ob sie weiß, dass ich die Nacht mit Maria verbracht habe oder nicht. Von einer Hazel Rogers um 11:30 hier interviewt. Trug Levi's, wieder

---

11 Eine frühere Geliebte von Rosalind Constable.

über Yaddo geredet. Worüber würde ich nur reden, wenn Yaddo nicht wäre? Öde. Aber Dennis sagt, er habe 1500 Bücher im Handel untergebracht, was gut ist und sich dem Geplapper in der Presse verdankt. Die Erstauflage von Cresset beträgt 3000. Ein Nachdruck müssten dann noch einmal 3000 sein und wäre finanziell ein Risiko. Der Papiermangel hier ist auch ein ernsthafter Nachteil.

2. MÄRZ 1951 Habe gearbeitet. Und mit Maria zu Abend gegessen. Maria ist etwas, worauf man sich um 7 Uhr abends freuen kann, und das habe ich ihr auch gesagt. Wir hatten eine herrliche Nacht – ein Bad und eine Wärmflasche und dieses Glücksgefühl, das mit nichts zu vergleichen ist. »Verlass mich nie«, sagte Maria und umarmte mich dabei, bevor wir uns auszogen. »Wenn ich das jemals zu jemandem sagen würde, was ich nicht tun würde, dann würde ich es zu dir sagen, verlass mich nie.« Ich erinnere mich nicht genau, und das ist das Leben und so ist das – das, was mir mehr bedeutet als alles andere, was ich in London gehört habe. Bin ich deshalb neurotisch? Wir haben uns auch am Morgen geliebt.

4. MÄRZ 1951 Bin fast einmal »durch« mit dem Buch. Abendessen im Savoy. Zu teuer. Schlechtes Gewissen & Schuldgefühle. K. lächelt selten, nur freundlich, wenn unbedingt nötig. Vertrag von Harper [für *Salz und sein Preis*] kam gestern, & ich habe unterschrieben. 750 $.

7. MÄRZ 1951 Die Tage gleiten langsam dahin, und ich bin nicht in der besten Form zum Schreiben, Mittagessen mit Raimund von Hofmannsthal, der meiner Stimmung immer guttut, meiner Seele. Rät mir dazu, in England zu leben. Bzw. stimmt mir zu. Reizendes zweistöckiges Haus, gute Martinis & gutes Abendessen mit französischem Wein. Und eine Ehefrau und Bücher und eine siamesische Katze. Ich war angenehm bedusselt und träumte davon, all das selbst zu haben.

12. MÄRZ 1951 Zur Abwechslung ein wunderbarer Tag. Lud Maria zum Abendessen ins Pheasantry[12] ein. Sie war müde, trug keinen Mantel über ihrem Kleid, ich vermute, sie hat nur das Plaid-Tuch. Maria sagte, ich sei zu jung für sie und sie würde nie mit einer Frau zusammenleben. Ich habe sie nur gefragt, was sie davon hielte, wenn ich mir eine Wohnung in London suchen würde. Natürlich würde ich gerne mit ihr zusammenleben. Aber ich würde sie nicht festnageln wollen. »Ich käme ja mit dir nach Amerika, aber lieber nicht wegen Rosalind.« Als wir am nächsten Morgen nach den köstlichsten Augenblicken im Bett lagen, sagte ich: »Weißt du, was du gestern Nacht gesagt hast?« – »Mhm«, sagte sie, als wüsste sie genau, was ich meinte, und das tat sie auch, »würde ich auch.« So bringt man die Nacht in den Tag. So bringt man das Paradies in den Alltag. Dafür liebte ich sie.

13. MÄRZ 1951 Sobald man im Zug sitzt – in diesem Zug –, verschwindet die Anspannung. Ich werde zu niemand, und die Phantasie strömt in alle Richtungen. Alles ist herrlich. Ich bin allein und niemand und ich selbst. Erreichten Salisbury um 5. Es ist nicht weit zu Fuß vom Bahnhof zur Kathedrale, die Stadt ist so klein. Ein wunderschönes und stilles und jungfräuliches Kloster – oder eine Umfriedung vor der Kathedrale, die grün und bräunlich und vom Alter gezeichnet ist – über alle Vorstellungskraft hinaus. Die Grabmäler der Ritter aus dem 11. Jahrhundert sind großartige Bildhauerarbeit, sie liegen auf dem Rücken, schlafend, edle Ritter mit einer einfachen Grabplatte und einem Schlitz für Stirn und Augen. Ich war tief beeindruckt, bewunderte sie aus ganzem Herzen. Als ich die Kirche besichtigte, versammelten sich gerade die Chorknaben, aber ich blieb nicht lange, trotz ihres Gesangs. Etwas Himmlisches in meinen Ohren, das aus dem Kirchenschiff aufstieg. Als ich nach draußen kam, regnete es natürlich, und ich machte mich auf den Weg in

---

12 Ein Szenerestaurant der Londoner Boheme, damals v. a. bei Schauspielern und Künstlern wie z. B. Humphrey Bogart, Dylan Thomas und Francis Bacon sehr beliebt.

Richtung Bahnhof. Ging in einen Kleiderladen für Jungs und kaufte einen schwarzweiß gemusterten Wollschal für 11/6. Danach flitzte ich zum Bahnhof.

16. MÄRZ 1951 Musste schlagartig um 7:20 nach Paris fliegen – Kensington. Das französische Mädchen, mit dem ich gestern sprach, sagte, ich hätte genug Zeit, das Ticket vor 5 Uhr heute abzuholen – aber nein. Musste also abreisen, ohne mich von Kathryn zu verabschieden.

Manchmal, wenn ich niedergeschlagen bin, frage ich mich, wie ich dieses einsame Herumziehen in Europa überleben soll. Aber so geht es mir nur heute Abend – verbunden mit einer Sachlichkeit, die nur bedeutet, dass ich langsam älter werde: schließlich meine dritte Ankunft in Paris. Ich bin es gewohnt.

19. MÄRZ 1951 Plötzlich Ruhe mitten im Chaos. Ich fühle mich besser, so viel besser geistig, seit ich London verlassen habe. Wie deprimiert & gehemmt ich dort war.

25. MÄRZ 1951 Ruhige Arbeit. Brachte meine Geschichte in Janet F.s Hotel vorbei – alle verreist dieses Wochenende. Und fühle mich sehr zufrieden & den meisten Amerikanern hier überlegen.

27. MÄRZ 1951 Briefe von Rolf, Kathryn, Natalia (sehr herzlich) & Ann S. – N. M. freut sich auf meinen Besuch in Rom, sagt, Vertrag mit Bompiani sei eingefädelt. Brief von Kathryn: »Ich werde immer bedauern, dass dein Besuch hier von so viel Traurigkeit überschattet wurde. Früher war dieses Haus ein Ort, an den man gerne kam ...« Es machte mich traurig – es ist ein schrecklicher Riss – und das kann man nicht ändern.

28. MÄRZ 1951 Mit Louis Stettner[13], Fotograf, Langweiler, 28 Jahre alt, zur Place Pigalle gelaufen. In einer Galerie eine Flasche Champagner gekippt. Erholung & Bewegung, der Spaziergang, und dieser Tage bedeutet mir nichts, als nur mein Buch so gut wie möglich fertigzubringen.

31. MÄRZ 1951 Wieder Arbeit. Gestern sehr nervös (diese *klaxons*!). Gingen am Abend zur Montagne Ste. Geneviève. Tanzte mit N. [Natica] & [ihrer Freundin] M. [Maria] & wir spielten Kussspiele mit Telefonbuchseiten. Sehr nett und erregend ohne Folgen. Maria ist eine bezaubernde *ivrogne*.

3.4.1951 Das Angenehme fremder Länder eignet sich wie das übliche Schmerzmittel des Eskapismus besonders gut fürs alkoholische Gemüt. Man sehe E. A. Man sehe mich selbst, zufrieden in einem Pariser Hotelzimmer, wo ich jetzt seit zwei Wochen glücklich arbeite. Mit einem Einkommen, das innere (äußere!) Sicherheit garantiert, wie könnte das Leben schöner sein? Ständige Flucht plus Wechsel von Freunden plus Anschein eines produktiven und sogar abenteuerlichen Lebens und dann die Unnahbarkeit: Wer uns nicht kennt, wird nie wirklich wissen, wie gut oder schlecht es uns tatsächlich geht. Und das nomadische Element reicht natürlich aus, um der inhärenten Rastlosigkeit und Panik dieser Zeit Genüge zu tun.

5. APRIL 1951 ^F Verabredung mit Jeannot abgesagt, weil ich mit N. und M. ins Sides wollte. Danach liefen wir (M. & N. & ich) die Straße entlang und sangen. Zuletzt nach Montmartre, in ein Bistro, in dem Natica die Prostituierten zu Zwiebelsuppe einlud. Und Jeannot? Ich schäme mich.^FF

---

13 Louis Stettner (1922–2016), amerikanischer Fotograf, der für seine Bilder des alltäglichen Lebens in New York und Paris, Porträts und Architekturbilder bekannt wurde.

7. APRIL 1951 ᶠSo gut wie krank – vom Reisen, jeder Art zu reisen, bekomme ich Verstopfung oder Durchfall, Fußschmerzen, Kopfschmerzen. (Meine Augen sind immer geschwollen.) Ich bin müde. Und schmutzig. Und man muss immer höflich bleiben, was mir schwerfällt.ᶠᶠ

8. APRIL 1951 In denkbar schlechter körperlicher Verfassung. Zu viel gegessen, und was kann man tun? Ach, könnte ich die Felsen entlanglaufen, mit mittags nur einem Pfirsich und einem Glas Milch! Ich kann Ludwig XIV. nicht ausstehen.

8. APRIL 1951 Lyon – Frühstück von einer entzückenden alten Dame serviert, höchst anmutig auf die reizende französische Art, die ein Tourist nie erlebt. Alles elegant, nichts praktisch, die Serviette unter der ᶠUntertasseᶠᶠ, und nur die Knie, auf die man sie legt. Erwischte den Zug um 2:40 nach Marseille. Lily wartete am Bahnhof. Wie lieb sie ist. Jeannot kam nicht mit (ich glaube, er ist ein bisschen sauer). Das Haus überwältigt einen mit dem alten Geruch von *famille* – gutgepflegtes Anwesen, aber wahnsinnig kitschig.

17. APRIL 1951 Zwei Stunden Schlaf & ich erwische den Zug um 6:05 von Marseille. Wunderbar, durch Cannes zu fahren, Juan-les-Pins, Nizza. In Rom um 11:30, Mitternacht & Natalia [Danesi Murray], um mich abzuholen. Wie lieb von ihr!! Wir hatten Kaffee usw. Dann habe ich mich im Mediterraneo in der Nähe vom Bahnhof schlafen gelegt.

18. APRIL 1951 [Rom.] Mittagessen mit Natalia *chez elle*. Herrlicher Morgen. Hin & wieder kann ich überschwenglich leben, überschwenglich sein, ohne Grund und nur für mich selbst. Dann bin ich glücklich oder zumindest glücklicher als sonst.

19. APRIL 1951 Prinzessin Elisabeth & Philip wieder in der Stadt und heute Abend auf der anderen Straßenseite. Verkehrsstau & alle wütend & verwirrt. Überlege, ein paar Texte als Reisetagebuch für [Fort Worth] *Star-Telegram* zu schreiben, wenn sie wollen. Neuigkeiten aus Amerika: *Fremde* für Edgar Award[14] nominiert, der am 27. April verliehen wird. Zusammen mit 5 anderen Büchern von Männern. Keats- & Shelley-Gedenkzimmer neben der Piazza di Spagna besucht. Wirklich sehr berührend. Bewog mich, ein Gedicht über Keats' Tod zu schreiben.

22. APRIL 1951 Früh auf den Beinen, um nicht zu spät zu sein für Natalia Murray. Wir fuhren nach Neapel und erwischten das 4:30-Schiff nach Capri. Das Schiff ist neu, aber wie mich alles an Kathryn erinnert! Wie viel wir in diesen 24 Stunden untergebracht hatten! Schwimmen, Martinis auf der *piazza,* die Grotta Azzurra – und all die zahllosen Szenerien, die an diese Augenblicke erinnern!

25. APRIL 1951 Zurück in Rom. Habe noch nicht die Entspannung gefunden, die ich brauche. Zeit zum Nachdenken. Meine Route werde ich später planen.

28. APRIL 1951 Brief von Margot. Habe den Edgar nicht gewonnen, teilt mir ein beigelegtes Schreiben aus dem Sekretariat der Mystery Writers mit. Sondern *Kidnapper in Manhattan* [von Thomas Walsh]. Margot schreibt, dass Harper das Buch *[Salz und sein Preis]* geschoben hat, was mich etwas besorgt stimmt. Janet [Flanner] heute Nachmittag abgereist. Was für ein Schmock bin ich im Vergleich zu ihr – und entsprechend meiner verdrehten Natur bin ich sofort besser (in jeder Hinsicht offener), sobald sie weg ist, obwohl ich doch nur wollte, dass sie mich mag, natürlich (nicht, dass es mir emotional etwas bedeuten würde), solange sie hier war!

---

14 Der renommierte Edgar Allan Poe Award, auch bekannt unter dem Namen Mystery Writers of America Award.

30.4.1951 Römische Straßen: die gutaussehenden großen Männer, zwei Kavalleristen, die in schönen schwarzen Stiefeln, fuchsia- oder purpurfarben gestreiften Hosen, Doppelstreifen und mit Reitgerten vorbeischlendern. Und die arme fast barfüßige Frau, die mit ihrem Baby in einem löchrigen Schal vorbeihuscht. Das ist ein Land der Männer. Römische Hotels: die merkwürdigen Homo sapiens, die sich in Hotels an unbegleitete Frauen heranschmeißen, weinerliche Halbdegenerierte aus guter Familie. Rundliche weiche Hände, sein Gesicht oval, länglich und dicklich, weiche braune Augen. Gewohnheitsgrabscher. Lässt nicht locker, wenn er einen um 1 Uhr nachts nach Hause mitnehmen will. »Nur für eine halbe Stunde –« na, klar doch. Und er hat einen anderen pummeligen Junggesellen dabei. Flüchtig: der einsame, ernste, von Minderwertigkeitsgefühlen geplagte Fotograf. Cesare, der sich in Gesellschaft anderer in fünf Sekunden unsichtbar machen kann. Klein, schüchtern, schütteres Haar, in Wirklichkeit ein echtes Goldstück und ein guter Fotograf. Rom bei Nacht: Mondlicht auf der grauweißen Seite eines Kirchturms. Leuchtend, mit nichts anderem zu vergleichen. Sie ist ganz bei sich, so eine römische Kirche im Mondlicht.

30.4.1951 Wenn der Intellekt mit dem Herzen in Einklang ist, dann sollte man frühmorgens das Bett verlassen und schreiben (erschaffen), mit den nächtlichen Träumen noch im Kopf wie Rauchgirlanden, bevor man sie allesamt durch das erste Wort zu einem anderen Menschen zerstreut hat.

2. MAI 1951 Ging allein nach Tivoli. Villa d'Este, die mir weniger gut gefallen hat als Hadrians Villa. Traf einen netten Junggesellen, dessen Ehrgeiz es ist, eine Ranch in Texas zu besitzen. Morgen fliegt er für eine Woche in die USA, leider – die Art von Mann, den ich heiraten würde, falls ich es je tue: ein normaler Junggeselle, 45 Jahre alt, technisch intelligent, aber keine romantische Ader, ein echter Amerikaner.

4.5.1951 Rom: Die kürzeste Entfernung zwischen zwei Punkten ist nie eine gerade Linie. Immer ein Bogen. So sind in Rom die Straßen beschaffen, die Statuen beschaffen: Das ist der römische Charakter. Oder eher der italienische Charakter.

5. MAI 1951 Brief von Mutter, die schreibt, dass sie vor Stolz auf mich platzt. Ich sehe sie vor mir in Florida unter all den geschwätzigen Hennen, denen sie den großen, doppelseitigen Artikel über *Zwei Fremde* zeigt mit meinem Foto und dem Drehbuch des Films, das gerade in einer Filmzeitschrift erschienen ist. Sie ist dumm genug zu sagen: »Pass auf Dich auf – Du gehörst nicht nur Dir allein, wie Du weißt.« Aber ich habe ihr heute Abend geschrieben. Und ihr einen Scheck geschickt – nachdem diese verdammte Versicherungsgeschichte wieder aufgetaucht ist.

5.5.1951 Wie oft kann das Herz sich erneuern? Sechsmal, siebenmal, achtmal? Zwanzigmal? In dreißig Jahren war ich fünf oder sechs verschiedene Personen. Das ist ein mentaler Prozess, der Geist hat ein Alter wie der Körper. Die Lebensspanne des Geistes umfasst etwa tausend Jahre. Das Herz lebt von Hoffnung und Zuversicht. Melancholie und Verzweiflung sind sein Tod. Aber man muss im Herzen völlig sterben, um wiedergeboren zu werden.

5.5.1951 In jeder Sprache werden Fragen anders betont. Italiener, Engländer, New Yorker, Texaner. Deutsche habe ich noch nie normal sprechen hören, aber ich stelle mir ihre Fragen wie Feststellungen vor.

6.5.1951 Ein beiläufiger Gedanke in Rom: Ich habe in meinen dreißig Jahren viel erlebt. In Amerika dachte ich noch vor einem Monat, ich hätte es nicht. Ich war unendlich glücklich und unglücklich und bin viel gereist und habe einiges geleistet. Alles in allem finde ich nicht, dass das Schicksal geizt.

6. MAI 1951 Glücklich in der Sonne gearbeitet. Habe mich mit Sybille Bedford[15] und ihrer sanftgesichtigen Freundin verabredet, Evelyn Keyes, glaube ich. Es hätte nett sein können, obwohl Sybille schwierig ist *(veddy British),* aber Tommy, Peter Tompkins[16], kam samt englischer Ehefrau vorbei. Nur Ed Androvik war normal, kam zufällig vorbei. Wir wollen am Mittwoch zusammen nach Florenz fahren.

7. MAI 1951 Natalias Mutter Ester Danesi[17] hat endlich den Bompiani-Vertrag [für *Zwei Fremde im Zug*]! Bin fertig damit, meine Geschichte fertigzustellen. Mein Gott, ich kann schreiben, aber wenn ich fertig bin, brauche ich einen Lektor! Heute Abend mit Grant & der schönen Deirdre. Marguttta Tavern. Wir tranken Unmengen Wein, & ich schenkte ihr meine Vallauris-Halskette. Und hätte es bei ihr versuchen können, ich weiß, habe es aber nicht. Habe stattdessen Grant mit nach Hause genommen. Besser als erwartet, aber am Morgen fühle ich mich unwohl und beschämt & komme mir unnatürlich vor.

10. MAI 1951 Nach Florenz gefahren. Im Regen angekommen. Zimmer im Hotel Berchielli – klein, kein warmes Wasser, aber ich bin recht zufrieden. In Florenz bin ich ganz allein.

12. MAI 1951 [Florenz.] Den Abendzug nach Venedig genommen.

13. MAI 1951 [Venedig.] Mein Zimmer hat einen herrlichen Blick. Ich habe eine Zeichnung davon gemacht.
Lui Salm reagiert nicht auf mein Klingeln.

---

15 Sybille Bedford (1911–2006), deutsch-englische Schriftstellerin und Journalistin.
16 Möglicherweise Peter Tompkins (1919–2007), amerikanischer Journalist, Bestsellerautor und vormaliger Undercoveragent im Zweiten Weltkrieg in Italien.
17 Ester Danesi arbeitete als Übersetzerin und übersetzte u. a. *Zwei Fremde im Zug* für Bompiani.

15. MAI 1951 Endlich rief Lui an. War entzückt, die beiden zu sehen. Ruth Yorck lud mich ein, bei Lui zu schlafen. Sie hat eine Katze. Wie herrlich, Freunde in Europa zu haben! Lui ist ein Engel, aber Ruth ist zickig zu mir – à la Constable.

15. 5. 1951 Es ist nicht das Alter im Sinn einer unbekannten Zukunft, das so erschreckend ist. Es sind die Leute in der Vergangenheit, die wir selbst waren, die wir hinter uns gelassen haben und nicht mehr kennen.

17. MAI 1951 Die Füllung, die ich auf dem Weg nach Capri verloren habe, hat mich endlich zum Zahnarzt befördert. Mein Leben, mein Schicksal, meine Hölle. Lui & Ruth sind lieb & mitfühlend, und es ist nicht so schlimm, wir genehmigen uns Drinks in Harry's Bar und fühlen uns in unserer schlampigen, dreckigen Kleidung ganz elegant. Cocktails mit Peggy Guggenheim[18]. Somerset Maugham[19] aufmerksam. Untersetzt, stottert, ausnehmend höflich. Vom Schreiben war nicht die Rede. Abend mit Rino, der keine Affäre vorschlägt, sondern nur tränenreich ewige Liebe schwört!

18. MAI 1951 In Luis großem Dienstwagen Abreise nach Österreich. Das Taxi ist eine Gondel zu dem Kai, wo wir unsere Sachen einladen.

20. MAI 1951 Wir sind in Dobbiaco, wo wir von Lui Abschied nehmen. Zweisprachige Stadt, italienisch und deutsch. Tiroler Trachten. Und das Gasthaus sehr sauber & mit deutscher Atmosphäre. Ruth & ich nahmen den Zug nach Innsbruck. Wir kamen dort gegen

---

18 Peggy Guggenheim zog 1947 von New York nach Venedig, ab 1951 machte sie ihr Zuhause – den Palazzo Venier dei Leoni – und ihre Kunstsammlung der Öffentlichkeit zugänglich.
19 Der Brite William Somerset Maugham (1874–1965) hatte als Bühnenautor bald großen Erfolg, erlangte seinen literarischen Ruhm jedoch als Romancier und Geschichtenerzähler. Zeitweise war er als britischer Geheimagent tätig. Er bereiste zahlreiche Länder, vor allem im Fernen Osten, dem Schauplatz vieler seiner Erzählungen, und starb 1965 in Cap Ferrat an der französischen Riviera.

6 an. Wir sahen ein Volksfest mit Bauerntänzen. Und mir wurde übel von *Würsten, Bier* & *Nürnberger Lebkuchen.*

21. MAI 1951 Diesen Vormittag in München eingetroffen. Gefiel mir auf Anhieb. Ein großes Bahnhofsrestaurant, wo ich um 6 Uhr morgens ein Frühstück verschlang. Die Pension in den drei oberen Stockwerken eines renovierten Gebäudes. München erschreckend voll ausgebombter Gebäude. Ruth sehr interessiert, weil ich ein Auto kaufen will. Aber sie ist zu unangenehm, um eingeladen zu werden – egal, wo.

24. MAI 1951 Jo besucht[20] – Wolf [Wolfgang Hildesheimer] wiedergesehen, der mich nach Ambach [am Starnberger See] eingeladen hat. ^DEr ist sehr gastfreundlich, amüsant, macht hervorragenden Kaffee. Sprachen über das Leben – so, wie ich nur mit Leuten wie Cornell, Lil, Rolf sprechen kann.^{DD}

30. MAI 1951 ^DArbeite und fühle mich sehr wohl. Bald noch ein Wochenende bei Wolf. Ich mag ihn sehr. Er ist großzügig, clever, witzig und rundum nett. Merkwürdig, dass ich ihn lieber mag als je Marc. Harper noch immer unentschieden über den zweiten Roman – was mich schrecklich nervös macht. Mittagessen und Abendessen mit Ursula. Immer nett – haben uns auch für morgen verabredet. Ich verändere mich schnell. Ich werde älter, klüger usw.^{DD}

5. JUNI 1951 Der Tag des besorgniserregenden Briefs von Rolf. Er klingt wie am Rand des Selbstmords. Ich schrieb ihm sofort – so gut ich konnte. Aber dieser deutsche Weltschmerz und diese Negativität sind so schwer zu handhaben. Ich habe Steinberger [Schnaps] gekauft & mit Ursula ordentlich davon getrunken.

---

20 Jo P., Highsmiths Freundin aus den frühen 1940er Jahren in New York.

6.6.1951 München, 3:30 morgens. Blassestes Weißblau vor dem Fenster. Heute Nacht kann ich nicht schlafen. Eine Frau geht mit einem weißen Hund an einer Ecke Gassi. Ist sie spät oder früh auf? Ist es Nacht oder Tag? Die Vögel zwitschern. Wie lange sie noch warten müssen, bis ich mein Frühstück mit ihnen teilen werde. Zum ersten Mal betrachte ich die Bilder an der Wand meines Pensionszimmers. Silhouette einer Gruppe von Mann, Frau und einem Hahn auf einem Piedestal. Biedermeier, Spitzenschnipsel und schwarzes Papier. Ich fühle mich von meinen Freundinnen, die ein paar Häuserblocks entfernt auf der anderen Straßenseite schlafen, so isoliert, als wären ich oder sie tot, auf eine andere Erde entfernt. Das ist Deutschland. In der Stille ohne Sprache könnte es Ohio, Südvirginia oder England sein.

6. JUNI 1951 Der Tag der Ablehnung von Harper. Ging zum Siegestor, eigentlich um Ruth zu sehen, & fand Briefe von Margot, Janet W. in Paris, Kathryn in England, Mrs. Webster. Harper schreibt von mangelndem Enthusiasmus innerhalb des Lektorats, dass ich das Buch wahrscheinlich nicht hinbekomme, weil ich zu nahe am Gegenstand bin, nicht den »reifen Zugang« habe. Margots Kommentar: Sie ist überzeugt, dass Joan K. [Kahn] 6 Wochen hat verstreichen lassen, um mir das zu sagen. Ist überzeugt, dass Frank MacGregor & Canfield es verhindert haben. Und hat es Coward-McCann weitergereicht. Ihr Brief war vom 22. Mai. Sie schreibt mir immer noch nach Rom! Es deprimiert mich nicht im Geringsten, weil ich mich inzwischen ganz erholt fühle! Diesen Morgen »Party at Bony's« an Margot geschickt. Eine andere Geschichte entworfen und auch die Sache fürs Radio, Kleinigkeiten. Und denke daran, ein Auto zu kaufen. Und habe meine Bank angewiesen, mir 1000 $ zu überweisen. Alles tollkühn. Was ist das bitte für eine positive Reaktion? Ich sehe wirklich keinen Grund, niedergeschlagen zu sein.

14. JUNI 1951 In den Odenwald – mit einem kleinen Zug zu dem wunderbaren Dorf, das Wolf kennt. Gutes Essen. Flitterwochenstimmung. Wolf sagt, er wünschte, ich würde mich in ihn verlieben, aber ist klug genug zu wissen, dass ich es nicht tun werde.

15. JUNI 1951 Sherry und Gin. Ich arbeite an meiner Schneckengeschichte.

23. JUNI 1951 Nach viel Hin und Her durch Happy Glöckner einen BMW gefunden, den ich für 1800 Mark gekauft habe. Roter Viersitzer, gehörte früher dem Schauspieler Wilfried Seyferth[21].

24. JUNI 1951 Wolf hat Ursula & mich für dieses Wochenende nach Ambach eingeladen. Ich kam am Freitag, mit Alfred Neven DuMont[22], dem gutaussehenden jungen Mann, den Wolf kennt, Enkel von Lenbach. Er ist schwer zu greifen, leicht eingebildet. Zeigte mir sein Zuhause in Starnberg, sehr unaufdringlich, obwohl seine Frauenheldenausstrahlung mich nicht anzieht, die meisten Frauen, glaube ich, eigentlich nicht. Ich wollte nicht über Nacht bleiben, sondern nahm den Bus abends nach Ambach, samt Schreibmaschine.

25. JUNI 1951 Bei der Rückkehr nach München die gute Nachricht, dass Coward-McCann mein Buch *[Salz und sein Preis]* angenommen hat; beglückwünschen mich dazu. 500 $ bei Abgabe.

30. JUNI 1951 Cocktails *chez moi,* Ursula & Jack [Matcha][23]. Sollte nur mit J. M. zu Abend essen, aber Ursula hat sich eine Einladung

---

21 Der deutsche Schauspieler Wilfried Seyferth (1908–1954) spielte nach mehreren Theaterengagements auch in Hollywoodfilmen mit, so in *Entscheidung vor Morgengrauen* (1951) mit Hildegard Knef, Gert Fröbe und Klaus Kinski.
22 Alfred Franz August Neven DuMont (1927–2015), deutscher Verleger und Neffe des Malers Franz Lenbach.
23 Amerikanischer Journalist und Schriftsteller, den Highsmith aus den USA kannte und dem sie wenige Tage zuvor zufällig in München wiederbegegnet war.

erschmeichelt. Wurde sehr betrunken (wenn es ums Trinken geht, ist sie gierig) und begleitete uns, ging dann zum Siegestor hinaus. Jack und ich gingen zum Haus der Kunst, um zu tanzen. Und dann Kaffee. Habe das sehr genossen, zur Abwechslung einmal einen konventionell amerikanischen Abend.

3. JULI 1951 Mehr Mühe mit ^{D}der Polizei^{DD}, Genehmigungen, unglaubliches Hin und Her von einer Behörde zur nächsten. Ich bin nicht ^{D}gemeldet^{DD}. Also geht nichts. Wäre ich nur eine US-Staatsangestellte, wäre alles kein Problem: Aber ich muss bei einer deutschen Fahrschule den Führerschein machen.

4. JULI 1951 Heute Abend fühlte ich mich dick, alt, ich hörte mein Herz klopfen und fühlte mich so sterblich, wie man es nur sein kann. Es hat mich so erschreckt, dass ich lange nicht einschlafen konnte. Ich war allein, ein Körper, der eines Tages ablaufen und sterben und begraben werden würde. Daran dachte ich. Es war furchtbar. Und unvergesslich. Dreißig – was für ein Wendepunkt. Ich erinnere mich an Natalias Worte in Capri: »Dreißig? Mit 30 beginnt man erst zu leben.«

Heute Nacht. Mein Film hatte Premiere, glaube ich.

11. JULI 1951 Um 9:30 aufgestanden, bis acht gearbeitet – dann mit der Schreibmaschine – alles wieder von vorne. Die Hoffnung stirbt nie und auch meine Beharrlichkeit nicht, Gott sei Dank.

12. JULI 1951 Erkundigungen im Dorf nach einem Zimmer tragen endlich Früchte. Aber heute Abend erfahre ich in Ambach, dass ich bei Bierbichlers[24] ein Fremdenzimmer für 2,50 DM am Tag haben kann! Darüber bin ich so glücklich.

---

24 Die Familie Bierbichler betreibt seit langen Jahren das Gasthaus Zum Fischerwirt in Ambach. Fremdenzimmer gibt es heute nicht mehr, aber einen berühmten Sohn der Familie, den Schauspieler Josef »Sepp« Bierbichler.

13. JULI 1951 Schlief bei Jack. Um 7 auf und davon mit einer Beute von Nescafé, Zigaretten und Schnaps, zwei Flaschen Gordon's Gin. Eine Stunde zu spät zum Fahrunterricht in Wolfratshausen, und zu Fuß zurück nach Ambach. Typisch auch für die allgemeine Hölle, die physische Härte dieser Führerscheinsache. Nächste Station Holzhausen für eine weitere Unterschrift, dann Wolfratshausen für wieder eine Unterschrift, die ich dem Fahrlehrer Führmann vorweisen muss, um von ihm etwas zu bekommen, das ich zur Polizei bringen muss, und zuletzt das Formular mit den zwei Fotos abliefern. Passenderweise lese ich ein Buch mit dem Titel *Is Germany Incurable?* von jemandem namens Brickner. Der paranoide Komplex, der militärische Zirkus usw. Im Kollektiv verhalten sie sich wie das paranoide Individuum. Daran ist etwas. Zweifellos haben die Deutschen eine für den Rest der Welt unerklärliche Wesensart. Für den Psychoanalytiker ist sie nicht unerklärlich.

14. JULI 1951 Großes ᴰSommerfestᴰᴰ diesen Abend bei Wedekinds[25], ziemlich langweilig für meinen Geschmack. Die Deutschen sind sehr darauf aus zu knutschen und eng zu tanzen. Seit dem Krieg, sagt Wolf, gehen alle mehr fremd, die Frauen wie die Männer. Um 3:30 daheim.

14.7.1951 Ich weigere mich und werde mich immer weigern, mich für einen Glückspilz zu halten, wie ich mich in meiner Jugend geweigert habe, mich für einen Pechvogel zu halten. (Notiz nach dem Besuch einer deutschen Party in Bayern.) Dieselbe amerikanische Gelangweiltheit macht sich nach einer Weile in mir bemerkbar. Dieselben Ängste. Dieselben Umstände, dasselbe Missgeschick, die man nie bereinigen kann. Ich stolpere um drei Uhr morgens durch

---

25 Wohl bei Pamela Wedekind (1906–1986), die einen Wohnsitz in Ambach hatte. Die Tochter des Schriftstellers Frank Wedekind und von Tilly Newes, der Schauspielerin, Sängerin und Übersetzerin von Stendhal und Marcel Pagnol, war als Kind befreundet mit Erika und Klaus Mann, mit Letzterem war sie in den 1920ern verlobt.

die Dunkelheit nach Hause. Meine Mutter sagte einmal, eines Tages wird dein weltlicher Erfolg in deinem Mund zu Asche werden. Das ist nicht wahr, weil ich ihn vorher weggeben werde. Der Zeitpunkt kommt näher, aber ich habe bereits ein Angebot gemacht. Selbst wenn es nicht angenommen wird, werde ich nicht verloren haben. Die Gezeiten haben sich für mich geändert, ich schwimme nicht mehr auf den strömenden Fluten der Jugend. Ich werde älter und hässlicher. Der innere Teil wird perfektioniert (bestenfalls wird er nie perfekt sein, und das ist bedauerlich. Weil er mit einer Frau perfekt sein könnte). Und nie werde ich in einem abgebrühten, finanziellen, praktischen Sinn stark sein. Ich habe mich gemessen. Ein Meter und 69 Zentimeter, mehr wird es nie werden. Dieses Jahr bin ich so kommerziell wie nur möglich. Manchen erscheint es als schockierend, Leuten, die ich nicht schockieren will. Sie sind in meinen Augen auf andere Weise schockierend, aber meistens – beneide ich jeden, dem ich begegne, weil er nicht nur jemanden hat, der ihn liebt, sondern jemanden, den er liebt. Der Wald aus lauter Neins richtet sich wieder auf. Ich werde ihn mit jedem Ja bekämpfen, jeder Gabe, jeder positiven, großzügigen und selbstlosen Geste, die ich besitze.

19.7.1951 Die Gefahr des Junggesellen. Die Gefahr des Verhängnisses. Er lebt für sich allein, muss sein eigener Antrieb sein, seine eigene Inspiration, selbst sein eigenes Ziel. Es ist so schwer und so unmenschlich, denn es ist leicht, für jemanden zu arbeiten, den man liebt. Es ist so leicht zu lieben.

22. JULI 1951 Ganz plötzlich werde ich alt: bewege mich nicht regelmäßig, schreibe nicht regelmäßig in mein Tagebuch. Bin verantwortlich für ein Auto, lade Leute ein, ohne ihnen etwas anbieten zu können, achte nicht auf meine Ernährung, achte nicht auf mein Geld. Bin unendlich geduldig mit dem Schicksal. Ach, es hat schon alles sein Gutes! – Und verliebe mich nicht, habe Geduld, Geduld,

Geduld. Und bin grundsätzlich optimistisch. Alles dem Alter zu verdanken.

23. JULI 1951 Würde mein Buch gerne »*The Giant Step*« nennen, aber Margot sagt: »Das spricht mich nicht sehr an.« Ach, zum Teufel. Bald wird es vorbei sein, und ich kann über das nächste nachdenken. Das nächste wird viel kürzer. *Zwei Fremde im Zug* beim Piper Verlag an der Georgenstraße abgegeben und dann Helena kurz besucht. Seltsame Vorahnung, sie könnte mein sein, wenn ich mich nur bemühte. Aber ich bin die Abweisungen so leid. Und selbst, wenn ich mich jetzt verliebte, wäre es ein so durchdachtes logisches Vorgehen, als würde man gehen statt zu fliegen.

26.7.1951 Thomas Wolfe fühlte sich oft von jüdischen Frauen angezogen. Ich kann die Liste meiner Freunde durchgehen, die Juden sind immer großzügiger als die Gojim, kein einziger Goj kommt an sie heran. Es ist vielleicht eine neurotische Großzügigkeit, sie wollen auf keinen Fall als knickrig gelten. Aber es genügt. Es ist verlässlich und daher wahr. Auf welchen anderen Impuls, welche Charaktereigenschaft können wir in diesen Zeiten so zuverlässig vertrauen wie auf das Neurotische?

27.7.1951 Ich glaube, ich sollte ernsthaft versuchen, meine Beziehung zu meinem Vater [Bernard Plangman] zu psychoanalysieren. Dort gibt es zweifellos etwas Gewaltiges. Und ich habe es unter einer völlig neutralen Haltung begraben, unter drei Metern kalter Asche, so stumpf wie ein Straßenbelag. Ihn natürlich auch psychoanalysieren.

27. JULI 1951 Von Zahnschmerzen geplagt & der Furcht, es könnte wieder die Krone sein. Du lieber Himmel, bitte nicht. Außerdem – psychologische Wechselwirkung – finanzielle Sorgen. Tausend Dollar sind hier in Deutschland dahingeschmolzen wie Butter in der

Sonne. Durchkämme mein Buch mit dem allerfeinsten Kamm, tippe ganze Seiten neu, um einen Satz hinzuzufügen, meistens einen, der auf analytische oder introspektive Weise etwas beiträgt. O Gott – dieses Buch hat es tatsächlich in sich! So viel muss ich aus mir herausquälen, statt dass es fließt.

28. JULI 1951 Sehr unruhig. Schwer, solche Beziehungen zu anderen zu haben, wie ich sie gerne hätte. Die Sprache usw. War mit Wolf spazieren, schwimmen. Er behandelt mich mit gewohnter Liebenswürdigkeit, mehr nicht. Und bin auch unruhig mit amourösen Begierden, verständlich – nach all der Zeit. (Wie lange schon seit den herrlichen Morgen mit Maria in London! Ich verneige mich voller Hochachtung vor ihr!) Und auch, weil diese intellektuelle Schwerstarbeit vorbei ist. (Bald werde ich eine neue in Angriff nehmen. Wahrscheinlich ohne amouröses Intermezzo.)

28.7.1951 Ginnie – genau zum gleichen Zeitpunkt, beim Schreiben und Beenden eines Buchs – muss ich wieder »Ginnie« schreiben. Wie wenig wir eigentlich voneinander wissen. Ginnie-und-ich – das sind zwei andere Leute, nicht wir, die nicht tot sind, aber für immer unerreichbar. (Sie hat ja keine Ahnung, dass ich jetzt heute Abend hier in Deutschland sitze und an sie denke!) Die körperliche Begierde, die mich 1948 in Texas so gequält hat, als ich schrieb, ist fast verschwunden, also, die sinnlose Sehnsucht. Ginnie ist eine Ära, eine Zeit, eine Welt, ᴰdie es nicht mehr gibt.ᴰᴰ Sie ist mehr als eine Person, sie ist ein Stück Zeit, und damit ein Stück Leben, Ginnie ist ein gewaltiges Stück meines Lebens. Weil das so ist, wann und wo sie in mir weilt, wird sie nie eine Rivalin haben. Es ist ein tröstlicher Gedanke für einen Liebenden, dass die Zeit uns immer neue Geliebte beschert, neben denen die anderen verblassen und deren Eigenschaften sich mit manchen der ihren überschneiden, aber mit Ginnie wird das nie so sein. Sie ist so absolut wie meine Jugend.

1. AUGUST 1951 Ich mache große Fortschritte im Fahren. Am schlimmsten wird die mündliche Prüfung sein.

2.8.1951 Alfreds [Neven DuMont] Verwandte. Wolf geht ihr entgegen, als sie ins Zimmer tritt, hatte sie durchs offene Fenster gesehen. Sie ist groß, lächelt, eher kurzes braunes Haar. Sobald ich sie sehe, denke ich an Ginnie und bin verloren. Die gleiche Stirn, die in markanten Brauen verschwindet. Selbst die gleiche kurze, gewölbte Nase (obwohl Ginnies gebrochen war), die gleichen frischen, vollen Lippen, die ich nicht ansehen kann, ohne sie küssen zu wollen, leidenschaftlich, und da ich weiß, dass ich es nicht kann, ist fast meine erste Reaktion, dass ich dieses Mädchen nicht wiedersehen darf, wenn ich es verhindern kann. Ich würde am liebsten gleich nach dem Essen gehen, aber statt Opfer meines Selbstmitleids zu sein, bleibe ich bis zum Schluss, bis nach dem Schwimmen im See und mehr Kirschwasser. Hat sie eine Ahnung, wie gerne ich mit ihr schlafen würde? Ich denke an Fitzgerald, wie er schnurstracks auf Zelda zuging, und wünschte tausendmal, ich könnte das. Oh, mein Gott, wofür arbeite ich eigentlich, und was ist mir gelungen? Gerade mal, dass ich so einem Mädchen meine amerikanischen Zigaretten, mein amerikanisches Geld in Form eines Schnapses bieten kann. Und hier in Deutschland zu sein und ihr zu begegnen und zu wissen, dass sie eines Tages einen jungen Deutschen heiraten und mit ihm ins Bett gehen wird, für den sie sich nicht besonders von Dutzenden anderer Mädchen unterscheiden wird, die ihm Kinder hätten gebären können, und sie wird ihm Kinder gebären. Für mich ist sie so wunderschön, Helena von Troja. Für andere? Lediglich vielleicht attraktiv. Für wie viele andere?

3.8.1951 Ich will jede »Roman«-Regel der Kunst brechen. Ich habe nur zwei Kriterien für einen Roman: Es muss eine eindeutige Idee geben, klar und unverkennbar; er muss lesenswert sein, so lesenswert, dass der Leser ihn nicht ein einziges Mal aus der Hand legen kann. Ich weiß nicht, nur dass mir das zweite Kriterium wichtiger ist als das erste.

5. AUGUST 1951 Fast nicht geschlafen wegen Zahnschmerzen. Mein Gott, zwei, die rausmüssen! Aber das kann meiner erstaunlich guten Laune dieser Tage nichts anhaben. Es ist der philosophische Trumpf – Besitz loszuwerden. Habe heute versucht (mit Erfolg), »The Laurel on the Siegestor« zu beenden. Es wird.

8. AUGUST 1951 Trank Gin bei Jack, & mit Cecil, Tessa tranken wir die Flasche leer. Tessa sieht mich an mit Liebe in ihren Augen, und es war wirklich ein sonderbarer Abend. Tessa & wir alle angenehm beduselt. Cecil hat mich und Tessa fröhlich für die Nacht in sein Haus in Harlaching eingeladen. Sein Haus ist eine Villa, herrlich komfortabel, und Tessa war im heißen Bad so glücklich wie ein Kind. Mit von Klopfen und Sprüngen erschütterten Herzen kamen wir uns näher & näher, bis Cecil sagte, er müsse uns zusammen einquartieren. Und nachdem wir im Wagen schon so selig Händchen gehalten hatten, war es ganz leicht weiterzumachen. Wir liebten uns sehr leidenschaftlich – sie ohne jede Hemmungen, obwohl sie sagt, ich sei die erste Frau. (Sie hat keinen Grund zu lügen, aber ich bezweifle, dass das stimmt.) Sie mag mich, weil ich ^{D}so schlank^{DD} bin. Sie beißt in meine Lippen, ist füllig und stark und offen und leicht zu erregen. Aber wir waren beide etwas zu müde (oder zu betrunken) für den Höhepunkt. Wie ironisch! – dass ich in letzter Zeit bewusst dafür gesorgt habe, physisch fertig zu sein (ich war erschöpft), weil ich kein Sexleben habe, und wenn es sich unversehens einstellt – bin ich plötzlich nicht in der Lage!

10. AUGUST 1951 Schrieb sieben Briefe, darunter einen langen an Piper mit Synopsen meines zweiten und dritten Romans. Was mir zufällig den Titel für den zweiten eingab: *Salz und sein Preis,* den ich liebe, ich denke, der ist es.

10. AUGUST 1951 Wunderbarer Brief von Lil Picard, völlig versöhnt nach meinem netten Brief aus Deutschland. Sie erzählt mir interessante Neuigkeiten über meinen Film auf Ocean Beach. Abendessen mit Wolf und anregendes Gespräch über alles und das pornographische Buch, das wir zusammen schreiben wollen. Soll auf Englisch von Obelisk[26] in Paris veröffentlicht werden.

11. AUGUST 1951 Mein Buch beendet, und es ist versandfertig. Koffer für München gepackt & beschlossen, auf deutschen Führerschein zu verzichten. Briefe geschrieben. Schnaps. Die ganze Zeit denke ich an Tessa, an die interessanten Begegnungen von morgen. Wolf hat mich gefragt, als ich ein Abenteuer in München erwähnt habe, ob ich etwa nicht mit ihr geschlafen hätte, und ich gab es zu. Sagt, es hätte mir sehr gutgetan, mich fröhlicher gemacht, und wünscht, ihm würde etwas »Schönes« passieren! Ihm, dem die Hälfte der Betten von Ambach offensteht! Ich kam mir nie so (gefährlich) lebendig in allen Poren vor wie in den letzten Tagen. In so einem Tempo kann man nicht lange leben, aber ich glaube, Fitzgerald & Wolfe haben ihr Leben lang so gelebt (ca. 40 Jahre im Durchschnitt!). Ich bin voller Ideen, Pläne und fühle mich insgesamt auf der Höhe meines Könnens. Was das emotionale Leben betrifft, wünscht sich ein Künstler nichts Beengenderes oder Definitiveres. Das sollte ich vielleicht einfach einsehen.

15.8.1951 München – Auf dem Weg abends zu Jack, fünf Häuserblocks entfernt, komme ich an einem bezaubernden, annähernd sechseckigen Park vorbei, Possartplatz[27], Trauerweiden, in denen

---

26 Der 1929 von Jack Kahane (1887–1939) gegründete und auf erotische Literatur spezialisierte Verlag war in Paris domiziliert und publizierte ausschließlich in englischer Sprache, um sowohl die britische und amerikanische als auch die französische Zensur zu unterwandern. So druckte Obelisk Press u.a. die Originalausgabe von *Wendekreis des Krebses* von Henry Miller, den lesbischen Liebesroman *The Well of Loneliness* von Radclyffe Hall (der seit 1928 in Großbritannien auf dem Index war) und *Winter of Artifice* von Anaïs Nin. Hildesheimers und Highsmiths Projekt wurde nie verwirklicht.
27 Der heutige Shakespeareplatz im Münchner Ortsteil Bogenhausen.

sich nachts das Mondlicht oder eine Straßenlaterne verfängt: wie Licht im Haar einer Frau, das die Strähnen enthüllt, blond, dünn und glatt, das schöne junge Grün. Ich sehe zu dem Vollmond hoch, der hinter den zerrissenen blauschwarzen Wolken dahinsegelt – und mein Herz ist jung. Ich spüre, wie all mein Können sich in mir regt. Ich bin lebendig! (Oh, diese Reise!)

17. AUGUST 1951 Man kann nicht sagen, dass München mir Glück bringt, obwohl ich hier so glücklich war, auch in Ambach. Aber alles, was ich unternehme, scheint zu scheitern, und wenn Piper ablehnt – das wäre wirklich ein Schlag.

20. AUGUST 1951 Jo [P.] ist sehr gelassen, hat diese unnachahmliche, liebenswerte Ausstrahlung, als hätte sie eine gute Liebesgeschichte hinter sich (wie schlecht auch das Ende gewesen sein mag) und gelernt, die sinnlichen Dinge des Lebens zu genießen, und ich weiß, dass sie immer noch glücklich ist. Mein fragendes (und ist es nicht eher objektiv als subjektiv?) Gehirn grübelt – könnte ich sie wirklich lieben? Meine Ziele sind heute andere als die unbedeutenden Dinge, die ich früher liebte. Werde ich nicht vielleicht eine ganz andere Person sein und die einfachere, zuverlässigere, schlichtere Person lieben? Ich glaube ehrlich, dass es möglich ist. Jo & ich gingen ins Kasbah. Ein köstliches Essen. Jo verliert kein Wort über Ellen Hill, bis auf: »Sie redet nicht mit mir, aber ich rede mit ihr – « Ich habe Jo – mehr oder weniger – eingeladen, mit zu mir zu kommen, was sie tat, langsam, aber ohne zu zögern. Wenn Jo reden würde – denn ich bin neugierig, ob sie jemanden hat oder danach hungert (könnte sein) oder wie sehr sie mich mag. »Du bist noch nicht für mich bereit«, flüsterte sie, als ich in ihrem Schoß lag. Die alte Jo. Wir hatten eine bezaubernde Nacht. Jo ist phantastisch. So leidenschaftlich wie ich, wenn ich verliebt bin (vgl. Ginnie!), und mit wundervoll starken, guten, sinnlichen Händen.

22. August 1951 Musste umziehen. Ging zu Jo mit Hilfe ihres Fahrers. Ein wunderbares Pensionszimmer, warmes Wasser, Betten und ein wunderschöner Tag. Ging auf Arbeitssuche und traf mich dann um 6:30 mit Jo in der Casa Italiana, wo ziemlich anspruchsvolle Idioten verkehren. Zum Theater. Cocteaus *Die Schreibmaschine* mit Jo, dann ein Teller Suppe im Siegesgarten. Das ist die Art Abend (und Leben), wovon ich am College geträumt habe – und auf eine sehr F.-Scott-Fitzgerald-mäßige Art: Europa, ein Mädchen, Geld, Müßiggang, ein Auto. Jetzt hatte ich eine Nacht voll davon, nach zwölf Jahren. Jo ist in erster Linie so ernsthaft, phantasielos, wir können uns nicht so gut unterhalten. Aber wir haben das Körperliche.

25.8.1951 Warum Schriftsteller trinken: Sie müssen in ihrem Schreiben Millionen Male die Identität wechseln. Das ist ermüdend, aber das Trinken erledigt es automatisch für sie. Im einen Augenblick sind sie ein König, im nächsten ein Mörder, ein erschöpfter Dilettant, ein leidenschaftlicher und glückloser Liebender; anderen Leuten ist es lieber, dieselbe Person zu bleiben, auf der Stelle zu treten. Das ist von allen psychologischen Eigenheiten der menschlichen Spezies für einen Künstler am schwersten zu verstehen.

29. August 1951 Jo schlug mir erneut vor: »Warum rufst du nicht Ellen an?« Ich tat es. Wir sind am Sonntag für 10 Uhr zu einer Fahrt ins Grüne verabredet. Ellen hat sich aufmerksam erkundigt, ob ich Rokokoschlösser Barockschlössern vorziehe.

31.8.1951 Zum Plot: Welches Ziel verfolgt ein einzelner Mensch? Was will er, was bezweckt er? Seinem Sohn ein saniertes Unternehmen zu hinterlassen, als er es von seinem Vater übernommen hat? Reich zu sterben? Das Leben so früh wie möglich und so ausgiebig wie möglich zu genießen? Die Liebe einer bestimmten Frau zu gewinnen? Als Wissenschaftler berühmt zu werden? Als Schriftsteller? Als Musicalsänger? Jedes Land der Welt zu bereisen? (Nein, das geht vorbei.) Als Philosoph die Welt zu verstehen?

Die meisten Leute in meinem Buch haben nach und nach und im abschleifenden Verfließen der Zeit die stechend scharfen Kanten, die fesselnden Farben ihrer ursprünglichen Wünsche vergessen. Ihre Wünsche sind wie alte verlorene Lieben, die ihnen bei einem Drink oder mitten in einem Gespräch einen matten Stich versetzen, die trübe Erkenntnis: »Das ist doch meins«, wird ihnen plötzlich bewusst, als würden sie ein Foto des Mädchens sehen, mit dem sie einmal geschlafen haben: »Sie war einst mein!« Einen Plot einzelner Ziele zu entwerfen, die man dann verloren und vergessen sieht, ist also der Plot von *The Sleepless Night*. Den Leser davontragen, wie ihre Ziele die Figuren für eine gewisse Zeit davontragen. Dann übernimmt das normale Leben.

2. SEPTEMBER 1951 Ellen um 10. Wir fuhren zum Tegernsee, hatten Kaffee & Wein vor dem Mittagessen – da hat sich zum ersten Mal die Stimmung gelockert. Sie ist klein, wirkt tüchtig, gepflegt, scharfsinnig, eher humorlos, sehr höflich. Fazit: mittelmäßig attraktiv. Wir machten einen Zwischenhalt bei Jack, der uns auf einen Drink eingeladen hatte. Ich hatte mich umgezogen, legere Hosen, um Jack zu ärgern & zum eigenen Vergnügen. Nette Cocktailstunde mit Gesprächen über die Besatzung, Ellen lud mich ein, mit ihr ihre Freundin zu besuchen, aber ich blieb lieber in Tessas Nähe, trank Martinis & fragte Ellen, ob sie wiederkommen oder ich später nachkommen könnte. Dann zu Ann, die Tessa »Harmloser Herbert« nennt. Sie gingen los, um Gin zu kaufen – & ich versuchte sie zu finden, als sie nach einer Stunde noch nicht zurück waren. Und in der Zwischenzeit hatte Ellen angerufen und war unterwegs, um mich abzuholen. Da war ich nachgerade nicht mehr ganz nüchtern und lehnte mich an Tessas sinnliche Schulter, nachdem ich mich völlig erschöpft hatte mit Kopfständen und Purzelbäumen zu ihrer Unterhaltung.

4. SEPTEMBER 1951 Ging zum Haus der Kunst – ᴰstärker geschminktᴰᴰ als je zuvor. Scheinbar wusste mein Unterbewusstsein, warum. Fand Alan & Ellen in einer Ecke der inneren Bar, wo ich noch nie war. Alan, eine umgängliche Tunte mittleren Alters, hätte nicht netter sein können. Wir erzählten uns lustige Geschichten (Ellens Düsterkeit inspiriert mich). Dann alles andere als nüchtern zurück zu Ellen, um irgendwas zu holen, und dann zum Abendessen ins Kasbah, das sie nicht leiden konnte: leer, eine unheimliche orientalische Dreimannband und ein herumwandernder Papagei, der an meinem Zeigefinger kaut.

Ellen & ich streiten oder missverstehen uns in jedem Gespräch. Und vielleicht war ich zu betrunken zu merken, dass wir dabei waren, uns ineinander zu verlieben. Jedenfalls haben wir, sind wir das. Wir gingen in ihre Wohnung zurück, um ein Programm mit Lyrik & Musik zu hören, das ausgezeichnet war. Ich bat sie, sich zu mir aufs Sofa zu setzen, hielt ihre Hände, die sich wie Ginnies anfühlten, und auch ihren Körper, und bald hat sie mich aufgefordert, mit ihr ins Bett zu gehen. Oder würde ich lieber nach Hause gehen? Ich blieb. Ach, sie ist Ginnie so ähnlich. Heute Nacht war ganz wunderbare Empfindung – ließ alle vergessen, die zwischen Ginnie und ihr gewesen waren –.

5. SEPTEMBER 1951 Zu meiner ziemlichen Überraschung tat Ellen etwas Schönes & Unerwartetes: Nahm sich den ganzen Tag frei. Das Frühstück hat Spaß gemacht, sie in einem glänzenden Morgenrock, und die meiste Zeit lagen wir auf dem Sofa, glücklich und wortlos. Mir war, als würde ich sie seit mindestens 6 Monaten kennen, und ich war sehr verliebt. Wir fuhren zum Tegernsee, aßen zu Mittag, lagen in der Sonne im Gras neben dem See. Es war Europa, wie es sein soll und wie es so wenige Leute kennenlernen. Obendrein habe ich eine Liebe gefunden. Wir besuchten ihre Mutter, krank in einem Erholungsheim, dann nach München, wo ich Abendessen machte *chez elle*. Champagner. Geschichten aus meiner Vergangenheit. Ins

Bett. »Ich bin sehr in dich verliebt«, sagte sie. »Wir sind sehr verschieden. Denkst du, das macht etwas?« Ich sagte: »Mir gefällt es.« Sie ist diese seltene Mischung – leidenschaftlich, wenn wir allein sind, und ziemlich unnahbar, wenn sie auf ist und arbeitet.

8. 9. 1951 Empfindungen: Als ich heute Morgen aufwachte, konnte ich mich etwa zehn Minuten lang nicht erinnern. Plötzlich fiel es mir wieder ein, und es war, als würde sich elektrischer Strom in meinem Inneren entladen, mich für einen Augenblick in irgendeine unirdische Sphäre heben, und ich kam zitternd wieder zurück. Ich mache mir Sorgen, dass ich zu viel über irgendeine Kleinigkeit gesagt haben könnte und ihr das nun Sorgen macht. Oh, das Wohlwollen! Oh, die wunderschöne Welt! Oh, die Großzügigkeit des Herzens, während ich die Straße entlanggehe. Mein Kopf ist erhoben, und alle Menschen sind meine Brüder. (Der Dichter, der Philosoph in mir schütteln ihr weiseres Haupt, aber heute bin ich lebendig, bin ich mehr als sie.) Wie konnte es so kommen? Ist sie nicht wie Titania verzaubert, den Esel zu lieben? Ich stelle mir wieder und wieder den Moment vor, wenn ich sie nach diesen zwei Tagen der Trennung wiedersehen und in die Arme nehmen werde, stelle mir die süße Mischung aus Schmerz und Glück vor, den Schock unserer Berührung, dieses Wunder. Ich bin nicht so jung, dass so etwas noch nie geschehen wäre – vielleicht zweimal. Aber ich bin nicht so alt, dass ich nicht mehr staunen könnte, als wäre es noch nie geschehen, warum es so ist, wie es sein kann, was es ausgelöst hat und ob etwas es mir je wieder wegnehmen wird? Oh, nicht in Monaten, vielleicht niemals. Ich schere mich nicht um Erklärungen. Das hier hat nichts mit dem Intellekt zu tun. Unsere Intellekte sind noch nicht einmal per du. Vielleicht ist sie Mathematikerin. Vielleicht bin ich ein Stümper. Doch indem wir einander besitzen, besitzen wir auch den Intellekt und den Willen des anderen. Es ist nicht verwunderlich, dass ich hin und wieder so erschrocken bin, wie ich glücklich bin. Thor hat mir Bündel von Blitzen in die Hand gegeben,

meine eigenen und ihre. Es ist so schwer, leicht und kühn zugleich aufzutreten. Ich erinnere mich an ihr Gesicht, ist das ein schlechtes Zeichen? Ihre Arme sind wie Blütenblätter, die sich für mich öffnen, ich bin gefangen wie eine Biene. Ich frage mich, ob ich sie nicht auf irgendeine Weise hypnotisiere durch die Kraft meines Willens und die Ansteckung meiner Wonne. Sollte ich jemals ausrutschen, wird sie es dann nicht gutmachen?

Wir haben noch viel, viel mehr zu entdecken über den Geist der anderen. Wird ihrer eine grüne Wiese mit Bäumen sein? Einige kuriosen Häuser und eine Stelle, wo einst ein Zuhause niedergebrannt ist, ich hoffe, ich habe nicht zu viel wüstes Land und Asche für sie. Ich habe viele Flüsse und Ströme, blau und grau und grün. Eines Tages werden wir uns für eine Zeitlang im Gebiet des anderen verirren. Wir werden vergessen, wem welches Land gehört.

8. SEPTEMBER 1951 Im Hertie Kaufhaus für Interviews. Dann zu Jack für einen Brief von Margot. Furchtbar glücklich heute. Kaufte Süßigkeiten für Ellen. Ich denke den ganzen Tag an sie. Ich bin verliebt, aber so unheimlich verliebt, wie ich dachte, ich könnte es nie wieder sein, weil ich dachte, es wäre pubertär. Vor Tagen hat Ellen mich gefragt, ob ich mit ihr nach Venedig fahre – oder irgendwohin, ich darf aussuchen –, wenn am Freitag ihr Urlaub anfängt, zwei Wochen. Gott, ist das alles schnell gegangen. Und wir vertrauen einander komplett, über Nacht! Dazu bin ich nach Europa gekommen, bin ich in München geblieben, werde ich in Europa bleiben. Ich kann nicht gut schlafen und nehme ab. Am besten schlafe ich mit ihr, natürlich.

9. SEPTEMBER 1951 Gestern an Mutter geschrieben. Inzwischen nur noch ca. alle zwei Wochen. Endlich werde ich erwachsen. Ellen rief um 5 statt um sieben an – und ich bin emotional so unsicher, dass diese unerwartete Wendung der Dinge mich aus der Fassung brachte. Ich kleidete mich Hals über Kopf an – sie wollte mich in

15 Minuten abholen. Zuletzt aßen wir im italienischen Lokal zu Abend, und ich trank viel zu viel. Stress. Leben ist so schwierig – die Wirklichkeit sogar noch so viel unfreundlicher (in Gegenwart des geliebten Menschen!) als auf dem Papier.

17. SEPTEMBER 1951 [Venedig.] Heute Mittag in Harry's Bar (nach Einkäufen am Vormittag). Laut, aber wahnsinnig angenehm. Ellen trinkt zwei Americanos und ist eine Stunde lang reizend angesäuselt. Und sie mag immer lieber Kanapees als eine richtige Mahlzeit. Die angemalten, harten, abgeklärten, faltigen, wachen, abgeschlafften Gesichter der Amerikanerinnen in Harry's! Und wie elegant Ellen in dieser Umgebung wirkt – nur weil sie Venedig schon tausendmal gesehen hat und die Gesichter und Orte dieser Europäer kennt und weiß, wer eine gute Geliebte ist und wer nicht. Ich bin oft eifersüchtig auf ihre früheren Freundinnen und selbst auf die männlichen Freunde. Es gab in ihrem Leben auch einmal einen Herbert, der erste Mann, in den sie mit 21 mit Haut und Haaren verliebt war und den zu heiraten ihr nicht gelang. Stattdessen heiratete sie den Franzosen Jean. Heute Abend denke ich kaum noch daran. Cocktails mit Peggy Guggenheim: Sindbad, kränklich, andere Gäste. Peggy abgestumpft, hat sich kaum für meinen Film interessiert.

21. SEPTEMBER 1951 [Cernobbio, Comer See.] Ein Morgen voller Leidenschaft. Und zum Tuchladen, über den Hof der Villa d'Este. Einen Schal für Mutter gekauft. Gehe zurzeit sorglos mit Geld um, nicht, dass ich welches hätte. Aber es ist diese bisher unbekannte Seite an mir, die Ellen so anziehend findet: das Unpraktische, die Großzügigkeit, die Phantasie, die Dichterin, die Träumerin, das Kind. Und ich bin nur zu bereit, in alledem eine Rolle zu spielen. Dieser Umstand wird die nächsten Wochen noch schwierig machen.

22. SEPTEMBER 1951 Nach Ascona gefahren. Es ist ein ruhiges Dorf am See, allerdings voller Touristen und attraktiver Italienerinnen und Schweizerinnen in legeren Hosen. Wir lieben den Espresso mit Sahne. Mittagessen in Lugano, mein erster Kaffee. Ich habe den *Companion* gekauft (für 0,65!), »Where to, Madam?« ist die erste Geschichte. Mit dem Film zusammen keine schlechte Reklame.

23. 9. 1951 Ascona – Schlangenausstellung. Als wir die engen, Capri ähnlichen Straßen entlanggehen, unschuldig wie die Straßen eines Fischerdörfchens, sehe ich Licht in einem Eingang und ein Schild: *Esposizione*. Eintritt ein Franken zwanzig. Glaskästen, beleuchtet, Eidechsen, Schlangen, ein Mann und eine Frau, die Veranstalter, ein sonderbar ungleiches Paar. Er von kräftiger Statur wie ein Bayer, sie vielleicht eine Lesbe, um die fünfzig, pfiffige schwarze Augen, ergrauendes Haar, kurzgeschnitten, eine abgetragene kunstseidene Bluse, weiblich und nichtssagend an ihrem geschlechtslosen Körper. Der Mann erzählt mir von Schlangen. Ich frage ihn nach dem vertrockneten Ei, das auf dem Sand liegt. Die Eidechsen graben sich selbst ein. Im Behälter mit den afrikanischen Schlangen gibt es eine lange, schlanke grüne, die sich wie ein Zauberstab durch die Zweige windet, klettert, senkrecht wie ein Schlagstock, schlängelndes, leuchtendes Hellgrün. ᴰ »Ja, natürlich hat die kleine grüne einen ziemlich raschen Stoffwechsel«ᴰᴰ, sagt der Bayer zu seinem Publikum von fünf Leuten. Zwei Deutsche oder Schweizerinnen sehen teilnahmslos zu, wie eine andere Schlange, auch nicht umfangreicher als zwei, drei Zentimeter, einen lebenden Frosch verschlingt, den Kopf zuerst, etwas würgt, als erst die Beine verschwinden und dann die Füße. Die grüne Schlange, die mir gefällt, ist aus Indien. Während ich zusehe, höre ich Musik, spüre ich das Tempo des langsamen, beständigen Dschungels und will hinreisen. Im nächsten Behälter frisst eine Schlange ihre abgeworfene Haut, und die Frau greift ein und zieht und zieht daran.

24. SEPTEMBER 1951 Wieder ein Tag, an dem wir nichts tun, kaum lesen. Wir trinken Kaffee, gehen in Läden und Buchhandlungen, halten ein Nickerchen und lieben uns.

27. SEPTEMBER 1951 Wir machen uns auf nach Zürich, der Himmel ist noch bewölkt. Regen. Der Gotthardpass ist für mich höchst aufregend und erregend. So wie die Endless Caverns[28] in meiner Kindheit. Zürich ist sehr adrett und bourgeois und opulent. Ellen dreht durch bei den Geschäften hier. Wir übernachten sehr kostspielig im Baur au Lac. Ich bin ein wenig luxusgesättigt.

27. 9. 1951 Der Gotthardpass. Die Straße steigt lange an zu immer größeren Felsenbergen, von weißen, schaumigen Rinnsalen gestreift, dem kristallklaren Wasser der Alpen. Es regnet, vielleicht gibt es mehr Wasser als sonst, und im Licht ist das Gras leuchtend grün, verdunkelt sich wie eine Gouache-Malerei geschmeidig in dunkleres Grün, Häuser, umzäunt von ordentlichen braunen Holzzäunen. Die Straße beginnt sich zu winden. Manche der Berge sind wolkenumhüllt. Der Wagen ächzt im zweiten Gang hoch hinauf, dann im ersten, dann wieder im zweiten. Die Straße wird zu der harten, gutgepflasterten Steinstraße vergangener Zeiten. Napoleon ist hier marschiert, Pferde, Männer, Pulverkisten. Wieder warnen Schilder am Straßenrand vor Militärmanövern. Erste Festungsanlagen. (Der San Gottardo wurde nie verteidigt, da die Schweiz seit dessen Befestigung in keinem Krieg war. Aber er ist völlig vermint, sagt meine Freundin, sie können ihn im Handumdrehen in die Luft sprengen.)

Die Felsen sind grau, bräunlich, die Straße beschreibt lange Schleifen, eine über der anderen, so steil, als ginge man die Treppe

---

28 Vermutlich die Kalksteinhöhlen Endless Caverns in der Nähe von New Market, Virginia, die Highsmith 1930 mit ihren Eltern besuchte und von denen sie anschließend ihren gebannt lauschenden Klassenkameraden gruselige Geschichten erzählte: ihr erster »Vorstoß in Richtung des Schreibens«, »das erste Mal, dass ich durch eine Geschichte Freude bereiten konnte«. (*Suspense oder Wie man einen Thriller schreibt*, Diogenes, 2013, S. 97)

1951

hoch. Bald können wir kaum noch miteinander sprechen, weil unsere Ohren dröhnen und verstopft sind. Ich sitze ganz vorn auf der Sitzkante. Es ist irgendwie überwältigend aufregend – die Höhe, die Geschichte, die Weite, die kühle Unnahbarkeit der Natur hier, die dem Menschen erlaubt, sie mit Straßen zu erobern, den ganzen Weg hinaufzukommen und zu staunen und schwindelig zu werden. Wir kommen höher und höher, wenn der Kilometerstein 32 erreicht ist, werden wir auf der Passhöhe sein. 2400 Meter. Wir fahren in eine Wolke. Am Pass ist das ᴵᵀHospizᴵᵀᴵᵀ, das die Mönche im 18. Jahrhundert erbaut haben.²⁹ Ein großer See neben einem Staudamm und davor ein Kriegerdenkmal für irgendeinen italienischen Flieger, 1928, zwei Adler auf einem Felsbrocken und einer unten über der Inschrift.³⁰ Es ist kalt und regnet. Wir können die Berge ringsum nicht sehen, als wären wir allein auf einem Gipfel, in der dünnen Luft, ein bisschen verängstigt, wie die Autos, die behutsam auf der anderen Seite mit der Abfahrt beginnen. Hier ist sie aus irgendeinem technischen Grund nicht gepflastert, und wir müssen langsamer fahren, & die Felsen sind jetzt grünlich, die bräunliche Erde und das Gras durchsetzt von rostfarbenem Moos oder Gras, ein paar Gänseblümchen. Kühe mit großen, schönen Schnallen an ihren Lederhalsbändern grasen am Straßenrand. Wir kommen an fünfzig Kühen vorbei, die getrieben werden, sie gehen alle in einem gleichmäßigen Tempo, und der Rhythmus ihrer Glocken – Zinn oder Kupfer oder diese schweren, kunstvoll gegossenen und klangvoll läutenden Glocken mit eingravierten Mustern – klingt wie schottische Dudelsackpfeifen, wie Dutzende Instrumente, die im Takt spielen. Kräftige Kühe mit nassen Rücken, graue und braune. Ein fröstelnder junger Hütehund läuft an der Leine neben seinem Herrn. Autos kriechen bergab durch den Nebel, die Sicht beträgt nicht

---

29 Wann die erste Kapelle auf der Passhöhe errichtet wurde, ist nicht bekannt, wohl aber, dass das Hospiz für Reisende und Pilger bereits im 15. Jahrhundert vergrößert und 1799 zerstört wurde. Im 19. Jahrhundert baute der Kanton Tessin das Gebäude wieder auf.
30 Denkmal für den Schweizer Piloten Adrien Guex, der 1927 wegen schlechter Sicht in der Region verunglückte.

mehr als drei Meter. In mehreren Kurven ist der Zaun umgefahren. Geraten die Leute hier in Panik und vergessen zu lenken? Es geht endlos bergab, bergab, Andermatt entgegen. Vor Andermatt kommt Hospental: ein winziger, sauberer Skiort. Zwischen zwei engstehenden Häusern auf beiden Seiten der engen Straße erhascht man einen Blick auf einen rechteckigen grünen Steilhang im Hintergrund, ein Haus mit braunem Dach auf halber Höhe des Bergs, einen Baum und den Himmel. Die Pfeile weisen jetzt in die andere Richtung: zum San Gottardo, zum St. Gotthard, bedeuten den Autos, bergaufwärts zu fahren, und die Fahrer, die uns entgegenkommen, sehen ängstlich aus. Nebel und Regen sind so erschreckend, als wäre es Nacht. Die Bunker überall in den Bergen mit ihren soliden befestigten Türen, bereit, das Feuer zu eröffnen, werde ich nie vergessen.

[Zürich.] Unvorstellbar adrett und sauber, wie ich es noch nirgends gesehen habe, außer vielleicht in manchen wohlhabenden kleinen Städtchen in Connecticut. Der See zur Rechten, als wir in die ᴰStadtmitteᴰᴰ fahren. Der See verengt sich zu dem Fluss, der durch die Stadt fließt. Die Bahnhofstraße ist die schickste Straße. Amerikanische Autos, tadellos gepflegte Straßenbahnwaggons mit ausnahmslos gutgekleideten Passagieren, niemand trägt auch nur ein schäbiges Stück. Nagelneue Autos, die jeden Morgen gewaschen werden. Die Hauptstraße. Massive Steinhäuser mit reichdekorierten Schaufenstern. Spinnräder voller Wollwaren, Kleiderpuppen mit schwarzen Seidenröcken, Pullover, Lederwaren, Schuhe, ein Thomas-Cook-Reisebüro, der Inbegriff bourgeoiser Ehrbarkeit und Spießigkeit. Kein Fitzel Papier auf den Straßen. Bäume entlang der Limmat, Trambahnen fahren auf den zahlreichen einfachen Brücken, als wären sie einfach eine Fortsetzung der Straßen. Doch dahinter kopfsteingepflasterte alte Gassen mit Erkerfenstern wie im alten England, in Frankreich oder Deutschland. ᴰBierstubenᴰᴰ mit Fenstern voller Blumenkästen, und überall runde steinerne Brunnen mit einer kleinen menschlichen Statue, strudelndem Wasser und irgendeiner Inschrift zum Ruhm Zürichs.

1951

Wir haben ein Hotelzimmer reserviert, aber erst für morgen, und da das Hotel ausgebucht ist, kümmert es den Schweizer Hotelier kein bisschen, ob wir morgen wiederkommen oder für die heutige Nacht irgendwo anders unterkommen können, knöpft uns 20 Rappen für einen Anruf bei einem anderen Hotel ab. Beim Baur au Lac dürfen wir nicht im Hof parken, obwohl mehrere andere Autos dort stehen. Ein grinsender Mann mit Pferdezähnen – massig, dunkelblauer Anzug, der typische Schweizer in seinem typischen Gewerbe – spricht englisch mit einem amerikanischen Gast. Im Hotelzimmer kann man vom Bett aus elektrisch die Tür aufsperren. Das Select Café an der Ecke eines kleinen viereckigen ᴰPlatzes^{DD}, weiße Vorhänge an den Fenstern, moderne Architektur. Ich gehe hinein und steige die Treppe zum Obergeschoss hoch. Es ist ein Intellektuellencafé, Studenten, die ungewaschensten Schweizer, die es überhaupt gibt, trinken Kaffee, lesen Zeitung. Männer in ungebügelten Hosen. Welche Fackel schwingen sie dieser Tage? An was glauben sie außer an Harveys Theorie des Blutkreislaufs.[31]

30. SEPTEMBER 1951 Packen für die Abreise. Ich fühle mich sehr unentschieden, nutzlos, vage schuldig, weil ich hier keinen gesellschaftlichen Verpflichtungen nachgegangen bin. Ich bin nie wirklich zufrieden, solange nicht etwas an mir zerrt wie ein Gummiband. Nur mit mehr gesellschaftlicher Politur kann ich diese amerikanische Gewohnheit unterdrücken, etwas zu tun haben zu müssen. Ich bin so ziemlich bereit, nach Salzburg zu fahren, dort zu bleiben und zu arbeiten.

2. OKTOBER 1951 [München.] Sah heute Abend *Zwei Fremde im Zug* in der McGraw-Kaserne. Hat mir insgesamt gefallen, vor allem Bruno, der den Film genauso zusammenhält wie das Buch. Die ersten 5 Minuten verpasst, weil Ellen & ich zu spät waren. Jack M.

---

31 Der englische Anatom und Arzt William Harvey (1578–1657) gilt als Entdecker des großen Blutkreislaufs.

stand da und wartete – Ellen hatte mir strikte Anweisungen gegeben, dass sie nirgends mit Jack & Tessa essen gehen würde, weil sie gesellschaftlich unter ihrer Würde sind. Es folgten die peinlichsten Momente meines Lebens, als Jack uns nach dem Film begleiten wollte. Von Ellen war keine Hilfe zu erwarten, die mir rätselhafterweise vorwirft, ich würde mit Jack & Tessa allein essen wollen usw. und andere Dinge, die nicht stimmen. Zuletzt ging Jack allein mit uns zum Schwarzwälder, und alles war nett. Obwohl das Erlebnis mir nervöse Verdauungsbeschwerden eingebracht hatte, ich fühlte mich verschwitzt, völlig ratlos, ohne zu wissen, was ich wollte. Ellen kann so verdammt unangenehm sein, vor allem ihre Stimme – und ich schäme mich vor Jack, der ein Proletarier sein mag, aber trotzdem ein guter Typ. »Sobald irgendwas schiefgeht, greifst du zur Flasche«, wirft Ellen mir vor (ungerechterweise – aber wenn mich jemals jemand zum Trinken brachte, ist sie es!).

3. OKTOBER 1951 Jo sagt: »Ellen wurde schon alt geboren. Eines Tages wirst du einfach die Nase voll haben und dich aus dem Staub machen – weil es das nicht wert ist. So geht es jedem.« Ich habe Jo von unseren Fahrten erzählt. Und in ihr mehr oder weniger den Eindruck hinterlassen, absichtlich, dass Ellen & ich nicht mehr allzu lange zusammen sein werden. Ich muss weg, um zu arbeiten usw., und in München, oder in Ellens Nähe, kann ich nicht arbeiten. Ellen passt das eigentlich ganz gut.

4.10.1951 Herbst im Herzen und alte Tragödien, Tränen, der Nachhall des Schmerzes und das hohle Echo eines lauten Schreis mitten im Weinen. Ich starrte sie an, bis ich sie nicht mehr kannte und ihren Namen nicht mehr wusste, nur ihre Gestalt und ihre Knochen kannte und die Schatten unter ihren Augen, und dann begann ich zu zeichnen, während im Radio eine Chopin-Etüde lief. Oh, wie wunderbar mein Stift sich benahm! Der Herbst kam geschwind, ein wachsender nächtlicher Schatten, der mir sagte, eines Tages wirst du nicht mehr bei ihr sein, die du jetzt liebst, aber deine zeichnende Hand, dein Talent und deine Sehnsucht, dein Mut und deine Selbstlosigkeit, dein Glück, wenn du zeichnest, all das wird dir immer bleiben, bist du auch siebzig und zahnlos, arm und allein, aber sie? Sie jetzt im Licht – ich höre sie atmen –, sie wird nicht mehr da sein und schlimmer, fast vergessen. Der tragische Chor sang in meinem Herzen, und ich verfolgte das ferne Spiel ganz nah, mit Tränen in den Augen.

5. OKTOBER 1951 Für Salzburg gepackt, wir brechen heute Nachmittag um 4:30 auf. Sehr, sehr glücklich. Mittagessen mit Jo. Sehr nervös. Sie will Ellen einen Rauhhaardackel schenken, als Ersatz für Amor.

7.10.1951 Salzburg – um acht Uhr morgens sieht man aus dem Fenster des Hotels auf ein Panorama in Grau. Der Herbstnebel von den Bergen liegt dünn über der Stadt, verschleiert die schwarzen Dächer und Türme und macht die steinernen Burgen und Schlösser in der Ferne so bleich wie Geister. In direkter Linie Richtung Festung sieht man nicht weniger als vier Turmspitzen mit einer Uhr, eine mit einer goldenen Kugel auf ihrer nadelartigen Spitze, eine im stämmigen Tiroler Stil, wie er auf dem Land als Zwiebelturm oder Doppelzwiebelturm ausgeprägt ist. In der Ferne kauert die Festung oben auf ihrem Hügel, lang und grau, mit kleinen blinden Fenstern in einer Reihe. Bäume erstrecken sich von ihren Mauern bis in die Stadt hinunter. Weiter weg kann man gerade noch rauchblaue Berge erkennen. Hufgeklapper ertönt, und ein Karren fährt auf dem Hof unten vor. Der Springbrunnen mit dem weißen Marmorpferd und dem kunstvollen Geländer um das Becken tröpfelt noch hörbar. Die Obsthändler öffnen ihre Karren und legen ihre Äpfel, Trauben, Kartoffeln, Pfirsiche aus und die langen Wurzeln mit dem Namen, den man sich unmöglich merken kann, welche die Österreicher in ihre Suppen geben. Inzwischen scheint die Sonne ab und zu, funkelt zuerst an der goldenen Kugel des Kirchturms, entlang dem First eines schwarzen Dachs, auf dem zarten Grün eines Waldstücks; und verschwindet dann wieder.

20. OKTOBER 1951 Heute Morgen lagen wir ewig im Bett. Warum sollten wir überhaupt aufstehen? Nach dem Frühstück wieder ins Bett. Wir sind die glücklichsten Menschen der Erde. Aber wir sind dieser Tage nicht auf der Erde, keine von uns. Nein, nicht einmal Ellen, und ich ganz gewiss nicht. Wir sprachen über Charakter – sie wird aus meinem noch nicht richtig schlau, sagt sie. Vielleicht meint sie meine Art von Unlogik. Sie sagt, sie fragt sich, wie ich ganz allein in der Welt überlebe. Damit meint sie vermutlich, dass ich Zahlen nicht im Kopf behalten kann und offenbar jedem vertraue. Darauf trank sie einen Gin, bevor sie aufstand, um sich für das Abendessen anzuziehen. Später gingen wir ins Flora auf einen Brandy und redeten weiter. Sie sagte: Sie habe sich die ganze letzte Woche Sorgen gemacht, weil sie dachte, sie sei für mich nur etwas Vorübergehendes. Das denkt sie jetzt nicht mehr. Wie konnte sie nur? Ich war noch nie so verliebt, nicht einmal in Ginnie, glaube ich. (Endlich!) Sie brachte Post von Margot mit: Bei Coward-McCann mögen sie mein Buch *[Salz und sein Preis]*! Ich bin so froh! Auch der Vertriebsleiter mag es, was wichtig ist. Ab und zu denke ich über eine Stelle nach, die ich gerne einfügen würde. Vielleicht kriege ich es hin. Verdammt – die Art Buch, die immer weiterwächst. Aus Schweden auch ein Scheck über 200 $ [für *Zwei Fremde im Zug*]. Alles in allem meine Finanzen im Augenblick erfreulicher, als ich erwartet hätte.

22. OKTOBER 1951 Wir haben Blumen, ein Radio, Bücher – wir haben Ruhe und Frieden, die Gegenwart und vor allem Zukunft. (Und ich habe meine Regel.) Mit Ellen um 7:15 gefrühstückt. Deprimiert, dass sie geht. Wenn sie weg ist, betrete ich eine andere Welt. Ellen sagte letzte Nacht: »Du und ich, wir sind eine wunderbare Kombination. Das weiß ich. Ich wusste es die ganze Zeit.«

(Wir sind genau das Gegenteil, und das extrem. Maskulin und feminin, auch das in genau gegensätzlicher Hinsicht.) Sie ist wie eine Schale voller Magnolienblüten, weich und weiß, schimmernd und dämmrig, weich und süß, ich ertrinke, kann aber trotzdem atmen. Ich kann sie trunken machen, wenn ich sie liebe. Sie sagt: »Du bist die beste Liebhaberin, die ich je erlebt habe – von der ich je gehört – gelesen habe ...«, und: »Ich wusste nicht, dass du je so etwas sagen würdest. Gedacht habe ich es.« Diese Woche ist sie so viel glücklicher. Das ist die beste Woche.

25. OKTOBER 1951 Heute Abend bin ich so viel zufriedener als in vielen Jahren. Ich habe alles, was ich mir wünsche. Und bin im Frieden mit mir selbst. Ich kann ehrlich sagen, wenn ich zusammenrechne, dass ich keine sechs Monate so wirklich glücklich war, wie ich es jetzt bin – selbst wenn ich verschiedene vergangene Phasen zusammenzähle. Die verdammte Regel nimmt kein Ende – fünfter Tag – den ganzen Tag, um dann um 5 Uhr einzusetzen, als würde ein Hahn aufgedreht. Erschreckend.

26. OKTOBER 1951 Ellens Brief. Wunderschön, und eine Menge auf einem Blatt. (Ich erinnere mich an Rosalinds Brief – mit einem Anflug von Scham. Damals konnte ich es nicht beurteilen.) »Wisse jede Stunde, dass ich dich liebe und mich nie verändern werde.« Zu allen Stunden. An meinen Notizen [zu *The Sleepless Night*] weitergearbeitet, ein großes Blatt gelbes Papier mit den Personen und der allgemeinen Gliederung der Kapitel. Aber »Kapitel« wird es nicht geben. Es wird keine Anführungszeichen geben, keine Beschreibungen oder Hintergrunderläuterungen. Jeder Protagonist wird den Stil bestimmen, und dazu muss ich wahrscheinlich herumprobieren.

Sie kam um 7:15. Wir sind beide noch nervös, aber es ist schon viel besser. Und unbedingt alles, was ich will, wenn sie hier ist. Wir essen zu Abend, lesen Briefe – ein Brief von Ann S. berichtet, dass sie von einer Großmutter 30 000 $ geerbt hat. Wir erörtern Finanzen – die Ellens Denken nie fern sind –, und sie sagt: »Weißt du nicht, dass ich weiß, was ich da habe? So dumm bin ich nicht«, womit sie eine Künstlerin ohne Geld meint. Aber öfter als ich sagt sie: »Ich liebe dich. Ich bin absolut verrückt nach dir. Du bist ganz genau, was ich will.«

30. OKTOBER 1951 Begann mein Buch *Sleepless [Night]* heute Morgen auf ganz entspannte Weise. Seite sechs. Ich bin glücklich damit. Aber kann noch nicht viel sagen. Der Stil kann sich noch ändern. Die Schwierigkeit, es lesbar zu machen, mit der ansprechenden, verständlichen Beschaffenheit, die ganz selbstverständlich für mich ist. Gott helfe mir, dass es gelingt, und mit seiner Hilfe wird es das. Sehne mich nach einem Wort von Margot. Fühle mich dieser Tage sehr abhängig von ihr. Bin heute Abend sehr niedergeschlagen. Ich frage mich, warum – weil die ersten Zeilen auf dem Papier eines neuen Buchs unvermeidlich einen Absturz bedeuten? Jedes Buch ist vollkommen, bis man es zu schreiben beginnt.

5. NOVEMBER 1951 Müde. Hitchcock interessiert sich für neuen Stoff, würde mir die Reise nach London bezahlen, wenn ich irgendwelche ausgefallenen, neuen Einfälle für ihn hätte.

15. 11. 1951 Allein leben, ganz und gar allein. Keine Langeweile. Keine Einsamkeit im üblichen Sinn. Nur die Anspannung, das Tempo, der Rhythmus lassen nach – und das ist genug. Das Leben wird zu einem schlaffen Seil. Ich persönlich würde nicht zu den Besten darin gehören, in der Einsamkeit den Wahnsinn abzuwehren (sollte der Wahnsinn einen in der Einsamkeit überfallen). Ich hätte gedacht, das würde ich. Vielleicht beschäftige ich mich zu viel mit Details. Das ist so schlecht wie für jemand in Isolationshaft die Liebe zur Freiheit und der grenzenlosen Weite.

27. NOVEMBER 1951 Dies Irae. Nervös den ganzen Tag gearbeitet. Ellen heute Abend erschöpft, schickte mich einmal mehr nach Hause. Ich wäre so gerne nur ein wenig bei ihr gelegen. So unsicher bin ich, so absurd gekränkt, wenn man mir nicht ständig in allem nachgibt. Gefährliches Gespräch abends über meine Unordnung, meine Selbstsucht usw. Wieder am einzigen Riss herumgehebelt, der uns jemals spalten könnte. Ich erzittere wie am Rand eines Abgrunds und tue zugleich, was ich nur kann, um die Aussicht zu verfinstern, um den Riss zu erweitern, indem ich sofort zu handeln vorschlage.

30. II. 1951 Dieser unerbittliche Zank zwischen Liebenden, dieses Waffengeklirr über die Position eines Weckers auf dem Nachttisch, wenn der andere nicht sein bestes Kostüm aus dem Koffer nimmt und auf den Kleiderbügel hängt: Zwei Liebende blicken einander über einen Abgrund an, so ratlos wie moderne Armeen, die einander bekämpfen. (Dieses Gefasel! Diese Erbsenzählerei! Diese Unwirklichkeit, diese Selbstsucht, diese Grimmigkeit!) Das halte ich nicht aus! Lieber Einsamkeit bis zum Ende meiner Tage als das! Lieber Langeweile und Einsamkeit als diese Barbarei.

1. DEZEMBER 1951 Merkwürdige Eifersucht auf den Dackel, weil er auch in Ellen verliebt ist und die gleiche Unsicherheit, das gleiche Bedürfnis nach ständiger Bestätigung kundtut. Er frisst nur, wenn sie neben ihm sitzt. Er besteht auf seinem Platz im Bett. Als wir heute Abend zurückkamen, nachdem wir *Der Idiot* gesehen hatten, hatte er das Zimmer verwüstet, Kleiderbügel heruntergerissen, ein schönes Weihnachtspäckchen, das ich für Ellen gemacht hatte, in Fetzen gerissen und auf den Boden gekackt. Ich war so wütend, ich hätte den Hund erdrosselt, wenn er sich in mein Manuskript verbissen hätte, das hätte ihn zweifellos das Leben gekostet. Unsere Pläne für den Abend hat er jedenfalls ziemlich über den Haufen geworfen.

4.12.1951 Was für ein Riesenschritt wäre es für die Weltliteratur, wenn jeder, der ein Buch schreibt, ideale Arbeitsbedingungen haben könnte – ein ruhiges Zimmer, Regelmäßigkeit, Sorglosigkeit. Die Erfordernisse eines Schriftstellers sind so einfach, aber das Schwierigste und auch das Kostspieligste in der heutigen Welt ist die Privatsphäre. Vielleicht wird nicht mal ein Buch unter tausend unter idealen Bedingungen geschrieben, was heißt, so gut, wie es hätte werden können.

Die Welt ist voller Schriftsteller, die in mühsam erkaufter Freizeit in lauten unbequemen Zimmerecken schreiben, sich unterbrechen müssen, um für andere zu arbeiten, usw., usf., und nur diejenigen mit der glühendsten Überzeugung bringen es fertig. Angesichts der psychologischen Beschwernisse der heutigen Schriftsteller ist diese rücksichtslose Auswahl der Hartnäckigsten auch nicht wirklich fair.

10. DEZEMBER 1951 Ellen ging in übler Stimmung, wegen zu wenig Schlaf & weil ich unfähig war, eine Milchpackung zu öffnen. (Ich bin immer unfähig, & Ellen lässt keine Gelegenheit aus, mir das zu sagen.)

20.12.1951 Eine meiner Eigenschaften ist unermesslich – die Undankbarkeit. So tief verwurzelt, so unauslöschlich, dass sie am meisten gegen mich selbst arbeitet. Ich kann mich an keine meiner früheren Leistungen erinnern, kann keine moralische Stärke aus irgendeiner meiner guten Eigenschaften oder Fähigkeiten gewinnen. Ein schlechter Tag kann mich nicht nur diejenige, die mich liebt und die ich liebe, vergessen machen, sondern auch, dass ich jemals eine gute Zeile geschrieben habe.

24. DEZEMBER 1951 Jack kam um 12:45. Schwer erkältet. Haben Weihnachten heute Abend mit Champagner gefeiert – ich in meiner neuen weißen Bluse aus Salzburg –, Pastete, von Ellen aufgeschnitten. Etwas trostlos wegen Jacks Erkältung & daher Schwei-

gen. An Ellens Stift brach die Feder – ich dagegen wurde mit einer Fülle von Geschenken überwältigt. Ich bin mir nicht sicher, dass Ellen der Ring gut genug gefällt, dass sie ihn tragen wird. Sie sagt, er müsse altern. Ich gelobe Besserung – kaufe ihr vielleicht eine Halskette.

Nach dem Abendessen war mir sehr unwohl – als Ellen mir auf dem Bett Vorhaltungen machte über meine Geistesabwesenheit & ihr Gefühl, ich sei nicht bei ihr wegen fehlender Antworten usw. Sie hat das Gefühl, ich sei zu viel allein, und Gott weiß, dass es so ist & Salzburg viel länger ging als beabsichtigt. Zwei volle Monate am Buch, wo es nicht mehr als sechs Wochen hätten sein sollen. Und es ist so schwer, sich zu verteidigen – gegen Ellens Strafpredigten, die mir immer vorkommen, als würden sich dahinter gewichtigere Vorwürfe verbergen – weil ich allein arbeite, offenbar selbstsüchtig, selbstbezogen und ohne Nutzen für andere. Der Tiefpunkt, als ich um 12:45 von der Mitternachtsmesse zurückkam und sie noch viel später aufweckte, als ich zu ihr ins Bett ging. (Ich war hungrig, keineswegs schläfrig, aber darum geht es nicht.) Sie warf mir erbittert vor, das jede Nacht unserer Bekanntschaft getan zu haben, und erklärte, das müsse ein Ende haben – oder wir. Und zuletzt, dass ich sie in München wie eine gewöhnliche Freundin behandeln muss, weil ich sie viel zu sehr in Anspruch nehme.

25. DEZEMBER 1951 Ein ausgesprochen unweihnachtlicher Tag. Ellen früh auf & ging bei elektrischem Licht weg. Ich fühle mich miserabel; Gewissensbisse, weil ich sie Weihnachten nicht glücklicher gemacht habe, doppelte Gewissensbisse, dass alles, was wir in letzter Zeit, abgesehen von Freitagnacht im Bett, erlebt haben, Streitereien waren, Entschuldigungen, Vorwürfe von hartherzigem Desinteresse (von meiner Seite) an ihrem Schlafbedürfnis. Sie sagt, sie habe seit Sept., als sie mir begegnet ist, zunehmend an Schlaf verloren. Ich folge meinem üblichen Muster und mache den Fehler, mich davon verwirren zu lassen, und sage ihr in einem Sumpf aus

Zweifeln, Minderwertigkeitsgefühlen, Gewissensbissen, Enttäuschung, Depression, dass ich fürchte, es in München selbst mit den besten Absichten nicht besser hinzubekommen & dass es deshalb besser für uns beide ist, wenn ich in Salzburg bleibe. Das war gestern Abend. Ellen besteht darauf, dass ich mitkomme.

26. DEZEMBER 1951 Die Geschäfte erneut geschlossen. Habe mich heute damit vergnügt, neun Seiten einer Kurzgeschichte zu schreiben – über den Mann, der sich als den verschollenen Sohn ausgibt. Aber ich bin dieses Zimmer, dieses Leben – diese Einsamkeit entsetzlich leid. Mein Geist verrostet in der Abteilung Gespräche. Zweifellos ist das ein Teil dessen, was mit mir los ist. Zurzeit bin ich ein gutes Beispiel des Sprichworts: Arbeit allein ... klasse und massenhaft Geschenke von Ellen – ein graues Cordhemd, eine Puderdose, Strümpfe, ein Paar Trinkgläser in einem Lederetui, eine wunderschöne weiße Seidenbluse wie die des kleinen Lord Fauntleroy.

Diese Stadt ist für mich wesentlich weniger attraktiv als ein Friedhof, wenn die Läden zuhaben. Ich esse allein unten zu Abend, nichts und ohne Interesse.

31. DEZEMBER 1951 Nichtssagender Tag. Ich bin immer noch unglücklich – wegen der schlechten Stimmung zwischen E. & mir, schlafe schlecht und allein. Ich musste noch nie jemanden bitten, mit mir zu schlafen, & ich habe nicht vor, damit anzufangen. Ist ihr das nicht klar? Heute Abend fuhr ich aus der Haut & erwähnte ihre Bemerkung über das Trinken von gestern Abend. Sie sagt zuerst: »Tut mir leid.« Dann, dass ich übertreiben würde. Ich sage nur zu ihr, sie sei es wohl gewohnt, mit deutschen Untergebenen zu tun zu haben. Für sie habe ich nicht einmal die Würde eines Hundes. In den Kammerspielen sahen wir *Minna von Barnhelm,* ausgezeichnete Aufführung, auch Seyferth. Waren in Abendkleidung da. Ich war immer noch durcheinander und den Tränen nahe. Was für ein Loch all das in unsere Beziehung gerissen hat, und selbst geflickt wird es

eine Schwachstelle bleiben. Meine Mutter schickt zwei Unterkleider & einen kalten Müsli-Früchtekuchen, den Ellen sehr zu würdigen weiß. Sehr hübscher Karton, der Heimweh macht.

Gingen zu großer Silvesterparty. Das erste Silvester, das ich mit einer verbracht habe, die mir wichtig war, jetzt verdorben durch gegenseitige Unterdrückung, Abwehrhaltung usw. Wir sind zweifellos beide müde. Zu Hause um 2:30.

1952

1952 ist ein in vielen Belangen aufreibendes Jahr für Patricia Highsmith. Beruflich, weil ihr die innere und äußere Ruhe zum Arbeiten fehlen, finanziell, weil sie mit den Tantiemen ihrer Bücher nur knapp über die Runden kommt. Besonders jedoch seelisch durch die Achterbahnfahrt ihrer Gefühle für ihre Geliebte Ellen Hill. Die beiden führen eine aufreibende Beziehung, lieben und streiten sich, verlassen und versöhnen sich wieder. Ihr Leben ist hektisch, sie streifen ruhelos durch Europa, bleiben meistens nur ein paar Wochen am gleichen Ort.

Zu Beginn des Jahres lebt Patricia Highsmith weiterhin in München, in einer Schwabinger Pension unweit von Ellen. Mitte Januar fährt das Paar in Ellens kleinem Fiat zum Erscheinen von *L'Inconnu du Nord-Express* (der französischen Übersetzung von *Zwei Fremde im Zug*) nach Paris, wo Patricia Highsmith Interviewtermine und begeisterte Kritiker erwarten, die ihr mit Vergleichen mit ihrem literarischen Vorbild Dostojewski schmeicheln. Ihr Verleger ist Calmann-Lévy Éditeur, der ihr bis zu ihrem Lebensende treu bleiben wird.

Im Mai 1952 erscheint bei Coward-McCann in New York Patricia Highsmiths zweiter Roman, *Salz und sein Preis*, unter dem Pseudonym Claire Morgan. Unmittelbar nach Erscheinen der Hardcover-Ausgabe im Mai werden die Taschenbuchrechte verkauft, was für etwas finanzielle Entspannung sorgt. Die Autorin allerdings bezeichnet die dafür erhaltenen 6500 $ im Tagebuch als viel Lohn für schlechte Literatur. Inzwischen versucht sie mehr schlecht als recht unter unzumutbaren Bedingungen an Roman Nummer drei weiterzuschreiben, *The Sleepless Night*. Das Manuskript steht unter keinem guten Stern, und Highsmiths amerikanische Verlage Coward-McCann und Harper & Brothers lehnen es beide ab – ein ganzes Jahr Arbeit umsonst. Um diesen finanziellen Rückschritt wettzumachen, versucht die Autorin sich wieder mit psychologischen Kurzgeschichten über Wasser zu halten, mit denen sich ihre Agentin in New York zu ihrer wachsenden Besorgnis schwertut, Interessenten zu finden. Ein geplantes Projekt mit *Reader's Digest* platzt ebenfalls, und auch aus den Filmideen, die sie Alfred Hitchcock auf seine Anfrage hin schickt, wird nichts.

Dennoch beginnt Patricia Highsmith mit Vorarbeiten für einen neuen, ihren vierten Roman, *A Man Provoked* (später *The Blunderer/ Der Stümper*), mit dem sie zum bewährten Muster ihres erfolgreichen Debüts *Zwei Fremde im Zug* zurückkehrt: dem Spannungsroman. Er soll von einem Mann handeln, der einen ungelösten Mord imitieren will, von dem er in der Zeitung gelesen hat. Das erkorene Opfer: seine ungeliebte Ehefrau – Ellen Hill täuschend ähnlich. Der Roman stagniert mangels Inspiration und weil Ellen das Klackern der Schreibmaschine nicht erträgt. Zwei weitere von ihrer unglücklichen Beziehung mit Ellen geprägte Texte sind die schnell hintereinander geschriebenen Kurzgeschichten »Des Menschen bester Freund« über einen deutschen Schäferhund, der seinem Herrchen so überlegen ist, dass dieser sich umbringen will, um dem unerträglich urteilenden Blick des Hundes zu entkommen, und »Die Heimkehrer«, die einerseits das langsame Zerbrechen einer Paarbeziehung schildert und andererseits mit ihrem Münchner Nachkriegsflair und den wiederholten Anspielungen auf den auch nach Kriegsende vorhandenen deutschen Antisemitismus ein weiteres seltenes Beispiel für historisch-politischen Zeitbezug in Patricia Highsmiths Werk darstellt.

Den Frühling verbringen die beiden Frauen pendelnd zwischen München und Paris, dann an der Côte d'Azur, anschließend geht es weiter nach Florenz, Neapel, Ischia (wo Highsmith W. H. Auden trifft) und schließlich nach Positano. Dort tritt sie eines Morgens auf die Hotelterrasse und sieht in der Ferne einen Mann in Shorts und Sandalen mit einem Handtuch über der Schulter am Strand entlanggehen. Er wirkt nachdenklich, rätselhaft, faszinierend. Sie sieht diesen Mann niemals wieder, doch die wenigen Minuten genügen, um ihn weltberühmt zu machen: Er wird die Vorlage für Tom Ripley, Patricia Highsmiths künftigen Serienhelden, der ihr den endgültigen literarischen Durchbruch bringen wird. Den Moment hält sie allerdings weder in ihrem Tagebuch noch in einem der Notizbücher fest; erst 1990 erfahren ihre Leser in einem Essay zur Entstehung der Ripley-Romane davon.

Ende Oktober hält Patricia Highsmith den andauernden Psychokrieg mit Ellen nicht mehr aus und flieht allein ins kalte Florenz. Kaum ist sie da, sehnt sie sich nach Ellen. Sie verflucht ihre eigene Unstetheit und hat Heimweh nach ihrer Mutter und nach Amerika.

* * *

1. JANUAR 1952 Blieb noch bei Ellen, weil das Biederstein[1] noch nicht bereit war. Machte einen Spaziergang mit [Ellens Hund] Henry zum Englischen Garten und geriet in Hagel & Schneesturm – schrecklich.

5. JANUAR 1952 Heute Mittag mit Ellen nach Gmund usw. gefahren, um mit ihrer Mutter zu Mittag zu essen. Gerieten in einen Schneesturm, verloren die Kontrolle über den Wagen beim Versuch, einen Hügel hinaufzufahren. Ich war ausgestiegen. Ich & zwei andere Burschen mussten Ellens Wagen festhalten, während sie ausstieg. Ein anderer Wagen rammte die linke Tür – ein 600-DM-Schaden –, und Henry völlig verängstigt. Mit Zug & Taxi kamen wir um 6 von diesem schrecklichen Ausflug zurück. Selbst Ellen schlug einen ordentlichen Drink vor. Wir hatten Martinis – gingen dann ins

---

1 Die Pension Biederstein in Schwabing, das ehemalige Stadthaus von Mechtild Gräfin von Harrach.

Bett. Es war sehr schön. Und ich blieb auch über Nacht. Leider kann Ellen nicht in dem engen Bett schlafen und muss ins andere Zimmer gehen.

6. JANUAR 1952 Jack [Matcha] rief an – Ellen war hier bei mir im Biederstein. Hat uns für heute Nachmittag eingeladen – zum Plattenhören. Taten wir mit Freuden, mit Henry (da immer noch ohne Auto) im 22er-Bus. Hatten ein paar feine Martinis – kamen zurück, & ich mischte Ellen einen Brandy-Menthe-Cocktail, damit sie den proletarischen Gestank loswerden konnte. Ich vertrage solche Leute besser, weil ich finde, dass sie besser sind als gar nichts, in München, wo gar nichts los ist.

7. JANUAR 1952 Ich bin müde & weiß nicht, ob ich mein Buch *[The Sleepless Night]* diesen Monat beenden werde oder nicht. Neuigkeiten, dass Ellens Italienisch von Nutzen sein wird & dass die IRO[2] in neuer Form weitergeführt wird. Ellen so versessen auf einen neuen Job, dass ich überzeugt bin, wenn sich einer fände, würde sich Mallorca in Luft auflösen. Zum Glück findet sich so schnell keiner. Im Übrigen habe ich in der Küche meine gewohnten Untaten begangen: Salatölfleck auf dem Tischtuch, Geruch verbrannter Zwiebeln – Zwiebeln braten, was 99 von 100 mögen würden, ist Ellen ein Greuel. Habe den Hund am Tisch gefüttert. Und mein Holzfällerhemd für Kitzbühel passt ihr auch nicht, wo sie mich offenbar wie eine Schaufensterpuppe ausstaffieren will. Habe ihr mitgebracht (wie immer), was die deutsche Mangelwirtschaft erlaubt – Süßigkeiten, Öl, Florentiner, was soll ich noch tun? Heute Abend bin ich gegangen, weil ich es nicht länger ausgehalten habe. Ich war wütend. Und sehr müde.

---

2 Die Internationale Flüchtlingsorganisation IRO bestand von 1946 bis 1952 und wurde dann vom UN-Flüchtlingskommissariat der Vereinten Nationen UNHCR abgelöst.

8. JANUAR 1952 Habe E. eine Nachricht geschrieben, nachdem ich mich beruhigt hatte. Dass ich so heftige & ständige Kritik von ihr nicht ertragen kann. Am Vormittag kam sie mit meinem Koffer hoch. Denkt, eine Umarmung würde alles richten. Sie kennt mich nicht wirklich. All diese Feindseligkeit – und so wird es immer sein, wird so sein bis zum Ende – ist nicht per se so, sondern kommt von Ellens grandioser Fähigkeit, die schroffen, unmenschlichen, herzlosen, folglich grausamen, vernichtenden Worte immer genau dann zu sagen, wenn es weh tut. Ihre Gefühle, selbst ihr Zartgefühl (außer in Sachen kühler Höflichkeit) machen sich selten bemerkbar. Sie bewahrt meine Briefe auf. Ansonsten ist sie brutal, wo sie sentimental sein könnte. Ohne jede echte Wärme, wie man sie im gesellschaftlichen Zusammenleben beweist, wie durch Gastfreundschaft oder durch Mitleid mit menschlichen Schwächen, mit Dummheit, Impulsivität, Vertrauensseligkeit, Kurzsichtigkeit oder Naivität – kurzum, sie hat keine Nachsicht mit den Fehlern, die aus den spirituellen Stärken & Schwächen resultieren, die den Menschen zum Menschen und aus dem Einzelnen einen Menschen machen.

Trotz der hässlichen Szene heute wollte Ellen mit Jack & mir zu Abend essen. Ich habe mich herausgewunden, Ellen aufgebracht. Obwohl ich gesagt habe, Jack & ich wollen über Literatur reden und sie nicht dabeihaben.

13. JANUAR 1952 Freitagabend lud Jo Ellen & mich beide ein, um bei ihr ein paar Flaschen zu leeren. Ellen futtert sich durch Kanapees, ich trinke mich durch 4 Martinis, beinahe, mit wenig Wirkung, & höre Musik. Ellen wollte bleiben, ich fand, ich sollte gehen. Ich ging zu Fuß, erst zu Jack, der nicht zu Hause war, dann zur Leopoldstraße & wurde von einem gewissen Boris aufgegabelt, der mich mit zum Siegesgarten nahm, wo ich Kaffee trank & tanzte. Kam um 12:45 stocknüchtern nach Hause, um Ellen den Tränen nahe in meinem Bett vorzufinden! Sie war plötzlich so bezaubernd, putzte meine Schuhe, sagte, sie hätte gedacht, ich wäre in die Isar gesprungen.

16. JANUAR 1952 Großes Durcheinander – der Teufel ist los, wenn Ellen auf ihrem beruflichen Weg auf ein kleines Hindernis stößt. Jetzt haben Kurt, Clarissa Jobs. Jo P. vielleicht. Ellen zurzeit keinen. Da das für sie deprimierend und verunsichernd ist, verfällt Ellen sofort in Schweigen, lässt es mit bitteren, boshaften Beschwerden an mir aus, und wenn ich sie etwas über ihre Arbeit frage, erwidert sie ungeduldig: »Ist das so schwer für dich zu verstehen? Ich dachte, du hättest einen hohen IQ!« Mein Gott, wenn Ellen einmal nicht an ihren denken würde! Wie viel glücklicher wären sie & ich und alle, die sie kennen. Die Hälfte ihres brillanten Verstands ist damit beschäftigt, jedem ihre Überlegenheit zu beweisen, von ihrem Fahrer bis zu Präsident Truman.

17. JANUAR 1952 Gestern Brief von Margot. Schwedische Vorabdruckrechte an *Zwei Fremde* bringen nur 40 $ ein. Gestern Abend langes Gespräch mit Ellen, die die genaue Höhe meiner Ersparnisse wissen will, was ich ihr nicht gesagt habe, vielleicht aus törichtem Stolz – & dass ich nicht hierbleiben würde, wenn ich pleite wäre. Dann würde ich lieber nach Amerika gehen, wo ich arbeiten könnte. Für sie grenzt das an Verrat. Wir beide haben einen unterschiedlichen Blick auf Finanzen. Ich bin mir der MacDowell-Schriftsteller, die auf anderer Leute Kosten leben, viel zu bewusst und will keine von ihnen sein.[3] Ich weiß, dass ein längerer Aufenthalt in Europa bessere Verkäufe erfordern würde, als ich bisher vorweisen kann. Aber ich bin immer noch optimistisch. Ich kann die ganzen nächsten zwei Jahre überblicken – aber Ellen will sofort eine Antwort.

Brief von Mutter. Sie haben ein Haus gekauft, garnelenrosa, in der 56 West Pine Street [Fort Worth]. Berichtet von vollem Haus an Weihnachten in Texas. Reizende Karte von [Jeannots Mutter] Lily, *Fremde* sei »tiefgründig«. Sie hat es zweimal gelesen!

---

3 Künstlerkolonie in Petersborough, New Hampshire, 1907 von dem Komponisten Edward MacDowell und seiner Ehefrau Marian, Pianistin, gegründet. Bedeutende Musiker und Schriftsteller wie Aaron Copland, Thornton Wilder, James Baldwin, Willa Cather, Alice Walker, Michael Chabon, Alice Sebold und Jonathan Franzen zählen zu den Stipendiaten.

18. JANUAR 1952 Fieber & mein Buch gelesen, das ich im Fieber entworfen habe. 38 °C. Jack & Ellen, Abendessen beim Schwarzwälder, Ellen sehr bemüht, normal & umgänglich zu sein. Aber nicht allzu freundlich. Sie kann mit meiner sehr einfachen Welt schlichter Freundlichkeit nichts anfangen, die für ihren Intellekt vielleicht zu einfach ist. Es braut sich also Ärger zusammen, immer.

19. JANUAR 1952 Einunddreißig Jahre alt. So unspektakulär wie Weihnachten. Ellen fährt mittags nach Zürich, lässt mich zurück mit Henry & etwas unsicher auf den Beinen. Ich halte den Laden am Laufen & lese mein Buch. Was gar nicht so schlecht ist.

22. JANUAR 1952 Ellen will, dass ich mich mit Leuten treffe, aber macht es unmöglich, dass ich sie allein sehe oder mit ihr, weil ihr beides nicht passt. So dass ich jetzt glaube, ich werde unmöglich noch neue Freunde finden – ich bin ja schon froh, wenn es mir gelingt, die zu behalten, die ich habe!

25. JANUAR 1952 Mit Jack im Kino. Cocteau. Danach Martinis & zum Faschingsball im Haus der Kunst. Ellen eingeladen (J. versäumt es nie), & sie wollte erst und dann doch nicht. Faschingsgebräuche – ein derber Spaß & die Zügellosigkeit, die die Deutschen so sehr brauchen in wilder Kostümierung. Spät nach Hause, Ellen war wie üblich noch wach & wartete auf mich (3 Uhr!). Die einzigen Male, die sie ganz liebevoll ist, sind solche Gelegenheiten, wenn sie denkt, ich sei vielleicht mit jemand anderem durchgebrannt oder hätte es vor, oder hätte vielleicht jemand anderes getroffen, für den ich mich interessiere.

27. JANUAR 1952 Schreibe an den letzten Seiten von *Sleepless Night* & Schwierigkeiten, die Arbeit läuft schlecht, wegen der Feindseligkeit & weil ich ihr nicht mal wohlgesinnt genug bin, in ihrem Wohnzimmer arbeiten zu wollen. Jack sagte Samstag bei einem Martini:

»Ich hoffe nur, dass sie dich nicht zu sehr verändert, Pat. Du bist eine Persönlichkeit.« Und dass E. nicht meine Mutter ist usw.

29. JANUAR 1952 Nach Paris aufgebrochen. Verkatert am Morgen, als Jack um 11 während der Arbeitszeit vorbeikam, um mir eine Puderdose zu bringen. Er war sehr ergriffen & ergreifend, seine wachsende Zuneigung in den letzten Tagen vor meiner Abreise. Ellen sagt, sie hätte jetzt genug Zeit mit ihm verbracht, sei ihn leid & seine Anrufe & meine Anrufe bei ihm. Ob das alles reine Eifersucht ist – ich fürchte, es wird immer so sein mit ihr & meinen Freunden.

31. JANUAR 1952 Sézanne, Hôtel de France, ein Gasthof, wo Pariser mit ihren Geliebten zum Essen hingehen und die Nacht verbringen. Wir hatten einen netten Abend in einem kleinen Restaurant. Ins Bett um 9:10 (!). Ich hatte noch nie so ein schlechtes Gewissen, weil ich nicht Auto fahren kann, & Ellen lässt mich keinen Augenblick vergessen, was für ein nutzloser Passagier ich bin und dass sie die ganze Arbeit & Verantwortung hat, dass ich nicht einmal eine Straßenkarte lesen kann usw. Mein Gott, wie sehne ich mich nach jemandem mit besserer Laune!

1. FEBRUAR 1952 Paris um 11:30! Die Stadt mit Automobilen verstopft. Wir wohnen im Hôtel St. Honoré. Natica ist mit Maria in Rom. Ich rief Janet [Flanner] an & machte eine Verabredung zum Abendessen aus. Sie empfing uns im Continental. Ellens Meinung – eine vornehme alte Dame, sehr geistreich, aber mit schlechtem Gedächtnis & Anzeichen von Senilität. Ellen kritisierte sie besonders dafür, dass sie dachte, die IRO sei eine US-Organisation, obwohl sie zur UN gehört. Wir aßen in Janets Lieblingsbistro an der Rive Droite. Ich lud sie ein. Ein sehr schöner, glücklicher erster Abend. Ellen hat ihn genossen.

2. FEBRUAR 1952 Rief Lyne um 11 an. Sie schaute um 12 auf dem Weg zum Flohmarkt in legeren Hosen im Café de Flore[4] vorbei. Ellen enttäuscht nach meinen Lobeshymnen. Ich merke schon, dass E. bereit ist, jeden zu verabscheuen, den ich besonders gern habe. Lyne hat eine Wohnung gekauft. Jetzt ist sie eine echte Pariser Bürgerin, viel glücklicher und mehr Bohemienne als je zuvor. Ellen findet ihren Freundeskreis ziemlich schrecklich, ordnet Lyne der Gruppe Juden aus der Bronx zu, so wie Jack Matcha, sagt, ich würde zu viele dieser Art kennen. Ich weiß nur, dass die Abende von E.s Launen bestimmt sind – in der Regel von Tadel & Erschöpfung & Übellaunigkeit. Ich würde Lyne gerne allein sehen, aber es ist unmöglich, Ellens Erlaubnis dafür zu bekommen.

3. FEBRUAR 1952 Diese so lange ersehnte Reise wird zum Fiasko, weil E. behauptet, ich hätte »die Oberhand« bei all meinen Freunden hier, obwohl sie immer auch eingeladen ist. Nur der heutige Abend konnte noch etwas retten. Unsere Art zu leben ist völlig unvereinbar, zu jeder einzelnen Stunde des Tages.

3. FEBRUAR 1952 Sah Monsieur Robert Calmann-Lévy um 5. Er zeigte mir 12 (gute) Besprechungen, einige regelrecht begeistert. Alle positiv. Lud mich zum Abendessen ein, ich schlug vor, lieber später auf einen Drink. Um 6 bei Esther [Murphy][5], 5 Rue de Lille. Eine sehr schöne Wohnung, wo sie zur Untermiete wohnt, ein wahrer Palast. Esther unterhaltsamer als sonst. Wir hatten eine schöne Cocktailstunde, trennten uns in bestem Einvernehmen. Ich brachte ihr einen Topf rote Blumen mit. Ellen & ich stritten – bis zu der Sekunde, in der wir die Alexandre Bar betraten, um M. Robert &

---

4   Eines der ältesten Cafés in Paris, berühmt für die vielen hochkarätigen Philosophen und Künstler, die es im Lauf der Zeit frequentiert haben, wie Georges Bataille, Robert Desnos, Raymond Queneau, Pablo Picasso und Eugène Ionesco. Seit 1994 wird dort jährlich der von Frédéric Beigbeder initiierte Prix de Flore verliehen.
5   New Yorker Intellektuelle aus besten Kreisen (1897–1962), zu deren Pariser Freundinnen Janet Flanner, Dolly Wilde, Gertrude Stein und Alice B. Toklas zählten.

Freundin zu treffen – sehr nett, ein rothaariges Fräulein, das tatsächlich mein Buch gelesen hatte! Setzten mich zu Hause ab, nachdem wir einen Interviewtermin für den nächsten Tag vereinbart hatten.

4. FEBRUAR 1952 [Jenny] Bradley angerufen. Sah sie heute Abend um 6. Bradley bezaubernd. Sprach aber über alles, nur nicht mein Buch. Ich habe es gesehen: *L'Inconnu du Nord-Express*[6], ein recht schöner Umschlag & eine ausgezeichnete Übersetzung. Ein sehr angenehmer Abend, nur sie und ich.

7. FEBRUAR 1952 Presseinterview (bei der Oper) um 11. Gab zu Ellens Entsetzen freimütig Antwort. Ich hätte sagen sollen, ich liebte das Land, fände die Sitten der Leute superb usw. Ich sagte, ich hielte die Franzosen für unhöflich, etwas zum Verkehr & dass ich Gide wegen seiner Einstellung zur Religion möge. Der Reporter war ein Katholik wie alle jungen Intellektuellen. Zum Teufel damit. Ellen stellte sich müde, sagte, sie würde vielleicht ins Bett gehen oder ins Kino … als Lyne um 7 anrief, machte ich für 8 allein etwas mit ihr aus. Dann machte E. mir natürlich die Hölle heiß. Lyne nahm mich mit ins Dôme[7], Moniques Stammlokal, voller queerer[8] junger Leute & allgemein Bohemiens. Lyne liebt so was. E. bezeichnet sie als völlig unkonventionell, sie schlafe sicher mit Frauen, & weder Ellen noch ich können uns erklären, warum Lyne nie mit mir ins Bett gegangen ist.

---

6 Die französische Ausgabe von *Zwei Fremde im Zug*.
7 Beliebter Treffpunkt der Pariser Boheme am Montparnasse, auch bekannt als »the Anglo-American café«.
8 Das Wort »queer« bedeutet ursprünglich seltsam, eigenartig und wurde lange Zeit abwertend für Homosexuelle verwendet (aber auch als positive Selbstbezeichnung schwuler Männer, die sich von »unmännlichen« Schwulen abgrenzen wollten). Seit den 1980ern, in Deutschland seit den 1990ern, wird der Begriff aber in der Regel neutral oder positiv als Oberbegriff für Menschen verwendet, deren sexuelle Identität und/oder Orientierung nicht der Norm entspricht; Highsmith nutzte die Bezeichnung schon ab den 1950ern so.

8. FEBRUAR 1952 Sehr hungrig heute Morgen, aber unsere Pläne für ein richtiges Frühstück in einem Bistro vor der Abfahrt verflüchtigen sich im humorlosen Hin & Her der Reisevorbereitungen. Auf der ganzen Fahrt kein Lächeln über irgendwelche Reisezwischenfälle, keine Pause, einfach so, oder wegen der Schönheit der Landschaft. Keine Abschweifungen! Wir schaffen es gerade bis nach Lyon, wo ich sofort Germaine & Ehemann in die Arme laufe. Haben mit ihnen zu Abend gegessen. Der Hund hat Vorrang vor allen Menschen. Wenn er seine verdammte Milch nicht bekommt, gibt es mordsmäßig Ärger. Und von mir wird erwartet, dass ich ihm beim Abendessen die Hälfte meines Beefsteaks abgebe, meiner einzigen Mahlzeit am Tag (denn anders als Lyne hält Ellen mittags nicht zum Essen!). Kein Wunder, dass ich manchmal sauer auf den Hund bin: vor allem, wenn er zwischen uns ins Bett kriecht, schmutzig, und für Unordnung & Aufruhr sorgt.

9. FEBRUAR 1952 Kamen um 7 erschöpft und verschmutzt in Cagnes-sur-Mer an. Winterstiefel usw. an der Riviera. Beide begeistert über das erste Sonnenlicht seit vor Wochen in München! Ich habe einen Einfall für einen Text über ein Paar auf der Reise, das es sich so schwer wie möglich macht, die langweiligsten Orte aussucht & schlechte Hotels, in einem unbequemen Wagen fährt mitsamt riesigen, hotelverschmutzenden Hunden.[9] Wir wohnen im Cagnard, auf dessen Terrasse, wie E. sagt, das Foto von Kathryn gemacht wurde (das ich in dem blauen Koffer dabeihabe). Es ist wie ein französisches Taxco hier.

10. FEBRUAR 1952 Nach Nizza. Ein einziger, langer Horror. Außer den Nächten, die perverserweise besser werden & für uns beide nie mit jemand anderem je besser waren.

---

9 Highsmith schreibt einen langen Entwurf und nennt ihn »Die Hölle auf Rädern«.

16. FEBRUAR 1952 Nach Barcelona. Erschöpft. Wir hatten mehr als genug vom Reisen im Fiat. Unsere Beziehung verschlechtert sich von Tag zu Tag. Mein deutlichstes Gefühl ist zutiefster Groll. Ihres ebenso. Ich leiste nicht meinen Anteil. Aber ihre Persönlichkeit lähmt mich, erdrückt mich. Wenn ich etwas vorschlagen soll, und es tue, dann bringt sie sofort gute Gründe dagegen vor, & wir tun es nicht. Sie weiß alles besser. Eine merkwürdige Ähnlichkeit (finde ich) zwischen unserer Beziehung & der von Stanley & Mutter: sein mütterliches Bild von ihr, weil selbst ja wirklich jünger, und als Folge eine ödipusähnliche Abneigung mir gegenüber als dem Kind, Eindringling, Rivalen. Und meine Abneigung gegen den Hund aus gleichen Gründen. Folglich – könnte das möglicherweise zur selben lähmenden, kastrierenden Unfähigkeit & Abhängigkeit führen, die Stanleys Ego so endgültig beschädigt hat, dass aller Wille & aller Ehrgeiz zunichte war. Ich habe das Gefühl, Ellen hat keine Achtung für mich als Schriftstellerin. Aber ich werde die Parallele zu S. nicht weitergehen lassen, jetzt wo ich sie erkannt habe. Doch diese Tage sind so voller psychischer Kämpfe, die wie Moby Dicks fadentief unter der Meeresoberfläche umherflitzen! – dass ich nicht anders kann, als diesen Bruchteil davon, den mein Verstand & mein Auge erfassen können, direkt aufzuschreiben.

17. FEBRUAR 1952 Palma [de Mallorca] so kalt, dass ich mich beim Warten am Kai, dass der Wagen abgeladen wird, erkältet habe. Die Insel ist recht schön, sauber, neu, ordentlich, einfach. Die Kathedrale ist wunderschön. Ich fühle mich scheußlich, erschöpft von allem, mit dem ich mich herumschlage: Kälte, Zeit, Ferne und Realität.

18. FEBRUAR 1952 Mir ist gar nicht nach Gesellschaft, wäre gerne für mich. Zu viel Reisen ist zu viel – für eine Weile. Der kaleidoskopische Blick führt zu einem kaleidoskopischen Innenleben. Außerdem sehne ich mich nach Briefen.

19. FEBRUAR 1952 Fühle mich immer noch nicht so toll. Das Essen im Hotel ist reichlich & gut. Der Wein zu süß. Die Bevölkerung mausarm.

20. FEBRUAR 1952 Die Zeitungen immer noch voll vom Tod von König [Georg VI.]. Großes Glück, hier eine englische oder amerikanische Zeitung zu ergattern. Mangel an Lektüre würde uns hier bald vergraulen. Es gelingt mir noch immer nicht – wie es jeder verheiratete Mensch können muss –, in einem Hotelzimmer in Gegenwart von jemand anderem zu arbeiten. Heute Abend im El Patio gegessen – 38 Pesos. Ellen nutzt diesen festlichen Anlass, um auf eine Weise zu streiten, die selbst die Verdauung eines Rhinozeros durcheinanderbringen würde. Sagt, ich bin selbstsüchtig, faul, uninteressiert an ihr, nutze sie aus, finde alles unwichtig, was sie interessiert, und benehme mich wie ein seit 20 Jahren verheirateter Mann, der sich ganz sicher ist, er hätte eine Eroberung gemacht & besiegelt. Der Hund vergällt uns die Nächte, die Morgen, die Abendessen, macht das Reisen unbequem & ist mir ästhetisch ein ständiger Dorn im Auge. Erst vor 2 Tagen sagte sie, sie sei immer noch bereit, den Hund loszuwerden – in Cagnes oder Umgebung – ich will nicht so selbstsüchtig sein, das zu verlangen. (Wäre das nicht vielleicht wie damals, als meine Mutter S. loswurde & meine Stimmung auch nicht besser war? Die Wurzeln der Abneigung sind die tiefsten aller Wurzeln!) Und doch erkenne ich auch das Glück, das zum Greifen nahe ist, wenn ich nur liebenswerter wäre, freundlicher, großzügiger. Und ich behaupte, der Hund hindere mich daran. Oh, was für alberne Spielchen das Unterbewusstsein spielt!

25. 2. 1952 Das Leben im Hotel – lieber ein Feuerwehrmann sein, als sich zu den Mahlzeiten rufen lassen, da hätte man mehr Ruhe zwischen dem Geklingel. Man trifft ein paar Leute in der Bar, die Unruhe wird beim zweiten Martini zu abgehacktem Lachen. Nach drei Tagen ist man zum Säufer verdorben, es wird zum Vergnügen,

den ganzen Vormittag einzukaufen, anderthalb Stunden in der Sonne, oder auf sie hoffend, im örtlichen Café am Platz zu sitzen, sogar einen niederschmetternd öden englischen Lunch zu nehmen, dann die Hälfte des Nachmittags mit halben Gespenstern und halben Absichten zu verbringen, aus denen nie etwas wird. Wo sind mein hölzerner Löffel, das Messer meines Großvaters, meine Bücher von Augustinus, wo mein Zeichnen am Fenster abends nach dem Abendbrot, meine lebendige Idee, silbern und schimmernd und lebendig wie ein Fisch? Wo meine schlanken Muskeln, die mich um sechs Uhr morgens aus dem Bett springen lassen, zum offenen Fenster, wo ich mich, wenn ich es wollte, in der kühlen Luft ertränken könnte, in der ich den ganzen Abend gebadet hatte?

26. FEBRUAR 1952 Nach Sóller, sehr enttäuschend nach Alcúdia – der einzigen anderen attraktiven Stadt der Insel. Post von Margot, Matcha, Kingsley bringt die Welt wieder her und ist mir willkommen. *Salz und sein Preis* soll im Mai erscheinen.

29. FEBRUAR 1952 Müßiger, sonniger Tag, wie immer, wenn ein zufällig von einem Tag zum nächsten wiederholter Ablauf mir Routine simuliert & mich das erfreut, d. h., meine Vormittage allein im Hotelzimmer, zeichnend, während E. sich unten sonnt. Mein Zeichnen wird besser. Wie Matisse muss ich etwas immer wieder zeichnen – ein Gesicht oder eine Szene –, um die wenigen wesentlichen Linien zu erfassen, die es ausmachen.

2. MÄRZ 1952 Zum Yachtclub von Palma mit den Bissingers[10]. Winifred nach 2 Martinis in der Sonne beduselt. Henry *prohibido,* Ellen wütend, bestand darauf, dass ich nach Hause komme. Ich wurde

---

10 Karl und Winifred Bissinger. Karl Bissinger (1914–2008) war in den 1940er Jahren ein begehrter Fotograf für Magazine wie *Harper's Bazaar* und *Vogue* und als Pazifist politisch aktiv. Er war Highsmiths Nachbar in Midtown Manhattan und richtete auch eine Zeichenklasse aus, die Highsmith besuchte.

ausfällig, denn der Hund ist verzogen. »Das werde ich nie vergessen«, sagte E. verbittert zu mir, womit sie mein unhöfliches Betragen meinte. Wenn es zwischen uns besser liefe, hätte ich nicht diese Ausrutscher ins Barbarentum. Wir gingen nach Hause, wuschen uns & gingen ins Bett, denn zurzeit sind wir sehr verliebt ineinander.

3. MÄRZ 1952 Diese Tage sind verwirrend, denn ich bin es nicht gewohnt, einfach nur zu leben. Man reiße mich aus der Einsamkeit, & mir fehlen die Einfälle. Und ich sehne sie herbei – obwohl vom Leben & Erlebnissen zu gesättigt, um welche zu haben. Ich will nur reich & berühmt sein! Nicht viel, was?

Habe gerade Graham Greenes *Ende einer Affäre* gelesen. Sehr enttäuschend, technisch so schön, aber lieblos geschrieben, als wäre es von einem beschissenen Kerl namens Marc Brandel. Man kann nicht so gut schreiben & das Herz auslassen, das Zufällige.

E. hatte um 7 einen trockenen Martini, ein Tag, den man sich rot im Kalender anstreichen sollte. Dann berichtete sie mir, unsere Beziehung sei schwierig, weil wir so wenig gemeinsame Interessen hätten. Sie denkt, ich hätte nichts für theoretische oder abstrakte Dinge übrig, mit meinem weiblichen (also dummen) Intellekt usw. Trotzdem verändert sich mein Verhältnis zu E. zum Positiven. Das hier ist ihre Art Leben. Ich würde wahnsinnig, wenn es für lange Zeit wäre. Ich hoffe nur, dass ich genug allein sein kann, wenn wir zusammenleben, denn sonst wird nichts mit mir anzufangen sein, selbst in Zeiten, in denen ich nicht schreibe. Und ich würde so gerne einen neuen Thriller für Hitchcock schreiben.[11] Und E. eine Nerzjacke kaufen. Einen Mantel will sie nicht.

12. MÄRZ 1952 Barcelona. E. stolperte & verstauchte sich den Knöchel. Mussten heute Abend einen Arzt rufen, um ihr einen Ver-

---

[11] Highsmith entwarf 1951 auf Hitchcocks Anfrage hin mehrere Filmideen, von denen aber keine umgesetzt wurde.

band anlegen zu lassen. Schafften es trotzdem irgendwie zu Carmen Amaya. Ging bis zehn nach eins. Sehr volkstümlich. Sehr gut. Obwohl E. es ziemlich kühl aufnahm.

14. MÄRZ 1952 Kamen um 2 in Marseille an, & ich rief gleich Lily an. Wollte am Nachmittag die Familie besuchen, aber E. nahm mir das Versprechen ab, sie nicht vor 6 zu treffen. Dafür kann ich nicht anders, als ihr böse zu sein, und das ist wirklich ein bitteres Gefühl. Mit Lily um 6:30 in der Cintra Bar. Ich war sehr gehemmt. Wir aßen – sicherlich nicht das Richtige in Lilys Augen – im Campa. Dann setzten wir L. an der Bar des Fouquet ab. E. ging nach Hause, & ich stieß zu Lily. Die sagte: [F]»Ich glaube, sie ist eine Frau, die allen ihren Willen aufzwingt – wenn du ja sagst, und sie nein, dann heißt das nein, nicht wahr?« Ja, so ist es. Jeannot, M. Potin und Sylvia kamen auch ins Fouquet,[FF] wo sie sich erbarmungslos über E.s Herrschaft über mich lustig machten.

15. MÄRZ 1952 Abreise aus Marseille. Cannes um 5. Unter diesen Bedingungen kann ich Ellen gegenüber nicht freundlich sein, auch wenn ich mich noch so sehr bemühe, weil ich weiß, dass wir bald in einem Haus zusammen sein werden. Gott weiß, dass ich nicht den geringsten Wunsch habe, mit ihr zu schlafen. Das mindeste ist ja wohl, dass die Partnerin freundlich ist!!! Das Leben ist hart, selbst wenn ich vorschlage, nach dem Kino einen Kaffee zu trinken. Kann ich dann das Café nicht sofort finden, heißt es, ich schleife sie durch die ganze Stadt!

17. MÄRZ 1952 Heute Vormittag nach Cagnes umgezogen. Am Nachmittag eine letzte Diskussion. Ellen sagt, ich sei unnormal an Leute gebunden, alle Leute, meine Freunde usw. Erklärt sich tränenreich bereit wegzugehen, jetzt wo sie mich dahin gefahren hat, wo ich hinwollte. Das Ganze kam auf, als ich sagte, ich würde unter keinen Umständen nach Rom gehen, wo ich Freunde hätte, die ich

behalten wolle. In der Sackgasse stecken wir jetzt erst einmal. Ich bin nicht glücklich.

19. MÄRZ 1952 Noch mehr Hölle. Überlege zu gehen und bin erschrocken über meine Feigheit. Will unbedingt Margot schreiben, irgendeinen Halt finden, es geht hier um meinen Psalm 23.

20. MÄRZ 1952 Heute Nacht ein bitteres, bitteres Gedicht geschrieben. Deine Philosophie ergibt ein bittereres Destillat. Besser mein einfacher und unnahrhafter Tau, um meine Seele anzutreiben, wo es keinen Hass geben kann, keinen Schmerz, auch nicht dich. Vier Strophen. Meine ganze Natur lehnt sich gegen das hier auf. Es trifft mich viel tiefer als persönlicher Schmerz. Was sie von mir will, ist, dass ich meine Beziehung zu Menschen und der Welt ändere.

21. MÄRZ 1952 Brief von Lyne – der verdrehte Geist deiner Freundin. Sie hält sich selbst für anderen so überlegen, dass sie sich an nichts erfreuen kann. Bist Du Künstlerin oder Kleinbürgerin? Ellen hat mich ausführlich ausgefragt, was drinstand.

22. MÄRZ 1952 Die Atmosphäre ist unerträglich. In dieser negativen Stimmung konnte ich nicht schreiben. Mit dem Buch wieder angefangen *[The Sleepless Night]*, Oscars Selbstmord, der mir schwer von der Hand geht und jetzt gerade nicht das Richtige für mich war, um mich hineinzustürzen. Ein Buch namens *Das Liebesleben in der Ehe* von [Mary Carmichael] Stopes entdeckt, Klassiker von 1918. So fesselnd, dass ich es nicht aus der Hand legen kann, Ellen auch nicht, und sehr lustig. Wie ein Mann mit einer sensiblen Frau schlafen sollte. Schluss mit der Brutalität in aller Welt!

Habe ein Machtwort gesprochen, was ich mir von ihr nicht mehr gefallen lasse. Schrieb eine Nachricht darüber, wie sie ständig ein großes Tamtam um Henry macht, ihn ins Bett lässt und es dem Dreckskerl dort gemütlich macht, wenn ich nicht drinliege! Schrieb, dieses Tamtam ist nicht gut für mich, unterschrieben: Henry. Hatte sofort eine positive Wirkung. Heute Eröffnungsabend, Jimmy's Bar. Ich führte die Diskussion fort, sehr bestimmt – entweder du willigst ein, oder ich gehe –, weiter mit guten Ergebnissen. Lehre: Schlag deine Frau einmal in der Woche. Sie lieben es. Heute Nacht schliefen wir miteinander, zum ersten Mal in zwei Wochen.

26.3.1952 Der trinkende Schriftsteller – er trinkt, wenn er es mit Leuten zu tun haben muss und mit der lärmenden, aufdringlichen, vordergründigen Welt. Wenn er arbeitet, ist er entschieden nüchtern, um *die* Leute und ihre Motive gut sehen zu können, die so viel schwerer zu erkennen sind.

27. MÄRZ 1952 [Irwin] Shaws *Die Verschwörung* gelesen. Feiner Stoff, richtet sich an die Fans von Wolfe und Fitzgerald – aber ach, ihm fehlt das Poetische. Der Mensch muss fliegen, ohne sich darum zu kümmern, wo er landet – hin und wieder –, um Literatur zu machen. Mich bedrückt Jacks Bemerkung, mein 3. Buch habe keinen roten Faden. Nichts zu machen, als es ganz abzutippen. Ich will es E. sehen und nicht sehen lassen. Sie wäre eine gute Kritikerin. Aber halte ich das aus?

30. MÄRZ 1952 S. 84 abgetippt! Nicht schlecht. Ellen sehr rastlos, wünscht sich ein amüsantes Café, das es hier nicht gibt, kein einziges, und auch nicht in Nizza. Ich kann mir nicht vorstellen, dass sie es noch zwei Wochen in dieser trostlosen Atmosphäre aushält. Wir gingen etwas trinken. In den letzten 5 Tagen war ich sehr zufrieden. Es erfordert Krisen und sie durchzustehen, um zufrieden zu sein.

31. MÄRZ 1952 Ellen traf Peggy [V.] in Nizza, brachte sie um 2 Uhr mit her. Mit ihr kam *Salz und sein Preis* – sehr hübsch anzusehen, aber mich graust vor dem Innenteil, & ich erkenne jetzt, was ich

bisher zu blind war zu erkennen: Es ist kein gutes Buch. Es wird einige Zeit brauchen, bis Gras darüber gewachsen ist.

3. APRIL 1952 Gute Arbeit. Aber das Klappern der Schreibmaschine macht Ellen wahnsinnig. Richtig harmonisch sind wir nie. Vermutlich ziehen wir beide einander von den Extremen weg, was gut ist. Im Grunde ist mein Leben zu ruhig und egozentrisch für sie. Ich brauche viel weniger Ablenkung von außen. (Was auch der Grund ist, warum der Hund mich verrückt macht: warum unehrlich sein? Ein Mensch seiner Art würde mir auch nicht passen. Sein einziges Tun ist Zerstörung, sein einziges Vergnügen Lärm und Bewegung.)

12. APRIL 1952 Mit Denise zu Yvettes geheimer Bar in Cagnes. Großer »Ausgeh-Abend«, aber keine interessanten Leute. Besuchten einen amerikanischen Maler, den Denise kannte. Varonich oder Vavronich, gar nicht übel, erstaunlich ordentlicher Haushalt, eine Katze namens Hannibal. Erzählte (mir), etwas betrunken vom Rotwein, eine bezaubernde Geschichte des mexikanischen Tepezcuintle-Hunds[12]. Ellen langweilte sich & schlug natürlich vor, früh zu gehen. Vor allem, weil der Kerl seine Unterhaltung mit solchen Sätzen gewürzt & zu ihr gesagt hat, sie solle sich doch einfach mal ins Knie ficken. Zu Hause um 1, ganz schön verrucht.

14. APRIL 1952 Nach Florenz die Küste entlang, ein flacher, hässlicher Landstrich aus seichtem Strand und Wasser, aber mit Sommerstrandhäusern, Erholungscafés, Hotels usw. bedeckt und im Sommer wohl bei den Italienern unglaublich beliebt. Ellen lebt in der italienischen Luft auf. Mittagessen in Pisa. Der Turm wundervoll. Sehe ihn zum ersten Mal richtig.

---

12 Kein Hund, sondern ein Nagetier namens Paka, mit den Meerschweinchen verwandt.

16. APRIL 1952 Margot schreibt, Bantam Books hätten schon 6500 $ für die Taschenbuchrechte an *Salz und sein Preis* bezahlt. Ich erhalte also in einem Jahr etwa 3000 $, und den Rest muss Coward-McCann für Reklame ausgeben. Ellen sehr glücklich darüber. Ich auch, ein ganz ruhiges Glück. Die Taschenbuchverlage überbieten momentan die üblichen Hollywood-Käufer und behaupten, ein bislang ungenutztes Publikum zu erreichen – nicht ausgenutzt, wohl eher –, die Spießer, die es nach »Realismus« gelüstet.

19. APRIL 1952 Trödle herum. San Gimignano besucht. Lese Saul Bellow. Ich mag ihn – begeistert. *Das Opfer.*

20. APRIL 1952 Blanche Sherwood hier. Aber noch keine Verabredungen mit der Meute. Die amerikanische homosexuell-neurotische Gewohnheit, in riesigen Gruppen zu reisen, ist für Ellen ein rätselhaftes Phänomen. Nach Fiesole.

20. 4. 1952 ^{D}Keime.^{DD} Mord durch beständiges Nörgeln. Ehefrau nörgelt ihren Mann in den Selbstmord, den er so begeht, dass es aussieht, als wäre er ermordet worden. Gift, das er in ihre Schreibtischschublade steckt, mit ihren Fingerabdrücken darauf.

22. APRIL 1952 [Florenz.] Wir erwägen den Palazzo Strozzino für 60 000 – wirklich exquisit ausgestattet, aber kein *pied à terre* zu diesem Preis! Sieht aus wie etwas, in dem die Sitwells[13] kleine Schmuckstücke schaffen könnten. Natürlich nichts gearbeitet, habe es im Hotelzimmer versucht, aber dieses geschäftige Leben mit Bars und im Café sitzen ist genau nach Ellens Geschmack.

24. APRIL 1952 Mietvertrag mit Stross für zwei Monate unterschrieben, 40 000 Lire. Ich finde es ziemlich heftig, trotz schicker

---

13 Die Dichterin Edith Sitwell (1887–1964) und ihre Brüder.

Straße und benachbartem Magnoliengarten. Titi Mazier getroffen, alte Freundin von Ellen & Exfreundin von Curzio Malaparte[14]. Sie ist reizend. Erzählte uns die faszinierende Geschichte von Mrs. Stross und ihrem 76-jährigen Ehemann, der sich offenbar erst vor zwei Monaten mit einer Hundeleine im Badezimmer erhängt hat. Seine Geliebte wohnte in unserem Häuschen – auf dem Grundstück!

4.5.1952 Keine menschliche Aktivität zeichnet das Gesicht auf schönere Weise, verleiht ihm mehr Schönheit und Natürlichkeit als die Kunst. Die Gesichter alter Maler, Bildhauer und Schriftsteller! Man vergleiche sie mit den gierigen, furchtsamen Gesichtern alter amerikanischer Geschäftsleute!

4. MAI 1952 Wir gingen zur Ponte Vecchio, & ich kaufte Ellen so ein goldenes Armband, wie sie es haben wollte, eine schlichte Kette aus kleinen runden Gliedern. Nur 60 Mäuse. Es machte sie sehr glücklich, Gott sei Dank.

6. MAI 1952 Gestern Buchbesprechungen von Calmann-Lévy. Bis auf 2 alle voll Lob in den höchsten Tönen. Vergleiche mit Dostojewski usw., was mir natürlich am besten gefällt, selbst wenn es schlecht gemacht ist.

7.5.1952 Diese ernsthaften Leute, diese Bonvivants, die ihre Vergnügungen, ihre ästhetische Umgebung so viel ernster nehmen als jeder Künstler seine Arbeit oder seinen Schaffensprozess; in deren Gegenwart verkümmert der Schaffensprozess, aus dem merkwürdigen Grund, dass ihr Streben nach Vergnügen so geschäftsmäßig ist. Und sobald sie alles haben – nette Kaffeebars, Einkaufszentren, ein tüchtiges Hausmädchen, einen Garten, Sonnenlicht, dann wird das Leben nicht entspannt, sondern besteht nur noch aus Einkaufen,

---

14 Curzio Malaparte (1898–1957), ein deutschstämmiger italienischer Diplomat, Schriftsteller und Filmemacher.

Reparaturen erledigen, das besorgte Planen des nächsten Sommerurlaubs – kurzum: Das Element des Gefallens, des Vergnügens geht dem Gefährten des Künstlers verloren, und er selbst kann die für ihn richtige Ebene nicht mehr finden. Vergnügen, Unterhaltung durch Schreiben rückt in eine Phantasiewelt in weiter Ferne. Wie immer ist es das Paradoxe daran, das mich fasziniert.

8. MAI 1952 Immer öfter denke ich an Joan S. zurück und habe das Gefühl, sie wegen Ginnie verlassen zu haben war der größte Irrtum meines Lebens, sowohl emotional als auch für meine Laufbahn. So etwas gibt es bestimmt in jedem Leben. Deshalb ist das Leben auf der Erde nicht ganz und gar himmlisch. Aber auch nicht ganz und gar höllisch, dank der ergatterten Glücksmomente, wenn auch so teuer bezahlt.

11. MAI 1952 Um 5 in Genf. Zürich erstaunlich ähnlich, nur größer, kostspieliger, förmlicher.

12. MAI 1952 [Genf.] Ich bin voller Ideen für Geschichten usw. Sehr zufrieden den ganzen Tag allein, während Ellen hektisch überall unterwegs war.

13. MAI 1952 Unterbrechung von Ellens Jobsuche. Sie war so hektisch gestern, dass sie um 8 abends zusammenbrach. Wir saßen in Cafés, kümmerten uns um den Wagen, der bei 28 000 Kilometern zusehends den Geist aufgibt. Aber in Cafés zu sitzen macht mich stumpfsinniger und rastloser, als ins Museum zu gehen. Ich sehne mich nach Florenz und danach, wieder zu arbeiten, fühle mich aber schuldig, weil Ellen das Haus nicht mag und sich dort langweilt. Sich schuldig zu fühlen wegen Arbeit!

16. MAI 1952 Fuhren heute Vormittag nach Portofino [in Ligurien]. Ich erkannte Gordon Gaskills Boot *The Huntress* und rief ihm

einen Gruß zu. Ein 39-jähriger, bärtiger Amerikaner, Autor von Abenteuergeschichten. Er lud uns an Bord und zum Mittagessen ein, was Ellen passte, mir nicht. Ich fand die behaarten Beine des Mannes ziemlich abstoßend & hätte lieber woanders gegessen! Als Ellen mit dem Hund unterwegs war (der natürlich gleich fast das Ankerseil durchgenagt hat), fragte Gordon mich, ob ich Zeit hätte, ihn zu begleiten, & ob ich auf so einem Boot arbeiten könnte. In Wirklichkeit sucht er eine Frau, eine Bettgefährtin. Wir gingen um 4:30 mit ihm schwimmen – dann gingen Ellen & ich zurück, zufriedener denn je miteinander, und liebten uns vor dem Abendessen – endlich ein anständiges Abendessen –, abends gibt es nicht viel anderes zu tun, weil Ellen Bars verabscheut, solche, in denen viel getrunken wird, und nach dem Abendessen nicht einmal mehr Kaffee trinkt. Heute Abend tat sie es allerdings, was sie offenbar sehr verliebt machte, denn es war nachts plötzlich wundervoll, löschte alles aus, alle Probleme.

21. MAI 1952 [Florenz.] Versuche in kleinen Schritten zu arbeiten. Zwischen Streitereien, die mich zitternd und elend zurücklassen und ziemlich fernab der kreativen Ebene. Viel von dieser Arbeit werde ich später überarbeiten müssen. Ellen mein Buch widmen? Nie im Leben! Noch effizienter könnte sie es gar nicht sabotieren – außer sie würde das Manuskript verbrennen.

24. MAI 1952 Freier Tag. Ellen zuliebe. Aber ich bin auch erschöpft, nicht vom Arbeiten, sondern davon, allen Widrigkeiten zum Trotz zu arbeiten. Ellen hat gestern Abend bei Nandina geweint wegen »des Lebens, das ich ihr aufzwinge«. Eigentlich macht ihr zu schaffen, dass sie keinen Job hat, plus ihr Alter (mein Gott, wie alter?) Brutalitätskomplex, den sie an mir auslässt.

25. MAI 1952 Ich schreibe eine Seite. Und versuche zu denken, nicht allzu erfolgreich. Eine Atmosphäre gegenseitiger Feindseligkeit ver-

giftet sogar die Blüten an den Bäumen. Mittagessen, Aufräumen und um 4 Ballett. Bei [Strawinskys] *Feuervogel* musste ich sehr an Joan S. denken. Ich erinnere mich an den Tag unseres letzten Mittagessens, sie hatte die Platte aufgelegt und gerade abgespielt. Die verhaltene, düstere Eröffnung. Später, bei Cocktails im Excelsior, monologisiert Ellen darüber, wie falsch es von mir sei, Mittelmäßigkeit in der Kunst hinzunehmen, wenn ich es besser weiß. Die Art Bemerkung, auf die ich überhaupt keine Lust habe mich einzulassen. Ich würde es anders beurteilen, wenn ich darüber schriebe. Aber ich könnte nichts schaffen (ich sagte: nicht existieren) in dieser negativen, abschätzigen Stimmung, in der sie großenteils lebt.

Und ich frage mich, ob dieser ständige Kleinkrieg zwischen uns ein erträglicher Zustand ist, ein Schicksal, oder werden wir uns letztlich und unausweichlich trennen? Nachdem ich noch nie wirklich in so einer Situation war, bin ich da »offen«. Ich neige natürlich immer zu dem, was mir »zuträglich« ist. Ob diese Hölle letzten Endes so lehrreich, stimulierend und zuträglich ist, weiß ich nicht. Ich weiß nur, dass ich heute Nachmittag, als ich den *Feuervogel* hörte, an Joan dachte und wusste, dass ich in kreativer, persönlicher und emotionaler Hinsicht den Fehler meines Lebens (oder jener Lebensphase) gemacht habe, als ich sie gehen ließ. Ihr Kind wäre nie geboren worden. Aber ich hätte mindestens *Zwei Fremde* geschrieben, denn damals hatte ich die Idee dafür. In der kurzen Zeit mit ihr habe ich zwei gute Geschichten geschrieben. Mein Wagen war damals an einen Stern geschirrt, ich hätte weiß Gott was vollbracht. Meine Flügel, was sie auch waren, hätten sich in ihrer Luft entfaltet, das weiß ich, mein Gott.

26. MAI 1952 Ellen verabschiedet, ihr ihren Regenmantel gebracht, zum Glück rechtzeitig. Ellen sehr sentimental und liebevoll, als der Zug abfuhr, ich keineswegs. Weiß sie nicht, dass unsere Beziehung irreparablen Schaden genommen hat? Zum Mittagessen allein mit Titi, ᶠbei ihrᶠᶠ. Sie hat mich verblüfft, als sie direkt, ganz unaufge-

fordert, das Problem ansprach: »Du darfst dir nicht so viele Gedanken über sie machen, sonst du nicht kannst arbeiten ... Niemand mag Ellen. Wirklich niemand. Sie nie hatte Freunde. Alle dich mögen, aber niemand sie mögen, *cara*.« Dieses überwältigende Mitgefühl & Verständnis brachte mich fast zum Weinen. Titi rät mir, stark zu sein. »Du bist stärker als sie. Sie sucht jemand Starken, der sie im Griff hat.« Ich ging nach Hause mit einem größeren Gefühl des Lebens, der Liebe, als ich es seit den ersten Tagen mit Ellen gekannt habe. Ich treffe einen Entschluss: Ich werde ich selbst mit Ellen sein, nicht mehr und nicht weniger. Entweder kann sie das akzeptieren oder nicht. Aber ich lasse mich nicht länger herumkommandieren. Ich habe keine Angst davor, sie zu verlassen – außer sie zu verletzen. Sie tut mir jetzt leid, ich darf mir nicht länger selbst leidtun!

28. MAI 1952 Heute Brief von Ellen. Sehr liebevoll, dass sie nicht ohne mich leben kann. Aber ich kann nur zu gut ohne sie leben. Die Arbeit geht besser. Zwei neue Szenen umgeschrieben heute & morgen.

30. MAI 1952 Jack kam um 8:03 an. Aßen bei Nandina zu Abend & plauderten endlos bei Kaffee. Er fährt nach Rom, um mit Mike Stern[15] über einen Job bei Fawcett nach seiner Rückkehr in die Staaten zu sprechen. Mit dem Taxi zurück zum Haus – 1000 Lire! Jack schläft in meinem Zimmer. Sehr froh und guter Laune, einen Gast zu haben.

31. MAI 1952 Mit Jack durch die Stadt gestromert, ins Excelsior, viele Bars, vor 13-köpfiger Mittagsrunde bei Titi Mazier. Eduardo reizend, servierte Martinis – Luzzati[16], Mary Foster O., Contessa

---

15 Abenteurer und Journalist (1910–2009), kam 1943 als Auslandskorrespondent nach Italien und erreichte Rom einen Tag vor den amerikanischen Streitkräften. Er blieb für 50 Jahre und schrieb über seine skandalträchtigsten, aufregendsten Begegnungen das Buch *No Innocence Abroad* (1953).
16 Möglicherweise der Künstler Emanuele »Lele« Luzzati (1921–2007) aus Genua, der für seine animierten Kurzfilme, *La gazza ladra* und *Pulcinella*, 1965 und 1973 für den Oscar nominiert war.

Arance usw. & war gut aufgelegt und hatte eine gute Zeit. Und Jack auch.

2. JUNI 1952 Ellen begrüßte mich überschwenglich am Bahnhof, sagte, sie habe daran gezweifelt, dass ich kommen würde, und ob ich sie liebte? Und sie hätte beschlossen, wenn ich »sie zurücknehmen würde«, würde sie der reinste Engel sein. Ich bin liebenswürdig, optimistisch (habe nur Angst, weil ich mich vielleicht einer größeren Zahnbehandlung unterziehen muss!), aber ich kann leider nur bezweifeln, dass das länger als 24 Stunden anhalten wird, denn was Ellen hier vorschlägt, ist, ihre ureigene Persönlichkeit zu ändern!

5. JUNI 1952 Ich muss nur noch eine Szene in meinem Buch schreiben – die letzte. Trotzdem werde ich panisch, wenn Ellen in eine ihrer tyrannischen Launen schlittert – ich saß hier so viele erbärmliche Stunden, habe versucht, mich so zu sammeln, um schreiben zu können, wenn es ohne Streit und Feindseligkeit so einfach gewesen wäre! Und paradoxerweise ist es Ellen, die es so eilig hat, von hier wegzukommen, was davon abhängt, wann ich mit meinem Buch fertig bin! Ich hatte gedacht, sogar gehofft, sie würde nach Capri fahren. Ich fühle das Auseinanderbrechen. Ich kann mir nicht vorstellen, dass wir am Ende des Sommers noch zusammen sind.

6. 6. 1952 In meiner Vorstellung der Dinge ist das Leben viel oder wenig. Ich würde für jemanden von einer Klippe springen. (Das Leben ist viel wert.) Oder ich würde weiterleben, unorthodox. (Das Leben ist wenig wert.) Für Kathryn hätte ich viel gewagt und viel gegeben.

8. JUNI 1952 »Das Ende« fertig getippt. Getrödelt.

12. JUNI 1952 Gott hat mich mit einer neuen Idee gesegnet.

13. JUNI 1952 R. Tietgens hat um 6 geklingelt und blieb zum Abendessen. Er kehrt bald in die Staaten zurück. Sieht ausnehmend gut aus. Und hat unwissentlich während seines Aufenthalts in Rom Bobby I. seinen Freund Jim Merrill ausgespannt. Wir tranken Kaffee auf der Piazza Maria Novella. Er hat mich gefragt, wie ich mit Ellen zurechtkomme. Mal so, mal so, sagte ich. »So kam es mir vor. Sie ist ziemlich streitlustig.«

16. JUNI 1952 Ellen hat letzte Nacht spät eine Veronal genommen, weil sie nicht schlafen konnte. Heute Vormittag irritiert sie mich, führt ein Selbstmorddrama auf – d. h. wandert den ganzen Morgen herum, als wäre sie halbtot, genießt offenbar die einschläfernde Wirkung der Tablette. Dann hat sie gestanden, gestern in meinem Tagebuch gelesen zu haben, während ich die *9. Symphonie* hörte. Alles über Titis Verrat, statt über die wachsende Feinseligkeit usw., wovon ich wollte, dass sie es liest, um unsere gegenwärtigen Schwierigkeiten zu verstehen. Ellen hat sich vor allem darüber geärgert, dass ich mit anderen über sie spreche, und über Titis Lügen. Komplette Lügen, sagt Ellen. Sie ist entschlossen, Titi die Meinung zu sagen. Ich habe sie gebeten, das nicht zu tun – die Albernheit eines Tagebuchs! Trotzdem habe ich durch diese Enthüllungen nicht verloren – keine von uns hat das. Die Wahrheit kann einen nur stärker machen – oder alles endgültig zugrunde richten. Ellen hat das überraschend gut aufgenommen.

22. JUNI 1952 Erledigungen. Am Vormittag letzte Arbeit am Manuskript *[The Sleepless Night]*, das so weit ist, morgen in die Staaten geschickt zu werden. Habe – plötzlich, nach dem Mittagessen, als ich hoffnungsvoll ins *Albatross Book of Living Verse* schaute –, einen Titel entdeckt: *The Traffic of Jacob's Ladder*. Aus einem Gedicht von Francis Thompson, in dem die Leiter von Charing Cross bis zum Himmel reicht. Meine Verwendung davon ist natürlich ironisch.

23. JUNI 1952 Das Ms. abgeschickt, 1 kg 900 g. Gestern schrieb ich Margot, es Harper zu zeigen, wenn Coward-McCann es nicht will. Jetzt wünschte ich, ich hätte abgewartet – wahrscheinlich wäre es so gekommen –, dass Coward-McCann *Salz* nimmt *und* mir erlaubt, den 3. Roman Harper zu zeigen. Was kann jetzt passieren? Das einzige Wunder – dass Coward-McCann das Buch nicht gefällt. Um 3:30 fuhren wir von Florenz ab nach Perugia – eine wunderschöne Stadt voll alter würdevoller Steingebäude wie in einem Bühnenbild für Shakespeare. Stufen, die zu Hintergassen führen, in die sich gemütliche Trattorien schmiegen wie Lichter in einem Wald. Wir haben ein wunderschönes Hotelzimmer. Ich gut gelaunt, aber kein bisschen sexy und tatsächlich nicht sehr liebenswert zu Ellen.

25. JUNI 1952 Gestern Rom um 3:30, wo Henry in den Brunnen vor dem Inghilterra sprang, weil es so heiß war. Unser Zimmer dort ist heiß, laut und unattraktiv, so dass Ellen entschlossen ist, nicht zu bleiben. *Intern. Theatre* hat mir Namen von Berühmtheiten diese Woche in Rom geschickt, aber ich bin zu erschöpft, es zu versuchen, und leider sieht es nach einem weiteren dürren Jahr für sie aus – Grant Code[17] hat schon von 20 $ alle 2 Wochen auf 5 Cent pro Wort gekürzt. Und auch das deprimiert mich zurzeit, dass ich so lange nichts verdient habe und so wenige Einkünfte habe, obwohl ich schon todmüde bin vor lauter Arbeit.

26. JUNI 1952 Bobby Isaacson & Jim Merrill angerufen & in ihrer Wohnung in der Via Quattro Novembre besucht – die merklich von Rolf Tietgens Stil geprägt ist. Karg usw. Die beiden waren ziemlich nett. (Ich hätte auch nichts dagegen, allein in Rom zu leben!) Von Formia nach Positano. Positano ist größer als erwartet. Ellen kennt den Besitzer der größten Pension hier – Doio. Haben die unglaubliche Neuigkeit gehört, dass Jean van Geld, Ellens Exmann, in weni-

---

17 Grant Hyde Code (1896–1974), Schauspieler, Tänzer und Journalist.

gen Tagen hier erwartet wird! Sie waren beide seit 16 Jahren nicht mehr hier! Wir wohnen in Doios lärmiger Pension am Strand. Ellen beklagt sich – also werden wir zweifellos umziehen.

27. JUNI 1952 Lese McCullers *Das Herz ist ein einsamer Jäger.* Wunderbar – Wiederentdeckung. Auch ihre Kurzgeschichten, alle in einem Band, die 3 Romane & die Geschichten. Ich bin so erschöpft, ich vermute Blutarmut neben zu viel Wein & beschließe, auf den Wein zu verzichten oder wesentlich weniger zu trinken.

29. JUNI 1952 Das Hausmädchen hat unsere zwei Betten zu einem *letto matrimoniale* zusammengeschoben, damit das Moskitonetz etwas nützt, und das wird unsere Beziehung immens verbessern. Etwas Chemisches scheint zu geschehen, wenn wir zusammen im Bett sind, und wir sollten immer zusammen schlafen – denn das ist mit das Stärkste, was wir haben. An solchen Tagen habe ich den Eindruck, dass es weitergehen kann mit uns und dass ich weiterschreiben kann, wenn ich mit ihr zusammenlebe, das Beste schreiben, das in mir steckt – und zu anderen Zeiten empfinde ich deutlich das Gegenteil. Also weiß ich eigentlich nicht, auch jetzt gerade, ob ich mir manchmal etwas vormache und ein Feigling bin.

1. JULI 1952 Hitzewelle lässt nicht nach. Dunkle Nebelwolken hängen tief, berühren fast & verdunkeln das Dorf. Aber es gibt keinen kühlen Wind, sie zu vertreiben. Habe noch nie so einen Himmel gesehen.

3. JULI 1952 Geschichte über Baldur, den Deutschen Schäferhund, begonnen, der edler ist als sein Herr, der zuletzt Selbstmord begeht, um ihm zu entkommen.[18]

---

18 »Des Menschen bester Freund«, eine Kurzgeschichte, die posthum in *Die Augen der Mrs. Blynn* veröffentlicht wurde (Diogenes, 2002) – in der finalen Version, in der Baldur überlebt.

4. JULI 1952 Um 9 Uhr abends in der Ferne einen Feuerwerkskörper gehört. John Steinbeck hat heute mit Ann Carnahan[19] & Carlino im Speisesaal des Hotels zu Abend gegessen, aber ich habe ihn nicht gesehen und nichts davon gewusst. Ich denke auch über den vierten Roman nach – über einen Mann, der als Nachahmungstäter mordet.[20] Vorbildlich kurz, mit guten Protagonisten, Humor und Tragik in der Hoffnungslosigkeit seiner glücklosen Ehe, die ich aus den schlimmsten Aspekten der meinen kreieren werde.

7. JULI 1952 Nach Salerno und dann Paestum – ein winziges Dorf mit drei griechischen Tempeln (dorisch) nahe dem Meer auf einem niedrigen Hügel. Sie sind von einem leuchtenden Hellbraun, vom Wasser verwittert, die Erde um sie herum recht flach, und zurzeit finden Ausgrabungen statt, die eine ganze Stadt von der Größe Pompejis enthüllen, nur dass es keine senkrechten Mauern gibt. Hatte das Glück, ein kleines griechisches Köpfchen aus rotem Ton zu finden, etwa zehn Zentimeter groß. Und ein paar kleine tönerne Unterteile von Gegenständen – eines von einer Öllampe. Ellen saß im Schatten der riesigen Säulen, während ich in der glühenden Sonne umherstreifte, durch die Ausgrabungen, die Erde noch feucht von der morgendlichen Arbeit. Es war die Mittagspause der Arbeiter. Werde diesen Ausflug nie vergessen und das erste Mal, dass ich in einem griechischen Tempel stand.

9. JULI 1952 Traf Walter Stuempfig, einen Maler aus N. Y. & Philadelphia, von dem ich gehört habe, kann aber seine Arbeit nicht einordnen.[21] Sehr liebenswert & ähnlich wie der Kreis um Constable. Ellen plant, im November nach New York zu gehen und

---

19 Die Schriftstellerin Ann Carnahan, Autorin von *The Vatican. Behind The Scenes In The Holy City* (1949).
20 Aus diesem Projekt wird der Roman *Der Stümper* (Rowohlt, 1962, Diogenes, 1974, 2015).
21 Der romantische Stil des amerikanischen Malers Walter Stuempfig (1914–1970) war für seine Epoche ungewöhnlich, er hatte damit aber durchaus Erfolg, zu den Käufern seiner Gemälde gehörten z. B. das Whitney Museum und das Museum of Modern Art in New York.

eventuell Lil Picards Zimmer zu mieten, dann in Santa Fe zu überwintern. Aber in der Zwischenzeit könnte es auch mit dem Job bei der Tolstoi-Stiftung klappen.[22] Entweder in Paris, München oder Beirut.

11. JULI 1952 Cocktails mit Walter auf unserer Terrasse. Wir waren (ich war) ganz schön angetrunken, haben Kurt C. besucht, alter Bekannter von Ellen, Opfer von Kinderlähmung und Homosexualität. Er malt ganz ähnlich wie Cornell. Wir spielten Musik aus *Kiss Me Kate* und *Guys & Dolls,* was Ellen schrecklich unhöflich fand, da ich zunächst (ziemlich lange) nicht mit dem Gastgeber sprach. Aber sie kritisiert ja immer alles, was mir großen Spaß macht. Es sind meine Manieren, es ist meine Unordentlichkeit, meine Geistesabwesenheit, mein Pessimismus, mangelnder Enthusiasmus, die allzu große Bereitschaft, eine Aufgabe zu übernehmen – oder meine Faulheit beim Erledigen einer Aufgabe. Egal, wie man es angeht, man kann es ihr nicht recht machen.

12. JULI 1952 Es ist die Hölle, hier lesen zu wollen, weil Ellen früh zu Bett geht, Stille & Dunkelheit braucht und mir gerne vorhält, sie hätte in den 10 Monaten, seit sie mich kennt, nicht eine Nacht gut geschlafen. Also lese ich bei geschlossener Tür im Badezimmer, schweißgebadet.

15. JULI 1952 Gewohnt netter Tag. Walter, Aldo & Vera (italienisches Paar) auf Cocktails um 7. Dann später mit Walter zum Strand hinunter auf einen Kaffee. Ellen denkt, ich wäre in ihn verknallt & sollte versuchen, ihn zu heiraten – ideal –, Maler, wohlhabend, im richtigen Alter, usw., usw.

---

22 Die Tolstoi-Stiftung wurde 1939 in Paris von Tolstois Tochter Aleksandra Tolstoia gegründet mit dem Ziel, Flüchtlingen, vor allem Russen, die Emigration in die USA zu ermöglichen.

18. JULI 1952 Ellen höchst liebevoll, und alles geht überall gut, wenn wir nur zusammen schlafen. Dann lassen sich selbst Kleinigkeiten ausbügeln, und ich kann mir sogar glückliche künftige Jahre vorstellen; die Unstimmigkeiten sind dann nur Kennzeichen der Realität.

19. JULI 1952 Walter zu Drinks ^F^bei uns^FF^, aß mit uns zu Abend, versucht uns zu überzeugen, nicht abzureisen, sagt, er wäre nicht hier, wenn wir nicht hier wären. Zweifellos eine Übertreibung. Seine Jungen machen, was sie wollen, er sucht händeringend nach einer Frau. Ich gebe mich Phantasien hin, sie zu sein. Ich mag ihn, obwohl natürlich nicht körperlich. Er bewundert Degas außerordentlich, aber van Gogh nicht. Kennt allen Klatsch der römischen Schickeria usw. Ellen hält ihn für den bestinformierten Amerikaner, der ihr je begegnet ist. Ellen fragt mich dauernd: Will ich nach Ischia? Nach Venedig? Nach Ascona? Nach Ischia will ich schon (ein bisschen), nur um es zu sehen und mit W. H. Auden zu sprechen.

23. JULI 1952 Meine Regel. Ist mittlerweile sowieso egal. Wir leben wie zwei alte Jungfern.

23. 7. 1952 Was von faulen Leuten gesagt wird – dass sie in Wahrheit die ehrgeizigsten sind und sich deshalb nicht bemühen, weil sie fürchten, ihren hohen Idealen nicht gerecht zu werden. Nun – genau so geht es mir, wenn ich deprimiert bin. Es liegt an all den Dingen, an die ich glaube, gute und schöne, natürliche und reale Dinge – und es deprimiert mich, wenn ich sie etwas verblassen sehe, wenn das Unechte und Hässliche, Triviale und Mittelmäßige sich vor sie schieben wie dunkle Wolken vor einen Berg. Es ist gar nicht so, dass ich mich mit mir befasse – *au contraire*!

28. JULI 1952 Nach Ischia mit dem langsamen Boot. Mittags Regen, & wir blieben im Hotelzimmer und tranken Wein. Großartig,

unterwegs zu sein! Bus nach Forio, wo ich W. H. Auden[23] besuchte, barfuß, von junger, italienischer Schwuchtel umsorgt. Wir sprachen ausschließlich über Geld, besser gesagt, Auden lenkte das Gespräch bei jedem Thema auf den finanziellen Aspekt. Als ich die erste kühne persönliche Bemerkung über Rolf machte, taute er auf. Wir unterhielten uns über das amerikanische Verlagswesen und Kinopreise. Schließlich machte er sich auf den Weg zu seinem Schneider in Forio, wo er sich einen Smoking machen ließ und dabei ⅔ sparte. Forio ist erschreckend primitiv, aber einige nette Leute wohnen dort, & für einen Schriftsteller wäre es sehr angenehm. Ich kann mir *la vie bohémienne* langsam gar nicht mehr richtig vorstellen, nachdem ich fast ein Jahr lang mit Ellen gelebt habe. Wenn ich richtig schlecht auf sie zu sprechen bin, stelle ich mir vor, dass ich allein Dinge vollbringen könnte, die mir mit ihr nie in den Sinn kämen. Vielleicht ist das illusorisch. Aber es stimmt nun einmal, dass ich niemals diesen Okt. 1951 wiederholen kann, als ich meinen 3. Roman begann mit großen Zielen, mit Stolz, Zuversicht & Optimismus, weil meine Beziehung 3 Wochen alt war. Das haben wir nicht mehr. Ein langsamer, erstickender Tod.

29. JULI 1952 Nach Neapel & Capri diesen Vormittag, gleichzeitig mit Faruks Rausschmiss aus Ägypten[24] und seiner Ankunft in Neapel. Seine Yacht *Farad El Bihar* im Hafen von Capri. Ellen ist glücklich. Sie wollte hierherkommen. Und was immer sie will, kriegt sie auch.

2. AUGUST 1952 Zahnschmerzen & allgemein Todesstimmung. Plus Atmosphäre zwischen uns, als würde eine Gouvernante ein

---

23 Der englische Dichter Wystan Hugh Auden (1907–1973), der 1946 auch die amerikanische Staatsbürgerschaft annahm, gewann 1947 den Pulitzerpreis für sein Nachkriegsgedicht »Das Zeitalter der Angst«. Obwohl Auden schwul war, heiratete er 1935 Erika Mann, um ihr einen britischen Pass zu verschaffen.
24 Am 23. Juli 1952 wurde König Faruk in einem unblutigen Coup entmachtet und musste zugunsten seines Sohnes Fu'ad II., damals noch ein Baby, abdanken. Er ging nach Italien ins Exil.

1952

hoffnungslos schwachsinniges und dreckiges Kind begleiten. Schüchtern frage ich, ob es ihr etwas ausmacht, wenn wir noch einen Tag auf Natalia [Danesi Murray] warten, da ihr Dienstmädchen sagt, sie kommt morgen. Genehmigt.

3. AUGUST 1952 Natalia ist nicht angekommen, obwohl wir unruhig um 7:30 die Piazza beobachteten, als die letzten Boote anlegten. Täglich gegen 5 Uhr leide ich unter Müdigkeit und Schwindel. Ellen hat kein Verständnis dafür, und wenn ich es vermeiden kann, erwähne ich es nicht. Aber sie sagt mir mit Vorliebe, dass ich grün im Gesicht bin.

4. AUGUST 1952 Nach Neapel, dann vor zwölf nach Positano, wo ich Post vorfand. Drei Briefe von Margot, alle mit guten Nachrichten, und für eine Zeitlang sieht die Welt schöner aus! Corgi Books in England hat für 200 £ [die Taschenbuchrechte von] *Zwei Fremde* gekauft. Terese Hayden[25] arbeitet an dem Drehbuch zu *Salz*. Und Margot gefällt der 3. Roman. »Bin beeindruckt. Und wie. Du hast echte Reife erreicht. Brillante Personenzeichnung.« Haupteinwand Geralds Mord am Ende. Ich werde das ändern und ihn ins Leere gehen lassen. Sehen, was Goldbeck[26] dazu sagt.

6. AUGUST 1952 [Rom.] Trafen Sergio Amidei[27] im Buchladen, & wir aßen mit ihm & Rudy S. zu Abend wie in den alten Zeiten in Rom. Wir haben uns alle gut unterhalten. Amidei mit der gleichen sanften Verwirrtheit, bekommt keine Aufträge erledigt, nur endlose Gespräche im Restaurant. Und er hat die Rechnung bezahlt.

---

25 Terese Hayden leitete das Theatre du Lys an der Christopher Street in Greenwich Village. In ihrem Drehbuch für *Salz und sein Preis* mit dem Titel *Winter's Journey* wurde aus Carol ein Carl.
26 Vermutlich Cecil Goldbeck, Vizechef von Coward-McCann, der sich um die Taschenbuchausgabe von *Salz und sein Preis* gekümmert hat und später den *Stümper* und den *Talentierten Mr. Ripley* lektorieren wird.
27 Sergio Amidei (1904–1981), Schriftsteller und Filmproduzent, der mit Regisseuren wie Roberto Rossellini und Vittorio de Sica gearbeitet hat. Er schrieb das Drehbuch für *Rom, offene Stadt* (1945).

9. AUGUST 1952 Heute Nachmittag zum Zahnarzt. Er hat ein Medikament in den leeren Zahn gegeben, das den Trigeminusnerv beruhigt. Gott sei Dank. Gestern in Viareggio bekam ich einen Ausschlag an Armen & Beinen wie riesige Mückenstiche, war so erschrocken, dass ich fast in Ohnmacht fiel – was neue heftige Verachtung in Ellen weckte –, ging zu einem Arzt, der sagte, es liege am Aspirin, mir ein anderes Schmerzmittel gab, das nicht anschlug, so dass ich eine scheußliche Nacht hatte. Welcher Unterschied zu der Art, wie Joan mich behandelt hätte! Ich will nicht verzärtelt oder umsorgt werden. Aber es gibt etwas wie Sympathie und Sinn für Humor. Heute Abend schmerzfrei zum ersten Mal seit 10 Tagen.

14. AUGUST 1952 Brief von Natalia via Margot, dass Bompiani mir die stattliche Summe von 50 000 Lire für Serienabdruck der *Zwei Fremden* in einer Mailänder Frauenzeitschrift anbietet. Ich frage mich, ob Margot zustimmen wird, aber ich denke schon. Schweden hatte uns nur 40 $ angeboten, und wir haben es genommen.

15. AUGUST 1952 [Ascona.] Ferragosto, großer Feiertag. Bootsfahrt mit Freunden nachts nach Locarno, um die Lichter auf dem Wasser zu sehen. Großes Feuerwerk zu bestaunen, das schönste, das ich je gesehen habe. Oktopusse in der Luft, Feuerlilien in allen Farben, Explosionen und Funkenregen – wie unter einem Vulkan.

22. AUGUST 1952 Ellen kommt heute Abend zurück, hat die Stelle in Paris, Tolstoi-Stiftung, für mindestens 6 Monate. Weißrussen, die sie für weniger schützenswert als Displaced Persons hält. Wie es scheint, wurde die Stelle auch Jo P. angeboten, die sie nicht wollte, zu wenig Gehalt. E. beschließt, sehr nett zu mir zu sein. Übermäßig gute Laune wegen Job. Ein großes Gewirbel – mit dem ich lieber nichts zu tun hätte.

24. AUGUST 1952 Regnerisch. Ich bin gerne allein, & in diesem kleinen Haus ist das ein seltenes Vergnügen. Ich verstehe mich blendend mit Fran, deren Spatzenhirn mich entzückt. Wir kichern, trinken Tee, und mit den gesunden holländischen Mädchen, die sie zu Besuch hat, wirkt sie auf mich wie ein Elixier – einfache, natürliche, alltägliche Menschen. Sie fordert mich auf, im Winter wiederzukommen, um allein in dem kleinen Haus zu arbeiten. Das wäre großartig.

26.8.1952 Die Seele – Dichter, Philosophen und Theologen haben ihr Leben lang versucht herauszufinden, was sie genau ist und wo sie ihren Sitz hat. Sie ist pure Einbildung. Der Mensch hat sie sich ausgedacht, wie sich ein Mensch das Geisterschiff des Fliegenden Holländers ausgedacht hat. Und welchen Sinn soll es haben, nach ihr zu suchen?

27. AUGUST 1952 Ich überlege, Lyne zu schreiben, dass ich nach Paris komme, aber ich schäme mich, »mit Ellen« zu schreiben, schäme mich, dass wir noch immer so unglücklich zusammen und doch zusammen sind. Also schreibe ich lieber gar nicht.

2. SEPTEMBER 1952 [München.] Traf Mike Stern diesen Vormittag und aß mit ihm zu Mittag. Voller Informationen über den Buchmarkt in den Staaten. Sein *No Innocence Abroad* erscheint im Nov. bei Random House. Plus Angebot aus Hollywood über 65 000 $ dafür, in seinem eigenen Film über sein Leben in Italien mitzuspielen. Sehr anregende Unterhaltung, & wir haben uns gut verstanden, und Jack M. freut sich immer über den »verdammt guten Eindruck«, den ich auf alle mache. Tatsächlich bin ich so heilfroh, zur Abwechslung mal mit netten Leuten zu tun zu haben. Ich nehme an, das merkt man mir an, und jeder spürt gerne, dass seine Gegenwart geschätzt wird.

4. SEPTEMBER 1952 Ellen offen genug zu sagen, sie würde mich bis Paris mitnehmen, & »du kannst mich dort verlassen, wenn du willst«. Aber wenn ich etwas in der Art sage, knickt sie ein und beschwichtigt mich. Mit anderen Worten, das Trauma, wenn ich gehe, wird genauso schlimm sein wie die Veronal-Szene in Florenz, wenn es so weit ist. Kamen entspannt bis Straßburg. Schöne Dämmerung, Spaziergang durch die Altstadt und das Münster mit seiner prachtvollen und leicht unregelmäßig wirkenden Rosette.

5. SEPTEMBER 1952 In Paris gegen 6 Uhr. Ich habe niemanden angerufen, wollte diesmal vorsichtig sein. Ellen hat gute Laune, & ich bete, dass es so bleiben wird, aber ich weiß, dass ich nur einen Freund oder eine Freundin anzurufen oder zu treffen brauche, dann ist es damit vorbei.

7. SEPTEMBER 1952 Zum Bois [de Boulogne], & ich wollte Lyne anrufen, weil sie gerne dort ist, aber E. sagt: »Die werden wir den ganzen Tag nicht mehr los!« Von allen unangenehmen Menschen der Welt – Ellen! –, und doch erwartet sie, dass ich 99 % meiner Zeit in Paris mit ihr verbringen will, nachdem ich das jetzt volle sechs Monate lang hatte!

10. SEPTEMBER 1952 Lyne kam um 6 auf einen Drink vorbei. Sie mag den Hund (obwohl er mich seit neuestem immer wieder grundlos angreift, nur aus Eifersucht, und Ellen überlegt, ihn einschläfern zu lassen oder wegzugeben). Außerdem müssen wir ihn verstecken, wenn wir eine Wohnung besichtigen. Um 2:30 die Hölle los, als Ellen mich weckte. Ich war nicht zornig, nahm aber kein Blatt vor den Mund, und bald wurde daraus ein lauter, abscheulicher Streit, E. schlug mit ihren schwachen Fäusten nach mir, und unsere Stimmen drangen mit Sicherheit zu unseren amerikanischen Zimmernachbarn links und rechts von uns durch. Wir müssen eine Stunde lang gestritten haben – ein entwürdigender, sinnloser Streit ohne

Ergebnis. Verursacht durch Ellens Versuch, mich festzunageln, an wie vielen Abenden ich in Paris ausgehen will. Genau, wie Jack vorausgesagt hatte. Lyne fragt mich, wie ich das bloß ertrage. Es ist schlimmer, als verheiratet zu sein.

12. SEPTEMBER 1952 Hundegeschichte neu getippt und noch einmal an Margot geschickt. Erwarte besorgt Neuigkeiten von Coward-McCann [über *The Traffic of Jacob's Ladder*].

13. SEPTEMBER 1952 Ein bisschen gearbeitet – Geschichte über Fliegende Untertasse. Ruhiger Tag.

23. SEPTEMBER 1952 Schöner Tag. Gearbeitet. Die Keoghs in Montana-Bar getroffen, beide sehr herzlich. Ich will mich bei Bradley für Theodora einsetzen. Sie hat einen dritten Roman veröffentlicht, *Street Song*. Wurde in England sehr gut besprochen.

23.9.1952 Die schlechten Gedichte der ersten Tage des Zu-sehr-Verliebtseins.

29. SEPTEMBER 1952 Margot Johnson einen ziemlich hysterischen Brief geschrieben und sie gefragt, ob sie es logisch oder ratsam findet, wenn ich in Europa bleibe, wo ich so wenig Geld verdiene und, wie es aussieht, den Kontakt zu amerikanischen Verlegern verliere. (Sie wird fast einen Monat brauchen, um zu antworten.)

30. SEPTEMBER 1952 Arbeit. Mittagessen mit Bradley, ein großes Vergnügen. Sie mag das Buch sehr. (Ich glaube, sie hat es inzwischen gelesen.) Sie mag mich jedenfalls. Erstaunlich treffendes Urteil über echte Bedeutung oder Unwichtigkeit gewisser amerikanischer Schriftsteller wie Capote, Williams und ihres Umfelds.

1. OKTOBER 1952 Zogen in die Rue de l'Université 83. Die große Umzugskiste & alles, der ganze Tag ein einziges Hin und Her. Mme Lanbeuf kommt dauernd rein und wird das auch weiterhin tun. Ellen hat im [Hotel] Montalembert verkündet, sie werde nicht mit mir zusammenwohnen, wenn ich öfter als 2 × in der Woche ausginge oder nicht »mehr Rücksicht« auf sie nähme.

6. OKTOBER 1952 Heute Nachricht, dass Coward-McCann *Traffic of Jacob's Ladder* eine glatte Abfuhr erteilt hat, mit der Begründung, es sei »altmodisch ... 3 Hauptpersonen, aus denen nichts wird, und als wäre es nach dem 1. Weltkrieg geschrieben worden«. Es entmutigt mich kein bisschen, ich bin sogar froh. Schrieb an Joan Kahn bei Harper, dass ich M. J. gesagt habe, Harper sei meine erste Wahl.

10. OKTOBER 1952 Brief von Margot. Vertrag mit Portugal für *Zwei Fremde* und 1300 $ Honorar angewiesen, davon 1000 $ Vorauszahlung von Pocket Book Bantam für *Salz* im kommenden Frühjahr.

11. OKTOBER 1952 Den ganzen Tag schwer gearbeitet und das Buch heute Abend beendet, samt einer Seite Korrekturen, die in den Staaten gemacht werden müssen.

12. OKTOBER 1952 Höllischer Alptraumtag. Meine Sonntage sind mit Ellen keine »freien Tage« mehr, in keinster Weise. Ich kann mich nicht entspannen, zeichnen, herumtrödeln oder sonst irgendwas von dem tun, was ich brauche. Außerdem X[28] am Nachmittag, was ich um des lieben Friedens willen tat. Sie denkt wie immer, das sei der Kitt für unsere Beziehung. So funktioniere ich nicht. Vielleicht männlich, vielleicht nuttig, ich weiß es nicht.

---

28 Highsmiths Code für Sex. XX heißt so viel wie viel oder guter Sex.

15. OKTOBER 1952 An deutscher Geschichte gearbeitet, mehr Handlung eingearbeitet.

16. OKTOBER 1952 Den ganzen Nachmittag Cocktailparty vorbereitet. Sieben unserer Freunde kamen nicht – Janet, Esther & K. und die Keoghs. Die Rosenthals waren bezaubernd, obwohl sehr schüchtern.[29] Wir unterhielten uns über das Übersetzen – sie korrigiert seine Arbeit ohne Blick ins Original –, und sie sind sehr nett und versuchen, in der Nähe von Paris einen Ort für mich zu finden, an dem ich arbeiten kann. Mme Bradley war ein Engel, intelligent, hat sich bei Calmann-Lévy für mein Buch eingesetzt, der auch da war mit seiner Freundin Edith Bohy, dem ungarischen Rotschopf. Lyne war etwas kratzbürstig zu Ellen, nachdem sie 2 Martinis getrunken hatte. Auch Enrico und Pernikoff. Aber für mich war die Party ein halber Misserfolg. Mit Lyne, Ellen und Enrico zu Abend gegessen.

18. OKTOBER 1952 Ging mit Lyne & Monique zum *Bal Nègre*,[30] den wir gegen Ende öde fanden. Außerdem bekomme ich nicht genug Schlaf, weil Ellen & ich regelmäßig bis 4 oder 3 streiten & um 8 aufstehen müssen.

20. OKTOBER 1952 Gearbeitet, deutsche Geschichte beendet & warte bis morgen, um einen zweiten Blick darauf zu werfen. Eine gute Dokumentation, habe versucht, sie so gut zu schreiben wie ein Stück im *New Yorker*. Bradley berichtet von 75 000 Franc Honorar für *Zwei Fremde,* selbst nach Abzug ihrer Agentenkommission. Exposé für *Readers' Digest* verfasst.

---

29 Jean und Renée Rosenthal, Jean Rosenthal war Highsmiths französischer Übersetzer.
30 Der »Bal Nègre«, einer der regelmäßigen Tanzabende im Jazzclub Bal Blomet (Rue Blomet 33), wo seit den 1920er Jahren – den sogenannten *années folles* – zahlreiche Künstler verkehrten wie Josephine Baker, Georges Simenon, Ernest Hemingway, Kiki de Montparnasse, Man Ray, F. Scott Fitzgerald, Joan Miró, Robert Desnos, Piet Mondrian, Kees van Dongen, Jacques Prévert, Juliette Gréco, Francis Picabia, Elliott Erwitt, Jean-Paul Sartre und Simone de Beauvoir.

21. OKTOBER 1952 Deutsche Geschichte den ganzen Nachmittag überarbeitet, letzte Verbesserungen. »Die Heimkehrer«.[31] Ellen kam heute Abend hereingerauscht, verlangte einen Drink, dann eine unumwundene Antwort, ob ich mich von ihr trennen oder bloß weggehen und arbeiten wolle. Ich will sie nicht verletzen, das hält mich davon ab, ganz deutlich zu sagen, dass wir getrennt beide glücklicher wären. Sie gibt mir 4 Tage Zeit, mich zu entscheiden, solange sie in München ist. »Ich denke, du bist unentschieden – deshalb solltest du in Ruhe nachdenken.« Dinge noch zusätzlich kompliziert, weil meine Mutter schreibt, sie würde gerne kommen & mich besuchen, vorausgesetzt, sie kann in unserer Pariser Wohnung unterkommen. Ich hätte sie sehr gerne hier. Aber würde Italien nicht dafür aufschieben. Und Ellen beschwert sich, sie würde nicht allein hier in Paris bleiben, wenn ich wegfahren würde. Damit hätte sie nie gerechnet, sagt sie. Also ist weiter alles in der Schwebe. Ich spiele mit dem Gedanken einer Trennung auf Zeit – weiß aber (obwohl sie seit Tagen ein Engel ist, sehr liebevoll, beteuert, dass sie alles für mich tun würde), dass ich nur einen Wunsch äußern muss, der ihr nicht passt, oder ein paar Freunde zu oft treffen, damit der alte Horror wieder losgeht. Wenn ich also sowohl Intelligenz und Mut genug habe, werde ich mich trennen, auch wenn ich damit »wegwerfe«, was wir haben, dieses Quentchen.

22. OKTOBER 1952 Ellen nach München verabschiedet. Den ganzen Tag allein geblieben – gelesen und meinen Spannungsroman über den Nachahmer geplant.[32]

23. OKTOBER 1952 Weiter geplant. Ab einem bestimmten Punkt wird es schwierig für mich, und ich setze die Sache lieber auf Papier »in Gang«, bevor ich weiter vor mich hin denke. Das führt nicht

---

31 Die Geschichte einer Frau, die ihren Ehemann verlässt und das als Befreiungsschlag empfindet, erschien posthum in *Die Augen der Mrs. Blynn* (Diogenes, 2002).
32 *Der Stümper*.

weit. Bradley rief an, meine Kurzgeschichten gefallen ihr sehr, sehr gut, will sechs davon französischen Zeitschriften zeigen, von denen manche auf Englisch publizieren. Mag besonders »Vögel vor dem Flug«. Die anderen sind »Siegestor«, »Man Next Door«, »Des Menschen bester Freund«, die »Fliegende Untertassen«-Werbung, und ich will ihr »Die Heimkehrer« schicken, das ich gestern Margot geschickt habe. Margot schreibt, ein paar Lektoren mit Schwerpunkt Kurzgeschichten zu treffen könnte etwas bringen, aber nicht genug, dass es sich lohnen würde, dafür nach Hause zu kommen. Findet Florenz eine gute Idee und sagt, meine Beziehung zu E. sei jetzt wirklich schon viel zu lange kaputt. Aber all das ermutigt mich, in Europa zu bleiben. Auch finanziell ratsam. Ich habe nur Heimweh, ein bisschen wie ein Flugzeug, das schon zu lange unterwegs ist und aufgetankt und überholt werden muss. Ann S. lädt mich ein, mit Betty in ihrem Haus zu wohnen. Wie nett von ihr!

War mit Jeannot in Harry's Bar. Ein trostloser, von betrunkenen Amerikanern befallener Laden mit schlampig gespieltem Klavier.

24.10.1952 Ich bin reich, ich habe Glück, sehe gut aus, bin attraktiv, ich werde noch viele Jahre leben! Und obendrein bin ich auf der richtigen Seite! Das ist das i-Tüpfelchen! Heute Abend habe ich ein Modell getroffen. Sie hat für A.C. [Allela Cornell] posiert, als sie das Atelier – dieses wunderbare Atelier – am Washington Square South hatte. Rita, das Modell, ist eine einfache, ehrliche, kultivierte, naive, großzügige, ebenso klar wie instinktiv denkende Frau, all das. Aber die Tatsache, dass ihr Herz, ihr Geschmack, ihre Ideale, ihre Wahrheit auf der Seite von Mozart, Henry Miller, Rimbaud sind, das macht sie all denen ebenbürtig, für die sie je Modell sitzen wird. Sie ist eine von ihnen, sie versteht sie, sie ist wie sie. Wie herrliche Musik, wie die griechischen Himmel, die sie so gut beschreibt, erfrischt sie den Künstler, erinnert ihn daran (wenn er es nötig hat, so wie ich in diesem Augenblick), dass er ein Mensch ist, solange er sich dessen erinnert. Und für sie war selbstverständlich, dass ich einer bin. Der heutige Abend ist einer der glücklichsten meines Lebens, seit ich Cornell kennengelernt habe. Ich huldige dir heute Nacht, Cornell, und schicke dir Grüße aus Paris!

25. OKTOBER 1952 Wieder Arbeit. Meine Regel. Jean Rosenthal und Ehefrau kamen um 7:45. Führten mich zum Abendessen aus und dann ins Rose Rouge[33]. Sehr gute Show, sehr smart & reibungslos. Muss sie ein Vermögen gekostet haben. Jean ist ausnehmend ernst. Seine Frau sehr attraktiv. Sie müssen glücklich sein.

25.10.1952 Brief an einen amerikanischen Freund, der nach Europa kommt: Du erwartest, Europa künstlerisch zu finden. (Zuallererst, was verstehst Du unter diesem Wort? Kreativ, frei, jetzt in der Gegenwart aktiv? Das ist Europa nicht. Europa ist künstlerisch in seiner alten Architektur, ein paar modernen Malern, Musikern und entspricht unserer amerikanischen Vorstellung von Boheme, die Freiheit seiner einfachen Individuen, die im Alltagsleben das tun, was ihnen gefällt.)

Amerika dagegen ist voller junger Männer, leicht exzentrisch, Maler oder Schriftsteller, die mit 22 Jahren nach dem College den Mut haben, mit ihrer jungen Frau aufs Land zu ziehen, ob in Connecticut, Arizona oder Maine, und in Levi's zu leben und gesunde Kinder großzuziehen, vielleicht auf fortschrittliche Weise, und ihren letzten Dollar für Musik von Mozart, Hindemith und Bartók auszugeben. Und in Amerika findet man eine breitere und tiefere Wertschätzung von Musik als in Europa, tatsächlich als überall sonst auf der Welt. Wenn Du nach Europa kommst, wirst Du die Leute nicht künstlerisch und kühn und draufgängerisch finden, wie Du es vielleicht erwartest, sondern furchtsam, gehemmt, zynisch und vor allem etwas müde. In der Malerei und Architektur wirst Du

---

33 Von Filmregisseur Nico Papatakis (1918–2010) 1947 gegründete legendäre Rive-Gauche-Kleinbühne, auf der Größen wie Juliette Gréco, Boris Vian, Léo Ferré, Marcel Marceau, Michel Piccoli und Raymond Queneau ihre Karriere begannen.

sehen, was sie erreicht haben, und Du wirst bereitwillig einräumen, dass Amerika sich damit noch nicht messen kann. Aber Du wirst allmählich und sicher auch auf Amerika stolz sein, wegen seiner mittelmäßigen Maler, den jungen Männern in Levi's, deren Herzen frei sind und großzügig, wie es die Herzen von Künstlern sein sollten. Und Europas Herz ist ausgeblutet. Und es gibt auch nichts wie das Herz des »neuen« Künstlers. Der Künstler ist ein altes Wesen. Er ist ein wenig wie Christus. Aber er ist auch nicht wie die europäischen Künstler – feierlich, zynisch, ernsthaft, wenn er seiner Arbeit nachgeht (und sich dabei immer über die Schulter nach Dieben umsieht), oder wie die Anarchisten und Nichtstuer von St. Germain-des-Prés, deren Hauptwerke Akte sinnloser Roheit sind, Zerstörung ohne Neuerschaffung. Die wahren Künstler beschäftigen sich nicht allzu sehr mit den gesellschaftlichen Fragen ihrer Zeit. Sie sind mit sich selbst beschäftigt, arbeiten von dem Keimplasma aus, das sich in ihrem Geschlecht seit Millionen Jahren nicht verändert hat, sich nie verändern wird.

26. OKTOBER 1952 Gearbeitet. Dann ein Drink mit Esther Arthur um vier im Deux Magots[34]. Sie rät mir, für ein Jahr nach Hause zu fahren, falls ich den leisesten Wunsch danach habe. Gab mir noch einen großen Stoß in diese Richtung – Träume von Texas, Florida, N. Y. –, die Rückkehr der verlorenen Tochter, all das. Traf Ellen – nach langem Warten – bei Les Invalides. Sehr liebevoll. Alles so viel besser dank Seelenfrieden in der letzten Woche, werde vermutlich in Paris bleiben. Meiner Mutter schrieb ich, sie solle mir telegraphieren, wenn sie wirklich kommen will – ich behalte also die Wohnung. Ellen verspricht sogar, sie wird eine Katze erlauben!

---

34 Das legendäre Café in Saint-Germain, gleich gegenüber vom Rivalen Café de Flore, wurde in den Nachkriegsjahren von zahlreichen Intellektuellen besucht, darunter Jean-Paul Sartre, Simone de Beauvoir, Albert Camus, Ernest Hemingway, James Joyce, Bertolt Brecht, Julia Child, James Baldwin und Chester Himes. Seit 1933 wird jährlich der Literaturpreis Le Prix des Deux Magots vergeben.

27. OKTOBER 1952 Brief an TM, um auf unbestimmte Zeit zu vertagen,[35] v. a. weil *Reader's Digest* mein Exposé über den italienischen Gastwirt in Neapel für sehr gut befindet. Renay rief heute Vormittag an, & ich sah ihn am Nachmittag. Sehr ermutigend. 1200 bis zu 2000 $! Mein Gott – für 12 Seiten! Schrieb auch meiner Mutter.

28. 10. 1952 Das wirklich Deprimierende an einer Depression ist, dass die eigenen Gedanken und ihre offensichtlichen Wege (in all die kleinen Sackgassen der Unmöglichkeit) so gewöhnlich sind. Einem viel stupideren Menschen als mir kämen die gleichen Gedanken, erkennt man. Und am schlimmsten, die gleichen Empfindungen! Ein Menschenwesen, zerrissen von der alten Streckbank der Unentschiedenheit und der Uneindeutigkeit seines Begehrens, ist wie jeder Hund, der sich nicht zwischen dem flüchtigen Eichhörnchen und dem entsetzten, paralysierten Kaninchen entscheiden kann – und keins von beiden erwischt!

29. OKTOBER 1952 Mittagessen mit Bradley – Zivilisation. Und ich habe ein Wasserglas umgestoßen. Sie bewundert immer noch meine Geschichten, auch »Die Heimkehrer«. Will, dass ich nächste Woche mit ihr ins Theater gehe. Sie hat dieses unbeschreibliche Verständnis für Schriftsteller und deren Leben, dem ich seit Sturtevant nicht mehr begegnet bin. Wir haben ein neues Dienstmädchen, Renée, das perfekt ist und das Leben viel leichter macht. Ich bin tatsächlich auf einmal ganz glücklich. Ich wünsche mir jetzt ganz sehnlichst eine Katze. Vielleicht finden wir am Sonntag eine. Mäuse haben wir noch.

30. OKTOBER 1952 Die Sachen für den *Digest* hoffnungsvoll nach N. Y. und an Renay geschickt. Lese – Marcel Prousts Briefe. Jetzt erwarte ich Neuigkeiten von Margot & Harper. Die Wohnung im-

---

35 Es ist unklar, über wen und wovon sie hier schreibt.

mer gemütlicher. Nach all meinen öffentlichen und privaten Verrenkungen fange ich an, mich damit abzufinden, hierzubleiben. Aber ich glaube nicht, um das Buch zu schreiben. Ellen ist glücklich mit ihrem PX-Ausweis[36] und bringt Unmengen Konserven nach Hause.

4. NOVEMBER 1952 Eisenhower wurde gewählt – eine echte Überraschung für mich. Obendrein ein Erdrutschsieg. Die englischen Zeitungen sind gelassen, berichten die Franzosen, obwohl die alte *Herald Tribune* behauptet, sie seien voller Glückwünsche und erfreut. Die Welt ist ein einziges Durcheinander. Noch mehr Gründe, nicht zurückzugehen. Meine Geschichte gut abgeschlossen. 13 Seiten. Lyne rief an, von unten, sie hat jetzt Hausverbot, weil Ellen sie unfreundlich & ihr gegenüber nicht gastfreundlich genug findet. Wir aßen bei Monique, danach mit Monique ins L'Escale[37]. Haben uns wunderbar amüsiert bis früh um 4:30.

6. NOVEMBER 1952 Gut gearbeitet. Ruhiger Tag. Abends amerikanischer Film, nicht besonders gut. Dann fragte E. mich aus, wen ich anzurufen versuchte (Vali, um unsere Verabredung um eine Stunde zu verschieben, weil eine hochnäsige Freundin Ellens auch um 7 kommt), alles kam heraus, und Ellen kocht schier über. Zu Bett in grimmiger, angewiderter, übler Laune – nach diesen Vorträgen darüber, warum ich doch bitte Klassenunterschiede wahren solle und es müsse, solange ich mit ihr lebe – anderenfalls …! Oh, bitter! Bitter! Im Bett wollte sie liebevoll sein. Ich habe nach ihr geschlagen, musste es, um sie abzuwehren. Mein Gott, ich glaube wirklich, sie ist wahnsinnig. Und doch fürchte ich um mein Leben, wenn ich sie

---

36 »PX« (Post Exchange) heißen die Geschäfte auf Stützpunkten, die die steuerfreien Konsumgüter des »Army & Air Force Exchange Service« (AAFES) an Militärangehörige vertreiben. Unter bestimmten Voraussetzungen können auch Angehörige verschiedener NATO-Einheiten dort einkaufen.
37 Eine der ältesten kubanischen Bars von Paris, die 1945 in einem ehemaligen Bordell im Quartier Latin eröffnet und über die Jahre von Studenten, Intellektuellen und Berühmtheiten frequentiert wurde.

verlasse. Sie fragte mich, warum ich bleibe. Ich sagte, diese Frage stelle ich mir auch. Ich sagte, wegen des *R. Digests* & meiner Mutter. »Ach nein, damit es für die alte Dame billiger ist, wenn sie nach Paris kommt?« Reden Hunde so miteinander? Nach dieser Bemerkung würde ich meine Mutter sowieso niemals hier zu Besuch haben wollen!

7. NOVEMBER 1952 Abtippen der Geschichte beendet. Bereiten uns darauf vor, nach Genf zu fahren. Ich bliebe lieber hier. Aber auch ich werde langsam wahnsinnig, tue andauernd Dinge, die ich nicht tun will. Heute Abend mit Monique & Lyne verabredet. Später L'Escale. Kam um 2 Uhr morgens nach Hause & sagte Ellen noch einmal, ich wolle nicht mit ihr nach Genf fahren. Verschloss meine Zimmertür, & als ich aufwachte ...

8. NOVEMBER 1952 Um neun war sie weg, eine Kaffeetasse auf der Ecke ihres Schminktischs. Ich entschied mich zu gehen. Rief sofort Jeannot an. Traf ihn um 11. Das Problem dabei, sein Studio zu mieten, ist, dass er und S. es um die 5 Tage im Monat würden nutzen wollen und ich dann zu seiner Mutter ziehen müsste. Also entschied ich mich für Florenz. Auch mit Hilfe von Mrs. Bradley, die ich um 12:15 traf. Kam nach Hause und aß zu Mittag, ging dann zu Les Invalides und rief Titi an und sagte ihr, ich würde Mittwoch in Florenz sein. Kaufte mein Flugticket. Traf am Abend Jeannot & Freundin. Abendessen *chez moi*. Sehr gut. Dann gingen wir ins Monocle[38] – ich in meiner besten Hose –, tanzte mit mehreren Mädchen & hatte natürlich keinen Erfolg bei der, mit der ich am liebsten getanzt hätte. Sylvia will eine Affäre mit mir. Sie zieht mich nicht an, & mir ist auch nicht danach.

---

38 Einer der ältesten und bekanntesten lesbischen Nachtclubs im Paris der 1920er und 1930er Jahre, benannt nach dem damals beliebten Trend, zum Smoking ein Monokel zu tragen. 1940 musste der Nachtclub schließen, da Homosexualität von den Nazis als »entartet« verfolgt wurde, und der neue Standort am Montparnasse ab 1945 war weniger beliebt.

9. II. 1952
Für E. H. Hallo und Goodbye.

Ich nahm Abschied, als ich dich traf,
Mit recht verblüffter Stimme,
Und verwundertem Gesicht.
Doch zwischendrin gab es genug Klares und Konkretes,

Weiß Gott, um alles zu klären.
Um reinen Hass
zu erzeugen,
Und die beste Liebhaberin
zu verscheuchen, die ich nicht war.
Genug Konkretes, um ein Schiff zu versenken,
Um einen Witz zu reißen,
Und eine Persönlichkeit zu zerstören,
Viel stärker als meine.
Findest Du nicht, ich habe mich tapfer geschlagen?
Doch das muss ich Dich nicht fragen.
Du fandest, Du hättest alles richtig gemacht
Und ich alles falsch.
Deshalb gehe ich anderswohin.
Wo ich hingehöre.

11. NOVEMBER 1952 Ellen kam erst um 10:30 wieder. Wir redeten ein paar Stunden ganz vernünftig. Dann wurde sie hysterisch, sagte, sie würde sich umbringen usw. Ich versuchte sie zu trösten. Sie wollte sich für Weihnachten verabreden. Ich wollte das erst einmal gar nicht. Soll ich mich mit dir verabreden, um Weihnachten in Venedig mit dir zu schlafen?, habe ich gefragt. Weil sie sagte, ich sei der erste und letzte Mensch, mit dem sie schlafen wolle.

12. NOVEMBER 1952 Am Morgen sahen wir natürlich beide schrecklich aus. Elender Abschied am Gare des Invalides, ein Händeschütteln, eine Berührung an der Wange – vielleicht änderst du deine Meinung in 3 oder 4 Wochen, sagte sie. Aber unterwegs fühlte ich mich zunehmend freier und besser. Von Mailand an teilte ein Mann sein Mittagessen mit mir. Der Flug über die Alpen war aufsehenerregend und wunderschön. Rief Titi um 6:20 an – wurde begeistert begrüßt und für zehn Uhr eingeladen. Mein Zimmer ist kalt. Aber ich bin optimistisch.

13. NOVEMBER 1952 Mache mir Sorgen, dass von Ellen ein schreckliches Telegramm kommt.

17. NOVEMBER 1952 Keine Post. Vor allem keine von Ellen. Was mich wahnsinnig macht.

19. NOVEMBER 1952 Einsam. Sehr deprimiert – den Tränen nahe. Ohne Arbeit habe ich keinen Felsen, keine Rettung.

21. NOVEMBER 1952 Sehr aufgewühlt. Versuchte um 3, Ellen anzurufen und kam nicht durch. Stand um 2 Uhr morgens plötzlich auf und rief in Paris an. Ellen sagte: »Ich weiß, dass du mich liebst. Ich habe dir einen langen Brief geschrieben. Ich habe eine unverbindliche Buchung für ein Schiff für den 25. Dezember. Kannst du so lange warten? Ich tue alles, was du sagst. Wir können nach Santa Fe gehen, oder wo immer du hinwillst.« Ich hatte sie nur gefragt, wie es ihr geht. Sie sagte: »Ich komme klar« – ihre Stimme am Telefon sehr präzise und britisch. Ich sagte, ich würde mit ihr nach Hause fahren.

Danach konnte ich lange nicht schlafen. Aber ich bin plötzlich glücklich – die Liebe ist eine sonderbare Neurose. Ist das Liebe? Auf jeden Fall ist es Sex. Vielleicht brauche ich ihre zänkische, unausgeglichene Persönlichkeit um mich herum. Ich lag da und dachte, so muss mein Romanheld[39] empfinden, wenn er seine Frau im Hass tötet und dann entdeckt, dass er sie gebraucht hat.

22. NOVEMBER 1952 Gepackt und in [die Pension] Bartolini umgezogen – Zuflucht für D. H. Lawrence und andere namhafte Persönlichkeiten, ein Labyrinth aus dunklen steinernen Fluren und Treppen und kerkerartigen Toiletten, Steinfliesen und düsteren, asketischen Zimmern mit Gefängnispritschen. Trostlos, aber vielleicht gut für die geistige Disziplin. Und ich bin nicht in der geistigen Verfassung, dass es mir etwas ausmachen würde.

25. NOVEMBER 1952 Telegramm, dass Ellen einen Job in Triest haben könnte. Würde mir das gefallen? Ich telegraphierte: okay, aber verfiel am Abend in eine scheußliche Depression – wie eine Krankheit. Ich habe Heimweh. Ich sollte gehen. Wenn ich es mir leisten kann.

27. NOVEMBER 1952 Ein Thanksgiving ohne Truthahn für diese Amerikanerin hier. Erster sonniger Tag seit Wochen. Es hat geregnet, und der Arno führt Hochwasser. Buch macht in Gedanken Fortschritte. Es ähnelt *Zwei Fremde* vielleicht zu sehr in der Struktur, aber nicht, was die Handlung angeht. Das ist aber nun einmal die Struktur meines eigenen Geistes.

30.11.1952 »Wohnhaft bei Mrs. Irgendwer.« Ich bin immer »wohnhaft bei Mrs. Irgendwer«. Oder »Mr. Irgendwer«. Ich habe nie ein Zuhause. Ich ziehe von New York nach Paris, nach London, nach Venedig, München, Salzburg und Rom ohne eigene Adresse. Meine Briefe erreichen mich dank Gottes Hilfe und der von Mr. oder Mrs. Irgendwer. Eines Tages werde ich vielleicht ein Haus aus Stein haben, ein Haus mit einem Namen – Hanley-on-the-Lake,

---

39 Walter in *Der Stümper*.

Bedford-on-the-River, West Hills oder schlicht Sunny Vale. Irgendwas. So dass mich meine Briefe selbst ohne meinen Namen auf dem Umschlag erreichen werden, weil ich und nur ich dort leben werde. Aber das kann nie diese Jahre wettmachen, die ich damit verbracht habe, mich in American-Express-Büros anzustellen von [Place de l'] Opéra [in Paris] bis Haymarket [in London], von Neapel bis München. Kann nie die tragischen, melancholischen, demütigenden Morgen wettmachen, an denen man mit Hoffnung auf einen Brief hingegangen ist und sich mit leeren Händen, leerem Herzen abgewendet hat. Es gibt Millionen Amerikaner wie mich, die ohne Entgelt die Bitterkeit kolonialer Herrschaft gekostet haben. Englands Truppen hatten ihre Kameradschaft. Die Franzosen hatten ihren Wein, die Amerikaner haben als offizielle Kolonisten ihre Gehaltsschecks, vielleicht sogar ihre Ehefrauen. Aber was haben die einsamen Amerikaner? Oft nicht einmal die Freundschaft einer Mrs. Irgendwer. Oder einen guten Ruf bei der Pension Sporca[40] in Florenz, wo sie ausgezogen sind, ohne den Dienstmädchen ein Trinkgeld dazulassen. (Tatsächlich hat diese letzte Rechnung ihnen die Taschen geleert.) Sie wandern als ungebundene Atome über die Erdoberfläche, wohnhaft bei Mrs. Irgendwer.

Bis zu dem glorreichen Tag, an dem sie von Neapel oder Cherbourg oder Genua aufbrechen und stolz ihre neue Adresse angeben: Soundso East Sixty-Third Street oder Soundso Jane Street. Aber immer noch wohnhaft bei Mrs. Irgendwer. Und wenn sie nach Amerika kommen, vergessen sie das Haus aus Stein, das sie haben wollten. Sie sitzen herum, gehen herum, eilen umher und träumen von der Pension Sporca, davon, wie bald sie zurückkehren können. Sie sehnen sich nach den felsigen Stränden Italiens mit ihrem blauen Wasser, nach den weichen Farben von Florenz, nach den nächtlichen Eskapaden in Paris.

Und schon bald (sobald sie das Geld wieder zusammenkratzen

---

40 Ital. sporco, sporca, auf Deutsch: schmutzig, dreckig.

können) sind sie wieder fort. Mit einer neuen Adresse: bei American Express, Paris. Wohnhaft bei Mme Carpentier, Paris. Wohnhaft bei Mr. und Mrs. Irgendwer, Rom. Beim Yacht Club, Mallorca, Palma de. Wandernde Atome, für immer auf der Suche nach Alleinsein, für immer isoliert. Denn wer könnte mit ihnen mithalten, wer ihr Gefährte sein? Sie können einander nicht ausstehen und haben mehr Abscheu vor Touristen als jeder Europäer auf dem Kontinent, die Kommunisten nicht ausgenommen. Sie sind Pendler. Atome. Wanderer. Die Heimatlosen, die Adresslosen, die Zugvögel Amerikas.

2. DEZEMBER 1952 Plötzlich um 3 ein Telegramm, Ellen ist am 5. Dezember in Genf. Will, dass ich sie mitsamt all meinem Gepäck dort treffe. Ob wir dort bleiben oder weiterfahren, ist unklar. Ich telegraphierte zurück, ich würde kommen. Schrieb gut, zum ersten Mal hier in Florenz.

3.12.1952 Es ist wirklich schwer, die Person zu sein, die man gerne wäre – zivilisiert, immer selbstbeherrscht, immer empfänglich für Reize – und zwar empfänglich auf dem Gipfel unserer sensiblen, intellektuellen und romantischen und klassischen Möglichkeiten –, wenn man nicht das Geld hat, ein Taxi nehmen zu können, wenn es regnet oder man müde ist, oder nach Amerika fahren zu können, auch ein wesentliches Bedürfnis des Geistes. Es ist wirklich schwer.

5. DEZEMBER 1952 Ich finde es schade, die ganzen netten Leute in Florenz zu verlassen. Nahm den Zug um 10:40 – in Mailand um 3, grade rechtzeitig, um den Zug um 2:45 nach Genf zu verpassen. Kaufte Ellen einen Pullover & versuchte, 5 Stunden sinnvoll totzuschlagen. Kam nachts um 1:30 in Genf an – teuflisch kalt. Um 2 im Hotel de Russie. Ellen im Bett, hatte versucht, mich um 9:30 abzuholen. XX usw., nach allem sehr wundervoll. Aber ich bin ein Korken auf ihrem stürmischen Meer, der dahin treibt, wohin sie geht.

5. DEZEMBER 1952 Der Triest-Job [für Ellen] nimmt Gestalt an, Amerika ist damit raus. Ich bin enttäuscht. Und Ellen hat leicht reden, sie bekommt auf die Weise ihren Willen, wenn sie mir einredet, dass ich nicht genug Geld habe, um in die Staaten zurückzukehren. Flugzeug nach Paris um 7:30. Allein bei dem Gedanken an alles, was vor uns liegt, bin ich geistig erschöpft. Und dass ich meiner Mutter, ohnehin schon deprimiert, sagen muss, dass ich nicht komme. Mutter sagt, die Geschäfte gingen schlecht in Orlando, sie wird nach Tampa gehen. Wie trostlos muss es sein, sein Herz ein Leben lang an eine ohnehin schon niedrige, kommerzielle Form seiner Kunst gehängt zu haben und dann festzustellen, dass man im Alter nicht versorgt ist! Die Wärme, 28°, fühlt sich bestimmt herrlich an.

7. DEZEMBER 1952 Freizeittag. Habe Ellen den Avon-Brief gezeigt, das wäre vom Geld her das Beste – das Homobuch[41]. Ich denke langsam darüber nach, weil für den Spannungsroman ein freierer Geist nötig ist, als ich gerade habe. XX usw.

9. DEZEMBER 1952 Mittagessen mit Bradley. Besprach kurz mit ihr, ob es ratsam sei, die Agentin zu wechseln. Sie sagt auch, Margot »gehe nicht mehr die üblichen Wege« beim Einreichen von Texten. Abkürzungen, Tipps und die höheren Preise. Margot hat sich nicht groß bemüht, Druck auf Harper zu machen. Und hat in über einem Jahr keine einzige Geschichte verkauft, wie Ellen häufig betont.

---

41 Avon veröffentlichte seit 1941 Zweitverwertungen im Taschenbuchformat. Als der Verlag Anfang der 1950er Jahre bei Highsmith ein »queeres« Buch in Auftrag gab, hatte er gerade damit angefangen, auch Erstausgaben zu veröffentlichen und sein Programm, bisher mit deutlichem Krimischwerpunkt, zu erweitern um u. a. Fantasy, Science-Fiction und Liebesromane. Highsmiths Konzept mit dem Arbeitstitel *The Breakup* überzeugte sie am Ende nicht. Zu der Zeit hatte sie bereits mindestens drei Kapitel des Buches geschrieben, das sie als »übereinfach«, aber auch als »besser und interessanter als *Salz*« beschrieb, »wenn auch kein Schreiben der spitzenhaften Spitzenklasse«.

13. DEZEMBER 1952 Brief von Lil [Picard]. Mitfühlend, nennt Ellen hart, eine selbstsüchtige Zicke und Hexe, die genau weiß, was sie will, und das dann auch verfolgt. Leider will sie zurzeit mich.

14. DEZEMBER 1952 Arbeit. Erstes Kapitel neu schreiben. Zum Aperitif zu den Posnanskis. Sie sagt, Ellen habe einen »moralischen Zusammenbruch« gehabt, als ich weg war. Das ist E. peinlich.

15. DEZEMBER 1952 Rundum über alles deprimiert. Vor allem Unzufriedenheit mit dem Ozean (dämlicher) Arbeit vor mir, bevor Anerkennung oder Veröffentlichung denkbar ist.

16. DEZEMBER 1952 Mit Ach und Krach die Neufassung von 1. Kapitel beendet gestern Abend, & Ellens Kommentar: Geradeso genug Sex darin, um vom Publikum goutiert zu werden.

17. DEZEMBER 1952 Ich notiere: »Der Wahnsinn, der sich anschleicht: Isolation und halbes Scheitern.« Man wendet sich der Religion zu oder dem Trinken – in beiden Fällen etwas, das stärker ist als man selbst.

17.12.1952 Manès Sperber[42] – Cheflektor bei Calmann-Lévy. Sagt mir direkt: »Ich wünschte, ich hätte Sie aus einem angenehmeren Grund hergebeten, als um Ihnen zu sagen, was ich jetzt sagen werde.« Legt los, mein Buch zu zerreißen – ich habe *raté* [versagt]. Was habe ich mir bei der ganzen Sache überhaupt gedacht. Verschiedene Frustrationen, sage ich. Frustration ist als Wort in Frankreich beinahe unbekannt, außer in einem rechtlichen Kontext. »Ich sage es Ihnen direkt – und ich weiß das, ich habe mich noch nie geirrt –, Ihr Buch würde in Frankreich scheitern, von niemandem gelesen werden, von zwei oder drei Leuten besprochen werden, und zwar

---

42 Manès Sperber (1905–1984), österreichisch-französischer Schriftsteller und Philosoph, erhielt 1983 den Friedenspreis des Deutschen Buchhandels.

schlecht ... Ihre Männer sind lächerlich, wenn ich das sagen darf, und Sie wissen besser als ich (mit scharfem Blick), warum das so ist – ihre Handlungen werden von ihren Spleens bestimmt, anstelle von ihrem Charakter.« Kleiner Lichtblick, als er mich gefragt hat, ob ich einen Vorschuss angenommen hätte und das Buch darum hätte schreiben müssen? Ich sagte ihm, ich hätte nichts genommen, und wenn ich je ein Buch geschrieben hätte, weil ich es wollte, dann wäre es dieses.

Sein Haus ist nüchtern, schlicht möbliert, das Haus eines Intellektuellen. Ein modernes Gemälde von Vargas an der Wand, japanische Tischsets auf den kleinen, quadratischen Beistelltischchen. Er raucht Gauloises zu seinem Tee und isst nichts. Noch ein Fauxpas – erinnert mich daran, dass Café de Flore & Deux Magots nicht das echte Paris sind! Jeden Versuch, den ich unternehme, ihm zu sagen, dass andere das Buch mochten, kontert er mit der Information, dass diese Leute tatsächlich nie Bücher lesen. Er weiß es.

24. DEZEMBER 1952 Zu Bradleys Champagner-Party – um die 20 ernsthafte Franzosen und Mina Kirstein Curtiss[43], mit der ich Margot Johnson als Agentin besprach. Sie kennt sie gut, sagt, es gäbe keine bessere in New York. Margot war Minas Schülerin bei ihren Englischkursen am Smith College. Sagt, sie sei Margots letztes literarisches Gewissen. Wir ließen 2 Koffer bei Bradley zurück, sie hatte netterweise angeboten, sie für uns aufzubewahren. Habe neulich Neujahrskarten verschickt, eine an A. Koestler in London. Heute Abend – ein kleines raffiniert köstliches Abendessen ganz allein mit Ellen *chez nous*. Dann Geschenke öffnen, Ellens Pullover, den ich so hoffnungsvoll in Mailand kaufte, ist ihr zu groß!

---

43 Mina Kirstein Curtiss (1896–1985) veröffentlichte selbst mehrere Biographien und übersetzte Proust. Bis 1934 und noch einmal in den frühen 1940er Jahren unterrichtete sie Englisch am Smith College.

25. DEZEMBER 1952 Fuhren um 8 morgens noch bei Dunkelheit ab. Weihnachtstag – ganz Frankreich ist auf den Beinen & kauft beim ᶠBäcker^{FF} und im ᶠMilchladen^{FF} ein. Durchgefahren und haben es am Abend nach Basel geschafft. Hotel Drei Könige. Ellen wünscht sich so sehr, ihre *vacances* zu genießen. Ich tue mein Bestes & werde Erfolg haben. Man muss einfach weiter in die Zukunft blicken.

Gestern Brief von meiner Mutter über ihre schwere Zeit in Orlando in diesem & dem vergangenen Monat. Nach den Wahlen deprimiert, & haben wie immer »zu lange gewartet«, um wegzukommen. S. ist langsam, meine Mutter weicht unerfreulichen Tatsachen so lange aus, bis es nicht mehr geht, & dann ist es zu spät. Deshalb jetzt das: Sie sind nach Miami, in diese Scheißstadt, & sie hat einen kleinen Modejob, den zu verlieren sie bereits erwartet. Ich kann voraussehen, dass sie mit 60 aufgeschmissen sind, und bis dahin ist es nicht weit. Was dann? Es ist eine weitere *Tod-eines-Handlungsreisenden*-Saga aus dem Berufsleben eines Werbegraphikers. Für mich überwältigend, entsetzlich tragisch. Was kann ich tun? Wie du mir, so ich dir? Und wie sonst sollte ich es sehen können?

1953

Das Jahr 1953 ist für Patricia Highsmith vor allem das Jahr, in dem sie – in Etappen – in die USA zurückkehrt. In Etappen vollzieht sich in diesem Jahr auch die Trennung von ihrer Geliebten Ellen Hill. Und etappenweise findet sie literarisch zu dem Genre zurück, in dem sie sich am besten ausdrücken und auf dem Literaturmarkt überleben kann: dem Spannungsroman.

In den USA des Jahres 1953 herrscht weiter das Angstregime von Senator Joseph McCarthy. Patricia Highsmith schämt sich für ihre Heimat, in der sie sich nun als Außenseiterin fühlt, und sie schämt sich, weil sie ohne Geld zurückkehrt und offiziell nicht mehr als einen Roman und ein Dutzend Kurzgeschichten vorzuweisen hat – ihren unter Pseudonym erschienenen zweiten Roman *Salz und sein Preis* verschweigt sie ihrer Familie.

Ihr zwölftes Tagebuch ist nur halb so umfangreich wie das vorhergehende. Oft schreibt sie die Einträge erst nach dem Datum, unter dem sie sie notiert; sie sind auf Englisch verfasst, bis sie sich Anfang September nach Fort Worth zurückzieht und – vielleicht aus Sehnsucht nach Europa – in einer neuen »Geheimsprache« schreibt: Italienisch.

Zu Jahresbeginn lassen sich Ellen Hill und Patricia Highsmith erst noch in Triest nieder, als Ellen dort eine neue Stelle bekommt. Doch die gibt die von Haus aus finanziell gutgestellte Geliebte schon nach vier Monaten wieder auf, während Patricia Highsmith beruflich nach jedem Strohhalm greifen muss. Sie bewirbt sich als Englischlehrerin, überlegt sich Kurzgeschichten und Artikel für Zeitungen. Dank eines in Aussicht gestellten Vorschusses von 5000 $

arbeitet sie außerdem an einem weiteren »queeren« Buch, das sie ehrlicher, interessanter und besser findet als ihren ersten lesbischen Roman *Salz und sein Preis*. Gleichzeitig fühlt sie sich jedoch antriebs- und ideenlos und von Ellen ausgebremst. Im April reisen die beiden ab. Zunächst per Schiff von Genua nach Gibraltar, von wo aus sie Südspanien erkunden; im Mai überqueren sie schließlich den Atlantik mit Kurs auf New York. Unterwegs brütet Highsmith über ihrem aktuellen Psychothriller *A Man Provoked* (später *Der Stümper*); die erste Fassung hatte sie bereits im November 1952 in Florenz vollendet, das Manuskript aber dann mangels Inspiration auf Halde gelegt.

Während Ellen zu ihrer Mutter nach Sante Fe fährt, kommt Patricia Highsmith in New York bei ihrer Freundin Lil Picard zur Untermiete unter. Nach zweieinhalb Jahren in Europa hat sie Mühe, wieder in der New Yorker Verlagswelt Fuß zu fassen, und fühlt sich als abgebrannte Versagerin. Sie sucht Trost bei ihren alten Freunden, unter anderem bei der Künstlerin und Galeristin Betty Parsons, bei der sie Malstunden nimmt, und bei Rolf Tietgens, mit dem sie Jahre nach ihrer ersten Affäre spontan eine Nacht verbringt. Als Ellen aus Santa Fe zurückkehrt, begeht sie in Highsmiths Gegenwart mit Schlaftabletten einen Selbstmordversuch, der beinahe gelingt. Diese flüchtet mit einer Kurzzeitaffäre aus der Stadt und dann in die Arme der blonden Schauspielerin Lynn Roth, mit der sie eine kurze, intensive Affäre unterhält. Der nun zielstrebig wiederaufgenommene Roman ist ihr gewidmet.

Ellen Hill reist zurück nach Europa, und Patricia Highsmith folgt der Einladung ihrer Cousine Millie Alford nach Fort Worth. Hier fühlt sie sich wohl, reitet viel, trinkt weiterhin viel und versucht zum Schreiben zu kommen. *Der Stümper* beendet sie nun wie im Rausch im Dezember 1953. Der dreißigjährige und damit mit Highsmith fast gleichaltrige Held des Buches, Walter Stackhouse, ist ebenso ernüchtert wie Highsmith. Auf den ersten Blick führt er ein erfolgreiches Leben: Er hat eine Anwaltskanzlei in Manhattan, ein

Haus auf Long Island, eine gutverdienende Frau. Doch er fühlt sich all dem entfremdet. Als er mit Hilfe seiner Phantasie gegen die Banalität seines Lebens ankämpft, fällt er ihr selbst zum Opfer.

* * *

1. JANUAR 1953 Das Jahr beginnt mit viel XX, ich hoffe, das geht so weiter. Letzte Nacht sehr wild & göttlich, im primitiven und tiefen Sinn beider Worte.

3. JANUAR 1953 St. Moritz-Pläne. Ellen ist abwechselnd gelangweilt, ruhelos oder will weg, vor allem, weil ich den ganzen Tag tippe.

4. JANUAR 1953 Halb gearbeitet. Fertig geworden mit drastischem Kürzen der ersten 2 Kapitel. Es wird besser. Schade, dass dieses Buch nicht länger durchdacht wurde, aber das hastige Schreiben ist auf seine Weise eine gute Übung.

5. JANUAR 1953 Arbeit steht still, weil Ellen das Tippen nicht ertragen kann. Mir bleibt wenig zu tun. Und eine Ungeduld, die ich nur philosophisch ertragen kann, gewiss nicht logisch. Überhaupt keine Post. Margot, hoffe ich, macht sich eine gute Zeit.

7. JANUAR 1953 In höllischer Dunkelheit morgens um 8 abgereist. Nervöse Fahrt nach Lugano, wo wir das Auto stehenließen & den 10-Uhr-Bus nach St. Moritz erwischten, das wir 3:15 nach einigen Höhenkilometern erreichten. Diese Gegend ist wunderschön! Das Dorf Sils [Maria], wo Nietzsche *Zarathustra* schrieb. St. Moritz ist ein militärisch wirkendes Dorf, turmhohe Hotels mit Schweizer und englischen Flaggen, schneebedeckte Straßen voller Geschäfte, eleganter & größer als in Kitzbühel. Wir entschieden uns fürs Kulm [Hotel]. Hier ist es fast leer, sehr förmlich, sehr steif. Ich trage zum Abendessen mein ärmelloses Kleid und erkälte mich. Aber ansonsten ist der Abend sehr, sehr angenehm.

9. JANUAR 1953 Nach Chantarella für ein Picknick am Mittag in der Sonne. Voller glücklicher englischer Skifahrer. Der Berggipfel unerreichbar wegen Wind & Schnee: Glühwein & Wiener Musik.

11. JANUAR 1953 Bus um 9:40 von St. Moritz nach Lugano. Mit dem Auto in Lugano alles in Ordnung. Sehr angenehm, damit weiterzukönnen. Waren um 4:30 in Mailand. Ellens Laune bessert sich ständig, jetzt, wo sie bald wieder arbeiten und mich möglicherweise ein paar Tage allein lassen wird.

12. JANUAR 1953 Um 9:00 Uhr beim Konsulat, um meinen Pass verlängern zu lassen und zu erfahren, dass das genauso gut in Venedig geht. Also fahren wir früh weiter. Venedig ist schrecklich kalt, aber sonnig.

13. JANUAR 1953 Rief Peggy Guggenheim an für Cocktails in Harry's [Bar] um 6:30. Sie erschien mit 3 Hunden & einer Tunte im Schlepptau. James Monroe Moon jr. aus North Carolina.[1] Ellen sehr populär wegen ihrer interessanten Tätigkeit. Ich fing eine Unterhaltung mit einer Mary Oliver & Freundin Jody an – eine rothaarige Schreckensgestalt von In-der-Welt-Herumtreiberin. Typ Freundin von Jane Bowles. Beide queer, in Hosen. Peggy nervös, aber sehr liebenswert.

14. JANUAR 1953 Sehr trauriger Abschied von Ellen am Bahnhof. Sie fuhr in einem Fiat ab, den der Porta-Roma-Mann »verschönert« hatte. Ich ging nach Hause & arbeitete den restlichen Tag und den Abend gut. Obwohl James M. M. mich im Harry's auf ein riesiges Bier einlud. Er ist sehr nett und zeigt mir Wohnungen, obwohl es davon hier nicht viele gibt.

---

1 Amerikanischer Künstler (1928–2019).

15. JANUAR 1953 Um 6:30 James getroffen und dann mit ihm zu den 2 jungen Männern, die nach Capri fahren, um dort eine Bar zu eröffnen, Richard Page-Smith und George, ein Maler. R. P. S. spielt Klavier, offenbar gut, da er Bricktop begleitet hat.[2] Die beiden kannten mich, weil ich 1951 auf dieser Party von Maud Bassermann auf Capri war. Dann der lange Nachhauseweg, allein in meiner Lieblingstrattoria zu Abend gegessen, wo ein bekannter Italiener Gedichte rezitierte. Hauptsächlich Männer. Einer bot mir ein Glas guten Weins an – dieselben Männer essen jeden Tag in denselben Lokalen. Beim Kaffee danach lernte ich zwei Fremde kennen, die mich auf einen Brandy ins Hotel Luna einluden. Und da war auch Mary Oliver, tief in ihrer 20. Tasse – Rum. Sie goss den Rest der Flasche in eine Colaflasche – bestand darauf, dass wir alle noch ein paar Brandys trinken – und ließ sich darüber aus, wie ihre Freundin Jody McLean schon seit Jahren Paul und Jane Bowles »subventioniere«. (»Jody muss eine Million Dollar in die zwei gesteckt haben.«) Sie fahren auch morgen nach Triest, was für ein wenig Unterhaltung sorgen wird.

Ellen rief um 8 an. Hat eine Wohnung gefunden, groß & teuer & romantisch.

17. JANUAR 1953 [Triest.[3]] Zwei Wohnungen angeschaut, nahmen die an der Via Stuparich 22, bei den Luccardis. Viel zu groß, 90 000 Lire im Monat mit Halbzeit-Zimmermädchen. Aber wir haben keine Wahl. Das Hotel wäre noch teurer, obwohl Ellen sagt, ohne mich würde sie bis zum Frühjahr im Hotel bleiben. Ich habe Post – aber nicht von Margot. Triest ist düster, männlich, funktional – ich vermute, eine Stadt, die einem allmählich ans Herz wächst. Wüsste gerne, wo Joyce hier überall war.

---

2 Bricktop, mit bürgerlichem Namen Ada Beatrice Queen Victoria Louise Virginia Smith (1894–1984), war eine amerikanische Sängerin und Tänzerin, die in Paris einen Nachtclub führte.
3 Triest wurde erst 1954 offiziell Teil Italiens. Als Highsmith und Ellen sich dort niederließen, war die Stadt noch von britischen und amerikanischen Streitkräften verwaltet.

18. JANUAR 1953 Heute Abend Cocktails mit Mary Oliver & Jody McLean. Jody bezahlte die enorme Rechnung. Sie hat auch eine Zeitlang Jane Bowles ausgehalten – dieselbe grauhaarige alte Jungfer, mit der Janey nach Nordafrika ist. Ich höre, Janey ist jetzt wieder in New York. (Ich wünschte, ich wäre es auch.)

19. JANUAR 1953 Mein Geburtstag, und wen interessiert's? Heute Morgen umgezogen. Ich kann mir nur schwer vorstellen, ein Jahr oder auch nur mehrere Monate lang hierzubleiben. Ich bin nicht sehr glücklich – und ruhelos, weil ich nicht weiß, was Harper gesagt hat [zu *The Traffic of Jacob's Ladder*].

20. JANUAR 1953 Ellens Geburtstag. Ich war nicht einmal motiviert, eine Karte zu schreiben, leider, obwohl ich eine Idee hatte. Kann ein künstlerisches, warmherziges, zugewandtes Gefühl in so einer Atmosphäre gedeihen? Nie läuft etwas in meinem Tempo. Ach, Gott – körperliche Chemie gehört verboten! Und was die Gespräche betrifft, immer wieder Geschichten darüber, wie jemand an dem Tag ihren Verstand gelobt hat! Wenigstens ist es für mich erträglicher als in Florenz, als ich gut gearbeitet habe, an einem guten Stoff, als man mir 3000 $ in Aussicht stellte, als Ellen keinen Job hatte & sich unterlegen fühlte. Sie ist weit boshafter als ich, obwohl ich nicht leugnen will, dass es Boshaftigkeit überall gibt.

22. JANUAR 1953 Bester Arbeitstag bisher. Drittes Kapitel für das Buch geschrieben (das queere für Avon). Es ist mehr als schlicht – aber vielleicht das, was ihnen gefällt. Ich glaube, besser & interessanter als *Salz*, obwohl kein Schreiben der spitzenhaften Spitzenklasse. Aber es lässt mir Raum für Aufrichtigkeit. Sonst könnte ich nicht weitermachen.

23. JANUAR 1953 Ich kann es nicht glauben – dass ich dieses Jahr nicht nach Amerika fahren soll. Fand einen überaus deprimieren-

den Brief von meiner Mutter vor, als ich nach Triest kam. Sie denkt über eine Reise nach Texas nach, als »emotionale Hilfe«. Ich schrieb einen ermutigenden, aber trotzdem ehrlichen Brief zurück, in dem ich sie daran erinnerte, dass sie die Angewohnheit hat, sich den Dingen erst zu stellen, wenn es zu spät ist. Stanley schrieb mir auch, sehr nachdenklich, findet den italienischen Reisebericht großartig, besorgt, dass sie mir kein Zuhause bieten können, wenn ich komme. Sie pendeln jetzt zwischen Miami & Orlando. Leider kann ich keine bessere Zukunft für sie voraussehen – trotz Stanleys Optimismus und obwohl ich Mutter versichert habe, ihre Ängste seien »weit übertrieben«. Jetzt schämt meine arme Mutter sich sogar, einen Besuch in Texas zu machen, weil sie eine neue Handtasche braucht, keinen Wintermantel hat & weil dort alle im Geld schwimmen. Das erfüllt mich mit mehr Traurigkeit, als ich bewusst realisiere, & viel meiner Niedergeschlagenheit in letzter Zeit geht darauf zurück. Ich wäre wirklich nicht überrascht, wenn einer der beiden sich wegen der Lebensversicherung umbringen würde – wahrscheinlich müsste es Stanley sein. Eine schreckliche Vorstellung. Wie viel vernünftiger ist meine Großmutter mit ihrem überlegenen Verstand! Meine Mutter spricht jetzt davon, sie würde »wohl krank werden«, wenn sich keine Veränderung einstellt, wenigstens der Umgebung. Das ist ein Todeswunsch. Da nützt kein Bitten und Beten, kein »Kopf hoch!« – Ich bin mir sicher, beide spüren schon die Beschwerden des Alters nahen, dass sie anderen Künstlern in ihrer Branche unterlegen sind usw. Ich habe per Luftpost geantwortet. Im nächsten Brief erwarte ich nur das Schlimmste. Um die Sache ganz realistisch zu sehen.

27. JANUAR 1953 Arbeit. Endlich kam der Brief bzgl. Harper, und zu meiner ziemlich großen Enttäuschung gefällt ihnen das Buch nicht – ganz und gar nicht scheinbar. »Was soll ich deswegen unternehmen?«, fragt Margot. Sie sagen, ich hätte versucht, zu viel unterzubringen, keine neuen Ideen, oder keine neu verpackten, das war

am schlimmsten, schade, es täte ihnen leid. Joan Kahn schreibt, es sei »Pats nicht würdig«. Offenbar bin ich im Unrecht – wenn die ganze Welt einhellig gegen mich ist. Ich schrieb Margot, ich würde das Buch noch einmal lesen & ihr dann sagen, was wir tun können. Bis dahin wollen sie eine Spannungsgeschichte (Gerry Rhoads *Today's Family,* eine neue Zeitschrift). Ich werde die Spannungsgeschichte fürs Radio schreiben, »Innocent Witness«. Und das *Barnard [Quarterly]* druckt eine Anthologie und hat um meine gedruckten Kurzgeschichten gebeten.

Habe mein neues braunes Cordjackett abgeholt. Italienischer Schnitt.

31. JANUAR 1953 Dutzende Erledigungen. Heute Abend mit Sra. Luccardi in die Oper. Bei der Rückkehr stand als Überraschung ein Abendessen mit Champagner auf dem Küchentisch, von Giustina zubereitet – Würstchen & Kuchen. Frankie, Yolandas Tochter, kam runter. Wir saßen lange zusammen – bis Ellen das Ganze beendete, indem sie einfach Aschenbecher und Gläser unter uns forträumte.

12. FEBRUAR 1953 3. Buch gelesen. Finde es nicht überzeugend – sollte vielleicht drastisch gekürzt werden. Margot geschrieben, sie kann es wieder so anbieten, wie es ist, wenn sie das will. Für mich ist es schwierig, hier zu kürzen, und vielleicht habe ich auch noch die Hoffnung, dass nicht jeder Verlag so denken wird wie Harper. Geschichten an *Accent* geschickt. »Des Menschen bester Freund«. Und »Vögel vor d. F.«. Ich muss feststellen – es ist ein kaltes, unfrohes Leben. Fast kein Morgen vergeht ohne gehässige Wortwechsel – eine schreckliche Art, den Tag zu beginnen. Ich liege im Bett, lese, lasse es über mich ergehen, bis es vorbei ist, sie weg ist und ich meinen ganz anderen Tag mit einem Anschein von Frieden und Ordnung beginnen kann.

Heute Abend Vorlesung von Professor Stanislaus Joyce von der Triester Universität (Englischdozent) über *Die Dubliners* besucht.

Ich fand ihn sehr unterhaltsam, so verschieden von [seinem Bruder] James wie Tag und Nacht. Ich würde am liebsten alle möglichen Bekannten in den Staaten anschreiben, in der Hoffnung auf einen Brief zurück. Ich bin so schrecklich einsam, verloren, untätig. Schrieb dem *[Fort Worth] Star Telegram*, ob sie einen Text über die Flüchtlingslager wollen, die ich heute [in Triest] besucht habe. Die Sekretärin Mrs. Lipsky hat mich herumgeführt, ich sah das Chaos, die Verschläge, in denen die Leute leben.

14. FEBRUAR 1953 Brief von Margot. Margot »mag die Mädchen in *Breakup* mehr als die in *Salz*«. Geht jetzt an Avon Books. Aber ich bin schwermütig und komme mir vor wie eine drittklassige Schriftstellerin. Wo sind die beschwingten Tage von 1946? Dieser Frühling – mein Gott, was für einen Fehler ich gemacht habe! Angefangen mit Ginnie. Heute ist Valentinstag. Ging unbemerkt vorbei.

14.2.1953 Mein Grabspruch 53. Hier liegt eine, die immer ihre Chancen vermasselt hat.

15. FEBRUAR 1953 Die Bora hat gestern Abend eingesetzt. Hält uns heute so ziemlich im Haus gefangen. Bis heute Abend ist schon aus dem Dach der Eingangshalle eine Glasscheibe herausgebrochen, 2 Fensterläden sind kaputt, und unser Gast zum Tee konnte nicht einmal herkommen! Der schlimmste Wind bisher.

19.2.1953 Ich muss ein völlig neues Leben beginnen; diese Worte sind nahe Verwandte von: Ich bringe mich um.

19.2.1953 Mir bleibt jetzt nichts Schönes mehr, an dem ich mich für immer erfreuen könnte, nur meine Vorstellung von Schönheit – und das ist meine Freude für immer. Triest – hier bin ich ein verdurstender Baum. Ich habe viele Wurzeln und brauche viele Arten von Wasser. Ich sehne mich nach Gehsteigen mit einem Grasstreifen daneben, nach weißen Fensterbänken, Klaviertasten aus Elfenbein im Sonnenlicht, roten Backsteinhäusern mit Schornsteinen und Blättern, die man im Oktober zusammenkehrt und verbrennt.

24. FEBRUAR 1953 Bin immer noch vor Heimweh wie gelähmt. Ich wünschte, ich wäre in Texas. Diese Tage ohne Briefe, ohne Ellen, ohne Geld, sind sehr schwer zu durchleben. Jetzt beschuldigt Ellen mich, sie »in Triest im Stich zu lassen«, weil ich nach Hause will. So wie mir zurzeit zumute ist, würde ich auch nicht zurückkommen, wenn ich einmal weg wäre – zurückkehren wozu?

28. FEBRUAR 1953 Stand um 4:10 auf und nahm den 6-Uhr-Zug nach Venedig, las unterwegs schläfrig [Samuel] Hoffensteins *Poems in Praise of Practically Nothing*. Kam sehr dramatisch um 8:30 in Venedig an. Sah am Bahnhof einen sehr faszinierenden kleinen Jungen, der sehr ernst auf den Diretto um 8:20 wartete, die Büchertasche im Schoß, die winzigen Füße gekreuzt, ein ernstes, schwermütiges Gesicht, intelligent und erschreckend gedankenvoll & weise für sein Alter. Eine kleine Narbe an der Schläfe neben seiner Fliegerkappe. Er sah niemanden an, stieg in den Zug und an der Haltestelle Accademia wieder aus. Ich frage mich, was für Eltern ihn so schwermütig gemacht haben? Ich traf Ellen in einem dunklen Zimmer im Hotel Luna an, ihr Frühstückstablett neben dem Bett. Ich nahm sie in die Arme, und zu meiner großen Freude und Überraschung erwiderte sie meine Umarmung. So plötzlich können wir unsere monatelangen Fehden überwinden! Das Wochenende war himmlisch – und so unerwartet.

1. MÄRZ 1953 Ein fauler Tag. Wir waren in der Sonne, & ich spazierte neben der Seufzerbrücke, wo sie gerade dabei waren, eine Zirkusaufführung vorzubereiten. Riesige Schaukeln, die komplette Umdrehungen machen, die Unterseite bleibt dabei immer parallel zum Boden. Die Sache mit Ellens Wiedereinreiseerlaubnis zieht

sich hin – aus welchem Grund wissen wir nicht – Verbindung zu mir, die neuen Gesetze oder ein Irrtum. Ihre Mutter hat seit Wochen nicht geschrieben, & Ellen ist überzeugt, dass sie gestorben ist.

2. MÄRZ 1953 Jobsuche. Es gibt eine offene Stelle als Englischlehrerin für Anfänger, aber ich habe kaum Übung im Unterrichten, also fraglich, ob ich sie bekommen würde – aber wenn ja, würde das 45 die Woche einbringen, was für mich inzwischen ein Vermögen wäre. Die Triest-Brüssel-Flüchtlingsgeschichte[4] vorbereitet, um sie Margot zu schicken. Ich denke, allerdings eher halbherzig, über mehrere Sachen nach, die ich schreiben will. Ich habe zurzeit so vieles nötig – aber mehr als alles andere Ermutigung, Zuspruch von meiner Agentin.

3. MÄRZ 1953 Ellen seit Samstag auffallend anders. Also ist meine einzige Sorge jetzt wohl das Geldverdienen – denn in Bezug auf meine Arbeit haben sich bei mir so merkwürdige Veränderungen ergeben, dass es mir manchmal ganz egal ist, ob ich je noch eine Zeile schreibe, ob ich Geld verdiene, versage oder nicht. Man kann nicht allertiefster Entmutigung zum Trotz einfach immer weitermachen.

Es scheint jetzt so, als ob Ellen vielleicht nie wieder in die Staaten kann. Ihrer Mutter geht es gut. Hat auf Nachrichten von einem Anwalt gewartet. Mit dem neuen McCarran Aliens Act[5] können Wiedereinreisegenehmigungen immer nur um ein Jahr verlängert werden, nicht um sieben, wie bei Ellen. Vielleicht transferiert sie jetzt alles in die Schweiz.

Schrieb Margot einen resoluten Brief, wollte wissen, was denn jetzt mit dem Buch ist. Sie könnte doch eine Viertelstunde erübrigen, um mir das (und ihre Meinung) nach 8 Monaten endlich zu sagen!

---

4 Möglicherweise ist die unveröffentlichte Geschichte »Convoy to Brussels« gemeint.
5 Mit dem McCarran-Walter Act oder Immigration and Nationality Act (INA) von 1952 konnte aus Gründen der inneren Sicherheit Ausländern die Einreise in die USA und US-Staatsbürgern der Reisepass verweigert werden.

5. MÄRZ 1953 War gestern hier beim AFN [American Forces Network]-Sender. Sie wollten eine Probe meiner Arbeit, und ich habe ihnen das Münchner Spannungsstück geschickt.[6] Alle Eisen ins Feuer.

7. MÄRZ 1953 Mit Ellen nach Udine. Ich bin ziemlich angespannt. Eine Ehebeziehung ist überhaupt keine Beziehung. Ellens Kastrationskomplex wird die nächsten zwei Wochen zur Hölle machen. Udine hat einen herrlich überladenen, viel zu dicht bebauten Platz voller Statuen, übergroßer Kirchen & Verwaltungsgebäuden, ein Traum für jeden Maler. Aber es ist kalt.

11. MÄRZ 1953 Seite 39. Wie wenig die Handlung doch bedeutet, egal, bei welchem Autor. Die Freude und die Kunst liegen darin, wie man sie gestaltet. Sind mittags ein Stück gefahren. Aber ich stelle fest: Wir stecken weiter in der Sackgasse. Unmöglich, Ellen im Bett oder überhaupt irgendwo nahezukommen. Wenn ich mit ihr sprechen will, ist sie zu beschäftigt, zu müde.

13. MÄRZ 1953 Ein netter Brief von Ann S. über tröstliche Themen, dass es eigentlich ein fataler Fehler ist, seinen Partner zu sehr zu mögen, und wie überaus zufrieden sie mit Betty ist. »Es gibt so viele hübsche Mädchen«, erinnert mich Ann – was nicht nötig ist.

17. MÄRZ 1953 Ellen will von meiner Sicht der Dinge nicht das Geringste hören oder verstehen. Ich sage: »Leute sagen nicht dauernd solche Sachen zueinander. Verheiratete Leute machen das nicht ... Und sie schlafen auch nicht nur zweimal im Monat miteinander.« (Auf so viel kommen wir zurzeit, wenn ich Glück habe, und nur, wenn es ihr passt.) Das menschliche Ego, egal, von wem, ist die-

---

6 Wahrscheinlich »Innocent Witness«, ein Stück, von dem Highsmith erwähnt, dass sie es fürs Radio geschrieben hat.

sem ständigen Niedergemachtwerden nicht gewachsen. Ich zittere, weine, rauche und werde über alldem zum nervlichen Wrack – unvernünftig, weil ich nicht bleiben müsste –, und wäre ich in New York, würde ich weiß Gott nicht daran festhalten. Mein Zahn macht mir Sorgen, meine Finanzen auch ein bisschen. Ich habe Angst davor, ein wenig, den Ozean zu überqueren und mit leeren Händen ein neues Leben zu beginnen, aber es ist genau das, was ich tun sollte. (Warum gehst du nicht zu Ginnie zurück?, fragt Ellen provokant & bitter, jedes Mal, wenn ich versuche, ihr etwas klarzumachen.)

19. MÄRZ 1953 Ein herrlicher Morgen voller Sonnenschein, ein langer Spaziergang mit Taubenfüttern. Kam heim und brachte den ersten Teil gut zu Ende. 90 Seiten. Dann Balalaika, was mir gefiel. Unterhaltung russischer Flüchtlinge. Thane & sein Freund Ryder sind richtige Lumpen und benehmen sich auch so, Ryder mischte sich seine Drinks selbst! Aber hat versprochen, mir eine PX-Karte unter der Hand zu besorgen.

22. MÄRZ 1953 Lese das Buch (das queere) wieder, relativ wenige Korrekturen nötig. Oh, voll auf Kurs zu sein und mit Volldampf für die guten alten Taschenbücher zu produzieren! Hin und wieder halte ich das für nicht weiter schlimm, dann wieder verachte ich mich dafür, dass ich es überhaupt in Betracht ziehe und so die wenigen guten Jahre verspiele, die mir noch bleiben, um bessere Sachen zu schreiben. Ein Gefühl des Entsagens, stelle ich fest, und der Hass schäumt rot & heiß in meinem Blut.

23. MÄRZ 1953 Ich gebe jegliche Hoffnung auf eine X-Zukunft mit E. auf, nicht ohne Bitterkeit. Ich ächze durch diese letzten Tage, bis wir in die Staaten reisen – 20. April –.

26. MÄRZ 1953 Die Tage der Träume. Ellen will Ostern abreisen, ich auch. Obwohl sie mich immer noch davon abhalten will wegen meiner Geldnot. Sie kann es nicht verstehen: Es ist meine Heimat.

27. MÄRZ 1953 Riesenszene letzte Nacht – ich glaube, weil ich sagte, ihr müsse doch klar sein, dass es mit uns vorbei ist, dass ich verrückt sein müsste, eine so unharmonische Beziehung weiterführen zu wollen. Ich sagte, lass uns verschiedene Schiffe buchen für die Reise. Sie trank ein paar Gläser, weinte, ich trank ruhig, sie tat mir leid. Und hatten später nach Enrico's natürlich doch X.

31. MÄRZ 1953 Arbeit. S. 80. Sehr süßer Brief von Ann, die mich ab 1. Juni nach Fire Island einlädt. Und schreibt, dass es beim X bei ihr und Betty nicht mehr so läuft. Und sie Affären nebenbei hat, und jetzt doch kaum ein schlechtes Gewissen. Ein ganz und gar wunderbarer Brief.

5. 4. 1953 [Ravenna.] San Vitale: 550 n. Chr. Die schönste Kirche oder Kathedrale, die ich je gesehen habe, und es hat mir wirklich Freude gemacht, eine Kirche zu entdecken, die in puncto Schönheit & Proportionen und reicher Mosaikausstattung dem Petersdom, der Markuskirche oder St. Paul's so klar überlegen ist. Sie ist klein und rund. Überall Marmor, wie lauter Rorschachtests, der symmetrisch in die Säulen ums Hauptgewölbe herum eingefügt ist. Galerien, hinter denen weitere kleinere Galerien zu sehen sind, wie die endlosen Räume voller Schätze, die uns im Himmel erwarten sollen. Über einem gewölbten Torbogen zu einer Nische sah ich einen Christus, so ergreifend, wie ich es selten gesehen habe, so schroff und hässlich wie bei Rouault, aber mit mehr Schattierungen um die traurigen, dunklen, erschöpften, vorwurfsvollen, empörten, drohenden und dennoch eher schwachen Augen herum. Ihm entgegen strömten die Jünger, Laurentius, Paulus, Johannes, Markus, Hippolytus, Vitalis usw. Und all das natürlich in Mosaik.

5. APRIL 1953 Glücklich, nach Hause zu kommen. Unsere letzte Fahrt im tapferen kleinen Topolino[7], der gerade für 500 $ an einen amerikanischen G.I. verkauft wurde. Ellen ist zurzeit ziemlich gut bei Kasse.

6. APRIL 1953 Wollte mit Ellen ausgehen, aber sie hat sich natürlich geweigert. Ich rief Tom an, & wir gingen mit Banjo ins Balalaika, tanzten, tranken Wein, Grappa, Kaffee, Bier und hatten eine herrliche Zeit. Rührei bei ihm. Natürlich wachte Ellen auf, sauer, ernst, verletzt und schockiert über die späte Stunde – 2 Uhr! –, zu der ich heimkam. Ach – ich hatte einfach zu viel Spaß, um es ihr recht zu machen.

12.4.1953 Heutzutage ist es leichter, Dichter zu sein als Romanschriftsteller. Der Dichter darf gesunde und einfache Prosa schaffen; das Schreiben eines Romanschriftstellers muss sich in den gedanklichen Rahmen einer Philosophie einfügen, und kann ein Romanschriftsteller solch einen Rahmen heute noch errichten? Kann er auch nur über sich selbst schreiben mit Achtung, Rätselhaftigkeit, Stolz, Enthusiasmus, Freude? Die Psychoanalytiker haben seine Seele bloßgelegt, jeder hat hineingeblickt, und niemand interessiert sich mehr für die kleinen juwelenartigen Gallensteine, die er aus seinem Inneren zutage fördern und anbieten kann, und wenn er sie noch so hübsch einbettet.

14. APRIL 1953 Arbeit. Schreibe FBI-Geschichte »Blindman's Buff«.[8]

18. APRIL 1953 Brief von Margot. Sie sagt, wenn das Taschenbuch fertig ist,[9] werde ich genug Geld haben, alles zu tun, wonach mir ist.

---

7 Die italienische Bezeichnung für Micky Mouse und den Fiat 500.
8 Nicht erhaltene Kurzgeschichte.
9 *The Breakup.*

19. APRIL 1953 Fahren um 8 v. Triest nach Genua im Schlafwagen. Traurig, dass wir abreisen.

20. APRIL 1953 Genua am Morgen. Hotel Colombo, ein hübsches Zimmer. Ich sagte zu Ellen, sie denke sicher, ich wäre verrückt, immer noch mit ihr zu leben. Sie fragte:»Magst du mich?« »Wie soll ich das können?« Also hat sie sich geweigert, mit mir zu schlafen oder zu essen, & ich aß allein in einer Hafengasse zu Abend, eine echte Fischsuppe. So war unsere letzte Nacht auf wirklich europäischem Boden ein Beispiel par excellence für unsere ganze elende Beziehung.

24. APRIL 1953 [Gibraltar.] Das Hotel liegt einen knappen Kilometer oberhalb der Stadt, großartige Aussicht auf den Hafen, die Hügel Afrikas zur Linken. (Der Felsen hinter uns, angeblich von diversen Affen bewohnt.) Die Stadt gefällt mir sehr – eine Hauptstraße, vollgestopft mit Trödel & Schildern aus England und Spanien. Im Hotel ein gruseliges Ehepaar: Mr. und Mrs. Kent, sie der missgestaltetste & hässlichste arme Wurm, den ich je gesehen habe – Damenbart und Buckel von Geburt an, dann noch Opfer irgendeiner Lähmung der Beine, obendrein stocktaub, dauergewellte, blondgefärbte Haare, die wie eine Perücke aussehen, Alter etwa 55. Bei Tisch muss ich wegsehen (haben zum Glück einen anderen Tisch), damit mir nicht übel wird. Mr. Kent ist um die 40, rötliche Gesichtsfärbung, nicht unattraktiv, ihr gegenüber so aufmerksam, dass es da irgendein Schuldgefühl geben muss. Wie ihre Pässe beweisen, sind sie verheiratet. Er sieht aus wie ein bezahlter Gigolo, der seine Freiheit gegen eine lebenslange Sicherheit eingetauscht hat. Man würde ihn nur zu gern nach ihrer Geschichte fragen.
Wer würde sich trauen?

27.4.1953 Südspanien. Von Gibraltar bis Algeciras ist die Schaufelradfähre voller Schmuggler, den abgerissensten, primitivsten Leuten, die ich je irgendwo zu sehen bekommen habe. Zwanzig Männer und fünfzehn Frauen, die hektisch ihre Gibraltar-Einkäufe in schmutzige Leinentaschen und Pappkartons umsortieren, nach einem so rätselhaften System, dass sie damit die ganze Fahrt über beschäftigt sind: zuoberst Brotkrusten, Honig, Peek Frean's, Ovaltine, Schokoladenwaffeln darunter. Wem sie glauben, damit etwas vormachen zu können, bleibt ein Rätsel – ihre Taschen quellen über, ihre Gummistiefel sind so vollgestopft, dass sie kaum gehen können. Eine Frau bindet eine Schachtel Zigaretten in ein Taschentuch, das sie an einer Halskette mit Kruzifix festmacht und am Rücken unter ihrem Kleid versteckt. Ich habe gehört, dass sie die Polizei bestechen, sehe aber nichts davon.

Im Gebiet oberhalb von Algeciras bis nach Sevilla gibt es keine Menschen, nur Schweine, Hühner, Ziegen, Pferde jeden Alters.

6. MAI 1953 Gibraltar sah noch nie so gut aus wie heute Nachmittag um 4 Uhr – nach Spanien, diesem unzivilisierten Land! Und das Rock Hotel mit den prächtigen Handtüchern! Dem Tee! Dem Komfort!

7. MAI 1953 Um 5 Uhr auf, um pünktlich am Schiff zu sein. An Bord alles sehr schick & sauber & gastfreundlich. Konnten eine herrliche Kabine für 4 Personen beziehen, weil die zweite Klasse so gut wie leer ist. Cocktailparty am Abend. E. trinkt Champagner, ich 3 Martinis. Sahen *Peter Pan,* ich fand ihn nur mittelmäßig – der neueste Disney.

11. MAI 1953 Es geschieht rein gar nichts. Ich versuche intensiv über den Spannungsroman nachzudenken – Nr. 5. Will noch keine Form annehmen.

13. MAI 1953 Pünktlich um 1 Uhr angelegt – eine wahnsinnig aufregende Einfahrt den langen Kanal westlich von Long Island hinauf nach Manhattan, das ganz langsam aus dem Nebel auftauchte. Dann kam die Sonne heraus. Ich spähte nach Ann S. am Kai, konnte sie aber nicht entdecken. Sie rief um 2:20 an und sagte, ich hätte ihr gesagt, sie solle nicht zum Kai kommen. Jedenfalls kam sie um 5:30 auf einen Drink ins Winslow, Ellen kam auch dazu, dann Margot, die sich wirklich freute, mich zu sehen – eine reizende 3-Drinks-Cocktailstunde.

14. MAI 1953 Einkaufen – ohne Erfolg bis auf ballerinamäßige Schuhe, die mir jetzt weh tun. Dann zu Margot für einen Galaabend mit Margots Kochkünsten, Fernsehen, dann gemeinsamem Durchsehen von 2¼ Jahren meiner Arbeit. Es klingt wie immer so, als wollten alle Verleger meine Sachen drucken, alle loben mein Schreiben und schlagen sogar vor, mir Konzepte zur Ausarbeitung zu geben! Soll mich mit Goldbeck [von Coward McCann] zusammensetzen (der das 3. Buch nehmen könnte in Aussicht auf einen fünften Spannungstitel), mit Lee Schryver und mit Eleanor Stierham, die jetzt Lektorin bei Collier ist. Sollte einen Monat bleiben, es wäre sicher keine vergeudete Zeit. Aber mein Zuhause hier ist verdreckt und, schlimmer, so vollgestopft, dass ich fast keinen Platz habe. Lil hat nur das Nötigste getan, um es herzurichten – und ganz sicher können hier keine zwei Leute wohnen. Aus dem Grund redet Ellen, die ohnehin schon weinerlich und verunsichert ist angesichts der Tatsache, dass wir hier in meinem alten Revier sind, auch davon, jeden Augenblick das Weite zu suchen. Sie hat mich gefragt, ob ich für einen Monat nach Santa Fe komme, danach vielleicht weiter nach San Miguel de Allende. Ich habe einmal ja gesagt und ein anderes Mal nein.

16. MAI 1953 Wir haben das Zimmer umgeräumt, lange & ernst mit Dell gesprochen, der zugestimmt hat, dass ich 2 Monate dort

wohnen bleiben kann & dann ausziehen, wenn ich will. Ellen denkt, wenn das Buch für Avon fertig ist, will ich das bestimmt. (Und dann soll ich für einen Monat nach Santa Fe kommen.) Habe Dell einen Scheck über 150 $ für 2 Monate ausgestellt. Bleiben mir noch an die 750 $ bei jeder Bank! Margot kann für mich 1150 $ von den 2300 $ lockermachen, die dieses Jahr für die Taschenbuchrechte von Bantam für *Salz* fällig sind. Vielleicht nehme ich das Geld. Also sieht es jetzt doch so aus, als würde es mit Dells Wohnung funktionieren.

Zufällig erfahren, dass ein Artikel von mir in der *Neuen Zürcher Zeitung* erschienen ist: »Magnet Zürich« (»Schweizerische Heimwehkur«), den ich in Ascona geschrieben & den Ellen übersetzt hat. Bin schrecklich stolz darauf!

Heute Abend sehr gemütlich mit Dell & Ellen zu Hause verbracht, gekocht. Mich stört Ellens nonchalantes Desinteresse an Essen (außer daran, es zu essen). Aber das ist letzten Endes nichts im Vergleich zu dieser unglaublichen Ignoranz der meisten amerikanischen queeren Mädchen. Es wäre doch wirklich sonderbar, wenn Amerika mich zurück in die Arme von Mrs. Hill treiben würde. Ich finde das immer deprimierender – diese vielen hohlköpfigen Mädchen zu sehen, die in amerikanischen Bars herumsitzen – hauptberufliche Homosexuelle.

17. MAI 1953 Getrödelt, vom Schreiben geträumt & die großen Sonntagszeitungen gelesen. Ellen trifft Jim Dobrochek zum Mittagessen – den Maler, mit dem sie in Florenz zusammengewohnt hat. Sie würde ihn gerne heiraten, glaube ich, um an einen Pass zu kommen. Würde aber eine ewige Zitterpartie bedeuten, weil man sie, solange die Untersuchung andauert, weder endgültig zulassen noch abweisen würde. Wenigstens wird man als Brite nicht untersucht. Die Zeitungen quillen über von McCarthy, & diese Woche hat [Clement] Attlee ihn abgekanzelt, & McCarthy hat verlangt, dass er sich entschuldigt & gedroht, Gelder zu kürzen. Ich hoffe, dass Attlee sich weiterhin nicht entschuldigen wird. Ellen wird unvorstell-

bar hysterisch, wenn ich ihr nicht genau sagen kann, wie viele Blocks wir gehen müssen. Dann gibt sie mir die Schuld, die Beißzange, & sagt, sie würde keinen Schritt mehr gehen. Dann hasse ich sie.

19. MAI 1953 Mittagessen hier mit Rolf. Sehr schön. Sagt, er hätte in Italien nicht noch einmal versucht, mich zu treffen, weil wir wegen Ellen nie allein sein konnten & dass ihm ihre offenkundige Dominanz dort Sorgen bereitet hat. Margot im Büro besucht. Penthouse. Cocktails mit Krim, daraus wurde ein Abendessen im Paris-Brest. Er hat zugenommen. Netter Typ. Im Village in einer schäbigen Bierkneipe an der Hudson Street Dylan Thomas[10] begegnet.[11] Pearl Kazin[12] klebte an ihm dran – spät und voll nach Hause.

22. MAI 1953 Einen ruhigen, konstruktiven Abend – den ersten allein seit Wochen – damit verbracht, über das Spannungsbuch *[Der Stümper]* nachzudenken, das langsam Gestalt annimmt als etwas, was geschrieben werden muss. Ich erschrecke bei der Erinnerung daran, wie ungeplant *Zwei Fremde* bis auf die Hauptidee war, als ich damit anfing. Ich habe es erst beim Schreiben nach und nach aufgebaut, was später einiges an Umschreiben erforderte. Aber das Wichtigste an jedem Buch ist für mich der Antrieb, der Enthusiasmus, der erzählerische Drang. Und das habe ich auch bei dem Buch, das ich plane.

22. 5. 1953 Gebet einer Liebenden: Lass uns bitte begreifen, dass wir die Macht haben, einander zu verletzen, und es deshalb so selten wie möglich tun.

---

10 Dylan Thomas (1914–1953), der legendäre walisische Dichter, der noch im selben Jahr in New York im Alter von nur 39 starb.
11 Wahrscheinlich die White Horse Tavern, Hudson Street Ecke 11th Street, dort betrank sich Dylan Thomas mehrmals exzessiv. Die Bar war auch bei anderen Schriftstellern beliebt, Jack Kerouac, James Baldwin, Bob Dylan und Hunter S. Thompson.
12 Pearl Kazin (1922–2011), Schriftstellerin und Mitarbeiterin von Zeitschriften wie *Harper's Bazaar*, *The New Yorker* und *Partisan Review* und die einstige Geliebte und »teuerste Perle« von Dichter Dylan Thomas.

23. MAI 1953 Arbeitete den zweiten Tag an Kurzgeschichte über einen Versager.[13] X vor Rolf und nach dem Abendessen. E. benimmt sich wie ein Engel. Rolf hat mich um 10 abgeholt, & Aufbruch nach Locust Valley [auf Long Island]. Espresso & Crème de Menthe um Mitternacht. Ich wünschte, ich hätte das mit Ellen teilen können. Ich sehne mich nach einem eigenen Haus mit ihr, danach, anständige Sachen zu besitzen, nach ruhigen Arbeitstagen.

24. MAI 1953 Schöner Tag, von Kühen geweckt. Heute Abend Steak *chez* Rolf – immer nur das Beste bei ihm –, und zwei seiner jungen Freunde kamen gerade rechtzeitig zum Essen & blieben dann. Rolf merkwürdigerweise halb verführt, und er hat mich später zu sich ins Bett eingeladen. Mit ihm fühlt es sich für mich so an, als wäre er auch ein Mädchen oder ein außergewöhnlich unschuldiger Mann, was er in diesen Dingen auch ist. Nicht ganz erfolgreich, aber doch erfolgreicher denn je, und mir zumindest hat es gefallen. In meiner moralischen Ordnung fühlt sich das überhaupt nicht wie Untreue Ellen gegenüber an.

25. MAI 1953 Schrecklich aufgewühlt, entweder vom Kaffee oder der Nacht mit Rolf, wurde erst besser nach X mit Ellen am Nachmittag. Heute Abend Walter Riemers gute Karten für *Porgy & Bess*. Erste Reihe. Laut, aber fand es großartig. Heute Abend sehr zufrieden. Am Wochenende meinte Rolf, wir könnten es vielleicht hinkriegen, denke er. Dieses Leben ... So verschlägt es mich nach hier und da. Aber körperlich liebe ich Ellen wirklich, und das ist himmlisch, und so etwas wirft man nicht einfach weg.

26. MAI 1953 Mittwoch Treffen mit den Leuten von Avon wegen des Taschenbuchs *[The Breakup]*. Goldbeck will nicht noch ein Schwulenbuch, hat uns deshalb »nett vom Haken gelassen«, sagt

---

13 »Zum Versager geboren«, posthum veröffentlicht in *Die Augen der Mrs. Blynn* (Diogenes, 2002).

Margot. Nach Hause, um chinesisches Abendessen vorzubereiten, das letzte mit Ellen hier. Wir wollten eigentlich irgendwohin gehen und ruhige Klaviermusik hören, aber so weit kamen wir erst gar nicht. Ich genieße diese letzten Stunden mit ihr. Und das war's dann. Und ich weine beim Gedanken daran, dass sie morgen abreist, für mindestens doppelt so lange, als ich ohne sie in Florenz war.

27. MAI 1953 Ellen fuhr um 12:15 mit dem Taxi zum Grand Central ab, & ich weinte beim Abschied, aber danach nicht mehr.

28. MAI 1953 Ann T. guter Laune, obwohl sie teuflische Schwierigkeiten haben muss: zwei Jahre Analyse, und schafft es nicht nach Europa, weil sie pleite ist. Die übliche, tragische Geschichte der Homosexuellen, emotional allein in der eigenen Falle gefangen.

29. MAI 1953 Mittagessen hier mit Betty Parsons, gut in Form. Erzählte mir, Carson McCullers habe sich wahnsinnig in Kathryn [Cohen] verliebt, sei 3 Monate in London geblieben, habe K. gebeten, mit ihr zusammenzuziehen. K. war wohl fasziniert, aber zu einer Affäre kam es nicht.
    B. P. mag natürlich v. a. mein Gekritzel & die abstrakten Werke. Sie ist eine Anhängerin der Kritzelschule.

1. JUNI 1953 Habe gute 9 Seiten der neuen Triest-Geschichte produziert. Sie gefällt mir, ist aber wahrscheinlich unverkäuflich. Ich schreibe nur daran, um in meiner alten Stadt nicht verrückt zu werden, wo alle Geschäftsleute mich meiden, als würde ich offiziell boykottiert. Ich sollte eigentlich an dem Avon-Buch arbeiten, & jeder Tag, der vergeht, macht mir Sorgen.

2. JUNI 1953 Arbeit. Rosalind C. zum Mittagessen. Gute, nette Zeit mit Martinis & Hamburgern & redeten über unsere Freundinnen, die wir beide für sehr ähnlich halten, Claude & Ellen. Selbst im

Aussehen. Sehe R. sicher bald wieder. Zu Margot, um die Krönung im Fernsehen zu sehen.¹⁴ 4:30 & noch einmal um 10. Prachtvolle Veranstaltung, das Wichtigste, was ich überhaupt im Fernsehen gesehen habe. Margot hat für mich gekocht. Wie immer blieb ich lange auf, habe aber wenig getrunken.

3. JUNI 1953 Mittagessen mit Chas. [Charles] Byrne & Mr. Hanna wegen der Avon-Sache. Endloses Um-den-heißen-Brei-Reden & Ausflüchte. Sie machen sich bei dem Buch Gedanken über veränderte Moralvorstellungen und hacken auf winzigen Details meines Manuskripts herum (ohne zuzugeben, dass es eigentlich genau das ist, was sie wollten), und es fühlte sich schrecklich danach an, als würden sie mich auf eine taktvolle Ablehnung vorbereiten. Aber Margot denkt noch immer, dass es mit dem Vertrag klappt & Byrne sagte: »Oh, wir wollen das Buch auf jeden Fall!« So hängt alles in der Schwebe – meine Hoffnungen der letzten 6 Monate, so schrecklich wichtig auch im Hinblick auf die Zukunft mit Ellen. Jetzt wollen sie eine einseitige schriftliche Erklärung von mir, sehr wichtig, die sie dem »Verleger« zeigen können, dass ich noch dies & das tun werde. Margot hat Byrne daran erinnert, dass sie mir 5000 $ angeboten hatten. All das macht mich fürchterlich nervös, angespannt, so dass ich zu viel rauche & attraktive Einladungen für das Wochenende auf dem Land ausschlage, weil ich mich sowieso nicht entspannen kann. Wie elend, Ellen das hier zu berichten, anstatt dass ich 5000 $ reicher und unterwegs bin! Das Gehämmer vor dem Fenster macht mich wahnsinnig von 8 bis 4!

4. JUNI 1953 Habe die Seite für Avon geschrieben & Margot gebracht, die sagt, schlimmstenfalls würde ich für die bereits geleistete Arbeit bezahlt. Sie hat diese grauenhafte Möglichkeit also schon einmal einkalkuliert. Dann gearbeitet. Nicht besonders gut. Wie an-

---

14 Die Übertragung der Krönungsfeier Elizabeths II.

steckend sind Erfolg oder Versagen! Und die letzten Tage sind der Tiefpunkt der größten Pechsträhne meiner Laufbahn. Tatsächlich ist nichts Gutes mehr passiert, seit ich Ellen begegnet bin. Aber ich bringe Ellen damit wirklich gar nicht in Verbindung. (Sie hat vielleicht nicht diesen unbezwingbaren Optimismus von Joan S., aber ich habe Freude an Ellen. Sie hat mich viele andere Dinge gelehrt. Zurzeit träume ich nicht mehr. Ich bezweifle, dass ich sie gegen eine andere eintauschen würde, wenn ich es könnte.)

6. JUNI 1953 Ellen schreibt, sie liebe Santa Fe, denkt, mir würde es sicher auch so gehen, & versucht, einen Job dort zu finden. Sie kann es also kaum erwarten, von der Avon-Sache zu hören, was sie heute wird.

8. JUNI 1953 Müde. Habe aber 1 ½ Seiten des Romans *[Der Stümper]* geschrieben, den Anfang, aus purer Freude daran & der Gewissheit, die mich überkommt, wenn ich mit einem langen Werk beginne. Ich bin traurig & beschämt, jetzt nicht mehr Geld zu haben.

10. JUNI 1953 Ellen und ich schreiben uns fast jeden Tag. Spazierte zur 55th Street zu Ann Smith zum Abendessen mit ihr und Jean P. Viel zu wenig geschlafen, weil Ann mit mir nach Hause gekommen ist. Bedeutungslos, & ich werde es nicht wieder tun.

12. JUNI 1953 Sehr nervös, aber gut gearbeitet. Mein Gott, Schreiben ist wirklich kein gesunder Zeitvertreib! Tötet Schlaf, Gesundheit, Nerven usw. R. [Rosalind] mag »Die Heimkehrer« nicht, will aber »Blindman's Buff« dem *Reporter* zeigen. Findet, dass ich damit etwas riskiere. Aber ich glaube schon, dass so etwas in den Staaten heute passieren könnte.

13. JUNI 1953 Müde. Zur Bibliothek spaziert wegen eines juristischen Buchs zum Nutzen von Walter in meinem Buch. Es regnet.

Ein richtig düsterer Tag, den ich so sinnvoll wie möglich zu nutzen versuche. Die zweite Person in meinem Buch, die den harmlosen Walter quält, ist in meinem Kopf so vage, wie Bruno es am Anfang war, & wird sich hoffentlich genauso erfolgreich herausbilden. Mit Jack [Matcha] getroffen, hier zu Drinks & zum Abendessen ins Village. Jack wie immer. So wie er aussieht, kann ich ihn nirgendwohin mitnehmen. Interessante Info: dass alle Reporter wissen, dass Kay Summersby, 25-jähriger Captain der WAC, in Europa Ike [Eisenhower]s Geliebte war, & Matcha denkt, McCarthy könnte das gegen Ike als As im Ärmel haben.

14. JUNI 1953 An meinem Buch gearbeitet – (Spannung). Bin am Rand einer ebenso schlimmen Depression wie der im Winter 1948–49. Wegen Margot (die nichts für mich tut), Ellen – meiner Zweifel an ihr & dem beunruhigenden nomadischen Element unseres Lebens – egal, wo. Nichts ist je beständig.

15. JUNI 1953 Ach, es ist furchtbar, an einem Montagmorgen an der Arbeit zu sitzen & zu denken, ich hätte dazu kein Recht. Langsam lähmt mich die Furcht, dass ich wieder kein Geld haben werde. Ich habe das Gefühl, ich sollte mir einen Job suchen. Aber das fände ich noch viel schlimmer, als pleite zu sein. Die Kreise, die mein deprimierter Geist in diesen Tagen zieht ... – Ich entwickle einen Verliererkomplex, und sogar, wenn ich nachts nicht schlafen kann, dann nehme ich das ruhig hin als Teil meines insgesamt lausigen Schicksals, mehr nicht.

16. JUNI 1953 Die Rosenbergs kurz vor der Hinrichtung auf dem elektrischen Stuhl wegen Atombombenspionage, & das ganze Land protestiert, manche aus humanitären Beweggründen, andere, weil es unserem internationalen Ansehen schaden könnte.[15] Obwohl ich

---

15 Ethel und Julius Rosenberg wurden am 19. Juni 1953 trotz weltweitem Protest wegen Spionage auf dem elektrischen Stuhl hingerichtet.

nicht glaube, dass das noch viel weiter sinken kann nach dieser Bücherverbrennung in den Amerika-Häusern. D. Hammetts *Der dünne Mann,* Howard Fast, Langston Hughes zählen zu denen, die aus den Bibliotheken entfernt wurden.[16]

17. JUNI 1953 Um 5 Kingsley sehr nett zu Besuch, redeten übers Schreiben. Ihre Halbschwester ist die berühmte Dorothy Kingsley vom Film.[17] Zu Jim Merrills Cocktailparty in der 28 W. 10th Street, Jane Bowles auch da. Sie sieht fülliger aus, älter, aber ist sonst wie immer – einigermaßen freundlich. Jim sah süß aus in einem Hemd in zartem Lavendel. Außerdem Oliver Smith, Johnny Myers, Harry Ford & Frau usw. Tietgens nicht eingeladen.

Traf mich mit Jean P. & zwei Typen beim Theatre de Lys, das jetzt von Terese Hayden geleitet wird, die das (scheinbar) erfolglose Drehbuch nach *Salz und sein Preis* verfasst hat. Sie & ich gingen essen statt ins Theater. Amüsante gegenseitige Anziehung, aus der wahrscheinlich nichts wird. Sie hat eine 11-jährige Katze & ein reizendes Atelier für 13,75 $ im Monat in der Washington Street.

18.6.1953 Ein eigenartiger Traum in einer fast schlaflosen Nacht: Ich war mit Kathryn und einem nackten Mädchen in einem verschlossenen Zimmer. Wir hatten vor, das Mädchen lebendigen Leibes zu verbrennen. Wir setzten es in eine winzige hölzerne Badewanne, und mit ihr eine winzige hölzerne Puppe in Form meiner Großmutter mit ausgestreckten Armen. Ich musste die ganze Badewanne hochheben und das Papier darunter anzünden, bis alles Feuer fing. K. begann an meiner Schulter zu weinen, und ich erinnerte sie: »Vergiss nicht, das Mädchen hat von uns verlangt, dass wir

---

16 McCarthy ließ eine Vielzahl von Büchern aus amerikanischen Bibliotheken weltweit entfernen, u.a. auch der Berliner Amerika-Häuser. Dashiell Hammett und Herman Melville standen auf dem Index, ebenso wie die Gedichte von Langston Hughes und *Bürger Tom Paine* von Howard Fast. Kritiker dieser Zensur sprachen von »Bücherverbrennung« in Bezug auf das Vorgehen der Nationalsozialisten in Deutschland exakt 20 Jahre zuvor.
17 Dorothy Kingsley (1909–1997) schrieb Drehbücher für Filme wie *Pal Joey* und *Kiss Me, Kate,* das für *Seven Brides for Seven Brothers* brachte ihr eine Oscar-Nominierung ein.

ihr das antun!« Aber in dem Moment sah ich, wie die Lippen des nackten Mädchens sich bewegten und es jämmerlich den Kopf drehte, um der Hitze der Flammen zu entkommen. Beim Anblick seines Leidens überkam mich das Grauen. Im nächsten Augenblick stand das Mädchen einfach auf, hörte auf zu weinen und trat aus der Wanne, unverletzt bis auf kleine Verbrennungen: Das Feuer war erloschen. Ich fühlte mich schuldig bei dem Gedanken, das Mädchen könne weitererzählen, was wir getan hatten, obwohl seine Miene ausdruckslos war, ohne Hass, als es uns ansah. Dann wachte ich auf.

Danach hatte ich das Gefühl, das Mädchen in der Wanne hätte für mich stehen können, weil es mir ein wenig ähnlich sah, zum Ende des Traums hin. In diesem Fall hätte ich zwei Identitäten: Opfer und Mörder. Ein schrecklicher, eindrücklicher Traum.

23. JUNI 1953 Feier bei irgendjemand am Riverside Drive zu Ehren von Betty Parsons, die nach Griechenland abreist. Rosalind & ich sehr gelangweilt, also machte ich mit Jean P. aus, ich würde sie um 12:30 abholen, und sie verbrachte den Abend *chez moi*. »Das geht nicht lange«, sagt Rosalind und meint damit, Jean sei nicht mein Typ.

24. JUNI 1953 Mittagessen mit Cecil Goldbeck – den ich so gerne habe, mehr als jeden bisherigen Lektor. Machte mir ein Angebot von 1000 für meinen Spannungsroman, unbesehen.

25. JUNI 1953 Telegramm heute Vormittag, dass Ellen heute Abend per Flugzeug kommt. Ellen sieht gebräunt aus, nervös und ist kein bisschen liebevoll bei unseren späteren nächtlichen Gesprächen.

27. JUNI 1953 Fire Island. Ich hatte es mit Betty ausgemacht – dass ich mit Ellen endlich ihre Einladung in Natalia Murrays Haus annehmen würde. Wir kamen um 2 Uhr an und trafen Jean um 5. Jean die ganze Zeit wunderbar gelassen. Aber am Abend hat Ellen mir

auf der Veranda mein französisches Hemd vom Leib gerissen, beim Versuch, mich aufzuhalten, als ich zu einer späten Party bei Chris. D. gehen wollte. Habe den größten Teil der Nacht bei Jean verbracht.

29. JUNI 1953 Arbeit. Streite mit Ellen darüber, dass ich sie verlassen will, was einfach nicht zu ihr durchdringt.

1. JULI 1953 Mittags nach Hause, essen unterwegs Rosinen. Eine Hitze wie im Backofen, & immer noch die elenden Pressluftbohrer. Ellen & ich streiten, bis wir schwarz werden, ohne jedes Ergebnis.

Unter vier Augen mit Goldbeck gesprochen, der mir immer noch versichert, Margot sei die beste Agentin, die ich haben könne. Die anderen seien wie Fabriken, wo man liefert oder fliegt. Um 5 zurück bei Ellen. Heftiger Streit, bis ich um 7:30 ein Glas auf den Boden schmiss, um zu betonen, dass ich es ernst meinte, als ich sagte, ich wolle mich trennen. Sie hat alles versucht, von Sex über Alkohol und Tränen bis hin zu wilden Versprechen, mir in allem nachzugeben. Sie drohte mit Veronal[tabletten] & bestand darauf, 2 Martinis mit mir zu trinken, die sie runterkippte wie Wasser. Ich sagte, mach das nur mit dem Veronal. Sie stopfte sich gerade 8 Pillen in den Mund, als ich das Haus verließ. »Ich liebe dich so sehr«, waren die letzten Worte, die ich hörte, als ich die Tür schloss. Sie saß nackt auf dem Bett. Hatte gerade ihr Testament geschrieben, in dem sie mir ihr ganzes Geld vermachte, und sagte, ich solle Jo 5000 $ geben, wenn ich könnte. Und nannte mich den nettesten Menschen der Welt, weil ich an dem Abend so lange bei ihr geblieben war. Besuchte Kingsley & Lars [Skattebol] *chez eux,* nachdem ich erst noch Ellens Verabredung mit Jim Dobrochek in der Five Bros. Tavern für sie abgesagt hatte. Sie haben schonungslos (und dämlich) meinen dritten Roman[18] zerrissen: Reinstes Brechmittel, und ich würde nie

---

18 Das verschollene *The Sleepless Night* oder *The Traffic of Jacob's Ladder,* das Highsmith 1951–52 schrieb.

wieder einen anständigen Roman schreiben, nachdem ich so viel Negativität erbrochen hätte. K. sagte fast kein Wort; kann man gar nicht, wenn Lars dabei ist. Ich kam erst um 2 nach Hause und fand Ellen im Koma vor – jedenfalls so bewusstlos, dass Kaffee und kalte Handtücher nicht mehr halfen. Rief Jean an, dann Freund. Ein Dr. Pierich (?) kam & pumpte ihr den Magen aus, ohne Ergebnis. Musste die Polizei rufen, dann im Bellevue [Krankenhaus] anrufen, wo ich sie um 4:30 einlieferte. Auf der Schreibmaschine lag ein Zettel, den die Polizei mitnahm: »Liebe Pat: Das hätte ich schon vor 20 Jahren tun sollen. Es ist kein Vorwurf an Dich oder an sonst irgendwen –« Lief im Nieselregen zu Jean. Schlief bis um 8:30 – und ging dann sofort in die Klinik. Situation unverändert.

2. JULI 1953 Blieb etwa eine Stunde bei ihrem Arzt, beantwortete Fragen nach ihrer Gesundheit. Sie ist in guter Verfassung. Dr. ist zuversichtlich. Dann zu Margot, die mir Mittagessen gab und mir ein echter Trost war. 2 Martinis, spürte nichts. Abendessen hier mit Jean, dann in Ellens Auto in die 25th Street, werde in die Wohnung von Freunden von Jean ziehen und auf ihre Katzen aufpassen. Abends um 11 noch mal zu Ellen ins Krankenhaus gefahren. Keine Veränderung. Ich bin erledigt. Um 9 morgen früh kommt ihre Mutter mit dem Flugzeug aus Santa Fe.

3. JULI 1953 Jim um 9 am Krankenhaus getroffen. War die ganze Nacht durch die Straßen gelaufen. Erzählte mir beim Morgenkaffee, wie Ellen ihn bei seiner Ankunft hier malträtiert hatte, sie knöpfte ihn sich auf dem Pier vor & sagte: »Verrate ja keiner Menschenseele, dass ich Jüdin bin!« Ich hatte vorher nicht gewusst, dass sie richtig jüdisch war, aus diesem engen, kultivierten, spröden deutsch-jüdischen Intellektuellenkreis aus Vor-Hitler-Berlin. Mittags mit Jean P. in Ellens Auto nach F.I. [Fire Island] gefahren. Ideales Wetter & Verbindung, & es ist himmlisch, dort draußen zu sein. Die Hölle hinter sich zu lassen.

4. JULI 1953 Zwang mich zu arbeiten, halb in dem Glauben, Ellen sei inzwischen tot. Um 6 vom Duffy aus Jim angerufen und erfuhr, dass sie gestern zu sich gekommen war – heute am frühen Morgen. Die Anspannung ist vorbei – und ich fing heute Abend um 9:30 mit ein paar späten Besucherinnen Streit an – und wurde leider zusammengeschlagen, von Jean P. gerettet. Natürlich viel Alkohol.

7. JULI 1953 Bin in die 25th St. umgezogen, mit den Katzen, & bin sehr zufrieden. Aber diese Tage der Quälerei, habe Angst, dass Ellen mir böse ist & nicht will, dass ich sie besuche. Der alte zwiespältige Drang – zur Sicherheit, zur Vernichtung.

9. JULI 1953 Habe mit Goldbeck im Yale Club zu Mittag gegessen und ihm von meinen Eheproblemen erzählt & dass ich ein neues Leben beginne. So ein Mensch, dem man vertrauen kann, mehr als meinen Eltern.

15. JULI 1953 Erledigungen. So viele Verabredungen, dass sogar Mrs. Roosevelt erschöpft wäre. Heute Abend habe ich Lynn Roth kennengelernt – 267 ½ W. 11th St., Exfreundin von Ann S. – & Mitbewohnerin Doris –.

16. JULI 1953 Umzug, Einpacken in der Wohnung. Ellen rief an – den Tränen nah –, ich bot an zu kommen. Sie nahm an, und ich flitzte hin. Nicht zu unterschätzen – ich hielt sie eine Dreiviertelstunde im Arm. Sie kann nicht sagen, wie es ihr geht. Passiv, sentimental und zurzeit natürlich geschwächt.

22. JULI 1953 Vorpremiere von *Ein Herz und eine Krone*. Ich weinte die ganze Zeit. Jeder schöne Ort in Rom (und auf der Welt) erinnert mich an Ellen. Ging barfuß nach Hause, Schuhe aus Triest schmerzten auf mehr als eine Weise.

27. JULI 1953 Ellen getroffen. Sie hat eine Wohnung, University Place Nummer Eins.

30. JULI 1953 Besuchte Ellen um 3 *chez elle*. Half so viel ich konnte in ihrer Wohnung, die sehr schön sein kann & zweifellos schick ist. Ich will ihr alles schenken, was ich kann – Aquarell von Mallorca & natürlich Triest, gerahmt.

3.8.1953 Es sollte goldene Ringe geben, Uhren, schöne Halsketten, schöne Bücher und auch Bilder, die man nach einiger Zeit einem Freund schenkt, der sich daran erfreut und sie dann irgendwann weiterverschenkt. Geschenke sind Nahrung fürs Herz, die man geben und empfangen kann. Sie sollten religiöse Götzenbilder ersetzen, denn sie symbolisieren die menschliche Liebe im Namen eines barmherzigen Gottes.

4. AUGUST 1953 Möbelkauf, zu Tränen genervt & viel zu teuer. Ellen überzeugt, wir könnten »etwas arrangieren« – ein Zusammenleben. Sie will mich zurückhaben. So einfach ist das.

5. AUGUST 1953 Habe zwiespältige Gefühle Ellen gegenüber, die mir das Leben hoffnungslos schwermachen: sie zurückzunehmen wegen dem, was mir an ihr gefällt – Freizeit, *sie*, Ziviliziertheit. Oder stark sein & mich allein durchs Leben kämpfen?

7. AUGUST 1953 Arbeit. Besser. Ich bin sehr unglücklich – aus schierer Unentschlossenheit. Mit Jean bin ich nicht glücklich. Wegen Ellen weiter unentschlossen. Wüsste ich, was ich will, würde ich handeln. Ich kann es nicht. Also trinke ich. Wie jeder Amerikaner.

8. AUGUST 1953 Ab und zu besucht mich Lynn [Roth]. Die ich sehr attraktiv finde.

13. AUGUST 1953 Cocktailparty *chez* Bill Hanna, Jean hat er nicht eingeladen. Schlich mich davon & rief Ellen an. Trafen uns in der Wohnung eines Fremden, 59. St., & fuhren zu Univ. 1, wo ich die erste Nacht verbrachte, ohne dass Jean davon wusste. Heute Nachmittag – Besuch von Lynn. Macht mich sehr nervös.

14. AUGUST 1953 Finde natürlich den Selbstmord & Ellens Charakter in dem Buch *[Der Stümper]* sehr verstörend & auch zu persönlich. Hemmt mich jetzt zu Anfang. Vielleicht hoffnungslos.

18. AUGUST 1953 Lynn rief um 12 an. Sie trinkt immer gerne einen Martini & ich auch. Wir gingen zu Ellen, ich habe einen Schlüssel. Lagen auf dem Bett. Und das war alles. Nescafé & Bohnen & das 3 Stunden lang.

18.8.1953 Es ist merkwürdig, dass man in den interessantesten Lebensabschnitten nie Tagebuch führt. Es gibt Dinge, die selbst ein Schriftsteller nicht in Worten zu Papier bringen kann (in dem Moment). Er schreckt davor zurück. Was das für ein Verlust ist! Wie so viele empörende, scheinbar sinnlose Verluste in der Natur, weil man in ihr Überfluss vermutet. Man hat auch einen Überfluss an Erfahrung, aber es ist manchmal schwieriger, sie aufzustöbern – also, in langweiligeren Zeiten – mehr als in dramatischeren Zeiten. Aber der Wert von Tagebüchern besteht in den dramatischen Phasen, wenn man »vielleicht« davor zurückgeschreckt ist, die Schwäche, die Launen, die Sinneswandel, die Feigheiten, den beschämenden Hass, die kleinen Unwahrheiten (ob realisiert oder nicht) festzuhalten, die den wahren Charakter ausmachen.

18.8.1953 Nie habe ich auch nur eine Minute lang geglaubt, das Leben wäre einfach. Vielleicht war das ein Irrtum. Ich habe kein Reservoir an Humor, keine unbeschwerte Zeit, auf die ich zurückblicken könnte. Es ist ein einziges, langes Elend. Und jetzt werden die Schrauben jeden Tag noch etwas mehr angezogen. Um ein anderes Bild zu benutzen: Ich lebe wie ein braver Soldat, dem die Schlacht jeden Tag schwerer fällt, und doch ändert sich mein Gesichtsausdruck nicht, wie der eines braven Soldaten, und nichts, kein Rückschlag, keine neue Enttäuschung, könnte mich noch überraschen. Ein braver Soldat kennt keine Überraschungen, gut oder schlecht, in jedem Bereich.

19. AUGUST 1953 Millie[19] kam an. Konnte sie nicht bei Ellen unterbringen wegen ekelhafter Frau am Empfang. Rief Lynn an, die mit Doris verabredet war. Viele Martinis, Abendessen, & wir ließen Millie unhöflich sitzen & fuhren im Taxi zu Lenny. Wo Lynn so unkompliziert den Schlüssel von Sara H. ausgehändigt bekam, dass es ganz sicher abgesprochen war: das Bett frisch bezogen & eine wirklich himmlische Nacht mit Lynn, die ganze Nacht lang. 266 W. 11th Street – im fünften Stock. Ich vergöttere Lynn –.

21. AUGUST 1953 Ellen rief heute Mittag aus P'town [Provincetown] an. Ich hatte ihr einen Brief geschickt, der am Montag ankam, dass ich mit Jean P. »besprochen« habe, ob wir das mit uns auf eine platonische Basis bringen können. Jean war einverstanden, aber ziemlich enttäuscht. [Ellen] klang wundervoll von P'town aus. Sie liebt mich und ist zuversichtlich, dass »sich unsere Leben vereinbaren lassen«.

22. AUGUST 1953 Besser gearbeitet. Und plötzlich großen Erfolg mit Lynn um 4. Bzw. heute Abend bei Sara. Ich besorgte mir mühsam die Schlüssel von Sara, während wir & Mel & Jean im Bagatelle[20] waren, schoss dort los wie von einer Pistole abgefeuert & ging zur 11th St. W 266. Hatte Lynn angerufen – die Doris vormachen muss, sie wolle »an die frische Luft«, um wegzukönnen. Ich sagte

---

19 Millie Alford, eine entfernte Cousine von Highsmith.
20 Lesbische Bar in Greenwich Village von 1952–1959.

Lynn, sie wolle nicht mit mir schlafen – müsse es nicht –, sie wolle nach Hause. Hellseherisch, bemerkte sie, & dass sie eine herrliche Zeit hatte –.

23. AUGUST 1953 Leider hat Doris Saras Schlüssel gefunden, die Lynn in ihren Briefkasten gelegt hatte, & hat sie wild irgendwo im Garten verstreut. Sara konnte nicht rein, als sie Sonntagmittag um 3 zurückkam. Lynn hat die Schlüssel Montag entdeckt, sah, wie die Katze in der Sonne damit spielte. *Quels jours!* Heute gut gearbeitet – 4 Seiten –, Lynn in 35th Street besucht, wo sie gerade eingezogen sind. Lynn allein natürlich, bohnerte die Fußböden, trank Gin, & wir liebten uns auf dem Boden. Betranken uns & hörten Musik. Dann mit dem Taxi zur 11th Street, dort 20 Minuten ins Bett, während Sara & jemand anders gleich nebenan im Wohnzimmer waren. So ist Lynn – hat ein fröhliches, italienisches Temperament, Gott segne sie.

24. AUGUST 1953 Abendessen bei Ellen. Richtige Verabredung. Sie von Provincetown zurück. Ganz braungebrannt & schön. Aber ich hatte mit Lynn einen herrlichen, wenn auch erschöpfenden Nachmittag verbracht & war am Abend zu nichts zu gebrauchen. Lynn hat für mich alles & gibt mir alles.

28. AUGUST 1953 Nach P'town. Wie schön & so wahnsinnig attraktiv mit Ellen. Wir fanden das Haus wieder, in dem sie war – oberes Ende von Commercial Street. Ellen war noch nie so besitzergreifend: Sie liebt mich über alles, ist liebevoll & voller Bewunderung & konnte meine Briefe kaum erwarten und mich auch nicht. Kaufte eine Karte »Es war so schön mit uns« für Lynn – Ellen rastete aus, musste ihr versprechen, sie nicht abzuschicken.

31. AUGUST 1953 Suchte Krabben & Muscheln, Ellen isst beides nicht. X jeden Tag und sehr schön. Ach, Gewohnheit! Und wie

schnell man den Menschen vergessen kann, den man angeblich liebt – weil es so schwer ist (und dann doch meistens nicht von Bestand), feste Abmachungen zu treffen. Ich vergesse Lynn nicht, bin aber – vorläufig – mit Ellen zufrieden.

3.9.1953 Ein Künstler wird immer trinken, selbst wenn er glücklich ist (dann, wenn es mit der Arbeit gut läuft und der Frau, die er liebt), weil er immer an die Frau denken wird, die er letzte Woche getroffen hat, oder an die Frau, die hundert oder dreitausend Kilometer weit weg ist, mit der er vielleicht glücklicher geworden wäre oder genauso glücklich. Würde er das nicht denken, wäre er kein Künstler. Künstler leiden mit Phantasie.

4.9.1953 Was es bedeutet, Europa zu kennen: wenn man in Amerika in einem Restaurant im Viertel sitzt, dem Kellner gegenüber das Essen lobt, und er nimmt es mit geistesabwesendem Nicken oder gar nicht zur Kenntnis, weil man bestimmt sowieso nicht wiederkommt, und wenn, was interessiert ihn das schon? Das ruft Europa stärker in Erinnerung als der Geruch von Fisch in Santa Lucia in Neapel!

Ach, ich erinnere mich an die sanfte, junge blonde Kellnerin im Camillo in Florenz! Und auf der anderen Seite des Arno der geschäftige, hilfsbereite Kellner mit Glatze im Nandino, immer schrecklich besorgt, dass ich zu meiner *insalata* auch das Brot bekomme, das ich mag. Sie werden sich in zwei Jahren an mich erinnern, oder wann immer ich wiederkomme! In fünf oder mehr Jahren.

Ich erinnere mich an die Regentage in Florenz, die trotzdem nie die Lebensfreude unterdrücken konnten, wie es der Regen in Paris tut. Paris wird im Winter übellaunig und grimmig und springt im Frühling auf wie aus einem grauen Kokon. Florenz aber ist immer da – elegant, stolz, voller Mut, auf der Via Tornabuoni, ebenfalls stolz, arbeitsam, hoffnungsvoll, die Gesichter erhoben am anderen Ende der Via Maggio und all ihren kleinen Seitenstraßen. In

Deutschland erinnern sich die Kellner vielleicht nicht an mich. Sie sind zu sehr mit verworrenen persönlichen Schicksalen beschäftigt, um sich über zufriedene Gäste zu freuen. Aber ich bin mir Deutschlands dunkelgrüner Wälder bewusst, der geduldigen Straßenbahnfahrer, für die es eine Frage der Ehre ist, Maßstab ihres Formats, pünktlich zu sein – selbst ihre maroden veralteten Straßenbahnwagen haben es verdient, rechtzeitig anzukommen.

15. SEPTEMBER 1953 ITWar den ganzen Tag mit Lynn zusammen – Sind bei Doris zu Hause Jynx und Ann M. begegnet – ausgerechnet den zwei Menschen, die wir nicht treffen sollten, die nicht wissen sollten, dass wir die Woche zusammen verbracht haben. Dann Show Spot – ich bin sehr glücklich und glaube, Ellen kann mir den Buckel runterrutschen. Ich bin in Lynn verliebt. Gar kein Zweifel.ITIT

17. SEPTEMBER 1953 ITIch habe den Vertrag mit Coward-McCann für *Salz* und für einen neuen Spannungsroman (ohne Titel) unterschrieben. Bei Lynn um 4, um den Champagner zu trinken, den ich gestern Abend gekauft habe. Ich mag Champagner gar nicht besonders, aber Lynn.ITIT

21. SEPTEMBER 1953 ITNervös. Gehetzt. Lynn rief um 1:30 an – kam um 2:30, um uns zum Flughafen von Newark zu begleiten. Nur eine halbe Stunde mit ihr allein – ich sagte, ich liebe dich – sie sagte es auch, aber ich glaube es ihr nicht. Müde, nachdenklich – um 10:30 in Fort Worth – ich bin verwirrt – Claudes Hotel[21] – komfortabel und scheußlich, wie alles in Ft. Worth.ITIT

22. SEPTEMBER 1953 ITKleines Familienfrühstück. Nach einem Bier im Huder's Café wieder an die Arbeit gegangen. Lynn rief an, ich sagte ihr: »Wie herrlich, deine Stimme in diesem Zimmer zu

---

21 Highsmith wohnte im Hotel ihres Onkels Claude Coates.

hören!« Ich wollte wissen, ob es dir gutgeht, sagte sie. Sehr entschlossen, weiterzuarbeiten.^ITIT

23. SEPTEMBER 1953 ^IT Über Nacht bei Millie, das erste Mal.^ITIT

24.9.1953 Die einzige Lösung für mich ist vielleicht, jede Affäre leichtzunehmen, mich an der Erinnerung über das zu freuen, was ich *hatte,* statt an das zu denken, was ich nicht habe und nie haben werde. Ich habe das Gefühl, wenn ich das nicht tue, werde ich mir vermutlich vor Mitte vierzig das Leben nehmen wollen. Und dümmere Menschen als ich machen das tatsächlich schon immer so, ganz selbstverständlich, so eine natürliche Selbsterhaltungsmaßnahme. Daher dieses ganze furchtbare Partnerwechseln, die Untreue, heute frisch verliebt und morgen vorbei – die meisten New Yorker Profis sind so.

28. SEPTEMBER 1953 ^IT Claude zum Mittagessen da. Er sagt, das Zimmer würde mich 110 $ kosten – das er mir gestern gezeigt hat. Ich hätte gedacht, mein Onkel würde mir einen guten Preis machen – aber nein! Ich bin von meiner ganzen Familie sehr enttäuscht! Nachmittags Treffen mit dem Reporter des *Star Telegram.* Samt Foto. Lynn rief wieder an, sagte, sie habe Doris verlassen – das glaube ich, wenn ich es sehe. Sie will, dass ich nach New Hope komme.^ITIT

28.9.1953 [Allela] Cornell – Warum bringt der Künstler sich um? Weil er schärfer erkennt, sich intensiver nach dem sehnt, was er nicht haben kann, als andere Leute – das glückliche Heim, die Kinder, das Klavier, das Sonnenlicht auf dem Rasen, die vielen Jahre in der Zukunft zufriedenen Arbeitens, ein Jahr wie das andere. Der Künstler kann sich nicht entscheiden. Der Künstler ist halb homosexuell. Der Künstler ist hin- und hergerissen zwischen dem fordernden Partner und dem, der sich fügt. Ich denke an Cornell und an die griechische Frische der Welt, als sie Kind war, und die darauffolgenden quälenden Erziehungsdämpfer ihrer Jugendjahre. Sie liebte zu viel und zu viele, aber vor allem zu viel. Sie war so offen, und das Leben hat sie – wie ein Schwarm Bajonette, Schüsse aus allen Richtungen, Liebe aus allen Richtungen –, mitten ins Herz getroffen. Die Anstrengung des Ganzen hat sie körperlich erschöpft, bis ins Delirium und in den Wahnsinn. Mit dreißig wurde ihr bewusst, dass ein schönes Bild malen zu können kein Ersatz für einen Ehemann oder Geliebten oder für Kinder ist, für den ganz gewöhnlichen häuslichen Frieden, den es für sie nicht gab. In einem Augenblick der Erschöpfung, als sie wie ein leidender Hindu dachte, kurz die Wahrheit erspäht zu haben, trank sie die Salpetersäure.

Es ist eigentlich eine schöne Geschichte, die ersten drei Viertel. Selbst das letzte ist schön in seiner psychologischen Zwangsläufigkeit. Sollten ungefähr 250 Seiten sein.

30. SEPTEMBER 1953 ^{IT}Millie hier über Nacht.^{ITIT}

2. OKTOBER 1953 ^{IT}Fast jeden Tag bekomme ich einen Brief von jemandem zu *Salz und sein Preis*.^{ITIT}

3.10.1953 LR [Lynn Roth]. Nie kann ich ihre Augen vergessen, als sie mich an jenem Tag auf dem Sofa in New York ansah. Die Farbe von Zaunkönigeiern, dunkle Wimpern und ihr Gesicht wie das eines jungen Fauns, das mich anlächelte. Den Typ, der ihr weh täte, würde ich umbringen. Und wenn sie umgebracht würde, würde ich die ganze Welt nach dem Mörder absuchen und ihn mit bloßen Händen zusammenschlagen. Unter den richtigen Umständen kann das Rächen einer toten Geliebten die dramatischste Geschichte der Welt sein.

7.10.1953 Das Saddle Café – Ft. Worths North Side Stock Yards[22] bester & beliebtester Laden für Kaffee & Essen für den betrunkenen Cowboy ab 11 Uhr morgens. An die zwanzig oder dreißig staubige, generell verwahrlost aussehende Cowboys, fünf Frauen, liederlich, schlampig oder der aufgekratzte Ich-kümmere-mich-gut-um-meinen-Mann-Typ. Ein alter Knabe namens Red McBride, der im Yankee Stadium in New York beim ersten Rodeo mitgeritten ist, erklärt mir, was Geröstetes vom Kalb ist. »Das sind Kalbseier«, flüstert er anzüglich. Als ich die Jukebox in Betrieb nehme, steckt ein schlitzohriger junger Mann in frischgebügelten Hosen eine Münze hinein und sagt, ich solle spielen, was mir gefällt. Das allgemeine Niveau ist ziemlich niedrig – und eher deprimierend, wenn man den goldenen Westen lang idealisiert hat. Der Lastwagenfahrer neben mir macht mir obszöne Vorschläge für die Nacht. Die anderen Cowboys, so besoffen, dass sie nicht mehr geradeaus sehen können, versuchen trotzdem anzügliche Blicke. Ein Mann um die 40 in schönen blauen Cowboyhosen muss erst mit einem Totschläger bedroht werden, bis er geht – obwohl er sich, so wie ich das verstanden habe, nur beschwert hat, sein Auto sei gestohlen worden. Ein schlaksiger, mexikanisch aussehender Cowboy mit schwarzem Cowboyhut und in Levi's hängt über einem Barhocker an der Theke. Früher oder später haben alle Männer den »Komm-schon!«-Blick hinbekommen: Ich bin mit einer Frau da.

7.10.1953 Western Hillbilly: die umherwabernde Selbstsicherheit dieser plärrenden Stimmen, die Überzeugung, dass sie unterhaltsam sind und eine wichtige Botschaft zu vermitteln haben – das ist es, was mich fasziniert und verblüfft! »Legen Sie schnell den Hörer auf.« – Es ist bezeichnend für die Brutalität und den Materialismus unserer Tage, dass Autos, Fernsehen, Telefone, Kühlschränke und Waschmaschinen in so vielen dieser Lieder vorkommen – fröhli-

---

[22] Fort Worth ist stolz auf seine Geschichte als »cowtown«, Stadt der Viehzucht und Cowboys, durch das historische Viertel der Stock Yards wird noch heute zweimal am Tag das Vieh getrieben.

chen und traurigen. Nur selten erwähnen sie das Wetter, die texanischen Felder oder irgendwelche schönen oder tragischen Dinge aus der Natur.

Radiowerbung: »Werfen Sie Ihr Radio oder Ihren Fernseher nicht aus dem Fenster, wenn sie Ihnen Ärger machen. Rufen Sie einfach nur Fortune 5–888, alle Radio- und TV-Reparaturen, 800 S Jennings.« – »Ich sagte Grand-Prize-Bier. Ich sagte Graaand-Prize.«

9. OKTOBER 1953 ᴵᵀEllen fährt nach Europa.ᴵᵀᴵᵀ

10. OKTOBER 1953 ᴵᵀErster Brief von Lynn – schreibt, dass sie mich liebt, aber dass es gerade nicht schlechter passen könnte – warum? Ich hätte Millie gerne über Nacht hier gehabt, aber Dan kam aus Houston. Brief von Ellen. Sagt, sie denkt immer an mich, und wenn ich bereit bin, ist sie es auch – in Europa oder wo und wann auch immer – Gut gearbeitet – wie immer, wenn ich mich geliebt fühle.ᴵᵀᴵᵀ

12.10.1953 Texas – So ablenkend, oberflächlich, sinnlich, dass ich mich hinlegen muss und so tun, als würde ich einschlafen, um über das Buch nachzudenken, an dem ich schreibe.

18. OKTOBER 1953 ᴵᵀMillie sagt mir, sie liebt mich sehr und dass ich mit Lynn nicht lange glücklich sein werde. Alles wahr. Ich frage mich, ob ich nicht einfach in Texas bleiben sollte, ich erwarte mir so wenig, immer weniger von New York und Lynn. Lynn hätte ich nur die eine Woche in New Hope.ᴵᵀᴵᵀ

7. NOVEMBER 1953 ᴵᵀErster Entwurf beendet! Heute Nachmittag um 3. Ich bin traurig, erschöpft und denke an Lynn.ᴵᵀᴵᵀ

9. NOVEMBER 1953 ᴵᵀHabe ¾ des Buchs gelesen. Ich frage mich immer wieder, ob es deshalb nicht so gut ist wie *Zwei Fremde,* weil

ich nicht mit derselben Ruhe daran arbeiten konnte. Ich habe es *The Blunderer* genannt statt *A Deadly Innocence*. Habe das in meinem Wörterbuch gefunden: [F]»Es ist mehr ein grober Fehler als ein Verbrechen.«[FF] Walter ist wahrlich ein Stümper![ITIT]

11. NOVEMBER 1953 [IT]Schwierig zu arbeiten – und abends läuft immer Musik, TV. Wir haben beim Essen den Fernseher an! Schrecklich und unglaublich![ITIT]

20. NOVEMBER 1953 [IT]Meine Mutter kommt mir immer ernster vor.[ITIT]

26. NOVEMBER 1953 Thanksgiving. [IT]Genug Martinis hier vor der Abfahrt zu Dans Haus, wo 16 Familienmitglieder waren, sogar Ed Coates aus Houston! Habe mich gut amüsiert mit Danny und dem Appaloosa[23], vor dem Dan sich immer noch fürchtet.[ITIT]

29. NOVEMBER 1953 [IT]Ich denke – ich versuche zu denken. Dieses Jahr war ich nie allein, das hat mir nicht geholfen. Ich will vielleicht nach Salzburg oder in eine kleine italienische Stadt mit einer Bibliothek in der Nähe und alleine sein, um mir eine neue Geschichte für einen Spannungsroman auszudenken. Es wäre mir auch egal, wenn Ellen in Rom wäre, weil ich wahrscheinlich sowieso nicht genug Geld hätte, in Rom zu leben. Ellen. Jean. Lynn. Millie – und in Salzburg gäbe es niemanden. Ich wäre zu sehr allein, aber –.[ITIT]

18. DEZEMBER 1953 [IT]Müde. Um 2 wieder beim Zahnarzt. Vor Schrecken und Furcht wurde ich bewusstlos –[ITIT] Wurzelbehandlung usw.

---

23 Eine Pferderasse, die fürs Westernreiten gezüchtet wird.

19. DEZEMBER 1953 Ich trank zu viel – wunderbare Gesellschaft hier – ½ Flasche Gin für mich.

20. DEZEMBER 1953 Ein Tag ohne Arbeit. Mit Millie – Golf –, dann in Dallas zum Mittagessen, nur wir beide, in einem Restaurant, wo es Wein gibt und wo man für 3 $ so viel essen kann, wie man nur schafft – und alles frittiert! So ist Texas! Und der Kellner – völlig im Stress – nichts ist hier ästhetisch! Es ist gar nicht so einfach für uns, auch einmal für uns allein zu sein, manchmal müssen wir lügen. Millie schlägt immer vor, ich soll in Texas bleiben, wo ich besser arbeiten kann usw. Sie hat recht, aber die Politik hier und die Behandlung der Schwarzen sind mir zuwider.

20. 12. 1953 Und ich habe Mädchen unter der Dusche singen hören, bevor sie zu mir ins Bett kommen.

23. DEZEMBER 1953 Ich habe den Roman beendet. Die letzten zehn Tage habe ich mich völlig darin versenkt, um einen starken Schluss zu schaffen. Heute Seite 312 geschrieben – ein sehr gutes Ende. Jetzt habe ich Zeit, Geschenke kaufen zu gehen, für die ich kein Geld habe.

24. DEZEMBER 1953 Um 5 haben wir unsere Geschenke ausgepackt – alle zusammen. Auch ein Päckchen von Ellen aus Ascona. Und ein Telegramm: Alles Liebe, mein Schatz, das um 5:30 aus Locarno eintraf. Heute Abend mit der Familie.

1954

Anfang 1954 kehrt Patricia Highsmith von Texas zurück nach New York – und zu Lynn Roth. Kurzzeitig leben die beiden sogar zusammen im Village. Als Lynn sich Ende März von ihr trennt und zu ihrer Ex zurückkehrt, stürzt Highsmith sich in die Arbeit zu einem neuen Roman, *A Month of Sundays,* aus dem über weitere Arbeitstitel – *Pursuit of Evil, The Thrill Boys, Business Is My Pleasure* – schließlich *The Talented Mr. Ripley* wird. Highsmith jubelt, wie glücklich sie bei der Arbeit sei und dass die Sätze wie Nägel auf das Papier niedergingen. Das Buch strömt nur so aus ihr heraus, und sie schließt es in einer Rekordzeit von sieben Monaten ab.

1954 scheint sich Patricia Highsmith nicht nur innerlich, sondern auch äußerlich von der Welt zurückzuziehen: weg aus dem lebendigen, künstlerisch fruchtbaren Manhattan in eine selbstgewählte Einsamkeit auf dem Land. Mitte Mai übersiedelt sie nach Lenox in den idyllischen Berkshires, allein und ausschließlich auf ihr neues Buch konzentriert. Ihren Finanzen entsprechend, kommt sie zunächst billig in einem kleinen Zimmer unter, dann zur Untermiete im Cottage eines Bestattungsunternehmers.

Zeitlich fällt dieser Rückzug zusammen mit dem Ende ihrer intensiven Tagebucheinträge. Ausführlich hatte sie darin bis dato ihr Leben, Lieben und Leiden aufgefächert, ergänzt um philosophische Betrachtungen und weit aufgespannte Einblicke in ihr schriftstellerisches Schaffen in den Notizbüchern. Doch mit ihrem Jubel-Eintrag zu *The Talented Mr. Ripley* endet am 12. Mai 1954 Tagebuch Nummer 12, und Patricia Highsmith wird erst sieben Jahre später wieder damit beginnen. Nur aus ihren Notizbüchern, die ja eigentlich

1954

Ideen, Überlegungen, Entwürfen und Ähnlichem vorbehalten sind, lassen sich nun noch Rückschlüsse auf ihr Leben ziehen. Warum Patricia Highsmith dem Tagebuchschreiben so vollständig den Rücken zukehrt, erklärt sie nicht, nur den einen Grund erfährt man: Ellen Hill ist zurück aus Europa und in ihrem Leben, und zum wiederholten Mal hat Highsmith sie dabei ertappt, wie sie in ihren Tagebüchern las.

Im September sind die beiden gemeinsam in Santa Fe, New Mexico, wo sie sofort in ihr altes, streitbares Muster zurückfallen. Highsmith, die auf den Titelblättern ihrer Notizbücher gerne alle Orte auflistet, an denen sie in der Zeit des Schreibens war, bezeichnet es dort im Nachhinein als »Santa Fe – *l'enfer*« – »die Hölle«.

Noch ehe sie sich ans Kofferauspacken macht, taucht sie sofort wieder in ihren Roman ab. Die Grundidee ist vage von Henry James' Roman *Die Gesandten* inspiriert. Den (Anti-)Helden wird die Autorin später als ihr Alter Ego bezeichnen: Tom Ripley ist ein charmanter, latent psychopathischer, unauffälliger junger Amerikaner in Europa. Damit aus Tom der wird, der er ist, kreisen Highsmiths Gedanken in ihrem Notizbuch lange darum, was es heißt, Amerikaner zu sein, insbesondere Amerikaner in Europa. Ihr wird klar, dass ihr Interesse und ihre Neugier den Geisteskranken und den Kriminellen gelten, die sie zu ihren besten Figuren inspirieren. »Kein Buch«, erinnert sich Highsmith später in ihrem Werkstattbericht *Suspense oder Wie man einen Thriller schreibt* (1966), »ging mir je leichter von der Hand, und oft kam es mir vor, als hätte Ripley es selbst geschrieben und ich nur die Schreibmaschine betätigt«.

Im Herbst tauchen in Patricia Highsmiths Notizbuch parallel zu weiteren Handlungsentwürfen zu *The Talented Mr. Ripley* erste Gedanken für einen weiteren Roman auf, *Dog in the Manger* (später *Tiefe Wasser*), über sexuelle Anziehung, Abstoßung und Versöhnung in der komplexen modernen Ehe von Victor und Melinda, die so sehr aufeinander bezogen sind, dass nichts sie voreinander retten kann.

Im Dezember reisen Ellen Hill und Patricia Highsmith mit Ellens Hund, dem französischen Pudel Tina, weiter Richtung Süden, via El Paso nach Acapulco. Vorher hat Highsmith ihrer Großmutter Willie Mae eine Kopie des fertigen Ripley-Manuskripts geschickt. Das Buch erscheint ein Jahr später, im Dezember 1955, bei Coward-McCann in New York.

* * *

1. JANUAR 1954 ᴵᵀDie letzten Tage. Besuch bei meinen Eltern. Ich glaube, das ist vielleicht das letzte Mal, dass ich meine Großmutter sehe, meine liebste Grandma.¹ Ich fahre am 4. Januar.ᴵᵀᴵᵀ

3. JANUAR 1954 ᴵᵀHabe Lynn heute Abend ein Telegramm nach New York geschickt, dass ich Montagmorgen ankomme, sie aber nicht zum Flughafen kommen muss, wenn sie nicht will. Um zwei Uhr umgezogen, um zum Flughafen zu fahren. Verlegen, und konnte Millie gar nichts sagen, die müde war, aber sehr ehrlich, ernst und unkompliziert – sanft – all das, was Millie ausmacht.ᴵᵀᴵᵀ

4. JANUAR 1954 ᴵᵀNachricht von Lynn, als ich in La Guardia gelandet bin. ᶠDass ich zu ihr kommen solle.ᶠᶠ In Doris' Auto. Erst zu Jean P., dann auf einen Martini, dann zu Lynn und dort um 4 mit einer Flasche Gin ins Bett. Dann Abendessen mit Ann S. Ich hatte 7 Martinis und zwei Gläser Wein.ᴵᵀᴵᵀ

5. JANUAR 1954 ᴵᵀ8 Stunden geschlafen. Fühle mich sehr gut heute Morgen. Bei Jean ist nicht genug Platz für mich.ᴵᵀᴵᵀ

9. JANUAR 1954 ᴵᵀDen ganzen Tag mit Millie. Kunstausstellung. Betty Parsons, Rosenberg usw. Sehr nett. Um 7 zu Margot. Ich rief Millie an, sie solle dorthin zum Abendessen kommen. Liebe auf

---

1 Das ist es tatsächlich, Willie Mae Coates stirbt ein Jahr später, am 5. Februar 1955, als Highsmith in Mexiko ist.

den ersten Blick! Von Margot aus – sie haben den ganzen Abend getanzt.

13. JANUAR 1954 Gestern – oder am Tag davor – habe ich meinen Koffer und meine Schreibmaschine zu Lynn gebracht. Jetzt wohne ich bei ihr in der 36th Street.

16. JANUAR 1954 Arbeit. Auch am Sonntag *Stümper*-Korrekturen. So müde, dass Jean mir eine Deximill[2] gegeben hat.

18. JANUAR 1954 Und heute wieder bei Lynn. Doris ist für 3 Wochen bei Gert[3] in Snedens Landing. Lynn hat ihr erzählt, sie wolle lieber allein zu Hause bleiben. Was für ein Witz! Lynn kann nicht einmal eine Stunde allein sein. Ich bin sehr glücklich!

20. JANUAR 1954 2:30 bei Ann S. zum Mittagessen. Sehr schön und wie in Europa, diese Nachmittage, wenn es so scheint, als gäbe es nichts zu tun und wir Dichter und Künstler wären vom Glück gesegnet. Ann sehr optimistisch, was Lynn und mich angeht.

22. JANUAR 1954 Mittags mit Margot und Goldbeck bei Michel zum Essen. Bis 6 Uhr! Das ganze Buch, alle kleinen Korrekturen.

25. JANUAR 1954 Doris und Lynn reden jeden Tag. Meistens ruft L. D. im Büro an. Heute Abend saßen D., L. und Gert bei Lynn zusammen. Kam um 8:30 heim, um Abendessen zu machen. Doris wohnt bei Gert.

2. FEBRUAR 1954 Cocktails bei Jean. Ann S. hat begonnen, mein Bild zu malen. Friedvolle Tage zurzeit.

---

2 Dexamyl, eine Mischung aus Amphetamin und Barbiturat, war in den 1950ern sehr populär und wurde v. a. an Frauen verschrieben, als Appetithemmer und gleichzeitiger Stimmungsaufheller.
3 Gertrude Macy (1904–1983), Schriftstellerin, Broadway-Produzentin und Leiterin des American National Theater, für einige Zeit die Assistentin und Geliebte von Katherine Cornell.

2.2.1954 Homosexualität – Das gegenseitige Misstrauen von Anfang an: Leugne nicht, dass es da ist, denn das ist es. Vielleicht nicht ganz am Anfang, wenn man achtzehn ist. Aber ab 30 oder so ist es da. Die Liebe kann nie den direkten, starken, schnellen Verlauf nehmen, zum anderen hin, jeden Tag stärker werden. Es wird besser im Bett, man ist unbeschwerter zusammen im Haus, aber selbst in dieser Unbeschwertheit liegt die Gefahr, dass sie dann »auf eigenen Beinen steht« und mich in zehn Tagen vielleicht nicht mehr brauchen wird. Weil wir nämlich fürchten, solche Beziehungen beruhten nur auf Bedürftigkeit, Eigennutz, was auch immer. Und jetzt sind wir gerade 30 Tage alt, in dieser neuen Beziehungsphase, in der wir zulassen, einander zu lieben.

Menschentypen interessieren mich. Ich verabscheue den Mannweib-Mutter-Typ. Teilweise zählt E. H. [Ellen Hill] dazu, obwohl sie wirklich eher ein Fall für sich ist. Und Doris S. und J. A.[4], die beide die gleiche grundlose Eifersucht verspüren, die gleiche Art haben zu streiten, zu verletzen, den Partner zu beschämen, wenn die Beziehung erste Risse zeigt. Natürlich suchen sich solche Leute auch bestimmte Partnerinnen aus, jüngere Mädchen, die eine Zeitlang dieses Dominiertwerden ertragen: die Mutter-Kind-Beziehung. Es ist für die Jüngeren sehr schwer, sich daraus zu befreien und später mit irgendjemand anders eine erwachsene Beziehung einzugehen.

5. FEBRUAR 1954 ᴵᵀZiehe in die 11ᵗʰ Street um.ᴵᵀᴵᵀ

6. FEBRUAR 1954 ᴵᵀHeute Abend mit Millie bei mir. (Lynn war bei Ann S.) Haben alle zusammen im Old Homestead Restaurant zu Abend gegessen. Später ins Show Spot, wo Lynn sehr süß zu mir war und Ann und Millie sich so gut verstanden haben, dass sie zusammen gegangen sind!ᴵᵀᴵᵀ

---

4 Judith A., frühere Geliebte von Ann S.

9. FEBRUAR 1954 ᴵᵀIch denke immer noch ständig über Claire Morgans neuen Roman nach.ᴵᵀᴵᵀ

26.2.1954 Das Klopfen nachts an der Tür. Tiefste Stille. Zuerst klopft es dreimal, dann eine zu kurze Pause, und es wird noch einmal geklopft, vorsichtig und doch verrückt, weil in diesem Klopfen eine schreckliche Anstrengung liegt, höflich zu sein, gleichzeitig eine schreckliche Beharrlichkeit, weil der komplette Wahnsinn es steuert. Und plötzlich fällt einem ein, dass die Tür nicht verschlossen ist ...

16. MÄRZ 1954 ᴵᵀLetztes Jahrᴵᵀᴵᵀ – hat nichts einen Sinn ergeben. Meine Haltung war: »Trink noch einen.« Jetzt ergibt immer noch nichts einen Sinn, aber solange man nun einmal beschlossen hat zu leben, muss man immer versuchen, »das Richtige« zu tun. Letztes Jahr habe ich das nicht versucht. Ich habe mein Geld verschleudert wie ein betrunkener Matrose. Und das Schlimmste daran war, ich wusste, was ich tat. Es geschieht mir völlig recht, wenn ich pleite bin oder sogar im Schuldgefängnis lande. Es hat nichts zu bedeuten, dass ich schwer gearbeitet habe, schwerer als viele Leute, die ich kenne. Ich war unvorsichtig, respektlos – ich habe mich selbst belogen.

28.3.1954 Eine Figur wie Chas. [Charles] Redcliff in Positano (oder ein bisschen wie David in Palma).⁵ Ein junger Amerikaner, halb homosexuell, ein durchschnittlicher Maler, der von zu Hause ein regelmäßiges Einkommen bekommt, wenn auch nicht besonders viel. Er ist der ideale, harmlos wirkende, unbedeutend wirkende Typ Mensch, von denen es genügend gibt, dessen sich eine Bande von Schmugglern bedienen würde, um sich um ihre Kontakte, ihre heißen Waren zu kümmern. (Ich sehe ihn vor mir, wie

---

5   Highsmiths erste Notiz zu dem Buch, das ihr berühmtestes werden wird: *Der talentierte Mr. Ripley*.

er hundert deutsche Kameras ganz nebenbei in einer Orangenkiste befördert, während die Italiener denken, er »zöge wieder mal um« mit all seinen schlechten Bildern.)

Er gerät immer tiefer in die Bredouille, dieser sorglose, unbesorgte junge Mann (der Affären sowohl mit Männern als auch mit Frauen haben kann), und nach Abenteuern im Simplontunnel, wo er die junge Frau beschützt, die ihn interessiert, dann erst sich selbst, stellt er sich als Held statt als Feigling heraus. Er ist teilweise ein Esel, teilweise intelligent, im Grunde v. a. auf Selbsterhaltung bedacht. Mit der Haltung eines Gentlemans, die ihn davor bewahrt, in Opportunismus und Schäbigkeit abzurutschen. Zu Beginn ist er ein harmloser, auf manche attraktiv, auf andere abstoßend wirkender junger Mann, dann wird er zum Mörder, der aus Vergnügen tötet. Das organisierte Verbrechen der Gruppe, in die er geraten ist, wird für ihn zum Mittel, andere zu bestrafen (politische Parteien usw.).

Er könnte sich im Verlauf der Geschichte läutern, wirklich zum Helden, zuletzt sogar altruistisch werden. Er verfügt über die analytischen Fähigkeiten, alles zu verstehen, was vorgeht, kann aber nichts dagegen tun, bis er vor eine Wahl gestellt wird, die ihm ermöglicht zu zeigen, wer er ist (gute & schlechte Seiten), und sich gegen das zu entscheiden, was er vorher getan hat.

(Wird viel Recherche darüber erforderlich machen, wie heutzutage geschmuggelt wird.)

Wie Bruno soll er nie richtig schwul sein – nur in der Lage, notfalls den Schwulen zu geben, um an Informationen zu kommen oder seine Haut zu retten. Ach, ich sehe ihn vor mir, wie er sich im Terraza in Palma de Mallorca amüsiert, in Shorts, lächelnd in der Sonne. Er sollte Clifford heißen oder David oder Matthew.

31. 3. 1954 Die Leute vergessen oder wissen schlicht nicht, welche Gewalt Europa widerfahren ist. Europa ist nicht nur ein Museum, es ist auch die Heimat von Menschen, die mehr Gewalt, mehr Leben erlebt haben als wir.

2.4.1954 Mein Leben hat keine Moral – ich habe keine – außer: »Stell dich und werd damit fertig.« Alles andere ist Gefühlsduselei.

4.4.1954 Das Wochenende danach. Sie[6] ist fort, in der Wohnung geistert sie noch herum. Ich habe heute Morgen das Nötigste an »konstruktiven« Dingen getan, aber gegen Mittag hatte ich keine Lust mehr. Für wen sollte ich? Ich würde gern ein Gedicht schreiben können, um das alles loszuwerden (mein Unglück, meine Enttäuschung, nicht sie, die Enttäuschung ist kurzfristig, sie ist immer noch hier und bleibt es auch). Vielleicht kommt das Gedicht ja später. Ich verspüre nicht den Wunsch, jemanden zu sehen. Wer sollte meinen Kummer teilen? Und ich will ihm nicht entfliehen. (Was für ein Wort, entfliehen!) Ich stürze mich in eine Leseorgie. Politische Wissenschaft ist ein besonderer Genuss. Man könnte verrückt werden dabei, wenn man sich übermäßig für politische Wissenschaft begeistert, ganz allein, und sich gleichzeitig über ein Mädchen den Kopf zerbricht. Ich sehne mich nach der Arbeit – mein bestes Beruhigungsmittel, ja, mein einziges –, aber heute werde ich nicht einmal das tun, weil ein freier Tag (Sonntag) mir hilft, die restliche Woche über zu arbeiten, und ich frage mich, ob viele der vielen Menschen, die sich an einem Sonntag umgebracht haben, aus dem gleichen Grund müßig waren? Manche Tage sind einfach schwer zu bewältigen. Meistens Sonntage.

7.4.1954 Lynn – sie sollte wissen, dass das Leben – das wahre Leben, wie es im Allgemeinen in Europa gelebt wird – Extreme von Sanftmut und Gewalt kennt; dass es eine enorme Anstrengung kostet, auf etwas langweilige, alltägliche Art zu leben, um überhaupt leben zu können und mit anderen Leuten auszukommen. Gewalt kennt sie nur in spielerischer Form. Solche amerikanischen Kinder wissen nicht, dass die würdevolle Frau, mit der sie vielleicht Tee

---

6   Lynn Roth.

trinken, wenn sie Europäerin ist, vielleicht mehrmals von russischen Soldaten vergewaltigt wurde, dass es ihr gelungen ist, diesen Teil ihrer Erfahrungen zu »verarbeiten« und weiterzuleben – ohne nachtragend zu sein, tatsächlich sogar ein erfüllteres Leben.

10.4.1954 Solange es schöne Frauen gibt, wer könnte da deprimiert sein? Unter schön verstehe ich auch (heute Abend sehr nachdenklich gestimmt) ein Mindestmaß an guten Eigenschaften.

16.4.1954 L.P. [Lil Picard] über Mord. Dass niemand mordet, der ein befriedigendes Sexualleben hat. Das habe ich offenbar unbewusst bei Kimmel und Bruno gemacht.[7]

22.4.1954 Verzweiflung. Etwas ergreift von mir Besitz. Unbegreiflich. So stark und sicher und optimistisch (selbst wenn man körperlich zu erschöpft ist, um auch nur zu lächeln), dass mir in den Sinn kommt, ich könnte tatsächlich wahnsinnig sein. Was nicht zu sein ich beweise, indem ich aufmerksam und mit Interesse eine Nachrichtensendung im Radio anhöre. (In Texas war ich dem Wahnsinn näher, litt, irgendwie auch persönlicher, unter den vielen Ungerechtigkeiten, die mich gar nicht direkt betrafen: die Vorurteile gegenüber Schwarzen, das Fehlen von Musik, die parteiischen Zeitungen, die meine einzige Informationsquelle waren, und die Ignoranz und Banalität in meiner Umgebung.)

In diesem Augenblick bin ich heimatlos, unglücklich, wo ich mich befinde, meine Besitztümer – alle zerstreut, meine Geliebte fort, und schlimmer noch, nicht ganz fort: sie quält mich. Mein Kiefer ist geschwollen wegen eines entzündeten Zahns, und viele, so viele andere körperliche Beschwerden, die mir den Tod in Erinnerung rufen, den letzten Sieger. Aber das Erstaunliche ist die innere Standhaftigkeit. Diesmal denke ich nicht an Gott.

---

7 Bruno aus *Zwei Fremde im Zug*, Kimmel aus *Der Stümper*.

22. 4. 1954 Alles Mitleid, das ich mit der Menschheit habe, habe ich für die Geistesgestörten und Kriminellen. (Deshalb werden sie immer die besten Charaktere sein in allem, was ich schreibe.) – Normalität und Mittelmaß? Die brauchen keine Hilfe. Sie interessieren mich nicht.

22. 4. 1954 Heute hat mir jemand erzählt, dass der manisch-depressive Zustand eine der wenigen angeborenen Psychosen ist. Daher unheilbar.

2. 5. 1954 Die drei Frauen, die ich in meinem Leben am meisten geliebt habe, waren die einzigen meiner Liebschaften, die unstreitig »schlecht« für mich waren. J. S., G. C., E. H. und jetzt L. R. ...

5. 5. 1954 Der Neurotiker: Er ist am glücklichsten, wenn mehrere zugleich in ihn verliebt sind oder ihn lieben. Je mehr, desto besser, wie bei Geld auf dem Konto. Die Riesenverwirrung, die Notwendigkeit, sich dann doch irgendwann zu entscheiden, all das macht ihm überhaupt nichts aus. Kommt ihm gar nicht erst in den Sinn.

8. 5. 1954 O herrlicher Frühling von 1954! Liebe wird mit Desinteresse erwidert und schwere Arbeit mit schlechter Gesundheit. Langsam werde ich ein bisschen sonderlich. Nichts auf der Welt hat Sinn für mich. Es gibt zu viel Enttäuschung, Unlogik, Schmerz und Hässlichkeit. Diejenige, die ich liebe, ist eine freiwillige Gefangene, meilenweit weg. Sie liebt mich auch. O herrlicher, wunderbarer Frühling 1954!

12. MAI 1954 Ich bin glücklich – nach alledem. Arbeite sehr glücklich an meinem neuen Buch *A Month of Sundays*[8]. Ich war mir noch nie so sicher – außer vielleicht die meiste Zeit bei meinem dritten

---

8 Einer der vielen Arbeitstitel für das Buch, das 1955 als *Der talentierte Mr. Ripley* erscheinen wird.

Buch, das nie veröffentlicht wurde. Die Sätze dieses Buchs gehen auf das Papier nieder wie Nägel. Es ist ein wundervolles Gefühl. Wenn irgendwo ein Wort nicht stimmt, merke ich es sofort und bringe es in Ordnung. Zurzeit liest sich das Ganze sehr stark (S. 44).

26.5.1954 Alkoholismus für den Schriftsteller: Er trägt seine wunderbare Gabe in sich. Es ist seine einzige Gewissheit und stärker als jede Bank. Er kann sich jederzeit hinsetzen und – mit einem Mindestmaß an Seelenfrieden – schöner schreiben als 999 999 999 Leute aus einer 1 000 000 000. Also vertrinkt er die Nachmittage. Die Gabe ist da. Sie wird ihn nicht verlassen. Nein, nur etwas anderes wird kommen: der Tod.

28.5.1954 Weiche absichtlich der Ruhe aus, ohne die ich nicht arbeiten kann ...

1.6.1954 Bei Heterosexuellen ist die Ehe schwierig, die Scheidung ziemlich einfach. Bei Homosexuellen ist die Ehe völlig unproblematisch, aber die Scheidung eine Qual, die sich hinzieht. Sie kann Jahre dauern.

13.6.1954 Stockbridge, Mass.[9] Selbst die ältesten Häuser sind winzig, wie die Seelen der Leute. Die arme Mrs. Murphy wohnt in einem engen zweistöckigen Haus mit einer jämmerlichen Scheißeinfahrt dahinter und einer Garage mit Platz für ein Auto. (In der Garage hat ihr Sohn sich ein Zimmer eingerichtet mit dem einzigen Zweck, darin rauchen zu können, wenn er am Wochenende von der Schule zu Hause war, weil sein Vater es überhaupt nicht gut fand, wenn er rauchte.) Mrs. Murphy nimmt Untermieter für 15 $ die Woche auf, inklusive Frühstück (üppig: Orangen- und Grapefruitsaft,

---

[9] Highsmith verlässt für den Sommer die Stadt. Wie viele amerikanische Schriftsteller zieht sie sich in die »bukolischen Berkshires« zurück, ein Höhenzug im Westen Massachusetts, wo sie zu Beginn ein kleines Zimmer in Stockbridge, in der Nähe von Lenox, mietet.

ziemlich verdünnt, eine Schüssel gedämpftes Obst, ein Klacks Haferbrei, ein gekochtes Ei, Toast und der schlechteste Kaffee der ganzen Stadt). Fast ängstlich legt Mrs. Murphy einem am Ende des Aufenthalts die Rechnung vor. »Ist das für Sie so in Ordnung?« Sie ist so vornehm, sie kann ein Klagen über die Kosten ihrer Arthritis oder anderer Schmerzen nicht zurückhalten, wenn sie zitternd das Geld in ihrer Handtasche verstaut. Ihr knochiges New-England-Gesicht ist schmal, blass, wirkt trotz seiner Blässe rauh, ihre blauen Augen sind blass, ich habe gehört, dass sie verzweifelt Untermieter sucht, aber alle fühlen sich so unwohl, vor lauter Mitleid, dass sie nie lange bleiben. Ihr Ehemann ist freundlich, hat ein lahmes Bein, trägt die Koffer der Leute höflich in ihre Zimmer. Die Zimmer sind trostlos und sauber, allesamt klein, als hätten die ursprünglichen Bewohner des Hauses nur wenig Zeit in ihren eigenen Zimmern verbracht. Ein enges Schlafzimmer, ein enges eigenes Zimmer zu haben, bewirkt beim Durchschnittsmenschen doch sicherlich eine geistige Enge und schlussendlich ja auch einen eingeschränkten Bewegungsradius. Ich nehme an, dass es die kalten Winter waren, die so kleine Zimmer notwendig machten.

14.6.1954 Manche Frauen beschweren sich immer genau über das, was sie an denen, die sie lieben oder halb lieben, mögen. Das ist zwanghaft.

27.6.1954 Es ist der Wunschtraum des Künstlers, glücklich zu sein und gleichzeitig so gut wie möglich zu arbeiten. Die traurige Wahrheit ist, dass die Kunst manchmal im Unglück am besten gedeiht. Es ist eine Sache, das mit siebzehn undeutlich zu erahnen, und eine andere, es mit dreißig tragisch und ekstatisch zu erleben.

28.6.1954 Welche Nation hat nicht etwas Abscheuliches in ihrer Geschichte, für das sie sich schämen muss? Und zwar ist es immer die Unmenschlichkeit. Die der Spanier gegenüber den Indianern der

Neuen Welt. Der Amerikaner gegenüber ihren Indianern und heute noch gegenüber den Schwarzen. Frankreich – hatte auch einmal Kolonien. Russland. Deutschland. Nur Individuen können den Kopf stolz erhoben halten und sagen, ich hätte das nicht getan. Individuen aller Nationen.

Ich spreche von dem Mangel an Gleichheit, der überwältigenden Ungleichheit auf der Welt. Und vom unvermeidlichen Resultat: der Weltbürgerschaft ohne Nationalitäten. 1954 kann niemand stolz darauf sein, einer Nation anzugehören. Nein, nicht einmal die Jüngsten! Israel. Ein Land kann wie ein Kind schuldlos zur Welt kommen, rein wie Neuschnee. Es muss nur ein Jahr leben, eine Woche, und es wird aus Gier und Selbstsucht gesündigt haben.

Insgesamt sollten sich alle Völker freier bewegen können, so dass sie sich (bis es den Weltstaat gibt) leichter aussuchen könnten, von welchem Land sie sich regieren lassen wollen. Dann würden alle in die Schweiz, nach Russland und England strömen. Amerika: Ich werde es bald verlassen. Es ist nicht meine Art, mich mit dem Platzhirsch zu verbünden, bestimmt nicht mit einem zweiten Römischen Reich. Dem unheiligen Amerikanischen Reich.

1.7.1954 Mein Gefühlsleben – so blind, endlos, geradlinig und hoffnungslos wie eine Pflanze, die ihren Kopf zum Licht reckt – das sowieso nur gespiegelt ist und ihr nichts nützen wird.

3.7.1954 Ich bin immer verliebt – in solche, die der Liebe (von irgendjemand, nicht unbedingt meiner) würdig oder unwürdig sind – und frage mich jetzt – ist das ein Geben oder ein Nehmen? Früher war es ganz offensichtlich ein Nehmen, weil ich einfach das Gefühl brauchte, wenn schon nichts anderes. Jetzt, da ich etwas erwachsener geworden bin, ist es beides: Was ich nehme oder gebe ist nur ein inneres Empfinden. Zurzeit wird mir nichts gegeben, weniger noch als es in einer gut funktionierenden Freundschaft der Fall wäre. Also schließe ich daraus – und danke Gott –, dass das Geben

Teil davon geworden ist und ich jetzt nur noch daran hänge, weil ich geben kann. Was mich stärkt, denke ich, sind die Fälle in der Vergangenheit, in denen ich nicht nur außerstande war, etwas anzunehmen, sondern auch zu geben. Z. B. die Sache mit A. K.[10], die morbide nachklang und aus diesen melancholischen Tiefen nichts hervorbrachte als die Idee für *Zwei Fremde im Zug*.

3.7.1954 Ich halte mich aufrecht mit verschiedenen Drogen: Büchern, geschriebenen und gelesenen, Träumen, Hoffnungen, Kreuzworträtseln, der Sentimentalität von Freundschaft und wahren Freundschaften und schlichter Routine. Würde ich mich ausruhen und ein Mensch werden, könnte ich mein Leben nicht ertragen. Und dennoch: Es gibt vieles, was ich mit meinem Leben hätte anfangen können, aber ich habe mich für das hier entschieden (im Sommer ein Haus in Massachusetts zu mieten, einsam zu sein und dabei verlockend nahe an dem Mädchen, mit dem ich gerne leben würde, aber nie leben werde). Es gibt viele andere Dinge, die ich in diesem Sommer mit meinem Leben hätte anfangen können.

7.7.1954 Wenn ich sagen sollte, was mich in meinen dreiunddreißig Jahren am meisten beeindruckt hat – dann ist das noch nicht einmal das furchtbare Schicksal eines quälenden Sexuallebens, wirklich nicht. Es ist die Vergeblichkeit des Guten in meiner Generation (obwohl es seit ca. 1900 immer sichtbarer geworden ist). Ich spreche natürlich von internationaler Politik und anderen gesellschaftlichen Beispielen menschlicher Unmenschlichkeit, die immer die Oberhand gewinnen. Nicht von der netten Dame von nebenan, die freiwillig im Krankenhaus arbeitet. Obwohl ich das nicht gering-

---

10 Wahrscheinlich meint Highsmith hier Anne K., eine Frau, in die sie Ende 1945 kurz, aber heftig verliebt war. Anfang 1946, in der Frühphase des Schreibens des Romans, erwähnt sie in ihrem Tagebuch Nr. 7 zweimal die »Anne-K.-Geschichte«, »die mir so peinlich ist, weil ich so schlecht dabei wegkomme«. – Was sie damit meint, ist leider nicht bekannt. Auch ein undatierter Eintrag in ihrem Tagebuch Nr. 8, in dem Highsmith grob die Struktur des Romans skizziert, erwähnt eine »A.«: »Denk daran, wie A. vorher gelebt hat – ihr Leben und ihr Zusammensein, ihr Getrenntsein.«

schätze. Ich spreche nur von etwas viel Größerem! Ich werde später, auf meine bescheidene Weise, die »gute« Seite meiner Bücher zunehmend als völlig zwecklos abbilden und folglich, durch Passivität, dann Aktivität, als tatsächlich schlecht. Das Gute kann so leicht zum Schlechten werden, 1954 und in Zukunft.

9. 7. 1954 Das wichtigste und ehrlichste Buch über Homosexualität wird ein Buch über Leute sein, die entsetzlich schlecht zueinander passen und trotzdem zusammenbleiben.

11. 7. 1954 In letzter Zeit höre ich überall in Amerika: »Politik interessiert mich nicht.« – »Es ist doch immer das Gleiche. Und was kann ich schon daran ändern?« oder »Schalte das Radio aus! So deprimierend – die Nachrichten!« Genau die geistige Haltung, wie sie die Mächtigen in Amerika gerne befördern würden, was sie unauffällig bereits tun. Der »Aufstand« in Guatemala wäre weitaus interessanter, wenn die dortigen gesellschaftlichen Zustände hier öffentlich gemacht worden wären, wenn das Vorgehen der United Fruit Company gründlich aufgedeckt worden wäre. In ganz Amerika sollte es Diskussionsclubs geben, um die Kräfte hinter den Ereignissen aufzuzeigen. Die Interessen des Handels zum Beispiel, wenn sich jetzt die Alliierten für die Anerkennung von Rotchina einsetzen. So wie es jetzt ist, wird ohne Hintergrund und ohne Charakter dahergeredet. Aber wer solche Clubs gründen wollen würde, der würde gleich als Kommunist verteufelt – vielleicht von der erstbesten Person, die er dazu einzuladen versuchte.

Schlaf weiter, Amerika. Die fehlende Sonne wird kommen – aus dem Osten. Wenn im Radio eine russische Erklärung zitiert wird, merke ich, dass ich gleich die allgemein übliche Haltung einnehme (nach vierzehn Monaten in diesem Land), also: »Das stimmt doch sowieso nicht, das ist wieder irgendetwas Unfassbares, Lächerliches, wozu sich das überhaupt anhören?« Und wenn *ich* schon so denke, was ist dann mit den anderen 155 000 000 hier, die die Gehirnwäsche bereits hinter sich haben? Und doch war es so, dass zwischen 1936 und 1939 die Russen als Einzige eine zutreffende Einschätzung des Spanischen Bürgerkriegs hatten und das Verhalten aller anderen Länder erklärten. Keine der Erklärungen, außer der ihren, ergab einen Sinn. Die Alliierten begnügten sich mit faulen Ausreden.[11]

20.7.1954 Das Leben ernst nehmen – das Leben leichtnehmen –, das sind nur Floskeln. Sie sagen nichts darüber aus, wie man am Ende handeln wird. Ich persönlich könnte das Leben überhaupt nicht ertragen, wenn ich es nicht ernst nehmen würde. Das trägt zu meinem Glück wie zu meinem Unglück bei. Nähme ich das Leben nicht ernst, hätte ich mich schon lange umgebracht, so sonderbar das sein mag.

27.7.1954 Es ist besser, deprimiert zu sein, als verwirrt.

30.7.1954 Wenn man sogar den üblichen Problemen des Lebens nicht mit mehr als der üblichen Energie begegnen kann, dann überwältigen sie einen. Schwäche verzerrt die Proportionen. Man denke nur an die vielen Halbinvaliden und Invaliden (in geistiger Hinsicht), die schwer leiden und von denen nie jemand hört, weil sie sich nie gewehrt haben. Und man denke an die wenigen Helden, Invaliden, die sich gewehrt haben und denen es gelungen ist, glücklich zu sein und anderen etwas zu geben. Mozart, Helen Keller, Schubert, Dostojewski und Homer. Sie gehören zu den wirklich Großen der Menschheit.

Ich denke heute Abend an L.R. [Lynn Roth], die mir zeitweilig einen solchen spirituellen Rückschlag versetzt hat. Sie ist die Verkörperung allen Versagens und aller Enttäuschungen in meinen

---

11 An den Rand dieses Eintrags hat Highsmith später groß »EDITHS TAGEBUCH« geschrieben – eines von vielen Beispielen, das zeigt, dass sie ihre Notizbücher noch Jahrzehnte später las, um sich für neue Werke inspirieren zu lassen. Der Roman *Ediths Tagebuch* erschien in den USA 1977.

persönlichen Beziehungen, die immer mit Enttäuschungen versetzt waren und es wohl immer bleiben werden. Das Besondere an ihr ist, dass sie eine Versagerin war, bevor das mit uns anfing. Und es ist, als würde ich mich an ihr festklammern, forschend, so viel wie möglich fühlend, um mir durch den Schmerz alles anzueignen, was ich erkannt habe.

Vielleicht habe ich ja etwas gelernt durch die schmerzlichen, meisterlichen, zerstörerischen Mittel des inneren Chaos, der Unfähigkeit, mich zu konzentrieren, der täglichen Vergeudung meiner täglichen Kräfte. Ich habe gelernt, das mehr zu lieben, was sie mir nicht geben kann. Seelische Ruhe, meine Grundlage, wenn ich arbeite. Sie hat mir gezeigt, wie ich lieben und geben kann, wenn ich weiß, dass ich nicht zurückgeliebt werde und nichts zurückbekommen werde. Sie hat mir die großartige und schreckliche Vision der Lieblichkeit von Geist und Körper gezeigt. Für so ein kleines Mädchen hat sie mir eine ganze Menge gezeigt.

9.9.1954 Santa Fe – der Westen. Ab Texola ist man ganz plötzlich wie in einem neuen Land, als wäre man über eine Grenze gefahren. Die Reklametafeln, die Cafés und die Tankstellen verschwinden. Das Land weitet sich, so leer wie am Tag seiner Schöpfung. Weite, flache, blaugrüne Ebenen und in der Ferne ein beliebiger Hügel und eine lange niedrige Hochebene, deren Oberfläche flacher und gerader als der Horizont ist. Der Sonnenuntergang hier lässt im Vergleich alle anderen Sonnenuntergänge klein und unbedeutend wirken. Ein Streifen rosa Wolken hängt Hunderte von Meilen entfernt am Himmel. Darunter erhebt sich eine riesige Bläue. Den Westen hat eine großzügige Hand erschaffen. Wenn ich nach vorne sehe, ist mir, als sähe ich die halbe Welt, und das Erstaunliche ist, dass sie leer ist und so wunderschön, so riesig, dass mir nichts einfällt, was ich zu meiner Reisegefährtin[12] sagen könnte, um auszudrücken, was

---

12 Highsmith ist wieder mit Ellen Hill unterwegs, die seit dem Sommer aus Europa zurück ist.

ich empfinde. Ein trockenes Flussbett zu meiner Rechten hat die Form eines Miniatur-Grand-Canyons, ist dabei aber groß genug, dass ein Wolkenkratzer darin liegen könnte. Die Ränder sind von der Erosion weich, doch die Rinne selbst sieht schroff und zerklüftet aus, als wäre sie eines Tages vor langer Zeit ganz plötzlich eingesunken. Gelbe Grasbüschel, bräunliche Erde, rötliche Erde, etwas kümmerliches Grün. Die Farben sind sowohl gedämpft als auch grell. Das Land scheint zu sagen: »Sieh her! Sieh her! Hier bin ich. Hier war ich. Hier werde ich sein.« Gigantisch und arrogant und leicht herausfordernd. Hier ist der Boden selbst so wunderschön, nicht die vergänglichen Bäume.

13.9.1954 Philosophen gelangen nie zu einer Entscheidung. Die Philosophie gelangt nie zu einer Lösung. Das ist fast schon eine abschließende Definition dieser Wissenschaft, der beunruhigendsten von allen. Ihr einziger Vorzug ist die moralische Kraft, die sie verleiht, allein weil sie sich unablässig und ehrlich mit den unlösbaren Problemen abmüht, die den Menschen quälen, sobald er denken kann, bis er stirbt. Die Mehrzahl der Leute verschließt die Augen vor solchen Problemen. Die Philosophie ist ein Spiel wie eine Patience, bei der eine Karte fehlt, so dass man nie alle Karten ablegen und »gewinnen« kann.

14.9.1954 Die homosexuelle Beziehung ist ohnehin so stark mit dem Imaginären verbunden (was sein könnte, was ich vortäuschen werde), dass es für die Partner unmöglich ist, sich nach dem Ende einer Affäre so endgültig zu trennen, wie es Heterosexuelle tun. Der Homosexuelle spielt monatelang weiter sein Spiel des So-tun-als-ob, und obwohl er die Wahrheit kennt und die Wahrheit darüber, wie die Zukunft ausgesehen hätte (denn in Wahrheit kennt er seinen eigenen Charakter & den seines Geliebten), redet er sich weiter ein: Wäre diese oder jene Kleinigkeit nicht gewesen, hätten wir doch für alle Zeiten glücklich miteinander sein können. Deshalb macht er sich in quälenden Tagträumen vor, dass eines Tages alles zwischen ihnen wieder in Ordnung sein wird. Kein Wunder, dass die Melancholie nicht vergeht! So vieles war von Anfang an nur Phantasie! Die schreckliche Tatsache daran ist, dass die Homosexuellen in philosophischer und poetischer und idealistischer Hinsicht recht haben. Nur Psychiater können Menschen behandeln, als wären sie chemische Formeln, voraussagbar. Sehr, sehr häufig entspricht das Handeln von Menschen nicht der Vorhersage oder Hoyle[13]. Und dann behalten die Homosexuellen recht mit all ihren Phantasien und ihrem Wunschdenken. Was daran liegt, dass die Sache an sich ebenso neurotisch ist wie sie selbst.

21. 9. 1954 Ach, die phantasievollen, allzu phantasievollen Menschen, die immer verliebt sind, aber nie erhört werden, nur wahrgenommen, wenn man ihre Blumen und Widmungen annimmt, damit angibt! Wie Beethoven, vielleicht Gide, Goethe, die ganzen Impulsiven, die instinktiv den Schweif ihres Kometen an etwas heften wollen, das auf der Erde bleibt, bevor sie ins All abheben. Solche Menschen können nicht leben, ohne ständig verliebt zu sein. Erhört oder nicht, das hat nichts zu besagen. Es ist das sine qua non ihrer Kreativität, auch ihres Glücks und ihrer Existenz.

Ich lag bei ihr, wir sahen zu den Sternen hinauf. Ich bin mir der Sterne ausnehmend bewusst, des Umstands, dass der Große Wagen, von den Chinesen entdeckt, in unvorstellbarer Geschwindigkeit auseinanderfliegt und dennoch zum Zeitpunkt meines Todes nicht verstreuter aussehen wird als heute. Nun, mit ihr war das egal, ich wusste, dass sie und ich in dreißig Jahren oder früher tot sein würden. Es war egal, weil ich mit ihr etwas entdeckt hatte, das ich nie zuvor gekannt hatte. Es war wie ein Geheimnis, ein Geheimnis des Lebens. Es war Frieden. Es war etwas tief im Inneren, jenseits von Leben und Tod, Leben und Sterben. Es war etwas Glückliches, weil

---

13 Der britische Mathematiker und Astronom Sir Fred Hoyle (1915–2001).

es wahr und ewig war, ewiger sogar als die Sterne. Ich hoffe, man wird mir verzeihen, wenn ich es als ewiger bezeichne, wir Menschen können das Wort ewig ohnehin nicht wirklich verstehen. Mit ihr war ich von mehr Schönheit durchflutet, als ich auf sämtlichen Reisen nach Griechenland oder im Louvre finden könnte. Mit ihr erlebte ich mehr Freude (und damit Glück), als ich je mit Plato, Sappho, Aristoteles oder Alfred Whitehead erleben würde. (Plato! Alles, von dem du sagst, ich werde es haben, habe ich gehabt!) Ihr Körper zwischen meinen Händen! Ihre Lippen mir zugewandt. Und die Traurigkeit, Ovid, die uns danach erwartete.

24.9.1954 »Nun gut, ist es zu viel verlangt, dich zu bitten, einfach nur freundlich zu sein?«
»Das ist nicht alles, was du verlangst.«
»Doch. Es ist die Basis von allem!«
»Du willst, dass ich alle deine Freunde liebe – «
»Das tue ich nicht. Ich will nur, dass du ihnen eine Chance gibst. Ein Lächeln kostet doch nichts – «
»Du klingst wie ein billiger Schlager.«
»Liebste, ich liebe dich so sehr – ich erwarte nicht, dass du jeden magst oder auch nur wiedersehen willst. Aber ich will, dass jeder dich mag.«
»Ich aber nicht. Und du solltest es auch nicht.«
»Du hast mich immer noch nicht verstanden. Du bist meine Frau. Ich will, dass jeder denkt, dass du bezaubernd, freundlich, liebevoll, anmutig und sonst alles bist, was ich an einer Frau liebe und bewundere.«
»Warum sollte ich zu jedermann liebevoll sein?«
»Du reitest auf diesem einen Wort herum.«
(Unmögliche Interviews, Nummer eins.)

1.10.1954 Glücklichsein ist für mich eine Frage der Phantasie – in den glücklichsten Augenblicken, vielleicht wenn ich mit einer Tasse

Kaffee und den Sonntagszeitungen im Bett liege, kann ich mich innerhalb von Sekunden in einen Zustand von Trübsinn und Verzweiflung steigern. Die logische Folge davon ist das, was ich eigentlich notieren wollte: dass die Existenz eine Frage des unbewussten Ausschließens von negativem und pessimistischem Denken ist. Um überhaupt weiterleben zu können, meine ich. Und das gilt für jeden. Tief im Inneren sind wir alle Selbstmörder, unter der Oberfläche unseres Lebens.

1.10.1954 Was ich vorausgesagt hatte, dass ich es einmal tun würde, das tue ich bereits in diesem Buch (Tom Ripley), nämlich den eindeutigen Triumph des Bösen über das Gute zu zeigen und mich daran zu erfreuen. Und ich werde dafür sorgen, dass meine Leser sich auch daran erfreuen. So geht das Unterbewusste immer dem Bewussten voraus oder der Realität, wie in Träumen.

16.10.1954 Zur Missgunst der von mir gewählten Partner und meinem daraus resultierenden geringen Selbstwertgefühl: Ich glaube, dass diese mangelnde Selbstachtung teilweise von meinen schlechten Gedanken herrührt, wie zum Beispiel, als ich mir den Mord an meinem Stiefvater vorgestellt habe, als ich acht oder jünger war. Und das begriffene Tabu der Homosexualität. Schon mit sechs und mit acht habe ich verstanden, dass ich meine Liebe nicht aussprechen darf, und das hielt natürlich an mit Auswirkungen auf Gesellschaftsleben, Schuld, im Erwachsenenalter. Bedauerlich, dass es so tief vergraben ist, denn bewusst schäme ich mich keineswegs für die Homosexualität, und wäre ich normal und genauso phantasievoll, würde ich es wahrscheinlich für sehr interessant halten, homosexuell zu sein, und würde mir wünschen, die Erfahrung gemacht zu haben.

Haltung zu Geld (und in letzter Zeit eine der Verschwendung & Sorglosigkeit). Auch zum Essen in diesen Jahren. Von allem etwas aufheben, leben wie eine Ratte. Selbsthass. In meiner Jugend zu wenig gegessen, um von den Eltern beachtet zu werden, auch um mich selbst zu bestrafen, aus sexuellen Gründen usw.

30.10.1954 Wenn man einschläft, gibt man sein Ego ab. Darin ähnelt es Sex. Und tatsächlich haben unschuldige Kinder morgens eine Erektion, und das nur wegen der Sinnlichkeit ihres geliebten, warmen, einsamen Betts.

2.11.1954 Wenn die Welt keinen Sinn für einen hat, bekommt sie etwas mehr Sinn, buchstäblich mehr Sinn nach einem Drink oder zwei. (Drei Drinks kann ich nicht empfehlen.) Das ist vielleicht bedauerlich, aber nicht von der Hand zu weisen. Von einem moralischen und sogar ästhetischen und auch religiösen Standpunkt aus ist das bedauerlich, aber nicht von einem philosophischen Standpunkt aus. Die gesegneten Philosophen! Auf ihre stille, nüchterne Art wussten sie schon immer, dass mit der Welt etwas nicht in Ordnung ist, und haben damit gerungen. Die Verkehrtheit der Welt ist keine Floskel. Es muss etwas bedeuten. Die Verkehrtheit der Welt kann man generell schlicht als Gier definieren, oder als niedere Beweggründe von Individuen und Gruppen – die Schmerzen und Leid Unschuldiger als Folge haben. Es sind die kleinen, unschuldigen Leute, die trinken, o Gott, Vater unser, und habe Mitleid mit ihnen, so Du denn Mitgefühl in Dir hast, o mächtiger Jehova!

19.11.1954 Sollte ich Ellen Hill jemals in Worten Anerkennung zollen, dann wäre das Wichtigste, was ich sagen würde, dass ich mit ihr oft faszinierende und wertvolle Gespräche geführt habe zwischen dem Zerbrechen eines Tellers und dem Baden eines Hundes. Damit will ich nicht sagen, das Zerbrechen wäre Absicht gewesen. Nur ein häuslicher Unfall. Im Warteraum eines Zahnarztes mit schmerzendem Zahn (meinem) haben wir uns über das Schicksal Amerikas unterhalten, sollten die gegenwärtigen Tendenzen anhalten. Von keiner anderen Frau kann ich so etwas sagen. Sie könnte das übrigens auch mit schmerzendem Zahn. Es war allerdings ihr oft irritierender Widerspruchsgeist, ihr nicht immer gerechtfertigter Standpunkt, der die Gespräche meistens inspirierte.

19.11.1954 Nach eineinhalb Jahren habe ich volles Verständnis für meine neue nomadische, leichtsinnige Lebensweise. Ich habe eineinhalb Jahre lang keinen Gedanken an Geld verschwendet oder daran, es zu behalten. Entweder bekommt die Regierung, was ich verdiene, oder meine Zahnärzte. Sinnlos, das übelzunehmen, und ich tue es nicht. Ich fühle mich glücklich und frei und lebendig! Wenn mein reicher Freund keine Flasche Wein für seine Dinnerparty kaufen will, weil der Wein ihm zu teuer ist, dann kaufe ich sie für ihn (selbst wenn ich nicht zu der Party gehe). Es gibt so viele Möglichkeiten, einen kleinen Glückschauer über diese Welt zu ergießen.

14.12.1954 Könnte man alle Kraft der Tasten, die es braucht, um ein Buch zu tippen, in einen einzigen Schlag verwandeln, würde der wahrscheinlich ein Loch ins Empire State Building reißen.

27.12.1954 Ciudad Juárez – nach einem Tag Wüstenleere, einem Tag des über Stadtkreuzungen Fahrens kommen wir nach El Paso – eine verklärte texanische Stadt, die einen an diese unzusammenhängenden und leicht verrückt machenden Trailer von Filmen wie *Sinuhe der Ägypter, The Colossus of Colossi* usw. erinnert. Man wird durch eine künstlich angelegte Schlucht zwischen ein paar kleinen Hügeln geleitet, so dass man El Paso wie eine Fata Morgana erblickt, eingestaubt, zwei Wolkenkratzer in strategischer Lage, Hotelschilder, die sich gegen den Himmel abheben, und weit rechts ein paar hohe, rauchende Fabrikschornsteine, als hätte ein Reklamekünstler sie dorthin gestellt in der Absicht, man solle sofort erkennen, dass sein Bild das einer Stadt ist, in der der Kommerz regiert. Die Anfahrt führt durch einen scheußlichen Gürtel aus Motels

(»The Westerner« – ein zwielichtiger Cowboy aus Neon winkt einen heran zu TV, Klimaanlagen und anderen Greueln, die kein Rancher oder wahrer Westerner kennt).

Die Grenze: Unversehens gelangt man an eine Art Zugbrücke, eine eindrucksvolle US-Wachstation, aus der ein Uniformierter sich dem Autofenster entgegenlehnt und zwölf Cent verlangt. Ist das alles? Das kann doch nicht sein. Ist aber so. Ihr seid jetzt in Mexiko, Leute. Die Schlange der Autos teilt sich auf, zwischen der Brücke (für die regelmäßig Reisenden, die bereits ihre Pässe haben) und Neulingen wie uns, die ihre Touristenvisa mit irgendeiner neuen, unwichtigen Klassifizierung stempeln lassen müssen. Der Schalterbeamte nimmt das Visum meiner Freundin (das in eine ganz andere Kategorie gehört als meins) und meins zusammen entgegen, so dass es doppelt so lange dauert, und bringt sie auch noch durcheinander, so dass plötzlich sie die Besitzerin meines Autos ist. Was im nächsten Büro korrigiert werden muss. Ein untersetzter, schnurrbärtiger Mexikaner mit halbwegs verständlichem Englisch verschwindet mit meinem Ausweis, taucht wieder auf, wirft einen flüchtigen Blick auf mein Gepäck und informiert mich dann, falls ich ihm etwas zahlen wolle, da er kein Regierungsbeamter sei ... Wir fahren weiter. Hinein in das Chaos von Juárez, das die schäbigeren Merkmale von Gibraltar, Algeciras und Laredo in sich vereint. Schnaps, *cambios,* Cafés, Kabaretts (aber nur wenige Hotels) springen einen in Neon an. Der Verkehr ist so schlimm, wie ich es seit Paris nicht mehr erlebt habe. Unterernährte Pferde ziehen fast leere Wagen, Mexikaner in Sandalen – die alte, schockierende Armut, das neue Mexiko, hier die einigermaßen Reichen, dort die entsetzlich Armen. Wir entscheiden uns schließlich für das Hotel San Antonio – 42 Pesos am Tag für zwei, mit Bad und eingeschmuggeltem Hund, den die Angestellten und selbst der Manager nach mehreren streitlustigen Anrufen zu ignorieren beschlossen haben –, das Zimmer ist klein, das Badezimmer auch, mit Dusche. Aber es ist sauber, und das ist Luxus, selbst wenn die Armaturen von 1925 sind.

27. DEZEMBER 1954 Von Juárez nach Hidalgo del Parral. Wieder eine unglaublich gerade Straße – manchmal vom Horizont vorne bis zum Horizont hinten. So etwas habe ich noch nie gesehen, nicht einmal zwischen Kalifornien und Colorado. Als wir aufwachten, war Juárez übrigens schneebedeckt, keine zehn Zentimeter, soweit ich es beurteilen kann, aber laut Wetterbericht doppelt so viel. Es muss ein ganz schönes Phänomen sein, denn alle Mexikaner sind in Decken eingewickelt und halten sich unterwegs Taschentücher vor Gesicht und Ohren. Ich halte in der am düstersten beschriebenen Stadt, Villa Ahumada, und kaufe vier Orangen und drei Bananen, nichts Herausragendes, für zwei Pesos, sechzehn Cent. Chihuahua ist wahnsinnig elegant, verglichen mit allem, was wir bisher gesehen haben. Ein richtiges kleines Pittsburgh mit rauchenden Schloten der Bergwerkindustrie, einem protzigen Hotel namens Victoria, das keine Hunde erlaubt und auch sonst kein Hotel in Mexiko kennt, das das tut. Zwei Tassen amerikanischer Kaffee mit ein wenig Milch kosten hier zwei Pesos, aber mit weißen Tischtüchern und echten Servietten.

Ich bin ganz angetan von Hidalgo del Parral, wo wir um 4:30 ankommen (haben Juárez morgens um 8 verlassen). Eine Serpentinenstraße – und dann eine hübsche Stadt – verglichen mit anderen mexikanischen Städten –, ringsum von Hügeln geschützt und mit einem Fluss, der mitten durch die Stadt fließt, die Rückseiten der Häuser wegen des tiefen Flussbetts ziemlich bloß: Es sieht aus wie Florenz. Eine rosafarbene, stark verwitterte Kathedrale. Drinnen ist sie eher schmucklos und leer, das einzige Dekor die echt goldenen Einfassungen der Wandfelder. Neben der Kathedrale ist der Platz – die *Plaza,* mit einem beleuchteten Pavillon, ziemlich leer, Bänke ringsum. (Bänke auch um die Kathedrale herum, von Leuten, die geliebte Menschen verloren haben, gestiftet und gewidmet.)

Ich habe eine Flasche Tequila für 5 Pesos 50 gekauft – weniger als fünfzig Cent und fast ein Liter.

1954

29. DEZEMBER 1954 Mexico City – die Stadt hat sich den ganzen Paseo entlang ausgebreitet, und Madero ist jetzt eine billige Einkaufsgegend, zu allen Tages- und Nachtstunden bis zum Anschlag voll Verkehr und Kunden. Die Läden und Kaufhäuser schließen nicht mehr zur Siesta. Sanborns[14] hat Stoßzeit von neun bis sieben, der Service ist lahm und desinteressiert. Das Majestic ist das einzige Hotel, das wir in einer halben Stunde telefonisch erreichen, das einen Hund erlaubt.

31. DEZEMBER 1954 Die Hotelpagen sind um 8 Uhr abends betrunken, und wir führen eine absurde Unterhaltung mit ihnen, weil wir das Auto vor dem Hotel geparkt haben, bis es unseren angelsächsischen Gehirnen dämmert, dass der Page betrunken *und* im Dienst ist und unverdrossen die Autoschlüssel verlangt, damit er es für uns in eine Garage fahren kann. Wir riefen beim Empfang an, um zu erfahren, wann das Abendessen im Hotel serviert wird. Eine verblüffte Stimme antwortete: »Das Abendessen kostet fünfundsiebzig Pesos, Madame«, als wolle man sagen, Sie können doch wohl nicht so hirnverbrannt sein, so viel für Ihr Abendessen zu zahlen, oder?

---

14 Kaufhauskette in Mexiko, El Salvador und Panama.

1955 & 1956

Bis 1955 sind die wesentlichen Etappen von Patricia Highsmiths Leben und Schreiben größtenteils aus ihren Tagebucheinträgen rekonstruierbar. Schon ab 1954 werden die Einträge spärlicher; aus Angst vor den neugierigen Blicken ihrer Geliebten Ellen Hill führt Highsmith fast nur noch ihr Notizbuch, in dem sie sich allerdings beinahe ausschließlich mit ihrer Arbeit beschäftigt. 1955 trennen sich die beiden endgültig, dennoch kehrt Highsmith erst 1961 wieder zu ihrer Tagebuchpraxis zurück.

Viele ihrer Einträge bis Sommer 1955 sind Beschreibungen von Reisezielen in Mexiko und der Menschen, die Highsmith dort begegnen. Ab März macht sie sich außerdem Notizen zu ihrem »Mexiko-Roman« mit dem Arbeitstitel *The Dog in a Manger,* deren männliche Hauptfigur wie Tom Ripley ein zunächst sympathisch wirkender Verbrecher ist, ein Hausmann, der Sex ablehnt und stattdessen die Schnecken, die er züchtet, beim Geschlechtsakt beobachtet. Der Roman, der zwei Jahre später unter dem Titel *Tiefe Wasser* erscheint, ist nach *Der Stümper* der zweite Ehe-Thriller, in dem Highsmith ihre Beziehung zu Ellen Hill verarbeitet. Nach der Trennung des Paars kehrt sie nach Midtown Manhattan zurück, wo sie die erste Fassung fertigstellt.

Im Dezember erscheint *Der talentierte Mr. Ripley* bei Coward-McCann, für den sie enthusiastische Kritiken und im Folgejahr eine Nominierung für den Edgar Allan Poe Award der Mystery Writers of America bekommt. Sie ist beruflich also endlich wieder auf der Erfolgsspur – und trotzdem steht Patricia Highsmith zu Beginn des Jahres 1956 vor einem inneren Abgrund. Mit 35 fühlt sie sich alt, ausgebrannt, ohne Halt im Leben – außer durch Disziplin und ihre Arbeit. Die Elogen des amerikanischen Feuilletons haben keinen nachhaltigen Einfluss auf ihr Selbstwertgefühl, und bis zum Frühling kreisen die Einträge in ihrem Notizbuch um Vergänglichkeit, Religion und Alkohol.

Als im Februar eine Gruppe Jugendlicher über die Feuerleiter in ihre Wohnung eindringt, macht sie sich in der Kurzgeschichte »Die Barbaren« Luft, in der das fiktionale Raubopfer einen der Jugendlichen mit einem Stein tötet. Nach diesem Zwischenfall fällt es Highsmith im Frühsommer leicht, der Stadt den Rücken zu kehren. Sie gibt ihre Wohnung auf und zieht mit zwei Katzen und ihren Schnecken zu ihrer neuen Freundin Doris S., einer Werbetexterin, aufs Land.

Upstate New York, im exklusiven Künstler- und Showbiz-Örtchen Snedens Landing bei Palisades, beginnt Highsmith mit ersten Handlungs- und Charakterskizzen zu einem philosophischen Whodunnit: *Ein Spiel für die Lebenden,* stark von ihrer Lektüre Søren Kierkegaards inspiriert. Über den noch immer nicht fertiggestellten Roman *Tiefe Wasser* verliert sie im Notizbuch kein Wort. Schon bald gerät die Arbeit an *Ein Spiel für die Lebenden* ins Stocken, und im November beginnt sie ein drittes größeres Projekt, »eine politische Satire im Sinne Voltaires« (wie Highsmith später in einem Interview verrät), in der ein junger Mann im Auftrag seines imperialistischen Landes die Welt bereist, um dieses überall im bestmöglichen Licht zu präsentieren. *The Straightforward Lie,* so der geplante Titel, wird nie veröffentlicht.

* * *

1. 2. 1955 Ich glaube, jeder erwachsene Mensch trägt die Empfindsamkeit seiner Jugendjahre wie eine geheime Flamme in seinem Innern. Die Zeit, als er mit zweiundzwanzig oder gar fünfundzwanzig (zu arrogant, um es wirklich zu wagen, den eigenen Wert zu beurteilen) spät nachts hässliche Frauen nach Hause begleitete, als er

voller Überzeugung wütend und stolz zugleich reagierte, wenn eine geliebte Person gegen Sitte und Moral verstieß, als er zum ersten Mal England und Frankreich besuchte und Shakespeares idealistischste Pentameter noch frisch im Gedächtnis hatte – im Vergleich zu dieser Zeit wirkt die sagenhafte Vollkommenheit des Himmels kraftlos und fade. Die meisten Menschen können heutzutage nur deshalb so erhobenen Hauptes daherschreiten, weil sie sich an ihre Jugend als Ritter in schimmernder Rüstung erinnern, weil sie wissen, auch das einmal gewesen zu sein, in demselben Körper, mit demselben Verstand wie heute.

Aber das ist nicht wahr. Ich würde es nur zu gern nicht glauben, aber der Verstand von damals hat (abgesehen von den Spuren größerer seelischer Erschütterungen) mit dem Menschen von heute ebenso wenig zu tun, wie die Zellen im eigenen Körper nach sieben Jahren noch dieselben sind. Auch die Ideale, die Verhaltensmuster, die Glaubenssätze, die damals, wie schwach sie auch waren, unsere wichtigen Entscheidungen bestimmt haben, wurden allesamt von der Zeit vollständig hinweggefegt. Und was die Moralvorstellungen betrifft, so sind nur diejenigen übrig geblieben, die uns in früher Kindheit durch ungeheure Angst eingebleut wurden. Nur wenige von uns wurden mit solchen Ängsten konfrontiert. Andere, Mutigere, haben sich dank ihrer Verstandeskraft und echter Charakterstärke völlig von den Mustern der Kindheit losgesagt. Allerdings um den Preis, als unmoralische, herzlose Hunde beschimpft zu werden.

3.2.1955 Neben dem Menschen sind Katzen die am wenigsten primitiven, sensibelsten Geschöpfe. Ist es da ein Wunder, dass sie die liebsten Tiere vieler Menschen sind, die diese Eigenarten zu schätzen wissen?

13.2.1955 Es heißt, es sei leichter, eine einzelne Person zu lieben als »alle« – die ganze Menschheit.

1955

Das stimmt nicht – auch wenn es dem persönlichen Glück bestimmt zuträglicher wäre – leider ist genau das Gegenteil der Fall.

14. 2. 1955 Der Hauptgrund, warum ich schreibe, liegt für mich auf der Hand: Egal, wie sehr ich versuche, mir mein Leben durch Reisen und so weiter interessanter zu machen, wird es mir doch immer wieder zu langweilig. Immer wenn ich mich so sehr langweile, dass ich es nicht mehr ertrage, denke ich mir eine neue Geschichte aus. In dieser Geschichte kann alles ganz schnell gehen, anders als in meinem Leben, sie kann eine annehmbare und vielleicht sogar perfekte Auflösung haben, im Gegensatz zu meiner Geschichte. Eine zumindest irgendwie befriedigende Auflösung, wie es sie in meinem wirklichen Leben nie geben wird. Es ist keine Obsession mit Sprache. Es ist Tagträumerei um der Tagträume willen.

5. 3. 1955 Emotional eng verbundene Menschen können oft miteinander nicht lustig, geistreich oder unbeschwert sein. Dazu braucht es einen Fremden und eine flüchtige Affäre.

21. 3. 1955 In diesem Buch hängt alles von der Atmosphäre ab.[1] Eine Atmosphäre voller Hass, die groteske Gereiztheit aller Figuren, die sich allerdings gelegentlich zu heroischen und tragischen Höhen aufschwingen. So weit kann es mit dem heiligen Bund der Ehe kommen! Schüsse aus dem Hinterhalt, Auflauern, das ganze ABC gegenseitiger nervlicher Zerrüttung. Kurze Kampfpausen werden genutzt wie von Boxern, die in einer Verschnaufpause in den Seilen hängen, um sich zu schonen, während die Gegner am Boden liegen und angezählt werden, aber, wie sie wissen, nur bis neun.

27. 3. 1955 Eifersucht. Eines dieser negativen, nutzlosen Gefühle wie Hass. Die Eifersucht hat noch keinen Dichter dazu inspiriert,

---

1 Ihr neues Buch *Deep Water* (New York, 1957), auf Deutsch zuerst erschienen als *Stille Wasser sind tief* (Rowohlt, 1963), dann als *Tiefe Wasser* (Diogenes, 1976).

ein gutes Gedicht zu schreiben, keinen Maler, ein gutes Bild zu malen. Ich fühle mich auf sonderbare Weise frei davon. Bei mir wird aus einem Verdacht (falls er sich bestätigt) schnell Hass, dann ist das Thema erledigt. Nur wenn es um jemanden geht, den man wirklich liebt, hält sich das Gefühl länger. Aber dann (zumindest bei mir) nicht als Eifersucht, sondern als hoffnungslose, quälende Leidenschaft für jemanden, den ich nicht haben kann.

30. 3. 1955 Das Entstehen eines Buchs von der Keimzelle an. Man blickt nach vorne, zwei, vier, fünf Stunden am Tag, und es geht mit der Geschichte nur zentimeterweise vorwärts. Das Gehirn weigert sich, bewusst sicheres Terrain zu verlassen, so wie man sich weigern würde, bewusst von einer Klippe oberhalb der Niagarafälle zu springen. Voran kommt man dann in den entspannteren Stunden des Tages, wenn man nicht an die Geschichte denkt. Dann springt man von der Klippe. Man erreicht neues Terrain. Die Geschichte schreitet voran. Die Figuren nehmen Konturen an. Und darauf kann man sich immer verlassen, auf das Unterbewusstsein. Das Buch wächst, solange man diese zwei oder vier Stunden nutzt und solange man bei sich selbst ist, wach und lebendig.

6. 4. 1955 Ich predige wider die Entwürdigung des Fleisches und der Seele durch sexuelle Abstinenz! Ich möchte die Krankheiten erforschen, die aus einer unterdrückten Sexualität entstehen. Männer ohne Frauen und Frauen ohne Männer sind dabei gleich schlimm und gleich krank (wenn auch die Frauen meist besser abschneiden; solche Frauen sind bestenfalls halbe Menschen und spielen daher keine Rolle). Aus widernatürlicher Abstinenz erwachsen unheilvolle Dinge, wie absonderliches Ungeziefer im abgestandenen Wasser eines Brunnens: Phantasien, Hass und die verdammte Neigung, wohltätigem und freundlichem Handeln böswillige Beweggründe zu unterstellen.

7.4.1955 Auf dich warten – eine schreckliche, erstaunliche Ruhe. Wo bleibt der Sturm, den ich erwarte? Über mir braut er sich zusammen. Heute Abend habe ich bei Dostojewski einen besonders leidenschaftlichen Abschnitt gelesen. Vielleicht ist das der Grund. Unruhiges beruhigt mich. So wie du. Du bist so wild, dass ich zahm werde, bedächtig, geduldig und, ja, verständnisvoll. In meinen Gedanken herrscht eine Raserei, die eines König Lear würdig wäre, ein Anschwellen wie beim Bremsen von Reifen auf Schotter. Das Tor schwingt hin und her, ganz so, als würde es jemand öffnen und schließen, doch deinetwegen kann ich weiter tief in Gedanken versunken bleiben, während ich darauf warte, dass du jeden Augenblick zur Tür hereinkommst. Und so geht das nachts von 12:30 bis 3. Aber auch das stört mich nicht.

Es gibt noch einen anderen, weit wichtigeren Grund, theoretisch betrachtet, warum ich zurzeit so glücklich bin. Ich bin nicht mehr empfänglich für Enttäuschungen. Das habe ich schon mal gesagt, aber ich will es noch einmal betonen: Wenn man oft genug enttäuscht worden ist oder wenn man oft genug mit Enttäuschung rechnet, dann verliert sie ihren Stachel, ihre Macht, zu verletzen. Für mich hat die Enttäuschung ihre ursprüngliche Bedeutung verloren. Wenn sie denn für mich noch eine Bedeutung hat, dann die einer leichten Überraschung. Meine logisch denkenden Freunde werden mich fragen, ob ich damit nicht meine, die betreffende Person habe keine Bedeutung mehr für mich. Ganz im Gegenteil, ich ignoriere die »Enttäuschung« nur dann, wenn deren Vorgeschichte von allergrößter Bedeutung ist.

7.4.1955 Auch zehn Jahre nach dem Krieg schreiben die amerikanischen Zeitungen noch immer über die Arbeit als Opium der Deutschen. Das ist allerdings leider wahr. Sie haben nie gelernt, das Leben zu genießen, und sie werden es auch nie lernen. Solche Menschen sind gefährlich, und der Rest der Welt weiß das, ohne es noch groß analysieren zu müssen. Ich persönlich bedaure es, ja, verurteile es, aber was hilft es, die Natur zu verurteilen? Es gibt die Deutschen, so wie es Krähen und Giftspinnen gibt, und sie folgen ihrem Schicksal, wie die harmloseren Arten auf der Welt das tun. Es wäre so ganz gegen mein eigenes Weltbild, sie allzu sehr zu verurteilen.

27.4.1955 Acapulco – Eine von Lichtern gesäumte Bucht. Die Erinnerung aus meiner Jugend, das altmodische Hotel mit der Veranda und den Stufen in der Nähe des langen, schmalen Piers, ist nun derartig von erstklassigen Bambusrestaurants überwuchert, dass selbst ein Proust es kaum wiedererkennen würde. Die Lichter bei Nacht: Die meisten wie flach daliegende Sterne, gesprenkelt von kleinen Punkten leuchtenden Zinnoberrots. Rot und Grün liegen zart strahlend, dezent schillernd und recht ölig auf der Wasseroberfläche. Es gibt ein riesiges, noch nicht fertiggestelltes Gebäude, durch das man hindurchschauen kann wie durch von der Seite betrachtete aufeinandergestapelte Eierkartons. Wird das ein weiteres großes Hotel oder ein Gewimmel von Strandhäuschen für Voyeure? Dabei gibt es nur sehr wenige Voyeure. Die Atmosphäre ist erotisch aufgeladen, aber von einer südländischen Unverkrampftheit, die keinen Platz für Psychopathen lässt. Wer kam denn überhaupt auf Psychopathen? Ich nicht.

Jetzt, im April 1955, gibt es gerade mal fünf, sechs große Hotels, dazu zehn kleinere, von denen acht auf die mexikanische Mittelklasse ausgerichtet sind und zwei auf nicht ganz so betuchte Amerikaner. Die meisten der umliegenden Hügel schafft man mit dem Auto nur in einem niedrigen Gang. Es sind zwar nicht gerade Pflasterstraßen, aber sie sind voller unmöglicher, unglaublich tiefer Schlaglöcher, 30 Zentimeter tief, eingesunken wie aufgeplatzte Blasen, die ohne ersichtlichen Grund die ganze Straße sprenkeln.

La Quebrada – ein schmuddeliges, aber elegantes Hotel auf dem Hügel. Eine weitläufige Bar mit einer leise spielenden Musiktruhe, Klaviermusik. Wuchernde Ranken, im Hintergrund ein Schwimmbad. Geleitet von einem leicht tuntigen Mexikaner. Angeblich hat

Acapulco jetzt 28 000 Einwohner. Der Markt ist größer und besser organisiert (wenn auch nicht gemäß den Vorstellungen einer amerikanischen Hausfrau), aber es schwirren noch immer die gleichen Fliegen herum. Acapulco hat bereits die entsetzlich unmenschliche Einsamkeit der Großstadt angenommen. Auf den Straßen – die ständig repariert werden – attackieren ganze Kolonnen von Männern mit Spitzhacken einen Betonabschnitt, einen Gehweg, die Flanke eines ausgedörrten, felsigen Hügels.

30. 4. 1955 Die nagende Unzufriedenheit, mit einer Person zusammenzuleben, in die man nicht voll und ganz verliebt ist, die man nicht voll und ganz und bedingungslos liebt. Ach, dieses innere Bohren, der trotzige Ausruf: »Es ist mir doch sicherlich nicht bestimmt, den Rest des Lebens mit ihr zu verbringen! Ich kann einfach nicht glauben, so leben zu müssen!« Was den ehrlichen Menschen und ehrlichen Künstler (ein redundanter Begriff!) so ärgert, ist die Tatsache, dass er die Welt unweigerlich durch die Augen dieser Person sieht, der er nicht rundheraus vertraut und deren Unzulänglichkeiten (also Unehrlichkeiten) er schon Hunderte Male erfolglos zu korrigieren und zu rationalisieren versucht hat. Emotional an eine verbogene, eine unehrliche Person gebunden zu sein, das ist so, als müsste man bis an sein Lebensende eine Brille tragen, die alles verzerrt. Für einen Künstler ein unerträgliches Schicksal! Es ist auch ohne schon schwer genug, die Welt klar zu sehen!

4. 5. 1955 Die Vögel in Acapulco – von frühmorgens an mit Unterbrechungen bis spät in die Nacht. Sie werden doch wohl irgendwo eine Siesta halten wie die Menschen hier auch.
»Pretty-girl, pretty-girl, pretty-girl!«, singt einer.
»Here-we-go, here-we-go, here-we-go!«
»A rich chick! A rich chick! A rich chick!«
»Per-pe-trate, per-pe-trate, per-pe-trate!«
Die meisten ihrer Rufe folgen einem Drei-Ton-Muster. Wenn

man einmal einen Blick auf diese Vögel erhascht – was nicht ganz einfach ist unter den Kokospalm- und Bananenblättern –, sind sie dürr, tragen Hauben, sind wach und nervös, leuchtend orange oder blau und rot oder gelb.

Der andere überlaute Krachmacher ist der Gecko, der nach Einbruch der Nacht an der Zimmerdecke hängt. »Keck-keck-keck!«, sagt er, vielleicht ruft er so eine Freundin. Es klingt wie das Schnalzen eines Kutschers, der sein Pferd antreibt. Oder wie ein ziemlich barsches, rügendes »Ts-ts-ts!« Bemerkenswert laut für eine Echse von zwölf bis fünfzehn Zentimetern (inklusive Schwanz). Geckos haben die Farbe von Tee mit Milch, Augen wie pechschwarze runde Punkte. Ihre Saug-Finger-und-Zehenspitzen sehen aus wie kleine Schwellungen am Ende jedes Fingers und Zehs. Ihre Schwänze laufen in einer Spitze zu. Sie halten sich nie eng beieinander auf, und es scheint ihnen nichts auszumachen, stundenlang in einer einsamen Ecke zu sitzen. Die Vögel singen: »Queer people! Queer people! Queer people!« Es ist immer derselbe Vogel, er hat seiner Freundin eine ganze Reihe von Dingen zu erzählen, die genug Interesse oder Neugier bei ihr wecken sollen, so dass sie näher kommt.

6.5.1955 Ich glaube an das Glück. Ich bin abergläubisch. Nicht bei so albernen Dingen wie dem Aufspannen von Regenschirmen oder ähnlich primitivem Zeug. Ich bin abergläubisch, was den Einfluss der eigenen Einstellung angeht, auch wenn die Akteure oder Faktoren, mit denen man zu tun hat, die innere Einstellung (positiv oder negativ) ja gar nicht sehen oder kennen können. Deshalb bin ich abergläubisch, was die Gegenstände und Menschen angeht, mit denen ich mich umgebe und die ja wiederum meine Einstellung formen. Würde ich mein Handeln danach ausrichten, dann wäre das ein wirklich starker Aberglaube, an dem ich da leide.

10.5.1955 Die i-Pünktchen genau zu setzen, darüber lässt sich mehr Gutes sagen, als es nur als Gewissenhaftigkeit, Förmlichkeit, Pflichterfüllung abzutun. Diese Art Pingeligkeit findet man an den merkwürdigsten Stellen, bei den merkwürdigsten Leuten. Man findet sie beim atheistischen Künstlervolk; und bei Gelehrten und Kleinbürgern wiederum findet man das Gegenteil. Sollte nach meinem Tod auf meiner Handfläche das Wort »Bourgeois?« erscheinen, nur weil ich pingelig und gewissenhaft bin, wobei ich andere Male fünf gerade sein lasse? Dafür landen meine i-Punkte genau über dem i, während ich bei den t häufig das Strichlein weggelassen habe, besonders vor einem h? Gott ist in seinem Himmel, und Mr. Browning ist dort öffentlich aufgebahrt, wo er hingehört, auf recht verstaubten Bibliotheksregalen. Ich bin allein und einsam wie immer (oder noch schlimmer, in schlechter Gesellschaft), also ist alles in Ordnung in der Welt. Die Frau, die ich liebe, will mich, so wie ich sie will. Das, und nicht die körperliche Nähe, ist die Hauptsache.

19.5.1955 Unterhaltung mit einem Hotelangestellten; Acapulco: Um 11 Uhr fragte ich, wann denn die Post käme, und bekam die Auskunft, gegen zwölf. Um eins kam ich zurück, fand keine Post vor und fragte zur Sicherheit: Ist heute keine Post gekommen?

Nein, *señorita,* die Post kommt gegen vier.
Ach, sie kommt zweimal am Tag?
Nein. Einmal.
Aber Sie sagten mir doch, sie käme um zwölf.
Ja, aber sie kommt um vier.
Also kommt sie um vier, nicht um zwölf?
Nein, *señorita,* sie kommt um vier.
Immer?
Nein, *señorita.* Die Post kommt heute um vier. (Er lächelt.)
Ah, ist heute ein besonderer Tag?
Nein, *señorita,* kein besonderer Tag.
Und – woher wissen Sie dann, dass sie um vier kommt?
Einfach so.

19.5.1955 Bis zu einem Alter von 35 sind wir so unglücklich, weil wir Äußerlichkeiten an die erste Stelle setzen: Wie viel Geld verdiene ich (und warum kann ich nicht mehr verdienen, wenn ich mich nur ein wenig mehr anstrenge, doch meist kann man das nicht); und wie soll mein Liebesleben aussehen: Sie wird mich doch sicher heiraten, wenn ich nur ein wenig länger warte und noch einmal versuche, sie für mich zu gewinnen, oder: Sheila ist nicht die Richtige für mich; wie bin ich da nur hineingeraten? Ich muss es beenden.

Mit 35 werden einem zwei Dinge klar: 1) Du hast nicht den Mut, wegen deines Liebeslebens etwas zu unternehmen, oder du tust es, aber scheiterst, weil die Frau, die du willst, dich nicht heiraten mag, oder wenn doch, sie vielleicht doch nicht die Richtige ist; und 2) Du kannst nicht mehr Geld verdienen, tust es zumindest nicht, und beschließt, dass es hoffnungslos ist, es weiter zu versuchen. Zu Beginn des mittleren Alters beschließt der glückliche Mensch, sich ganz auf geistige Ziele zu konzentrieren und das noble Leben mit all seinen menschlichen Tugenden zu leben. Das ist wenigstens leichter zu erreichen (wenn auch nicht ganz und gar, denn auch dazu braucht man Geld). Am glücklichsten ist der alte Mensch, der in der Lage ist, sich über die Müßigkeit und Unmöglichkeiten beider Arten von Anstrengung lustig zu machen.

26.5.1955 Fragestellung – man erschaffe einen mäßig großen Staat wie Athen zu Zeiten des Perikles, setze dieselbe Regierungsform ein, bilde durch eine ähnliche Erziehung einen entsprechenden Sinn für Verantwortung gegenüber dem Gemeinwohl – und schaue dann, ob sich derselbe Prozentsatz an »großen Männern« daraus entwickelt.

27.5.1955 Es gibt ein Verbrechen, das ich so verabscheuungswürdig finde, dass ich niemals darüber schreiben werde, und das ist Raub.[2]

---

[2] Nach einem Einbruch in ihre Wohnung wird Highsmith 1956 in »Die Barbaren«, einer leicht autobiographischen Kurzgeschichte, dennoch über dieses Thema schreiben (*Der Schneckenforscher*, Diogenes, 2004).

1955

Ich finde Raub schlimmer als Mord, und für diese irrationale Ansicht habe ich eine rationale Erklärung: Raub ist bar jeder Leidenschaft und jeden Motivs, mal abgesehen von der Gier. Inbegriff des Raubs, der ideale Rahmen, ist der ohnmächtige Säufer in der Zelle, dem von verwahrlosten Zellengenossen der Familienring gestohlen wird. Der Ring besitzt nur geringen finanziellen Wert, für den Ohnmächtigen aber vielleicht einen sehr hohen ideellen Wert. Mord hinwiederum (vorausgesetzt, er geschieht nicht zufällig bei einem Raub!) besitzt zumindest etwas Farbe. Er geschieht aus emotionalen oder logischen Gründen, so wenig diese auch vor Gericht vertretbar sein mögen. Mord ist eine männliche Tat. Raub ist etwas für Hunde und Wölfe.

9.6.1955 Menschen, denen es zuwider ist, Briefe zu schreiben, sind 1) jene, die zu unreif, feige oder einfach nur träge sind und sich nicht überwinden können, in ein paar Worte zu fassen, was sie wirklich denken oder fühlen, und 2) jene, deren literarischen Ansprüche sie davon abhalten, einen Brief abzuschicken, der nicht mindestens das Niveau einer Madame de Sévigné[3] erreicht. Offensichtlich gehören die meisten Menschen zur ersten Kategorie.

12.6.1955 Tagebücher: Mir kommt der Gedanke, dass ehrliche Tagebücher einem dabei helfen, moralisch auf dem rechten Weg zu bleiben. Wer will denn schon seine Zügellosigkeiten schwarz auf weiß festhalten, und wenn er der einzige Mensch ist, der es jemals lesen wird? Ich spreche aus Erfahrung. Ich habe vor fast einem Jahr aufgehört, Tagebuch zu führen – aus dem sehr guten Grund, weil ich wusste, dass jemand sie las (E.B.H., leider).
Ein weiterer Nachteil, kein Tagebuch zu schreiben: Es fehlt der reinigende Effekt, den es gibt, wenn man etwas aufs Papier bringt.

---

3 Die Briefe der Marquise de Sévigné (1626–1696), von denen über tausend überliefert sind, zählen zu den Klassikern der französischen Literatur.

Es fehlt die Analyse – die es immer gibt, zumindest ein wenig, wenn man etwas in Worten ausdrückt.

12.6.1955 Taxco, die Kirchenglocken. Sie sind nicht volltönend, nicht schwermütig, gerade tief genug, um Würde auszustrahlen, gerade akkurat genug, um fröhlich zu klingen, verschwommen genug, um nicht zu erschrecken, sanft zerfließt ihr Klang in der weichen Landschaft der gleichförmigen Häuser. Die Glocken von Santa Prisca schlagen nie pünktlich. Ein paar Minuten vor sieben, dann wieder um Viertel vor acht am Abend brechen sie aus keinem ersichtlichen Grund in unbekümmerten Lärm aus, so als hätte der Glöckner einfach seinen Spaß daran oder wolle die Bewohner an die Existenz der Kirche Santa Prisca erinnern. Auf der Plaza kümmert sich nie jemand darum. Die Glocken sind ganz ausgezeichnet – zwei große, eine in jedem Turm, zwei kleinere darüber. Ich glaube, sie verwenden nur die kleineren, ich habe noch nie gesehen, dass die großen sich bewegen. Letzte Nacht war die große Nacht des Eselsgeschreis. Ich fragte mich, ob wohl eine Eselin fohlte? Aber das hätte nie so lange dauern können. Es fängt mit einem hupenden Quietschen an, wie ein Eimer, der an einer rostigen Kurbel hochgezogen wird, geht dann in das gequälte »I-i-i-aah, i-i-i-aah!« über, das sich dann zu einer sehr melancholischen, schluchzenden Folge von »onck-onck« abschwächt, so als sei die Welt des Esels an ihr Ende gelangt.

13.6.1955 Ein typischer Tagtraum – ich bin allein, ein völlig Fremder taucht bei mir auf, krittelt an mir herum, weist mich auf die Ideale hin, denen ich nicht treu geblieben bin oder die ich nicht erfüllt habe; ich bleibe in Tränen aufgelöst und geistig gebrochen zurück und kann nichts anderes mehr denken, als dass mein Leben wertlos ist und ich besser überhaupt nicht geboren worden wäre.

26.6.1955 Nörgeln. Die ausgefransten Enden des Lebens eines Menschen, die zerfaserten Ränder seiner Träume. Die Stimme, die da scheuert, die das Gewebe des Lebens aufdröselt, ist die Stimme der Frau, die er einst geliebt hat. Melodie und Instrument erklangen mal im süßen, heimlichen Lied des Triumphs. Nun herrscht Chaos und der unaufhörliche, unerträgliche Trommelschlag der Hölle.

3.7.1955 Reife senkt sich auf einen wie ein langsam in sich zusammenfallender Kuchen, umschließt den Menschen, beschwert seine Arme und Beine, macht ihm das Gehen schwer. Reife bringt einen dazu, eine neue Landschaft zu betrachten und zu sagen: »Na ja, nicht schlecht, nicht gut – ich wüsste nicht, was ich verändern sollte.« Reife lässt einen alles berücksichtigen, die falschen Dinge verzeihen (weil andere reife Menschen das auch tun), zu vernünftig werden, etwas Schwieriges zu probieren. Man probiert praktisch gar nichts mehr aus, weil man es immer bereits anderswo besser gesehen hat. Am schlimmsten ist aber, dass die Reife das eigene Selbst zerstört und einen werden lässt wie alle anderen. Es sei denn natürlich, man ist so klug und wird exzentrisch. Ja, Reife lässt einen sicher für alles viele Seiten und Gründe erkennen (bestimmt eine Form von Wahrheit), so wird eine spontane Reaktion unmöglich – selbst bei den Dingen, bei denen es sich lohnen würde, spontan zu reagieren.

3.7.1955 Im Mondgarten beben die üppigen tropischen Blätter, glänzend vor Freude. Die warme See erobert die Luft. Ich bin kein mit einer Lunge atmender Mensch mehr, ich atme durch Kiemen und Poren. Der Verstand spricht in leisen, kehligen Lauten, Lauten der Verzückung. Eine Mango schüttelt sich orgasmisch und fällt zu Boden. Plumps! Und die Wellen kräuseln sich und lachen, plätschern den Strand hinauf. Und die süßen, kleinen Sandkörner purzeln und rollen übereinander. Und die verrückte Patrouille der Nachtvögel fliegt krächzend die Küstenlinie entlang: »Krah! Krah!

Ziep! Ist heute Nacht etwas nicht in Ordnung?« Eine Mango ist zu Boden gefallen (ein Vogel hat sie entdeckt), und die Blätter glänzen vor Freude, aber heute Nacht ist am Strand alles in Ordnung. Der Pfad des Mondes ist gesund und munter, er schimmert und rollt, wetzt und gleitet dahin. Der Pfad des Mondes ist schön. In ungeheurer Stille steigt der Vogel auf, die Flügel ausgebreitet, den Schnabel aufgesperrt, und ruft: »Krah! Krah! Eine Nacht wie jede andere! Krah! Krah! Weiß jemand die Zeit?« »Krah! Krah! Da liegt ein verendender Seestern im Sand!« Es duftet süß nach Gardenien und Mangoblüten. »Krah! Krah! Sieht jemand einen Fisch für mich?«

7.7.1955 Puebla – ziemlich sauber. Pinke Häuser mit Balkonen in gepflegten Straßen, ab und zu eine schöne, verstaubte, verwitterte Fassade einer Kirche oder eines Anwesens, mit gedrehten Steinsäulen, steinernen Reben, einem grauschwarz verwitterten Wappen. Die Kathedrale, als eine der besten in ganz Amerika gepriesen, ist nicht sonderlich bemerkenswert, nur groß. Wie enttäuschend doch diese katholischen Kathedralen von innen sind, wenn man sie zuerst von außen gesehen hat! Genau wie in Europa. Drinnen ist alles vergoldet, riesige, mittelmäßige Gemälde des hl. Christophorus oder des Wunders der Ausgießung des Heiligen Wassers (was immer das bedeuten mag). Die Opferstöcke sind mit Schlössern versehen, und eine in einen Rebozo gehüllte Frau nähert sich mir und fordert mich auf, den Kopf zu bedecken. (Liebe Frau, ich habe vielleicht meinen Kopf nicht bedeckt, aber wenigstens habe ich auch nicht vor, die Opferstöcke zu plündern.) Eine Überfülle an Beichtstühlen, suchen Sie sich einen aus. Die meisten sind dort offen, wo der Priester sitzt, bei manchen hängen weiße Servietten über dem Gitter, dazu der unvermeidliche Paravent, den der Priester bewegt. Ach, diese trostlosen kleinen Stufen zu den trostlosen kleinen Podien, auf denen solch trostlose Worte gesprochen werden! In einer der hinteren Reihen unterhalten sich ernst ein junger Mann und eine Frau.

Dann das Fort Guadalupe, wo die berühmte Cinco-de-Mayo-Schlacht (1862) gegen die Franzosen geschlagen wurde. Kein Eintritt, Bilder von Maximilian mit Hund, von Zaragoza, dazu die arroganten Worte des französischen Comte de Lorencez, er habe die feigen Mexikaner bestens im Griff.[4]

8.7.1955 Oaxaca – Es gibt wenige Wohnmöglichkeiten für Amerikaner. Unzumutbares Apartment, dabei ist die Stadt so attraktiv! Das Gesellschaftsleben spielt sich rings um das Café des Del Valle Hotel am Zócalo ab, das sehr an ein Pariser Straßencafé erinnert. Bärtige junge Männer, die Bier trinken ohne Ende, ein Pärchen mittleren Alters aus einer texanischen Grenzstadt, das über ziemlich alles in Oaxaca auf dem Laufenden ist und abends Bridge spielt. Ein 50-jähriger Amerikaner, Ruheständler, schäbig, überfreundlich, der seine eigenen Einkäufe erledigt und in einer der wenigen möblierten Wohnungen wohnt.

35 Meilen östlich von Oaxaca. Die Straße gut, bis man nach Mitla kommt. Dort kann eine Brücke nicht passiert werden wegen der Regenfälle, den stärksten seit fast 200 Jahren. Schließlich entmutigt uns eine zwei Meter breite und weiß Gott wie tiefe Pfütze, und wir fragen die Dörfler nach einem anderen Weg. Den gibt es nicht, dafür aber eine Umleitung, genauso holperig, mit Ochsenpaaren, die auf rätselhafte Weise allein nach Hause trotten und ihr Geschirr hinter sich herziehen, Hähnen, Gänsen, einzelnen Frauen mit Rebozos und langen Oaxaca-Röcken, kleinen Jungen, wie immer mehr als kleinen Mädchen. Drei Meter hohe Kakteen dienen als Zäune entlang des Wegs und umgrenzen die kargen Vorhöfe der Häuser.

Die Ruinen von Mitla ähneln jenen von Monte Albán, sind weniger ausgedehnt, und die Muster an den Friesen sind in der Sonne

---

4 In der Schlacht von Puebla am 5. Mai 1862 schlugen die mexikanischen Truppen unter der Führung von General Ignacio Zaragoza die zahlenmäßig überlegenen Franzosen unter Charles Ferdinand Latrille Lorencez. Wenige Jahre darauf ließ sich auf Wunsch von Napoleon III. der Habsburger Maximilian zum Kaiser von Mexiko krönen, der aber 1867 von Rebellen hingerichtet wurde.

besser zu erkennen. Swastika-artiges Zickzack, immer wiederkehrende stilisierte florale Muster. Ein paar langgestreckte Höfe ohne Dach, sieben auf zwei Meter. Halb unterirdische Gräber, durch Tunnel zu erreichen, auf Händen und Knien durch die niedrigen Öffnungen. Mitla liegt auf ein paar Hügeln, besteht aus verstreut liegenden »Tempeln« in Pyramidenform und hat einen knappen Kilometer entfernt auf einem großen Hügel auch noch die Ruine einer Festung vorzuweisen. Die katholische Kirche hat sich auf die Stätte eines zapotekischen Tempels gepflanzt, der verschwunden ist bis auf die langen, horizontalen braunen Ziegelreihen, die seine Basis gebildet haben.

[OHNE DATUM] Cuernavaca – Hotel Quinta Las Flores. Schwer zu erreichen, abseits der Straße nach Acapulco am Ende des Dorfs. Selbst die schmalen, hohen Buchstaben des Namens sind schwer zu entziffern, wenn man direkt davorsteht. Es war früher mal ein Privathaus, dieses angenehm weitläufige, angenehm kleine Hotel mit Rasenflächen und einem Swimmingpool. Es gibt nur fünf oder sechs Angestellte, der Wachmann fungiert auch als Page, wenn mal ein Koffer getragen werden muss, aber die meisten Besucher hier bleiben ein paar Wochen. Die Preise liegen bei moderaten 60–70 Pesos am Tag inklusive Essen, aber das Hotel ist leer, einfach weil noch niemand davon gehört hat. Mal abgesehen von ein paar amerikanischen Pärchen mittleren Alters, die Sorte obere Mittelschicht – alle sehr nett und von der Art, mit der man durchaus die Cocktailstunde verbringen könnte. Die Hoteldirektorin, Carmen, aus Spanien geflohen, zweifellos Kommunistin, entschiedene Franco-Hasserin, unverheiratet, recht groß, graue Haare, attraktiv, angenehme Persönlichkeit, etwa 50. Sie sorgt für eine sehr angenehme Atmosphäre hier; unbeirrt freundlich, erfüllt jeden Wunsch. An ihrem Namenstag haben ihr alle ein kleines Geschenk gemacht, und sie gab eine Cocktailparty im Hauptspeiseraum.

11.7.1955 Wäre sie nicht gesellschaftlich so anerkannt, könnte die Religion, wie jede andere Art grundlosen Glaubens, leicht in den Irrsinn führen. Paranoia ist so ein Glauben, der von der Gesellschaft als Ganzes nicht geduldet wird (obwohl es primitive Südseegesellschaften gibt, in denen Paranoia als Regel gilt und wo alle die ausgestoßen werden, die nicht danach leben). Daraus können wir eine nützliche Formel ziehen: organisierte Vortäuschung. Etwas vorzuschützen, auf etwas Unerreichbares zu hoffen, zu wissen, dass es unerreichbar ist, und doch zu hoffen, weil die Hoffnung an sich förderlich ist – das sollte die neue Religion sein. Wie herrlich dieser Augenblick, in dem man sich entscheidet zu hoffen! So gelingt es Catull, der Lesbia beraubt, große Dichtung zu schreiben, indem er sich erhofft, wenn ich nur schön genug schreibe, wird sie mich lieben und zu mir zurückkehren. Ich darf nicht scheitern. Also scheitert er auch nicht, zumindest nicht darin, gute Gedichte zu schreiben.

12.7.1955 Die Idee, seine Opfer umzubringen, kommt ganz überraschend, und die Verdrängung von Jahren wird freigesetzt. Die Moral der Geschichte *[Tiefe Wasser]* – was aus verdrängten Gefühlen werden kann: Schizophrenie. Und sie zeigt die Anhänglichkeit-aus-Gewohnheit von Ehepaaren.

21.8.1955 Ich komme immer wieder auf die Idee für den Roman über meine Eltern und mich zurück. Das Thema aus dem *Tod eines Handlungsreisenden,* mit einem anderen Beruf und in einer anderen Zeit – und für mich noch viel tragischer, weil die Erwartungen größer waren. In dem Buch werden meine Eltern Schriftsteller sein, die immer schlechter werden, und ich Malerin. Die reine, wortlose Linie, das Wort – das allein aus seiner Farbe und Art heraus lebt. Aus der Zeit, als ich sechs war.

22.8.1955 Eine echte, lebende Schriftstellerin in Gefangenschaft! Die Welt ist so voller Dinge, die mehr wert sind als Du. Europa und die schiefen Türme Italiens, durchzechte Nächte voller Lachen, Nächte in Betten mit anderen Menschen. Ich würde meine schmutzige Seele nicht für alles Geld der Welt gegen Deine strahlende Sterilität tauschen! Ich würde die bösartig verzerrenden Linsen meiner Augen nicht tauschen. Ich würde die Dinge, über die ich lache, nicht gegen die Dinge tauschen, über die Du lachst, und auch nicht die Dinge, über die ich weine, gegen die, die Dir gleichgültig sind. Lieber bin ich schizophren, tippe den ganzen Tag schizowild auf der Schreibmaschine herum und behalte meine eigenen Götter, als mich von Dir belehren zu lassen.

22.8.1955 Tja, das ist Amerika. Nur das Neueste, das Beste, das Hellste, das Zweifarbigste, das Schnellste und als Erste das Meiste! Jawoll!

28.9.1955
Der keuschen Küsse wegen bleib ich nicht.
Oh! Oh! Oh! Oh!
Auch wegen ihrer starken Arme nicht.
Oh! Oh! Oh! Oh!
Auch wenn ich weiß, sie hat versprochen,
für ewig sei sie, ihre Liebe,
für immer sei sie meine Frau.
Oh! Oh! Oh! Oh!
Will ich doch noch stärkere Arme,
Wahnsinnsarme, Teufelsküsse,
Zähne, die beißen, mich verwunden,
Mädchen mit Liebe, die niemals hält.
Oh! Oh! Oh! Oh!
Ich bin so wild wie sie, ich suche
Das Feuer, das eine Woche bleibt,
Die süße Qual, die einmal tötet.

9.11.1955 [New York.] Die achte Arbeit des Herkules, oder: Wenn du dir eine Kaltwasserwohnung leisten kannst, dann kannst du dir auch Sutton Place leisten.

Meine Miete beträgt 40 Dollar im Monat, gewiss eine bescheidene Summe. Das war die Idee – für wenig Geld eine gemütliche Wohnung zu mieten, die ich dann einfach abschließen könnte, um auf Reisen zu gehen. Ich hatte nicht sonderlich viel Geld über, als ich mir im September etwas suchte. Ich schätzte, hundertfünfzig Dollar würden reichen – ein Freund gab mir ein so gut wie neues Bett, ich musste ein Bücherregal kaufen, ein paar Stühle, Vorhänge, einen billigen Teppich oder zwei, und das sollte es dann auch schon sein. Aber dann stellte ich fest, dass ich keinen Kühlschrank hatte und auch keinen kriegen würde.

Mein Vermieter ist ein geldgieriger Mistkerl. Er ist Italiener und soll namenlos bleiben; und weil ich Italien und die Italiener mag, würde ich gern behaupten, er sei ein netter Kerl, aber das kann ich nicht. Joe ist ein stämmiger, protzig gekleideter zweiunddreißigjähriger Mann, der aussieht wie zweiundvierzig, stets mit einer Zigarre im Mund – eine kurze, durchgeweichte, kalte, zutiefst widerliche Zigarre, und sein vulgärer Mund wirkt in seinem teigigen, ungesund bläulichen Gesicht wie eine schlechtverheilte Wunde. In seinem Büro erwischt man ihn nie. Als ich nach dieser Wohnung suchte – oder darauf wartete –, rief ich ihn zehnmal an, und er war einmal da, kam ich ein Dutzend Mal vorbei, mit Termin, und das winzige Büro in der Second Avenue sah aus wie verriegelt. Einmal rief er mich an: »Hab ne Wohnung für dich. Komm Montag um elf rum.« Ich war pünktlich da, aber Joe redete noch mit zwei jungen Männern, die niedergeschlagen in seinem Büro standen.

»Nein – also, ich hab sie schon weitervermietet«, erklärte Joe.

»Aber Sie haben sie uns doch versprochen – « – »Und nicht nur das«, unterbrach ihn der andere, »wir sind doch die Mieter! Wir wohnen ja schon drin!«

»Ihr habt keinen Mietvertrag«, entgegnete Joe kalt und schubste seinen Hut hoch. Joe nimmt den Hut niemals ab. Zwischen Kopf und Schulter klemmte der Telefonhörer; er führte auch noch halbherzig ein Gespräch mit jemandem am anderen Ende der Leitung. Das ist typisch für die Atmosphäre in Joes Büro: Nie bekommt man seine ungeteilte Aufmerksamkeit. Und wenn er mit dir ganz allein spricht, dann ist er ein Meister der zweideutigen Antwort. »Ja. Na ja, ich werd sehen, was ich tun kann. Ich hab die Wohnung gerade persönlich unter Verschluss.« (»Aber wartet noch jemand vor mir darauf?«, willst du besorgt wissen.) »Mal sehen. Nein, niemand wartet vor dir«, erwidert Joe und lächelt von oben herab. Nach dieser Antwort und diesem Lächeln weißt du immer noch nicht, ob nun jemand vor dir wartet oder nicht.

Doch eins wird dir schnell klar: Joe führt keine Liste, so ordentlich und fair läuft das nicht; er vergibt die Wohnungen an Leute, deren Aussehen ihm gefällt, soll heißen an Leute, von denen er annimmt, dass sie nicht zum Wohnungsamt rennen und melden, dass er eine viel zu hohe Miete verlangt. Die Wohnung, die ich für 40 $ angemietet habe, ist 28 $ wert; die Vormieter haben 23 $ bezahlt. Aus weiß Gott welchem Grund sind Kaltwasserwohnungen sehr begehrt. Jeder sucht eine – jeder Künstler und Schriftsteller mit unsicherem Einkommen, jeder aufstrebende Angestellte, dessen Einkommen vielleicht sicher ist, der sein Geld aber für wichtigere Dinge ausgeben will wie Kleidung, Restaurants, Unterhaltung, Theater. Nahezu jeder junge Mann von achtundzwanzig Jahren, was immer sein Beruf, möchte eine solche Wohnung. Er renoviert sie selbst, sagt er – was er auch tut, und seinen Rücken und seine Ersparnisse zugrunde richtet, bevor er fertig ist.

15.11.1955 N.W. [Natica Waterbury]. Mit 38 wird sie eine verzweifelte Ehe eingehen, die nicht halten wird, doch selbst wenn sie nur zwei Jahre geht, wird ihr das (oder ansonsten eben das Alter) die Sicherheit verleihen, das Vertrauen in die eigene besondere Persönlichkeit, die sie so dringend benötigt. Auf intellektuelle und idealistische Art ist sie den meisten anderen bei weitem überlegen. Sie durchdenkt und hinterfragt, was die meisten von uns nicht tun, die wir eher wie die Tiere leben. Dieses Nachfragen, diese Zweifel (mit der daraus folgenden Entschlusslosigkeit) bewundere ich an ihr am meisten, dafür werde ich sie immer lieben. Das ist die große, unabdingbare Voraussetzung für die Zivilisation, für den Aufstieg der menschlichen Rasse aus dem Kreis der animalischen Organismen auf der Erde. Sie kann nie unedel sein, was immer auch geschieht, was immer auch die Lebensumstände ihr abverlangen. Sie hat das, was Shakespeare meinte, als er Menschen mit Engeln verglich.

14.12.1955 Über A – (in diesen Notizbüchern werde ich sie stets mit A bezeichnen[5]) – Ich versuche herauszufinden, warum wir nicht miteinander ausgekommen sind und es auch nie werden. In einem Gespräch mit einer Freundin kam ich darauf, dass es daran liegt, dass wir dieselbe Art von Pessimismus hegen, in fast gleichem Maß und bei denselben Anlässen. In jeder anderen Hinsicht ergänzen wir einander und passen zusammen. Aber ich kann mir nicht vorstellen, mich mit einer anderen Pessimistin einzulassen. In der Liebe suche ich stets nach einer Optimistin, einer Extrovertierten. Das ist im tiefsten Sinne mein Gegenstück.

15.12.1955 Die Ausschweifungen von Februar bis April hatten von September bis Dezember die natürlichen Folgen. Auf Hybris (ein recht gutes Buch beendet zu haben, einen Menschen benutzt zu haben) folgt Demut – die zu erkennen und zu identifizieren man eine ganze Weile braucht – eine leichte Depression, die sich allerdings an nichts koppelt. Ich umgebe mich weiterhin mit Mittelmaß, rolle meinen rötesten Teppich aus für die Langweiler, die Säufer, die Schwachköpfe, Anspruchslosen und Verachtenswerten.

»Von Februar bis April war ich nicht ich selbst«, dachte ich Ende

---

[5] »A.« ist Highsmiths neuer Codename für Ellen Hill.

April – auch schon unterdessen. »Ich bin *jetzt* nicht ich selbst«, denke ich oft. Soll ich etwa so leben? In einer Kaltwasserwohnung, meistens kalt, es ist mir fast peinlich, meine etwas förmlicheren Freunde hierherzubitten (aber nicht meine besten Freunde).

Keins von beiden ist ganz richtig. Es hat keinen Sinn, in einer statischen Situation nach dem eigenen »Selbst« zu suchen, wenn man umgeben ist von den Dingen, Haltungen, Menschen, die man an und für sich für ideal hält. Das lebendige Ich ist stets im Fluss. Wir können nur sagen, was wir bei dem einen oder anderen für »typisch« halten. Es wird nie vollendet, nie plötzlich fertig sein. Das zu erkennen ist ein Trost.

* * *

3.1.1956 Eine Rechtfertigung für Sünden und Verfehlungen, für die eigenen Schwächen zu finden – das ist es, wonach man sich mitten in der Nacht sehnt, wenn man am liebsten alleine sein will. Man sucht in vielen Büchern (und findet nicht die passende Abhilfe oder Rechtfertigung). Irgendwann, endlich, stößt man auf einen menschlichen Gedanken, auf einen dieser grandiosen Versuche der Kategorisierung, des Vergleichens und der Einordnung – die Art Gedanke, der die gesamte Menschheit rechtfertigt. Und plötzlich ist man glücklich, auch wenn man allein ist, ohne Trost, dass man in der Lage ist, an diesem rein menschlichen Sport des Denkens teilzunehmen. Man ist doch wenigstens Mitglied der Menschheit, und zwar auf die einzig mögliche Art: Denken, Nachdenken, ist der einzige Ausweis.

4.1.1956 »Ich widme dieses [Notiz-]Buch dem Alkohol in all seinen verzaubernden Erscheinungen, seinen schönen Formen, seiner beseelenden Kraft, mit der er den dunklen, dichten Vorhang der Realität zerreißt, so dass der Mensch das wahre Ausmaß seiner Phantasie erkennen kann, seiner Kraft, Schmerzen zu lindern und denen Mut zu spenden, die ihn nötig haben ... Dem Zwitterwesen

1956

Alkohol, das so verführerisch und sanft ist wie ein verliebtes Mädchen und so kraftstrotzend und draufgängerisch wie ein Riese, der mit seiner starken Rechten einen Freund verteidigt.«

5.1.1956 Was ist köstlicher, als wieder den alten Lastern zu verfallen? Welches Vergnügen erhabener, als den Whiskey zu genießen, dem man doch für immer abgeschworen hatte? Welche Freude göttlicher, als zu der Frau zurückzukehren, von der man sich abgewandt hatte, weil sie nicht gut für einen war, in ihre Arme zu sinken und sich allem Übel, das sie für einen bereithält, ganz und gar hinzugeben? Selbstzerstörung kann eine solche Lust sein! Eine so überwältigende Wahrheit liegt darin, dass sich der Mensch ihr nicht erwehren kann! O Shiva! O Pluto! O Saturn! O Hekate!

6.1.1956 Kann Weihnachten wirklich zu einem glücklichen Fest werden? Geld hilft natürlich dabei, das macht es für Amerikaner automatisch viel einfacher. Zuerst nervt das Besorgen der Geschenke, die man verschicken, die man für enge Freunde kaufen muss; dann schleicht sich die »Weihnachtsstimmung« an – so um den 20. Dezember herum. Was genau ist denn diese Weihnachtsstimmung? Hinter alldem steht die halb-mythische Heuchelei, wir wären freundlicher, glücklicher und großzügiger als den Rest des Jahres über – großzügiger als unser wahres Ich. In gewisser Weise ist es eine Art Schauspielerei. Wir wissen ja selbst, dass es nicht von Dauer ist. Wir denken: Dieses Weihnachten wollen wir besser dastehen als die anderen, also sind wir unverschämt fröhlich, großzügig, freundlich, anständig, höflich (Sei hilfsbereit in der Subway, gib deinen Platz frei!). Einladungen werden angenommen, werden ausgesprochen. Man wird zu einem Wirbelwind der Gastfreundschaft, mixt Drinks, spült Gläser, kocht und kauft ein, bis man sich fühlt wie ein Tellerwäscher, Koch und Elsa Maxwell[6] in einem. Ein

---

6 Elsa Maxwell (1883–1963), Autorin und Klatschreporterin und berühmt für die professionell organisierten Partys, die sie für die Reichen und Berühmten ausrichtete.

Kater ist schnell vergessen und wird schon ab Mittag in der nächsten Flut Alkohol ertränkt. Dass die ganze Stadt am Durchdrehen ist, hält irgendwann selbst die Diszipliniertesten von der Arbeit ab. Endlich sickert die Weihnachtsstimmung – des haltlosen Beschenkens, Beschenktwerdens, Betrinkens – bis ins eigene Zimmer.

Die amerikanische Freundlichkeit beruht größtenteils auf dem Gefühl des Überflusses allüberall und leider nicht auf einer ernsthaft moralischen oder religiösen Grundhaltung, wie es in weiten Teilen Europas der Fall ist. Die kargen protestantischen Kirchen mit ihren paar wenigen Goldverzierungen, Tannenzweigen und Kerzen symbolisieren auf ganz schlichte Weise den Überfluss in jedem Haus: die Geschenkeberge unter den Bäumen, die mit so vielen Gerichten überladenen Tische, dass kein Mensch sie je auch nur alle kosten könnte. Weihnachten bäumt sich noch ein letztes Mal auf – die Verklärung von Amerikas materiellem Wohlstand. In folgenden Generationen, wenn die Geschichte fast am Ende angelangt ist, wird man vielleicht glauben, Weihnachten sei eine gemeinsame Festivität der amerikanischen Geschäfte und Warenhäuser gewesen, weiter nichts. Es ist ihr großes Fest, ihre größte Freude, machen wir uns doch nichts vor.

10.1.1956 In wenigen Tagen werde ich fünfunddreißig, und obwohl ich mich ehrlich darüber freue, ein menschliches Wesen, eine Person zu sein, sind mir genauso die Schritte des Todes bewusst, die mich verfolgen – und finde daran auf seltsame Weise ebenso Gefallen. Ich spüre also beides, Mündigkeit und Sterblichkeit, in mir und rufe laut »Hoppla«!

13.1.1956 Das Höllische an einer Depression ist, dass sie eine Lähmung mit sich bringt, eine große Sinnlosigkeit. Man ist allein zu Hause, will nichts lesen, weiß, dass Alkohol schlecht ist (das Gewissen meldet sich), und man will ganz sicher nicht ins Kino. Womöglich klingelt das Telefon. Aber das ist ja gerade das ganze Elend –

es gibt niemanden im Bekanntenkreis, den man sehen will. Vor den besten Freunden schämt man sich – will sie da nicht mit reinziehen. Die weniger engen Freunde – wie langweilig sie sind! Man will einfach nur sterben. Nicht sterben, sondern einfach nicht mehr existieren, bis es vorbei ist.

28.1.1956 Depression. Ich wünschte, es gäbe ein schrecklicheres, deutlicheres Wort dafür. Mein Leben, alles was ich tue, scheint keine Bedeutung zu haben, kein Ziel, zumindest kein erreichbares. Ich kann Italienisch lernen, aber werde ich es je beherrschen? Wenn ich heute Abend die Idee zu einer Kurzgeschichte habe, mit dem Schreiben beginne, werde ich sie je verkaufen? Meine Ziele zurzeit haben zwangsläufig mit Geld zu tun, es ist grässlich. Ich spüre, wie ich die Kontrolle über mich verliere. Als würde die Kraft in meiner Hand nachlassen, mit der ich mich über dem Abgrund halte.

Ich schreibe das nach einem Streit mit E. [Ellen]; würde ich ihren Worten Glauben schenken – was ich nicht tue –, wäre ich komplett alleine. Aber ich habe immer noch meine Freunde, ein wunderbarer Trost, wirklich etwas, auf das ich stolz sein kann. Aber wie es der Zufall will, sind sie alle beschäftigt an diesem Samstagabend, an dem ich nicht allein sein kann. Es ist die Sinnlosigkeit von allem, die letztendlich mein Niedergang sein wird – es sein *könnte*. Ich kenne ein wirksames Gegenmittel: etwas für andere zu tun, egal, ob groß oder klein. Aber auch das wird mich nicht gänzlich davon befreien. Ich habe diese Depression nicht verdient, sagt mir mein Gefühl, gleichzeitig sagt mir aber mein Verstand, dass man immer genau das bekommt, was man verdient, was einem selbst entspricht. Dass es Psychiater gibt, um Menschen wie mir zu helfen, und dass sie viel schlimmere Fälle kennen, ist ein Trost.

29.1.1956 Frage: Glaubst du an Gott?[7]

Antwort: Nein, obwohl ich vorgebe zu glauben, weil es mich glücklicher macht. Aber das hält nie lange vor, weder das Vorgeben noch das Glück.

F.: Was ist der Unterschied zwischen dem Vorgeben, an Gott zu glauben, und dem Glauben selbst?

A.: Glücklicherweise ist er nur ganz klein. Wie viele Menschen würden bei genauerer Nachfrage wohl sagen, dass sie wirklich an Gott glauben, weil sie es für eine unumstößliche Tatsache halten, dass Gott existiert und er das Universum und ihr Leben lenkt? Nur sehr wenige, und die so unreflektiert und unkritisch, dass sie ihre Haltung kaum mit Worten glaubhaft machen könnten. Für die Mehrheit der Menschen wäre es ehrlicher einzugestehen, dass es für sie zweckmäßig ist, den Glauben an Gott vorzugeben, und ihr Bewusstsein den Sprung über diese kleine Kluft zwischen vorgeblichem und wirklichem Glauben schon vor langer Zeit gemacht hat und ihnen das alles kein Kopfzerbrechen mehr bereitet.

Zufällig habe ich hier Kierkegaards Wort des »Sprungs« gewählt. Glauben ist ein Sprung, in den Abgrund oder wohin auch immer; und zu glauben, zu vertrauen und niemals zu zweifeln, also den Glauben an einen Gott nie irgendwelchen logischen, materiellen nachprüfbaren Beweisen zu unterwerfen – worin besteht da noch ein Unterschied zur Vorspiegelung von Glauben? Man beschließt, zu tun als ob – das ist alles.

20.3.1956 Die härteste Wahrheit, die es zu begreifen gilt, ist, dass die Wahrheit ein Kompromiss ist.

20.3.1956 Und der Spruch: »Es bringt Unglück, wenn ich sage, dass meine Arbeit gut ist«, bedeutet eigentlich: »Ich habe eine

---

[7] Dieser Dialog wird stark erweitert in ihren nächsten Roman *Ein Spiel für die Lebenden* einfließen (Diogenes, 2005), im Original 1958 erschienen.

1956

schlechte Meinung von mir selbst. Ich habe Angst, aber vor allem schäme ich mich davor, mich selbst zu loben, oder schäme mich, überhaupt am Leben zu sein, schäme mich, zuzugeben, dass ich schön oder anziehend bin für viele Menschen, denen ich begegne, die mich schön oder anziehend finden könnten.«

25.3.1956 Die humanistische Moral versus Freud. Zeigt sich am besten beim präfreudianischen Joseph Conrad. Am Ende von *Der Verdammte der Inseln* stehen die vernichtenden Worte des alten Mannes zu dem jungen Verdammten: »Ich halte dich nicht für eine böse Seele in einem bösen Körper. Du bist lediglich ein Fehler von mir, meine Schande.« Er sagt auch, dass er nicht wisse, woher der junge Mann gekommen sei – doch da der Alte den verlassenen und verängstigten Jungen im Alter von zwölf Jahren aufgenommen hat, weiß er, dass es in seiner Kindheit einen Verlust gegeben haben muss. Freud würde das als Entschuldigung für das unbändige und unmoralische Verhalten des jungen Mannes anführen. Conrad dagegen urteilt hart über ihn, nachdem er Prüfung um Prüfung, Chance um Chance vertan hat. Die Freud'sche Hypothese besagt:
1. Er kann nicht anders.
2. Ein anderer trägt die Schuld.
3. Wenn er das versteht, kann man ihm dabei helfen, seine Schwächen zu überwinden – durch Analyse.

Das Problem ist nur, im Normalfall hört man auf, bevor Schritt drei auch nur halbwegs vollendet ist.

Conrads Moral besagt:
1. Ein Mensch, der selbstsüchtig nur nach dem eigenen Vergnügen und Wohlergehen auf Kosten anderer strebt, ist niederträchtig und verdient eine Strafe.
2. Aber ganz gleich vor welchem Hintergrund, für jeden gibt es Hoffnung, wenn er sich nur an die hehren Grundsätze hält, die ihm als Menschen angeboren sind. (Implizit sagt das auch Dostojewski, ganz gleich vor welchem Hintergrund: Es kann im-

mer Erlösung geben, durch ein Geständnis, durch einen neuen Versuch.)

3. Es ist die Pflicht jedes Menschen, sein Leben erfüllt und ehrenhaft zu führen, und vor keiner Erfahrung zurückzuschrecken, die ihm das Schicksal in den Weg legt.

Es ist leicht zu erkennen, dass die Freud'sche Auffassung die Menschen schwächer, niedriger, furchtsamer und grundsätzlich egoistischer erscheinen lässt. Wenn Freuds »Aufarbeitung« allerdings in allen Fällen eine Heilung zur Folge hätte, wäre es eine andere Geschichte. Dann sähe man Freuds Ideal verwirklicht: psychisch gesunde Individuen, vertrauenswürdig, glücklich, mutig.

Für das Individuum ist es in vielerlei Hinsicht schwieriger, der altmodischen präfreudianischen Moral gerecht zu werden. Die Rute sowie die Meinung der Eltern und der Öffentlichkeit gegen die scheinbar unüberwindlichen Dämonen und Schwächen im eigenen Inneren. Es ist ein Appell an eine gewisse menschliche Würde, die in manch einem Individuum vielleicht nie geweckt worden ist. Er setzt eine soziale Herkunft mit einem Gewissen voraus, fast eine Art moralische Erziehung, ein Hinterstübchen im Gedächtnis, wo einst ein oder mehrere Menschen für das Über-Ich standen. Vielleicht kann man bei diesen Dingen durch Appellieren gar nichts erreichen.

Die altmodische humanistische Moral ist für den Schriftsteller viel reizvoller, weil sie ihn zum einen vom Getöse des psychoanalytischen Jargons befreit bzw. von dem gesamten Prozess von Analyse und Aufarbeitung, den er so gut kennt. Die altmodische Moral zielt auf das Heldenhafte ab, von dem jeder Schriftsteller weiß, dass es, fast schon axiomatisch, in all seinen Charakteren anlegt ist, auch den bösartigen. Die Griechen hielten die Sittenordnung für eine objektive Gegebenheit der Welt. Hybris wurde unweigerlich von Dike bestraft. Das Gute war gut und wünschenswert, denn es sorgte für das Wohlergehen der Menschheit. Die griechische Vision war die reinste, erhabenste von allen. Ein Sünder war lediglich unklug, verlangte nach Strafe, wurde seiner selbst nicht gerecht. Wie selten sagten sie Dinge wie »Seine Seele ist böse«!

28. 3. 1956 Ich versinke in meinem ganz speziellen Durcheinander, diesem üblichen Wirrwarr von zusammenhängenden und unzusammenhängenden Fakten, das sich nie wieder auflösen wird und ebenso sehr zu mir gehört wie der Geruch meines Zimmers. Ein anregendes Buch kann das bewirken, ein paar Drinks ohne Gesellschaft, eine heikle Liebschaft. Es entspringt meinem undefinierten, unversöhnlichen Selbst.

13. 4. 1956 Wie anstrengend es doch ist, verliebt zu sein.[8] Und wie schwierig, wirklich zu begreifen, dass der Mensch, in den man verliebt ist, wirklich existiert. Ist diese Last zu groß für den Geist oder das Herz? Sie ist zu süß, zu wunderbar. Erschütternd wie ein Stromschlag. Und die Erinnerung an unsere erste Umarmung, jedes Mal wenn wir uns treffen, ganz egal, wo und wann – allein die Erinnerung ist schon aufgeladen mit der ganzen Kraft der Realität. Immer wieder diese ekstatische Berührung, die immer wieder denselben Nerv trifft. Es ist zu viel. Die Nerven werden wund. Man wird krank, niedergestreckt von einfach zu viel Glück.

7. 5. 1956
(D. S.)

Das ist Liebe, überschattet von einem Alptraum,
Von Andeutungen der Unsterblichkeit
(Denn Du sagst selbst, sie könnte bestehen bis zu unserem Tod
  und länger)
Überschattet von den Alptraumschrecken
Deines Gespötts und meines Todes.

---

8   In Highsmiths Leben gibt es eine neue Liebe, die Werbetexterin Doris S.

Meine Todesangst hat viele Formen!
Dies ist der Wald von Oberon, Oberon,
Durchzogen von tiefen, dumpfen Tönen des Fagotts,
Durchströmt von seidigen Strahlen des Lichts
Zwischen den Blättern – und da sind Deine Lippen,
Die sich unter den meinen öffnen. Die lautlose Musik
Zittert mir im Blut, ich bin trunken
Und verrückt vor Angst.
Hast Du auch Angst?
(Vielleicht teilen wir wirklich so wenig!)
Ich warte auf den Felssturz, auf die Brücke,
die unter mir einstürzt.
Ich warte auf die Guillotine Deines Missvergnügens.
Warum verbringst Du mehr Zeit mit Urteilen, nicht mit der Liebe?
Mit Fragen, nicht dem Probieren?
Was verteidigen diese Abwehrkräfte?
Aber die Nächte sind still,
Nuits blanches pleines de cauchemars,[9]
Und wer hört meine Schreie,
So stumm wie die Musik in unseren Adern?

29.5.1956 Geliebter Gott, der du nichts bist als Wahrheit und Aufrichtigkeit, lehre mich Nachsicht, Geduld und Mut angesichts von Kummer und Enttäuschung. Sei streng mit mir, denn ich bin stur und verbittert, und eines Tages werde ich dich an der Kehle packen und dir die Luftröhre und Arterien herausreißen, auch wenn ich dafür in die Hölle komme.

Ich habe den Himmel gekannt. Hast du den Mut, mir die Hölle zu zeigen?

---

9 Schlaflose Nächte voller Alpträume.

8.6.1956 Das Vertrauen in den Augen eines Mädchens, das dich liebt – das ist das Schönste der Welt. Es ist stärker als Stahl, stärker als ein Schwur, stärker als Angst und Schrecken und mächtiger als der Tod. Es kann den Feigling mutig machen. Es ist sein Schild gegen alle seine Feinde, die Quelle seiner Kraft und seines Muts. Angesichts von Hässlichkeit, Lügen und Enttäuschungen wird er sich daran erinnern, und plötzlich – plötzlich – wird er wiedergeboren, erneuert, und er wird die Welt in Händen halten, und den Himmel auch.

10.6.1956 Satire auf Amerika *[The Straightforward Lie]*: in vierzig Jahren, nach einem Krieg mit Russland, der in einem Patt endete (jede Nation hat eine Atombombe abgeworfen, Boston und Archangelsk wurden zerstört). Den nächsten Krieg wird Amerika nun verlieren, und der Grund dafür wird der Mangel an Vertrauen sein.

Russland und seine mächtigen Verbündeten, China und Indien, haben unbewusst und unterschwellig Vorurteile und die alte blinde Feindschaft zerschmettert, allein durch ihr schlichtes Entgegenkommen, durch ihren lässigen neuen Stil (selbst 1956 schon neu) und durch den ansteckenden, heiteren Enthusiasmus ihrer Menschen. Außerdem hat die UdSSR jetzt einen Lebensstandard, der mit dem amerikanischen durchaus vergleichbar – in mancherlei Hinsicht sogar höher ist! Und diesen Lebensstandard verbreiten sie in alle Satellitenstaaten. In Amerika entzaubern satirische Schriftsteller schon seit Jahrzehnten die Werbefernseh-, Produktionssteigerungs- und Verkaufsphilosophie. Sie sind es – und nicht die kommunistischen Agenten –, die der amerikanischen Moral den fatalen Schlag versetzt haben.

25.6.1956
Berge, wie geht es euch?
Ich werde in euch sterben.
Wolken, seid mein Leichentuch!

Alpensee, ganz gleich wie stille,
Du seist meine Grabkokille!
Mädchen von Florenz,
Mädchen von Rom,
Ihr sollt sein
Mein letztes Heim.
Australien,
Verwegen! Ich wünsch' dir was.
In diesem Leben hab ich keine Zeit.
Keine Zeit.
Keine Zeit!
Nicht mal die Zeit für ein Verbrechen,
Nicht mal für das kleinste Werben.
Den ganzen Tag schon will ich sterben,
Will ich weinen,
Und habe es getan.
Ich bin in New York.
Wo bist du? Spielt das eine Rolle?
Vergeude keine Zeit mit einer Antwort auf diese Frage.
Ich hab keine Zeit, du etwa?
Keine Zeit, unehrlich zu sein.
Keine Zeit, das hier zu beenden.
So ist mein Leben.
Auch das werde ich nie beenden.
Hoffe ich! Hoffe ich! Hoffe ich!!

5.7.1956 Modernes Fernsehen: Das Bedürfnis des Durchschnittsmenschen nach der Gewissheit, dass am Ende doch alles gut wird. Fred Allen[10] sehr interessant zu diesem Thema in *Treadmill to Oblivion*. Er stellt fest, dass dank der Soundeffekte des Rundfunks alle – je nach Phantasie – jede Szene erleben konnten, die der Darsteller

---

10 Fred Allen (1894–1956) war ein amerikanischer Schauspieler, Komiker und Radiomoderator.

heraufbeschwören wollte. Und dass die Werbeschweine im Fernsehen ein schnelleres und unmittelbareres (ergo beliebteres) Medium gesehen haben, um noch mehr Dreck zu verkaufen. Allen: Das Fernsehen hat den Normalbürger eines der letzten menschlichen Attribute beraubt: seiner Phantasie.

13.7.1956 Das Leben, die Existenz – mit den Menschen, oder sogar mit sich selbst wirklich zurechtzukommen – ist ein einziger Kompromiss. Eine Plattitüde. Aber die Weisheit (oder die Dummheit) hängt davon ab, ob man sich auf Kompromisse einlässt, und auch davon, ob man dabei Sinn für Humor beweist, wie distanziert oder wie ernsthaft man dabei ist. Es ist die wichtigste und zugleich schwierigste Kunst der Welt. Aber sie ist allein denen vorbehalten, die sich für das Glück entschieden haben. Für Künstler ist sie nichts, obwohl auch sie Kompromisse eingehen müssen (z. B. wenn sie die schrullige Vermieterin grüßen; aber tun sie das immer? Nein). Man muss entweder instinktiv wissen, wann und auf welche Kompromisse man sich einlassen sollte, oder man muss sich eine Taktik dafür zurechtlegen. Man muss ganz und gar kompromissbereit sein, immer mit einem Augenzwinkern und der unumstößlichen und wunderbaren Überzeugung, dass man sich damit nicht selbst kompromittiert; oder aber man muss hart und entschieden vorgehen, im Grunde mit der Haltung, dass man nur zu den allernötigsten Kompromissen bereit ist, um nicht im Gefängnis zu landen. Aber es gibt auch Zeiten, da sollte man ins Gefängnis gehen, da will man lieber ins Gefängnis gehen.

13.7.1956 Ich weiß, warum Byron und auch viele andere Dichter den Schlaf den Bruder des Todes genannt haben. Weniger romantisch als vielmehr physiologisch. Haben Sie Ihre Geliebte je schlafend gesehen? Nicht nur eingeschlummert, sondern im Tiefschlaf, während man selbst ein Buch liest? Es ist so beängstigend wie der Tod.

31. 7. 1956 Wenn ich mit jemandem zusammenlebe, laufe ich Gefahr, ohne mein übliches Maß an Leidenschaft zu leben. Durch ein Lachen, eine andere Perspektive wird alles gleich ausgeglichen, abgeschwächt, vergessen. Ich will gar nicht unbedingt noch eine Perspektive außer meiner eigenen. Letzteres nach vier Monaten davon. Dieses Problem hatte ich mit A. nicht, weil ich ihretwegen meistens so unglaublich wütend und gekränkt war, mehr Leidenschaft und eigene Perspektive hätte ich gar nicht bewältigen können. Im Augenblick habe ich das Streben nach materiellen Dingen so satt, egal, ob es sich um einen Scheck, ein neues Möbelstück, ein neues Gerät, mit dem man »Zeit und Mühe sparen kann«, oder ein neues Haustier handelt.

13. 8. 1956 Fühlen Sie sich miserabel? Deprimiert? Wie ein Versager? Als wäre das, was Sie gerade tun, zwecklos? Beschließen Sie einfach, glücklich zu sein. Genießen Sie es, verschwitzt und schmutzig in Levi's herumzulaufen, die eigentlich in die Wäsche gehören. Denken Sie nicht an Ihren Kontostand – und das fehlende Einkommen. Mixen Sie sich vielleicht einen Martini. Aber nur einen. Gönnen Sie sich eine Zigarette. Eine Tasse Kaffee. Werden Sie zum Perfektionisten. Lassen Sie sich von dem Gefühl beflügeln, in einem Manuskript, das sich nicht verkaufen lassen wird, akribisch einen Rechtschreibfehler zu korrigieren. Lächeln Sie – in sich hinein!

20. 10. 1956 Es wäre doch in der Tat eine schöne Ironie, wenn ausgerechnet die UdSSR das Land wäre, das den Krieg abschafft – große Weltkriege, meine ich. Die UdSSR ist ein »friedliebendes« Land (mehr noch als die USA) – in dem Sinne, dass es die Kosten eines Krieges kennt, und weiß, dass es sich keinen Krieg leisten kann. Frieden, Propaganda und Gehirnwäsche – das sind die Waffen der Sowjets. So viel effektiver als Kugeln! So viel billiger! Und so viel dauerhafter! Wir im Westen schwadronieren immer noch über die Aufrüstung und drohen mit Vergeltungsmaßnahmen, während sich die Sowjetunion in aller Ruhe in einem Land nach dem anderen breitmacht und munter weiter missioniert, bekehrt und gegen den Westen hetzt. Eine ganze Generation wird es dauern, das Wirken der Sowjets in den Köpfen der jungen Ostdeutschen wieder rückgängig zu machen. Womöglich geschieht das auch gar nie. Vielleicht ist dieses Eindringen in ein westeuropäisches Land der Beginn eines Propagandazuges, der nie wieder kehrtmachen, sondern die ganze Erde einnehmen wird!

21.10.1956 Die anhaltenden Sorgen über meine Arbeit. Mein Schreiben und die Themen, über die ich schreibe, erlauben es mir nicht, Liebe auszudrücken, dabei ist mir das wirklich ein Bedürfnis. Das gelingt mir anscheinend nur beim Malen. Eine meiner Freundinnen rät mir, deswegen einen Psychoanalytiker zu konsultieren. Wozu? Es gibt keine andere Lösung, als wie gehabt zu schreiben *und* zu zeichnen. Von Zeit zu Zeit kommt mir eine Idee für eine Geschichte oder ein Buch, die ich dann zu Papier bringen muss, weil sie neu ist oder ein Gefühl ausdrückt – nicht wegen einer Botschaft oder weil ich so meine Zuneigung nach außen kehren und mitteilen würde. Letzten Endes wird mein Kommentar dazu dann doch nur sein: Na und? Dann lebe ich eben mit meinen Neurosen. Ich werde versuchen geduldiger und maßvoller zu sein und so viel Liebe zu geben, wie mir meine beeinträchtigte Persönlichkeit erlaubt. Aber lieber lebe ich mit meinen Neurosen und mache das Beste daraus.

30.10.1956 Ich hatte die Idee, ein Jahr lang nach Rom und Paris zu gehen und einen (bis ins kleinste Detail authentischen) Roman zu schreiben über die jungen Schriftsteller, Maler, Amateure dort, im Vergleich zum Rest der Welt. Aus solchen Ideen werden keine Romane gemacht. Es wäre kein klassischer Roman, sondern teilweise dokumentarisch, im leidenschaftlichen Stil von [Curzio] Malaparte. Das bietet Raum für beides, für Hoffnung und Verzweiflung. Nicht jedes Leben ist das einzige Leben oder das einzig mögliche Leben. Es gibt so viele Leben, wie es Menschen gibt, die sie erleben, und jeder Mensch kann aus so vielen wählen! Damit widerspreche ich Freud und Marx und verneige mich vor Kierkegaard und Jaspers.

14. 11. 1956
Unglücklich, auf Messers Schneide,
Grüße ich euch, Helden und Heldinnen der Ewigkeit!
Ehre sei uns, die wir das Leben liebten!
Ehre sei uns, die sich keine allzu großen Gedanken darüber machten,
Was unsere Mitmenschen, die Politiker, von uns hielten.
Heute Nacht feiere ich die nutzlose Schönheit der Villa d'Este,
Und bestimmte Gipfel, die ich erklomm, die rein persönlich sind.
Selbstsüchtig und überflüssig sie aufzuzählen,
Denn auch andere, da bin ich nicht die Schlimmste, haben sie erreicht.
Ich habe gelernt zu lieben, und das ist wohl der höchste Gipfel.
Es gibt keine Sicherung, keinen Fallschirm.
Wohl aber die Verschmelzung mit dem Insekt, dem Vogel, der Blume,
Die am Ende des Sommers vergeht.
Es gibt den Tod ohne Bedauern vor dem wirklichen Tod.
Eine wirkliche Tatsache, die tatsächliche Wirklichkeit –
Doch wen kümmert das?
Inmitten der Hässlichkeit habe ich die Schönheit gesehen,
Und man rechne es mir an: Ich habe niemanden darauf hingewiesen,
Damals, als niemand sich damit aufhalten wollte.
Evviva Amore! Evviva bellezza!

23. 11. 1956 Ein Traum. Ich machte ein Bett mit zwei Laken auf zwei Sofas zurecht. Dann sagte man mir, ich müsse nicht dort schlafen. Ich war erleichtert. Ich fand mich im Bett neben meiner Mutter und meinem Stiefvater wieder. Meine Mutter sagte zu mir: »Ich habe Neuigkeiten für dich. Ich schmeiße dich raus.« Das kam überraschend, aber ich begann aus dem Bett zu steigen. Meine Mutter sagte eindringlich: »Weißt du, ich liebe Stanley.« Ich antwortete

verzweifelt: »Aber Mutter, ich bezweifle doch gar nicht, dass du Stanley liebst!«, und wollte weinen. Sie stellte es dar, als würde ich mich zwischen die beiden drängen. Ich verließ das Zimmer und betrat ein anderes, wo mehrere Kerzen unter einem Bett brannten, das Bett von unten verbrannten. Ich schrie: »Mein Gott! Wenn es hier noch mehr Unfälle gibt, was passiert dann um Himmels willen mit dem Haus?« Ich blies die Kerzen aus. In einer Ecke des Zimmers sah ich kleine Pflanzen (wie meine, nur hübscher) und einen grauenhaften Kampf: Ein kleiner, zwölf Zentimeter großer Gorilla schlug mit den Fäusten auf eine winzige wehrlose Schildkröte ein. Angewidert stieß ich sie auseinander und sah dann, dass aus der Schulter der Schildkröte ein zweiter Kopf ragte, der sich mühsam und ängstlich umsah. Ich wachte auf. (Gestern Abend hörte ich eine unglaubliche Geschichte über ein zwanzigjähriges Mädchen, das wegen seiner Rückenschmerzen operiert wurde. Es stellte sich heraus, dass sie ein kleines Kind im Körper trug, einen Jungen, sagten sie – der Junge war wohl ihr Zwilling gewesen.)

Die Szene mit meiner Mutter erinnert an den Abend bei Ellen Hill diese Woche. Sie empfing mich, wies mich dann aber zurück – sie wollte mich nicht mehr als Liebhaberin. Wir sprachen nicht darüber, aber das war auch nicht nötig.

(NB: Nach dem Aufwachen berührte ich D. – und war sehr froh sie hier zu haben.)

27.11.1956 Meine Faulenzerei. Nicht nur wegen der körperlichen Erholung (wieder Zahnarzt), sondern um schneller vom Alltag gelangweilt zu dieser Ich-sehe-nur-noch-was-direkt-vor-meinen-Augen-passiert-Existenz zu gelangen, was mich dann wieder dazu bringt, überhaupt zu schreiben (arbeiten).

27.11.1956 E.B.H. Leute wie sie kauen auf Themen wie Philosophie, Geschichte, Politik, Soziologie, Psychologie herum und spucken sie dann in Form von Berichten oder verbissenen, schnellen

Gesprächen wieder aus. Wenn sie jemals eine Idee haben, egal, wie kümmerlich (und das sind sie meistens, denn sie haben nicht den Horizont, sind zu kleingeistig, um sich selbst eine Methode auszudenken), hätscheln sie sie und präsentieren sie ihren Freunden wie eine stolze Mutter ihr winziges, rotgesichtiges Baby.

Sie erschaffen nichts, ich beneide sie nicht. Den Geist ganz der Phantasie zu überlassen, ist ihnen fremd. Sie sind wie Fischer, die immer wieder ihre Netze durchgehen, um zu sehen, wie sie beschaffen sind, ohne je etwas zu fangen oder auch nur am Fischfang interessiert zu sein. Der erbärmliche Lohn für ihren Fleiß besteht in dem Überlegenheitsgefühl jedem gegenüber, der zufällig nicht (aus einem Lehrbuch) weiß, was sie wissen. Ihre Gesichter werden schließlich zu einem sterilen, ängstlichen, kühlen Abbild ihres Inneren, nicht in der Lage zu einem zärtlichen Lächeln, weil ihre Herzen nicht in der Lage sind, sich zu öffnen. Ein Lächeln oder ein Geschenk lassen sie einem anderen Menschen erst nach einer gründlichen Analyse zuteilwerden, ob diese Person es auch wirklich verdient hat und ob sie es sich leisten können, so viel zu verschenken.

1957 & 1958

Anfang des Jahres 1957 reist Patricia Highsmith wieder einmal nach Mexiko. Mit Doris S. besucht sie die Schauplätze von *Ein Spiel für die Lebenden* – Mexico City, Veracruz und Acapulco, die sie nicht nur im Notizbuch, sondern auch mit dem Zeichenstift und in farbenfrohen Aquarellen festhält. Ihre Zukunft sieht sie weiterhin eher düster. Die beiden Frauen kehren von der gemeinsamen Reise ernüchtert nach Snedens Landing zurück. Dort tritt Patricia Highsmith dem Kirchenchor bei – der Versuch, ihre Welt durch den Glauben zusammen- und die Streit- und Versöhnungsrituale mit Doris auszuhalten.

Im März 1957 erscheint die Kriminalstory »The Perfect Alibi« im *Ellery Queen's Mystery Magazine,* von nun an Patricia Highsmiths Hauptabnehmer für Kurzgeschichten. Im Juli schreibt sie an ihre Lektorin Joan Kahn, sie stehe zwölf Seiten vor dem Abschluss der ersten Fassung von *Ein Spiel für die Lebenden*. Doch diese reagiert kritisch auf das Manuskript, verlangt tiefgreifende Veränderungen, unter anderem einen neuen Schluss und damit einen neuen Mörder. Zwischen den insgesamt vier Überarbeitungen des Romans, die sich noch bis in den Frühling 1958 hinziehen, schreibt Patricia Highsmith zur beruflichen wie privaten Entspannung gemeinsam mit Doris ein Buch mit Kinderversen, *Miranda the Panda Is on the Veranda,* zu dem sie auch die Illustrationen beisteuert. Doch statt die Beziehung der beiden zu kitten, beschleunigt die gemeinsame Arbeit das Ende noch. Immer öfter stiehlt sich Highsmith aus der beengten Wohnsituation in der umgebauten Scheune in das Land ihrer Phantasie.

Im Sommer 1958 verliebt sie sich Hals über Kopf in die Graphikerin Mary Ronin, aber Mary ist in einer festen Beziehung, mit anderen Worten: unerreichbar. Sie wird zur Inspirationsquelle für ein neues Romanprojekt, die Geschichte des Chemikers David Kelsey, dessen große Liebe Annabelle mit einem anderen verheiratet ist. David ist überzeugt, er könne die Situation »reparieren« und Annabelle für sich gewinnen, koste es, was es wolle.

Im Notizbuch hält die Autorin zwischen Mitte Juni und Mitte September die einzelnen Puzzleteile für diesen neuen Roman mit dem Titel *Der süße Wahn* fest, bis sie sie am Ende gleichsam vor den Augen des Lesers zusammenfügt. Ab Oktober 1958 jedoch wird der Fortgang des Manuskripts mit keinem Wort mehr erwähnt, was auch daran liegen mag, dass Patricia Highsmith und Doris im September zusammen nach Sparkill, New York umziehen. Anfang Dezember trennen sie sich, und Highsmith zieht allein zurück nach Manhattan, in ein möbliertes Einzimmer-Apartment am Irving Place Nr. 75 in Gramercy Park, direkt neben Pete's Tavern. Zu diesem Zeitpunkt ist aus der erträumten Liebe mit Mary eine reale Affäre geworden.

* * *

15.1.1957 In Anbetracht der Tatsache, dass ich mich mit Dummköpfen umgebe, werde ich auch unter Dummköpfen sterben und werde auf meinem Sterbebett umgeben sein von Dummköpfen, die nicht verstehen, was ich sage. Vermutlich eine merkwürdige Sorge für eine 35-Jährige. Doch Dummköpfe stören in jedem Lebensbereich, vor allem jetzt, im ersten Monat von Eisenhowers zweiter Amtszeit.

Mit wem ich im Moment ins Bett gehe? Franz Kafka.

18.1.1957 Seit 1951 zunehmend mein Problem (in Riesmans Begriffen)[1]: Ursprünglich innengeleitet (ehrgeizig, idealistisch, selbstge-

---

[1] David Riesman (1909–2002), amerikanischer Soziologe. In seinem Weltbestseller *Die einsame Masse* (1950, dt. 1956) unterscheidet er drei Typen sozialer Charaktere: traditionsgeleitet, innengeleitet und außengeleitet.

steuert, tagebuchführend), bin ich mittlerweile eher außengeleitet; und das ist gegen meine Natur, zumindest gegen meine Natur, bis ich 30 war. Das zeigt sich zum Beispiel in einer (meine innengeleitete Seite störenden) Sorglosigkeit in puncto Geld, Sex, Alkohol und Zigaretten, in der Vernachlässigung des täglichen Sports und des Tagebuchs, vielleicht auch in zu großer Nachsicht gegenüber Mittelmäßigkeit bei Menschen und in der Kunst (das hat aber auch seine guten Seiten und ist schwer zu beurteilen), in (gelegentlicher) Faulheit bei der Arbeit und darin, dass ich generell weniger ambitioniert an meine Themen herangehe. Zeit, etwas dagegen zu unternehmen. Möglichst irgendwas zwischen innen und außen.

18.1.1957 Ein Traum: Eine große gemeinsame Party von meinen Eltern und mir in einem großen Haus. Joan Kahn ist da und Jeva C. auch, die abwechselnd rufen »Komm her, Pat«, und mich in einem Badezimmer oder einer Kammer auf den Mund küssen. Genieße es sehr, und kann mich gar nicht entscheiden, wen ich mehr will. (D. nicht da.) Ich habe so selten Sexträume, offenbar habe ich einen strengen Zensor im Kopf. D. erzählt, sie habe welche, immer mit Männern, obwohl sie (nicht sexuelle) Alltagssituationen immer mit Frauen träumt.

16.2.1957 Weil die Liebe so ganz anders ist als die Ehe, kann sie wirklich ewig währen. Sie ist destruktiv, störend und ohne Belang, außer für den Künstler. Verliebt zu sein bedeutet, so hoch zu fliegen, wie es einem Menschen nur möglich ist. Hauptsache, man lässt sich im Leben nie von der Leidenschaft oder Schlafzimmergefühlen leiten. Ironischerweise ist das Verliebtsein nur für den Künstler von Bedeutung, gleichzeitig ist es aber auch nur für ihn von Bedeutung, allein und ungestört zu sein. Der Künstler ist darüber hinaus in der Lage, sich dem Tod allein zu stellen, so wie er es mit dem Leben gemacht hat. Das Leben hat ihn mehr als gut darauf vorbereitet. Es ist ein kurzes Blinzeln, ein vergessener Augenblick, wie der

Augenblick der Geburt. Und wie auch das allnächtliche Einschlafen. Ach, zum Teufel mit allen! Lebt wohl, meine Brüder! Es gibt Dinge, zum Beispiel das Malen, ein Gedicht, einen Roman, eine Liebschaft, ein Gebet, die muss man allein tun. Lasst mich allein. *Noli me tangere.*

20.2.1957 Ordnung in meinem Leben. Es muss natürlich eine innere Ordnung sein. Indem ich die Aussicht von meiner Terrasse in Acapulco skizziere, unterwerfe ich mir die wirre Szenerie vor mir. Wenn ich nach dem Schreiben hinausgehe und durch diese einfachen, chaotischen Straßen fahre, habe ich einen Schleier vor den Augen. Und doch sehe ich sie wirklich zum ersten Mal. Der Schleier senkt sich auch zwischen mir und dem Menschen, den ich doch lieben sollte. Das gefällt mir nicht, aber ich kann es nicht ändern. So wird es mit jedem sein, den ich liebe oder mit dem ich lebe. Wer das ist, spielt dabei keine Rolle.

3.3.1957 Es ist die instinktive Sehnsucht nach einer Lüge, die die Menschen so gutgläubig sein lässt.

6.3.1957 In einer gut ausgeleuchteten Zelle ohne Fenster sitzen, nur mit einem Oberlicht zum Himmel (über das aber kein Vogel fliegt), und dann malen. Das malen, woran man sich erinnert von Menschen, Blumen, Häusern, Wasser, Schiffen und Landschaft. Es ist nicht zwingend nötig, ein schönes Bild oder auch eine Szene vor sich zu sehen, um sie zu malen. Ich habe realistische Bilder satt. Vielleicht mache ich das schon zu lange, mir den Menschen, mit dem ich für immer leben will, vorzustellen. Wenn ich diesen Menschen dann habe, bin ich verwirrt – eigentlich sogar frustriert!

Der Besuch in Veracruz vor vier Tagen war ein Vergnügen nach Art meines alten Ich: Gut drei Stunden lang mir beim Durchschlendern die Stadt anzusehen (und zwei davon vor Wut schäumend wegen eines gierigen kleinen Beamten), beflügelte meine Vorstellungskraft: Ich will über diese Stadt schreiben. So kann ich sie mir zu eigen machen, sie bewahren, sie voll auskosten.

7.3.1957 Ist Ihnen eigentlich schon mal aufgefallen, wie viel interessanter Sachbücher sind – ganz gleich, über welches Thema? Jedes miese Buch über Tourismus – »und dann packten wir das Baby ein und sperrten den Hund in den Zwinger« – ist besser als ein Roman. Wer will sich denn verdammt noch mal daran erinnern, dass Lawrence jr. der dritte Cousin von Mabel Lawrence war, die mit Philip verheiratet war, dem zweiten (und gerüchteweise unehelichen) Sohn von Alexander? Alles, selbst die olympischen Rekorde, ist dem Eintauchen, dem Hineinträumen in diese Phantasiewelt der aktuellen Erzählliteratur vorzuziehen!

7.3.1957 Veracruz. Seit ich mit 22 in Jalapa war, hat mich keine Stadt je wieder so in ihren Bann gezogen. Was ich in der Kürze aufnehmen konnte, spinne ich in meiner Phantasie weiter – hier kann ich Geschichten spielen lassen. Ich kann die Stadt besser machen, als sie ist. Was sonst bedeutet Literatur? Ich war am ersten Tag von Mardi Gras da – zum *Carnaval*. Schwule Jungs, ohne Masken, so dass ihre leichtgeschminkten Gesichter zu sehen waren. Einer als Frau verkleidet, kurzes schwarzes Kleid, rosa Wangen und ein schamloser, frecher »Trau-dich-doch«-Blick, mit geschürzten Lippen und rausgestreckter Zunge.

Die Stadt hat eine äußerst blutige Geschichte, Piratenplünderungen, Feuersbrünste, Hungersnöte. (Offenbar ohne jeglichen Beistand der benachbarten Städte.) 1825 war die Insel mit Fort San Juan de Ulúa der letzte verbliebene Stützpunkt der Spanier in Mexiko, die dort Kanonen hatten und die Stadt beschossen, bis sie in Schutt und Asche lag. Die Geschichte der Stadt ist sogar noch isolierter und heldenhafter als die der dreizehn Kolonien Amerikas. Und die Vorstellung, dass viele der Familien dort Nachfahren dieser tapferen »ersten Familien« sind, die vor nichts zurückgeschreckt sind und jetzt ein vollkommen anderes Leben führen als der Rest von Mexiko, machte einem Mut.

La Parroquia ist ein zur Hälfte schwarzgekacheltes längliches Café mit ausgezeichnetem Espresso für einen Peso, weißen Tischen, manche davon mit Tischdecke, Eisdielenstühlen, Gehweg. An den Tischen in der Laube v. a. Männer, die lautstark übers Geschäft reden. Am Karnevalsabend sitzen dort aber auch Frauen. Gegenüber befindet sich die Kathedrale, grau und eher schlicht, aber mit Säulen. Daneben, auch auf der anderen Straßenseite, noch ein Café, in dem seltsames Volk herumlungert: ein dünner, ausgemergelter Mann, der an Jean Cocteau erinnert. Teure Kleidung, eine auffällige Narbe vom Mundwinkel bis unters Kinn und zum Hals. Alle schwänzeln um ihn herum. Fotografen drängeln, scheuchen die anderen zurück. Er ist in Begleitung einer hübschen Vierzigjährigen, die selbst irgendwie berühmt ist. Als sie mit einer schwarzen Maske vor dem Gesicht (sonst unverkleidet) in die Bar geht, wird das aus irgendeinem Grund lautstark bejubelt.

Auf der Straße haufenweise schwule Jungs, alles Mexikaner, einer davon formvollendet als Frau verkleidet mit rosa Wangen, einem 20er-Jahre-Hut und Stöckelschuhen, schlaksig in seinem schwarzen Kleid – gafft in die Menge und streckt anzüglich die Zunge raus. Andere sitzen einfach nur an Tischen, in elegant-lässiger sportlicher Kleidung, ohne Masken, um das Angebot besser betrachten zu können.

29. 3. 1957 Eine Reihe von Vogelzeichnungen. Cartoons in Farbe:

Der Hammerkopfläufer. Das Dreischwanzflittchen. Der Kernbeißerpfaffe. Der Gepanzerte Leichtfuß. Der Einflügelige Leiervogel. Die Gleitende Oktave. Der kratzbürstige Triller. Der Gewöhnliche Nussstopfer. Der Eierschlürfende Streithahn. Der Zauselflachskopf. Der Bleibeinbisschen Bidawee.

30. 3. 1957 Letzten Endes ist es wohl einfach so, dass ich die gemeinsamen Werte der Europäer mehr bewundere als die der Amerikaner (Großzügigkeit, Aufgeschlossenheit usw.), und weil ich ja immer meinen Lieben und Vorlieben entsprechend handle, werde ich mich natürlich irgendwann auch danach richten.

26. 4. 1957 Das Kreuzworträtsel als Alkoholersatz. Beides sind Fluchten. Beide überdecken das gegenwärtige Bild und zeigen ein anderes. Beide lösen die Leinen und schicken den Geist (den Verstand) auf die Reise, zu welchen schönen Gefilden auch immer. Das Kreuzworträtsel wirkt schneller, spricht den Intellekt an und beschert einem keinen unangenehmen Kater. Ein Artikel, der die Freuden, die kleinen Triumphe, das Lachen und das Hirnzermartern von Kreuzworträtseln anpreist: Schriftsteller, Werbeleute, kreatives Volk aller Arten, ihr solltet immer eines auf eurem Schreibtisch haben. Für die schnelle geistige Dusche in fünfundvierzig Sekunden! Das richtige Wort mit fünf Buchstaben verleiht euch Flügel!

19. 5. 1957 Frage eines Kongressabgeordneten an Arthur Miller: »Warum schreiben Sie so morbide, so traurig? Warum setzen Sie dieses großartige Talent, das Sie da haben, nicht für die Sache des Antikommunismus ein?« (Feb. 1957)[2]
Ein Künstler schreibt über Wahrheit. Daher gibt es also Wahrheit im Kommunismus, aber natürlich im unanzweifelbaren, idealen Kommunismus. Die Zeit ist reif für einen neuen Kommunismus der reineren Art. Momentan ist die Idee besudelt vom ungarischen Volksaufstand und seiner Niederschlagung; und von dem bedauerlichen Umstand, dass die grausame Oberschicht von 1917 und den folgenden Jahren überall abgeschafft oder direkt hingerichtet wer-

---

[2] Wegen eindeutiger Anspielungen auf den McCarthyismus in seinem Stück *Hexenjagd* (1953) musste der Pulitzerpreisträger Arthur Miller (1915–2005) 1956 vor dem Komitee für unamerikanische Umtriebe aussagen. Weil er sich weigerte, die Namen prokommunistischer Freunde und Bekannten preiszugeben, wurde er am 31. Mai 1957 zu einer Gefängnis- und Geldstrafe verurteilt. 1958 wurde das Urteil aufgehoben.

den musste. Es ist denkbar, dass die Menschheit, wenn sie sich von einem festen Glauben an Gott leiten lässt, zu ihrem eigenen Wohl ein System erschaffen kann, das dem Kommunismus und den Worten Gottes näher kommt als jede andere Regierungsform dieser Welt bisher.

Es ist nicht meine Absicht, so vage zu klingen wie F. Dostojewski, aber leider tu ich's trotzdem.

20.5.1957 Ich balanciere auf einem Drahtseil, auf mehreren zugleich.

24.5.1957 Ja, es kann einen idealen kommunistischen Staat geben. Aber nicht solange ein Teil der Welt arm bleibt, nicht solange die Menschen, die sich für klüger halten, auf den anderen herumtrampeln können. Natürlich ist das nur eine andere Art, das zu sagen, was Jesus gesagt hat. Vielleicht erkennen das unterbewusst auch die (finanziell) Privilegierten des 20. Jahrhunderts, wenn sie nach materiellen Vorteilen greifen, selbst auf illegale Weise.

Vielleicht hätte Jesus Christus ihnen das sogar zugestanden –; sie wollen nur das Beste. Wenn es eine Hölle gibt, möge Gott sie ihnen zugestehen.

15.7.1957 Gedanken zur Seele. Was ist sie? Ein Zusammenwirken von Gewissen, Ehrgeiz, ein Maß an mentaler und körperlicher Sensibilität, wachen und schlummernden Idealen (ich verwende absichtlich nicht-psychologische Begriffe), die zusammen eine Kraft und einen unantastbaren Kern des eigenen Ichs bilden – unantastbar von der Psychoanalyse, meine ich. Ich habe Analytiker vom »letzten, unantastbaren, unerreichbaren Teil des Geistes« sprechen hören. Das ist die Seele.

27.8.1957 Diskussion (einseitig) mit D. heute Abend über X, und dass es unmöglich ist, darin Perfektion zu erlangen. Sie stimmt zu und ist auch der Meinung, dass es ziemlich übel ist, jemanden, der sein Bestes tut, mit passablem Ergebnis, einen »Sünder« zu nennen. Trotzdem sagte sie nichts weiter dazu. Ich war mit meinen Gedanken noch nicht sehr weit. Ich habe das deprimierende Gefühl, ich könnte achtzig werden und wäre mit mir selbst oder anderen Menschen immer noch nicht besonders weit. Nicht dass ich nicht hie und da ansatzweise Ideen hätte –.

29. 8. 1957 Nach dem Hören von schlechter Musik aus dem 19. Jahrhundert: Was daran nicht stimmt, ist dasselbe, was auch bei einem schlechten Gemälde, Buch oder Gedicht usw. nicht stimmt, nämlich die Befangenheit des Erschaffers und der allzu offensichtliche Einsatz seines Gehirns. Wenn etwas ganz bewusst gemacht wird, so wie man ein Steuerformular ausfüllt, sollte es zerstört werden, es verdient keinen Platz auf Erden.

15. 9. 1957 Sehr beeindruckt von einer Sendung im Fernsehen: Picasso eine halbe Stunde bei der Arbeit an seinen Gemälden und Zeichnungen. Nach den Akten zu urteilen, die er mit sieben Jahren gemacht hat, war er damals schon so weit wie die meisten anderen Künstler mit 20 oder 30. Nein, man kann es nicht mal vergleichen. Die Skizzen von seinen Eltern, als er 15 Jahre alt war, zeigen mehr. Die lebensgroße (größere) Statue von *Mann mit Schaf* ist an einem einzigen Tag entstanden. Für seine vielen Wandbilder hat er zuvor nicht einmal Skizzen auf die Wand gezeichnet. Ein wahrer Künstler, der sich auch wie einer verhält. Ein Jammer, dass nicht auch Romane mit so viel *joie de vivre* entstehen können, vor allem in Verbindung mit Kreativität. Aber dem Schriftsteller ist das leider nie gegönnt.

29.9.1957 Über Konzentration (möglicherweise für *The Writer*[3]). Eigentlich keine große Sache, das Konzentrieren. Aber wie viele junge Schriftsteller sind dazu in der Lage? Es hat nichts mit einer neuen Schreibmaschine, einem Kissen im Rücken, noch nicht mal mit anregender oder beruhigender Musik im Hintergrund zu tun. Die meisten brauchen vor allem die Gewissheit, dass sie in ihrer Konzentration nicht gestört werden. Man kann jemandem nicht beibringen, wie man einen Roman schreibt, mit welchen Zutaten. Man merkt aber, wenn sie fehlen.

Ungestörtheit. Ein kostbares Gut in der modernen Welt. Wie viele junge Schriftsteller lassen sich überhaupt noch darauf ein? Es gilt als exzentrisch, gern allein zu sein. Doch schon ein kurzer Aufenthalt in einem Ferienhaus oder einfach nur absolute Ruhe für sechs Stunden pro Tag sind das bisschen Aufwand auf jeden Fall wert. Nehmen Sie sich ernst. Überlegen Sie sich eine Routine. Entspannen Sie sich, und tun Sie, was Sie wollen, sobald Sie allein sind. Halten Sie einen Augenblick lang inne und genießen Sie das neue Gefühl der Gewissheit, vollkommen alleine zu sein und nicht von einem klingelnden Telefon, Kindergeschrei, der Anweisung eines Chefs oder dem Stöhnen oder Gejammer des Partners gestört zu werden.

Ungestörtheit kenn einen teuer zu stehen kommen. Vielleicht geht sie auch auf Kosten anderer. Genießen Sie sie. Aber fühlen Sie sich deshalb nicht schuldig. Sie steht Ihnen zu. Gönnen Sie sich alles, was Ihnen beim Schreiben helfen kann. Zum Beispiel wollen Sie womöglich während der Schreibphase, die eine Woche, einen Monat, drei Monate dauern kann, keine persönlichen Briefe schreiben? Dann tun Sie es nicht. Persönliche Briefe verlangen Ihnen etwas ab, einen Teil Ihrer kreativen Energie. Vielleicht können Sie auch keine Romane von anderen Schriftstellern lesen, egal, wie inspirierend sie

---

[3] Auch wenn dieser Paragraph später nicht in *Suspense oder Wie man einen Thriller schreibt* auftaucht, macht Highsmith sich hier zum ersten Mal Notizen für ihren autobiographischen Werkstattbericht, den sie für das Magazin *The Writer* verfassen und der beim selben Herausgeber 1966 auch noch in Buchform erscheinen wird.

sind oder wie sehr Sie den Autor oder die Autorin bewundern und ihm oder ihr nacheifern. Über den Zeitraum von mehreren Tagen einen Roman zu lesen, bedeutet auch, dass Ihr Geist von einer emotional aufgeladenen Atmosphäre beherrscht ist, dass Sie eine ganze Bühne voller Figuren mit sich herumtragen. Während Sie ein Buch schreiben, tragen Sie Ihre eigene Bühne voller Figuren und deren Emotionen mit sich herum. Sie haben keinen Platz für eine weitere Bühne.

Die Vorschläge, die ich hier als Fakten präsentiere, müssen nicht für jeden gleichermaßen gelten. Es sind meine eigenen Erfahrungen.

Eben weil die Arbeit des Erzählens so heikel und so schwer greifbar ist, muss man sich ihr, wie ich es gerade tue, mit einer Menge kleiner Details, Vorschlägen, Ideen für Herangehensweisen annähern; aber das wird natürlich nicht für jeden funktionieren.

Das Magazin *The Writer* wird, wie ich weiß, von vielen aufstrebenden jungen Schriftstellern gelesen, deren Werke womöglich noch nicht das Licht der Buchhandlung erblickt haben. Wir alle, die wir hier schreiben, können Ihnen nur raten: »Nehmen Sie von unseren Ratschlägen mit, so viel Sie können, und handeln Sie wenn möglich danach. Die einzigen Anforderungen sind Begabung, Talent, innere Stärke, Durchhaltevermögen und Respekt vor dem Handwerk; ein irres Durchhaltevermögen sogar, das nicht ins Wanken gerät angesichts von Entmutigung, Armut, Kritik, Frust.« Viele wissen vielleicht nicht, was sie falsch machen. Vielen ist noch nie so etwas Banales und Alltägliches wie Ungestörtheit zuteilgeworden. Weil sie nämlich weder banal noch alltäglich ist.

30.9.1957 Colin Wilsons *Der Outsider*. Eine wunderbare Lektüre für mich – das Mysterium des Bewusstseins, des Selbst und des Schicksals, alles was mich schon lange fasziniert, spätestens ab siebzehn, als ich mich nicht mehr fragte, warum ich anders bin als die anderen, sondern inwiefern. Das Buch führt mich im Geist in die finsteren Tiefen (emotionalen Tiefen) meiner Jugend, als ich wie van Gogh und T. E. Lawrence versuchte, durch Fasten, Bewegung und alle möglichen Routinen die Kontrolle zu bekommen.

Heute Nachmittag bin ich aus meinem Mittagsschlaf aufgewacht und musste plötzlich an die Greueltaten der Deutschen gegen das jüdische Volk denken und hatte so ein merkwürdiges Gefühl, das alles wäre gar nicht geschehen, dass so etwas doch gar nicht möglich sei, und dann – in dem Wissen, dass es wirklich passiert ist –, dass es noch grausamer, noch bestialischer war, als die eloquenteste Beschreibung es bisher ausgedrückt hätte.

Und – ich stelle mir imaginäre Menschen vor. Wie attraktiv ist doch das Leben anderer Menschen, von deren Verstrickungen, Unsicherheiten, Schutzmechanismen usw. ich nichts weiß, sondern nur das höfliche, freundliche Äußere kenne. Ich bin haltlos und verschüchtert, wie jemand, der ausgepeitscht wurde – oder nach dem Hochmut den Fall zu spüren bekommen hat. Im September 1955 habe ich wirklich gedacht, ich hätte es geschafft! Jetzt ist es umso schlimmer – was noch betont wird durch die Gegenwart des hübschen Mädchens, das ich haben wollte und auch bekommen habe, das mich noch immer liebt. In diesem Jahr hat sich mein Schicksal gewendet, und ich habe beinahe meine Fähigkeit zu lieben verloren, weil ich das Recht dazu verloren habe. Absurd, ich weiß. Aber Gefühle beugen sich nicht immer der Logik.

12.10.1957 Unsere Zeit ist vollkommen paralysiert von den Großen, die vor uns waren: Aischylos, Shakespeare, Keats, Tolstoi, Dostojewski, sogar Hemingway. Nur die Dichter scheinen da eine Ausnahme zu bilden, wie Dylan Thomas. Die Menschen, die sich um nichts scheren, die allein ihren Weg gehen.

12.10.1957
Wer wäre nicht angewidert von Selbstversklavung?
Betrachten wir es doch mal ganz objektiv,

1957

So wie Proben unter einem Mikroskop.
Aber das bist du, der sich unter der Nadel windet.
Wo ist Deine Jugend, über die sie sich lustig machen?
Wo ist Deine Männlichkeit, Deine Weiblichkeit?
Alles in den Sexualorganen?
Dann bist Du nicht anders mehr als ein Tier.
Du weißt, Du hast Dich von alldem freigemacht
Il y a longtemps. Mais –[4]
Nehmen wir noch eine Schale Vichyssoise, une autre boisson.[5]
Denken wir nicht mehr dran, bis der Bestatter kommt.
Mein Gott, ich krieche durch den U-Bahn-Schmutz
Zwischen den Gleisen, lallend und sabbernd,
Bevor es zu spät ist: »Ich habe das Leben geliebt.
Ich habe Frauen geliebt und ihnen Gedichte geschrieben.
Jetzt bettle ich um mein Leben! Ich flehe Dich an,
Sag mir, dass ich überhaupt am Leben war.
Ach, ich erinnere mich an so vieles, Spaziergänge
Am East River, auf Felsen klettern, Steine finden,
mit voller Kraft den Abhang hinabrennen,
Und dieser benommene und geblendete, lächelnde, irre Blick
Auf alles Neue – einen neuen Freund oder eine neue Leiche
Im Fluss. Kurz, all die Dinge, die es braucht,
Um Mensch zu sein. Herrgott, ich plappere,
Ich war einmal. ᴰ*Ein Mensch.*ᴰᴰ
Zu Freundschaft fähig, zur Begeisterung für Freundschaften,
Mit einem Hang zur Vergötterung,
Und einer gewissen Fähigkeit zur Wahl.
Herrgott, rette meine Seele!
Ich glaube nicht mal mehr an die Hölle!
Herrgott, rette diesen kleinen Kern des Guten,
An das ich geglaubt habe!«

4 Schon seit langem. Aber –.
5 Noch ein Getränk.

31.10.1957 Warum passiert es einem manchmal beim Lesen, dass man auf einmal alte Szenen vor Augen hat, Kindheitserinnerungen ohne direkten emotionalen Bezug zu dem Text, den man gerade liest? Es ist mir wirklich ein Rätsel. Viele Male habe ich zurückgeblättert und das Wort oder den Satz gesucht, die eine Erinnerung hervorgerufen haben. Immer vergebens.

15.11.1957 Die Schrecken der Analogie. Lese Herbert Lüthy[6] über den Niedergang der europäischen Ordnung. Er vergleicht die Kolonialisierung mit der Hellenisierung Europas um 300 v. Chr. Man bekommt den Eindruck, dass es nur eine begrenzte Zahl von Augenblicken, Ereignissen gibt in der Welt. Letztendlich vielleicht sogar nur eines! (Dieser Gedanke kam mir schon einmal, angesichts der Vergleichbarkeit von Atom und Sonnensystem.) Das ist beängstigend (ich weiß nicht genau, warum; es ist eine primitive Furcht), weil es das Wesen der Dinge betrifft, den Tod, das Leben, die Seele. Gott ist außen vor. Ich werde jetzt nicht zu ihm laufen und ihm den ganzen Rest aufdrängen, den ich mir nicht erklären kann. In dem Rest liegt das Geheimnis verborgen. Wir sollten es bewahren und in Ehren halten. Eines Tages werden wir es in seine Bestandteile zerlegen, genau wie das Atom.

Und als ich mit siebenundzwanzig in *Zwei Fremde im Zug* schrieb, dass womöglich der Teufel und der liebe Gott Hand in Hand um jedes Atom herumtanzen, kam ich auch der Wahrheit nah, genau dieser Wahrheit. Der Mensch nimmt einfach seine Metaphysik und stülpt sie allen seinen großen Entdeckungen über, mit kein bisschen mehr Logik, kein bisschen mehr Intelligenz, als ein dummer Entdecker die Flagge seines Landes in ein neuentdecktes Stück Erde rammt, das eigentlich allen gehört und niemandem.

---

6 Herbert Lüthy (1918–2002), renommierter Schweizer Historiker und Publizist, der für viele internationale Zeitungen schrieb.

10.12.1957 Die ganz spezielle Arroganz, die traurige »Nach-mir-die-Sintflut«-Einstellung, die sich unter amerikanischen Intellektuellen und Koryphäen findet. Am deutlichsten bei F. L. Wright und Robert Frost, so freundlich Letzterer auch sein mag. Als wollten sie sagen, dass sie ganz allein einen langen, harten Kampf ausgefochten haben, immer gegen den Strom, und wenn sie jetzt geehrt und beweihräuchert werden, dann ist das redlich verdient. Tatsächlich darf's gern noch ein bisschen mehr sein, vielen Dank; und bei jedem persönlichen Auftritt wird eine ernste, in Stein gemeißelte Würde gewahrt. Bei Igor Strawinsky ist davon nichts zu spüren, obwohl auch er jetzt schon eine ganze Zeitlang amerikanischer Staatsbürger ist. In Europa vermitteln Intellektuelle (wie etwa Cocteau) in ihrer künstlerischen Karriere durchweg eher ein Gefühl von Teilhabe, von Zusammenarbeit mit ihren Zeitgenossen, wenn auch vielleicht nur mit wenigen.

31.12.1957 Wie köstlich ist es doch zu träumen! Und wie viele haben das schon vor mir festgestellt! Ein universelles Vergnügen. Letzte Nacht habe ich geträumt, ich wäre Studentin an der Kunsthochschule, obwohl ich in etwa so alt war wie jetzt. Ich machte gute Fortschritte und war produktiv; und es gab nur einen seltsamen Unterschied zur üblichen Stimmung meiner Träume: Ich war fröhlich, weil mich alle gernhatten. Viele riefen meinen Namen, grüßten mich, plauderten mit mir, als ich das Gebäude verließ. Ich ging noch einmal zurück, um nachzusehen, ob Doris noch da war, die auch dort studierte. Ich glaube, ich konnte sie nicht finden. Ich erwachte glücklich und erfrischt, als hätte ich wirklich ein paar Wochen lang so ein schönes Leben geführt, dieses Leben, von dem ich oft träumte (es mir vorstellte), als ich noch viel jünger war.

* * *

3.1.1958 Die erstaunlichen und grauenhaften Dinge, die mir in den Sinn kommen, sobald ich mal für ein paar Monate (fast zwei Jahre) meinen alten halberwachsenen Status quo verlasse. Ich habe nur eine vage Ahnung, was genau diesen Status quo ausgemacht hat, aber ich weiß, dass ich viel Zeit allein verbracht habe. Ich weiß auch, dass ich von der Euphorie in die Depression gerutscht bin und dass ich in diesem Zustand bisher am besten geschrieben habe – vielleicht weil ich zu diesem Zeitpunkt, März 1956, zum ersten Mal richtig geschrieben habe. Falls mein neues Buch *Ein Spiel für die Lebenden* ein Erfolg wird, beruhigt mich das hinsichtlich der öffentlichen Meinung, aber nicht was meine eigene angeht.

Ich habe in dieses *cahier* nicht so viele Einträge gemacht wie in einem vergleichbaren Zeitraum in andere *cahiers,* ganz einfach, weil ich weniger Zeit allein verbracht habe. So reduziert sich ein für mich äußerst wichtiges Thema auf eine einfache, sichtbare Tatsache. Mein jetziges Haus ist nicht groß genug für zwei Menschen, vor allem nicht, wenn eine davon Schriftstellerin ist. (Oder sogar beide.) Aber die interessante Frage ist doch, warum ich das aushalte. Handelt es sich dabei nicht wieder nur um eine weitere, sehr bedenkliche Art der Zerstreuung unter dem Deckmantel eines bürgerlichen, konventionellen, bequemen und geregelten Lebens?

Für mich ist es kein Deckmantel, ich habe es immer ganz bewusst gehasst. Vielleicht liegt es auch daran, dass ich allmählich genug davon habe und womöglich mein letztes Buchprojekt vermasselt habe. Ich versuche, mich selbst zu retten. Wie [André] Gide kann auch ich nur durch Veränderung existieren und vor allem wachsen, so dass ich jetzt nicht einfach alles auf sich beruhen lassen kann. Und auch wenn das nun zunächst ein Ärgernis bedeutet, wird es mir am Ende zugutekommen, selbst wenn es mich womöglich ein Auge oder ein Bein kostet. Denn was hilft es dem Menschen, in Ruhe und Ordnung zu leben und Schaden zu nehmen an seiner Seele?[7]

---

[7] Ein Gedanke, der in der Bibel in ähnlicher Form in Markus 8:36 sowie Matthäus 16:26 vorkommt.

5. JANUAR 1958 ᶠIch spiele ein Spiel mit mir selbst. Je mehr ich mich über mich selbst ärgere, umso mehr will ich mir entfliehen. Die Frage, vor wem ich nun fliehe – vor mir selbst oder dem Gefängnis der anderen Menschen, rückt dabei ganz in den Hintergrund, ich vermische die beiden. So sieht es aus, mein Gefängnis. Ich bin angewidert von mir selbst, weil ich mich nicht unwohl fühle in dem Wissen, dass morgen genau wie heute sein wird und dass mein Leben jetzt eben so aussieht. Ich spiele Spielchen mit einem Menschen, der anders denkt als ich. Lieber würde ich mich von etwas Unerwartetem, einem Dieb, einem Lügner, einer neuen Situation überraschen lassen. Und nach so einem Erlebnis dann allein sein, um in Ruhe zu arbeiten, zu schreiben und mich wieder zu Hause zu fühlen. Ich spiele ein Spiel, um herauszufinden, wie viel Abscheu ich in mir erzeugen kann auf dieses abscheuliche Leben. Nur eins macht mir Angst: Dass ich zu wütend oder sogar gewalttätig werden könnte, bevor ich aussteige. Am liebsten wäre ich immer ruhig und beherrscht. Ich hasse Gewalt.ᶠᶠ

16.1.1958 Hunde. Sie haben einen unmittelbaren Reiz, aber keinen dauerhaften. Katzen sind mit ihrem ganzen unverhohlenen und erbärmlichen Egoismus viel näher an der Natur. Von einer Katze wird man letztlich nie enttäuscht, weil man im Voraus sehr genau weiß, wie sie sich verhalten wird. Der Hund verleitet einen dazu, auf seine Loyalität zu vertrauen, wie wir es bei Freunden tun, die uns dann manchmal enttäuschen. Wenn dies bei einem Hund geschieht, schweigen wir darüber. Menschen wollen von ihren Hunden nur das Beste denken, nur weil der Hund sie so sehr liebt.

20.1.1958 Ich befinde mich im Schwebezustand. Das ist nichts Neues, aber nie war es so lange und umfassend wie jetzt. Eine Zäsur in meinem Leben. Da ich weiß, dass nur in der Muße echte Inspiration und Kunst entstehen kann, warte ich im Vertrauen auf mein ruheloses Temperament unverdrossen auf einen Fingerzeig von Gott. Die Natur ist eine Inspiration. Und dass das Leben so kurz ist.

24.1.1958 Der Nachteil am Landleben: eigentlich keiner, außer dass man seine Freunde nicht so oft einladen kann, es wird immer gleich zu einer großen Sache. Und nachts können wir nicht einfach aus der Tür gehen und bei Riker's an der Ecke einen Kaffee oder bei Joe's ein Bier holen, nicht diese wunderbare Abwechslung erleben, wenn man auf ein paar hässliche oder attraktive Fremde trifft, die man nie wiedersehen wird.

24.1.1958 Zwei Gedanken zur Ehe. Sie ist wirklich eine Kunst, die Ehe, die noch keiner beherrscht, wenn er sich darauf einlässt. Zu den Dingen, die nicht oft erwähnt werden, gehört, glaube ich, dass man lernt, mehr einzustecken, je öfter man beleidigt wird. Und auch Folgendes: Wenn man weiß, dass der Partner seine vorherigen Partner mit seiner Untreue verletzt hat, ist man eher geneigt, ihm (oder ihr) dasselbe anzutun. Die logische Folge: Ist der eigene Partner ehrlich, verlässlich und meint es ernst, bleibt man eher treu. Dann neigt man zum Diskutieren und dazu, eine Generalbeichte abzulegen, falls man das Verlangen oder den Entschluss zum Fremdgehen verspürt. (Apropos einfach so: Nichts ist mir unerträglicher als das fortgesetzte Zusammenleben zweier Menschen, die wissen, dass sie einander nicht treu sind.)

28.1.1958 Snedens Landing. Ein herrlicher Kamin im Haus. Anderthalb Meter breit und hinten genau im richtigen Winkel geneigt, um ordentlich Wärme abzustrahlen, wie mir die Experten sagen. Erst war das Holz feucht, aber nach einem liebevollen, zweistündigen Kampf brennt das Feuer und gibt wunderbare Geräusche von sich, als wäre da inmitten der Flammen ein Nest voller kleiner Vögel, denen ihre Mutter gerade eine große Ladung Würmer bringt. Heute Vormittag bin ich allein zu Hause, denke mir Einzelheiten für eine Kurzgeschichte (Anilin[8]) aus und frage mich, was Joan Kahn bei Harper von *Ein Spiel für die Lebenden* hält.[9] Und stelle müßige Überlegungen an, wann ich endlich wieder ein echtes Tagebuch anfange für solche persönlichen Dinge wie das jetzt eben, *und* für so Unpersönliches wie einige der Einträge hier in diesem Notizbuch? Die eine oder andere Zeichnung hätte ich auch gerne darin. Warum unternehme ich nichts in dieser Hinsicht? Weil ich möchte, dass diese Art von *cahier* nur mein Bestes enthält. Ein Tagebuch mit ausschließlich persönlichen Dingen kann ich mir einfach nicht vorstellen. Das ist einfach nicht der Mühe wert. So sieht es also aus. Mehr als das habe ich nicht zu bieten, und oben noch ein wunderschönes Buch, das auf Zeichnungen wartet, oder eigentlich auf eine Reise.

28.1.1958 Der Augenblick des Todes, den (fast) jeder fürchtet. Vielleicht ist es nicht die Angst, Gott oder irgendeinem Richter gegenüberzutreten, oder die Angst vor Schmerz oder vor irgendeinem unbekannten, formlosen Schrecken oder sogar davor, in einen anderen und vielleicht unangenehmen Geisteszustand überzugehen. Es ist der Augenblick der Offenbarung, in dem wir alle erfahren werden, dass dies und jenes so und so und manches andere gerade nicht so ist, wenn alle unsere Schlussfolgerungen, an denen wir so lange gebastelt oder die wir so lange ignoriert haben, über den Haufen geworfen werden. Vielleicht fürchten wir uns schlichtweg vor der Möglichkeit der Wahrheit.

2.2.1958 Über die Ähnlichkeit von Religion und Drogen wurde schon viel geschrieben. Ich bin überzeugt, dass es in der Natur des

---

8 Anilin oder Benzenamin, eine organische Substanz, die hauptsächlich für die Herstellung synthetischer Stoffe verwendet wird und die stark nach verfaultem Fisch riecht.
9 Am 5. Februar 1958 wird Highsmith einen fünf Seiten langen Brief von ihrer Lektorin Joan Kahn bekommen, in dem diese ihr darlegt, warum sie denkt, dass *Ein Spiel für die Lebenden* noch nicht reif für eine Veröffentlichung ist. Highsmith wird den Roman viermal überarbeiten müssen. In *Suspense oder Wie man einen Thriller schreibt* wird sie einräumen, er gehöre zu ihren schlechteren Büchern, und den Schluss ziehen, dass das Whodunit-Genre nicht ihre Stärke ist.

Menschen liegt, sich nach einem Glauben zu sehnen, der sich nicht intellektuell belegen lässt; sonst fühlt er sich nicht vollständig. Also klammert er sich an Drogen. Alkohol ist eine Erfahrung, kein Mittel, um Erfahrungen auszulöschen. Es geht dabei weniger um Bewusstseinserweiterung (wie es so oft heißt) als um eine Bewusstseinsveränderung, und auf diese Erfahrung hat jeder ein Anrecht, jeder sehnt sich danach. Man kann dasselbe erreichen, indem man durch ein fremdes Land reist oder wenn man sich neu verliebt.

11.2.1958 Edith Whartons *Haus der Freude*. Wunderbar atmosphärische Liebesszenen! Genauso gut wie *Ethan Frome;* – und Hemingways Brunftgehabe an purer sexueller Emotionalität haushoch überlegen!

13.3.1958 L.L. hat mir erzählt, es habe sich während des letzten Krieges gezeigt, dass phantasievollere Männer die besseren Kampfflieger waren, weil sie sich schon am Boden das Schlimmste ausgemalt hatten, das ihnen zustoßen könnte.

13.3.1958 Für einen Musiker ist die Musik sicherlich eine Welt innerhalb einer Welt. Ich stelle mir das ausgeprägter vor als in der abgeschiedenen Welt, die ein Schriftsteller hat. Ein Schriftsteller kann sich nicht erlauben, sich allzu lange abzusondern. Vielleicht liege ich auch völlig falsch (bei den Musikern). Eher ist es so, dass ich sie um die Schönheit beneide, in der sie leben, die sie hören, selbst in der Stille. Und blende dabei zunächst die Arbeit aus, die sie dafür leisten müssen. In einer Auflistung erfüllender Berufe würde ich die Musik an erste Stelle setzen, dann Malerei, dann Tanz – meinen eigenen zuletzt. Wahrscheinlich stellt jeder seinen eigenen hintenan. Egozentrische menschliche Natur.

15.3.1958 Jean Dutourds *Five A.M*. Ich finde das Buch herrlich, wie man immer ein Buch herrlich findet, mit dem man ganz einer

1958

Meinung ist. Es entspricht meinem (aktuellen) Weltbild, dass alle »ernsthaften« Dinge in Wirklichkeit ein zweckloses Spiel sind, wie Dutourd es nennt. Das ist nicht nur aktuell so, ich würde auch so denken, wenn es die Atombombe nicht gäbe; aber ich muss zugeben, dass die Atombombe sie untermauert. Der Gedanke, dass Shakespeare, Plato, Da Vinci, selbst Einstein vollkommen ausgelöscht werden könnten. Wofür arbeiten wir alle so hart? Wir sollten das Leben viel mehr genießen, solange wir können, und zwar durchaus auch epikureisch. Gar nicht nötig, sich zu betrinken und so durchzudrehen wie die Männer, die letzten Endes die Bombe zünden werden.

19.3.1958 Wie sagt jemand bei den *Brüdern Karamasow:* Was bringt es, wenn ich gerettet werden kann, aber der Rest der Menschheit nicht? Oder: Wo ist Gott, wenn ein unschuldiges Kind leidet und stirbt? Ja, wo? Egal, wie alt und weise ich werde, auch ich werde diese Fragen immer stellen.

22.3.1958 Eine intellektuelle Freundschaft: *Theirs was a cerebral kind of palsiness.*[10] Kumpels im Großhirn.

1.5.1958 Lieber lebte ich mit einer menschlichen Kuh. Als mit einem Drachen, wie ich es jetzt tu.

8.5.1958 Also, ja, ich muss dich verlassen. Aber wenn du durch mich eine Ahnung bekommen hättest, was das Leben ist – und worum es geht.

10.5.1958 Heute Abend wurde mir rettungslose, unverbesserliche Eifersucht vorgeworfen, die sich in der Zerstörung eines Hundes, mehrerer Freundschaften* und einer von der Anklägerin geliebten

---

10 Eins von Highsmiths vielen – oft latent bösartigen – Wortspielen, das sich nicht übersetzen lässt. *Cerebral palsy* bedeutet Zerebralparese oder Kinderlähmung, *pal* Freund oder Kumpel.

Katze zeigen soll. Ich kann das nicht ertragen, vielleicht weil es möglicherweise wahr ist. Psychologisch gesehen, ist es ziemlich wahrscheinlich, dass ich mich gerade des Fehlers schuldig mache, den ich am meisten verachte. Aus dem gleichen Grund aber auch unmöglich, sich damit zu konfrontieren.

* Eine gewisse Nüchternheit; nichts Spezielles. Und mit vielen bemerkenswerten Ausnahmen, von denen ich die Freunde sogar besonders mag.

17.5.1958 Ob ich im Vergleich zu anderen leichter »verletzt« bin? Dieses einfache Wort birgt eine Vielzahl von Schattierungen. Stolz fällt mir als Erstes ein. Im Englischen hat das Wort mehrdeutige Konnotationen. Ich will meinen gar nicht loswerden; deshalb habe ich einen Überschuss, oder Stolz im Übermaß. Vielleicht habe ich aber auch in mancherlei Hinsicht zu viel davon und in anderer nicht genug. Manche Dinge lasse ich mir nicht gefallen, manche Kompromisse gehe ich nicht ein (von denen es heißt, sie seien in einer Ehe notwendig), aber ich sage hier und jetzt, dass ich im Alter von siebenunddreißig Jahren weiß, dass ich nie Grund haben werde, diesen speziellen und vielleicht übermäßigen Stolz zu bedauern.

3.6.1958 Ehe: Oder die Kunst, mit blöden Bemerkungen umzugehen. Nicht vor den Streits fürchte ich mich, sondern vor den Versöhnungen. Dem Aufwärmen alter Diskussionen (von gestern), »Ich habe gesagt, dass du gesagt hast, dass usw. ...« Dem nagenden, widerlichen Impuls, der einen dazu treibt, immer weiter klarzustellen, abzumildern, sich zu erklären, nachdem alles Interesse und jedes Ziel schon längst verpufft sind. Wie trostlos ist es, wenn man dann nicht einmal in ein anderes Zimmer fliehen kann! Dann doch lieber meine Tagträume! Phantasien davon, mit einer attraktiven, aber unerreichbaren Freundin zu schlafen; (realistischer:) Vorfreude auf künftige Bücher und Geschichten. Das ist zumindest schön, außerdem harmlos, weil es wenig Zeit in Anspruch nimmt und im Stillen geschieht, denn man würde sie nie anderen gegenüber in Worte fassen.

13. 6. 1958 D.s Idee.[11] Ein Mann erschafft sich zu einem bestimmten Zweck einen zweiten Charakter, einen anderen Mann, dessen Leben er manchmal führt. Später gibt es guten Grund, ihn wieder zu beseitigen, und das tut er, auf ideologische Weise. Hinweise deuten darauf hin, dass der Mann umgebracht wurde, und unser Held sitzt in der Falle, weil der Tatort des »Verbrechens« mit seinen Fingerabdrücken übersät ist.

8. 7. 1958 Mir wird der Unterschied zwischen dem, was ich besitze, und dem, was mich umgibt, immer schmerzlich bewusst sein. Das heimelig erleuchtete Fenster eines dunklen Hauses auf dem Land, nach oben hin hoch und spitz zulaufend, ein gelblicher Vorhang, der für warmes Licht sorgt: Mein erster Gedanke ist, dass ich nicht dort wohne, mein zweiter, dass ich es nie tun werde. Das trifft leider auch auf Menschen, Landschaften, Erfahrungen zu. Es ist eine Form der Minderwertigkeit. Meine Armut ist zu einer Krankheit geworden, leider einer geistigen. O Gewässer, Regen, Geliebte – doch in der Zeit der Schwebe bin ich eure demütige, gehorsame Dienerin!

23. 7. 1958 Es ist für mich unvorstellbar, warum man um seine Geliebte oder um jemanden, den man liebt, »kämpfen« soll. Entweder kommen die Menschen zu einem und bleiben, oder eben nicht. Ich glaube nicht daran, dass man jemanden mit Intrigen halten oder ihn anderen entreißen kann. Dadurch scheiden sehr, sehr viele romantische Handlungsverläufe für mich aus, weil ich sie mir nicht einmal gut genug vorstellen kann, um darüber zu schreiben.

---

[11] Highsmiths Geliebte Doris versorgt sie mit der Prämisse für ihren neuen Roman *Der süße Wahn* (New York, 1960, auf Deutsch 1964). Am 27. Mai hat sie sich noch Notizen gemacht, die sie für »möglicherweise von Bedeutung« für eine »historische Mordgeschichte« hielt, die jedoch nie verwirklicht wird.

30.7.1958 Schon seit Anbeginn der Zeit ist die wichtigste Zutat im Rezept der romantischen Liebe das Getrenntsein. Hoch lebe Eros! Ein Hurra für Drüsen, Erinnerungen und Reflexe! Ein Hoch auf die süße Telepathie, die mir so gute Dienste leistet wie ein Bett. Seltsamerweise bin ich sogar eher abgeneigt, mit ihr ins Bett zu gehen. Ich will mit ihr zusammen sein, mit ihr allein sein, einen Tag und eine Nacht lang – einfach nur, weil das der erste Schritt ist, die erste Voraussetzung, und ich es nicht haben kann. Dank meiner Namensvetterin[12] fühle ich mich heute jung, wie siebzehn. Die Welt trägt diesen zarten, aber blendenden Schleier, mein Geist macht Sprünge wie ein junges Reh. Ich träume davon, mit meinen Lippen ihre Handfläche zu küssen. Wie ein Ritter, der in Rüstung kämpft und das Bild seiner Geliebten als weiteren Schutz über seiner stählernen Brust trägt. Letzte Nacht küsste ich ihren Hals, ihr Haar, ihre Lippen, ihr Körper drängte sich an meinen. Vielleicht geschieht das nie wieder. »Es wird nur ein Traum bleiben«, sagte ich, »eine Hoffnung, die sich nie erfüllt.« – »Ich lebe von Träumen«, antwortete sie; und ich musste es ihr nicht erklären, sie verstand alles. »Ich weiß«, sagte sie. »Ich weiß!«, und: »Es ist genau, wie ich es mir vorgestellt habe. Wie ein wahr gewordener Traum.«

30.7.1958 Sie macht mich glücklich, wenn ich allein mit meinen Gedanken bin. Wir teilen uns den Mond mit 3 000 000 000 Menschen. Aber wenn ich ihn ansehe, weiß ich, dass sie an mich denkt und dass meine Gedanken die gleichen sind wie die eines chinesischen Bauern, der vielleicht noch gar nicht niederschreiben kann, was er denkt und fühlt. Was ich sagen will und glauben, ist, dass sie die letzte Frau ist, die ich jemals lieben werde. Liebe ist eine Idee, und der eine Mensch kann sie ebenso gut verkörpern wie ein anderer. *Buona sera,* Maria.

---

12 Highsmiths Taufname war Mary. Das ist der erste Hinweis auf ihre neue Angebetete, Mary Ronin.

[OHNE DATUM]
(Du lächelst zwar, doch Reue mich nicht länger bindet,
Wenn dieser süße Wahn sein Ende findet
Und mich zurücklässt tot und starr.)

31.7.1958 Dieser süße Wahn nimmt seinen schnellen Lauf. Ich würde ihn gerne aufzeichnen, aus reiner Freude am Aufzeichnen, nicht um zurückzublicken – es sei denn, ich könnte damit wie mit einem guten Gedicht diese Glücksgefühle in künftigen Jahren wiedererwecken. Dieser süße Wahn – ich liege mittags auf meinem Bett, zwischen Schlafen und Wachen, gequält und selig zugleich, und kann in dieser Welt keinen Schritt mehr tun, bis ich nicht versucht habe, das, was ich fühle, noch intensiver zu erleben, weil es noch so viel zu verstehen gibt. Ich weiß, dass auch sie solche Sätze schreibt. Grausamer als getrennt zu sein ist es, dass wir uns nicht einmal Briefe schicken können.

4.8.1958 Wie viele Gedanken, die ich ihr hätte mitteilen wollen, ließ ich entkommen! Sie hätten ihr vielleicht ein Lächeln entlockt – oder sie ein bisschen glücklicher gemacht. Wir sollten ganz dämlich sein vor Glück, so lange es uns nur möglich ist – bei unserem Pessimismus vielleicht für immer. Auf jeden Fall wird die Zeit mich nicht verraten, und vielleicht auch sie nicht. Und auch nicht die Vertrautheit; ich würde ihr gern zwanzig Seiten schreiben, dichte Seiten, und sie ihr zustecken, irgendwo, irgendwann, wenn wir allein sind, aber wann wird das sein? Ich erinnere mich an ihre Stimme und ihr Lachen. Sie ist wie keine andere Stimme und hat auch gar nichts mit irgendeiner anderen gemein. Und geduldig ist sie auch noch. Was für eine Tugend!

12.8.1958 Diese einsame Liebesgeschichte, ganz ohne alles Körperliche! Wie die Liebschaft mit meinem nächsten Buch – *Der süße Wahn*. Ich werde allein sein mit meiner Liebe, meinem Buch.

14.8.1958 Am besten funktioniert eine homosexuelle Beziehung in Form einer Affäre, vorzugsweise mit mehr Zeit allein als zu zweit. Liebe ist eine Idee, ein Wunschbild, das man hegt und verschönert, indem man träumt, sich Dinge vorstellt. Streits, Peinlichkeiten, Schuld, die Verschmelzung der Persönlichkeiten, die nur bis zu einem bestimmten Punkt gelingen kann, ehe alles übersättigt ist und sich in etwas anderes verwandelt, bleiben außen vor. Zwischen zwei Menschen desselben Geschlechts gibt es nicht genug Unterschiede, die für eine gesunde Spannung und für Missverständnisse sorgen wie zwischen Mann und Frau. Doch Homosexuelle stürzen sich immer voller Hoffnung hinein, denn sie wissen noch nichts von all diesen großen Themen und den Details, die sie dann so bald kennenlernen, die für anhaltendes Interesse sorgen, sogar »gesund« sind. Mit vierzig oder schon früher betet man schließlich: »O Gott, lass dieses Mädchen das letzte sein!«

16.8.1958
Was für eine Liebe das ist!
Gleich zu welcher Stunde des Tages
Drehst Du mich mit eisernem Griff
Zu Deinen Lippen.
Und dieser süße Zwang,
Dieser eiserne Käfig, hält mich
Durch seine Stärke von Dir fern!
Wer von uns könnte die Berührung überleben?
Doch was ich sag, entspringt dem Geist, der Einsamkeit,
Unser Fleisch wäre geneigter
Und würde allen Aufruhr stillen.
Der läppische Bach würde zum Meer.

29.8.1958 Ich liebe meine Freunde. Sie sind für mich das herrlichste und kostbarste Geschenk, das das Leben zu bieten hat. So wunderbar ist für mich das Durchbrechen von Barrieren, von denen ich ein paar mehr habe und hatte als die meisten Menschen, da bin ich mir sicher.

29.9.1958 Ich hatte die Vision einer seltsam gläsernen Fotografie mit drei intensiven Dimensionen: Ein Mann mit Zirkushosen sitzt in einer klassisch majestätischen Haltung auf dem Boden, umgeben von Korbmöbeln, einem angelehnten Wappenschild und einer Messingkette. Das Bild wirkt gläsern, wie die Oberfläche von klarem, ruhigem Wasser. Wo endet die Realität und wo beginnt die Fotografie? Es fühlt sich an, als wäre in diesem Bild eine geheime Wahrheit zu finden, wenn ich es nur lange genug vor meinem inneren Auge halten könnte, um es zu analysieren. Doch genau wie bei anderen selbstinduzierten Bildern liegt das Geheimnis nicht so sehr im Bild an sich, sondern in der Frage, warum man genau dieses Bild vor sich sieht. Warum ein Zirkusartist, warum Korbmöbel? Und warum das Gläserne?

8.10.1958 Was ist es doch für eine Freude, im Wörterbuch zu lesen! Das einzige Buch, das ich kenne, das ehrlich und aufrichtig ist.

29.10.1958 An eine neue Liebe, mit dem Wunsch, sie wäre die letzte.

Du – die Du meine Tage so verwandelt hast
Durch einen Blick und einen schnellen Kuss, mehr nicht,
Seit vier Monaten mir den Sommer versüßt hast
Und den Herbst vergoldet wie zu einer Krönung,
Seit Monaten nun machst Du mich besser, als ich bin.
O Gott, bewahre mir Dich morgen, wenn wir uns alleine treffen,
Mit längeren Küssen, während Deine Hand
(So oft erträumt) mir über meine Augen streicht,
Und Du mit Parfum und Haut meine Vision
von Perfektion allzu sehr verzauberst.

O Gott, komm nicht zu nah, verwandle nicht
Durch tödlichste Vertrautheit das selbsterschaff'ne Wunder
Aus Haaren, Augen, Händen, Füßen,
Zu schön, um gar zu wandeln.
(Und sag mir nicht, Du tragische Muse der Poesie,
Dass Deine Zeit nicht die der Liebe sei,
Du erst gerufen werden kannst, wenn Liebe fort ist.
Es gibt auch eine Zeit, um von verschrumpelten Trauben zu
  schreiben.)

5.11.1958 Gestern hat sie mich zweimal Liebste genannt, praktisch zum ersten Mal in drei Monaten. Eine Beförderung. Ich bin zum Liebste-Status aufgestiegen. Lag es am Donnerstag, der dazu geführt hat – jetzt fünf Tage her –, oder an meinen beiden Briefen? Wir beide spüren immer wieder die Gegenwart der anderen. Übersinnliche Wahrnehmung. Wie gerne will ich in diesen Tagen faul sein und meine Seele einladen! Mein Buch *[Der süße Wahn]* ist halb fertig, in nur 5½ Wochen!

Ohne sie wäre es ein ganz anderes Buch.

5.11.1958 Wenn man müde wird, während man an einem Buch schreibt. Bei mir gibt es immer eine natürliche Zäsur, und ich muss mir nicht überlegen, wann ich mir ein paar Tage freinehme; das übernimmt die Natur. Aber in was für einem schrecklichen Zustand ist die eigene Persönlichkeit dann. Als wäre eine Fassade abgerissen worden, und die hässlichen, schartigen Kanten und Kulissen sind alles, was ich sehen und fühlen kann, alles, was ich bin. Die Vorstellung hat Pause, und nur die staubige, schmutzige Bühnentechnik ist zu erkennen. Aber die ist nicht sehr vertraut, kein bisschen vertraut. Dieser Abgrund mitten in meinem Ich macht mir Angst, wie er tief und dunkel und geduldig daliegt und auf ein unschuldiges Opfer wartet. Ich kann nicht anders, als mich zu fragen, ob das nicht meine Seele ist, mein innerstes Wesen (ich weiß verdammt genau, dass es so ist), das ich da versuche, mit meinem bewussten Verstand zu erreichen? Dann verlieren die Steine in den Friedhöfen ihren Schrecken und machen mich nicht mehr ehrfürchtig. Es ist grauenhaft, das eigene Innere zu sehen und es wie die kalte Seite des Mondes vorzufinden, doch wenn man dann begreift und sich eingesteht, dass es die Wahrheit ist und kein poetisches Bild – dann kann man dem Tod ein wenig leichter gegenübertreten.

9.11.1958 Ein Tagebuch in Skizzen. Ein Wort und ein oder mehrere Gedanken für jeden Tag. Nur wer auch die Arbeiten des Malers versteht, kann verstehen, was er sagt. Gelbe Tage und schwarze Tage. Tage der Komplexität und einfache Tage. Tage der Liebe und Tage des Glücks. Ein wahrhaft privates Tagebuch. Wer in der Lage ist, es zu lesen, kann jedenfalls kein durchtriebener Rumtreiber sein.

9.11.1958 Ich weiß, sie denkt, ich übertreibe. Nur ein Narr würde doch seine Seele in die Hand einer Fremden legen! – Sie weiß es noch nicht, und das ist auch gut so. Intensität ist ab einem bestimmten Punkt nicht mehr von Vorteil und kann beängstigend sein und abschrecken. Interessanterweise ist sie genauso romantisch und verrückt wie ich. Wie die Liebe durch das Getrenntsein gedeiht! Es ist wie ein guter Boden, Wasser und Sonne für eine Pflanze.

9.11.1958 Ich entsage allen anderen.

9.11.1958 (4.30 Uhr morgens)
Allegro con Moto

Rase, Feuer!
Fang meine Liebe ein!
Brenne sie mir ein.
Dies ist für immer.

9.11.1958
Warum kommt der Tod so nah,
Zeigt sein Gesicht neben Deinem?
Ich habe ihn noch nie zuvor gesehen.
Ich hab vor Dir noch nie geliebt.

27.11.1958 Im Alter von vierzig verfügt man über so viele Assoziationen zu Musik, Farben, Geräuschen, Geschmacksrichtungen, Worten, dass man erahnen kann, dass das Leben unerträglich werden wird. Jede Beethoven-Sonate zieht einen Alptraum nach sich. Jeder Duft, den Frauen tragen, bringt Tränen und einen aus der Fassung.

7.12.1958 Gemütsruhe. Wer will schon »Glück«? Erwiderte Liebe, ein Scheck vom Verleger, diese Dinge helfen mir auf dem Weg zur Zufriedenheit. Sie wehren echte und eingebildete Ängste noch ein wenig länger ab. Wie ein Schiff laufe ich ständig Gefahr, leckzuschlagen, und renne herum und versuche alle Löcher zu stopfen. Zufriedenheit besteht deshalb eher in der Abwesenheit von Dingen, die ich nicht will, als darin, etwas zu bekommen.

19.12.1958 Ich möchte wissen, ob du so unsicher bist wie der Rest von uns. Ich will wissen, ob du ein Herz hast wie der Rest von uns. Vor allem will ich wissen, ob ich dich verunsichern kann. Gerade bist du die Einzige von uns, die glücklich ist. Du kannst auf zwei Hochzeiten gleichzeitig tanzen.

21.12.1958 Nach einem Monat in der Stadt: Was mich am meisten beeindruckt und mich tröstet, ist, dass alle anderen die gleichen Ängste, Sorgen, Schwierigkeiten, Probleme, die gleiche Scheu haben wie ich. Viele davon hängen direkt mit dem Leben in der Stadt zusammen. Aber das darunterliegende Grauen nicht. Das ist allumfassend.

29.12.1958 Frauen, sensible und intelligente Frauen, sind auf eine Art geduldig, die ich unwiderstehlich finde. Allein durch ihr Schweigen und ihre Zurückhaltung ziehen sie die Aufmerksamkeit auf sich. Immer wenn ich darauf treffe, ist es um mich geschehen (nicht immer wird das nach außen hin deutlich, aber in meiner Einstellung). Vielleicht ist Geduld tatsächlich die Eigenschaft, die ich an Frauen am meisten schätze. Zusammen mit Ruhe. Das überschneidet sich.

30.12.1958 M. [Mary Ronin]. Meine Liebste. Eine äußerst eigentümliche Mischung aus Naivität und Weisheit, praktischem Denken und Vernunft, wie ich sie noch nie gesehen habe und die mich bezaubert und mir gefällt. Sie ist nicht alt genug, um so weise zu sein. Aber vielleicht war sie schon immer aufmerksam und behält die Dinge in Erinnerung. Sie ist impulsiv wie eine Sechzehnjährige und sogar noch großzügiger und offenherziger. Aber sie hat nicht die Angst, Schüchternheit und den Egoismus von Sechzehnjährigen (und vielen Erwachsenen). Sie ist auf naive Art romantisch. Wie konnte sie sich das nur über alle Enttäuschungen hinweg bewahren? Oder waren es bei ihr nur so wenige? Vielleicht hat sie nicht immer wieder dieselben Fehler wiederholt, so wie ich.

30.12.1958 Es hat keinen Sinn zu fragen, ob ein Krimiautor kriminelle Elemente in sich hat. Jedes Mal, wenn er ein Buch schreibt, verbreitet er kleine Täuschungen, Lügen und Verbrechen. All das ist nur eine grandiose Maskerade, ein beschämendes Blendwerk, als Unterhaltung verkleidet.

31.12.1958 Warum ist das Zweite Klavierkonzert von Saint-Saëns so brillant, verglichen mit seinem ganzen übrigen Werk? Wahrscheinlich hatte er einfach gerade eine Affäre mit seiner Köchin oder seinem Hausmädchen begonnen.

1959 & 1960

Wüsste man nicht aus anderen Quellen, wie sich Patricia Highsmiths Leben und Werk in den nächsten zwei Jahren entwickelte, würde man sich beim Lesen der Notizbucheinträge von 1959 und 1960 oft verwirrt die Augen reiben. Allzu viele Marys tummeln sich in den Seiten – Mary Ronin, Mutter Mary, und ab 1960 eine weitere M., Marijane Meaker. Noch dazu jongliert die Autorin mit diversen Plotideen, die unmöglich dasselbe Werk betreffen können – und es auch nicht tun.

1959 beginnt mit Highsmiths klassischem Jahreswechsel- und Geburtstagsblues. Sie wird 38 und fühlt sich dem Ende nahe. Völlig erschöpft, schickt sie im Februar die zweite Fassung von *Der süße Wahn* an ihren Verlag Harper & Brothers. Obwohl ihre Lektorin Joan Kahn beeindruckt ist, verlangt sie wieder aufwendige Korrekturen, so dass die amerikanische Originalausgabe erst im Frühling 1960 erscheinen kann. Den Verlagsvertrag für das Mary Highsmith gewidmete Buch handelt nicht mehr Margot Johnson aus, von der sich Patricia Highsmith Ende 1958 wegen zu schlecht verhandelten Vorschüssen getrennt hat, sondern ihre neue Agentin Patricia Schartle (später Schartle-Myrer), zu der sie Anfang 1959 für die kommenden zwanzig Jahre wechselt. Was das Notizbuch ebenfalls nicht berichtet: Highsmiths Agentin in Europa, Jenny Bradley, verkauft die Filmrechte von *Der talentierte Mr. Ripley*, das als *Nur die Sonne war Zeuge* mit Alain Delon in der Hauptrolle verfilmt wird.

Im Frühsommer schreibt Highsmith, nach acht Monaten sei bei ihr und Mary das erste Feuer »verglüht«, gibt aber die Hoffnung auf ein Happy End noch nicht auf. Trotzdem fängt sie eine (im Notizbuch mit keinem Wort erwähnte) Affäre mit der sechs Jahre jüngeren Autorin Marijane Meaker an, die unter verschiedenen Pseudonymen Kriminalromane und lesbische Frauenromane für Pulp-Verlage schreibt. Ende September fliegt Patricia Highsmith für eine Presse- und Lesereise nach Europa. Sie reist zuerst mit Mutter Mary, die sich von einer schweren Depression erholt, dann allein, bis ihre Exfreundin Doris zu ihr stößt und sie gemeinsam Griechenland besuchen.

Highsmith schreibt in diesem Jahr viele Gedichte, einige noch über Mary, bald aber auch über Marijane Meaker, mit der sie sich nach ihrer Rückkehr nach New York im Februar 1960 wieder zusammentut. Ende August ziehen die beiden mit sechs Katzen in ein Farmhaus etwas außerhalb von New Hope, Pennsylvania. Bucks County, in dem New Hope liegt, gilt als Refugium für betuchte Homosexuelle und für Bohemiens wie Dorothy Parker und Arthur Koestler. Das Haus mit seinen vielen Zimmern auf einem riesigen Grundstück voller Apfelbäume ist groß genug, dass jede der beiden Frauen ihr eigenes Schreibzimmer hat.

Wie wir aus Marijanes Memoir, *Meine Jahre mit Pat,* wissen, stagniert allerdings bei beiden die Arbeit. Highsmith müht sich ab mit ihrem tragikomischen Roman, den sie unter großen Qualen zu *Die zwei Gesichter des Januars* ausbaut – bis 1964. Es wird der meistabgelehnte Roman ihrer Karriere.

* * *

1. 1. 1959
Mein Fluss, ergieße dich in mich.
Bring roten Sand und Kiesel,
Um mich zu beschweren.
Fließ klar über mich hinweg,
Mit Sonnenlicht auf deinem Spiegel.
Und lass unten lächelnd mich ertrinken.

1.1.1959 Allein leben. Man hat, wenn man mit jemandem zusammenwohnt, genau dieselben Ängste und Beklemmungen, im Prinzip dieselbe Angst vor dem Wahnsinn und sogar davor, nicht geliebt oder gewollt zu werden. Allein zu leben verstärkt das alles einfach nur ein wenig. Vielleicht ist das für den Künstler sogar besser. Das Leben ist sowieso zu kurz, und das Handwerk zu erlernen dauert so lang.

3.1.1959 Die ganz spezielle Einsamkeit und Tragik eines Menschen, der eine Person liebt und mit ihr ein Verhältnis hat, die mit jemand anderem zusammenlebt. Wie sehr wir es auch begründen, erklären und entschuldigen, richtig ist es nie. Die Zuneigung, Zuwendung und die Liebe, so groß sie auch sein mögen, genügen nie. Aus dieser Traurigkeit heraus, mit der man so schwer zurechtkommt, weil man sie nicht auf den Punkt bringen kann und es nicht wirklich ein Mittel dagegen gibt, aus dieser Traurigkeit wird sich wie immer für mich die Wahrheit herausschälen. Darum macht sie mir – objektiv – nichts aus.

13.1.1959 An diesem glücklichsten unserer gemeinsamen Tage sehe ich vor mir, dass ich am Tag unserer Trennung ersticken werde. In einem schwarzen Mantel werde ich vor einer nackten Wand zusammensacken, werden meine Tränen mit meinen Fäusten verschmelzen, und du wirst mich aus der Ferne beobachten, jemand anderen an deiner Seite. Auch du wirst deine Faust an deinen Mund pressen, und auch du wirst Tränen vergießen, aber nicht hemmungslos. Du wirst wissen, dass ich sterbe, aber mein Körper höchstwahrscheinlich weiterleben wird. Also wirst du nicht zu mir kommen. Erst später wirst du dir wünschen, du hättest es getan, zumindest einen Augenblick lang.

19.1.1959 Ist es nicht immer irgendeine Form von Gewalt, die alle homosexuellen Beziehungen beendet?

28.1.1959 Mein Leben ist absolut aussichtslos. Da hilft es auch nichts, genug zu schlafen, sich an eine Zeiteinteilung zu halten, täglich eine »befriedigende« Menge Arbeit zu schaffen und sich abends dazu zu gratulieren. Mein Leben ist aussichtslos. Es hängt an einem seidenen Faden. Ich will diese Tatsache nicht hinter irgendeiner Routine verbergen, so wie Soldaten verbergen, dass sie nicht auf eigenen Beinen stehen können, obwohl sie das Recht haben, andere zu töten.

Im Augenblick bin ich in zwei äußerst wichtige Dinge verstrickt: in eine scheinbar hoffnungslose Liebesaffäre, die (aus psychologischen Gründen, nicht wegen des Charakters des Mädchens, den ich noch nicht komplett einschätzen kann) vielleicht den Rest meines Lebens dauern wird; und eine Zäsur in meinem Schaffen, die unbedingt notwendig ist. Ich bin gerade 38 geworden, was zweifellos mit hineinspielt. Ich nähere mich immer mehr dem Ende und muss deshalb aus der restlichen Zeit so viel machen wie möglich.

31.1.1959 Als ich oben sagte, »mein Leben« hänge an einem seidenen Faden, meinte ich eigentlich meine Moral. Aber für mich sind Leben und Moral praktisch Synonyme.

31.1.1959 Alleine leben. Es gibt Zeiten, da bin ich eine ganze Weile lang einfach nur glücklich mit meinem eigenen Bewusstsein. Das ist kaum je möglich, wenn man mit jemandem zusammenlebt. (Nie.)

5.2.1959 Das taubstumme Mädchen. Sie ist 22, sehr hübsch auf so eine brünette, blasse, französische Art. Sie hat zwei Kinder, zwei Jungen, einer sieht ihr auf dem Bild in ihrem Portemonnaie sehr ähnlich. Wunderbare Vitalität und ein Leuchten in ihren schwarzen Augen. Ihr Gesicht ist sehr ausdrucksstark im Vergleich zu den ausdruckslosen Gesichtern von Menschen, die sprechen können. Und ihr Geheimnis ist es, mit ihrem übertriebenen Mienenspiel zu kommunizieren. Das ersetzt viele Worte. Sie ist 1,68 m, ihre Hosen ste-

hen ihr gut, obwohl sie keine besonders schmale oder jungenhafte
Figur hat. Sie fühlt sich nur wohl, wenn Stift und Papier in greifbarer Nähe sind, und schreibt schneller und sauberer, als ich es je
gesehen habe. Sie gibt sich große Mühe: Als ich bei unserem zweiten
Treffen in eine Bar kam, legte sie den Arm um mich und wollte mich
ihren Freunden dort vorstellen (alle todernst). Sie heißt Jan D.,
68 Charles [Street], und hat kein Telefon, schreibt sie. Sie hat vier
Jahre lang mit einem Mann zusammengelebt, war aber nie verheiratet. Offenbar ist er der Vater ihrer beiden Söhne. (Ich habe nicht
genauer nachgefragt.) Es wäre ein Genuss, mit ihr ins Bett zu gehen.
Ist eine Seite voll, oder fast voll, packt und zerknüllt sie sie, schmeißt
sie in einen Aschenbecher und klopft sich dann die Hände ab. Das
alles sehr schnell.

7.2.1959 Für mich ist es sehr, sehr schwierig zu entscheiden, welche Fehler verzeihlich sind (auch bei mir). Wo man Stellung beziehen und irgendwann sagen muss, das ist falsch, und deswegen verdient dieser oder jener Mensch keine Liebe oder Freundschaft mehr.

Europäer haben es in dieser Hinsicht leichter als Amerikaner,
weil sie von klein auf mit klaren Moralvorstellungen erzogen wurden – zumindest im Vergleich mit Amerikanern. Da ich glaube, dass
Wahrhaftigkeit und echter Charakter nur aus persönlichem Chaos,
Versagen und Erniedrigung entstehen können, ist es für mich doppelt schwierig. Wann sollte die eigene Geduld ein Ende haben?
Wann sollte man aufhören, daran zu glauben, dass in jedem ein guter Kern steckt? Darin besteht die ganze Kunst des Lebens. Und weil
es eine Kunst ist und keine Wissenschaft, wird nie jemand Regeln
dafür festlegen können. Nur aus diesem Grund unterscheiden sich
die Menschen voneinander, einer vom anderen. Mich quält diese
fehlende Klarheit.

10.2.1959 In Gegenwart des falschen Menschen (emotional gesehen) trinke ich zu viel und tendiere dazu, immer noch diese zwei

Gläser mehr zu trinken, die mich dämlich und wenig bewundernswert werden lassen. Das ist mir schon lange klar, aber ich wusste nicht, dass es ein derart ehernes Gesetz ist. Großartig festzustellen, dass es auch den umgekehrten Fall gibt!

11. 2. 1959 Disziplin, Einsamkeit und ein asketisches Leben fallen mir nicht schwer, aber mir gefällt das Gefühl nicht, so brav zu sein, das sich schon nach zwei Tagen eines solchen Lebens bei mir einstellt. Ich mag es nicht, mich tugendhaft zu fühlen, genauso wie ich die »Tugend« an sich nicht mag, weil ich sie als dumm empfinde. An diesem Punkt nützt es auch wenig, mir selbst zu sagen, dass ich nur deshalb tugendhaft bin, um in einer Kunst voranzukommen, die mit Tugend nicht das Geringste zu tun hat.

15. 2. 1959 Manisch. Es kann gar nicht genügend Mädchen für mich geben, nicht genügend Gin, nicht genügend Stunden am Tag, die ich verschwenden könnte. Ich habe gerade ein Buch (fast) beendet *[Der süße Wahn]*. Nach einer Phase annähernder Impotenz (Frigidität? – mehr Eis, bitte!) will ich jetzt zehnmal am Tag Sex. Und es ist erstaunlich, wie die Mädchen kommen!

18. 2. 1959 Fürs Erste gelangweilt von meinem Buch. Wie schade, so übersättigt zu sein von etwas so durch und durch Emotionalem. Ich habe mich zu lange und ohne Pause und ausschließlich damit beschäftigt. Ich mache mir zwar nicht die geringsten Sorgen, dass ich es nicht erfolgreich (zufriedenstellend) zu Ende bringen könnte, gleichzeitig möchte ich auch nicht gerade jetzt pausieren. Aber ich muss. – Das Gehirn (jedes Gehirn) will irgendwann nicht mehr, wenn es so lange nur von einem Thema, einer Idee beherrscht war. An so schwierigen und unglücklichen Tagen kostet eine Pause zu machen fast genauso viel Willensstärke, wie zu arbeiten. Ich bin auf jede erdenkliche Art erschöpft, und – weit schlimmer – mein Glaube an das Mädchen, das dieses Buch inspiriert hat, ist erschüt-

tert. Sie hat nichts getan, es ist allein meine Schuld, mein Wankelmut hat zu diesem Riss zwischen uns geführt. Ich stelle sie genauso auf die Probe wie mich selbst, ein Zustand, den uns das Leben und die Zeit auferlegen. Es hat nichts mit meinem Buch zu tun, sondern kommt ihm nur zufällig in die Quere.

18. 2. 1959 Wirklich erstaunlich, wie einem das Schicksal zur richtigen Zeit das richtige Buch in die Hände spielt. Ich habe gerade eine wunderbare Dostojewski-Biographie von Marc Slonim gelesen. *The Three Loves of Dostoevsky*. Unzensierte Tagebücher seiner Frau und Tochter. Er war viel triebgesteuerter, als ich es mir je hätte träumen lassen, selbst noch mit sechzig, kurz vor seinem Tod! Aber was ich bei Fjodor und St. Beuve[1] am interessantesten finde, ist ihre unglückliche Neigung, sich in die Geliebte oder Ehefrau ihres besten Freundes zu verlieben, gepaart mit ihrer Bereitschaft – ja, dem großen Verlangen –, dem anderen Mann ein wahrer Freund zu sein. Mich fasziniert dieses Flirten mit den Möglichkeiten, wie sie den Teufel versuchen, die Axt herausfordern, die die eigene Ehre zerteilen wird, und zwar in den Augen der ganzen Welt wie vor sich selbst. Dostojewski wollte persönlich erniedrigt werden, verflucht, bespuckt, für seine höchsten Gefühle. Genau wie ich.

23. 2. 1959 In zwei Menschen gleichzeitig verliebt zu sein. Wie unglaublich unreif. So verliebt zu sein in die Liebe.

8. 3. 1959 Die Beatniks[2] – nichts weiter als das schlimme, dringende Bedürfnis nach Kommunikation. Kommunikation ist die Schwester der Liebe. Sie ist notwendig fürs Glück. Menschen, die kommuni-

---

[1] Charles-Augustin Sainte-Beuve (1804–1869), einer der wichtigsten französischen Literaturkritiker seiner Zeit, war ein enger Freund von Victor Hugo und dessen Frau Adèle Foucher, mit der er Gerüchten zufolge eine Affäre hatte.
[2] Ende der 1940er Jahre entstand die Beatnik-Subkultur nach dem Vorbild von Jack Kerouac und anderen Mitgliedern der »Beat Generation«. Die Bewegung war gekennzeichnet von einer liberalen Haltung gegenüber Sex und Drogen, einer Vorliebe für Jazz, (Pseudo-)Intellektualität und Antimaterialismus.

zieren, wie Jesus Christus oder jeder andere mit einer Botschaft, brauchen nicht die Liebe eines einzelnen menschlichen Wesens.

18.3.1959 Zurzeit lache ich zu viel. Weil das Leben und der wahre Ernst mich einholen. Ich kann hier nicht entweder ernsthaft oder albern sein. Ich bedaure mein Gelächter nicht und schaue auch nicht darauf herab – an sich schon eine komische Idee – aufs Lachen herabzuschauen. Es gibt leeres Gelächter, das man eine Woche später bedauert, wenn man sich überhaupt noch daran erinnert. Heute Abend lache ich über mich selbst und mit Shakespeare, der sagte, die ganze Welt ist eine Bühne. Nie ist man trauriger, wahrhaftiger im weitesten Sinn, als wenn man lacht. Wenn ein Künstler ernst ist, ist er damit beschäftigt, an einer kleinen Perle zu arbeiten, nicht an seinem ganzen Selbst.

5.4.1959 Das Pärchen von nebenan. Er ist fünfundzwanzig, sie zweiundzwanzig, und sie werden in einer Woche heiraten. Er spricht fast immer mit lauter, selbstbewusster Stimme, und sie kichert und gurrt genüsslich. Dadurch angeregt, beginnt auch er zu gurren, nur etwas tiefer. Mir fällt auf, wie sehr sie den Tauben ähneln, die in meinem kleinen Hinterhof ruckedigun. »Ruckedigu«, machen sie, »ruckedigu«, immer wieder, ein wortloser Ausdruck ihrer unsterblichen Zuneigung. Ein weiteres Beispiel für die Gemeinsamkeiten menschlicher Wesen mit dem Getier und Federvieh unserer Erde.

14.4.1959 Ich empfinde es selbst bei den besten Malern hin und wieder so, dass sie allzu sehr ausschmücken. Schriftsteller tun das genauso, aber in viel geringerem Ausmaß. Ein Schriftsteller hat selten oder nie diesen Gesamtüberblick über sein Werk, nicht einmal kurz, an dem er sich orientieren könnte, um den »gewünschten Effekt« zu erzielen. Irgendwo wird die Selbstvergessenheit immer durchblitzen. Ein Maler aber kann jederzeit das Gesamte beurteilen und sein bewusstes Ziel verfolgen, bis es erreicht ist.

23. 4. 1959
Lob sei den kleinen Blumen
Die mir solche Freude bereiten,
Die mich Geduld lehren,
Die mir mit ihrem Sanftmut
Ihr ruhiges Antlitz zeigen,
Wenn ich mit verletztem Herzen in mein Zimmer komme.

27. 4. 1959 Es sind die Fehler, die unbedachten Kommentare, die einem in einer Liebesbeziehung ans Herz gehen und einzelne Menschen herausheben. In ihrem guten, konventionellen Benehmen sind alle Menschen gleich. Ich höre immer genau zu und merke mir, wie sie ist, wenn sie ein wenig betrunken ist und wütend auf mich oder auch nicht. Grauenhafte Sätze, unglaubliche Ideen und oft zärtliche Worte, die mir die Tränen in die Augen treiben, wenn ich sie höre, und auch später, wenn ich mich an sie erinnere.

8. 5. 1959 John Wain[3] liest seine Lyrik vor amerikanischem Publikum. Für mich im Radio. Sein Gedicht über Major Eatherly, dem Soldaten, der die Atombomben auf zwei japanische Städte abgeworfen hat, hat mich beeindruckt und sehr berührt.[4] Eatherly hatte später Alpträume und schrie dann »Ausklinken!«, sehr zum Leidwesen seiner Frau. Die Regierung schickte ihn mit 270 $ pro Monat in Rente. Er weigerte sich, die Schecks einzulösen, behalf sich mit Kleindiebstahl und kam in die Vollzugsanstalt von Fort Worth. Wains letzte Verse sind kraftvoll. Sie haben ihn nicht wegen seiner Alpträume, sondern wegen Diebstahls eingesperrt. Gebt seine Rente den Ladenbesitzern, und sagt ihnen, sie kommt von unser

---

3 John Barrington Wain (1925–1994), englischer Schriftsteller, Dichter, Journalist und Kritiker.
4 Tatsächlich hat der Pilot Claude Robert Eatherly (1918–1978) keine der Atombomben abgeworfen, er war in Hiroshima dafür verantwortlich, die Wetterbedingungen zu erkunden. Nach dem Krieg hatte er mit psychischen Problemen zu kämpfen und wurde dann von der Antiatombewegung entdeckt, eine Rolle, die er bereitwillig ausfüllte – manche hielten es für echte Schuldgefühle, andere sahen darin eher einen Wunsch nach Bekanntheit und finanziellem Vorteil.

1959

aller Gewissen. Und legt dem Major ein gefaltetes Blatt Papier neben den Kopf, wenn er schläft, nichts Offizielles, nur ein paar bleistiftgeschriebene Worte: »Eatherly, deine Botschaft ist angekommen.« Mir traten die Tränen in die Augen, und das Publikum (ich konnte die Gesichter natürlich nicht sehen) applaudierte lang und laut.

Ich würde am liebsten ein Buch gegen den Krieg schreiben. Aber mit dieser Prämisse kann man kein belletristisches Werk beginnen. Ich spüre eine Lücke im öffentlichen Bewusstsein, eine Vagheit, wie eine Wolke der Unentschlossenheit, die nur darauf wartet, vom stärksten Wind in eine bestimmte Richtung getrieben zu werden. Entweder Richtung Krieg (zwar mit einem Seufzer, mit Widerwillen, auch einem Fluch oder zweien, aber die Enthusiasten, die kopflose Jugend, wird immer in der Mehrheit sein) oder Richtung Frieden und der unerschütterlichen Entschlossenheit, nicht zu kämpfen. Dieser Kurs erfordert am meisten Mut. Zu Beginn werden ein paar wenige die Verachtung ihrer Freunde und Gefährten ertragen müssen, vielleicht sogar Gefängnis. Aber ihre heldenhafte Anzahl zu steigern! Das wäre ein würdiges Ziel für einen aufrechten Schriftsteller. Die Welt braucht jetzt aufrichtige Schriftsteller.

24.5.1959 Palladium Dancehall.[5] 2,50 $ Eintritt für Männer und Frauen, einkassiert von einem mürrischen Mann im billigen Smoking. Es ist ein Tanzclub, links eine Bar, ein kleiner abgetrennter Bereich mit Tischen, 2 $ Minimumverzehr, für die Alten, die Versehrten und die Betuchten. Der Schautanz beginnt um 11. Drei schwarze Paare gewinnen die drei ersten Preise. Das Paar aus Puerto Rico zeigt nicht so viel Enthusiasmus und Tanzwut wie die Schwarzen, auch wenn ihr Tanz komplizierter ist. Auf dem Boden sitzen hauptsächlich junge schwarze Männer im Kreis, die Gesichter vom

---

[5] Der legendäre Tanzclub am Broadway, Ecke 53rd Street, »*home of the mambo*«, lockte in seiner Blütezeit mit seinen berühmten Tanzwettbewerben Tanzbegeisterte aller Klassen und Hautfarben an, auch Hollywood- und Broadway-Stars und berühmte Jazzmusiker wie Count Basie, Duke Ellington, Ella Fitzgerald, Billie Holiday und viele mehr.

Rampenlicht erleuchtet. Die Tänze sind sich sehr ähnlich, Variationen von Cha-Cha-Cha, genau wie die Stücke des Orchesters. Rhythmus ist alles. Und es ist ganz egal, wer im Orchester gerade die Melodie spielt, die kaum wiederzuerkennen ist, vielleicht auch überhaupt nicht. Eine einzige weiße Hornistin in der schwarzen Band. Danach eine wilde Show: drei halbnackte Mädchen in scharlachroten, geschlitzten Kleidern; ein tuntiger Tänzer in schwarzer enger Hose, der Schlitz mit einem kräftigen, braunen Strick verschnürt, dazu ein Leopardenoberteil. Meine Freundin aus Paris merkte an, er sehe aus wie ein Möbelpacker. Der Großteil des Publikums Pärchen, im Schnitt 28 Jahre alt; ein paar grauhaarige Geschäftsmänner, nicht betrunken, aber von der Sorte, die gern mit billigen, blonden Zufallsbekanntschaften tanzt. Meine französische Freundin sehr angetan von einer Brünetten mit nichtssagendem Gesicht in zu kurzem grauen Kleid, dunkler Strumpfhose, die Haare glatt, schwarz, zu einem Strubbelkopf geschnitten. Ihr Begleiter im Vergleich langweilig. Winzige Drinks mit Gin und Scotch. Das Trinken ist hier nicht wichtig. Alle tanzen ekstatisch, mit echt bacchantischer Freude.

Sieht man sich die Solos an, die die Paare nach ihrer Anfangsnummer getrennt tanzen, könnte man fast meinen, ein neues klassisches (wenn auch von 1959) Ballett würde hier gerade entstehen.

29. 5. 1959 Beklemmung und Angst sind zum üblichen Dauerzustand geworden. Ich habe jetzt für ein paar Tage die beiden Katzen bei mir, die ich so gut kenne, den schwarzen Kater werde ich bald für den Rest seines Lebens haben.[6] Doch immer, wenn ich sie mir anschaue, überkommt mich ein Anflug von Angst: Ich sehe vor mir, wie sie von einem Auto überfahren werden, aus dem Fenster fallen oder einen Knochen schlucken, an dem sie ersticken. Alles unnötig. Oder eher, alles durchaus möglich, das gehört zum Leben. Es könnte

---

6 Kater Spider, dem Highsmiths zehnter Roman *The Glass Cell* (New York, 1964) gewidmet ist.

1959

auch mir passieren. Irgendwann wird so etwas auch mir passieren. Warum also vorausgreifen?

Vielleicht weil ich Ängste, die ganz woanders herrühren, auf die Katzen übertrage. Ich mache mir unterbewusst Gedanken über M.s und meine Verantwortung und habe Schuldgefühle gegenüber R.[7] Habe gerade mit BA zu Abend gegessen. Auf ihre ruhige Art merkte sie an, dass R. vielleicht froh sei (ja!), von M. getrennt zu sein, und was mich überhaupt R.s Gefühle angehen? Vielleicht zweifle ich an meiner Vertrauenswürdigkeit. Und warum? Es ist eine Endloskette, die in mein Unterbewusstsein führt, zu den vielen kleinen Schamgefühlen, die man besser in Ruhe lässt.

1. 6. 1959 Leicht zu verstehen, warum Schriftsteller trinken. Am Schreiben ist ja auch nichts Rationales.

2. 6. 1959 Eine merkwürdige Zeit für mich, vom schöpferischen Standpunkt her. Keine Idee für eine Kurzgeschichte nimmt mich in Besitz, und darum nehme ich auch keine in Angriff, weil ich weiß, dass sie ohne Inspiration zum Scheitern verurteilt wäre. Ich frage mich oft, ob es wohl daran liegt, dass ich mit M. so weit gekommen bin? Die Unsicherheit der Situation – die mögliche Enttäuschung, falls M. mir irgendwann doch sagt, dass sie nicht den Mut hat, R. zu verlassen und mit mir zu leben – sollte meiner Kreativität zugutekommen. Bin ich jetzt tatsächlich zu glücklich? Oder bin ich psychisch erschöpft nach dem Schreiben von *Der süße Wahn*? Warte ich einfach nur darauf, ob die Zeitschriften darauf anspringen, falls Harper wirklich keine weiteren Änderungen mehr hat?

Schuldgefühle haben sich noch keine breitgemacht und werden es hoffentlich auch nicht. Warum nicht eine lange, ruhige Pause zwischen zwei Büchern? Es ist weiß Gott vergebene Liebesmüh, sofort ein neues Buch schreiben zu wollen, ein anderes Thema in

---

[7] Die Ex-Freundin, die Mary vorübergehend für Highsmith verlassen hat.

Angriff zu nehmen. (Ich habe mehrere, nur keine Handlung, keine Geschichte dazu.)

2.6.1959 Manchmal wünsche ich mir, ich hätte ein Tagebuch über all das geführt. Über die kleinen (bisher unwichtigen) Hochs und Tiefs; die Augenblicke leisen Zweifels; die Beinahe-Streits – wie das eine Mal, als sie mich falsch verstanden hatte und dachte, ich wollte, dass sie sich entscheidet: Entweder sie verlässt R. auf der Stelle, oder ich gehe sofort zu B. (das war an einem Nachmittag Anfang März). M. sackte zusammen wie erschlagen und sah fünfzehn Jahre älter aus. Sie sagte kein Wort, saß nur da, starrte zu Boden und ließ mich nicht mal ihre Hand berühren. Schließlich sagte ich: »Du weißt doch wohl, dass ich lieber dich hätte.« Ich schenkte ihr das Portemonnaie von Mark Cross. Als ich einen Augenblick später in ihre Tasche schaute, nur um noch einmal nachzusehen, ob es wohl schmal genug war für ihren Geschmack, bemerkte ich, dass sie den Schnappschuss von sich, den sie mir gerade geschenkt hatte, wieder eingesteckt hatte. Ich nahm ihn heraus und machte ihr deshalb Vorwürfe, als sie aus dem Bad kam.

(Werde beim Schreiben immer wieder von der herumstreunenden Nike abgelenkt.) Jetzt, über zwei Monate nach R.s Abreise nach Utah, sagt sie mir oft und voller Leidenschaft, dass sie mich liebt. Und am Sonntagabend begleitete uns ein Freund von ihr, mit dem wir zusammen gegessen hatten, in ihre Wohnung, um etwas abzuholen, und ich stellte amüsiert fest, wie sie einen Grund erfand, damit ich bleiben konnte – (Ich gab mich geschäftig, als würde ich gleich aufbrechen.) »Ich muss dich direkt einspannen, Pat. Ich muss die Gummilösung von diesen Illustrationen entfernen.« So ernst und so überzeugend vorgebracht, dass ich fast laut losgelacht hätte. Die kleine Notlüge, die eine Situation rettet, beherrscht sie meisterhaft, aller Argwohn wird weggewischt und verbannt. Sie produziert sie in Lichtgeschwindigkeit, oder besser: Wahrheitsgeschwindigkeit.

8.6.1959 Mein ganzes Leben lang habe ich mich mehr oder weniger bewusst um Liebe und Geld bemüht – genügend Geld, um mir die Angst zu nehmen. Jetzt habe ich beides, allerdings mit einer eher ungeklärten Situation, was die Liebe angeht. Mir macht nichts mehr zu schaffen, es gibt nichts, was ich erreichen müsste, außer noch ein besseres, ein anderes Buch zu schreiben. Aber jetzt bin ich seltsamerweise gefangen in meinem Bewusstsein; bisher dachte ich immer, mein bewusstes Streben würde mein Unterbewusstsein, meine kreative Seite behindern. Aber jetzt habe ich keine einzige Idee im Kopf, die ich wichtig genug finde, um darüber zu schreiben. Also schreibe ich nicht.

11.6.1959 Kommt diese Abgespanntheit und Besorgtheit, die ich jeden Morgen in ihrer Wohnung empfinde, vom unterbewussten Wissen, dass wir nie wirklich zusammen sein werden? In letzter Zeit überkommt mich die böse, (wie sich herausstellen könnte) fatale Vorahnung der Niederlage. R. hat sie gebeten, nach Utah zu kommen, sobald ihr Buch fertig ist. M. sagt, sie kann es kaum erwarten, in Vegas zu sein und zu spielen. In dieser Stimmung ist sie gerade. Flucht. Kein Risiko eingehen – vielleicht. Ich fürchte, R. wird ihr mühelos ein Versprechen abringen können, sobald sie gemeinsam da draußen sind. Genügt es, M. davor zu warnen, um das abzuwenden? Momentan weiß ich nicht, wie ich weiter vorgehen sollte. M. gewöhnt sich immer mehr an mich – das Feuer der Liebe verglüht nach acht Monaten, von denen wir vier mehr oder weniger ungestört zusammen waren. Ich habe keine Pläne mit ihr gemacht, aber vielleicht sollte ich das tun, damit sie in Utah etwas im Rücken hat. Zumindest müssen wir darüber sprechen. Wenn wir uns nur gegenseitig sagen würden, dass wir zusammenleben wollen – und das R. zu sagen –, das würde schon reichen.

16.6.1959 Rückkehr nach Astoria, Long Island.[8] Ich komme zu dem leeren Grundstück und treffe dort auf einen gutgekleideten Mann, augenscheinlich italienischer Abstammung, der sich genau diesen Ort, das leere Grundstück meiner Kinderspiele von vor fünfundzwanzig Jahren, ansieht. War er einer meiner Spielkameraden? Warum sonst sollte er hier sein, wenn er dieses Stück Erde nicht kennt? Oder spielt er mit dem Gedanken, es zu kaufen? Auf dem Grundstück liegen Dosen herum – größtenteils ist es überwuchert von hohem grünen Gras, immer noch durchfurcht von den Gräben, die zehnjährige Hände gegraben haben. Gräben und Tunnel. Schweiß, Angst, Träume – und alles verbunden, das muss es sein, mit meinem Leben als Erwachsene. Die Gastanks. Der Tennisplatz. Die ölverschmierte Straße. Die Kulisse wohlerzogener italienischer Jugendlicher, männlich wie weiblich. Vergiss nicht einen einzigen Grashalm. Alles hier ist Assoziation.

21.6.1959 Komparative Zoologie kann das Preisen der Natur als völligen Unsinn erscheinen lassen. Wir mögen die Regentage, die Sonne, das Meer, den Wechsel der Jahreszeiten, weil wir Tiere sind, die unter diesen Bedingungen, mit diesen Phänomenen, überlebt haben. Andere Spezies, die all das vielleicht nicht »mochten«, sind jetzt ausgestorben.

6.7.1959 Jemand, der verliebt ist oder einen anderen wirklich liebt, ist nicht mehr Herr seiner selbst. Womöglich ist das für niemanden neu, außer für mich. Für mich fühlt es sich seltsam an, dass an mir gezerrt und geschoben wird, ich zum Weinen gebracht werde oder am Boden zerstört bin von einem Wort, einem eingebildeten Ereignis.

---

8 Im Stadtteil Astoria in Queens lebten Highsmith und ihre Eltern von 1930–1933, zuerst in 1919 21st Road nahe dem East River, später in der 28th Street.

28.9.1959 [Paris⁹.] Wahrlich beängstigend, wie sehr meine Mutter mit 64 meiner Großmutter gleicht, als diese viel älter war. Die Geistesabwesenheit, die Wiederholungen, die lächerliche, schamlose Angeberei! Anscheinend wird sie bereits senil. Ich frage mich natürlich zwangsläufig, ob ich in 25 Jahren genauso sein werde. Welchem Größenwahn hängt das Ego nur an, um so tief zu fallen? Ich frage mich, ob mein Ego vielleicht schon zu hoch geflogen ist, ohne dass ich es bemerkt habe. Irgendwann fangen diese Leute dann an, ihre mittelmäßigen Apfelkuchen über den grünen Klee zu loben. Dann hat sich das Ego schließlich von unerreichbaren Berufszielen gelöst.

28.9.1959 Ein Traum letzte Nacht, der ersten Nacht in Paris seit sieben Jahren. Ich war ein Mann und hustete Blut in der Farbe von hellem Lavendel in eine weiße Serviette. Ein Arzt sah mir über die Schulter und sagte: »Wissen Sie, diese Farbe bedeutet den Tod.« Ich nahm ihn ernst und bekam Angst, suchte aber eine Entschuldigung für die Farbe und bestand darauf, dass sie nicht den Tod bedeute. Meine letzten Assoziationen mit Lavendel: die Kornblumen, die ich für K. [Kathryn] in London gekauft habe, manchmal auch die Farbe ihrer Augen und die Farbe (Lila) eines bedruckten Kleides, das sie trug.

16.10.1959 Das Pas de Calais Hotel. Im Stock unter mir, die geschwungene Treppe mit dem roten Teppich hinab, stehen zwei Paar Schuhe vor einer Tür. Die Schuhe eines Mannes und einer Frau. Die Tür ist schmal und eng, das Zimmer wird nicht viel besser sein; nachts sind sie streitend nach Hause gekommen, schlafen wahrscheinlich in einem Doppelbett, und als ich morgens um 9 Uhr rausgehe, stehen die Schuhe dort Seite an Seite und warten ein wenig ausgetreten und schamlos darauf, poliert zu werden, für einen weiteren Tag und einen weiteren Abend voller Streit.

---

9 Highsmith ist für eine Lesereise nach Europa gereist, begleitet von ihrer Mutter.

16.10.1959 Wahnsinn als eine Form von Ohnmacht. Vor allem bei zyklischen Typen wie Manisch-Depressiven. So versucht die Natur, Verstand und Nerven vor der zu schmerzhaften Realität zu beschützen. So wie ich das bei meiner Mutter beobachte, ist sie deutlich rationaler, wenn auch bedauernswerter, wenn sie depressiv ist. In der »Hochphase« ist sie definitiv neben der Spur, arrogant, wiederholt sich, muss dauernd Befehle erteilen, sich selbst behaupten usw. Das alles gepaart mit einem grotesken Selbstbewusstsein.

21.10.1959 Habe meine Mutter zum Flieger nach Rom gebracht. – Adieu für weiß Gott wie viele Jahre. Ich bin so froh und glücklich darüber, allein zu sein, frei zu sein. Selbst M., die versprochen hat, in Griechenland zu mir zu stoßen: Sie kommt nicht, und mich rufen wieder die Einsamkeit und das alte Abenteuer. Im Moment bleibt mir nichts anderes, als ganz alleine loszuziehen, das kleine, einsame Hotelzimmer, der Blick auf irgendeinen Fluss in der Nacht, die Lichter eines Restaurants, in dem niemand mit mir essen wird. Aus diesen Situationen entstehen meine Geschichten, meine Bücher und mein Lebensgefühl.

26.10.1959 Ein großer Teil des Reizes, des Abenteuers und der Gefahr bei einer Liebesaffäre – also anders gesagt, das, was sie am meisten mit Leben erfüllt – ist der prekäre Zustand des eigenen Egos währenddessen. Stehe ich das durch? Wird er oder sie mich so nehmen, wie ich bin? Mich lieben? Und wenn ja, wie sehr? Wie lange? Für immer? Vieles davon ist eine erbärmliche Wette auf (oder bei Neurotikern gegen) das eigene Ego.

5. 11. 1959
In Barbizon[10] *fand ich ein kleines blaues Pferd*
In der Gosse.
Ich sagte: »Vielleicht bringen wir uns Glück.
Bringst Du mir Glück?
Bring mir einen Brief von Mary nach Paris,
Dann darfst Du bei ihr leben.«
Ich taufte ihn Lucky.
Doch es wartete kein Brief in Paris.
Ich sagte: »Du bist mir ja ein mieses Pferd.
Am liebsten würde ich Dich wegwerfen.«
Aber ich dachte auch, sind wir eben zusammen unglücklich.
Und schließlich kam ein schöner Brief
Und ich fragte mich, war das Lucky oder nicht?
Ich sagte: »Du darfst zu Mary.«
War das Lucky?
Ist das Glück?

19. 11. 1959 Das ganze Elend der Welt geht auf die Gleichgültigkeit der Bessergestellten gegenüber denen, die weniger haben, zurück. Nicht nur wirtschaftliches, sondern auch persönliches Unglück – das so viel leichter zu ertragen ist, wenn es Freunde oder Fremde gibt, die einem zeigen, dass ihnen nicht egal ist, was passiert. Wenn das geschieht, gibt es keine Bitterkeit, kein Verfluchen von Gott, und man geht nicht auf seine Mitmenschen los. Keine Revolutionen.

20. 11. 1959 Lange hat mich nichts mehr so aus der Fassung gebracht wie die Gegenwart meiner Mutter im ersten Monat meiner Europareise. Was Persönlichkeitstypen angeht, intellektuelle Gegenpole, alte unterschwellige Kriegsführung. Die passive, feminine

---

10   Ein Weiler im Wald von Fontainebleau südlich von Paris, berühmt für die dortig ansässige Künstlerkolonie von Landschaftsmalern im 19. Jahrhundert. Ein paar Jahre später werden Highsmith (und ihr Alter Ego Tom Ripley) in der Nähe leben.

Frau, die immer egoistisch handelt, bösartige Pläne schmiedet, ohne dass es ihr überhaupt klar ist. Ihr Unterbewusstsein ist intelligenter als ihr Bewusstsein. Ihr Verhalten wird immer gerechtfertigt durch die vorherrschende schmutzige, engstirnige, im Grunde kranke nachgiebige Moral ihrer Zeit und ihres Milieus. Perverserweise genießen diese Menschen echte Tragik und den Eindruck, vom Pech verfolgt zu sein, und wenn sich alles gegen sie wendet, fühlen sie sich, als hätte Gott sie für das Unglück auserwählt.

29. 11. 1959 Es ist ziemlich klar, dass ich bei meiner Rückkehr nach New York im Januar 1960 mein Gefühlsleben entweder ganz abschalten oder in den Griff bekommen muss. Ich kann nicht weiterhin so ein ungeklärtes, unentschiedenes, vor allem unbefriedigendes Gefühlsleben haben wie in den letzten fünf Monaten. Die Reise nach Europa, diese andere Perspektive, das hat mich immerhin auf den Boden gebracht. Je älter ich werde, umso weniger weiß ich. Muss es so sein, dass es mich kalt erwischt? Dann wäre ich misstrauisch. Sollte es besser langsam, aber sicher wachsen? Dann wäre ich misstrauisch, weil ich das Schnelle liebe. Ich glaube, es ist mein Schicksal, das zu sein, was sie krank nennen und ich gesund. Was soll's?! Jeder der mich liebt, kann mich finden. Und alle anderen sollte ich hinter mir lassen. Ich sollte hinzufügen, dass ich die, die mich jetzt schon lieben, nicht liebe. Und ich sag das überdeutlich, wissentlich:

Lass ein Mädchen mich nicht lieben –
Ist sie hübsch (genug), bin ich wie getrieben.
Das Alter wär von mir als Opfer entzückt,
Wär ich nicht durch und durch verrückt.

7.–8. 12. 1959 Diese Tage des heimlichen Unglücks, die ich jetzt in Paris erlebe, werden mir zugutekommen, denn so ein Elend ist universal (und ich meine nicht ewig!). Wie man sich an das kleinste

Aufwallen von Hoffnung und Energie klammert – auch wenn es nicht mehr ist als das Aufwehen eines welken Blatts auf dem Gehweg.

(Auf emotionaler Ebene gibt es nichts Schlimmeres, als nichts zu wissen, nichts zu hören von dem Menschen, in den man verliebt ist. Ich will nicht, dass ich diesen Absatz – in ein paar Wochen – falsch lese, weil ich momentan so unglücklich bin.)

8.12.1959 Geistiges und emotionales Leid wird immer schwerer zu ertragen, je älter man wird – zumindest über dreißig. Dann weiß man schon etwas vom Unglück; und immer macht es einen auch stolz, wenn man daran denkt, dass man sich nicht hat unterkriegen lassen, bei allem, was man schon durchgemacht hat. Aber wenn dann etwas noch Schlimmeres geschieht – dann kennt man leider auch schon die Gefahren der abgrundtiefen Verzweiflung und all ihre Schrecken.

15.12.1959 Folgt man im Leben nicht einem gewissen Stil, so werden auch die eigenen Zeichnungen und Gemälde keinen haben.

26.12.1959 Traum mit mehreren Teilen. 1) M.s Wohnung, 23.30 Uhr. 2) Übergangslos ein Treffen mit R. – hitzige Worte. Ich schleiche mich im Pyjama durchs Zimmer (am Bahnhof) und gehe dann zu Fuß im Pyjama nach Hause (schäme mich deswegen), in Begleitung eines Mädchens, das sagt, »M. ist fürchterlich in dich verknallt.« 3) M. schweigt sich über meinen Kater aus, auf den sie aufgepasst hat. »Ich habe heute seine Schüssel weggeworfen«, mit einer Grimasse. Schließe daraus, dass sie ihn satthat, mich aber nicht direkt bitten will, ihn wieder mitzunehmen. Sie haben zwei große weiße Katzen und eine kleine schwarze mit einem grauen Rollkragenpulli. Ich kehre ins Haus zurück, als M. weg ist, um meinen schwarzen Kater abzuholen. Zu meinem Schrecken höre ich die Klingel, dann den Schlüssel im Schloss: M. & R. kommen nach

Hause, und ich bin da, nicht einmal komplett bekleidet. Ich ziehe mir schnell etwas über – und verdrücke mich dann in die hinterste Ecke, als sie hereinkommen. 4) Rolf Tietgens wird vom Restauranttisch weggerufen, um bei einem Brand zu helfen. Er rettet einer Frau das Leben, zieht sie durch ein Fenster hoch. Sie ist sehr dankbar, erschöpft. Kehrt als Held zurück, in Levi's, und setzt sich wieder zum Essen an den Tisch.

30. 12. 1959 Athen. Eine bunt zusammengewürfelte, gelbe, staubige Stadt, niedrige Gebäude, und nicht mal die großen offiziellen Gebäude wirken besonders solide, als wären es nur Fassaden. Viel Verkehr auf den Straßen, Autos und Menschen zu jeder Tageszeit. Nur eine Million Einwohner, habe ich gelesen, und alle scheinen sich gleichzeitig auf den Gehwegen zu drängen. Unzählige Ballonverkäufer, Straßenhändler mit billigen Portemonnaies, Schmuck von zweifelhaftem Wert, Fertigkleidung. Erster Eindruck – die Menschen hier sind weniger kultiviert als in Mexiko. An öffentlichen Orten, zum Beispiel beim Kaufen der Zugfahrkarten, wurde D.[11] zweimal von Frauen zur Seite gedrängt in einer Menge von 12–15 Leuten (die keinerlei Anstalten machten, eine Schlange zu bilden). Beim dritten Mal ergriffen die beiden Beamten hinter dem Schalter und auch ein paar Männer aus der Menge Partei für sie. Über allem hängt die Atmosphäre von Armut, wenn nicht sogar Not.

* * *

1. 1. 1960 Im Augenblick, aber davon schrieb ich schon, geht es für mich hauptsächlich um die Schwierigkeit zu leben. Nicht im Gleichklang mit der Welt oder der Gesellschaft, sondern überhaupt zu leben, mich zu bewegen, irgendetwas zu tun. Darüber könnte man sich lang und breit auslassen, was ich natürlich nicht möchte, oder

---

11 Highsmith hatte Doris S. gebeten, sie bei ihren Reisen nach Salzburg, Athen und Kreta zu begleiten.

es leichthin abtun – doch das Ganze ist ein verzweifelt ernstes Problem, das die meisten Menschen viel lieber verdrängen, statt sich ihm zu stellen. Es ist das Medusenhaupt: Niemand kann ihm in die Augen schauen.

17.1.1960 Flug von Athen nach Korfu. Die meiste Zeit über Land, Berge und Meer. Landschaftlich der schönste Flug, den ich jemals hatte. Schneebedeckte Berggipfel, zusammen mit Kiefern und struppigem Unterholz in die dunkelgrünen und braunen Hügel und Gebirgsausläufer eingepasst. Schlammige flache Gebirgsbäche, die von irgendwo in den Hügeln kommen und sich ohne ein Delta ins blaue Wasser ergießen; sie hinterlassen teefarbene Ablagerungen, die leeren Seidenstrümpfen gleichen und bis weit in die Adria hinausreichen. Aus der Höhe sind die ordentlichen, aber durcheinandergewürfelten kleinen Äcker blassgrün und -braun und schraffiert wie in einer Skizze.

Die Maschine war zweimotorig, hatte aber nicht genügend Kabinendruck. Die Ohren taten mir weh – schlimmer noch beim Landeanflug, dazu stechende Schmerzen in Stirn und Wange.

Die Koffer der Griechen, die aus Pappe und Kunstleder bestehen, fallen bei der Abfertigung auseinander. Griffe gehen ab. Viele werden mit Stricken zusammengehalten. Am selben Abend in Rom sehe ich, wie der Griff ein zweites Mal abgeht.

Goodbye Griechenland, bis ich eines Tages mit jemandem zurückkehre, mit dem ich glücklich bin, egal, unter welchen Umständen. Dieses Mal war es eine zutiefst humorlose und deprimierende Erfahrung. Von den ungeheuren Kosten ganz zu schweigen. Jeder Kontakt zu einem Beamten oder dem Hotelpersonal war ein Alptraum. Taxis, Kofferträger, ständige Kleinkriege zwischen Griechen und Amerikanern.

3.2.1960 Depression: Durchaus keine vollkommen geistlose Empfindung. Oder Krankheit. Interessant daran ist, dass man ein Stadium erreicht, in dem nichts mehr weh tut. (Das ist etwas anderes, als dass einem nichts mehr wichtig ist.) Ist man einmal dort angekommen, kann für jemand wirklich Depressiven nichts noch schlimmer werden. Diese Münze hat zwei Seiten, was für den Rest der Welt sehr angenehm ist: Die Neigung zu Frohsinn und Optimismus (so aufgesetzt sie auch sein mag) wird stärker. Freunde und Bekannte des durchgängig Depressiven werden sagen, dass er die angenehmste, beständigste, zuverlässigste und fröhlichste Person ist, die sie jemals kennengelernt haben.

11.2.1960 »Die auf mich fiel wie ein ungelöschter Sommer.«[12] Dann adieu, Doris, und willkommen, all meine Schwächen, die mir Tränen der Begeisterung in die Augen treiben, all die schwarzen Vögel, die meine Tiefen ausloten. Ich finde einfach nicht heraus, wie ich leben soll.

12.2.1960
Wenn du dich an dem Tag, an dem ich dich küsste, nur gerührt hättest,
Deine Lippen bewegt, wie andere Frauen, die ich geküsst habe,
Dann würde ich dich nicht so sehr lieben.
Doch du warst so still, dass ich schon dachte,
Du würdest nicht mehr atmen.
Eine Statue, ein Bild, Tod, Leben, Schlaf, das Innerste meiner selbst.
Von ganzer Seele verlangte ich nach dieser Stille.
Unser letzter Kuss, und du wusstest genau,
Wie du mich mühelos bändigst.
Liebling, wie süße Erinnerungen zum Schrecken werden.
Die Spur in der Zeit nach dir
Wird länger, dünner, ein Spinnweb.
Denk an den letzten Kuss und dessen Hinterlist,

---

[12] Frei nach Laurence Durrell, *Justine* (» ... und die aufgebrochene Blüte ihres Mundes fiel auf den meinen wie ein wilder Sommer«). Aus dem Englischen von Maria Carsson.

Oder denke daran – denke daran –
Wie unsere Lippen gemeinsam nutzlos
Flüsterten: »Ich liebe dich.«

24.2.1960 In Oxford wird kein Latein mehr gelehrt, bald auch in Cambridge, wie man hört. Alles schön und gut, so bleibt den Studenten im 20. Jahrhundert das Auswendiglernen von Konjunktionen und die Pflicht, Latein lesen zu können, erspart. Dabei dauert es nicht länger als einen Monat, um sich in Griechisch und Latein ein Grundvokabular anzueignen – ein Kraftakt des Gedächtnisses, den man nach sechs Monaten und nach einem Jahr wiederholen sollte. Doch ohne diesen Kraftakt können sie die besten Autoren in ihrer eigenen Sprache, Englisch, nicht entsprechend würdigen. Ein Monat ist nur wenig im Vergleich zu den sechs oder sieben Jahren für jede andere Sprache. Und dies aus dem Mund einer Person, die sich mit zehn Jahren weigerte, Französisch oder Deutsch zu lernen, bevor nicht mit Latein zumindest begonnen wurde, denn das war die althergebrachte und also die richtige Art, um Bildung zu erlangen.

24.2.1960 Der potentielle Alkoholiker, der nicht zum Alkoholiker gemacht werden kann. Schau doch nur, was Alkohol mit einer Lackoberfläche macht!, ruft ein Freund. Schau doch nur, was Salz mit einer Schnecke anstellt, sagt er. Doch ich mag Salz, es ist lebensnotwendig.

26.2.1960 Wie ungeheuer nervig und langweilig es ist, eine Steuererklärung zu machen – überhaupt Buch führen zu müssen. Für Geld interessiere ich mich nur, wenn ich keines habe.

29.2.1960 Dramatiker zäumen bei der Schöpfung ihrer Werke das Pferd von hinten auf, wie mir scheint. Sie verlieben sich in das Thema, nicht in eine Figur, ein dramatisches Ereignis oder eine Figurenkonstellation. Bei Bühnenstücken mag das der richtige Ansatz sein. Bei mir und Romanen ist er das nicht.

1.3.1960 Mary Ronin ist eine ganz andere Welt für mich. Deshalb liebe ich sie. Ich liebe sie, weil sie meine Gedanken auf den Kopf stellt. Sie verändert meine Welt. Sie verändert alles, bis auf meine Vergangenheit.

8.3.1960 Menschen, die an den Grenzen des Rechts entlangschlittern und allein von Schwindeleien leben, sind mir eine Freude!

9.3.1960 Und mag man noch so sehr lieben, die launische und eifersüchtige Mätresse Kunst lässt sich nicht befriedigen – von den Menschen, die sie in ihrer Jugend verachtet und vernachlässigt haben und nun im mittleren Alter um sie werben.

18.3.1960 Was ein Mensch über sich selbst denkt – das ist es, was im Leben und für die geistige Gesundheit wichtig ist.

19.3.1960 Mit zwanzig habe ich zum ersten Mal Alkohol getrunken. Ich frage mich oft, ob er tatsächlich irgendetwas verändert hat und ob ich die ernsthaften Träume meiner Jugend nicht sowieso aufgegeben hätte. Hätte ich ohne Alkohol jetzt ein Klavier in meiner Wohnung, würde ich wissen, wie man strickt, hätte ich all die Bücher gelesen, die zu lesen ich mir mit zwanzig geschworen habe? Tatsache ist, nein, ich habe all diese Dinge nicht getan, und nun muss ich mit der Person leben, die ich geworden bin. Spinnt man das Ganze weiter, dann hätte ich ohne Alkohol einen öden Langweiler namens Roger geheiratet und ein sogenanntes normales Leben geführt. Ein normales Leben bedeutet häufig Langeweile oder Gewalt, Scheidung, Unglück, vor allem Unglück der Kinder, die ich nicht bekommen habe.

3.5.1960 Amerika ist stärker der Realität ausgesetzt als jedes andere Land, das ich kenne: Jeder, fast jeder muss sich seinen Lebensunterhalt selbst verdienen, steckt daheim die Hände ins Spülwasser und wäscht seine Wäsche selbst, ledige Highschool-Schülerinnen werden schwanger, auf den Straßen begegnet man Gewalt, und das an Orten, wo man nicht damit gerechnet hat, und der moralische Zynismus grassiert. Doch als Nation sind wir wohl die letzte, die erlauben würde, dass man einen realistischen Kinofilm sieht oder ein entsprechendes Buch liest.

17.5.1960 39 Jahre alt. Bemerkenswerter Mangel an Entschlossenheit, was das Leben schwerer, nicht leichter macht. Das weiß ich nach zwei einsamen Abenden *chez moi*. Sehr ungewöhnlich seit März–April 1959. Und das ist gut für mich! Vorwärts und aufwärts! Das ganze letzte Jahr (Gott sei Dank nicht länger, es fühlte sich nur so an) habe ich es vermieden, allein zu sein. Das Traurige daran ist die Erkenntnis, dass ich besser mit niemand anderem zusammen bin. Den Menschen macht es Spaß, mich auf meine Unzulänglichkeiten und meine psychischen Mängel hinzuweisen und mir darüber Vorträge zu halten. »Du wirst dich nie bessern, nie ändern. Sieh den Tatsachen ins Auge«, sagen sie lächelnd. Und da ich nur noch wenige Jahre zu leben habe, heißt das wohl: zurück in den sicheren Hafen, zurück in die Mansarde.

31.5.1960 Ich interessiere mich immer mehr für die »ältere Heldin« bei diesem Buch.[13] Irgendwie passt Therese nicht hinein – es sei denn, ich lasse Carol fremdgehen. Also höchstwahrscheinlich ganz neue Figuren, um die magische Anziehungskraft der Jugend zu erkunden, ihre Faszination und die darunter verborgene Tragik. Das würde mich interessieren. Die Grausamkeit und Verletzlichkeit jun-

---

13 Eine Weile überlegt Highsmith, einen weiteren halb autobiographischen queeren Roman zu schreiben und die Figuren aus *Salz und sein Preis* für dieses »Mädchenbuch« neu zu beleben.

ger Menschen. Ihre Selbstsucht und ihre manchmal unglaubliche Entschlossenheit.

7.6.1960 Es gibt wohl ein paar Wahrheiten in der Bibel, wie zum Beispiel jene, dass denen, die schon haben, noch mehr gegeben wird.

8.6.1960 Glück. Nur ein Geisteszustand, und dennoch der Unterschied zwischen Leben und Tod. Es treibt dahin wie das Blütenblatt eines Gänseblümchens. Da ist es, da ist es nicht, da ist es. Nein, es ist verschwunden.

10.6.1960 Ich mühe mich zu sehr mit den Mauern ab. Ich muss einen Schritt zurückgehen, mir anschauen, wie massiv sie sind, und überlegen, wie ich sie am besten überspringe oder erklimme. Aus dieser Haltung entsteht Poesie.

3.7.1960 Ein Land, das zu seinen Bauern steht, wie in Italien oder Mexiko. Der Bauernstand, ohne den es keine Aristokraten gäbe, sorgt auch in einem Land für Charakter. Dass man in Amerika keine findet, ist der Grund dafür, warum die Menschen dort so ungeheuer geistlos, einförmig und charakterlos sind. Wir alle sind nur halbe Bauern, ständig bestrebt voranzukommen, alle sind ruhelos und unzufrieden. Amerika ist nichts weiter als eine schöne Landschaft.

5.7.1960
Waldestraum im Manhattan-Bett:
Mein Mädchen, meine Frau, meine Gattin auf dem Land.
Sie macht Rührei, macht mein Bett,
Legt mir die Haare – wie sie ihr gefallen.
Frische Blumen auf dem Tisch, hinters Ohr gesteckt,
In den Haaren. Holzfeuer und Zweige,

*Apfel und Feige und laute
Schritte auf den Holzdielen am Montagmorgen
Und auch am Dienstag.
Kein Telefon, keine Gäste, nur wir kreisen
um Arbeit, Liebe und Wer-kocht-heute?
All unser Streben richtet sich darauf, wer
Den anderen mehr oder am meisten beglückt.*

11. 7. 1960 S. 104 im Buch.[14] Herumzugrübeln ist verheerend, zu denken, was ich hätte einfügen können und sollen, nutzlos und hält nur auf – und außerdem kann man das zum Glück später immer noch machen. All dieses Brüten über dem Text, wenn ich gar nicht arbeite, ist nur hinderlich. Vorwärts jetzt, alles in einem Rutsch!

13. 7. 1960 Mit einem Mindestmaß (einem bescheidenen Mindestmaß) an körperlicher Gesundheit gibt es keine Depression, die sich nicht durch ein Buch, durch das Schreiben eines Briefs, durch einen Gedanken heilen lässt, den wir schon gedacht und geglaubt haben und an den wir wieder glauben können. Und warum komme ich nicht in den Augenblicken darauf, wenn ich es wirklich nötig habe? Das muss ich doch schon zigmal aufgeschrieben haben, und dennoch vergesse ich es immer wieder. Die Welt ist mir oft neu, aber sie ist mir auch oft neu verdunkelt.

14. 7. 1960 Für mich ist Ehrlichkeit meist der schlechteste nur denkbare Grundsatz.

24. 7. 1960
*Wen kümmert's, ob ein Autor lebt,
Wenn er nicht nach dem Nobelpreis strebt?*

---

14 Highsmith arbeitet an der letzten Durchsicht von *Die zwei Gesichter des Januars*. Das Buch wird sowohl von ihrer Agentin Ann Carson als auch von ihrer Lektorin Joan Kahn bei Harper & Row abgelehnt, bevor es schließlich 1964 von Doubleday veröffentlicht wird.

19.8.1960 Der Künstler kennt keine Depression, nur die Rückbesinnung auf das eigene Ich. Das Ich ist jenes schüchterne, prahlerische, egozentrische, selbstkritische Vergrößerungsglas, in das man niemals schauen sollte. Und doch passiert es manchmal ganz unvermittelt, immer genau im falschen Moment, zwischen zwei Büchern und im Urlaub. Dann kommen (neben den Tränen) die nutzlosen Fragen, der Aufschrei, wie wenig ich meinen jugendlichen Ansprüchen und Versprechungen genüge. Und die noch schlimmere Erkenntnis (die ich schon längst hätte ansprechen sollen), dass ich mich nicht mal auf diejenige verlassen kann, die mich lieben sollte! In diesem Augenblick der Schwäche darf mich niemand sehen. Sonst wird es mir später entgegengeschleudert wie eine alte, blutige Binde, die noch in derselben Nacht hätte verbrannt werden sollen. Die Erinnerung an diese schwarzen Stunden soll nur in mir selbst überdauern.

Führen jene Menschen, die sich ohne Angst vor Vergeltung miteinander wirklich unterhalten können, die besten Ehen? Wohin sind Liebenswürdigkeit und Vergebung in dieser Welt verschwunden? Wohin die Freunde? Dann, wenn er sich wirklich mit dem Feind Tod auseinandersetzt, ruft der potentielle Selbstmörder sie an. (Und einer nach dem anderen ist nicht daheim.) Niemand geht ans Telefon. Und falls doch, dann ist man zu schüchtern und zu stolz, in Tränen auszubrechen. Vielleicht ist das auch gerade nicht der Freund, den wir bräuchten, keiner der drei engsten Freunde. Doch es ist die letzte Anstrengung, in Kontakt zum Leben zu treten, das Stück Treibholz, der Splitter in der Hand des Ertrinkenden. Wie erbärmlich, wie menschlich, wie nobel – denn was gibt es Göttlicheres als das Gespräch? Der Selbstmörder weiß um seine magischen Kräfte.

(Dieser ganze Ausbruch heute Abend begann, nachdem ich in mein Tagebuch von 1944 geschaut habe; da war ich dreiundzwanzig, eine unreife, zurückgebliebene, egoistische Dreiundzwanzigjährige. All meine Tagebücher sollte man ins Feuer werfen.)

23.8.1960 (Eine wichtige Lektion für mich: Ich kann ein Buch schreiben, ohne den Plot bereits vollkommen klar im Kopf zu haben, aber nicht, ohne genau zu wissen, was ich mit dem Buch will. Das ist wohl der erste Hauptsatz jeder künstlerischen Schöpfung.)

11.10.1960 Vivaldis »Sommer«. An dieser Musik ist etwas Bedrohliches, Wütendes, Unglückliches – so ganz anders als die grandiose Atmosphäre erfüllter Natur in anderen Stücken zu diesem Thema. Ganz so, als wolle die Natur sagen: Ich bin mit meinem Schicksal und diesem Höhepunkt nicht zufrieden, der angeblich die Vollendung darstellt. Es hat nicht genug geregnet. Etwas hat meine Wurzeln verstopft, und dann hat mich eine Ranke fast erdrosselt – mich, den ansehnlichsten Riesen des Waldes. Meine Samen habe ich verstreut – aber sie sind nicht auf fruchtbaren Boden gefallen. Und das soll der Sinn des Lebens gewesen sein?

14.10.1960 Der Schriftsteller besitzt keine beständige Persönlichkeit, kein Gesicht, das er alten Freunden oder Fremden präsentiert. Stets ist er Teil seiner Figuren, oder er ist an diesem oder jenem Tag einfach nur guter oder schlechter Laune.

14.10.1960 Wieder gibt es einen vergleichsweise kleinen Haken in einem Buch, und schon vergesse ich all die größeren, deprimierenderen Fehler, mit denen ich bereits zu kämpfen hatte. Ich betrete mein neues Zimmer, in dem ich wunderbar arbeiten kann, und denke wieder – zum Glück erinnere ich mich daran –, in vier Jahren werde ich sagen, wie wunderbar, wie ideal doch die Umstände und die Atmosphäre waren, um hier zu schreiben.

21.10.1960 Roman über den gegenwärtigen Defätismus in Amerika – in der ganzen westlichen Welt. In jedem Land, das nicht zu den aufstrebenden oder revolutionären Staaten gehört. Eine merkwürdige, sonderbare Atmosphäre – so als würde psychologisch gesehen, eher noch wortwörtlich –, eine große Axt über uns schweben und drohen, uns die Köpfe auf einen Streich abzuschlagen.

Zu einem Teil haben wir wohl den Eindruck, es nicht anders zu verdienen. Es geht uns gut, vorrangig durch die Ausbeutung anderer, doch die meisten Menschen auf der Welt sind ärmer und werden sich zum Beispiel niemals an einer eigenen Waschmaschine erfreuen.

All dies ließe sich ganz einfach verbessern, indem alle Militärgüter und -ausgaben abgeschafft würden, Waffen, Schiffe, Flugzeuge – alles. Dann würde man wissen und sehen, dass die ganze, ganze, ganze Welt sich darüber freut.

Doch mich interessiert daran nur der zunehmende Missmut des Einzelnen und dessen Ausdruck in der ganzen Nation. Das dürfte sich als Erstes in Amerika zeigen und voller interessanter Ungereimtheiten sein, wegen des Reichtums, der Annehmlichkeiten und der Pionier-Ideale, auf denen dieser Staat errichtet wurde.

7. II. 1960 Viele, vor allem junge Autoren glauben, sie werden »alles« in ein Buch schreiben. Damit meinen sie das menschliche Bewusstsein (dieses Rätsel!), Gefühle, Atmosphäre, die ganze Skala der Existenz. Und wenn sie anfangen, ihr Buch zu schreiben, dann geht ihnen auf, wie viel sie weglassen müssen und wie schmerzlich beschränkt es als Kunstwerk sein muss, um gut zu sein. Sie werden in einem Buch nur einen Bruchteil dessen erzählen, was sie hatten erzählen wollen.

7. II. 1960
Es gibt keine Bedeutung, kein Ziel
Über die Schönheit des Tages und
die erwiesenen Liebenswürdigkeiten hinaus.

10. II. 1960 Man muss nicht zu zweit sein, um sich streiten zu können, und eine leise Antwort besänftigt noch keinen Zorn. Wahr-

scheinlicher ist es, dass Musik die Kraft hat, das wilde Tier in uns zu bannen.

19.11.1960 Wie bedauerlich, dass ich Zufriedenheit mit mir vorgaukeln muss, um überhaupt über etwas Geistesfrieden und Ausgeglichenheit zu verfügen. Eigentlich bin ich überhaupt nicht mit mir zufrieden.

26.11.1960
Wie großartig ich sonntagmorgens bin,
Was ich alles sein werde, ach, was ich alles tun werde,
All die Seiten, die ich noch schreiben werde!
Bedeutende Prosa wird fließen, ich werde jedes Gesicht lieben
Und verstehen – natürlich ohne jede Anstrengung.
Ich werde großartig sein, geschätzt, und Männer werden mir huldigen.
Wie großartig, bis Montag, wenn meine Hand
Das erste dürftige, zögernde Wort schreibt.

16.12.1960 Claire Morgan.[15] Jede Geschichte vielleicht aus älterer und jüngerer Sicht. Jede davon mit einem neuen Anfang und Ende.
 Die Ellen-Geschichte, Santa Fe (+ sie als Opportunistin und bisexuell).
 Die Situation mit M.R. und R.B.[16]
 Helen M. und ich. Über die Tatsache, wie ungeheuer schlecht die Jungen ihre Karten ausspielen können.
 Die Situation mit M.J. und M.L.L.
 Durchreisende – M.A.M. und ihre Undsoweiters.
 R.C. Für immer halbherzig. Etwas Substantielles im Hintergrund, wenn man Glück hat.

---

15 Ein neuer Ansatz zu ihrem »Mädchenbuch«, das Highsmith unter ihrem Pseudonym Claire Morgan zu veröffentlichen beabsichtigt. Statt es um die Figuren aus *Salz und sein Preis* herum zu schreiben, überlegt sie, neue Figuren zu erfinden – basierend auf ehemaligen Liebhaberinnen und Bekanntschaften.
16 Mary Ronin und ihre andere Geliebte.

Die keuschen Zänkerinnen, das Ineinandergreifen von Neurosen, R. S. und H. M.

Das vorteilhafte Treffen Mitte oder Ende dreißig, etwas, das vielleicht hält.

(Aber das sind nur allgemeine Vorstellungen. Wollte das eigentlich genauer ausführen, älter–jünger, die Ältere die Beständige.)

18.12.1960 Die Muse kommt nicht zu einem, nur weil man sie lockt. Sie kommt, wenn du dich den ganzen Tag bemüht hast, etwas richtig zu machen, wenn du müde bist und ins Bett gehen willst – und dann bleibst du auf. Sie kommt, wenn du deine Liebe verloren hast. Sie rührt dich an, berührt dich an der Schulter, und du weißt, du bist doch nicht allein.

31.12.1960 Diese Unvernunft, die bei den am vernünftigsten scheinenden Frauen unvermutet auftaucht wie ein Springteufel. Was kann man da machen? Es braucht mehr als einen Diplomaten, es braucht einen Zauberer, einen Alchimisten. Schweigen wäre fatal, ein versöhnliches Wort katastrophal. Da ist nichts zu machen. Ein großer Fels im Meer. Das Boot hat ein Leck. Seltsam nur, dass diese Boote weitertreiben.

Der beteiligten Person, die nichts hat sagen können oder deren Worte vergeblich waren, bleibt nur die Verletzung. Das ist das schreckliche Kreuz, das ich trage, die schreckliche Wahrheit, die zu lernen mir so schwerfällt: Dass es Menschen gibt, die im Streit aufblühen, für die Streit etwas Natürliches ist.

Doch während ich dies aufschreibe, weiß ich, dass es nicht stimmt. Als hätte mich die Erfahrung, das Leben, einer Gehirnwäsche unterzogen, damit ich es für wahr, für die einzige Wahrheit halte. Aber ich kann einfach nicht glauben (es sei denn, ich stehe unter Drogen), dass Streitereien zur Liebe oder zum Lieben dazugehören. Dabei ist es eigentlich recht einfach zu erklären. Manche Menschen sind es seit Kindertagen gewohnt, ungestraft alles auszusprechen, was ihnen in den Sinn kommt – sie selbst können sich jedenfalls an keine Zurechtweisung erinnern. So weit, so gut. Doch merkwürdigerweise wissen viele Menschen, dass dieses Benehmen falsch ist, bedauern aber nichts, entschuldigen sich nicht, erklären nichts, versuchen nicht, alles wieder in Ordnung zu bringen. Sie wissen, dass sie jemanden verletzt haben, aber ihre Partnerinnen sollen mit dieser Wunde weitermachen wie zuvor. »Sieh, was in meiner Macht liegt«, scheinen sie zu sagen, »solange du an sie glaubst, solange du mich liebst – solange du glaubst, mich zu lieben.«

1961 & 1962

1961 wird Patricia Highsmith vierzig, und wieder einmal zeichnet sich eine Trennung ab – diesmal von Marijane Meaker, mit der sie seit dem vergangenen Jahr Bett, Haus und Schreibtisch teilt. Und so finden sich in ihrem Notizbuch neben Schilderungen der immer häufigeren Beziehungsstreitigkeiten, die sich hauptsächlich an Patricia Highsmiths Alkoholkonsum und Marijanes Eifersucht und Nörgeleien entzünden, viele Reflexionen zum Thema Homosexualität. Als Meaker und Highsmith nach unzähligen Trennungsversuchen im April endgültig auseinandergehen, schreibt Highsmith innerhalb von zehn Monaten und ohne auch nur einen diesbezüglichen Eintrag ins Notizbuch den Roman *Der Schrei der Eule,* eines ihrer meistgelobten Bücher. Darin porträtiert sie Marijane Meaker als eifersüchtige und erfolglose Malerin mit vielen Pseudonymen und tötet sie durch einen Messerstich. (Umgekehrt rächt sich Marijane, indem sie in *Intimate Victims* [1962] eine Figur mit dem Nachnamen von Highsmiths leiblichem Vater, Plangman, umkommen lässt, die wie Highsmith zwanghaft Listen schreibt und deutsche Wörter in ihre Sätze einflicht.) Parallel schreibt sie für *Ellery Queen's Mystery Magazine* zahlreiche Kurzgeschichten, darunter »Die Schildkröte«, sowie Buchrezensionen für das Lokalblatt *Buck's County Life.*

Im Sommer 1961 beginnt Patricia Highsmith, die weiter in New Hope wohnen bleibt, ein Verhältnis mit der zwei Jahre jüngeren Kellnerin Daisy Winston, mit der sie nur ein knappes Jahr zusammen-, aber ein Leben lang verbunden bleibt. Ihr ist *Der Schrei der Eule* gewidmet.

Im Jahr darauf zieht es Highsmith zurück nach Europa. Mitte Mai 1962 trifft sie in Paris ein, wo sie zum Erscheinen von *Die zwei Gesichter des Januars* bei Calmann-Lévy Interviews gibt. Zum Monatsende reist sie mit ihrer Ex-Geliebten Ellen Hill über Sardinien und Neapel nach Positano, wo die beiden ein Haus mieten und sofort wieder zu streiten beginnen. Sie reisen noch gemeinsam nach Rom, doch nach Venedig reist Patricia Highsmith bereits allein. Im Juli ist sie zurück in Paris, besucht den Dichterfriedhof Père Lachaise und dort das Grab von Oscar Wilde. Doch es hält sie nicht an einem Ort, und schon am Monatsende ist sie in London. Dort lernt sie die Frankokanadierin Caroline Besterman kennen und verliebt sich wie nie zuvor. Caroline jedoch ist verheiratet und Mutter eines Kindes.

Patricia Highsmith kehrt nach New Hope zurück, wo sie im September ihren nächsten Roman beginnt. Allerdings kann sie sich vor lauter Verliebtheit kaum konzentrieren. Im Juni wurde eine neue Fassung von *Die zwei Gesichter des Januars* durch ihren amerikanischen Verlag Harper & Row ein weiteres Mal abgelehnt – ihre amerikanische Lektorin Joan Kahn hält den Roman offensichtlich für gescheitert (die Autorin aber nicht). Highsmith greift nach dem neuen Stoff wie nach einem rettenden Strohhalm. Der Held dieses Buches, das später *Die gläserne Zelle* heißen wird, wird eines Mordes verdächtigt, für den er ein Motiv besitzt, den er aber nicht begangen hat.

Schon im November kehrt sie nach Paris zurück, diesmal gemeinsam mit Caroline. Wieder zu Hause, ist sie sich sicher – sie kann ohne die Geliebte nicht mehr leben. Die beiden schreiben sich fast täglich Briefe, und Patricia Highsmith denkt ernsthaft über einen Umzug nach Europa nach. Es ist das erste Mal, so schreibt sie, dass sie wirklich glaubt, dass jemand sie liebt.

* * *

10.1.1961 Wir werden niemals irgendetwas über das »Leben« erfahren, was wir nicht schon wissen. Unter den Philosophen, Künstlern und Schriftstellern wiederholen sich durch die Jahrhunderte die ewigen unbeantwortbaren Fragen, immer wieder mühen sie sich, das Geheimnis zu lüften. Für den Schriftsteller gehören diese Fragen unabdingbar zu seinem Alltag, er verstrickt sich darin in seinem Schreiben, sein Antrieb ist die ehrliche, unumstößliche Hoffnung, unser Wissen um das Bewusstsein, das Leben und dessen Bedeutung zu erweitern. Doch das Einzige, was er wirklich tun kann, ist das Leben zu beschreiben, alles andere bleibt ein Versuch. Wir lernen von anderen, und er erzählt uns Geschichten über diese anderen.

Die neuen Wissenschaften der Psychologie und Psychiatrie beschäftigen sich vornehmlich mit dem Verstand und erheben deshalb auch Anspruch auf eine Lösung dieses Rätsels, das jeder Mensch, jeder Künstler spürt – bisher jedoch vergeblich. Oder wird uns diese Lösung erst im Augenblick des Todes verraten werden, kurz und knapp und nur mit dem inneren Ohr zu vernehmen? Und werden wir dann erfahren, dass alles eigentlich zwecklos ist, wie ein Gänseblümchen auf dem Feld? Das Gänseblümchen ist schön oder es ist Unkraut, je nach Betrachter.

23.1.1961 Malerei. Immer weiter zu vereinfachen, das interessiert mich. So wie Matisse, obwohl Matisse nun sicher nicht mein Lieblingsmaler ist. Doch mich beschäftigt das Element des Zeichnens in der Malerei – schon fast zu sehr, wie mir gerade auffällt. Ich bevorzuge Linien, statt Formen durch Farbkleckse aufzubauen.

3.3.1961 Die übermäßig Neurotische, also ich. Der Schattenmann. Zum Teufel mit der üblichen Identifikation mit dem Leser oder mit einer mitfühlenden Figur.

10.3.1961 Homosexuelle lassen sich durch Liebesschwüre schneller schmeicheln und verführen als Heterosexuelle. »Ich liebe dich, ich will dich.« Wann hat sich jemals ein Homosexueller nicht dadurch erobern lassen? Wie schade, dass ihr Selbstwertgefühl so schwach ist und sie sich so leicht Köpfe und Herzen verdrehen lassen.

14.3.1961 Ach, der grässliche Sumpf aus Kummer und Elend. Es gibt kein Wort dafür. Außer Unfähigkeit, aber dieses Wort trifft es auch nicht genau. Mir sind die Hände gebunden, ihr Ohr ist mir gegenüber verschlossen, das Auge blind. Am schlimmsten ist das Gefühl von Vergeblichkeit, von Hoffnungslosigkeit. Hoffnungslos bin ich heute Abend nicht, aber der Weg ist so lang. Und doch geht es schon viel besser als gestern Abend! Die letzten Worte am Telefon waren freundlich, nur nicht der Ton. Was sagen die Dichter über die Kraft der Liebe? Diese Kraft brauche ich jetzt. Ich glaube daran. (Wenn zwei Menschen sich lieben, nicht wenn es nur einer tut.) Wie lange wird es noch dauern? Verflucht sei die Idiotin vom vergangenen Donnerstagabend, die sie davon überzeugt hat, ich würde ihr schaden! Das war der Auslöser von allem. Warum versucht sie so offenkundig, mich zu beleidigen und zu bestrafen? Was hat es wirklich auf sich mit ihrem schwachen und übersensiblen Ego, ihren blinden Flecken und ihrer Grausamkeit? Ich werde versuchen, immer wieder versuchen, das herauszufinden –, und eines Tages wird es mir plötzlich klarwerden, wie bei allem anderen auch, dann kann ich in der Zukunft klug damit umgehen – wenn auch mit Samthandschuhen.

16.3.1961 Heute Abend standen alle Zeichen auf Aussöhnung. Das wusste ich innerhalb von dreißig Sekunden, nachdem sie zur Tür hereingekommen war. Sie lächelte schüchtern und bat mich, ihren Wagen umzuparken. Dann setzte ich mich hin und las ihren Brief (6 Seiten), während wir beide etwas tranken. (Ich, nachdem ich sie [um Erlaubnis] gefragt hatte, da ich mehr oder weniger trocken war.) »Wir feiern« – so war zumindest der Plan. Ihr langer Brief riet zu mehr Privatsphäre (indem sie auf die Sensationslüsternen in New Hope hinwies, die uns beobachtet hatten) und zu zwei Häusern für uns – seitenweise Zurückhaltung. »Ich liebe Dich, aber ...« Sie möchte nicht, dass ich mit meinen Freunden über sie rede (was stimmt; allerdings rede ich meist sehr schmeichelhaft über sie; ich habe meinen Freunden stets gesagt, dass ich sie liebe). Ich werde den Brief für immer aufbewahren. Beim zweiten Lesen finde ich ihn kühl, aber eigentlich hoffnungsvoll. Es steckt mehr darin und dahinter, als wir aussprechen können oder ausgesprochen haben. Vieles hat mit dem Ego zu tun – sie hat größere Angst um ihres als um meins, nehme ich an. Sie »fürchtet« sich vor meinem Trinken. Ich habe Angst vor ihrem Zorn. Wie dem auch sei, es war eine schöne Liebesnacht heute, nach dem Essen im Cartwheel, und Freitagmorgen. Sie war angeheitert genug, um mir zu verraten, dass sie meine Tagebücher über Ellen [Hill] usw. gelesen hat (und dabei alles vollkommen durcheinanderbringt, es ist haarsträubend). Im Grunde sagte sie: »Du hast Ellen doch geliebt, hast sie gewollt, du warst sehr menschlich in deinem Tagebuch. Dafür habe ich dich geliebt. Warum redest du dann so über sie?« Ihr ist wohl nicht klar, dass sich in einer Beziehung die Umstände ändern.

19.3.1961 Noch immer kann ich mit M. nicht über einen Punkt sprechen, der mich umtreibt. Ihre eigene überstürzte Art in dieser ganzen Angelegenheit hat mich in die Zwickmühle gebracht, mehr oder weniger umgehend [aus- und] in ein größeres Haus ziehen zu müssen. Umso weniger will sie darüber reden, ja es nicht einmal hören, wenn ich sage, dass ich vollkommen ihrer Ansicht bin, ich müsse ausziehen, würde das auch tun, ganz egal, welchen »Eindruck« das machen würde.

21.3.1961 Pessimistisch wie ich bin, suche ich ständig nach Fehlern und fürchte deshalb, dass diese Veränderung, mein Auszug, der Anfang vom Ende ist. Das einzige Bollwerk dagegen ist der äußerst unwahrscheinliche Fall, »eine andere« könne in unser Leben oder unsere Herzen treten – oder in unser Bett gelangen. Aber mir fällt ihre Selbstherrlichkeit auf (Sonntagnachmittag), denn in gewisser Hinsicht hat sie ja einen Sieg errungen, ist mit mir umgesprungen, wie sie wollte, und ich bin immer noch bei ihr. Vielleicht deswegen, weil ich mit einem solchen Arrangement nicht vertraut bin. Und weil es meine Idealvorstellung ist, mit dem Menschen zusammenzuleben, den ich liebe. Und doch weiß ich, dass es zu viele Reibungsflächen in diesem Haushalt gibt, um sich geborgen zu fühlen. Aber ich bin es zufrieden und werde mich nicht ärgern, wenn das funktioniert – soll heißen, wenn wir beide unser Temperament zügeln und einfach all die Quellen für Streitereien umgehen, die andere Leute vielleicht trockenlegen, die uns aber ruinieren würden. Ich bedaure nur, dass sie nicht ruhig bleiben kann, wenn ich ein Problem ansprechen möchte. Sie fährt sofort die Krallen aus wie eine aus dem Schlaf gerissene quengelige Katze. Doch es gibt auch Gutes, Verheißungsvolles. Sie will mich jeden Abend sehen. Aber auch da ist Vorsicht geboten. Wir beide brauchen unseren Freiraum. Diesmal soll nicht wieder sie es sein, die sagt: »Ich habe genug von dir! Ich verbanne dich ein zweites Mal!«

22.3.1961 Ein Tag ist wie der andere. Heute rief sie gegen Mittag an und entschuldigte sich, dass sie geschrien hatte, nur um nach ein paar Sekunden zu schreien, dass es ihr gutes Recht gewesen sei zu schreien, weil ich zum Essen zwei Drinks hatte. Um 16 Uhr rief sie in ganz anderer Stimmung an: Sie hat sich in Doylestown einen Welpen gekauft und nahm die Einladung an, zu mir zu kommen und mit den Ferres zu essen[1].

---

[1] Betty und Al Ferres, ein befreundetes Paar in New Hope, bei denen Highsmith stets willkommen war.

Als sie gegangen waren, kam ich darauf zu sprechen, dass wir uns gegenseitig entschuldigen sollten, ebenso darauf, uns künftige Beleidigungen zu ersparen, die nur zu einer Katastrophe führen würden. M.J. stürmte die Treppe hinauf und sagte: »Du bist betrunken, Pat, ich will mich nicht schon wieder streiten.« Wir schliefen in getrennten Zimmern. Am Morgen war es am schlimmsten. Das schlimmste Wortgefecht, das wir jemals hatten. M.J. drängte mich durch ungestüme Angriffe in die Defensive, ich hätte herumgejammert wegen der Wohnsituation und dass ich den Kürzeren gezogen hätte. Das war das geringste meiner Probleme! Heute Morgen: »Du bist nur zu geizig, dir eine anständige Wohnung zu suchen, wo du doch den ganzen Sommer dort verbringen wirst.« Und: »Du versuchst dich mit dem letzten Rest deines logischen Verstandes zu verteidigen, den der Gin dir noch gelassen hat. Du kannst dich nicht mit Marijane Meaker versöhnen. Ich habe dich rausgeschmissen, Pat, weil du eine ganz gewöhnliche Trinkerin bist.«
Red dir das ruhig ein, sagte ich. Was anderes hast du nicht.

23.3.1961 Heute Morgen nahmen ihre Lügen zum ersten Mal geradezu krankhafte Ausmaße an. Sie bestritt, mich gefragt zu haben, als ich letzte Nacht einen Hammer aufräumte: »Willst du mich damit schlagen, Pat?« Ich hatte geantwortet: »Natürlich nicht«, und den Hammer aufgehängt. Dann beschuldigte sie mich, ich würde mich vor der Telefonrechnung drücken, dabei hatte ich freiwillig angeboten, sie zu bezahlen. Zum allererstem Mal entgegnete ich, dass ich ihre Lügen und Übertreibungen nicht länger ertragen würde. Das erschütterte sie offensichtlich. Ich wies alles zurück, was sie mir an diesem Morgen in den Mund hatte legen wollen. Der Brief, den sie heute Mittag bekommen hat, war weder beleidigend noch flehend, sondern eine ehrliche Stellungnahme, dass ich a) ganz prinzipiell meinen Alkoholkonsum einschränken wolle, und b) sie ihre Launen zügeln müsse, da noch andere Frauen nach mir kämen. Das Ergebnis am Abend: Ihre Beleidigungen haben jedes Maß überschritten. Ich habe eine Menge davon geschluckt und gedacht, ich könne immer so weitermachen. Aber ich fürchte, es geht nicht. Ohne eine aufrichtige Entschuldigung von ihr, ohne ein Versprechen auf die Zukunft kann ich nicht weitermachen. Als ich darum bitte, entgegnet sie nur: »In dir brennt Verbitterung wie eine Fackel.«

3.4.1961 Das Muster aus Streiterei und Versöhnung, das sich in den allerersten Tagen einer Beziehung herausbildet (ganz gleich, wie unwichtig die Streitereien sind), wird sich fortsetzen, vielleicht größer werden, vielleicht unerträglich. Das ist die Geschichte zwischen M.J. und mir. Sie hat keinen guten Anfang genommen. Die Gehirnwäsche. Die Rivalität zweier Personen, die denselben Beruf ausüben. Die verzweifelten Bemühungen, den anderen zu übertrumpfen; die Bemühungen des anderen, die Beziehung um jeden Preis aufrechtzuerhalten. Und sich gleichzeitig zu fragen: »Warum mache ich das? Ich bin doch klug genug zu erkennen, dass ich aus dieser Sache rausmuss.« Aber was ist denn da »draußen«? Dieselbe Art von Beziehung, nur mit jemand anderem? Alle Eheberatungen, alle Psychologen empfehlen, das durchzustehen und es zu versuchen – zumindest, wenn es um heterosexuelle Beziehungen geht.

3.4.1961 Tag für Tag diese ganz bewusste Anstrengung, vernünftig zu bleiben, ruhig zu wirken, spontan zu lächeln, was manchmal sogar klappt. Der Kampf, sich zu geben wie alle anderen – niemals ängstlich, niemals dringlich, niemals zweifelnd, niemals melancholisch.

14.5.1961 Homosexuelle suchen die Gesellschaft Gleichgesinnter nicht so sehr wegen einer sexuellen Abweichung von dem, was gesellschaftlich akzeptiert ist, sondern weil sie wissen, dass sie alle dieselbe Hölle durchlitten, dieselben Prüfungen, dieselben Depressionen durchstanden haben – und die, die sich begegnen, haben überlebt. Die Abwesenden haben sich umgebracht, haben sich arrangiert, umorientiert oder konnten sich anpassen. Freundschaft oder Bekanntschaft unter Homosexuellen mag oberflächlich erscheinen und ist es vielleicht auch, aber das verborgene Band bleibt: Wegen alldem, was sie durchgemacht haben, sind sie Blutsbrüder und -schwestern. Das verbindet den gesellschaftlich Hochstehenden mit jemandem aus der Unterschicht, den Intelligenten mit dem Dummen.

29. 5. 1961 Worum geht es im Leben eigentlich? Es ist die Vergeblichkeit, die Hoffnungslosigkeit, die die Philosophen so umtreibt und überwältigt. Wenn ich Glück habe, werden ein paar Freunde bei mir sein, wenn die Dunkelheit zunimmt und die Sinne einer nach dem anderen schwinden. Darum geht es im Leben. Wenn man Kinder hat, ist es auch nicht anders. Man hofft nur auf Beziehungen. Freundschaften sind die haltbarsten und eigentlich die innigsten Beziehungen, nicht das Sexuelle. Es ist angenehm und scheint das Gefühlsleben neu zu ordnen, tut es aber nicht.

1. 6. 1961 Verbrachte zwei Stunden damit, in alten Tagebüchern von vor sechzehn Jahren zu lesen. Mein Leben ist eine Abfolge unglaublicher Fehler. Dinge, die ich hätte tun sollen oder nicht. Unangenehm, sich dem zu stellen, vor allem deswegen, weil ich immer noch dasselbe tue, obwohl ich versuche, meine Lehren aus der Vergangenheit zu ziehen. Wie ist die Lösung? Halte dich von Sadisten fern. Zeige deine Gefühle nicht zu sehr. Geh alles vorsichtig an, sei immer darauf bedacht, dich in Sicherheit zu bringen. Für mich sind das nutzlose Ratschläge. Ich halte mich von gar nichts fern, ich zeige alle Gefühle, selbst wenn ich nichts sage. Ich gehe gar nichts vorsichtig an, und vor allen Dingen spiele ich nicht auf Sicherheit.

16. 6. 1961 Die Musik von [Heitor] Villa-Lobos. Darin höre ich das grüne Herz des Amazonas-Dschungels, buntgefiederte Vögel, die

Schönheit und Tragödie von Liebe, Leben und Tod. Das ist eine Musik ohne Grenzen, wie ein Bild ohne Begrenzung, ohne Rahmen, doch von großer Schönheit in der zinnoberroten Mitte. Sie besitzt die Tiefe, die ganze Freude der Freiheit und das Wissen um den Tod. Und die bisher noch nie gesungenen Töne einer leidenschaftlichen, verliebten Frau.

16. 6. 1961 (Positano) Das homosexuelle Buch. Erster Teil: Die Ablehnung durch die Frau, die ich liebe. Typ N. [Natica], C. S., R. C., idealistisch. Zweiter Teil: Die Folterer, Typ M. J. M., vielleicht ein wenig abgemildert durch Typ M. R., wenn auch nicht verfügbar. Teil drei: Typ J. S., die mich liebt, die ich aber nicht akzeptieren kann. So ergibt sich eine Trilogie. Die allerdings zeitlich nicht mit meinem Leben übereinstimmt.

18. 6. 1961 Röteln.[2] Die Flecken breiten sich in Windeseile aus. Davor Nervosität, am Tag davor lichtscheu. Bauch, Rücken und Oberarme am stärksten betroffen. Fieber am Abend, aber nicht schwer. Sonnenbrille wichtig und eine große Hilfe. Keine Hilfe ist es, einen grobschlächtigen Arzt aufzusuchen, der keine Medikamente verschreibt und nur wenige Ratschläge gibt, wie zum Beispiel, sich von Schwangeren fernzuhalten. Es könnte schreckliche Folgen für das Kind haben, nicht die Mutter. Viel trinken, vor Kälte schützen, Maisstärke auf die Haut auftragen, um den Juckreiz zu lindern. Die Nächte sind unangenehm, eine Stunde Schlaf, dann zwei Stunden Kratzen und wach Herumliegen.

Wie üblich hat das Fieber meine Phantasie beflügelt, und ich habe das Ende für mein Buch gefunden *[Die zwei Gesichter des Januars]*. Mein Gesicht ist nur rosig geworden, keine einzelnen Flecken. Schmerzhafte Lymphknoten am Hals. Ohren und Nase sind wund und wirken geschwollen. Man sagt, Röteln dauern drei Tage.

---

2 Wie bei ihrem zweiten Roman, *Salz und sein Preis,* der durch Windpocken befeuert wurde, ist Highsmith auch jetzt dankbar für den Schreibschub infolge des Fiebers.

Ich schreibe dies nach den ersten 36 Stunden; am liebsten wäre mir, ich hätte schon über die Hälfte hinter mir.

Der folgende Tag, abends. Die Flecken sind fast verschwunden. Die an den Armen brauchen am längsten (man könnte es bei mir glatt mit [Ausschlag von] Gifteiche verwechseln!). Fieberschub bei Sonnenuntergang, doch das ließ bald nach, und ich fühlte mich recht energiegeladen, das kommt wohl von den zwei Tagen Ruhe.

20. 6. 1961 Die Welt ändert sich nicht. Du bist es, der sich ändert. *Sic transit* alle Depressionen! Wenn es doch nur so bliebe!

21. 6. 1961 Zum Trinken braucht man Zuschauer, viele, aber mindestens eine Person. Manchmal gibt es nicht mal diese eine Person. Dann ist Trinken nicht interessant.

22. 6. 1961 Wenn ich von höllischen, rasenden, teuflischen Dämonen überfallen werde, wenn mein Verstand erschöpft ist von der Anstrengung, die Lage zu meistern, wenn ich mich frage, wozu das alles gut sein soll – dann freue ich mich auf den vernünftigen Wahnsinn des englischen Kreuzworträtsels. Darin ist die Welt trotz all der verrückten Wortspielchen logisch und sogar gerecht.

3. 7. 1961 Wie lautet die entscheidende Frage? Können wir uns gegenseitig glücklicher machen, und sei es auch nur für kurze Zeit?

7. JULI 1961 New Hope. Verändert sich Kummer, wenn man ihn zu Papier bringt? Ja. Oder auf Leinwand oder Notenpapier. Er wird dadurch nicht einfach nach außen verlagert, sondern wandelt sich, wird in gewisser Hinsicht klarer, deutlicher. Vor allem aber verändert er sich. Jedenfalls bin ich heute Abend nicht unglücklich. Nur die Figur, über die ich gerade schreibe.

Heute habe ich einen Freund angerufen, der ein wenig Kummer hatte. Geistige Gesundheit, was ist das? So etwas zu tun, es regelmäßig zu tun, aber vor allem Freundlichkeit anderen gegenüber, immer, ausnahmslos.

Manchmal muss ich körperlich vollkommen erschöpft sein, um ein bisschen innere Ruhe zu finden. Und selbst dann bin ich nicht zufrieden, wenn ich nichts Freundliches getan habe. Aber Schlaf ist ein Balsam, der beste von allen und bringt mir meine Vorstellungskraft zurück, setzt die Wahrheit wieder ein, gibt einem nicht nur das Leben wieder, sondern auch Optimismus und Hoffnung, ohne die alles unerträglich ist. Ich bin nun in der Mitte meines Buchs, habe vergangenen Sonntag eine Erstfassung von 263 Seiten fertiggestellt.

7.7.1961 Beiläufige Beobachtung. Eine lesbische Frau, die sich, seit sie zwölf oder noch jünger ist, mit dem männlichen Geschlecht identifiziert, wird kein Problem dabei haben, schlank und agil zu bleiben, wenn das mittlere Alter sie mit breiter werdenden Hüften und dreifachem Busen einholt. Das liegt daran, dass sie keine Freude daran hat, eine reife Frau zu sein, und keinen Stolz dabei empfindet, zum weiblichen Geschlecht zu gehören.

8. JULI 1961 Dasselbe. Freitag. Viel und gut gearbeitet. Drinks mit Peggy Lewis und eine Einladung zum Abendessen, die ich ausgeschlagen habe.

Hat es überhaupt einen Zweck, jeden Tag ein paar Zeilen aufzuschreiben? Ja. Nichts hält mich, oder jeden anderen, aufrecht als Routine.

Spider hat einen halb ausgewachsenen Hasen erwischt. Little Daisy frisst wie ein Pferd.

9. JULI 1961 Habe mich den ganzen Tag mit allerlei Dingen beschäftigt, Briefe geschrieben, auf jene unbewusste Art über mein Buch nachgedacht, die jetzt wichtig ist. Es fehlt ihm noch an dem Tragisch-Neurotischen, das ich für das einzig Richtige halte. Heute Nacht beunruhigen mich äußere Einflüsse, dazu kommt noch die

Überarbeitung meines Buchs, doch davon verstehe ich etwas und werde vielleicht bis Ende Juli fertig sein.

8. 8. 1961
Und jedes Wort ein Tropfen Blut,
Jede Zeile ein Schmerzensstich
(So gebe ich dir Schmerz und Lust),
Dein Leib in meinem Hirn flüssig Gold,
Deine Gestalt mir in die Haut gebrannt,
Kleines goldenes Amulett!
Bei der schwarzen Glut in deinen lachenden Augen
Schwöre ich,
Verpfände ich mich an die Freude.
Ich schwöre, ich beschütze dich,

Für D. W. [Daisy Winston]³,
»Kleines Juwel aus Schwarz und Gold«.

31. 8. 1961 Gute Bücher schreiben sich von allein.

27. 10. 1961 Der Versuch, zufrieden zu sein, lernen, zufrieden zu sein, der Zustand der Zufriedenheit ist für mich von allergrößter Bedeutung. Die drohende Gefahr der Selbstgefälligkeit wird noch bei weitem von der Tatsache übertroffen, dass man mehr schafft und besser schafft, dass man auch anderen eine kleine Freude bereitet.

3. 11. 1961 Die Welt ist derart voll von einer gewissen Sorte Frauen, wir sollten uns freuen wie die Schneekönige, finde ich.

---

3   Zum ersten Mal wird Daisy Winston erwähnt, eine Kellnerin in New Hope, an der Highsmith Interesse hat.

26. 11. 1961 Ein Wochenende lang
L. R. [Lynn Roth]

Was letzte Woche noch lila war,
Ist rot geworden.
Der Himmel ist weiter.
Der Bach vor meinem Fenster
Mit dem kleinen Wasserfall –
Wechselt das Wasser
Oder ist es immer dasselbe Wasser,
Das, für immer eingefangen,
Den malerischen Abschnitt hinunterstürzt?
Ich wünschte, die Landschaft vor meinem Fenster,
Die kahlen, schönen Bäume,
Der Rangierzug, der vorbeikam,
Als du und ich hinausschauten,
All das würde für immer eingefangen,
Für immer und ewig.
Deine Hand, dein Auge haben alles aufgenommen –
Mir fehlt kein Frühling.
Mir fehlt nichts.

12. 12. 1961 Es gibt ein Schicksal, eine Sehnsucht – nach dem Abgrund. Nichts und niemand, keine Philosophie und noch so viele Ärzte können denjenigen retten, dessen Bestimmung es ist, sich selbst zu zerstören und in der Zerstörung Neues zu entdecken.

12. 12. 1961 Es muss befremdlich sein, ein Haus zu betreten, dort zu leben und es herzurichten in dem Bewusstsein, dass dies das letzte Haus ist, in dem man lebt, das man jemals herrichtet, und in dem man stirbt.[4]

---

[4] Mittlerweile sollte Highsmith aus dem Haus ausgezogen sein, in dem sie mit Marijane Meaker gewohnt hat, und eine zeitweilige Bleibe im Dorf gefunden haben.

***

1.1.1962 Geistige Gesundheit hat ein kleines Geheimnis. Etwas für die Einfältigen. Es lautet: Den Fortschritt in allem sehen, was wir tun. Und wenn es keinen Fortschritt gibt, erst recht. Das war die bewundernswerte Haltung meiner Großmutter, die so tatsächlich vorankam, das war keine Täuschung. Sie sah nichts anderes, dachte an nichts anderes, nicht an die Rückschläge, Enttäuschungen, Misserfolge. Es ist das Vorrecht, die Pflicht des Menschen, objektiv zu sein. Doch ob wir glücklich sind oder nicht, hängt davon ab, was wir sehen wollen.

3.2.1962 Kunst – Arbeit – leistet dasselbe wie Alkohol. Beide verändern die Welt so lange, bis sie erträglich geworden ist. Wenn ein Schriftsteller, ein Maler gut arbeitet, gibt es keinen Grund zu trinken oder andere Drogen zu nehmen, um die Realität zu verändern. Der wahre Künstler trinkt oder nimmt Drogen, wenn er bei der Arbeit nicht glücklich oder nicht erfolgreich ist oder überhaupt nicht arbeitet.

3.2.1962 Was mich ausmacht, ist die Tatsache, dass ich als Kind und Heranwachsende nicht offen, frei, naiv, leichtgläubig usw. angefangen habe. Naiv schon, daran besteht kein Zweifel, aber ich war verschlossen und scheu.

Mein Leben begann erst mit dreißig, durch meine Freundschaften. Und dieses Sich-Öffnen, die Akzeptanz, die Toleranz, ist eine Entwicklung, die noch immer anhält. Daher kommt auch die Hinwendung an und die Sorge um andere. Bis dreißig etwa war ich im Grunde wie ein Gletscher, wie ein Stein. Ich musste mich wohl »beschützen«, nehme ich an. Es hatte damit zu tun, dass ich meine stärksten Gefühle, was mich im Innersten antrieb, verbergen musste.

Es ist die Tragödie des von Gewissensbissen geplagten jungen Homosexuellen, dass er nicht nur seine sexuelle Orientierung verbirgt, sondern auch seine Menschlichkeit und natürliche Herzenswärme.

Doch wie bei allen anderen Fehlern, die mir aufgebürdet sind, kann ich nicht sagen, dass ich sie beklage oder bedaure. Denn was käme dabei Gutes heraus, sich zu wünschen, es wäre anders gewesen? Aufgestaute Bäche werden sich eines Tages als reißende Ströme ergießen.

3. 5. 1962 *Ishi* von Theodora Kroeber. Warum ziehe ich das Faktische dem Fiktionalen vor? Ich sehne mich nach Fakten, und die grausamen Wahrheiten dieser indianischen Geschichte beschämen mich, machen mich wütend, enttäuschen mich, rühren mich zu Tränen. Ich erinnere mich noch an die Ward Grade School in Fort Worth, ich war damals acht. Einmal die Woche hatten wir Bibliotheksstunde. Ich las über Indianer in ihren Tipis, wie sie Pfeil und Bogen und Pemmikan herstellen. Dieses Bild trug ich in mir, und ich konnte es kaum erwarten, in der nächsten Stunde weiterzulesen, um von den Menschen zu erfahren, die lange vor meiner Zeit auf dem Land gelebt hatten, auf dem ich geboren worden bin.

15. MAI 1962 Paris. Die Straßen wirken bei Nacht dunkler. Die Menschen sind nervös, sagte Renée [Rosenthal][5]. Es ist schon vorgekommen, dass sich zwei Männer wegen eines kleinen Auffahrunfalls gegenseitig umgebracht haben.

Die besondere Öde von Paris. Ich bin unzufrieden, wenn ich nicht arbeite, werde regelrecht dumm ohne Arbeit. Da spricht der zweckmäßige Amerikaner aus mir, und das gefällt mir nicht. Ich kann nicht einfach *sein*. Es ist etwas Wunderbares, sich der schieren Existenz bewusst zu werden, aber ich kann es kaum länger als ein, zwei Minuten am Stück ertragen. Ich bin gespannt, ob sich das während dieser Reise ändert, denn zum ersten Mal bin ich frei von all

---

5 Renée und Jean Rosenthal; das Paar übersetzte viele von Highsmiths Büchern für die französischen Verlage Calmann-Lévy und Laffont.

den Sorgen, die mir bislang zugesetzt haben. Damit meine ich Zahn- und Geldsorgen.

21. MAI 1962 Doris löchert mich wegen Daisy [Winston]. Ich sagte ihr, ich würde lieber allein in New Hope leben.

23. 5. 1962 Während des heutigen Interviews mit Mademoiselle de la Villain von *France Soir* zeigte ich ihr das Buch und erzählte ihr, wie gerne ich etwas über Tiere lese. Sie fragte mich nach dem Grund. In Zeiten der Angst und der ständigen Kriegsbedrohung lese ich gern über Tiere, da sie stets sie selbst bleiben, ganz nach ihrer Natur leben und deshalb schön und rein sind.

24. MAI 1962 Kaufte mein Flugticket nach Cagliari für 381 Neue Franc beim Invalidendom. Danach ein ausgiebiges und angenehmes Mittagessen mit Doris S., Kaffee und Brandy im Deux Magots. Wir gingen gegen 16 Uhr auseinander. Abendessen um 19 Uhr mit Janet Flanner. Zweieinhalb Martinis in der Continental Bar. Sie sieht gut aus, und ich fand sie erheblich warmherziger als zuvor.

26. MAI 1962 Kaufte die Schiffspassage für den 31. nach Neapel. E. [Ellen Hill] hat viele interessante Anekdoten über die Primitivität der Einheimischen dort auf Lager. Ihre Denkgewohnheiten und Verhaltensweisen. Alles ganz traditionell, Ergebnis jahrhundertelanger Unterdrückung. Wir fuhren an einen Strand, an dem wir nicht schwimmen konnten.

31. MAI 1962 Gegen 17 Uhr fuhr das Schiff endlich ab. Wir haben eine Kabine zweiter Klasse, aus der eine Frau ausgezogen war – ein Glück für uns. Mittelmäßiges Drei-Gänge-Menü. Ich hatte nichts zu lesen dabei, also blieb ich mit meinen Gedanken allein. Meine Liebe zu Schiffen lässt niemals nach.

1962

1. JUNI 1962 Ein ziemlich vollbesetzter Wagen für die Fahrt nach Positano. Ellens Haus ist bezaubernd und liegt auf zwei Etagen, mit Zugang von oben und von unten.

Wieder einmal bringt Ellen das Gespräch darauf, ich hätte sie nach der Begegnung mit Daisy »schlecht behandelt und vernachlässigt«. Nur jemand, der gefühlsmäßig noch mittendrin steckt, würde so etwas sagen. Meine Unfairness im Allgemeinen. Schließlich hielt ich ihre Unfairness in Bezug auf Santa Fe; Mexiko; *Tiefe Wasser;* Selbstmorddrohungen dagegen, was sie natürlich beiseitewischen will. Ich sagte kein Wort darüber, dass sie 1954 mein Tagebuch gelesen hatte, weshalb ich nach 19 Jahren aufhörte, eines zu schreiben – bis jetzt. Menschen, die über eine derart lange Zeit Gefühle füreinander hegen, schlagen zurück, wenn sie sich getroffen fühlen. Auge um Auge, so ist das. Ich würde sie ja bitten, die Schläge, die wir uns zugefügt haben, und die guten Taten gegeneinander aufzuwiegen. Sie würden sich wohl die Waage halten.

3. JUNI 1962 [Positano.] Habe zwei Zeichnungen angefertigt. E. mag die schwarzweiße lieber. Ging heute Abend zu Edna [Lewis][6] zum Abendessen. Ednas Haus ist voller interessanter Gemälde und Möbelstücke.

5.6.1962 Alle Waffen sollten zerstört werden. Wir leben im 20. Jahrhundert.

7. JUNI 1962 Edna möchte meine (dritte) Zeichnung von Positano in Schwarzweiß haben und kann sie vielleicht für 10 000 oder 17 000 Lire verkaufen. Habe heute noch ein Bild gezeichnet.

Die alten Schwierigkeiten wegen der Schreibmaschine. E. erträgt das Geklapper nicht. Das erinnert mich an Taxco, als ich versuchte,

---

6 Edna Lewis, die Schwiegermutter von Peggy Lewis, Highsmiths Nachbarin aus New Hope. Edna führte in Positano eine Kunstschule.

Tiefe Wasser zu schreiben. Es ist ihre Schreibmaschine, und sie scheint das Kommando darüber haben zu wollen.

8.6.1962 Habe heute die Entscheidung getroffen, nie mehr mit jemandem zusammenzuwohnen (ein Haus zu teilen). Auslöser ist mein Unbehagen, ständig gesagt zu bekommen, was ich tun soll und wann. Ich habe eine besondere Begabung dafür, auf solche Menschen zu treffen. Abgesehen davon geriet ich bisher immer entweder emotional oder finanziell an den Abgrund, und die Aussicht auf eine weitere solche Schlucht, aus der ich mich aus eigener Kraft wieder befreien muss, erschreckt mich. Ich bin zu alt für diese Art von Mut.

26.6.1962 Rom. Für einen Amerikaner erscheinen die Unbequemlichkeiten Europas und der europäischen Hotels nicht so sehr als Beispiele für die unzeitgemäße Mentalität hier, sondern vielmehr als Auswüchse sadistischer Menschenfeindlichkeit. Wer, wenn nicht ein übler Schurke, hätte sonst Kleiderbügel erfinden können, deren Haken dreißig Zentimeter lang ist, deren Schultern aber nur zwanzig Zentimeter breit sind, so dass selbst eine Jacke auf dem Schrankboden schleift und herunterhängt wie an einer Vogelscheuche. Der Wasserboiler im Badezimmer solcher Hotels hängt über der vorderen Hälfte der Wanne, so dass man kaum an die Wasserhähne darunter reichen kann. Der Abstand zwischen Toilette und Wanne lässt keinen Raum für die Knie. Die Toilettenpapierrolle hängt direkt dahinter oder außer Reichweite an der gegenüberliegenden Wand, und Papier gibt es auch keins. Türen werden mit drei Schlüsseln in drei separaten Schlössern geöffnet, die man alle gleichzeitig drehen muss. Hatte der Mensch im 18. Jahrhundert drei Hände?

6.7.1962 Eine meiner vielen Neurosen ist Schüchternheit, gepaart mit einem eher buddhistischen Zweifel an und Verachtung für Bewegung und Tatendrang, was mich beides zusammen lähmt. Das fällt mir besonders auf Reisen auf, wenn ich der meisten (der einzigen) sinnvollen Beschäftigungen beraubt bin: Arbeit und Hausarbeit. Es kostet mich größte Anstrengung, mir ein Flugticket zu kaufen.

7. JULI 1962 Gestern verstarb William Faulkner in Oxford, Mississippi, an Herzversagen. Die italienischen Zeitungen streiken, deshalb erfuhr ich es nur aus dem *Daily Telegraph*.

7.7.1962 Das Reisen zwingt mich, die einfachen Dinge des Lebens wahrzunehmen, was ich gar nicht will. Ich mag es nicht, wenn meine unbewussten Gedankengänge davon unterbrochen werden, dass etwas in mein Bewusstsein drängt wie: »Jetzt muss ich mich doch glatt innerlich damit beschäftigen, meinen Platz in einer Schlange gegen eine dralle Frau aus den Abruzzen zu verteidigen.« Ich lasse mich von ihr überholen und grüble gleichzeitig darüber nach, was ich hätte tun sollen.
　Andererseits genieße ich visuelle Eindrücke in vollen Zügen. Die rosafarbenen und gelben Lichter an manchen Gebäuden Venedigs.
　Ich mag schlicht keine Menschenmengen. Es wird mir immer klarer und hat wohl damit zu tun, dass ich keine Geschwister habe.

8.7.1962 Die wahrhaftigste und größte Liebe ist jene, die man denen schenkt, die sie am dringendsten brauchen. Derart Bedürftige können nichts zurückgeben.

12.7.1962 [Paris.] Friedhof Père Lachaise. Der einzige Name, der mich auf der Karte des Friedhofswärters interessierte, war Oscar Wildes. Aber auch George Bizet, Balzac oder Alfred de Musset sind hier begraben. Durch das riesige Friedhofsareal im Osten von Paris (Métro-Station Porte des Lilas) führen richtige Straßen. Oscar Wildes Grab liegt im 89. Abschnitt im nördlichen Mittelteil, und ich musste fast anderthalb Kilometer zu Fuß gehen. Zwischen über die Jahre dunkel gewordenen Gruften, meist mit dreieckigen Schlusssteinen, stieß ich auf Oscars Grab – ein massiver, annähernd quadratischer Granitblock mit einer großen, ägyptisch anmutenden geflügelten Figur mit Kopfputz. Vorn sein Name in Großbuchstaben. Dazu diese großartigen und überaus passenden Zeilen:

Und fremde Tränen füllen ihm voll
Des Mitleids Tränenkrug,
Denn Ausgestoßne weinen um ihn,
Und die weinen nie genug.[7]

Meine Augen füllen sich mit Tränen, mir ist Wilde überhaupt nicht fremd, auch nicht als Amerikanerin. Während ich dort stand, fragte ich mich, wie viele Franzosen, Deutsche, Italiener, die diese Worte lesen können, ebenfalls zu Tränen gerührt waren. Kurz aufwallende, tief empfundene Trauer, wie eine Stichwunde. Ich erinnere mich noch gut an die verschiedenen Berichte über sein einsames, von nur wenigen Personen begleitetes Armenbegräbnis. Das Grabmal wurde später errichtet (er selbst starb 1900), finanziert von einer »amerikanischen Bewunderin« seines Werks. Leider zu einer Zeit, als es mit der Kunst nicht weit her war. Es sieht ganz nach Mitte der Zwanziger aus, und mir schien das ägyptische Motiv völlig unpassend. Ein griechischer Knabe hätte es sein müssen.

20. JULI 1962 [London.] Um 10 nach Billingsgate, um mir die Ausstellung der City and Guilds of London Art School in der Coal Exchange anzuschauen und die Sammlung des Sir John Soane's Museum. Danach traf ich Camilla Butterfield bis 19 Uhr. Nach dem Abendessen kamen die Bestermans auf einen Drink vorbei. Caro-

---

[7] Aus: Oscar Wilde, *De profundis. Epistola: in carcere et vinculis,* sowie *Die Ballade vom Zuchthaus zu Reading.* Aus dem Englischen von Hedda Soellner. Diogenes, Zürich 1987, S. 215.

line Besterman[8] ist sehr charmant und lebhaft – rosig im Gesicht vom Alkohol, ganz nach Art der Engländer, dabei ist sie Frankokanadierin. Sie war wirklich sehr freundlich zu mir, und vielleicht gehen wir Montag zum Lord's Cricket Ground ein Spiel anschauen. Camilla fährt leider morgen für eine Woche aufs Land, um ihre Freundin Diana zu besuchen. Sie sitzt fast im selben Boot wie ich mit ihrer gegenwärtigen Freundin Maggie in L. A. Sie möchte sich trennen, weiß aber nicht, wie sie das bewerkstelligen soll, ohne ihr weh zu tun.

23. 7. 1962 »Wir treffen uns an der Burlington Arcade, Ausgang Piccadilly«, sagte sie, »wir treffen uns. Um halb elf. Um zehn schaffe ich es nicht, es sei denn im Morgenmantel. Also gut, ich halte Ausschau nach dir und deiner Gepäckträgerjacke, in der du aussiehst, als wolltest du – «
»Also wollte ich etwas tragen.«
»Burlington Arcade, Ausgang Piccadilly.«
»Bye bye.« – »Bye bye.«
Sie hat heute Abend Zeit. Wir haben heute Abend beide Zeit.
Ah, Kalkül!

26. 7. 1962
Und ein Halsband aus Versen
Mache ich Dir. Einer nach dem anderen
In kurzer Zeit aufgefädelt,

Ein Zeitstrang zur Erinnerung,
Zur Erinnerung an diese wenigen Tage,
Um diese wenigen Tage für immer zu bewahren.

---

8 Hier wird mit Caroline Besterman zum ersten Mal die Frau erwähnt, die die letzte große Liebe in Highsmiths Leben werden sollte.

1. AUGUST 1962 Hampton Court. Gegen 4:30 geht Caroline mit [Mann] und [Sohn] zum Abendessen. Tennis in der Abenddämmerung, die ersten Blätter fallen.

1.8.1962
Um dir zur Ehre zu gereichen,[9]
Sollte ich dir
Jenen Abend malen. Jenen Abend,
An dem ich hätte aufstehen müssen
oder umfallen. Ich liebte dich vom ersten Augenblick an,
Vom ersten Augenblick, in dem ich dich sah.

4.8.1962 War mein Leben auch nur das kleinste bisschen besser, als ich mit vierundzwanzig die Third Avenue entlangging und an meiner alten Highschool in der 68th Street vorbeikam, in den Antiquitätenläden stöberte und hier und da etwas kaufte?

Es war fehlgeleitet, unwahr – aber es war gut, weil es genügte. Besser war es nicht. Es war eine Illusion. Das war die Zeit, in der ich glaubte, dass jedes Stückchen Information zu irgendetwas nütze ist und deshalb aufbewahrt werden sollte. Die Zeit, in der ich dachte, jede Liebe ist die letzte. Eine glückliche Zeit, von heute aus betrachtet. Damals schien sie wild und gefährlich. Damals hätte ich das Leben, das ich heute führe, für das Höchste an Konservatismus, Stille und Gefahrlosigkeit gehalten. Doch jetzt beginnt erst das Risiko, die Gefahr, die Angst. Jetzt schaue ich der eisernen Maske direkt ins Gesicht, erkenne das scharfe Schwert des Lebens. Meine Sicherheit besteht nun darin, dass ich mit dem Rücken zur Wand stehe, das Messer des Schicksals an der Kehle. Ich habe nur noch wenige Illusionen, denn ich weiß, Illusionen sind nur Ballast, Übergepäck auf einem sinkenden Schiff: Wirf sie über Bord.

---

[9] Frei nach Edmund Spenser, *The Fairie Queene*.

1962

Mein Übergepäck – und das ist kein Scherz, dazu bin ich nicht in der Stimmung – ist die ewige Liebe, von der ich mich nicht befreien kann. Ewig sage ich spöttisch. Die Liebe verändert sich, das Verlangen danach ist ewig, zumindest so ewig, wie ich es bin. Soll jemand anderes die Fackel tragen, wenn ich mal nicht mehr bin! Es wird genügend Nachfolger geben!

25.8.1962 London – Big Ben, bedächtig und würdig. (Ich würde freudig mein Leben für die Queen lassen.) Londoner Sprachfärbung, Cockney und Oxford. In dieser Tiefe. In diesem Grau. In diesem Nebel und Wetter.

Und Caroline ist ein Sperling, den ich mal gesehen habe und von dem ich dachte, ich würde ihn kennen, weil er sich zweimal auf denselben braunen Zaun vor meinem Fenster niederließ. Sah ihn zweimal, kannte ihn einst, einst vor langer Zeit. Ihre Handgelenke sind ein wenig rundlich, und sie trägt auf der einen Seite ein schmales dunkles Band etwas höher als üblich. Ständig wechselt die Farbe ihrer Wangen. Sie schaut mich aus braunen Augen unverwandt an. Braun ist nun wirklich die letzte Farbe, die mir zu ihr einfallen würde.

Creme, Rosa, Weiß – und welche Farbe hat Wärme? Ein ganz blass beigefarbener Pullover, ein Tweedrock. Ein grauer Hut, wie aus Vogelfedern, aber daraus war er sicherlich nicht gemacht. Ich erinnere mich an ihr Lachen. Auf dem Boot von Greenwich sagte sie schließlich: »Mir ist kalt.« Daran ließ sich anständigerweise nichts ändern.

Und wir waren beide sehr anständig.

Manchmal sieht man das Ende, den Anfang, den kurzen Lebensabschnitt, den man Reife nennt, das Leben, das Ende, das Glück oder das, worum es im Leben überhaupt geht, wobei Letzteres auch Versprechen oder Erfüllung sein kann; das Wichtigste aber ist, es überhaupt zu sehen. Und natürlich vermute ich nie, ich hoffe, träume und denke nie, dass sie all dies in meinem bedrückten, zerschundenen Gesicht erkennt. Ich würde über Bord springen, wenn sie mich darum bitten würde. Wen kümmert das ernsthaft?

3. SEPTEMBER 1962 Ein guter Tag, weil ich in der Nacht tief geschlafen und außerdem ein Nickerchen gemacht habe. Dann geraume Zeit mit einer Geschichte verbracht, von der ich hoffe, dass sie Maurice Evans[10] gefällt.

4. SEPTEMBER 1962 Mit Carolines Brief begann der Morgen wundervoll, er machte mich den ganzen Tag über glücklich. Nach drei beiläufigen Seiten schrieb sie: »Bitte antworte schnell, denn ich komme mir vor, als wäre mir die Luft zum Atmen abgeschnitten«, da sie seit einer Woche nichts von mir gehört hatte. Ich liebe sie sehr und denke oft an den ersten Augenblick, als ich sie sah, ganz in Weiß. Ich war auf der Stelle bezaubert und wie erschlagen. Wie lange wird es wohl dauern, bis ich sie wiedersehe? Wie viel Arbeit bedeutet es? Aber es wird gute Arbeit sein. Ich bin glücklich, so wie es ist, nur bedauerlich, dass ich ihr nicht so oft schreiben kann, wie ich es wollte – oder, Himmel, *was* ich wollte.

5. SEPTEMBER 1962 Nach endlosem Hin-und-her-Überlegen rief ich heute um 5:05 an, 10:05 nach Londoner Zeit. Caroline war ausgesprochen liebenswürdig, und ich hoffe, sie hat den Anruf so genossen wie ich. Ich war während dieses außergewöhnlichen Gesprächs nicht nur sehr gehemmt, ich bin auch jetzt nicht in der Lage, ihr so zu schreiben, wie ich es gern tun würde. Ein guter Moment für einen Lachkrampf. Aber ich habe jede Sekunde unseres Gesprächs geliebt. Mir fehlte nichts, nur Big Ben. Zum Schluss sagte ich: »Ich wünsche dir einen schönen Tag.« – »Den werde ich jetzt haben.«

---

10 Maurice Evans (1901–1989) war ein britischer Schauspieler und Filmproduzent. Auf der Bühne und sogar im Fernsehen wurde er berühmt für seine Shakespeare-Darbietungen. Er spielte in so populären Produktionen wie *Planet der Affen*. Highsmith schrieb für Evans eine Synopsis, *The Suicide on the Bridge*, das Projekt wurde nie realisiert.

6. SEPTEMBER 1962 Bis Mittag geschlafen und mich mit den Erinnerungen an Caroline den ganzen Tag lang euphorisch gefühlt. Gestern sagte sie: »Das ist die entzückendste Geldverschwendung.« Ich liebe sie, und es war eine wunderbare Vorstellung, London in der Morgensonne, und Caroline plapperte drauflos, als würde sie nebenan wohnen. Ich sagte ihr, ich hätte gerade eine uralte Geschichte an *Story* verkauft[11], weshalb ich Grund zum Feiern hätte.

6.9.1962 Ich lebe mein Leben rückwärts. In der Kindheit war ich schwermütig und sehr erwachsen, in der Jugend mittelalt, nun in mittleren Jahren bin ich jugendlich, und selbst mein Haar hat sich von schwarz zu braun verändert und wird immer noch heller.

8. SEPTEMBER 1962 Kein Brief von Caroline. Ging heute Abend in Odette's Restaurant essen, nur eine Vichyssoise, aber die war köstlich. Ich war allerdings auch betrunken. Später gingen wir ins Instant London's auf einen Drink. Ich war ziemlich fröhlich und glücklich.

10.9.1962 An die jüngeren Autoren, die glauben, dass ältere Autoren wie ich so berühmt und so anders sind. Das sind wir keineswegs, wir sind genau wie alle anderen Autoren auch, arbeiten aber härter.

12. SEPTEMBER 1962 Schrieb einen langen und ziemlich wirren Brief an C., vor allem über meine »Unfähigkeit«, ihr zu schreiben. Doppeldeutig gemeint. Ich vertraue darauf, dass sie mich versteht. Ich fragte sie, ob sie irgendwelche Vorschläge hätte, womit ich eine Freundin meinte, um ihr dorthin schreiben zu können. Ich fürchte, sie hat keine. Wie könnte sie diese verzwickte Lage auch jemandem erklären? Dabei sollte sie bei ihrem matriarchalischen Hintergrund

---

11 Gemeint ist die Geschichte »Das große Kartenhaus«, die Highsmith schon 1949 geschrieben hatte.

doch eigentlich Freundschaften zu Frauen pflegen. Wenn nicht gar Affären. Ich weiß es einfach nicht.

13. SEPTEMBER 1962 Heute, zu meiner Überraschung und Freude, ein Brief von C., geschrieben am Montag. Sie hat eine Woche vor der Zeit ihre Regel gekriegt, und es regnet. Sie schreibt: »Es drängt mich dazu, ständig in Kontakt mit Dir zu stehen.« Und: »Wenn ich zu viel Gin auf leeren Magen trinke, dann will ich immer alles Mögliche sagen, wie: Wann sehen wir uns endlich wieder, was nun wirklich ganz unlogisch ist, angesichts der Tatsache, dass Du gerade erst abgereist bist ...«

Meine Liebe zu dir, Caroline – *C. comme ça*. Den ganzen Tag mache ich mir über zukünftige Verpflichtungen Sorgen, aber es wird besser. Schaffe jeden Tag mindestens fünf Briefe oder »Postsendungen«, dazu die Hausarbeit, aber nichts wird jemals wirklich fertig.

16.9.1962 Ich pflege sorgfältig die Kunst, fröhlich zu sein – auf jeden Fall eine Kunst, denn natürlich ist das für mich nicht. Wie bei einer sehr kümmerlichen Pflanze, die ich Tropfen für Tropfen gießen muss, um sie nicht zu ertränken. Ich betrete das Zimmer auf Zehenspitzen. Und mein Leben hängt davon ab.

Eine Frage gibt es, die ich mir nicht stellen darf – und doch tue ich es. Wie soll ich die kommenden vielen, vielen, ach so vielen Wochen überleben und arbeiten? Ich bin ganz krank vor Sehnsucht nach ihr, und ich muss allen Mut, alle Entschlossenheit zusammennehmen, um allein weiterzumachen. Und ich muss versuchen, mir Mut zuzusprechen, dass aus all diesen furchtbaren dunklen Tälern und Abgründen manchmal etwas wunderbar Schönes aufsteigt. Ich bin schon früher dort gewesen, ja, aber noch nie war das Tal so lang, so dunkel und so tief.[12]

---

12 Als Highsmith 1969 und 1974 ihre Tage- und Notizbücher wiederliest und annotiert, schreibt sie am Schluss dieses Eintrags folgenden Kommentar: »Ich muss sagen, dass das, was ich da geschrieben habe, sehr zutreffend war und ist.« (30.8.1969) »Leider trifft es fast zwölf Jahre danach immer noch zu.« (14.7.1974)

19. SEPTEMBER 1962 Camilla [Butterfield] rät mir, ich solle es langsam angehen und mir jemanden im Umkreis von 50 Meilen um New Hope suchen. Ich sagte ihr, das sei ein guter Rat; ich werde mich sehr bemühen, um vernünftig zu sein. Schrieb eine Buchbesprechung von [Rachel Carsons] *Der stumme Frühling* für *B.C. [Bucks County] Life*. An die Fernseh-Scripts wage ich mich nur bange, aber ich versuche mein Bestes. Gestern kam ein Brief von Connie Smith; CBS will einstündige Scripts und zahlt 6000 Dollar für die »bekannte Autorin von Kriminalromanen«. Ich hoffe, morgen kommt ein Brief von C. Der Langweiler von Gatte fährt morgen fort.

22. SEPTEMBER 1962 Der erstaunlichste Brief, den ich je von Caroline bekommen habe. »Warum gab es im Juli 1962 keine Zeichen am Himmel«, schreibt sie, »keine weinenden Statuen, um mich vor dem Blitz zu warnen, der bei mir einschlug. Ich liebe Blitze, sie schlagen so selten ein.« Sie sucht verzweifelt nach einer Ausrede, warum ihre Anwesenheit in Kanada unabdingbar wäre (so wie ich Pläne für Paris schmiede); also, wenn das kein Liebesbrief ist, dann weiß ich nicht. All dies erschüttert mich zutiefst, dabei muss ich dringend länger und regelmäßiger arbeiten, sonst ... Also, ich bin nicht nur verliebt, ich bin erschlagen und verzaubert.

24. SEPTEMBER 1962 Ein guter Tag. Habe gut gearbeitet. Mindestens 14 Seiten am Fernseh-Script, das ich jetzt wirklich interessant finde. Camilla meint: »Ich bin mir sicher, dass C. sich sehr von dir angezogen fühlt und wahrscheinlich nicht prüde ist, was die lesbische Seite angeht, aber ich frage mich, wie weit sie wohl gehen würde, wenn die ganze Sache Formen annimmt?«

25.9.1962
*Ich möchte stolpern
und in deinen Armen landen.*

26.9.1962
Mir fließt im Blick das Herz über
Und dir in dem deinen
Grüße ich dich, wieder einmal stolpernd und stammelnd.
Ich grüße dich überschwenglich, du verzeihst
All meine bêtises et gaffes,
Ich vergehe nach deiner Umarmung.

29. SEPTEMBER 1962 Heute schreibt C.: »Hast Du schon an unsichtbare Tinte gedacht?« Was für eine Frage! Hat sie vielleicht an irgendeinen Ort in ganz London gedacht, an den ich meine Briefe adressieren kann? Schwer vorstellbar, dass sie das noch nicht getan hat. Und weil sie für einen solchen Ort nicht gesorgt hat, hat sie es geschafft, mich zu zensieren und meinen Stift zu fesseln!!!

30. SEPTEMBER 1962 C. fährt im November für eine Woche nach Paris und könnte bei Freunden wohnen. Sie scheint von der Idee angetan zu sein, dass ich sie dort besuche. Wir redeten vielleicht eine Viertelstunde lang. Ich sagte, ich würde ihr bis Donnerstag einen Brief nach Haymarket schicken. Sie hebt meine Briefe auf. [Ihr Gatte] liest die meisten davon, leider.

6. OKTOBER 1962 Ging mit Kip [Rachel Kipness] zu Maurice Evans zum Essen. Sie hatten in der Nacht zuvor das Script gelesen. Es muss überarbeitet, gestrafft und verbessert werden – und so weiter –, aber ihre Vorschläge waren sehr hilfreich. Interessanterweise kam das Gespräch wieder auf *Piège*[13], und als ich sagte, ich würde nach Paris fliegen, schlug Morse freudig vor, ich soll doch als sein inoffizieller Fürsprecher dienen. Die Rechte sind noch frei. Er möchte es in New York und London auf die Bühne bringen. Ich

---

13 Vermutlich ist das Theaterstück *Piège pour un homme seul* (1960) des Dramatikers und Drehbuchautors Robert Thomas gemeint, das nach dem Riesenerfolg der Pariser Uraufführung auf allen großen Bühnen der Welt nachgespielt wurde und zu dem Alfred Hitchcock sich die Filmrechte sicherte. Highsmith war offenbar für die englischsprachige Bühnenadaption im Gespräch.

habe also einen Auftrag – ganz abgesehen von der Tatsache, dass Robert Thomas & ich endlich zusammenarbeiten. Das ist in Bezug auf C. natürlich wunderbar. So habe ich einen Grund hinzufliegen.

7. OKTOBER 1962 Zwei wunderbare Briefe von Caroline. »Meine Liebe, meine Liebe, Du bist ein Wunder. Ich habe bereits mein Herz und alles andere an Dich verloren.« [Ihr Gatte] ist allerdings recht gehässig, so C.s Worte, und das Ganze ist ziemlich riskant. Die gute Nachricht: Sie wird am 12. November nach Paris kommen und wird erst am 15. bei S. wohnen müssen. Wie wunderbar – »wir können also zumindest für diese wenigen Tage allein sein, ohne dass jemand etwas davon erfährt«.

10. OKTOBER 1962 Schlechte Neuigkeiten aus Paris. Die 8000 Dollar, mit denen ich dieses Jahr gerechnet habe, werden nicht kommen, da die angedachte englische Filmadaption vermutlich ins Wasser fällt.[14] Dennoch schrieb ich Caroline, dass meine Paris-Pläne unverändert sind.

12. OKTOBER 1962 Endlich ein Brief von Camilla – sehr kühl, fast sarkastisch, was C. angeht. »Flieg nach Paris – dann hast du es hinter dir ...«

14. OKTOBER 1962 Vielleicht ist C. zu romantisch für mich.

17. OKTOBER 1962 Bei all diesen wunderbaren Briefen von Caroline geraten die Tage durcheinander – ich lebe in einem exotischen Dschungel. Mal abgesehen von der nicht exotischen englischen Sprache.

---

14 Vermutlich eine Anspielung auf die französische Verfilmung von *Der Stümper* als *Le meurtrier*.

19. OKTOBER 1962 Arbeit lief nicht so gut. Brief von C. Diese Briefe könnten nicht besser sein. »Meinst Du das ernst, wenn Du sagst, Du seist niemals so sehr verliebt gewesen? Ich hoffe, Du meinst es ernst. Ich nämlich auch nicht.« Wie kann ich über mein kleines bisschen Pech im Beruf klagen, wo mir das Glück so etwas geschenkt hat?

23. OKTOBER 1962 Zwei Briefe von C. Erstaunliche Sätze über [ihren Gatten]. »Er hat einen gruseligen Verstand ... sehr unangenehm.« In einem anderen Brief: »Er brütet nur vor sich hin.« In einem anderen: »Er hängt mir am Rockzipfel.« Immer wieder ein verächtlicher Ausdruck, ein Wort. Heute schrieb ich ihr das. *Nous verrons.* Gut möglich, dass [ihr Gatte] masochistisch veranlagt ist – möglich?! Ich würde gern wissen, ob sie im selben Bett schlafen.[15] Wie könnte ein Mann das ertragen? »Du meine Güte, wie sehr ich Dich liebe. Es ist erschreckend«, schreibt C. »Kein Wort mehr über Küsse oder Bett, sonst verliere ich noch den Verstand.«

24. OKTOBER 1962 Mutmaßungen, Ungewissheiten – vor allem heute. Russland transportiert Waffen nach Kuba, und die Gefahr eines Krieges scheint groß. Es könnte gut sein, dass [C.s Gatte] beschließt, mit nach Paris zu fahren. Dann müsste ich meine Reise absagen. Das habe ich C. geschrieben. Bis dahin leben wir auf einem Drahtseil, irgendetwas kann immer noch schiefgehen.

29. OKTOBER 1962 Der heutige Brief von C. erschütterte mich. Sie macht sich Sorgen, dass New Hope anscheinend voller Lesbierinnen ist. Ich unternahm heute Nachmittag die größten Anstrengungen zu erklären, dass es a) in New Hope keine Lesbierinnen gibt, b) Peggy [Lewis] ganz sicher keine ist, c) dass es hier keine Cliquen gibt und d) keine Gefahr besteht, sie könne mich verlieren. Letzteres wegen

---

15 Hier hat Highsmith später zwischen den Zeilen hinzugefügt: »Tun sie.«

ihres Satzes: »Ich habe fürchterliche Angst, Dich zu verlieren.« Ich habe noch nie einen leidenschaftlicheren Brief gelesen – geschweige denn bekommen. »Ich will auch keine sentimentale Schmachtbeziehung à la Swinburne. Ich will Dich in natura.«[16]

31. OKTOBER 1962 Ich wartete auf die Post. Zwei nette Briefe von C. Später, bei zwei Drinks, erklärte ich Pat [Schartle][17] die Lage in London. Pat meinte recht freundlich, es sei ein Wunder, dass ich überhaupt zum Arbeiten komme. So kann es nicht weitergehen, keine Frage. Ich versprach Pat (und mir), alles in meiner Macht Stehende zu tun, um die Situation zu klären.

1. NOVEMBER 1962 Gegen 21 Uhr 30 daheim in New Hope – trotzdem verpasste ich die Hälfte der Hitchcock-Show, da ich Duffy's nicht finden konnte. Hitchcock hat bei *Süßer Wahn* gute Arbeit geleistet, so Pat [Schartle].[18] Ein paarmal hat er allerdings ganz schön übertrieben.

4. NOVEMBER 1962 Letzte Nacht schlecht geschlafen. Aber tagsüber viel erledigt, vor allem habe ich ein paar konkretere Ideen, was *Das Gefängnis*[19] betrifft, hat mir heute gleich neuen Auftrieb gegeben. Zum ersten Mal seit April, als ich mit *Die zwei Gesichter des Januars* fertig wurde, fühle ich mich lebendig.

Liebe ist ein Akt, der außergewöhnlich viel Mut und Großherzigkeit erfordert, zugleich aber auch eine Zwangshandlung ist, für die dem Liebenden keinerlei Anerkennung gebührt. Doch ohne

---

16 In seinem skandalträchtigen Frühwerk schrieb der viktorianische Schriftsteller Algernon Charles Swinburne (1837–1909) über Themen wie Sadomasochismus, Todessehnsucht, lesbische Phantasien und antichristliche Gesinnungen.
17 Patricia Schartle (nach ihrer Heirat 1970 Schartle-Myrer), Highsmiths neue Agentin, war Cheflektorin bei Appleton-Century-Crofts Publishing in New York, bevor sie sich der Agentur Constance Smith Associates anschloss. Nach dem Zusammenschluss von Constance Smith Associates mit McIntosh & Otis wurde Schartle Präsidentin der neuen Agentur. Neben Patricia Highsmith vertrat Schartle unter anderem Mary Higgins Clarke und Noah Gordon.
18 Highsmiths Roman *Der süße Wahn* wurde 1962 unter dem Titel *Annabel* in einer Episode der *Alfred Hitchcock Hour* ausgestrahlt.
19 Highsmith erwähnt hier zum ersten Mal ihr neues Buch *Die gläserne Zelle*.

Liebe ist man nicht lebendig, so einfach ist das. Es ist ein Geschenk Gottes oder des Schicksals oder der eigenen glücklichen, glücklichen Persönlichkeit.

8. NOVEMBER 1962 Habe weitere Reiseschecks erhalten, jetzt werde ich mit 1040 Dollar reisen. Kein Brief von C., aber sie hatte gesagt, sie würde nicht noch einmal schreiben (was ich ihr nicht geglaubt habe). In ihrem letzten Brief erzählte sie von Aldeburgh[20]. Interessante Leute, furchtbar windig im Winter.

Ich hoffe, wir werden ein Haus haben. Es hängt so viel davon ab, wie wir in diesen 17 Tagen miteinander auskommen! So viel! »Ich werde Dich am 26. November auf dem roten Sofa küssen – warum nicht?«, schreibt sie. Für uns gibt es nur ein Entweder/Oder. Ich liebe ihren Brief: »Ich werde wahrscheinlich sehr schüchtern sein. Was ich nett finde.« Ja, das ist es. Sie muss sich keine Sorgen machen.

12. NOVEMBER 1962 [Paris.] Eigentlich ein bezaubernder Tag, an dem ich nichts getan habe als ganz in Ruhe Gin, Orangen und ein paar Kornblumen einzukaufen. Ging um 5:10 zum Gare du Nord, trank einen Kaffee, und Carolines Zug kam pünktlich um 5:50 an – Voie 19. Sie gehörte zu den letzten Fahrgästen, ging sehr langsam und entdeckte mich, bevor ich sie sah. Sie nahm meine Hand und ließ sich gegen mich sinken. Ich kam mir ganz steif vor. Wir hatten Schwierigkeiten, ein Taxi zu finden. Dann nahm sie meine Hand, und es ging mir etwas besser. Sie ist in jeder Hinsicht einfach göttlich! Abendessen bei Raffatin [et Honorine], ein Fehler, denn es war zu teuer, aber ein angenehmer Spaziergang über den [Boulevard] Saint-Germain. »Darf ich dich in einem Hauseingang küssen?« – »Vergiss den Hauseingang.« Wir hielten Händchen, und

---

20 Aldeburgh ist ein Dorf in Suffolk, etwa 150 Kilometer nordöstlich von London, wo Caroline und ihr Mann ein Wochenendhaus hatten. Highsmith wird 1963 dorthin ziehen, zunächst in die King Street 27, bevor sie unweit davon Bridge Cottage in Earl Soham, Suffolk, kauft, wo Caroline sie an den Wochenenden besuchen kann.

ich verlor einen Ohrring. Cognac im Les Deux Magots – oder war es das Café de Flore? –, danach eine wundervolle Nacht, in der wir so gut wie nicht schliefen.

14. NOVEMBER 1962 Kamen erst spät los, da C. gern ein Bad von 45 Minuten oder noch länger nimmt. Kauften uns nach einem wunderbaren Mittagessen im L'Escargot Doré, das C. bereits kannte, Karten für *Victor*. Eine Flasche Pouilly Fumé vor dem Kamin, und wir reden lockerer miteinander. Für zwei Menschen, die auf Papier so redselig sind, schweigen wir viel, wie C. feststellte. Um 19 Uhr zu Bett, mit der schnell über Bord geworfenen Absicht, um 21 Uhr aufzustehen und ins Kino zu gehen. Wir gingen nicht mal zum Abendessen, sondern schliefen und liebten uns die ganze Nacht – mehr oder weniger. Ich bete sie an. Und heute Morgen sagte sie: »Ich habe noch nie jemanden so geliebt wie dich. Ich sollte so etwas nicht sagen, aber ich tu's trotzdem.«

16. NOVEMBER 1962 Sie ist sich ihrer Reize durchaus bewusst & schmiegt sich in meine Arme, als habe sie Vulcanus genau zu diesem Zweck so geschmiedet. Ich kann die ganze Nacht über mit ihr schlafen, ohne jemals genug davon zu bekommen. Als wir morgens aufwachten, liebten wir uns erneut – zweimal. Sie war – und ist – die ganze Nacht hindurch einfach göttlich. Vielleicht mir gegenüber etwas zurückhaltend, weil ich gerade erst meine Regel hatte. Wir werden sehen. (Notabene später: Mein Fehler. Ich war stets schüchterner als sie.)

Ich kehrte ins Hotel Pas de Calais zurück, zog mich um und ging mit J. [Jean] Rosenthal zu Laffont[21]. Ich sprach mit Laffont selbst, es wäre nicht unmöglich, und es könnte – würde – erheblich besser sein als bei Gallimard, wo ich nur in einer Buchreihe verschwinden würde. Robert Laffont wolle mich nicht von einem Verlag loseisen,

---

21 Zu diesem Zeitpunkt erwägt Highsmith, ihren französischen Verlag zu wechseln und entweder zu Laffont oder zu Gallimard zu gehen. Ihr französischer Übersetzer Jean Rosenthal berät sie dabei.

bei dem ich erfolgreich bin, aber ich versicherte Rosenthal, dass meine Honorarabrechnung lächerlich gering sei.

22. NOVEMBER 1962 C. sagte, sie sei wieder »in der alten schwarzen Grube ihres Ichs« gelandet. Ich entgegnete, warte bitte, und mach dir keine Sorgen. Ich sagte: »Heißt das, du magst mich nicht mehr?« Was sie nicht abstritt. Sie meinte, sie habe den Kontakt zu mir verloren. Es war entsetzlich, weil ich doch dachte, es könne von Dauer sein. »Ich habe den Kontakt verloren«, sagte sie immer wieder. Ich hatte schon Angst, dass alles vorüber sei, denn C. erklärte mir, so sei es schon immer gewesen. Sie ging allein zum Mittagessen und traf sich mit [ihrer Freundin] S., ich kaufte ihr einen Flakon Diorissimo und kümmerte mich um mein Flugticket nach London für Sonntag, 13 Uhr. Als ich ins Hotel zurückkehrte, um mich mit C. um halb zwei, zwei Uhr zu treffen, war ich vollkommen verängstigt. C. tauchte erst um 15 Uhr 15 auf, strahlte aber und war ganz die Alte. Sie hatte zwei Gin & eine Flasche Wein getrunken. Und sie hatte ein Gespräch mit S. geführt, das sehr wichtig gewesen ist und sie von ihren Schuldgefühlen befreit hat.

23. NOVEMBER 1962 Wie sie sich hingibt! »Oh, Darling, ich liebe dich«, sagt sie, & heute früh, als wir bei Licht unter der Decke lagen, stiegen mir Tränen in die Augen. Ihre Augen dagegen füllten sich mit Tränen am Gare du Nord um halb eins, kurz bevor der Zug abfuhr. »*A lundi*«[22], sagte sie. Wir knipsten schnell zwei Fotos, die wohl nichts geworden sind. Ich werde den Film mit nach Amerika nehmen. Jetzt haben wir etwas, das uns fest verbindet. Ich bin mir sicher & und sie sich auch.

25. NOVEMBER 1962 Traf um 2:45 Londoner Zeit im Hotel ein, das recht angemessen ist, etwas viktorianisch – ein entzückender Brief

---

22 Französisch für »Wir sehen uns Montag.«

von Caroline, geschrieben auf dem Schiff. [Ihr Gatte] ist schon wieder rasend misstrauisch; C. verwirrt mich mit ihrem Wunsch, ihm alles zu erzählen und die leichte Melancholie wegzufegen usw., die ihn gerade plagt. Ich bat sie zu warten, wenigstens einige Tage. Vielleicht verklagt er mich, jedenfalls könnte er das, wenn er von C. und mir wüsste. Das ist das wahre Problem für C. und die große Frage. [Ihr Gatte] wird wohl den Bruch akzeptieren, aber sonderlich glücklich ist er nicht darüber. Innerhalb von ein paar Tagen wird er wissen, was ihn die Trennung kosten würde & wird eine Entscheidung treffen.

26. NOVEMBER 1962 C. rief mich um 9:10 an, als ich bereits angekleidet war und gerade das Hotel verlassen wollte. Ich solle so schnell wie möglich bei ihr vorbeikommen. Ich ging zum Haus der B.s, und sie öffnete mir mit einem Lächeln auf den ungeschminkten Lippen.

27. NOVEMBER 1962 C. rief um 9 Uhr 5 an – ich war gegen 10:45 dort, schätze ich. Ich fühlte mich furchtbar, sah auch so aus; ich hatte schon gepackt und ließ meine Reisetasche im Foyer. C. meinte im Schlafzimmer: »Komm, wir legen uns aufs Bett.« Und ehe wir uns versahen, waren wir im Bett, und C. war in wunderbarer Stimmung. Sie lächelte – »Mir ist nach Lachen zumute!«, sagte sie. Das Bett hatte ihrer Mutter gehört. Schöne Bettpfosten an Kopf- und Fußende. Wir blieben bis zum allerletzten Augenblick dort, bevor wir zum Flughafen mussten.

2. DEZEMBER 1962 Um 9 aufgestanden, so spät wie noch nie seit Europa. Gegen 10 holte ich das MS von *Januar* bei Peggy ab und machte mich an die Überarbeitung (79 Seiten). »Wann immer ich an Dich denke (also immer)«, schreibt sie, verspüre sie große Freude und Dankbarkeit. Ich bete ebenso wie sie zu Gott, dass sich daran nichts ändert. Und um ehrlich zu sein, kann auch nichts passieren, es sei denn, ich missbrauche ihr Vertrauen – doch selbst eine

von Camilla ausgelöste Katastrophe könnte uns nichts anhaben, das weiß ich. Nur wenn ich eine andere Frau hätte, aber das sei fern von mir und bringe ich gar nicht fertig. Ich lese über Gefängnisse – vier Bücher. Ich vermisse ihre Küsse, ich habe zwar bestimmt über tausend bekommen, doch ich will noch mehr.

3. DEZEMBER 1962 Zwei Briefe von C. Donnerstag war sie krank. Damit entschuldigte sie sich für ihre Niedergeschlagenheit & dass sie [ihrem Gatten] von ihren Schwierigkeiten, ein »Doppelleben« zu führen, erzählen wollte. Es macht sie wirklich ganz krank, natürlich, aber geändert hat sich dadurch nichts: Ich weiß, dass sie es ihm noch immer beichten will. Wir müssen ihn wenigstens einen Monat vor Positano darauf vorbereiten. Ich schrieb ihr von meinen Gefühlen, ein Haus und Besitz zu haben & der Tatsache, dass mir eine verlässliche emotionale Bindung wichtiger ist als Besitz und Haus. Wie elend & verrückt doch die Jahre 1952–56 waren, Ellen, Lynn, Jean P. und Doris. Ich habe C. in groben Zügen davon berichtet.

5.12.1962 Schönheit, Perfektion, Vollendung – alles erreicht, alles erlebt. Als Nächstes kommt nur noch der Tod, nur einen Schritt entfernt. Ich möchte nichts mehr sehen, nichts mehr fühlen oder erleben. Alles, was noch kommt, kann nur eine Minderung sein und würde mich von einem Menschen in Gemüse verwandeln. Ich habe Schönheit gesehen, meine Lieben, mehr als ich – oder um die Wahrheit zu sagen, jeder andere auch – erwarten oder durch schnöden Loskauf von schnödem irdischen Verhalten hätte erpressen können. Und da ich nun ganz dir gehöre, habe ich nicht das Recht und die Macht, mir das eigene Leben zu nehmen. Ich bin die torkelnde Biene, die in dein Haus geflogen kommt. Du magst mich mit etwas Mut durchs Fenster hinausscheuchen; du magst mich aus Versehen zertreten. Ich werde keinen Schmerz verspüren, das versichere ich dir. Ich habe dein feines rotbraunes Haar auf meinen Augen, auf meinem Gesicht gespürt, als ich im Halbschlaf dalag, und

1962

ich habe deinen warmen Atem auf meinen Lippen gespürt. In diesen Augenblicken lebte ich und starb ich, wurde neu geboren und wusste bereits vom Tod, und ich wusste, es gibt nichts mehr, was ich auf dieser Erde oder sonst wo fürchten müsste. In der Heckwelle eines Schiffs, im blauen Nichts hinter der Luke eines Flugzeugs habe ich keine Angst mehr. Ich taufe dich auf den Namen »mein Liebling«, mein Ein und Alles, meine wahre Liebe. Deinen Küssen, deinen Lippen verpfände ich mein Leben.

6. DEZEMBER 1962 Ich habe die Fotos bekommen [Paris–London]. Das eine von C. auf den Stufen ihres Hauses habe ich vergrößern lassen. Auf einem anderen in Paris sieht sie so glücklich aus! Das sollte ich ebenfalls vergrößern. Beinahe liebe ich Kameras.

Bekam einen Scheck über 471 Dollar, es läuft gut im Moment.

7. DEZEMBER 1962 Fortschritte beim Gefängnisbuch, doch erst schreibe ich eine Kurzgeschichte – alte Perlen, neue Entwicklung, Fortschritt in zwei Schritten.

Ich habe ihre vier Briefe seit Paris erneut gelesen (3, seit ich sie sah), was für leidenschaftliche Ergüsse – ganz anders als meine, die immer so befangen und vorsichtig sind, damit ich mich nicht zum Narren mache oder sie verschrecke. Sie selbst macht sich darüber keine Gedanken.

»All, all meine Liebe, Darling, vergangen, gegenwärtig und zukünftig.« – »Was für perfekte elf Tage, was für ein perfekter Anfang unserer Zukunft.« (Wenn sie es sagen würde, klänge es wohl besser.) Ich kann so nicht weitermachen, ich sollte reinen Tisch machen & wieder hinüberfliegen, um bei ihr zu sein. Ich möchte eine Kurzgeschichte schreiben und den Gefängnisroman zu Papier bringen. Aber es hat einfach keinen Zweck, mich weiter damit abzufinden, ohne sie zu leben. Ich kann es nicht. In all meinen 41 Jahren habe ich so etwas noch nie über jemanden gesagt oder geschrieben. Es ist bedauerlich (und die nicht allzu ferne Zukunft wird es vielleicht zeigen), dass [ihr Gatte], C. und ich aus unterschiedlichen Gründen an jenem Punkt im Leben angekommen sind, an dem uns das Glück nicht länger verweigert wird. Ich glaube an mein Glück. Ich werde nicht selbstsüchtig oder streitsüchtig sein, wenn es zur Krise kommt (wenn es denn eine gibt). Aber ich werde auch nicht einfach vornehm das Feld räumen. Wir alle sind, dramatisch gesprochen, in Kampfesstimmung; das mag zwar schlecht sein, aber zumindest ist es ehrlich.

9. DEZEMBER 1962 Heute geht mir einfach gar nichts leicht von der Hand. Ich muss wieder zurück zu den unerbittlichen Schulmädchengewohnheiten: eine halbe oder ganze Stunde Italienisch, sechs Tage die Woche fünf Stunden Schreiben, dazu Klavierspielen. Sonst werde ich noch verrückt. Ich muss mir ein Leben ohne Caroline vorstellen, aber das kann ich nicht. Sie drückt sich noch deutlicher aus, und das auch öfter als ich: »Ich gebe zu: Ich kann nicht ohne dich leben.« Zum ersten Mal im Leben glaube ich tatsächlich, dass mich jemand liebt.

11. DEZEMBER 1962 Heute habe ich das Haus gekündigt, und meine Vermieterin meinte, es würde ihr leidtun. Ich habe nichts von Ellen H. gehört. C. macht mich krank vor Verlangen und Liebe.

12. DEZEMBER 1962 Schon vor drei Tagen habe ich ihr gesagt, dass [ihr Gatte] demnächst überkochen wird. Heute, Dienstag, werden vier oder fünf Briefe in Haymarket für sie eintreffen, darunter auch die Fotos. In den nächsten sechs Monaten sollte [ihm] meiner Meinung nach etwas gesagt werden. In der Zwischenzeit lassen wir die Dinge ruhen. Es ist blanker Hohn, dumm – und so falsch, dass die Täuschung aus rein gesellschaftlichen Gründen aufrechterhalten werden muss, während die Gefühle, auf denen die gesellschaftlichen Strukturen ursprünglich basierten, verborgen werden müssen. (Moral basierte ursprünglich auf Loyalität.)

12. dezember 1962 Ein hinreißender Tag. Als Erstes habe ich Geschäftspost erledigt. Deutschland hat *Tiefe Wasser* gekauft, Frankreich möchte »Camera Finish«[23] für das Fernsehen haben.

So langsam wird mir klar, langsam wage ich zu glauben, was C. mir in Paris gesagt hat: »Ich bin dein.« Allein, dass ich mich traue, das hinzuschreiben, ist ungewöhnlich für mich. Ich habe gelernt, vorsichtig zu sein. Aber ich habe ihr heute geschrieben: »Du bist der letzte Mensch, den ich jemals lieben werde. So etwas habe ich noch zu niemandem gesagt.«

14. dezember 1962 Ich fühlte mich heute sehr wohl, vor allem, weil ich gut gegessen habe. Außerdem 15 Seiten der Geschichte umgeschrieben und bin fertig, bis auf den Titel. Heute Briefe von Rolf [Tietgens], Ellen Hill, die mir rät, das Haus nicht aufzugeben, daher habe ich meine Vermieterin zu ihrer Überraschung um Erlaubnis gebeten, es untervermieten zu dürfen. Das Gefängnisbuch nimmt gefühlsmäßig langsam Formen an, was mindestens genauso gut ist, als wenn sich der Handlungsverlauf herauskristallisierte.

16. dezember 1962 All diesem Unglücklichsein und der Einsamkeit, die ich heute durchlitten habe, muss ich Arbeit entgegensetzen, sonst werde ich verrückt. Um 10:45 habe ich C. darüber geschrieben und sie gefragt, was sie von »Konventionen« hält – ohne Anführungszeichen. Einen wichtigeren Brief habe ich ihr nie geschrieben, eine wichtigere Frage wird sie mir nie zu beantworten haben. Ich erinnerte sie an Paris und welche Folgen diese Episode hatte, die darauf hinauslief, sich von mir loszusagen. In ihren Worten: »Ich habe den Kontakt verloren. Das passiert mir immer.« Ich schrieb ihr, dass ich das nicht wieder erleben will, & ich schrieb auch, dass mich ihre häusliche Situation weder langweilt noch un-

---

23 Laut Highsmiths Unterlagen wurde diese Kurzgeschichte 1960 in der amerikanischen Zeitschrift *Cosmopolitan* veröffentlicht und 1972 unter dem Titel »Camera Fiend« im *Ellery Queen's Mystery Magazine* nachgedruckt.

geduldig macht, sondern dass ich von ihr nur die (äußere) Form des Lebens wissen möchte, die sie braucht, um glücklich zu sein. Sie wird diesen Brief frühestens Donnerstag bekommen – ach, diese Verzögerungen! Wie sehr ich auf eine Antwort warte! Was für ein Tag das war! Ganz niedergeschlagen, aber ich kann meine Stimmung ändern, wenn ich mich anstrenge, so wie der Kurs eines Schiffs sich durch das Segelsetzen ändert. An einem einzigen Tag meine Freude und Erfüllung an C.s Liebe gespürt zu haben, nur um danach niedergeschlagen zu sein über den möglichen Verlust und ihre gegenwärtige Abwesenheit, so ein Tag würde einen stärkeren Charakter als mich erschöpfen. Allen Trost beziehe ich aus der Fähigkeit, alles hier aufzuschreiben.

19. DEZEMBER 1962 Doylestown[24], 10 Uhr: Ein großes Hochsicherheitsgefängnis à la Sing Sing, mit Wachtürmen, drinnen aber sauber und modern. In den langen Mittelgang durfte ich nicht. Die Gefangenen können sich dort bei offenen Zellentüren frei bewegen.

23. DEZEMBER 1962 Gestern ein kleines Paket mit zwei Geschenken von meiner Mutter & Stanley. Sie haben mir einen Obstkorb von Keith's geschickt, dazu ein Früchtebrot. Ich tippte die Geschichte »Die Liebe ist eine schreckliche Sache« ab und fügte Änderungen ein. 13 Seiten mit Durchschlag. Mein [Weihnachts-]Baum ist recht hübsch. Aber ich verzehre mich nach Caroline. Was gibt es denn Wichtigeres? Alles andere ist mühsamer Alltag, den ich durchstehen muss.

28. DEZEMBER 1962 Und was um alles in der Welt habe ich heute gemacht? Kein Brief von C.

Habe [die Geschichte] »Der Wagen« hervorgekramt und ging sie durch.

---

24 Das Gefängnis unweit von New Hope, wo Highsmith für ihren neuen Roman *Die gläserne Zelle* recherchiert.

28.12.1962 In depressiven Augenblicken denk daran. Alles, was du möchtest, kannst du erreichen. Arbeit, Urlaub, einen neuen Mantel usw. Das ist der Grund, warum dies die beste aller Welten ist. Natürlich denke ich dabei an C. Und irgendwie glaube ich es auch.

30. DEZEMBER 1962 Ein Unwetter mit Schnee. Minus 20 °C & für mich in Bucks [County] bislang das Kälteste. Habe »Der Wagen« fertig getippt, das Haus gesaugt, das Silber geputzt & war auch ansonsten ganz brav, bin noch nicht mal rausgegangen, um mir eine Zeitung zu kaufen, es wäre sowieso nur der *Inquirer* oder das *Bulletin* gewesen, eine Unmöglichkeit nach der *Times*. Ich hoffe ganz stark auf einen Brief morgen. Der Flughafen in London ist heute geschlossen, starke Böen und Schnee. Minus 10 °C. Ich freue mich schon auf morgen und Silvester allein.

Minus 40 °C in White River!

31. DEZEMBER 1962 Drei Briefe von C. Sie ist glücklich und müde (noch von Weihnachten). Und sie versichert mir, dass sie ein »sehr deutliches« Machtwort sprechen würde, falls [ihr Gatte] jemals etwas gegen unsere Treffen hätte. Sie möchte, dass ich im Juli nach London komme, wenn das Bolschoi-Ballett im Covent Garden auftritt.

1963–1966

England oder der Versuch, sesshaft zu werden

1963 & 1964

Im Hochgefühl der großen neuen Liebe zu Caroline Besterman – das nicht einmal ihre allgegenwärtigen finanziellen Sorgen trüben können – bereitet Patricia Highsmith Anfang 1963 die Auflösung ihres Haushalts in New Hope vor. Um Caroline nahe zu sein, plant sie, endgültig nach Europa überzusiedeln. Es wird ein Sprung in ein Wechselbad der Gefühle.

Mitte Februar schifft sie sich nach Lissabon ein und reist von dort weiter nach Positano in ihr mit Ellen Hill ganzjährig gemietetes Haus, besucht eine Kunstschule und zeichnet viel. Darauf eingestellt, zunächst allein zu leben, bis Caroline ihrerseits den Sprung wagt und zu ihr kommt, stürzt sich Highsmith in die Arbeit am »Gefängnisbuch«: *Die gläserne Zelle*. Anfang März erreicht sie ein Hilferuf aus London. Caroline – hin- und hergerissen zwischen ihren Ehe- und Mutterpflichten und ihrer Liebe zu Highsmith – hat einen Nervenzusammenbruch erlitten. Ein Monat in Italien ist den Liebenden danach vergönnt, doch anschließend muss Caroline zurück zu Kind und Mann, der über die Art der Beziehung der zwei Frauen inzwischen Bescheid weiß. Zum ersten und einzigen Mal in ihrem Leben spielt Patricia Highsmith ernsthaft mit dem Gedanken an Selbstmord.

Und so wird es vier Jahre lang weitergehen. »Zusammen, aber doch getrennt« scheint das Motto dieser für Highsmith unendlich leidvollen Beziehung zu sein, die sich auch in ihrem aktuellen Roman spiegelt. Darin steht eine verheiratete Frau mit Kind – Hazel Carter – zwischen zwei Liebesoptionen, nach einem dramatischen Finale kommt es hier jedoch zu einer Art Happy End. Ende Juli machen Patricia Highsmith und Caroline Urlaub an der Nordsee, in Aldeburgh in der Grafschaft Norfolk.

Anfang Oktober schickt Highsmith – nun wieder in Rom – die erste Fassung ihres Gefängnisromans nach New York. Wie zuvor *Die zwei Gesichter des Januars* findet auch *Die gläserne Zelle* vor Joan Kahn keine Gnade; Patricia Highsmith steht nun in Amerika ohne Verlag da. Dazu kommt, dass sie über zwölf Monate keine einzige Kurzgeschichte geschrieben, geschweige denn verkauft hat. Das Jahr endet dennoch mit einem kleinen Hoffnungsschimmer, als Highsmith nämlich zu Silvester die Nachricht erreicht, dass der amerikanische Verlag Doubleday *Die zwei Gesichter des Januars* gekauft hat.

Das neue Jahr wiederum beginnt mit einem Paukenschlag: Der Londoner Verlag William Heinemann veröffentlicht *Die zwei Gesichter des Januars* in England, und der Roman wird mit dem Silver Dagger Award der britischen Crime Writers' Association für den besten ausländischen Kriminalroman ausgezeichnet.

Im Frühjahr 1964 kauft Patricia Highsmith ein altes Cottage aus dem 18. Jahrhundert in Earl Soham, Suffolk, eine halbe Stunde Fahrt von Aldeburgh. Die meiste Zeit lebt sie mit ihren Katzen und Schnecken dort wie eine Einsiedlerin, abgesehen von den Wochenenden, an denen Caroline zu Besuch kommt. Doch sie macht auch neue Bekanntschaften – mit dem Schriftstellerkollegen Ronald Blythe und James Hamilton-Paterson zum Beispiel, wobei Blythe ein besonders enger Freund wird. Gleiches gilt für den Werbeleiter ihres englischen Verlags, Charles Latimer.

Anfang Mai beginnt Patricia Highsmith mit der nur vierwöchigen Planung ihres elften Romans. Erste Ideenkeime und einzelne Plotstränge lassen sich im Notizbuch allerdings bis in den Mai 1963 zurückverfolgen. Eine erste Fassung wird Ende September abgeschlossen, als Patricia Highsmith in die USA reist. Dort verschifft sie ihre letzten Habseligkeiten nach England und trifft sich mit Larry Ashmead, ihrem Lektor bei Doubleday. Der schätzt das neue Manuskript als »sehr vielversprechend« ein. Begeistert ist wieder einmal ihr englischer Verlag; William Heinemann bringt *Der Geschichtenerzähler* in der ersten Jahreshälfte 1965 heraus.

* * *

4. 1. 1963
Wir gingen in Greenwich von Bord,
Du nahmst dabei meine Hand,
Schneidig, schnell, sanft, verhängnisvoll,
Sofort war ich in Dich verliebt.
Ein fester Griff mit vier Fingern –
So lang, wie ich brauchte, um stumm nach Luft zu schnappen,
Dann war es vorbei.

19. 1. 1963 Was für ein angenehmer Gedanke, dass ich niemals den Verstand verlieren werde. Ich habe mir immer Schlimmeres vorgestellt. Und diese Vorstellung wird die Wirklichkeit nicht übertreffen können, nichts wird mich überraschen. Aber womit prahle ich hier? Mit guten Genen, mit drei glücklichen Jahren. Am Ende wird es sich erweisen müssen, aber ich bin zuversichtlich. Auf, ihr Musikanten! Ich bin in die wunderbarste Frau verliebt. Ich bin gerettet. Schaut in zehn, zwanzig Jahren bei mir vorbei, dann werdet ihr es sehen.

22. 2. 1963 Lissabon. Ein etwas unaufgeräumter, weit ausgedehnter Hafen. Ich ging drei Straßen landeinwärts und bog dann nach rechts zum ›Zentrum‹ ab. Kleine, vielleicht zehnjährige bettelnde Mädchen, barfuß, mit nackten Beinen, zerlumpt. Die Waden voller rosiger Striche – beginnende Krampfadern? Oder kommt das von der Kälte? Ich pflückte etwas Ginster hinter dem Eisenzaun neben dem Gehsteig und steckte ihn mir ins Knopfloch meines Regenmantels. Regen setzte ein, hörte wieder auf, dann kam die Sonne heraus, dann erneut Regen. Es war 16 Uhr. Ich nahm die Straßenbahn zur

Rua de Oura. Juweliere, Feinkost, Cafés, kaufte mir eine Goldkette für 30 $ in Reiseschecks. Dann ein wirklich guter Espresso in einem Stehcafé. Ich entdeckte *Ein Spiel für die Lebenden* am Kiosk. Ein sehr ernst wirkender, netter kleiner Junge verteilte rosafarbene Werbezettel für eine Folkloredarbietung in einem Nachtclub. Er trug weiße Strümpfe bis über die Knie und eine rote Weste. Der Kopfbahnhof in Lissabon ist in byzantinischem Stil errichtet, mit einem bogenförmigen Eingang, alten Statuen von Königen und Helden an der Fassade, im Inneren modern. Das Ganze wirkt überaus spanisch auf mich. Als Taxis fahren nur Mercedes-Benz. Die meisten Menschen scheinen wohlhabend zu sein. Krumme Straßen laufen auf ein Monument zu. Ein Mann zu Pferd, eine Säule.

Unten am Hafen José 1. in grünlichem Kupfer – oder Bronze – auf einem Pferd. Ringsherum ein Parkplatz.

23. 2. 1963 In schizophrener Stimmung sollte man daran denken, dass es die Gesellschaft ja geben muss, über die man sich lustig macht.

1. MÄRZ 1963 Ist das hier besser? Ich denke schon. Seit drei Tagen richte ich das Haus ein und bin fast fertig damit, habe meine Schreibmaschine auf einen der beiden wackligen Tische gestellt, die ihr Gewicht entgegen meiner Befürchtungen doch tragen. Gegen 20 Uhr schrieb ich zwölf Zeilen einer Kurzgeschichte, nach einem Ausflug zu Dr. Rispolis Praxis. Meine Erkältung und der Husten sind schlimmer geworden. Er gab mir eine Vitamin-C-Spritze. Gerade als ich zu Abend essen wollte, ging das Licht aus. Heute Nacht liegt Schnee in der Luft, kalt genug ist es, und ich schlafe im Erdgeschoss. Ich bin froh, allein zu sein und Ruhe zu haben.

1. 3. 1963 C. und ich reden und reden miteinander in unseren Briefen. Wir wollen uns gegenseitig wissen lassen, was wir zu jeder Minute des Tages tun und denken. Das ist wirkliche Sorge umeinander, Liebe, echter Austausch, das Verlangen, eins zu sein.

2. MÄRZ 1963 Um halb drei wurde die Glastür zur Via Monte eingedrückt. Das ist der Tramontana. Mir ging es nicht gut genug, um zu schreiben, außerdem meinte der Doktor, mein Rachen sei ganz wund. Schlummertrunk *chez Mimi* und einigen Beatniks. Ziemlich beängstigend. Sie rauchen unablässig und haben überhaupt keinen Stolz – anders als all die anderen jungen Leute, die ich jemals kennengelernt habe. Heute ein Brief von C. Ich liebe sie mit meiner ganzen Seele. Wann immer ich glaube, sie könne sich nicht mehr übertreffen, tut sie es. Wie sehr ich sie liebe – alarmierend – mit all meiner Lebenskraft.

3.3.1963 Die einzig notwendige Kunst ist die, zufrieden zu sein. Alles andere ist völlig überflüssig. Reines Beiwerk. Das mag paradox klingen. Welcher Künstler war schon jemals zufrieden? Ich spreche nur für und über mich. Ohne ein gewisses Maß an Zufriedenheit (und das bei einem Leben, das die Mehrheit der Menschen für unbefriedigend und bar jeder Chance auf Zufriedenheit halten mag) kann ich überhaupt nicht kreativ sein. Es wäre gar nicht daran zu denken. Ablenkungen und Verpflichtungen nehmen mir die Kreativität und den künstlerischen Antrieb.

7. MÄRZ 1963 Briefe von [C's Ehemann] und von C. – sehr beruhigend von seiner Seite aus, die von C. klingen nicht so, als ob es ihr bessergeht. Gegen 18 Uhr 30 ein Telegramm von beiden, ich solle sie anrufen, was ich gegen 20 Uhr tat. Das Ende vom Lied: Sonntag fliege ich nach London. Ich sprach mit [ihrem Mann] – C – [ihrem Mann] – R-Gespräch. Seit Dienstag ist sie bei einem Psychiater. Wir sind uns einig, dass ich sie aufmuntern kann, deshalb fliege ich hin.

8. MÄRZ 1963 Großartige Neuigkeiten von Pat Schartle, Heinemann will *Die zwei Gesichter des Januars* bringen. Interessant, dass ich in der Via Monte 15 sowohl von der Ablehnung als auch von der Annahme des Manuskripts erfahren habe.

9. MÄRZ 1963 Ein Tag mit endlosen Pflichten. Heute Abend machte ich das Haus fertig für die Abreise. Leber für Spider, sprach mit Signora Rispoli, dass sie Spider füttert. Sieht ganz so aus, als hätte ich nie wieder Ruhe oder Zeit zu schreiben. Das Gefängnisbuch habe ich mir im Kopf zurechtgelegt, aber wie soll ich es jemals zu Papier bringen?

10. MÄRZ 1963 Der Flug nach London dauerte nur zwei Stunden und zehn Minuten und war sehr angenehm. Ich traf pünktlich ein und rief Caroline um 6:00 an. Heute Abend ist alles (halbwegs) in Ordnung. Wir lieben uns (ich dachte schon, sie könnte das vergessen haben), aber sie muss da weg, ihre Gedanken kreisen nur noch um sich selbst. Sie hat in den letzten Tagen sich, dem Psychiater und [ihrem Mann] gegenüber mehr als genug offengelegt. Ich übernachte im Gästezimmer eine Etage höher.

11. MÄRZ 1963 C. ganz melancholisch, kam kaum aus dem Bett. Sie bewegt sich sehr langsam. Die Anstrengungen von letzter Nacht (das sehr angenehme Abendessen) waren einfach zu viel für sie. Ich habe schlecht geschlafen. Hatte wieder mitten in der Nacht einen Schweißausbruch und wachte frierend auf.

12. MÄRZ 1963 C. geht es viel besser. Gestern hat sie mir unter großen Mühen erzählt, dass ihre *crise,* ihr Nervenzusammenbruch, von ihrer ersten »richtigen Ehe, richtigen emotionalen Verbundenheit« zu mir herrührt. Ich traue ihrer guten Stimmung nicht, befürchte, sie könnte ebenso schnell vergehen, wie sie gekommen ist. Ich habe noch nie eine Frau wie sie kennengelernt. Sie ist, was ich mir immer gewünscht habe. Es könnte lange halten mit uns. Aber auch ich habe das noch nicht verinnerlicht. C. muss es mit ihrer Ehe in Einklang bringen, ich mit meiner Einsamkeit & Arbeit. Wir beide müssen den Tatsachen ins Auge sehen, wir werden uns weiterhin lieben, aber wir können uns wahrscheinlich nicht länger als drei

Monate im Jahr sehen. Ging noch einmal *Die zwei Gesichter des Januars* durch und änderte so gut wie nichts.

15. MÄRZ 1963 Tag der Abreise. Kaum ein Taxi zu bekommen – um zwanzig vor zehn. C. beim Start (Caravelle) sehr angespannt, aber nach einer Dreiviertelstunde (und einem Gin Tonic) schaute sie aus dem Fenster. Ich hatte den Fensterplatz. Ich bin so froh, glücklich, richtig begeistert, mit ihr zusammen zu sein. Ich werde ihr helfen, einige ihrer Ängste zu überwinden. Heute große Fortschritte, als sie im [Grand Hotel] Santa Lucia den Fahrstuhl nahm. Der Blick auf die Bucht von Neapel aus unserem Hotelzimmer war wunderschön.

22. MÄRZ 1963 Erfuhr von MWA (Mystery Writers of America), dass ich am 19. April bei einer Veranstaltung im Astor einen Preis für »Die Schildkröte« bekommen soll. Ich gab Pat S. [Schartle] Bescheid & bat sie, an meiner Stelle hinzugehen. Ansonsten Joan Kahn.

7. APRIL 1963 Nach einem gekochten Ei und einem geruhsamen Frühstück nahmen wir um halb elf ein Taxi nach Neapel. C. machte sich Sorgen um die *gallerie* – aber es gab keine echten Krisen. Es hilft, wenn sie etwas zu tun hat, eine Mahlzeit einnehmen, zum Beispiel. Wir trafen gegen 4:00 in Rom ein, fuhren zum Hotel Condotti, wo das Zimmer mit Bad angemessen, aber nicht luxuriös war. Cocktails mit Ellen um 7:00. Wie üblich redete Ellen in einer Tour, was mich ärgerte und beschämte.

11. APRIL 1963 Heute Morgen waren wir sehr glücklich, und ich war hellwach. Mit ein paar Gins machten wir uns ans Packen. Keine Zeit für ein Mittagessen, sie musste um 1:00 am Flughafen sein, aber sie konnte ja im Flugzeug essen, das um 2:25 startete. Ich schaute zu, dann nahm ich den Bus zurück nach Rom. Zwei gute Dinge: Sie

reiste in einer guten, stabilen Stimmung ab, und sie möchte, dass ich im Juli nach Aldeburgh komme.

17. APRIL 1963 Ging das Material zum Gefängnisbuch durch. Das muss erst wieder in mir wachsen. Ich muss die Geschichte schreiben, aber diese Herumreiserei in den letzten Monaten und das schwierige Thema waren nicht gerade förderlich.

19.4.1963 McCarthy und kein Ende. Starke Männer zittern: Sie haben Angst, ihren Ruf und ihre Arbeit zu verlieren. Sie haben Angst, und deshalb wehren sie sich nicht. Vergleichbar zur Situation unter Hitler. Männer hatten Angst, das Leben zu verlieren – nicht nur ihre Arbeit und ihren Ruf. Deshalb wehrte sich niemand, bis es zu spät war.

Das kommt dem, was in Amerika geschieht, sehr nah. Zwei unterschiedliche Ausformungen von Angst, nichts weiter. Ist jede Nation zu solch einer Angst in der Lage? Hitler hasste die Juden, Amerika die Kommunisten.

Dieser in beiden Fällen künstlich angefachte Hass ist wie die Infizierung der Bevölkerung mit einem Krebsvirus. Wir hatten diesen Virus, haben ihn noch immer, so wie die Deutschen noch immer ihren eigenen Virus haben.

21.4.1963 Wovon habe ich gezehrt, wie habe ich bisher gelebt? Ich habe andere Liebschaften gehabt, aber keine wie diese, in der völlige Übereinstimmung herrscht – in Worten wie in Taten –, und ohne C. zu sein ist überaus schwer zu begreifen und zu ertragen. Das raubt mir alle Geduld, die ich aufbringen kann. Es ist sinnlos, nicht mit ihr zusammen zu sein. Die Schwierigkeit liegt darin, mir alle Empfindungen zu versagen, um zu ertragen, dass ich nicht mit ihr zusammen bin. Das Ganze ist so sinnlos, dass es mir sogar schwerfällt, auch nur einen vernünftigen Satz darüber zu verfassen.

22. APRIL 1963 Heute geht es mir viel besser, weil ich besser arbeiten konnte. Ich bin gut vorangekommen – noch viel harte Arbeit vor mir, aber das Buch lebt, und das zählt. Ich hatte es schon für tot gehalten. Ein weiterer Abend allein, was mich langsam wiederbelebt. Ich bin glücklich und meiner Liebe gewiss – und das bedeutet mir alles. Diese Liebe ist so groß, dass mir mein eigenes Leben nicht gehört, es zu schützen oder zu zerstören. Ich werde tun, was sie verlangt.

24.4.1963 – Mein gegenwärtiges (sehr ruhiges) Leben in Positano. Das völlige Gegenteil von einem Leben, bei dem jeder Nerv blankliegt. In der Lage zu sein, über Tage oder gar Wochen hinweg Glück oder zumindest Zufriedenheit zu spüren – für mich ist das eine Notwendigkeit, weil mir das »Leben« an sich noch nie das Bild von ruhiger Zufriedenheit geboten hat, auch nicht in meiner Phantasie oder meinen kühnsten Träumen.

25.4.1963 Jeden Tag gegen zehn nach eins habe ich eine Krise wegen der Post. Die Post trifft gegen 13 Uhr 20 ein. Nach 13 Uhr 10 kann ich nicht mehr arbeiten und nähe stattdessen einen Knopf an oder räume auf, um die Zeit herumzukriegen. Schließlich fange ich an, Mittagessen zu kochen, obwohl ich vor der Post nichts essen kann, und schalte um 14 Uhr 10 alles wieder aus. In Italien kommt die Post immer zu spät. Die Post, das ist wie eine unheilbare Krankheit, mit der zu leben man sich angewöhnen muss.

25.4.1963 Gott interessiert sich nicht im Geringsten für unsere Probleme und Leiden hier unten auf Erden, auch die Natur nicht. Gott interessiert sich nicht im Geringsten dafür, ob ich mich gut oder schlecht benehme.

27. APRIL 1963 Heute geht es mir viel besser. Mehr Sonne auf der Terrasse. Ich bin geneigt, das Leben leichtzunehmen – besser gesagt,

anders. Ich bin an einem Punkt angekommen, wo das, worüber ich schreiben möchte, größer ist, als ich selbst bis anhin gewesen bin. Falls das zu pompös klingt: Ich muss einfach in einem Tempo arbeiten, das mehr diesen Themen entspricht, den vielschichtigen Gedanken und Gefühlen, die ich ausdrücken möchte. Doch das fällt mir schwer, denn auf den ersten Blick müsste ich dazu wohl langsamer arbeiten. Stimmt aber gar nicht. Jedenfalls bin ich wirklich glücklich, glücklicher, glaube ich, als mir bislang klargeworden ist. Ich bin glücklich wegen C.s Liebe zu mir, die Bestand haben wird. Das glaube ich, weil sie es sagt. Wenn sie es aushält, dann werde ich es gewiss auch. Was das Gefängnisbuch angeht, so muss ich noch auf die richtige Ader stoßen. Der Gefängnisteil ist schwierig, aber nicht unmöglich. Ich bin im Gegenteil ganz verwirrt, was ich alles zu sagen habe.

1. MAI 1963 88 Seiten. Heute ist ein Feiertag. Ich habe ordentlich gearbeitet & bin sehr glücklich. Eine wirklich schreckliche, erschreckende, von vielen Dingen ausgelöste Depression hatte mich fest im Griff: Ich habe sogar daran gedacht, mich umzubringen, falls zwischen Caroline und mir etwas schiefgehen sollte (wahrscheinlich hält mich nur das Wissen zurück, wie verstörend das für sie wäre). Meine Bronchitis wird nicht besser. Es schmerzt furchtbar in der Brust, wenn ich huste. Und auch das Buch hat noch kein richtiges Eigenleben, und die 104 Seiten zu überarbeiten, die es bis jetzt gibt, ist so mühsam und geisttötend wie alle Korrekturarbeiten. Und natürlich hat mich das mittlere Lebensalter fest im Griff, bei Dunkelheit kann ich nicht mehr gut sehen. All dies – und die völlige Hoffnungslosigkeit, mit C. jemals länger als nur für kurze Zeit zusammen zu sein.

1. 5. 1963 Mein Leben ist zu Ende. Das kann etwas Schreckliches, aber auch etwas Glückliches bedeuten. Doch selbst, wenn es schrecklich sein sollte, dann auf glückliche, heroische Art. Ich bin so glück-

lich wie noch nie zuvor. Vielleicht merkt man es mir nicht an, aber in meinem Inneren hat sie mich aufgewühlt, mich ganz Ich werden lassen und ist in Tiefen vorgedrungen, die ich ebenso sehr erkunden werde, wie ich versuchen will, die ihren zu erkunden. Wir haben uns dem anderen gegeben – wie zwei Felsen, die nach dem Zusammenstoß bersten. Ich wünsche mir nichts anderes im Leben.

2. MAI 1963 Ein Brief von Tex, die meinen noch nicht bekommen hat. Die ganze Zeit schon (seit zweieinhalb Monaten) fährt sie mit meinem Wagen. Es ärgert mich, denn sie tut es ohne meine Erlaubnis. Ich schrieb ihr, dass die Pennsylvania State Police nach dem Wagen sucht. Habe nur den zweiten Platz bei den MWA-Auszeichnungen (Mystery Writers of America) errungen. Der erste Platz ging an eine Geschichte aus dem *Cosmopolitan*.

4.5.1963 Was ich liebe, ist nicht die eine Frau, sondern die Vorstellung von einer Frau. Vielleicht wirke ich deshalb unbeständig (was ich manchmal wohl auch bin). Aber das, was ich mir vorgenommen habe – zu lieben und geliebt zu werden –, ist aus verschiedenen Gründen nur sehr schwer über einen längeren Zeitraum zu verwirklichen, deshalb bin ich schlicht auch nicht unbeständig. Eine will ich, für immer.

9.5.1963 An glücklichen Abenden scheint meine Arbeit perfekt und ausgezeichnet zu sein oder zumindest auf dem Weg dorthin. An anderen Abenden scheint alles unvollständig, chaotisch, langweilig – lange nicht so, wie es sein sollte. Ich arbeite lieber hart und viel und bin streng mit dem, was dabei herauskommt. Nur dann bin ich glücklich und mit mir zufrieden. Das würde ich niemals jemandem verraten. Es klingt recht selbstgefällig.

9.5.1963 Sind nur diejenigen Bücher aus der Mitte des 20. Jahrhunderts groß, die davon erzählen, was an unserer Zivilisation und unserer Zeit nicht stimmt? Im Augenblick sind sie jedenfalls die interessantesten. Ist das Freud zuzuschreiben oder dem amerikanischen Selbstzweifel? Ich glaube nicht, dass all diese Bücher tatsächlich die größten Werke sind oder sein werden. Kunst entsteht nicht durch Weinerlichkeit oder Rachsucht.

15. MAI 1963 Ich lebe weiterhin fast nur von Spaghetti Bolognese! Seit gestern bin ich auf S. 170 meines Romans. Der Protagonist Ph. [Philip Carter] kommt gerade aus dem Gefängnis. Ich habe das Gefühl festzustecken, denn (ich dachte) der Rest des Buchs ist noch nicht genau ausgearbeitet. Aber das ist eigentlich nicht der Punkt: Was noch nicht ausgearbeitet ist, das ist der Geisteszustand von Ph. [Philip]. Trotzdem habe ich den ganzen Nachmittag lang über den Plot gegrübelt.

16. MAI 1963 Regen, wie gestern. Ich schrieb Ethel Sturtevant und berichtete von den Problemen mit der Bank und mit Auto & Haus! Die reinste Jeremiade! Schwierig, bei Laune zu bleiben, wenn ich nicht gerade tief in der Arbeit stecke. Wie gern hätte ich Lil Picard hier. Wir würden reden und lachen. Ich male an dem kleinen Bild eines Mannes, der einer riesigen Siamkatze die Tür öffnet.

22. MAI 1963 Heute bin ich ein wenig verkatert, habe sieben Seiten geschafft. Ich muss mich erst sammeln, bevor ich weitermachen kann. Die durchwachsenen Londoner Rezensionen zum *Schrei der Eule* tun mir gar nicht gut. Zeit für eine Pause – aber Ellen oder Lil kommen frühestens in einer Woche. Hier gibt es nicht genug Ablenkung von der Art, die ich brauche – ein guter Film, ein guter Freund, Musik. Ich habe mich in letzter Zeit zu sehr vertieft. Das schaffe ich nicht länger als einen Monat, und der ist um. Doch eine überaus schöne Frau ist in mich verliebt. Alles wird sich von selbst klären. Es gibt nichts, nichts, worüber ich mir in der Welt Sorgen machen müsste!

24.5.1963 Wenn ich ein Buch schreibe, wie oft vergesse ich dabei, dass ich mir jemals Sorgen um andere Bücher gemacht habe? Bin auf S. 207 – und mache mir Sorgen – schreckliche vier Tage voller Unentschlossenheit und Selbstzweifel. Ausgelöst durch zwei andere Dinge: zu intensive Arbeit in den vergangenen fünf Wochen, und jetzt sehe ich das Thema des Buchs nicht mehr klar vor mir. Ich weiß noch nicht, ob ich es für zwei Wochen beiseitelegen oder mein Hirn anstrengen soll, was ich selten tue, um wieder in die Gänge zu kommen. Werde es später am Tag auf jeden Fall versuchen.

29. MAI 1963 Lil Picard traf gegen halb zwei ein. Ich wartete auf ihren Bus. Lil wohnt im Buca [di Bacco Hotel], da meine Stufen für ihren Blutdruck zu steil sind. Sie bleibt einen Monat, dafür hat sie 900 Dollar, danach zwei Wochen in Paris. Sie möchte morgen arbeiten und braucht meine Schreibmaschine, die sie gern haben kann. Vormittags. Mein Urlaub wird also nicht ihr Urlaub sein. Macht nichts. Ich muss wieder in meine Routine kommen, Sonnenbaden & Französisch-Wörterbuch. Ich bin eigentlich nur glücklich, wenn ich hart arbeite, auf Post von C. warte & welche bekomme. So sieht mein ganzes Leben aus, & es ist gut so.

3. JUNI 1963 Gute Neuigkeiten von C. Der *New Statesman* hat in der neuesten Ausgabe, die C. mir schickt, einen guten Artikel über mich. Außerdem wird Hachette Livre de Poche[1] *Le Meurtrier [Der Stümper]*, *Eaux Profondes [Tiefe Wasser]* und *[Der talentierte] Mr. Ripley* bringen, für jeweils 600 $. Mehr Geld für Margot J. [Johnson], leider.[2] Dennoch munterte mich das auf. Heute war mir nicht nach Arbeiten zumute. Der Papst [Johannes XXIII.] verstarb gegen 6:00. Dazu habe ich nichts zu sagen.

---

[1] 1953 stellten Henri Filipacchi und Guy Schoeller eine umgearbeitete Version von Simon & Schusters »Pocket Books« auf dem französischen Markt vor. Sie waren sofort ein Erfolg.
[2] Highsmiths frühere Agentin Margot Johnson, die die Verträge ausgehandelt und daher Anspruch auf einen Prozentsatz der Honorare hatte.

4. JUNI 1963 Den ganzen Tag brütete ich über [Blaise] Pascals *Pensées* und über meine eigene Geschichte, kam aber bis kurz vor Mitternacht nirgendwohin, bis mir einfiel, dass Ph. [Philip Carter] durchaus ein wenig ausrasten sollte, was seinem Charakter vollkommen entspricht. Bin an einem Punkt, an dem nun alles möglich ist. Diese Tage sind unausweichlich. Lil möchte nach Capri & Paestum – ich nur nach Paestum, doch sollte ich wohl so nett sein und ein paar Tage für sie freimachen. Ich möchte so gern eine Erstfassung fertig haben, bevor ich nach England fliege.

8. JUNI 1963 Ich »dachte« noch ein wenig mehr über meinen Roman nach, schrieb aber kein Wort. Dass Ellen und Lil (der ich mehr Gastfreundschaft schulde, als ich bislang gezeigt habe) da sind, ist nicht hilfreich, aber eigentlich möchte ich mit dem Buch nur nicht zu schnell voranpreschen. Falls ich im Juni noch zwei Wochen Zeit habe, kann ich die Erstfassung abschließen. Der *New Statesman* mit dem ausgezeichneten Artikel von Francis Wyndham[3] über mich traf ein, die beste Besprechung, die ich je hatte. Und dazu noch zwei Spalten! – *Un jeu pour les vivants [Ein Spiel für die Lebenden]* bei Calmann-Lévy ist ein braunes Hardcover mit einem billig wirkenden Schutzumschlag.

18.6.1963 In der englischen Besprechung eines Buchs von André Gide finden sich ein paar Bemerkungen zu seinem hartnäckigen Interesse an Gewalt, und das sei »unzweifelhaft« mit seiner Homosexualität verbunden. Tatsächlich? Es fallen einem schnell andere homosexuelle Künstler ein, die dieses Interesse an Gewalt nicht haben (bei Gide ist Gewalt ein »notwendiger Bestandteil« des Mannes). Mir scheint vielmehr, dass Homosexualität – besser, die Gesellschaft – einen schmerzhaften Druck auf alle Homosexuellen ausübt. Und das sorgt für angestaute Energie. Es macht

---

3 Francis Guy Percy Wyndham (1924–2017) war ein britischer Schriftsteller und Journalist.

einen schier verrückt, irgendeinem Dummkopf dabei zuzusehen, wie er eine junge Frau liebkost, die man am liebsten selbst berühren möchte.

19. JUNI 1963 Lil meint, mein »Blut ist reiner Alkohol«, und ließ eine Beleidigung nach der anderen folgen, um mich zu ärgern.

20. JUNI 1963 Sieben Seiten geschafft bis 305. Ein Brief von Pat Schartle, [ihre Agentur] C. S. [Constance Smith] Associates habe mit McIntosh & Otis, Inc., 18 East 41st Street fusioniert. Sie hat Connies Anteile gekauft und wird Direktorin »und all das«. Pat berichtet, dass es in England Interesse daran gibt, den *Schrei der Eule* zu verfilmen, was aber noch keineswegs sicher sei. Das wären 22 500 Dollar, oder 15 500, wenn es dazu kommt.

21. JUNI 1963 Erledigt, traurig und ichbezogen, wie jedes Mal am Ende eines Buchs. S. 312 heute. Sollte Montag fertig sein.

27. JUNI 1963 Mein Buch um 4:30 in der Früh beendet – 341 Seiten. Ich habe nicht gefeiert, bin aber sehr glücklich – älter, weiser, ein bisschen tugendhaft.

1. 7. 1963 Jemand der dichtet, ist nackt, eine grässliche Zurschaustellung – gilt eigentlich für jede Kunst. Heute soll ich meine eigenen paar Bilder in eine Kunstgalerie bringen, wo sie zum Verkauf angeboten werden sollen. Wie sehr es mir davor graut. Doch ohne dieses *pénible*[4] Unterfangen wird nichts passieren. Dasselbe, wenn ich ein Manuskript an den Verleger schicke. Das ist fast so schmerzlich, wie nach einem neuen Haus zu suchen und umzuziehen.

---

4 unerfreuliche.

3. JULI 1963 Schlaflos. Es war wunderbar, nach London zu kommen – pünktlich –, und C. öffnete die Tür im Hausmantel! Ich trank einen Gin & sie Kaffee, dann ein Nickerchen – danach Lammkoteletts. Wir nahmen einen Wagen mit all den Katzen nach Aldeburgh. Ein wahr gewordener Traum. Ein Brief von Ellen Hill – Tex hat nach dem Einschreiben meinen Wagen zu Meyer zurückgebracht. Ich habe Ellen geschrieben, dass ich meine Sachen eingelagert haben möchte.

14.7.1963 Aldeburgh. Ganz die Atmosphäre und die Inneneinrichtung, die ich auf 1910 datieren und aus Ermangelung einer präziseren Epochenbezeichnung edwardianisch nennen würde. Eigentlich weiß ich gar nicht, um welche Epoche es sich handelt – wenig vornehme Möblierung, hässliche Orientteppiche und viel Krempel in den Räumen. Was einem nach Italien sofort auffällt, ist das Fehlen von Pflanzen und Blumen. Die Strandpromenade ist trostlos, trotz der gepflegten Häuser, die zum Strand hin von brusthohen Beton- oder Ziegelmauern eingefasst sind. Dann geht es ein paar Stufen hinauf in ein Foyer mit Landkarten von Suffolk und Landschaften à la Turner. Die Stufen sind mit Teppichen belegt. Alles ist sehr sauber. Eine junge Mutter fährt ihr Windelkind in einem Kinderwagen an der frischen Luft herum oder sitzt mit ihm auf einer Decke auf der Strandmauer.

Selbst Mitte Juli ist es am Strand zu windig und zu kalt, die Steine sind kantig, jede Menge Feuersteine. Buhnen aus Holzpfählen ragen im rechten Winkel ins Meer hinaus, bis sie verschwinden, die höchsten Pfähle ragen anderthalb Meter aus dem Wasser. Das Meer ist grau, graugrün. Am Horizont fahren Öltanker vorbei, zumeist südwärts in Richtung London.

Die High Street wird von Geschäften gesäumt. Es gibt mindestens drei Metzger, eine Apotheke, das Postamt, eine Bank, mehrere Gemüsehändler und den Louvre – ein Bekleidungsgeschäft für Männer, Frauen und Kinder, in dem ich einen Schaffellteppich kaufte. In der sehr kleinen Aldeburgh Jubilee Hall findet alljährlich im Juni das von Benjamin Britten geleitete Musikfestival statt. Im Sommer vermieten die Anwohner ihre Häuser und Wohnungen zu stolzen Preisen. Die zweispurigen Straßen ringsherum sind gesäumt von fast zwei Meter hohen Gräsern und führen schnell hinaus aufs saftig grüne Land. Bäume, die aussehen wie Skizzen von Fragonard, deren untere Äste sich um den Stamm winden. Ein einziger Tabakladen verkauft Philip Morris.

23. JULI 1963 C. hat den Eindruck, ich sei distanziert und traurig, was nicht stimmt. Eine Vorahnung, vielleicht – und ich fange wieder zu zeichnen an, denn sie meint, das hätte ich schon länger nicht getan. In diesen Dingen ist sie sehr feinfühlig. Ich denke bereits daran, wie schnell die Zeit vergeht, und an die mühsamen Tage der Arbeit, die vor mir liegen, in denen diese Arbeit allein mich aufrecht hält, keine Küsse, kein Essen, nicht ihr Gesicht und ihre Gestalt rings um mich.

28. JULI 1963 Habe entschieden, dass Rom der beste Ort zum Überwintern ist, solange ich nicht genug Geld habe, um mir ein Haus kaufen zu können. Geld – ich habe beschlossen, neben der Arbeit an einem Buch eine Kurzgeschichte pro Monat zu schreiben. Plots erfinden kann ich am besten, das muss ich ausnutzen. Habe all das mit C. besprochen, die sehr geduldig ist. Wenn ich in Rom eine Wohnung habe, wird sie mich dort besuchen kommen.

5. AUGUST 1963 [Positano.] Habe 50 Seiten des *Gefangenen* gelesen; gefällt mir besser, als ich dachte. Vor dem 31. August sollte ich genug daran gefeilt haben, dass ich es ins Reine tippen kann.

8. 8. 1963 Frauen haben sich nicht in demselben Sinne entwickelt wie Männer. Frauen sind noch immer nicht nur konservativ, sondern auch primitiv. Sie neigen dazu, nur jenen Nahrung und Unter-

stützung zuteil werden zu lassen, mit denen sie persönlich verbunden sind. Diese Haltung ist für den Fortschritt der Zivilisation verheerend. Selbst heute noch gehören sie zu den entschiedenen Befürwortern solcher primitiven Sportarten wie Ringen und Boxen. Gegenwärtig verwirren sie das männliche Geschlecht hinsichtlich der Tatsache, was sie eigentlich wollen. Was sie eigentlich wollen (das Wichtigste zuerst), sind Mann und Kinder. Dementsprechend handeln sie recht früh, um sich diesen Wunsch zu erfüllen, und erreichen beides. Wozu also all das Gejammer später? Es ist Aufgabe der Frauen selbst, sich Arbeit zu schaffen, herauszufinden, wo in der Welt der Ökonomie ihr Platz ist oder ob sie dort überhaupt einen Platz haben. Es steht ihnen nicht zu, über Lebensumstände herumzumeckern, die sie mit einundzwanzig und einem Studium hätten voraussehen können. Sollen sie doch zurück an die Universitäten und sich um höhere Abschlüsse bemühen, wenn sie wollen, und ansonsten den Mund halten.

Es würde Arbeit für Frauen geben, wenn Frauen den Großteil ihrer Zeit und Energie dafür aufwenden würden. Das ist es, was Arbeit heutzutage von einem verlangt, und wenn man sich dann auch darauf verlassen könnte, dass sie es tun. Wenn die Frau darum bittet, im Sommer freizubekommen (was eine ziemliche Zeitspanne ist), um mit ihren Kindern in den Urlaub zu fahren, dann wird sie dementsprechend unbedeutende Arbeit zugewiesen bekommen. Sie hat kein Recht, mehr zu verlangen. Frauen haben sich noch nicht mit der Tatsache abgefunden, dass sie Heim und Familie nicht mit einem wirklich anspruchsvollen Beruf oder einer Karriere außerhalb des Heims vereinbaren können – es sei denn, sie können sich Personal leisten. Nur selten findet sich eine Frau, die in der Lage ist, sich für kurze Zeit sehr gut zu konzentrieren, die gut schreibt oder malt oder sonst etwas tut, das man daheim erledigen kann, während sie sich gleichzeitig um Kinder und Küche kümmert und den Mann umsorgt. Frauen, die 1963 ihr Schicksal bejammern, erweisen sich leider als infantiler und unfähiger denn je.

13. AUGUST 1963 Viel Lärm und Unruhe an diesem lauteren der beiden Tage des Ferragosto. Großartig, wie Spider bei all dem schrecklichen Lärm Eidechsen fängt.

18. 8. 1963
Hätte ich im Alter von zwanzig
Ein Bild von Dir mit sechzehn gesehen, ich hätte gewusst:
»Diese Frau wird die meine,
Das Schicksal hat uns einander bestimmt«,
Dann hätte ich meine jugendlichen Tränen gestillt,
Wäre überwältigt gewesen von einem Wunder, größer
Als alles, was ich je in der Bibel las.
Wie hätte ich gewartet, frage ich mich
(In unerschütterlichem Glauben an Dich, gewiss),
Dass das Schicksal uns nach einundzwanzig Jahren zusammenführt?
Ein halbes Leben, ein ganzes gar mit zwanzig!
»Hinreißendes Warten!«, hätte ich gedacht
Dein Bild mit den wallenden dunklen Haaren,
Die jungen, still arrogant blickenden Augen,
Die Lippen voller beherrschter Neugier
und unerkannter Versprechen, unbekannt selbst Dir.
Hätte ich gewartet, ohne Dich zu suchen?
Solche metaphysischen Prognosen hat es nie gegeben.
Ich stolperte durch meine Jugend,
Nein, nie sah ich Dein Bild mit sechzehn,
Bis die einundzwanzig Jahre vorbei waren.
Nun mit dem Mut meiner Jahre,
Ganz anders als der Mut einer Einundzwanzigjährigen.

21. AUGUST 1963 Nach längerem Für und Wider habe ich beschlossen, mit dem Abtippen des Gefängnisbuches zu beginnen. Werde dabei versuchen zu kürzen, denn im Augenblick sind es 320 Seiten. Die Cantani wird mir ein »Angebot« für den Winter machen,

Heizung, Zimmerreinigung, Mittagessen *chez moi*. Sie braucht eine Mieterin. Einen Preis hat sie noch nicht genannt. Ich schrieb Ellen deswegen. Ich bin ganz hin- und hergerissen, denn wenn ich eine Wohnung in Rom hätte, würde C. mich besuchen, im November oder Februar wiederum wäre es aber besser, wenn wir unser Geld für ein Haus gespart hätten. Ich habe ihr über diese beiden Möglichkeiten geschrieben.

21. 8. 1963 Für Männer bedeutet Krieg Schmerz und möglicherweise den Tod. Darum geht es, das ist das männliche Gegenstück zum Masochismus der Frau beim Gebären. Masochismus (und Sadismus) sind recht gleichmäßig auf Männer und Frauen aufgeteilt. Und weil es eine der Ursache von Kriegen ist, interessiert mich das sehr. Krieg ist eine psychologische Krankheit des Mannes. Wir hätten schon immer daran interessiert sein sollen, diese Krankheit zu heilen, doch erst jetzt (recht spät), wo noch viel gewaltigere Bomben erfunden worden sind, machen wir uns plötzlich größere Sorgen um diese Psychose.

21. AUGUST 1963 Habe mit Hilfe von Ellen und der Agentur Domus eine Wohnung [in Rom] gefunden, Via dei Vecchiarelli 38, in der Nähe der Engelsburg. Ein Zimmer mit Balkon.

21. 9. 1963 Die Gedanken eines Trinkers kreisen um sich selbst. Der Trinker trinkt für sein eigenes Publikum. Wenn also jemand die provozierende Frage stellt (oder nur wiederholt): »Trinken Sie allein?«, dann hat der Fragende nichts vom Trinker verstanden.

18. OKTOBER 1963 Ein Monat langsamer Zermürbung durch Schlafmangel. Im Circolo Vecchia Roma und dem Circolo della Caccia knallen die großen Türen bis 3 Uhr früh, manchmal noch länger. Ich habe mein Manuskript getippt und nenne das Buch nun »*Die gläserne Zelle*«, habe am 3. Oktober 188 Seiten per Luftpost an

Pat [Schartle] geschickt und sollte nun jeden Tag von Harper hören. Schrieb eine Kurzgeschichte mit dem Titel »Die nächste Brücke«. Kein Einkommen, bis auf die 25 Dollar für den Abdruck von »Die Schildkröte« im E. Q. [Ellery Queen] Mystery Mix vom September 1963. Nachdem ich ständig aus dem Schlaf gerissen werde, bin ich in den letzten Tagen an den Tiefpunkt gelangt. Habe heute im *Messaggero* eine Anzeige geschaltet, um diese Wohnung zu vermieten. Wird nicht ganz einfach, wenn ich so ehrlich bin und sage, dass man erst um vier Uhr früh schlafen kann und um 7 Uhr der Verkehr wieder einsetzt. Letzte Nacht wurde nebenan um 5 Uhr morgens eine Ladung Ziegel angeliefert. Eine Stunde lang. Ich bedaure zutiefst, mein geliebtes Positano verlassen zu haben, wo das Leben ruhig und preiswert war.

23. OKTOBER 1963 Mittwoch. Packte ein paar Kartons. Ich hoffe, am 31. Oktober oder 1. November wegen einer Fulbright-Miete nach London abreisen zu können. Schlief gut und fühle mich viel besser. Montag, 21. Oktober, ein Brief von Harper (Joan K.), meine 188 Seiten seien langatmig, mit den Figuren könne man sich nicht identifizieren & sie müssten den Rest sehen, bevor sie mir einen Vertrag geben könnten. Eine Enttäuschung, aber auch eine Erleichterung. Ich bin optimistisch. Das Leben geht weiter. Ich gebe mehr aus, als ich verdiene, aber so ist es nun mal. Erwarte 1400 Dollar aus Frankreich, wo *Der Fremde [im Zug]* kürzlich 40 000-mal im Taschenbuch verkauft worden ist.

26. OKTOBER 1963 Meine trübe Stimmung will nicht weichen. Dieses Jahr ist finanziell alles schiefgelaufen, bis auf Heinemann, die *Die zwei Gesichter des Januars* gemacht haben. Ansonsten nichts verkauft, was ich in den letzten 15 Monaten geschrieben habe. Ist es da ein Wunder, dass ich entmutigt bin? Die Hoffnung stirbt zuletzt, doch geht einem die körperliche Kraft manchmal schon vorher aus.

1. DEZEMBER 1963 Ein schlimmer, hektischer November ist endlich vorbei. Harper hat *Die gläserne Zelle* kurzerhand abgelehnt, Enders wird womöglich keine Option auf *Salz und sein Preis* ziehen – alles in allem erschüttert meine finanzielle Lage C. und mich ebenso sehr, wie ich das durch »schlechtes Benehmen« tun könnte (dessen ich mich bislang noch nicht schuldig gemacht habe). Am 9. November habe ich mir einen weißen Volkswagen gekauft und für 42 Pfund 10 Shilling Vollkasko versichert. Dann war ich mit den Heinemann-Fahnen der *Zwei Gesichter* beschäftigt. Traf Mitte November B. [Brian] Glanville und Familie zum Tee. Ihm geht es gerade gut mit Verkäufen an amerikanische Magazine, *Mademoiselle* & *Holiday*. Ich selbst habe nichts verkauft, mein Ego ist am Boden. Und Harper meint, das Gefängnisbuch sei voller Selbstmitleid und Carter käme nicht zur Geltung. Das sind die Tage, an denen ich Tagebuchschreiben alles andere als albern finde. Mein Leben steckt in einer großen Krise. Diese bangen Tage (in denen C. sagt, ich sei so anders als im Juli, als ich im Urlaub war) haben ihr und mir die ungeheuren Unterschiede im Wesen, in unseren Weltanschauungen, Idealen und Zielen aufgezeigt. Wir haben sie uns eingestanden. Ich habe zu ihr gesagt, dass diese Unterschiede uns entweder zur Kraft gereichen oder uns auseinanderreißen. Zumindest gilt mein Mietvertrag hier [in Aldeburgh] noch bis Ostern, Kündigungsfrist 7. Januar.

3.12.1963 Aldeburgh. Papiertüten huschen wie verrückt in den Scheinwerfern meines Autos gleich aufgeschreckten Katzen und Hunden. Nachts vermischt sich das Geräusch des Windes mit dem Rauschen des Meeres, und leider ist der Wind ein Feind, stets mischt er sich in alles ein, was ich machen möchte – eine Tür öffnen oder schließen, um eine Ecke gehen, meine Päckchen festhalten, während ich mir den Schal vom Gesicht ziehe, um etwas sehen zu können. Eines Abends waren die Wellen am Strand drei Meter hoch, und der Wind kam von Nordosten: Kommt er aus Nordwesten, dann ist es noch schlimmer, sagte man mir, dann »türmt er das

Wasser auf« und hebt auf rätselhafte Weise die Teppiche an. Schwer vorstellbar, dass jemand hier freiwillig überwintert.

14. DEZEMBER 1963 Brief von Jack Matcha, der schreibt, dass ihm die Schneckengeschichte [»Der Schneckenforscher«] sehr gut gefällt und er sie im Februar in *Gamma* veröffentlichen wird. Gut! Heute waren es 0° C, und ich verbrachte den Großteil des Tages damit, Löcher und Ritzen in Haus- und Küchentür zu stopfen. Kaum stehe ich morgens auf, stürmen zig Dinge auf mich ein. All die langweiligen, mechanischen Dinge des Lebens – noch langweiliger, sie aufzuschreiben. Ich hoffe, dass diese beschwerlichen, aber schönen Tage auf jene kuriose Art, wie sie bei mir öfter vorkommt, einen neuen Schub für die *Gläserne Zelle* bedeuten. Bislang habe ich noch *keine* durchschlagenden Ideen, wie ich den Roman überarbeiten könnte.

18.12.1963
Der Geschmack des Todes liegt mir manchmal im Mund, diese
    einsamen Abende.
Jeder Tag, den ich lebe, ist ein Tag weniger zu leben.
Das ist einleuchtend!
Vor meinem Tod möchte ich Zeit mit ihr verbringen
Und nur leben.
Die Vormittage sind hektisch, wie alle Vormittage.
Der allzu frische Verstand nicht fähig
Zu den manischen Entscheidungen, die Kunst hervorbringen.
Nachmittags bin ich erschöpft von all meinen Pflichten,
Und wieder mit mir und meinem heißen Ego konfrontiert.
Dann arbeite ich. Ich wühle mich wie ein Wurm durch die Erde,
Arbeite wie eine Termite, die einen Tunnel anlegt, einen Steg.
Ich arbeite auf eine Zukunft hin, die ich nicht mehr erkenne.
Das ist mein Leben.
Werde ich in fünf Jahren, in zwei Jahren, einem

Wieder mit den Zähnen knirschen (mit schon lange zerknirschten
Zähnen)
Und verfluchen, was ich nur zögernd mein Schicksal, mein Muster
nenne?
Oder soll ich es meine Dummheit nennen?
Wer, wenn nicht ein Dummkopf, würde sich zu einem derart
schweren Weg entschließen?
Oder werde ich in fünf Jahren oder einem
Wachsen wie eine in Immergrün gewandete Eiche.
Wird das Glück in mir gewachsen sein, zu mir geworden sein,
Wegen der Hingabe, die sie mir schwört?
So streite ich mit mir auf dem Papier.
So fühle ich mich manches Mal,
Papier.
Dünn, vergänglich, brennbar, zerreißbar.
Bedeutungslos.

30. DEZEMBER 1963 Ein Tag mit häuslichen Pflichten & Briefeschreiben. Pat Schartle schrieb kurz vor Weihnachten: Doubleday nimmt *[Die zwei Gesichter des] Januars,* wenn ich 32 Seiten kürze. Und EQMM hat »Who Is Crazy?« gekauft. Damit ist der 17-monatige Bann gebrochen, seit ich C. getroffen habe.

* * *

2. I. 1964
Ein ruhiges Zimmer auf dem Land.
Eine Kerze brennt neben dem Bett.
Ein warmer gelber Schein liegt auf unseren Kissen.
In dieser Szene, die auch Vuillard geliebt hätte,
Ruhen all meine Hoffnungen
Auf Schönheit, in der ganzen Welt,
Fremde Flüsse, Städte, Wälder
Und Straßen – wie jene in Paris,

1964

Auf der wir uns das erste Mal vor aller Augen küssten.
Meine Liebe, lass uns
Die Laterna magica unseres ländlichen Zimmers,
In dem eine Kerze neben dem Bett brennt,
Nicht entwürdigen.

3. JANUAR 1964 Ein gutes Tagwerk an etwas, das schon vor drei Jahren hätte fertig sein können: *[Die zwei Gesichter des Januars],* kürzen und all das. Telegramm von Daisy Winston aus Amsterdam, sie trifft morgen mit Unterlagen der Familie Stewart hier ein. Ich bin heilfroh.[5]

15. 3. 1964
Spider gewidmet

Meiner geliebten Katze widme ich diese Zeilen,
Die deine gelben Augen niemals lesen werden.
Durch das Vertrauen in deiner Liebe zu mir
Übertrumpfst du mich und beweist mir,
Das Leben besteht aus einem zarten Gespinst
In der Luft wehender Spinnweben –
Und darauf spazieren wir, die Mutigen und
Lebendigen
Wie du und ich, noch bevor wir wissen, ob sie unser Gewicht tragen.
Spazieren einfach los.
Ich bin auf einem dünnen Faden von dir weggegangen
Und ohne eine andere Liebe, warst du
Treu
Und wurdest verlassen.

---

[5] Die Unterlagen der Familie von Highsmiths Großmutter mütterlicherseits, die Daisy Winston wohl aus Pats Haus in New Hope geholt hatte.

22. MÄRZ 1964 Am 28. muss ich nach Paris, nach langwieriger Steuerberatung. Das Geld von *Salz und sein Preis* hängt in der Luft, aber ich brauche es, wenn ich Bridge Cottage in Earl Soham kaufen will, das C. auch so gut gefällt.

Heute traf eine irrsinnige Standpauke von meiner Mutter ein, 29 handschriftliche Seiten, auf denen sie Schlamm aus uralten Tagen aufwühlte, ganz die verbitterte alte Frau, die sonst nichts anderes zu tun hat. Es macht mich rasend, dabei sollte ich mich doch längst daran gewöhnt haben.

25. MÄRZ 1964 Anderthalb Tage nach dem Brief meiner Mutter beruhige ich mich langsam wieder; schade um all die Aufregung, aber es ist nie angenehm, als Lügnerin beschimpft zu werden. Ich habe es C. gegenüber so erklärt, dass meine Mutter gern die Wahrheit »ausradiert«, der sie nicht ins Auge sehen will. Dann kommt es zu solchen Ausbrüchen, dazu eine merkwürdige sexuelle Eifersucht – so als sei ich ein Mann. Sie fleht um meine Aufmerksamkeit, Hingabe usw., ist also eifersüchtig auf die Frauen in meinem Leben.

Ich gehe jetzt öfter am Strand spazieren, das Wetter ist so viel angenehmer! Wie gut, mich frei von meiner Bank zu fühlen, und sei es auch nur vorübergehend.

1.4.1964 Paris. Ostern. Ich wohne in der Rue Jacob, [Hôtel] des Marroniers, im vierten Stock, mit Blick auf den Turm von St.-Germain-des-Prés. Um 19 Uhr schlägt die Uhr dreimal. Offenbar auch zu jeder anderen Stunde. Unten im Hof hohe, frisch zurückgeschnittene Kastanien. Eine typische Aussicht auf Dachfenster, graue, schräge Dächer, ein elendes, dreieckiges Giebelfenster mit einem Blumentopf auf dem Fensterbrett, das eigentlich bezaubernd wäre, doch ich weiß, dass dort ein Mensch mit all seiner irdischen Habe in einem einzigen Zimmer lebt. Mein Zimmer ist sauber und neu, aber die Wände sind papierdünn. Ich wohne gleich neben einem häufig frequentierten WC.

2.6.1964
Das Leben, verfolgt man es, durchzieht
Das Unwesentliche.
Ich ringe nach Atem,
Bin schon zu lang gezwungen,
Im Luftlosen zu leben.
Hier wandelt meine Liebe, atmet frei.
Sie ist ein Vogel und ich ein Fisch,
Oder vielleicht ist sie ein Fisch und ich ein Vogel,
Wie auch immer, wir atmen verschiedene Nahrung.
Selbst die Schwerkraft ist gegen mich,
Und ich schreibe Schreibmaschine auf dem Boden.
Steht das Haus auf dem Kopf? Ja.
All mein Weiß ist hier schwarz,
Und umgekehrt.
Ich bin groß und stark genug, um darüber zu lachen.
Das ist Teil der Farce, des weiten Gewands,
Des Lebens selbst. Nur ein Idiot wie ich
Nimmt das ernst.

1. JULI 1964 Nach zwei Monaten, zehn Tagen in Bridge Cottage arbeite ich drauflos an dem Buch, das in Suffolk spielt[6].

C. kommt vielleicht diese Woche, sie möchte gern, aber in London hat sie eine Verpflichtung nach der anderen – Sukkubi nenne ich sie, Ehrengäste. C. kommt vom Regen in die Traufe, wo immer möglich. Während ich in London vom 3. bis 15. Juni die Katze hütete, tippte ich die Familienunterlagen der Stewarts ab und korrigiere sie gerade.

---

6 Highsmiths Roman *A Lark at Dawn*, so der Arbeitstitel, wird im folgenden Jahr in den USA unter dem Titel *The Story-Teller* veröffentlicht (New York, 1965) und in GB unter dem Titel *A Suspension of Mercy* (London, 1965), dt. *Der Geschichtenerzähler*, Zürich 1977.

4.8.1964
Meine Liebe, zaudere nicht,
Sonst tu ich es auch.

3. SEPTEMBER 1964 Einige turbulente Wochen, in denen mir klarwurde, dass ich zum Arbeiten allein sein muss. Ich glaube nicht, dass es an C. liegt, sondern an mir. Heute, allein seit sechs Tagen (C. war davor zehn Tage hier), habe ich zum ersten Mal wieder vernünftig arbeiten können, und ich habe den Eindruck, das Buch im Griff zu haben, nicht umgekehrt. Ich poliere die 256 Seiten auf, das meiste davon ist recht schlampig, wegen meines unbekümmerten vor mich Hinackerns.

4. SEPTEMBER 1964 Großartiger Tag, habe 15 Seiten geschafft bis zur neuen Seite 250. Morgen bin ich vielleicht fertig. Psychologisch betrachtet (wie kann man etwas je anders betrachten?), läuft etwas auf eine Krise zu. Es ärgert mich, dass sie nicht da ist, wenn ich sie brauche, dass sie andererseits so selten da ist und ich es dann nicht gewohnt bin, in ihrer Gegenwart zu arbeiten. Dabei sollte es vollkommen alltäglich sein, zu arbeiten und mit ihr zusammen zu sein, nicht wie ein seltener Wein, der einem zu Kopf steigt. Und nun glaubt sie, dass ich nicht arbeiten kann, wenn sie hier ist, Ende der Diskussion. Aber so einfach ist es nicht. Heute Abend bin ich niedergeschlagen, und meine einzige Freude ist das beinahe fertige Buch – schnörkellos, aber unterhaltsam, hoffe ich.

4.9.1964[7] Ihre lebendigsten (und auch aufregendsten) Erinnerungen sind, was sie in der Kindheit erfahren und gespürt hat. Das

---

[7] Je länger Highsmith in Europa lebt, desto häufiger schreibt sie das Datum in der Reihenfolge Tag/Monat/Jahr anstelle des in den USA üblichen Monat/Tag/Jahr. Bei diesem Eintrag z. B. steht im Notizbuch 4/9 (also 9. April), aber angesichts des weiteren Verlaufs der Beziehung zwischen Highsmith und Besterman wurde der Eintrag wahrscheinlich am 9/4/64 verfasst, also am 4.9. 1964.

Grundgefühl war eines der Sicherheit. Im Ergebnis hörte sie auf, aktiv am Leben teilzunehmen. Das Theater, das sie mag, ist großteils traditionell. Immer wieder Mozart und Strauss, oder Callas, die alte Lieblingsstücke singt. Wenn sie über Bücher spricht, dann über Kinderbücher – *Pu der Bär* –, und weil man in England so vertraut damit ist, ist sie aus Frankreich dorthin gezogen. (Nicht wegen der französischen Sprache, die sie erst nach Winnie erlernte).

Ein solcher Rückzug könnte zu großer innerer Stärke führen, doch jede noch so geringfügige Veränderung der Lebensumstände und Routine erschüttern sie – manchmal auch nur, wie die Betten gemacht wurden. Flugreisen jagen ihr Angst ein, und selbst inbrünstig gemurmelte Gebete geben ihr keine Kraft. Neulich wurde sie von Zweifeln gepackt, ich würde sie nicht lieben, und zwar, weil meine Liebe zuvor von ihrem so offensichtlichen *manque de courage* [Mangel an Mut] erschüttert worden war. Es ging um Flugreisen, um das Leben im Allgemeinen, um jedes nur erdenkliche Risiko für ihren Besitzstand. Zu einem Zeitpunkt, an dem ich so viel riskiert und geändert habe, um bei ihr zu sein, kam mir das so ungeheuer selbstsüchtig und dumm vor – und natürlich kalt. Sie liebt mich, aber Sicherheit liebt sie noch mehr. Ich bin seit langem überzeugt, dass Mut der Kern der Weiblichkeit ist (und Sanftmut jener der Männlichkeit). Es war, als würde meine Vorstellung von ihr vor meinen Augen zerplatzen. Ich konnte das alles nicht in Worte fassen und zuschauen, wie sie daran zerbrach. Ich mag es einfach, ich mag Hingabe, ja selbst, wenn sich jemand an Routine klammert, was so charakteristisch ist für Frauen – aber was mache ich angesichts dieses deprimierenden Mangels an Mut? Müsste sie sich zwischen mir und der »Sicherheit« entscheiden, dann wüsste ich, was von beidem sie wählen würde. Ein Fuchs im Zoo hat Sicherheit, aber für den Fuchs ist das kein Leben.

ENGLAND ODER DER VERSUCH, SESSHAFT ZU WERDEN

8. SEPTEMBER 1964 Zum zweiten Mal durch die Führerscheinprüfung gefallen. Diesmal bin ich wütend, weil sie es nicht mögen, wenn man eine Hand oder ein paar Finger auf die Lenkradspeiche legt. Dasselbe beim Schalten, was ich gut hinbekommen habe; ich wüsste gar nicht, was ich daran noch verbessern soll. Ich bin mir sicher, es macht sich einfach gut in der Statistik, den durchschnittlichen Fahrprüfling angesichts der Unfallzahlen dreimal durchfallen zu lassen, dabei gehen die Zahlen auf die schlechten Straßen zurück, nicht auf die Fahrer.

10. SEPTEMBER 1964 Die Schnecken sind vertrocknet bis auf zwei, die sich heute bewegt haben. Morgen wieder Führerscheinprüfung. Ich habe versucht, die Straßenverkehrsordnung auswendig zu lernen, weil die Prüfer solche Pedanten sind. Ich glaube, selbst in Deutschland wären sie nicht so streng gewesen.[8]

10. SEPTEMBER 1964 Rein gefühlsmäßig freue ich mich nicht aufs Wochenende. [C.'s Mann] kämpft ebenfalls um sie, und zwar mit derart leisen, nur angedeuteten Methoden, nur schon dadurch, dass er beständig ein Keil zwischen uns ist.

2. 11. 1964[9]
O glücklicher Mädelsabend bei Betty[10]*!*
Lynn wieder an der Bar, uns allen einen Drink voraus.
Welche von uns hat mit welcher nicht geschlafen?
O Schar von Brüdern!
Ein Gefühl von Loyalität erfüllt den Raum,

---

8 Highsmith hatte 1951 in München Fahrstunden genommen, jedoch abgebrochen, kurz bevor sie die Prüfung ablegen konnte.
9 Highsmith ist zu diesem Zeitpunkt schon wieder in Europa, dieser Eintrag ist also entweder ein Rückblick auf ihren Aufenthalt in New York wenige Wochen zuvor oder er ist falsch datiert und stammt aus dem Oktober.
10 Betty M., auch eine Ex-Freundin von Ann Smith, mit der Highsmith mindestens seit den 1950ern befreundet war und ein Leben lang in Kontakt blieb. Noch Anfang 1990 widmete sie *Der Geschichtenerzähler* »Betty, Margot, Ann und der ganzen alten Gang«.

1964

So kraftvoll wie das verrückte Gelächter
Über gute, schlechte und ausgezeichnete Witze.
Ellen führt einen Ballett-Hebefigur-Wurf vor,
Schleudert mich fast gegen die Wand,
(Später macht sie sich grob an die Gastgeberin heran,
Die sie erst einmal gesehen hat.
Sie ist die Einzige, die nicht zur alten Truppe gehört.
Wir mögen keine Grobheit.)
Um Mitternacht bringen wir das Abendessen hinter uns,
Käse-Schinken-Sandwiches aus dem Delikatessen.
Irgendwie, weiß Gott wie – und das tut er –,
Welches Geflüster, Unbedachtes,
Die Vorbereitungen werden vorbereitet,
Und ich lande im Bett mit einem Mädchen, das ich einst liebte,
Mit ihrem unvergesslichen Gesicht und Körper, aber noch weniger
vergesslich
Ihre Persönlichkeit, die nicht gut für mich ist.
Aber heute Nacht kann ich mich so wenig ausdrücken wie sie,
Meine schwierigen Gefühle in Worte zu fassen, würde sie in
Verlegenheit bringen.
Am Morgen waren wir vier so fröhlich wie die Kinder Christi.

8. 11. 1964 England. Selbst nach einem Jahr beeindruckt mich der erzieherische Aspekt hier immer noch am stärksten. Im Vergleich dazu ist Amerika locker, ein Kinderparadies. Die Preise für Alkohol und Zigaretten, die in keinem Verhältnis zum Durchschnittseinkommen stehen, stellen offensichtlich erzieherische Maßnahmen dar. Brauchst du diese Flasche Alkohol und jene Packung Zigaretten denn tatsächlich? Nein, du bist ein verkommener, maßloser, ungesund lebender Schwächling, und der überhöhte Preis ist die Strafe für deine Sucht. Wenn du nach dem Theater noch ein Bier trinken möchtest, wirst du zur Strafe den letzten Bus verpassen. Jetzt kostet es dich sieben Shilling, um nach Hause zu kommen; die Fahrpreise

sind nachts höher. (Und als du das Bier bestellst, verkündet der Barkeeper, dass sie gleich schließen.) In New York kann man zu jeder Tages- oder Nachtzeit essen oder trinken. Die U-Bahnen fahren immer, höchstens weniger häufig. Man kann sonntags überall in der Stadt in den Feinkostgeschäften einkaufen. So langsam ärgere ich mich über diese britischen Beschränkungen. Sie sind militant und kindisch.

15.12.1964 Mein Selbstwertgefühl hält kaum mehr als vierundzwanzig Stunden.

16.12.1964 Für die Erläuterungen zu *Suspense* (*The Writer* [Magazin]). Gegenwärtige und zukünftige Autoren von Spannungsliteratur: Denken Sie daran, dass Sie in guter Gesellschaft sind. Dostojewski, Wilkie Collins, Henry James, Edgar Allan Poe ... Schmierfinken gibt es in jedem literarischen Genre. Es gibt Schmierfinken unter den Journalisten und solche, die genial sind. Streben Sie nach Genialität. Schließlich geht es zu neunzig Prozent um Anstrengung, neunzig Prozent um Maßstäbe, die man sich selbst setzt, ob man nun ein Genie ist oder nicht. Die restlichen zehn Prozent sind das unbekannte, nicht vermittelbare, das unberührbare, unzerstörbare Etwas namens Begabung. Ohne Talent – das Auge für die Dramatik, die Begeisterung dafür, dieses Drama zum Ergötzen anderer aufs Papier zu bannen – wird einen die harte Arbeit nicht nach oben bringen, und vielleicht wird die Arbeit auch nie veröffentlicht. Haben Sie Talent? Erzählen Sie gern Geschichten, schlagen Sie Ihre Zuhörer in den Bann? Gut. Das sollten Sie der Übung halber bei Ihren Freunden jedes Wochenende tun und es dann – wenn Ihnen danach ist – zu Papier bringen. Talent ist natürlich etwas Magisches, aber auch nicht bedeutsamer als das Geschichtenerzählen selbst. Schaffen Sie es, dass Ihnen das Publikum an den Lippen hängt? Oder falls Sie zu schüchtern sind, eine Geschichte vor Ihren Freunden zu erzählen, können Sie sie gut in einem Brief erzählen? Wer kann schon sagen, wie man es richtig macht? Magie kann man nicht lehren. Im Kern jedoch geht es um die Unterhaltung, die der Erzähler dem Schreiben oder Erzählen abgewinnt.

19.12.1964 Die Liebe, die der Tollheit gleicht, wird ewig halten; das ist die einzige Form der Liebe, die überdauert.

26.12.1964
Deine Liebe zu mir
(Und meine zu dir,
Welch erschütternde Erfahrung!)
Bricht mich auf wie einen Fels.
Ich bin voller Risse, Löcher,
Klumpen, Hohlstellen, Knoten,
Ja Abgründe. Kein Wunder,
Dass ich dich manchmal anschaue
Und mir wie ein Monstrum vorkomme,
Um dann wie eins zu handeln.
Kein Wunder, dass ich dir die Füße küssen könnte
Und mir vorstelle, dich brutal zu schlagen.
Ich will dich zum Lachen und zum Weinen bringen
Um mir selbst meine Macht vorzuführen,
Denn deine Macht über mich
Ist beschämend groß.
Diese Analyse ist nicht richtig,
Aber zur Hälfte schon.
Du bist die andere Hälfte,
Die ein Rätsel bleibt,
Die andere Hälfte in den Schalen,
Die die Waage in Balance hält,
Daher gibt es weder Füßeküssen noch Schläge.
Aber du, die du an Wunder glaubst,
Solltest über diese Wunder nicht staunen.

28. 12. 1964 Manchmal komme ich mir wie eine kleine, recht intelligente Maus vor, die versucht, sich aus der Mitte eines Sandbergs herauszuwühlen (an die Luft). Der Sandberg ist mein Verstand, und die Maus bin ich, was immer das ist.

28. 12. 1964
Es war fraglos eine Tragödie, dieses »Verboten«,
Das ich so klar sah, als wäre es in roter Farbe geschrieben,
»Stopp«, und dass ich es lesen konnte, als ich sechs war.
Eine Tragödie, dass ich mit sechzehn und achtzehn,
Als die Liebe noch ein neues Geschenk für mich war, mangels
  Abnehmer unverschenkt,
Dass ich dafür mein Bestes gegeben hätte,
Besser als die Edelsteine, über die ich in Büchern las.
Es ist wohl eine Tragödie, dass ich meinen Edelstein hinunterschlucken
  musste,
Mit sechzehn, als ich sorglosen Jungen und Mädchen dabei zuschaute,
Wie sie offen Hand in Hand durch die Straßen gingen,
Ebenso gleichgültig gegenüber dem, was die Leute von ihnen denken
  mögen,
Wie ihren eigenen Empfindungen gegenüber,
Wenn sie am nächsten Tag mit jemand anderem spazierten.
Mein Neid wurde zu Hass
Und der Hass zu Verachtung.
Jetzt wunderst Du Dich über meine Bitterkeit,
Du, die Du frei warst, wie ich nie,
Kritisierst mich für allerlei Fehler,
Ohne den Geschmack meiner Kindheit zu kennen.
Voller Missgunst sei ich, sagst Du,
Doch Missgunst war mein zweites Gefühl,
Eins, das mir vertraut war, bevor ich es benennen konnte.
Es schob sich zwischen mich und meine Liebe
Als ich klein war, und obwohl ich es hätte vergessen

1964

Wollen und sollen.
Es nahm andere Formen an, als ich älter war,
Mein Gegner nicht mehr eine Person, oder Personen,
Sondern die Gesellschaft, die ein Tabu errichtete.
Nun sagst Du, ich hasse Frauen
Und ich liebe sie, und Du hast völlig recht.
Sie haben die Macht, mich zu verletzen,
Mit mir zu spielen, dann lachend fortzulaufen,
Oder zumindest süffisant und unverletzt.
Sie haben nicht, wie ich, Entbehrungen erlitten.
Wurden nicht, wie ich, auf die Folter gespannt.
Ich wäre lieber nicht bitter,
Wäre lieber fröhlich und offen.
Aber wundere Dich nicht über meine Bitterkeit.

1965 & 1966

So himmelhoch jauchzend die Beziehung zu Caroline vor drei Jahren begonnen hat, so ernüchtert schleppt sie sich ab Mitte 1965 ihrem absehbaren Ende zu. Alle Versuche von Patricia Highsmith, Caroline dauerhaft an sich zu binden, scheitern. Immer öfter entflieht sie deshalb ihrem im Winter eiskalten und von Caroline nur noch selten besuchten Bridge Cottage in Suffolk, um hektisch herumzureisen und zu schreiben.

Gegen die äußere wie innere Kälte hilft Anfang 1965 nur Holzhacken, das Zimmern von Bücherregalen und kleinen Tischen – und Arbeiten. Highsmith schreibt einen Ratgeber für angehende Schriftsteller, *Suspense oder Wie man einen Thriller schreibt,* der im Januar des Folgejahrs erscheint und in Teilen auch eine verkappte Autobiographie darstellt. Daneben grübelt sie über Jesus Christus, Freitod, Religion und vergebliche Liebe, alles Themen, die in ihr neues Romanprojekt eingehen, einen Thriller ohne Leiche mit dem vielsagenden Titel *Those Who Walk Away (Venedig kann sehr kalt sein)*.

Anfang Mai bekommt sie Besuch von ihrer Mutter, der alles andere als harmonisch verläuft und mehrere Briefe Marys voller Vorwürfe nach sich ziehen wird – der erste Schritt hin zum endgültigen Bruch. Während dieses Besuchs erhält Highsmith eine Anfrage der BBC für ein Drehbuch zu einem Fernseh-Thriller, der im September als *The Cellar* ausgestrahlt wird. Aus der Zusammenarbeit mit der BBC entstehen verschiedene weitere Drehbuchprojekte, unter anderem gegen Jahresende ein religiöses Fernsehdrama, *Derwatt Resurrected,* das zwar nie realisiert wird, jedoch bereits den Plot für High-

smiths zweiten Ripley-Roman enthält. Inspiriert ist er von ihrer Ex-Geliebten, der Malerin Allela Cornell.
Nach Marys Abreise bricht Patricia Highsmith mit Caroline nach Venedig auf, doch aus dem lang erhofften erholsamen Urlaub wird nichts: Highsmith sucht Nähe, Caroline antwortet mit Distanz. Zum Ausgleich zeichnet Highsmith viel, recherchiert vor Ort für ihren aktuellen Roman und reist anschließend allein kreuz und quer durch Europa, um bei alten Freunden Trost zu suchen.
Nach Abschluss ihres Venedig-Romans macht Patricia Highsmith mit ihrer alten New Yorker Freundin, der Malerin und Modedesignerin Elizabeth Lyne, Urlaub in Hammamet in Tunesien, einem von ihr als äußerst beklemmend empfundenen Ort. Highsmiths oft sehr abwertende Eindrücke von Nordafrika fließen in einen Reisebericht für *The New Statesman* und in das im Frühling 1967 begonnene nächste Buch, *Das Zittern des Fälschers,* ein. Im September geht es nach Südfrankreich. Dort trifft Highsmith sich mit dem Regisseur Raoul Lévy, der sie für eine Mitarbeit an seinem Drehbuch zu *Tiefe Wasser* gewinnen möchte.
Nachdem Patricia Highsmiths letzter Versuch, die Beziehung zu Caroline zu kitten, ausgerechnet an ihrem einstigen Liebesort Paris scheitert und Caroline das Angebot ablehnt, zu ihr nach London zu ziehen, trennt sich das Paar im Oktober endgültig. Von der anschließenden »allerschwersten Zeit« ihres Lebens kann Highsmith erst im Rückblick sprechen, im Januar 1967.

* * *

1. 2. 1965 Liegt man im Sterben, hat man selten noch genug Kraft, um zu schreien, sonst würden das wohl mehr Menschen tun.

10. 2. 1965
Winter in England
Erneut wehrt sich alles in mir dagegen, ist mein Verstand
Unausprechlich gelangweilt und deprimiert

Durch diese Gleichförmigkeit. Deshalb sage ich
Nichts – gar nichts. Verstumme.
Und dann geht es mir schlecht.
O Gott, eine Topfpflanze stellt das Wachstum ein
Im Winter, eine Schnecke verfällt in Starre,
Ein Baum wirft seine Schönheit ab und steht still,
Was aber kann ich tun in diesem hyperboreischen Reich,
Das mir, die ich Gleichförmigkeit nicht ertragen kann,
Seine Gleichförmigkeit aufzwingt?
Menschen können nicht stillstehen.
Ich folge dem Wetter in meiner Kleidung.
Die wärmsten Sachen, tagein, tagaus,
Immer dieselben Sachen,
Tagein, tagaus. Das wirkt
Bis in meine Träume, lässt auch sie stillstehen,
Deshalb bin ich so wütend.
Monotonie und Schwermut haben meine Liebe und meinen Willen
  erlahmen lassen
Und verhindern so, dass ich diese Tage unterbreche,
Und sei es mit kindlichen Vergnügungen,
Seifenblasen und Fingerfarben.
Doch ich bin Dichterin, und nun,
Gefangen wie eine Ratte in der Höhle,
In die graue See eindringt,
England,
Werde ich fabulieren, fabulieren,
Um mich zu retten.

23. 3. 1965 Sah im Fernsehen eine Dokumentation über alte Menschen in Florida. Ein Raum in einem Altersheim, Menschen im letzten Stadium der Senilität. Sie murmeln vor sich hin wie kleine Kinder, wischen die letzten Tropfen Tee mit den Fingern aus den Tassen. Eine junge Schwester sprach, sie war offen, einfach, stark

und herzlich. Sie sagte, sie verletzen sich nicht gegenseitig, nur sich selbst, reißen sich die Haare und Nägel aus. Manche müssen gefüttert werden. Ihr starrender Blick sieht nichts mehr. Eine alte Frau stand während des Gesprächs neben der Schwester und der Reporterin, und die Schwester tätschelte ihr die Hand, die auf der Absperrung lag. Es war erschreckend.

9.4.1965 Ein Nebengedanke: Die Frage nach der Existenz von Kindern; manche Kinder (wie ich) sind Zufälle, sind ganz gewiss nicht gezeugt worden, um das Geschäft oder gar die Königskrone des Vaters zu übernehmen. Ein solches Kind muss sich selbst Werte schaffen (zumeist in ganz puritanischem Sinn, vor allem dann, wenn es nicht reich geerbt hat), um nicht als Schwächling zu enden. Es muss seine eigenen Werte erfinden. Dabei kann es sich genauso gut um Vergnügungen und Schwächen handeln. All dies ohne moralisches Urteil.

23.4.1965 Mit Kohle zu heizen gehört zum englischen Wesen, denn für dieses bisschen an Wärme und Behaglichkeit zahlt man mit einem verrußten Raum und dem täglichen knieenden Ausfegen des Ofenrosts, mit schmutzigen Händen und dem Gang zur Mülltonne mit der Schlacke. Nur ja nicht verschwenderisch sein, immer schön knausern. Mehr hast du nicht verdient.

17.5.1965 Venedig. Ich landete gegen 3 Uhr früh am Flughafen Marco Polo und musste den großen Wasserbus nach San Marco nehmen. Eine ganze Ladung an schweigsamen Engländern und völlig überwältigten Skandinaviern auf dem Weg ins Heilige Land. Der Wasserbus ist so schnell wie ein Motorboot, und gelegentlich läuft Jazzmusik.

18.5.1965 Wolkig, sehr leichter, angenehmer Regenschauer um 17 Uhr. Dann am Abend regnete es in Abständen von zwanzig Minuten recht stark, und die Wellen brausen. Ich unternahm einen Spaziergang von der Zattere aus über die Ponte dell'Accademia durch den Campo Morosini und die Parrocchia Santo Stefano zur Rialtobrücke, wo es gegen 9:00 schon recht dunkel war. Die Straßen dahinter finster. Das Hotel Rialto, das erste, in dem ich hier je gewohnt habe, scheint sich gemacht zu haben. Nahm die Merceria nach San Marco, von wo aus man allerdings nicht am Kai entlang zur Accademia zurückgehen kann, da die Hotels rückseitig Uferrechte besitzen. Nach einem Toast (150) und einem Glas Weißwein (40) in einer kleinen leeren Bar durch San Maurizio zurück zur Brücke. Pensione Seguso: Die Fensterläden sind grün und falten sich nach dem Öffnen zusammen. Hohe Fenster, Balkontüren. Auf dem Treppenabsatz im Erdgeschoss schläft eine trächtige aschgraue Katze.

Am Vormittag zog ich von 21 in Zimmer 28 um (ich trug meinen Koffer selbst usw.), doch dort gibt es keine Aussicht. Man teilte mir mit, dass ich spätestens um 2 Uhr in Zimmer 45 umziehen könne, doch um 14 Uhr 30 stellte sich heraus, dass der Mann in 45 krank war und nicht auszog. Um 5 Uhr war er endlich ausgezogen, und nach vielen Telefonaten konnte ich endlich sicher sein, dass das Zimmer bezugsfertig war. Wieder zog ich selbst um, da der einzige Laufbursche vor dem Fernseher im Foyer klebte. Kein Aschenbecher, nur ein Glas, nicht genügend Kleiderbügel (8). Alle Türen waren voller Fingerabdrücke. Keine Bilder an den Wänden. Es scheint nur Doppelbetten zu geben. Wenigstens Aussicht, dieselbe, die ich 1962 von einer der unteren Etagen aus hatte, zwei Wochen, bevor ich C. kennenlernte. Sie wird morgen kommen. Ich habe einen kleinen goldenen Schlüsselanhänger für ihr Armband gekauft. Dazu Postkarten und Orangen.

23.5.1965 Torcello. Mit dem Boot von den Fondamente Nove, 120 Lire, das in Burano und Murano hält und schließlich durch abgegrenzte Meerengen nach Torcello kommt. Kein Kaffee. Kellner in sauberen weißen Jacken. Danach ein Spaziergang zu der Kirche

(100 Lire) voller Mosaiken; ein Hund hat sich losgerissen und schleift seine Leine hinter sich her. Eine wunderschöne große Jungfrau Maria mit einem kleinen Kopf in einer ovalen, mit Goldmosaik ausgekleideten Nische. Später wurden wir von einer vierköpfigen Bande kleiner Gauner belästigt, die mich beim Zeichnen störten und meine Freundin betatschten, aber ich habe den Eindruck, das ist ihr Revier, nicht meins, als ich versuchte, sie zu verjagen. Nie weiß ich, wie ich mit ihnen umgehen soll, freundlich oder nicht.

Die Katze hat ihre Jungen bekommen, wohl drei, in einer Holzkiste im hinteren WC der Pensione Seguso. Der alte Portier hat sie uns gezeigt.

26.5.1965 »O-o-ol« oder »Ha-ool«, so der Ruf des Gondoliere, bevor er um eine Ecke kommt. Eine Gondel, die aus dem Kanal der Pensione Seguso kommt, kann den Canale della Giudecca in zwei Minuten überqueren. Alle halbe Stunde kommen englische und amerikanische Frachter durch den Kanal. Auf den Kaminen prangt der Löwe von Venedig. Gold auf Blau. San Giorgio –.

16.6.1965 In der Jugend ist die Welt wie ein Wald voller Bäume. Es herrscht das reinste Wirrwarr an Interessen. Mit dreizehn, vierzehn war ich ganz verrückt nach dem Meer. Da wäre ich beinah durchgebrannt. Wie habe ich das jemals in Ordnung gebracht? Nun, wohl nie.

23.6.1965 Religion: Zumeist ein gigantisches Auslassventil für Schuld; mehr als dafür, irgendetwas in sich aufzunehmen. Es sollte daher für die Menschheit von großer Bedeutung sein, den Menschen durch Bildung und Hilfe das Gefühl zu nehmen, er würde von teuflischen Gefühlen beherrscht, und sei es auch nur für eine gewisse Zeit. Teuflische Gefühle lassen sich nicht vermeiden, vor allem in der Jugend, aber sie spielen nur eine untergeordnete Rolle und sind nie dominant.

2.8.1965 Liebe, der Zustand, verliebt zu sein, ist das, was man zwischenmenschlich nicht logisch erklären kann. Wenn wir in einer Geschichte einen Haken finden, etwas nicht Nachvollziehbares, und dann erfahren, er oder sie oder beide seien verliebt, dann denken wir: »Ach, das erklärt alles.« Das offenkundige Missverhältnis – jenes fremde Element.

5.8.1965 Die Affäre mit einer verheirateten Frau. Man mag ja für eine Weile sagen oder denken, dass man mit der wenigen gemeinsamen Zeit miteinander zufrieden ist. Womit man aber keinesfalls zufrieden ist, ist emotional den zweiten Platz einzunehmen oder sich vielleicht den ersten Platz zu teilen oder vielleicht sogar gefühlsmäßig der anderen Person vorgezogen zu werden, von der sie sagt: »Meine Dienste ihm gegenüber verrichte ich als eine Pflicht.« Tatsache aber bleibt, dass Pflicht zur Gewohnheit wird, und Gewohnheit bringt Gefühl mit sich. Nur selten wird sich ein Mensch finden, der einer anderen Person jeden Morgen mit aller Sorgfalt das Frühstück bereitet, ohne sich um dessen Befinden zu kümmern. Wie man es auch formulieren mag, es ist die Eifersucht, die dieses Boot kentern lässt. Häufig wird es zu: »Nur Pflicht? Beweis mir das!«, wenn das Leben mit dem Gemahl so viel einfacher, bequemer, sicherer ist. Feigheit und Bequemlichkeit sind fürchterliche Schläge gegen die Person, die man liebt (ebenso Völlerei und Eitelkeit).

5.8.1965 Kunst – jede Form von Kunst, ganz gleich von wem – ist der äußerst mutige Versuch, das Unmögliche zu erreichen. Man mag dabei teilweise oder völlig scheitern. Was zählt, ist der selbstlose Mut. Das ist einer der wenigen Unterschiede zwischen Menschen und Tier, vielleicht der größte, denn was dabei herauskommt, hat keinen Nutzen, kommt aus dem Nichts, besteht aus Nichts – und bleibt nichts, solange es nicht von einer verwandten Seele aufgenommen wird. Reine Metaphysik. Die Freude der Schöpfung und des Zuspruchs wird von keiner anderen Freude übertroffen.

9.8.1965 Bei einer neuen Bekanntschaft: jener Augenblick im Gespräch, in dem mir klarwird, dass sie eine andere Moral hat, eine Weltanschauung, die von meiner abweicht, wie eine plötzliche Kluft zwischen uns. Wir können umkehren und andernorts nach einer Brücke suchen. Doch das Wissen um die Kluft lauert überall. Jahre später wird sie sich wieder auftun und uns in jeder Hinsicht voneinander trennen, auch wenn wir Freunde bleiben.

11.8.1965 Neapel – Da Umberto. In einer schmalen Gasse in der Nähe der Piazza dei Martiri. Eine Busfahrt vom Museo di Capodimonte, wo dienstbeflissene Wärter mir vor allem die Fayencen zeigen wollten. Bei Umberto Vongole, viel Knoblauch, Butter und Brösel, 400 Lire. Recht modernes Dekor, das zwei Mal einen Meter große Bild eines Freiluftrestaurants mit dem sachte rauchenden Vesuv im Hintergrund. Eine Fischauslage mitten im Raum. Umberto wirkte nicht mehr so grandios, wie ich es von meinem Besuch 1949 in Erinnerung hatte.

19.8.1965 Im Traum hielt ich Lynn [Roth] in den Armen, ihren schlanken, festen Körper. Ich sagte: »Gott, wie gut es tut, dich in den Armen zu halten«, und wachte von meinen eigenen Worten auf. Ich bin ihr vor zwölf Jahren begegnet. Ich bin im besten und realistischsten Sinne des Wortes verliebt, gegen jede Vernunft. Ich schätze, sie hält mich für zu ernst, zu schwergewichtig, ein abscheuliches Attribut, das mir manchmal zugeschrieben wird. Es war wunderschön, als sie zu ihrem Geburtstag am 23. November 1961 vorbeikam und sich für zwei Nächte (der Freude für mich) bei mir einlud, und noch eine dritte – durch sanftes Drängen. Es schneite an jenem Morgen. Die Natur breitete unberührten Segen aus! Ich hoffte darauf, für immer ans Haus gefesselt zu sein. Sie ist so zärtlich, schutzlos. Nervös und dem Untergang geweiht. Ich liebe sie. Ein Zauberwesen. Mein – Herz? Mein Herz gehört natürlich dir. Schon bei deinem Anblick breche ich zusammen und erstarke.

27.8.1965 Prostituierte geben wenigstens zu, was sie sind, und ersparen sich die Farce der Ehe, die so viele Frauen aufrechterhalten, obwohl sie ihre Männer nicht viel mehr lieben als ihre Putzfrauen – und manchmal wohl noch weniger.

1.9.1965 Manche Menschen begehen den Fehler zu glauben, sie hätten aufgehört, nach etwas zu streben, oder hätten gar etwas erreicht – die Pensionierung oder ein Haus. Das ist der Augenblick, an dem das Unbehagen einsetzt. Man ist niemals am Ziel. Kein Haus, kein Ort sollte das letzte Ziel sein. Der Mensch lebt allein von weiteren Aussichten und ist nur dann glücklich.

2.9.1965 Wahrscheinlich ist es notwendig, sich ab und zu unter Menschen zu begeben, um das eigene wahre Niveau zu finden – nicht das echte, letztgültige, sondern nur ungefähr. Ich glaube, mein Niveau sinkt recht tief, wenn ich allein lebe, was ich die meiste Zeit über tue.

7.9.1965 Eine Kabine erster Klasse auf der *Valencia* von Palma nach Barcelona. Wir legen um 10:00 abends ab, doch bei voller Fahrt gibt es beträchtliche Vibrationen. Unmöglich, sich an der Bar einen Kaffee oder einen Pernod zu bestellen. Ein Engländer würde in der Enge und Hitze verrückt werden, doch zum Glück bin ich keine Engländerin und kenne die Strecke bereits. Meine Kabine ist D43. Keine normale Schiffsbewegung, eher ein Rütteln. Von schadhaften Motoren, nicht von der rauhen See.

12.9.1965 Deià, Mallorca. Im Restaurant Jaime sah ich Robert Graves[1] in schlabbriger Jeans und einem absichtsvoll um den Hals gebundenen roten Tuch. Seine augenblickliche Geliebte ist die Schwarze Göttin, ein mexikanisch-amerikanisches Mädchen, das

---

[1] Robert von Ranke-Graves (1895–1985), Schriftsteller und Dichter, der seit 1929 auf Mallorca lebte. Seine Mutter war Deutsche, sein Vater der irische Dichter Alfred Perceval Graves.

einiges an Feuer haben mag, aber nur wenig Schönheit. Er geht mit ihr und seiner Frau an den Strand und pflegt eine arrogante, selbstgefällige Haltung. Da wäre mir eine Begegnung mit Alan Sillitoe lieber.[2]

16.11.1965 Wenn Christus doch nur wenigstens einen schwarzen Jünger gehabt hätte!

5.12.1965 Am liebsten arbeite ich gegen 4:30, wenn ich langsam müde werde und weiß, dass ich noch drei Seiten schaffen muss, um mein Tagespensum zu erfüllen. Die Welt mag um mich herum zusammenfallen – was sie schon ein paarmal getan hat –, doch die Arbeit bleibt rein, unerreichbar für andere, wenn sie schwer und ehrlich ist.

14.12.1965 Liebe und Hass nehmen beim Einzelnen stets in etwa dieselbe Intensität an. Das, was sich verändert, ist das Objekt. Es hat den Anschein, als brauche jeder ein paar Dinge (oder Menschen oder eine Rasse), die er hassen kann. Wichtig ist, worum es sich dabei handelt. Die Liebe ist weniger schädlich, es sei denn, das Objekt ist gesellschaftlich geächtet.

23.12.1965 Träumte, ich würde neben Lynn [Roth] sitzen, die seit fünf Monaten schwanger war. Ihr Liebhaber hatte etwas in ihr angestoßen und Wasser ausgelöst. Das Kuriose daran war, dass sie sich keine Sorgen um die Schwangerschaft machte und nichts davon bemerkt hatte, bis ihr Freund sie darauf aufmerksam gemacht hatte. »Es tut mir so leid«, sagte ich, »ich wollte, es wäre unser Kind – ich wollte, dass wir eins haben.« Sie lächelte nur.

---

2 Alan Sillitoe (1928–2010), englischer Schriftsteller; am bekanntesten ist sein Roman *The Loneliness of the Long-Distance Runner*. Im Allgemeinen wird er der Gruppe der sogenannten »Angry Young Men« zugeordnet, einer Gruppe von britischen Autoren aus den 1950er Jahren.

Es hat keinen Sinn, damit noch weiterzumachen, wo es doch so offenkundig ist, dass ich mich nach einer Person verzehre, die ich lieben kann und die mich liebt, so wie ich es zumindest in New York gelegentlich erlebt habe (in dem Traum war die Skyline von New York erkennbar). Diese Träume kommen immer dann, wenn ich vernichtender Kritik ohne jedes persönliche Verständnis ausgesetzt war. Ich habe (wieder mal) einen Punkt erreicht, an dem ich lieber vergessen möchte, dass die Person, die ich lieben soll, tatsächlich existiert. Und an dem ich glaube, dass es wirklich grausam wäre, wenn sie mir in diesen langen Wochen, in denen ich sie nicht gesehen habe, wünschen würde, ich solle sie »vermissen«.

* * *

4.1.1966 Den meisten Menschen bereitet das Zubettgehen im ländlichen England ein echtes Vergnügen, und sie alle schlafen allein. Schon Stunden, bevor es so weit ist, schwärmen sie davon, und am nächsten Tag erzählen sie, wie schön es war, mit Wärmflaschen, Büchern – und man fragt sich, was gibt's sonst noch?

13.1.1966
Der Lohn der Tugend
Ist Einsamkeit.
Der Lohn harter Arbeit
Ist eine höhere Steuerklasse.
Wenn Tugend ihr eigener Lohn ist
Handelt es sich um eine körperliche und seelische Krankheit.

15.1.1966 Eigentlich ist die Welt an sich viel interessanter als all die Menschen, denen wir immer nacheifern. Wären diese Menschen Bücher, würden sie nicht gedruckt werden.

5.2.1966 Am Ende einer Liebesaffäre entwickelt sich einer der beiden Beteiligten zu einer pervertierten Religion. Derjenige, der die

Trennung will, hat alles Mögliche auszusetzen oder bildet sich das zumindest ein und glaubt es, trotz aller dagegensprechender Tatsachen, so wie auch ein religiöser Mensch trotz aller Tatsachen glaubt, was er glauben will. Dasselbe gilt natürlich auch für den Liebenden.

5.2.1966 Liebe (leidenschaftliche oder romantische Liebe) ist bloß ein Ausdruck des Egos, möglicherweise auch der Ausdruck mehrerer Egos. Es geht darum, das eigene Ego auf andere Empfänger der Liebe zu richten, aber es ist wichtig, dass die Objekte wirklich nur das sind – Empfänger. Liebe richtet sich nach außen, sie ist ein Geschenk, von dem man nicht erwarten sollte, dass es erwidert wird.

13.2.1966 Grausamkeit ist hauptsächlich ein Mangel an Phantasie. Es gibt auch so etwas wie ein Sich-zur-Wehr-Setzen gegen dies oder jenes oder jemanden, doch das ist nicht so bedeutsam wie Ersteres.

1.3.1966 Im Wesentlichen geht es im Leben darum, eine Herausforderung anzunehmen, selbst wenn man noch nicht genau weiß, wie man damit umgehen soll.

20.4.1966 Amerika – das Gute an diesem Land ist überragend gut, das Schlechte abgrundtief schlecht. Momentan kann ich dort nicht leben, weil ich mich für die schlechten Seiten zu sehr schäme. Manchmal überlege ich, nach Santa Fe zu ziehen. Das Klima wäre perfekt für mich. Aber Amerika ist auch dort omnipräsent und lässt sich nicht ausblenden. New Orleans wäre eine weitere Möglichkeit auf der amerikanischen Landkarte. Aber man müsste dort sehr zurückgezogen leben, um das alte New Orleans genießen zu können, und auch das gelänge in erster Linie in der Phantasie.

26.5.1966 Wenn man bei einer kreativen Arbeit innehält, um über ihren Wert oder die Zeit nachzudenken, die sie in Anspruch nimmt, vergeht einem sämtliche Freude an der Arbeit.

27.6.1966 Stets ein wenig hinter den Erwartungen zurückzubleiben ist das Einzige, was dem seltsamen Schöpfungsakt seinen Schrecken nimmt.

24.6.1966 Afrika – ein langer Horizont mit ein- oder zweistöckigen Gebäuden; hin und wieder ein Schornstein. Der Hafen ist seicht. Wir laufen in seinem stinkenden grünen Wasser ein. Schwarze Männer sitzen da und angeln mit Handleinen. Manche tragen einen roten Fez. Vereinzelt leuchten Dschellabas zwischen den Menschen, die am Dock auf die Touristen warten.

Gedränge in den Warteschlangen für die Einreisestempel, aber im Grunde gibt es gar keine Schlangen. Anstellen ist hier unbekannt. Endlose Formulare müssen für das Auto ausgefüllt werden. Meine Freundin [Elizabeth Lyne] macht einen Aufstand wegen ein paar gestohlener Kissen (man hat ihr erklärt, dass die Versicherung nur den Wagen abdeckt, nicht aber den Inhalt; außerdem hat er zwei Dellen abbekommen), weshalb man uns das letzte Formular nicht aushändigt, das wir aber brauchen, um den Hafen verlassen zu können. Wir müssen zurück an den Kai und es dort holen. In Tunis halten manche Autos bei Rot, andere nicht. Vorwiegend sieht man Araber, ein paar Franzosen, nur selten Schwarze.

30.6.1966 Hammamet – 61 Kilometer von Tunis aus Richtung Südosten und dann an der Küste entlang. Ein echtes arabisches Dorf, zwei Restaurants, eine Apotheke, ein »Jugendzentrum«, das früher mal eine katholische Kirche war und heute wie ein Kaffeehaus aussieht (viele Kaffeehäuser sehen wie Rathäuser oder Bingosäle mit kleinen Tischen aus). Wir sind zu Fuß durch das Wohnviertel gegangen. Tunnelartige Gassen wie in der Kasbah, weiße

Torbögen, ungepflasterte Straßen, aber alles einigermaßen sauber. Viele schwangere Frauen. Keine Frauen in dem Restaurant, in dem wir waren.

7.7.1966 Hammamet – die fünf Menschen, von denen wir uns ein wenig Hilfe erwarteten, haben uns alle im Stich gelassen. Sie notieren sich Namen und Telefonnummer, versprechen das Blaue vom Himmel und melden sich dann nie wieder.

Muss ein seltsamer Gott sein, an den sie hier glauben.

13.7.1966 Afrika – ein großartiger Ort zum Nachdenken. Man fühlt sich nackt, steht allein vor einer weißen Wand. Probleme erscheinen einfach, es ist klarer, wie's weitergehen muss. Liegt es daran, dass die Landschaft so anders ist als in Europa, die Menschen so anders als zu Hause? Ich weiß, dass ich nie versuchen werde, mir hier ein Zuhause zu schaffen oder das Land zu benutzen, und ich weiß auch, dass dieses Land sich mehr als tausend Meilen nach Süden und Westen erstreckt. Wie eine große, fette, dösende Frau, die auf einem Divan nackt Siesta hält und der es egal ist, wer bei ihr ein und aus geht, dreht sich Afrika für seine Touristen nicht einmal im Schlaf um. Nachts zirpen halbherzig, aber laut ein paar Heuschrecken, angekettete Hunde bellen in der Ferne, eine Windmühle knarrt, laute Stimmen hallen durch verwaiste Hotellobbys.

19.7.1966 Ein afrikanischer Morgen im Parc Plage Hotel in Hammamet. Frühstück (für halb zehn bestellt) kommt um zwanzig nach zehn, weil die paar halbwüchsigen arabischen Boys überlastet sind.

Abgesehen vom Kampf um das Frühstück – wie soll man in dieser Hitze ohne Kaffee wach werden? – muss man morgens als Erstes nach dem Klempner rufen, weil am Vorabend ein Rohr unter dem frischen Zement in der Kochnische geplatzt ist. Der Klempner erklärt, er habe keinen Dichtungsring gehabt, um die beiden Rohre zu verbinden, jedoch gehofft, dass sie trotzdem halten würden. Ein kleiner Geysir sprüht aus dem Rohr, das von der Spüle herabführt. Wenn der Klempner aber zusätzlich noch von jemand anderem gerufen wird, muss er sich zuerst um den kümmern, ehe er wieder zu uns kommen kann. Für seinen miesen Job von gestern haben wir ihm 200 Millime gezahlt und 100 für heute. Um halb zwölf erscheint tatsächlich ein Junge, der bei uns saubermachen soll, ist aber nur fürs Bodenwischen ausgebildet worden, nicht zum Bettenmachen, Geschirrspülen oder Aschenbecherleeren.

Wenn ich mich nicht zusammennehmen würde, wäre ich schon mittags mit den Nerven am Ende. (Gerade ist ein Käfer von der Decke auf mein Notizbuch gefallen.) Die Post soll angeblich um elf kommen, aber eine andere Quelle behauptet, ein Uhr. Angeblich wird sie um elf ausgeliefert – aber »es kann, für eine Entfernung von dreihundert Metern, auch schon mal zu einer Verzögerung von maximal zwölf Stunden« kommen.

24.7.1966 Der Artikel für den *Statesman*. Ankunft an den Docks von Tunis – die Hitze, die verschlossenen Türen des Büros, in dem die Pässe abgestempelt werden ... Erster Blick auf Tunis – Schmutz, Hitze, Chaos, die Anweisung des Boys, alles aus dem Auto zu entfernen, wobei die Michelin-Karte von Tunesien verschwindet, die wir später in Tunis nicht mehr bekommen ... das Café de Paris. Überall Jasmin. Sidi Bou Saïd – Unmengen von jungen Männern hocken den ganzen Tag in den Cafés herum, weil sie schon um elf Uhr morgens mit ihrer Arbeit fertig sind. Der junge Scheich, der uns ein Haus vermieten will, zu Pariser Preisen – 80 Dinar – 160 $ pro Monat, & den man erst in einem der Cafés aufstöbern muss. Das Parc Plage – der faule französische Manager Mokta mit seinem ewigen nichtssagenden Lächeln. Als Erster auf den Beinen, als Letzter im Bett.

Vendetta am Abend vor dem Brise de Hammamet. Ein Mann in kurzen Hosen rempelt eine dunkle Gestalt beim Eingang an und setzt sich dann auf eine Bank vor dem Café. Die unheimliche und ein bisschen betrunkene dunkle Gestalt treibt sich weiter in der Nähe herum. Zwei Männer versuchen ihn zu verscheuchen. Er torkelt auf den Strand und das arabische Dorf an der Festung zu und lungert dort noch eine weitere Viertelstunde gut sichtbar herum. An diesem Wochenende ist der Tourismus-Chef in der Stadt, und man will vermeiden, dass Betrunkene auf den Straßen zu sehen sind. Es ist erst der dritte Betrunkene, den ich in einem Monat in Tunesien zu Gesicht bekommen habe.

3. 8. 1966 Heute zutiefst deprimiert. Keine Post. Ein afrikanisches Kätzchen sitzt auf meinem Koffer, fasziniert von meinem Stift; wahrscheinlich hat es in den sieben Wochen seines Lebens noch nicht allzu viele gesehen. Meinen alten Lieblingsstift habe ich hier vor einem Monat verloren oder er ist mir gestohlen worden.

Jeder Morgen fühlt sich an, als wollte man mit bloßen Händen einen Berg versetzen. Der Berg rührt sich zwar kein bisschen, aber es gibt bestimmte Verpflichtungen, die man wenigstens versuchen muss zu erfüllen, sonst wird man wahnsinnig. Daran ist nichts auszusetzen, keineswegs, aber davor habe ich Angst, kein Interesse (im Gegenteil, Wahnsinn interessiert mich sehr), ich bin überzeugt, dass ich, zumindest beim Schreiben oder Zeichnen, nicht weit komme, solange ich mein Leben nicht geordnet habe.

Hier – die allgegenwärtige, entsetzliche Schläfrigkeit, das Klima – die aufgeknöpften Hemden -- die unerledigten Aufgaben überall. Wenn man das einmal erlebt hat, in solcher Hitze über diesen Sand gelaufen ist, weiß man, dass einem nur eine Niederlage bevorsteht. Es ist töricht, gegen einen ganzen Kontinent anzukämpfen.

15. 9. 1966 Habe eine »Gespenstergeschichte« geschrieben (»Der leere Nistkasten«), die für Protagonisten und Leser gleichermaßen deprimierend sein sollte, merkte aber, dass ich selbst deprimiert war.[3]

---

3 »Der leere Nistkasten« ist eine Gespenstergeschichte, die Highsmith auf einen Vorschlag von Caroline Besterman hin schrieb. Highsmith fand die Geschichte derart deprimierend, dass sie sie

Auf irgendeine seltsame Art hatte das Schreiben zwar bei mir selbst das erwünschte Ergebnis erzielt, doch im Text war die Wirkung nicht ausreichend sichtbar. Hier war der Schöpfer in der Rolle des Publikums oder des Lesers. Ich schrieb die Geschichte um, machte sie expliziter und war nicht mehr so deprimiert, allerdings auch nicht so ausgelassen und fröhlich wie sonst, wenn ich etwas geschrieben habe, was, manchmal sogar zu meiner eigenen Überraschung, Lesern Angst macht.

3.11.1966 In den (alles in allem vielleicht zehn) schrecklichsten und furchterregendsten Momenten meines Lebens setze ich meine Hoffnung eher auf Mozart als auf Beruhigungsmittel, auch wenn er meine Angst nicht kurieren kann. Es gibt nichts, was mich heilen kann. Aber Mozart wusste das alles. Ich, besser gesagt, wir, leiden hier und jetzt, und er schrieb seine Musik häufig in den schlimmsten Phasen seines Lebens. Das bewundere ich; allein diese Haltung macht mir Mut, ebenfalls weiterzumachen. Es ist mir (augenscheinlich!) nicht möglich, die Freude auszudrücken, die mich an einem elenden Samstagmorgen überkam, als ich mit dem Transistorradio im Bad dem 24. Klavierkonzert lauschte. Noch einen Moment zuvor war ich verzweifelt gewesen. Doch mit Mozarts Mut konnte ich gegen Löwen kämpfen. Bach ist für kleine, Mozart für große Krisen.

20.11.1966 Sich für eine Abtreibung zu entscheiden ist ausschließlich Sache der Frauen, nicht der Kirche. Es ist zuallererst ihre Angelegenheit, und dann, aber erst dann, die der zukünftigen Vertreter des Kindes – denn manchmal kann die Frau diese Rolle auch selbst übernehmen. Unausstehlich und schädlich für das Gemeinwohl verhält sich die Kirche, wenn sie eine Geburt erzwingt und dann die

---

später noch einmal umschrieb. Diese zweite, komischere Fassung mit dem Titel »The Empty Birdhouse« (»Der leere Nistkasten«) erschien im Januar 1969 im *Ellery Queen's Mystery Magazine*. Sie ist außerdem in *Gesammelte Geschichten* (später unter dem Titel *Der Schneckenforscher*) enthalten.

Verantwortung für das Wohlergehen der Mutter und die Erziehung des Kindes komplett oder teilweise ablehnt.

Es ist eine Ironie der Menschheit oder der Soziologie, dass gerade Frauen abtreibungsfeindliche Kirchen am stärksten unterstützen – noch stärker als Männer.

21.11.1966 Mit Strychnin versetzter Lippenstift.

11.12.1966 [Kopenhagen.] Ankunft gegen 18 Uhr im Dunkeln in einer weitverzweigten Stadt mit vielen blauen Lichtern. Schlichte, brave Privathäuser zwischen Flughafen und Stadtzentrum, ein bisschen »holländischer« als ihre britischen Gegenstücke. Mr. Birger Schmith[4] – bärtig, um die achtundvierzig, mit zurückhaltender blonder Frau – holt mich am Flughafen ab und bringt mich zum Imperial, einem nüchternen, anständigen, doch fast protzigen Hotel im Geschäftsviertel der Stadt. Abendessen dort. Die Leute sind sauberer, blonder, attraktiver als die Engländer. Räucherlachs oder Lachs mit verschiedenen Dips sind ein Muss vor Beginn einer Mahlzeit. Anschließend noch ein Absacker in der Hotelbar. Die Kupfertürme der Kirchen usw. sind alle blassgrün, und die allgemeine Szenerie kommt mir vor wie ein Labyrinth von Oberleitungen, Straßenbahnschienen, riesigen Werbeflächen und Ladenschildern.

27.12.1966 Ich respektiere Verrückte und werde allmählich selbst verrückt genug, um von beruhigender oder guter Musik zu profitieren. Dies schreibe ich in einem Anflug von Selbstbeweihräucherung.

27.12.1966 Hoffnungslose Fälle sprechen das künstlerische Temperament an, und auch die Handvoll Nicht-Engländer, die in England leben wollen. Der Kampf gegen die Feuchtigkeit im Haus ist

---

4 Highsmiths dänischer Verleger, Grafisk Ferlag.

eine aussichtslose Sache, vielleicht sogar der Kampf um die eigene Gesundheit. Es ist wie bei einem Gemälde oder einem Buch, beide kommen nie an das heran, was man sich vorab vorgestellt hatte.

1967–1980

Rückkehr nach Frankreich

1967–1969

Nach der Trennung von Caroline fühlt sich Patricia Highsmith vollkommen orientierungs- und ankerlos. Gegen ihren Schmerz verschanzt sie sich in ihrem nach drei Jahren wieder hervorgeholten Tagebuch 15 und hinter einem Bollwerk aus Arbeit. In England, wohin sie nur Carolines wegen gezogen ist, hält sie bald nichts mehr. Auf der Suche nach einem Ausweg aus dieser seelischen Misere versucht Highsmith Anfang 1967 zumindest geographisch Distanz zu Caroline zu schaffen. So folgt sie der Einladung, als Jurymitglied bei den internationalen Kurzfilmtagen in Montbazon bei Tours zu wirken und mietet auf Anraten von Elizabeth Lyne ein Haus unweit von Fontainebleau. Im September ziehen die beiden Frauen zusammen nach Samois-sur-Seine – keine gute Idee, die 20-jährige Freundschaft endet vor Gericht, und Patricia Highsmith ist so niedergeschlagen wie nie zuvor.

Dabei hätte sie zumindest beruflich Grund, optimistisch in die Zukunft zu sehen: Ihre Agentin handelt einen lukrativen Filmdeal für *Venedig kann sehr kalt sein* aus (der Film wird allerdings nie realisiert), und erstmals ist Highsmith ihrer finanziellen Sorgen für längere Zeit enthoben. Im deutschen Sprachraum wechselt sie von Rowohlt, wo ihr Werk bisher in der rororo-Taschenbuchreihe erschienen ist, zum Diogenes Verlag in Zürich, der ihre Bücher gebunden und als literarische Romane verlegen wird – mit großem Erfolg. Last but not least wird sie mit dem Erscheinen von *Das Zittern des Fälschers* – ein Roman, der zu ihren persönlichen Favoriten zählt – auch in den USA nicht mehr als reine Genreschriftstellerin gesehen und im Feuilleton gefeiert.

Aber Patricia Highsmith fühlt sich einsam auf dem Land und von ihrer französischen Umgebung zunehmend ausgegrenzt. Ein Gefühl, das sich mit ihrem Umzug in das kleine Bauerndorf Montmachoux Mitte 1968 noch verstärkt. Als sie Anfang März Madeleine Harmsworth kennenlernt, wird die 26-jährige englische Journalistin vorübergehend Highsmiths neuer Anker im Leben; um ihr nahe zu sein, fliegt die Autorin im April nach London. Mit dem Ende der kurzen Beziehung stellt Highsmith das Tagebuchschreiben erneut ein, nachdem sie damit im Januar 1968 gerade erst wieder begonnen hatte.

Als sie am 6. Mai 1968 nach Paris zurückkehrt, haben in Paris die Studentenunruhen begonnen, mit Straßenprotesten und einem Generalstreik – und ihr selbstgewähltes Exil wird Patricia Highsmith noch fremder. Vielleicht auch deshalb holt sie ihr fiktionales Alter Ego Tom Ripley zu sich nach Frankreich, gibt ihm in ihrem neuen Romanprojekt *Ripley Under Ground* eine Villa in ihrer Nachbarschaft, eine Frau, deren Züge sie einem neuen Schwarm – Jacqui – entlehnt, und eine fragile Existenz als Kopf eines internationalen Kunstfälscherrings.

Im Februar 1969 gelingt es ihrer Agentin, den US-Verlag Doubleday für einen Kurzgeschichtenband zu interessieren, ein alter Traum der Autorin. Für *Gesammelte Geschichten* (später *Der Schneckenforscher*) wählt sie keine Spannungstexte aus, sondern elf literarische Geschichten, einige davon sogar humoristisch, viele noch aus der Zeit vor ihrem Romandebüt *Zwei Fremde im Zug,* mit denen sie sich damals ihr Handwerkszeug erschrieb.

Nach all den persönlichen Enttäuschungen, die Patricia Highsmith erlebt hat, werden ihre Tagebucheinträge zunehmend kritisch, bitter, gar bissig.

Bei der Lektüre der Reinschrift von *Ripley Under Ground* im August gesteht sich die Autorin zum ersten Mal seit langem einen kurzen Glücksmoment zu, indem sie ihrem Tagebuch anvertraut, wie sehr sie das Buch mag. Es ist ihren Nachbarn, dem Bauernehepaar

1967

Barylski gewidmet, den einzigen Franzosen, in deren Gegenwart sie sich wohl fühlt.

* * *

2.1.1967 Heute habe ich erfahren, dass Raoul J. Lévy[1] sich in der Silvesternacht in St. Tropez erschossen hat. Ich mochte ihn nicht, und offensichtlich hat er sich selbst auch nicht besonders gemocht. Sein letzter Film *Lautlose Waffen* kam nicht gut an. Seine furchtbare Unzufriedenheit zeigte sich in seiner Unfähigkeit oder seinem Unwillen, mit den Mitarbeitern über das Projekt zu sprechen, das ihn angeblich zuletzt beschäftigte – ich gehörte dazu.

15.1.1967 Da ich kein Tagebuch mehr führe, sollte ich hier ein paar Dinge chronologisch festhalten, ehe sie wieder aus meinem Kopf verschwinden. Die Jahre verschwimmen allmählich ineinander, eins fühlt sich an wie das andere, seit ich in diesem Haus wohne. Im April/Mai 1967 sind drei Jahre vergangen, seit ich nach Bridge Cottage zog. Im Mai 1965 verbrachte ich zehn Tage in Venedig, mein erster Urlaub seit neunzehn Monaten, getrübt von einem BBC-Abgabetermin *(The Cellar)*, für den sie mir eine tragbare Schreibmaschine aufgedrängt hatten.

C. [Caroline] war einigermaßen gutgelaunt und nett zu mir. Ich war fröhlich genug, um eine Menge Zeichnungen zu machen, einige davon ziemlich gelungen. (Peggy Guggenheim war am Telefon kühl – weil sie mich nicht wiedererkannt hat? – und lud mich weder zu einem Drink ein noch nahm sie meine Einladung in Harry's [Bar] an.) Später sollte C. sagen: »Venedig hätte besser sein können.« Aber wie? Und warum? Sie äußert sich nie explizit. Sie ist die Verrückte, der Hypochonder, bildet sich immer irgendwelche Zustände ein, zieht sich in mysteriöse Welten in ihrem Inneren zu-

---

[1] Raoul J. Lévy (1922–1966), französisch-belgischer Schriftsteller, Filmregisseur und Produzent, ist vor allem durch seine Filme mit Brigitte Bardot bekannt geworden. Lévy wollte mit Highsmith an einem Drehbuch zu *Tiefe Wasser* arbeiten. Das Projekt wurde nach seinem Selbstmord eingestellt.

rück und erwartet von anderen, sich den Kopf darüber zu zerbrechen, was sie gerade umtreibt.

Von Oktober '65 bis März '66 schrieb ich *Venedig kann sehr kalt sein*. Während des kompletten ersten Entwurfs habe ich C. kaum gesehen und schon gar nicht mit ihr geschlafen. Ein paar meiner schwärzesten Tage erlebte ich damals. Da sie ständig auf [meinem] Trinken herumreitet, nahm ich den ersten Drink um 18 Uhr und bat Dr. Auld um Luminal. Ohne C's merkwürdiges Benehmen hätte ich weder Beruhigungsmittel noch ein Glas über den Durst gebraucht. Im Februar fiel C. kopfüber die Treppe hinunter. Haha! Nur zur Abwechslung in diesem düsteren Text mal ein kleines Lachen, bitte! Noch nicht völlig erholt (ohne, dass dies eine große Rolle gespielt hätte), traf sie sich am 25. oder 26. Februar 1966 zum Mittagessen mit mir in London, und ich fragte, ob sie bereit sei, das Haus zu verkaufen, wenn ich mir eine Wohnung in London suchte, oder lieber mit mir zusammen eine mieten oder kaufen wolle? Ich bekam keine Antwort, nur eine Standpauke über die Instabilität meines Charakters! Obendrein so laut, dass die Kellner uns anstarrten, während sie ihren Teller bis auf den letzten Bissen leer aß. Ich war froh, an diesem Nachmittag mit dem italienischen Konsulat zu telefonieren (eine fröhliche Stimme!), und noch froher, wieder nach Hause zu kommen – allein.

Am 7. März 1966 fuhr ich nach Paris, weil dort gerade *Die gläserne Zelle* erschienen war. Es war schön, [Elizabeth] Lyne wiederzusehen. Schrieb dann eine neue Schneckengeschichte, »[Auf der Suche nach] Soundso Claveringi«[2], und eine Kindergeschichte über Schnecken für Australien, die später abgelehnt wurde.

Im Juni fuhr ich nach Paris, um mich mit Lyne zu treffen, anschließend reisten wir nach Tunesien. Während dieser Zeit schrieb ich C. ein paar Briefe, um ihr zu sagen, dass ich sie liebe, aber diesen Unsinn nicht mehr ertragen würde. C. kam am 5. August – 1966 –

---

2 Die Geschichte erschien erstmals in *Gesammelte Geschichten* (später u. d. T. *Der Schneckenforscher*).

1967

zu mir nach Paris, war aber in den ersten paar Tagen abweisend und distanziert. Wir verbrachten fünf Tage dort; sie reiste einen Tag vor mir ab. Bei meiner Rückkehr nach London besuchte ich sie wie abgemacht bei ihr zu Hause, und dann fuhr sie mich zum Cottage [in Earl Soham], wo mich ein Berg von Post erwartete, für dessen Bewältigung ich dreizehn Tage brauchte. Im Großen und Ganzen zögerte C. das Ende ihrer sadistischen Beziehung zu mir unverändert hinaus. Es ist gar keine Beziehung – da ist kein Fluss, keine Freude. Aber, wie der Leser erkennen wird – sie hätte sie nie beendet, glaube ich. Aber ich tat es dann, im Oktober 1966.

16.1.1967 Schrieb eine »Gespenstergeschichte« mit dem Titel »Der leere Nistkasten«, baute ein schweres Küchenregal und zwei kleine Tische auf – und erhielt Anfang September [1966] ein Telegramm von [Jenny] Bradley mit der Information, Raoul Lévy würde gern bei [dem] Drehbuch für *Tiefe Wasser* mit mir zusammenarbeiten. Das führte dazu, dass ich am 22. Sept. in Begleitung von Isabella Ponsa, ebenfalls Filmregisseurin, nach Nizza fuhr, wo er den Film drehen wollte: St. Tropez, Vence. In den fünf Tagen, die ich dort verbrachte, sah ich Ann D. [Duveen] Caldwell wieder und lernte die beiden Barbaras kennen – Ker-Seymer und Roett.[3] Ich war noch erschöpft von Tunesien, wo ich nicht viel geschlafen hatte, die Hitze eine einzige Qual gewesen war und ich nicht mal das Erfolgserlebnis hatte, ein wirklich anständiges Bild zu malen. Zum einen, weil Lyne und ich uns regelmäßig zum Essen verabredeten, aber auch, weil wir mehrere Wochen lang im selben Zimmer wohnten und ich nicht gut arbeiten kann, wenn ich nicht allein bin.

Zurück zu Hause, brauchte ich drei quälende Wochen, um Monsieur Lévy aus der Nase zu ziehen, was genau er von mir wollte. Ich

---

3 Barbara Ker-Seymer (1905–1993), britische Fotografin. Sie war eine feste Größe der Londoner Boheme und eng verbunden mit vielen Mitgliedern der Café Society der 1920er und 30er Jahre. Barbara Roett war ihre Lebenspartnerin. Highsmith lernte die beiden Barbaras im Haus ihrer Freundin Anne Duveen Caldwell in Cagnes-sur-Mer kennen, unweit von Nizza.

entwickelte sämtliche neurotischen Symptome: Angst vor dem Scheitern; schreckliche Erschöpfung, gepaart mit der Unfähigkeit, richtig schlafen oder essen zu können. Nachdem ich am 20. Oktober [1966] brauchbare Anweisungen erhalten hatte, schrieb ich das Drehbuch bis zum 14. November, dem Tag, an dem Monsieur Lévy für einen Monat nach New York reiste. Er hat den Vertrag nie unterzeichnet oder mich bezahlt; ich weiß nur, dass er mit den ersten 44 Seiten sehr zufrieden war. Am 31. Dez. hat er sich in St. Tropez erschossen. Madame Bradley vertritt meinen Fall jetzt vor Gericht, doch sie hätte für seine Unterschrift und einen Vorschuss sorgen müssen, Zeit genug gab es. Am 17. November bekam ich per Telegramm die Nachricht, dass ich eine Kurzfassung von *Venedig kann sehr kalt sein* für die Zeitschrift *Cosmopolitan* schreiben solle – 4500 $ (nach Abzug der Agenturkommission). Abgabetermin vor Weihnachten. Damit wurde ich am 14. Dez. fertig.

Vom 6. bis 8. Dez. war ich in Dänemark, auf Einladung des Grafisk Ferlags – *(Die gläserne Zelle, Die zwei Gesichter des Jan[uars])* – und traf mich dort mit Birger Schmith und Gudrun Rasch – die Pressekonferenz verlief gut, im Gegensatz zu meiner Rede, glaube ich, was mich noch tiefer in die Depression stürzte. Am 14. Oktober (als ich einen Vortrag in Stowmarket [Suffolk] halten musste) hatten C. und ich eine letzte und klassische Auseinandersetzung: Ich kam fünf oder zehn Minuten nach ihr ins Bett, sie stand auf, und weil ich vermutete, dass sie auf ihre übliche schweigsame Art gekränkt war, trug ich ihre Reisetasche ins Nebenzimmer. Sie kam nicht wieder, sondern schlief – wie ich später feststellte – unter einer rosa Decke im Gästezimmer. Am nächsten Morgen sagte ich ihr, dass ich genug von ihren Launen hätte und fertig mit ihr wäre, und gegen vier Uhr nachmittags reiste sie ab.

Am 23. November ließ ich mir die Talgzyste auf der linken Wange entfernen. Ich hatte sie etwa zehn Jahre lang gehabt.

So verbrachte ich diesen Herbst – bis jetzt – mit zermürbender Arbeit, Tippen, stressigen öffentlichen Auftritten – und emotional gesehen – immer allein. Es war die allerschlimmste Zeit meines gesamten Lebens, weil ich noch nie zuvor eine vierjährige Beziehung hatte beenden müssen: Aber es war nun mal keine Beziehung mehr. Drei Monate konnten vergehen, ohne dass wir miteinander schliefen. Ich habe sie nie abgewiesen – oder die beleidigte Leberwurst gegenüber ihren Annäherungsversuchen gespielt. Vom 15. bis 29. Dez. besuchte mich Daisy Winston. Ein Geschenk des Himmels. Sie hat mich aufgemuntert – aber körperlich läuft nichts mehr zwischen uns. Vielleicht ist sie die beste Freundin, die ich jetzt habe. Meine Mutter schickt mir seit sechs Monaten hasserfüllte und erschütternde Briefe – als wäre nicht alles schon schlimm genug.

23. 1. 1967 Paris. Hôtel de la Paix – 225 Boulevard Raspail. [Zimmer] Nr. 11. Gepunktete weiße Voile-Vorhänge vor den hohen Fenstern, die ich aus Marseille kenne. Zwei Uhr morgens. Irgendwo über mir hat jemand seinen (oder ihren) Wasserhahn aufgedreht, und ich liege jetzt auf dem Bett mit dieser typischen Aussicht, Fenster (mit Rahmen wie in einem Lagerhaus), gesäumt von rot-weißen Vorhängen.

Meine Freundin L. [Lyne] und ich haben heute Abend darüber gesprochen, wie wichtig es ist, jetzt etwas Bedeutsames zu tun, sonst wird nie was draus. Dies im Hinblick auf unsere momentan ins Stocken geratene Kreativität, die möglicherweise nicht nur auf den Januar und die Abwesenheit von Vitamin D geschoben werden kann.

Meine Agentin [Jenny] Bradley hat, wie ich heute Abend erfahren habe, einen Herzinfarkt erlitten. Ich wusste, dass sie seit Samstag in Antibes war.

25. 1. 1967 Tours – Montbazon en Touraine.[4] Von den Feldern um Paris mit ihren schlichten Häusern und Gemüsegärten, vielen Ka-

---

[4] Highsmith war eingeladen, als Jurymitglied an einem internationalen Filmfestival in Montbazon in der französischen Provinz Touraine teilzunehmen.

nälen, Mühlen, mit Moos bewachsenen Bewässerungsgräben durch die Kiefernwälder, die diese Bauernhäuser umgeben. Schwarzweiße Kühe. Ich verpasse das Begrüßungskomitee in Tours und muss daher 25 Minuten auf die Vorortbahn nach Montbazon warten. Weitere Verzögerung, während der Zugführer einige rangierende Züge umleitet; am Ende rufe ich im Hotel an und lasse mich abholen.

28.1.1967 Neuester Kommentar meiner amerikanischen Agentin [Pat Schartle] zur Frage, warum sich meine Taschenbücher in Amerika nicht verkaufen: weil sie »zu subtil« sind und »keine sympathischen Figuren darin vorkommen«. Vielleicht liegt es daran, dass ich selbst niemanden mag. Möglicherweise schreibe ich meine letzten Bücher über Tiere. Ich verstehe die Situation in Amerika und bedaure nichts. Man kann nicht alles haben. Wenn Amerika mich mögen würde, würden es weder Frankreich noch England oder Skandinavien tun.

4.2.1967 Für den Artikel in *The Writer*.

Wie es zu Blockaden kommt – vielleicht in verschiedenen Altersphasen.

Bei mir geht es darum, dass ich mit etwa 46 etwas Besseres als je zuvor schaffen will. Man will sich nicht wiederholen.

Damit kommt es zu einer vorübergehenden Lähmung, mit allen möglichen Erklärungen. Ich ruhe mich aus, weil ich das brauche. Ich sammle meine Kräfte. Es wäre dumm, Energie zu vergeuden. Öffentliche Auftritte und Reden kosten zu viel Kraft. Eine traurige Entdeckung, denn Schreiben ist eine Form von Kommunikation, Schriftsteller lieben es zu kommunizieren – weshalb sollte man daher in Vorträgen nicht Geist und Seele offenlegen? Tja, die Wirklichkeit ist nicht immer so berauschend wie die erfolgreiche Generalprobe allein in der Badewanne. Jede Art von Schüchternheit ist fatal. Und dann diese Fernsehinterviews. Aber die leichteren Inter-

1967

views bei einem Bier oder Kaffee an einem Café-Tisch? Was nehmen sie einem weg? Kann es sein, dass ein Schriftsteller sich selbst zerstört, wenn er so frei, so fröhlich von der Leber weg erzählt – und dem Interviewer bereitwillig bei seinem möglicherweise schwierigen Job unter die Arme greift?

Ich weiß es nicht – aber irgendetwas wird zertrümmert, verzerrt, beschädigt. Ein innerer Spiegel des Ich? Keine Ahnung. Ich weiß nur, dass es Wochen dauert, sich davon zu erholen, als hätte man einen Autounfall gehabt, einen Schock erlitten, eine Rippe gebrochen oder eine Gehirnerschütterung gehabt. Dylan Thomas wurde von einem entsetzlich anstrengenden Vortragsprogramm auf seinen beiden Reisen nach Amerika zerstört. Natürlich ist es viel einfacher zu behaupten, dass Zigaretten und Alkohol ihm den Garaus gemacht haben – Alkohol als unmittelbare, physische Ursache. Aber er war jemand, der sich in Menschenmengen unwohl fühlte; jedenfalls sagen das Leute, die ihn gut kannten. Er trank, um sich wohler zu fühlen. Aber es ist nie so einfach.

Schriftsteller und Dichter sollten in der Öffentlichkeit nicht so viel von sich erzählen – und Thomas tat das, beispielsweise, wenn er seine Gedichte vorlas, die er im Privaten geschaffen hatte. Und so gibt jeder Schriftsteller bei einem Interview seine Schreibgewohnheiten und Methoden preis, sofern er welche hat, weil er danach gefragt wird und großzügig sein will. Das Resultat ist ebenso verheerend für seine Kreativität, seinen Kopf, wie eine Gehirnerkrankung. Meiner Ansicht nach macht J. D. Salinger alles richtig, wenn er keine Interviews gibt und Vorträge hält.

24. 2. 1967 Die meisten meiner Träume machen Reparaturarbeit. Sie beheben Schäden. Was für ein Segen! Außerdem bereiten sie mich auf Ängste vor, indem sie die Wirklichkeit schlimmer darstellen, als sie tatsächlich sein wird.

12.3.1967 Vorbereitungen für den Verkauf des Hauses [Bridge Cottage] – ein Haus, in das ich große Hoffnungen gesetzt hatte. Es ist eine negative Angelegenheit – vielleicht so was Ähnliches wie eine Abtreibung –, und das Negative daran kann einen runterziehen (bei mir äußert es sich so, dass ich nicht nur ständig müde, sondern auch deprimiert bin), bis man genauer erkennt, was es ist, und anfängt, etwas dagegen zu tun – immer ein künstlicher Prozess, so wie die Einnahme von Aspirin bei Kopfschmerzen.

Die Stimmung lässt sich aufrechterhalten, indem man eine gewisse Würde oder zumindest ein Gefühl davon vortäuscht oder annimmt, selbst, wenn man allein ist. Sich Zeit lässt. Nicht hektisch wird. Nach vorn schaut und optimistisch ist. Wenn ich das tue und einen gewissen Nutzen daraus ziehe, ist mir bewusst, dass das nicht das wirkliche Leben ist, nicht wirklich Leben bedeutet. Leben heißt, Sorgen mit ebenso offenen Armen zu akzeptieren wie vermutlich das Glück.

24.3.1967 Überlebensregeln:
1. Denk spießig. Das heißt, sei förmlich, höflich, ernst und so selbstgefällig wie nur möglich. Übertreffe die Snobs.
2. Glaube daran, dass du ständig besser wirst.
3. Überlasse den anderen so viele Aufgaben wie möglich.
4. Glaube daran, dass du dir den bestmöglichen Platz zum Leben ausgesucht hast. Sei zufrieden.
5. Gönn dir immer etwas mehr Ruhe, als du tatsächlich brauchst. Mit anderen Worten, hör auf, bevor du erschöpft bist.
6. Iss bei jeder Gelegenheit so viel wie möglich. Nutze die Sonne, so gut es geht.
7. Glaube daran, dass du in Anbetracht deiner Zeit und Energie bereits Wunder vollbracht hast.
8. Halte für Miesmacher eine fröhliche, höfliche Antwort bereit.
9. Sorge dafür, dass auf eine Anstrengung immer eine Phase der Entspannung folgt, wie ein Athlet.

10. Gründe für Angst:
 1. Schuldgefühle.
 2. Das Gefühl, eine falsche Entscheidung im eigenen Leben getroffen zu haben, sei es privat oder geschäftlich.
 3. Erschöpfung – die zu Ängsten führt, weil man zurückschaut und sieht, wie viel Energie man sich hätte sparen können. Bei mir ist es immer der Haushalt mit seinen Pflichten, nie die Arbeit.
 4. Neid könnte einer sein, aber im Moment gibt es niemanden, den ich beneide.

24.3.1967 Ich bin diejenige, die vorangeht, und meine Uhr folgt.

26.3.1967 Morlaix (Bretagne) – ein reizendes Städtchen mit einem (geschlossenen) Reine-Anne-Haus[5] mit Fachwerkfassade aus dem 16. Jahrhundert. Ein Museum mit Werkzeugen aus der Bronzezeit, ägyptischen Sarkophagen und einer Melange moderner Malerei – Claude Monet, ein Porträt von Proust, 28 Teestuben mit Crêpes – *fromage ou jambon*. Die Leute sind intelligent und freundlich – das ist mehr, als man von Rennes sagen kann. Roscoff – 27 Kilometer entfernt am Meer. Gegenüberliegend die Insel Batz. Das beste Essen, das wir je für 15 NF pro Kopf gehabt haben, fünf Gänge. Chardon Bleu [ein Bordeaux]. Blonde Bretagne-Gesichter. Ein paar Touristenattraktionen, aber ansonsten unverfälscht. Wie üblich sehen die *pâtisseries* aus wie Museen für (ganz frische) Kunst.

26.3.1967 Die Gesellschaft für den Oxford-Absolventen-Verband sollte unverzüglich ins Leben gerufen werden. Oxford-Absolventen verdienen einander, und ich bin sicher, wenn es jeweils Männer sind, wissen sie, was sie miteinander anstellen können. Oxford-Ab-

---

5 Besagtes Haus ist das »Maison dite de la Duchesse Anne« in Morlaix, wo Anne de Bretagne im 16. Jahrhundert gelebt haben soll.

solventen sind bestens dafür geeignet, in einem Sessel zu sitzen und Zeitung zu lesen. Man sollte ihre alles umfassende Hilflosigkeit nicht Kommilitonen zumuten, die nicht aus Oxford stammen, weder männlichen noch weiblichen.

31. 3. 1967 Oslo. Eine chaotische Stadt voller Neonreklamen, ähnlich wie Kopenhagen. An der zentralen Einkaufsstraße befinden sich die Parlamentsgebäude und der Königliche Palast (ein weiß-gelbes Buckingham).

Die Fenster sind überall groß. Heizungen noch und nöcher.

Die wichtigste Mahlzeit wird zwischen vier und fünf Uhr nachmittags eingenommen, aber eine Kleinigkeit gibt es auch schon um zwölf oder eins. Möglicherweise noch ein Abendessen gegen neun, denn heute Abend habe ich eine Einladung um acht in ein Privathaus. Zerfurchte Gesichter. Gut geeignet für Skulpturen. Man sagt, Norweger, Schweden und Dänen hätten eine gemeinsame Nation bilden sollen.

Ein Mann mit einer männlichen Puppe – Arild Feldborg[6], sehr amüsant, hielt die Rede bei [meinem Verlag] Gyldendal und kam auch mit zum Abendessen. Ein Trinker vor dem Herrn. Der Taxifahrer kannte ihn aus seinen Fernsehsendungen. Satire.

Es muss eine begrenzte Nation sein; drei Millionen Einwohner, Schweden hat sieben Millionen. Sie müssen Englisch lernen. Französisch ist schwieriger für sie.

Gordon Hølmebakk[7] – ein bisschen wie Fredric March[8]. 38. Extrem belesen, weiß, dass Thomas Manns Frau Kleptomanin war. Diskutiert lieber über Ford Madox Ford, als sich um das eigentliche Geschäft zu kümmern. Verheiratet, wie alle unter Vierzigjährigen, die ich bei Gyldendal kennengelernt habe.

---

6 Arild Feldborg (1912–1987), norwegischer Schriftsteller, Humorist und TV-Moderator.
7 Gordon Hølmebakk (1928–2018), norwegischer Essayist, Autor und Fremdsprachenlektor im norwegischen Gyldendal Norske Forlag.
8 Fredric March (1897–1975), amerikanischer Schauspieler, Oscargewinner und einer der größten Hollywood-Stars in den 1930er und 1940er Jahren.

1967

Glatteis bei meinen Gastgebern. Macht das Laufen schwierig. Sie haben einen acht Monate alten Irish Setter, rot, den sie anbinden. Der Hund ist entzückend und Thema vieler Diskussionen heute Abend, weil ich es nicht mag, wenn man [Hunde] anbindet, und Feldborg auch nicht.

13.4.1967 Ein wundervoller Traum während eines einstündigen Mittagsschläfchens. Ich lag auf einem abfallenden, mit Gras bewachsenen Hang, zusammen mit einer Frau – und die Frau ist irgendwie immer Lynn [Roth]. Ich hatte eine Zeitung – und aus ihrem oberen Ende sprossen frische, echte Geißblüten. Ich erklärte Lynn, wie man den Honig darin findet. Blick in ein Zimmer mit mindestens sechs jungen Männern, alle gutgelaunt. Einer lag auf einer Chaiselongue und hatte eine schwarze Tätowierung, da, wo die Badehose hingehört hätte, und als Kopfschmuck tätowierte rosa Rosen. Ein bezaubernder Traum, guter Schlaf, ein guter Arbeitstag. Ich denke so oft an Lynn; die Freude meines Lebens, und eine Zeitlang war das auch umgekehrt so.

24.4.1967 Die verbesserte Kommunikation unserer Zeit hat einen pessimistischeren Blick auf die Menschheit mit sich gebracht. Die Hoffnung auf ein besseres Leben für alle, so naiv sie auch gewesen sein mag, hat sich inzwischen als töricht erwiesen. Das ist die wahre Tragödie dieses Zeitalters – von 1920 bis jetzt – und darüber hinaus.

26.4.1967 Achtundvierzig Stunden mit Zahnfleischentzündung, die ich anfangs für einen Abszess über einem empfindlichen Zahn hielt. Über Nacht schwoll sie zu neunzig Prozent ab und verursachte keine Schmerzen mehr. Mein erster Gedanke war, meine Katze [Sammy], meinen wertvollsten lebenden Besitz, zu opfern. Primitive Religion. In der zweiten schmerzlosen Nacht, aber mit viel Angst, glaubte ich, unten Einbrecher zu hören, zog den Morgenmantel über und ging nach unten. Wie tapfer man ist, wenn man denkt, man hätte nichts mehr zu verlieren, weder Leben noch Gesundheit. Zweifellos spricht [Thomas] Mann im *Zauberberg* davon. Es ist Teil des Muts von Kriminellen oder Sträflingen, mit dem sie sich in möglicherweise tödliche Experimente stürzen. Doch nicht damit haben diese Menschen ihre Hoffnung auf Leben verloren – häufig sind sie gar nicht zum Tod verurteilt. Vielmehr ist ihnen vor langer Zeit die Selbstachtung abhandengekommen, besser gesagt, die Moral, und das ist letztendlich das, was manche Frauen über sie denken oder denken könnten.

28.4.1967 Ipswich, Suffolk. Eine Stadt mit phantastischen Häusern aus Dickens' Zeit. Ich schaue mir gern einzelne Häuser hier an, deren kleine Fenster im ersten Stock von beengten – und im Winter kalten – Zimmern zeugen. Den herrlich verschrobenen Ornamenten an den Häusern können in ihrer emotionalen Wirkung nicht einmal die grässlichen Optikerschilder etwas anhaben, die gelegentlich dieselbe Fassade zieren. Aber das Gesamtbild der Stadt ist deprimierend. Es muss einfach überall einen Supermarkt geben, diesen oder jenen Co-op, eine Sainsbury-, Woolworth- oder Boots-Filiale, wahrscheinlich, weil es viel zu viele Menschen gibt. Ich frage mich immer, was ihrem Leben wirklich Erfüllung schenkt, was ihnen Freude macht. Wenn die jungen Sekretärinnen (Mädchen) und die Männer um fünf Uhr nachmittags auf ihren Fahrrädern nach Hause zurückkehren, nehmen sie auf nichts und niemand Rücksicht: Autos müssen warten.

Vielleicht ist es die alte Antwort, das Familienleben, eine Affäre, ganz einfach Sex, was die Leute auf Trab hält und sie glücklich macht. Ich frage grundsätzlich immer, was diese Menschen tun, welche Ziele sie sich gesetzt haben, wenn ich sehe, wie sie in Städten wie Ipswich die Bürgersteige bevölkern. Wären sie denn überhaupt hier, wenn sie ein Ziel vor Augen hätten? Und doch ist es durchaus möglich, als Gelehrter in Ipswich zu leben und große Bücher über alle möglichen Themen zu verfassen – falls es so was wie Gelehrte überhaupt noch gibt.

29. 4. 1967 Das stärkste Gefühl von allen ist das der Ungerechtigkeit. Schon ein Baby spürt es. Anders als das Verlangen nach Nahrung, Sex oder Schlaf kann Ungerechtigkeit einem zu schaffen machen; dieses Gefühl lässt sich nicht so schnell beschwichtigen oder vergessen. Es bleibt lebendig – und ist möglicherweise eine der vielen fortgeschrittenen intellektuellen Emotionen, die ein menschliches Baby haben kann. Man sieht den Unterschied, wenn es sechs Monate alt ist. Seine Ansprüche sind anders als die eines Welpen oder eines Kätzchens.

Ungerechtigkeit ist abstrakt.

7. 5. 1967 Melancholische, bedrückte Tage vor der Abreise. Seit zwei Wochen komme ich einfach nicht weiter, weder mit den Maklern noch mit dem französischen Konsulat, dem Umzugsunternehmen oder der Autoversicherung, und gestern hat auch noch jemand meinem Kotflügel eine Delle verpasst. Ich bin vor allem deprimiert, weil ich nicht zum aktiven Arbeiten (Schreiben), geschweige denn zum Zeichnen komme. Hoffentlich ist es ein besseres Leben, das jetzt vor mir liegt. Man muss Pläne haben, mühsame, komplizierte Pläne, um glücklich zu sein.

(Ahh, du süßer Dummkopf! Was warst du für ein Dummkopf! 6. 1. 1969)

21. 5. 1967 Schneckentext für den *Reader's Digest*. »Something New in Pets and Snails«[9].

1. Die ungewöhnliche Freude an der Haltung von Schnecken – ihr Schweigen, ihre bescheidenen Nahrungsbedürfnisse, ihre dekorative Tugend, ihre seltsame Art, sich zu paaren –

---

9 Ein noch nicht erschienener Text von Highsmith.

2. – deshalb habe ich sie ja nur ... zur Produktion von Babys. Unfähigkeit zur Reife in Amerika im Vergleich zu England.
3. Ihr Ruf (einer Eule?), wenn sie die Glaswände des Terrariums emporklettern.
4. Erstaunliche Anregung für die Phantasie. Kurzgeschichten.
5. Fähigkeit zum entspannten Reisen. Auch wenn die Leute mich möglicherweise für verrückt halten, wenn ich in französischen Hotels ein halbes Salatblatt bestelle, ohne Dressing, bitte.
6. Die Eifersucht meiner eifersüchtigen Katze.
7. Die Schneckenliteratur – Bartlett – legt nahe, dass sie bewundernswert angepasste Geschöpfe sind, die Entbehrungen ertragen, sich Feinde vom Leib halten, sich in Hülle und Fülle vermehren können und Millionen von Jahren unverändert geblieben sind, während der Mensch sich radikal verändert hat. Äußerst wertvoll in puncto Fortpflanzungsbeschreibungen. Dazu gehört bitte schön auch die Tatsache, dass sie dem jeweiligen Partner gegenüber treu sind. Sie können über Rasierklingen balancieren oder über ihre eigene Brut hinwegkriechen – die sie nicht weiter interessiert –, ohne sie zu verletzen.

21.7.1967 Wenn man genügend angeborene Schuldgefühle hat, braucht man kein Christentum – das vor allem ganz unschuldige, heidnische oder primitive Menschen mit Schuldgefühlen versorgt, die vorher noch nie über Schuld nachgedacht hatten und ohne sie glücklicher wären. Das ist so, als würde man behaupten, dass wir alle gleich sind, egal, ob Atheisten oder religiöse Menschen. Dass jeder eine bestimmte Menge an Schuldgefühlen braucht. Es ist der Preis, den man für Intelligenz bezahlt. Der Mensch ist intelligenter als die Götter und weiß es unbewusst; also fühlt er sich schuldig wegen seiner Überlegenheit und leugnet sie.

26.7.1967 Meine älteste Schnecke ist heute gestorben, oder vielleicht gestern, wie Camus sagen würde. Geboren etwa Ende September 1964, gestorben am 25. Juli 1967. Sie reiste von England nach Amerika und zurück, war fünf- oder sechsmal in Paris, auf Mallorca und in Tunesien. Sie hat etwa 500 Eier gelegt, obwohl sie selbst aus einer deformierten Charge von Eiern stammte, weil der Boden zu feucht war. Ich konnte sechs aus einem Paket von achtzig retten. Obendrein war auch ihr Haus deformiert, rissig wie ein kranker Fingernagel. Die älteste Schnecke, die ich je hatte.

28. 8. 1967 Neugierig, als ich über einen »Plot« nachdachte, in dem Geld denselben Wert hat wie Liebe – als Motiv, als eine Kraft, die fast real wird, so real wie Verlangen, Ehrgeiz oder Elan. Wie und wann hat die Person das Geld erworben? Stammt es aus ihrer Familie? All das ist fast so langweilig und deprimierend wie die Themen von Jane Austen. Dabei sind ihre Romane alles andere als langweilig. Geld oder Status sollten so unwichtig sein wie die Haarfarbe eines Charakters, doch bei ihr definieren sie Startbedingungen im Leben und die Motivation.

Alles eine Frage der Moral, klar. Ich interessiere mich mehr für die Moral eines Menschen, der alle Konventionen hinter sich gelassen hat. Nur der Mensch und sein Gewissen – ohne dass er von seinen Nachbarn gelenkt oder beeinflusst wird.

24. 10. 1967 Erstaunlich, wie viele »Führer« der Welt paranoide Tendenzen aufweisen – und es schaffen, ähnliche Ängste in ihrer Umgebung zu erzeugen. [Von] den alten Römern bis Stalin. Man kann es in manchen Haushalten beobachten (viva die Coates). Paranoiker neigen auch dazu, andere herumzukommandieren. Rechthaber gewinnen Anhänger, zum einen, weil sich die meisten Leute lieber sagen lassen, was sie zu tun haben, als selbst zu handeln, zum anderen, weil die meisten Menschen einer Auseinandersetzung lieber aus dem Weg gehen und deshalb Tyrannen oder Rüpeln gehorchen.

1.11.1967 Warum werfen die Amerikaner nicht ein paar Bomben auf den Vatikan? Man muss sich doch nur mal das ganze menschliche Elend und die Armut ansehen, die er durch seine Herumtrödelei in puncto Geburtenkontrolle verursacht. Aber nein, stattdessen wirft man die Bomben auf unschuldige Bauern. Ich möchte einen Toast auf den Papst ausbringen:[10] »Ich wünsche Ihnen ewige Schwangerschaft! Steißgeburten jedes Mal, am besten mit Sechslingen! Mögen sie Ihnen die Vagina zerfetzen! Mögen Ihnen die Zähne ausfallen! Mögen Sie aufgrund von Anämie bettlägerig werden! Aber mögen Sie trotzdem weiter gebären, bis in alle Ewigkeit! Finden Sie Geburtswehen nicht wundervoll? Sie werden für immer und ewig andauern! Gott ist das Ewige Leben!«

Vor fünfundzwanzig Jahren sagte Rolf Tietgens, dass wir heute noch im Mittelalter leben. Damals war ich einundzwanzig und voller Hoffnung, deshalb habe ich es nicht so richtig verstanden.

11.11.1967 Es ist enorm wichtig, kleine Dinge auf eine regelmäßige, halbwegs konstruktive Weise zu tun, um durchs Leben zu kommen. Außerdem sorgt es für eine gewisse Befriedigung, wenn nicht gar Freude. Und dann kommt jemand daher – ich scheine besonders viele solcher Menschen zu kennen – und sagt: »Du machst das falsch! Du verschwendest deine Zeit! Du bist zu nichts nütze!« Und ich sage: »Oh, Entschuldigung!« (ohne jeden Grund), versuche möglicherweise, mich zu ändern und fühle mich elend.

Es ist ein schwerer Makel, der mich sehr unglücklich macht, dass ich mich im entscheidenden Moment nicht verteidigen kann. Ich ziehe Rechthaber an wie ein Plüschsofa Staub. Sich einem Rechthaber zu unterwerfen, ist dasselbe, wie wenn man einmal einem Erpresser nachgibt.

---

10 1968 wird Papst Paul VI. (1897–1978) die traditionelle Position der Kirche zur Frage der Geburtenkontrolle in seiner Enzyklika Humanae vitae (Über die rechte Ordnung der Weitergabe des menschlichen Lebens) erneut bestätigen.

5.12.1967 Ich verstehe das Leben nicht. Sind Ziele dasselbe wie Freuden? Worum sollte man sich kümmern? Wie sollte man seine Zeit verbringen?

11.12.1967 Die Belastung, unter der wir alle jetzt leben, dürfte nicht größer sein als früher, wird aber (tatsächlich) durch die recht guten Informationssysteme von heute verstärkt. Wir wissen, was am anderen Ende der Welt passiert – mehr oder weniger tatsächlich passiert. Wie soll man das als ehrlicher und intelligenter Mensch aushalten?

12.12.1967 20 rue du Courbuisson [in Samois-sur-Seine]. Noch nie habe ich mich in einem Haus seelisch und jetzt (aufgrund der Kälte und diverser anhaltender Unannehmlichkeiten) auch körperlich so unwohl gefühlt wie in diesem. L. [Lyne] gab mir das Gefühl, dass es nicht einmal zur Hälfte mir gehört, dass meine Sachen scheußlich sind und ich von Natur aus hoffnungslos unorganisiert bin. Das muss jedenfalls ihre Absicht gewesen sein, und tatsächlich hatte sie damit Erfolg. Ich mag den Garten nicht, er ist mir gleichgültig. Ich finde es unangenehm, einen der »Gemeinschaftsräume« wie das Wohnzimmer oder die Küche zu benutzen. Es wird interessant sein, all das eines Tages in ein Buch oder eine Kurzgeschichte einzubauen, denn die Gefühle für ein Haus haben eine gewisse Bedeutung – besonders für jemanden, der dort auch seine Arbeit erledigt. Und ganz besonders für jemanden, dem Land und Haus gehören, wenn auch nur zur Hälfte.

14.12.1967 Aussteigen ist jetzt die einzige Möglichkeit – es sei denn, man versuchte, am besten von einem sozialen Gesichtspunkt aus, eine »dritte« oder unabhängige Partei zu bilden. Amerikanern wird es deprimierend erscheinen, das zu versuchen, denn es scheint, als wäre die Mehrheit einer Gehirnwäsche unterzogen worden, damit sie in gewohnten Bahnen wählt und wie so häufig entgegen ihren eigenen Interessen. Aber vielleicht ist doch noch nicht alles verloren – und in fünfzehn Jahren, nach Spott und Misserfolg, werden die Blumenkinder gewinnen. Nichts macht Eindruck außer der Wirtschaftsboykott. Die einzige Möglichkeit, Kriege zu stoppen, die einzige Möglichkeit, soziale Gerechtigkeit zu bewirken.

[Samois-sur-Seine, 20 rue de Courbuisson]

14. DEZEMBER 1967 Vom Regen in die Traufe. Das Manuskript vom *Zittern des Fälschers* ist fertig, und jetzt tippe ich bis Ende Januar Teile daraus noch einmal neu und bringe sie auf Hochglanz, um es nach Amerika und England zu schicken. Daisy W. [Winston] kommt zu Weihnachten, ich glaube, am 18. Fürs Protokoll, ich bin immer noch in Lynn verliebt und werde es für immer sein.

* * *

2. JANUAR 1968 Nervös vor Lynes Ankunft mit ihren Möbeln. Ich fürchte ihre Arroganz und Unfreundlichkeit – weiß aber tatsächlich nicht, was mich erwartet. Vielleicht ist sie ja nett – wer weiß? Ich bin zufrieden mit dem *Zittern des Fälschers* und beginne morgen mit dem Abtippen. Aber heute Abend um elf schrieb ich Rosalind Constable von meinen gegenwärtigen Ängsten. Ich habe etwa 15 Grad im Zimmer, weil ich nicht imstande bin, den Kamin im Wohnzimmer abzudichten oder das Dach isolieren zu lassen. Die Preise für Milch und andere Lebensmittel im Supermarkt scheinen von Tag zu Tag zu steigen, heute jedenfalls war es so. In einigen Geschäften kann ich nicht länger einkaufen, weil sie mir besonders überhöhte Preise abknöpfen – nämlich dann, wenn keine anderen Leute im Laden sind, die meine verzweifelten Preisanfragen mitbekommen könnten!

Vor ein paar Nächten habe ich von Lynn [Roth] geträumt. Gestern habe ich an Ann [S.] geschrieben – und unter anderem gesagt, dass sie [Lynn] die Liebe meines Lebens war und wie schade es ist, dass die Gefühle (meinerseits) ganz verschwendet sind. Ich frage mich, ob jemals wieder was draus werden wird? Trotzdem schreibe ich weniger aus einer Haltung der Hoffnung, was ziemlich absurd wäre, sondern aus Resignation gegenüber dem Schicksal, den Tatsachen, und in Dankbarkeit für das, was ich hatte und habe. Wie viele Menschen gibt es, die auch nur eine große Liebe im Leben haben? Oder sind sie nicht vielmehr durch eine Heirat zu früh an einen Menschen gebunden, erlangen so, insbesondere mit Kindern, eine gewisse »Zufriedenheit«, die aber nichts mit der Magie des Verliebtseins zu tun hat, so unbegründet diese auch sein mag? Heute Abend habe ich vergeblich nach dem Tagebuch von 1953 gesucht (April? März? Ich glaube Mai –), als ich Lynn kennenlernte. Aber ich fand ein Gedicht (September, glaube ich), das mir sehr gefiel. War wie immer entsetzt über die Fülle meiner Tagebuchprosa in der Vergangenheit. Aber diese Wintertage von November [1967] bis Januar 1968 in Samois-sur-Seine zeichnen sich durch ein besonders hohes Maß an Frustration in der »Erwachsenen«- oder »Geschäftsmann«-Variante aus und haben mit Liebesangelegenheiten nichts zu tun. Die Angelegenheiten um mein Haus und die Firma in England sind noch nicht geklärt und binden 18 000 $, von denen ich vermutlich 14 % verloren habe. Lyne ist [in] einer ihrer inzwischen vertrauten »Mir-doch-egal«-Stimmungen, und ich bezahle seit Oktober unsere Rechnungen, ohne dass ich auch nur eine Weihnachtskarte von ihr bekommen hätte. Allerdings hat sie aus Paris geschrieben, dass sie auf ihre Möbel (aus den USA) wartet und wahrscheinlich mit Sack und Pack hier eintrudeln wird, sobald das Wetter es zulässt. Keine Ahnung, wer diese Zeilen jemals lesen oder sich Gedanken darüber machen wird. Aber das sind die wackligsten Tage – oder einige der wackligsten –, die ich je durchzustehen versucht habe.

Das Leben hier ist unglaublich teuer, der Haushalt potentiell feindselig und unhaltbar, wenn Lyne zurückkommt (sie hat es mir in der Küche ziemlich ungemütlich gemacht, aber essen muss man nun mal), und die Frustration darüber, [nicht] imstande zu sein, die Handwerker zum Handeln zu bewegen, ist etwas ganz Neues für mich. Das Einzige, was in meinem Leben jetzt gut läuft, ist mein neues Buch[11], in das ich großes Vertrauen und Erwartungen setze.

6. JANUAR 1968 Gute Nachrichten von Eugene Walter aus Rom. Muriel Spark [in Rom] hat [meinen Kater] Spider übernommen, und ihm geht es nach dreizehn Tagen [bei] ihr anscheinend gut. Damit wäre eins meiner fünf Probleme gelöst. Mein braver Spider hat sogar ganz allein die Busfahrt von Positano nach Rom überstanden.[12] Ich wünschte, ich könnte mehr für ihn tun, als ihm ein Buch zu widmen *[Die gläserne Zelle]*. Ich habe Eugene gesagt, dass ich hier bin, für den Fall, dass er krank wird, und dass ich ihn nicht nur aufnehmen, sondern auch für ihn zahlen und dafür sorgen kann, dass er sich wohlfühlt.

Lyne kam gestern gegen zwei Uhr nachmittags hier an. Ein wenig zerknirscht, weil sie mich »den ganzen Winter allein gelassen hat«, obwohl sie weiß, dass ich das will.

11. JANUAR 1968 Heute Nacht (gegen zwei) ziemlich verstört, nachdem ich in meinen Tagebüchern nach dem 20. Oktober 1950 (oder so) gesucht habe. Damals traf ich mich mit Arthur Koestler und oft auch mit Lyne. Sie und ich fuhren an dem Tag nach Hastings und aßen in Chinatown zu Abend. Mittags hatte ich mit A. K. und Louis Fischer im Village gegessen. Es ist gut, ein Tagebuch zu führen – zumindest für mich, denn ich brauche ein Gefühl von Kontinuität – aber es gibt eine Menge Mist, den man nicht aufschreiben sollte!

Gestern ein schöner Brief von meiner Mutter. Stanley ist kurz vor Weihnachten in den Ruhestand gegangen. Alle Hausarbeit bleibt laut Aussage meiner Mutter an ihr hängen – und S. läuft schon um sechs Uhr abends im Pyjama rum. Sie übernimmt die Gartenarbeit,

---

11 Der spätere Roman *Ripley Under Ground*.
12 Als Highsmith nach Suffolk zog, musste sie ihren Kater Spider in Rom zurücklassen, wo er später von ihrer Schriftstellerkollegin Muriel Spark übernommen wurde.

kauft seine Weihnachtsgeschenke, schreibt Karten usw. Sie ist eine müde, alte Frau, die jammert: »Und abgesehen davon wird es mich ohnehin bald erwischen!«

18. JANUAR 1968 Ein Brief von Rosalind hat mich gestern enorm aufgeheitert – sie ist immer so vernünftig und fröhlich, es ist eine Freude. Sie meint, ich »vergrabe mich auf dem Land«.

23. JANUAR 1968 Pat Schartle hat »Vögel vor dem Flug«[13] an *Ellery Queen's Mystery Magazine* verkauft; das scheint jetzt die letzte Möglichkeit zu sein, wenn die Hochglanzmagazine meine Geschichten ablehnen. So war es auch bei »Der leere Nistkasten«, doch bisher hat EQMM noch für keins von beiden bezahlt. Seit Juni 1967 lebe ich vom Geld der Columbia Pictures [London] (26 000 $) und habe auch das Haus hier in Samois-sur-Seine davon gekauft. Meine englischen Buchhalter haben mir alles überwiesen, was von dem Geld noch übrig war – und deshalb fühle ich mich häufig wie einer der wenigen Menschen auf der Welt, die a) Briefe immer sofort beantworten und b) auch samstags und sonntags arbeiten. Gestern Abend habe [ich] einen kurzen Brief an Lynn Roth geschrieben, auf den ich keine Antwort zu erwarten wage. Sie lebt immer mit irgendwem zusammen und arbeitet seit einer Ewigkeit für zwei Schwuchteln. Aber ich habe gefragt, wie es ihr geht, ein bisschen von mir erzählt & gefragt, ob sie mich nicht dieses Jahr in Frankreich besuchen will.

26.1.1968 In vier Tagen bin ich mit dem Überarbeiten von *Das Zittern des Fälschers* durch und fürchte, dass die Themen nicht bedeutend genug sind und es daher nicht das von mir erhoffte »große« Buch geworden ist.

---

13 Diese Erzählung stammt aus dem Jahr 1949 und erschien erst posthum in Buchform, auf Deutsch in *Die stille Mitte der Welt* (Diogenes, 2002).

8.2.1968 Demokratie und Christentum. In depressiven Momenten scheinen sie von einer ähnlichen Katastrophe betroffen zu sein – einem Zustrom von Mittelmaß und Banalität, des Groben und Vulgären. Was ist mit Amerika passiert? Ist es nur ein gigantisches und gefährliches Anschauungsbeispiel dafür, dass es angesichts einer so großen und heterogenen Bevölkerung ein Klassensystem geben sollte? Der (hohe) Lebensstandard ist keineswegs unmöglich, aber es wird immer Leute geben, die andere ausbeuten. Eine aktuelle französische Zeitschrift behauptet, Amerikas eigentliches Problem sei tiefsitzender Rassismus. Angesichts des mittelmäßigen Bildungssystems und der überall verbreiteten Ignoranz im Land ist für diesen Rassismus einfach kein Ende in Sicht.

9. FEBRUAR 1968 Ich denke darüber nach, mehr Leute in dieses Haus einzuladen, und dann wieder hasse ich diese Vorstellung, weil ich lieber allein bin – wenn es mir gutgeht, kann ich etwas erreichen (aber wäre es besser, wenn ich mehr unter Menschen wäre?), und ich weiß, dass ich dann einigermaßen zufrieden sein kann. Emotional bin ich jetzt auf Ablehnung konditioniert, und das ist absurd. Inzwischen spiele ich sogar mit dem Gedanken, ein Jahr in New York zu verbringen – aus mindestens zwei (offensichtlichen) Gründen: wieder etwas mehr über Amerika zu erfahren, einen Tapetenwechsel zu haben und ein paar Frauen zu sehen. Texas würde ich nicht aushalten, fürchte ich.[14] Mehr als 48 Stunden schaffe ich nicht. Es ist einfach zu deprimierend. Ich interessiere mich immer für alle Neuheiten dort drüben, aber die kann ich in New York auch haben. Gerade jetzt – komisch und erleichternd zugleich – hat in New York ein achttägiger Streik der Müllabfuhr begonnen, inmitten von Schnee, Regen und Ratten. Wo ist Ginnie – ohne die *Salz und sein Preis* nie geschrieben worden wäre?

---

14 Nicht nur Highsmiths Onkel und Cousins wohnen in Texas, auch ihre Eltern sind wieder dorthin gezogen.

10.2.1968 Heute Abend habe ich eine Stunde in *Salz und sein Preis* geblättert. Gut getroffen ist die wuselnde New Yorker Szene – finde ich heute, nach fast zwölf Jahren Landleben. Eine gewisse Schnelligkeit – die ich mir jetzt wünschte und die mir, wie ich fürchte, im *Zittern des Fälschers* fehlt –, was zum Teil an der Jugend (ich war achtundzwanzig, als ich mit dem Buch anfing) und ansonsten am Leben in der Stadt lag. Diese Lebendigkeit (wenn ich das so sagen darf) ist eindeutig ein Pluspunkt. Es war im Juni 1956, dass ich mein »Landleben« begann, mit D. [Doris] S. in Snedens Landing, was immerhin weniger isoliert war als New Hope. Darauf folgte Positano (1963) und dann Earl Soham [Suffolk] (1964–1966). Vielleicht habe ich es übertrieben. Vielleicht würde mehr Sozialleben helfen und öfter auf einen Sprung nach Paris zu fahren. Aber ich bin schlicht zu faul für diese Ausflüge vom Land in die Stadt. Körperlich zu faul, das gebe ich gerne zu. Mir fallen immer irgendwelche Bücher ein, die ich lieber lesen würde, als nach Paris ins Kino zu gehen usw. Ich muss mir einen Tritt geben.

23. FEBRUAR 1968 Sehr erleichtert, als ich um 4:00 erfuhr, dass *Das Zittern des Fälschers* von Doubleday gut aufgenommen wurde. Pat S. [Schartle] hat sogar 3000 $ statt der üblichen 1500 $ verlangt – und es wird nicht in der Crime-Club-Reihe erscheinen, sondern als ganz normaler Roman. Wie es aussieht, muss ich noch mal vier Tage Arbeit hineinstecken. Ich habe [Jenny] Bradley [und] Rosalind C. (der ich das Buch widmen möchte) informiert.

23.2.1968 Für ein korrektes Bild seiner selbst braucht man zwei Spiegel.

27.2.1968 Wenn ich blind gewesen wäre, hätte ich heiraten können, da bin ich mir ziemlich sicher.

28. FEBRUAR 1968 Ein herrlicher, glücklicher Tag. Hin und wieder habe ich einen. Wie es scheint, werde ich am Freitag Nathalie Sarraute[15] kennenlernen, via Calmann[-Lévy]. Madame Bradley gefällt mein Buch (vor allem die Figuren, und sie hat recht), und sie treffe ich nach Calmann, ebenfalls am Freitag. Ich fühle mich großartig. Vielleicht habe ich T. B.? Meiner Katze geht es prächtig. Mein Haus [in Suffolk] ist verkauft (leider nicht). Mein Buch wurde angenommen. Drei von fünf Problemen, die seit sechs Monaten über mir schwebten, sind gelöst. Wie soll ich da nicht glücklich sein?

17.3.1968 Meine Nervosität und Angst, die mir hin und wieder solche Probleme machen, rühren aus mangelnder Überzeugung, die Dinge langsam und stetig zu tun, wie ich es gewohnt bin. Ich war immer in der Lage, etwas zu erreichen, wenn ich es regelmäßig tue und in Ruhe daran arbeite. Ich kann das Tempo bei anderen nicht sofort erfassen und denke dann unnötigerweise, sie sind schneller als ich. Das ergibt ein so unschönes Bild wie ein Tänzerpaar, das sich in einem unterschiedlichen Rhythmus bewegt. Was für eine Energieverschwendung. Wie kann man das korrigieren? Selbstbewusstsein wäre eine Hilfe. Warum sollten sich nicht andere Leute Sorgen über mein Tempo machen – das ich ihnen ja nicht aufzwingen will? Und vielleicht versuchen sie auch gar nicht, mir ihr Tempo aufzudrängen.

17. MÄRZ 1968 Zwei Wochen sind seit Madeleine Harmsworths Besuch vergangen.[16] Seitdem geht sie mir nicht mehr aus dem Kopf. Sie wird einen Artikel für das *Queen Magazine*[17] über mich schreiben und sich an einem Sammelbeitrag für den *Guardian* beteiligen. Sie kam am Samstag, den 2. März, um 12:33 an, an einem Tag, an dem

---

15 Nathalie Sarraute (geborene Natalja Tschernjak, 1900–1999), französische Schauspielerin und Schriftstellerin mit russischen Wurzeln.
16 Eine junge britische Journalistin, mit der Highsmith eine einjährige Affäre haben wird.
17 *Queen Magazine*, ein Favorit des jungen Londoner Jetsets Ende der 1950er Jahre, wurde 1968 an *Harper's Bazaar*, UK, verkauft.

1968

mein Wagen nicht anspringen wollte, so dass sie ein Taxi nehmen musste. Mittagessen im Zentrum. Die Fragen nahmen kein Ende. Nachts gingen wir zusammen ins Bett. Ernsthaft, idealistisch und obendrein praktisch. Sie bewundert mich wahnsinnig, weshalb ich es (befeuert vom Scotch) überhaupt wagte, mich an sie ranzumachen. Es klappte. Sie ist nicht an Frauen gewöhnt, aber vielleicht macht sie bei mir eine Ausnahme. Seitdem schreiben wir uns zunehmend liebevolle Briefe. Unterdessen habe ich in Paris und hier noch vielleicht sieben weitere Interviews gegeben. Mein »Timing« gerät deswegen völlig durcheinander. Man muss ein wenig bremsen, aber das ist schwierig, wenn die Leute immer mehr Produktivität erwarten oder verlangen.

26. 3. 1968 Ein Tag, der mir schon jetzt endlos erscheint. Kein Brief von Madeleine Harmsworth seit Freitagmorgen. Ich wollte eigentlich nur festhalten, dass ein Mädchen wie sie zu lieben, Liebe mit ihr zu machen, so ist, als würde man einen Kontinent erobern, oder ihm zumindest gefallen wollen. Irgendwie ist es wichtig, so wichtig.

5. 6. 1968 Generalstreik in Frankreich.[18] Fünf Tage macht er einem nichts aus – obwohl das Schlimmste das Ausbleiben der Post ist. Dann schleicht sich das Fehlen von Benzin ein. In Paris fängt man an, zu Fuß zu gehen. Man fährt nach Paris, weil es dort wenigstens Telefone gibt. In Paris, *chez Jacky* [Jacqui] klingelt entweder das Telefon oder jemand telefoniert schon. Junge Leute im Haus, die die Flasche Whiskey, die ich jeden Tag kaufe, austrinken und ohne Punkt und Komma quatschen. Wenn [Premierminister Georges] Pompidou oder [Präsident Charles] de Gaulle eine Rede hält, ist es so laut im Zimmer, dass man am nächsten Tag die Zeitung lesen muss (ich jedenfalls), um zu wissen, was er gesagt hat.

18 Wie in den Vereinigten Staaten und Deutschland machte auch Frankreich im Jahr 1968 eine Zeit weitverbreiteten zivilen Ungehorsams durch. Auf die Studentenproteste folgte ein wochenlanger Generalstreik im sogenannten Mai 68.

Ich bin auch deshalb nach Paris gefahren, weil ich Lyne entkommen wollte. Sie hat sich inzwischen das Wohnzimmer und den Garten unter den Nagel gerissen. Ein entzündeter Zahn, den ich vor zehn Tagen erwähnte, vermag sie ausnahmsweise milde zu stimmen. Im Übrigen hat sie es über ihren Anwalt abgelehnt, mir meine Hälfte auszuzahlen – deshalb habe ich per Telex $ 20 000 aus den Staaten abgehoben, was in Paris noch bestätigt werden muss. Vor einer Woche oder so wurde an zwei Abenden ein Erste-Hilfe-Zelt auf der Ile Saint-Louis errichtet. Blutende Köpfe, einmal sah ich Tränengas-Opfer. Jacky wollte unbedingt abends um halb elf noch auf die Straße [und] kam erst um halb zwei zurück. Angeblich hat sie Chlorgas abbekommen, jedenfalls machte sie einen ziemlichen Wirbel darum. Nichts Ernstes. Ich sag es ungern, aber sie taugt einfach nichts. Ich habe die Nase voll von diesem französischen Gequatsche. Die anständigsten Menschen, die ich hier kenne, sind Mme Yvonne A. aus Samois sowie Basile R. und seine Familie hier. Außerdem Jean-Noël aus der Rue Saint-Louis-en-Ile 55 [in Paris], Jackys Untermieter. Er ist etwa dreiundzwanzig, blond, schwul, attraktiv, ein Maler, großzügig, höflich, nicht sehr groß. Auch er hat mich vor Jacky gewarnt. Sie hat sich 500 NF von mir geliehen. Ich bezweifle, dass ich sie jemals wiederbekomme; umgekehrt schulde ich ihr ungefähr hundert für Telefonate. Mein neues Haus in Montmachoux liegt fünf Kilometer von Agnès' [Barylski][19] Elternhaus entfernt. Ich freue mich gar nicht darauf, ein Telefon zu haben, weil dann Leute, die ihre Rechnungen nicht bezahlen, den Apparat den ganzen Tag mit Beschlag belegen. Unterdessen hält Lyne hier [in Samois-sur-Seine] ihre unglaubliche Wut aufrecht und wirkt, als würde sie am liebsten mit dem nächstbesten Teller nach mir werfen, sobald ich die Küche betrete. Morgens um halb zehn stolziert sie in meinen Teil des Hauses und macht ihre Drohung wahr, ein Bad bei mir zu nehmen. Es ist ein Alptraum. Unglaublich. Heute habe

---

19 Agnès und Georges Barylski waren Landarbeiter und Highsmiths Nachbarn in Montmachoux, wo sie in einem Wohnwagen lebten. *Ripley Under Ground* ist ihnen gewidmet.

1968

ich die ersten acht Seiten meines Theaterstücks verfasst. Die erste Arbeit seit über einem Monat. Wie ich Madeleine heute Abend geschrieben habe, war der ganze Monat anstrengend und für die Katz. Immerhin habe ich fünf Briefe zustande gebracht. Einen an meine Mutter, einen an Madeleine (von der ich seit unserem Treffen am 6. Mai nichts gehört habe!!!) und je einen an [die A. M.] Heath [Agentur] und Pat Schartle, der ich von den Schwierigkeiten hier berichtet habe.

Als wäre das alles nicht genug, wurde Robert Kennedy heute früh in Kalifornien, wo er gerade die Vorwahlen gewonnen hatte, zweimal in den Kopf geschossen. Der Mörder heißt Sirhan Sirhan und ist ein Araber aus Jordanien. Kennedy wird nicht mehr laufen können und wahrscheinlich auch sein Augenlicht verlieren – falls er überhaupt überlebt.[20] Los Angeles – ich schreibe dies am 6. Juni um 1:00 morgens –, sein Leben hängt noch immer am seidenen Faden, und der Wahlkampf in den USA wurde eingestellt. Der Attentäter war 23. Die Welt scheint ein bisschen verrückt zu sein. Freunde sind keine Freunde mehr. Ich hasse diese aggressive Atmosphäre. Was soll man machen? Jemandem einen Gefallen tun oder eine Freundlichkeit erweisen – oder jemandem, der es verdient hat, ein kleines Geschenk machen – wie Madame A. oder Basile R.

15. JUNI 1968 Die Dinge werden nicht wirklich besser [mit Elizabeth Lyne]. Gestern zurück (von einem viertägigen Aufenthalt in Paris), mit 20 000 NF in bar und 70 000 als Scheck. Habe Verträge für drei Bücher (Taschenbuch) per Luftpost an Pat Schartle geschickt. Meine liebe [Katze] Sammy wird heute zum ersten Mal einen ganzen Tag allein im Haus verbringen. Sie ist sehr britisch, liebt Regen. Ich hoffe, sie versteht, dass ich nicht lange wegbleibe und bald wieder zurück bin.

---

20 Das Attentat auf Robert Kennedy ereignete sich am 5. Juni 1968 um 12:15 Uhr Ortszeit. Tatsächlich sollte Robert Kennedy am nächsten Tag sterben.

18.6.1968 Jetzt erst kam ich darauf, dass Lyne es die ganze Zeit genau darauf anlegte: sich ein ansehnliches Haus zu sichern und nur die Hälfte dafür zu bezahlen. Im November hat sie aus Amerika so viel Möbel mitgebracht, dass sie das Wohnzimmer für sich beanspruchen konnte, obwohl sie wusste, dass ich einen Teil des Raums für meine Lampen, einen Teppich, Sessel usw. nutzen wollte. Mittlerweile wurden meine Betten und Läufer, die ihr mehrere Monate (sechs) gute Dienste taten, kurzerhand und natürlich ohne ein Wort des Dankes in meinen Teil des Hauses verfrachtet.

24. JUNI 1968 [Montmachoux.] Dienstag. Kein Telefon. Kein Kühlschrank. Der Zimmermann kommt am Donnerstag. Der Elektriker am Freitag. Keine Steckdosen. Alle Räume müssen gestrichen werden. Die Klos laufen über. Vor zwei Tagen habe ich Madeleine geschrieben, die Taschen voller Francs – 8700 extra. Seitdem hat mir der Notar 6000 abgeknöpft[21]. Trotzdem hält heute wieder so etwas wie Vernunft Einzug, weil ich das Haus nicht auf Vordermann bringen muss, bevor ich anfange zu arbeiten.

27. JUNI 1968 Heute Morgen dachte ich – müde, niedergeschlagen – kurz daran, mir ein anderes Haus zu suchen, in dem weniger zu tun ist. Ich habe sogar Tischler und Elektriker abgesagt – und sie dann, nach einer Stunde, wieder neu bestellt. Äußerst kühler Brief (25. Juni) von Madeleine, die offenbar mein Telegramm aus Samois vom letzten Mittwoch mit der Zeile »Umzug morgen« gar nicht bekommen hatte. Und offensichtlich weiß M. nicht, dass Montmachoux 77 meine vollständige Adresse ist. Samois war die Hölle im Vergleich mit meinem Leben jetzt. Ich habe meiner Mutter, Jacky und Eugene Walter geschrieben. Spider lebt in einem Palast mit einem 40 m² großen Ballsaal; Muriel Spark und er spielen »Fliegender-Teppich«, indem sie ihn auf einem kleinen Perserteppich durch

---

21 Highsmith erwirbt das Haus in Montmachoux und braucht für die Kaufabwicklung einen Notar.

die Gegend zieht. Leider verschlechtern sich meine Augen durch das Lesen rapide – man sieht es in letzter Zeit an der Handschrift.

14. JULI 1968 Ich habe das Gefühl von Chaos und muss zum dritten Mal in zwei Jahren alle Organisationskräfte aufbringen, die ich habe. Schritt für Schritt. Gibt es überhaupt ein anderes Motto für mich? Meine Kleidung müsste durchgesehen werden, das Haus braucht Sanitär- und Heizungsanlagen und einen kompletten Anstrich. Und ich verschwende hier meine Zeit damit, mich darüber auszulassen, bloß weil ich Schriftstellerin bin. Einladung vom Diogenes Verlag nach Zürich, zu einem »Ball« für Autoren, Kritiker und Presse am 12. Oktober.[22]

17.7.1968 Mir scheint, dass ich unwillkürlich leide, wie ein Tier, wenn ich mich bedrängt fühle oder tatsächlich bedrängt werde. Ein plötzlicher Stau von vier Autos auf einer gewöhnlich ruhigen Landstraße macht mich nervös. (Ebenso die wachsende Menge an Papieren, die wir alle ausfüllen und mit uns herumtragen müssen – sicher wegen der Masse an Menschen und der Notwendigkeit, dafür zu sorgen, dass jeder sein Recht bekommt.)

Die andere Quelle des Unbehagens ist intellektueller Natur: Man kann nicht vergessen, dass immer mehr Menschen die Erde bevölkern und irgendwann irgendwas passieren wird – zum Beispiel ein hirnloser, brutaler Vernichtungskrieg, entstanden aus schierer Gereiztheit.

Ich habe nicht das geringste Vertrauen in die gegenwärtigen westlichen Methoden zur Geburtenkontrolle. Nur Japan bekommt Lob von allen Seiten – für freiwillige oder sogar obligatorische Sterilisation, glaube ich, und problemlos mögliche Abtreibungen. Ich schreibe das alles, weil meine Gefühle bestimmen, wo ich lebe – in

---

22 Auf diesem »Kehrausball« vor dem Umzug des Verlags in neue Räumlichkeiten wird Highsmith Schriftstellerkollegen wie Eric Ambler und Friedrich Dürrenmatt kennenlernen, aber auch den italienischen Regisseur Federico Fellini.

einem winzigen Dorf mit 160 Einwohnern und damit verbundenen Unannehmlichkeiten, etwa dem Fehlen der Müllabfuhr, einer Bibliothek oder Metzgerei. Gesellschaft am Abend. Aber den Preis bezahle ich gern für das Gefühl von Freiheit.

29. 7. 1968 Seit meinem sechzehnten Lebensjahr liebe ich Kirchenmusik, ohne zu wissen, warum, denn ich bin nicht gläubig. Es ist der Fatalismus, die Resignation, die mich anspricht. In jeder guten Kirchenmusik – von Mozarts *Requiem* bis zu den (meist) unbekannten Komponisten – schwingt so etwas wie echte Versöhnung mit dem menschlichen Schicksal mit. Mag sein, dass die Hoffnung auf ein Leben nach dem Tod nur ein Traum ist, aber es ist ein schöner Traum. Wie soll man Vertrauen in die Gründung einer Familie setzen, wenn man weiß, dass das Leben der Kinder nicht besser verlaufen wird als das eigene? Ich verstehe den Wunsch nach einer Familie, nach dem Glück und der Freude, Kinder zu haben. Aber philosophisch verstehe ich es nicht.

7. 8. 1968 Es ist ziemlich offensichtlich, dass mein Verliebtsein keine Liebe ist, sondern ein Bedürfnis, mich an jemanden zu binden. In der Vergangenheit habe ich das auch ohne sexuelle Beziehung zustande gebracht – nur um hier meinen Standpunkt zu beweisen. Vielleicht ging der Schiffbruch bisher auf die Erwartung einer sexuellen Beziehung zurück. Ich habe zu sehr die idealistische, hilfreiche Haltung oder Beziehung vergessen, die ich mehr oder weniger von 1941 bis 1943 mit R. C. [Rosalind Constable] hatte.

31. AUGUST 1968 Vom 22. bis 31. August hart und ohne Pause an *When the Sleep Ends*[23] gearbeitet; das ist jetzt der Titel des Theaterstücks. Martin Tickner[24] ist ganz angetan. Ich musste es um 24 oder 30 Seiten erweitern, was ziemlich mühselig war.

23 Das genannte Theaterstück ist im Nachlass der Autorin nicht erhalten.
24 Martin Tickner (1941–1992), englischer Theaterintendant.

1968

Rolf T. [Tietgens] hört sich wie üblich an, als stünde er kurz vor dem Selbstmord. Ich habe ihn eingeladen – vielleicht kommt er im Februar. Heute Abend habe ich zum ersten Mal seit Monaten gelesen – der Grund für den Eintrag hier, den wahrscheinlich nie jemand lesen wird. Ich bin ziemlich neben der Spur, lauter unfertige Hausprojekte, seit fünfzehn oder sechzehn Monaten schon. Der August ging mit gerichtlichen Auseinandersetzungen in puncto Samois [Haus]-Affäre drauf – Earl Soham [ist] angeblich verkauft, habe aber noch kein Geld gesehen.

12.12.1968 Allein leben, sich gelegentlich depressiv fühlen. Die Schwierigkeit besteht vor allem darin, dass man niemand anderen um sich hat, für den man eine kleine Show abzieht – sich hübsch anziehen, eine freundliche Miene aufsetzen. Der Trick, der manchmal schwierige Trick ist, auch ohne den anderen, den Spiegel, nicht den Mut zu verlieren.

Ich wohne in einem winzigen französischen Dorf, in dem nicht nur kein Mensch Englisch spricht, sondern auch niemand so ist »wie ich«; alle sind Bauern, Maurer, Hausfrauen. Ich bin unfair behandelt worden – das ist meine eigene Schuld, weil ich immer so überhöflich bin – und habe vier Fünftel des Geldes, mit dem ich nach Frankreich gekommen bin, fest angelegt. Kein Wunder, dass mir die Situation zu schaffen macht. Dass ich Bitterkeit empfinde. Aber ich kann es mir nicht leisten, ihr nachzugeben; es wäre fatal für die kreative Arbeit, und ich bin auf S. 121 eines neuen Romans [des zukünftigen *Ripley Under Ground*], in der dritten Arbeitswoche. Extrem wenige Menschen, glaube ich, führen ein so »einsames Leben.«

Eine Französin, Jacqui, in die ich einige Hoffnung als Freundin und moralische Stütze gesetzt hatte, hat schon sieben Verabredungen mit mir platzen lassen, und so ertrage ich den dunklen Winter allein.

16.12.1968 Jacqueline Kennedy – die Amerikaner sind beleidigt, weil sie tatsächlich mit Onassis ins Bett geht. Moralische Verwerflichkeit lauert im Hintergrund – aber es ist ein ziemlich solider Hintergrund. Jacqueline ist nur konsequent. Auch Kennedy hatte Geld. Sie hat eine Schwäche für Macht und Geld. Vermutlich sollte man lieber die positiven Aspekte betrachten – so trüb sie auch sein mögen. Männer und Frauen hofften auf einen gewissen Idealismus in Jacqueline, träumten von einem Ideal, weil ihr erster Mann ein Ideal war. Aber Frauen schlafen mit allem, was mit Macht, gesellschaftlicher Stellung und Geld zu tun hat. Es wäre nur halb so schlimm, wenn sie es aus Vergnügen täten, aber gleich heiraten ... das ist schon ziemlich schäbig.

19.12.1968 Was wünschen Sammy und ich uns zu Weihnachten? Ich würde gern fünf Tage krank im Bett liegen und mich von jemand bedienen lassen. Ich würde lesen und schlafen, essen und mir Notizen machen, Sammy würde schnurren, schlafen und von meinem Teller essen. Sie lernt gerade, Gefallen an Rührei von meinem Teller zu finden, obwohl sie eigentlich gar keine Eier mag.

28.12.1968 (Anfang) November 1962, als ich anfing, das Leben um des Lebens willen zu genießen – das war für mich der Anfang vom Ende.

* * *

1.1.1969 Nervenzusammenbruch oder *crise de nerfs,* die es ohne Publikum vielleicht gar nicht gäbe. Nervosität, Appetitlosigkeit, aber vor allem der Verlust der Routine – und es spielt eine Rolle, ob dieser Verlust etwas mit den eigenen oder mit äußerlichen Bedingungen zu tun hat. Am Ende kann durch das Streben nach Schlaf um jeden Preis der Tag zur Nacht werden und umgekehrt. Leider ist es für den Dichter hauptsächlich ein körperliches Phänomen, das sich mit Pillen oder Zwangsernährung korrigieren lässt. Leider ist es künstlerisch hauptsächlich unergiebig, wie dieser schöne Füller, mit dem ich gerade schreibe und den ich nach hinten kippen muss, damit überhaupt Tinte aus ihm herausfließt. Um Himmels willen! Wir alle brauchen Flüssigkeit! Geht es denn heutzutage nur um Sperma? Wir wollen auch Tinte, und Wasser für die ausgetrockneten Felder überall.

2.1.1969 Madeleine Harmsworth hat einen merkwürdigen Mangel an Begeisterung – in jeder Hinsicht. Natürlich verstehe ich das bei ihr, da ich ein bisschen was über ihre Herkunft und ihre Erfahrungen weiß. Aber ich finde es merkwürdig – rein abstrakt gesprochen – bei jemandem, der erst siebenundzwanzig ist. Ich wäre glücklich, wenn sich in ihr ein heimliches Feuer versteckte.

6.1.1969 (J.V. [Jacqui])
Zweisamkeit

Warum sich nicht an diesen Nächten ohne Schlaf erfreuen?
Es ist so wenig Zeit, die ich mit dir verbringen kann
Selbst in der Phantasie, wie jetzt. Und Muße –
Wie in schlaflosen Nächten – kommt im Leben
Kaum vor, nicht mal der Versuch dazu.
Muße gibt es nicht. Sie ist Hoffnung, eine Illusion,
Wie die Liebe. Ein nutzloses Wort. Genug der Worte.
Dies ist das Zeitalter des Telefons ohne echte Nachricht,
Des Briefes, der, obwohl versprochen, nicht ankommt.
Wie eine Freundin, die verspricht zu kommen, und es nicht wahr macht,
Obwohl sie dringend gebraucht wird.
Solche Enttäuschungen töten die wartende Person nicht ganz.
Denn dies ist das Zeitalter der falschen Versprechungen,
Warum also nicht gleich eine völlig falsche Liebe,
Bestehend nur aus Phantasie? Was ist der Unterschied?

Was gibt all den anderen auf den Straßen Kraft,
All die Menschen, die so kraftvoll erscheinen, wenn sie
Umhergehen, reden, lächeln?
Was hält sie aufrecht? Dieselbe Falschheit?

7. 1. 1969 Ob es je möglich sein wird, sich Tag für Tag am Leben zu erfreuen? Freude am bewussten Sein zu haben – mit anderen Worten, die alltäglichen Dinge des Lebens zu genießen oder sogar irgendwie stolz auf sie zu sein, zu glauben, dass eine bestimmte Ecke im eigenen Haus schön ist, ja sogar befriedigend, nicht nur für sich selbst, sondern vielleicht sogar für einen Fremden? All das bringt Entschleunigung mit sich, eine radikale Veränderung für mich, wenn sie ein alltägliches Ereignis wäre, etwas, das nie aufhört. Es ist Glück, und ich habe Angst davor. Es kommt einem vor, als würde man aus einer Kapsel ins Leere treten.

12. 2. 1969 Na und? Sie [Mutter] inspiriert mich, Gedichte zu schreiben. Wie viele Frauen tun das? Mir wird klar, dass ich an die Vergangenheit mit ihr gefesselt bin. Verrat. Vernachlässigung. Man hört nicht auf, immer weiter danach zu suchen. Es ist Schicksal. Man kann es künstlich korrigieren, aber das wäre emotional unbefriedigend. Es ist so, als trüge man die ganze Zeit wegen seines krummen Rückens ein Korsett. Das Korsett ist so schwer und lästig, so langweilig und hässlich, dass es fast besser ist, mit einem krummen Rücken rumzulaufen und hin und wieder ein bisschen Schmerz zu ertragen. Dann kommt wenigstens frische Luft an die Haut.

15. 2. 1969 Wer aus wer weiß welch abstrusen Gründen verliebt ist, kämpft wider alle Logik darum, den anderen zu etwas zu machen, das er oder sie nicht ist. Das ist natürlich unbewusst gewollt; es verschafft einem die Gelegenheit, sich an einem Elternteil zu rächen, der alles verschuldet hat, indem er das geliebte oder zumindest vorübergehend geliebte Objekt ablehnt.

1969

Kleiner Wink mit dem Zaunpfahl für die Psychiatrie: Sobald man das einmal begriffen hat, muss man es nicht mehr unbedingt wiederholen. Tut man es trotzdem, ist man zumindest psychologisch vorgewarnt und gewappnet. Trotzdem glaube ich nicht, dass man damit jemals das gesamte Muster zerstört – es sei denn, es taucht jemand auf, dem man all das erzählen kann und der sich tatsächlich von dem Muster unterscheidet, nach dem man möglicherweise seit vielen Jahren gelebt hat.

23. 2. 1969 Zwei kurze Anmerkungen heute Abend: Meine Vorliebe für das Amoralische oder das geradezu Kriminelle oder – in der grandiosen Zusammenfassung von Doris' (Jungscher) Psychoanalytikerin bezüglich Lynn Roth: »Sie hat nicht das Zeug zu einem Charakter.« Dasselbe gilt für Jacqui V. Sie hat als Kind nicht früh genug angefangen. Vielleicht hat sie es nie gehabt. Ehrlichkeit, Fleiß – diese nur schwer zu erwerbenden Eigenschaften, die alle guten Bauern besitzen und ich auch, die Fähigkeit, stundenlang zu arbeiten, ohne gleich ein Ergebnis zu sehen, ganz zu schweigen von einem Wort des Lobes oder einem Penny Bezahlung. Für Menschen wie Jacqui ist es zu spät. Aber ich liebe sie, weil ich sie verstehe, und es gibt, wenn überhaupt, nur wenige Frauen auf dieser Welt, die ich verstehe. Zweite Anmerkung: betrifft das Gefühl von Minderwertigkeit oder vielleicht auch nur Angst, das sich nach dem vierzigsten Lebensjahr einstellt. Das Gefühl, dass man bessere Arbeit leisten sollte, dass man an der Größe oder Originalität seiner früheren Arbeiten beurteilt wird. Ein absurdes, unseliges Handicap, denn über einundvierzig zu sein hat etwas anderes für sich. Bessere »Kunst«. In Wahrheit – mehr Phantasie.

1.5.1969 London – 20 Chesham Hotel. Ein unordentliches Bündel Zeitungen ragt aus dem Briefschlitz der Tür gegenüber. Ich bin in Zimmer 67, siebter Stock, die halbzerfledderten Zeitungen sind schon seit mehreren Tagen da, und dem miesen Service in diesem sw1-Hotel nach zu urteilen, könnte man meinen, das Zimmer sei unbewohnt. Eines Nachmittags zog ich die Zeitungen aus dem Briefschlitz – insgesamt fünf Ausgaben –, und keine dreißig Sekunden später klopfte es an meiner Tür. Eine ungepflegte, kauzige Amerikanerin, Mitte 50 oder Anfang 60, stand vor mir und zeterte: »Wie können Sie es wagen, meine Zeitungen zu entfernen, sie sind vier Monate alt, dazu haben Sie kein Recht!« Ich gab ihr die Zeitungen zurück. »Stimmt, hab ich nicht«, sagte ich. Sie waren auf den 5. März 1969 datiert.

Das italienische Zimmermädchen erklärte auf Nachfrage: »Sie steckt sie morgens rein und holt sie abends wieder raus.« Zwischen fünf und acht Uhr heute Abend waren sie weg, aber jetzt, um Mitternacht, sind sie wieder da. »Wagen Sie das ja nicht noch einmal!«, sagte sie noch.

4.5.1969 Brighton – Delphine zeigen allerlei Kunststücke im Aquarium. Barbra Streisand bei Dreharbeiten im [Königlichen] Pavillon. Daisy W. & ich vergnügten uns an den Spielautomaten am Prince's Pier, verloren natürlich am Ende, haben es aber genossen.

27.5.1969 Mein Glücksspiel, mein Laster, meine Falle, mein Unheil ist eine Frau, die nicht ganz aufrichtig ist. Es ist ziemlich offensichtlich, ich kann einfach nicht die Finger davon lassen. Zu Hause fluche ich, halte mir eine Standpauke (aber schwöre nie, mich von ihr fernzuhalten). Ich analysiere es und sie, und doch zieht es mich immer wieder zurück. Es ist dasselbe wie beim Schreiben, das Böse zieht mich an. Nicht dass ich mich in diesem Bild als das »Gute« betrachte. Ich bin zurückhaltend, geizig, schnell beleidigt. Und doch bescheinigen mir Daisy und Rosalind – meine guten Freundinnen, die mich am besten kennen –, dass ich leichtgläubig bin und eine hoffnungslos miserable Menschenkenntnis habe.

2.6.1969 Heute wurde mir klar, dass ich noch genug Durchschlagpapier für den Rest meines Lebens habe – drei Schachteln. Es war der deprimierendste Gedanke seit Jahren. Ich war drauf und dran, eine Schachtel wegzuwerfen, damit ich nicht mehr genug für den Rest meines Lebens hätte ...

5.6.1969 Ich habe die unglückliche Angewohnheit, mich von dem, was ich bereits getan oder erreicht habe, weder trösten noch erfreuen zu lassen. Wie oft und auf wie viele verschiedene Arten habe ich das in diesen Notizbüchern schon zum Ausdruck gebracht! Dies heute Nacht, drei Uhr morgens, S. 197 des zweiten Ripley *[Ripley Under Ground]* – benebelt. Ein komplexeres Buch, als ich gedacht hätte.

9.6.1969 Voulx[25], 77 – die einzige Metzgerei im Dorf mag mich nicht, weil ich selten Fleisch für mich kaufe, nur Milz für meine Katze, oder Leber. Finde es erstaunlich, dass sie sich überhaupt an mich erinnern; ich gehe bloß alle zehn Tage oder so dorthin. Und sie erinnern sich unfreundlich, weil ich dort kaum Geld ausgebe.

14.6.1969 Genug der Hoffnung, Zukunft. Davon habe ich immer gezehrt. Sie leistet einem gute Dienste in dieser Gesellschaft, denn sie bedeutet Arbeit, Leistung für eine Zukunft, die schon Gegenwart ist oder es bald sein wird. 1958 glaubte ich, eine Zäsur zu haben. Diese jetzt, im Jahr 1969, ist wichtiger, und ich kann mich ihr nicht stellen. Alles muss neu bewertet werden. Ein Durcheinander von Reichtümern breitet sich vor mir aus. Das würde ich sagen, wenn ich krank oder arm wäre. Ich meine eine Fülle an Leben – wie soll ich sagen? Der schöne grüne Horizont, der blaue Himmel, das ist meine Zukunft. Ich liebe sie. Ich schaue nach vorn.

---

25 Voulx ist das Nachbardorf, etwa drei Meilen von Montmachoux entfernt.

RÜCKKEHR NACH FRANKREICH

18.6.1969 Wie viele Monate geht es jetzt schon so? Diese Schufterei. Vielleicht zwanzig Monate. Enttäuschungen, Schmerz, Tränen, sogar Einsamkeit, etwas, das ein bisschen neu für mich ist. Und noch etwas, das ganz neu ist, das Gefühl, von Feinden umringt zu sein. Ich hasse das. All das hat zu Depressionen und Konzentrationsmangel geführt, wie ich sie noch nie erlebt habe. Da wieder herauszufinden wird lange dauern. Ich versuche es. Ich wünschte, ich könnte mit einem Satz hinausspringen. Aber es ist, als wollte ich aus einem Graben klettern, in dem ich bis zu den Hüften im Schlamm stecke. Hoffentlich ist er inzwischen nur noch kniehoch. Dies schreibe ich, während mein Vater (die Nachricht erreichte mich heute) schwer krank ist. Vier Dinge hängen in der Luft – darunter der neue Roman. Und die erbärmlichen Leute, die ich mir als Freunde ausgesucht habe, können mir nicht mal einen Artikel oder zwei, drei Bücher zurückschicken (zurückgeben). Unfreundlichkeit, Unehrlichkeit, Unzuverlässigkeit, Enttäuschungen – so sieht seit zwei geschlagenen Jahren mein Leben in Frankreich aus. Ich will *nicht* zurückblicken. Ich will nach vorn schauen. Ich will nicht einmal die Gegenwart sehen.

23.6.1969 Ein Blick fünf Jahre zurück, und sei er noch so flüchtig, ergibt: Bleib allein. Jede Idee einer engen Beziehung sollte der Phantasie angehören, wie alle Geschichten, die ich schreibe.

14.7.1969 Man kann verbergen, dass man verliebt ist, aber man kann es nicht vortäuschen.

16.7.1969 Auch wenn ich um drei Uhr morgens bei der Lektüre des Wörterbuchs ein paar Tränen verdrückte – aus persönlichen Gründen –, weiß ich doch jetzt, wo ich stehe. Nichts ist anders als sonst. Die Tränen sind eigentlich sogar eine gute Idee. Es ist nicht so, als wäre ich achtundzwanzig, möglicherweise voller uneingestandenem Selbstmitleid, vor allem aber unerfahren.

1969

18.7.1969 Salzburg. Das Flugzeug heißt »Johann Strauß«; dessen Porträt schmückt die Kabine. Ein 70-Minuten-Flug. Im Flughafenbus hat man vergessen, mir die zehn Schilling für die Fahrt ins Stadtzentrum zu berechnen. Taxi von der Bushaltestelle zur Getreidegasse 26 5. Die Getreidegasse ist eine Einbahnstraße voller Touristen und Beatniks. Zimmer 20 im Goldenen Hirsch, kein Bad, aber ein charmantes Ankleidezimmer hinter einer niedrigen Tür – zwei Schränke, Spiegel und Schminktisch, ein Fenster & Platz, um aufrecht stehen zu können. Die Salzburger Lanz-Filiale hat ein sehr schäbiges und langweiliges Schaufenster, rühmt sich aber immer noch mit seinen »Originalen«. (Es ist heiß hier – nichts für Ripley.[26]) Café Tomaselli – grün und weiß gestreifte Markisen und Tische auf dem Bürgersteig. Viele einheimische Frauen tragen die für Österreich typischen grünen Dirndl mit weißen Blusen usw.

19.7.1969 Bürgerspitalplatz – führt zum G'stättentor – zum Eigler (Kaffeehaus). Ein Spaziergang zum Schloss Mirabell. Wunderschöner Blick auf die Festung Hohensalzburg, die man direkt hinter den schnurgerade angelegten Gärten sieht. Rote Blumen (kleine Buchsbaumhecken im Winter?), monogrammähnliches Design. Marionettentheater, *Die Zauberflöte*. Ich gehe heute Abend hin.

20.7.1969 Die Rakete zum Mond bleibt auf Kurs. Wahrscheinlich werde ich sie morgen Abend (20. Juli) mit Arthur [Koestler] sehen. Ich glaube, der einzige Mensch, der das begreifen kann, ist Wernher von Braun.[27] Die Astronauten sind bloß gutausgebildete Piloten.

20.7.1969 Ich habe Menschen gesehen, die beim besten Willen keine Seele haben. Wenn man mit »Seele« etwas Hoffnungsvolles

---

26 Highsmith kombiniert wie so oft Vergnügen mit Arbeit, besucht ihren alten Freund Arthur Koestler in Alpbach und recherchiert für ihren neuen Roman *Ripley Under Ground*, der zum Teil in Salzburg spielt.
27 Die erste bemannte Mondlandung am 21. Juli 1969 war die größte Leistung des deutschstämmigen amerikanischen Ingenieurs Wernher von Braun (1912–1977).

meint, etwas Höheres als beim Tier. Man kann sagen, dass manche Menschen verdorbene Seelen haben, vielleicht auch verdorbenen Verstand, einen Willen, der bösen Absichten dient. Ich glaube nicht an den göttlichen Funken bei Menschen, die aus Versehen gezeugt wurden, ungewollt, gehasst und schon als Kinder zu Korruption, Diebstahl, Unehrlichkeit erzogen. Der göttliche Funke kann, wie jeder andere Funke auch, ganz einfach ausgetreten werden.

29.7.1969 Kälte, Einsamkeit, Hunger und Zahnschmerzen machen mir nichts aus, aber Lärm, Hitze, Unterbrechungen oder andere Menschen halte ich nicht aus.

20. AUGUST 1969 Lese und überarbeite *Ripley Under Ground,* den ich ziemlich mag. Ich wage nicht zu sagen, wie sehr ich ihn mag.

21.8.1969 Spielen mit den Hühnern von nebenan. Ich werfe ihnen ein paar Stückchen weißes Fett von dem Schweineherz für meine Katze zu. Dreißig oder vierzig Hühner schwärmen aus, das eine oder andere pickt ein Stück auf und rennt los wie ein Footballspieler mit sechs Verfolgern, ein kleineres Huhn schnappt es ihm weg und wird von einem größeren zur Seite geschubst – kein einziges hat die Ruhe, innezuhalten und es zu schlucken. Nach zehn Minuten – das Spiel ist wie das Leben – hat der größte Hahn es im Schnabel und rennt, rennt los, ohne Chance, es genießen zu können.

16.9.1969 Heute – achtundvierzig Stunden nach Eröffnung der Jagdsaison – haben Jäger die beiden Tauben von Agnès [Barylski] erschossen – die Eltern von jetzt zwei Waisenkindern. Agnès hatte die Mutter seit neun Jahren; sie kam zum Fressen ins Haus und saß auf Agnès' Schulter, wenn sie im Bach ihre Wäsche wusch.

17.9.1969 *La loi du déplacement français* – wenn eine Französin wütend ist, muss sie irgendwas *déplacer* [umstellen]. Nicht unbedingt die Möbel. Normalerweise eine Person. Wenn man gemütlich im Bett liegt, sagt sie, du musst in ein anderes Zimmer und ein anderes Bett umziehen. Wenn man es tut, um weiteres Gezeter zu vermeiden, verleiht ihr das ein Gefühl von Macht.

Wenn sie der Gast ist und wütend wird, kann sie schlecht die Gastgeberin woandershin verdrängen, daher verdrängt sie sich selbst, indem sie fragt: »Wann geht der nächste Zug nach Paris?«, und ist dann eingeschnappt, wenn man es in aller Ruhe nachschlägt und sie zum Bahnhof fährt.

16.10.1969 Dritte Schneckengeschichte[28]. Die Atombomben sind gefallen und haben alles Leben zerstört, bis auf das der Schnecken, die es geschafft haben, sich in ihre Schneckenhäuser zurückzuziehen und monatelang ohne Nahrung und Wasser auszuharren. Einige Schneckenhäuser (und damit die Schnecken) sind von der vergifteten Atmosphäre zerstört worden, aber genügend überleben. Mühselig graben sie sich unter die verseuchte Oberfläche, um einen sicheren Platz für ihre Eier zu finden. Sie suchen den frischen Wind. Es braucht Zeit. Sie sind geschickt darin, Nahrung oder Gras in den entlegensten Winkeln zu finden, wo es wieder anfängt zu wachsen dank der vom Wind verwehten Samen und der zufälligen Winde, die den vergifteten Staub abtragen. Die radioaktiven Kräfte verzögern die Reproduktion, aber andererseits haben die Schnecken jetzt keine Feinde mehr. In kürzester Zeit vermehren sie sich zahlreich. Manche haben zwei Köpfe, andere zwei Häuser. Manche sind riesig, andere wachsen gar nicht. Wieder andere sind Kannibalen und fressen sich gegenseitig auf. Und noch andere sind ungewöhnlich intelligent – sie führen ihre Artgenossen eher durch ihr Vorbild als durch Kommunikation oder Unterwerfung. Sie wissen, wo sie Nahrung suchen müssen. In hundert Jahren [werden] Schnecken die

---

28 Die »dritte Schneckengeschichte« folgt auf »Der Schneckenforscher« (geschrieben 1948) und »Auf der Suche nach Soundso Claveringi« (entstanden 1965–66 und zuerst veröffentlicht unter dem Titel »The Snails« in der *Saturday Evening Post* vom 17. Juni 1967).

ganze Welt umzingelt und bevölkert haben. Sie ernähren sich von den zähesten Pflanzen – weder Fische noch Vögel haben überlebt.

9.11.1969 Ein schlechter Tag. Paris. Und zwischen 13 und 20 Uhr wurde mein Wagen vom Parkplatz in Montreau gestohlen. Der Anwalt überreichte mir eine Rechnung über 2000 NF und erklärte, ich sei wirklich ein Kulanz-Fall, er mache es so billig, weil ich eine Freundin (Mandantin) von Madame Bradley sei. Er erinnerte sogar an das Fiasko mit Raoul Lévy [1966] und behauptete, er habe den Preis für die Rechte an *Tiefe Wasser* gesenkt, dabei ging es bloß um den Ablauf der Frist.

Paranoia? Nicht ganz. Ich bewundere meine Wagendiebe, denn es zeugt von Mut, einen Wagen zu klauen, der auffällt, weil er das Lenkrad auf der rechten Seite und englische Nummernschilder hat. Außerdem haben sie die als Geschenk verpackte Handtasche, die ich heute für meine Mutter zu Weihnachten gekauft hatte, als Bonus bekommen. Ein Hoch auf die Franzosen, ihre katholische Kirche, ihre Nächstenliebe, Ehrlichkeit und vor allem auf ihren Chauvinismus. Es gibt tatsächlich kein anderes Land mit so viel absolut unbegründetem Selbstwertgefühl.

10.11.1969 Leben in Frankreich. Es ist wie im Gefängnis, mit dem Unterschied, dass die Dinge hier sich verändern und verschlimmern können, während sich die unangenehme Situation im Gefängnis normalerweise nicht verändert oder immer frustrierender wird, es sei denn, man versucht, eine Begnadigung zu erlangen, und scheitert dabei.

11.11.1969 Ausgegrenzt werden. Mit vierzehn fing es in New York an, aus den üblichen rassistisch-religiösen Gründen. Heute fühle ich mich mit achtundvierzig seltsamerweise aus denselben Gründen ausgegrenzt. Hier wie in New York gehöre ich nirgendwo dazu, denn ich bin weder Latina noch katholisch, noch jüdisch. Aber ich habe feste ökonomische Ziele – ja –, es gefällt mir, Geld zu verdienen und es auf die hohe Kante zu legen, zu sparen. Aber die Einstellung der Franzosen ist rasch und unüberlegt: Greif zu und frag nicht, woher es kommt. Wenn es dir angeboten wird – wie ein springender Fisch –, dann schnapp es dir wie ein hungriger Seehund.

Ich fühle mich sehr allein. Genauso war es auch in meiner Jugend. Für mich gab es niemanden. Wenn ich verliebt war, musste ich es verbergen.

Es gelingt mir nicht, in Frankreich Schönheit oder Anstand zu finden. Weder Offenheit noch Glück, oder Großzügigkeit. Die Menschen leben, als erwarteten sie, morgen um alles betrogen zu werden. In einem solchen Land gibt es keine echte Liebe – denn Liebe möchte ohne jedes Schutzschild sein.

17.11.1969 Die wenigen schönen Dinge im Leben sind wie Vogelschwärme – leichte Dinge mit weißen Flügeln. Sie verändern sich nicht mit dem Alter, sondern bleiben mit 47 usw. genauso, wie sie damals mit 7 waren. Die starken Sehnsüchte der Kindheit und Jugend lassen sich also – in realistischen Begriffen – nicht ausdrücken. Es ist lediglich eine Kraft. Diese Kraft bleibt immer gleich. Man sammelt Erfahrung und damit auch Worte, um sie auszudrücken. Es ist schöner, in der Jugend blind zu sein, ohne die Worte, nur mit der Kraft. (Ganz zu schweigen davon, dass mich die Meinung der Welt zu meinen Gefühlen damals nicht belastet hat. Sie war nicht so staubig, verkommen, nicht so schlaff, weil man sie schon so oft wieder in ihre Schublade zurückgestopft hatte wie heute.)

30.12.1969 Eigentlich schreibe ich dies am 5. Januar 1970, nachdem ich zwei Wochen lang von dem Schock über Sammys Tod am 11./12. Dezember wie gelähmt war. Der jüngste einer ganzen Reihe von Schocks seit 1967. Eine Trauer, die nicht mal wohlmeinende Freunde verstehen können – und vielleicht gilt das für jede Art von Schmerz.

Sammy war wie alle Katzen unnahbar, und doch war ich die einzige Person in ihrem Leben, und sie war zweifellos meine einzige Gefährtin. Hier auf dem Land, wo es nur Schweine und eher unattraktive Menschen gibt, wusste ich ihre Schönheit besonders zu würdigen. Ich liebte ihre Ansprüche. Manchmal wollte sie in meinem Bett schlafen, manchmal nicht, und das hing nicht vom Wetter ab.

Ich weiß nicht, woran sie gestorben ist. Am Freitag, den 12. Dezember, um zehn Uhr morgens hat man sie gefunden, noch nicht totenstarr, obwohl sie am Abend zuvor normal und glücklich gewirkt hatte. Glücklich? Das werde ich nie erfahren. Ich war seit 27 Tagen in London. Nur ich kannte Sammy und ihre Launen wirklich. Es ist der letzte Schlag in diesem netten und gastfreundlichen Land, und es wird mir nicht leidtun, es zu verlassen. Das Einzige, was ich bedaure, ist, dass Sammy hier liegen muss. Sie hätte es verdient, in England begraben zu sein.

30.12.1969
Eine offizielle Bestattung gibt es nicht,
Nur einen Schock und eine Abwesenheit.
Einsamkeit, Tod werden plötzlich real.
Sie wanderte durchs Haus,
Ein geschmeidiges, warmes, ägyptisches Kunstwerk,
Arrogant forderte sie meine Kaffeesahne
Oder einfach nur Aufmerksamkeit.
Diese besondere Arroganz, wenn ich von einer kurzen Reise nach
    Hause kam
Und du mich stundenlang nicht beachtet hast.
Das einzig Schöne in meiner Umgebung
Das Einzige, was mich daran erinnerte,
Dass es ein Land gibt, das zivilisierter und freundlicher ist
Als dieses Frankreich, und auch,
Dass Trauer um etwas, das nicht besessen wurde

*Und sich nicht besitzen ließ,
Von niemandem verstanden wird. Es ist nicht öffentlich
Wie ein Begräbnis im engsten Familienkreis.
Ich bedaure, dass du in dieser fremden Erde ruhst.*

1970–1972

Der Jahreswechsel 1969 auf 1970 wird für Patricia Highsmith vom Tod ihrer Katze Sammy überschattet, der sie tief trifft: War sie schon vorher unglücklich in Montmachoux, zieht sie jetzt sogar in Betracht, Frankreich zu verlassen und in die USA zurückzukehren – ein Plan, den sie allerdings nach einem Besuch dort im Frühjahr 1970 und auch wegen ihrer Unzufriedenheit mit der Nixon-Regierung wieder verwirft. Stattdessen findet sie Ende des Jahres ein Haus am Canal du Loing im nur wenige Kilometer entfernten Montcourt. Dort fühlt sie sich zwar wohler, die bedrückte Grundstimmung hält aber an, durchbrochen von manischen Phasen.
Später wird sie voller Nostalgie auf die Jahre in Montcourt zurückblicken. Davon merkt man in ihren Notizbüchern aus der Zeit allerdings nichts, sondern liest bissige, abwertende Einträge, in denen Highsmiths ganze Verlorenheit und Einsamkeit aufscheinen. Sie teilt gegen Katholiken aus, gegen Juden, gegen Amerika, gegen ihre Nachbarn, gegen die Franzosen im Allgemeinen und die französische Bürokratie insbesondere … Im erst 1969 halbherzig begonnenen Tagebuch 16 steht hingegen fast nichts, aus 1970 und 1971 gibt es nur je zwei Seiten mit wenigen, knappen Einträgen, aus 1972 gar keine, dafür enthält es Skizzen und Zeichnungen – all das durchsetzt von langen Perioden des Schweigens.
Einen neuen Tiefpunkt erreicht 1970 die Beziehung zur Mutter. »Meine Ärzte sagen, dass ich tot wäre, wenn du noch drei Tage länger geblieben wärst«, schreibt Mary Highsmith nach dem Besuch ihrer Tochter in Texas Anfang des Jahres. Die reagiert mit ausufernden Briefen an ihren Stiefvater über die Mutter, in denen sie »ihre

Feigheit, ihre Ausflüchte, ihre Arroganz, ihre Dummheit« anklagt. Im November 1970 stirbt Stanley Highsmith. In der Folge hält sich keine der beiden Frauen an den nicht zum ersten Mal gefassten Vorsatz, den Kontakt endgültig abzubrechen, stattdessen schreiben sie sich weiter böse Briefe. Für zusätzliches Öl im Feuer wird 1972 das Erscheinen von Highsmiths neuem Roman *Lösegeld für einen Hund* sorgen – sie widmet ihn ihrem leiblichen Vater Jay Bernard Plangman.

Mit dem Roman über die Entführung eines Hundes beginnt Patricia Highsmith im Juni 1970, nachdem sie die letzten Korrekturen an *Ripley Under Ground* abgeschlossen hat, der noch im selben Herbst erscheint. Einen Monat später hat sie bereits über 250 Seiten getippt. Ihre Collegefreundin Kate Kingsley Skattebol übernimmt einen großen Teil der Recherchearbeit und versorgt die Autorin mit Details zum Beispiel über den Arbeitsalltag der New Yorker Polizei. Wegen Renovierungsarbeiten am neuen und Umzugsvorbereitungen im alten Haus zieht sich die Arbeit aber dann doch noch in die Länge.

Als Patricia Highsmith Montmachoux im November 1970 endlich verlassen kann, ist sie erleichtert und verhalten optimistisch. Ihre neuen Nachbarn, das Journalistenehepaar Desmond und Mary Ryan, sind Freunde von ihr. »Auf diese Weise hoffe ich, meiner Einsiedlerexistenz zu entkommen«, schreibt sie an ihren Freund Ronald Blythe in Suffolk.

Als sie im August 1971 das finale Manuskript von *Lösegeld für einen Hund* abtippt, hat sie bereits die Idee für einen neuen Ripley-Roman im Kopf. Im Februar 1972 macht sie sich an die Niederschrift von *Ripley's Game* und schreibt 140 Seiten in nur zwei Wochen. Parallel dazu denkt sie sich ab Februar 1972 ihre *Kleinen Mordgeschichten für Tierfreunde* aus, den zweiten eigenständigen Kurzgeschichtenband nach *Gesammelte Geschichten (Der Schneckenforscher)*, der 1970 mit einem Vorwort von Graham Greene bei ihrem englischen Verlag Heinemann (unter dem Titel *Eleven*) und bei Doubleday (unter dem Titel *The Snail-Watcher*) in New York erscheint. Tiere sind für Patricia Highsmith eindeutig die besseren Lebewesen, zum Dank dafür lässt sie sie in diesen Geschichten die Oberhand behalten.

* * *

5. 1. 1970   Gegenwärtig schwanke ich zwischen Ressentiments (dem Gefühl, von anderen Menschen schlecht behandelt zu werden) und aggressivem Hass. Das führt zu Wahnsinn und Paranoia. Ich habe hier ungelöste Probleme, Probleme, die mit anderen Menschen zu tun haben – manche davon begriffsstutzig, andere unaufrichtig. Ob alle Leute dieselben Probleme haben wie ich? Keine Ahnung. Ich kann nur sagen, dass ich mich freue, wenn ich ein Problem gelöst und erledigt habe. Aber ich mag das Adrenalin in meinen Adern nicht.

Es sind »Herr-im-Haus«-Probleme, denn ich glaube, wenn es ein Ehepaar beträfe, würde sich eher der Mann Gedanken darum machen als die Frau: Weil erwartet wird, dass er sich darum kümmert. Kein Wunder, dass Männer ein bisschen früher sterben als ihre Ehefrauen.

Es ist halb vier morgens. In diesem ersten entsetzlichen Monat ohne meine Katze liege ich im Bett und lese, in der Hoffnung auf ein bisschen Trost irgendwo. Doch den werde ich weder bei Freunden noch im Erfolg bei der Arbeit finden, glaube ich, denn ich habe beides und musste trotzdem eine Einladung zum Abendessen für morgen ausschlagen. Lieber versuche ich, (mit Hilfe von Arbeit) in mir selbst den Zuspruch und die Sicherheit zu finden, die ich brauche.

Sich nach außen zu wenden – nur um in Gesellschaft anderer Leute zu sein – erscheint mir wie eine Flucht, obwohl ich eine absurde Menge an Briefen schreibe. Offensichtlich bin ich selbstsüchtig. Aber welcher Schriftsteller ist das nicht?

Mein neuestes Gewohnheitslaster: zu viele Selbstvorwürfe. Ständig rede ich mir ein, dass ich nicht genug leiste, nicht schnell genug arbeite, dass ich es besser machen könnte. (Vielleicht würden Leute, die mich kennen, das verneinen.) Leider fällt es mir wirklich sehr schwer einzuschätzen, wann ich mich antreiben muss und wann ich sagen kann: »Gott sei Dank (oder zum Glück) habe ich das so gut gemacht, wie ich nur konnte«, beziehungsweise bin noch dabei. Wozu dieser elende Druck? Er macht mich nur krank.

Der einzige Trost (irgendeinen muss man ja haben) liegt darin, dass es auch andere Gequälte gibt, die mitten in der Nacht solche Dinge aufschreiben.

12.1.1970 Schon sehr früh habe ich gelernt, mit einem schmerzlichen, mörderischen Hass zu leben. Und auch, meine positiveren Gefühle zu unterdrücken. In [meiner] Jugend hatte ich mich daher komischerweise völlig unter Kontrolle, besser als viele andere – wenn ich danach gehe, was ich über andere, durchschnittlichere oder normalere (was immer das sein mag), Leute gelesen habe. Es ist merkwürdig. Manche Heranwachsende explodieren mit neunzehn oder zwanzig und geraten in Schwierigkeiten. Andere – nun ja –.

17. JANUAR 1970 Kam am 13./14. Dez. zurück und erfuhr, dass meine [Katze] Sammy aus unbekanntem Grund am 11./12. Dez. gestorben war. Ohne eine kultivierte Seele in meiner Umgebung hatte ich seitdem eine schwere Zeit. Mit Mühe fing ich am 24. Dezember wieder an zu arbeiten und habe inzwischen Verträge mit Calmann-Lévy und den Amerikanern unterzeichnet.

Mein Leben ist anders geworden. Am 3. Februar fliege ich in die Staaten und wohne bis zum 15. [im] Chelsea Hotel[1] [in New York]; anschließend fahre ich mit Rosalind Constable nach Santa Fe –

---

1 Das Chelsea Hotel an der 222 West 23rd Street war eine Sex-Drugs-and-Rock-'n'-Roll-Legende. Hier drehten Andy Warhol und Paul Morrissey ihren Experimentalfilm *The Chelsea Girls*, 1966 bewohnten Robert Mapplethorpe und Patti Smith gemeinsam ein Zimmer, und William Burroughs schrieb im Chelsea Hotel *Naked Lunch*. Vom Chelsea Hotel »segelte« Dylan Thomas »Richtung Tod«, Leonard Cohen verewigte seine Affäre mit Janis Joplin in »Chelsea Hotel No. 2«, Arthur Miller wohnte im Chelsea nach seiner Scheidung von Marilyn Monroe und zog sechs Jahre nicht mehr aus.

dort werde ich einen Monat mit Schreibmaschine verbringen. Im Moment kämpfe ich allerdings noch hier in Frankreich an drei Fronten gleichzeitig; zu mühsam, näher darauf einzugehen. Ich lese Christopher Isherwoods *Nur zu Besuch,* eine wunderbare Lektüre.

In Wahrheit bin ich jetzt verloren, deprimiert, am Boden zerstört – verdiene aber merkwürdigerweise immer noch ziemlich viel Geld. Fehlendes Geld ist für einen Großteil der Menschen eine Quelle des Unglücks. Im Gegensatz zu ihnen bin ich ziemlich reich (zumindest weit davon entfernt, finanzielle Sorgen zu haben), einsam, deprimiert und sehe absolut schwarz, was zukünftige gefühlsmäßige Verwicklungen oder Liebesaffären betrifft. Ich möchte keine mehr.

Trotzdem würde ich furchtbar gern Anne Meacham[2] kennenlernen, eine Schauspielerin aus New York. Alex Szogyi kennt jemand, der sie kennt – sie wohnen im gleichen Haus. Und warum schreibe ich das alles? Weil es beruhigend ist. Weil es zu langweilig und zu viel ist, als dass es irgendwer nach meinem Tod durchackern würde.

Graham Greene hat eine 500 Wörter umfassende Einführung für meine Kurzgeschichtensammlung *(Der Schneckenforscher)* geschrieben, die im Sommer in London und New York erscheinen wird.

Der Tod meiner Katze bleibt das wichtigste Ereignis – ich erhole mich davon nicht, und ich werde dieses Haus abstoßen, so schnell ich kann.

24.1.1970 Es ist möglich, sich in jemanden zu verlieben, der arm im Geiste oder reich an Gütern ist. Solche Dinge sind nicht wichtig. Beides kann gleichermaßen verhängnisvoll sein.

Ich denke daran wegen der seltsamen Fragen, die mir von Inter-

---

2 Highsmith entdeckte Anne Meachams Foto in einer Zeitschrift und bat ihren Freund Alex Szogyi (1929–2007), amerikanischer Professor für Französische Literatur, Čechov-Übersetzer, Gastrokritiker, Astrologe und Filmschauspieler, sie mit ihr bekanntzumachen. Meacham und Highsmith sind sich nie begegnet.

viewern gestellt werden. Immer fragen sie so, als wäre ein Schriftsteller berechnend. Ich kalkuliere nicht, wenn es um Themen geht. Es ist mir schon peinlich, das hier festzuhalten.

Heute wieder eine Bestätigung durch den Londoner *Guardian*. Von Dostojewski über Melville, Bellow, Koestler bis zu Highsmith – immer ist das Opfer eng mit seinem Mörder verbunden. Keine schlechte Gesellschaft, in der ich mich da befinde, bin zufrieden.

25.1.1970 Meine aktuellen Probleme mit der Bürokratie hier sind hauptsächlich eine Art von Masochismus meinerseits. Sehr beruhigend, dies am 26. Jan. 1970 um drei Uhr morgens zu Papier zu bringen.

26.1.1970 Das Verschwinden des politischen Idealismus – eine Begleiterscheinung des Älterwerdens! Mit zwanzig oder dreißig hatte das Boykottieren stinkender Länder (wie Spanien damals oder Griechenland heute) einen Sinn. Jetzt erwägen R.C. [Rosalind Constable] und ich eine Sommerkreuzfahrt durch die Ägäis im nächsten Jahr.

30.1.1970 Eine besonders intensive Freude, drei oder vier Jahre zurückzuschauen und an meinen friedlichen Garten in England zu denken – zu glauben, dass ich damals glücklich und ruhig war. Ein Foto aus dieser Zeit wirkt fast schockierend.

In den letzten zwei Jahren und acht Monaten – eine viel zu lange Zeitspanne – bestand das Leben aus nichts anderem als Kampf, Schwierigkeiten, Ungerechtigkeiten.

Ich finde keinerlei Entschädigung dafür, dass ich hier in Frankreich bin, das ist die eigentliche Krux. Ich mag nicht einmal das Essen.

Aber ich begann diesen Eintrag mit einer Bemerkung über Freuden. Ja, die müßigen Freuden des Alterns. Dennoch bleiben es Freuden. Ich muss unbedingt – sofort – noch ein paar mehr auftun, sonst werde ich verrückt, noch bevor ich mich möglicherweise selbst befreien kann.

30.1.1970 Heute ziehe ich ehrfürchtig den Hut vor Franz Kafka. Ich falle auf die Knie. Ich verdrücke ein paar Tränen auf dem Bett. Den ganzen Tag habe ich vergeblich damit verbracht, gegen die Bürokratie anzukämpfen. Außerdem hat man mich wie üblich zur Kasse gebeten. Aber Geld ist das geringste Problem. Es geht um die vergeudete Zeit und den deprimierenden Anblick von dreißig- bis vierzigjährigen Männern, die dermaßen beflügelt sind von ihrem nichtsnutzigen Job, ihrem unehrlichen Beruf, ihrer Macht über ehrliche Leute. Es ist die Macht des Papiers – immer sitzt noch jemand über ihnen, dem sie angeblich unterstehen. Möge Gott auf sie scheißen, wenn sie sterben. Ihr Gott ist ohnehin bereit, Scheiße in Gold zu verwandeln, sie könnten also auch noch dran verdienen.

10.2.1970 Wenn man eine Schranktür aufmacht, fallen fünf Menschen raus. New York. Zweisamkeit. Einsamkeit. Schönheit. Menschen sind schön, bis es zu viele werden.

8.3.1970 Die Beinahe-Panik ist vorbei. In Texas war ich kaum imstande zu arbeiten, immer voller Angst, dass das Telefon klingeln oder meine Mutter reinkommen könnte. Am 31. März muss ich die Überarbeitung von *Ripley [Under Ground]*[3] fertig haben – eine höchst intellektuelle Überarbeitung. Ich fürchte, dass ich sie vermasseln werde. Es geht nicht um weitere Ereignisse, nur eine genauere Betrachtung. Texas war ein Alptraum. Die Stichelein meiner Mutter, ihren schäbigen, dummen Spott werde ich nie vergessen. Sie wird schwerhörig und will es nicht zugeben. Ich glaube, dass sie meinen Stiefvater überleben wird, und was dann? Sie wird lauter überflüssiges Zeug kaufen, und ihr Geld reicht sicher nicht ewig. Ich

---

3 *Ripley Under Ground* erschien 1970 bei Heinemann, London.

schaudere bei der Vorstellung, mich um sie kümmern zu müssen; ich würde es nicht aushalten, unter einem Dach mit ihr zu leben.

9.3.1970 [Santa Fe.] Die angeblich offenen Straßencafés sind geschlossen. Leute und Autos sind langsam und höflich.

Hier lebt Mary Louise Aswell, die »Die Heldin« für *Harper's Bazaar* gekauft hat, als ich dreiundzwanzig war. Sie wohnt mit Agnès Sims[4] und ein paar Hunden aus Ibiza in einem sehr hübschen Haus. Happy Krebs, Alison ist noch da. Es ist eine Autostadt, eine Supermarktstadt, in der man mit Scheck bezahlt. Eine Satellitenstadt – Hausbesetzer und Hippies, eine Folge der Bevölkerungsexplosion – werden sich bald in der Umgebung von Santa Fe ausbreiten. Dazu fällt mir nur eins ein: Igitt!

9.3.1970 Texas. Leider hatte ich mit vielen älteren Menschen zu tun. Alle leben von mysteriösem oder geerbtem Geld. Alle mögen Zweizylinder, aber wie viele Zylinder haben Autos eigentlich von Natur aus? Alle gucken miese Fernsehprogramme und kennen die unbedeutendsten Schauspieler, die ich je gesehen oder von denen ich je gehört habe. Die Frauenstimmen in Drugstores und Supermärkten klingen auf unheimliche Art alle gleich, nicht nur was den Akzent, sondern auch die Tonlage angeht. Alle Frauen über fünfzig tragen gelbe oder grüne »Slacks« und Kopftücher, seltsame Jacketts, Handtaschen aus Stroh und Hornbrillen – und alle reden gleich.

Viele Leute leben in völlig verkommenen, schmutzigen Häusern mit stapelweise alten Zeitungen. Andere sind so pingelig, dass ihre Häuser aussehen wie eine Reihe von Hotelzimmern. Dazwischen gibt es nichts. Die fleißigen Werktätigen sind ordentlich. Die Rentner chaotisch.

---

4 Agnès C. Sims (1910–1990), Malerin und Bildhauerin, die ihre Inspiration aus prähistorischen Artefakten in New Mexico gewann.

23.3.1970 Meine Mutter ist manisch-depressiv, mein Stiefvater hat Parkinson & sollte nicht mal mehr Auto fahren. Zwar hängt mein Porträt – meine Mutter hat mich schon immer verklärt – über dem Kamin im Wohnzimmer, und sie lobt mich hinter meinem Rücken vor ihren Freundinnen, aber gleichzeitig greift sie mich frontal an. Einmal sogar körperlich, als ich versuchte, durch eine Tür zu gehen, die sie versperrte. Offenbar will sie mich vor meinem Stiefvater als blöd abstempeln, aber nicht vor ihren Freundinnen. Sie weigerte sich, mir nachmittags um drei zu sagen, welches der beiden Telefonbücher mir eher helfen könnte, [Cousin] Dan aufzutun, behauptete aber vor Stanley, dass ich nicht mal imstande gewesen sei, seinen Namen zu finden.

Bei einer anderen Gelegenheit befahl sie mir, als ich darauf hinwies, dass die Lampe in der Garage die ganze Nacht gebrannt hatte, »herauszukriegen«, welcher der drei Schalter in der Küche für die Garage war, als ginge es um einen IQ-Test.

Zur Schwarzenfrage äußerte man sich kaum – von Seiten der verschiedenen Menschen, denen ich begegnet bin.

Das TV *chez* Mutter & Stiefvater plärrt ständig vor sich hin, & meine Mutter plärrt dazwischen. Mein Stiefvater braucht Ruhe, regelmäßige Mahlzeiten, ein ordentliches Haus, und hat nichts von alledem. Er wiegt nur noch sechzig Kilo und müsste mindestens zehn mehr haben – aber Gott sei Dank verbringt er Samstag und Sonntag mit seinem Stiefvater, der auf seiner Anwesenheit besteht.

Das Haus ist ein einziges Durcheinander – Schränke, Schubladen, Küchenregale, Kühlschrank, alles unsortiert, man findet nichts wieder. Mich macht das nervös, ich laufe herum und versuche mir »Projekte« auszudenken, um Ordnung zu schaffen, wobei meine Bemühungen meist von meiner Mutter abgewehrt werden. Es gibt nichts Schöneres für sie, als sich in einem frisch aufgeräumten Territorium auszubreiten und es wieder durcheinanderzubringen. Sie haben für 6000 $ ein Grundstück in Arkansas gekauft, das sie mit einem Hypothekendarlehen abbezahlen, & jetzt hat sie ein Stück

Land in Arizona im Auge, doch Stanley ist dagegen. Was soll bloß werden, wenn er in zwei Jahren stirbt? Wer soll dann kontrollieren, was sie mit ihrem Geld macht?

27.3.1970 Palisades, New York. P. [Polly]⁵ Camerons Haus, spitz, dreistöckig, dunkelrot, mit Balkon, im Wald unweit von Gert. Ich habe mir drei von vier Häusern angesehen, die zur Miete standen. Zwischen 275 $ und 300 $ pro Monat, unmöbliert. Zwei in Piermont, das wenigstens eine Gezeitenmündung mit Enten hat. Die Scheune, in der ich damals wohnte, ist, als sie unbewohnt war, abgebrannt. Wie schade. Nur der Schornstein steht noch. Ist zwei Jahre her.

Aber was für Preise – wegen der Nähe zu New York. Heute habe ich einen ganzen Tag auf der West Side verbracht, deprimiert von dem vulgär aussehenden, vulgär sprechenden Proletariat, und frage mich, ob ich das alles noch einmal ertragen könnte.

27.3.1970 Ich warte auf einen Bus im Manhattan Terminal auf der 40th Street und sah ein neunzehnjähriges Mädchen, das große Ähnlichkeit mit J. [Joan] S. hatte, so wie sie 1947 aussah. Es hätte ihre Tochter sein können – dasselbe Haar & dieselben Augen, große germanische Hände, ein schmaleres Gesicht. Ein kleiner Schock. Es hätte auch ein Junge sein können. Von da aus kann man weitermachen.

30.4.1970 Die tragischen Probleme, die von einem psychisch kranken Menschen ausgehen. Ich meine, wenn dieser Mensch Gerüchte und falsche Anschuldigungen verbreitet, streitsüchtig und missgünstig ist, dann wird es für Familie und Freunde verdammt schwer, die Geduld zu behalten. Der Kranke ist so voller negativer Energie, so kampfeslustig, und hat tatsächlich mehr Energie als die

---

5 Highsmiths amerikanische Freundin in Palisades, New York, die ein paar Buchumschläge für Highsmiths Romane bei Harper & Row entworfen hatte.

Leute in seiner Umgebung, die ihn höchstwahrscheinlich unterstützen. (R. T. [Rolf Tietgens])⁶

15. 5. 1970 Meine Gefühle, meine Leidenschaften in Kindheit und Jugend waren genauso stark wie Mordlust und mussten genauso heftig unterdrückt werden.

15. 5. 1970 Amerika zögert gerade, eine schwarze Professorin und überzeugte Kommunistin einzustellen. Es sollte interessant und stimulierend sein, eine kommunistische Professorin zu haben, vorausgesetzt, sie lässt ihre polemischen Vorstellungen hin und wieder durchsickern.

Niemand stört sich an christlichen Professoren. Dabei war Christus im Wesentlichen Kommunist. Kein Mensch befürchtet, dass Amerikaner anfangen zu praktizieren, was Christus gepredigt hat. Warum soll man Kommunisten und ihre Predigten fürchten? Wenn es darum geht, seinen Reichtum zu teilen, sind amerikanische Arbeiter eher knickerig und konzentrieren sich auf die Herrlichkeit, die noch vor ihnen liegt – Ruhestand und Rente statt Himmelreich.

15. 5. 1970 Ich könnte mir vorstellen, Selbstmord zu begehen, wenn ich starke Schmerzen hätte. Seelischer Schmerz jedoch, egal, wie schlimm, ist bislang leichter zu ertragen und außerdem interessant, im Gegensatz zum körperlichen.

22. 5. 1970 Solange ich das Ende einer Kurzgeschichte oder eines Romans nicht vor mir sehe, hat es keinen Sinn, damit anzufangen.

22. 5. 1970 Warum man sich als Autor im Alter Fabeln zuwendet, ist nicht schwer zu erkennen – es geht um die Verknappung von dem, was man sein ganzes Leben lang versucht hat. Die Tugenden

---

6 Die dreißigjährige Freundschaft zwischen Rolf Tietgens und Highsmith endet 1970 nach einer hitzigen Auseinandersetzung in New York.

der Jugend sind Energie und Detailtreue, Letzteres meist amüsant. Das Denken folgt später. Ein Beispiel ist Dickens.

23. 5. 1970 Tröstlich, Glück und Zufriedenheit im Leben auf seinen Kindern zu gründen; nicht so tröstlich, wenn man erkennt, dass sie die gleichen Fehler machen werden.

1. 6. 1970 Das Elend mittleren Alters wurzelt in der Fähigkeit, die Dinge im Verhältnis zu sehen. Damit meine ich hauptsächlich die Arbeit, ihren Wert. Mit zwanzig kann man überproportional viel Energie aufwenden – bis zur Erschöpfung –, aber dann hat man wenigstens eine Blume hervorgebracht, die man verschenken kann.

7. 8. 1970 Verdammte Fliegen. Drei ganze Wochen lang nur Fliegen. Heute regnet es zum ersten Mal seit zehn Tagen, und das macht es noch schlimmer. »Gottverdammte Scheiße!«, sage ich, während sie mein Haar bombardieren und überall ihre Eier verteilen. Wozu sonst diese selbstmörderischen Sinkflüge ins Gestrüpp – das nicht einmal stinkt, denn ich wasche mir alle zwei Tage die Haare, um die Fliegen abzuschrecken. Eine stirbt gerade in meinem Papierkorb, halb tot von [meiner] »Néocide«-Bombe. Ein stattlicher französischer Bauer hier isst die Fliegen in seiner Suppe einfach mit, weil er zu müde ist, sie vom Tellerrand zu fegen. Jeden Morgen muss ich vierzehn oder mehr mit einem Papiertuch von Spülbecken und Abtropfbrett einsammeln.

Ekelhaft? Genauso ekelhaft wie die Kuhställe hier. Die Situation ließe sich verbessern. Die Hortus[Garten]-Situation könnte revidiert werden, wenn das gesamte Dorf sich gemeinsam über die Brennnesseln hermachen würde. Auch Hitler hätte 1940 gestoppt werden können, wenn die ganze Nation einen konsequenten, mutigen Gegenangriff unternommen hätte.

10. 8. 1970
In Deinem Tod die Freude noch zu finden,
Den Grund, warum Du nicht alt gestorben bist
Und bei bester Gesundheit,
Sich ohne Bitterkeit vorzustellen,
Würmer Spiel und Nahrung an Dir finden,
An Deinen spitzen weißen Zähnen,
Die bis zum Schluss noch bleiben,
Und dort im Boden liegen, wie ich dies schreibe –
Vielleicht ist das die Weisheit.

16.–17. AUGUST 1970 Ein Traum, dass mein Kater Spider (der jetzt bei Muriel Spark lebt) von einem Auto überfahren und sein Bauch dabei fast zerfetzt wurde. Er lief weiter herum, ohne Schmerzen, und ich sah, dass er ein Halsband um den Bauch hatte. Es war blutig. »Ich nehme das Halsband ab«, sagte ich. Da zerfiel er in zwei Teile.

17. 8. 1970 Überarbeite die ersten 258 Seiten. Es ist schmerzhaft, die Entwicklung eines Buches auszuhalten *[Lösegeld für einen Hund]*[7] – denn ich hatte dieses noch nicht zu Ende gedacht, bevor ich damit anfing. Alle meine Bücher sind bis zu einem gewissen Grad so. Zumindest weiß ich jetzt, dass es ein Buch wird; letzten Monat hatte ich noch Zweifel.

9. 9. 1970 Religion ist eine Illusion, eine, die manchen Leuten sehr hilft. Aber jeder braucht irgendeine Illusion, um das Leben mit der nötigen inneren Stärke zu ertragen. Seltsam, dass das menschliche Tier so ist – einerseits völlig abhängig von einer Illusion und andererseits in der Lage zu erkennen, dass es eine ist. Ich bilde mir ein,

---

[7] Während der Niederschrift von *Lösegeld für einen Hund,* einem Roman, in dem ein Kidnapper eines verhätschelten Pudels nicht nur Lösegeld fordert, sondern die Hundebesitzer, ein kinderloses New Yorker Ehepaar, stellvertretend für alle büßen lassen will, die ihn zu dem gemacht haben, der er heute ist. Highsmith schwankt monatelang zwischen verschiedenen Szenarien und weiß erst im Dezember, wie sie den Roman enden lassen und wer der wahre Schuldige sein wird.

Fortschritte zu machen. Das ist auch eine Illusion, der Preis von Arbeit um der Arbeit willen. Das ist die Illusion, die auch die hirnlose Ameise am Leben erhält.

2.11.1970 Zürich – die Möwen gleiten den ganzen Tag über die Stadt. Wie finden sie bloß wieder nach Hause? Schlafen sie jede Nacht im gleichen Nest? Oder finden sie außerhalb der Brutzeit jede Nacht ein anderes Plätzchen?

20.12.1970 Meine Mutter ist eine von denen, die einen Schuss aus der Schrotflinte abfeuern und sich dann wundern, warum manche Vögel tot sind, andere verletzt und der Rest erschrocken davonfliegt. »Warum kommen die Vögel nicht zurück?«
   Ich bin mehrmals zurückgekommen, um jedes Mal den gleichen Schock zu erleiden.

20.12.1970 USA. Die Hardhats (amerikanischer Proletarierstamm) haben sich mit Selfmade-Millionären, wenn nicht sogar halbwegs begüterten Ostküsten-Intellektuellen verbrüdert; Hardhats und schwerarbeitende Malocher sind unerreichbar für die Linke geworden. Die Karotte baumelt zu nah vor ihrer Nase, als dass sie auf etwas achten könnten, das mehr als acht Zentimeter von ihnen entfernt ist.

* * *

2.1.1971 Tod. Das S.H. [Stanley Highsmith] betreffende Telegramm lautete: »S. starb im November, usw.«, und es musste wahr sein, aber selbst nach mehreren Briefen von anderen Leuten aus meiner Familie dazu ist es für mich noch nicht wahr. Und das, obwohl der Tod für mich keine große Überraschung war, denn S. hatte im April, also vor sieben Monaten, sehr schlecht ausgesehen.

15.1.1971 Ich habe geträumt, ich hätte zwei Menschen ermordet (einmal Maggie E. [Tex] und noch jemand Unidentifizierbarer) und es geschafft, ihre Leichen auf einer riesigen Müllhalde zu verscharren. Die Erkenntnis, dass ich zwei Menschen umgebracht hatte, löste ein schockierendes, sehr reales Gefühl von Scham, Schuld und Wahnsinn aus. Ich sprach in der Öffentlichkeit kurz mit mir selbst und kam zu dem Schluss, dass ein hartnäckiger Polizist mich vermutlich zu einem Geständnis bringen könnte, wenn er mich in die Mangel nähme. Die Morde waren unwiderrufliche & unverzeihliche Taten, die mein Leben für immer veränderten. Es war das erste Mal, dass ich von einem Mord geträumt habe. Offensichtlich ein extremer Versuch des Unterbewusstseins, mir Schuldgefühle und Ängste aufzubürden.

10.2.1971 Eines der deprimierenden Dinge, auf die eine reife Frau zurückblicken muss, ist das dumme Lächeln, das sie aufsetzte, wenn die Annäherungsversuche der Männer weitergingen – sogar bis ins Bett –, bis vielleicht unangenehme Empfindungen oder irgendein Gestank das Lächeln vertrieben. Die naive Vorstellung von Männern oder Jungs, dass das, was ihnen gefällt, auch allen Frauen gefällt, ist eins der ewigen Wunder auf dieser Welt.

11.2.1971 Amerikanischer Zusammenhalt oder jede andere Art von Miteinander verschafft manchen Menschen ein Gefühl von Lebendigkeit. Nur weil es an der Tür klingelt oder das Telefon läutet oder irgendwo irgendein grässlicher Lärm zu hören ist. Es gibt bloß eine Chance, solche Menschen auszuschalten: Man verdonnere sie zu einer bequemen Quarantäne mit Schreibtisch, ausreichend Schreibmaterial und Lektüre, und sie werden verrückt.

20.2.1971 Held (oder Heldin) begegnet einem Fremden, zwei Tage, nachdem der Held (die Heldin) Kopfschmerzen entwickelt (möglicherweise Hinweis auf einen Tumor) oder schlechte Nachrichten von seinem (ihrem) Arzt erhalten hat. Der Fremde ist nicht der Tod, aber der Held glaubt, dass er es ist. Deshalb ist seine Haltung ängstlich, respektvoll, verächtlich.

27. 2. 1971 Irgendwie hat obiger Einfall auf den dritten Ripley[8] *[Ripley's Game oder Der amerikanische Freund]* abgefärbt, mit dem ich heute angefangen habe. Die Idee seines bevorstehenden Todes ins Bewusstsein eines Mannes einzupflanzen, der in Wirklichkeit gar nicht sterben wird. Eine echte Person mit »Tod« zu assoziieren ist etwas anderes.

19. 3. 1971 Ein Grund, Autos zu bewundern: Sie richten mehr Personenschaden an als ein Krieg.

16. APRIL 1971 Kehrte am 3. April aus London zurück, muss vom 20. bis 23. wieder hin wegen meiner Buchhalter und werde bei den beiden Barbaras unterkommen.

Bin mit meinem Roman *[Lösegeld für einen Hund]* noch nicht ganz fertig, (hauptsächlich) wegen fehlender technischer Informationen von der New Yorker Polizeibehörde, die – dank G. K. K. S. [Gloria Kate Kingsley Skattebol] – am 15. März kamen, hoffentlich die letzten, die ich brauche. Meine [neue] Katze heißt Tinker – geboren am 15. August, heute acht Monate alt, intelligent und anhänglich. Weitere Information: Ich wohne inzwischen neben Mary & Desmond Ryan und bin wesentlich glücklicher als in Montmachoux – 18 Kilometer von hier entfernt.

16. 4. 1971 Ehrfurcht vor Gott zu haben ist gleichbedeutend mit beispielsweise Respekt vor Elektrizität. Man (die Menschheit) hat einer Kraft einen Namen gegeben. Die der Elektrizität ist greifbarer.

---

[8] In *Ripley's Game* (1974) versucht Tom Ripley jemanden zu einem Mord zu verleiten, indem er das Gerücht in die Welt setzt, das Opfer, Jonathan, hätte nur noch wenige Monate zu leben.

Beide gehören nicht auf ein Podest gestellt. Doch in der Vergangenheit haben die Menschen den Regen verehrt, oder Katzen.

17. APRIL 1971 Vorübergehender Triumph: ein Tag erledigter Hausarbeit, so dass ich mich beinahe wieder normal fühle. Gartenarbeit und Reparatur zweier von Gästen zerbrochener Gegenstände. Ich hoffe, bis September, wenn ich vielleicht nach Wien fahre, weder Gäste noch Urlaub zu haben. Tink kommt gut mit ihrer neuen Katzenklappe zurecht.

Brief von Tristram Powell[9] von der BBC London. Ob ich Lust hätte, das Drehbuch für einen Dokumentarfilm über eine auf französische Châteaus spezialisierte Räuberbande zu schreiben. Ich hoffe, ihn in London zu treffen.

27. 4. 1971 Weil man Land braucht, um Futter für die Tiere zu produzieren (statt, Gott weiß es, wenn er gelegentlich einen Blick herabwirft, sie darauf herumtollen und es anknabbern zu lassen), wird die Nahrung zunehmend in hundert Stockwerke hohen Labors angebaut. Mehr und mehr Futter muss produziert werden, um mehr und mehr Tiere halten zu können, die mehr und mehr Menschen ernähren. In gewisser Weise fressen sich also Tier und Mensch gegenseitig auf. Die Tiere fressen das geistige Erbe der Menschen – das Land –, und der Mensch isst das Fleisch seiner Artverwandten, der Tiere. Doch beide, Menschen und Tiere, sind im zwanzigsten Jahrhundert gefangen. Das ist nicht nur eine Geschichte der Überbevölkerung, sondern auch eine Geschichte der Philosophie des Lebens – dass das Leben selbst eine gewisse Einengung »wert« ist. Dass sich in Zahlen so etwas wie eine Tugend verbirgt. Je mehr, desto besser, auf den Kopf gestellt.

Oder hemmungsloser Kannibalismus.

---

9 Tristram Powell (*1940), englischer Film- und Theaterregisseur, Produzent und Drehbuchschreiber. 1968 drehte er *Contrasts,* einen Film über den japanischen Schriftsteller Yukio Mishima.

1971

Heute leben Tiere auf verschiedenen Etagen und setzen nie einen Fuß auf die Erde. Bald wird es für Menschen genauso sein, sie werden im 500. Stockwerk zur Welt kommen und sterben, und die Erde wird außerirdischen Beobachtern einen stacheligen Anblick bieten wegen der vielen Wolkenkratzer – lebenden Maschinen im wahrsten Sinne des Wortes. Das ist das Zeitalter des Tiers. Als Nächstes kommt das des Piers. Piere werden so weit hinaus ins Meer gebaut, wie sich der Mensch traut. Doch dieses Pier-Zeitalter ist eine andere Geschichte.

6.5.1971 Eine Neuigkeit für heute: Selbstbewusstsein ist alles. Alles? Ja, alles.

14.5.1971 Ich könnte so viel glücklicher sein, wenn ich lernen würde, ein kleines bisschen Stolz oder Befriedigung über etwas zu empfinden, das ich geschafft habe – besonders jetzt rund um das Haus (ein neues Haus, in dem ich seit sechs Monaten bin). Aber das Gästezimmer sieht noch nicht ansprechend genug aus, geschweige denn fertig – oder einladend. Der Garten ist noch zu 30% verwildert, mancherorts hängen noch nackte Glühbirnen.

So möge Chaos herrschen. Mein Lebensstil. Meine Unzufriedenheit rührt teilweise daher, dass ich höllisch viel zu tun habe, um mein aktuelles Buch *[Lösegeld für einen Hund]* zu beenden. Es gibt keinen anderen Ausweg als meine alte Doktrin: Arbeite täglich um der Arbeit willen. Halte niemals inne, um dir das Ergebnis anzusehen. Das Ergebnis wird von selbst kommen.

17.5.1971 Ich glaube es stimmt, dass sehr junge Menschen, wenn sie sich verlieben, in sich selbst verliebt sind – fasziniert von dem, was sie fühlen. Ein viel älterer Mensch »verliebt« sich nicht mehr Hals über Kopf, ist aber nach wie vor imstande, Neugier zu empfinden (trotz allem, was er oder sie möglicherweise erlebt hat), und lässt sich vielleicht auch von etwas, was er als Schönheit betrachtet, in einem keinesfalls jugendlichen Gesicht verzaubern. Nun kommt die echte Freude, ja sogar das Bedürfnis, einen anderen Menschen möglicherweise durch eine Liebeserklärung glücklich zu machen. Solche Einfälle haben junge Menschen nur selten. Natürlich entsteht auch das Gefühl, es könnte eine der letzten Gelegenheiten sein, sich einem anderen Menschen nahe zu fühlen.

5. 6. 1971 Als Autorin kann ich sagen – ich möchte es zumindest behaupten –, das Wörterbuch ist das unterhaltsamste Buch, das ich je gelesen habe.

5. 6. 1971 Mit Blick auf die Konzentration, die beim Schreiben eines Romans oder der Schöpfung anderer Kunstwerke so wichtig ist: Es gibt auch eine Konzentration auf die Vergangenheit der Menschheit, die sich möglicherweise bis 4000 vor Christus erstreckt, ganz sicher aber bis [Geoffrey] Chaucer reichen sollte: ein stets gegenwärtiger Rahmen, in dem man leben und nach dem man bemessen kann, was man im Moment gerade tut. Eine schöne Vorstellung. Vielleicht ist es das, was man unter Bildung versteht. Ich wünschte, jeder würde so empfinden. Wie absurd von mir.

Doch wie leicht und angenehm ist es, einfach ein Bewusstsein für Geschichte zu haben, um die Dinge im Verhältnis sehen zu können.

Kämpfe, im Sinne von Konkurrenz, auch unter Kaufleuten und Intellektuellen, gab es schon immer. Doch (ausgerechnet) jetzt, im Zeitalter von Radar und Langstreckenwaffen, haben wir Straßenkämpfe – unter Analphabeten – in einem Zeitalter der Erziehung der Massen. Gott, wie sich die Massen wehren!

15. 7. 1971 Das Leben außerhalb der eigenen Heimat. Das »Gefühl von Verlorensein« in einem fremden Land ist zu einem gewissen Grad vernünftig und wünschenswert. Vielleicht muss ich siebzig werden, falls ich so lange lebe, bevor ich nach Oaxaca mit seinen gastfreundlichen, friedliebenden Menschen zurückkehren kann, de-

ren Traditionen und Familiengewohnheiten ich nie ganz verstehen werde. Wichtig ist guter Wille auf beiden Seiten und ein harmonisches Verhältnis, zumindest aber das Bemühen darum. Wohin sonst? Österreich ist schön, aber ich habe ([von] A. K. [Arthur Koestler]) gehört, dass die Leute auf dem Land nicht besonders freundlich sind, eher misstrauisch oder kühl. Italien? Ein Dorf – aber das ist langweilig. Die schwindende Bedeutung der Kirche in zwanzig Jahren würde einiges zur Verbesserung des Klimas beitragen.

20.7.1971 In hundert Jahren wird man über Millionen von Menschen lesen, die in Indien oder Südamerika umkommen, ohne selbst mit der Wimper zu zucken oder einen Dollar zu spenden, um ihnen zu helfen. (Hundert Jahre? Dreißig.)

15.8.1971 Eine Situation – vielleicht eine einzige – könnte mich dazu bringen, einen Mord zu begehen: Familienleben, Zusammengehörigkeit. Ich könnte aus lauter Wut zuschlagen und möglicherweise ein zwei- bis achtjähriges Kind töten. Für die über Achtjährigen würde ich zwei Schläge brauchen.

Nach meiner Beobachtung haben sich Erwachsene, die in einem Haushalt mit Kindern zurechtkommen, im Wesentlichen den Kindern angeschlossen, sprich, das Haus ist ein von Chaos gezeichneter Saustall, Unterbrechungen sind die Regel. Was für eine Erleichterung muss es für den Herrn des Hauses sein, zur Arbeit zu gehen und zu entkommen.

18.8.1971 Wie ich hörte, denkt *Reader's Digest* daran, eine gekürzte Fassung von *Fremde im Zug* zu drucken – vermutlich in der Größe eines Brühwürfels: Vielleicht wird die Wissenschaft eines Tages essbare Bücher erfinden; das wäre viel einfacher für das Gehirn, als zu lesen. Dann sehen wir Astronauten, die sich irgendeinen Würfel in den Mund stecken, bevor sie in ihre Raumanzüge steigen und zu einem fernen Planeten aufbrechen.«Das war *Anna Karenina:* eine gute psychologische Stütze für den Arbeitstag.«

11.9.1971 Träume sind zu einem Ersatz für die Realität geworden. Meine sind wenigstens unterhaltsamer.

12.9.1971 Was die Kleinen und die Großen so beunruhigt, ist die Schwierigkeit, ihre persönlichen Dramen mit Dingen wie dem Mond und dessen Bahn, der Kraft des Meeres oder der Unausweichlichkeit des Todes in Einklang zu bringen. Der Einzelne fühlt sich so klein, und doch erschüttern seine Probleme ihn mit der Gewalt eines Orkans. Es ergibt keinen Sinn.

17.10.1971 Die eigentümliche, schreckliche Extraportion Müdigkeit nach dem Zusammensein mit anderen Menschen – jetzt nach nur zweiunddreißig Stunden. Liegt es an der Heuchelei? Ich habe nicht besonders geheuchelt. Es ist meine eigene innere Anspannung.

20.10.1971 L.P. [Lil Picard] berichtet mir von ihrer Niedergeschlagenheit angesichts der New Yorker Kunstwelt. Ich bin sicher, dass sie die Erste wäre, die sie normal findet. Seit mindestens zwölf Jahren macht sie sich über die Kunst lustig. Seltsamerweise ist Kunst ein Wort wie Gott, mit mehr Verästelungen, als man zugeben möchte. Seltsamerweise ist Kunst genauso rein wie Gott. Seltsamerweise kann beides nicht so definiert werden, dass am Ende alle zufrieden sind. Aber jeder, dem Wahrheit, Schönheit oder Anstand am Herzen liegen, ist irgendwie traurig, wenn das eine oder das andere verspottet wird.

20.10.1971 Wien – Zuerst sieht es aus wie eine weitläufige Stadt mit schwarzen, grauen oder schmuddligen Gebäuden. Die vorherrschende Farbe ist Dunkelgrau, auch tagsüber. Sie bauen gerade eine

U-Bahn, für die sie zehn Jahre brauchen werden, heißt es. Die Deutschen haben angeboten, sie in drei Jahren fertig zu haben, die Amerikaner in zwei, aber den Österreichern sind mehr Arbeitsplätze für die nächsten zehn Jahre wichtiger.

Die Menschen über fünfunddreißig sind hier größtenteils übergewichtig. Die Jungen sind schlank und blond, mit zarten Donatello-Nasen, Kinn, Augen; all das wahrscheinlich nicht von Dauer, denn die stämmigen Leute hier müssen ihre Eltern sein. Sie drängeln mehr in den Straßenbahnen als die Franzosen, finde ich.

Ich wohne in der Johann-Strauß-Gasse 4, bei T. G. [Trudi Gill][10] und ihrem Mann. T. malt auf ihre überschwengliche Art und Weise und schafft freie Lavis von menschlichen Figuren. Die Gemälde haben keine bestimmte Richtung (oder ich erkenne sie nicht, da sie sich noch entwickeln). Sie selbst (ich kenne sie seit 1961, habe sie aber nur selten gesehen –) ist extrem nervös im Umgang mit dem Dienstmädchen. Es ist eine Verschwendung von Energie, ihre Nervosität; Antrieb ohne Richtung. Diesen Fehler habe ich auch: fehlgeleitete nervöse Energie. Sehr schlecht für die Gesundheit und nicht schön anzusehen.

T. möchte die Welt reformieren, ohne Marxistin zu werden, aber mit Blick auf ihr Einkommen in den USA macht sie sich Sorgen, weil der Dollar gerade von 25 auf 24 gegenüber dem Schilling gesunken ist. Ich werde sie zum Kern der Sache aushorchen: Würdest du dein ganzes Geld (bis auf das, was du für ein einfaches Leben brauchst) aufgeben und deine künstlerischen Talente hauptsächlich und bewusst einsetzen, um für das Wohlergehen der weniger gutgestellten Menschen auf der Welt zu kämpfen?

Ehrlich gesagt, ich würde es nicht tun. Nicht nur, weil ich mit fünfzig weniger Energie habe und denke, dass ich ein Recht darauf habe, ein wenig von der Muße und dem Vergnügen zu genie-

---

10 Highsmiths Freundin Trudi Gill ist eine Malerin, die in New York unter anderem bei George Grosz und Max Beckmann studierte. Sie stammte ursprünglich aus Wien und heiratete einen Diplomaten.

ßen, das mir meine eigene Arbeit und mein Talent eingebracht haben. Aber mich nervt allmählich auch der mangelnde Erfindungsgeist anderer Menschen, anderer Völker, ihr dämlicher Widerstand gegen Hilfe von außen in Form von Ratschlägen – von Geldzuwendungen, Kontrollen, Eindämmung der Überbevölkerung ganz zu schweigen.

Vielleicht hätte ich bei der Geburt privilegierter sein müssen, dann hätte ich das Ganze schon mit 21 erledigt: aus Schuldbewusstsein und auch aus dem Wunsch heraus, anderen zu helfen.

24. 10. 1971 Tour 2 von der Oper an diesem warmen Sonntagnachmittag um halb drei. Circa 22 Personen in einem Austrobus, geführt von einem hochgewachsenen, dunkelhaarigen jungen Mann, studiert an der Wiener Uni, spricht Deutsch und Englisch. Mehrmals über die Donau und den Kanal, »ein natürlicher Arm der Donau« und eine Art »Binnengewässer«, den die Wiener zum Schwimmen und Segeln nutzen. Heiligenstadt, wo Beethoven 1802 wohnte, wo er sein »Testament« schrieb und wo ihm anscheinend bewusst wurde, dass er taub war oder taub wurde. Es ist ein hübsches, einstöckiges Haus, hellbeige verputzt, mit winzigen Fenstern im oberen Stockwerk und einem efeuüberwachsenen Spitzdach. Oben auf dem Kahlenberg 35 Minuten Rast, wo ich zu meiner Freude Zigaretten und Streichhölzer kaufen (seit gestern Mittag war mein Vorrat knapp geworden) und zwei Gläser weißen Heurigen trinken konnte. Hektische – nein, geschäftige Kellner und Kellnerinnen, die, die Rechnungen zwischen die Zähne geklemmt, mit beiden Händen Tabletts mit Würstchen oder Bierflaschen trugen. Alle Leute wirkten stämmig und bestellten Würstchen, als wäre es Nachmittagstee.

Grinzing – sanfte Hügel zur Linken, Weinfelder. Bezaubernde, mindestens dreihundert Jahre alte Häuser, Weinstuben – und alles in unmittelbarer Nähe zu Wien an der Busstrecke 38.

Der Duft von Wien – muffig, mit einem zünftigen Schuss südländisch-italienischem Temperament – unerwartet bei Menschen, die Deutsch sprechen. Pompöse Regierungsgebäude aus Rokoko und Barock inmitten der eckig-nüchternen Büro- und Gemeindegebäude aus dem zwanzigsten Jahrhundert. Ein solcher Gemeindebau, den ich heute gesehen habe, war aus rötlichem Stein, drei oder vier Stockwerke hoch, ein einziges durchgehendes Gebäude, einen Kilometer lang, mit Torbögen. Offenbar kann man durch die gesamte dreiseitige Anlage hindurchgehen. Längerer Zwischenhalt bei der Augustinerkirche – das Innere so langweilig und katholisch-deprimierend, dass ich rausging, um eine zu rauchen.

[OHNE DATUM] Es zeigt sich, dass die »Happenings« der 1960er Jahre keinen wirklichen Kontext, keine Bedeutung und keinen Platz im Zusammenhang der Kunst haben. Es schert niemanden, im Namen der Kreativität Dinge zu zerstören. Das Problem mit der modernen New Yorker Kunstszene ist, dass die Künstler zu eng aufeinanderhocken, zu eifersüchtig sind, zu sehr darauf schielen, was der andere gerade macht. Jeder Künstler sollte seinen eigenen Weg gehen (so schemenhaft er auch sein mag), und wenn er ihn vor lauter Bäumen nicht finden kann und an Einsamkeit stirbt – dann ist eben das sein Schicksal.

Konkreter gesagt: Wenn ein Künstler sein Modell bemalt, statt das Modell selbst zu malen, so ist das höchstens ein Sprachwitz, der ins Leere läuft. Eine temporäre Beleidigung seiner Berufung. Sie wird Gelächter auslösen und dann Depressionen – ähnlich wie zu viel Alkohol. Gewiss wollen Künstler mit solchen Witzen nicht sich selbst imponieren – aber was können sie in der Öffentlichkeit bewirken? Was ist mit Vincent, der so entsetzlich allein malte? Er hatte seinen Bruder, mit dem er sich unterhalten konnte, in Briefen, ein Bruder, der kein Künstler war, aber Verständnis für ihn hatte. Das ist alles, was man braucht, einen Menschen: eine Frau, einen Geliebten, einen Freund.

24.10.1971 Meine Mutter hat mir erzählt, dass sie meinen [leiblichen] Vater zum ersten Mal auf einem Foto in der Auslage eines Fotografen in Fort Worth gesehen hatte – und dann (irgendwie) versuchte, seine Bekanntschaft zu machen. Wenn ich es mir recht überlege, habe ich immer diejenigen bevorzugt, die mich ausgesucht haben, nicht die, um die ich mich bemühen musste. Ich meine, meine emotionale Faszination hielt (oder hält) länger bei Menschen an, die sich um mich bemühten.

2.11.1971 Postbeamter in Grez/Loing. Das kleine Dickerchen freut sich, wenn für die Kunden etwas schiefgeht und es seine »Gesetze« anwenden kann; die Spielregeln sind auf seiner Seite. Solche Leute inspirieren nicht mal zu einer Revolution gegen sie. Bei einer Schießerei dienen sie höchstens als Schutzschild – wie ein gerader Stuhl, den man als Schild gegen einen Tritt in den Bauch zu sich heranzieht.

29.11.1971 Der Gedanke, »Entwicklungsländern« zu helfen, indem man ihnen großzügige Flüchtlingshilfe und so weiter gewährt, ist eine ausgesprochen gute Idee, ganz im Einklang mit demokratischen und humanen Prinzipien. Doch es ist das Ausmaß, das entmutigt, es sind die scheinbar unkontrollierbar steigenden Zahlen von Menschen. Im Moment geht es um die bengalischen Flüchtlinge, sechs oder sieben Millionen. Der menschliche Verstand kommt nicht mehr mit, stumpft ab. Regierungen übernehmen das Problem und stellen Gelder bereit, die ebenfalls jede Vorstellungskraft übersteigen. Am Ende weigert sich der menschliche (der emotionale, mitfühlende) Teil des Verstands oder hört auf zu denken. Individuelles, moralisches Mitgefühl ist im Schwinden begriffen.

16.12.1971 Das eigene Gesicht im Spiegel erscheint nur deshalb ansehnlicher, weil wir uns an das Gegenteil gewöhnt haben. Fotos sind ein Schock. Das klingt gesund (unter der Voraussetzung, dass ich es so betrachte, wie ich es tatsächlich tue, und dass die meisten Leute es auch so halten, was ich nicht unbedingt glaube), denn es bedeutet, dass man versucht, den besten Winkel, die positivste Einstellung gegenüber dem Gesicht einzunehmen, das einem gegeben ist.

* * *

13.1.1972 Der größte Bärendienst, den die katholische Kirche ihren Anhängern erwiesen hat, ist, sie ihres Gewissens zu berauben. Es ist ein Menschenrecht, ein Gewissen zu haben. Jeder wird damit geboren, aber man kann es einem auch wegnehmen.

4.4.1972 Arbeit ist das Einzige, was im Leben von Bedeutung ist. Die Probleme fangen an, wenn man eine Pause einlegt, um darüber nachzudenken, was man getan hat.

14.–15.7.1972 [Träume.] Ich führte ein gewöhnliches Leben in der Gegenwart, aber dann machte jemand eine Anspielung auf den Mord, den ich 1945 verübt hatte. Ob er mich nicht belaste? In meinem Traum hatte ich einen Mord begangen – aber an wem, weiß ich nicht mehr. Eigentlich war 1945 für mich ein arbeitsreiches, erholsames Jahr, in dem nichts von großer emotionaler Bedeutung passierte. Das ist schon der zweite Traum von einem Mord; den ersten hatte ich Anfang 1969 oder Ende 1968. Interessant (oder auch nicht), dass dieser verstörende Traum in einer Phase auftrat, in der ich besonders aktiv und glücklich war und gut arbeiten konnte.

5.8.1972 Tagebuchschreiber – zumindest schämen sie sich nicht für ihre Aktivitäten, solange sie sie ehrlich niederschreiben. Es gibt natürlich auch Tagebuchschreiber, die einfach von sich selbst besessen sind. Manche Leute schauen nie zurück und haben es auch nicht vor – im Tagebuch. Doch ein Mensch, der kontinuierlich Tagebuch führt, muss einen gewissen Kern von Selbstachtung in sich tragen. Vielleicht hat er nicht die Absicht zurückzuschauen, aber jemand anderes könnte es tun, selbst wenn das Tagebuch verschlüsselt ist.

12.–13.8.1972 Stimmungstagebuch – etwas manisch, habe neunseitige Geschichte geschrieben (gut). Bärenhunger. Voller Energie und früh auf den Beinen.

16.8.1972 Dasselbe, nervös, gut zum Arbeiten, Phantasie. Halbmond. Zu kühl für August.

17.8.1972 Jedes Land ist auf die eine oder andere Art eine Falle. Egal, ob England, Amerika, das an Bedeutung bald mit Australien gleichzieht, oder Frankreich – alle haben ihre fest verriegelten Türen. Das Individuum lebt schließlich wie ein Maulwurf und nolens volens als Rebell. Die Einzigen, die mit alledem nichts zu tun haben, sind frisch verheiratete Paare, die nur darauf aus sind, Kinder in die Welt zu setzen, irgendwie eine Sackgasse auch für sie.

20.8.1972 Langsame [gesundheitliche] Verschlechterung in den vergangenen paar Tagen, bis ich mich heute, am Sonntag gegen halb acht abends, ganz schlapp fühlte, als ich nach einem Nickerchen weiterarbeiten wollte. Wahrscheinlich die Folge von drei Stunden Gartenarbeit. Der Finger [an] der linken Hand ist immer noch gereizt. Sehr viel kälter als gestern.

22.8.1972 Extrem müde – aber willens. Vollmond. S. 239 [von *Ripley's Game oder Der amerikanische Freund*] und zwischen zwei Morden.

23.8.1972 Sozialismus bedeutet, es ist kein Platz mehr für das Leistungsprinzip. Ganz abgesehen von Vertrauensbildung, Vergesellschaftung von Produktionsmitteln usw., was ja alles gut ist. Das

Problem könnte sein, dass manche Leute sich ein hohes Maß an Luxus und Bequemlichkeit wünschen, und wenn sie meinen, sie hätten durch ihr Talent genug verdient, um sie sich leisten zu können, warum darauf verzichten?

29.8.1972 Sehr müde, ein bisschen entmutigt & deprimiert. Schlapp – aber ich hoffe, dass einmal gut schlafen mich kuriert. Zwei Wochen seit der manischen Phase. Habe gestern Abend eine Dinnerparty gegeben. Und heute nicht mal versucht zu schreiben, was ungewöhnlich ist für mich. Ich muss jetzt mein Buch zu Ende bringen, und zwar grandios.

31.8.1972 Mein französisches Haus ist wie mein Leben und mein Körper. Der Garten steht für Arbeit, sehr harte Arbeit, nie perfekt, nie fertig, und ich stelle fest, dass es kaum einen Tag im Jahr gibt, an dem ich sagen kann: »Sieht alles sehr schön aus.«

4.9.1972 Am 30. August, einem Montag, und am darauffolgenden Freitag, je ein Brief von meiner Mutter. Sie schäumte vor Wut, weil sie in Texas eine Rezension von *Lösegeld für einen Hund* las und weil es meinem [leiblichen] Vater gewidmet ist. Zwei oder drei Tage später setzte bei mir eine durch diese irrsinnigen, hoffnungslosen Briefe verursachte Depression ein. Macht mir bis heute, 4. September, zu schaffen, kuriere mich mit Hilfe der üblichen Methoden: Arbeit, Lachen, Musik.

7.9.1972 Interessant, dass Kunst- und Architekturschulen von ihren Studenten verlangen, die alten Meister zu kopieren, mit anderen Worten, ihre Werke nachzuzeichnen. Das zeigt, wie sehr die Hand selbst an der Kunst des Malens, der Bildhauerei oder (sogar) der Architektur beteiligt ist. Von angehenden Schriftstellern wird nicht erwartet, dass sie die alten Meister kopieren – falls es so etwas überhaupt gibt, und ja, natürlich gibt es das. Es wäre keine schlechte

Idee, sie zu bitten, ein ganzes Kapitel von Henry James oder aus der Bibel abzuschreiben. Einflüsse sickern unmerklich, subtil ein. Das meinten die Römer im Jahre null, als sie ihren Söhnen einfach die Dichtung von Horaz und Vergil vorsetzten.

7.9.1972 Ich wünschte, ich könnte zum Lebensmittelhändler gehen und Witze in Dosen kaufen. Sie sind genauso lebenserhaltend wie Suppen.

17.9.1972 17. September und ich kämpfe mich gerade erst aus einer noch schlimmeren Depression als der vorangegangenen. Katzen paaren sich (zwei deprimierende Reisen nach Paris), zweiter Brief meiner Mutter, in dem sie mich anweist, ihren Geburtstag zu vergessen (einmal hat sie meinen vergessen, aber ihren eigenen vergisst sie nie), vier Tage Rumoren im Haus durch den gutmütigen Klempner Gauthier; Warten auf den Schreiner, auf den Schrank, auf die Fertigstellung durch Robbe, und dann noch die Attacke der Barnard Alumnae, die mich als Rassistin beschimpften, worauf ich heute reagiert habe. Vor allem das Gefühl, dass ich mit all dem, was ich im Haus zu bewältigen habe, nicht zurechtkomme, und tatsächlich habe ich schon zwei, wenn nicht sogar drei Wochen kein Wort zu Papier gebracht.

30.9.1972 Seit Tagen schon völlig erledigt. Millie (und Flint) zu Besuch vom 24.–28. Ich bin übermüdet, unruhig, nervös. Aber heute Abend war ich auf einem Gitarrenkonzert in der Kirche von Grez. Alexandre Lagoya[11] – nicht mal besonders gut –, aber es hat mich abgelenkt.

Brief von RC [Rosalind], in dem sie fragt, warum ich hier lebe, was ich nicht beantworten kann – jedenfalls nicht in wenigen Worten. Die Entscheidung muss lauten: Entweder versuchen, es hier zu

---

[11] Alexandre Lagoya (1929–1999), klassischer Gitarrist.

schaffen (diverse Versuche, fröhlich zu sein), oder woandershin zu ziehen. RC hält mich für einsam. Doch das Glück trägt man im Innern. Offensichtlich brauche ich noch ein paar andere Meinungen.

19.10.1972 Es ist sehr anstrengend, verliebt zu sein. Allein der Gedanke daran ist anstrengend.

25.11.1972 Da ist eine Flamme, man kann sie bloß nicht vor dem Licht sehen.

27.11.1972 Amerikanische Habgier: Es gäbe nicht so viel Habgier, wenn es in Amerika mehr Sozialismus gäbe. Kein Mensch will mit sechzig zum Bettler werden, nur weil er mit fünfundfünfzig Tuberkulose oder Krebs bekommen hat. Aber genau das ist es, was heutzutage in Amerika passiert. Viele Amerikaner mussten wirklich hart arbeiten, um dahin zu kommen, wo sie heute sind, und sind nicht bereit, ihr Erspartes mit Leuten zu teilen, die offensichtlich nicht so hart gearbeitet haben.

6.12.1972 [Dostojewski] wird heutzutage nicht mit Schamgefühl assoziiert, ich aber schäme mich, meinen Buchhaltern zu sagen, dass ich etwas mehr Geld gebrauchen könnte, denn dann müsste ich erklären, dass ich ein Drittel meines Einkommens an drei Leute verliehen habe, von denen ich noch nichts einfordern kann. Wäre aber das Leben nicht so ein Witz, müsste ich mich an eine neue Art von Realität gewöhnen.

6.12.1972 Wiederkehrender Traum: Ich trage etwas Schweres in den Händen, das mich aus dem Gleichgewicht bringt, und stürze in einen Abgrund.

15.12.1972 Sich einen Drink zu genehmigen sollte nicht von Selbstmitleid motiviert sein, sondern von dem Wunsch nach mehr Selbstachtung. Wenn jeder so denken würde – es gäbe keine Menschen, deren Leben vom Alkohol zerstört wurde.

15. 12. 1972
Ich lebe von Luft und Liebe
Und dünnem Eis.
Nichts, was zu greifen wäre.
Dünnes Eis kann man greifen,
Aber nicht für lang.
Das alles ist im Kopf.
So werden meine Flügel
Oder meine Erde
So lange durchhalten wie ich.
Nichts, das ich
Jemand anderem hinterlassen könnte.
Ich würde auch nicht dazu raten.

1973–1976

Auch nach sechs Jahren in Frankreich fühlt Patricia Highsmith sich nicht zu Hause. In Montcourt hat sie ihren Garten und ihre Katzen, aber Zufriedenheit will sich dennoch nicht einstellen. Noch immer liebt sie ihre Ex-Freundin Caroline Besterman, ist unsicher, was sie als Nächstes schreiben soll, und trotz aller Differenzen beschäftigt sie der schlechte Gesundheitszustand ihrer Mutter.

Anfang 1973 tippt Highsmith *Ripley's Game* ins Reine und ist danach in einer für sie ungewohnten Situation: Sie hat noch kein neues Buch in Arbeit – und damit Urlaub. Doch statt erholsam empfindet die arbeitswütige Highsmith die strukturlosen Tage als belastend. Sie lenkt sich mit Gärtnern, Malen und Tischlern ab, reist nach Deutschland, in die Schweiz, nach Skandinavien, in die USA und mehrmals nach London, um berufliche Verpflichtungen wahrzunehmen. Im Frühjahr 1973 kramt sie *Kleine Geschichten für Weiberfeinde* wieder hervor, an denen sie bereits 1969 gearbeitet hat, einen Zyklus, in dem die Protagonistinnen durchweg ein verdient böses Ende finden. Aus ihren Notizen geht hervor, dass Highsmith sich dem Geschlecht, das sie sich da vornüpft, als nicht wirklich zugehörig betrachtet. Außerdem schreibt sie 1973/1974 weitere Geschichten für den Band *Kleine Mordgeschichten für Tierfreunde*. Inzwischen planen ihre Verleger diese Kurzgeschichten zur regelmäßigen Veröffentlichung ein, die Highsmith immerhin seit der Highschool schreibt, aber bisher meist nur in Zeitschriften unterbringen konnte. Mit dem Band *Kleine Geschichten für Weiberfeinde* von Diogenes im Jahr 1975 erscheint erstmals die deutsche Ausgabe eines Highsmith-Buchs vor der englischen.

Nach dem Tod von Caroline Bestermans Ehemann 1973 macht sich Patricia Highsmith Hoffnungen auf einen Neuanfang. Die beiden Frauen treffen sich einige Male in London und in Montcourt, bevor Highsmith diese Hoffnung wieder begraben muss. Ende 1974 tritt dafür Marion Aboudaram in ihr Leben, mit der sie von Anfang 1975 bis 1978 eine Beziehung führt. Marion hatte Highsmith unbedingt kennenlernen wollen und darum vorgegeben, sie wolle mit ihr für die französische *Cosmopolitan* ein Interview führen. Highsmiths nächster Roman mit dem Titel *Ediths Tagebuch* ist ihr gewidmet, eine Geschichte über eine Frau, die sich mit Hilfe ihres Tagebuchs in eine Phantasiewelt flüchtet, und der darüber zunehmend der Blick für die Realität entgleitet. Neben anderem zeigt diese Geschichte, wie alptraumhaft Patricia Highsmith das Dasein einer amerikanischen Vororts-Hausfrau erachtet, ein Leben ohne Freiheit und ohne Möglichkeiten – trotz aller Schwierigkeiten, denen sie sich in der Fremde gegenübersieht. Für viele von Ediths extremeren politischen Überzeugungen greift Highsmith auf ihre eigenen älteren Notizbücher zurück. Der Roman erscheint 1977.

Als Patricia Highsmith im Herbst 1974 ihre Mutter in Texas besucht, ist sie schockiert über deren Zustand und den des Hauses. Knapp ein Jahr später setzt Mary Highsmith mit einer Zigarette das Haus in Brand und muss im Pflegeheim untergebracht werden. Im selben Jahr stirbt Highsmiths leiblicher Vater Jay Bernard Plangman.

* * *

19. 2. 1973 Gedanken nach der Grippe. Fast alle Leute, die im Bett sterben, tun dies auf dieselbe Art und in derselben Stimmung – es sei denn, man setzt sie unter Drogen. Ein langsames Schwinden der Energie; Hoffnungslosigkeit. Selten hört man, dass jemand Angst vor dem Tod äußert oder sich gegen ihn »auflehnt«. Dafür fehlt bereits die Energie. Vielleicht haben intelligente Menschen ein paar intelligente Gedanken mehr als andere in diesen letzten Augenbli-

cken, obwohl selbst das Denken Kraft kostet, und ich bezweifle, dass es überhaupt von Bedeutung ist. Der Intellektuelle stirbt im Wesentlichen genauso wie der einfache Bauer.

14. 5. 1973 Die Ehe ist der einfachste Weg, um zu vermeiden, mit einem Mann zu schlafen.

7. 6. 1973 Frauen – sie glauben, sie können andere manipulieren. In Wirklichkeit sind sie nach wie vor Marionetten, nie allein, nie zufrieden damit, allein zu sein, immer auf der Suche nach einem Meister, einem Partner, also nach jemandem, der ihnen Anweisungen oder Befehle gibt.

7. 6. 1973 Musik beweist, dass das Leben nicht real ist. Freude oder Lebenskraft wurzelt in der Erkenntnis, dass das Leben nichts mit Realitäten zu tun hat – und auch, dass man sich deswegen keine Sorgen machen muss.

27. 6. 1973 Heiter, düster, wieder heiter – alles am selben Tag. Ich habe Angst, mich so zu binden, wie ich es gern tun würde. C. frei,[1] wieder ganz die Alte, wenn auch ohne die Diskriminierung, die möglicherweise mit ihrer Jugend zu tun hatte: Das war Snobismus aus Unsicherheit. Hauptsächlich verwirrt, weil momentan ein festes Arbeitsprogramm fehlt. Zwischen den Büchern, wie man sagt, nachdem *Ripley's Game* bei drei Verlagen untergebracht ist.[2] Und in zwei Wochen fahre ich nach Hamburg.

28. 6. 1973 Der *notaire*. Der in [der nahegelegenen Stadt] Nemours. Ein wohlgenährter, aufgeblasener Fatzke, der bescheidene Bauern abkanzelt, die zu ihm kommen müssen, um ihre Papiere unter-

---

[1] Carolines Mann ist verstorben.
[2] Die drei Verlage sind Heinemann (UK), Doubleday (US) und Diogenes (Schweiz, für den deutschsprachigen Markt).

schreiben zu lassen. Die Bauern in ihren abgewetzten Sonntagsklei‑
dern sind zwar verdammt geizig, aber vergleichsweise ehrlicher. Will
mir diesen Mistkerl eines Tages vorknöpfen, in einer Kurzgeschichte.
Sagen wir – ein Franzose, verzweifelt – voller bitterem Hass, denn
gegen Papiere lässt sich in Frankreich einfach nichts machen – will
ihn umbringen, und das Schicksal kommt ihm zuvor.

1.7.1973 Muße. Eine schwierige Sache. Sogar für mich, und ich
versuche es schon, seit ich 12 oder 8 war. Man hat gewisse Projekte,
ja, aber sie befriedigen einen nicht. Was verschafft Befriedigung?
Seltsamerweise ist es das Streben nach dem Unmöglichen, Tag für
Tag. Man kann durchaus sagen: »Was für ein guter Arbeitstag!«,
müde zu Bett gehen und schlafen und feststellen, dass das oberste
Ziel immer unerreichbar bleibt.

2.7.1973 R.C. berichtet, dass NW [Natica Waterbury] sich im Ja‑
nuar in Kalifornien das Genick gebrochen hat – als sie betrunken
Auto gefahren ist –, aber wieder auf dem Damm ist. Wagen und
Mähdrescher Totalschaden. Und warum schreibe ich das auf, ob‑
wohl ich das später bestimmt nie wieder lesen will? Ein dummer
Versuch, Ordnung zu schaffen – auf unpassende Art.

6.7.1973 Ich entrümple meine drei Ordner – darunter Geschich‑
ten, die ich vor 25 Jahren geschrieben habe. C. [Caroline] rief ges‑
tern an. Kater Luke wurde überfahren. Um 1 Uhr nachts vor dem
Haus. C. reagiert mit Verzögerung auf alles; Ekzem an den Händen
usw., genau wie ihre Mutter, sagt sie, nach dem Tod von C.s Vater.
Demut. Eine Persönlichkeit mit sich auf Kriegsfuß. Normalerweise
ist sie selbstsicher bis an die Grenze von Arroganz und Gnadenlo‑
sigkeit. Jetzt muss sie sich Tod, Einsamkeit und Ekzem stellen. Ich
schreibe mitfühlende Briefe, die ich vollkommen ernst meine. Es
hat mir nie etwas ausgemacht, meine Gefühle zu offenbaren – was
ich jetzt nicht tue, aber aus schierer Freundlichkeit irgendwie doch.

11.7.1973 Was für ein Krieg zwischen Abgabetermin und kreativem Geist. Letzterer gibt kein bisschen nach. Ich bin dazwischen und nach 24 Stunden erschöpft. Ich flehe beide Seiten an, beide gleichzeitig. Eine eiserne Wand trennt sie voneinander. Ich kann sie nicht durchdringen. Und ich weiß nicht, was ich der Welt da draußen erzählen soll.

14.7.1973 Heute Nachmittag zur Reeperbahn, um ein blau-weißes Hemd zu kaufen, wie Matrosen oder Metzger sie tragen. Hamburg ist umgeben von protzigen Wohnvierteln – Altona, Blankenese – alte Kiefern, Rasenflächen, stattliche Häuser. Die Reeperbahn zieht sich über eine Meile und beherbergt billige Striptease-Bars und Kaschemmen, Porno-Buchläden, Sexspielzeug. Nicht weit entfernt von den Hafenanlagen (mit Lagerhallen aus rotem Backstein), die trotz der Bombardierung teilweise erhalten sind.

16.7.1973 Abendparty *chez* A.U.[3] Canapés, Punsch mit Erdbeeren. Acht oder neun Gäste, alle sitzen auf Campingstühlen auf der beheizten Terrasse. Alle sprechen Deutsch. Es ist eng, wir sitzen uns im Kreis gegenüber. Zuerst sagt keiner etwas. Dann reden zwei verheiratete Männer ohne Punkt und Komma und wollen »Anführer« sein, die interessantesten Intellektuellen der Versammlung. Demselben Typ begegnet man gelegentlich auch in Frankreich.

19.7.1973 (Berlin). C. [Caroline] ist immer noch dabei, mit allem zurechtzukommen. Der Tod von L. [ihrem Kater Luke] am 3. Juli ebnete den Weg hin zum unausweichlichen Elend (oder, konventionell gesehen, vielleicht auch nicht). Der Arzt rät ihr [zum] Abnehmen. 58 Kilo wären angemessen. Das gibt ihr etwas zu tun, selbstbezogen, egozentrisch. Vielleicht ist es gar nicht schlecht, dass

---

3 Highsmith ist auf Lesereise in Deutschland, um *Lösegeld für einen Hund* zu promoten; in Hamburg wohnt sie bei ihrer langjährigen Übersetzerin Anne Uhde, mit der sie ein enges Arbeitsverhältnis hat.

sie im Moment jeden Vorwand nutzt, um mich anzugreifen und zu kritisieren. Allerdings vermute ich eher eine Rückbesinnung zu den Werten und Gewohnheiten in ihrer Jugend, in ihrem Fall Geselligkeit und die Angewohnheit, irgendwelchen Bällen nachzujagen, mit anderen Worten, eine neue Ehe nach einem diskreten Abstand von etwa einem Jahr.

19. 7. 1973 Berlin, Ku'damm, ein Feuerwerk von Leuchtreklamen, Werbung, Imbissbuden. Richtung Kaiser-Wilhelm-Gedächtniskirche werden die Geschäfte eleganter. Wegen des Durcheinanders von Buchstaben und Schildern ist es schwierig, Gebäude oder Straßennamen zu erkennen. Bin seit gestern Nachmittag um fünf hier – mit Dünnpfiff – heute war ich im Zoo, und nachmittags habe ich eine Führung nach Ostberlin mitgemacht, für 15 DM. Gründliche Kontrolle der Pässe, einschließlich Registrierung der Passnummer, dann die Frage: »Wie viele DM haben Sie bei sich?« Damit wollen sie den Schwarzmarkt auf der anderen Seite verhindern. Am Checkpoint Charlie eine Verzögerung von mindestens fünfundzwanzig Minuten, während die graugrüne Polizei weiß Gott was tut. [...] Die Mauer in Sichtweite, sieht aus wie grauer Beton, gute drei Meter hoch. In der Nähe trostlose kleine Betonhäuschen mit Beamten drin. Wir stapfen weiter, an eher trostlosen flachen Behausungen entlang, die heute mit Flaggen geschmückt sind, als eine Art Willkommensgruß für ein Jugendfestival, das morgen stattfinden soll. Die Ostberliner Flagge ist natürlich die deutsche mit einem darüber aufgebrachten Ährenkranz, Hammer und Zirkel – ein Zeichen für das Offensichtliche. Unter den Linden wird von der ostdeutschen Stadtführerin als »ehemals schönste Straße Deutschlands« bezeichnet. Viele Paläste; die ehemaligen Botschaften von England und der Schweiz wurden in die »Ministerien für Volkskultur« und die »Arbeiterorganisation« für Gesundheit und Erholung umgewandelt. Ich glaube, die [ostdeutschen] Passanten starrten ab und zu auf unseren Bus. Die weniger bunte Kleidung, die weniger neuen

1973

Autos sind wirklich auffällig. Wir besuchen das Pergamonmuseum – abessinische Ruinen, alle authentisch und nicht nachgebaut. Auch das Vorderasiatische Museum mit der islamischen Kunstabteilung ist hier. [...]
Ich weiß nicht, was ich abends machen soll – da ich keine Lust habe, z. B. ins Kino zu gehen, fahre ich vielleicht einfach mit dem Bus. Man muss alles erkunden. [A]ber ich glaube, dass ich schon am Samstag, den 22., nach Frankreich zurückkehre, einen Tag früher als geplant.
Im Zoo: faule, dümmlich wirkende Orang-Utans mit zerzaustem rötlichen Fell, das aussieht, als müsste es mal gekämmt werden. Sie sitzen in einem großen Haufen auf einem drei Meter hohen Balken und gaffen mit herabhängenden Armen auf die Besucher herab. Offenbar sind alle Affen kurz vor der Paarungszeit. Die Orang-Utans kauen faul auf Orangen herum. Der siamkatzenähnliche Puma zeigte gereiztes Interesse an einem Kind, das vor seinem Drahtkäfig entlanglief, und ich bin sicher, dass er am liebsten einen Satz gemacht und mit einem kaltschnäuzigen Schlag Blut hätte fließen lassen – Blut, das er letztlich verschmäht hätte.

20. 7. 1973 Berlin – sehr schönes Schloss Charlottenburg. Von vorn sieht es wirklich aus wie ein Palast, aber auch wie ein Zuhause. Das Innere ist voller Ölgemälde, Porträts der kaiserlichen Familie, hauptsächlich fettleibig, Genre-Malerei von [Antoine] Watteau[4] – exzellent und berühmt – sowie [Jacques-Louis] Davids[5] *Bonaparte beim Überschreiten der Alpen am Großen Sankt Bernhard,* einem Wunder der Malkunst, das er auf dem Zaumzeug des Pferdes mehrmals mit David signiert hat. Die erfolgreiche Fertigstellung dieses Bildes muss David monatelang beflügelt haben.

---

4 Antoine Watteau (1684–1721), Maler des französischen Rokokos.
5 Jacques-Louis David (1748–1825), französischer Maler des Neoklassizismus, am bekanntesten für seine Historienmalerei.

23.7.1973 Vielleicht ist es besser, C. [Caroline] gegenüber nichts mehr zu sagen. Auf meine Frage zu Anfang des Monats »Hast du bewusst oder unbewusst anderthalb Jahre lang versucht, [unsere Beziehung] zu beenden?« gab sie keine klare Antwort, eigentlich gar keine. Daraufhin brach ich diesen Versuch, Nägel mit Köpfen zu machen, abrupt ab.

27.7.1973 Würden die Tiere den Spieß im Zoo umdrehen – würden ihre Wärter zu Gefangenen und müssten nun ihrerseits vor Zuschauern, die lachen, mit dem Finger auf sie zeigen oder glotzen, ihre Notdurft verrichten und kopulieren. Die Alternative wäre, darauf zu verzichten. Die Laternen sind an, der Tierpark ist die ganze Nacht offen.

30.7.1973 Meine letzten Worte sollten lauten: »Es war alles so vorhersehbar.« Dasselbe gilt für die Geschichte der Menschheit von der Urzeit bis heute.

30.7.1973 Mir ist aufgefallen, dass ich in den letzten fünf Jahren nicht mehr gern allein reise. Vor allem ist mir die grenzenlose Neugier meiner Jugend abhandengekommen, die mich durch fremde, ungewohnte Straßen streifen ließ, nur weil sie neu für mich waren, selbst in mittelmäßigen Städten.
Doch die größte Last des Alters ist die zunehmende Komplexität der eigenen Angelegenheiten – der Besitz eines Hauses, Bankprobleme, Agenten, Verpflichtungen.

5.8.1973 Mut muss an der Fähigkeit gemessen werden, sich eine Katastrophe vorstellen zu können. Wenn jemand überhaupt nicht nachdenkt und sich blindlings in Gefahr begibt, bezeichnet man ihn als tollkühn (vor allem, wenn er scheitert). Der größte Mut ist der eines Menschen, der sich die Folgen voll ausmalt und dennoch weitermacht.

14.8.1973 Wenigstens wird meine Mutter in dem festen Glauben sterben, dass sie recht hatte. Diese Genugtuung wird nur wenigen zuteil.

16.8.1973 Schreckliche Müdigkeit, ausgelöst durch das Schreiben einer achtseitigen Zusammenfassung für ein einstündiges BBC-Stück. Fast wie die Erschöpfung nach einer Grippe oder was B. [Brigid Brophy][6] die kühle Hand des Todes auf der Schulter nennt. Kommst du bald?

9.9.1973 Conrad Aiken[7] sagte kurz vor seinem Tod neulich: »Vielleicht gibt es keine Antworten – und nichts hat Bedeutung.« Das hat mich beeindruckt, ich glaube es sogar, aber das Leben, die Erfahrungen, sind das Einzige, womit wir zurechtkommen müssen. Es wäre so, als würde man ihnen den Stempel »wertlos« aufdrücken, wenn man behauptete, sie hätten keine Bedeutung. Leider gibt es nichts anderes, mit dem man zurechtkommen oder dem man einen Sinn geben muss.

20.10.1973 Langsam schleicht sich Muße ein, nachdem ich fünf Tage in London war: das Wissen, dass man allein glücklich (und glücklicher) sein kann. Bei meiner Rückkehr erwarten mich immer häusliche Pflichten, Briefe, die beantwortet werden müssen, und ich erledige alles gewissenhaft. Lag von vier bis sechs Uhr wach, dachte über C. [Caroline] nach und versuchte, ihre Beweggründe zu analysieren, besser gesagt, zu finden. Sie wird sie sowieso nie zugeben, deshalb ist es eine Privatübung. C. hat nun keine Brandmauer mehr. Ich wäre blöd, wenn ich mich nicht noch ein Jahr gedulden würde, angesichts der Tatsache, dass ich bereits elf Jahre in diese Sache investiert habe. Andererseits lässt mich die Bemerkung von Ernest

---

6 Die Schriftstellerin und Aktivistin Brigid Brophy (1929–1995) war eine Bewunderin von Highsmith und wurde später ihre Freundin.
7 Conrad Potter Aiken (1893–1973), amerikanischer Schriftsteller und Dichter.

Hauser in Paris nicht los – auch Koestlers: »Sie ist nichts weiter als eine kleine Hausfrau.« Wer – um das weiterzuspinnen – weiß schon, wer ihr Honig ums Maul schmiert und wer, bloß weil er ein Mann ist, der Gesellschaft vorzeigbar erscheint.

16.11.1973 Kleine Verbrechen für kleine Knirpse. Dinge rund ums Haus, die kleine Kinder anstellen können, beispielsweise:
1. Eine Schnur quer über die oberste Treppenstufe spannen, damit Erwachsene drüberstolpern.
2. Die Rollschuhe wieder auf die Treppe stellen, nachdem die Mutter sie weggeräumt hat.
3. Vorsichtig Feuer legen, damit möglichst jemand anderes dafür die Schuld bekommt.
4. Die Tabletten im Medizinschrank vertauschen, zum Beispiel Schlaftabletten gegen Aspirin. Rosa Abführmittel in das Antibiotika-Fläschchen umfüllen, das im Kühlschrank aufbewahrt wird.
5. Ratten- oder Flohpulver unter das Mehl in der Küche mischen.
6. Die Stützen der Falltür in der Mansarde durchsägen, so dass jemand, der auf die geschlossene Falltür tritt, auf die Treppe oder, noch schlimmer, auf die Leiter darunter fällt.
7. Im Sommer: eine Lupe so hinlegen, dass sie auf trockenes Laub oder noch besser, ölige Lappen gerichtet ist. Das Feuer könnte sich mit Selbstentzündung erklären lassen.
8. Anti-Schimmel-Produkte im Gartenschuppen untersuchen. Farbloses Gift in die Ginflasche kippen.

16.11.1973 Zürich – Vom 7. bis 11. November viertägiger Besuch bei Diogenes, untergebracht [im] Hotel Europe, Dufourstr. 4. Sehr ordentlich, sauber und komfortabel.

Gerd Haffmans[8] und Lili-Ann Bork[9] überreichen mir am Flug-

---

8 Gerd Haffmans, damaliger Cheflektor bei Diogenes.
9 Lili-Ann Bork, damalige Pressechefin bei Diogenes.

1973

hafen eine Flasche Whiskey (von Dani [Daniel Keel]), denn im Hotel wird kein Alkohol ausgeschenkt. Weitere hier untergebrachte Autoren sind Walter Richartz[10] mit – charmanter – Frau Mari und, ich glaube, Loriot.

Hotelzimmer: Doppelbett, Obstschale, herrlicher Strauß künstlicher Blumen, die aus einem Topf zu wachsen scheinen. Eine Bügelpresse, die einem Folterinstrument aus dem Mittelalter ähnelt: Man legt die Hose hinein, schließt sie und schaltet die gewünschte Hitzestufe ein.

Viele Mittag- und Abendessen in der Kronenhalle, Rämistraße – ein großes Restaurant, à la carte, wo James Joyce zu essen pflegte. Seine Kellnerin Emma arbeitet jetzt nur noch stundenweise. Gemälde von Miró und Braque [an den Wänden des Restaurants]. Heutzutage ist es teuer (früher war es günstig), und die Bedienung ist langsam, aber das Essen hervorragend. Sorbet mit Kirsch. Dani hat dreißig Leute aufs Mal eingeladen, an zwei großen Tischen. Schweizer Fernsehen – am schlimmsten am 9. November.

Am Vorabend: Die Lesungen begannen um 20 Uhr im Zunfthaus zur Meisen. Ich las auf Deutsch und Englisch »Der Schneckenforscher« (ganz). Dann für alle Gäste gratis Rot- und Weißwein, Fernsehen und Autogrammstunde. Blieb bis fast vier Uhr morgens auf, denn Dani hatte uns anschließend zu sich nach Hause eingeladen; am Ende nahm ich (den Künstler) Zimnik[11] und die beiden Richartz noch auf einen Drink mit in mein Zimmer.

Am Sonntag, 11. November, kehrte ich ziemlich aufgedreht nach Hause zurück, mit dem Ergebnis, dass mir gegen Abend schwindlig war, nachts begann die Übelkeit, und am Morgen hatte ich Durchfall und Magenkrämpfe. Ich brauchte drei oder vier Tage, bis es mir besserging und ich mich genügend erholt hatte. Bin außerdem ner-

---

10 Walter E. Richartz (1927–1980), deutscher Schriftsteller mit einem Doktortitel für Chemie. Er übersetzte außerdem Literatur aus dem Englischen, darunter Werke von F. Scott Fitzgerald und Thoreau wie auch Patricia Highsmiths *Kleine Geschichten für Weiberfeinde*.
11 Reiner Zimnik (geboren 1930), bayrischer Dichter, Illustrator, Maler und Kinderbuchautor.

vös, weil ich jeden Augenblick mit einem Termin für einen Gesundheits-Check in London rechne.

Mittagessen in Zürich mit [Übersetzerin] Elizabeth E. Gilbert (deren Mann [Robert Gilbert] den Text für *Weißes Rössl*[12] geschrieben hat). Sie ist charmant, sehr höflich, erinnert mich an Madame Bradley in ihrer Verachtung für Schriftsteller, die keine echten Künstler sind. Sie übersetzt immer noch Yeats.

25. 11. 1973 Der große amerikanische Roman wird sich mit dem Verrat an der amerikanischen Hoffnung beschäftigen. Das Große an Amerika ist bis heute, dass der Idealismus ungebrochen ist. Wir haben das Land allen möglichen Menschen aus allen möglichen Ethnien geöffnet – und alle hatten oder haben nach wie vor Hoffnung. Amerika wird erwachsen, wird zynischer. Aber es ist nicht grundsätzlich zynisch. Amerika wird immer einen idealistischen Anführer brauchen – selbst, wenn er riskiert, naiv zu sein – jemanden wie George Washington (den Gore Vidal als schüchtern bezeichnete), Woodrow Wilson, J. F. Kennedy – F. D. R. – verschlossen, aber auf seine Art idealistisch. Das ist ein sine qua non für Amerika. Und man sieht, dass Nixon so ganz das Gegenteil ist; die USA leiden an einem anhaltenden Fall von übersäuertem Magen, einem unbändigen Brechreiz.

25. 11. 1973 Der Sadismus lebt und gedeiht, leider. Er hat nur andere Namen: Rache, das, was mir zusteht, Revanche. Doch hier machen die Täter nicht halt. Sie haben Blut geleckt. Meiner Erfahrung nach sind Frauen rachsüchtiger, feuern ihre Schüsse verbal ab, spielen mit Menschen, die verzweifelt versuchen, sie trotzdem zu lieben – weil sie lieben müssen. Die Rachsüchtigen brauchen es seltsamerweise nicht, glaube ich. Ob das stimmt? Sie haben das Bedürfnis, Macht über jemanden auszuüben, um geliebt oder gebraucht zu werden.

---

12 *Weißes Rössl*, Operette mit Tanzeinlage, komponiert 1930 von Ralph Benatzy.

2.12.1973 Wimpole Street [London], Herzspezialist. Ein Sprechzimmer wie das Büro eines Bankiers. Er notiert sich mein Alter & meine Familiengeschichte (Letztere gut). Eine Herzuntersuchung mit dem Stethoskop, dann sechs kleine Saugzylinder aus Gummi, die an Schläuchen hängen. Ergebnis okay. Pulsierende Oberschenkelarterie. Abtastergebnis okay. Ich müsste ganz aufhören zu rauchen, wenn ich die Muskelschmerzen in den Waden nach zügigem Gehen vermeiden will.

3.12.1973 Entspringt nicht alles Schreiben irgendeiner Art von Groll? Ein Überfluss an Freude bringt nicht so viel Geschriebenes hervor.

12.12.1973 Versuche, dir der Sinnlosigkeit des Lebens bewusst zu sein. Alle Depressionen, also Niederlagen, resultieren aus dem Versuch, ein Ziel zu erkennen und es nicht zu erreichen (oder es auch bloß klar vor Augen zu haben).

17.12.1973 Was ist ein idealer Urlaub? Absolut gar nichts zu tun, nicht mal die Sehenswürdigkeiten in einer völlig neuen Stadt zu besichtigen. Es ist eine Kunst, diesen Geisteszustand zu erreichen.

17.12.1973 Zehn Tage nach dem Besuch von Caroline war ich völlig deprimiert und nach ihrer Abreise drei Tage erschöpft. Erneut bohrte ich nach, ob sie nicht 1966 einen Feldzug gegen mich gestartet hatte – manchmal mit konkreten Fragen. »Ich kann mich nicht erinnern«, sagte sie, wie Nixon. Ich entsinne mich heute, dass ich nicht mehr in dem Londoner Haus übernachtete, in der Hoffnung, sie würde ihre Truppen aus Earl Soham abziehen. Das Unheil begann schon früh, im Februar 1963, als sie ihrem Mann [von unserer Affäre] erzählen wollte (und es auch tat). Sie wollte (nur?) eine große, glückliche Familie. Hat sie es mir zugutegehalten, dass ich mir mehr Zeit nahm, als ich mir leisten konnte? Leider musste ich

1964/65 hart arbeiten. Ganz zu schweigen davon, dass andere (über fünfjährige) Menschen uns auch im selben Haus voneinander trennen konnten.

Am 10. Dezember behauptete sie, ich empfände eine Hassliebe für sie. Stimmt. Sie gab mir ihr Nachthemd zurück (das sie nach Rom mitgenommen hatte, von wo sie gekommen war) und erklärte, sie wolle es *débarrasser* (loswerden). Eiskalt. »Du hast meine Liebe getötet«, sagt sie, ohne zuzugeben, dass sie mich zu Unrecht zweier oder dreier schwerwiegender Vergehen oder Angelegenheiten beschuldigt hatte: die Sache mit der Geschlechtskrankheit, die eigentlich gar nichts mit »Geschlechtsverkehr« zu tun hatte, oder dass [ihr Sohn] und ich hinter ihrem Rücken über sie gelacht hätten. Dass – dass [ihr Sohn] möglicherweise sein eigenes Spiel spielte, indem er (fälschlicherweise) behauptete, gern zu tischlern & zu zeichnen, damit er damals, mit vierzehn, so tun konnte, als wäre ich zu einer Vaterfigur geworden. Was für ein Spaß!

In gewisser Weise ist es ein Glück, dass ich das heute aufschreibe, an einem Abend, an dem ich mich »besser« fühle. Meine rechte Hand wird so müde, dass ich zur linken wechsle. Es war wie eine Art Tod, was ich am Tag und an den Tagen nach ihrer Abreise fühlte, denn es gibt nichts, was so schwer zu schlucken ist wie ihre absolute Weigerung, sich den Fakten zu stellen, der Geschichte, den Vorfällen, an die sie sich ganz sicher erinnert. Ich empfinde es als Feigheit und Ausflucht.

Schleierhaft ist mir wie üblich, warum sie mich offensichtlich auf der Liste ihrer sozialen Kontakte behalten will. Ich jedenfalls wollte vor sechs Tagen nicht darauf stehen. Ich war genauso müde und deprimiert wie im Oktober 1966, als ich mich von ihr trennte.

22.–23. 12. 1973 Nach Toulouse. [Carolines Ehemann] hat die besten Jahre seines Lebens (das heißt, die Einzigen, die ihm noch blieben) damit vergeudet, Sand ins Getriebe zu streuen. Aldeburgh, Earl Soham, Wochenende für Wochenende, an denen er nichts tat,

1974

als auf die nächste Mahlzeit zu warten und mich von Caroline fernzuhalten. Er hat sein Buch nie beendet und ist nicht einmal über das erste Kapitel hinausgekommen, abgesehen von einem [groben] Entwurf. Bin ich das Lebenswerk eines Mannes wert? Ich empfinde das nicht als Kompliment. Ich bedaure es. Mission erfüllt, aber was für eine wertlose, negative Mission!

* * *

20.1.1974 Lot[13] – hügelige Gegend mit unerwartet sanftem Tal, sogar Schluchten. Trocken wirkende Landschaft im Dezember, Ginster, gelbweißer Stein, aus dem die meisten Häuser gebaut sind. In der Nähe von Cahors eine interessante Quelle, für die Bewässerung allerdings am falschen Ende der Stadt. Ein kleiner Wasserfall, ein »Teich«, etwa 55 m². Cahors hat mondäne Geschäfte entlang einer von Bäumen gesäumten Allee. Parfümerien, einen ausgezeichneten Feinkostladen, auch eine Eisenwarenhandlung. Popmusik dröhnt aus dem Supermarkt, der über ein Café (mit Bar) verfügt und erheblich mehr internationale Leckereien zu bieten hat als Fontainebleau.

Viel leeres Land, unfruchtbar. Felsig. Abfallende Wiesen. Schweine, die nach Trüffeln suchen. Familien (Roques), die beispielsweise Dialekt [Okzitanisch] mit den Tieren sprechen. Ortsnamen, Carnac, Rouffiac. Sauzet. Luzach. (Languedoc.)

26.1.1974 Poliklinik, Fontainebleau. Am 18. Januar soll ich mich zwischen 9 und 9:30 Uhr zum Ziehen eines Zahns um 16:30 Uhr einfinden. Um neun bin ich da, mit einer Handvoll Papiere, einschließlich der Information, ob ich nachts pinkeln muss. Ich habe keinerlei Vorbelastungen. Nach zehn ist der Ruheraum alles andere als ruhig, weil zwei spanische Mütter mit ihren Kindern in einem

---

13 Highsmith verbrachte Weihnachten 1973 und die ersten Wochen von 1974 in der Region Lot im Südwesten von Frankreich mit ihrem guten Freund Charles Latimer, einem ehemaligen Mitarbeiter ihres britischen Verlags Heinemann, und dessen langjährigem Partner, dem bekannten Pianisten Michel Block (1937–2003).

angrenzenden Zimmer auf irgendwas warten. Sie plappern in einem fort. Es ist unmöglich, in ein anderes Zimmer zu wechseln (ich erkundige mich), um zu dösen, mir fehlt der Schlaf, und außerdem ist es verboten, zu rauchen, zu essen oder zu trinken, sogar Wasser. Die reinste Hölle, wenn ich heimlich eine qualme oder einen Schluck aus dem Flachmann nehme. Sehr erleichternd, das vertraute Gesicht von Dr. Aupicon im OP-Saal zu sehen. Der Anästhesist gibt mir eine Spritze in den linken Arm. Dann schnallen sie mich fest. Über mir kreisförmiges Licht aus konzentrischen Leuchtstoffröhren. Es folgt eine zweite Spritze, und innerhalb von dreißig Sekunden bin ich weg. Eine Stunde später wache ich in einem fremden Zimmer auf, unfähig, genügend Sauerstoff in meine Lungen zu pumpen. Ich schnappe nach Luft, als hätte ich Keuchhusten, klingle nach einer Krankenschwester, stehe dann auf, taumle zur Tür, brülle: »Hilfe! *Au secours!*« Gott sei Dank erscheinen auf der Stelle zwei Schwestern, ignorieren meine Schreie nach »*Oxygène!*« [Sauerstoff] und raten mir, mich zu beruhigen. Sie halten mich an den Handgelenken fest, und natürlich glaube ich ihnen halbwegs, denn schließlich sind sie Krankenschwestern, und vielleicht kommt ja ein Viertel ausreichende Luft rein. Das alles dauert etwa eine Minute.

28.2.1974 Ich lebe von meinem Einkommen. Ich wünschte nur, meine Freunde täten das auch.

4.3.1974 Bin gerade schlechtgelaunt. Habe das Gefühl, gehetzt zu werden. Brauche ich etwa Ferien? Ja, vielleicht, aber so was muss geplant werden; man kann ja nicht einfach alles stehen- und liegenlassen. Immerzu strebe ich nach Muße, als wäre sie eine Nymphe, die ich mir in einem Wald vage vorgestellt habe.

1.4.1974 Wäre Christus nicht so ungreifbar gewesen, wäre er nirgendwo.

30. 4. 1974 Notiz über Mary Sullivan, die am 19. April in New York gestorben ist, verfasst um den 9. April herum. Warum hast du zugelassen, dass die katholische Religion deine Gesundheit und deinen Verstand ruiniert? Was hat die katholische Kirche dir als Gegenleistung gegeben? Weißt du noch, wie ich dir geschrieben habe, dass Selbstquälerei und ein eingebautes, vorgefertigtes Schuldbewusstsein der Würgegriff der christlichen (einschließlich der protestantischen) Religion sind? Mary, die zusammen mit R. [Rose] M. um den 25. März hier ankam, hatte (nach sieben Monaten Abstinenz) an dem Tag, als sie von New York abflogen, wieder angefangen zu trinken. Rose & ich mussten die Flaschen hier verstecken, und selbst das war nicht genug. Kleine Flaschen Cognac in Marys Handtasche. Nach einer schweren Leberzirrhose hatte man sie in NY eindringlich gewarnt. Es war bewusster Selbstmord, mit 73. Hier kam sie immer wieder auf die Kirche zu sprechen, schaffte es aber nie wirklich dorthin – Grez oder Nemours. Um sechs Uhr morgens ging sie nach unten, auf der Suche nach etwas zu trinken, und gegen zehn fanden wir sie schlafend auf dem Sofa im Wohnzimmer. Als ich ihnen vorschlug, ein paar Tage nach Paris zu fahren, reagierte Mary so bitter, als hätte ich sie vor die Tür gesetzt. R. M. und ich – extrem nervös, & wir redeten, lachten & tranken nachts um zwei einen Absacker in der Küche, um nicht komplett verrückt zu werden. Die letzten Tage in Paris; ich blieb zu Hause. R. M. berichtete, dass M. den Alkohol einschränkte, dass es ihr besserging. Am 25. April kam ein Telegramm von R. M., in dem sie mir mitteilte, dass M. S. gestorben sei. Später erfuhr ich, dass ihre Schwester Polly von einem Spaziergang nach Hause gekommen war & M. tot in der Wohnung fand.

4. 5. 1974 Angus Wilson[14] – Trotz eines anderen Hintergrunds als er mache auch ich mir Gedanken über die Fassade, die jeder auf-

---

14 Sir Angus Wilson (1913–1991), britischer Schriftsteller, Kurzgeschichten-Autor und Biograph, der wie Highsmith in Suffolk lebte.

setzen muss, um zu existieren. Wie Wilson sagte: echte Fassaden. Ohne sie würden die Leute zusammenbrechen. Deshalb kommt (kann) ein Mensch, der allein lebt, seine sozialen Kontakte auf ein Minimum runterfährt und für die Ausübung seines Berufs keine Fassade hochziehen muss, dem Ideal, einfach er selbst sein zu können, vielleicht am nächsten.

12. 5. 1974 Die gesamte Menschheit (der intelligente Teil von ihr) ist einfach zu nervös. Deshalb gibt es die Rückwärtsbewegung zum Einfacheren, weniger Mechanischen. Oder zum Hippie.

Es bleiben zwei Probleme: zu viele Menschen, für die man sorgen muss, und das absurde Streben nach Luxus und – und – nicht einmal Muße, denn kaum einer wüsste, was er damit anfangen soll. Eine interessante Revolution: der Intellektuelle gegen die zahlreichen Bauern. Und doch sind beide auf komische Weise uneins. Der Intellektuelle will das Einfache, der Bauer die Maschinen, den Luxus.

2.–13. 6. 1974 Wie viele Enden hat dieses Ding? Wie viele Wiederholungen derselben Art von Ressentiment, des Gefühls, Opfer eines Doppelspiels zu sein? Bei meinem zweiten Trip nach London innerhalb eines Monats zog Caroline sich an drei Fronten zurück. Eine Front, die absurde »Show für die Öffentlichkeit«, ist in den letzten zehn Jahren schon ziemlich zusammengebrochen. Ich punktete mit dem Hinweis auf die Zeit, die [ihr Mann] damit vergeudet hatte, uns durch seine bloße Anwesenheit in die Quere zu kommen. »Die Ehe hat nichts mit einer Liebesaffäre zu tun«, sagt C. Warum hat sich dann der Gatte nicht aus der Liebesaffäre rausgehalten und sie mit der Verachtung gestraft, die sie verdient hätte? C.s Motto »In der Liebe und im Krieg ist alles erlaubt« steht auf wackligen Beinen, wenn sie Liebe und Ehe auf zwei so unterschiedlichen Ebenen ansiedelt.

18.6.1974 Diese emotionalen Katastrophen, die, die einen nicht mehr loslassen, sind echte Sackgassen. Ich würde sie gern abschütteln, wenn ich könnte. Und doch – sind sie nicht Teil des Charakters, der Persönlichkeit? Ohne sie wäre man nicht derselbe, nicht man selbst. Schließlich gibt es einen Teil des Gehirns, den man nicht manipulieren kann – nicht mal als Psychiater, dessen Worte zum einen Ohr hinein- und zum anderen wieder hinausgehen. Mit einem solchen Gefühl muss man sich abfinden und eingestehen, dass es nicht zu ändern ist – sonst wird man im Kampf dagegen zerrissen. Was haben all die anderen Leute außer einer *faute de mieux,* um ihnen Gesellschaft zu leisten? Träumt denn die Mehrheit der Leute nicht? Nein, die Mehrheit leider nicht.

23.6.1974 Idiotische Diskussion im Radio gestern Abend über die »Richtung«, in die sich die Menschheit entwickelt; was soll das schon sein? Philosophen haben seit dreitausend Jahren keine gefunden oder erfolgreich definiert. Die wahre Orientierung des Menschen geht in Richtung Spielen, Entdecken, Erfinden. Eine Moral lässt sich nicht so einfach daran festmachen. Der Drang zu Spiel und Erfindung ist eng verbunden mit Gesundheit und Lebensfreude. Wenn diese beiden primitiven Dinge fehlen, hat das Leben tatsächlich kaum mehr Wert oder Bedeutung als ein Kieselstein am Strand. Eigentlich sogar weniger.

26.6.1974 Das Hadern geht weiter. In gewisser Weise ist es eine Zeitverschwendung. Meine Gedanken sind traurig, verbittert, manchmal wütend. Doch ich bin zu dem Schluss gekommen, dass es (das Verliebtsein) ein Gefühl ist, mit dem ich einfach leben muss, und ich muss mich dieser Tatsache stellen.

Natürlich wird all dieses Gehader jetzt so schlimm, weil ich seit etwa einem Monat nicht arbeite (schreibe).

28. 6. 1974 Besuch von Wim Wenders[15] (Regisseur, Deutscher, lebt in München) und dem österreichischen Schriftsteller Peter Handke.[16] Beide schätzungsweise um die dreißig und knapp zwei Meter groß. Wim zuerst schweigsam, in sich gekehrt. Rote Lippen, niedriger Blutdruck, sagt er. Kein Kaffee nach dem Abendessen, kaum Alkohol. Schließlich sprach er konkret über *Ripley's Game* und sagte, es sei eigentlich Jonathans Geschichte, wegen des bevorstehenden Todes und weil sie schlichtweg mehr Handlung im Buch einnehme.

Peter hat das weiche Gesicht eines Mädchens. Seine Figur dagegen könnte etwas weiblicher sein. Er mochte den Tequila. Nach der Trennung von seiner Frau hat er das Sorgerecht für seine fünfjährige Tochter Amina in Paris. Er arbeitet zwei Monate im Jahr. Erzählt, dass in Deutschland die Tradition von Literaturagenten unbekannt ist und Schriftsteller außerhalb der Gesellschaft leben. Das stimmt; in den USA ist es genauso. Ich finde, er hat ein wirklich kraftloses Gesicht.

Wir aßen im Chaland Qui Passe zu Abend. Anschließend *chez moi* Himbeeren, Schnappschüsse. Wim erzählte von einem Comic-Zeichner in seinem Bekanntenkreis, der sich umgebracht hatte. Er meinte, der Mann sei unzufrieden mit sich selbst als Künstler gewesen, weil er nur Comic-Zeichner war.

Peter sagte: »Jedes Mal, wenn ich eines Ihrer Bücher zu lesen beginne, habe ich das Gefühl, dass Sie das Leben lieben, dass Sie leben wollen.« (Das gefällt mir!) Sie brachten mir eine geniale Kugel auf [einem] Sockel mit – die Kugel etwa fünf Zentimeter im Durchmesser, schwarz und klar, ein Geschenk von Jeanne Moreau.[17] Peter hat keinen Agenten. Deutschland hält nichts von Agenten,

---

15 Wilhelm Ernst (»Wim«) Wenders (*1945), deutscher Filmregisseur und Fotograf, der in den 1980er Jahren u. a. mit seinen Filmen *Paris, Texas* und *Der Himmel über Berlin* berühmt wurde.
16 Peter Handke (*1942) zementierte Highsmiths Status als literarisches Schwergewicht in der deutschsprachigen Welt mit einem Text für die Zeitschrift *Der Spiegel* am 1. Januar 1975: »Die privaten Weltkriege der Patricia Highsmith«. 2019 wurde er mit dem Literaturnobelpreis ausgezeichnet. Im Jahr 1972 hatte Wim Wenders Handkes frühe Erzählung »Die Angst des Tormanns beim Elfmeter« verfilmt.
17 Highsmith hatte sich vor kurzem mit Jeanne Moreau (1928–2017), einem berühmten Filmstar der französischen Nouvelle Vague, angefreundet.

sagte er. »Mein Verleger vertritt mich als Agent.« Ich war gelinde gesagt erstaunt.

1.7.1974 Hans Christian Andersen trug auf Reisen (in Hotels) immer einen Strick bei sich. Eine Frage: Woran konnte er ihn festmachen? An den Hüften eines Dienstmädchens vielleicht, das er an ein fast geschlossenes Fenster zerrte? Aber: Vermutlich gab es wohl immer einen Bettpfosten.

3.7.1974 Das Hadern geht weiter, wenn auch weniger, & ich mache mir Notizen für Kurzgeschichte »Man muss damit leben«[18], was die Sache vielleicht verbessert. Seit 31 Tagen »Ferien«, & ich bin dank intensiver Gartenarbeit gut in Form. Ich experimentiere mit Aquarellfarben & plane allerlei Tischlerprojekte. Große Erleichterung gestern und heute über die Nachrichten aus Zürich und London, dass die Verleger die Tiergeschichten sehr gut finden und sie veröffentlichen wollen – die Londoner »noch vor [den] Weiberfeind[geschichten]«.[19]

4. JULI 1974 Gerade als ich einen Teil des Tages damit verbracht hatte, die Vor- und Nachteile bezüglich CB aufzuschreiben, und zu keinem großen Fazit gekommen war, rief sie abends um Viertel nach neun an und sprach etwa zwanzig Minuten mit mir. »Mir geht es darum, gemocht zu werden, nicht geliebt.« Was mich betrifft, so munterte mich die Unterhaltung ziemlich auf. C.: »Ich mag Menschen, die mich zum Lachen bringen.« Ein bisschen vom alten Stil.

Zweiunddreißig Tage »Ferien«. Mein Geist und mein Körper sind voller kreativer Ideen und zwangsläufig mit C. verbunden.

---

18 Diese Erzählung erschien in der März-Ausgabe 1976 von *Ellery Queen's Mystery Magazine* und später in *Slowly, Slowly in the Wind* (London, 1979), deutsch: *Leise, leise im Wind* (Diogenes, 2004).
19 *Kleine Geschichten für Weiberfeinde* erschien zuerst in der deutschen Übersetzung von Walter E. Richartz mit Illustrationen von Roland Topor bei Diogenes (1975) und 1977 bei Heinemann (London) im Original.

Heute Abend habe ich zu ihr gesagt: »Du musst doch wissen, dass ich dich liebe – nach all den Jahren.« In weniger als zwei Wochen sind es zwölf Jahre. Wie viele Zwölfen kann man erleben?

4.7.1974 Für *The Writer* Artikel über mögliche Genre-Spielräume, die Nicht-Festlegung auf Western, Krimi oder gar Sex. Lass deine Phantasie schweifen. Tagträume. Gönn dir zur Abwechslung einen Schriftstellerurlaub und »verschwende« ein paar Stunden auf einen Text, den du höchstwahrscheinlich nicht verkaufen wirst. Schreib ihn einfach, weil es Spaß macht, ihn zu schreiben. Beispielsweise die Weiberfeind[geschichten] – oder die Kakerlaken-Geschichte[20] –, die am Ende zu der Hauptidee für das ganze Buch über Tiere wurde.

Wir leben in einem Zeitalter der Überspezialisierung. Man ist Elektriker, Börsenmakler oder Anwalt und nichts anderes. Der Schriftsteller kann, ja muss sogar Matrose, Hausfrau, Jugendlicher oder Barkeeper sein. Mach dasselbe in der Art, wie du schreibst. Für die Tagträumerei: Es ist notwendig (finde ich), etwas anderes zu tun, etwas, das einen geistig nicht anstrengt, wie Gärtnern, Stricken (solange es einfach ist!), Silberpolieren, Bügeln. Versuch, nicht zu denken: Konzentration und Phantasie passen nicht zusammen. Märchen, Phantasien, Übernatürliches, all das sind Felder, auf denen die Saat aufgehen kann. Womit wir beim Thema Disziplin wären. Ist nicht schon viel zu viel darüber gesagt worden, dass man sich anstrengen, täglich schreiben und sich dazu zwingen soll, selbst, wenn man keine Lust dazu hat? Wie wäre es, wenn man sich stattdessen zum Tagträumen zwingen und es als erfolgreichen Arbeitstag verbuchen würde, auch wenn man nur zwei Minuten erfolgreich geträumt hätte? Lass zur Abwechslung deinen Geist mal in Ruhe. Hör auf, dich zu geißeln. Erinnere dich an den Klassiker, den Reverend

---

20 »Bekenntnisse einer ehrbaren Küchenschabe« erschien zuerst in *The Animal Lover's Book of Beastly Murder* (London, 1975).

Charles Dodgson schuf, hauptsächlich, während er in einem Ruderboot den Fluss hinuntertrieb.[21]

7.7.1974 Zum Thema Selbstmord – dass W.W. [Wim Wenders] erwähnte, er kenne jemanden, der sich umgebracht hat, weil er seine Kunst (gegenüber einem bildenden Künstler) für »unbedeutend« hielt. Man könnte meinen: Alles Lustige ist in Wirklichkeit bitter. So überschreitet der Geist diese Grenzlinie, die mittlere Zone, und das ganze Leben wird tragisch und bitter. Alvarez[22] bietet so viele Gründe für Selbstmord (alle bis auf den offensichtlichen, alten: Aufmerksamkeit zu erregen oder jemanden zu beeindrucken – solche Versuche scheitern oft.) Der Wunsch, sich mit dem toten Vater zu verbinden (Sylvia Plath), ein Statement von Macht & Unabhängigkeit (was ich nicht ganz verstehe), das passende große Finale eines Lebens – Drama, Würde. Auch das verstehe ich nicht so ganz. Selbst die edlen Römer brauchten eine Herausforderung. Sie haben sich nicht auf der Höhe ihrer physischen oder politischen Gesundheit umgebracht.

16.7.1974 Einsamkeit. Vielleicht einmal im Jahr fühle ich mich »einsam«. Dann braucht man einen Ausgleich, den einem eine zweiminütige Unterhaltung (am besten mit einem Freund) verschaffen kann. In diesem Sinne sind Menschen notwendig. Sie stellen das richtige Verhältnis wieder her.

21.7.1974 Die ganze Welt der Kunst ist Phantasie. Heute habe ich das beunruhigende Gefühl, dass mich allein die Phantasie bei der Stange hält – das heißt, ein bisschen Freude und Befriedigung an dem, was ich tue (nicht an dem, was ich in der Vergangenheit getan

---

21 Charles Dodgson (1832–1898), besser bekannt als Lewis Carroll, Verfasser von *Alice im Wunderland.*
22 Al Alvarez (1929–2019), englischer Dichter, Schriftsteller und Kritiker. *Der grausame Gott,* seine berühmte Studie über Selbstmord, zog weite Aufmerksamkeit auf sich, weil er mit Sylvia Plath befreundet war, die sich bekanntlich das Leben nahm.

habe). Zweifellos ist das keine neue Erkenntnis. Vor zwölf Jahren & einem Tag habe ich C. kennengelernt. Was hat mich in den letzten sieben Jahren am Leben gehalten?

22.7.1974 Zu sieben Wochen (fünf) Müßiggang: Nichts ist jemals so, wie wir glauben. Müßiggang löst die quälenden Probleme nicht. Deshalb haben selbst die Christian-Science-Anhänger eine Art Stütze. Alles findet im Kopf statt. Innerlich. Äußere Pingeligkeit zählt nicht viel, sie hilft nur ein bisschen. Und Aktivität ist Tarnung.

5.8.1974 Wenn es hart auf hart kommt, ist der Tod eine formlose Angelegenheit.

30.9.1974 Fort Worth, Einkaufszentren überall entlang der Straße zwischen der Stadt und Weatherford. Letzteres strahlt einen Hauch von New England aus. Mein Cousin [Dan Coates] kennt hier jeden. Keine Musik, keine Bilder (von Künstlern) an der Wand bei ihm zu Hause. Aber es ist ein glückliches, gesundes Leben. Kein Gerede über Politik, kein Nachdenken – um das Leben ins rechte Lot zu bringen.

Ziemlich erschütternder erster Besuch bei meiner Mutter. Der Fernseher plärrt wie üblich (glaube ich) vor sich hin. Ich musste durch ein Fenster ins Schlafzimmer einsteigen und Dan reinlassen. Auf dem Boden stapeln sich alte Zeitungen, zwei Perücken, Telefonbücher, Post, Zigarettenstummel, Aschenbecher. »Brandgefahr«, sagt Dan. Wir gehen weg und kommen etwas später wieder (nachdem wir [dem Nachbarn] nebenan Bescheid gesagt haben, dass wir noch mal kommen). Meine Mutter will nicht, dass ich das schmutzige Geschirr in der Spüle anrühre, doch ich bestehe darauf, und Dan lädt sie in ein Café ein. Die übliche feindselige Atmosphäre.

Es hat keinen Zweck. Sie erlaubt mir nicht, irgendwelche Zeitungen zu entsorgen. Es würde zwei Wochen dauern, hier aufzuräumen. Jede Menge billiges Geschirr und Besteck in der Küche, aber

1974

kein Platz, um das wenige, das ich gespült habe, unterzubringen. Eine interessante Spüle übrigens, grüner, stinkender Schleim am Boden – alles hoffnungslos verdreckt.

Mir graut vor ihrer Unzurechnungsfähigkeit und davor, dass es nur noch schlimmer werden kann. Sie isst nicht richtig. Das Essen verschimmelt, Unmengen von in Wachspapier eingewickeltem Zeug, Schinken, der so vermodert ist, dass er zerfließt. Der Hund hat die Krätze. Mein Cousin hat die richtige Einstellung – er ist aufrichtig besorgt, kann aber trotzdem lachen. Wir besuchen einen Anwalt, um uns das Formular für eine Generalvollmacht zu besorgen, doch [der] Anwalt sagt, das Beste wäre wohl, sie in Ruhe zu lassen. Ich mache mir Sorgen, dass ihr das Geld ausgehen könnte – sie schreibt Schecks doppelt aus, schickt sie aber nicht immer ab.

23.10.1974 New York. *Chez Rose* [Mary Sullivans Partnerin].
Pförtner, schwarz, heißt Randy. Trägt Schirmmütze, Zigarre im Mundwinkel. Ist von vier Uhr nachmittags bis Mitternacht da. Man braucht einen Schlüssel für [die] große Eingangstür. Als ich um halb elf morgens rausging, ließ ich eine dicke Frau eintreten, kam vier Minuten später wieder und fand im Aufzug eine Urinlache, die bis um 17 Uhr noch nicht beseitigt war und immer matschiger wurde. Keine Möbel in der Lobby, nachdem ein Sofa aufgeschlitzt und ein Tisch gestohlen worden waren ... von Straßenkindern. Heutzutage benutzen die Leute eher Busse als die Subway. SoHo ist jetzt das Kunstzentrum, unterhalb der Houston Street, große Lofts, Galerien mit bunten Gemälden, Wohnungen.

Bob Gottlieb[23]: etwa 38, schütteres Haar, blaues Jeanshemd. Weder raucht er noch isst er auswärts, weil es seine Gesundheit ruinieren würde, sagt er. 21. Stock des Random-House-Gebäudes an der Ecke Fifth Avenue & 59th Street. Geräumige Büros, aber schlechte,

---

23 Robert Gottlieb (*1931), amerikanischer Schriftsteller, Herausgeber und Verleger. Er war Cheflektor bei Simon & Schuster, Alfred A. Knopf und *The New Yorker*. Er wurde Highsmiths Lektor, als sie nach fünf Titeln bei Simon & Schuster zu Knopf wechselte.

abgestandene Luft. B.G. sagt, wenn sie 16 000 $ pro Jahr mehr bezahlten, könnten sie zwischen 18 und 19 Uhr eine Stunde mehr Luft kaufen. Die Putzfrauen arbeiten demnach in ungelüfteten Räumen. Viele Angestellte sitzen bis 19 Uhr in den Büros. Vermutlich atmete ich vormittags um halb zwölf dort noch frische Luft.

Hübsche Jane Street, westlich der 8th–9th Avenue. Die Leute geben sich Mühe mit dem Grün vor ihren Häusern. New Yorker Vielfalt – kein Zweifel. Man wird zwischen hervorragender Kunst und niedrigsten menschlichen Impulsen hin und her bugsiert. Die Stadt ist voller Anregung für die Nerven, und das ist die beste Art von Stimulation überhaupt. Hat sich irgendwas geändert in 40 Jahren?

Ja. Die 8th Street, von der 6th Avenue aus gesehen (inzwischen endgültig als Avenue of the Americans etikettiert und entsprechend umbenannt), sieht aus wie eine Müllhalde oder ein Slum. Was für eine Schande! Ich erinnere mich an viele hübsche kleine Geschäfte. Und was ist mit den Leuten, die sie ruiniert haben, den Chaoten, Gaunern, Prostituierten, Ladendieben, Vandalen? Tja, warum sollte sie das kümmern? Die einzige Antwort sind Pförtner und Wachpersonal rund um die Uhr. Was für eine Verschwendung menschlicher Arbeitskraft!

1.12.1974 Erich Fromm behauptet kühn, man werde zum Sadisten, wenn man die Liebe, die man sich von jemandem wünscht, nicht bekommt. Dies zeigte sich deutlich im Jahr 1960 am Beispiel von MJM [Marijane Meaker] und [Elizabeth Lyne] 1969. Seltsam auch, wie die beiden versuchten (direkt oder indirekt), an ihrem Opfer festzuhalten.

* * *

31.1.1975 Proste mir nur mit den Augen zu, und reich mir ein Glas Gin.

4.2.1975 Millet, der Friseur, erzählte die Geschichte meines Gärtners, der erst zwei Mal bei mir war und in einem gelben Haus an der Ecke wohnt. Ich wusste, dass seine Frau aus dem Krankenhaus nach Hause gekommen war und er sie pflegen musste. Offenbar hatten sie nur ein Kind, eine 22-jährige Tochter, brillante Wissenschaftlerin, übergewichtig, die mit Pillen Diät hielt und sich in einen polnischen Jungen aus dem Dorf verliebt hatte. Die Affäre ging schief, an einem Montag zündete die junge Frau den Wagen auf der Straße nach Dervault an, wurde ins Krankenhaus gebracht und starb am Mittwoch, mit Plastikpartikeln aus dem Wageninneren in den Lungen.

12.3.1975 Paradoxerweise ist bessere Allgemeinbildung mit gesteigerter Dummheit verbunden. Man entfernt sich nur noch mehr von Land und Natur, statt wie unsere weniger gebildeten Vorfahren im Einklang mit ihnen zu leben. Heute lesen wir von Pillen und nehmen sie – haben aber Angst davor, offen zu rülpsen.

12.3.1975 Eskimo-Skulptur: dicke Stehaufmännchen – hauptsächlich zum Anfassen gedacht. Ein Gefühl von Wärme und reichlich menschlichem Fleisch.

31.3.1975
Die Kreise der Regentropfen
Auf dem Teich vor meinem Fenster
Werden mich an dich erinnern
Und mir Angst machen vor dem bevorstehenden Tod.
(für M. A.)[24]

15.4.1975 Manchmal muss man mit sich kämpfen. Ich quäle mich mit einem Roman. Eine Freundin von mir hat Alpträume. Letztlich ein Beweis von Stärke. Wie eine Art Vorspiel.

---

24 Erster Hinweis auf Highsmiths neue Freundin Marion Aboudaram.

RÜCKKEHR NACH FRANKREICH

6.6.1975 Die tiefe Demütigung, interviewt zu werden. Seltsam, wie sie einen langsam auffressen. Jetzt habe ich fast einen Monat davon hinter mir, inklusive eins fürs Fernsehen, das ich mir natürlich nicht angesehen habe. Sieben Interviews, vielleicht. Nach jeder Pause ist es so, als müsste man zurück auf den Zahnarztstuhl. Dabei ist mir klar, dass der Interviewer manchmal genauso gelangweilt und frustriert sein muss wie ich. Jetzt bin ich erschlagen und erschöpft und kann mich nicht mal zu einer Kurzgeschichte aufraffen – einer einfachen! Dabei habe ich es versprochen. Warum muss das Leben so grässlich sein? So erbärmlich? So eine Quälerei?

10.6.1975
Im Morgengrauen, nach meinem Tod,
wird sich wie um sieben
das Sonnenlicht auf diese Bäume legen, die ich kenne.
Grün werden sie aufleuchten, und die dunkelgrünen
Schatten
weichen der grausam gütigen Sonne.
Oh Ägypten! Sizilien! Mexiko!
Gleichgültig stehen die Bäume in meinem Garten,
ohne um mich zu weinen am Morgen nach meinem Tod.
Mit dürstenden Wurzeln
ruhen sie in der windstillen Dämmerung,
blind und gefühllos, immer
die Bäume, die ich kannte,
die ich pflegte.[25]

18.7.1975 Ascona [Tessin] – Weiße, cremefarbene Fassaden neuer Boutiquen. Das Einzige, was bleibt, ist das rote Kopfsteinpflaster – hier und da. Bluejeans, Straßenkneipen, Menschen, die deutsch sprechen (manchmal), und der Tessiner Dialekt (meistens). EBH

---

25 Dieses Gedicht erscheint in Highsmiths nächstem Roman, *Ediths Tagebuch*, und wurde als Handzettel im März 1995 bei der Trauerfeier für Patricia Highsmith in der Kirche von Tegna verteilt.

[Ellen Blumenthal Hill]. Lebt in Caviglione, 7 Kilometer von Locarno entfernt. Das ist ein winziges Dorf [am] Rand [einer] Schlucht, stark bewaldet, man spricht Italienisch, und alle Türen müssen abgeschlossen werden. 11 Kilometer bis zur italienischen Grenze. Einbrecher.

In Ascona habe ich mir heute einen Reisewecker und eine Armbanduhr gekauft. Insgesamt etwa 380 bis 400 Schweizer Franken. Geld bedeutet niemandem mehr etwas. Vielleicht sind alle nervös? EBH macht sich Sorgen, dass bis zum nächsten Oktober Hausbesetzer in ihr Haus eindringen könnten. Man hat bereits ihr [Max] Pechstein [Gemälde] gestohlen. Ich hätte keine Lust, in ein Dorf zu ziehen, wo ich sämtliche Türen abschließen muss, oben und unten.

6.8.1975 Ein denkwürdiger Tag – vielleicht. Am 6. August setzt meine Mutter versehentlich ihr Haus in Texas in Brand – mit einer vor sich hin glimmenden Zigarette. Das Haus ist ausgebrannt. Dank Dan ist meine Mutter jetzt in der Fireside Lodge (White Settlement Road). Er schrieb mir am 9. August. Da war sie bereits dort. Ich befürchte eine Schockreaktion (ich schreibe dies am 17. August) etwa eine Woche später. All ihre Kleider sind weg, Klavier, Zeichnungen & Bilder, mein College-Diplom, und vielleicht auch die Uhr & Kette, die ich haben wollte. Danny[26] und seine Frau Judy gehen laut Dan alles mit [einem] feinzahnigen Kamm durch und werden versuchen, etwas zu retten, das sich verkaufen lässt. Vermutlich wird meine Mutter in den kommenden Monaten Beruhigungstabletten brauchen – und Ärzte.

21.9.1975 Leuenberg (Hölstein [bei Basel]). Eine Jugendherberge in den Bergen. Tagung des Schweizer Dachvereins der Englischlehrer. Etwa hundertzwanzig sind anwesend. Michael Frayn[27] kommt

---

26 Danny Coates ist der Sohn von Highsmiths Cousin Dan.
27 Michael Frayn (*1933), britischer Journalist, Kolumnist, Dramatiker und Romancier.

aus London dazu. Er ist groß, schlank, lächelt, hat schütteres blondes Haar. Sehr moderne Einrichtung, zwei Bibeln in jedem Zimmer. Bier und Wein kann man kaufen, aber sonst nichts. Herr Wagner ist gewissermaßen der Inhaber und praktiziert ständig Schweizer Demokratieverfahren, sprich, bei der kleinsten Frage wird durch Handhochhalten abgestimmt. Alle wirken ziemlich lehrerhaft.

Stanley Middleton,[28] aus Yorkshire (glaube ich), ist [der] dritte Schriftsteller, groß, leichtes Bäuchlein, rosige Wangen, bäuerliche, hausbackene Art. Sein Buch *Holiday* gewann den Booker Prize zusammen mit noch jemandem. Wir haben uns (nach langen Diskussionen) in drei Gruppen aufgeteilt. Montag, erster Tag ziemlich anstrengend. Ich spreche über *Die gläserne Zelle,* ihren Ursprung und die anfänglichen Schwierigkeiten damit. Eine Sitzung am Vormittag (zäh) mit mindestens zwanzig Leuten, zwei [am] Nachmittag. Sie diskutieren über [die] Schuldfähigkeit (Moral) von [dem Helden des Buches] Carter, nachdem er Sullivan [umgebracht hat]. Alle sprechen recht gut Englisch und bleiben meist dabei, auch wenn sie mit Kollegen sprechen. Ansonsten Dialekt, wenig Hochdeutsch.

2. 10. 1975 Die beiderseitige Verlegenheit zweier ehrlicher Menschen, die sich zum ersten Mal begegnen.

31. 10. 1975 Träume – Marion und ich ordnen Dinge in [dem] Haus, in dem ich lebe. M. erklärt mir, dass »die beiden Koffer zu dicht beieinanderstehen«. Um gut auszusehen. Ich habe eine Idee für 3 Schreibmaschinen mit weniger Tasten, für Ablehnungsschreiben, Zusagen oder um zu erklären, die Sache werde geprüft, müsse besprochen werden. Wasser. Großer Teich mitten im Wohnzimmer. Zwei Kreaturen, die aussehen wie Bisamratten, leben darin, mit gesenkten Köpfen, um so viel Wasser wie möglich abzukriegen. Ich brauche ein paar Sekunden, um zu erkennen, dass sie es lieben.

---

28 Der britische Romancier Stanley Middleton (1919–2009) erhielt 1974 zusammen mit Nadine Gordimer den Booker Prize.

Ich lasse mehr Wasser für sie ein; sie tummeln sich darin und hüpfen vor Freude. Ich sage zu M.: »Wir haben einen Swimmingpool mitten im Haus!« Ich repariere die Wand einer tiefen Schlucht, unter mir Wasser und Felsen. M. sagt, ich solle mich beeilen, damit ich ihr meine Idee mit den Schreibmaschinen erzählen kann. Ich muss hochklettern, überlege, ob ich M. bitten soll, mir zu helfen, überlege, dass ich mich schwer verletzen könnte, wenn sie ausrutscht, und beschließe, mich selbst hochzuziehen. Ich wache auf und sage laut: »... wenn du ausgerutscht wärst.«

11.11.1975 Ergebnis von fünf Tagen in der Schweiz und dem Treffen von 75 Menschen oder so – weniger Schüchternheit meinerseits. Vielleicht aus der Erkenntnis heraus, dass andere Menschen genauso schüchtern sein können. Zumindest ein Gewinn. Und für mich ganz wichtig. Es macht mich wirklich glücklicher.

22.11.1975 Das Wort normal sollte die Bedeutung »gemäß einer Regel« haben. Es sollte nichts mit dem zu tun haben, was die Mehrheit tut.

* * *

3.1.1976 Städte und Leben. Die Schüchternheit, das Älterwerden, die Angst vor dem Scheitern, vielleicht bei banalsten menschlichen Aufgaben – etwa einer kurzen Bahnfahrt irgendwohin. Die Realität, die Erkenntnis (beim Älterwerden), dass Freunde verletzbar sind. Gesichter, Ausdrücke, die wir gut kennen, bekommen neue Bedeutung. Man sollte wirklich netter sein, toleranter gegenüber den Bemühungen der anderen – vorausgesetzt, sie geben sich tatsächlich Mühe! Aber das tun die meisten. In Paris, in jeder Stadt, laufen die Menschen mit schmerzverzerrten Gesichtern herum, so wie ich, als drückten die Schuhe, aber meine Schuhe drücken nur selten. Und wir bewegen uns in Gebäuden, die von elektrischen Leitungen verschandelt sind, arbeiten in Büros, [die einst] prachtvolle Privathäuser waren, mit Stromkabeln, die sich um getäfelte Türrahmen winden, und Steckern, die neben der Täfelung aus der Wand ragen.

22. 1. 1976
Eine merkwürdige, schreckliche Mischung
Aus Zärtlichkeit und Furcht,
Der Wunsch zu beschützen,
Das Bedürfnis, mich selbst zu schützen.
Fühlen das alle anderen auch?

10. 3. 1976 Wieso ist die Kirche – sind die meisten Kirchen – so gegen Sex? Weil ihnen klar ist, dass Sex stärker ist als Religion. Deshalb spucken sie auf Sex, ziehen ihn in den Dreck, wo sie können, machen die Mutter des Jesuskinds zur Jungfrau – und sogar deren Mutter vor ihr! Noch so ein krachender, katastrophaler Fehler der christlichen Kirche. Sie sollte lieber erkennen, dass Sex und Religion Verbündete sind, beide mystisch, beide in der Lage, etwas zum anderen beizutragen und daher tatsächlich an Stärke zu gewinnen. Wie üblich bei fehlgeleiteten Eiferern haben die Kirchenmänner (in Rom) die Dinge noch schmutziger und weltlicher gemacht (was sicher nicht ihre Absicht war), indem sie verfügten, dass Geschlechtsverkehr nur der Fortpflanzung dienen darf.

13. 3. 1976 M. C. H. [Mary Coates Highsmith]. Meine Mutter. Seit dem 7. oder 8. August 1975 im Fireside Lodge, Fort Worth, einem Pflegeheim für Senioren & Behinderte. Im Grunde ist sie dement. Dans letzten Nachrichten zufolge kann sie nicht mehr telefonieren (schwerhörig?), und man hat sie auf einen Hochstuhl für Erwachsene gesetzt (für wie lange, nur zu den Mahlzeiten?), sonst würde sie herumwandern und die Prothesen der Leute vertauschen oder aus allen Orangensaftgläsern trinken. Aber sie ist eine Quelle der Unterhaltung für das Heim. Manchmal erkennt sie Dan und [seine Frau] Florine, manchmal nicht, manchmal denkt sie, sie sei in Paris, und

fragt, wie sie alle dorthin gekommen sind? Das Heim kostet mehr als 400 Dollar pro Monat, aber Dan hat 16 000 $ für sie hinterlegt, das genügt vorerst – und selbst wenn sie auf Reserven zurückgreifen muss, hat sie genug für eine ganze Weile. Alle 20 Tage bekommt sie eine Spritze zur Blutverdünnung, damit ihr Gehirn besser durchblutet wird. Ich zögere, im Zusammenhang mit meiner Mutter das Wort Gehirn zu benutzen, ich glaube nämlich, dass sie an dieser Stelle bloß einen Nervenknoten hat. Wie ich schon an anderer Stelle in diesem *cahier* gesagt habe, wird sie in dem Glauben sterben, dass sie immer recht hatte und die anderen falschlagen. Sie spricht jetzt oft von ihrer eigenen Mutter, erzählt, sie hätte eine wunderbare Mahlzeit gemacht usw., faselt von einem Baby im Haus. Anscheinend spricht sie nie von mir oder Stanley. [Ihre alte Freundin Jeva] Cralick schreibt ihr aus New York, bekommt aber keine Antwort. Scheinbar hat der Schock über das am 6. oder 8. August abgefackelte Haus dazu geführt, dass sie sich in eine absolute Phantasiewelt zurückgezogen hat. Die Fakten schmerzen nicht so sehr und existieren einfach nicht, solange sie sie nicht anerkennt. Ich hoffe, dass ich sie nie wiedersehe & die Kraft aufbringe, mich vor der Beerdigung zu drücken. Alles ist jetzt übertrieben: die Oberflächlichkeit, die Arroganz, wie sie einerseits die Leute verflucht und sich andererseits lammfromm gibt.

Millie Alford bittet mich, ihr zu »vergeben«, und ich habe ihr erklärt, dass man einer Verrückten nicht verzeihen muss. Früher war sie nicht verrückt, nur schrecklich egoistisch, selbstsüchtig, erbarmungslos gegenüber den Gefühlen anderer Menschen – denen meines Vaters, Stanleys oder meinen. Ich erklärte Millie, dass ich jetzt lieber Abstand halte, weil ich seit 1958 ständig Angst vor ihr hatte, als sie mir zum Beispiel diese kränkenden und verstörenden Briefe schrieb. Dass sie echte mentale Probleme hatte, zeigte sich 1959–60 – da hielt ich sie für manisch-depressiv. Ob das alles an den Gefäßen liegen kann? Zu wenig Sauerstoff im Gehirn? Oder müssen viele alte Leute Spritzen zur Blutverdünnung bekommen?

3.6.1976 Katholische Beerdigung [von Desmond Ryan] in der Kirche von Fromonville. Etwa dreißig Leute. Ältester Sohn führt zuerst die Witwe in die Kirche, dann folgen die nächsten Verwandten. Der Leichnam liegt in einem violett ausgekleideten Sarg, die Füße uns zugewandt. Der Priester, weißes Gewand, violettes Kreuz, lässt uns viermal hinsetzen und wieder aufstehen, verneigt sich, während er uns auf Französisch vorliest, dass der Tod ein Weg sei, mit Gott Bekanntschaft zu machen. Die Orgel ertönt, und ein dünner, schrecklicher Sopran singt auf Französisch und möglicherweise auf Latein. Sargträger in glänzenden grauen Anzügen (4) mit langen Lederriemen über den Schultern. Aber bevor sie den Mittelgang hinaufkommen, muss jeder aus der Gemeinde (nach Priester, ältestem Sohn usw.) den stabähnlichen Sprengel schütteln, oder was immer das ist – ihn dann an die nächste Person weitergeben, die [den] Kopf [des] Sargs im Zeichen eines X mit Weihwasser besprengt. Als ich dran bin, ist kein Wasser mehr da. 4 Leichenträger tragen den Sarg zum Friedhof, wo ein rechteckiges Grab ausgehoben wurde, und lassen ihn hinab, bis er ganz verschwunden ist. Familie wirft Blumen & kleine Sträuße hinterher. Zwei hagere, nicht französisch aussehende Totengräber schauen im Hintergrund zu und erinnern mich an Shakespeare. Einer hat ein schmales, verwittertes Gesicht – er könnte den Starbuck [in *Moby Dick*] spielen. Der Priester hält eine kurze Ansprache. Ältester Sohn Sebastian liest am Rande des Grabes aus Samuel Becketts *Endspiel* – einen Absatz, der mit einem entschiedenen »Glück!« endet. Mary [Ryan] lädt uns alle zu einem Imbiss zu sich nach Hause ein. Wir lachen über den Sopran.

19.6.1976 Das Wesentliche an der Existenz ist eine Frage. »Was denkst du von dir selbst?« oder die Antwort darauf. Man könnte es Selbstwertgefühl nennen. Es ist der Unterschied zwischen Glück und Unglück – oder noch schlimmer, ein Zögern, Unentschlossenheit, die Unfähigkeit, sich selbst einzuschätzen. Letzteres ist fast so was wie Elend.

4.7.1976 Frankreich. Der letzte Schrei der Jugend ist »die interessante Stille«. 1968 waren sie aufbrausend und verbreiteten den neuesten revolutionären, unverdauten Jargon, um das andere Geschlecht zu beeindrucken. Heute sitzt der meditative junge Mann mit nacktem Oberkörper in der Hitze herum und sinniert über sein Schicksal, seine Verantwortung und seine Männlichkeit.

9.8.1976
Liebe ist Verzweiflung,
Eine Notwendigkeit.
Kenne ich Dich überhaupt?
Nicht ganz.
Aber ich brauche Dich ganz.

1.9.1976 Erste Notiz zum 4. Ripley.

21.9.1976 Berlin.[29] Erster Abend (19). Eine Woche Festspiele. Ein Monat, 2. September bis Oktober. Multi-gravitational Aerodance Group, New York. Auf Englisch. Großes Theater. Menschen auf hölzernen Tribünen. Thema ist die Sinnlosigkeit des Lebens. Raucher: ein Raum links (oder rechts). Hübsche blonde Mädchen. Man erklärt mir, Berlin sei eine künstliche Stadt mit vielen alten Menschen, die von ihrer Rente leben. Berlin produziert Glühbirnen mit schweren Spulen im Innern wie in alten Zeiten. Zweiter Abend. Nachtclub namens Romy Haag[30] – Transvestiten-Show um 1:35 Uhr in der Frühe (angekündigt für 1 Uhr). Davor eine hypnotische Stunde mit Betrachtung einer vergoldeten Kugel, die sich – wie die Welt oder ein Glücksspielrad – über den Köpfen der Tänzer dreht,

---

29 Während der Berliner Festwochen (5.9.–17.10.1976) zeigte die Akademie der Künste die Definitive Frühe SoHo-Ausstellung NEW YORK-DOWNTOWN MANHATTAN: SoHo, in Anwesenheit von William Burroughs, Susan Sontag, Allen Ginsberg, Trisha Brown und Patricia Highsmith.
30 Die ehemalige Zirkusartistin und legendäre Transvestitin Romy Haag (*1948) eröffnete 1974 ihren Nachtclub »Chez Romy Haag« in Berlin-Schöneberg. Es wurde von berühmten Gästen wie Udo Lindenberg, Zizi Jeanmaire, Bryan Ferry, Freddie Mercury, Lou Reed, Mick Jagger und ihrem ehemaligen Liebhaber David Bowie frequentiert, der ihretwegen nach Berlin zog.

während die Musik dröhnt. Hauptsächlich junge Leute in Jeans, aber auch ein paar ältere Paare, seriös und verheiratet. »Berliner Luft – Luft – Luft – Duft – Duft – Duft –«[31]

Es ist nach 3 Uhr morgens, als ich ins Bett gehe – Auch müde von L. P. [Lil Picard]s zunehmender »Wut«. Sie ist jetzt »links«. Ich darf Kommunisten nicht mehr als Dreckskerle bezeichnen – plötzlich. Sie nennt mich Rassistin oder Faschistin. Ich weigere mich, mit L. P. zu streiten, und sage ihr, sie habe immer recht. (Aber irgendetwas stimmt nicht, weil mein Herz zu rasen beginnt, als würde ich mich streiten, & das hasse ich.) Sie hat selbst hohen Blutdruck, kein Wunder! Es ist diese Kunstwelt, die Kunstwelt – vieles davon gewöhnlicher Mist, aber Lil scheint alles wahllos zu lieben.

Restaurant: Alte Damen am Nachbartisch unterhalten sich über das Alter und ihre Mütter, die die Ärzte nicht sterben lassen wollen. Geld, Geld. Nachdem L. [Lil] P. um 18 Uhr ins Hotel zurückgekehrt ist (nach einem langen Tag des Diktierens), fängt sie wieder an, und ich weigere mich, höflich, einen weiteren Abend wie den letzten mit ihr zu verbringen. Tatsächlich sehne ich mich danach, mit Anne Uhde in den Schwarzwald zu fahren! Zum Beispiel erwähnte ich L. P. gegenüber, dass ich mich darüber ärgere, dass Tom Ripley in Wenders Drehbuch[32] zu einem Ganoven gemacht worden ist – oder zumindest etwas gewöhnlicher. Lil hatte offensichtlich etwas gegen das Wort »Ganove«. Als ich fragte: »Glaubst du etwa, dass es sie gar nicht gibt?«, antwortete sie: »Es gibt sie nicht. Sie werden von der Gesellschaft zu Ganoven gemacht.«

22. 9. 1976 Ost-Berlin via S-Bahn von Charlottenburg bis zur Friedrichstraße. Die ganze Zeit überirdisch. Unsympathische (oder gelangweilte) Beamte in graugrünen Polizei-Militär-Uniformen. Wir zeigen die Pässe, warten 5 Minuten, Rauchverbot, bekommen weiße Karten zum Ausfüllen, unsere 7-stellige Nummer wird auf-

---

31 »Das ist die Berliner Luft«, ein Lied aus einer Operette von 1904.
32 *Der amerikanische Freund*, Wim Wenders' Neo-Noir-Adaption von *Ripley's Game*.

1976

gerufen, wir holen unsere Pässe bei zwei blonden Frauen ab. Als Nächstes müssen wir 6,50 DM in Ostmark umtauschen – von denen ich am Ende nichts ausgeben konnte, außer für die Rückfahrt in der S-Bahn, weil alle Läden gleichzeitig Mittagspause machten. Ich ging die Friedrichstraße entlang und zurück und war froh, wieder von da wegzukommen. Die Kleidung wirkt schicker als vor 3 Jahren. Arbeiter-Schnellimbisse sind kleine Buden an der Mauer, die Bier, Frankfurter, Sauerkraut und Fritten verkaufen. Triste Ledergeschäfte. Aber vielleicht war ich auch nicht in der besten Straße. Lange Reihen dunkelgrauer Mietshäuser links & rechts, nicht alle mit Blumenkästen. Körperlich kamen die Menschen mir ungehobelter vor, schwergewichtiger, mehr wie Arbeiterklasse. Fahrkarte: 80 Pfennig. Typischerweise zerbrach mein Stift in der Tasche des roten Regenmantels. Ankommende Passanten, hauptsächlich W[est]berliner, mit Essenskörben und Koffern beladen. Sorgfältige Überprüfung des DM-Betrags beim Einsteigen, im Portemonnaie, & dies wird auf weißer Karte notiert, beim Aussteigen aber nicht kontrolliert.

22.9.1976 Allen-Ginsberg[33]-Lesung »Vortrag, Lesung, Film«. Er liest gut, mit Pausen und laut. Zur Einleitung eine altmodische Erklärung über 1945 als eine Zeit, in der Homosexualität toleriert wurde – auf diese Weise verortet man Ginsberg 2400 Jahre nach den alten Griechen. Antikapitalistisch, aber auch antikommunistisch. Auf welcher Seite steht er?

23.9.1976 Autos fahren um den Wannsee, das Olympiastadion, wo Mannschaften von Vierzehnjährigen den Staffellauf für zukünftige Spiele übten. Hitler hat es gebaut, & es hat sich nicht viel verändert. Einen Kilometer entfernt ist der Teufelsberg, aus einem Trümmerhaufen entstanden, der jetzt als Rodelbahn genutzt wird.

---

33 Irwin Allen Ginsberg (1926–1997), amerikanischer Poet und Schriftsteller der Beatgeneration. Berühmt durch sein Gedicht »Howl«, das später wegen angeblicher Obszönität Gegenstand eines Prozesses wurde, zu einer Zeit, als homosexuelle Handlungen ein Verbrechen waren.

Wege, Straßen, Kinder lassen ferngelenkte Segelfliegermodelle fliegen. Drum herum Wald, wo man sich über Nacht verstecken könnte. Längere Fahrt zur Glienicker Brücke, exakt die Mitte des Flusses bildet die Grenze zwischen Ost- & Westberlin. Ein Schild auf beiden Seiten der Brücke am Westberliner Ende: Jene, die ihr den Namen »Brücke der Einheit« gaben, bauten auch die Mauer, zogen Stacheldraht, schufen Todesstreifen und verhinderten so die Einheit. Auf dieser Brücke werden manchmal Spione ausgetauscht; man fesselt sie mit Handschellen an Wächter, die sich in der Mitte treffen. Viertausend Spione in Berlin, also einer auf tausend Einwohner.

Unlogik: Berlin muss seinen Müll in Ostberlin entsorgen & die Russen für die Nutzung der Abfallbeseitigungsanlagen bezahlen, obwohl sie ursprünglich von Berlin gebaut wurden. Anrufe von Ost nach West kosten mehr, so viel wie ins Ausland; nicht aber umgekehrt. Russen profitieren vom Gemeinsamen Markt trotz unterschiedlicher Staatsauffassungen. *Verträge:* Beide Deutschland schreiben, sie »können« etwas bewirken (nach besten Kräften beschleunigen), statt verbindlichere Formulierungen zu verwenden, beispielsweise: »Das Parlament darf keine Gesetze erlassen, die die Redefreiheit verhindern.« Wunderschöne Wälder, Kiefern und Eichen, und viele schwarzweiße Birken.

23.9.1976 Susan Sontag,[34] längere Einführungsrede, in der sie erklärt, dass sie persönlich keiner Schriftstellergruppe angehört und ihr auch nichts daran liegt. Danach ein israelischer Film, von Juden & Palästinensern verboten. Sie las eine Kurzgeschichte über eine Reise nach China, etwa dreißig Seiten, verstärkt von interessanten Kindheitsaktivitäten & Fakten über Eltern.

22.11.1976 Die seitlich wie ein Vogel weghuschende Zuversicht, jetzt außer Sichtweite, so dass es schwer ist, sich überhaupt an das

---

34 Susan Sontag (1933–2004), amerikanische Schriftstellerin, Filmemacherin und politische Aktivistin.

Bild zu entsinnen, erinnert mich daran, dass selbst physische Stärke eine mentale Einstellung ist. Die Ursache? Mehrere Projekte, ohne sich auf eins konzentrieren zu können. Gegenwärtige Unklarheit in drei Lebensbereichen. Es ist nicht einmal mehr Glücksspiel, sondern eine Art von Düsternis voller dunkler und leerer Schatten.

28.11.1976 Allein die Tatsache, dass Gott sich nicht in die aktuellen religiösen Konflikte einmischt, sollte der Menschheit beweisen, dass sie es mit selbstgemachten Illusionen zu tun hat.

1.12.1976 Geduld zu haben? Das heißt, jeden Anflug von Stolz oder Befriedigung über die alltägliche Arbeit auszulöschen. Sehr schwer für mich.

24.12.1976 Frankreich. Atmosphäre lässt sich am besten als hasserfüllt beschreiben. Unglückliche junge Leute ohne Arbeit. Steuerfahnder, die um 4 Uhr früh ohne Vorwarnung (und bewaffnet) in die Häuser der Leute eindringen. Eine Frau, der man vorwarf, 45 000 Franc Schulden zu haben, beging Selbstmord. Würden alle ihre Schulden bezahlen, hätte man die Mehrwertsteuer nicht nötig. Und alles nur wegen dieser »Hauptsache-Konsum«-Einstellung. Die Jugend in den USA hat kein Geld für Schallplatten, Kleidung oder Motorräder – also überfällt sie die Alten. Die Franzosen schmuggeln, was sie nur können, in die Schweiz. Haben sie Angst vor der Geldabwertung, Steuern oder was? (Steuern werden häufig nach dem äußeren Erscheinungsbild, dem Lebensstil bemessen).

Es ist trostlos, überall, nicht nur in Frankreich, sondern überall im Westen, besonders an diesem Heiligen Abend, der vorgibt, Christus zu verehren! Steinbrüche, Lastwagen unterbrechen bereits die Ruhe von Montcourt.[35] Doppelbesteuerung ab 1978 fällig.

Es gibt Augenblicke der Stille. Das ist die einzige Freude.

---

35 Highsmith selbst schreibt immer Moncourt.

1977–1980

Für ihr nächstes Buch greift Patricia Highsmith wieder auf ihren Lieblingshelden Tom Ripley zurück. Als einen der Schauplätze für den vierten Roman der Serie hat sie das geteilte Berlin im Sinn. Die Einladung des Berlinale Filmfestivals im Februar 1978 kommt Highsmith gelegen, und sie verknüpft den Aufenthalt mit der Recherche für ihr neues Buch. Eigentlich ist sie noch mit Marion Aboudaram liiert, doch als sie mit der jungen Schauspielerin und Kostümbildnerin Tabea Blumenschein, unangepasster Star avantgardistischer Filme, in den Szenekneipen der Westberliner Subkultur ausgelassen feiern geht, ist es um Patricia Highsmith geschehen. Glücklichen Tagen in Berlin folgt ein gelungenes Wiedersehen in London – doch aus einem Besuch Tabeas in Frankreich wird bereits nichts mehr.

Im August schreibt Tabea nach Montcourt, sie sei nie länger als vier Wochen in dieselbe Person verliebt. Highsmith ist am Boden zerstört – und findet Halt bei der jungen französischen Englischlehrerin Monique Buffet, mit der sie schon Ende August eine Affäre beginnt.

Es wird die letzte ihres Lebens sein.

Monique tut ihr und ihrem Schreiben gut, und es gelingt Highsmith, die Arbeit an *Der Junge, der Ripley folgte* abzuschließen, die durch das emotionale Auf und Ab der letzten Monate ins Stocken geraten war. Im November ist die Rohfassung fertig, im April 1979 gibt sie das Manuskript ab, sie widmet den Roman Monique. Zuerst erscheint 1979 noch ihr vierter Geschichtenband *Leise, leise im Wind* mit Kurzgeschichten aus den Jahren 1969 bis 1976. Weitere Kurzgeschichten, die sie zwischen 1977 und 1980 schreibt, erscheinen 1981 unter dem Titel *Keiner von uns*.

Bereits 1979 denkt Patricia Highsmith darüber nach, ein Haus in der Schweiz zu kaufen und den größeren Teil des Jahres außer Landes zu verbringen, um so der hohen Einkommensbesteuerung in Frankreich zu entgehen. Sie ist zutiefst empört, als die französischen Steuerbehörden im März 1980 ihr Haus in Montcourt durchsuchen. Doch zuerst muss sie sich um ihre Gesundheit kümmern: Im Januar war sie wegen starken Nasenblutens ins Krankenhaus gekommen, im Mai unterzieht sie sich einer Bypass-Operation in London, um die Durchblutung ihres rechten Beines wiederherzustellen. Die Schmerzen in ihrer rechten Wade als Folge der durchs Rauchen verengten Blutgefäße quälen Highsmith bereits seit Jahren. Aber ihr Entschluss steht fest: Sobald sie wieder auf den Beinen ist, will sie Frankreich den Rücken kehren.

* * *

31.1.1977 Wenn das ganze Leben aus Arbeit, Vorbereitung, Fleiß besteht und ständig auf ein Ziel gerichtet ist, so wie ein Student auf sein Examen, ist es verwirrend, das Ziel zu erreichen oder auch nur neunzig Prozent davon. Was macht man dann? Und warum? War Geld das Ziel? Nein. Freizeit? Nein. Ruhm? Wieder nein. Eigentlich war es nur eine abstrakte herausragende Leistung. Das gleiche Gefühl kann man mit siebzehn oder neunzehn haben, wenn man eine Kurzgeschichte geschrieben hat, die perfekt ist, oder fast perfekt.

15.2.1977 Wien beginnt mit der Ankunft am Flughafen – kein allzu großer Flughafen und keiner, der wie ein halbes Dutzend andere aussieht, die man kennt, so dass man kurz überlegen muss, ob man in Paris oder London ist. Außerdem verteilen die Wiener Rosen! Es ist Valentinstag, und ein paar junge Mädchen in Stewardessuniform überreichen Männern und Frauen in Wachspapier gewickelte Sträuße – fünf langstielige Rosen. In Frankreich wurden heute Morgen Rosen nicht einmal verkauft. Den unvermeidlichen hypochondrischen Taxifahrer gibt es auch hier in Wien; ich höre ihm zu und erwarte ein bisschen mehr Exzentrik, ein bisschen mehr Schmäh vielleicht, als ich bei den Franzosen finden würde. Bitte nicht rauchen. Mit einem Verweis auf seinen Magen. Soweit ich ihn verstehe, hat er zwei offene Wunden im Magen. Geschwüre? Er verheimlicht sie sogar vor seinem Arzt, sagt er. Will nicht operiert werden. Meine Freundin T. [Trudi Gill] wartet im Hotel mit einem weiteren Wiener Willkommensgruß: einer Schachtel Pralinen und russischem Wodka. Das Hotel Bristol hat (seit 1900 und wahrscheinlich noch länger) beruhigende Sturmtüren, dicke Teppiche, Messingbeschläge und Handläufe, alles alte Schule. Staubig rosa Stoff auf den Paneelen meines Zimmers, das gleiche Rosa wie die Vorhänge an den Fenstern, eine großzügige Chaiselongue, ein Kamin mit Kaminsims.

15. 2. 1977 Der Graben. Früher ein Burggraben. 1679 eine Beerdigungsstätte nach der Pest, kurz darauf folgte die Errichtung der Gnadensäule, eines Denkmals für Leopold 1. mit einem etwa ein Meter großen Engel, der seine Krone hält, eine Figur nach der anderen auf dem knollenartigen Stein, wie Pilze auf einem Baumstamm. Barock um 1710. »Deo Filio Redemptori.« Einer der Engel hält verträumt eine Laute, während die Gestalt daneben im Begriff ist, einen Speer zu werfen, und dem Betrachter schwirrt der Kopf. Stolz auf Tracht. Kleine Kopfbedeckungen für Männer. Café Rabe am Michaelerplatz. Unscheinbares modernes Schild, roter Pfeil, eine sich öffnende Doppeltür, als Nächstes die alte halbrunde, und man befindet sich im 19. Jahrhundert, Zeitungen an Zeitungshaltern, Marmortische, ruhige Geschäftsleute trinken Montagskaffee, lesen. Aber ein Tisch mit drei Frauen, zwei weitere Tische mit je einer Frau verraten, dass ich in die Kaffeepause eines hiesigen Bordells geraten bin. Sie sprechen über Unhöflichkeit der örtlichen Polizei bei Parkver-

stößen. Eine Frau mit blond gefärbtem Haar scheint eingeschnappt zu sein und beteiligt sich nicht an der Unterhaltung. Runde Kleiderständer. Loden Plankl, der beste Laden in der Stadt. Michaelerplatz. Altes verschnörkeltes Schild draußen. Schaufenster voller grüner Trachtenjacken, eine für 2300 österreichische Schilling. Ein Meisterstück in Grün mit grünem Lederkragen, Hornknöpfen, Silberkette zum Verschließen der Jacke vorne, Faltenrock. Ich mag den Stolz, der in dieser Tracht steckt. Wenn man (im Verlauf einer komplizierten Unterhaltung über Chauvinismus oder antideutsche Ressentiments) einwirft, dass Hitler Österreicher war, kommt prompt folgende Antwort: »Aber Hitler hätte das, was er getan hat, nur in Deutschland tun können, weil die Österreicher überhaupt nicht militärisch sind.«

Obwohl alle zumindest ein bisschen versnobt sind, geben sie sich große Mühe, darauf hinzuweisen, wie versnobt gewisse andere Leute und wie frei sie selbst von diesem Laster sind. Zahlreich sind die Geschichten, die sie erzählen! Einer aus dem Diplomatischen Corps – meine Crétin-Distingué-Übersetzung von CD [Corps Diplomatique] erzeugt fröhliches Gebrüll – soll angeblich gesagt haben: »Setzen Sie sich nicht an den Tisch da, der ist nur Zweiter Sekretär! Wir haben einen Botschafter an unserem Tisch.«

Wien. Es scheint endlos, nach einem Kilometer aufgerissener Straßen und trostloser moderner Gebäude gelangt man zu einer schönen Kirche wie der Piaristenkirche, alles picobello sauber, schöner großer Vorplatz, elegante Säule in der Mitte, die die Szene teilt, Säule mit goldenen Hörnern gekrönt. Daneben der Piaristenkeller, der echt wirkt. Zithermusik, alte, leicht verstaubte Kelleratmosphäre, was ja auch zutrifft, denn er war früher Teil der Kirche. Die schlaffen weißen Servietten sehen aus, als wären sie schon einmal benutzt worden, aber das stimmt nicht, sie sind bloß schlicht und anheimelnd, wie der Rest des Lokals.

16.2.1977 Grabungen für die U-Bahn: 18 Uhr – drei Männer arbeiten in einer fünfeinhalb Meter tiefen Grube, dreieinhalb Meter breit, knapp fünf Meter lang, der Lärm eines gewöhnlichen Hammers erweckt die Aufmerksamkeit eines Passanten und auch meine. Große Baustelle am Karlsplatz, hier entsteht die größte U-Bahn-Station. Man war gerade dabei, die Wurzelschutzabdeckung eines Baumes zu entfernen, als ich vorbeikam, ein schöner, hoffnungsvoller Anblick, der Wurzelballen des Baumes hatte einen Durchmesser von zweieinhalb Metern, und vier oder fünf Männer besprachen offenbar die Lage – das Loch für den Baum war bereits ausgehoben, und überall lagen Haufen frischer Erde herum, eines Tages – vielleicht 1982 – wird es ein schöner Platz sein. Die Beredsamkeit der Gebäude, die Überfülle an Statuen erinnern an die menschlichen Fähigkeiten zur Sprache, an den Wunsch – und die Fähigkeit – zu kommunizieren. Wien kommuniziert nach wie vor, auch wenn alte Europäer (von anderswo) dazu neigen, die Stadt als »halbtot« zu bezeichnen.

17.8.1977 Junger Amerikaner im Zug nach Paris & Zürich. Neunzehn oder zwanzig, groß & schlank. Bluejeans, redet ausgibig mit jedermann, mit irischem Akzent, dessen Melodie immer gleich blieb und ich schließlich für aufgesetzt hielt. Ein (französischer) Grenzbeamter informierte ihn, dass sein Ausweis nicht »gültig« war. Ich bat darum, ihn zu sehen. Der Junge war ein amerikanischer Gefreiter, in Stuttgart »stationiert«, wie er behauptete. »Ach, das ist doch nur ein kleiner Beamter aus einer schäbigen Kleinstadt!«, erklärt er mir in Bezug auf den Schweizer Zollbeamten! Zuvor hatte er gesagt: »Ich arbeite für den größten Arbeitgeber der Welt. Jawoll ja!«

Der Arbeitgeber war die US-Regierung. Ich hatte den Eindruck, dass er eine Show abzog. Warum? Er wirkte oder benahm sich durch und durch dämlich. Ist er in der Armee vielleicht der Kompanieclown? Ist das die Rolle, die ihm das Leben in der Armee leichter macht?«Ich verteidige jetzt Deutschland gegen die Russen – die Grenze. Neue Waffen –«, erklärte er. Der Gedanke, dass er tatsächlich den Finger am Abzug haben könnte, ist erschreckend. [Ein Mann aus] Zürich schüttelt den Kopf und grinst, als er hört, wie [der] Junge sagt, man müsse 5000 DM dabeihaben, um in Baden-Baden ins Kasino gelassen zu werden, und 1000, um den Türsteher zu bestechen!»Jawoll ja!« Fasziniert hören die Leute seinem unentwegten Geschwafel zu. Dieser Junge könnte eines Tages zum Mörder werden.

28.10.1977 Ohnehin ist die Menschheit aufgrund von Übervölkerung und Dummheit so widerlich geworden, warum soll man da nicht trinken und rauchen, um den Tatsachen zu entfliehen? Und die Wahrheit für eine Weile auszublenden?

29.10.1977 Der Boden unter Las Vegas sackt ab, weil das Wasser für Sanitäranlagen usw. verwendet wird. Was für ein wunderbares Ende, wenn die ganze korrupte Stadt mitsamt ihren Prostituierten, Bars und Casinos im Wüstensand versinken würde, beschmiert von ihren eigenen Exkrementen, die nicht mehr abfließen können, weil der Boden absinkt und die Rohre jetzt schräg nach unten verlaufen.

17.11.1977 Im Gedenken an Ulrike [Ottinger], Tabea[1] [Blumenschein], Walter, Berlin, 17. November 1977.

---

[1] Highsmith schrieb diesen Eintrag auf das Etikett einer Flasche Bell's Old Scotch Whisky »extra special« zur Erinnerung an eine Nacht, die sie mit der deutschen Avantgarde-Filmerin Ulrike Ottinger (*1924), einem Mann namens Walter sowie dem damaligen It-Girl der Berliner Subkultur, der deutschen Schauspielerin, Allround-Künstlerin, Autorin und Regisseurin Tabea Blumenschein (1952–2020) durchfeierte. Tabea Blumenschein, mit der sie bald eine Affäre beginnen wird, gehörte der Musik- und Künstlergruppe »Die tödliche Doris« an, entwarf Mode für Menschen jenseits der Körpernormen, arbeitete als Kostüm- und Bühnenbildnerin und war ab 1972 als Magdalena Montezuma Hauptdarstellerin der ab 1972 entstandenen Filme ihrer Lebensgefährtin in den 1970er Jahren, Ulrike Ottinger. 1985 posierte sie mit ihrer damaligen Freundin Isabell Weiß für das *Stern*-Cover und den Artikel *Frauen, die Frauen lieben*. 1985 führte sie Regie beim Skinhead-Film *Zagarbata*, danach zog sie sich zunehmend zurück. Anfang der 1990er Jahre war sie zeitweise obdachlos. »Sie war [...] queer, als es d[en] Begriff noch gar nicht gab«, so das Magazin *Siegessäule* in einem Nachruf. Highsmith steckte das Whisky-Etikett als Andenken in ihr Notebook 34.

Hotel Franke – 5:30 morgens!
Stimmt!
und ein Blick
durch das Fenster
des Aufzugs. Und
ein auf dem Tisch
meines Hotelzimmers
vergessenes schwarzes
Feuerzeug, das T. Ende
Februar zurückbekam.

10.12.1977 Künstler, Schriftsteller und ein paar Filmemacher wie Ingmar Bergman – enden so, wie sie angefangen haben, schreiben aus Liebe, arbeiten aus Liebe, nicht für Geld, weil die Steuern fast das ganze Geld verschlingen. Ein seltsamer Kreislauf.

12.12.1977 Morgen muss ich mich damit abplagen, einen *huissier* [Gerichtsvollzieher] zu finden, weil der Maurer die Arbeit auf meinem Grundstück eingestellt hat, nachdem ihm seine Frau weggelaufen ist. Nebenan wohnt ein alkoholsüchtiger Ehebrecher, der jetzt das von mir gekaufte Brennholz stiehlt, um es den Armen zu geben. Die Einheimischen umgehen die Einkommensteuer, indem sie sich in bar bezahlen lassen – nein, sogar darauf bestehen, und somit den Steuerzahler immer mehr belasten. Ein fröhliches, fröhliches Weihnachten – und obwohl viele am Vorabend in die Kirche gehen werden, bin ich froh, dass Christus *nicht* hier ist, *nicht* in ihren Herzen und Seelen – und ich weiß, warum. Und Jesus auch.

* * *

2.1.1978 Da Moral bedeutet, »wie man sich selbst einschätzt«, ist es schwer, sie aufrechtzuerhalten, wenn man mit Problemen konfrontiert wird, die man nicht wirklich bewältigen kann: Einkommenssteuer, Hausarbeit. Mir ist klar, wie absurd das alles ist. Ich zahle dem Buchhalter sein übliches Honorar von 65 bis 75 Dollar die Stunde. Warum ist dann nach (fast) zwei Jahren die Frage meines ersten Wohnsitzes noch immer nicht geklärt? Und die Maurer – viel zu beschäftigt, um für dich zu arbeiten, egal, wie viel du ihnen zahlst. Warum muss ich für diesen Blödsinn zwei Wochen lang meine eigene Arbeit unterbrechen? Weil ich schlecht organisiert bin, und als mir das klar wird, sinkt meine Stimmung auf einen Tiefpunkt! Allerdings haben viele Verrückte eine wahnsinnig hohe Meinung von sich selbst, also ist für mich vielleicht noch nicht alles verloren.

13. 3. 1978
Erster Jahrestag.
Für Tabea. Eine Woche. Berlin.
(Ihr Lieblingsort) *Das Aquarium. Drei Bier –*
In meinem Zimmer. Haselnüsse und –
Eine Blutorange auf einem Handtuch.
Good-bye, good-bye,
Auf unserem Zimmer.
Mit dir einen Flur entlangzugehen, als wärst du
Der Parthenon, am Ende des Ganges
Vor den Fahrstuhl zu treten,
Mit dem Parthenon nach unten zu gleiten,
Kommt mir lustig vor,
Lachen schützt.
Als ich dich nach links davongehen sah,
Draußen, fort von mir,
Begann die Poesie, und die Erinnerung,
All deine Worte zu mir,
Und was noch?

22. 3. 1978 Berlin. Elemente von Maskerade und Humor in den Bars. Die Leute haben Wechselklamotten für den Abend dabei. Ich

meine, neben der Kleidung, die sie anhaben. Ich glaube, hier spiegelt sich die Irrealität der Stadt wider. Die Nervosität und Lebendigkeit ist der Tatsache oder der Erkenntnis geschuldet, dass sie künstlich am Leben gehalten wird und Gefahr läuft, verlassen zu werden. Es ist wie das Ende der Welt (nicht einer Welt), und auch das Ende des Individuums. Perverserweise kann dies zur Erhaltung oder Gesundheit des Einzelnen beitragen, zu seinem Verhalten und seiner Einstellung zu sich selbst. Der Rest ist Hohn über das, was sie, die Berliner, mit eigenen Augen sehen. Das Ax Bax, Leibnitzstraße 12, Ecke Kantstraße, durchgängig geöffnet, aber manchmal ohne Vorwarnung geschlossen. Vorzügliches Pilsener Urquell. Große Portionen. Schwuler Kellner. Ich werde es nie vergessen, und auch nicht, wie es mein Herz vor dem langweiligen Spießbürgertum rettete, das mich sonst umgab. Tabea hat mich überwältigt, geistig umgehauen! Mit ihr zu lachen und ein Bier zu trinken – das ist irgendwie alles, was ich mir jetzt vom Leben wünsche.

Schade, dass ich während dieser zwei Wochen kein Tagebuch geführt habe. Dabei hätte ich bloß erzählt, ob ich montags oder mittwochs im Ax Bax war. Ich glaube, es waren mindestens drei Male, und die richtigen Daten spielen keine Rolle. Im Pour Elle[2] stieß mir ein kräftiges Macho-Weib in die Rippen, erklärte, ich sei überhaupt nicht zu weich – mit anderen Worten, ich sei in Ordnung – und schüttete dann den Wodka (den sie mir vorher ausgegeben hatte) auf den Boden aus! Ihre Freundin saß still auf dem Barhocker daneben. Ich werde mich an den Zoo erinnern mit seinen Krokodilen, und an Tabea, die sich links von mir über die Brüstung beugte und in den beheizten Teich hinabschaute. Sie stellte fest, dass die Tiere sich mit Bissen (gegenseitig) verletzt hatten. Stimmt. Man sah das Blut. Nach Berlin war ich zwei Wochen lang überdreht, und Tabeas Brief, der acht Tage nach meiner Rückkehr eintraf, war keine Hilfe. Ebenso wenig eine Platte mit nostalgischen Berliner Songs, die ich

---

2 Berlins älteste Lesbenbar in Schöneberg.

geradezu zwanghaft abspielte. Oder die blau-weiße Badematte aus meinem Zimmer im Hotel Palace, datiert 1973.

3.4.1978 Es ist eine ziemlich erschreckende Tatsache, dass das Absurde oder das Lächerliche Wahrheit und Realität ist. Aus diesem Grund wandeln so viele von uns auf einem schmalen Grat. Dem schmalen Grat von was? Wie auch immer, eine Ernsthaftigkeit, die uns nicht alle Antworten gibt, stellt uns bloß.

4.4.1978 London. Christopher Petit, Journalist um die 28, *Time Out,* einer der ganz wenigen Journalisten im Leben, die ich mag! Er wollte am nächsten Tag nach Berlin, daher gab ich ihm T.s Wörterbuch mit. »Ein Besuch in Ostberlin ist ja nicht gerade ein Kulturschock«, sagte er. Ich antwortete, das sei die lustigste Bemerkung, die ich in einer Woche gehört hätte. Die Menschen in Londons Straßen sehen tatsächlich schmuddelig, schäbig, ja sogar ungepflegt aus. Nur um Piccadilly ist ein Hauch von Eleganz geblieben. Simpson's [in the Strand]. Selbst Regent Street sieht allmählich aus wie Oxford Street.

[OHNE DATUM] ANRUF VON SHEILA »HELL« VON HARPER'S. BITTET UM DEINEN KOMMENTAR ZUR PSYCHE DES MANNES, DER DEN [NICOLAS] POUSSIN[3] IN DER NATIONAL GALLERY AUFGESCHLITZT HAT. SEI SO NETT UND RUF SIE AN 892 96 36. (UND SAG IHR, SIE SOLL SICH DAS »SONST WOHIN STECKEN.«)
(Nachricht von Barbara Ker-Seymer, London, 4. April 1978, Betreff Interviewer.)

---

3 *Die Anbetung des goldenen Kalbes* des barocken Malers Nicolas Poussin (1595–1665) war von einem Mann, der entkommen konnte, mit einem Messer aufgeschlitzt worden.

9. APRIL 1978

Gedicht für T., nicht hoch zu Ross geschrieben

Ich verliebte mich nicht in Fleisch und Blut,
Sondern in ein Bild: die Seemannsmütze,
Die auf der rechten Schulter der Matrosin sitzt,
Und in den fragenden und etwas ernsten Blick.
Woran hast Du da gerade gedacht?
Es gibt einen Popsong namens »Living Doll«.
Kannst Du es besser?
Dein Bild ändert sich, und damit auch meine Gefühle.
Eine Reise, noch seltsamer als die von Madame X.[4]
Ich weiß nicht, wo ich morgen sein werde,
Denn hier war ich mit Sicherheit noch nie,
Noch nie auf diesem Meer! Nein!
Ich versuche, mir vorzustellen, wie Du schläfst.
Ich habe Dich wach gesehen – und gehend!
Ich kann es nicht glauben.
Deshalb schließe die Augen, wenn ich Dich sehe.
Vielleicht zerfällst Du, wenn ich Dich berühre,
Vielleicht löst Du Dich auf wie ein Traum, an den man sich zu sehr
*   erinnern will.*
Ich will Dich nicht zerstören.
Ich will Dich in meinen Augen behalten.

11. APRIL 1978

Seltsamer Impuls, seltsames Verlangen,
Zweimal innerhalb einer Woche, letzter Woche,
Mich ins nächstgelegene
Tiefe Gewässer zu stürzen,
Und zu ertrinken.

---

4 Der Piratenfilm *Madame X – Eine absolute Herrscherin* (1978) von Ulrike Ottinger (*1942) mit Tabea Blumenschein in der Hauptrolle gilt als Meilenstein der queeren Filmgeschichte.

*Ich will niemandem
Irgendwas beweisen.
Das ist keine Erpressung.
Ich würde es mit einem Lächeln tun.*

26. APRIL 1978
Für T.s Seemannskiste

*Noch mehr seemännisches Zeug,
Das ich Dir immer geben wollte.
Eine Schachtel für nichts, für Träumerei,
Haarnadeln vielleicht.
Das ist für Die Blauen Matrosen.
Aber ich glaube, die Betörung[5]
Ist die von Pat.
Berlin, 30. April/London, 29. April*

28. 4. 1978 Apropos Sex: Verfügbarkeit oder Verbot – davon werden Gefühle beeinflusst, und für mich war Sex zu lange verboten. Ich rede hier nicht von Moral, es geht um individuelle Gefühle.

29. 4. 1978 Die meisten Menschen können mit dem Grips, der ihnen gegeben wurde, nicht umgehen.

30. 4. 1978 Die Welt ist voller Menschen, die nicht mit ihr zurechtkommen. Sind sie nicht möglicherweise die idealistischsten von allen? Der Rest ist vielleicht nur körperliche Ausdauer. Man darf sich nie einreden: »Das schaffe ich nicht«, oder den Notruf wählen. Probleme müssen zu Hause gelöst werden.

---

5   *Die Betörung der blauen Matrosen* (1975), ein weiterer Film von Ulrike Ottinger mit dem schwulen Schauspieler Rosa von Praunheim und Tabea Blumenschein, letztere in den Rollen einer Sirene, eines hawaiianischen Mädchens und eines jungen Vogels.

[OHNE DATUM]
Deine Küsse erfüllen mich mit Schrecken –
Doch wir lachen im Cockney Pride[6]*.*
Wie furchtbar, dass ich Deine Gefühle verletzt habe
In jener Dienstagnacht, unserem dritten Abend.
Ich werde niemals vergessen, wie Du im Regenmantel dastehst,
  im Wohnzimmer, und zu Boden schaust.
Du sagtest: »Es war nicht leicht für mich, herzukommen.«
Ich hatte gefragt, ob Du mit Menschen spielst.
Das tust Du nicht. Du existierst.
In jener Dienstagnacht
Sagtest Du sechsmal »ja«.
Herzlichen Dank, würdest Du sagen.
Meine Leidenschaft ist so groß wie Deine.
Aber noch bin ich nicht erlöst.
Es ist der Schrecken.

31.5.1978 Ebbe und Flut – Hochflut? – der Energie, wenn man verliebt ist, ist beängstigend. Eine Nachricht, ein Fetzen Information kann von einem auf den anderen Moment eine tagelange Anspannung lösen – die Folge ist schlagartige Müdigkeit und Schlaf. Das ist auf absurde Art körperlich und bodenständig. T. und ich schlafen in London eine halbe Stunde (oder weniger), nachdem wir uns im Flughafen getroffen haben und in der Wohnung angekommen sind, auf dem Sofa ein. Mindestens eine halbe Stunde, beide! Ich zumindest war schon Tage zuvor nervös, achtundvierzig Stunden zuvor in Frankreich geringfügig erleichtert durch die Bestätigung – dass sie es schaffen würde. Dann setzte die nächste Anspannung ein. Vermutlich bin ich wirklich erstaunt, dass sie dasselbe durchgemacht hat. Denn mir bedeutet das alles sehr viel mehr als ihr.

---

[6] Eine Kneipe in der Nähe von Piccadilly Circus, London.

2. JUNI 1978
Es ist mir klar, dass jeglicher Kummer, den ich kenne,
Aus dem »Wollen« erwächst:
Verlangen nach dem, was ich nicht haben kann.
Ich weiß, das ist nicht weise.
Aber es ist so schwer
Für einen Künstler, ein Geschöpf der Leidenschaft,
Nicht zu begehren,
So schwer, wenn ich doch glücklich sein will,
Nicht zu hoffen,
So schwer, mir selbst diese rein geistige, ja idealistische Freude zu verweigern.
Welche Ethik, welche Philosophie
Sollte einem
Luft und Liebe verwehren?

3.6.1978
Schlaf, Blondchen, schlaf,
War nie so schön wie mit Dir.
Die Ruhe unglaublich
Nach der Anspannung.
Ich kann es nicht fassen!
Aber ich erinnere mich an das Aufwachen,
Gleichzeitig mit Dir.
Und endlich waren wir allein.
Nach einem Jahr – wie lang? –
Ohne dass sich unsere Hände je berührten,
Schliefen wir auf einem Londoner Sofa ein,
Kaum dass wir uns trafen!
Das mag ich, denn es ist lustig.
Das mag ich, denn es ist echt.
Du und ich, schlafend.

4. JUNI 1978 Warum sollte ich zweifeln? Warum sollte ich mich mit Zweifeln quälen?

17. 6. 1978 Frauen sind nicht mehr als eine Idee. Wie Goethe sagte: »Das ewig Weibliche« – Aber nur Ideen können die Menschheit beeinflussen.

20. 6. 1978
Heute ist so viel besser als gestern.
Und vorgestern
So viel schlimmer als –
Der Tag davor!
Was wage ich im Kalender rot anzustreichen,
Wenn meine ganze verdammte Moral auf dem Spiel steht?

22. 6. 1978 Die Sache mit dem »Spaß haben« – ich bin nicht sicher, ob ich das kann, nicht mal für zwei oder drei Tage, geschweige denn sechs Wochen. Diese Zeitspanne macht mir Angst. Ein Abend, ja.

15. 7. 1978 Es ist nett, die Familie zu besuchen, aber mit einer leben möchte ich nicht.

29. 11. 1978 Jeremy Thorpes Fall[7] ist gerade aufgeflogen, Scott vergießt ein paar Krokodilstränen. Irgendwie ist diese öffentliche Zurschaustellung, die von der Bevölkerung intensiv verfolgt wird, unterhaltsamer als [Menachem] Begin von Israel.[8] Ich lese ihn rückwärts um der Wahrheit willen und nenne ihn das Ende. In beiden Ge-

---

7   Britischer Politiker, mit dem ein Bekannter, Norman Scott, angeblich eine sexuelle Beziehung gehabt hatte, als Homosexualität im Vereinigten Königreich noch illegal war. Scott wurde später von einem Bekannten Thorpes mit einer Waffe bedroht, sein Hund wurde erschossen. Die Affäre begann 1976, das Verfahren fand aber erst 1979 statt. Es ist unklar, worauf sich Highsmith hier bezieht.
8   Highsmith ist entsetzt, als der umstrittene Politiker Menachem Begin 1977 israelischer Ministerpräsident wird – so sehr, dass sie weitere Veröffentlichungen ihrer Bücher dort verbietet.

schichten beschimpft ein Esel den anderen als Langohr, was immer ein bisschen komisch wirkt. Mit gleicher Befriedigung nehme ich zur Kenntnis, dass den Nachrichten dieser Woche zufolge die Prostituierten in England verlangen werden, die Namen ihrer Kunden zu erfahren, und die Damen ihres Berufsstandes in anderen Ländern werden sich ihnen anschließen und die gleichen Fragen stellen.

* * *

2.1.1979 Erkennen die Juden in Israel, dass sie keinen Frieden wollen, oder machen sie sich etwas vor? (Später: Im Augenblick macht sich nur ein Teil von ihnen etwas vor. Leider ist es die Mehrheit.)

9.1.1979 Die Franzosen werden weiblich, wenn sie am Steuer sitzen oder Panikeinkäufe tätigen. Es wäre leichter zu ertragen, wenn sie hübscher wären.

11.2.1979 Wie man unglücklich ist: Vergleiche dich mit anderen Leuten – die es vielleicht gar nicht gibt –, die es vielleicht besser oder schneller geschafft haben als du. Wie man glücklich ist: Sag dir, dass du auf dem richtigen Weg bist, auch wenn es nicht stimmt, dass du fröhlich und effizient bist, auch wenn du es nicht bist.

9.4.1979 Es ist nicht die Realität, die zählt, sondern deine Vorstellung von Realität.

17.6.1979 Jeder Mensch lebt (oder auch nicht, was gleichbedeutend mit Selbstmord wäre) innerhalb des Rahmens, den seine Eltern, die Gesellschaft oder er selbst ihm vorgaben. Diejenigen, die nach ihren eigenen Vorstellungen leben, sind vielleicht auffälliger, aber sie müssen sehr stark sein. In letzter Zeit habe ich viele scheitern sehen.

12.–18. JUNI 1979 München. Hotel Biederstein, Keferstraße 18, Schwabing. Besitzerin Gräfin Harrach. Man tritt aus dem Hotel in ein Viertel mit Bäumen, Boutiquen wie in Chelsea, Laternenmasten im englischen Stil. Es dauerte nicht lange, bis ich eine sehr kleine Kneipe gefunden hatte, in der zwölf Männer saßen – wie erwartet. Jukebox. Pummelige Frau in Weiß hinter der Theke. T[abea] B. kam zwei Tage später. Auf Zack und lebhaft wie üblich. Sie hat (in den dreizehn Monaten, seit ich sie zuletzt sah) sogar leicht zugenommen trotz der vielen Arbeit in den letzten sechs Wochen. Freitag 16 Uhr zur *Gläsernen Zelle*,[9] den T. bereits gesehen hatte. Im Film wird eine Computeraufzeichnung verwendet, um Carter (Philip) zu zwingen, entweder den Mord an David zu gestehen oder Gawill umzubringen. Brigitte Fossey ließ mich kalt. David wurde von einem haarigen Typen gespielt, ganz und gar kein aalglatter Gentleman.

T. kühl und ruhig. Ich war enttäuscht, vielleicht sind mir die Augen ein wenig aufgegangen. T. ist nicht nur gleichgültig gegenüber den Gefühlen anderer (was ich ihrer Jugend zuschrieb), sondern vielleicht auch knallhart! Aber ich habe – hoffentlich – das Richtige getan, mehrmals.

Ich war höflich – vielleicht sogar mehr als sonst! –, und am Sonntagnachmittag sagte ich: »Warum gehst du nicht allein zu deinen Münchner Freunden?« Ich schlief im Hotel, dachte nach und träumte. T. und ich hatten vier Nächte, und in den letzten beiden war sie kühler, das Gegenteil von London. Immer wieder erzählte sie mir von den Berliner Discos und den One-Night-Stands. T.s Job in Budapest ist vom 18. Juni auf den August verschoben worden. »Ich bin gekommen, um dich zu sehen«, sagte sie. Ich war froh, die Hotelrechnung zu übernehmen & ihr eine Armbanduhr zu kaufen: schwarzes Ziffernblatt ohne Ziffern. T. gefiel das Armband! Marienplatz. 495 DM.

---

9   Gemeint ist die Verfilmung von Hans W. Geißendörfer, die in der Kategorie »Bester fremdsprachiger Film« für den Oscar nominiert wurde.

Annetti[10] bot an, T. die Miete für eine Wohnung in Berlin zu zahlen, und sagte, ich könne dort unterkommen, wenn ich in Berlin wäre. KEIN Kommentar von T. dazu – oder von mir. Ich habe nie gedacht, dass T. mich in Berlin haben möchte. Ich sehe mich nicht in Discos! Bis 6 Uhr morgens. T. ist jetzt eine andere Welt. Warum sage ich, dass ich sie seit achtzehn Monaten liebe – kein Kommentar, nicht einmal ein kleines, belustigtes Lächeln. Leere. T. denkt nur an sich. (Ich habe nichts gegen Ehrgeiz. Ich frage mich, ob U. O. ihre One-Night-Stands, ihre unterschiedlichen Lebensrhythmen satthat?) »Machst du jetzt auch Liebe in den Klos?« (Ich meinte die Klos der Bars.) »Überall«, entgegnete sie. Wie gut ich mich an ihren Brief vom 10. August erinnere: »Ich bin nun mal so, dass ich höchstens vier Wochen lang verliebt sein kann« (oder vielleicht »eine Beziehung haben kann«).

Womöglich ist meine Krankheit jetzt vorbei. Ich flog ein bisschen verwirrt von München zurück, denn ich wusste, dass ich mich umstellen und T. in einem anderen Licht sehen muss. Heute ist der 21. Juni, passenderweise der längste Tag des Jahres.

15. 9. 1979 Wenn man es wirklich will, kann man sich in dieselben Geisteszustände versetzen, wie es angeblich Drogen, Alkohol und Opium und so weiter tun. Die einfachste Veranschaulichung dafür ist eine bestimmte Musik, an die wir uns genau erinnern und die die gleiche Reaktion hervorruft, als hätten wir sie tatsächlich gehört.

24. 11. 1979 Vorbereitung: Ein Kurs, der schon früh in allen Schulen, wenn das Kind etwa zehn Jahre alt ist, die Probleme des Lebens behandelt, mit dem Ziel zu lernen, wie man sie angeht. Dies führt dazu, ein Problem zu analysieren, mit anderen Worten, sich ihm zu stellen. Eifersucht, verletztes Ego usw. – so viele herzzerreißende und verstörende Situationen machen sich schon mit zwölf Jahren

---

10 Eine Freundin und offenbar auch Gönnerin Tabeas in München.

bemerkbar. Viele Erwachsene können ihre eigenen Probleme nicht benennen oder haben Angst davor. Ich glaube, ein solcher Kurs, selbst wenn er nur eine Stunde pro Woche umfasste, wäre bei den Kindern sehr beliebt. Er würde viele Selbstmorde verhindern. Die erzählten Geschichten müssten fiktiv sein. Die Kinder werden sich früh genug mit ihnen identifizieren.

8.12.1979 Gewisse Formen von Entgegenkommen und Freundlichkeit werden jetzt bei vielen Menschen unterdrückt. Wir sind uns der Not mehr denn je bewusst, und anscheinend ist es aussichtslos, etwas (oder viel) dagegen zu tun. Das führt zu Unbehagen, Abwehr, Bitterkeit, Zynismus als Schutzmechanismen. Alles unnatürlich. Das Fernsehen z.B. löst Mitleid aus, auch Blutrünstigkeit, löscht aber beide Emotionen schnell wieder. Diese Emotionen sind widersprüchlich. Es ist wie eine Rechenaufgabe, die am Ende null ergibt. Das Fernsehen unterstützt den vom Staat erwünschten Effekt von Machtlosigkeit.

16.12.1979 Für eine kurze Zeit ihrer Jugend sind Männer auch für Frauen Sexobjekte. Was ist daran so schlimm? Dass Frauen länger Sexobjekte sein wollen? Es wäre für beide Geschlechter ganz einfach, das zu boykottieren.

21.12.1979 Was ein Schriftsteller liebt oder warum, kann er ebenso wenig in Worte fassen, wie er erklären könnte, warum er sich in eine Frau verliebt hat, die seine Freunde für unpassend halten. Dieses Geheimnis will der Schriftsteller auch gar nicht erklären. Es ist ein schönes und kostbares Geschenk. Und ich habe keine Angst vor Sentimentalität.

21.12.1979 Zwei Regeln für den Umgang mit Mädchen. Oder Frauen. Keine von beiden funktioniert, und zusammen funktionieren sie auch nicht:

1. Finde heraus, was die Frau will. Das kann eine Minute dauern, aber auch Monate.
2. Gib sofort nach.

* * *

2.1.1980 Einkommenssteuer; französischer Fiskus: »Wo haben Sie sich aufgehalten, als Sie das Buch geschrieben haben?« Antwort: »In puncto Schöpfung halte ich mich an die katholische Kirche. Sie doch bestimmt auch, oder? Das Leben beginnt im Augenblick der Empfängnis, und was dieses Buch angeht, so saß ich im Mozart-Express zwischen Paris und Wien, als mir die gesamte Handlung einfiel. Geschrieben habe ich es in Frankreich und Deutschland, Teile sogar in Amerika. Aber Sie werden bestimmt nicht anzweifeln, dass seine Empfängnis gleichbedeutend mit seinem Leben ist. Das zu leugnen wäre eine Sünde, eine Abtreibung.«

15.1.1980 Krankenhaus Nemours. Ich werde um zwei Uhr morgens wegen starken Nasenblutens eingeliefert, das in den kommenden fünf Tagen alle zwei Stunden oder so in einen kräftigen Schwall übergeht. Keine Chance auf Schlaf oder Essen. Es war interessant, den Verstand auszuschalten, bewusst an »nichts« zu denken und zu sehen, was passiert. Es war eine gleichmäßige Bewegung, weder schnell noch langsam, wie wenn man aus zweieinhalbtausend Metern Höhe aus einem Flugzeug nach unten schaut. Ein paar Sekunden lang sah ich, wie Sätze aus der Schreibmaschine erschienen. Ich dachte ziemlich viel an T[abea], vielleicht weil ihr Leben so fröhlich ist im Vergleich zu meinem warmen hellen Blutsturz, mein Leben, das sich in nierenförmige Becken ergießt. Ich dachte an den Anfang einer Handlung für einen Dracula-Film und zwang mich, eine Mitte und ein Ende dafür zu entwerfen, was ich in drei Minuten schaffte. Ich hatte das Gefühl endloser Ablenkung, als schwebte ich über einer Patchwork-Decke, deren Muster aus all den faszinierenden Dingen bestand, über die ich nachdenken konnte, wenn ich einfach nur immer so weitermachte. Als ich mich besser fühlte und schlafen konnte, träumte ich, dass ich eine Treppe hinunterging [zu einem] Platz, der aussah wie Trafalgar Square. Wasser strömte durch alle Rinnsteine, und die Leute riefen: »Da, ein Otter! Seht nur!« Es war stockdunkel, gegen Mitternacht. Ich hatte meinen kleinen Koffer unter einer Straßenlaterne neben einem Taxistand abgestellt. Jetzt sah ich, wie jemand ihn stahl, noch bevor ich unten war. Er enthielt ein Manuskript und mein aktuelles Notizbuch. Ich war schockiert und traurig und sagte etwas zu einer Frau auf der Straße. Ich ging auf die Stelle zu, wo man den Koffer gestohlen hatte. Dann wachte ich auf und sagte laut: »Vielleicht war alles nur ein Traum! Es war nur ein Traum!«

Der Tod. Zwei Tage und zwei Nächte lang eine irritierende Möglichkeit. Ich verlor mehr Blut, als mir [durch Transfusionen] zugeführt wurde. Ich erinnerte mich an das Blatt zu Hause in meiner Schreibmaschine mit der Einkommenssteuer für die USA in der Walze und dachte, wie treffend – an zwei Stellen gleichzeitig zu verbluten. Zu Tode zu verbluten, geistig so gequält zu werden, dass der Puls sich nicht beruhigt, wie die Krankenschwestern es sich wünschen, sondern immer mehr Blut herauspumpt. Mit Hilfe eines mehr oder weniger starren Plastikröhrchens in der Nase haben die Schwestern einen Faden in meinen Rachen geführt, an dem ein Baumwolltampon hängt. Der Faden klebt auf der rechten Wange. Das ist ekelhaft, blockiert teilweise die Luftzufuhr; fünf Tage lang kann ich nur durch den Mund atmen. Alle drei Stunden muss ich auf die Klingel drücken, damit mir die Schwester einen neuen bringt. *»Ooooh-là-là!«*, sagen sie und *»– énormément«*, wenn sie dem Arzt Bericht erstatten. Ich frage mich, ob sie denken, ich könnte tatsächlich sterben.

Am dritten oder vierten Tag hatte ich solche Angst vor dem Tod, dass ich darum bat, die Tür zu meinem Zimmer aufzulassen. Die Krankenschwester weigerte sich, weil Kinder sich vor Blut fürchten könnten. Das machte mich wütend, aber ich schämte mich auch für meine Angst, allein sterben zu müssen, weil ich weiß, dass der Tod auf jeden Fall ein individueller Akt ist. Ich schwöre mir, dass ich nächstes Mal besser vorbereitet sein will. Mit Morphium ist es einfach, wie mit einem Narkosemittel oder einer Schlaftablette. Vielleicht ist es ein Zeichen von Vitalität oder Brüderlichkeit, wenn man am Ende mit jemandem sprechen und ihm sagen will: »Bleib bitte einen Augenblick bei mir – ich gehe.«

Letzter Punkt: »Sehen Sie. Jetzt blutet sie auch aus den Augen! Haben Sie das gesehen?«

3.2.1980

Es ist leichter, auf törichte Art zu sterben,
Mehr oder weniger plötzlich, ohne jede Hintergrundmusik,
Ohne Erinnerung an das Engadin zu Weihnachten,
An Bachs Matthäus-Passion,
Ohne Erinnerung an vier Jahre Freude und Schmerz,
An eine Liebe, die großartig war, aber traurig endete.
Besser das Strohfeuer von One-Night-Stands,
Die wie Lichter auf der Autobahn vorbeizischen,
Alles mehr oder weniger spaßig, ohne Schmerze
Vielleicht gar mit einer klaren Erinnerung.
Vorbei der unverzehrte Schokokuchen von gestern.
Die erstklassige Stereoanlage daheim,
Die Aussicht auf den Sommerurlaub
In der Algarve und auf das Gesicht
Der jungen Frau hinter der Bar,
Die sich für nächsten Samstag mit mir verabredet hat.

Beim Schreiben dieser Zeilen denke ich an Sacharow in Russland, ein 58-Jähriger, der sich auf den Tod vorbereitet hat, ein tapferer Mann, der an Millionen anderer Menschen denkt, die wissen, wer er ist.

Er hat den Mut, diese Millionen für wichtiger zu halten als sich selbst, obwohl er riskiert, wegen seiner Aussagen vor dem Tod gefoltert zu werden."

24. 2. 1980   Vage Depression in letzter Zeit, aus Gründen, die vorauszusehen waren. Ich muss mich mit einer gewissen Ebene von Realität abfinden. Das war noch nie was für mich. Ich bin nur glücklich und fühle mich sicher, wenn ich tagträumen und an einer Geschichte oder einem Roman arbeiten kann. Leider wäre es gefährlich und unklug, diese Ebene der Realität jetzt zu verlassen.

5. 4. 1980   Stell den Fernseher ab und mit ihm auch gleich die ganze Familie.

9. 5. 1980   Für mich ist es unmöglich, von einem Tag zum nächsten zu leben, ohne mich selbst auf den Prüfstand – irgendeinen – zu stellen. Wie gut habe ich gearbeitet? Was wollte ich heute erreichen? Beunruhigend auch die Frage, was andere Menschen von mir halten. Deshalb sind Interviews so schrecklich, und auch so langweilig. Es ist nicht nötig, mich der Frage zu unterwerfen, was andere Leute von mir halten. Daher ist es für mich destruktiv, überhaupt darüber nachzudenken. Innere Zufriedenheit ist etwas anderes. Ein großes oder stolzes Ziel hat keinerlei Bedeutung. Irgendetwas Konstruktives am Tag, egal, wie klein, darauf kommt es an. Müßiggang und Tagträumerei – sie schenken Freude und reichen für das, was ich meine. Das entspricht durchaus nicht der protestantischen Arbeitsethik.

9. 5. 1980   Stimmung – wie halten verschiedene Menschen die ihre aufrecht? Und was ist mit Leuten, die nie darüber nachdenken und

---

11   Andrei Dmitrijewitsch Sacharow (1921–1989), russischer Atomphysiker, Menschenrechtsaktivist und erster sowjetischer Bürger, der 1975 den Friedensnobelpreis erhielt. Fünf Jahre später, im Januar 1980, wurde er verhaftet, weil er gegen die sowjetische Intervention in Afghanistan im Jahr 1979 protestiert hatte. 1986 wurde er von Gorbatschow begnadigt.

gut zurechtkommen? Menschen, die nie Gedanken an ihre Stimmung verschwenden, denken über gar nichts nach.

29.5.1980 Fitzroy-Nuffield Nursing Trust am Bryanston Square, wo ich vom 21. Mai bis zum 1. Juni war. Bypass Arteria iliaca, rechte Leiste, mit Entfernung einer Vene aus dem rechten Oberschenkel als Bypass. Jetzt, am 29. Mai, wo ich wieder bequem herumlaufe & Treppen steige, kann ich verstehen, warum gewisse Leute, die wenig anderes zu tun haben, sich unbedingt operieren lassen wollen.

29.6.1980 Es sind nicht die Frauen oder Mädchen; man muss sich selbst erkennen und die Verantwortung bei sich suchen.

7.7.1980 Das Seltsame am Sex ist, dass er so wichtig und zugleich völlig unwichtig ist.

10.7.1980 Nervenzusammenbruch Nummer zwei. Wie kann man ein gesundes Leben führen, wenn es von Empfindungen wie Hass und Groll bestimmt wird? Verzichte auf alles außer der Schwimmweste. Aber das kommt erst ganz zum Schluss. Zuerst, langsam, der Verzicht auf die einzige Sache, die zählt: Arbeit. Das ist die Hölle, die einzig mögliche Ursache für einen Zusammenbruch. Ein Nervenzusammenbruch bedeutet, die Niederlage einzugestehen und die weiße Fahne zu hissen.

24.8.1980 Verliebtheit: Die Verschmelzung dessen, was man als Phantasie oder Idealisierung kennt, mit der Realität (es besteht kein Zweifel daran, dass die Geliebte existiert, weil ihr Körper greifbar ist) verursacht einen Geisteszustand, der an einen Rausch grenzt. Das wiederum führt zu einem Zustand, in dem der »Liebende in sich selbst verliebt ist«. Daher scheint es am besten zu sein, sich in jemanden zu verlieben, den man nicht berühren kann und den man nicht besonders gut kennt. Man verliebt sich immer in eine Idee oder ein Ideal. All das hat nichts mit dem Sexualtrieb zu tun. In gewisser Weise ist es erstaunlich, dass die Anziehungskraft von oder die Bewunderung für jemanden mit dem Wunsch zu tun hat, mit dieser Person ins Bett zu gehen.

13.9.1980 Heißt Liebe teilen – von Ideen? Heißt Liebe Mut? Beides. Liebe ist der Mut, das Risiko einzugehen, verletzt zu werden. Liebe bedeutet, nackt und ehrlich zu sein, nichts zu verbergen. Wirklich zu lieben bedeutet, wieder und wieder verletzt zu werden und es trotzdem noch mal zu versuchen. Vielleicht ist Liebe vor allem Mut und auch Großzügigkeit.

NOVEMBER 1980
Ein Künstler erzählt seine Lebensgeschichte
in den Mosaiksteinchen
Seiner Schöpfungen,
Wie immer man sie auch zusammensetzt.
Wenn er stirbt, ist das Selbstporträt,
Von dem er zu Beginn keine Vorstellung hatte,
Fix und fertig.

1981–1995

Lebensabend in der Schweiz

1981–1985

Seit Jahren ärgert sich Patricia Highsmith darüber, dass sie als in Europa lebende amerikanische Staatsbürgerin doppelt Steuern zahlen muss. Hauptsächlich deshalb verlegt sie ab 1981 Stück für Stück ihren Wohnsitz in die Schweiz. Dort hat sie seit 1967 ihre literarische Heimat beim Zürcher Diogenes Verlag gefunden; inzwischen vertritt Daniel Keel die Rechte an ihren Büchern weltweit. Obwohl sie an ihrem Haus in Montcourt hängt und der Umzug das Ende ihrer Beziehung zu Monique Buffet bedeutet, kauft Highsmith 1981 ein Haus im kleinen Dorf Aurigeno im Tessiner Maggiatal. Doch auch hier stellt sich das Glück nicht ein. Das Haus ist ein Fehlgriff, es ist düster und unbequem, besonders im Winter. Trotzdem entscheidet Patricia Highsmith sich 1986 nach aufreibenden Jahren des Pendelns, ihr Haus in Montcourt zu verkaufen.

All das erwähnt sie in ihren Notizen höchstens en passant. Ihr letztes Tagebuch, Nummer 17, das sie 1981 beginnt, reicht ihr für die nächsten zehn Jahre. Knapp und manchmal nur stichwortartig sind ihre Einträge geworden, zwischen 1982 und 1986 versiegen sie ganz. Die Notizbücher führt sie weiter, doch gibt sie neben den Notizen für die Arbeit wenig Persönliches preis. Obwohl sie gewohnt viel unterwegs ist, bleibt die Autorin unerbittlich in ihren Erwartungen an die eigene Produktivität. In den nächsten vier Jahren verfasst sie neben diversen Essays und Artikeln zwei Romane und genügend Kurzgeschichten für gleich zwei Sammelbände.

Bereits Ende 1980 hat sie den Einfall für einen Roman über christliche Fundamentalisten in den USA. Nach einer mehrwöchigen Reise nach Indiana (die sie zu einem großen Teil mit dem

Schauen religiöser Fernsehsendungen verbringt), Fort Worth und Los Angeles im Januar 1981 beginnt sie mit der Arbeit an *Leute, die an die Tür klopfen.* Bloomington, Indiana, wo ihr guter Freund Charles Latimer lebt, wird zur Vorlage für das fiktive Chalmerston. Als das Buch 1983 in Europa erscheint, arbeitet Patricia Highsmith bereits an drei neuen Projekten, darunter zwei Kurzgeschichtenbände, und am nächsten Roman *Elsies Lebenslust* (1986) – es ist das erste Mal, dass sie Homosexualität offen in einen ihrer Spannungstitel einbaut.

Schauplatz des Romans ist ihre alte New Yorker Nachbarschaft Greenwich Village. Obwohl sie inzwischen seit zwei Jahrzehnten in Europa lebt, spielen die meisten Geschichten und Romane weiterhin in den USA. Trotzdem ist es für Patricia Highsmith, die in Europa eine gefragte und renommierte literarische Autorin ist, weiterhin keine Selbstverständlichkeit, in den USA einen Verlag zu finden. So wird *Leute, die an die Tür klopfen* von Larry Ashmead, ihrem amerikanischen Lektor bei Harper & Row, abgelehnt. Sie findet kurzzeitig eine neue verlegerische Heimat bei Otto Penzler Books, wo der Roman 1985 erscheint, wie zuvor bereits 1979 *Leise, leise im Wind* und später noch vier weitere Kurzgeschichtenbände.

Highsmiths siebenter Erzählband, *Geschichten von natürlichen und unnatürlichen Katastrophen,* entsteht in den frühen 80er Jahren. Themen wie der Kalte Krieg, die atomare Bedrohung und ein zunehmendes Bewusstsein für die Zerstörung der Umwelt dominieren den gesellschaftlichen Diskurs. Neben ihrem persönlichen Unglück findet die ganze düstere Stimmung dieser Epoche in die Katastrophengeschichten Eingang.

* * *

9. JANUAR 1981 [New York.] Vor dem Mittagessen mit Larry Ashmead Treffen mit Jeff Ross. Ärger wegen vier Ripleys, Rechte für *Der talentierte Mr. Ripley.* Penguin – dann zu Bloomingdale's, um Pyjamas & T-Shirts zu kaufen.

10.1.1981 New York. Bus zur »Subway« vom J.F.K.-Flughafen 4 $. Polizist im Warteraum der (Express-)U-Bahn sehr freundlich und hilfsbereit. Diese neue Linie hat erstaunlich praktische Haltestellen, Canal Street, West Fourth & Washington Square. 42nd & Sixth, meine Haltestelle, schmuddelige alte, gewöhnliche Subway-Stationen, drei Aufgänge mit dreckigen Stufen, rauf in eisige Kälte von –10 °C.

New York hat jetzt eine Patina. Etwas Altmodisches. Mittlerweile sogar – ein Rollo vor dem Fenster meines Badezimmers im Hotel Royalton mit Schnur und fadenumwickeltem Ring zum Hochziehen.

Der Kassierer beim Manufacturers Hanover [Trust][1] weigert sich, einen USA-Traveller Cheque über 250 $ einzulösen, & ich muss rauf in den 7. Stock, um ihn abzeichnen zu lassen. Anscheinend kennen sie mich da oben.

14.1.1981 Mittagessen Joan Daves[2], Diogenes-Agentin, im Gay Nineties, East 54th Street. Sehr angenehm. Berlinerin. Brooks Brothers am Morgen, wo ich eine weiße Popelinehose für 19,50 $ erstand. Mittw. Nachmittag Drink mit Alex Szogyi [im] Algonquin. Dann zum Schlafen nach Hause wegen früher Abreise nach Indianapolis – wo ich nachmittags gegen vier eintraf – Charles Latimer.

16.1.1981 Bloomington, Indiana. Flache Stadt mit niedrigen Gebäuden, 40 000 Studenten usw. und 20 000 Einwohnern. Religiöses Fernsehprogramm: freundliche 40-jährige, sehr gepflegte Frau zur Linken, M.M.C. in der Mitte, rechts »Gast«: Schnurrbart, mollig, Psychiater, sagt er. Wäre dreimal im Krankenhaus fast gestorben, habe dann Jesus X angerufen, der ihn erhörte. Er sagt »liegen« statt

---

[1] Eine der größten US-Banken, heute Teil von J.P. Morgan Chase.
[2] Joan Daves (geborene Liselotte Davidson, 1919–1997) galt jahrzehntelang als herausragende Agentin für Literatur und Sachbücher. Zu ihren Autoren, die den Literaturnobelpreis erhielten, zählten Heinrich Böll, Elias Canetti, Hermann Hesse, Rev. Dr. Martin Luther King jr., Nelly Sachs und Gabriela Mistral. (Lawrence Van Gelder, *The New York Times*, 27. Juni 1997)

»lügen«, was einige seiner Aussagen doppelt komisch macht. Zittrige Orgelmusik. Kurze Einstellung auf das Publikum (natürlich in Farbe), das rhythmisch klatscht. Ständige Einblendung von Telefonnummer mit Vorwahl.

Es erinnert mich an das Gefühl in New York, als ich um Mitternacht fernsah: Diese Leute sind alle irre, behaupten lächelnd Dinge, die sie selbst nicht glauben, um für irgendein Produkt zu werben. Haben sie ihre Seele verkauft? Hatten sie überhaupt je eine? Sie haben jeden Funken von Intelligenz aufgegeben, die sie möglicherweise mal besaßen.

17.1.1981 TV Indianapolis. Schwerpunkt Neues Testament; spendet für unsere neue Kirche. Gott ist mit euch. Radiosendung: Rettet das eine verlorene Schäfchen.

19.1.1981 Schuster an der Ecke. Billig, schnell, gut, sagt Charles Latimer. Außerdem Schlussverkauf. Kaufte ein Paar schwarze Schneestiefel für 5.95 $, runtergesetzt von 17.50 $, leider nicht aus Leder. Atmosphäre in dem spießigen kleinen Laden erinnert an 1930. Was für eine fürchterliche Langeweile! Keine Abwechslung! Ein hoher Preis für Sicherheit, körperliches Wohlbefinden, Dach über dem Kopf. Ich tröste mich damit, dass mein Leben in Europa »interessant und abwechslungsreich« ist, wenn auch härter, teurer, einsamer – was eigentlich gar nicht stimmt – als in dieser Stadt im Mittelwesten.

24.1.1981 Texas im Januar. Dieselben flachen, ausgetrockneten Prärien, jetzt voller zwei- und vierspuriger Highways. Morgen 22 Grad, private und öffentliche Heiz- oder Klimaanlagen trotzdem voll aufgedreht. Kein Wort über die US-Wirtschaft, geschweige Weltwirtschaft. Dafür große Aufmerksamkeit für bestimmte Details, zum Beispiel, ob sich eine Gebäudefassade in den letzten zehn Jahren verändert hat oder nicht.

18.3.1981 Journalisten: Prostituierte sind mir lieber; sie verkaufen nur ihren Körper, nicht ihren Verstand.

8.4.1981 Unentschlossenheit, jene große Quelle des Elends, die das menschliche Tier mehr als jedes andere plagt, macht sich als solche auch bei großen und kleinen Liebesaffären bemerkbar. Der Schmerz rührt aus der Unentschlossenheit, welche Haltung man einnehmen soll, doch leider erkennt das Opfer nicht, dass sich dieser Schmerz mit einer klaren Entscheidung fast komplett besiegen ließe!

25.6.1981 Liszts Ungarische Rhapsodie Nr. 2 besonders für Dialoge geeignet: »Dann trat ich ihn die Treppe runter, und er trat mich die Treppe rauf! Ich wusste nicht, was soll ich tun, denn obendrein fehlt mir ein Schuh.«
Am Ende – verlor ich die Geduld.
»New Yorker Wohnungsleben« schallt es
Wenn das nicht aufhört, knallt es!
»Hoppla!«, sag ich, »hoppla!« Hab noch nie so viele fliegende Absätze und Schweine gesehen! »Hoppla! Mir geht's prima, Schatz.«

30.7.1981 Punks. Leider braucht die Welt mehr von dem, was sie ablehnen und verhöhnen: Tradition, Zeremonien, Loyalität und gesellschaftlich nützliche Entscheidungen. Ist es etwa eine Leistung, den New Yorker Washington Square in einen Schweinestall verwandelt zu haben?

12.8.1981 Die britische Königsfamilie. Sie erinnert uns (während der Hochzeit[3]) daran, dass gutes Benehmen und Moral zwar nur heiße Luft sind – aber auch sichtbar sein können. Die Tugenden, die

---

3 Gemeint ist die Hochzeit von Prinz Charles mit Lady Diana Spencer am 29. Juli 1981.

das Königshaus zu symbolisieren versucht, sind nicht greifbar, trotzdem haben alle Menschen ein Bedürfnis, ja, sogar einen Hunger danach, wie nach Vitaminen, wenn sie fehlen. Deshalb liebten Reiche wie Arme diese kurze Zurschaustellung der Upperclass.

20. 8. 1981 Jeder, der bei Verstand bleiben will, muss letztendlich auf die eine oder andere Art beten. Beten kann ein bloßes Ritual sein, eine Art Alltagsaufgabe oder Pflicht, die es zu erledigen gilt. Es ist nach wie vor ein Ritual und so ziemlich das Einzige, an dem man sich festhalten kann. Man muss ihm einen Sinn geben, einen Wert.

26. 9. 1981 Am besten lernt man früh, sagen wir mit zehn Jahren, dass die Welt und die Menschen darin zu 80 % verlogen sind. Es könnte einem einen späteren Zusammenbruch ersparen. Aber die meisten Menschen erkennen den falschen Zauber nicht und fangen schon in jungen Jahren an, sich anzupassen. Sie wollen nur ihr Ego befriedigen, egal, wie: durch eine erfolgreiche Heirat, Karriere, Liebesleben, genügend Geld. Hauptsächlich kommt es zu Nervenzusammenbrüchen, weil eins davon schiefgeht. Man muss ziemlich intelligent sein, um die Verlogenheit zu durchschauen.

16. 10. 1981 Marges Tod[4]. Brustkrebs, der in die Lymphe streute. Mit 64. Füllig, weich, feines Haar. Sie hatte Chemotherapie und Bestrahlung bekommen, was Haarausfall und Verdauungsprobleme nach sich zog. Ich hatte sie im Januar 1981 kennengelernt; jetzt starb sie am 14./15. Oktober bei meinem [erneuten] Besuch in Bloomington. Geschichte aus Sicht von C. L. [Charles Latimer] vor Hausgast. C. & M. [Charles und Michel] sind fast ihre einzigen Freunde, abgesehen von Dennis, einem Schwulen, dessen neuen Freund Marge nicht mochte, weshalb sie Dennis hatte fallenlassen.

Letzten Sonntagabend waren C. und ich auf einen Drink bei

---

[4] Highsmiths Protagonistin Norma Keer in *Leute, die an die Tür klopfen* basiert auf Charles Latimers Nachbarin Marge.

1981

Marge, und sie war angezogen, stolz auf ihr drei Zentimeter langes Haar – »ihr eigenes«. Sie hatte ein Flugticket nach Kalifornien gebucht. Am Dienstagabend gingen C. & M. rüber, um nach ihr zu sehen. Wir hatten sie mit Müh und Not überreden können, am Montag ihrem Job als Cafeteria-Managerin an der Universität fernzubleiben! Mittw. nachmittags rief C. sie an, dann brachte er ihr Consommé und Apfelmus. Sie lag noch immer auf dem Sofa, er musste ihr den Kopf hochhalten, damit sie ein bisschen trinken konnte. Nach einer Dreiviertelstunde kehrte C. zurück, rief im Krankenhaus an, und der Krankenwagen war in wenigen Minuten da.

»Wer sind Sie?«

»Nur der Nachbar«, sagte C. und machte sich später Vorwürfe, weil er nicht »ein Freund« gesagt hatte.

Ihr Arzt unauffindbar, weil er die Footballmannschaft betreut und sich normalerweise in der Turnhalle der Universität aufhält! Donnerstagmittag ruft C. im Krankenhaus an und erfährt, dass Marge am Mittwochabend um 21:15 Uhr gestorben ist. Sie war Irin. Sechs Monate vor ihrer Rente mit 65, sprach sie immer davon, nach Irland zurückzukehren.

24.11.1981 Französische Weihnachtskarten – die Jungfrau sieht aus wie eine Attrappe. Joseph sieht zumindest so aus, als wäre das, was ihm widerfahren ist, tatsächlich passiert.

8.12.1981 Das Geheimnis der Frauen ist das, was die Menschen, vor allem Männer, den Frauen andichten. Außerdem sind Frauen in den meisten Gesellschaften, alten wie neuen, Sexobjekte, menschliche Spucknäpfe. Ich habe gerade von einer primitiven zeitgenössischen Gesellschaft gehört, in der Ehemänner und Ehefrauen getrennt leben. Nach der Heirat verbringt der Ehemann Wochen damit, Formeln oder Redewendungen zu lernen, Zaubersprüche, um sich vor seiner Frau zu »schützen«.

15.12.1981 Polen. Das Leben ist so schwer, wenn das Gerüst der Gesellschaft falsch und verrottet ist. Der heutige Mittwoch ist ein Tag der Trauer, weil die Solidarność vorläufig offenbar besiegt ist.[5] Und das Traurigste daran ist vielleicht, dass Präsident [Ronald] Reagan schweigt.

* * *

24.1.1982 Der Computer wird jetzt zur »Geburtenkontrolle« eingesetzt. Ein batteriebetriebenes Gerät zeigt jeden Morgen die Temperatur der Frau an. Und das, so heißt es, findet die Zustimmung des Papstes. Seltsam, dass das gegenwärtige Zeitalter die Menschheit vor den moralischen Gesetzen der Vergangenheit retten muss!

26.1.1982 Kafka. Eines seiner Hauptthemen war die Dramatisierung eines Lebens, das auch ich gerade am eigenen Leib erfahre. Für ihn muss es eine Erleichterung gewesen sein, abends und an den Wochenenden zu schreiben. Leider hat das Thema, mit dem ich mich beim Schreiben aktuell beschäftige, nichts mit Bürokratie zu tun. Aber vielleicht wird meine Rettung ebenfalls darin bestehen, eine Geschichte zu erfinden, die mit aktuellen Quälereien zu tun hat. Ich weiß – es gibt keinen Trost, keine Rettung im Leben, außer in der Phantasie, in der Erschaffung einer anderen Welt. Die gegenwärtige Welt ist für mich die Hölle, so etwas wie ein Gefängnis, auch wenn das Haus im Augenblick zufällig blitzblank ist.

31.3.1982 Ist eine Gesellschaft, die jeden Morgen eine Flasche Milch und eine Zeitung an die Tür geliefert bekommt, ohne dass diese gestohlen werden, verweichlicht?

---

5 Vom 13.12.1981 bis zum 22.07.1983 verhängte die polnische Regierung als Reaktion auf den zunehmenden Einfluss der Solidarność-Bewegung das Kriegsrecht im Land.

20.5.1982 Jüdische Einstellungen im Jahr 1982. Nicht einmal bei den Deutschen bestimmt die Rasse so vollkommen das Verhalten des Einzelnen. Antisemitismus. Sie geben vor, ihn abzulehnen und zu bekämpfen, dabei brauchen sie ihn wirklich und sind sich dieses Bedürfnisses bewusst oder unbewusst gewahr. Wo wären sie 1982 ohne ihn? Dank Hitler können sie an die Sympathie und Nächstenliebe aller appellieren, und noch wichtiger, ihren Kritikern mit der Beschimpfung »Antisemiten« drohen. In unserer Zeit gibt es keinen größeren Antisemiten als Menachem Begin, keinen größeren Feind des jüdischen Volkes. Wo sonst in der Geschichte ist ein Land (Amerika) finanziell und militärisch für ein anderes junges Land eingetreten, dessen Bevölkerung mit Blick auf die ethnische Zugehörigkeit nicht einmal mehrheitlich dem Land angehört, das es protegiert? Wann hat man je gesehen, dass ein solcher Gefallen ausgenutzt wurde, um für mehr Land Krieg zu führen oder einen Rassismus zu praktizieren, vor dem man selbst erst vor kurzem gerettet wurde.

20.5.1982 Schweizer [Bürger] – beziehungsweise Expats, die hier leben: Mir scheint, als schenkten sie sozialen Kränkungen oder dem, was sie für Kränkungen halten, übermäßige Aufmerksamkeit. Andere sind auf jeden Fall direkter und haben EBH neulich abends regelrecht fertiggemacht, weil sie mich so tyrannisiert.
Gisela Andersch – typische Preußin – spricht hauptsächlich Deutsch. Schroff und scharf anderen gegenüber nach dem Tod ihres Sohnes Anfang des Jahres, der relativ schnell auf den Tod [ihres Mannes] Alfred [Andersch][6] gefolgt war. Ein solches Verhalten seitens der Bourgeoisie wäre in England – oder auch für die Hamburgerin Anne Uhde – unmöglich, da bin ich sicher. Hier weiß jeder alles über jeden, wie in einer Kleinstadt.

---

6 Alfred Andersch (1914–1980) gilt als einer der einflussreichsten deutschen Nachkriegsautoren. Seit 1958 lebte er mit seiner Frau Gisela Andersch in Berzona, nur 20 Kilometer von Aurigeno im Tessin.

2.7.1982 Die Liebenden und die Berechnenden. Die Liebenden verlieben sich und lieben. Die Berechnenden spielen ein Spiel. Letztere sind gewöhnlich sehr hübsch und attraktiv, zumindest glauben sie das, und das ist schon die halbe Miete, denn mit Selbstsicherheit erzielt man die gewünschte Wirkung.

11.10.1982 Über das Schreiben mit Frauen als Heldinnen. Mir scheint, dass Frauen oft nicht sie selbst sind, sondern von der Umwelt und der Gesellschaft erzeugte Geschöpfe. Selbst wenn das auf einen Mann ebenfalls zutrifft, hat er gewöhnlich Ambitionen und Ziele und versucht sie umzusetzen, ist dadurch also auf jeden Fall ein aktiveres Wesen.

25.11.1982 Ein Spiel namens »Havoc«. Unbegrenzte Anzahl von Spielern. Erste Karte nach dem Austeilen bestimmt, wer China, Großbritannien, USA, Frankreich usw. ist. Nächste Karte entscheidet über Kernwaffen, konventionelle Streitkräfte, Luftwaffe, Marine. (Besser, wenn Länder erfundene Namen haben, da mit Bevölkerung auch Macht assoziiert wird). Weitere Karten ermöglichen nuklearen oder konventionellen Angriff. In der Tischmitte muss eine Weltkarte liegen, die sich von der wirklichen Welt unterscheidet. Die Spieler können atomaren Erstschlag verhindern und passen. Der Gewinner kann in letzter Minute alles in die Luft jagen und vielleicht gewinnen – es sei denn, ein Gegenspieler hat eine »Volltreffer«-Karte auf einen wichtigen Stützpunkt seines Gegners. Schiffe, Männer, Bomben könnten reale winzige Objekte auf dem Spielbrett in der Tischmitte sein. Überraschungsangriffe mit Napalm. Vegetationskiller. Einige Karten erklären vielleicht: »Ein Monat verstreicht« oder »Hungersnot in Agent-Orange-Gebieten«.[7]

---

7 Agent Orange, von den USA im Vietnamkrieg (und im laotischen Bürgerkrieg) verwendetes und mit Flugzeugen und Hubschraubern großflächig versprühtes hochgiftiges Entlaubungsmittel, um den Vietcong die Tarnung durch den dichten Dschungel zu erschweren und deren Nahrungsversorgung abzuschneiden. Als Folgen und Spätfolgen bei der betroffenen Bevölkerung (annähernd

7.12.1982 Für alle Völker der Welt, deren tägliches Brot, sofern sie welches haben, den bitteren Geschmack von Ungerechtigkeit hat.

* * *

1.1.1983 Große amerikanische Schriftsteller wie Stanley Elkin oder [Kurt] Vonnegut (Bestseller) wenden sich heute mit ihren Romanen dem Fantasy-Genre zu und verwenden häufig Wörter wie Fuck. Es ist, als hätten sie den Glauben an die Natur des Menschen aufgegeben (an den positiven und optimistischen Teil davon) und verließen sich darauf, den Leser zu schockieren, ihn zum Lachen zu bringen oder ihn in eine andere Welt zu entführen, die in der Vergangenheit oder in der Zukunft liegen kann. Man könnte meinen, dass die jetzige Welt mehr als die Vergangenheit eine reichliche Auswahl an Lebensweisen bietet, viele davon interessant, die meisten »gesellschaftlich akzeptabel« oder zumindest toleriert. Sich dermaßen der Fantasy zu widmen (Doris Lessing [eher der] Science-Fiction), scheint mir einen Mangel an Interesse oder auch Hoffnungslosigkeit bezüglich des Schicksals der Menschheit zwischen 1980 und 2000 zu offenbaren. Es sieht aus, als hätten diese Schriftsteller kein Interesse an einem – oder zwanzig – Helden, um sie gegen das auszuspielen, was von Konvention und sozialem Gefüge noch übrig ist.

9.1.1983 Liebe. Damit zurechtzukommen. Zu sagen, ich verlange nichts. Liebe ist genug (in meiner Brust), auch wenn uns viele Meilen trennen. Ist das befriedigend oder gar echt? Jedenfalls kann diese Einstellung einem hin und wieder für ein paar Sekunden das Gefühl von Glück vermitteln. Es wird interessant sein, zu sehen, wie lange es anhält oder anhalten kann, ob es eine Illusion ist oder nicht. Da die Liebe selbst eine Illusion sein soll, ist diese Haltung vielleicht angemessen. Im Übrigen ist es der Versuch, Kummer zu vermeiden.

---

einer Million Menschen) und bei 200 000 US-Soldaten gelten u. a. Krebserkrankungen und Fehlbildungen bei Kindern.

T.[Tabea]s Worte: »Aber für mich ist es gar nicht so dumm, weil es mir Mut zum Leben gibt.« Heißt das, dass sie sich von der Zukunft etwas erhoffte oder erwartete oder dass der Zustand selbst genug war?

9.1.1983 Ergänzend zu Obigem. Moral und Mut sind Haltungen, teilweise sogar vorgetäuscht, bestenfalls experimentell (wenn man darüber nachdenkt und sich dafür entscheidet). In der Jugend verlässt man sich auf den Elan seiner körperlichen – und geistigen – Energie. Später muss man eine Haltung finden, die einen befähigt weiterzumachen.

10.1.1983 [Träume] Ich stand an der Reling eines großen Ozeandampfers – schwarzes Schiff, dunkles Meer. Ich war allein. Nur eine abgerundete silberne Außenreling auf Hüfthöhe hielt mich (davon ab, ins Meer zu stürzen). Wenn ich versuchte, zur Seite hin auszuweichen, von wo ich aufs Deck hätte klettern können, riskierte ich, in die Tiefe zu stürzen, denn meine Füße hatten keinen Halt. Da wachte ich auf. Angsttraum – der wievielte?

14.1.1983 Ehrgeizige Männer müssen sich oft verlieben und tun es auch. Die Realität der Frau spielt keine Rolle, es geht nur darum, was der Mann in sie hineinlegt. Daher spielt es auch keine Rolle, ob sie jemals miteinander schlafen, und erst recht nicht, ob er je dahinterkommt, wie sie ist, denn beides könnte eine Enttäuschung sein. Arthur Rubinstein hat einmal gesagt: »Wenn du einer hübschen Blondine begegnest, die nichts im Kopf hat – heirate sie! Lebe ein bisschen!«

1.3.1983 Dostojewski. *Aufzeichnungen aus dem Kellerloch.*[8] Sehr aufschlussreich, was die Einstellung des Autors zu Frauen betrifft. Tat-

---

8 Roman von Dostojewski aus dem Jahr 1864.

sächlich geht es nur darum. Für Fjodor sind die Geschlechter verschieden, und das sind sie tatsächlich. Zunächst scheint F. D. [Fjodor Dostojewski] so konditioniert zu sein, dass er eine Frau nach ihrem gesellschaftlichen Status bewertet. Dann – soll er sie beherrschen oder sich beherrschen lassen? Im echten Leben verliebte er sich in eine polnische Schauspielerin, die er nie geheiratet hat. (Das könnte ich mir noch am ehesten vorstellen.) Später entschied er sich für den ruhigeren Typ, Anna, die Praktische, und heiratete sie. Darin scheint F. D. wie alle Männer zu sein. Wozu der Sadismus, die Tyrannei? Blitzschnell kann er sich in das Gegenteil verwandeln und zum Sklaven einer Frau werden. Glaubte er, wie viele Männer, dass er Frauen nie verstehen würde, und behielt daher den Glauben an ihre geheimen Kräfte für sich?

9.3.1983 [Keime] Die Taschenuhr – oder die Herrentaschenuhr. Es ist die Geschichte der Biscuit-Uhr, die ich meinem Großvater abkaufte, als ich zwölf war, für 12 Dollar, nachdem ich 24-mal für 50 Cent den Rasen gemäht hatte. Es waren zwei Rasenflächen, getrennt von einem schnurgeraden Betonpfad und den beiden großen Walnussbäumen auf je einer Seite des Rasens. Die Uhr, eine Hamilton, hatte einen verschnörkelten Golddeckel, der sich mit Hilfe eines Scharniers öffnete. Auf ihrer Innenseite konnte man eine Vielzahl von leicht und exakt eingeritzten Pfandleihernummern erkennen, manche von bloßem Auge, andere nur mit Lupe zu entziffern. Die drei Initialen auf dem hübschen Golddeckel habe ich vergessen. Es war eine Remontoir-Uhr mit gerilltem Kronenaufzug, weißem Zifferblatt und römischen Ziffern. Sie ging absolut exakt. Da ein zwölfjähriges Mädchen eine solche Uhr nicht gefahrlos tragen konnte, gab ich sie meinem Stiefvater, als ich dreizehn war. (Seltsam, da ich damals allen Grund hatte, ihn nicht zu mögen.) Dann – er benutzte sie und liebte sie sehr, als ich einundzwanzig war und 19 $ pro Woche verdiente, kaufte ich eine französische Taschenuhrkette aus Gold für die Uhr, für 30 $, soweit ich mich erinnere, in einem kleinen Juwelierladen in der 59th Street, Ecke Second Avenue. Damit waren meine gesamten Ersparnisse im Dezember 1942 aufgebraucht. Mein Stiefvater benutzte die Uhr meistens ohne die Kette, das weiß ich noch, aber diese wurde sorgsam im Haus aufbewahrt. Ich war im Juni 1942 ausgezogen, nach meinem College-Abschluss, und hatte mir eine eigene Wohnung besorgt.

Drei Jahre – fast ein ganzes Leben – verstrichen, und 1970 sah ich die Uhr in Texas wieder, wo meine Eltern schließlich hingezogen waren. Die Kette sah ich damals nicht, und ich dachte auch nicht daran, nach ihr zu fragen. Als mein Stiefvater im November 1970 starb, fragte ich meine Mutter, ob ich die Hamilton zurückhaben könnte. Da ich sonst gar nichts erbte, weder Geld noch irgendein Andenken, hielt ich die Bitte nicht für abwegig. Zuerst sagte meine Mutter: »Natürlich«, doch dann kam die Uhr nie an. Ich lebte damals in Frankreich. Die Idee, sie nach NY zu schicken, damit eine Freundin, die nach Frankreich reiste, sie mir mitbrachte, verlief im Sand. 1974 in Texas – tja, da schrieb mir meine Mutter, die im Lauf der Jahre noch verrückter geworden war, sie habe entschieden, dass sie als Witwe meines Stiefvaters die »Erbin« der Uhr sei. Wenig später änderte sie ihre Meinung und schrieb, ich könne die Uhr haben. Als ich ihr 1974 einen kurzen Besuch abstattete (eine Stunde mit meinem Cousin Dan), fragte ich nach der Uhr – und sie konnte sie nicht finden bzw. behauptete, sie könne sie nicht finden. Damals war das Haus ein einziges großes Durcheinander.

Zwischen 1970 und 1974 hatte es ein endloses Katz-und-Maus-Spiel wegen der Uhr gegeben. Meine Mutter benutzte sie als Köder, damit ich ihr weiterhin schrieb, egal, was. Aber das muss ich überprüfen, denn 1970 schrieb ich meinem Stiefvater jene drei langen Briefe, von denen ich zwei Durchschläge aufbewahrt habe, und erklärte ihm, warum ich ihr nicht schreiben wollte und auch nicht wollte, dass sie mir schrieb. Die Geschichte mit der Uhr illustriert perfekt die Eifersucht, Bosheit, Zweideutigkeit, Unentschlossenheit, die gemischten Gefühle meiner Mutter mir gegenüber.

1.6.1983 Das Leben in der Schweiz (nach eineinhalb Jahren). Ich glaube, der Mangel an Sonnenlicht hat einen sehr starken Einfluss auf Menschen. Im Winter müssen sich die Täler selbst versorgen. Der vorherrschende (protestantische) Glaube würdigt persönliche Leistung und einen aufrechten Charakter. Das kann bei einzelnen Menschen zu Paranoia und Unfreundlichkeit führen und folglich zu einem Ernst, der an Depression grenzt. Mir persönlich gefallen die Anflüge von »Demokratie«; beispielsweise ist es eine Sünde, die Landschaft zu verschmutzen, weil die Mitbürger den Anblick von Butterbrotpapier und herumliegendem Müll nicht mögen (es geht nicht um das Gesetz oder ein Bußgeld). Vor allem aber fällt mir der Ernst der Schweizer auf.

Hier erlebte ich vor einem Jahr einige der düstersten Momente meines Lebens, als ich immer wieder für eine Viertelstunde das Gefühl hatte, in eine Falle getappt zu sein, eine elende Falle. In solchen Augenblicken erinnerte ich mich an Montcourt und sein Sonnenlicht, das ich niemals vergessen werde. Aber auch an die Invasion der Zollbeamten am 10. März 1980, und da wurde mir wieder bewusst, dass ich nicht gerne in einem Land leben würde, in dem jeder davon ausgeht, dass man ein kleiner Gauner ist oder einer wäre, wenn man damit durchkäme.

Zufällig mag ich die Ruhe, weil ich innerlich nervös bin. Gefiel nicht am Ende auch Nietzsche die Schweiz? Er verbrachte einige Zeit hier.

11.8.1983 Ich beneide Leute, die noch genügend Energie zum Tanzen haben!

14.8.1983 Frauenschuhe. Sie sollen so aussehen – als könnte man in ihnen nichts tun, als könnte man nicht einmal richtig damit gehen. Sie kommen direkt nach dem Füßebinden der Japaner und Chinesen. Alles nur, um die Lust zu steigern. Frauen lassen sich gern mitreißen.

18. 9. 1983 Barcelona. Ein wunderschöner Blick beim Anflug. Die Stadt wirkt braun und flach, gesäumt vom Blau des Meeres (es ist ein sonniger Tag im Sept.), wie eine altmodische Landkarte. Man denkt an Kolumbus, wie er die Segel setzt. Wir werden von Jorge Herralde[9] und seiner Freundin Lali vom Verlag Anagrama empfangen. Sie begleiten uns in einer tiefliegenden zweimotorigen Propellermaschine nach San Sebastián, kilometerweit trockene, dunkelgrüne und graue Berge, offensichtlich nicht landwirtschaftlich genutzt. Was für eine Verschwendung von Land! Nur wenige Dörfer und weit auseinander. Man hat mich gewarnt, [San Sebastián] sei ein Kur- oder Touristenort. Aber die Stadt ist viel größer als ich dachte, mit einer Altstadt am Wasser und Straßen, die zu eng sind für Autos. Ziemlich teure Restaurants. Die Leute haben hier Zweitwohnungen. Gut gekleidet. Es ist heiß. Am zweiten Tag erkenne ich Julian Symons[10] in der Lobby! Ich hatte ganz vergessen, dass er ebenfalls eingeladen ist. Überraschend angesetzte »Pressekonferenz« während einer angeblichen Cocktailparty. Sehr dumme Fragen von den Fernsehleuten: Warum ich beschlossen hätte, Krimis zu schreiben? Nur ein einziger junger Spanier mit einem roten Pullover stellte mir in San Sebastián sehr kluge Fragen für das Fernsehen. Der Prado: Ich konnte zweimal hin. Das erste Mal ging ich in den zweiten Stock, um den Museumsleiter zu treffen, der mich sehr herzlich begrüßte und bat, mich in seinem Büro in das große Gästebuch einzutragen. Anschließend begleitete seine Sekretärin mich (und Marianne Liggenstorfer[11]) in den Velázquez-Saal.[12] Die Menschen

9 Jorge Herralde Grau (*1936), Patricia Highsmiths spanischer Verleger, gründete 1969 den Verlag Anagrama.
10 Highsmith hatte den britischen Krimiautor und Literaturkritiker Julian Symons (1912–1994) schon 1964 kennengelernt, als er Mitglied der Jury der British Crime Writers' Association war. Im gleichen Jahr verlieh ihr der Verein für *Die zwei Gesichter des Januars* den Silver Dagger Award für den besten ausländischen Krimi.
11 Marianne Fritsch-Liggenstorfer war Leiterin der Lizenzabteilung von Diogenes und begleitete Highsmith auf zwei Pressetouren nach Spanien, hier zum Filmfestival von San Sebastián, wo Highsmith als Ehrengast eingeladen worden war, um René Cléments *Plein Soleil/Nur die Sonne war Zeuge* (1960) zu sehen, eine Filmhommage an *Der talentierte Mr. Ripley*.
12 *Las Meninas* ist eines der bekanntesten Werke im Museo del Prado von dem spanischen Barockmaler Diego Rodríguez de Silva y Velázquez (1599–1660).

sind froh über die größere Offenheit der sozialistischen Regierung, fürchten aber einen Militärputsch.

[OHNE DATUM] Madrid: Die Doktorandin. Wir verabredeten uns am Nachmittag um vier. Natürlich verspätete ich mich, weil ein Mittagessen mit zehn Gästen nicht vor 14:30 Uhr beginnt, aber man schickte mir eine Nachricht ins Hotel. Diese Doktoranden versuchen, aus meinem Schreiben eine organisierte Disziplin oder Wissenschaft zu machen, und ich glaube, sie sind enttäuscht, wenn ich ihnen sage, dass meine Ideen, also meine Gedanken und die Romanhandlungen, aus dem Nichts entstehen. Ich signierte ein Buch für sie und machte ihr ein Kompliment zu ihrem Füller, den sie mir unbedingt schenken wollte. Ich schreibe jetzt damit, rot und gelb, wie ein Clown. Julian Symons: hielt in San Sebastián einen gut vorbereiteten Vortrag über Dashiell Hammetts[13] Intentionen. Dreizehn Männer und ich, darunter Sam Fuller[14], geschwätzig, Zigarre rauchend, gibt den kauzigen alten Linken. Er hatte seine ebenfalls linke deutsche Frau, 39, bei sich. Man überreichte mir eine Holztafel mit einer metallenen Karte des Baskenlandes – weil meine Bücher sich auf der letzten Buchmesse dort am erfolgreichsten verkauft hatten.

31.10.1983 Halloween, und ich erinnerte mich an die Zeit vor 50 Jahren zurück, als ich zwölf war, in Fort Worth, zu »jung«, um von meinen vierzehnjährigen Klassenkameradinnen zu einer Party eingeladen zu werden. Ich wohnte bei meinen Großeltern und hatte nichts zu tun und keine Möglichkeit zu feiern. Daher machte ich spätabends einen Spaziergang und entfernte die Radkappe eines Wagens, der in einer dunklen Straße parkte. Ich kam mir sehr hinterhältig vor. Aber ich ließ ihm nicht die Luft raus, obwohl ich gewusst hätte, wie man das macht. Ah, zwölf bis dreizehn, das traurigste Jahr meines Lebens.

---

13 Samuel Dashiell Hammett (1894–1961), bekannter amerikanischer Krimiautor.
14 Samuel Fuller (1912–1997), amerikanischer Autor, Drehbuchautor und Regisseur.

30. 11. 1983 Mittagessen mit GKK [Kingsley]. Westside – sehr guter »Pub« namens The State. Danach eine Fahrt mit dem Bus nach Downtown, Ninth Ave. (?), die »unverändert« heruntergekommene Westside. Alte Steinfassaden mit Wohnungen in den oberen Stockwerken, schäbige Obst- & Gemüseläden. Spaziergang ostwärts, etwa 44th, 43rd. Unglaublich verstaubter Laden, der alte Filmplakate verkauft, eng, mit einem Schild, auf dem steht, wo man klingeln soll. Wer kauft so was? Vacancy-Aushang im schmuddeligen Fenster eines nahen Brownstone-Hauses, sogar ein Hotel wie das hier. Gutes Versteck für einen Gauner, der untertauchen muss. Zwei schwarze Frauen. Die eine wirft einen halbvollen Papierbecher auf den Bürgersteig – platsch! Das blasse Braun schwachen amerikanischen Kaffees, der Becher rollt in den Rinnstein.

20. 12. 1983 Mut ist ein Traum. Keine Frage, dass man ihn in die Länge ziehen muss und nicht aufwachen darf.

* * *

2. 1. 1984 Erstaunlich, wie oft ich mir vor meiner Reise nach N. Y. (25. Nov.–12. Dez.) vorstellte, auf den Straßen von Manhattan zusammenzubrechen, unfähig, eine Verabredung einzuhalten, weil meine körperlichen Kräfte versagten. Ich war schon vor der Abreise krank. Aber in N. Y. hielt meine Kraft ganz normal an.

4. 3. 1984 [Träume.] Meine Mutter in Lady-Macbeth-Mordlaune schlug T[abea] B. den Kopf ab und sagte zu mir: »Du musst mir helfen, die Leiche loszuwerden.« Ich war schockiert, gelähmt und sagte nichts. Meine Mutter überzog den Kopf gründlich mit durchsichtigem Wachs. Keine Ahnung, was mit Kopf und Körper geschah.

16. 3. 1984 O meine Katzen! O meine Barometer!

16.3.1984 Meine schlimmsten und häufigsten Depressionen verdanke ich einem zu strengen Urteil über mich selbst. Ich hätte es besser machen können, ich war nicht effektiv genug und so weiter. Die allerschlimmste Melancholie überfällt mich natürlich, wenn ich wegen äußerer Umstände mehrere Tage nicht arbeiten kann. Die Realität ist die wahre Langeweile.

24.3.1984 Alkohol versus Kokain, Letzteres soll stimulieren wie ein paar doppelte Espressi. Es wird interessant sein zu sehen, ob aus den Koksern gute Autoren werden. Diejenigen, die dem Alkohol frönen, sind berühmt, Poe, Scott Fitzgerald, Faulkner, Steinbeck. Ob Schriftsteller lieber vor sich hin dämmern und träumen? Statt sich dem Äußeren zuzuwenden und davon anregen zu lassen?

30.4.1984 Ältere Bewohner – der Schweiz (oder von sonst wo) – erreichen diesen Punkt, an dem sie sich so lange wie möglich am Leben halten wollen. Sie denken an nichts anderes. Sie essen gesund. Sie versuchen verbissen, das, was ihnen noch vom Leben bleibt, zu genießen.

30.9.1984 Phantasie d-Moll, KV 397 [von Mozart], das Klavierstück, das ich oft aus der oberen Wohnung in der Bank Street 1 hörte, als ich zwischen dreizehn und siebzehn war.

5. OKTOBER 1984 Istanbul. Taxifahrt vom Flughafen, etwa 30 Kilometer. Trockenes, halbleeres Land, dann der Blick auf das Meer zur Rechten – eine breite Kurve des Festlands, faszinierend.

* * *

12.3.1985 Vietnamkrieg. Vielleicht sahen junge amerikanische Soldaten zum ersten Mal in der amerikanischen Geschichte, dass Krieg ein Geschäft ist: Kämpfe, weil man es dir sagt; kämpfe gegen einen unsichtbaren Feind; kämpfe, obwohl Amerika nicht seine

»volle Stärke« einsetzt. Damit verbunden eine seltene Verachtung für den Wert eines feindlichen Lebens, sonst hätte der Soldat nicht weiterkämpfen können.

18.4.1985 London. Elektroenzephalogramm. Etwa 45 Minuten. 10–20 Elektroden? an Schädel, Stirn, Wangen, plus eine an jedem Handgelenk. Öffnen und schließen Sie die Augen, bitte. Dann drei Minuten lang tief einatmen, durch den Mund. Elektroden an runde Scheibe auf einem Sockel neben der Schulter des Patienten befestigt. Schwarze, rote, grüne Kabel usw. Nach Vermessung wird die Kopfhaut des Patienten markiert, dann wird Klebstoff und an bestimmten Stellen noch ein Gel aufgetragen, um den Strom besser gleiten zu lassen. Das Ergebnis – erscheint auf einem 36 Zentimeter breiten Stück Endlospapier, das sich automatisch in einen Korb faltet. Das Papier mit 14 unterschiedlichen Wellenlinien sieht aus wie eine Partitur. C.B.s [Carolines] Gesicht war von Anfang bis Ende rosig (Wangen), noch bevor die Kabel angeschlossen wurden, und obwohl sie am selben Mittag noch sehr blass gewesen war.

8.5.1985 Das Einzige, was einem das Gefühl gibt, glücklich und lebendig zu sein, ist nach etwas zu streben, was man nicht erreichen kann.

28.5.1985 Betrifft M.C.H. [Mary Coates Highsmith] – die verrückten Elemente im Hirn übernehmen die Form [des] Gesunden, weil die betreffende Person nicht einsehen kann, dass sie im Beruf, in der Ehe und bei der Aufgabe, ein Kind zu erziehen, versagt hat. Es folgt der Rückzug in die Festung der Weiblichkeit und weiblicher Hilflosigkeit. Sie nutzte S.H. [Stanley Highsmith] bis zu seinem Tod aus; jetzt nutzt sie D[an] und mich finanziell aus, auch wenn sie mental schon nicht mehr erreichbar genug ist, um es zu erkennen. Wie auch immer, sie ist gut aufgehoben in ihrer Verrücktheit, gut aufgehoben auf heimischem Boden, Texas; gut aufgehoben bei einem Neffen, einem Mitglied der Familie, der nach ihrer Pfeife tanzt. Sicher und bequem im Wahnsinn des Fernsehers, der Träume. Gelegentlich höre ich, dass sie gegen Pflegerinnen oder Mitbewohner wettert. So ist sie ihr ganzes Leben lang mit ihren Freunden umgegangen. Der gesunde Teil des Gehirns zieht sich zurück, das verletzte Ego zieht sich zurück, um sich zu schützen. Vielleicht macht sich ein falscher Wahnsinn breit, vergrößert sich sogar, wenn die umgebende Familie verständnisvoll und nachsichtig ist (S. H.), bis er ganz die Oberhand gewinnt. Meine Mutter wäre nicht halb so verrückt geworden, wenn es mich nicht gegeben hätte.

23. 8. 1985 Ärger auf Amerikas Farmen. Höfe und Gerätschaften werden versteigert. Eine Frau in der Zeitung: »Als ich sah, wie die alte Schaufel wegging ...« Ach ja. Wenn ich jemals mit ansehen müsste, wie meine Mistgabel aus Suffolk (kleinere Größe, für Frauen geeignet) wegen akuter Armut [wegginge], wüsste ich nicht, was ich machen sollte. Die Schaufel ist ein Symbol der Selbstachtung, nicht nur ein Werkzeug. Wenn sie weg ist, ist das Leben futsch, jede Verbindung zu Fortschritt und Glück ist dann gekappt.

1986–1988

Im April 1986 entdecken ihre englischen Ärzte bei Patricia Highsmith ein Lungenkarzinom. Sie muss sofort operiert werden, der Tumor wird erfolgreich entfernt. Ein paar Wochen erholt sie sich in London, Anfang Mai kehrt sie in die Schweiz zurück und wartet dort die nächste Untersuchung ab. Die bringt im Juli Entwarnung: die Operation war ein Erfolg, alle Befunde geben Anlass zur Hoffnung. Nun beschließt Patricia Highsmith, dem dunklen, alten Haus in Aurigeno, in dem sie nie recht heimisch geworden ist, endlich den Rücken zu kehren. Sie spielt mit dem Gedanken, nach Frankreich zurückzuziehen, reist im August sogar nach Montcourt, um dort oder in der Umgebung nach einem neuen Haus zu suchen, findet aber nichts Geeignetes. Das alte hat sie erst im Juni verkauft – und es gleich darauf bereut.

Am Ende entscheidet sie sich für einen Umzug innerhalb der Schweiz. Freunde machen sie auf das Grundstück im Tessiner Dorf Tegna aufmerksam, das Highsmith Ende 1986 besichtigt und im April 1987 schließlich erwirbt. Bis Ende 1988 wird dort ihr letztes Haus gebaut: die Casa Highsmith. Die Ideen dafür liefert sie selbst, umgesetzt werden sie vom Schweizer Architekten Tobias Ammann. Neben dem Hausbau, ihren vielen Reisen sowie der Sorge um ihre Gesundheit ist für Patricia Highsmith ans Schreiben kaum zu denken. Erstmals in ihrem Leben schaltet sie einen Gang zurück. Brachte sie seit 1951 alle zwei Jahre, häufig öfter, ein neues Buch heraus, gibt es nun größere Lücken, in denen sie aber mit verschiedenen Ideen zu einem weiteren Ripley-Band spielt.

Leider hat der Umzug in die Schweiz nicht die erhoffte Erleichterung in Sachen Steuern gebracht, weshalb Patricia Highsmith nun sogar über die Schweizer Staatsbürgerschaft nachdenkt, um der lästigen Doppelbesteuerung zu entkommen. Die gesellschaftliche und politische Entwicklung ihres Geburtslandes verfolgt sie dennoch weiter mit großem Interesse – und spart dabei nicht mit Kritik. Besonders die amerikanische Israel-Politik ist ein rotes Tuch für Highsmith; ihren Roman *Leute, die an die Tür klopfen* (1983) hat sie »dem palästinensischen Volk und seinen Führern für ihren Mut im Kampf um ein Stück ihrer Heimat« gewidmet. Nach Beginn der ersten Intifada 1987 beschäftigt sie der Nahostkonflikt erst recht.

Passend dazu erscheint im selben Jahr mit den *Geschichten von natürlichen und unnatürlichen Katastrophen* Patricia Highsmiths bisher politischstes Buch beim Bloomsbury Verlag in London. Sie verlässt damit nach über zwanzig Jahren ihren britischen Verlag Heinemann, der bisher alle ihre Bücher in Großbritannien herausgebracht hat, zuletzt 1986 noch *Elsies Lebenslust*. Highsmith war mit den Anstrengungen Heinemanns bei der Vermarktung ihrer Bücher nicht mehr zufrieden.

Sie selbst tritt häufig in der Öffentlichkeit auf und ist äußerst gefragt. Im Tagebuch, das sie ab 1987 wieder regelmäßiger schreibt, ist die Rede von Preisverleihungen, Reden, Buchmessen und Interviews, sie reist unter anderem nach Berlin, Paris, London und Spanien, obschon es sie gesundheitlich zunehmend strapaziert. Eine private Reise führt Patricia Highsmith ab August 1988 ins marokkanische Tanger zu ihrer alten Freundin Buffie Johnson und deren Nachbarn Paul Bowles, auch ihn kennt sie bereits aus New York. Viele Eindrücke aus diesen Wochen werden in den fünften Ripley-Roman einfließen: *Ripley Under Water*.

* * *

15.3.1986 Cousin Dan berichtet, dass meine Mutter seit dem letzten Jahr im Bett liegt, sich gelegentlich aufsetzt, ihn nicht erkennt und außerstande ist, eine Unterhaltung zu führen.

Sie hat KEINEN eigenen Willen mehr, kann weder leben noch sterben. Krankenschwestern schieben ihr einfach Tabletts mit Essen auf den Schoß. Vermutlich braucht sie auch eine Bettpfanne. Was ist das für ein Ende? Seit Herbst 1974 ist sie nun schon dort! Was geht in ihrem Kopf vor? Vernebelte Träume, gekappte Erinnerungen? Normale Schläfrigkeit (angenehmes Gefühl für die meisten von uns)? Wie ist es, ohne eigenen Willen zu leben? Einfach nur teilnahmslos zu »existieren« – ohne irgendeinen Gedanken an den morgigen Tag oder daran, wer all die Pflege zahlt.

21.6.1986 [Keime] Bekannter Schriftsteller erkrankt, erholt sich, ist aber verwirrt über in die Höhe schießende Absatzzahlen, neue Kurzgeschichtensammlungen, Hörspiele, Fernsehserien zum Buch und dessen Vorabdruck als Fortsetzungsroman. Als hielte ihn die Welt für tot. Inzwischen sehr angenehm. Besser als seinen eigenen Nachruf zu lesen, wie Hemingway.[1]

3.8.1986 Worum kann man überhaupt beten, außer um Geduld?

30.8.1986 5. April 1986. Mein Arzt ist John Batten, Harley Street, CB hat nach meinem Anruf am Ostermontag, 31. März, am Dienstag, 1. April, kurzfristig einen Termin bei ihm bekommen. Ingeborg Moelich[2] fuhr mich am Mittwoch [vom Tessin] zum Zürcher Flughafen wegen des Termins am Donnerstag mit Batten, Röntgenaufnahme [erneut] und Einweisung ins Brompton [Hospital] am Freitag zwecks Biopsie. Batten rauscht herein, als ich (nach einer Übernachtung) wieder gehen will, bittet mich, »Platz zu nehmen«, sieht kurz zur Seite. »Wir glauben, es sollte entfernt werden, und wir hoffen, dass Sie zustimmen.«

Klingt für mich wie ein Todesurteil, ob es nun entfernt wird oder

---

[1] Hemingway hatte zweimal die Möglichkeit, seine Nachrufe zu lesen. Er überlebte in den 1950er Jahren zwei Flugzeugabstürze in Afrika mit seiner vierten Frau Mary.
[2] Highsmiths Nachbarin in Aurigeno, eine ehemalige Opernsängerin.

nicht, denn ich habe noch nie von jemandem gehört, der so was überlebt hätte, zumindest nicht lange. Natürlich stimme ich zu, und dann bringt man mich in einen Raum mit fünf Männern, einer davon Mr Matthias Paneth, der Prinzessin Margaret wegen [fast] der gleichen Sache operiert hat. Paneth vergräbt seine kräftigen Fingerspitzen in meinen Hals, während ich bekleidet, wenn ich mich recht entsinne, aber es spielt keine Rolle, um 15:20 Uhr auf einem hohen Tisch liege.

Mittlerweile ist Roland Gant[3] eingetroffen, um mich abzuholen, und hat die schlechte Nachricht erfahren. Wir gehen raus zu seinem Wagen und trinken Boilermakers[4]. Er erzählt mir, Dwye Ewans[5] hätte sich vom selben Eingriff gut erholt und sei zehn Jahre danach noch immer am Leben. Das sei doch sicher aufbauend. Wir fahren zu [C.s] Haus. Sie nimmt alles so gelassen auf, dass ich später vermutete, das Krankenhaus habe sie schon angerufen, aber jetzt glaube ich das nicht mehr.

Letzten Endes ging es mir schon seit Dezember 1985 sehr schlecht. Schreckliche Erkältung zu Weihnachten, & trotz Grippeimpfung hatte ich den ganzen Januar lang eine Darmgrippe, war sehr geschwächt. Dann musste ich »geschäftlich« nach London zu Heinemann wegen *Elsies Lebenslust,* über das Heinemann & Diogenes ziemlich gestritten haben. Kaum aus London zurück, bekam ich eine Bronchitis, nachdem ich Schnee von meinem Wagen hatte schaufeln müssen, in meinen Levi's, ohne warme Unterwäsche. [Zu] Dr. P.D.N., um Antibiotika zu besorgen, und als ich eine Woche später wiederkam, so wie er es angeordnet hatte, schlug er eine Röntgenaufnahme vor, »weil Sie rauchen«. Diese Röntgenaufnahme im Feb. ergab einen Schatten im oberen rechten Lungenlappen (in der rechten Lunge gibt es drei Lappen). Also weitere Röntgenaufnahmen, lange Wartezeiten im Krankenhaus von Lo-

---

3 Cheflektor von William Heinemann, Highsmiths britischem Verlag.
4 Herrengedeck, bestehend aus einem Bier und einem Whiskey bzw. einem Bier und einem Korn.
5 Früher im Vorstand von William Heinemann.

carno, schließlich Nadelbiopsie, und noch ehe Ergebnisse vorlagen, musste ich für sechs Tage nach Frankreich, wo *Elsies Lebenslust* bei Calmann-Lévy erschienen war. Ich erzählte weder Geschäftspartnern noch Freunden in Frankreich von meinen Problemen und meiner Angst. EBH [Ellen Hill] sagte: »Verschwende keine Zeit in Locarno; fahr nach London.« Daraufhin rief ich C. B. an. Am 10. April wurde ich operiert und am 17. April entlassen. Eine Narbe von mindestens 35 Zentimetern entlang der fünften Rippe endet unter der rechten Brust. Rückkehr am 1. Mai. 31 Tage in London. C. B. absolut cool, zweifellos die beste Art, damit umzugehen. Vivien de Bernardi[6] war ein Schatz, und in den angsterfüllten Tagen Ende März, als alles noch »offen war« und ich weder gut schlafen noch arbeiten konnte, sagte sie: »Du weißt ja, dass ich zu Hause ein Gästezimmer habe – komm einfach, du musst nicht mal vorher anrufen.« Sie schickte mir Blumen ins Krankenhaus, Daniel Keel auch, Heinemann ebenfalls, plus einen Präsentkorb mit lauter Luxusartikeln; plus Champagner von Kingsley! Die Zeit verging sehr langsam, bis ich wieder bei Kräften war. Dr. Batten rät, nach dem Mittagessen eine Stunde zu ruhen. Sehr gute Idee!

Die Angst im Kopf lässt sich mit tausend Worten nicht beschreiben. Es ist, als stünde – urplötzlich – der Tod vor der Tür, und doch fühlt man keinen Schmerz, sondern unterhält sich ganz ruhig mit Freunden und Ärzten. 12. Juli. Mr Paneth und Dr. Batten röntgen mich erneut um 10:30 Uhr im Brompton. Nur eine Aufnahme. Sie lassen mich mehr als zehn Minuten in der kleinen Kabine warten, in denen ich fast die ganze kleine Glasflasche leere, die ich in meiner Handtasche mitgebracht habe.

Ich ziehe mich an, komme raus, finde C. B. im Warteraum, und wir gehen über die Straße zur Foulis Terrace, wo Paneth seine Praxis hat. Die Röntgenaufnahmen hängen, von hinten beleuchtet, ziem-

---

6 Die amerikanische Pädagogin Vivien de Bernardi arbeitete mit Kindern mit Downsyndrom. Highsmith lernte sie durch ihre Freundin Ellen Hill kennen und ließ sich bei der Kurzgeschichte »Der Knopf« von ihr beraten. Später ernannte Highsmith sie zusammen mit Frieda Sommer und Daniel Keel zu ihren Testamentsvollstreckern.

lich hoch an der Wand (glaube ich). Paneth sagt: »Perfekt«, mit ruhiger Stimme, ein Wort, das ich nicht erwartet hatte. Es ist wie der Widerruf eines Todesurteils.

15.11.1986 Die ewigen aufmunternden Worte. Mit zwanzig werden aufmunternde Worte gar nicht wahrgenommen. Man ist jung und erfolgreich (in der Schule, mit Sexpartnern, bei den ersten Schritten in der Kunst oder was auch immer). So geht es weiter bis vierzig, wenn der erste leichte Schatten auf das Glück fällt. Lichtjahre später fängt man an, auf die eine oder andere Art »nein« zu sagen. Mit sechzig muss man sich ständig und bewusst aufmunternde Worte sagen oder damit anfangen, sonst könnte sich eine Depression breitmachen. Ich denke an die Millionen, die in Manhattan ihr Glück versuchten (aber die USA hat auch andere mitleidlose Marktplätze). Viele sind weggezogen, weil sie sich nach billigeren Mieten oder auch nur nach einem Job umsehen mussten. Viele klammern sich mit letzter Kraft an eine Hoffnung, und diese Leute interessieren mich, so wie die aufmunternden Worte, die sie für sich selbst haben.

23.11.1986 Künstler, die mit jedwelcher Art persönlicher Schwierigkeiten kämpfen, machen sie gern schlimmer, als sie tatsächlich sind. So wie in jedem Kunstwerk ein Element von Übertreibung oder Karikatur steckt.

* * *

16. JANUAR 1987 Erneuter Besuch in 11 Foulis Terrace, mit einem »Wunderbar« von Mr Paneth und Dr. Batten; Letzterer hat dieses Jahr eine Auszeichnung erhalten. Er ist *Queen's physician,* Leibarzt der Queen. Diesmal hatte ich mehr Vertrauen als bei der Nachuntersuchung am 11. Juli 1986 (vorangegangene Röntgenaufnahme).

15. APRIL 1987 Montag. Ich habe das Grundstück in Tegna gekauft, 2100 Quadratmeter, von denen 1400 offiziell mir gehören. Hypothek. Heute zu meiner Überraschung Brief von Tabea B., nach fast vier Jahren Funkstille. Sie hatte gesundheitliche Probleme (?) und musste leider die Wohnung in der Erdmannstraße aufgeben. Jetzt ist sie bei »Wolf« untergekommen, in der Kurfürstenstraße, Berlin. [Auf dem] Foto, das sie schickte, sieht [sie] dünner aus.

23. 4. 1987 Über die Moral künstlicher Lebenserhaltung.[7] Was ist der Unterschied zwischen einer eisernen Lunge, dem Füttern mit einem Löffel und dem Entsorgen einer Windel? Das eine ist eine Maschine, das andere ist ein Mensch, der einen Dienst verrichtet. Der Unterschied ist das Alter oder die Verfassung, in der derjenige, der die eiserne Lunge benötigt, möglicherweise keine Zukunft hat. Das Baby hat eine Zukunft, wenn man es füttert und seine Windeln wechselt. Der alte Mensch, der gefüttert und mit Windeln versorgt werden muss, hat keine Zukunft außer weiterhin immer dasselbe. Ist das Füttern usw. eine »lebenserhaltende Maßnahme«, wenn der Mensch im Bett nicht in der Lage ist, die in seine Nähe gestellte Nahrung zu erreichen (oder sie auch nur zu erkennen)?

24. 7. 1987 Kann Beethovens Symphonien schon lange nicht mehr ertragen, keine von ihnen, obwohl die 6. bei mir noch am besten abschneidet. Mir sind Streichquartette lieber, Skrjabin, Dvořák, Smetana.

1. 8. 1987
Drogen.
Schönes Wort. Verzückung,
Eine andere Welt, ein glücklicherer Ort

---

7 Ein Thema, das eindeutig mit dem Gesundheitszustand ihrer Mutter zu tun hat und von Highsmith in »No End in Sight« bearbeitet wurde, erschienen in *Tales of Natural and Unnatural Catastrophes*, 1987; »Kein Ende in Sicht«, in *Geschichten von natürlichen und unnatürlichen Katastrophen* (Diogenes, 1988).

1987

Zu sein,
Manche denken an Crack,
Andere an Mozart.
Ich denke an ein paar Phrasen von Skrjabin
Lässig hingeworfen
Wie ein Künstler das so macht.
Drogen. In New York ist das
O Gott, nicht schon wieder!
Unter den Polizeisirenen,
Schauen verrückte Teenager dich an,
Als ob sie dich für zehn Dollar
Umlegen würden, und das werden sie auch tun,
Wenn es gerade passt und keiner zuschaut.
Und in Stock Island, Key West,
Schauen die Cops zu, sehen es und tun nichts,
Gesetzestreue Bürger gucken sich für 10 Dollar
Sex mit Dreizehnjährigen und aufwärts an.
Für einen Zehner kriegst du einen Klumpen Crack,
Gehandelt unter den Augen der Cops,
Und der schockierte, gesetzestreue Bürger denkt:
Ist die Polizei hinter den großen Dealern her?
Vielleicht, aber warum zwischendurch nicht auch hinter denen hier?
Diese Kinder, die die Schule verpassen, Liebe und Schönheit,
Die Hungerleider, die durch
Den Orgasmus eines Fremden hecheln und den Zehner
Einem anderen Fremden in die Hand drücken.
Der leicht eingeschüchterte gesetzestreue Bürger
Sieht sich das an und denkt: »Hab ich was übersehen?«
Kann das wirklich so einfach sein?
Drogen, für manche der stimmungsvolle Qualm der Zigarette,
Die vertraute Wärme, der Geschmack von Scotch
(Oder Gin) auf der Zunge, hinten in der Kehle.
Primitiv, erhebend, gefährlich und zivilisiert,

Alles auf einmal. Wir sind mit diesen Drogen aufgewachsen.
Wir stehlen nicht dafür, wir prostituieren uns nicht,
Was ist bloß mit den anderen los?
Bin ich alt und intolerant,
Solche Fragen zu stellen?
Schieb die Kassette mit Scarlatti ein,
Vergiss Crack und Diebstahl,
Schockierte Hausbesitzer, deren wertvollste Bücher
Fort sind, Autobesitzer, die sich an ihrem Radio freuten –
Reine Wehleidigkeit, was passiert ist, ist passiert,
Oder?
Hör dir Scarlatti und Strawinski an,
Solange das Gerät noch hier ist, um es abzuspielen.
Mit der Droge Musik vergisst du für eine Weile,
Dass du in der Unterzahl bist.

24.8.1987 Meine Katze Charlotte, 3 Jahre und 3 Monate, hat das Talent eines Pointers. Stumm weist sie auf die ungewohnte Anwesenheit eines Mannes hin, vier Meter von mir entfernt im oberen Garten; auch auf das kleine Fenster mit geschlossenen Läden in der unteren Veranda, das nicht offen sein sollte. Sie hat viele (nützliche) hundeähnliche Eigenschaften. Und ein ausgeprägtes Gerechtigkeitsempfinden.

13. SEPTEMBER 1987 [Berlin.] Meine Lesung fand am 8. Juli im Hebbel-Theater statt, ein schönes, altes und berühmtes Haus mit zwei Rängen. Eigentlich sollte Wim Wenders mich vorstellen (um aus »Der geheimnisvolle Friedhof«[8] zu lesen), aber sein Vater war in Westdeutschland erkrankt und musste an Milz – oder Gallenblase – operiert werden, deshalb tauchte er nur kurz in der Lobby des Hotels Steigenberger auf und war sehr höflich. Sah Christa

---

8 Eine Kurzgeschichte, die sie 1983 unter dem Titel »Krebs« begann und in der Sammlung *Geschichten von natürlichen und unnatürlichen Katastrophen* enthalten ist.

Maerker[9] und auch Tabea B., mindestens zweimal. T. reagiert ausweichend auf Fragen, warum sie Möbel, Wohnung & offensichtlich auch Jobs (!) verlor. Sie erwähnt einen gewissen »Freddy« als Partner; 23 & Drogendealer, sagt T. B., ich war entsetzt! Sie trug schwarze Punk-Klamotten, Männerschuhe, schwarze Schleifen hinter beiden Ohren.

15. SEPTEMBER 1987 Die Putzfrau muss öfter kommen! Gestern fand sie meinen Goldring auf dem Teppich des Zimmers, in dem ich schlafe. Ich glaube, ich hätte ihn in Deauville neben dem Telefon in meinem Zimmer vergessen. Eine angenehme Erleichterung – den Ring hatte mir E. B. H. am 19.1.1953 in Triest geschenkt.

Und ich überlege, die Schweizer Staatsangehörigkeit anzunehmen. S. H. Okoshkens[10] Pfusch bezüglich Tomes Inc. hat mich ebenfalls in diese Richtung gedrängt. Nobel[11] sagt, ich müsste nach Beantragung der Staatsangehörigkeit ein Jahr im selben Haus wohnen. Wirklich schade, wenn ich so lange in Aurigeno bleiben müsste, aber ich kann damit zurechtkommen, da es mir gehört, keine Frage. Und im Sommer ist es wunderbar kühl!

1. OKTOBER 1987 Leben immer besser, während ich mich allmählich daran gewöhne, ein paar Tage frei zu haben – probte meine »Lesung« etwa zum vierten Mal. Rudi Bettschart[12] kommt morgen um 11, um meine Finanzen durchzugehen. Ich bin bereit, die Schweizer Staatsangehörigkeit anzunehmen, um den zeitraubenden & sinnlosen US-Steuern zu entkommen. Ich glaube nicht, dass ich jemals dorthin zurückziehen werde. Allein der Gedanke an die Nachrichten – heute Häppchen genannt – deprimiert mich. Mo-

---

9 Eine Journalistin, Schriftstellerin und Filmkritikerin, die Highsmith 1977 fürs deutsche Fernsehen interviewt hatte und mit der sich Highsmith angefreundet hatte.
10 Samuel Okoshken, Highsmiths Steueranwalt und Steuerberater in Paris während der 1970er und 1980er Jahre.
11 Professor Peter Nobel, Zürcher Anwalt.
12 Rudolf C. Bettschart (1930–2015), bis zu seinem Tod Daniel Keels Geschäftspartner und Mitverleger von Diogenes.

mentan ist es so, als würde ich 7 Tage pro Woche (ungef.) 155 $ aus dem Fenster werfen, zum Teil in Form von Steuern, zum Teil für meine Mutter. Die Steuern sind am schlimmsten.

12. OKTOBER 1987 Erster Schnee auf den Berggipfeln, dünn & pulvrig. Es hat 5 Tage und Nächte geregnet.

18. OKTOBER 1987 Abreise nach Toronto. Lesung am 20. im Harborfront Reading Theatre. Kanadier sind s.[ehr] freundlich & hilfsbereit. Ich las aus *Elsies Lebenslust* (gut geprobt) vier bis acht Seiten. Zwei andere Kollegen auf derselben Abendveranstaltung wie ich. Gut besucht.

21. OKTOBER 1987 Ausflug nach Niagara-on-the-Lake um 10 Uhr. W[illia]m Trevor[13] grüßte mich, und so freundeten wir uns auf dieser Tour an. Ich saß neben seiner Frau Jane auf dem Rücksitz eines großen Wagens. Angenehmes Mittagessen im Prince of Wales Hotel (Edw. VII), danach die Wasserfälle – erst mit Seilbahn, danach mit kleinem Boot, The Maid in the Mist. Blaue Regenmäntel für alle. 3 Tage in Kanada, glaube ich. Traf mich mit Margaret Atwood,[14] die im Hotel anrief & mich zum Tee einlud. Außerdem Mittagessen mit Sheila Waengler im Royal Ontario Museum (Nationalgeschichte) & Fahrt durch die Stadt. Dann Freitag, 23. Oktober, Flug nach New York, wo mich ein Fahrer von Atlantic Monthly Press[15] erwartete.

---

13 William Trevor (William Trevor Cox, 1928–2016), irischer Romancier, Kurzgeschichtenschreiber und Dramatiker.
14 Margaret Atwood (*1939), kanadische Schriftstellerin und Dichterin, berühmt geworden durch ihren Roman *Der Report der Magd* (1985), den Highsmith für *Le Monde* besprach. Atwood erhielt 2000 den Booker Prize für *Alias Grace*.
15 Nachdem Otto Penzler zwischen 1985 und 1988 in seinem Verlag Mysterious Press fünf von Highsmiths Büchern verlegt hatte, wechselte Highsmith zu Atlantic Monthly Press. Ihr neuer Lektor war Gary Fisketjon, mit dem sie 1990 zu Knopf wechselte, wo er bis 2019 Lektor und Vice President war.

23. OKTOBER 1987 N. Y. Betty M. & Margot Tomes s[ehr] liebenswürdig. Schöne alte Wohnungen mit Katzen Brumaire & Frick, die überall herumstreichen. Am Mittw. tauchte Margot T. im Endicott Bookshop auf, West Side, ebenso G[ary] Fisketjon, Anne Elisabeth Suter[16]. Es lief gut, die Leute kamen mit Unmengen von Büchern, die ich anschließend signierte. Ein gewisser »Mario« von den Philippinen hatte besonders viele! Danach Abendessen mit Suter. Sie hat ihre Büros westlich vom Union Square & ist mächtig stolz darauf. Teilt sich Bürofläche mit Designerbüro.

NOVEMBER 1987 Dann nach London am 29. Oktober, die übliche frustrierende Taxifahrt von Heathrow mit einem Fahrer, der keine Ahnung hat, wie man nach NW8 kommt, aber so tut, als ob. 21 britische Pfund auf dem Taxameter, und C.B. sagt, das könnte man auch für £ 15 haben.

1. Nov. usw. Etwa drei Interviews pro Tag für Bloomsbury. Alle in diversen Büros. Außer einmal nachmittags im BBC-Studio, für die Sendung »Cover to Cover«, über die *Geschichten von natürlichen und unnatürlichen Katastrophen*. Anschließend Cocktailparty mit Jonathan Kent[17] *chez* CB.

NOVEMBER 1987 Dann! ist es 8. November, und ich bin zu Hause, nach dem Wochenende (eineinhalb Tage bei CB). Ich habe eine furchtbare Erkältung & leichte Bronchitis, und am 15. Nov. kommt GKK [Kingsley] nach Zürich.

15. NOVEMBER 1987 GKK [Kingsley] gut angekommen. Wir sind die Bankpapiere und Aktien oberflächlich durchgegangen, & ich

---

16 Anne Elisabeth Suter, Leiterin der Lizenzabteilung von Diogenes, ehe sie Anfang der 1980er Jahre nach New York zog, um dort eine literarische Agentur zu gründen, Gotham Art and Literary Agency, die ab Mitte 1980 Diogenes vertrat.
17 Jonathan Kent (*1949), britischer Schauspieler und Regisseur und Highsmiths Lieblings-Ripley seit Alain Delon.

hoffe, sie hat jetzt eine Vorstellung, wo sie bestimmte Unterlagen in meinem Arbeitszimmer und Schreibtisch findet.

NOVEMBER 1987 Weihnachten hier tatsächlich ziemlich ruhig, jede Menge Weihnachtskarten, an zwei Schnüren quer durchs Wohnzimmer aufgehängt. CB berichtet, dass sie wie üblich gesellschaftlich s[ehr] in Anspruch genommen ist. Ich habe einen zwölfeinhalbseitigen Artikel für das *New York Times Magazine* geschrieben, über den Green-Wood Cemetery,[18] mit dem Titel »[Green-Wood] Listening to the Talking Dead« – darin stellte ich die extravaganten Gräber den schlichten Urnen im Krematorium gegenüber. Im Kolumbarium. Ein wirklich bemerkenswerter Friedhof!

25.12.1987 Wie wird man die Leiche los – in Frankreich. Unbeaufsichtigte Pakete am Flughafen Orly werden nach 20 Minuten zerstört. Bestenfalls entsorgt. Wie zerstört? In Wasser getaucht? Muss ich herausfinden. Man könnte eine Leiche in vier oder fünf Teile zerhacken und in Reisetaschen verstauen.

* * *

15. JANUAR 1988 Meine freien Tage in diesem Monat sind getrübt, weil ich mich mit Anweisungen und Ratschlägen von Anwalt Nobel bezüglich Steuern und Testament beschäftigen muss. Er geht zu sehr davon aus, dass ich Schweizerin werden möchte, was nicht unbedingt stimmt. Aber es ist entsetzlich zeitaufwendig.

8.2.1988 Ich denke an T[abea] [B.], die von 78–82 meine Gedanken beherrschte, jetzt aber nicht mehr so sehr. War sie zu »mächtig«, wie eine Freundin meinte? Überkandidelt? Forderte sie zu viel Geld für ihre Kleider-Designs und hielt dann Versprechen nicht

---

18 Die Rechercheurin, die *The New York Times* schickte, um Highsmith zu begleiten, war Phyllis Nagy, die sich bald mit ihr anfreundete und später das Drehbuch für *Carol* schrieb, das 2015 von Todd Haynes, mit Cate Blanchett und Rooney Mara in den Hauptrollen, verfilmt wurde.

1988

ein? Wie auch immer, jetzt lebt sie von Sozialhilfe und aus dem Koffer. Ich frage mich, was in ihrem Kopf vorgeht? Sie liest, fertigt Skizzen von bizarr geschminkten Frauengesichtern und -körpern an. Guckt Fernsehen. Hat keine Pläne. Mit 36 wirkt sie verwahrlost, gescheitert. Kaum soziale Kontakte in Berlin, wie ich höre. Trotz der verzweifelten Lage interessiert mich der Extremismus. Sie war mal 100 % selbstsicher. Unwillkürlich denkt man an eine verrückte Motte, die um eine Glühbirne herumschwirrt – angeblich üben sie eine chemische Anziehungskraft auf einige Insekten aus – und das in ihren besten Jahren! Mit 28 bekam sie vom Innenministerium der Bundesrepublik Deutschland eine Auszeichnung für das Design von Kleidern. Was für ein toller Start! Und was dann? Arroganz? Zwischen 1979 und dem Herbst 83 (glaube ich) schlug sie sich ganz gut, allein in ihrer Berliner Wohnung. Ich finde es ungewöhnlich, so jung eine berufliche Tragödie zu erleben. Es gibt eine gewisse Ähnlichkeit mit Truman Capote, bei ihm in den späten Fünfzigern (seinen Fünfzigern), als er mit *Erhörte Gebete* seine Fans vor den Kopf stieß.[19]

28. FEBRUAR 1988 Habe mir gestern mit Ingeborg das Haus in Tegna angesehen. Ich denke, ich werde das »Esszimmer« als zweites Arbeitszimmer mit 2 Tischen und einem Bücherregal für das Archiv nutzen. Die Zimmer wirken nicht besonders groß. Das Dach soll nächste Woche fertig werden – auf alle Fälle Beton. Nehme mir ein paar Tage frei (schon wieder?), um Papiere in Ordnung zu bringen, Keller aufzuräumen, Brennholz zu hacken. Ich muss mich aus der (geistigen) Trägheit herausreißen, weil ich externe Verpflichtungen habe. 1) Vorwort zu Gudrun Müllers[20] Art Show am 31. März in

---

19 Truman Capotes *Erhörte Gebete,* ein kaum verschleiertes Porträt der High (und weniger High) Society dieser Ära, erschien 1986 posthum. Einige Kapitel wurden als Fortsetzungen zuerst im *Esquire* veröffentlicht, zum Entsetzen vieler Freunde, Bekannter und Gönner, die er recht ungeniert porträtiert hatte.
20 Gudrun Müller-Pöschmann (1924–2007), eine von Highsmiths Freundinnen im Tessin, war Malerin, Kunstgraphikerin und Gründerin einer Kunstschule in Ascona.

Ascona abliefern, auf Deutsch. 2) Mitte April nach Paris zur Preisverleihung des Calmann-Lévy-Wettbewerbs.[21] Alain O[ulman] ist nicht zufrieden mit den eingereichten Bewerbungen! Dann beunruhigt mich zunehmend der Aufstand im Gazastreifen & der Westbank, jetzt in der 9. Woche, und ich verbringe viel Zeit damit, Briefe zu entwerfen, in der Hoffnung, dass sie dem Frieden dienen und Menschenleben retten. Bislang 72 tote Palästinenser.

Es macht mich wütend, dass mein rechter Daumen arthritisch wird, aber gut zu wissen, dass die linke Hand noch taugt.

29. 2. 1988 EBH – als ewige Prüferin der Liebe. Ich blätterte kurz in meinem Tagebuch vom Jan. 1953 (Triest) und fände es herzzerreißend, wenn ich wehleidig sein wollte, was nicht der Fall ist. Ich beschrieb das völlige Fehlen von »weiblichem Mitgefühl, Zärtlichkeit« in einer Zeit, in der ich pleite war, Heimweh nach Freunden hatte und mir Sorgen um das Schicksal meines letzten Buches machte, das wohl *Salz und sein Preis* war – ausgerechnet darüber musste ich mir Sorgen machen! Ich schlief auf der Wohnzimmercouch und schämte mich am nächsten Tag für meine »vom Heulen geröteten Augen«. Dasselbe macht EBH auch 1988 – sie stellt ihre Freundschaften auf die Probe, bis sie zerbrechen – und die Freunde [aus ihrem Leben] verschwinden.

10. MÄRZ 1988 Mein Krieg gegen das Papier geht weiter. So viel wie möglich muss entsorgt werden! Dafür reines Glücksgefühl, wenn ich in meiner »Freizeit«, wenn ich nicht arbeite, etwas Belletristisches lesen kann. Mein Simenon-Beitrag für *Libération* ist in Paris erschienen,[22] *El País* und [Diogenes] *Tintenfass* wollen ihn auch ha-

---

21 Calmann-Lévy rief einen Wettbewerb für angehende Schriftsteller aus, bat Highsmith, der Jury anzugehören, und benannten den Preis (die Veröffentlichung des Manuskriptes durch den Verleger) nach ihr.
22 Highsmiths Rezension von Patrick Marnhams Simenon-Biographie, *Der Mann, der nicht Maigret war* (London, 1988).

ben. Schön, so beliebt zu sein. Das große Vitra-Foto[23] wurde jetzt im *Spiegel* veröffentlicht, war letzte Woche auch in der *Neuen Zürcher Zeitung*. Den Leuten gefällt es. Sitzend, mit rotem Hemd von Brooks Brothers, Schwarzweißfoto. Mein zukünftiges Haus in Tegna: Die roten Backsteinmauern stehen. [Tobias] Ammann[24] meint, es könnte Ende Juni fertig sein. Die Proportionen sind gut. 1400 Quadratmeter.

27. MÄRZ 1988 Deprimiert nach letztem Arbeitstag mit französischem Fernsehen letzte Woche, & Di./Mittw. ganztägiges Interview mit Joan Dupont von der *New York Times*. Sie übernachtete in der Pension-Pizzeria La Pineda an der Durchgangsstraße, wo die Leute sehr nett sind.

Dr. Nobel rät mir, [so] schnell wie möglich Schweizerin zu werden. Offenbar sollte ich jetzt so viel wie möglich weggeben – und dann etwas in eine Stiftung stecken. Ich versuche, einen Teil für Yaddo zu retten, harte Arbeit!!! Mein Haus in Tegna hat jetzt ein Dach und sieht allmählich nett aus. Momentan roter Backstein. Es ist nicht zu groß. Ich war am Sa. mit Ingeborg & Silvia da. Viel Bewegung am Sonntag, als ich die Dahlien einpflanzte. Früh. Muss versuchen, täglich oder fast täglich solche Bewegung zu haben.

27.3.1988 AFN-Nachrichten, die ich oft um 8:30 Uhr einschalte, wenn ich wach werde: »Wussten Sie, dass Jugendliche Klebstoff und Benzin aus Papier- und Plastiktüten schnüffeln? Unsere Kinder sterben daran – während sie versuchen, high zu werden. Warnen Sie Ihre Kinder!«

11. MAI 1988 Vom 16.–20. April war ich in Paris. Abendessen *chez* A[lain] Oulman & Frau. An einem Abend Cees Nooteboom[25], hol-

---

23 Highsmith war eine von mehreren Persönlichkeiten, die zur 50-Jahr-Feier der Schweizer Designfirma Vitra porträtiert wurden, Highsmith auf einem Eames-Stuhl.
24 Tobias Ammann (*1944), Schweizer Architekt.
25 Cees Nooteboom (*1933), niederländischer Schriftsteller.

ländischer Romancier. Jo [Josyane] Savigneau[26] beide Abende, aber ich habe mich nicht lange mit ihr unterhalten & hätte es doch tun sollen. Sie ist sehr angetan von mir und meiner Arbeit. »Es ist eine Leidenschaft«, sagt Alain. Ich arbeite immer noch nicht und habe das Gefühl, dass ich die Muße noch brauche. Bringe Papiere in Ordnung, & es gibt noch mehr zu tun. Habe 20 000 [NF] an das Nemours Krankenhaus überwiesen, wo ich wegen Nasenbluten behandelt wurde; und 1100 Dollar an Yaddo – bekam einen netten Brief zurück. *[Geschichten von natürlichen und unnatürlichen] Katastrophen* (französisch) steht auf Platz 5 der Bestsellerliste. Im deutschsprachigen Raum sind in den ersten zwei Monaten schon zwischen 13 000 und 15 000 Exemplare verkauft. Paris: Salon du Livre. Ich war (am 18. Apr. nachmittags) am Stand von *Télérama* [Zeitschrift], um den Gewinner *Baby Bone* (Roman) und den Zweitplatzierten zu verkünden – den ich nicht erwartet hatte. Der Gewinner des ersten Preises wird von Calmann-Lévy verlegt, der des zweiten als Fortsetzung in *Télérama* abgedruckt. Das Ganze heißt Highsmith Prix du Suspense, obgleich alle Manuskripte, die ich gelesen habe, Krimis waren. Als ich zu Hause ankam, war ich 2 Tage lang erschöpft. Jetzt muss ich erst wieder am 22. September nach Hamburg. Habe in letzter Zeit mindestens zwei Einladungen abgelehnt.

17. JULI 1988 London war Ende Juni. Interessantes Open-End-Fernsehprogramm [After Dark], [ausgestrahlt zwischen] 23:30 und 2:30 Uhr Samstagnacht. [Diesmal ging es um] die Nachsorge von Familien, in denen es einen Mord gegeben hat. Lord Longford[27] war einer von uns dort.

Um den 15. Juli herum schickte ich die Kurzgeschichte »A Long

---

26 Josyane Savigneau (*1951), französische Schriftstellerin und Journalistin, von 1991 bis 2005 Chefredakteurin von *Le Monde des livres (Le Monde)*. Im Jahr zuvor hatte sie Highsmith gebeten, Margaret Atwoods *Der Report der Magd* zu rezensieren.
27 Frank Pakenham, 7. Earl of Longford (1905–2001), war ein britischer Politiker der Labour-Partei und Befürworter einer Strafrechtsreform (sprach sich aber gegen die Entkriminalisierung der Homosexualität aus).

1988

Walk from Hell«[28] [an den] *Nouvel Observateur*. Außerdem Abendessen mit Mario Adorf[29] & Wolf Bauer[30] und Terri Winders, die den *Stümper* kaufen wollen. Trotzdem entschied ich mich 3 Tage später für John Hardy, & D. Keel war einverstanden.

27. JULI 1988 Schrieb an Dan III[31], da ich besorgt war, weil ich nichts von ihm gehört habe. Brief von Buffie Johnson, die am 14. August für 2–3 Wochen nach Tanger fliegt. Offenbar hat sie mit ihrem Anwalt bezüglich des Stadthauses in der 77th Street, möglicherweise auch in der Green Street 102, einen Fehler gemacht, weil sie sich für geschäftliche Angelegenheiten nicht interessiert. Vielleicht fliege ich nach Tanger; auf Buffies Wunsch.

3. AUGUST 1988 Endlich habe ich das Flugticket für den 17. August nach Tanger gekauft, Rückflug offen. Gute Nachrichten, König Hussein [von Jordanien] hat die Verwaltung der Westbank in die Hände der PLO gelegt. Die Juden werden sich erneut »weigern« zu verhandeln usw., aber die Welt schaut zu. Das Timing ist gut. Die Präsidentschaftskandidaten sollten ihre Haltung darlegen – & dürfen nichts tun aus Angst, dass sie Spendengelder verlieren könnten.

17.8.1988 Gibraltar zur Rechten, ein niedriger Felsen, dunkelgrau. Leider war es dunstig bei der Landung in Tanger gegen 18 Uhr. Ausläufer der Stadt werden sichtbar. Die Maschine fliegt über gefaltete grünliche Landschaft. Die Stadt oder zumindest ein Teil der Stadt sieht aus wie ein Haufen kleiner heller Schachteln, die über einen Hang verstreut sind. Das Flugzeug rollt nach der Landung noch

---

28 Eine düstere Hommage an ihr neues Heim im Tessin; sie wurde zuerst auf Französisch unter dem Titel »La longue marche de Luigi le damné« in »Les séries noires de l'été« des *Nouvel Observateur* veröffentlicht (29. Juli bis 4. August).
29 Mario Adorf (*1930), deutscher Theater-, Film- und Fernsehschauspieler, Autor und Hörbuchsprecher.
30 Wolf Bauer (*1950), deutscher Film- und Fernsehproduzent.
31 Die männlichen Nachkommen von Highsmiths Cousin Dan Coates hießen auch alle Dan, daher wurden sie von ihr durchnummeriert.

zehn Minuten weiter. Lange, heiße Wartezeit an Passkontrolle. Ich wechsle 100 SFR in 541,80 Dirham, nehme ein Taxi in die Stadt. Zu meiner Verblüffung ist meine Freundin B. [Buffie] J. nicht zu Hause. Ich gehe zu »Pauls« in die Wohnung darüber: Paul [Bowles][32] isst im Bett sitzend von einem Tablett, heißt mich aber sehr freundlich willkommen. Er erklärt, dass B. sich nicht immer an ihre Verabredungen erinnert.

Das Mietshaus – vier oder fünf Stockwerke, Paul im obersten. Funktional, nicht 100% sauber »seit die Franzosen weg sind«, ein Ausdruck, den ich immer wieder höre. Dann kommt Buffie von ihrer Yoga-Stunde nach Hause. Ihre Wohnung ist viel heller als P[aul]s und hat frisch gestrichene weiße Wände. Die kühle Brise ist Balsam!

18.8.1988 Librairie des Colonnes [& éditions][33] – geführt von Rachel Moyal,[34] die in Tanger geboren wurde, Jüdin ist, um die 45, sehr herzlich und freundlich, lädt B. und mich am selben Abend zu einem Abendessen mit dem Kultusminister in Asilah ein. Aber vorher endlich zwei Bier in der Bar des Hotel Minzah, am sehr schönen Pool mit üppigen Bäumen und blühenden Pflanzen drumherum, auch Tische und Stühle. Ein gewisser Patrick Martin stellt sich vor, ich signiere ein französisches Exemplar von *Katastrophen* für ihn. Er lädt uns für den folgenden Tag um 18 Uhr auf einen Drink ein.

B. hat seit 8 Monaten ihre Miete nicht bezahlt, absichtlich, weil der Vermieter versucht, die Miete zu erhöhen. Sie hat die Wohnung

---

[32] Highsmith wird einen Artikel über ihren Aufenthalt in Tanger schreiben, »Tengis – Tingis – Tangier – Tanjah; eine Woche unter den Einwohnern«, den *Le Monde* unter dem Titel »Un croquis de Bowles à Tanger« veröffentlicht. Laut Highsmith hatten sich Paul und sie seit ihrer gemeinsamen Zeit in New York nicht mehr wiedergesehen.

[33] Die Librairie des Colonnes war ein kultureller Hotspot, in dem Jean Genet, Paul Bowles, Mohamed Choukri, Marguerite Yourcenar, Jack Kerouac und Samuel Beckett regelmäßig verkehrten. Bis zu Marokkos Unabhängigkeit von Frankreich war die Buchhandlung an den Pariser Verleger Gallimard angegliedert. Später wurde sie eine Zeitlang von Pierre Bergé geführt, Yves Saint Laurents Geschäftspartner und Lebensgefährte, der früher selbst Buchhändler gewesen war.

[34] Rachel Moyal (1933–2020) war die erste marokkanische Jüdin, die 1996 mit dem französischen Ordre des Arts et des Lettres ausgezeichnet wurde.

1988

von Maurice Grosser[35] übernommen, das Telefon läuft noch immer auf dessen Namen. Die Aussicht auf die Medina, die Altstadt, von meinem luftigen Fenster aus, wäre eine Freude für Braque – obwohl es bereits an eine horizontale Komposition Klees gemahnt –, kalkweiße Häuserklötzchen in unterschiedlichen Größen mit winzigen dunklen Rechtecken als Fenster darin, und die ganze Szene überragt von einer Art Wasserturm. So wenig Grün, dass ich die Bäume oder Baumgruppen zählen kann: zwölf. Eine riesige Tanne, etwas weiter eine ausladende Palme. Nur die Kinder und Jugendlichen wirken lebendig. Die übrigen Einwohner passen sich dem trägen Tempo an, um mit der Hitze zurechtzukommen. Die Party beginnt in irgendeinem Garten, Drinks, Wein oder Scotch, usw. Mit wenigen Ausnahmen sind die Männer lässig gekleidet, kurzärmlige Hemden in allen Farben, Bluejeans. Es ist allerdings eine Party für Maler und Journalisten.

19.8.1988 Alain C. und das Haus von Barbara Hutton[36] – erbaut in den dreißiger Jahren. Wir fahren zur Bucht von Tanger (mit Patrick Martin am Steuer), steigen aus & gehen zur Brüstung mit Blick auf die Bucht & das Meer. Man kann Spanien erkennen, Algeciras, westlich von Gibraltar (wo viele Bewohner von Tanger kleine Wohnungen besitzen). Eines der beiden Hörner der Bucht wölbt sich wunderschön vor unseren Augen, ein weißes Schiff, das wie ein Luxusliner aussieht, liegt vor Anker, und auch ein paar Segelboote – nicht viele.

Das Hutton-Haus: Palastartiger arabischer Stil, großzügige Atrien und abgetrennte Räume, im Untergeschoss sind ausschließlich Empfangsräume. Blau und Weiß dominieren. Die »Wände« bestehen aus weißen Steinquadern, etwa 15 × 15 Zentimeter, handgeschnitzt, filigran, alle identisch. Es heißt, dass hier tausend Hand-

---

35 Maurice Grosser (1903–1986), amerikanischer Maler, Kunstkritiker und langjähriger Partner des Komponisten Virgil Thompson.
36 Barbara Woolworth Hutton (1912–1979), Erbin der amerikanischen Warenhauskette. Sie war fünfmal verheiratet. Nach der Scheidung von ihrem dritten Ehemann Cary Grant zog sie nach Tanger.

werker gleichzeitig gearbeitet hätten. A.C. führt B. und mich herum, auch oben, die Möbel der Schlafzimmer wirken plötzlich amerikanisch. Jedes Zimmer hat eine eigene Terrasse. Im Garten, ein paar Stufen erhöht (drei sehr hohe Stufen für das »Personal«, das die Tabletts mit Essen trägt, erklärt M. Chevalier), liegt der Swimmingpool mit den blauen Initialen B.H. [für Barbara Hutton] auf gefliestem Boden, der durch das Wasser sichtbar ist. Das Haus wurde um einen alten Baum herum gebaut, dessen Äste wie Ellbogen abstehen, einer berührt die Hauswand. Huttons Haus steht in der Medina. Leider gibt es nur fünf Meter von der Fassade entfernt ein lautes Café, wo Männer sitzen und Tee oder Limonade trinken. Auf der anderen Seite eine Moschee, groß, blassgrüne Kuppel, ruft 4-mal am Tag laut zum Gebet, das erste Mal um 3:30 oder 4 Uhr früh. Irgendwie stört mich das nächtliche Bellen der Hunde. Die (gewölbte) Bucht hinter der Medina endet an einem Leuchtturm.

20.8.1988 13:15 Uhr, Rachel [Moyal], Mittagessen im Yacht-Club an der Bucht. In der Ferne Spanien und ein wenig verschwommen Gibraltar. Wunderschön hier am Meer, die Leute essen im Badeanzug zu Mittag. Wieder zurück in die Kasbah (Festung), nicht weit von Huttons Haus entfernt. York Castle, jetzt im Besitz von zwei Männern, einer davon Modeschöpfer.[37] Ein Wagen aus Paris parkt davor. Früher war es eine Festung. Es überblickt den Hafen von Tanger.

21.8.1988 Es dauert drei Tage, bis man das richtige Tempo für hier gefunden und sich daran gewöhnt hat. Es ist locker & entspannt. In den ersten beiden Tagen können Trägheit und Unordnung nerven.

---

37 York Castle mit seinem von Zinnen geschmückten Befestigungswall wurde im 16. Jahrhundert von den Portugiesen erbaut und erhebt sich hoch über der Bucht am Rand der Kasbah. 1951 wurde es von dem französischen Politiker Yves Vidal übernommen, der es zu einem modernen Luxuswohnsitz umgestaltete.

29.8.1988 Notizen für zu Hause: Al Hafa, das Loch, am Ozean, ein Teehaus-Café, Arkaden, wo man Kif rauchen kann, sich auf Matten zurücklehnen, sich fast wie zu Hause fühlen. Die Steinstufen nach unten, aufpassen, wo man hintritt. Bar Rubi RUBI – mit Grillrestaurant. Wenigstens kann ich hier ein Bier bekommen. Wein oder Bier. T-Shirts – Off the Wall; Alive with Pleasure (getragen von einem schläfrigen Mann).

22.–24. SEPTEMBER 1988 In Hamburg; Christa Maerker, auch Gudrun Müller & Anne Uhde kamen am 23. zu meiner Lesung mit Angela Winkler in die Fabrik. Die Lesung: ich auf Englisch, A. Winkler[38] auf Deutsch & verschiedene Ausschnitte aus *[Kleine Geschichten für] Weiberfeinde,* dann 4 Seiten aus *Suspense [oder Wie man einen Thriller schreibt].*

Paul Bowles bekommt eine Menge Publicity!! In Deutschland erscheinen drei Bücher von ihm in neuer Bearbeitung. Im *L'Espresso* hat er gerade einen langen & wunderbaren Artikel mit Fotostrecke. Er sieht gut aus. Meine 4 Fotos von ihm (Cap Spartel) ebenfalls – bin zufrieden damit.

NOVEMBER 1988 Bis zum 4. Oktober schrieb Paul zweimal, berichtet, dass Buffies Bronchitis wiedergekommen ist & sie aus N.Y. geschrieben hat, dass sie nur noch 500 Dollar auf dem Konto hat & nicht weiß, wie sie es schaffen soll. Ich kann das nicht glauben, immerhin besitzt B. zwei Häuser in Manhattan.

11.9.1988 [Keime] Kurzgeschichte. Die Katze eines Mannes fängt an, ihn zu meiden, als er im Sterben liegt. Es ermöglicht ihm, leichter zu sterben. Der Hund würde vermutlich bei ihm bleiben. Selbst am Grab.

---

38 Angela Winkler (*1944), deutsche Bühnen- und Filmschauspielerin, berühmt für ihre Hauptrollen in *Die verlorene Ehre der Katharina Blum* (1975) und *Ediths Tagebuch* (1983).

1989–1993

Die letzten Jahre ihres Lebens verbringt Patricia Highsmith in dem von ihr selbst entworfenen, zur Straße hin festungsartig wirkenden, U-förmigen Bau in Tegna mit seinem herrlichen Ausblick vom Garten nach Süden in die Berge. Was sie in diesen Jahren umtreibt, davon erfahren wir von ihr selbst nur wenig: Tage- und Notizbücher sind lückenhaft und geizen mit Einzelheiten. Im September 1992, mit Anfang 70, beendet sie ihr letztes längeres Tagebuch, Nummer 17. Immer öfter notiert sie Ereignisse erst Monate später im Rückblick. Der Großteil ihrer Aufzeichnungen entfällt auf ihr Schreiben.

Im Mai 1989, neun Jahre nach Erscheinen des vierten Bandes der Serie, beginnt Patricia Highsmith mit *Ripley Under Water* den fünften und letzten Band ihrer »Ripliade«. Fast auf den Tag genau ein Jahr später schließt sie die erste Fassung ab. Vor dem Erscheinen jedoch bringen 1990 zuerst Diogenes, dann Bloomsbury ihren lesbischen Liebesroman *Salz und sein Preis* neu heraus. *Carol,* so der neue Titel, war 1952 noch unter dem Pseudonym Claire Morgan erschienen. Nach anfänglichem Zögern kommt er nun unter dem Namen der Autorin heraus – eine Art literarisches Coming-out.

Im März 1991 stirbt Mary Coates Highsmith mit fast 95 Jahren. Patricia Highsmith hat ihre Mutter vermutlich 1989 das letzte Mal gesehen, als sie Cousin Dan in Texas besuchte. Wie schon beim Tod Stanley Highsmiths und ihres leiblichen Vaters Jay Bernard Plangman bleibt Patricia Highsmith der Beerdigung fern. Stattdessen verleiht sie *Ripley Under Water* den letzten Schliff, der im Herbst 1991 zeitgleich auf Deutsch und Englisch erscheint.

Die Besprechungen des Romans, in dem der über lange Zeit so unangreifbar wirkende Held um ein Haar alles verliert, sind gemischt, würdigen jedoch das literarische Können der Autorin über die Grenzen des Spannungsgenres hinaus. Spätestens seit dem Erscheinen von *Ediths Tagebuch* 1977 hatte auch das literarische Feuilleton Highsmith begeistert applaudiert, 1990 wurde sie in Frankreich zum Officier dans l'Ordre des Arts et des Lettres ernannt und 1991 sogar für den Nobelpreis vorgeschlagen.

Im März 1992 beginnt die Autorin mit der Arbeit an ihrem letzten Roman, ›Small g‹ *– eine Sommeridylle,* der 1995 kurz nach ihrem Tod erscheint. Das Buch, das in einer Zürcher Vorstadtkneipe mit teilweise schwuler Klientel spielt, verbindet eine Mord- mit einer Liebesgeschichte. Einmal mehr gelingt es Highsmith, alle zu überraschen – das Buch ist fast ein Märchen, das letzte Wort: »glücklich«.

Ihre Gesundheit allerdings verschlechtert sich zunehmend, weshalb sie die umfangreichen Recherchen vor Ort an ihre Freundin Frieda Sommer delegiert. Was sie jedoch nicht davon abhält, mehrere Male nach London, Paris und Deutschland zu reisen, im Herbst 1992 besucht sie ein letztes Mal die USA und Kanada. Im März 1993 schließt sie die erste Fassung von ›Small g‹ ab, danach verbringt sie einen Großteil des restlichen Jahres in medizinischer Behandlung.

Sie selbst erzählt uns davon nichts mehr.

Ihr letzter Eintrag aus über fünf Jahrzehnten Tagebuchschreibens, und einer von nur zwei aus dem Jahr 1993 stammt aus dem Oktober – sie schreibt, sie würde vom Tod lieber überrascht werden: »So ist der Tod eher wie das Leben, unvorhersehbar.«

* * *

30. JANUAR 1989 Am 13. Dezember [1988] bin ich nach Tegna umgezogen. Peter Huber[1] war eine große Hilfe. Immer noch so vieles zu verstauen! Ich schrieb 500 Wörter für *Die Welt* zum Thema Umzug.[2] Ingeborg [Moelich] war wie immer wunderbar, nähte mir (gelbe) Vorhänge für das Wohnzimmer. Ich denke über das 5. Ripley-Buch nach. Bis ich ein neues Buch anpacke, werde ich nicht zufrieden sein.

15.–17. 2. 1989 [Mailand.] Ich wohne im Hotel Manin neben den Giardini Pubblici. Sehr belebtes Viertel, grau, umtriebig, Straßenbahnen auf der Piazza Cavour, Zeitungskioske, Bücherstand. Ich wurde vor meinem Hotel abgeholt – italienischer Fahrer und Frau von Bompiani [Editore]. Vier Interviews am Tag, aber im Hotelsalon, in der Nähe der Bar, wo man Kaffee oder ein Bier bestellen kann. Zeitungen, Zeitschriften – am ersten Tag nur ein einziger Fotograf, & ich trug meinen »Palästina-PLO-Check«-Pullover dafür. In vielleicht vier von zwölf Interviews gelang es mir, die ehrliche US-amerikanische Meinung über israelische Greueltaten im Gazastreifen und in der Westbank zu äußern.[3]

4. 3. 1989 »Old Books«. Name eines Parfums. Duft soll garantiert intellektuelle Männer anziehen & halten.

7. MAI 1989 Rasen jetzt grün, alle Büsche prächtig, Semmy [Kater Semyon] hat noch immer gute und schlechte Tage, & ich will ihn mir nicht hier oben auf der Terrasse vorstellen, wo er bisher noch nicht gewesen ist. Ich habe zwei weitere Artikel für *Die Welt* geschrieben, Vorwort zu *Salz [und sein Preis]* – in der bevorstehenden

---

1 Highsmiths Freund und Nachbar in Tegna.
2 *Moving House,* erschienen unter dem Titel »Und der Siam-Kater heult dazu. Auch ein Thriller-Star muss manchmal umziehen« am 7. Januar 1989 in *Die Welt.*
3 Highsmith wird das Buch, an dem sie arbeitet, *Ripley Under Water,* den »Toten und Sterbenden der Intifada und des kurdischen Volkes und jenen Menschen, die in allen Ländern der Welt gegen Unterdrückung kämpfen und nicht nur dagegen aufstehen, sondern auch dafür erschossen werden« widmen.

1989

Diogenes-Ausgabe [als *Carol*]. Trotzdem noch immer nicht genug Arbeit getan, um zufrieden zu sein. Erneuter Besuch von Frieda,[4] enorme Hilfe mit meinen Bücherregalen und der Organisation.

12.5.1989 Rachmaninows 3. Klavierkonzert. Unglaublich schön und kraftvoll. Nicht so traurig wie Nr. 2. Tom [Ripley] würde das 3. gefallen.

28. MAI 1989 Ich habe mit dem neuen Ripley begonnen *[Ripley Under Water]* & (um 17 Uhr) 4 Seiten geschafft. Sonnenblumen hochgebunden. Nur 6 Stück, etwa 20 Zentimeter hoch.

6. AUGUST 1989 Im Juni war ich zweimal in London, das erste Mal für ein paar Minuten bei Wim Wenders[-Hommage] von Paul Joyce[5], und dann noch mal für Vamp Productions wegen der Sache mit den zwölf Geschichten.[6] Eine Nacht in Cardiff nach einer Nacht in Paris. Anthony Perkins[7] Einleitung & Schlusswort. Dominique Bourgeois ist ausgezeichnet. Sie musste an dem einzigen Montagmorgen, den wir hatten, Perkins zum Gericht begleiten. Man brummte ihm eine Strafe von £ 200 auf, weil zwei Cannabis-Zigaretten, die er nach eigener Angabe an sich selbst ins Hotel Angel geschickt hatte, von einem anderen Perkins dort entgegengenommen & gemeldet worden waren. Am selben Montag mit dem Taxi zu C. B.

---

4 Highsmiths Zürcher Freundin. Sie hatte sie 1975 während einer Lehrerkonferenz in Hölstein in der Nähe von Basel kennengelernt, an der sie mit ihrem Nachbarn aus Tegna, Peter Huber, teilnahm.
5 Der Dokumentarfilm *Motion and Emotion, The Films of Wim Wenders* (1990), Regie von Paul Joyce, in dem neben dem Porträtierten selbst u. a auch Peter Falk, Dennis Hopper und Patricia Highsmith Kurzauftritte hatten.
6 Zwölf von Highsmiths Kurzgeschichten (darunter »Unter eines dunklen Engels Auge«, »Der Tag der Abrechnung«, »Ein seltsamer Selbstmord« und »Was die Katze hereinschleppte«) werden für das Fernsehen verfilmt und von Vamp/Paris, Crossbow, und HTV/UK koproduziert.
7 Anthony Perkins (1932–1992), amerikanischer Schauspieler, berühmt geworden durch die Rolle des Mörders Norman Bates in Alfred Hitchcocks *Psycho*.

18. SEPTEMBER 1989 Am 21. September fliege ich für 14 Tage nach New York. Würde so gern nach Texas & Dan & Florine besuchen, aber keine Nachricht von ihnen und auch keine Antwort auf meinen Brief vor 2 Wochen. Ich halte die Belastung in Tegna, die Unterhaltungen mit [Architekt Tobias] Ammann und der Bank nicht mehr aus. Selbst der Boden ist ein Problem, nur Sand & Steine. Wird vermutlich eine Menge Umgraben, Humus, Rasen erfordern. C. B. rief vor 2 Tagen an, um mir zu erzählen, dass ihre Katze Omen gestorben ist – an einem Sa.-Morgen, Lungentumor – Atemnot. 15 Jahre. Genauso alt wie Semyon. Er ist schlank, aber ich versuche, ihn mit Vitaminen bei Kräften zu halten.

Ich würde gern wieder anfangen zu arbeiten, wenigstens 4 Stunden am Tag, aber bis jetzt geht das nicht. Wenn Ammann fertig ist und die Putzfrau vielleicht eine Stunde in der Woche extra kommen könnte, wäre es möglich. Ansonsten werde ich krank. Es ist nicht normal für mich, dass ich die Arbeit ständig verschiebe. Es ist deprimierend & falsch. Ich werde Menningers *Man Against Himself* mit auf den Flug nehmen. Möglich, dass ich es schon mal gelesen habe, aber er ist immer wieder neu und beruhigend. Ein bisschen wie Christian Science: seine Einstellung gegenüber dem, was geistige Gesundheit ausmacht. Am 7. Oktober kurz vor Mittag komme ich zurück.

17. NOVEMBER 1989 Erfolgreiche 15-tägige Reise. Alles angenehm. P. [Peter] Huber war im Murray Hill East Hotel [New York], und ich zog schließlich auch dorthin. Der Rainbow Room für seinen Geburtstag (seine Idee) mit Annebeth [Anne Elisabeth] Suter sehr schön, inklusive Tanz & Musik. Texas noch besser. Ich lud mich für 5 Tage selbst ein, & die Zeit verging wie im Flug. J. W. Stoker[8] lebt nur wenige Kilometer entfernt & scheint engster Freund & Nachbar

---

8 J. W. Stoker (*1927), internationaler Kunst- und Rodeoreiter. Er war 1980 Double für Clint Eastwood im Western *Bronco Billy* und wurde 2010 in die Professional Rodeo Hall of Fame aufgenommen. Highsmiths Cousin Dan war ebenfalls Rodeoreiter.

zu sein: sehr selbstverliebt, trainiert noch immer Hot Diggity, und hat 3 weitere junge Pferde vor sich, noch nicht beschlagen. Es war interessant, [das] Leben von Dan III & seiner netten Frau Florine zu beobachten. Ich arbeite, wann ich kann, & versuche, die Moral aufrechtzuerhalten. Mein Cousin Dan machte gerade eine schwere Zeit durch; er glaubte, dass er wegen eines Leistenbruchs operiert werden müsste, der nach Messerangriff vor einem Jahr entstanden war. Der Chirurg machte einen zehn Zentimeter langen vertikalen Schnitt oberhalb des Nabels, um die Wunde zu säubern, & Dan trug keinen Plastik-Kummerbund, der geholfen hätte, sie richtig verheilen zu lassen. Jetzt steht sie beunruhigend hervor, wie ein kleiner Fußball.

24. DEZEMBER 1989 In den letzten beiden Wochen hatten wir etwa 40 Zentimeter Regen. Ich versuche, mit dem Ripley-Buch weiterzumachen, habe jetzt 59 Seiten. Ich bin mir über die Handlung nicht sicher, & sie muss von allein kommen. Inge [Ingeborg Moelich] brachte mir heute einen wunderbaren Stollen. Sie musste ungefähr zwölf Stück von Hand (Hefe) für ganz Aurigeno backen. [Tobias] Ammann kam mit hervorragenden Plätzchen vorbei, & ich schenkte ihm eine Flasche Wein aus der Sendung von Diogenes. Ich muss mehr Abwechslung in mein Leben bringen, wie Malen & Schreinern. Die große Neuigkeit der letzten Tage: Ceaușescus[9] Sturz in Rumänien mit rund 12 000 toten Zivilisten. Panzermorde und auf Unbewaffnete schießende Soldaten. Panama: Einmarsch USA vor etwa 6 Tagen.[10]

* * *

17. FEBRUAR 1990 Semmy musste am Donnerstag, 15. Februar, aufgrund von Nierenversagen eingeschläfert werden. Er hatte nur

---

9 Nicolae Ceaușescu (1918–1989) und seine Frau Elena wurden infolge der rumänischen Revolution am 25. Dezember hingerichtet.
10 Die USA waren am 20. Dezember 1989 in Panama einmarschiert.

noch sehr wenig gefressen, gegen Ende fast gar nichts mehr. Gudrun Müller konnte es einrichten, mich zu dem jungen Tierarzt in Locarno zu begleiten. Es war ein friedliches Ende mit 2 Spritzen, & Semmy hat nicht mal gezuckt. An diesem Samstag versuche ich, die Arbeit am Ripley-Roman wiederaufzunehmen. Nachmittags rufen mich meine Freunde auf meine Bitte hin nicht an, eine echte Pause für mich. Am 4. März muss ich nach Paris, weil sie mir am 5. den Officier dans l'Ordre des Arts et des Lettres verleihen. Jack Lang.[11] Muss bis zum 8. März bleiben, Paris – dann wegen der zwölf Kurzgeschichten für das Fernsehen. Danach kann ich hoffentlich nach London.

21.4.1990 Oscar Wilde: Biographie von Richard Ellmann. Zweifellos ist die wiederholte Lektüre von Oscars Geschichte ein Vergnügen, ein Trost und eine Katharsis für das zwanzigste Jahrhundert. Hier sehen wir die Engstirnigkeit, die Rachsucht des Pöbels, das sadistische Vergnügen, einen sensiblen Menschen leiden zu sehen, ihn zu Fall zu bringen. Seine Geschichte erinnert mich an Christus, einen Mann guten Willens, ohne einen Funken von Boshaftigkeit, aber mit einer Vision für ein erweitertes Bewusstsein und Steigerung der Lebensfreude. Beide wurden von ihren Zeitgenossen missverstanden. Beide litten unter einer Eifersucht, die tief in der Brust derer verankert war, die Christus und Oscar noch zu Lebzeiten den Tod wünschten und sie verhöhnten.

20.5.1990 Oscar und Bosie.[12] Wenn sie zusammen waren, konnte Oscar gut arbeiten, mit erstaunlicher Konzentration. Er schrieb *Ernst sein ist alles* und ein weiteres Theaterstück, während Bosie ihn immer wieder unterbrach oder Rechnungen anhäufte, aber sein Leben auch bereicherte. Als Oscar später allein in Paris war, hatte

---

11 Jack Lang (*1939), französischer Kultusminister unter Präsident François Mitterrand, der den Orden verleiht.
12 Lord Alfred Bruce Douglas (1870–1945), britischer Schriftsteller und Übersetzer, bekannt als Oscar Wildes Liebhaber, bis dieser 1895 verhaftet wurde.

er einige Einfälle, brachte aber nicht mehr denselben Elan und Schwung auf. Es erinnert mich an ein Zitat von Proust – »nichts ist angenehmer, als sich erneut in die Arme von jemandem fallen zu lassen, der schlecht für uns ist«. Kunst ist nicht immer gesund, und warum auch?

9.6.1990 Alain Oulman ist im Schlaf gestorben, 28.–29. März. Sein [Geschäfts-]Partner Jean-Etienne Cohen-Séat[13] rief am 29. an, um es mir mitzuteilen. Ich habe einen großen Blumenstrauß geschickt. Beerdigung fand am darauffolgenden Montag statt, im Père Lachaise [Friedhof], Familiengrab, mit Rabbi. Ich habe immer gedacht, die Juden wollten am selben Tag beerdigt werden. Yorgo ist ein bisschen verloren nach Portugal gefahren, wo die beiden Söhne waren. Unterdessen gab ich Interviews für *Carol (Salz und sein Preis)*, jetzt auf Platz 4 der deutschen Bestsellerliste.

Am 27. Mai habe ich die erste Fassung von *Ripley Under Water* abgeschlossen. Ich hatte das Buch am 28. Mai des Vorjahres angefangen und bin wahrlich oft genug aus der Arbeit herausgerissen worden! Aber Weihnachten und Ostern eigneten sich dieses Jahr hervorragend für die Arbeit.

27. OKTOBER 1990 Ende Juni war ich in London, nachdem ich die erste *Ripley*-Fassung fertig hatte. Caroline (ich wohnte bei ihr) fiel natürlich wegen [meines] Appetits[14] wieder über mich her. Wahrscheinlich ärgerte sie sich auch über die öffentliche Aufmerksamkeit zu *Carol,* obwohl meine beiden Interviews und zwei Foto-Sessions nicht bei ihr zu Hause stattfanden. Unangenehme Atmosphäre. Meine Energie war an einem derartigen Tiefpunkt, dass ich nicht mal im Simpson's[15] war, und das will was heißen.

---

13 Jean-Etienne Cohen-Séat (*1946), 1985–1996 und 2001–2009 Verleger von Calmann-Lévy.
14 Vielen Freunden und Gästen Highsmiths fiel ihre Appetitlosigkeit auf, gegen Ende ihres Lebens ernährte sie sich offenbar zunehmend ausschließlich von Peanut Butter.
15 Simpson's-in-the-Strand, eines der ältesten und bekanntesten Londoner Restaurants, in das Highsmith immer wieder zurückkehrte.

28. OKTOBER 1990 Es hat den ganzen Tag geregnet. In London hatte ich einen Termin bei Dr. Stewart Clarke, der die Nachfolge von Dr. John Batten angetreten hat. Er ist [ein] großer & schlaksiger Typ, bezüglich Cholesterol eher lässig. Findet, ich sei in gutem Zustand. (!) Ich musste um eine Röntgenaufnahme der Brust bitten, zur Sicherheit. Im September hörte ich, dass G. [Graham] Greene »seit Weihnachten sehr krank« ist und sich von einer Bluttransfusion zur anderen hangelt. Möglicherweise ist er bei Tochter in Vevey [Schweiz], aber ich habe ihre Adresse nicht.

31. OKTOBER 1990 Halloween – und so still hier! Die Kinder haben eine Woche frei wegen »Allerseelen«.

25. NOVEMBER 1990 Ich habe A.L. [Andrew Lloyd] Webbers wunderbare Musik für *Das Phantom der Oper* entdeckt. Hinreißend. Dann Schostakowitsch beim Abwaschen.

10. DEZEMBER 1990 Über das Wochenende schwerster Schneefall seit 100 Jahren im Tessin – Ingeborg Moelich heute eingeschneit. Ich habe es mit 10 Grad mehr etwas besser. Der Schneepflug kam gestern & heute, um die Gasse zwischen dem Speck-Haus und meinem zu räumen. Ich muss an C.B. schreiben, um ihr so gut es geht mein Déjà-vu-Gefühl im Juni zu schildern. Das gleiche Gefühl, beiseitegeschoben zu werden, herrschte sicher auch in England im Mai 65, bis ich im Oktober 66 Schluss machte – als C. »wieder zu sich kam«, wie sie es ausdrückte. Jetzt habe ich ein Haus & eine Katze, zu denen ich zurückkehren kann, aber 66 hatte ich nichts. Und »Freundschaft« schmerzt nicht so sehr wie eine Liebesbeziehung, in die man alles investiert hat.

Aus London: Bloomsbury gefällt *Ripley Under Water,* einschließlich Titel. Liz Calder[16] rief an. Ich habe ihr (zum Spaß) auch das

---

16 Highsmiths Lektorin bei Bloomsbury.

Buch *Über Patricia Highsmith*[17] von Diogenes geschickt, obwohl sie kein Deutsch liest. Jetzt – eine Pause, Ferien zu Hause. Gebe mir Mühe, Ordnung zu schaffen, wie üblich.

13.12.1990 Bezüglich [der Kurzgeschichte] »Kein Ende in Sicht« – Meine Mutter stirbt deshalb nicht, weil sie schon seit ungefähr elf Jahren tot ist. (Hirntot. Keine Freude an Klängen, Musik, Lesen, Fernsehen, Unterhaltung mit Besuchern.) Wie tot kann man sein? Es ist eine Beleidigung für einen Menschen – kein Gefallen –, ihn unter solchen Umständen am Leben zu erhalten. Außerdem ist es eine Belastung für den Staat, der 45%, und für mich, die 55% zahlt – seit Jahren und ohne ein Ende in Sicht.

* * *

14. JANUAR 1991 Die angenehme Pause dauert an, aber heute ist der Vorabend des von Bush gesetzten Ultimatums für Saddam Husseins Abzug aus Kuwait.[18] Saddam schwört, dass er bis zum Tod kämpfen wird. Amerika hat fast eine halbe Million Männer, Schiffe, Flugzeuge, Deutschland & Engl. nicht so viele. Reichlich Heuchelei und Macho-Gehabe von Bush. PLO hat sich auf die Seite Saddams geschlagen, und wer kann es ihnen verdenken? (Juden natürlich.) Paul B. [Bowles] schreibt, dass es in Marokko morgen einen Generalstreik geben und alles noch schlimmer werden wird, wenn sich die Israelis einmischen.

15. JANUAR 1991 Habe an Bettina Berch[19] geschrieben, die mir bezaubernde Briefe über Belize schickt und was sie dort in der aus Korallen gewonnenen Erde pflanzen kann.

---

17 Ein Buch mit Beiträgen über Patricia Highsmith von Graham Greene bis Peter Handke.
18 Unter der Führung Saddam Husseins war Irak am 2. August 1990 in Kuwait einmarschiert, um es zu annektieren. Am 16. Januar 1991 begannen die USA und ihre Verbündeten nach einer UN-Resolution mit einer militärischen Intervention.
19 Die amerikanische Wissenschaftlerin, Buchkritikerin und Biographin Bettina Berch (*1950) besuchte Highsmith zum ersten Mal im Juni 1983, um einen Artikel über sie zu schreiben. Die beiden freundeten sich an und führten einen regelmäßigen Briefwechsel.

21. JANUAR 1991 Kriegsausbruch am Mittw./Donn. 16.–17. Jan., als die USA und ihre Verbündeten begannen, irakische Flughäfen zu bombardieren. Jetzt geht er weiter, eskaliert täglich. Saddam hat es geschafft, Israel mit Scud-Raketen zu treffen; die ganze Welt macht sich Sorgen, dass Israel in den Krieg eintritt – und damit Ägypten & Syrien veranlassen könnte, die Koalition zu verlassen, obwohl sie versprochen hatten, es nicht zu tun.

Am Abend des 20. Jan. sah ich *Himmel über der Wüste*[20] & fand ihn sehr gelungen. Authentische Drehorte in Niger & in Algerien. Schöne Kamele. [Marijane] Meaker rief gestern Abend aus L.I. [Long Island] an, um mir zu erzählen, dass Polly L. via USA geschrieben hat, weil sie mich für »sehr berühmt« hält!

23. JANUAR 1991 Geburtstag Sa. 19., Telefonanrufe & Blumen. Telegramme. Ich schreibe immer noch Dankesbriefe. Blumen von Theo Sontrop, Arbeiderspers,[21] Amsterdam. Von den Keels eine wunderbare Schachtel mit Ölfarben, ausgesucht von Anna, die mir eine nette Karte dazu schrieb. Heute habe ich mir vorgenommen, bei Gudrun M.-P. ein wenig [Mal-]Unterricht zu nehmen.

1.2.1991 Gestern kam die Naiad-Press-Ausgabe[22] von *[The Price of] Salt* unter meinem Namen, aber mit dem alten Vorwort! Ich schrieb ihnen, und heute rief ich Marianne L. [Fritsch-Liggenstorfer] an, die genauso schockiert war, da wir ihnen das neue rechtzeitig geschickt hatten.

9.2.1991 [Habe] ein bisschen gemalt. Bin natürlich nicht zufrieden. Kälte und Schnee.

---

20 Film von Bernardo Bertolucci (1990) nach dem gleichnamigen Roman von Paul Bowles (1949).
21 Theo Sontrop (1931–2017), holländischer Autor und von 1972–1991 Verleger von De Arbeiderspers.
22 Nach vielen Jahren überredete der Verleger Daniel Keel Highsmith, ihren zweiten Roman unter ihrem eigenen Namen zu veröffentlichen. Mit dem neuen Titel *Carol* wurde er zu einem weltweiten Erfolg und im Jahr 2015 von Todd Haynes mit Cate Blanchett und Rooney Mara verfilmt.

12. FEBRUAR 1991 Um 19 Uhr rief Juliet [Buck] an, um mir zu erzählen, Mary [Ryan] sei am Samstag, den 9., tot im Garten aufgefunden worden. (Von den Knets, nehme ich an.)[23] Sie hatte eine Schlaftablette genommen, plus »einen Drink«, sagte Juliet. Beerdigung nächsten Samstag in der Kirche zw. Nemours & Montcourt, wo D[esmond] R[yan] begraben liegt. Ich rief B[arbara] Skelton[24] an, sie hatte es auch gerade erfahren. Dann rief ich B.S. noch ein zweites Mal an, um ihr zu sagen, dass ich wahrscheinlich nicht kommen werde. Man ist besorgt wegen möglicher Bomben an Flughäfen – ich weniger, überlegte aber, ob ich nicht aus Anstand hinfliegen sollte. Ich werde Blumen schicken & Juliet und den Knets schreiben. (Ich frage mich, ob Sebastian aufkreuzen wird?!) Barbara S. ist sicher, dass es Absicht war. Es war (ist) sehr kalt. Sie ist eingeschlafen und erfroren. In meinem Haus hat sie es letzten August vorgemacht, indem sie zweimal – absichtlich – »stürzte«.

12. FEBRUAR 1991 Saddam lehnt heute offenbar den Vorschlag Russlands (von Gorby [Gorbatschow]) ab, sich aus Kuwait zurückzuziehen und später auch Gespräche zwischen Paläst.[ina] und Israel zu organisieren. Der Bodenkrieg steht also kurz bevor.

2. MÄRZ 1991 GKK [Kingsley] sagt, sie könnte mich möglicherweise Anfang April besuchen. Ich überlege, nach Rom zu fahren. GKK sehr scharfsinnig bezüglich C.B.s Despotismus – Vorbild für Sadismus in meinen Büchern.

8. MÄRZ 1991 Erfuhr von Ernst Hauser, dass er nur bis zum 10. April in Rom bleibt. Ist das nicht ein Glück? Habe GKK informiert. Seit 3 Tagen regnet es, für morgen neue Schauer angesagt. Ich bin erkäl-

---

23 Nachbarn von Highsmith und den Ryans in Montcourt.
24 Barbara Skelton (1916–1996), englische Schriftstellerin. Nachdem sie König Faruks Geliebte gewesen war, heiratete sie erst den Kritiker Cyrill Connolly, dann den Verleger George Weidenfeld und zog später in die Île-de-France, wo sie Highsmiths Nachbarin wurde.

tet – äußerst ungewöhnlich. Nehme Aspirin, halte kleine Nickerchen & bilde mir ein, dass sie Wunder bewirken. Habe Anne Uhde meine dreieinhalbseitige Rezension von Muriel Sparks *Bitte nicht stören* [zum Übersetzen und zur Veröffentlichung in der *Welt*] geschickt.

17. MÄRZ 1991 Am 13.3. nachts um 3:30 Uhr rief Dan an, um mir mitzuteilen, dass meine Mutter soeben gestorben war – 20:30 Uhr seiner Zeit. Einfach weggedämmert, soweit ich verstanden habe. Ich erklärte, dass ich nicht zur Beerdigung kommen würde, so wie ich es schon früher gesagt hatte. Nur die Coates [werden da sein], nehme ich an, da sie all ihre Freunde überlebt hat & diesen September 95 geworden wäre.

12. APRIL 1991 Letzte Woche hart, G[raham] Greene starb Mittw. und Max Frisch[25] am Do. Die *Weltwoche* [Zürich] rief mich am Mittwoch an und bat um 500 Wörter über G. G., die ich tatsächlich geschafft habe! Die Juden erklären heute, dass sie weiter Häuser in der Westbank & im Gazastreifen bauen werden, egal, was die USA dazu sagen. Bush geht angeln. Die ganze Welt sammelt Geld, um die Bedürftigen, die die USA in Israel (Westbank usw.), Irak hinterlassen haben, mit Nahrung zu versorgen – auch die Schweizer machen mit, großer Spendenaufruf im Fernsehen.

5.5.1991 Ein Mensch, der zu Gott spricht, ist ein Mensch, der mit sich selbst spricht. Warum macht der Mensch alles so kompliziert, wenn es so einfach ist?

11. MAI 1991 Charlotte wird sieben. Muttertag. 2 Karten für Bayreuth kamen über [Victor von] Bülow [alias Loriot], & heute versuche ich, eine dritte für Ingeborg Moelich zu bekommen. Charles

---

25 Der Schweizer Autor und Dramatiker Max Frisch (1911–1991) wohnte seit 1965 zumindest zeitweise in Berzona im Tessin.

Latimer sehr erfreut über seine Karte. Gestern waren I. M. & ich in Locarno einkaufen – 2 schwarze Plisseeröcke, meiner auf jeden Fall für Bayreuth!

13. JUNI 1991 Mariannes [Fritsch-Liggenstorfer] Sohn – Frederick Samuel – kam am 13. Mai zur Welt. Sie hatte zwei anstrengende Stunden, sagte sie. Ich freue mich s.[ehr] für sie; jetzt bleibt sie mindestens 2 J.[ahre] zu Hause [und] arbeitet von da aus. Am 2. Juni hatte ich Moelich überredet, meine Einladung nach Bayreuth anzunehmen. V. Bülow hat jetzt 3 Zimmer für uns im Hotel Goldener Anker, Opernstraße 1, reserviert. Moelich wird sich um eine Karte bemühen, sobald wir dort sind. Ich erwarte meinen neuen VW-Golf nächste Woche: weiß. Versuche zu malen, schrecklich schüchtern – bis gestern. Ich will 2 Sachen fertig haben, die ich G. Müller zeigen kann, bevor ich sie um 2 weitere Unterrichtsstunden bitte.

19.6.1991 Unglücklichsein hat etwas mit der persönlichen Beurteilung einer Situation zu tun.

26. JUNI 1991 Heute kam Gudrun Müller um 10 Uhr morgens, um mir »Unterricht« zu geben. Sie weigerte sich, Geld anzunehmen – nicht mal 30 von 60! Am besten gefiel ihr mein Vater, der auf den verunglückten Zug zeigt.

6.7.1991 Das Rätsel des Sommers. Ein vielbeschäftigter Mensch kann sich nicht mit Freizeit arrangieren. Die Welt scheint aus den Fugen zu geraten. Das führt zu einer erschreckenden Auseinandersetzung mit Existenz, Bewusstsein, Sinn des Weiterlebens – falls es so etwas wie Sinn überhaupt gibt. Macht man einfach nur weiter, weil die anderen es auch tun? Schlimmer als ein Alptraum, diese Konfrontation mit der Freizeit.

1. 8. 1991 Bayreuth. Tee mit Wolfgang Wagner[26] und Frau in einem Raum unweit der Abendkasse, am *Walküre*-Nachmittag, während der ersten Pause. W. W. sehr freundlich, Frau spricht besser Englisch als er. Ich erkundigte mich nach Karten für I[ngeborg] M. Wir können es uns nicht erklären, aber ich bekam 2 weitere Karten für *Siegfried* & *Die Götterdämmerung* für I. M. & durfte nicht dafür bezahlen! (180 DM pro Stück). Die Stadt: spießig, Essen beschränkt sich auf Bratwurst, Sauerkraut, Bier und sehr teuren Wein aus Franken – 6.00 für ein Viertel (oder weniger) in Restaurants & Kneipen. Zwecklos, nach Abendessen zu suchen, es gibt nichts anderes. Die Vorstellungen. Moderne Kostüme & Szenen, wie nach einem schweren Krieg. Die Walküre steigt ein weißes Metallgerüst hinauf und späht in den Nebel, um zu sehen, ob alle sicher ankommen. Letztlich wirkt alles so langsam & lang, weil es eine ungekürzte Version ist. Offenbar wird viel hin und her argumentiert. Und in dieser Vorstellung werfen sich Leute ständig auf den Boden oder singen auf den Knien, kriechen auf allen vieren. Sehr sexy Auftritt von Siegmund, der das Schwert Nothung aus Baum zieht und die Nacht mit Sieglinde verbringt. Es wird getrunken und geschlafen, aber nicht gegessen.

15. NOVEMBER 1991 Später September. Eine Woche anstrengende Arbeit für Bloomsbury in London zum Erscheinen von *Ripley Under Water,* 3 verschiedene Signierstunden in Buchhandlungen. Ich übernachtete im Hazlitt's Hotel in der Frith Street. Sehr altmodisch & günstig gelegen zwischen Bloomsbury und dem Groucho Club, wo die meisten Interviews stattfanden. Bloomsbury zahlte den Flug, plus Hotel, ließ mich dafür aber auch schuften, sogar am Morgen meiner Abreise, als ich endlich mit dem Signieren der »Luxusausgabe« fertig war, die sie für £ 32 verkaufen (London Ltd editions). Kaum Zeit zum Erholen, 9 Tage bevor ich nach Deutschland muss-

---

26 Wolfgang Wagner (1919–2010), deutscher Operndirektor und Neffe von Richard Wagner, war zusammen mit seinem Bruder Wieland Wagner erster Festspielleiter der Bayreuther Festspiele, nach Wielands Tod 1966 alleiniger Leiter.

te. GKK [Kingsley] erwartete mich in Frankfurt. (In London hatte ich C. B. nicht angerufen, schrieb ihr aber nach der Reise.) 2 Tage Frankfurt, 2 in Hamburg, 2 in Berlin.

23. NOVEMBER 1991 Wollte GKK einladen, aber D. Keel war so nett zu zahlen. Hotels und Flugtickets. Hamburg war am schönsten. Wir unternahmen eine Bootsfahrt von der Streekbrücke zum Jungfernstieg. Abendessen in Berlin *chez* A. Morneweg & Claus K. mit Christina Reutter[27], GKK und Walther Busch. 20. Nov., nachdem ich das Wochenende über mit Frieda Sommer gearbeitet hatte, fuhr ich mit [ihr] nach Zürich & traf Dr. B. G. [Anwältin]. Sie schlägt vor, dass ich Tegna in eine »Stiftung« für Schriftsteller und Künstler aus aller Welt umwandle. Das könnte bewirken, dass ich nach dem Tod von der 48 %igen Erbschaftssteuer befreit wäre; bin mir nicht sicher. Ich schrieb SHO und fragte, ob ich dann auch die Erbschaftssteuer in den USA los wäre?

* * *

9. JANUAR 1992 Ich hatte mir gewünscht, diese »Seiten« bis zum 31. Dezember fertig zu haben. Doch nein. Ein düsterer Gedanke, denn vor ein paar Tagen hatte ich das Gefühl, ich sollte (müsste) vor meinem Tod alle Tagebücher verbrennen.[28] Ich habe gelesen, dass Brett Weston, Edwards Sohn, neulich all seine Negative verbrannt hat, im Beisein von ein paar Freunden und mit den Worten, niemand würde seine Negative je mit seinem Können und in seiner Absicht verwenden können. Mein Ziel wäre es, überflüssiger Neugier vorzubeugen. Am 13. Dezember gab ich eine Party – circa 9 oder 10 Gäste, Gudrun Müller brachte Pauline Kraay mit – englische [Hinterglas-]Malerin, die in Ascona lebt. Vivien De Bernardi, die

---

27 Christina Reutter, damals Leiterin der Presseabteilung von Diogenes, später zuständig für Theater- und Filmrechte.
28 Highsmith entschied sich bald definitiv gegen diesen Schritt und listete in ihrem 1993 mit dem Diogenes Verlag geschlossenen Generalvertrag die Tage- und Notizbücher ausdrücklich als Teil ihres Werks.

meinte, der Abend sei ein Erfolg gewesen. Außerdem I. Lüscher, I. Moelich.

12.1.1992 Ein langweiliger Gedanke zu Beginn dieses Jahres: Ich habe es satt, über mich und meine eigenen Probleme nachzudenken (vor allem, nachdem ich bei Letzterem im vergangenen Jahr kaum Fortschritte gemacht habe). Nicht genug Menschen um mich herum. Das muss besser werden! Ruhige Weihnachten. 3 Bücher von Marijane Meaker. Unmengen von Weihnachtskarten, & auch ich habe einen ganzen Stapel verschickt. Habe in London angerufen (& hingeschrieben) & den Flug für den 14. Januar gebucht. Termin mit Geo. Hamilton am 15. Jan. wegen blockierter linker Arterie. Ich weiß nicht, was mich erwartet, hoffentlich kein Bypass.

8.2.1992 Die Geschichte von London, 14. bis 23. Januar. Mein erstes Treffen mit [Dr.] Hamilton, den ich auf Anhieb mochte. Er sieht jünger als 40 aus, schottischer Akzent. Ist gegen Eingriff, sagte er nach visueller Untersuchung, und dass es vielleicht besser wäre zu lernen, mit dem Schmerz zu leben. Das war deprimierend, da der Schmerz in den letzten 2 Monaten stark zugenommen hatte, wenn ich nur anderthalb Häuserblocks zu Fuß ging. Um 11:45 Uhr Fahrt in die Hayward Gallery, Toulouse-Lautrec, & dort war ich mit Geraldine Cooke[29] verabredet. Auf den Stufen zum Turm starke Schmerzen im linken Bein. Geraldine war ein Schatz. Wir hatten 2 köstliche Bier vor der Ausstellung – etwas getrübt durch laute indische Musik (2 oder 3 Musiker), die für Unterhaltung sorgen sollten. Es war eine große Lautrec-Ausstellung. Runde oder eckige Stempel auf den Drucken (oft auf minderwertigem oder Pauspapier) wiesen den Besitzer von Zeichnung–Aquarell–Öl–Pastell (alles durcheinander!) aus, damit keiner sie stehlen konnte – die Zerstörung des Stempels hätte das Werk beschädigt. Am Sonntag, 19. Januar, gab

---

29 Leiterin der Rechteabteilung von Headline and Penguin Publishing, später Agentin.

Heather eine Tea Party um vier Uhr nachmittags. Jonathan Kent war da – inzwischen Manager des Almeida Theatre. Linda [Ladurner]; Eiersalat-Sandwiches. Liz Calder holte mich um 18:30 Uhr zum Abendessen bei sich zu Hause ab; in Hampstead, glaube ich. Sie hat einen Papagei namens Jon-Jon – vielleicht 38, hellgrün.

Montag lag ich 2 Stunden auf dem OP-Tisch, Eingriff dauerte circa 35 Minuten. Mr Platts führte ihn durch, hielt etwas in der recht. Hand, das wie ein Essstäbchen aussah, eine Art Trichter, um das Kabel einzuführen. Durch den rechten Leistenpuls quer nach links, dann abwärts über den halben Oberschenkel Richtung Knie. »Mehr Bilder, bitte!«, sagte Mr Platts dreimal. Hitze unter dem Gesäß, als der Farbstoff einschoss. Die einzige »Unannehmlichkeit« kam gegen Ende, als sich meine linke Wade anfühlte, als würde sie stark gequetscht werden. Mr Hamilton berichtete von einer Erweiterung von 1 auf 6 Millimeter in der linken Oberschenkelarterie. Äußerst beeindruckend – für mich. Sofortige Besserung. »Tja, da hatten Sie aber Glück«, sagte Mr H. am folgenden Freitag, als ich zur Endkontrolle kam.

7. MAI 1992 Marlene Dietrich ist vor 2 Tagen mit 90 gestorben (Paris). Und Francis Bacon 2 Tage davor mit 82. Am 27. April fuhr ich (mit Chauffeur) zu Peter Ustinov in Rolle bei Genf. Er war leger gekleidet & freundlich, Frau Hélène formeller gekleidet – aber genauso nett. Dies für deutsche *Vogue*. Wohnzimmer ein einziges Durcheinander, stapelweise Zeitschriften, Briefe. Hübsche Ölgemälde, die ich nie vergessen werde. P. U.-Porträts von seiner Mutter, als er sieben war. Eins von seinem Vater, auch von ihr. P. U. & ich hätten keine Schwierigkeiten bei den Gesprächsthemen gehabt, aber die Anwesenheit von 2 anderen ... Dann fuhr mich P. U.s portugiesischer Hausangestellter nach Genf (Hotel de la Cigogne), & ich traf mich zum Essen mit Marilyn Scowden.[30]

---

30 Highsmiths Buchhalterin, Freundin und der letzte Mensch, der sie lebend sah.

22. MAI 1992 Habe 92 Seiten des neuen Buches & bin nicht zufrieden. Langsam, unkonzentriert.

23. MAI 1992 Ein weiterer arbeitsfreier Tag (der zweite), weil ich mein Buch *Small g* überdenke. Der Plot ist interessant. Das immer gleiche Problem, 3 Rechtsangelegenheiten – mein Testament, mein Haus – müssen geregelt werden – sonst sterbe ich noch im Schlaf, und nichts ist geregelt. Ich rede mir ein, dass ich die Fragen, das Ungelöste, besser in Schach halten kann, wenn ich den kreativen Teil meines Gehirns aufrufe. Ich wünschte, es wäre so. Meine trockene Schlucht [hinter dem Haus] (in meinem Anteil aufgefüllt) sieht jetzt toll aus mit königsblauen Kornblumen, viel blühendem Mohn und noch was anderem, Gelbem. Vogelmiere, vor der man sich in Acht nehmen muss.

20. JUNI 1992 Lese 2. Tag das schwulenfeindliche Stück von Phyllis Nagy in London, & mich interessiert, wie es aufgenommen wird! Das Gericht. Habe heute die 31-seitige Bearbeitung von »An Exchange of Glances« für Ph. N. fertigbekommen & werde sie am Montag abschicken. Sie hat zugestimmt, es als Theaterstück auszuprobieren: den Rest zu machen. Christina Reutter hat unsere Erwartungen bezüglich des Geldes hochgeschraubt. Heute rief Betty M. an und erzählte, dass Lynn Roth vor 3 oder 4 Wochen gestorben ist. Emphysem. Sie war in einem Heim – und noch immer mit S. zusammen! – nach 36 Jahren! Und wie vielen Seitensprüngen?!

2. SEPTEMBER 1992 Um dieses kleine Buch zu beenden. Ein heißer Sommer hier. Vor einer Woche ein Orkan in Miami. Bush kommt ins Schlittern, Clinton & Dole im Aufwind. Besuch von Jeanne Moreau, 17. bis 19. August. Eine große Freude! Peter Huber kam rüber, um Abendessen für uns zu kochen, blieb 2 Nächte. Versuche, ein Faxgerät zu kaufen, Jeanne findet auch, ich sollte eines haben. Mein

Artikel über Garbo[31] (und den Green-Wood Cemetery[32]) an FAZ verkauft, die das Aquarell aus der Garbo-Sammlung für den Artikel abfotografieren wird. Vom 1. bis 9. Oktober fliege ich in die USA, N.Y.C., und treffe mich am 9. mit Daisy W., danach Texas, 6 Tage, dann Toronto, & eine halbe Std. Lesung & 8-tägiger Aufenthalt. Knopf[-Verlag] und Annebeth Suter erfreut über gute Kritiken in *Kirkus Reviews* & *Publisher's Weekly* für *Ripley Under.*

3. SEPTEMBER 1992 Die beiden Gedichtbände von Goethe (Diogenes) sind eine Freude. So hübsch gestaltet! Muss sie auch für Jeanne besorgen. Sie sagte, sie könne »fast« Deutsch sprechen. Habe D.W. einen Scheck über ungefähr $ 5000 geschickt – besserer Empfänger als meine Mutter oder Dan, der es nicht so sehr braucht.

10.10.1992–13.10.1992 [Texas] Box Canyon, heute mein einziges Haus mit familiärem Bezug in Texas. Nichts hat sich geändert, außer, dass das Wörterbuch unter dem Sofa jetzt auf der anderen Seite liegt. Dafür musste ich auf alle viere gehen und wieder hochkommen. Am traurigsten ist Dan III, der Parkinson hat und seine Tabletten nicht nehmen will, da ihm davon schwindelig wird; eine allgemein bekannte Tatsache, trotzdem sollte der Betroffene in dieser Hinsicht Kompromisse machen – schon um seine Umwelt zu entlasten. Z.B. kann er seine Fingernägel nicht mehr selbst schneiden, und ich habe ihm beim dritten Versuch in den Finger geschnitten, die Nerven verloren und aufgegeben – so sehr zittert er. Er will auch keine Experimente eingehen, um ein vernünftiges Hörgerät zu finden. Und mit einem Auge sollte er nicht mehr Auto fahren, tut es aber trotzdem, jedenfalls in seinem Viertel. In Wirklichkeit lädt er all seine Probleme bei seiner Frau Florine ab. Politik: alle (Dan [Dan

---

31 Gemeint ist der Text »My Life With Greta Garbo«, erschienen am 3. April 1992 in der Zeitschrift *The Oldie* (London). Highsmith besaß inzwischen eine kleine Zeichnung, die einst Garbo gehört hatte.
32 Publiziert als *Green-Wood: Wo die Toten erzählen*, lt. Highsmiths Vermerk am 5. Juli 1993 [nicht verifizierbar, Hrsg.].

Oscars Sohn] IV & Florine) konservativ & pro Bush. Ich hörte mir in Kanada und auch in Texas alle politischen Debatten an, die ich erwischen konnte, während D. & F. bei [Ross] Perot das Zimmer verließen, nicht aus Verachtung, sondern weil ihnen der Schlaf wichtiger war.

27.10.1992 Irgendwas fehlt während meines Besuchs in Texas: Es ist Europa, es ist die Welt, die fehlt.

23.11.1992 Ich war sehr beeindruckt von der (zweifellos) zweiten Lektüre von [F. Scott Fitzgeralds] *Diesseits vom Paradies,* das ich letzten Monat in New York gekauft habe. Was für eine Moralpredigt von einem jungen, 23-jährigen Mann – vermute ich, denn es erschien, als er 24 war. Und eine Menge Poesie – schlecht, aber flüssig, von Tennyson beeinflusst. Ich frage mich, ob Princeton ihn rausgeschmissen hat, weil er die komischen Abschnitte nicht beherrschte, oder ob er von sich aus gegangen ist? Nach 3 Jahren. Leider schöpfte er nicht viel Kraft aus seiner Ausbildung – er fand, dass Hemingway ihm überlegen war! Schade! Seine Prosa hat einige wunderbare Anflüge von Poesie, vor allem mit Blick auf die Liebe – so viel besser als das, was er in Versform bringt.

1.12.1992 AIDS. Wütet jetzt in Indien. Heute hörte ich eine seltsame Meldung: AIDS wird das Leben der Menschen auf der Erde um ein paar Jahrhunderte verlängern, indem es Millionen tötet! Geschlechtsverkehr ohne Verhütung fördert Hungersnöte, Tod und Ausrottung. Vorher werden sich die Soldaten der »entwickelten« Länder daran gewöhnt haben, eindringende Horden an ihren Grenzen zu bombardieren und zusammenzuschießen.

31.12.1992 Noch eine letzte Anmerkung zu C. B. Sie hat Angst vor dem Fliegen und dem Sterben, weil sie an ein Jenseits glaubt. Und sie ist intelligent genug, um zu wissen, dass sie nicht nur »kein netter Mensch« ist, wie sie es mir gegenüber ausdrückte, als wir uns letztes Mal sahen, sondern auch eine Heuchlerin, die Liebhaber, Mann, Sohn und mich an der Nase herumgeführt hat – während sie für das Publikum eine nette Fassade aufrechterhielt. Kein Wunder, dass sie sich vor Start und Landung bekreuzigt. Kein Wunder, dass sie sich bei leichten Schwächeanfällen (Herzrasen, Tachykardie) erschreckt und eine Nachbarin anrufen muss, damit sie nicht allein ist – falls der Tod unmittelbar bevorsteht.

* * *

26.6.1993 Warum kann ich das Rätsel von Kunst vs. Drogen nicht lösen? Meine Idee ist, dass die Künste wie Drogen für diejenigen wirken, die sie lieben, ob klassisch oder populär. Wer braucht dann also Opium usw.? Ich versuche das Rätsel zu ergründen, indem ich an den Wunsch denke, einzutauchen, sich zu verlieren – körperlich beteiligt zu sein. Doch das befriedigt mich nicht. Kunst bedeutet nicht, ohnmächtig zu sein. Es ist eine Grundvoraussetzung – sogar eine Tatsache –, dass alle Menschen aus sich selbst herausgeholt werden wollen – durch Religion, Musik oder gute Gemälde. Auch manche Drogen erzeugen dieses Gefühl, aus sich selbst herauszutreten. Doch was ich meine, ist nicht destruktiv, ganz im Gegenteil. Vielleicht liegt der Schlüssel in echter Beteiligung – Wertschätzung & Verehrung der Kunst. Das ist keine passive, sondern eine aktive Haltung. Sich von Drogen benebeln zu lassen ist leicht und hat wenig damit zu tun, mehr über sich selbst, die Menschheit oder das Bewusstsein zu erfahren.

6.10.1993 Manche Mönche – die Kartäuser? – schliefen in ihren Särgen, offensichtlich, um sich auf den Tod vorzubereiten; sie dachten viel darüber nach, Tag und Nacht. Mir ist der Überraschungseffekt lieber! Man führt sein Leben wie gewohnt, dann kommt der Tod, vielleicht plötzlich, vielleicht nach einer zweiwöchigen Krankheit. So ist der Tod eher wie das Leben, unvorhersehbar.

1993–1995

Graham Greene nannte sie »die Dichterin der unbestimmbaren Beklemmung«, Peter Handke fühlte sich »im Schutz einer großen Schriftstellerin«. Highsmith hat mit ihrem großen Erfolg bei Publikum und Kritik zugleich auf brillante Weise das Vorurteil widerlegt, Romane aus dem Spannungsgenre, so häufig von oben herab betrachtet, könnten nicht von literarischem Wert sein. Sie wird ebenso gefürchtet wie bewundert für ihre Fähigkeit, die Grenzen zwischen Gut und Böse, Unschuld und Schuld, Sympathie und Hass zu verwischen und die Leser mit ihren eigenen tiefsten und dunkelsten Abgründen zu konfrontieren.

Teil ihres beeindruckenden Vermächtnisses sind neben ihren 22 Romanen und ihren Kurzgeschichtensammlungen, die zahlreiche Verfilmungen inspiriert haben, auch ihre Tage- und Notizbücher. Ihre Notiz aus dem Oktober 1993 ist der letzte zusammenhängende Eintrag. Es gibt noch je ein weiteres Tage- und Notizbuch, aber Notizbuch 38, von Highsmith auf dem Deckel mit »Buch achtunddreißig Tegna« betitelt, ist leer; im Tagebuch 18 finden sich nur ein paar wenige Stichworte zu ihrer letzten Reise im November 1994 nach Paris. Dort nimmt sie Geschäftstermine mit der französischen Subagentin des Diogenes Verlags, Mary Kling, und mit Patrice Hoffmann, ihrem neuen Lektor bei Calmann-Lévy, wahr, gibt einige wenige Interviews und trifft sich mit alten Freundinnen, darunter Jeanne Moreau.

Längst hat sie damit begonnen, ihre Angelegenheiten zu regeln. 1993 hat der Diogenes Verlag die Weltrechte an ihrem Gesamtwerk erworben; Diogenes-Verleger Daniel Keel ist es auch, den Patricia

Highsmith zu ihrem literarischen Nachlassverwalter bestimmt und um die Vermittlung ihres literarischen Nachlasses an das Schweizerische Literaturarchiv in Bern bittet (wo er zu den am meisten eingesehenen Beständen gehört). 1994 bedenkt sie die Künstlerkolonie Yaddo mit mehreren größeren Schenkungen. Yaddo, wo Highsmith fast 40 Jahre zuvor ihr Debüt *Zwei Fremde im Zug* zu Ende schrieb, vermacht sie auch ihr Anlagevermögen und die Tantiemen aus Buch- und Filmrechten.

Ab 1994 ist Patricia Highsmith zunehmend auf häusliche Betreuung und Chauffeurdienste zu ihren häufigen Arztbesuchen angewiesen. Auch hier hilft Daniel Keel, und durch seine Vermittlung zieht 1994 Bruno Sager, ein ehemaliger Musikagent und gerade auf Arbeitssuche, für sechs Monate in die Casa Highsmith ein. Anfang Februar 1995 lässt sich Highsmith von Freunden ins Krankenhaus nach Locarno fahren. Dort stirbt sie am 4. Februar an den Folgen ihrer Krebserkrankung und ihrer Anämie.

In einem Schrank in Highsmiths Haus in Tegna finden ihr Testamentsvollstrecker und Nachlassverwalter Daniel Keel und ich, ihre Lektorin, neben Highsmiths Fächermappen mit ihren unveröffentlichten Kurzgeschichten auch die gesammelten Tage- und Notizbücher. In Notizbuch 34 lesen wir ein Gedicht, das bei der Trauerfeier und anschließenden Beisetzung am 11. März in Tegna verteilt wird, zu der neben Patricia Highsmiths Freunden auch ihre Verleger aus ganz Europa gekommen sind, um von ihr Abschied zu nehmen:

Hoch lebe der Optimismus und der Mut!
Ein Hoch dem Wagemut!
Und Lorbeer dem, der springt!
(»Ein Toast«, *1979*)

Nachwort von Joan Schenkar
Friends with Benefits:
Patricia Highsmiths internationales Frauennetzwerk

Dass Patricia Highsmith es aus dem »*Cow Country*« West Texas zum »Topf voll Gold« am Fuß ihres amerikanischen Traums schaffte, hatte sehr viel mit einem internationalen Kreis begabter, prominenter, eigensinniger Frauen zu tun, die ihr Leben zusammen mit anderen Frauen lebten. Ab den 1940er Jahren zog sich ihr Einfluss durch alle Bereiche von Pats Arbeits- und Privatleben. Und Pat hatte nur auf sie gewartet. Sie war eine attraktive, manchmal vorlaute, begabte Studentin mit Köpfchen, einem fotografischen Gedächtnis für die Telefonnummern anderer Frauen und zwei fixen Orientierungspunkten auf dem Weg zum Erfolg: Uptown und Europa. Bis es mit der eigenen Berühmtheit so weit war, hielt sie sich an anregende Freundschaften – und daran hatten viele Interesse.

Den Auftakt zu ihrem ersten erfolgreichen Gesellschaftssommer machte Pat, indem sie gelassen ihre erste Beziehung zu einer älteren Frau beendete, die sie einen Monat zuvor in einer Bar kennengelernt hatte: der »interessanten« irischen Emigrantin Mary Sullivan, die die Buchhandlung im Waldorf Astoria betrieb. Mary Sullivan hatte Pat zu Greenwich-Village-Szenepartys mitgenommen – bei den Zusammenkünften (vor allem) für Frauen, die die große amerikanische Fotografin (und Erfinderin) Berenice Abbott und ihre Liebhaberin, Kunstkritikerin und Historikerin Elizabeth McCausland, in ihren über einen Flur verbundenen Wohnungen im vierten Stock der Commerce Street 50 ausrichteten, gehörte die frühreife Pat zu den jüngsten Gästen.

NACHWORT VON JOAN SCHENKAR

Auf einer von Abbotts Partys lernte sie die fünfzehn Jahre ältere deutsche Fotografin Ruth Bernhard[1] kennen. Ruth war 1927 nach New York ausgewandert und befand sich als Werbefotografin bereits auf bestem Umwege zu der Art hoher Kunst, die Berenice Abbott später die Aussage entlocken sollte, niemand würde weibliche Akte besser fotografieren. Zwischen Ruth und Pat entwickelte sich eine innige Freundschaft, eine *amitié amoureuse,* die wie so viele von Pats Freundschaften kurzzeitig zu so etwas wie Liebe anhob, ehe Pat die Beziehung mit einer weiteren Person, die sie faszinierte, dem schwulen deutschen Fotografen Rolf Tietgens, zu einem Dreieck aufspannte. Ruth wusste genau, dass Pat »beste Verbindungen« und zahlreiche kleine Affären hatte, sie sei »sehr attraktiv« gewesen, habe »hinreißend« ausgesehen, »und die Menschen fühlten sich zu ihr hingezogen«. 1948 schoss sie ein bekanntes Bild von Pat – das klassische, zeitlose Porträt einer aufstrebenden Schriftstellerin, die mit siebenundzwanzig in die Zukunft schaut, »nachdenklich« und würdevoll. Sie war sich sicher, auch Aktaufnahmen von ihr gemacht zu haben.

Ruth Bernhard und Pat trafen sich auch weiterhin zu Kaffee, Gespräch und gegenseitiger Aufmunterung. Zusammen besuchten sie Vernissagen, nahmen die Subway nach Harlem und ließen sich von der Flamencotänzerin und Sängerin Carmen Amaya verzaubern, die sich anzog wie ein Mann und bei den legendären Flamencoaufführungen mit ihrer Schwester den männlichen Part tanzte.[2]

Drei Jahre vor ihrem Tod schrieb Pat ihren unwahrscheinlichen gesellschaftlichen Erfolg als Zwanzigjährige, die in Manhattan – diesen Ausdruck benutzte sie immer wieder – ihr »Glück versuchte«, einer Reihe hochkarätiger Zufälle zu, die damit begannen, dass sie

---

[1] Die Tochter von Lucian/Lucien Bernhard (Geburtsname Emil Kahn), Deutschlands kreativstem Graphiker und Typographen.
[2] Pat war so angetan, dass sie Gregory Bullick, den künstlerisch veranlagten Jugendlichen, der einen weit wohlhabenderen Jungen erst ausspioniert und sich dann in sein Leben einschleicht, in ihrem unveröffentlichten ersten Roman *The Click of the Shutting* zu einem Auftritt von Carmen Amaya in der Carnegie Hall schickt.

im Sommer 1941 Janet Flanner vorgestellt wurde und »in zwei Wochen an die 20 interessante Leute kennenlernte, viele von ihnen kenne ich heute noch [...]«.[3]

Die lückenlose Verkettung von Bekanntschaften in ihrem letzten Jahr am Barnard leitete Pats außeruniversitären Werdegang ein, bevor sie 1942 das College abschloss, ohne einen Job in der Tasche und darüber peinlich berührt; einen Werdegang, der ein direktes Resultat des kriegsbedingten Exodus einer Truppe älterer, kultivierter, mehrheitlich lesbischer Frauen von Europa nach New York war: eines internationalen Netzwerks aus Intelligenz, Erfolg, Talent, Vermögen und/oder Privilegiertheit und Unabhängigkeit.

Unter diesen Frauen, die frisch aus Paris in Manhattan eingetroffen waren, waren auch Janet Flanner (seit 1925 Paris-Korrespondentin für den *New Yorker*) und die Malerin Buffie Johnson (die unter Francis Picabia studiert und im Haus der berühmten Opernsängerin Mary Garden gewohnt hatte). Wie ihre weitgereisten Freundinnen waren sie (Flanner sogar regelmäßig) bei Natalie Clifford Barneys legendärem Freitagssalon[4] mit Lesungen, Theateraufführungen und Amuse-Bouches in Paris in der Rue Jacob 20 zu Gast gewesen und samstags bei Gertrude Steins ausgesuchten Präsentationen von Kunst, Literatur und Temperament der Moderne in der Rue de Fleurus 27.

Pat nahm sich den Rat vieler dieser älteren Frauen zu Herzen und manche von ihnen mit ins Bett. Sie machte sich in ihrer kleinen, gedrungenen Handschrift schonungslose Notizen über alles, was sie sagten und taten.

In ihren fünf Jahrzehnten als Überbringerin Pariser Lebensgefühls schickte Janet Flanner unter dem Pseudonym Genêt fast siebenhundert witzige und prägnante »Letters from Paris« an die

---

3 Pat in einem Brief an Bettina Berch am 22. Dezember 1991.
4 Barneys Salon in Paris war (trotz seiner zutiefst bürgerlichen Aufmachung und der vornehmen Kulisse) sechzig Jahre lang die subversivste literarische Veranstaltung des zwanzigsten Jahrhunderts, die nicht nur alle männlichen Schriftstellergrößen der Moderne zu ihren Gästen zählte, sondern auch die Frauen anzog, anwarb und vorstellte, die deren Stil zu untergraben suchten.

NACHWORT VON JOAN SCHENKAR

Leserinnen und Leser des *New Yorker*. Über viele Jahre hinweg luden Flanner und ihre Langzeitgeliebte Natalia Danesi Murray Pat in das gemeinsame Sommerhaus in Cherry Grove auf Fire Island ein, bewunderten ihr Schreiben in Briefen aneinander, rührten die Werbetrommel für ihr Werk und zeigten sich großzügig mit Bekanntmachungen, Übersetzungen und dem Einfädeln von Buchverträgen in Italien und Frankreich. Wahrscheinlich lernte Pat durch sie auch die Kritikerin und Schriftstellerin Germaine Beaumont kennen, die Colettes Protegé (und mehr) und Stammgast in Natalie Barneys Salon war. Beaumont schrieb als eine der ersten (und intelligentesten) Kritikerinnen in Frankreich lobend über Pats Werk. Flanner war es vermutlich auch, die Pat in Paris mit der exzentrischen, wohlhabenden kubanisch-amerikanischen Dichterin Mercedes de Acosta bekannt machte, die ebenfalls regelmäßige Besucherin von Barneys Salon war und Pat mit Kontakten, Dinnereinladungen und einer Wohnung am Quai Voltaire versorgte.[5]

Die intensivste und ausdauerndste »nützliche« Freundschaft, die jahrzehntelange berufliche, künstlerische und emotionale Auswirkungen haben sollte, vermittelte ihr jedoch die großzügige und ausgesprochen gesellige Künstlerin Buffie Johnson[6] mit ihren guten Verbindungen. Buffie lernte Pat 1941 auf einer Party kennen und fand sie (wie alle anderen in diesem Jahr) »unheimlich attraktiv, sprühend und energiegeladen«. Sie sei »ziemlich forsch« gewesen, »alles andere als gefällig« und habe genau gewusst, was sie wollte; schnell wurden die beiden Geliebte. Buffie, die alle Welt kannte und überall zu Gast war, bot Pat an, ihr Haus auf der East 58th Street zu nutzen, und stellte sie New Yorkern wie dem scharfsinnigen Kult-

---

[5] De Acostas einziges Alleinstellungsmerkmal war laut Alice B. Toklas, dass sie »mit drei der wichtigsten Frauen des 20. Jahrhunderts geschlafen« hatte. Marlene Dietrich und Greta Garbo waren zwei davon, Eva Le Gallienne und Isadora Duncan waren Kandidatinnen für den dritten Platz.
[6] Buffie Johnson malte für das alte Astor Theatre in New York das größte jemals in Auftrag gegebene abstrakt-expressionistische Wandgemälde und war eng mit Carl Jung, Tennessee Williams und vielen anderen befreundet. Die Weltreisende und Anhängerin der Geschichte der Großen Mutter kam gerade aus Paris, wo sie Gertrude Stein aus Ärger darüber, zu Miss Toklas in die »Frauenecke« geschickt worden zu sein (während Stein Wichtiges mit den Männern besprach), in den Hintern gekniffen hatte. Er sei »so hart wie ein Mahagoniklotz« gewesen, berichtete sie.

Songtexter John La Touche vor (Pat hatte mehr Interesse an seiner Ehefrau, einer Lesbe aus prominenter Bankiersfamilie), dem Maler Fernand Léger (»einfach wundervoll«, begeisterte sich Pat), dem Architekten Frederick Kiesler, der Erbin, Mäzenin und Galeristin Peggy Guggenheim (Buffies Arbeiten ausstellte und Pat mit Somerset Maugham bekanntmachte) und vielen anderen wichtigen Persönlichkeiten, auf die Buffie Zugriff hatte und Pat als junge Studentin des Barnard College nicht, auch wenn sie sich bereits erstaunlich sicher in der Gesellschaft bewegte.

Zwei Wochen nachdem sie sich kennengelernt hatten, wurde Buffie auf die Party einer Freundin eingeladen, deren Mann Chefredakteur der Zeitschrift *Fortune* war. Im Wissen, dass sich das für ihre neue junge Freundin vom College »als günstige Gelegenheit« erweisen könnte, nahm sie Pat mit – und Pat, so Buffie, mischte sich sogleich unter die Gäste. Buffies Version des Abends zufolge sah sie nach einem intensiven Gespräch mit ihrer Freundin auf, der Raum hatte sich geleert, und Pat war, »ohne sich auch nur zu verabschieden«, mit einer Gruppe von Redakteurinnen gegangen.[7]

Eine der Redakteurinnen war Rosalind Constable, Feuilletonjournalistin aus England, die für die nächsten zehn Jahre durch Pats Tage- und Notizbücher sowie ihr Gefühlsleben geistern sollte. Rosalind kam aus sehr gebildeten Kreisen, hatte hellblondes Haar, helle, kalte Augen und ein ausgeprägtes Talent dafür, künftige Trends auf allen Gebieten der Kunst zu erkennen. Als langjährige Angestellte bei *Fortune* hatte sie in der Welt der Zeitschriftenverlage, die Pat so anziehend fand, erheblichen Einfluss. Sybille Bedford, die Pat Ende der 1940er Jahre in Rom kennenlernte, »wo sie ganz schön wild war«, kannte Constable sehr gut. In *Treibsand,* ihren glänzenden Erinnerungen, schrieb Bedford, Constable sei »eine Leuchte des *Life/Time*-Unternehmens« gewesen, die »keine halben Sachen machte, beruflich wie privat«. Und auch nicht, was das Trinken an-

---

[7] Pats Erinnerung an diesen Abend war eine andere: Sie beschreibt eine Gesellschaft mit nur vier Gästen und erwähnt keinerlei vorzeitige Verabschiedung.

ging. Rosalind war vierzehn Jahre älter als Pat und Herausgeberin von *Rosie's Bugle,* einem internen Mitteilungsblatt der Luce Corporation, das den Redaktionen der verschiedenen Blätter die kulturellen Themen vorgab, über die sie schreiben sollten.

Pat rief Rosalind am Tag nach ihrer ersten Begegnung an – der Beginn einer langen, komplizierten Freundschaft, die von Pat energisch verfolgt und von Rosalind behutsam gepflegt wurde. Der Couch im Wohnzimmer ihrer Eltern überdrüssig, verbrachte Pat die Nächte lieber in Rosalinds Gästezimmer. (Sie übernachtete oft in den Gästezimmern ihrer älteren Freundinnen – und manchmal auch in deren Betten – oder, wie im Falle ihrer sehr engagierten, langjährigen Agentin Margot Johnson, in den Betten ihrer Liebhaberinnen.)

Rosalind, die Pat überallhin mitnahm, war wohl auch dafür verantwortlich, dass Pat die Bekanntschaft von Mary Louise Aswell machte, der Literaturredakteurin von *Harper's Bazaar,* die Pat 1948 gemeinsam mit Rosalind für die Künstlerkolonie Yaddo vorschlug und ihre erstklassige Erzählung »Die Heldin« veröffentlichte (die von der Literaturzeitschrift des Barnard College als »zu verstörend« abgelehnt worden war).[8] Die Beziehung zwischen Rosalind und Pat bestand aus ausgedehnten Spaziergängen, bei denen sie Hand in Hand gingen, und ausgedehnten feucht-fröhlichen Mittagessen, bei denen Pat manchmal auch auf Rosalinds Schoß landete. Es war die Art von reiner Liebe, die Pat bevorzugte, als sie jung war: ein sinnliches Werben um eine ältere Frau, notdürftig verschleiert durch eine künstlerische und berufliche Mentorenschaft. In diesem Fall hatte es zusätzlich den berauschenden Reiz einer Liebesbeziehung, die nie körperlich vollzogen werden sollte.

Rosalind stellte Pat ihrer seinerzeitigen Geliebten vor, der Malerin und einflussreichen Avantgarde-Galeristin Betty Parsons[9], und

---

8 Als Mrs. Aswell sich mit ihrer Geliebten Agnès Sims in New Mexico zur Ruhe setzte, hielten Pat und sie durch lesbische Kreise von nah und fern Kontakt.
9 Nach der Schließung von Peggy Guggenheims Art of This Century im Jahr 1947 war die 1946 als Ausstellungsmöglichkeit für Abstrakten Expressionismus eröffnete Betty Parsons Gallery die ein-

Pat verbrachte fortan viel Zeit in der von ihr geführten Wakefield Gallery. Parsons ließ sich eine Kopie von Pats Essay »Wird die lesbische Seele in Frieden ruhen?« geben – Pat schien in der Hinsicht eher pessimistisch zu sein – und wurde im Gegenzug von Pat zum Essen eingeladen, um deren Zeichnungen zu begutachten.

Durch Rosalind lernte Pat auch Peggy Fears kennen, ehemalige Tänzerin bei den Ziegfeld Follies, einflussreiche Broadway-Produzentin und enge Freundin von Louise Brooks, deren drei Ehen mit dem wohlhabenden Finanzier A. C. Blumenthal ihren Beziehungen zu Frauen nie im Weg standen. Sie gründete den ersten Yachtclub mit angeschlossenem Hotel auf Fire Island, und Pat, die »auf der Suche nach Abenteuern« war, fing an, sie täglich zu besuchen und auch nachts unangekündigt vorbeizukommen, was Rosalind eifersüchtig machte.

Wie Buffie Johnson war auch Rosalind Constable verantwortlich für »Qualität« und glückliche Zufälle in Pats künstlerischem Schaffen. Da erscheint es nur passend, dass es eine von Rosalinds Partys war, auf denen Pat 1944 Virginia Kent Catherwood kennenlernte, die schöne, schlaue Gesellschaftsdame und reiche Erbin aus Philadelphia, die Pats lebenslange Muse und 1946 ein turbulentes Jahr lang auch ihre Liebhaberin werden sollte. Pat erlebte mit Ginnie nicht nur eine, sondern gleich zwei Dreiecksgeschichten[10], vor allem aber eine ungewöhnlich lange und ernste Beziehung. Ihre Lebensgeschichte und die Art und Weise, wie Ginnie Catherwood redete[11] (sowie die beste Version ihrer gemeinsamen Liebesgeschichte),

---

zige Kunsthandlung, die bereit war, Künstler wie Jackson Pollock zu vertreten. Parsons betrieb sie bis zu ihrem Tod 1982.

10 Natica Waterbury, eine weitere höhere Tochter, die als Pilotin ihr eigenes Flugzeug flog und Sylvia Beach bei Shakespeare and Company in Paris assistiert hatte, war Ginnies Geliebte, als sie mit Pat zusammenkam – die sich dann wiederum in Ginnie verliebte. Die Fotografin Sheila Ward, eine reiche Westküsten-Erbin (Guano war die unwahrscheinliche Quelle ihres Vermögens), zog am Ende mit Ginnie in den Südwesten der USA, aber nicht ehe sie und Pat eine kurze Affäre gehabt hatten, während Pat und Ginnie noch zusammen waren. Das Dreieck war nun mal Pats Lieblingsform in der Liebe.

11 Ihr Alkoholismus war so fortgeschritten, dass er Pats eigenes jugendliches Trinkvermögen beinahe brav erscheinen ließ. Es war alles andere als brav, aber in den 1940ern, in denen alle Welt in rauhen Mengen trank, hätte es mehr als eines flüchtig bewundernden (oder neugierig kalten) Blicks be-

ließ Pat so unmittelbar wie eine Blutspende in einen Roman einfließen, wie sie ihn nie wieder schreiben sollte.

Dieser Roman erschien 1952 unter dem Titel *The Price of Salt*. Pat veröffentlichte ihn unter Pseudonym, widmete ihn drei erfundenen Menschen, verließ die USA vor der Veröffentlichung und weigerte sich fast vierzig Jahre lang, ihre Autorenschaft zuzugeben. Aber die ausgreifende Metaphorik, mittels derer Pat die beiden Frauen und ihre alles verändernde Liebesgeschichte in *Salz und sein Preis* mit der eiskalten Welt der Gewalt, der Gefahr, des Unheils verbindet, war eindeutig die Sprache von Highsmith Country.

Die Freundinnen und Geliebten, die Pat in den 1940er Jahren in New York kennenlernte, waren so etwas wie der Motor, der das Projekt *Salz und sein Preis* vorantrieb. Ihr Einfluss macht sich in jedem noch so verborgenen Winkel des Romans bemerkbar. Das stete Brummen dieses Triebwerks, gespeist von Ausstiegen aus ihren Ehen, ihren Liebesaffären und ihren Familien sowie den gesellschaftlichen Martyrien aufgrund ihrer Lebensweise, läuft im Hintergrund von Pats untypischstem (und zugleich persönlichstem) Roman wie der Motor des Fluchtautos bei einem Banküberfall.

durft, der sich während ihrer Manhattaner Nächte auf Pat richtete, um zu erkennen, dass ihr verführerisches Gehabe, das exzessive Trinken, die schnelle Annäherung und das jähe Zurückweichen Anzeichen für die Flammen waren, die in ihrer Seele brannten.

Dank

Ich hatte das große Glück, Patricia Highsmith persönlich zu kennen. Ihre stachelige Außenseite (öfter) ebenso wie ihre weiche Innenseite (seltener). Eine faszinierende, hochkomplexe Persönlichkeit und Autorin, die uns mit ihren Tage- und Notizbüchern 8000 handschriftliche Seiten über ihr persönliches und schriftstellerisches Leben hinterließ, welches sie zu Lebzeiten nur wenigen Menschen und wenn, dann nur sehr partiell, offenbarte. Es handelt sich bei dieser Edition nicht um eine Autobiographie, die ja zudem immer im Nachhinein geschrieben und gestaltet wird, sondern um einen fortlaufend selbstverfassten Kommentar zum eigenen Leben. Wobei Tage- und Notizbuch wie zwei unterschiedliche Spiegel ihr Leben und Werk in ihrem Wechselspiel beleuchten.

Wie kann man etwas so Überwältigendes bewältigen und zu einem Band verdichten? Und in Zeiten von Corona mit Kurzarbeit und Homeoffice zu Ende bringen?

Nicht allein, sondern nur mit einem grandiosen Team.

Für die akribischen Transkriptionen der handschriftlichen Tagebücher danke ich Ina Lannert, für die ebenso akribischen Transkriptionen der Notizbücher Barbara Rohrer. Gloria Kate Kingsley Skattebol, Patricia Highsmiths Collegefreundin, hat nicht nur alle Transkriptionen mit den handschriftlichen, oft schwer und selbst für sie nicht ganz immer zweifelsfrei entzifferbaren Originalen verglichen und korrigiert, sondern sie auch so extensiv annotiert, wie man es sich von Highsmiths längster und bester Zeitzeugin nur wünschen konnte.

»*It takes two mirrors for the correct image of oneself*« (Notizbuch 29,

23.2.1968): Weder die Tage- noch die Notizbücher hätten für sich allein stehen können. Für die Unterstützung bei der Findung einer adäquaten Form der Zusammenführung beider Spiegel von Highsmiths Selbst danke ich in erster Linie dem Testamentsvollstrecker und Nachlassverwalter Daniel Keel, der mir nicht nur Patricia Highsmith zu Lebzeiten als Autorin anvertraute, sondern nach ihrem Tod auch ihren Nachlass, ebenso sehr aber auch seinem Sohn und Nachfolger Philipp Keel für die inspirierende Begleitung bei dem Projekt; ihm wie auch Programmleiterin Ursula Bergenthal danke ich nicht nur für das fortgesetzte Vertrauen, sondern auch für die mir zur Vollendung des Projekts zur Verfügung gestellten großzügigen Ressourcen und die vorübergehende Freistellung von einigen meiner anderen Aufgaben.

Großer Dank gebührt aber auch Corinne Chaponnière, Gerd Hallenberger und Paul Ingendaay: Mit Corinne Chaponnière probierte ich erstmals die Verbindung der beiden Genres, die ich mit Gerd Hallenberger in ein Strukturmodell überführte, in dem Leben, Werk und Zeitgeschichte unter Berücksichtigung der jeweiligen Besonderheiten der Genres verwoben wurden; und Paul Ingendaay verdanke ich das gemeinsame Entwickeln der Werkausgabe in 30 Bänden, die auf einer ersten Aufarbeitung dieses »Werks hinter dem Werk« beruht.

Unschätzbare Orientierung in Highsmiths Leben und Werk boten die von Philippa Burton, Lucienne Schwery, Stéphanie Cudré-Mauroux, Ulrich Weber und Lukas Dettwiler inventarisierten und betreuten Patricia Highsmith Papers im Schweizerischen Literaturarchiv sowie Ina Lannerts eigens angefertigte detaillierte Lebens- und Werkchronik mit Zitaten aus den Tage- und Notizbüchern, die ein Navigieren im Highsmith-Kosmos erst möglich machten.

Lange zögerte ich, die frühen Tagebücher, die größtenteils in verschiedenen Fremdsprachen geschrieben waren, in die Edition mit aufzunehmen. Dafür, dass die Rückübersetzung der fremdsprachigen Einträge in Highsmiths Muttersprache so überzeugend gelang, verdienen Elizabeth Lauffer (Deutsch), Sophie Duvernoy (Französisch und Deutsch), Noah Harley (Spanisch) und Hope Campbell Gustafson (Italienisch) unsere ganz besondere Anerkennung. Damit dies auch in den von Highsmith am wenigsten beherrschten Fremdsprachen Spanisch und Italienisch möglich war, stellten dankenswerterweise die Verlagskolleginnen Claudia Reinert und Silvia Zanovello Übersetzungen der jeweiligen Einträge ins gängige Spanisch und Italienisch her, auf die Noah Harley und Hope Campbell Gustafson sich für ihre Übersetzungen stützen konnten.

Für die Übertragung ins Deutsche von Highsmiths manchmal kryptischen Tage- und Notizbucheinträgen, die zwischen roh hingeworfen zu schwärmerisch bis literarisch alle Tonhöhen umfassen, für ihre immense Sorgfalt und ihren (Er-)Findungsgeist, können wir unserem hervorragenden Übersetzerinnen- und Übersetzer-Team – Anna-Nina Kroll (Jahre 1941–1945), Marion Hertle (Jahre 1946, 1947, 1956–1959), Melanie Walz (Jahre 1948–1954), Peter Torberg (Jahre 1955, 1960–1965 sowie die Gedichte ab 1948) und pociao (Jahre 1966–1993) – nicht genug danken. Ihre Arbeit wäre wiederum nicht möglich gewesen ohne die äußerst großzügige Förderung der Übersetzungen durch die Brougier-Seisser-Cleve-Werhahn-Stiftung (BSCW-Stiftung), München; der Anruf aus heiterem Himmel von Herrn Dr. Dirk Werhahn-Cleve und Herrn Oliver Schmied, die von unserem ambitionierten Editionsprojekt gelesen hatten und uns dabei unterstützen wollten, bleibt uns unvergesslich.

Gemäß dem entwickelten Strukturmodell zusammengestellt und kondensiert haben die vorliegenden über fünfzig Jahre von Highsmiths Tage- und Notizbüchern Kati Hertzsch, Friederike Kohl, Marie Hesse, Marion Hertle und ich. Die den Jahren vorangestellten kurzen Einleitungstexte verfasst haben Friederike Kohl (1970 bis 1993) und ich (1941 bis 1969), die neben Gloria Kate Kingsley Skattebol auch für die Annotationen verantwortlich zeichnen. Das Register erstellte Peter Theml. Beim finalen Sprint war Friederike Kohl meine sehr bewährte Beifahrerin.

DANK

Bei Diogenes gebührt ferner besonderer Dank für eine reibungslose Kommunikation mit den Verlegerinnen und Verlegern dieses Buches in aller Welt Susanne Bauknecht, Claudia Reinert, Andrej Ruesch und Karin Spielmann. Für Format, Ausstattung und Typographie waren federführend neben Verleger Philipp Keel auch Kobi Benezri, Carsten Schwab, Sandra Mulitze und Gabriele Michel. Für viele vorbereitende Arbeiten bei dieser Edition danke ich Charlotte Lamping. In rechtlichen Fragen beratend zur Seite standen Susanne Bauknecht und Susanne von Ledebur. Ein spezieller Dank geht auch an unsere österreichische Verlagsvertreterin Bettina Wagner, die sich trotz Corona in Wien vor Ort zu letzten Recherchen aufmachte. Besonders danken möchte ich Lisa Jordi sowie Dominik Süess, Anita Hildebrand und Franziska Schwarzenbach für das genaue Korrektorat der deutschen Ausgabe.

Last but not least verdankt dieses Buch wertvolle Hinweise *along the road* dem Verlag W. W. Norton in New York und dort insbesondere Robert Weil sowie Gina Iaquinta und Dave Cole, die das ausgezeichnete Lektorat des englischen Manuskripts besorgten.

Eine große und sehr dankbare Verneigung vor allen,

Anna von Planta

Anhang

Chronik zu Leben und Werk

1921 19. Januar: Geburt von Mary Patricia Plangman in Fort Worth, Texas, als Tochter der kurz zuvor geschiedenen Jay Bernard Plangman und Mary Coates. Beide Eltern sind freischaffende Graphiker.

1924 Mary Coates heiratet Stanley Highsmith, ebenfalls Graphiker.

1927 Umzug nach New York, wo Patricia unter dem Namen Highsmith eingeschult wird; offiziell adoptiert ihr Stiefvater sie jedoch erst 1947. Patricia Highsmith verbringt ihre Kindheit abwechselnd in New York und in Fort Worth in der Obhut ihrer Großeltern.

1934–37 In New York besucht Pat die Julia Richman High School. Sie veröffentlicht erste Kurzgeschichten in der Highschool-Zeitschrift *Bluebird*.

1938–42 Studium der Englischen Literatur (Nebenfächer Altgriechisch und Zoologie) am Barnard College der Columbia University in New York. Abschluss mit dem Bachelor of Arts.

Ab 1942 Patricia Highsmith verdient ihren Lebensunterhalt als Texterin für Comics und schreibt in ihrer Freizeit.

1943–44 Erste Auslandsreise, nach Mexiko.

1948–49 Ein Aufenthalt in der Künstlerkolonie Yaddo in Saratoga Springs, New York, ermöglicht es Highsmith, ihren Roman *Zwei Fremde im Zug* abzuschließen. Sie unterzieht sich einer Psychoanalyse, um sich von der Homosexualität »heilen« zu lassen, und willigt in eine Verlobung mit

	ihrem Mitstipendiaten Marc Brandel ein, die bald wieder gelöst wird.
1949	Erste Europareise nach England, Frankreich und Italien.
1950	Publikation ihres ersten Romans *Zwei Fremde im Zug*. Alfred Hitchcocks Verfilmung – die erste von zahlreichen Verfilmungen durch namhafte Regisseure – macht die Autorin 1951 über Nacht berühmt.
1951–53	Patricia Highsmith unternimmt eine mehr als zwei Jahre dauernde Reise durch Europa (England, Italien, Frankreich, Spanien, Schweiz, Deutschland, Österreich). 1952 erscheint ihr zweites Buch, *Salz und sein Preis,* eine lesbische Liebesgeschichte mit Happy End, unter dem Pseudonym Claire Morgan. Es wird zu einem Kultbuch der lesbischen Szene.
1955	*Der talentierte Mr. Ripley* erscheint. Von nun an veröffentlicht Highsmith alle zwei bis drei Jahre einen neuen Roman, darunter vier weitere Ripley-Romane. Sie muss immer wieder neue Verlage suchen und wird oft zu starken Überarbeitungen ihrer Romane gezwungen. Daneben erscheinen viele ihrer Kurzgeschichten, zuerst in Zeitschriften und später in Sammelbänden.
1964	Nach mehreren längeren Reisen siedelt Patricia Highsmith endgültig nach Europa über, um ihrer Geliebten Caroline nahe zu sein. Sie kauft ein Haus in Earl Soham im englischen Suffolk.
1967–68	Umzug nach Frankreich, über Fontainebleau und Samois-sur-Seine nach Montmachoux in der Region Île-de-France, ca. 80 km südöstlich von Paris.
1969	Highsmiths dreizehnter Roman *Das Zittern des Fälschers,* der sich auf Eindrücke einer Tunesienreise stützt, erscheint. Er wird von Graham Greene und anderen Literaten als ihr bestes Werk beurteilt.
1970	Umzug nach Montcourt unweit von Montmachoux.

1980	Mehrere Operationen aufgrund von Durchblutungsstörungen.
1982	Nach mehreren Auseinandersetzungen mit den französischen Steuerbehörden zieht Highsmith in die Schweiz um, nach Aurigeno im Tessin.
1986	Lungenkrebs-Operation. Patricia Highsmith gibt kurzzeitig das Rauchen auf.
1988	Umzug in das nach ihren Ideen vom Architekten Tobias Ammann gebaute Haus in Tegna, ebenfalls im Tessin.
1995	4. Februar: Patricia Highsmith stirbt im Krankenhaus in Locarno an Krebs und den Folgen einer Blutkrankheit.

»Fremdsprachen sind wie ein Spiel«
Tagebucheinträge vor ihrer Übersetzung

Patricia Highsmith hat ihre Tagebücher auf Englisch, Französisch, Deutsch, Spanisch und Italienisch verfasst – und zuweilen in einer bunten Mischung aus allen zugleich. Häufig wechselt sie die Sprache innerhalb eines Satzes.

Habe Flohen. Tengo Pulgas. I have many fleas, und eine purpurrote Besprecklung auf meinen Beinen. Ich bin elend!
(10. Januar 1944)

Ihre Einträge sind in jeder der Sprachen verständlich – vorausgesetzt, man verfügt über solide Kenntnisse der jeweiligen Fremdsprache genauso wie des Englischen. Nach einer schnellen Rückübersetzung ergibt das meiste einen Sinn, denn in der Regel übersetzt Highsmith einfach Wort für Wort aus ihrer Muttersprache. Was Grammatik, Idiome und Syntax angeht, lässt sie sich bei allen Sprachen stark vom Englischen inspirieren, oft mit unbeabsichtigt komischem Ergebnis. *To phone,* telefonieren, wird so auf Französisch zu »*phoner*« (ein Wort, das schlicht nicht existiert) und auf Deutsch zu »phonieren« (ein Wort, das zwar existiert, aber mit einer anderen Bedeutung, als Fachwort in der Laut- oder Stimmbildung). Mit derselben Technik lässt sich das vermeintlich deutsche Wort »Schildkrötenhalssweater« über die Rückübersetzung zu *turtleneck* als Rollkragenpullover erkennen.

FRANZÖSISCH

Französisch ist die Fremdsprache, die Highsmith am meisten verwendet – interessanterweise aber kaum mehr, als sie dann in Frankreich lebt, immerhin von 1967 bis Anfang der 1980er Jahre. In den 1940ern ist es oft die Sprache ihrer Wahl für romantische Themen, dabei sorgt die häufige Verwendung einiger »falscher Freunde« für unfreiwillige Komik: Das französische *gai* ist mit dem englischen *gay* zwar eng verwandt und bedeutet ähnlich der älteren Bedeutung im Englischen fröhlich oder angeheitert – aber eben nicht zusätzlich auch noch »schwul«. Wenn für die Übersetzung eines Worts in der Fremdsprache verschiedene Vokabeln mit unterschiedlicher Bedeutung zur Auswahl stehen, greift Highsmith oft zielsicher zur falschen. Das Verb *baiser* bedeutet nicht (wie von Highsmith intendiert) »küssen«, sondern »vögeln«, dafür heißt *dormir* wirklich nur »schlafen« und nicht »mit jemandem schlafen« (auf Französisch *coucher*).

Va. m'a phone à 7.30 h. Je l'ai rencontré chez Rocco-Restaurant à 9 h. avec Jack un gai garçon – et Curtis et Jean – deux gaies filles. Sommes allés au Jumble Shop, etc. Des Bièrs et martinis et je suis ivre maintenant. Mais Va. m'a baisé!! Je l'ai baisé – deux – trois – quatre – cinq fois dans le salon des femmes au Jumble – et aussi même sur le trottoir!! Le trottoir! Jack est très doux, et Va. voudrait dormir avec lui – mais d'abord elle voudrait faire un voyage avec moi quelque fin de semaine. Elle m'aime. Elle m'aimera toujours. Elle mè l'a dit, et ses actions le confirment.
(11. Januar 1941)

DEUTSCH

Highsmiths »Vatersprache« ist die am zweithäufigsten gebrauchte Fremdsprache in ihren Tagebüchern. Was ihr an Wortschatz fehlt, gleicht sie durch Kreativität aus, zum Beispiel, wenn sie sich selbst als »Ohnegeschlecht« bezeichnet (statt »geschlechtslos«). Oder sie schöpft aus dem Englischen, so wird aus *hungover* (verkatert) »übergehangen« (oder »übergehungen«), aus dem *drink* der »Trink«, und sie »wascht Wände«, wenn sie tüncht *(to whitewash).* Auch bei Sprichwörtern geht sie so vor und kommentiert das teils selbst, so am 30. Dezember 1944: »Als wir in Englisch sagen, das Spiel ist nicht der Kerze würdig« (auf Englisch sagt man *the game is not worth the candle,* wenn etwas nicht der Mühe wert ist); oder am 15. August 1945: »Sie trägt, wie wir auf Englisch sagen, ihren Herzen auf dem Ärmel« *(To wear your heart on your sleeve* = das Herz auf der Zunge tragen).

Auch klingt ihr Deutsch oft seltsam antiquiert, weil ihr Vokabular von Wortanleihen aus den Werken Goethes, Schillers und aus den Chorälen ihres Lieblingskomponisten Johann Sebastian Bach durchsetzt ist, mit denen sie allerdings reichlich kreativ umgeht; so lässt sie etwa auf Johann Sebastian Bachs »Seelenweide« (BWV 497) plötzlich »Seelenschafe« weiden.

Ich bin ganz verrückt mit diesen Abenden ohne Ruhe, ohne Einsamkeit, worauf meine Seelenschafe weiden. Mein Herz ist so voll, es bricht in zwei, und die schöne Kleinodien und Phantasien sind wie Giftung in meinen Adern.
(28. Oktober 1942)

SPANISCH

Patricia Highsmiths Spanisch, das die Autorin im Hinblick auf ihre erste Auslandsreise nach Mexiko in New York lernt, ist karg im Vokabular. Vor Ort in Mexiko lernt sie offenbar vor allem »nach Gehör«, denn sie beherrscht die Orthographie nicht, mischt hispanisierte Französischbrocken hinein und verwendet alle drei Vergangenheitsformen wie auch den Subjuntivo nach Belieben – oder zumindest nach Gefühl. Die Metapher *yo quite las cadenas* (»Ich lege die Ketten ab«) wird im Spanischen so nicht verwendet. Und auch hier gibt es »falsche Freunde« wie *incapable,* das nicht etwa wie das englische *incapable* unfähig bedeutet, sondern am ehesten mit »nicht kastrierbar« übersetzt werden könnte.

He trabajado muy duro, esta mañana, tarde, y hablamos de mi novella esta noche. Goldberg dice que yo soy incapable de amar, que yo soy enamorido de mi misma. Es falsa. Mi grande problema es de escribir esta novella, así que yo quite las cadenas que me lian.
(11. März 1944)

ITALIENISCH

Patricia Highsmith nutzt ein einfaches, nicht immer korrektes, aber verständliches Italienisch, durchsetzt von englischen, französischen und spanischen Ausdrücken. In seltsamem Kontrast zur Einfachheit der Wendungen steht die Wahl des *passato remoto,* der literarischen Vergangenheitsform, die dem Ganzen etwas Gehobenes gibt. Allerdings wird das *passato remoto* in Süditalien auch manchmal in der Umgangssprache verwendet. Auch hier baut Highsmith kreativ auf vorhandene Kenntnisse auf, für *puo andare al diablo* (»soll sie doch der Teufel holen«) könnte ihr das Französische *diable* oder das Spanische *diablo* gedient haben, Italienisch wäre der Teufel *il diavolo*. Und zweifellos stand die französische Phrase für »ohne Zweifel«, *sans aucun doute,* Pate für »*senza alcuna duta*« (korrekt wäre *senza alcun dubbio*).

Restai con Lynn tutto il giorno – Vedemmo Jiynx con Ann M. Precisamente le due che noi non devremmo avere veduto, a casa di Doris, qui non devrebbe sapere che noi abbiamo passato questa settimana insieme. Dopo Showspot – Sono molto felice e penso che Ellen puo andare al diablo. Sono inamorata di Lynn. Senza alcuna duta.
(15. September 1953)

commit suicide together, unbeknownst to the others. But the man intends to kill the girl himself, and claim whatever proceeds may be. The quiet boy falls in love with the girl, and the man manipulates them so the young man will be angry. Then to his surprise the young man murders the girl, and he is found at the unusop mo= ment standing near the corpse. (i.e. her hus= band!) Who has done it? And it might be the girl killed herself to blame it on the husband. Know= ing his schemes against her.

The husband would of course claim the girl first killed herself, would confess their plot. Oddly, it would be true. Meanwhile, the boy flees, and the police are after him, for it looks like murder.

Texas: I shall write about it as it has never been written about before. The Jews, the second hand cars, the oil millionaires, the jukebox songs of women (redheaded, slatternly, in cotton housedresses) who must be loyal and true (my God, what are they doing?) Always be mine, that we never will part — (The second hand car) but mostly the clean young uninitiated lungs, the lean thighs

Diese und folgende Buchseite:
Faksimile des Eintrags vom 11. 8. 1950 aus Notizbuch 19.

the blond girls, the fresh food in the refrigerator, the sense of space just beyond the town limits, the rodeo next week, and the absolute certain of that the young men's bodies are in perfect condition, the legs spare and hard, and the spirit, too, clean. The women's voices southern but not deeply southern, soft without being weak. They are clean like the bodies and minds of the young men. The juke box songs, though whining and sentimental, are only whining because we haven't yet developed our poetry.

    Texas - Green fields, millionaires without thoughts, insolent still as they were in a border showdown, in a brown earth. Texas - with the faith of the people who were born there, living there still. The beautiful, quiet, flat homes, the beautiful girls who inspire the men who drive bombers over Germany, Russia and Korea. Infinite is the word for Texas. Infinite!

Tagebücher *(Diaries)*

Diary 1	31.12.1940–31.12.1941	Englisch, Französisch, Deutsch
Diary 2	01.01.1942–07.08.1942	Englisch, Französisch, Spanisch, Deutsch
Diary 3	08.08.1942–11.01.1943	Englisch, Französisch, Deutsch
Diary 4	30.03.1943–26.09.1943	Französisch, Deutsch, Englisch
Diary 5 (»Mexico Diary«)	14.12.1943–13.05.1944	Deutsch, Englisch, Französisch, Spanisch
Diary 6	14.11.1944–23.01.1946	Deutsch, Englisch
Diary 7	03.02.1946–06.05.1947	Deutsch, Englisch
Diary 8	07.05.1947–17.03.1948	Englisch, Deutsch
Diary 9	26.03.1948–30.10.1949	Deutsch, Englisch, Französisch
Diary 10	01.01.1949–28.01.1951	Englisch, Französisch
Diary 11	22.02.1951–21.11.1952	Englisch, Deutsch, Französisch
Diary 12	22.11.1952–09.02.1954	Englisch, Italienisch, Französisch
Diary 13	05.01.1958–06.02.1963	Englisch
Diary 14	15.02.1962–20.07.1962 & 1963	Englisch
Diary 15	01.03.1963–10.09.1964 & 14.12.1967–06.09.1968	Englisch
Diary 16	27.01.1969–18.04.1971	Englisch
Diary 17	04.01.1981–28.01.1981 & 16.01.1987–04.09.1992	Englisch
Diary 18	05.10.1994–09.10.1994	Englisch

ANHANG

Notizbücher *(Notebooks, »Cahiers«)*

Notebook 1	1938 bis 1939	1938–1939
Notebook 2	November 1939 bis Juli 1940	1939–1940
Notebook 3	August 1940 bis November 1940	1940
Notebook 4	Oktober 1940 bis Juni 1941	1940–1941
Notebook 5	Juni 1941 bis Dezember 1941	1941
Notebook 6	Dezember 1941 bis Mai 1942	1941–1942
Notebook 7	Mai 1942 bis Juli 1942	1942
Notebook 8	August 1942 bis November 1942	1942
Notebook 9	Oktober 1942 bis Januar 1943	1942–1943
Notebook 10	Januar 1943 bis November 1943	1943
Notebook 11	November 1943 bis Oktober 1944	1943–1944
Notebook 12	Oktober 1944 bis August 1945	1944–1945
Notebook 13	Juli 1945 bis Juni 1946	1945–1946
Notebook 14	Juni 1946 bis Dezember 1946	1946
Notebook 15	Januar 1947 bis Juli 1947	1947
Notebook 16	Juli 1947 bis Januar 1948	1947–1948
Notebook 17	Januar 1948 bis Juli 1948	1948
Notebook 18	September 1948 bis Oktober 1949	1948–1949
Notebook 19	November 1949 bis September 1950	1949–1950
Notebook 20	Oktober 1950 bis Oktober 1951	1950–1951
Notebook 21	November 1951 bis Dezember 1952	1951–1952
Notebook 22	Dezember 1952 bis Februar 1954	1952–1954

Notebook 23	Februar 1954 bis September 1955	1954–1955
Notebook 24	Dezember 1955 bis Februar 1958	1955–1958
Notebook 25	März 1958 bis Mai 1960	1958–1960
Notebook 26	Juni 1960 bis September 1962	1960–1962
Notebook 27	August 1962 bis Dezember 1964	1962–1964
Notebook 28	Dezember 1964 bis Januar 1967	1964–1967
Notebook 29	Januar 1967 bis Juli 1968	1967–1968
Notebook 30	August 1968 bis Januar 1970	1968–1970
Notebook 31	Dezember 1969 bis November 1971	1969–1971
Notebook 32	Oktober 1971 bis November 1973	1971–1973
Notebook 33	Dezember 1973 bis August 1976	1973–1976
Notebook 34	September 1976 bis Oktober 1979	1976–1979
Notebook 35	November 1979 bis Juli 1983	1979–1983
Notebook 36	August 1983 bis August 1988	1983–1988
Notebook 37	September 1988 bis Dezember 1992	1988–1992
Notebook 38	Leeres Notizbuch, auf Cover-Vorderseite Handschriftliche Notiz der Autorin: »Book Thirty-Eight«	1993–

Doppelte Buchführung
Anmerkungen zum Aufbau der Tage- und Notizbücher

Patricia Highsmiths 38 Notizbücher sehen alle gleich aus. Ab Beginn ihres Studiums 1938 nutzt sie ausschließlich Spiralbücher der Columbia University und behält das auch ein Leben lang bei. Von Europa aus bittet sie ihre Collegefreundin Kate Kingsley Skattebol regelmäßig um Nachschub: »[I]ch brauche drei Cahiers, diese Spiralbücher – mit den Maßen 7 mal 8¼ Inch – aus gelbem, leicht grünstichigem Papier, das Cover ziert der Schriftzug Columbia samt Wappen [...].« (PH an Kingsley, 9. Juli 1973) – »Du weißt doch, was ich für eine Einheitlichkeitsfanatikerin bin« (PH an Kingsley, 12. Mai 1944). Ihre Tagebücher hingegen haben zwar ein einheitliches Format, sind aber von unterschiedlichen Marken und verschieden dick.

Anders als mehrere Romantyposkripte ist bei ihren vielen Reisen und Wohnungswechseln kein einziges Tage- oder Notizbuch verlorengegangen. Highsmith liest sie immer wieder, über- und verarbeitet sie, trägt dabei Daten nach – und tritt darin in einen Jahrzehnte währenden Dialog mit sich selbst. Später kopiert sie tagebuchartige Notizen aus ihrer Highschool-Zeit 1935 bis 1938 in ihr neuntes Notizbuch. Auf allen ihren Reisen hat sie sowohl ihr aktuelles Notiz- als auch ihr aktuelles Tagebuch dabei, während sie das Konvolut der vergangenen Jahre bei vertrauenswürdigen Menschen zwischenlagert.

In ihrem ersten Notizbuch hält die junge Studentin es noch nicht für nötig, ihre Notizen an Daten und Zeiten festzumachen. Doch die Sorgfalt, mit der sie es anlegt – mit verschiedenen Kategorien, in die sie beständig neue Eintragungen vornimmt –, mutet schon recht professionell an.

Vorne auf dem Heftdeckel der Notizbücher notiert sie handschriftlich in das vorgedruckte Adressfeld ihre jeweilige(n) Anschrift(en) und ihre Reiseziele, in das Feld mit der Jahrgangszugehörigkeit an der Universität (»Class of«) ihre im zurückliegenden Jahr vorherrschende Verfassung oder Selbsteinschätzung: für Notizbuch 24 über den Zeitraum 1955–1958 etwa »*Greater outer and inner mediocrity*« [Größere äußere und innere Mittelmäßigkeit]. Ab Notizbuch 17 notiert sie dort auch die Personen, Themen und Werke, die sie beschäftigen. Auf Notizbuch 17 steht beispielsweise: »1. Cornell«, »2. *Notes on an everpresent subject*« (oft auch N. O. E. P. S., Notizen zu einem omnipräsenten Thema, gemeint ist die Homosexualität), »3. *Notes on Novel*«. Auf den hinteren Heftinnendeckeln notiert sie Zitate aus Texten anderer Schriftsteller sowie die vorläufigen Titel in Arbeit befindlicher Werke.

Über die Jahre wird der Aufbau der Notizbücher immer systematischer: persönliche Daten (später Reiseziele); allgemeine Bemerkungen mit aphoristischem Charakter, Anmerkungen zu literarischen und politischen Themen; verallgemeinerte Beobachtungen zur eigenen persönlichen Situationen, Einsichten über Kunst, Schreiben und Malen; persönliche biographische Bemerkungen und Notizen (in zunehmendem Maße in den Zeiten, in denen sie kein Tagebuch führt), Skizzen zu dem Roman bzw. den Kurzgeschichten, an denen sie gerade arbeitet, berühmte Zitate (später auch Redewendungen und Träume als separate Rubriken).

Patricia Highsmith nimmt ihre Notizbücher sehr ernst und sucht immer wieder künstlerische Anregung darin, lobt manches, verwirft anderes endgültig. Sie bilden den literarischen Fundus, auf den die Autorin zurückgreift, wenn es gilt, einen Roman im Detail auszuarbeiten.

Im Gegensatz zu den Notizbüchern, die von 1938 durchgängig bis zu Highsmiths Tod 1995 geführt sind und in der Regel etwa zwei bis drei Jahre umfassen, erstrecken sich die Tagebücher von Anfang an über sehr unterschiedlich große Zeiträume. Was auf beide Formate gleichermaßen zutrifft: Die Einträge aus der Zeit zwischen ihrem 20. und 30. Lebensjahr sind wesentlich umfangreicher als sämtliche Aufzeichnungen über die restliche Lebenszeit, eine Spanne von immerhin 45 Jahren. Allein die Einträge zu *Zwei Fremde im Zug* und *Salz und sein Preis* umfassen insgesamt mehr als 1200 handschriftliche Seiten.

Die Notizbucheinträge sind flüssiger, ausführlicher und das Tagebuch der Ort, »in dem ich laut denke« (Tagebuch 10, 21. Dezember 1950). Zu Beginn unterschied Patricia Highsmith konsequent zwischen den beiden Formaten. Im Dezember 1987 erklärt sie selbst die Funktion der Notizbücher so: »Es sind keine Tagebücher, sie enthalten Ideen für Kurzgeschichten und Romane, ein paar Gedichte, Notizen zu Ländern und Städten, die ich besucht habe, Menschen, denen ich begegnet bin. Und zuletzt ganz hinten Zitate von anderen Schriftstellern etc.« (Patricia Highsmith: »Inventory of hardcover first editions at Highsmith house, Dec. 1987«)

Beide Formate sollen also ursprünglich unterschiedlichen Zwecken dienen: das eine ist für private Themen, das andere für Werkstattnotizen gedacht, tatsächlich aber läuft bald eines ins andere. Kunst und Leben lassen sich nicht immer in getrennte Abteilungen abheften. Eine veritable Osmose gehen Tage- und Notizbuch in der Entstehungszeit von *Salz und sein Preis* ein, weil die Schreiberfahrung sehr viel mehr betrifft als die Vervollkommnung des literarischen Handwerks. Ein großer Teil der wesentlichen Eintragungen erfolgt nicht im Notiz-, sondern im Tagebuch. Kaum ein Tag ist ausgelassen: »Ich lebe inzwischen so völlig mit ihnen [den Figuren des Romans, Anm. AVP], dass ich mir nicht mal vorstellen kann, für mich eine Liebesaffäre in Betracht zu ziehen. (Außerdem bin auch ich in Carol verliebt und kann nichts anderes lesen als Highsmiths Notizbücher. Das muss entsetzliche Egomanie sein!)« (Tagebuch 10, 31. Mai 1950)

Nach dieser kurzen, rauschhaften Osmose von Leben und Kunst, von Tage- und Notizbuch, kehrt Patricia Highsmith für einige Zeit wieder konsequenter zu den getrennten Abteilungen zurück. Die Tagebücher 11 und 12 sind den Erfahrungen im Ausland während ihrer zweiten großen Europareise gewidmet. Bis wohl unter anderem Ellen Hills Neugier dazu führt, dass Highsmith das Tagebuchschreiben einstellt; jedenfalls bricht Tagebuch Nr. 12 am 12. Mai 1954 nach 136 Seiten ab. Private Notate werden reduziert und ins Notizbuch ausgelagert, die Kategorien werden durchlässiger. Die biographischen Passagen in den Notizbüchern erlauben keine Rückschlüsse mehr auf ein dahinterliegendes Ganzes.

Das nächste Tagebuch setzt erst im Juli 1961 ein, nach der Trennung von Marijane Meaker, die ebenfalls hinter Pats Rücken in ihrem Notizbuch gelesen hatte.[1] Es folgt ein weiteres, mit Travel Diary überschriebenes Tagebuch (1962) über die zweimonatige Reise mit Ellen nach Italien und Patricia Highsmiths Begegnung mit ihrer zweiten großen Liebe, Caroline Besterman. In der vierjährigen Beziehung mit der verheirateten Frau beginnt Highsmith ab 1963 erneut, kontinuierlich Tagebuch zu führen, und tut dies auch nach dem Zerwürfnis noch bis 1971 (Tagebuch 15 und 16). Nach einer Unterbrechung von zehn Jahren fängt sie Tagebuch 17 (1981–1992) an, hört aber fast sofort wieder damit auf. 1987 unternimmt sie im selben Buch einen zweiten Anlauf und führt es bis 1992. Ihr letztes Tagebuch, Nummer 18, umfasst nur wenige, stichwortartige Einträge zu ihrer letzten Reise nach Paris.

---

1 cf. Marijane Meaker, *Meine Jahre mit Pat,* S. 218–221.

Auswahlbibliographie

PRIMÄRLITERATUR

Eine komplette Bibliographie von Patricia Highsmiths Werk sprengt den Rahmen dieses Buches. Die Website des Highsmith-Nachlasses im Schweizerischen Literaturarchiv, Bern, Patricia Highsmith Papers (http://ead.nb.admin.ch/html/highsmith.html), führt interessierte Leserinnen und Leser weiter ins Highsmith-Universum ein.

Für die *Werkausgabe der Romane und Stories* (Zürich: Diogenes, 2002–2006) hatten Paul Ingendaay und ich für die Nachworte und die Editorischen Notizen mit unserem damaligen Team bereits Highsmiths 38 Notizbücher, ihre 18 Tagebücher wie auch die Manuskripte aus ihrem Nachlass, darunter mehr als hundert bisher unbekannte Kurzgeschichten und Essays (von denen zu Lebzeiten der Autorin viele in Frauenzeitschriften und später im *Ellery Queen's Mystery Magazine* veröffentlicht wurden), konsultiert, außerdem ihre Korrespondenz mit Freundinnen und Freunden und ihren Verlagen. Auf diesen Vorarbeiten konnten mein jetziges Team und ich nun aufbauen.

Romane
(in der Reihenfolge ihres weltweiten Erscheinens)

Strangers on a Train
New York: Harper and Row, 1950
Alibi für zwei
Deutsch von Anne Uhde. Reinbek bei Hamburg: Rowohlt, 1967
Zwei Fremde im Zug
Neuübersetzung im Rahmen der Diogenes Werkausgabe (DWA) von Melanie Walz
The Price of Salt (as Claire Morgan)
New York: Coward-McCann, 1952
Carol. Roman einer ungewöhnlichen Liebe
(unter dem Namen Patricia Highsmith). Deutsch von Kyra Stromberg. Zürich: Diogenes 1990
Salz und sein Preis
Neuübersetzung von Melanie Walz. Zürich: Diogenes, 2005
The Blunderer
New York: Coward-McCann, 1954
Der Stümper
Deutsch von Barbara Bortfeldt. Reinbek: Rowohlt, 1962
Dasselbe: Zürich: Diogenes, 1990
Neuübersetzung von Melanie Walz. Zürich: Diogenes, 2005
Der talentierte Mr. Ripley
New York: Coward-McCann, 1955
Nur die Sonne war Zeuge
Deutsch von Barbara Bortfeldt. Reinbek: Rowohlt, 1961
Dasselbe unter dem Titel:
Der talentierte Mr. Ripley. Zürich: Diogenes, 1971
Neuübersetzung von Melanie Walz. Zürich: Diogenes, 2002
Deep Water
New York: Harper & Brothers, 1957
Stille Wasser sind tief
Deutsch von Eva Gärtner. Reinbek: Rowohlt, 1963
Dasselbe unter dem Titel:
Tiefe Wasser
Deutsch von Eva Gärtner und Anne Uhde. Zürich: Diogenes, 1976
Neuübersetzung von Nikolaus Stingl. Zürich: Diogenes, 2003
A Game for the Living
New York: Harper & Brothers, 1958
Tod im Dreieck
Deutsch von Anne Uhde. Reinbek: Rowohlt, 1969

Dasselbe unter dem Titel:
Ein Spiel für die Lebenden. Zürich: Diogenes, 1979
Neuübersetzung von Bernhard Robben. Zürich: Diogenes, 2005
This Sweet Sickness
New York: Harper & Brothers, 1960
Der süße Wahn
Deutsch von Christian Spiel. Reinbek: Rowohlt, 1964
Dasselbe: Zürich: Diogenes, 1974
Neuübersetzung von Christa E. Seibicke. Zürich: Diogenes, 2003
The Cry of the Owl
New York: Harper & Row, 1962
Das Mädchen hinterm Fenster
Deutsch von Gisela Stege. Reinbek: Rowohlt, 1964
Dasselbe unter dem Titel:
Der Schrei der Eule. Zürich: Diogenes, 1976
Neuübersetzung von Irene Rumler. Zürich: Diogenes, 2002
The Two Faces of January
New York: Doubleday, 1964
Unfall auf Kreta
Deutsch von Anne Uhde. Reinbek: Rowohlt, 1966
Dasselbe unter dem Titel:
Die zwei Gesichter des Januars. Zürich: Diogenes, 1974
Neuübersetzung von Werner Richter. Zürich: Diogenes, 2003
The Glass Cell
New York: Doubleday, 1964
Das unsichtbare Gitter
Deutsch von Gisela Stege. Reinbek: Rowohlt, 1966
Dasselbe unter dem Titel:
Die gläserne Zelle.
Deutsch von Gisela Stege und Anne Uhde. Zürich: Diogenes, 1976
Neuübersetzung von Werner Richter. Zürich: Diogenes, 2003
A Suspension of Mery
London: Heinemann, 1965
Unter dem Titel:
The Story-Teller
New York: Doubleday, 1965
Mord mit zwei Durchschlägen
Deutsch von Anne Uhde. Reinbek: Rowohlt, 1967
Dasselbe unter dem Titel:
Der Geschichtenerzähler
Zürich: Diogenes, 1974
Neuübersetzung von Matthias Jendis. Zürich: Diogenes, 2006

Those Who Walk Away
London: Heinemann, 1967
Venedig kann sehr kalt sein
Deutsch von Anne Uhde. Zürich: Diogenes, 1968
Neuübersetzung von Matthias Jendis. Zürich: Diogenes, 2004
The Tremor of Forgery
London: Heinemann, 1969
Das Zittern des Fälschers
Deutsch von Anne Uhde. Zürich: Diogenes, 1970
Neuübersetzung von Dirk van Gunsteren. Zürich: Diogenes, 2002
Ripley Under Ground
London: Heinemann, 1970
Ripley Under Ground
Deutsch von Anne Uhde. Zürich: Diogenes, 1972
Taschenbuchausgabe ebd., 1979 (detebe 20482)
Neuübersetzung von Melanie Walz. Zürich: Diogenes, 2002
A Dog's Ransom
New York: Knopf, 1972
London: Heinemann, 1972
Lösegeld für einen Hund
Deutsch von Anne Uhde. Zürich: Diogenes, 1974
Neuübersetzung von Christa E. Seibicke. Zürich: Diogenes, 2002
Ripley's Game
London: Heinemann, 1974
Ripley's Game oder Regel ohne Ausnahme
Deutsch von Anne Uhde. Zürich: Diogenes, 1976
Taschenbuchausgabe unter dem Titel:
Ripley's Game oder Der amerikanische Freund. Zürich: Diogenes, 1977
Neuübersetzung von Matthias Jendis. Zürich: Diogenes, 2003
Edith's Diary
London: Heinemann, 1977
Ediths Tagebuch
Deutsch von Anne Uhde. Zürich: Diogenes, 1978
Neuübersetzung von Irene Rumler. Zürich: Diogenes, 2003
The Boy Who Followed Ripley
New York: Lippincott & Crowell, 1980
London: Heinemann, 1980
Der Junge, der Ripley folgte
Deutsch von Anne Uhde. Zürich: Diogenes, 1980
Neuübersetzung von Matthias Jendis. Zürich: Diogenes, 2004
People Who Knock on the Door
London: Heinemann, 1983

New York: Otto Penzler Books, 1985
Leute, die an die Tür klopfen
Deutsch von Anne Uhde. Zürich: Diogenes, 1983
Neuübersetzung von Manfred Allié. Zürich: Diogenes, 2006
Found in the Street
London: Heinemann, 1986
New York: Atlantic Monthly Press, 1987
Elsies Lebenslust
Deutsch von Otto Bayer. Zürich: Diogenes, 1986
Neuübersetzung von Dirk van Gunsteren. Zürich: Diogenes, 2004
Ripley Under Water
London: Bloomsbury, 1991
New York: Knopf, 1992
Ripley Under Water
Deutsch von Otto Bayer. Zürich: Diogenes, 1991
Neuübersetzung von Matthias Jendis. Zürich: Diogenes, 2004
›Small g‹: A Summer Idyll
London: Bloomsbury, 1995
New York: W. W. Norton & Company, 2004
›Small g‹ – eine Sommeridylle
Deutsch von Christiane Buchner. Zürich: Diogenes, 1995
Taschenbuchausgabe ebd., 1996 (detebe 22935)
Neuübersetzung von Matthias Jendis. Zürich: Diogenes, 2006

Kurzgeschichten (Stories)
(in der Reihenfolge ihres weltweiten Erscheinens)

Eleven (amerikanische Ausgabe unter dem Titel
The Snail-Watcher and Other Stories)
Foreword by Graham Greene
London: Heinemann, 1970
[The Snail-Watcher – The Birds Poised to Fly – The Terrapin – When the Fleet Was In at Mobile – The Quest for Blank Claveringi – The Cries of Love – Mrs. Afton, Thy Green Braes – The Heroine – Another Bridge to Cross – The Barbarians – The Empty Birdhouse]
Gesammelte Geschichten
Vorwort von Graham Greene. Deutsch von Anne Uhde. Zürich: Diogenes, 1973
Taschenbuchausgabe unter dem Titel:
Der Schneckenforscher
Zürich: Diogenes, 1978

Neuübersetzung von Dirk van Gunsteren. Zürich: Diogenes, 2003
[Der Schneckenforscher – Vor dem Flug – Die Schildkröte – Als die Flotte im Hafen lag – Auf der Suche nach Soundso Claveringi – Schreie der Liebe – Mrs. Afton – Die Heldin – Die nächste Brücke – Die Barbaren – Der leere Nistkasten]

The Animal-Lover's Book of Beastly Murder
London: Heinemann, 1975
New York: Otto Penzler Books, 1986
[Chorus Girl's Absolutely Final Performance – Djemal's Revenge – There I Was, Stuck with Busby – Ming's Biggest Prey – In the Dead of the Truffle Season – The Bravest Rat in Venice – Engine Horse – The Day of Reckoning – Notes from a Respectable Cockroach – Eddie and the Monkey Robberies – Hamsters vs. Websters – Harry: A Ferret – Goat Ride]

Kleine Mordgeschichten für Tierfreunde
Deutsch von Anne Uhde
Zürich: Diogenes, 1976; Taschenbuchausgabe ebd., 1979 (detebe 20483)
Neuübersetzung im Rahmen der Werkausgabe von Melanie Walz
[Der allerletzte Auftritt – Djemals Rache – Da saß ich und hatte Bubsy am Hals – Mings fetteste Beute – Mitten in der Trüffelsaison – Die tapferste Ratte von Venedig – Dampfroß – Der Tag der Abrechnung – Bekenntnisse einer ehrbaren Küchenschabe – Eddie und die eigenartigen Einbrüche – Hamster gegen Webster – Harry, das Frettchen – Bocksprünge]

[In Doppelband]: *Kleine Mordgeschichten für Tierfreunde / Kleine Geschichten für Weiberfeinde*. Zürich: Diogenes, 2004

Little Tales of Misogyny
London: Heinemann, 1977
New York: Otto Penzler Books, 1986
[The Hand – Oona, the Jolly Cave Woman – The Coquette – The Female Novelist – The Dancer – The Invalid, or, the Bedridden – The Artist – The Middle-Class Housewife – The Fully Licensed Whore, or, the Wife – The Breeder – The Mobile Bed-Object – The Perfect Little Lady – The Silent Mother-in-Law – The Prude – The Victim – The Evangelist – The Perfectionist]

Kleine Geschichten für Weiberfeinde. Eine weibliche Typenlehre in siebzehn Beispielen. Mit siebzehn Zeichnungen von Roland Topor
Deutsch von W. E. Richartz. Zürich: Diogenes 1975
Neuübersetzung im Rahmen der Werkausgabe von Melanie Walz
[Die Hand – Oona, das fidele Höhlenweib – Die Kokette – Die Romanschriftstellerin – Die Tänzerin – Die Invalidin oder die Bettlägerige – Die Künstlerin – Die Hausfrau aus der Mittelschicht – Die Hure mit staatlicher Genehmigung oder Die Ehefrau – Die Glucke – Der austauschbare Betthase – Die vollendete kleine Dame – Die schweigsame Schwiegermutter –

Die Verklemmte – Das Opfer – Die Predigerin – Die Perfektionistin]
[In Doppelband]: *Kleine Mordgeschichten für Tierfreunde/Kleine Geschichten für Weiberfeinde*. Zürich: Diogenes, 2004
Slowly, Slowly in the Wind
   London: Heinemann, 1979
   New York: Otto Penzler Books, 1979
   [The Man Who Wrote Books in His Head – The Network – The Pond – Something You Have to Live With – Slowly, Slowly in the Wind – Those Awful Dawns – Woodrow Wilson's Necktie – One for the Islands – A Curious Suicide – The Baby Spoon – Broken Glass – Please Don't Shoot the Trees]
Leise, leise im Wind
   Deutsch von Anne Uhde. Zürich: Diogenes, 1979
   Neuübersetzung von Werner Richter. Zürich: Diogenes, 2004
   [Der Mann, der seine Bücher im Kopf schrieb – Das Netz – Der Teich – Damit muß man leben – Leise, leise im Wind – Immer dieses gräßlich frühe Aufstehen – Woodrow Wilsons Krawatte – Einer zu den Inseln – Ein seltsamer Selbstmord – Der Babylöffel – Geborstenes Glas – Bitte nicht die Bäume erschießen!]
The Black House
   London: Heinemann, 1981
   New York: Otto Penzler Books, 1988
   [Something the Cat Dragged In – Not One of Us – The Terrors of Basket-Weaving – Under a Dark Angel's Eye – I Despise Your Life – The Dream of the Emma C – Old Folks at Home – The Adventuress (also as When in Rome) – Blow It – The Kite – The Black House]
Keiner von uns
   Deutsch von Anne Uhde. Zürich: Diogenes, 1982
   Neuübersetzung von Matthias Jendis. Zürich: Diogenes, 2005
   [Was die Katze hereinschleppte – Keiner von uns – Die Schrecken des Korbflechtens – Unter eines dunkeln Engels Auge – Dein Leben widert mich an – Der Traum der ›Emma C‹ – Die lieben Alten – Die Abenteurerin – Vermasselt – Der Drachen – Das schwarze Haus]
Mermaids on the Golf Course
   London: Heinemann, 1983
   New York: Otto Penzler Books, 1988
   [Mermaids on the Golf Course – The Button – Where the Action Is – Chris' Last Party – A Shot from Nowhere – A Clock Ticks at Christmas – The Stuff of Madness – Not in This Life, Maybe the Next – I Am Not As Efficient As Other People – The Cruelest Month]
Nixen auf dem Golfplatz
   Deutsch von Anne Uhde. Zürich: Diogenes, 1985

Neuübersetzung von Matthias Jendis und Melanie Walz. Zürich: Diogenes, 2005
[Nixen auf dem Golfplatz – Der Knopf – Das Foto – Die letzte Party – Schuß von nirgendwo – Zu Weihnachten tickt eine Uhr – Der Stoff, aus dem der Wahnsinn ist – Nicht in diesem Leben, vielleicht im nächsten – Ich bin nicht so tüchtig wie andere – Der grausamste Monat – Die Romantikerin]

Tales of Natural and Unnatural Catastrophes
London: Bloomsbury, 1987
New York: Atlantic Monthly Press, 1987
[The Mysterious Cemetery – Moby Dick II; or The Missile Whale – Operation Balsam; or Touch-Me-Not – Nabuti: Warm Welcome to a UN Committee – Sweet Freedom! And a Picnic on the White House Lawn – Trouble on the Jade Towers – Rent-a-Womb vs. the Mighty Right – No End in Sight – Sixtus VI, Pope of the Red Slipper – President Buck Jones Rallies and Waves the Flag]

Geschichten von natürlichen und unnatürlichen Katastrophen
Deutsch von Otto Bayer. Zürich: Diogenes, 1988
Neuübersetzung von Matthias Jendis. Zürich: Diogenes, 2008
[Der geheimnisvolle Friedhof – Moby Dick II oder Der Minenwal – Operation Balsam oder Rührmichnichtan – Nabuti: Ein herzliches Willkommen dem UN-Komitee – Freiheit, süße Freiheit – und ein Picknick vor dem Weißen Haus – Probleme in den Jade Towers – Mietbauch Co-Op contra Die Rechten Gerechten – ... und kein Ende in Sicht – Papst Sixtus VI. vom Roten Pantoffel – Präsident Buck Jones zeigt Flagge]

Nothing That Meets the Eye: The Uncollected Stories of Patricia Highsmith
New York: W. W. Norton & Company, 2002
[The Trouble With Mrs. Blynn, the Trouble With the World – Nothing that Meets the Eye – The Returnees – Born Failure – Man's best Friend – A Bird in Hand – A Dangerous Hobby – The Second Cigarette – A Murder – Two Disagreeable Pigeons – It's A Deal – Who's Crazy? (englisch in Buchform u. d. T.: Music to Die By) – Variations On a Game – A Girl Like Phyl – The Mightiest Mornings – Uncertain Treasure – Magic Casements – Where the Door Is Always Open and the Welcome Mat Is Out – In the Plaza – Birds Poised to Fly – Miscellaneous (englisch in Buchform u. d. T.: The Hollow Oracle) – The Great Cardhouse – The Car – The Still Point of the Turning World – The Pianos of the Steinachs – Doorbell for Louisa – Quiet Night – A Mighty Nice Man]

Die stille Mitte der Welt
Zürich: Diogenes, 2002
[Die Morgen des ewigen Nichts – Der Schatz – Verwunschene Fenster – Wo jeder Gast willkommen ist – Auf der Plaza – Vögel vor dem Flug – Un-

befleckte Empfängnis – Das große Kartenhaus – Der Wagen – Die stille Mitte der Welt – Die Klaviere der Steinachs – Blumen für Louisa – Stille Nacht – Ein wahnsinnig netter Mann]
Die Augen der Mrs. Blynn
Zürich: Diogenes, 2002
[Die Augen der Mrs. Blynn – Nichts Auffallendes – Die Heimkehrer – Zum Versager geboren – Des Menschen bester Freund – Der Spatz in der Hand – Ein gefährliches Hobby – Die zweite Zigarette – Ein Mord – Das mürrische Taubenpaar – Quitt – Wer ist hier verrückt? – Spiel mit Variationen – Ein Mädchen wie Phyl]

Non fiction

Suspense oder Wie man einen Thriller schreibt. [Werkstattbericht]
Zürich: Diogenes 1985
Zeichnungen. Ausgewählt von Daniel Keel. Mit einem Vorwort der Autorin und einer biographischen Skizze von Anna von Planta. Zürich: Diogenes 1995

Kinderbuch

Miranda the Panda Is on the Veranda (Doris Sanders, illustrations by Patricia Highsmith)
New York: Coward-McCann, 1958

SEKUNDÄRLITERATUR
(Alle Bücher sind nach den verwendeten Ausgaben
und nicht mit den Daten der Erstveröffentlichung aufgeführt.)

Abbott, Berenice. Aperture Masters of Photography. Introduction and commentary by Julia Van Haaften. New York: Aperture Foundation, 2015.
Baldwin, Neil. Henry Ford and the Jews: The Mass Production of Hate. New York: Public Affairs, 2003.
Barnes, Djuna. Nightwood. New York: New Directions, 1961.
Dt. Nachtgewächs (Frankfurt a. M.: Suhrkamp, 1985).
Bedford, Sybille. A Visit to Don Otavio: A Mexican Journey. New York: New York Review of Books Classics, 2016.
Dt. Zu Besuch bei Don Otavio (München: Schirmer Graf, 2007).
Berg, A. Scott. Lindbergh. New York: G. P. Putnam's Sons, 1998.
Brandel, Marc. The Choice. New York: Dial Press, 1950.
Dt. Verrückt nach Kafka. Erinnerungen an Greenwich Village (Berlin: Berlin Verlag, 2001).Broyard, Anatole. Kafka Was the Rage: A Greenwich Village Memoir. New York: Vintage, 1997.
Dt. Charles Lindbergh. Ein Idol des 20. Jahrhunderts (München: btb, 2001).
Cavigelli, Franz, Fritz Senn, Anna von Planta. Patricia Highsmith: Leben und Werk (Zürich: Diogenes, 1996).
Chabon, Michael. The Amazing Adventures of Kavalier & Klay. New York: Picador, 2000.
Dt. Die unglaublichen Abenteuer von Kavalier & Klay (Köln: Kiepenheuer & Witsch, 2010).
Clarke, Gerald. Capote: A Biography. New York: Simon & Schuster, 1988.
Dt. Truman Capote. Eine Biographie (Zürich: Kein & Aber, 2007).
Connolly, Cyril. Enemies of Promise. London: Andr. Deutsch, 1988.
Dictionnaire des cultures Gays et Lesbiennes. Sous la direction de Didier Éribon. Paris: Larousse, 2003.
Dillon, Millicent. A Little Original Sin: The Life & Work of Jane Bowles. New York: Holt, Rinehart & Winston, 1981.
Dostojewski, Fjodor. Verbrechen und Strafe (Frankfurt a. M.: S. Fischer, 2010).
Dostojewski, Fjodor. Aufzeichnungen aus dem Kellerloch (München: Philipp Reclam jun., 1986).
Eisner, Will. The Plot: The Secret Story of the Protocols of the Elders of Zion. New York: W. W. Norton, 2005.
Flanner, Janet. Darlinghissima: Letters to a Friend. Edited by Natalia Danesi Murray. New York: Random House, 1985.

Flanner, Janet. Paris Was Yesterday. New York: Penguin, 1979.
Foster, Jeanette Howard. Sex Variant Women in Literature. Baltimore: Diana Press, 1975.
Dt. Paris – Germany. Europäische Reportagen (München: Antje Kunstmann, 1992).
Garber, Margery. Vested Interests: Cross-Dressing & Cultural Anxiety. New York: Routledge, 1992.
Gide, André. Die Falschmünzer (München: Deutscher Taschenbuch Verlag, 2004).
Guggenheim, Peggy. Ich habe alles gelebt (Köln: Bastei Lübbe, 2013).
Hall, Lee. Betty Parsons. Artist, Dealer, Collector. New York: Harry N. Abrams, 1991.
Harrison, Russell. Patricia Highsmith (United States Authors Series). New York: Twayne, 1997.
Hughes, Dorothy B. In a Lonely Place. New York: Feminist Press, 2003.
James, Henry. Die Gesandten (Berlin: Ullstein, 1996).
Jones, Gerard. Men of Tomorrow: Geeks, Gangsters, and the Birth of the Comic Book. New York: Basic, 2004.
Kafka, Franz. In der Strafkolonie (Göttingen: Wallstein, 2012).
Kaiser, Charles. The Gay Metropolis. The Landmark History of Gay Life in America. New York: Grove Press, 1997, 2019.
Katz, Jonathan Ned. The Invention of Heterosexuality. New York: Dutton, 1995.
Keogh, Theodora. Meg. New York: Signet, 1951.
Köhn, Eckhardt. Rolf Tietgens – Poet with a Camera. Zell-Unterentersbach: Die Graue Edition, 2011.
Koestler, Arthur. Sonnenfinsternis (Coesfeld: Elsinor, 2010).
Lee, Hermione. Virginia Woolf. Ein Leben (Frankfurt a. M.: S. Fischer, 2002).
Lerman, Leo. The Grand Surprise: The Journals of Leo Lerman. Edited by Stephen Pascal. New York: Knopf, 2007.
Maclaren-Ross, Julian. Memoirs of the Forties. Harmondsworth, UK: Penguin, 1984.
Marcus, Eric. Making History: The Struggle for Gay and Lesbian Equal Rights 1945–1990. An Oral History. New York: HarperCollins Publishers, 1992.
Meaker, Marijane. Meine Jahre mit Pat. Erinnerungen an Patricia Highsmith (Zürich: Diogenes, 2008).
Menninger, Karl. The Human Mind. Garden City, NY: Garden City Publishing, 1930.
Mitchell, Margaretta K. Ruth Bernhard: Between Art & Life. San Francisco: Chronicle Books, 2000.
Newton, Esther. Cherry Grove, Fire Island. Sixty Years in America's First Gay and Lesbian Town. Durham: Duke University Press, 2014.

Oates, Joyce Carol. Uncensored: Views & Reviews. New York: Ecco, 2005. [Darin: ›Merciless Highsmith‹, S. 39 ff.]

Osbourne, Lawrence. The Poisoned Embrace: A Brief History of Sexual Pessimism. New York: Vintage, 1994.

Packer, Vin [Marijane Meaker]. Intimate Victims. New York: Manor Books, 1963.

Palmen, Connie. Die Sünde der Frau: Über Marilyn Monroe, Marguerite Duras, Jane Bowles und Patricia Highsmith (Zürich: Diogenes, 2018).

Phillips, Adam. Houdini's Box: The Art of Escape. New York: Vintage, 2001.

Plimpton, George. Truman Capote: In Which Various Friends, Enemies, Acquaintances, and Detractors Recall His Turbulent Career. New York: Nan A. Talese, 1997.

Poe, Edgar Allan. Complete Stories and Poems. New York: Doubleday, 1966.

Poe, Edgar Allan. Das Werk (Eggolsheim: Doerfler, 2013).

Powell, Dawn. The Locusts Have No King. South Royalton, VT: Steerforth Press, 1999.

Proust, Marcel. Auf der Suche nach der verlorenen Zeit: Band 5: Die Gefangene (München: Philipp Reclam jun., 2015).

Robb, Graham. Strangers: Homosexual Love in the Nineteenth Century. New York: W. W. Norton, 2003.

Schenkar, Joan. Truly Wilde. London: Virago, 2000.

Schenkar, Joan. Die talentierte Miss Highsmith (Zürich: Diogenes, 2015).

Schulman, Robert. Romany Marie. The Queen of Greenwich Village. Louisville, Kentucky: Butler Books, 2006.

Schwery, Lucienne. Der Nachlass Patricia Highsmith. Arbeitsberichte des Schweizerischen Literaturarchivs (SLA), Archivberichte N° 4. (Bern: SLA, 2000).

Spark, Muriel. Ich bin Mrs. Hawkins (Zürich: Diogenes, 1991).

Steranko, James. Steranko History of Comics. Reading, PA: Supergraphics, 1972.

Thurman, Judith. Colette. Roman ihres Lebens (Berlin: Berliner Taschenbuchverlag, 2007).

Van Haaften, Julia. Berenice Abbott. A Life in Photography. New York: W. W. Norton, 2018.

Wetzsteon, Ross. Republic of Dreams. Greenwich Village: American Bohemia, 1910–1960. New York, et al.: Simon & Schuster, 2002.

Wilson, Andrew. Beautiful Shadow: A Life of Patricia Highsmith. London: Bloomsbury, 2003.

Wineapple, Brenda. Genet: A Biography of Janet Flanner. New York: Ticknor & Fields, 1989.

Wolff, Charlotte, M. D. Love Between Women. London: Duckworth, 1971.

Yronwode, Catherine, and Trina Robbins. Women and the Comics. Forestville, CA: Eclipse Books, 1985.

Filmographie
(Kursiv gesetzte Titel in Klammern beziehen sich auf Verfilmungen von Romanen, Titel in Anführungen auf Verfilmungen von Kurzgeschichten.)

Strangers on a Train (nach *Zwei Fremde im Zug*), Alfred Hitchcock, 1951
Plein Soleil (Nur die Sonne war Zeuge, nach *Der talentierte Mr. Ripley),* René Clément, 1960
Le meurtrier (Der Mörder, nach *Der Stümper),* Claude Autant-Lara, 1963
Once You Kiss a Stranger (nach *Zwei Fremde im Zug*), Robert Sparr, 1969
Der amerikanische Freund (nach *Ripley's Game*), Wim Wenders, 1977
Dites-lui que je l'aime (nach *Der Süße Wahn*), Claude Miller, 1977
Die gläserne Zelle, Hans Geißendörfer, 1978
Armchair Thriller (TV-Serie nach *Lösegeld für einen Hund,* 6 Episoden), 1978
Eaux profondes (Tiefe Wasser), Michel Deville, 1981
Ediths Tagebuch, Hans Werner Geißendörfer, 1983
Tiefe Wasser, Franz Peter Wirth, 1983
Die zwei Gesichter des Januars, Wolfgang Storch, 1986
Le Cri du hibou (Der Schrei der Eule), Claude Chabrol, 1987
Húkanie sovy (Der Schrei der Eule), Vido Hornák, 1988
Der Geschichtenerzähler, Rainer Boldt, 1989
Les Cadavres exquis de Patricia Highsmith (*Chillers,* TV-Serie)
　Pour le restant de leurs jours (nach »Die lieben Alten«), Peter Kassovitz, 1990
　L'Épouvantail (nach »Leise, leise im Wind«), Maroun Bagdadi, 1990
　Puzzle (nach »Vermasselt«), Maurice Dugowson, 1990
　La ferme du Malheur (nach »Der Tag der Abrechnung«), Samuel Fuller, 1990
　A Curious Suicide (nach »Ein seltsamer Selbstmord«), Robert Bierman, 1990
　L'Amateur de Frissons (nach »Ein gefährliches Hobby«), Roger Andrieux, Mai Zetterling, 1990
　Légitime défense (nach »Damit muss man leben«), John Berry, 1990
　Époux en froid (»Sauce for the Goose«), Clare Peploe, 1991
　La Proie du chat (»Was die Katze hereinschleppte«), Nessa Hyams, 1992
　Sincères condoléances (»Unter eines dunklen Engels Auge«), Nick Lewin, 1992

Passions partagées (nach »Vögel vor dem Flug«), Damian Harris, 1992
Le Jardin des disparus (nach »Der Stoff, aus dem der Wahnsinn ist«), Mai Zetterling, 1992
Trip nach Tunis (nach *Das Zittern des Fälschers*), Peter Goedel, 1993
Petits contes misògins (Kleine Geschichten für Weiberfeinde), Pere Sagristà, 1995
Once You Meet a Stranger (nach *Zwei Fremde im Zug*), Tommy Lee Wallace, 1996
La rançon du chien (Lösegeld für einen Hund), Peter Kassovitz, 1996
The Talented Mr. Ripley (Der talentierte Mr. Ripley), Anthony Minghella, 1999
The Terrapin (»Die Schildkröte«), Regis Trigano, 2001
Ripley's Game, Liliana Cavani, 2002
Ripley Under Ground, Roger Spottiswoode, 2005
The Cry of the Owl (Der Schrei der Eule), Jamie Thraves, 2009
A Mighty Nice Man (»Ein wahnsinnig netter Mann«), Jonathan Dee, 2014
The Two Faces of January (Die zwei Gesichter des Januars), Hossein Amini, 2014
Carol (nach *Salz und sein Preis*), Todd Haynes, 2015
A Kind of Murder (nach *Der Stümper*), Andy Goddard, 2016

Personen- und Werkregister

(PH steht für Patricia Highsmith.
Ganze Werke sind kursiv, Kurzgeschichten und Gedichte
in Anführungszeichen gesetzt.)

»Aaron« (PH) siehe »Morgen des ewigen Nichts, Die«
Abbott, Berenice 26, 81–83, 186, 192, 199, 294
Abbott, Caroline 204
Aboudaram, Marion 1170, 1195, 1198 f., 1208
Adamic, Louis 590
Adams, Valerie (»Val«) 267, 293, 584, 635
Adorf, Mario 1273
Aiken, Conrad 1177
Aischylos 936
Al Camy' siehe Cammarata, Alfredo
Alajálov, Constantin 290
Albert, Gerald (»Jerry«) 363, 374, 384, 401, 407, 409, 414 f.
»Alena« (PH) 32
Alford, Millie 819, 850, 854, 857–859, 862, 864, 1166, 1201
Alice T. 147, 218, 267, 481
Allen, Fred 918
  Treadmill to Oblivion 918
Alpert, Hollis 686
Alvarez, Al 1191
Amaya, Carmen 198, 296 f., 306, 312, 406, 777
Ames, Elizabeth 612
Amidei, Sergio 795
Ammann, Tobias 1256, 1271, 1282 f.
Ammons, Albert 135

Andersch, Alfred 1243
Andersch, Gisela 1243
Andersen, Hans Christian 1189
Anderson, Sherwood 191
Ann T. 388, 390 f., 394 f., 402, 414, 437, 489, 528, 839
Arendt, Hannah 542, 585
Argument of Tantalus, The (PH, Arbeitstitel) siehe *Salz und sein Preis*
Aristoteles 879
Arthur R. 29, 61, 72, 75, 92, 122, 124, 128, 149, 243, 307
Ashmead, Lawrence Peel (»Larry«) 1036, 1236
Aswell, Marie Louise 313, 456, 500, 585, 589, 599–601, 1145, 1310
Attlee, Clément 836
Atwood, Margaret 1266
Auden, W. H. 244, 763, 793 f.
  Double Man, The 244
Audrey 528, 543 f., 559
»Auf der Plaza« (PH) 435
»Auf der Suche nach X. Claveringi« (PH) 1094
Augustin, Johannes Jakob (»J. J.«) 231–233, 241, 245, 251, 259, 347
Augustinus 393, 775
  Bekenntnisse 393
Austen, Jane 137, 1107
  Stolz und Vorurteil 137

Austin, Darrel 322
Avery, Milton 585

Babs B. 31f., 40, 64, 72, 75, 86, 94, 104, 536, 551, 572, 625
Babs P. 126, 129–135, 137–140, 146, 148, 150f., 153f., 164, 184–186, 189f., 193f., 202, 204, 243
Bache, Jules Semon 350
Bach, Johann Sebastian 36, 57, 121, 129, 167, 180, 233, 236, 266f., 272f., 278, 280, 285, 312, 324, 328–330, 335, 476–480, 482, 1086, 1229
Bacon, Francis (Maler) 278, 1295
Bacon, Francis (Philosoph) 140
Bailey, Helen 28, 30, 38f., 48, 50, 67
Balakian, Nona 55
de Balzac, Honoré 1009
»Barbaren, Die« (PH) 887
»Barber Raoul, The« (PH) 387
Barnes, Djuna 177, 204, 673
 Nachtgewächs 177
Barrault, Jean-Louis 627
Barrera 418, 421f.
Bartók, Béla 804
Barylski, Agnès 1093, 1118, 1132
Barylski, Georges 1093
Bassermann, Maud 822
Batten (Dr.), John 1258, 1260f., 1286
Baudelaire, Charles 467, 605, 1260f.
Bauer, Wolf 1274
Baur, Harry 176
Beach, Sylvia 113, 122
Beaumont, Germaine 716, 772
Beckett, Samuel 1202
 Endspiel 1202
Beck, L. Adams 444
 The Story of Oriental Philosophy 444
Bedford, Sybille 727
van Beethoven, Ludwig 112, 273, 517, 572, 878, 1160, 1262

Begin, Menachem 1222, 1243
»Bekenntnisse einer ehrbaren Küchenschabe« (PH) 1190
Bel Geddes, Norman 283
Bellow, Saul 781, 1143
 Opfer, Das 781
Belmore, B. 718
Bemelmans, Ludwig 31, 40, 52, 214, 297f., 327
 My War with the United States 298
 The Donkey Inside 31
Bemelmans, Madeleine 40, 44–46, 49, 52, 212, 297f.
Berch, Bettina 1287
Berger, Jack 62, 109, 153f., 156, 176–178, 180f., 183f., 195, 198, 201, 203f., 212f., 223, 226–230, 234, 240, 243, 271, 273, 292
Bergman, Ingmar 1214
Berlioz, Hector 271
Berman, Eugene 411
de Bernardi, Vivien 1260, 1293
Bernhard, Lucien 202
Bernhard, Ruth 78, 89f., 93, 159, 184–186, 188, 192, 194, 197–199, 202f., 206, 213f., 218f., 222, 224, 226f., 229–234, 238, 241–243, 245f., 249f., 268–270, 273f., 279f., 282f., 285–288, 292–294, 296–298, 300, 302, 304–308, 311f., 324, 343f., 378f., 407, 411, 422, 455, 513
Bernstein, Leonard 585
Bertha C. 105, 701–705, 712
Besterman, Caroline (Pseudonym) 16, 991, 1011–1031, 1035f., 1038–1042, 1044, 1047, 1050f., 1054, 1056, 1058, 1060–1062, 1064, 1070f., 1074, 1091, 1093–1096, 1169–1173, 1176f., 1181–1183, 1186, 1189, 1192, 1254, 1258–1260, 1267f., 1281f., 1285f., 1293, 1298
Bettschart, Rudolf C. 1265

Betty M. 1267, 1297
Billie A. 113, 160, 162, 192, 200
Billie B. 50–68, 73, 75–80, 85f., 88, 90, 97, 112, 115, 125, 127f., 137, 149, 183, 225, 250, 268, 297
Birukoff, Paul 201
Tolstoi 201
Bissinger, Karl 775
Bizet, Georges 1009
Blair, Arthur 204
Blake, William 195, 206, 240, 265, 282f., 418
»Tyger, Tyger« 193
Blechman, Marcus 192, 213
»Blindman's Buff« (PH) 832, 841
Bloor, Ella Reeve 29
»Blumen für Louisa« (PH) 506, 527, 539
Blumenschein, Tabea 1208, 1213, 1215–1220, 1224f., 1227, 1246, 1252, 1262, 1265, 1268f.
Blumenthal, Alfred Cleveland 417
Blumenthal Hill, Ellen
siehe Hill, Ellen
Blythe, Ronald 1036, 1139
Boas, Franz 166
Mind of Primitive Man 166
Boccherini, Luigi 236, 335
Bohrmann, Horst 339
Borak (Dr.), J. 328, 495, 598
Bork, Lili-Ann 1178
Boswell, James 177
Dr. Samuel Johnson. Leben und Meinungen 177
Bowles, Jane 460, 557, 559, 561, 672, 694, 821–823, 843
Bowles, Paul 660, 694, 822, 1257, 1275, 1278, 1287
Himmel über der Wüste 660
Boyle, Kay 122, 267, 286, 292, 400
Decision 122
Monday Night 400

Bradley, Jenny 709, 715, 771, 799, 801, 803, 806, 808, 814, 816, 956, 1095–1097, 1115f., 1134, 1180
Brand, Millen 75
Brandel, Marc 586, 606, 607, 611–616, 618, 620–622, 624–631, 634, 636, 638, 641f., 650f., 653, 655, 660, 665f., 669, 671f., 674, 677, 680, 685–687, 690, 694, 702, 729, 776
Rain Before Seven 612
The Choice 666, 702
Braque, Georges 1179, 1276
von Braun, Wernher 1131
Breton, André 192
Breakup, The (PH, unvollendet 814, 826, 832, 838
Brewster, William 38
Britten, Benjamin 1051
Brod, Max 594
Brophy, Brigid 1177
Browder, Earl 31, 102
Browne, Thomas 274, 281, 459
Christian Morals 281
Letter to a Friend 281
Buck, Pearl S. 412
Drachensaat 412
Buffet, Monique 1208, 1235
von Bülow, Vicco siehe Loriot
Burns Mantle, Robert 415
Bush, George H. W. 1290, 1296, 1298
Business Is My Pleasure (PH, Arbeitstitel) siehe *Talentierte Mr. Ripley, Der*
Butler, Samuel 38, 43f.
Butterfield, Camilla (Pseudonym) 16, 1010f., 1017, 1019, 1026
Byrne, Charles 840
Byron, George (Lord) 919

Cabell, James Branch 60
Zerbrochene Siegel, Das 60
Calas, Nicolas 155, 305, 464
Calder, Liz 1286, 1295

Callas, Maria 1063
Calmann-Lévy, Robert 770
Camacho, Hernando 420f.
»Camera Finish« (PH) 1029
Cameron, Polly 1147
Cammarata, Alfredo (»Al Camy'«) 323, 336f., 341, 344, 352, 371, 380f., 388, 394f., 402, 408f., 411
Camus, Albert 516, 1106
Capote, Truman 579, 585, 589–591, 599–601, 799, 1269
   Andere Stimmen, andere Räume 589
   Erhörte Gebete 1269
Carlyle, Thomas 122
   Sartor Resartus 122
Carnahan, Ann 791
Carnegie, Hattie 375
Carol (PH, Titel der dt. Ausgabe von *Salz und sein Preis* von 1990) 16, 665
Carrington, Leonora 271, 294
Carroll, Paul Vincent
   Shadow and Substance 36
Carson, Rachel 1017
   Stumme Frühling, Der 1017
Carstairs, Marion Barbara (Joe) 43
Casablanca 445
Cather, Willa 34, 166
   Not Under Forty 166
   Sapphira und das Sklavenmädchen 34
Catherwood, Virginia Kent (»Ginnie«) 425, 456–458, 463f., 474, 506f., 519–525, 531–544, 546, 548, 550, 552–564, 566, 568f., 573f., 576–578, 580–583, 600, 610, 617, 652f., 665, 736f., 740, 743, 754, 783, 826, 830, 1114
Catull 903
Ceaușescus, Nicolae 1283
Cecilia E. 49, 53, 328
Cellar, The (PH, Drehbuch) 1070, 1093
Cervantes, Miguel de 84
   Don Quijote 84, 502

Cézanne, Paul 89
Chagall, Marc 192, 271, 408
Chamberlain, Marion 562, 567, 573f.
Chambrun, Jacques 425, 460, 469f., 474f., 482
Chandler S. 390
Chaney, Stewart 171
Chaplin, Charlie 61
   Große Diktator, Der 61
Chaucer, Geoffrey 1156
»Cheery Love« (PH) 121
de Chirico, Giorgio 89, 372, 516
Chloe 310, 375–429, 431–433, 439, 441f., 539, 541f.
Chopin, Frédéric 752
Citizen Kane 85
Clarke (Dr.), Stewart 1286
Claudel, Paul 66
   Annonce faite à Marie, L' 66
Click of the Shutting, The (PH, unvollendet) 310, 424, 461, 465, 469
Clinton, Bill 1296
Coates, Claude (PHs Onkel) 360, 392, 605, 660f., 853f.
Coates, Dan Oscar (PHs Cousin) 21, 345, 393, 495, 660–662, 858, 1146, 1192f., 1197, 1200f., 1248, 1254, 1257, 1279, 1283f., 1291, 1297f.
Coates, Dan Walton (»Danny«, Sohn von Dan Oscar) 662, 858, 1197f.
Coates, Daniel (PHs Großvater) 37, 156, 161, 167, 1247, 1298
Coates, Eric 154
Coates, Florine (Frau von Dan Oscar) 661, 1200, 1282f., 1297f.
Coates, Grace (Frau von John) 30, 32f., 99f., 102f., 109
Coates, John (PHs Onkel) 30, 32f., 95, 99–101, 103, 105–109
Coates, Judy (Frau von Dan Walton) 1197

Coates, Mary siehe Highsmith, Mary Coates
Coates, Willie Mae (PHs Großmutter) 21, 32, 38, 73, 76, 161, 202f., 215f., 223, 280f., 302, 359, 400f., 405–407, 411, 425, 445, 488, 495, 542, 603, 605, 661f., 824, 843, 862, 971, 1004, 1059
Cocteau, Jean 156, 266, 741, 768, 930, 939
  Enfants terribles, Les 266
  Schreibmaschine, Die 741
Code, Grant Hyde 789
Cohen, Dennis 620, 633, 635, 676, 703, 709, 715f., 718f.
Cohen, Kathryn Hamill 620f., 633–635, 640, 642–647, 649–652, 654, 656, 658, 660, 665–667, 671f., 674, 676–678, 680, 688, 694f., 703, 709, 715f., 718f., 721, 724, 730, 772, 787, 839, 843, 971
Cohen-Séat, Jean-Étienne 1285
Colette 257
  Claudine in der Ehe 257
Collins, Wilkie 1066
Conan Doyle, Arthur 21
Connolly, Cyril 123
Conrad, Joseph 22, 301, 521, 913
  Jugend 521
  Verdammte der Inseln, Der 913
Constable, Rosalind 27, 95–103, 105–107, 109–124, 126–132, 135–137, 141–144, 146–149, 152–156, 159f., 162, 165f., 168–172, 175, 177–187, 189–192, 196f., 199f., 202, 204–207, 209–212, 214, 218f., 222–225, 227–229, 233f., 242f., 245f., 249f., 252, 255–259, 261f., 264, 266, 269, 271, 273f., 278–280, 282, 284–287, 289, 291–294, 299, 302, 304f., 307, 311–313, 319, 321–329, 331f., 334, 336f., 343, 351–353, 356–358, 370–372, 374f., 377, 385, 390, 395, 397–401, 404, 407f., 411–414, 419, 433, 436, 446, 455f., 458, 461–464, 471, 476f., 481f., 486, 498, 507, 511–513, 535, 542–544, 549, 554, 561, 564, 571, 578, 585, 591, 594, 601, 615, 624f., 630f., 635, 655, 657, 659, 660, 672f., 677, 687, 691, 713, 720, 728, 755, 791, 839, 840f., 844, 987, 999, 1110, 1113, 1115, 1122, 1128, 1141, 1143, 1166f., 1172

Constant, George 383
Cook, Paul 435, 438f., 441–447
Cooke, Geraldine 1294
Cooper, James Fenimore 139
  Letzte Mohikaner, Der 139
Copeland, Aaron 585
Cornell, Allela 308–310, 322, 326–328, 330–345, 347–356, 359–374, 376–381, 383, 386–388, 391, 395, 406, 421, 432–434, 436, 455, 465, 467, 470, 472, 480f., 484f., 487, 489f., 500–502, 507, 509, 511, 516, 518, 527, 529f., 533f., 543, 556, 693, 729, 792, 803f., 854, 1071
Cornell, Katharine 72
Coryl C. 40, 46, 58
Covici, Pascal (»Pat«) 590
Cowley, Malcolm 109
  After the Genteel Tradition 109
Cralick, Jeva 56, 66, 78, 81, 120–122, 139, 153, 184, 268, 927, 1201
Crane, Stephen 157
  Rote Tapferkeitsmedaille, Die 157
»Crime Begins« (PH) 175
Cromwell, Oliver 312
Crosby, Bing 291
Crowninshield, Francis Welch 221
Curtis 30, 48, 49, 51, 54, 62f., 78
Curtiss, Mina Kirstein 816

Dalí, Salvador 89, 305, 327, 350, 363, 580
Geheime Leben des Salvador Dalí, Das 363
Daly, Maureen 275
Danesi, Ester 727
Danesi Murray, Natalia 641, 709, 715, 721, 723 f., 727, 732, 795 f., 844
Dante Alighieri 84, 108, 110, 218, 222, 224 f., 239, 467
Göttliche Komödie, Die 108, 239
d'Arazien, Arthur 229
Daves, Jessica 205
Daves, Joan 1237
David, Jacques-Louis 1175
Bonaparte beim Überschreiten der Alpen am Großen Sankt Bernhard 1175
David, Jean (»Jeannot«) 32 f., 54, 62, 120, 178, 223 f., 234, 291, 621, 637, 639, 645, 722 f., 777, 803, 808
David, Lily 637, 639, 723, 767, 777
Davidman, Joy 75
Davis, Benjamin, 277
Davis, Blevin 591
Davis, George 504
Debbie B. 48, 147, 202
Debussy, Claude 305
Defoe, Daniel 467
Robinson Crusoe 467
Degas, Edgar 80, 341, 793
Del P. 135, 155 f., 160, 199 f., 235, 274, 321, 421
Delius, Frederick 255
Delon, Alain 956
Derwatt Resurrected (PH, Drehbuch) 1070
Diamond, David 500 f., 616
Dickens, Charles 21, 634, 1104, 1149
Dickinson, Emily 687
Dietrich, Marlene 1296
Dione 622 f., 626 f., 629

Dobrochek, Jim 836, 845–847
Dobrow (Dr.) 271, 277
Dodson, Charles 1191
Dodson, Owen 567
Dog in the Manger (PH, Arbeitstitel) siehe *Tiefe Wasser*
Dole, Bob 1296
Donne, John 240, 418
Doris S. 850 f., 853, 854, 862–864, 887, 923, 925–927, 932, 939, 947, 957, 976, 978, 1006, 1026, 1115
Dos Passos, John 516
Dostojewski, Fjodor 21, 176, 503, 546, 551, 554, 587, 594, 680, 757, 762, 782, 875, 891, 913, 932, 936, 945, 962, 1066, 1143, 1167, 1246 f.
Aufzeichnungen aus dem Kellerloch 1246
Brüder Karamasow, Die 176, 945
Idiot, Der 757
Schuld und Sühne 176, 587
Douglas, Alfred »Bosie« (Lord) 1284
Dove Descending, the (PH, unvollendet) 506, 524
le Duc, Alma de Lande 48
Duchin, Eddy 131 f.
Dumbo (Film) 157
Dunnes, John William 369
Experiment With Time, An 369
Dupont, Joan 1271
Dutourd, Jean 944 f.
Five A. M. 944
Dvořák, Antonín 1262

Earl 142, 146, 148, 193, 196
Eatherly, Claude Robert 964, 965
Eddy, Mary Baker 207
Ediths Tagebuch (PH) 12, 1170, 1279
Edman, Irwin 107
Edson, Dorothy Wheelock 492
Einstein, Albert 945
Eisenhower, Dwight D. 703, 807, 842

Eliot, T. S. 108, 131, 153, 156, 244, 341, 366, 438
  Vier Quartette 341
Elisabeth II. von Großbritannien und Nordirland 724
Elkin, Stanley 1245
Ellen B. 388, 392, 414
Ellis, Henry Havelock 335
Ellmann, Richard 1284
Elsies Lebenslust (PH) 12, 1236, 1257, 1259f.
Elwyn, David 28, 31
Engelhardt, Nina (»Die Herzogin«) 445, 447, 626, 672f.
Enid F. 43, 55
Erdman, Jean 270
Ernst, Max 192, 271, 303
Evans, Maurice 1014, 1018
Evergood, Philip 267
  Lily and the Sparrows 267
Ewans, Dwye 1259
van Eyck, Götz 378, 391, 402, 416

Fährmann Maria (Film) 253
Faruk von Ägypten 794
Fast, Howard 843
Faulkner, William 1009, 1253
Fauré, Gabriel 304, 310
Fears, Peggy 417, 572, 578, 588, 715
Feininger, Lyonel 350
Feldborg, Arild 1102
Fenton, Fleur 346
Ferres, Betty und Al 995
Fielding, Henry 148
  Tom Däumling 148
Finucane, Brendan (»Paddy«) 225
Fischer, Louis 1112
Fisketjon, Gary 1267
Fitzgerald, Francis Scott 737, 739, 741, 779, 1253, 1298
  Diesseits vom Paradies 1298
Fitzgerald, Zelda, 737

Flanner, Janet 115, 709, 715, 721, 724, 769, 1006
Flaubert, Gustave 205
  Versuchung des heiligen Antonius, Die 205
Flesch, Emil 264, 268f., 271, 274, 278
Flora W. 46, 56
Flynn, Elizabeth Gurley 277
Forain, Jean-Louis 698
Ford, Ford Madox 1102
Ford, Harry 843
Forster, E. M. 206
  Auf der Suche nach Indien 206
Fossey, Brigitte 1224
Fraser (Mrs.) 190, 219, 284
Frayn, Michael 1197
French, Kay 394, 396
Freud, Sigmund 107, 137, 309, 345, 349, 629, 913f., 922
  Mann Moses und die monotheistische Religion, Der 345
Freund, Madeleine siehe Bemelmans, Madeleine
»Friends« (PH) 339
Frisch, Max 1291
Fritsch-Liggenstorfer, Marianne 1250, 1288, 1291
Fromm, Erich 1194
Frost, Robert 939
Fuller, Sam 1251

Gable, Clark 371
Ganosini, Tonio 640
Gant, Roland 1259
Garbo, Greta 290, 1297
Gaskill, Gordon 783f.
de Gaulle, Charles 1117
»Geheimnisvolle Friedhof, Der« (PH) 1264
Geißendörfer, Hans W. 1224
  Gläserne Zelle, Die (Film) 1224
van Geld, Jean 789

Geller, Esther 606
Georg VI. von Großbritannien und Nordirland 774
Georgia S. 28, 38, 54
Gershwin, George 838
Porgy and Bess 478, 838
Gesammelte Geschichten (PH) siehe *Schneckenforscher, Der* (PH)
Geschichtenerzähler, Der (PH) 1037
Geschichten von natürlichen und unnatürlichen Katastrophen (PH) 1236, 1257, 1267, 1272, 1274
Gibbons, Edward 177
Verfall & Untergang des Römischen Reiches 177
Gide, André 136, 577, 611, 717, 771, 878, 940, 1048
Falschmünzer, Die 136, 577
Gilbert, Elizabeth E. 1180
Gilbert, Robert 1180
Gilbert & Sullivan 236
Gill, Trudi 1159, 1210
Ginsberg, Allen 1205
Giorgione 373
Schlummernde Venus, Die 373
Glanville, Brian 1056
Gläserne Zelle, Die (PH) 991, 1021, 1027, 1029, 1035f., 1040, 1042, 1044, 1053f., 1056f., 1094, 1096, 1112, 1198
von Goethe, Johann Wolfgang 111, 206, 208, 232, 252, 297, 302, 335, 878, 1222, 1297
»Mignon« 111
Wilhelm Meisters Lehrjahre 206
van Gogh, Vincent 488, 793, 936
Goldbeck, Cecil 795, 835, 838, 844f., 847, 863
Goldberg, Ben-Zion 216–230, 233, 239, 245, 261f., 264, 266–269, 271, 274, 276, 278, 281, 283, 292, 298, 318, 323, 373f., 378, 401, 404, 432–435, 441f., 498

Goldfarb, Alex 308, 383
Goldscheider, Ludwig 305
Roman Portraits 305
Goodman, Paul 594
Gorbatschow, Michail 1289
Gordon, Dan 370–372, 385
Göring, Hermann 117, 481
Gottlieb, Robert 1193
de Goya, Francisco 516
Graham R. 55f., 74, 79, 98, 130, 146
Graham, W. S. 606
Graves, Robert 1078
Green, Julien 124, 285, 309, 314, 355, 358, 360, 363, 390, 393, 403
Adrienne Mesurat 403
Geisterseher, Der 124
Varuna 285, 314
Greene, Graham 673, 678, 776, 1139, 1142, 1286, 1290, 1300
Ende einer Affäre, Das 776
Zwiespalt der Seele 678
Grosser, Maurice 1275
Grosz, George 130
Guggenheim, Peggy 199, 267, 273, 278, 303, 710, 728, 746, 821, 1093
Gutheil, Emil 629
Guys and Dolls 792

Haag, Romy 1203
Haffmans, Gerd 1178
Hamilton (Dr.) 1294f.
Hamilton-Paterson, James 1036
Hammer, Joseph 323f., 326, 328, 363, 401
Hammett, Dashiell 843, 1251
Dünne Mann, Der 843
Hamsun, Knut 244, 254, 259
Mysterien 244, 254, 259
Händel, Georg Friedrich 152, 167
Handke, Peter 1188, 1300
Hanna, Bill 840, 849
Hardy, John 1273

Hardy, Thomas 153
 Dynasts 153
Harmsworth, Madeleine 1092, 1116f., 1119f., 1125
Harvey, William 751
Harwood, Gean 125
Hauser, Ernst 32f., 35, 42, 46, 52, 67, 69, 72–74, 77, 79, 82, 85–88, 91, 123–125, 166, 169, 208, 212, 220, 230, 387, 441, 473, 508, 552, 1289
Hawthorne, Nathaniel 174
Hayden, Terese 795, 843
Hazelwood, Carl 601
Heider, Wolfgang 591
»Heimkehrer, Die« (PH) 763, 802f., 806, 841
Heinrich VII. von England 634
»Heldin, Die« (PH) 39, 122f., 140, 281, 289, 456, 557, 562, 681, 1145
Helen M. 27, 38, 42f., 45f., 48–53, 55, 62, 66f., 75, 122f., 126–130, 133–153, 155, 161f., 172, 184, 188, 190, 193–197, 200, 202, 204f., 222, 243, 246, 251, 257, 291, 306, 319, 321, 329, 987
Hellman, Lillian 117, 118f., 121–124, 126f., 129–131
»Héloise & Her Shadow« (PH) 658
Hemingway, Ernest 936, 944, 1298
Herbert (»Herb«) L. 57, 73, 328, 465, 490, 587, 613
Herodot 678
Herralde Grau, Jorge 1250
Herz und eine Krone, Ein 847
Highsmith, Mary Coates 21, 28–30, 32f., 37, 40f., 48, 51–53, 58f., 61, 63–65, 69, 76–79, 82, 94, 105f., 109, 113, 116, 118–123, 128, 131, 137, 139f., 147, 151, 156f., 161–163, 167–169, 173, 176, 178–181, 183f., 186f., 189, 192, 195, 197, 202f., 207, 209, 212–214, 221–223, 227, 234, 238, 244, 247–249, 251, 255, 257, 261–263, 266, 268, 270, 278, 281, 290, 292, 294–296, 298–301, 304f., 307, 309, 321f., 329, 340, 345, 348, 350, 352, 354, 357, 359, 360, 365, 367, 373, 379, 381, 383, 385, 387f., 391, 395, 400–402, 405–407, 409, 411, 413–415, 419, 424, 429, 433, 436, 441f., 446, 458, 461f., 465, 482, 484, 488, 492, 494, 514, 517, 540, 545, 547, 550, 552, 555, 563, 565, 572, 576, 579, 582, 588–590, 594, 597, 600, 602, 604, 612f., 618, 620–624, 630f., 636, 655, 659f., 676, 683, 686, 712f., 717, 726, 734, 745f., 761, 764, 767, 773f., 802, 805f., 808, 814, 817, 824, 858, 922f., 956f., 971–973, 1030, 1060, 1070, 1097, 1112, 1119f., 1126, 1134, 1138, 1144, 1146, 1151, 1162, 1165f., 1169f., 1177, 1192, 1197, 1200f., 1248, 1252, 1254f., 1257, 1266, 1278, 1287, 1290, 1297
Highsmith, Stanley 21, 30, 36f., 59, 76f., 82, 85, 116, 120, 122, 125, 129f., 141, 150, 155–157, 163, 168, 173, 176, 180f., 183f., 189, 195, 197, 203, 209, 213, 222, 244, 266, 288, 304, 346, 366f., 461, 465, 546, 562f., 589, 602, 613, 683, 712f., 773f., 817, 824, 828–833, 881, 1112, 1138f., 1144, 1146f., 1151, 1201, 1247f., 1254f., 1278
Hildesheimer, Wolfgang (»Wolf«) 710, 729, 731, 733, 736f., 739
Hill, Ellen 388, 392, 414, 542f., 543, 710f., 740–743, 745f., 748, 751–805, 807–811, 813–823, 825, 827–842, 844–853, 857–859, 861f., 864, 881, 886, 897, 907, 911, 920, 923, 987, 991, 994, 1006f., 1026, 1028f., 1035, 1041, 1046, 1048, 1050, 1054, 1197, 1243, 1260, 1265
Himes, Chester 586, 606f., 612
Himmel über der Wüste (Film) 1288

Himmler, Heinrich 480
Hindemith, Paul 804
Hirst, Gertrude 34
Hitchcock, Alfred 12, 665, 675 f., 694, 710, 756, 763, 776, 1021
  Zwei Fremde im Zug (Film) 751
Hitler, Adolf 63, 68, 134, 253, 480 f., 590, 846, 1042, 1149, 1205, 1211, 1243
Hoffenstein, Samuel 827
  Poems in Praise of Practically Nothing 827
Hoffman, Malvina 223
Hoffmann, Patrice 1300
von Hofmannsthal, Raimund 497 f., 500, 719
Hölderlin, Friedrich 252, 347, 443
Holliday, Judy siehe Tuvim, Judy
Hølmebakk, Gordon 1102
Homer 52, 875
Horney, Karen 629
»House on Morton Street, The« (PH) 29, 44, 46
Howard, Clare 62, 124, 132, 135
Howard, Lewis 590, 594, 596–601
Hoyle, Fred 878
Hoyningen-Huene, George 339, 347, 351
  Hellas 347, 351
Huber, Peter 1280, 1282, 1296
Hughes, Langston 843
Hughes, Richard E. 306–308, 312–314, 320 f., 338, 347, 351, 364, 366, 401, 404, 409, 430, 514
Hughes, Toni 135, 144, 171, 220
Hussein I. von Jordanien 1273
Hussein, Saddam 1287–1289
Hutton, Barbara Woolworth 1275 f.
Huxley, Aldous 263, 501
  Schöne neue Welt 263, 501
Hyman, Stanley Edgar 350

»Innocent Witness« (PH) 825, 829
»Instantly and Forever« (PH) 653, 658
Irving, Washington 143
  Alhambra 143
Isaacs, Leo 381, 384–388, 392–396, 398–400, 402, 406, 410, 428 f.
Isaacson, Robert (»Bobby«) 487, 511, 567, 789
Isaacson, Robert (Vater) 508
Isherwood, Christopher 1142
  Nur zu Besuch 1142

Jackson, Shirley 350
Jacqui (Jacky) 1092, 1117 f., 1123, 1125, 1127
James, Henry 180, 192, 468, 472, 475, 501, 539, 558, 598, 861, 1066, 1166
  Gesandten, Die 180, 861
Jane O. 194, 262
Janet M. 67, 78
Jaspers, Karl 922
Jean C. 548–550, 554
Jean P. 841, 843–850, 862 f., 1026
Jeanne 541, 578–581, 583 f., 587–589, 591 f., 594, 596 f., 599, 601, 610, 613–615, 618, 622 f., 652, 658, 668, 673, 675 f.
Jeans, James 107
Jennings (Dr.) 75, 92
Jo P. 43, 146, 207, 211 f., 215, 219, 224, 250, 253, 262, 286 f., 292, 304, 310, 320, 329 f., 476, 542 f., 710, 729, 740 f., 752 f., 766 f., 796, 845
Joan S. 506 f., 514–522, 524–526, 528 f., 531–535, 540, 542 f., 551, 558 f., 576, 580, 582, 584, 588, 597, 602, 783, 785, 796, 841, 999, 1147
Joe (Vermieter) 905, 906
Johannes XXIII. (Papst) 1047
Johnson, Buffie 26, 88–99, 107, 109–113, 115, 117 f., 121, 123, 128, 130, 135, 137, 142, 144, 154 f., 171, 191 f.,

ANHANG

199, 202, 206, 209 f., 212, 220, 235, 238, 248 f., 251, 254, 291, 294, 297, 301–306, 311 f., 322 f., 352, 376, 390, 433, 1257, 1273 f., 1277
Johnson, Crockett 344
Johnson, Hewlett 31 f., 44
Ein Sechstel der Erde 31 f., 44
Johnson, Margot 506, 509, 527, 535, 544, 546, 551, 557, 562, 567, 573 f., 578, 590 f., 596 f., 603, 605, 625, 628, 630, 636, 639, 658 f., 668, 671, 673, 675, 693, 696–705, 710–713, 717, 724, 730, 735, 745, 754, 756, 767, 775, 778, 781, 789, 795 f., 799 f., 803, 806, 814, 816, 820, 822, 824–826, 828, 832, 835–837, 839 f., 842, 845 f., 862 f., 956, 987, 996 f., 1047
Johnson, Samuel 639
Joyce, James 30 f., 294, 448, 682, 822, 825 f., 1179
Dubliners, Die 825
Finnegans Wake 30
Porträt eines Künstlers als junger Mann 448
Ulysses 682
Joyce, Paul 1281
Joyce, Stanislaus 825
Jüdell, Hans Felix (»Dell«) 597, 684, 835 f.
Jung, Carl Gustav 129
Modern Man in Search of a Soul 129
Junge, der Ripley folgte, Der (PH) 1208

Kafka, Franz 266, 274, 309, 333, 347, 555, 594, 597, 926, 1144, 1242
Schloss, Das 266, 333
Kahn, Joan 620, 631, 654, 668, 673, 676, 711 f., 730, 800, 825, 925, 927, 943, 956, 991, 1036, 1041, 1055
Kaléko, Mascha 26
Kauffmann, Stanley 320

Kay G. 705, 711, 717
Kazin, Pearl 837
Keats, John 724, 936
Keel, Anna 1288
Keel, Daniel 12, 13, 1179, 1235, 1260, 1273, 1288, 1293, 1300 f.
»Kein Ende in Sicht« (PH) 550, 1287
Keiner von uns (PH) 1209
Keller, Helen 875
Kennedy, Edward L. 481
Kennedy, Jacqueline 1124
Kennedy, John F. 1124, 1180
Kennedy, Robert 1119
Kent, Arthur Atwater 425
Kent, Jonathan 1267, 1295
Kent, Jonathan Prentiss, 554, 564
Keogh, Theodora Roosevelt 716, 799, 801
Street Song 799
Keogh, Tom 716, 799, 801
Ker-Seymer, Barbara 1095, 1153, 1217
Kierkegaard, Søren 542 f., 645, 887, 912, 922
Kiesler, Friedrich 278
Kilgallen, Dorothy 717
Kingsley, Dorothy 843
Kingsley (später Skattebol), Gloria Kate 11, 13, 126, 133, 136, 138, 140, 147 f., 153, 165, 169 f., 173 f., 190, 196, 257, 265, 268 f., 291, 293, 319, 329, 584, 591, 599, 673 f., 775, 843, 845 f., 1139, 1153, 1252, 1260, 1267, 1289, 1293
Kinstler, Everett Raymond 319
Kipness, Rachel (»Kip«) 1018
Kirkpatrick, Ralph 326, 328
Kiss Me Goodbye (PH) 67
Kiss me, Kate (Musical) 843
Klee, Paul 63, 206, 350, 1275
Klein (Dr.), Eva 616–618, 620–624, 626 f., 629–631
Kleine Geschichten für Weiberfeinde (PH) 1169, 1189 f., 1277

PERSONEN- UND WERKREGISTER

Kleine Mordgeschichten für Tierfreunde
(PH) 1139, 1169
Kling, Mary 1301
Koestler, Arthur 171, 696–700, 816,
  957, 1112, 1131, 1143, 1157
  Dialogue with Death 700
Koeves, Tibor 160f., 167
Kraay, Pauline 1294
Krim, Seymour 321, 333, 345, 350, 837
Kroeber, Theodora 1005
  Ishi in Two Worlds 1005
Kubik, Gail 606
Kuniyoshi (Mrs.) 123

La Touche, John 220
Ladurner, Linda 1296
Laffont, Robert 1023
Lagoya, Alexandre 1166
LaGuardia, Fiorello 135
Lamb, Charles 679
Lamy, Jacques 271
Landowska, Wanda 37
Landshoff-Yorck, Ruth 589, 638, 715,
  728–730
Lang, Jack 1285
de Lanux, Eyre 220
Larry H. 427, 429, 431f.
Latham, John 248, 251
Latham, Minor White 31f., 34f., 55,
  62, 72, 126, 128, 133f., 138, 145, 162,
  173, 187, 200
Latimer, Charles 1036, 1183,
  1236–1238, 1240f., 1291
Latouche, John Treville
  siehe La Touche, John
Lau d'Allemans, Hélène du 1295
»Laurel on the Siegestor, The«
  (PH) 738, 803
Laurencin, Marie 89, 294
Lawrence, D. H. 106, 149, 195, 811
  Lady Chatterley's Liebhaber 106
Lawrence, T. E. 936

Lechay, James 412
Lee, Stan 309, 332
Leeds, Strulsa 557
»Leere Nistkasten, Der« (PH) 1086
»Legende des Klosters von Saint
  Fotheringay, Die« (PH) 25, 28, 62
Léger, Fernand 171
Leise, leise im Wind (PH) 1208
Lenin, Wladimir Iljitsch 29f.
Lerman, Leo 585, 588–591, 599, 673
Lerner 255, 271, 276
Lessing, Doris 1245
Lessing, Gotthold Ephraim 760
  Minna von Barnhelm 760
Leute, die an die Tür klopfen (PH) 1236,
  1257
Levi, Julian 220
Levine, Bertha siehe Spivy
Levine, Stan 606
Levy, Muriel 383, 385f., 411
Levy, Julien 375, 383, 385, 386, 392,
  410
Lévy, Raoul J. 1071, 1093, 1095f., 1134
  Lautlose Waffen (Film) 1093
Lewis, Edna 1007
Lewis, Peggy 1001, 1020, 1025
Lexy 378, 381
»Liebe ist eine schreckliche Sache,
  Die« (PH) siehe »Vögel vor dem
  Flug« (PH)
Liebermann, Alexander 365
Lieber, Stanley Martin siehe Lee, Stan
Liggenstorfer, Marianne.
  siehe Fritsch-Liggenstorfer,
  Marianne
Lillie, Beatrice »Bea« Gladys 489
Lindbergh, Charles Jr. 63
Liszt, Franz 1239
Lola P. (später Lola C.) 95, 144, 155,
  160, 200, 235, 262, 274, 353, 358, 464
Lonergan, Patricia 401
Lonergan, Wayne 401

1359

»Long Walk from Hell, A« (PH) 1274
de Lorencez, Charles Ferdinand Latrille (Comte) 901
Loriot 1179, 1290f.
Lösegeld für einen Hund (PH) 1139, 1150, 1153, 1155, 1165
Löwenstein, Rudolf 599f.
Luce, Henry 27
Lüscher, Ingeborg 1294
Luther, Martin 467
Lüthy, Herbert 938
Luzi, Marguerite 437, 442, 475
Luzzati, Emanuele (»Lele«) 786
Lyne, Elizabeth 621, 628, 635, 639, 654, 657, 659–664, 666, 669, 671–676, 696–698, 700, 703, 705, 711, 713, 715–717, 770–772, 778, 797–799, 801, 807f., 1071, 1082, 1091, 109f., 1097, 1109–1112, 1118–1120, 1194

MacArthur, Douglas 178
MacArthur, Mary 298
Machiavelli, Niccolò 140
MacLeod, Vivienne Koch 606
Macy, Gertrude 863
Maerker, Christa 1264f., 1277
Maggie (»Texas«, »Tex«) E. 308, 310, 322–327, 330f., 333–337, 339, 341–346, 348f., 356, 360f., 364f., 369, 371, 373f., 391, 397, 401, 432, 543, 554, 571, 579, 660, 1045, 1050, 1152
»Magnet Zürich« (PH, Artikel) 836
Mahler, Raphael 302, 363, 402
Malaparte, Curzio 782, 921
Mallison, Clare 365
»Man muss damit leben« (PH) 1189
»Man Next Door« (PH) 803
Man Provoked, A (PH, Arbeitstitel) siehe *Stümper, Der* (PH)

»Man Who Got Off the Earth, The« (PH) 526
Mandeville, Bernard 145
Manet, Édouard 516
Mann, Thomas 93, 232, 520, 539, 597, 1102, 1104
 Tod in Venedig, Der 93
 Zauberberg, Der 1104
Mannes, Marya 464
Mansfield, Katherine 38
»Manuel« (PH) 226, 228, 231, 238, 244f., 254, 259, 283, 285
Marcella 40, 58, 80
March, Fredric 1102
Marge 1240f.
Maria 718–720, 736
Marie T. 39
Marijann K. 32, 35, 38, 47, 133
Marlowe, Walter 79, 97, 122, 127, 129, 160, 187, 208, 224, 227, 239f., 292
Marquise de Laumont, Martha (»Die Gräfin«) 105–107
Martin, Patrick 1274f.
Marx, Karl 922
Mary H. 33–35, 37, 40–42, 45, 157, 455
Mary R. (Billie B.s Mitbewohnerin) 50, 53, 86
Mary S. siehe Sullivan, Mary
Matcha, Jack 731–733, 738f., 742, 745, 751f., 758, 765f., 768–770, 775, 779, 786f., 797, 799, 842, 1057
Matisse, Henri 775, 992
Matta, Roberto 186, 271
Maugham, William Somerset 536, 710, 728
 Halbe Wahrheit, Die 536
Maxwell, Elsa 909
Mazier, Titi 782, 785f., 788, 808, 810
McBride, Red 856
McCarthy, Joseph 664, 818, 836, 842, 1042

McCullers, Carson 114, 444, 585, 622, 654, 790, 839
  Herz ist ein einsamer Jäger, Das 790
  Spiegelbild im goldenen Auge 114
McCullers, Reeves 622
McFadden *(Harper's Bazaar)* 289, 301
McGuire, Lorna 49, 51, 141
McLean, Jody 821–823
Meacham, Anne 1142
Meaker, Marijane 956f., 990, 994–997, 999, 1194, 1288, 1294
  Intimate Victims 990
  Meine Jahre mit Pat 957
Melcarth, Edward 144, 358
Melville, Herman 175, 492, 533, 656, 1143
  Moby Dick 533
  Pierre 656
Menninger, Karl 21, 1282
  Human Mind, The 21
  Man Against Himself 1282
»Menschen bester Freund, Des« (PH) 763, 790, 803, 825
Mero, Bruhs 65, 125
Merrill, Jim 788f., 843
Mespoulet, Marguerite 134, 319
»Mexican Rooster« (PH) 441
Michelangelo 350
Middleton, Stanley 1198
  Holiday 1198
Mifflin, John 308, 401
»Mightiest Mountains, The« siehe »Morgen des ewigen Nichts, Die« (PH)
Miller, Arthur 931
  Tod eines Handlungsreisenden 817, 903
Miller, Charles 383, 388
Miller, Henry 803
Miller, Lew 417
Milles, Carl 99
Milton, John 27, 84

Miranda the Panda Is on the Veranda (PH) 925
Miró, Joan 192, 350, 1179
»Miss Juste und die grünen Turnanzüge« (PH) 48, 54, 68
Modigliani, Amedeo 96
Mölich, Ingeborg 1258, 1269, 1271, 1280, 1283, 1286, 1290–1292, 1294
Monash, Paul 627
Mondrian, Piet 325, 327, 492
Monet, Claude 1101
Monique 801, 807f.
de Monocol, Angelica 374f., 397, 401, 550
Montague, William P. 126, 177
  Democracy at the Crossroads 177
Month of Sundays, A (PH, Arbeitstitel) siehe *Talentierte Mr. Ripley, Der*
Moon (Jr.), James Monroe 821
Moreau, Jeanne 1188, 1296f., 1300
Morgan, Claire (PH Pseudonym) 711, 762, 865, 987, 1278
»Morgen des ewigen Nichts, Die« (PH) 503, 508f.
Morgenstern, Christian 252
Morley, Christopher 286
Morneweg, Anne 1293
Morus, Thomas 125
  Utopia 125
Moscow Strikes Back (Film) 242
Moyal, Rachel 1274, 1276
Mozart, Wolfgang Amadeus 155, 171f., 233, 273, 335, 425, 466, 539, 803f., 875, 1063, 1086, 1122, 1131, 1253, 1263
»Mr. Scott is Not on Board« (PH) 126, 128
»Mrs. Afton kommt zum Arzt« (PH) 546f., 559, 561, 563, 622
Mrs. Miniver (Film) 227, 241
Müller, Gudrun 1269, 1277, 1284, 1288, 1291, 1293
Muret, Charlotte T. 138, 140, 151

Murphy, Esther 770, 801, 805
de Musset, Alfred 1009
Mussolini, Benito 481
Myers, Johnny 843

Nacht vor der Hochzeit, Die (Film) 43
Nagy, Phyllis 1296
Napoleon Buonaparte 166
 Letters to Marie-Louise 166
Natasha H. 96, 114, 116, 135, 137, 141 f., 144, 152, 155, 170, 179, 190, 199 f., 212, 233 f., 243, 262, 372, 390, 407, 413, 557
Nathan, Robert 670
Nelson, Leonard 96
Neven DuMont, Alfred 731, 737
»Never Seek to Tell Thy Love« (PH) 543
Nietzsche, Friedrich 162, 820, 1249
 Also sprach Zarathustra 820
Nijinsky, Vaslav 335
Nin, Anaïs 26
Nitsche, Erik 354
Nixon, Richard 1138, 1180 f.
Nobel, Peter 1265, 1268, 1271
Nooteboom, Cees 1271
Norris, Frank 131
Nur die Sonne war Zeuge (Film) 956

O'Connor, Flannery 586, 606
Offenbach, Jacques 198
 Hoffmanns Erzählungen 198
O'Hara, John 670
O'Keeffe, Georgia 199
Okoshken, Samuel 1265
Oliver, Mary 821–823
Onassis, Aristoteles 1124
O'Neill, Eugene 38
 Kaiser Jones 38
Orgel, Irene 606
Orozco, José Clemente 374, 432
Ossorio, Alfonso 144

Ottinger, Ulrike 1213, 1225
Oulman, Alain 1270–1272, 1285
Ovid 879
Ozenfant, Amédée, 192

van Paassen, Pierre 85, 91
 Days of Our Years 85
 Time is Now, The 91
Page-Smith, Richard 822
Paige, Judith 188
Pakenham, Frank (7. Earl of Longford) 1272
Pal Joey 75
Paneth (Dr.), Matthias 1259–1261
Parish, Maxfield 80
Parker, Dorothy 164, 957
Parsons, Betty 27, 113, 115–118, 124, 135–137, 142, 144, 149, 155 f., 160, 166, 169, 177 f., 185, 196 f., 199, 219, 233, 243, 252, 262, 271, 278, 280, 297 f., 305, 323, 327, 397, 408 f., 411, 413, 418, 460, 466, 492, 557, 616, 655, 677, 803, 819, 839, 844, 862
»Party at Bony's« (PH) 730
Pascal, Blaise 1048
 Pensées 1048
»Passing of Alphonse T. Browne, The« (PH) 154, 156 f.
Pechstein, Max 1197
Péguy, Charles 339, 353, 355 f.
 Pensées, Les 339
Peirce, Waldo 94
Pépé le Moko (Film) 64
»Perfect Alibi, The« (PH) 925
Perkins, Anthony 1281
Perlman (Dr.) 412, 414
Perot, Ross 1298
Peter 35, 48 f., 51 f., 55, 127, 129, 132, 138, 141, 147–151, 190, 193 f., 202, 204, 243, 291, 329, 342
Petit, Christopher 1217
Pettigrews at War, The (PH) 69

PERSONEN- UND WERKREGISTER

Philip, Duke of Edinburgh 724
Picard, Lil 573, 576–579, 581, 584, 588, 590 f., 594, 597, 658–660, 677, 684 f., 688, 729, 739, 792, 815, 819, 835, 868, 1046–1049, 1158, 1204
Picasso, Pablo 94, 271, 360, 516, 539, 556, 933
Pinchot, Gifford 385
Plangman, Jay Bernard 22, 41, 62, 258, 293, 662, 735, 1139, 1165, 1170, 1278
Plath, Sylvia 585, 1191
Plato 879, 945
Poe, Edgar Allan 22, 45, 310, 1066, 1253
Pompidou, Georges 1117
Ponsa, Isabella 1095
Pope, Alexander 134
  Vom Menschen 134
Portugal, Ruth 492
Posada, José Guadalupe 374
Poussin, Nicolas 1217
  Anbetung des goldenen Kalbes, Die 1217
Powell, Tristram 1154
Powys, John Cowper 44, 99
  Kultur als Lebenskunst 99
  Wolf Solent 45
Preston, Kiki 404 f., 407–409
Proust, Marcel 36, 115, 229, 421, 430, 443, 504, 603, 616, 806, 892, 1101, 1285
  Auf der Suche nach der verlorenen Zeit 430, 616
Prutman, Irving 262
Puccini, Giacomo 451
  Madame Butterfly 451
Puritan, The (Film) 627
Puschkin, Alexander 60
  Eugen Onegin 60
Putnam, Jim 699
Putzl, Howard 262

Quirt, Walter 192

Rachmaninow, Sergei 1281
Radclyffe Hall 421
  Quell der Einsamkeit 421
Rainer, Luise 590
Randolph, David 388
von Ranke-Graves, Robert
  siehe Graves, Robert
Rasch, Gudrun 1096
Reagan, Ronald 1242
Reed, Roger 34, 371
Reichard, Gladys 232
Renan, Ernest 148, 176
  Leben Jesu, Das 148, 176
Renoir, Auguste 89, 94, 166, 701
  Les Baigneuses 166
Reutter, Christina 1293, 1296
Rice, Elmer 43, 58
  Flight to the West 58
Richardson, Dorothy Miller 38, 274
  Schatten der Giebel, Die 38
Richartz, Mari 1179
Richartz, Walter 1179
Rickenbacker, Edward 312–314
Riemer, Walter 673, 697, 838
Riesman, David 926
Rilke, Rainer Maria 151, 517
  »Liebende, Die« 151
Rimbaud, Arthur 803
Ringer, Norma 208
Ripley Under Ground (PH) 1092, 1123, 1129, 1132, 1139, 1144
Ripley Under Water (PH) 1257, 1278, 1280 f., 1283 f., 1285 f., 1292, 1297
Ripley's Game oder Der amerikanische Freund (PH) 1139, 1153, 1164, 1169, 1171, 1188
Rita G. 78, 79
Rita R. 38, 41, 52, 104 f., 124, 130
Rivera, Diego 374, 432
»Roaring Fire, The« (PH) 557
Robbins, Toni 673
Rockefeller, John D. 191

1363

Roett, Barbara 1095
Roger F. 27, 56, 61, 87, 109, 128, 135, 151, 156f., 174, 209, 384, 428, 980
Rogers, Ginger 114
Rogers, Roy 394
Rommel, Erwin 224
Ronin, Mary 926, 955–957, 967–969, 972, 975, 980, 987, 999
Roosevelt, Franklin Delano 31, 102, 119, 217, 313, 478, 481, 490, 1180
Roosevelt, Sara Delano 220
Rose M. (Freundin von Billie B.) 78, 137
Rose M. (Partnerin von Mary Sullivan) 1185, 1193
Rose M. (Schulfreundin) 46, 94
Rosenberg, Ethel und Julius 842
Rosenthal, Jean 801, 804, 1023f.
Rosenthal, Renée 801, 804, 1005
Ross, Barney 298, 299, 305, 1236
Rossi, Gene 417–419
Rostand, Edmund 142, 147
 Cyrano de Bergerac 142, 147
Roth, Lynn 819, 847–855, 857f., 860, 862–864, 867, 875, 1003, 1026, 1077, 1079, 1103, 1110f., 1113, 1127, 1296
Rouault, Georges 63, 831
Roubicheck, Dorothy 481
Rubinstein, Arthur 1246
Ruth L. (Partnerin von Mary H.) 33, 35, 37–42, 45, 66
Ruth W. 86, 96
Ryan, Desmond 1139, 1153, 1202, 1289
Ryan, Mary 1139, 1153, 1202, 1289

Saboteurs, The (PH) 170, 176, 183, 187, 204
Sacharow, Andrei 1229
»Sad Pillars, These« (PH) 254
Sager, Bruno 1301
Sainte-Beuve, Charles-Augustin 962

Saint-Saëns, Camille 955
Salinger, Jerome D. 1099
Salm, Lui 727f.
Salz und sein Preis (PH) 506, 586, 621, 649f., 654, 658f., 664, 666, 671, 709f., 712, 719, 724, 731, 738, 762, 775, 779, 781, 789, 795, 800, 818f., 823, 826, 836, 843, 853, 855, 1056, 1060, 1114f., 1270, 1278, 1280, 1285, 1288
Sammy (PHs Katze) 78, 1103, 1119, 1124, 1135f., 1138, 1141
Samstag, Gordon 486
Sandburg, Carl 199
Sanft, Myron 653
Sangor, Benjamin William 299, 301–303, 320, 358, 364, 366
Santayana, George 212, 448
 Life of Reason or The Phases of Human Progress 212
Sappho 879
Sara H. 220, 850f.
Sarment, Jean 46
 Schattenfischer, Der 46
Saroyan, William 34, 183, 252, 504
 Mein Name ist Aram 34
 Waghalsige junge Mann auf dem fliegenden Trapez, Der 183
Sarraute, Nathalie 1116
Sartre, Jean-Paul 588
 Was ist Literatur? 588
Savigneau, Josyane 1273
Scarlatti, Domenico 712, 1264
Schartle (später Schartle-Myrer), Patricia 956, 1021, 1039, 1041, 1049, 1055, 1058, 1098, 1113, 1115, 1119
»Schatz, Der« (PH) 301, 309, 313, 323, 396
Schiff, Jack 336, 476
»Schildkröte, Die« (PH) 990, 1041, 1055
Schiller, Friedrich 208

1364

Schmith, Birger 1087, 1096
Schneckenforscher, Der (PH, Erzählband) 1092, 1139, 1142
»Schneckenforscher, Der« (PH, Geschichte) 598, 1057, 1179
Schopenhauer, Arthur 517
Schostakowitsch, Dmitri 185, 1286
Schrei der Eule, Der (PH) 990, 1046, 1049
Schryver, Lee 835
Schubert, Franz 301, 324, 509, 875
Schulberg, Budd 69, 78
  Was treibt Sammy an 78
Scott, Norman 1222
Scowden, Marilyn 1296
Semyon (PHs Katze) 1280, 1282–1284
Senn, Kathleen (Mrs. E. R. Senn) 586f., 618, 665, 685, 703
de Sévigné, Marie de Rabutin-Chantal (Marquise) 897
Seyferth, Wilfried 731, 760
Shaftesbury (Ashley-Cooper, 3. Earl) 140
Shakespeare, William 28, 31, 33–35, 66–68, 74, 135, 149, 154, 164, 190, 199, 318, 455, 539, 633, 679, 789, 888, 907, 936, 945, 963, 1202
  Hamlet 66
  Julius Caesar 68
  Macbeth 135, 149, 154
  Maß für Maß 68
  Othello 633
  Romeo und Julia 164
  Sturm, Der 67
  Widerspenstigen Zähmung, Der 28
Shapero, Harold 606, 612
Shaw, Artie 32
Shaw, George Bernard 36, 72, 194, 469
  Arzt am Scheideweg, Der 72
  Candida 194
  Kaiser von Amerika, Der 36
Shaw, Irwin 69, 779
  Begrabt die Toten 69
  Verschwörung, Die 779
Shawn, William 208, 210, 254, 264, 274, 280, 283
Sheehan, Dick 654, 657, 673, 697
Sheila 528, 543f., 559, 564, 566, 569, 573f., 711–713, 896
Shelley, Percy Bysshe 724
Sheridan, Richard Brinsley 129
  Lästerschule, Die 129
Sherriff, R. C. 250
  Andere Seite, Die 250
Sherwood, Blanche 781
Sillitoe, Alan 1079
»Silver Horn of Plenty, The« (PH) 136, 139, 142, 165, 171, 204, 245, 269, 281, 283, 289, 397
Simkins, F. B. 605
  The South Old & New, a History 1820–1947 605
Simmons, Bill 308
Sims, Agnes 1145
Sinclair, Upton 131
Sirhan, Sirhan 1119
Sitwell, Edith 781
Skattebol, Lars 845f.
Skelton, Barbara 1289
Skrjabin, Alexander 1262f.
Slater, John 633
Sleepless Night, The (PH, Arbeitstitel) siehe *Traffic of Jacob's Ladder, The* (PH)
Sloan, Pat 38
  Russia without Illusions 38
Slonim, Marc 962
  The Three Loves of Dostoevsky 962
›Small g‹ – eine Sommeridylle (PH) 1280, 1297
Smetana, Bedřich 1262
Smith, Ann 615, 623, 626–629, 632–634, 636, 666, 668, 675, 699,

712f., 721, 755, 803, 829, 831, 835, 841, 847, 862–864, 1110
Smith, Connie 1017
Smith, Gordon 143
Smith, Margarita 622
Smith, Marty 365, 613
Smith, Oliver 843
Snow, Carmel 490, 492
Soby, James Thrall 379
 The Early Chirico 379
Sokrates 569f.
»Something New in Pets and Snails« (PH) 1105
Sommer, Frieda 1279, 1281, 1293
Song of Ceylon, The (Film) 259
Sontag, Susan 1206
Sontrop, Theo 1289
Spark, Muriel 1112, 1120, 1150, 1290
 Bitte nicht stören 1290
Spender, Stephen 122f.
 Destructive Element, The 122
Sperber, Manès 815
Spider (PHs Katze) 1001, 1040, 1053, 1059, 1112, 1120, 1150
Spiel für die Lebenden, Ein (PH) 887, 925, 940, 943, 1038, 1048
Spillane, Mickey 309
Spivy 91, 322
Spratling, William 432
Spruce, Richard 478
Stainer, John 324
Stalin, Josef 28, 1107
 Über die Grundlagen des Leninismus 28
Stauffer, Teddy 417–421, 426
Steichen, Edward 199
Stein, Gertrude 117, 574
 Autobiographie von Alice B. Toklas 117
Steinbeck, John 75, 153, 164, 366, 370, 670, 791, 1253
 Forgotten Village, The (Film) 370
 Früchte des Zorns 75

Steinberg, Saul 327
Stendhal 108
 Rot und Schwarz 108
Stern, James 144, 283
Stern, Mike 786, 797
 No Innocence Abroad 797
Sterne, Hedda 576
Stettner, Louis 722
Stierham, Eleanor 568, 835
Stille Mitte der Welt, Die (PH) 508, 541, 578, 581f.
Stoker, J. W. 1282
Stopes, Mary Carmichael 778
 Liebesleben in der Ehe, Das 778
Straightforward Lie, The (PH, unvollendet) 887, 917
Strauss, Johann 451f., 1063
Strawinsky, Igor 785, 939, 1264
Streicher, Henry 194
Streisand, Barbra 1128
Streng, Marion 50
Stuempfig, Walter 791–793
Stümper, Der (PH) 763, 819, 841, 849, 858, 863, 886, 1047, 1274
Sturtevant, Ethel 28, 30, 32, 38, 62, 64, 164, 173, 198, 536, 587, 641, 683, 806, 1046
Sullivan, Mary 26, 49–51, 54, 62f., 65, 67, 71, 78–80, 82f., 86, 88–91, 93f., 100, 112, 115, 123, 127, 144, 155, 181, 194, 250, 268, 297, 377, 1185
Summersby, Kay 842
Suspense oder Wie man einen Thriller schreibt (PH) 861, 1070, 1277
Süße Wahn, Der (PH) 926, 949, 952, 956, 961, 967, 1021
Suter, Anne Elisabeth 1267, 1282, 1297
Swedenborg, Emanuel 232
Sylvia M. 152, 155, 200, 591, 660
Symons, Julian 1250, 1251

Synge, John Millington 200
  Reiter ans Meer 200
Szogyi, Alex 1142, 1237

Takis, Nicholas 383
Talentierte Mr. Ripley, Der (PH) 860–862, 869, 880, 886, 956, 1047, 1236
Tamayo, Rufino 408
Tamiris, Helen 336
Tanguy, Yves 255, 271, 294, 305
Tantalus (PH, Arbeitstitel) siehe *Salz und sein Preis*
Tearle, Geoffrey 633
Teller, Woolsey 182
Tennyson, Alfred (Lord) 1298
Tenysco, Alan 636
Tessa 738 f., 742, 752
Texas E. siehe Maggie (»Texas«, »Tex«) E.
Thackeray, William 120, 634
  Geschichte von Pendennis, Die 120
»They« (PH) 475
Thomas, Dylan 837, 936, 1099
Thomas, Mike 78, 86
Thomas, Robert 1018 f.
  Piège pour un homme seul 1018
Thompson, Francis 788
Thompson, Marjorie 63, 120 f., 124, 153, 155, 163, 221, 267, 269, 278, 304, 308, 352, 355 f., 513, 549, 673, 705
Thornbury, Ethel M. 162, 164 f., 192
Thorpe, Jeremy 1222
»Three, The« (PH) 389, 396 f.
Tickner, Martin 1122
Tiefe Wasser (PH) 886 f., 903, 1007 f., 1029, 1047, 1071, 1095, 1134
Tietgens, Rolf 159, 229, 232–235, 238, 240–247, 249–267, 269–273, 278 f., 283, 287, 290, 300, 303, 324, 337, 338 f., 343, 346 f., 363, 370, 372, 375 f., 388, 400, 482, 487, 504, 507 f., 511, 513, 518, 532, 535, 544, 547, 559, 564 f., 567, 588, 600, 631, 655, 721, 729, 788 f., 794, 819, 837, 838, 843, 976, 1029, 1108, 1123, 1148
Tinker (PHs Katze) 1153, 1154
Tojo, Hideki, 493
Tolstoi, Leo 31, 94, 164, 679, 936, 1158
  Anna Karenina 31, 1158
  Krieg und Frieden 94
Tomes, Margot 1267
Tompkins, Peter 727
de Toulouse-Lautrec, Henri 256, 1294
Traffic of Jacob's Ladder, The (PH, verschollen) 710, 717, 788, 799 f., 823, 845
»Train to Astoria« (PH) 94
Trask, Katrina 585
Trask, Spencer 585
Trauer muss Elektra tragen (Film) 582
Trevor, Jane 1266
Trevor, William 1266
Triano, Antonio 296
Truman, Harry S. 478, 703, 767
Tschapajew (Film) 156
Tschelitschew, Pawel 192
Tuvim, Judy 32 f., 42, 54, 64, 78, 88, 130 f., 183, 184, 186, 192, 328

Über Patricia Highsmith 1288
Uhde, Anne 1173, 1204, 1243, 1277, 1290
Underhill, Evelyn 266
  Mystik 266
Ursula 729, 731
Ustinov, Peter 1295

»Vacant Lot« (PH) 94
Velázquez, Diego 1250
Venedig kann sehr kalt sein (PH) 1070, 1091, 1094, 1096
»Verwunschene Fenster« (PH) 508
Vidal, Gore 653, 1180

Villa-Lobos, Heitor 998
da Vinci, Leonardo 945
Virginia S. (»Va.«) 30, 34, 38, 42 f., 48, 51 f., 54, 61, 63 f., 66, 67–69, 73, 78, 88–90, 92 f., 99, 116, 152, 155, 184, 186, 196, 214, 218 f., 286, 292 f., 312, 319, 355, 388, 395, 475, 533
Vivaldi, Antonio 985
»Vögel vor dem Flug« (PH) 654 f., 658, 803, 825, 1030, 1113
Voltaire 134
Vonnegut, Kurt 1245

Waengler, Sheila 1266
»Wagen, Der« (PH) 523, 1030 f.
Wagner, Richard 129, 145, 227, 1292
Wagner, Wolfgang 1292
»Wahnsinnig netter Mann, Ein« (PH) 289, 470
Wain, John Barrington 964
Wallace, Henry A. 478
Walsh, Thomas 724
   Kidnapper in Manhattan 724
Walter, Eugene 1112, 1120
Washington, George 1180
Waterbury, Natica 377, 425, 454–475, 477, 501–504, 506–514, 518–520, 523, 529, 555, 566, 580, 621, 636–639, 672, 722, 769, 906, 999, 1172
Watteau, Antoine 1175
Waugh, Evelyn 514
   Wiedersehen mit Brideshead 514
Weaver, Raymond 175
   Melville, Mariner and Mystic 175
Webber, Andrew Lloyd 1286
Weber, Louis 267, 269, 297
Webster, Rosalind siehe Constable, Rosalind
   They Who Paddle 118
Wedekind, Pamela 733
Weick (Miss) 228, 233, 244, 266, 276

Weidman, Charles 189
Welles, Orson 85
Wells, H. G. 253
   Befreite Welt 253
»Weltmeisterin im Ballwerfen, Die« (PH) 506, 535, 558
Wenders, Wim 1188, 1191, 1204, 1264, 1281
Werfel, Franz 245
   Vierzig Tage des Musa Dagh, Die 245
Werner, Tony 378, 413
Weston, Brett 1293
Weston, Edward 1293
Wharton, Edith 944
   Ethan Frome 944
   Haus der Freude 944
When the Sleep Ends (PH) 1122
»Where to, Madam?« (PH) 591, 596, 603, 747
White, Bob 606 f., 612
Whitehead, Alfred 879
»White Monkey« (PH) 130
White, Terence Hanbury
   Schwert im Stein, Das 65
Whitman, Walt 162, 241, 256
Wilde, Oscar 215, 991, 1009 f., 1284
   De Profundis 215
   Ernst sein ist alles 1284
Wilde, Percival 56
Wilder, Thornton 324, 367
   Wir sind noch einmal davongekommen 324, 367
Wilhelmina von Oranien-Nassau 230
Willey, Ruth 133
Williams, Alice 257, 259, 264, 284, 364, 366
Williams, Hope 144
Williams, John 799
Williams, Tennessee 592
   Endstation Sehnsucht 592
Wilson, Andrew 16
Wilson, Angus 1185, 1186

Wilson, Colin 935
Outsider, Der 935
Wilson, Edmund 128
Wunde und der Bogen, Die 128
Wilson, Woodrow 1180
Winders, Terri 1274
Winkler, Angela 1278
Winston, Daisy 990, 1002, 1006 f., 1059, 1097, 1110, 1128, 1297
Wolf siehe Hildesheimer, Wolfgang (»Wolf«)
Wolf, Marjorie 86, 184, 220, 269, 285, 304, 388
Wolfe, Thomas 41, 69, 82, 241, 366, 389, 615, 735, 739, 779
Woolf, Virginia 38, 96, 153, 231, 533, 598
Zwischen den Akten 153
Wordsworth, William 679
Wright, Clifford 606 f.
Wright, Frank Lloyd 939
Wyndham, Francis 1048
Wynyard, Diana 633

Yeats, William Butler 1180
Yorck, Ruth siehe Landshoff-Yorck, Ruth
Young, George Frederick 370
Medici, Die 370
Young, Marguerite 600 f.

Zaragoza, Ignacio (General) 901
Zavada, Margaret 230
Zimnik, Reiner 1179
Zittern des Fälschers, Das (PH) 506, 1071, 1091, 1110, 1113, 1115
Zola, Émile 110, 516
Nana 110
Zwei Fremde im Zug (PH) 12, 466, 506, 541, 586, 620 f., 654, 657, 665, 667, 673, 683, 698, 704, 709 f., 716, 724, 726 f., 735, 754, 762 f., 767, 771, 785, 795 f., 800 f., 811, 837, 857, 873, 938, 1055, 1092, 1157, 1302
Zwei Gesichter des Januars, Die (PH) 957, 991, 999, 1021, 1025, 1036, 1039, 1041, 1055 f., 1058 f., 1096

Bildnachweis

S. 23 [Respektblatt 1941–1950]: Foto Rolf Tietgens / © Diogenes Verlag, Zürich.
S. 505 Faksimile »Liebhaberinnen-Tabelle«: Nachlass Patricia Highsmith. Mit freundlicher Genehmigung des Schweizerischen Literaturarchivs, Bern.
S. 707 [Respektblatt 1951–1962]: Foto © Ruth Bernhard / Trustees of Princeton University.
S. 1033 [Respektblatt 1963–1966]: Foto © Keystone / Picture Alliance / Universal Pictoral Press Photo.
S. 1089 [Respektblatt 1967–1980]: Foto Diogenes Verlag, Zürich.
S. 1233 [Respektblatt 1981–1995]: Foto © Ulf Andersen / Hulton Archive / Getty Images.
S. 1325 Eintrag aus Notizbuch 19 vom 11. August 1950. Nachlass Patricia Highsmith. Mit freundlicher Genehmigung des Schweizerischen Literaturarchivs, Bern.

Die nächsten Seiten sind für Sie:
Notieren Sie sich Ihre Lieblingssätze
und Gedanken zum Buch